Information Technology Standardization Guide

信息技术标准化指南

（第 10 版）

中国电子技术标准化研究院
全国信息技术标准化技术委员会　编著

电子工业出版社
Publishing House of Electronics Industry
北京·BEIJING

内 容 简 介

本书在概述我国标准化工作和我国 IT 领域标准制定工作程序以及国内外 IT 领域标准化技术组织的基础上，着重介绍了信息技术领域标准化工作的国内外最新进展情况，汇集了信息技术领域已制定和近期正在制定的最新国内国际标准、相关的法律法规文件及国际专利政策和标准中吸纳专利的统计资料。第 10 版根据我国信息技术标准化工作实际对相关内容进行了修订，并增加了先进计算、操作系统、中间件、工业软件和脑机接口的内容，以及与《标准化法》配套的规章等。

本书可供信息技术领域的行业管理者、标准化工作者、企业开发人员和市场运作者参考。

未经许可，不得以任何方式复制或抄袭本书之部分或全部内容。
版权所有，侵权必究。

图书在版编目（CIP）数据

信息技术标准化指南 / 中国电子技术标准化研究院，全国信息技术标准化技术委员会编著. —10 版. —北京：电子工业出版社，2023.6
ISBN 978-7-121-45919-1

Ⅰ．①信… Ⅱ．①中… ②全… Ⅲ．①信息技术－标准化－中国－指南 Ⅳ．①G202-65

中国国家版本馆 CIP 数据核字（2023）第 124354 号

责任编辑：张来盛（zhangls@phei.com.cn）
印　　刷：北京虎彩文化传播有限公司
装　　订：北京虎彩文化传播有限公司
出版发行：电子工业出版社
　　　　　北京市海淀区万寿路 173 信箱　邮编：100036
开　　本：880×1230　1/16　印张：31.25　字数：1080 千字
版　　次：2011 年 2 月第 1 版
　　　　　2023 年 6 月第 10 版
印　　次：2024 年 1 月第 2 次印刷
定　　价：168.00 元

凡所购买电子工业出版社图书有缺损问题，请向购买书店调换。若书店售缺，请与本社发行部联系，联系及邮购电话：（010）88254888，88258888。
质量投诉请发邮件至 zlts@phei.com.cn，盗版侵权举报请发邮件至 dbqq@phei.com.cn。
本书咨询联系方式：（010）88254467。

编委会名单

主　任：杨建军

副主任：孙文龙　范科峰

委　员：（按姓氏音序排列）

曹国顺	车江涛	陈　海	陈　静	陈晓研	陈　行
陈亚军	陈　壮	董　建	方春燕	付　平	耿　力
郭　楠	郭鑫伟	郭　雄	韩世豪	何宏宏	贾　凯
贾　璐	贾一君	金　倩	雷　根	李　冰	李婧欣
李　伟	郴阳荟晨	蔺　芳	刘　文	刘晓蕾	刘　洋
刘　莹	刘　宇	马承青	马骋昊	苗宗利	邱溥业
上官晓丽	宋继伟	苏立伟	孙　宁	孙齐锋	孙　伟
孙文静	唐　舒	汪晶晶	汪睿棋	王　姣	王　婷
王为中	王文峰	王晓春	王颜尊	王志鹏	徐　洋
杨　宏	杨　磊	杨丽蕴	姚明玥	于　浩	于秀明
余云涛	张红卫	张军华	张　群	张士宗	张旸旸
张展新	张　璋	赵向阳	卓　兰		

前　言

当前是建设制造强国、网络强国，建设数字中国，构建现代化产业体系和实现经济高质量发展的重要阶段。信息技术（IT）在制造业研发设计、生产制造、经营管理、运维服务等关键业务环节广泛应用，新一代信息技术催生第四次工业革命，物联网、大数据、人工智能等新技术加速融合应用，数据要素赋能作用持续显现，正在引发系统性、革命性、群体性的技术突破和产业变革，不断催生融合发展新技术、新产业、新模式、新业态。

面对不断出现的新形势和新需求，信息技术标准化工作也取得了新的进展。《信息技术标准化指南（第 10 版）》继续遵循简明扼要、提供主要参考信息的编写思路，力图以较小的篇幅反映信息技术领域我国和国际上最主要的标准化组织在进行标准化活动时所遵循的主要规章，以及他们的新近活动情况和标准化成果，以期为行业管理者、标准化工作者、企业开发人员和市场消费者提供指导和帮助。

在内容上，《信息技术标准化指南（第 10 版）》根据我国信息技术标准化工作实际对相关内容进行了修订，增加了先进计算、操作系统、中间件、工业软件和脑机接口的内容；增加了与《标准化法》配套的《国家标准管理办法》《强制性国家标准管理办法 》等规章；结合《ISO/IEC 导则 第 1 部分：融合的 JTC 1 补充部分 2021》，更新了 JTC 1 标准制定程序的相关内容。

读者需求是最基本的驱动因素，衷心希望读者提出意见和需求。让我们共同把这项系统工程不断地推进下去，使宝贵的信息技术领域标准化财富为您所用，让它们在我国的经济建设和社会治理活动中充分发挥促进作用。

目 录

第1章 我国标准化法律法规 ··· 1
1.1 我国标准化工作的法律基础 ··· 1
1.2 与信息技术（IT）标准化有关的法律法规和规章制度 ··· 2

第2章 我国IT领域标准制定工作程序 ··· 3
2.1 国家标准制定工作程序 ··· 3
  2.1.1 标准制定阶段划分和流程 ··· 3
  2.1.2 各阶段流程和工作 ··· 3
2.2 行业标准制定工作程序 ··· 6

第3章 IT领域标准化技术组织 ··· 12
3.1 我国IT领域相关标准化组织 ··· 12
3.2 相关部门和组织间的关系 ··· 15
3.3 国际IT领域主要标准化技术组织 ··· 15
3.4 JTC 1标准制定程序 ··· 21
  3.4.1 目标日期 ··· 21
  3.4.2 项目制定的可选方案 ··· 22

第4章 我国IT领域标准化工作概要 ··· 30
4.1 全国信息技术标准化技术委员会2022年工作重点 ··· 30
4.2 全国信息安全标准化技术委员会2022年度工作要点 ··· 30
4.3 各专业领域标准化工作概要 ··· 31
  4.3.1 编码字符集 ··· 31
  4.3.2 信息安全 ··· 34
  4.3.3 软件与系统工程 ··· 39
  4.3.4 文档处理 ··· 43
  4.3.5 网络通信和信息交换 ··· 44
  4.3.6 先进计算 ··· 46
  4.3.7 操作系统 ··· 47
  4.3.8 智慧城市 ··· 48
  4.3.9 嵌入式软件 ··· 55
  4.3.10 自动识别和数据采集 ··· 56
  4.3.11 信息技术服务 ··· 57
  4.3.12 云计算 ··· 60
  4.3.13 信息技术设备互连 ··· 62
  4.3.14 多媒体与音视频编码 ··· 64
  4.3.15 数据库 ··· 66
  4.3.16 数据 ··· 67
  4.3.17 实时定位系统 ··· 67

4.3.18	生物特征识别	68
4.3.19	生物特征识别注册管理	71
4.3.20	卡及身份识别安全设备	72
4.3.21	IC 卡注册管理	73
4.3.22	OID 标识技术	76
4.3.23	用户界面	79
4.3.24	教育信息化	81
4.3.25	电子政务软件应用	83
4.3.26	信息技术设备	84
4.3.27	图形图像与混合现实	86
4.3.28	信息技术与可持续发展	87
4.3.29	物联网	89
4.3.30	大数据	91
4.3.31	智能制造	92
4.3.32	人工智能	94
4.3.33	工业软件	95
4.3.34	量子信息技术	98
4.3.35	脑机接口	99
4.3.36	中间件	100

第5章 JTC 1 及其各 SC 和 WG 业务计划 ... 102

5.1 JTC 1 战略业务计划（2021） ... 102
5.2 JTC1 各 SC 和 WG 业务计划 ... 106

5.2.1	SC 2 业务计划（2020 年 9 月—2021 年 9 月）	106
5.2.2	SC 6 业务计划（2021 年 9 月—2022 年 6 月）	109
5.2.3	SC 7 业务计划（2020 年 5 月—2022 年 5 月）	114
5.2.4	SC 17 业务计划（2020 年 11 月至 2021 年 10 月）	116
5.2.5	JTC 1/SC 22 业务计划（2020 年 9 月—2021 年 10 月）	121
5.2.6	SC 23 业务计划（2020 年 10 月—2021 年 9 月）	124
5.2.7	SC 24 业务计划（2020 年 8 月—2021 年 7 月）	126
5.2.8	SC 25 业务计划（2020 年 9 月—2021 年 9 月）	130
5.2.9	SC 27 业务计划（2019 年 10 月—2022 年 4 月）	135
5.2.10	SC 28 业务计划（2021 年 9 月—2022 年 8 月）	147
5.2.11	SC 29 业务计划（2020 年 9 月—2021 年 8 月）	150
5.2.12	SC 31 业务计划（2020 年 11 月—2021 年 10 月）	169
5.2.13	SC 32 业务计划（2020 年 8 月—2021 年 9 月）	172
5.2.14	SC 34 业务计划（2020 年 9 月—2021 年 9 月）	176
5.2.15	SC 35 业务计划（2019 年—2021 年 12 月）	178
5.2.16	SC 36 业务计划	182
5.2.17	SC 37 业务计划（2021 年 9 月—2022 年 8 月）	187
5.2.18	SC 38 业务计划（2020 年 9 月—2021 年 9 月）	190
5.2.19	SC 39 业务计划（2020 年 11 月—2021 年 11 月）	195
5.2.20	SC 40 业务计划（2020 年 11 月—2021 年 10 月）	199
5.2.21	SC 41 业务计划（2020 年 6 月—2021 年 9 月）	202
5.2.22	SC 42 业务计划（2020 年 11 月—2021 年 9 月）	209
5.2.23	JTC 1/WG 11 业务计划（2021 年 5 月—2021 年 9 月）	221

  5.2.24 　JTC 1/WG 12 业务计划 ·· 228
  5.2.25 　JTC 1/WG 13 业务计划（2021 年 5 月—2022 年 5 月）·· 234

附录 A 　法律法规文件 ··· **238**
 A.1 　中华人民共和国标准化法 ·· 238
 A.2 　国家标准管理办法 ··· 242
 A.3 　强制性国家标准管理办法 ·· 247
 A.4 　国家标准外文版管理办法 ·· 252
 A.5 　国家标准化指导性技术文件管理规定 ··· 255
 A.6 　采用快速程序制定国家标准的管理规定 ·· 256
 A.7 　工业通信业行业标准制定管理办法 ··· 257
 A.8 　工业和信息化部行业标准制定管理暂行办法 ·· 260
 A.9 　工业和信息化部标准制修订工作补充规定 ··· 276
 A.10 　检验检测机构资质认定管理办法 ·· 279

附录 B 　ITU-T/ITU-R/ISO/IEC 共同专利政策实施指南 ··· **284**

附录 C 　我国信息技术标准目录 ··· **293**

附录 D 　ISO/IEC JTC 1 稳定状态标准 ·· **343**

附录 E 　JTC 1 标准中吸纳专利情况统计 ·· **356**

附录 F 　ISO 标准制定项目阶段代码及其含义 ·· **366**

附录 G 　ISO/IEC JTC 1 负责的现行国际标准 ·· **367**

附录 H 　ISO/IEC JTC 1 制定中的国际标准 ·· **474**

第 2 章　我国 IT 领域标准制定工作程序

2.1 国家标准制定工作程序

2.1.1 标准制定阶段划分和流程

1. 阶段划分（见表 2-1）

表 2-1　国家标准制定阶段划分

阶段代码	阶段名称	阶段任务	阶段成果	完成周期/月
00	预阶段	提出新工作项目建议	PWI	
10	立项阶段	提出新工作项目	NP	3
20	起草阶段 [a,b]	提出标准草案征求意见稿	WD	10
30	征求意见阶段 [b]	提出标准草案送审稿	CD	5
40	审查阶段	提出标准草案报批稿	DS	5
50	批准阶段	提供标准出版稿	FDS	8
60	出版阶段	提供标准出版物	GB，GB/T，GB/Z	3
90	复审阶段	对实施周期达 5 年的标准或实施周期达 3 年的指导性技术文件进行复审	继续有效/修改/修订/废止	60
95	废止阶段		废止	

[a] 对等同采用国际标准或国外先进标准的制修订项目，可省略起草阶段；
[b] 对现有标准修订项目或其他各级标准转化制定项目，可省略起草阶段和征求意见阶段。

2. 标准制定流程图（见图 2-1）

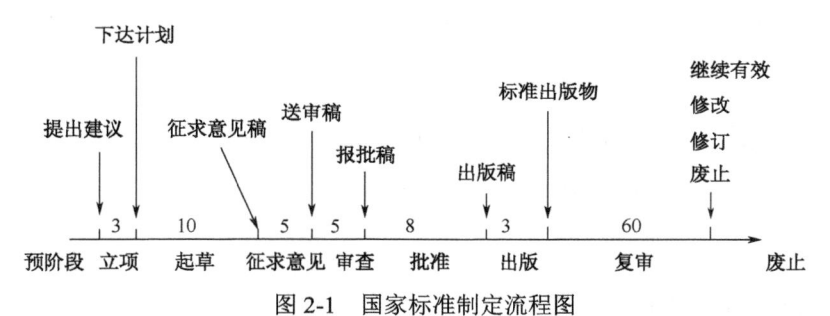

图 2-1　国家标准制定流程图

注：根据 2022 年 9 月 19 日发布的《国家标准管理办法》（国家市场监督管理总局令第 59 号）要求，强制性国家标准从计划下达到报送报批材料的期限一般不得超过 24 个月。推荐性国家标准从计划下达到报送报批材料的期限一般不得超过 18 个月。此办法自 2023 年 3 月 1 日起实施。

2.1.2 各阶段流程和工作

1. 预阶段

① 生成的文件：
- 强制性国家标准项目建议书；
- 推荐性国家标准项目建议书；
- 国家标准化指导性技术文件项目建议书；

- 研制国家标准样品项目建议书；
- 申报项目建议书的附件：
  —— 标准草案（初稿）；
  —— 强制性国家标准项目预研报告；
  —— 强制性国家标准项目基本情况表；
  —— 申报项目整体情况说明（需要时）；
  —— 汇总表（需要时）。

如有专利，还需提交：
- 专利信息披露表；
- 证明材料（专利证书复印件/扉页或专利公开通知书复印件/扉页或专利申请号和申请日期）；
- 专利清单。

② 申报部门：
- 强制性国家标准由项目申报单位报工业和信息化部相关司局，或由项目申报单位报各地方市场监督管理局；
- 推荐性国家标准/国家标准化指导性技术文件由项目申报单位报工业和信息化部相关司局，或由项目申报单位报全国信息技术标准化技术委员会/全国信息安全标准化技术委员会秘书处，或由项目申报单位报各地方市场监督管理局。

2．立项阶段

① 生成的文件：
- 国家标准制修订项目计划；
- 研制国家标准样品项目计划。

② 批准部门：国家标准化管理委员会。

3．起草阶段

① 工作内容：
- 成立标准起草工作组；
- 拟定工作计划；
- 开展调查研究；
- 安排试验验证项目；
- 完成标准征求意见稿、编制说明及有关附件的编写；
- 报归口部门申请进入征求意见阶段。

② 生成的文件：
- 标准草案（征求意见稿）；
- 标准草案（征求意见稿）编制说明；
- 其他文件。

4．征求意见阶段

① 流程和工作内容：
- 通过网站公示（全国标准信息公共服务平台/全国信息技术标准化技术委员会网站/电子信息技术标准化服务平台）、定向分发（纸文件和 E-mail）和召开征求意见会等形式广泛征求意见；
- 涉及专利的标准按规定公布标准相关信息；
- 意见处理，填写《征求意见汇总处理表》[若回复意见要求对征求意见稿做重大修改，则应产生第二征求意见稿（甚至第三征求意见稿），并进一步征求有关单位的意见]；
- 补充试验验证；
- 完成标准送审稿、编制说明及有关附件的编写；

- 向归口标准化技术委员会或主管部门提出召开审查会的建议。
② 生成的文件：
- 标准草案（送审稿）；
- 标准草案（送审稿）编制说明；
- 标准草案（征求意见稿）意见汇总处理表；
- 其他文件。

5. 审查阶段

① 流程和工作内容：
- 分发标准草案（送审稿）、编制说明、意见汇总处理表（征求意见稿）；
- 对标准草案（送审稿）进行审议，并做出审查结论；
- 对标准草案（征求意见稿）意见汇总处理情况的正确性进行确认；
- 涉及专利的标准，审查必要专利信息披露表、证明材料、已披露的专利清单和必要专利实施许可声明表的完备性，并给出审查意见；
- 汇总审查时的修改意见；
- 按审查结论修改标准草案（送审稿）形成标准报批稿；
- 修改标准草案（送审稿）编制说明。

注：对强制性国家标准、涉及专利的标准送审稿进行审查时，应采用会议审查的方式。

② 生成的文件：
- 审查会会议纪要，或函审结论及其标准函审单；
- 标准草案（报批稿）；
- 标准草案（报批稿）编制说明；
- 标准草案（送审稿）意见汇总处理表；
- 报批报告；
- 专业标准化技术委员会标准草案（报批稿）审查单（适用于有相应标委会的项目）；
- 报批项目的整体情况说明；
- 其他文件。

6. 批准阶段

① 流程和工作内容：
- 项目主办单位：按规定时间和渠道完成标准草案（报批稿）及其有关文件的上报工作；处理完善各级主管部门在审核过程中提出的遗留问题。
- 标准化技术委员会：标准正式批准发布前的审查和协调。合格者，报送相应主管部门。
- 部标准技术审查机构：标准正式批准发布前的审查和协调。合格者，报送工业和信息化部。
- 工业和信息化部：对归口管理的国家标准草案（报批稿）进行审核，必要时进行跨行业协调工作。合格者，报送国家标准化行政主管部门审批。
- 国家市场监督管理总局/国家标准化管理委员会：负责批准发布国家标准。

② 生成的文件：
- 国家标准批准发布公告；
- 国家标准出版稿。

7. 出版阶段

① 工作内容：国家标准出版社出版国家标准。
② 生成的文件：
- 强制性国家标准；
- 推荐性国家标准；

- 国家标准化指导性技术文件。

8. 复审阶段

① 工作内容：归口标委会对已发布实施达 5 年的国家标准或发布实施达 3 年的国家标准化指导性技术文件或标准中涉及的专利信息发生变化的标准进行复审。
② 生成的文件：发布标准复审结果目录公告。
③ 复审结论：
- 继续有效；
- 修改（通过技术勘误表或修改单，经批准发布实施）；
- 修订（提交一个新工作项目建议，列入工作计划）；
- 废止。

9. 废止阶段

国家标准化管理委员会（简称国家标准委）发布国家标准复审结果目录公告。

2.2 行业标准制定工作程序

目前，IT 领域行业标准的制修订工作按《工业通信业行业标准制定管理办法》规定的工作程序执行，涉及的具体文件、资料的样式要求等参照《工业和信息化部行业标准制定管理暂行办法》《工业和信息化部标准制修订工作补充规定》和《行业标准报批补充要求》的规定执行。

1. 标准制定阶段和流程

（1）阶段划分（见表 2-2）

表 2-2 行业标准制定阶段划分

阶段代码	阶段名称	阶段任务	阶段成果	完成周期/月
00	预阶段	提出新工作项目建议	PWI	
10	立项阶段	提出新工作项目	NP	3
20	起草阶段 [a,b]	提出标准草案征求意见稿	WD	10
30	征求意见阶段 [b]	提出标准草案送审稿	CD	5
40	审查阶段	提出标准草案报批稿	DS	5
50	批准阶段	提供标准出版稿	FDS	8
60	出版阶段	提供标准出版物	SJ，SJ/T，SJ/Z	3
90	复审阶段	对实施周期达 5 年的标准或实施周期达 3 年的指导性技术文件进行复审	继续有效/修改/修订/废止	60
95	废止阶段		废止	

[a] 对等同采用国际标准或国外先进标准的制修订项目，可省略起草阶段；
[b] 对现有标准修订项目或其他各级标准转化制定项目，可省略起草阶段和征求意见阶段。

（2）标准制定流程图（见图 2-2）

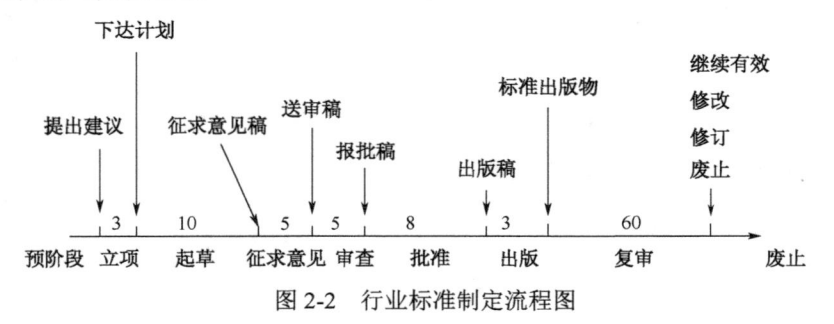

图 2-2 行业标准制定流程图

2. 各阶段简要流程和工作

（1）预阶段

① 生成的文件：
- 行业标准项目建议书；
- 行业标准草案（初稿）（需要时）；
- 申报项目整体情况说明；
- 汇总表。

② 申报部门（任选其一）：
- 由项目申报单位报工业和信息化部相关专业司；
- 由项目申报单位报全国信息技术标准化技术委员会秘书处；
- 由项目申报单位报中国电子技术标准化研究院；
- 由项目申报单位报工业和信息化部各相关专业司管理的标准工作组。

（2）立项阶段

① 生成的文件：行业标准制修订项目计划。
② 批准部门：工业和信息化部科技司。

（3）起草阶段

① 工作内容：
- 成立标准起草工作组；
- 拟定工作计划；
- 开展调查研究；
- 安排试验验证项目；
- 完成标准征求意见稿、编制说明及有关附件的编写；
- 报归口部门申请进入征求意见阶段。

② 生成的文件：
- 标准草案（征求意见稿）；
- 标准草案（征求意见稿）编制说明；
- 其他文件。

（4）征求意见阶段

① 流程和工作内容：
- 通过网站公示（全国信息技术标准化技术委员会网站/电子信息技术标准化服务平台）、定向分发（纸质文件和 E-mail）和召开征求意见会等形式广泛征求意见；
- 涉及专利的标准按规定公布标准相关信息；
- 意见处理，填写《征求意见汇总处理表》[若回复意见要求对征求意见稿做出重大修改，则应产生第二征求意见稿（甚至第三征求意见稿），并进一步征求有关单位的意见]；
- 补充试验验证；
- 完成标准送审稿、编制说明及有关附件的编写；
- 向归口单位和主管部门提出审查的建议。

② 生成的文件：
- 标准草案（送审稿）；
- 标准草案（送审稿）编制说明；
- 标准草案（征求意见稿）意见汇总处理表；
- 其他文件。

（5）审查阶段

① 流程和工作内容：
- 分发标准草案（送审稿）、编制说明、征求意见稿意见汇总处理表；
- 对标准草案（送审稿）进行审议，并做出审查结论；
- 对标准草案（征求意见稿）意见汇总处理情况的正确性进行确认；
- 涉及专利的标准，审查标准草案引用的专利清单、标准草案中引用专利的技术说明、专利许可声明、专利披露声明的完备性，并给出审查意见；
- 汇总审查时的修改意见；
- 按审查结论修改标准草案（送审稿）形成标准报批稿；
- 修改标准草案（送审稿）编制说明。

② 生成的文件：
- 审查会会议纪要，或函审结论及其标准函审单；
- 标准草案（报批稿）；
- 标准草案（报批稿）编制说明；
- 标准草案（送审稿）意见汇总处理表；
- 报批报告；
- 专业标准化技术委员会标准草案（报批稿）审查单（适用于有相应标委会的项目）；
- 报批项目的整体情况说明；
- 其他文件。

（6）批准阶段

① 流程和工作内容：
- 项目主办单位：按规定时间和渠道完成标准草案（报批稿）及其有关文件的上报工作；处理完善各级主管部门在审核过程中提出的遗留问题。
- 标准化技术委员会：负责标准正式批准发布前的审查、协调工作。合格者，报送相应主管部门。
- 部标准技术审查机构：负责标准正式批准发布前的审查、协调工作。合格者，报送工业和信息化部相关司局。
- 工业和信息化部：负责对归口管理的行业标准的批准发布工作。

② 生成的文件：
- 标准批准发布公告；
- 行业标准出版稿。

（7）出版阶段

① 工作内容：中国电子技术标准化研究院（CESI）负责电子行业标准的出版发行。
② 生成的文件：电子行业标准。

（8）复审阶段

① 工作内容：由 CESI 或相应标委会对已发布实施达 5 年的标准或发布实施达 3 年的标准化指导性技术文件或标准中涉及的专利信息发生变化的标准进行复审。

② 复审结论：
- 继续有效；
- 修改（通过技术勘误表或修改单，经批准发布实施）；
- 修订（提交一个新工作项目建议，列入工作计划）；
- 废止。

③ 生成的文件：发布标准复审结果目录公告。

（9）废止阶段

工业和信息化部发布废止行业标准目录。

3. 信标委和信安标委的标准立项和制修订流程图

全国信息技术标准化技术委员会（简称信标委）和全国信息安全标准化技术委员会（简称信安标委）的标准立项和标准制修订的流程图见图2-3～图2-5。

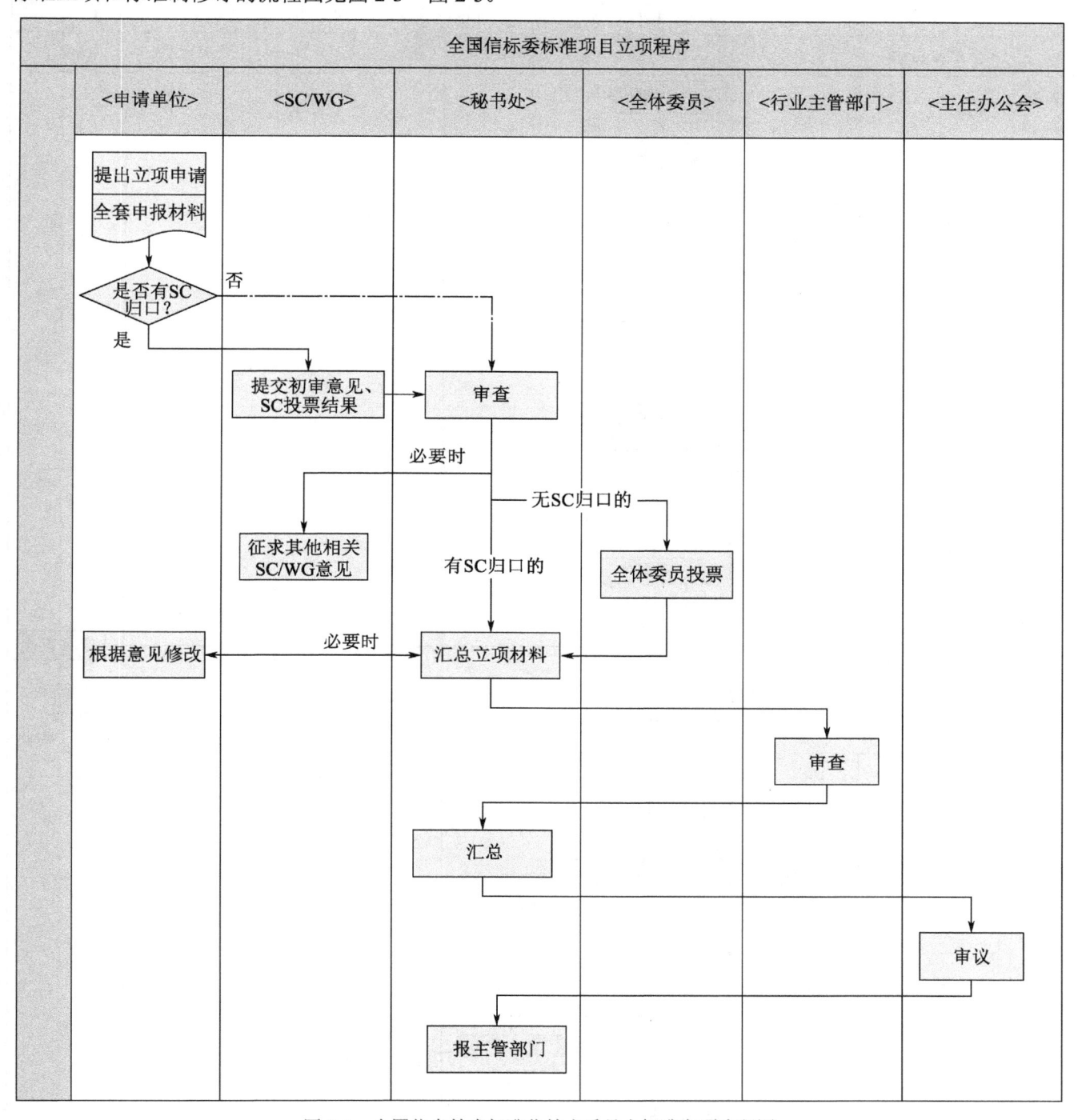

全国信标委标准项目立项程序						
<申请单位>	<SC/WG>	<秘书处>	<全体委员>	<行业主管部门>	<主任办公会>	
提出立项申请 全套申报材料 → 是否有SC归口？ （是/否） → 根据意见修改	提交初审意见、SC投票结果 → 征求其他相关SC/WG意见	审查 → 汇总立项材料（有SC归口的） → 汇总 → 报主管部门	全体委员投票（无SC归口的）	审查	审议	

图2-3　全国信息技术标准化技术委员会标准立项流程图

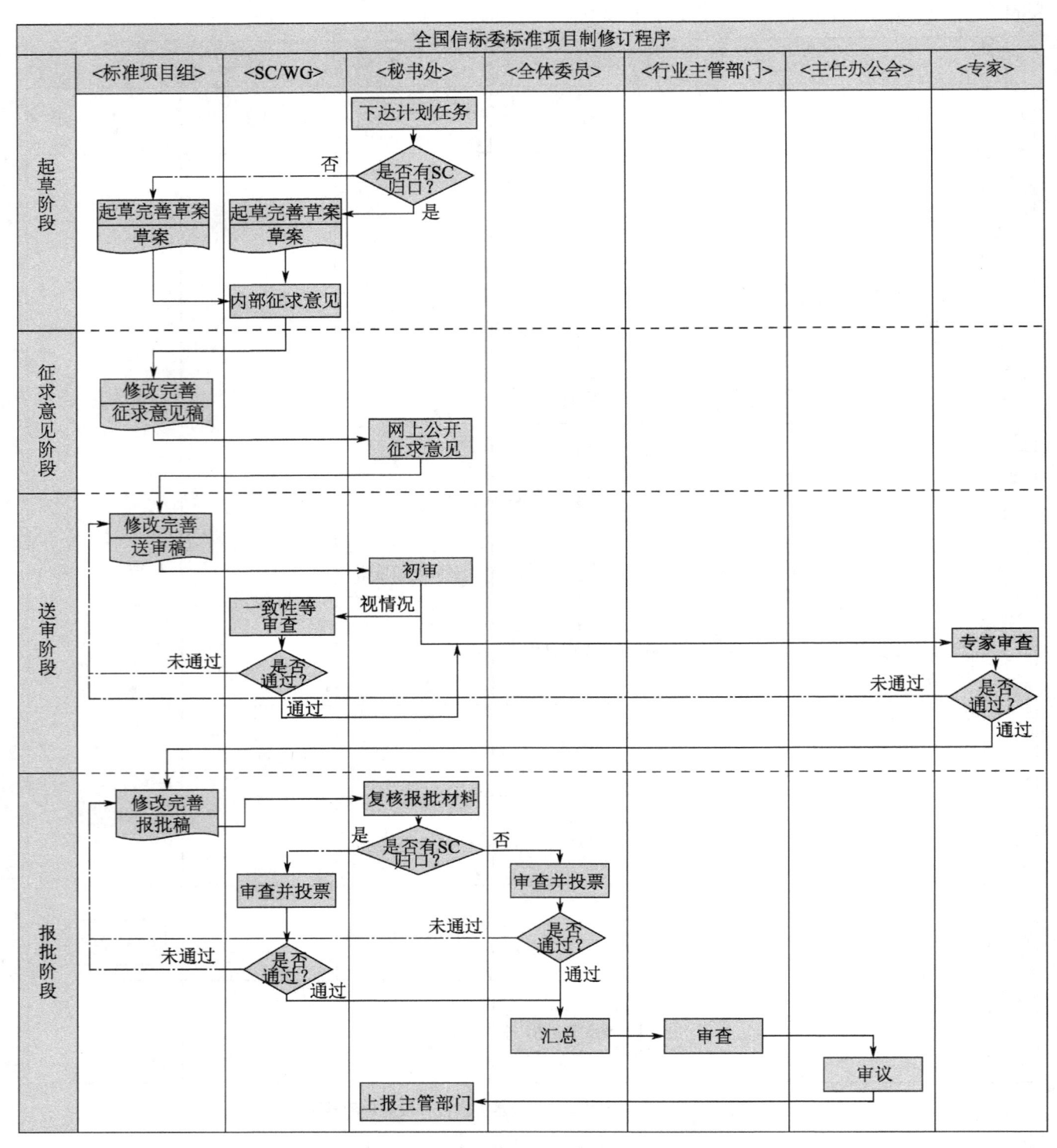

图 2-4　全国信息技术标准化技术委员会标准制修订流程图

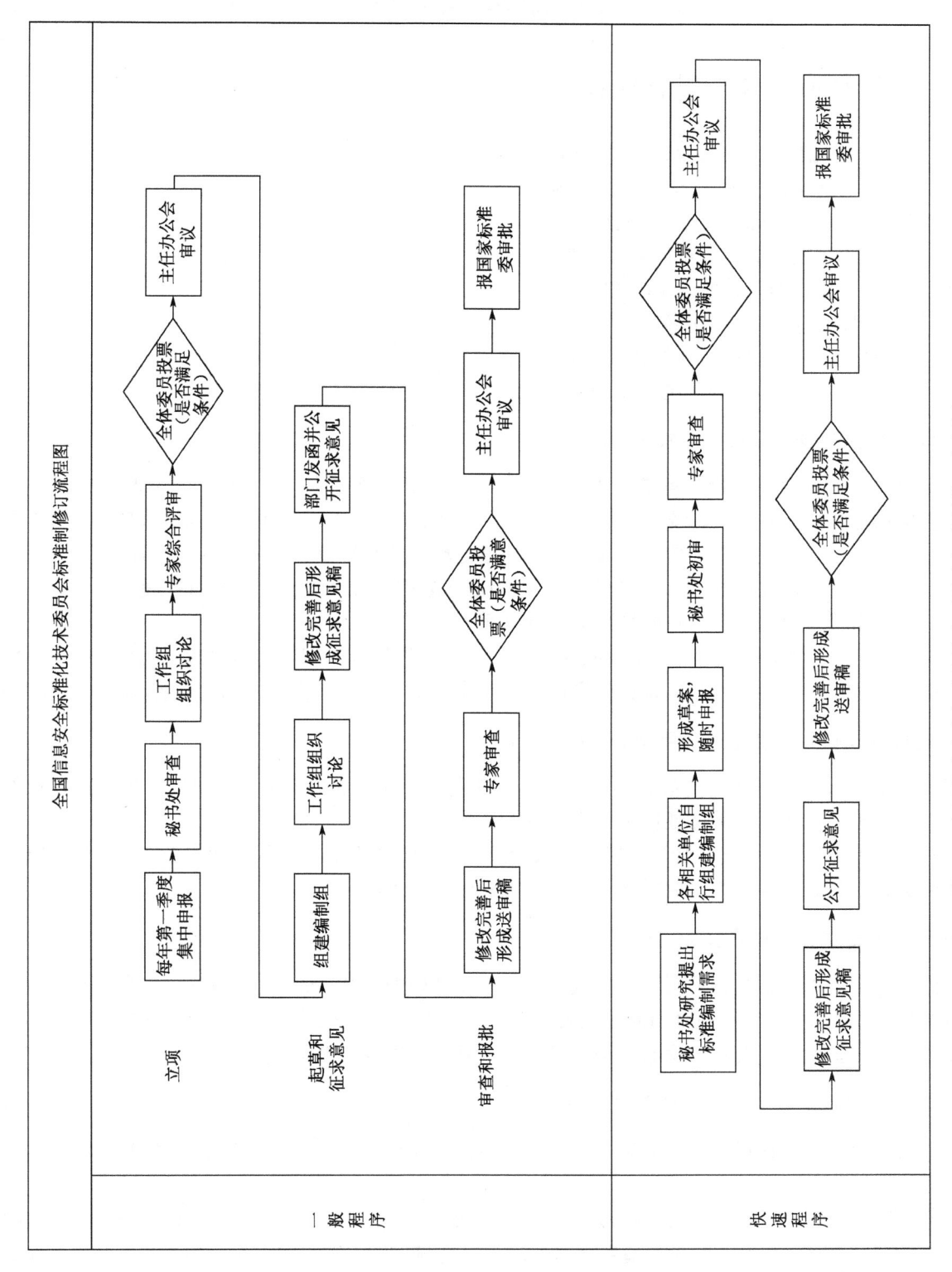

图 2-5 全国信息安全标准化技术委员会标准制修订流程图

第3章 IT领域标准化技术组织

3.1 我国IT领域相关标准化组织

- 中华人民共和国国家市场监督管理总局
- 中国国家认证认可监督管理委员会（CNCA）
- 中国国家标准化管理委员会（SAC）
- 中华人民共和国工业和信息化部（MIIT）
- 中国电子技术标准化研究院（CESI）
- 全国信息技术标准化技术委员会（SAC/TC 28）
- 全国信息安全标准化技术委员会（SAC/TC 260）
- 中国电子工业标准化技术协会（CESA）

1. 中华人民共和国国家市场监督管理总局

国家市场监督管理总局负责市场综合监督管理，统一登记市场主体并建立信息公示和共享机制，组织市场监管综合执法工作，承担反垄断统一执法，规范和维护市场秩序，组织实施质量强国战略，负责工业产品质量安全、食品安全、特种设备安全监管，统一管理计量标准、检验检测、认证认可工作等。

国家市场监督管理总局中与IT标准化相关的机构是标准技术管理司和标准创新管理司，与认证认可相关的机构是认证监督管理司和认可与检验检测监督管理司。

[2018年3月，根据第十三届全国人民代表大会第一次会议批准的国务院机构改革方案，设立中华人民共和国国家市场监督管理总局，为国务院直属机构。2018年4月10日，国家市场监督管理总局正式挂牌。]

2. 中国国家认证认可监督管理委员会（CNCA）

中国国家认证认可监督管理委员会（简称国家认监委）是国务院决定组建并授权，履行行政管理职能，统一管理、监督和综合协调全国认证认可工作的主管机构。

[2018年3月，根据第十三届全国人民代表大会第一次会议批准的国务院机构改革方案，将国家认证认可监督管理委员会职责划入国家市场监督管理总局，对外保留牌子。]

3. 中国国家标准化管理委员会（SAC）

中国国家标准化管理委员会是国务院授权履行行政管理职能、统一管理全国标准化工作的主管机构。

[2018年3月，根据第十三届全国人民代表大会第一次会议批准的国务院机构改革方案，将中华人民共和国国家标准化管理委员会职责划入国家市场监督管理总局，对外保留牌子。]

4. 中华人民共和国工业和信息化部（MIIT）

工业和信息化部（简称工信部）为国务院组成部门，是信息技术标准的行业主管部门。其与IT标准化相关的职责如下：

① 拟订高技术产业中涉及生物医药、新材料、航空航天、信息产业等的规划、政策和标准并组织实施，指导行业技术创新和技术进步，以先进适用技术改造提升传统产业，组织实施有关国家科技重大专项，推进相关科研成果产业化，推动软件业、信息服务业和新兴产业发展。

② 统筹推进国家信息化工作，组织制定相关政策并协调信息化建设中的重大问题，促进电信、广播电视和计算机网络融合，指导协调电子政务发展，推动跨行业、跨部门的互联互通和重要信息资源的开发利用、共享。

③ 开展工业、通信业和信息化的对外合作与交流，代表国家参加相关国际组织。

④ 与IT标准化相关的司局为电子信息司、信息技术发展司、节能与综合利用司和科技司。

其相关标准化工作由中国电子技术标准化研究院、标准工作组、全国信息技术标准化技术委员会、全国信息安全标准化技术委员会、代管的全国专业技术标准化技术委员会、中国电子工业标准化协会等单位开展。

5. 中国电子技术标准化研究院（CESI）

CESI 是国家从事工业和电子信息技术领域标准化的基础性、公益性、综合性科研机构。它成立于 1963 年，是原无线电工业部直属单位，名称是无线电工业标准化所。现在是工业和信息化部直属事业单位。

CESI 以工业和电子信息技术标准化工作为核心，通过开展标准研制、试验检测、计量校准、认证评估、培训服务和产业研究等业务，面向政府提供政策研究、行业管理和战略决策的专业支撑，面向社会提供标准化技术服务。

CESI 是政府授权的电子行业国际标准化总归口，承担 58 个 IEC、ISO/IEC JTC 1 的 TC/SC 国内技术归口、14 个全国标准化技术委员会和 24 个全国标准化技术委员会分技术委员会秘书处的工作[其中包括全国信息技术标准化技术委员会（SAC/TC 28）和全国信息安全标准化技术委员会（SAC/TC 260）的秘书处]，以及 IEEE 智能制造标准委员会秘书处工作，是国家智能制造标准化总体组组长单位、国家人工智能标准化总体组组长单位、智能制造系统解决方案供应商联盟秘书处单位，与多个国际标准化组织及国内外知名机构建立了合作关系；建有政府授权和权威机构认可的实验室、认证机构及工作站，是 CNCA 认可的认证机构。

6. 全国信息技术标准化技术委员会（SAC/TC 28）

全国信息技术标准化技术委员会（简称信标委，编号为 SAC/TC 28，简写为 TC 28）成立于 1983 年，由 MIIT 和 SAC 共同管理，是我国最大的标准化技术委员会之一。TC 28 的业务范围包括信息和数据的采集、表示、处理、传输、交换、描述、管理、组织、存储、检索及其技术，以及产品与系统的设计、研制、管理、测试和相关工具开发等的标准化工作。TC 28 在国际上对口 ISO/IEC JTC 1（ISO/IEC JTC 1/SC 27 除外）。

多年来，TC 28 在我国信息技术标准的规划、计划、立项、研究以及制定等方面发挥了重大作用。截至 2022 年 7 月，TC 28 归口管理的国家标准有 1 343 项，国家标准计划项目 216 项，行业标准 170 项。与此同时，TC 28 还积极参与国际标准化活动，建立了中欧、中美、两岸信息技术标准的技术交流与合作机制。

TC 28 现有来自中央网信办、中央办公厅、军委装备发展部、教育部、工信部、民政部、人社部、住建部、水利部、国家档案局、国家信息中心、中国残疾人联合会、各地方经信委等部门和产、学、研单位的 112 名委员。TC 28 下设 19 个分技术委员会、18 个工作组、4 个研究组，其组织结构图见图 3-1。

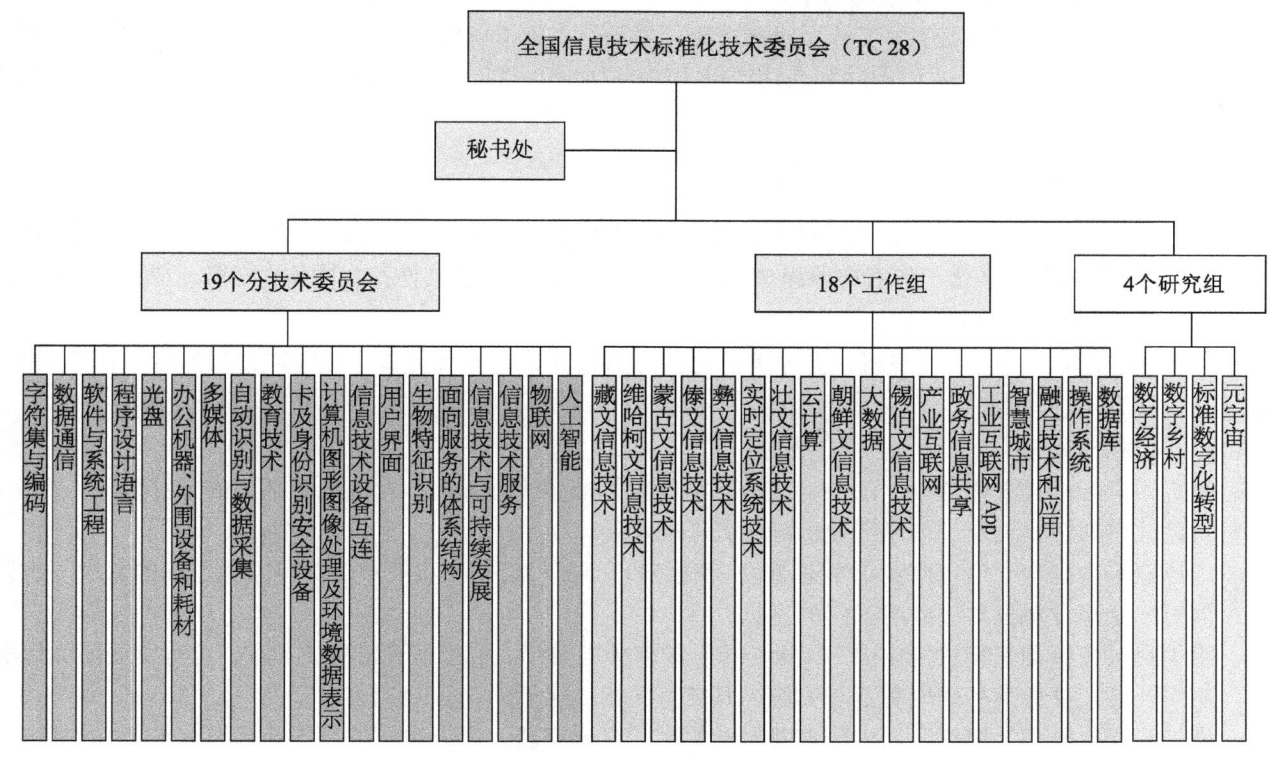

图 3-1　TC 28 组织结构图

7. 全国信息安全标准化技术委员会（SAC/TC 260）

2002 年 4 月，国家标准化管理委员会批复成立"全国信息安全标准化技术委员会"（简称信安标委，编号为 SAC/TC 260，简写为 TC 260）。信安标委（TC 260）是国家标准化管理委员会的直属标委会，在国家标准化管理委员会的领导下，在中央网信办的统筹协调和有关网络安全主管部门的支持下，对网络安全国家标准进行统一技术归口，统一组织申报、送审和报批。TC260 承担 ISO/IEC JTC 1/SC 27 等网络安全相关国际标准化组织的对口业务工作，组织参与国际标准化工作和开展对外交流活动。2021 年 8 月 24 日，国家标准化管理委员会批复第三届信安标委换届及组成方案。

信安标委下设 6 个工作组和 1 个特别工作组，负责组织各技术领域标准项目研讨与推进。为充分提高网络安全标准化工作的参与度与广泛性，信安标委全年面向社会公开征集并吸纳工作组成员单位，目前已有来自企业、高等院校、科研院所、检测认证机构和用户等 714 家单位加入各工作组。信安标委（TC 260）组织结构图见图 3-2。

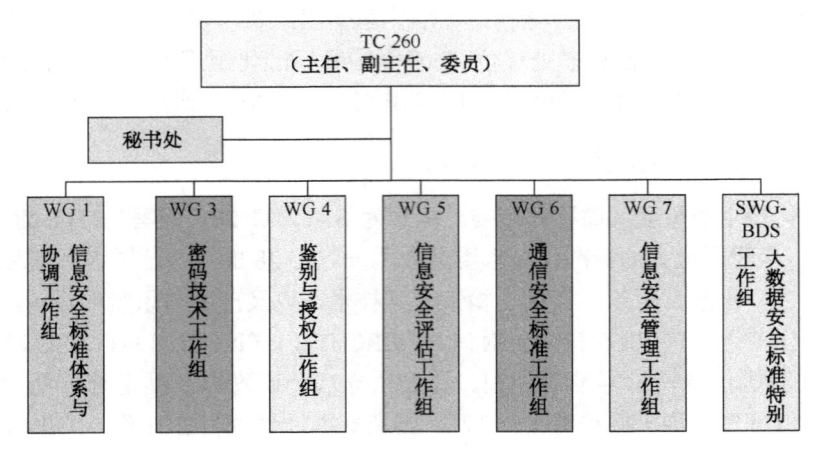

图 3-2 TC 260 组织结构图

截至 2022 年 6 月，信安标委归口管理的网络安全国家标准已达 339 项，涉及密码、鉴别与授权、安全评估、通信安全、安全管理、大数据安全等领域，为国家网络安全重要工作提供了标准依据，有力支撑了《网络安全法》《数据安全法》《个人信息保护法》《密码法》《电子签名法》等法律法规落地实施；同时，先后推动了 49 项网络安全国际标准提案，其中，"国产密码算法""虚拟信任根""大数据参考架构"等 18 项国际标准已正式发布，极大提升了我国国际标准话语权和影响力，为网络安全国际标准化工作贡献了中国智慧和中国方案。

8. 中国电子工业标准化技术协会（CESA）

中国电子工业标准化技术协会（简称中电标协）成立于 1993 年，是民政部批准的一级协会，是全国电子信息产业标准化组织和标准化工作者自愿组成的全国性、行业性、非营利性社会团体。它以开放和自愿模式接纳协会成员，目前有会员 700 多个。

中电标协已组建了高性能计算机、企业信息化、开放计算、新一代计算、软件能力成熟度等标准工作委员会。

中电标协的工作任务包括：

- 执行国家标准化法律法规、法令，宣传贯彻国家标准化管理部门、业务指导部门的方针政策、规章，协助政府部门推动电子信息产业标准化工作的发展。
- 广泛联系全国电子信息产业企事业单位，积极向政府部门反映企事业单位对标准化工作的需求与建议，同时向企事业单位传递政府部门的意见。
- 组织会员按照国家相关规定参与国际标准、国家标准及行业标准研究和制定工作；培育发展团体标准，组织开展团体标准的研究制定与实施；开展有关标准化活动。
- 竭诚为会员服务。组织开展电子信息产业标准化学术交流；举办电子信息产业标准化专业知识培训、专题研讨；开展标准的宣贯推广，接受政府委托承办或根据市场和行业发展需要举办展览展示等活动；

提供标准化相关技术咨询和服务等。
- 加强与国内相关行业协会和组织的联系,开展国内外标准化交流与合作。

3.2 相关部门和组织间的关系

《中华人民共和国标准化法》第五条规定:国务院标准化行政主管部门统一管理全国标准化工作。国务院有关行政主管部门分工管理本部门、本行业的标准化工作。

国家标准化管理委员会是国务院授权履行行政管理职能,统一管理全国标准化工作的主管机构,"负责组织国家标准的制定、修订工作,负责国家标准的统一审查、批准、编号和发布"是其职责之一。工业和信息化部作为国务院有关行政主管部门负责制定本部门、本行业的行业标准。国家认监委是我国认证认可工作的主管部门,主要负责我国实验室和认证中心的认可以及体系认证和产品认证工作。通过认可实验室的测试,再基于测试结果,由国家认监委设立并授权的认可委(如 CNAS)认可的认证中心进行产品或体系认证是实施我国信息技术标准的有效手段。

我国信息技术标准化相关部门相互之间的关系见图 3-3。

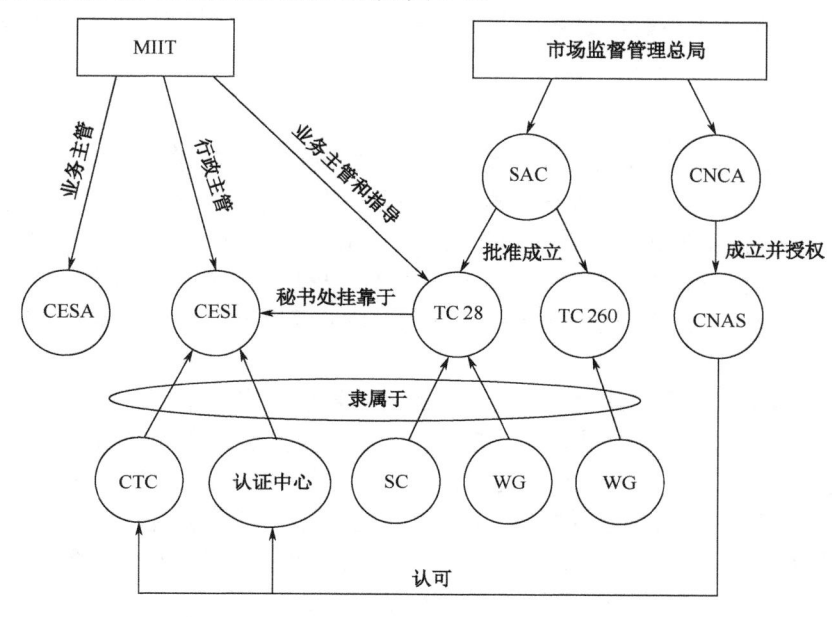

MIIT —— 工业和信息化部　　SAC —— 国家标准化管理委员会(现为国家市场监督管理总局)
CNCA —— 国家认证认可监督管理委员会(简称国家认监委)
CESA —— 中国电子工业标准化技术协会　　CESI —— 中国电子技术标准化研究院
TC 28 —— 全国信息技术标准化技术委员会　　TC 260 —— 全国信息安全标准化技术委员会
CNAS —— 中国合格评定国家认可委员会　　CTC —— 信息处理产品标准符合性检测中心
SC —— 分技术委员会　　WG —— 工作组

图 3-3　我国信息技术标准化相关部门之间的关系

3.3 国际 IT 领域主要标准化技术组织

1. 国际标准化组织

国际标准化组织(ISO)是世界上最大的国际标准制定组织和出版组织之一,成立于 1947 年,总部设在瑞士日内瓦。ISO 是独立的非政府性国际组织,不属于联合国,但与联合国的许多组织和专业机构保持密切联系;还与很多国际组织就标准化问题进行合作,其中同国际电工委员会(IEC)的关系最为密切。

ISO 是由来自全世界 160 个国家(包括发达国家和发展中国家及过渡经济体)的国家标准机构组成的联合

体。目前，ISO 拥有 24 399 多个国际标准和其他类型的规范性文件。ISO 的业务范围从传统活动（例如农业和建筑）到机械工程、制造和配电系统，直至交通、医疗器械、信息通信技术（ICT）以及良好的管理实践和服务标准。

（1）宗旨与任务

ISO 的宗旨是：在全世界促进标准化及有关活动的发展，以便于国际物资交流和服务，并扩大知识、科学、技术和经济领域的合作。主要任务是：制定发布和推广国际标准；协调世界范围内的标准化工作；组织各成员体和技术委员会进行信息交流；与其他国际组织共同研究有关标准化问题。

（2）成员资格

ISO 成员资格向最代表本国标准化的国家标准机构开放，成员分为 3 类：全权成员（成员体）、通讯成员和注册成员。

成员体 —— 一个国家只能有 1 个具有广泛代表性的国家标准化机构可获得这种 ISO 成员资格。成员体可以参加 ISO 各项活动，有投票权。现有 125 个成员体。

通讯成员 —— 支付较少会费，可以以观察员的身份参加任何政策或技术机构活动，但是没有表决权。现有 39 个通讯成员。

注册成员 —— 也要支付较少会费，通常是来自尚未建立国家标准化机构、经济不太发达的国家。现有 3 个注册成员。

（3）组织机构

ISO 的主要机构有全体大会、理事会、中央秘书处及技术管理局、技术委员会。

全体大会（The General Assembly）是 ISO 的最高权力机构，为非常设机构，每年召开一次会议，ISO 所有战略决议都在全体大会上讨论形成。ISO 所有成员体、通讯成员、注册成员以及与 ISO 有联络关系的国际组织可派代表参会，但只有成员体有表决权。全体大会的主要议程包括：年度报告中有关项目的行动情况、ISO 的战略计划以及财政情况等。全体大会的工作议程只限于 ISO 成员体参加，专题公共研讨会任何与会人员均可参加。

理事会（The ISO Council）是 ISO 大会闭会期间的常设管理机构，每年召集两次会议，由 ISO 官员（主席、副主席、司库、秘书长）、20 个成员体以及 3 个政策制定委员会主席组成。理事会执行 ISO 的大部分管理职能，其主要任务是：任命司库、秘书长、政策制定委员会主席；选举技术管理局（TMB）成员，并确定其职权范围；审查通过 ISO 中央秘书处财务预决算。理事会下设主席委员会、政策制定委员会（符合性评定委员会、消费者政策委员会、发展中国家事务委员会）、理事会常设委员会和特别咨询委员会。ISO 的运行由秘书长负责管理。秘书长是一个常设职位，向 ISO 理事会报告工作。

技术管理局（Technical Management Board，TMB）负责技术工作管理，同时还负责对制定标准的各技术委员会和因技术问题而设立的任何战略咨询委员会的管理。

中央秘书处（ISO/CS）负责 ISO 日常行政事务，编辑出版 ISO 标准及各种出版物，代表 ISO 与其他国际组织的联系。ISO/CS 在秘书长的指导下开展工作，承担全体大会、理事会、3 个政策制定委员会、技术管理局等的秘书处工作。

（4）ISO 技术工作

ISO 规范其技术工作的基本文件是《ISO/IEC 导则 第 1 部分：技术工作程序》和《ISO/IEC 导则 第 2 部分：国际标准的结构和编写规则》以及 ISO/IEC 导则包含的 ISO 补充程序。

ISO 的技术工作由 ISO 技术管理局（TMB）负责全面管理，ISO 的技术工作是通过技术委员会（TC）来开展的。成立新的 TC 需经 ISO 理事会批准，其工作范围则由 ISO 技术管理局代表理事会规定。每个 TC 根据工作需要可以设立若干个分技术委员会（SC），TC 和 SC 还可以下设若干工作组（WG）。

每个 TC 和 SC 都设立一个秘书处，由 ISO 成员体担任。TC 的秘书处由 ISO 技术管理局指定；SC 的秘书处由 TC 指定。WG 不设秘书处，但由上级 TC 或 SC 指定一名召集人。

TC 和 SC 的成员分为 2 类：积极成员（P 成员）和观察员（O 成员）。P 成员必须积极参加 TC 或 SC 的活动，有进行投票的义务，并且要尽可能出席会议。O 成员只能了解 TC 或 SC 的工作情况，当然，他们也可参加会议并获得有关资料。

ISO 内部成员体或其他国际组织提出新技术领域的建议，可列入工作计划，但所有建议均需提交 ISO 各成员体考虑，如被采纳，即交给有关 TC 承担，或另外建立一个新的 TC 来承担。如果一项工作与几个 TC 都有关系，则需在他们之间建立联络关系，以便进行协调。每个成员体有权参加他们感兴趣的任何 TC 的活动。

ISO 规定，所有 ISO 标准至少每隔 5 年复审 1 次，特殊情况下，还可提前复审。

2. 国际电工委员会

国际电工委员会（IEC）是制定和发布国际电工电子标准的非政府性国际标准化机构，成立于 1906 年，总部设在日内瓦。1947 年 IEC 作为电工部门并入 ISO，1976 年又从 ISO 中分立出来。目前大约与 200 个国际组织保持联系，其中与国际标准化组织（ISO）和国际电信联盟（ITU）的关系最为密切。

（1）宗旨与任务

IEC 的宗旨是：促进电工、电子工程领域中的标准化及有关事项方面的国际合作，增进国家间的相互了解。IEC 从事电工技术 5 个方面的工作：认定共同的表达方法、制定试验或说明性能的标准方法、就标准试验方法制定产品质量或性能指标、议定影响机械或电气互换性的特征以简化品种、制定有关人身安全的技术标准。

（2）成员

IEC 成员称为 IEC 国家委员会（NC），其成员资格分为两类：全权成员和协作成员。

全权成员——一个国家只能有 1 个机构以国家委员会名义参加 IEC，具有全权成员资格的国家有权参加 IEC 所有标准化活动，具有平等投票权。

协作成员——有权参加所有技术会议，可以参加 IEC 年会期间召开的理事会和标准化管理局会议。有权评论从新提案到最终国际标准草案的所有 IEC 技术文件，还可以向 IEC 秘书长申请成为至少 4 个技术委员会和（或）分委会的 P 成员，从选择委员会一开始就拥有对技术工作表决权。

此外，还有一种参与 IEC 活动的形式，称为联合国家计划。IEC 运行该计划的目的是使发展中国家能够积极参加国际标准的制定并鼓励发展中国家采用国际标准。然而，参加联合国家计划的国家不等于具备 IEC 成员资格。

（3）组织机构

IEC 主要机构有：理事会、理事局、执行委员会、中央办公室和国际无线电干扰特别委员会等部门。

理事会（Council）是 IEC 最高权力机构，其成员由所有 IEC 国家委员会主席、IEC 当前官员和所有历任主席，以及理事局成员组成。每年至少召开 1 次会议。理事会负责制定 IEC 政策、长期战略目标和财政目标，以及处理财物事项；选举 IEC 官员以及理事局、标准化管理局和符合性评定局的成员；修改 IEC 章程及程序规则等；批准 IEC 成员资格的申请。闭会期间，将所有管理工作委托给管理局，而标准化和合格评定领域的具体管理工作，分别由标准化管理局（SMB）和符合性评定局（CAB）负责。

理事局（Council Board，CB）是理事会下设的决策机构，主持 IEC 日常管理和运行工作，负责提出并落实理事会制定的政策，接收并审议标准化管理局（SMB）、符合性评定局（CAB）和市场战略局（MSB）的报告。由 IEC 官员和 15 名理事会选出的成员组成。通常情况下，每年至少召开 2 次会议，但大量的 CB 业务都在会后开展。

理事局设立标准化管理局（SMB）、市场战略局（MSB）、符合性评定局（CAB）；必要时，也可以设立咨询机构或处理具体事项的专题工作组。标准化管理局（Standardization Management Board，SMB）管理和监督 IEC 的标准工作，包括 IEC 技术委员会的建立和解散、范围的确定、标准制定的时限以及与其他国际组织的联络。其成员由一名主席（IEC 副主席）、理事会选举的 15 名成员及 IEC 秘书长组成。标准化管理局下设技术委员会（TC）、行业局（SB）、技术咨询委员会（TAC），每年召开 3 次会议。其中，技术委员会（TC）是承担标准制、修订工作的技术机构，下设分技术委员会（SC）和项目组（PT）；TC、SC 由各成员体自愿参加，主席和秘书经选举产生，由执行委员会任命。

市场战略局（Market Strategy Board，MSB）负责 IEC 技术调查，以确定市场优先性。

符合性评定局（Conformity Assessment Board，CAB）负责 IEC 标准的符合性评定。

执行委员会（Executive Committee，EXCO）执行理事会和理事局的决定，监督中央办公室的运行，并负责与 IEC 国家委员会的联系，为理事局制定工作日程和起草文件。通常每年召开 4 次会议。

中央办公室（CO）是 IEC 的办事机构和活动中心，在 IEC 的工作中起着特别重要的作用，受执行委员会的监督，负责监督 IEC 章程、程序规则、技术工作导则及理事会和理事局的决议的贯彻实施。通过电子化手段和通信设备，保证项目管理、工作文件传递和标准最终文本出版等各项工作的正常进行。通过在线信息源和万维网网站，帮助 IEC 满足来自政府、行业和一般公众的需求。

国际无线电干扰特别委员会（CISPR）是 IEC 下属的半独立委员会，成立于 1923 年，由 IEC 国家委员会和有关国际组织的代表组成。其主要活动是研究制定无线电干扰的测试方法，规定允许的干扰极限，制定抑制无线电干扰的各种措施。

IEC 规范其技术工作的基本文件是《ISO/IEC 导则 第 1 部分：技术工作程序》和《ISO/IEC 导则 第 2 部分：国际标准的结构和编写规则》，以及 ISO/IEC 导则包含的 IEC 补充程序。

3. 国际电信联盟

国际电信联盟（ITU）于 1865 年在巴黎成立，是联合国系统中主管信息通信技术事项（ICT）的政府间国际组织，又是一个公有和私营部门及企业参加的国际和区域性电信实体。总部设在瑞士日内瓦。ITU 的实质性工作由三大部门承担，即无线电通信部（ITU-R）、电信标准化部（ITU-T）和电信发展部（ITU-D）。其中的电信标准化部（ITU-T）由原来的国际电报电话咨询委员会（CCITT）和国际无线电咨询委员会（CCIR）从事标准化工作的部门合并而成。

（1）宗旨

ITU 的使命是使电信和信息网络得以增长和持续发展，并促进普遍接入，以使世界各国人民都能参与全球信息经济和社会并从中受益。保持并扩大国际合作，以改进和合理使用各种电信手段；促进技术设施的发展和应用，以提高电信业务效率；研究制定和出版国际电信标准并促进其应用；协调各国在电信领域的行为，促进并提供对发展中国家的援助。

（2）成员资格

ITU 成员资格向政府和民间组织开放。各国政府可加入 ITU，作为 ITU 成员国，民间组织可加入 ITU 下属各部，作为 ITU 分部成员。同时，感兴趣的团体或组织可以通过申请，付费作为协作成员参加 ITU 下属各部，这种协作成员有权参加选定的一个研究组的活动，但是没有表决权。

目前 ITU 成员包括 193 个成员国（Member State）、539 个分部成员（Sector Member）和 264 个协作成员（Associates），拥有 800 多家私营部门实体和学术机构。我国于 1920 年加入 ITU，是 ITU 的成员国。

（3）组织机构

全权代表大会 —— ITU 的最高权力机构，每 4 年召开 1 次会议。主要任务是制定政策，实现 ITU 的宗旨。

理事会 —— 大会闭幕期间，行使大会赋予的职权，理事会每年召开 1 次会议。

总秘书处 —— 主持日常工作，其主要职责是拟定战略方针与策略，管理各种资源，协调各部门的活动等。

1992 年，国际电信联盟进行了较大的机构改革，针对三个活动领域，ITU 下设三个分部：无线电通信部（ITU-R）、电信标准化部（ITU-T）和电信发展部（ITU-D）。

无线电通信部（ITU-R）—— 其中心工作是，管理国际无线电频谱和卫星轨道资源，确保所有无线电通信业务合理、公平、有效、经济地使用无线电频谱和对地静止卫星轨道；为了"避免不同国家的无线电站之间的有害干扰"，ITU 依据国际电联组织法指定频谱并注册频率分配，卫星轨道位置及其他参数；ITU-R 依据强制的频率通知、协调和注册程序来维持国际频谱管理体系并制定无线电通信体系的建议书。

电信标准化部（ITU-T）—— 作为 ITU 改革成果之一，ITU-T 于 1993 年正式运行，代替原国际电话电报咨询委员会（CCITT）。其主要任务是，继续承担 CCITT 的所有工作，研究有关技术、操作和资费问题；研究并制定从覆盖核心网络功能性和宽带到下一代服务等领域的各个方面的 ITU-T 建议书。这些 ITU-T 建议书确定信息通信技术（ICT）基础设施的各个要素，以确保/促进每个通信系统与构成当今复杂的 ICT 网络和服务的繁多要素达到可互操作。目前 ITU-T 的优先工作领域是确保在全球 ICT 发展中考虑发展中国家的需求；信息技术可访问性；采用国际标准，以确保全球无缝通信和互操作性，实现下一代网络（NGN）；建立对 ICT 使用的信心和安全；发展早期报警系统和在灾害期间和灾害之后提供通信手段的应急通信；减少 ICT 对环境变化的影响并且进一步了解 ICT 如何减弱它的影响。

通常每 4 年召开 1 次世界电信标准化大会。ITU-T 的工作由电信标准化局管理和协调，研究组的工作是 ITU-T 的中心，研究编制建议书。

电信发展部（ITU-D）——其主要任务是，组织和加强 ITU-D 成员间以及与其他利益相关方之间的合作；在信息通信技术（ICT）领域促进和提供对发展中国家的技术援助，推动各国实施和访问 ICT 所需的技术、人力和财政资源的协调；促进电信/ICT 网络和服务的发展；推动和参与影响缩小数字鸿沟的行动；制定和管理促进适合发展中国家需要的信息流的计划。

4. ISO/IEC 第 1 联合技术委员会

（1）概述

ISO/IEC 第 1 联合技术委员会（ISO/IEC JTC 1）是 ISO 和 IEC 共同成立的负责信息技术领域国际标准制定的一个技术委员会，是在原 ISO/TC 97（信息处理标准委员会）、IEC/TC 83（信息技术设备委员会）和 IEC/TC 47/SC 47B（微处理器分委员会）的基础上于 1987 年合并组建而成的。JTC 1 是国际标准化领域最大和最强盛的技术委员会之一，对全球的 ICT 行业产生巨大的影响。

JTC 1 的目标是确保产品反映互操作性、便携性、文化和语言适配性以及可访问性的共同战略特点的要求；其使命是在信息技术领域制定、维护、支持和推进全球市场需要的满足商务和用户需求的标准。

JTC 1 的工作范围是信息技术领域的国际标准化，包括信息采集、标识、处理、安全、传输、交换、表达、管理、组织、存储和检索的技术、系统及工具的规范和设计的国际标准化。

JTC 1 的发展愿景是为专家聚集在一起制定供商务和消费者使用的全球信息通信技术（ICT）标准而提供标准制定环境，同时为集成各种复杂的 ICT 技术提供标准审批环境。这些 ICT 标准依赖于由 JTC 1 研发的、以其他组织制定的规范作为补充的核心基础设施技术。

JTC 1 已非常成功地制定了与信息技术领域相关的标准，截至 2022 年 7 月 31 日，JTC 1 已发布 3 352 项标准。全球参与标准制定的专家约 4 500 位。

（2）成员资格

JTC 1 及其 SC 的成员资格向所有 ISO 国家成员体或 IEC 国家委员会开放，分为 3 类：参加成员（P 成员）、观察成员（O 成员）和联络成员（L 成员）。P 成员或 O 成员应是 ISO 的国家成员体或 IEC 的国家委员会。

P 成员：积极参加 JTC 1 及其 SC 工作，履行对正式提交投票的所有问题、新工作项建议书、询问草案和最终国际标准草案进行投票以及参加会议的义务，具有全权表决权。JTC 1 目前有 35 个 P 成员。

O 成员：O 成员以观察员身份跟踪工作，可参加会议，获得 JTC 1 及其 SC 文件并提出评论意见。JTC 1 目前有 66 个 O 成员。

L 成员：无表决权，但可有选择地参加某些会议和获得一些文件。

JTC 1 的成员是国家成员体。JTC 1 每年召开一次全会。

（3）组织机构

ISO/IEC JTC 1 是 ISO 和 IEC 的一个联合技术委员会，其管理结构见图 3-4。其中，信息技术任务组（ITTF）是 ISO/IEC 在 JTC 1 的"首席执行官办公室"，负责日常规划和协调 JTC 1 与 ISO 和 IEC 关系并监督 JTC 1 对 ISO 和 IEC 章程和程序规则的实施。

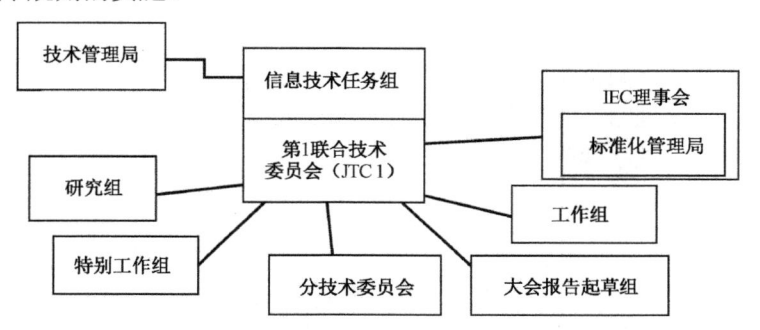

图 3-4 ISO/IEC JTC 1 的管理结构

JTC 1 秘书处由美国 ANSI 承担。JTC 1 现下设 10 个咨询组（AG）、5 个工作组（WG）及 23 个分技术委员会（SC）。

10 个咨询组（AG）：
- JTC 1/AG 1 信息化；
- JTC 1/AG 2 新兴技术和创新；
- JTC 1/AG 8 元参考架构和面向系统集成的参考架构；
- JTC 1/AG 10 外联；
- JTC 1/AG 14 体系化集成促进；
- JTC 1/AG 15 标准与法规；
- JTC 1/AG 17 会议指南（常设文件 19）；
- JTC 1/AG 19 无人机系统协调；
- JTC 1/AG 20 智慧社区基础设施协调；
- JTC 1/AG 21 JTC 1 战略方向。

5 个工作组（WG）：
- ISO/IEC JTC 1/WG 11 智慧城市；
- ISO/IEC JTC 1/WG 12 3D 打印和扫描；
- ISO/IEC JTC 1/WG 13 可信性；
- ISO/IEC JTC 1/WG 14 量子信息技术；
- ISO/IEC JTC 1/WG 15 JTC 1 术语。

23 个分技术委员会（SC）：
- JTC 1/SC 2 编码字符集；
- JTC 1/SC 6 系统间远程通信与信息交换；
- JTC 1/SC 7 软件与系统工程；
- JTC 1/SC 17 卡及身份识别安全设备；
- JTC 1/SC 22 程序设计语言及其环境和系统软件接口；
- JTC 1/SC 23 信息交换和存储用数字记录媒体；
- JTC 1/SC 24 计算机图形和图像处理及环境数据表示；
- JTC 1/SC 25 信息技术设备互连；
- JTC 1/SC 27 信息安全、网络安全和隐私保护；
- JTC 1/SC 28 办公设备；
- JTC 1/SC 29 音频、图像、多媒体和超媒体信息编码；
- JTC 1/SC 31 自动识别和数据采集技术；
- JTC 1/SC 32 数据管理与交换；
- JTC 1/SC 34 文档描述与处理语言；
- JTC 1/SC 35 用户界面；
- JTC 1/SC 36 学习、教育和培训用信息技术；
- JTC 1/SC 37 生物特征识别；
- JTC 1/SC 38 云计算和分布式平台；
- JTC 1/SC 39 信息技术和数据中心的可持续性；
- JTC 1/SC 40 IT 服务管理和 IT 治理；
- JTC 1/SC 41 物联网和数字孪生；
- JTC 1/SC 42 人工智能；
- JTC 1/SC 43 脑机接口。

（4）技术工作程序

鉴于信息技术的特点，ISO/IEC JTC 1 运作相对独立。长期以来 ISO/IEC JTC 1 技术工作程序与其上级组织的

ISO/IEC 导则存在较大偏离。然而，ISO/TMB 和 IEC/SMB 指示并鼓励 JTC 1 的技术工作程序与 ISO/IEC 导则相协调。因此，自 2004 年 JTC 1 成立 JTC 1 导则维护组，开始对其导则进行复审、分析和修改，于 2009 年向 TMB/SMB 提交了《ISO/IEC 导则—补充部分—JTCI 专用程序》（2009 年第 7 版）。后来，导则又经过复审和修订。目前，JTC 1 技术工作程序遵循《ISO/IEC JTC 1 导则》（ISO/IEC 导则+融合的 JTC 1 补充部分）（2018 年）。

同时，为了便于相关活动，JTC 1 先后发布了 11 份常设文件，它们是：
- JTC 1 常设文件 3（SD 3）——《ITU-T 与 ISO/IEC JTC 1 合作指南》；
- JTC 1 常设文件 4（SD 4）——《JTC 1 策划过程》（2021）；
- JTC 1 常设文件 6（SD 6）——《技术报告与技术规范》（2019）；
- JTC 1 常设文件 9（SD 9）——《公开可用规范转换成国际标准指南》（2021）；
- JTC 1 常设文件 15（SD 15）——《联络》（2021）；
- JTC 1 常设文件 19（SD 19）——《会议》（2021）；
- JTC 1 常设文件 20（SD 20）——《IT 术语的最佳惯例指南》；
- JTC 1 常设文件 21（SD 21）——《国际标准缺陷纠正》（2019）；
- JTC1 常设文件 22（SD 22）——《可访问性指南》（2021）；
- JTC1 常设文件 23（SD 23）——《文件访问》（2021）；
- JTC1 常设文件 24（SD 24）——《系统整合标准化指南》。

3.4 JTC 1 标准制定程序

3.4.1 目标日期

根据 ISO/IEC 导则第 1 部分第 2.1.6 条的目标日期，技术委员会或分委会对其工作计划的每一项目，要确定完成每一阶段的目标日期。总之，一项标准应在 36 个月内完成。除此之外，JTC 1 还提出下列较灵活的三种项目时间框架 ——默认时间框架、加速时间框架和延长时间框架，见表 3-1。

表 3-1 项目时间框架

	项目阶段	各阶段行动	累计项目时间/月
默认时间框架	准备阶段	新工作项目注册	0
	委员会阶段	委员会草案（CD）注册	12[①]
	询问阶段	DIS 注册	24[②]
	批准阶段	FDIS 注册用于正式批准	30[①]
	发布阶段	国际标准（IS）发布	36[②]
加速时间框架	准备阶段	新工作项目注册	0
	委员会阶段	委员会草案（CD）注册	—
	询问阶段	DIS 注册	12[②]
	批准阶段	FDIS 注册用于批准	18[①]
	发布阶段	国际标准（IS）发布	24[②]
延长时间框架	准备阶段	新工作项目注册	0
	委员会阶段	委员会草案（CD）注册	18[①]
	询问阶段	DIS 注册	36[②]
	批准阶段	FDIS 注册用于正式批准	43[①]
	发布阶段	国际标准（IS）发布	48[②]

注：① JTC 1 或 SC 秘书处可以更改的时间；
② JTC 1 或 SC 秘书处不能更改的时间。
只有提交了延期请求并得到 JTC 1 的认可后才可由信息技术任务组（ITTF）更改这些时间（全会期间或通过默认函件投票确认）。JTC 1 常设文件 21（SD21）"国际标准缺陷纠正"中规定了适用于技术勘误的目标日期。

每项标准应在 36 个月内完成；不过，也可能采用加速的或延长的时间框架。

JTC 1 要求每个 SC 都要确定项目次序，若提出的新工作项目建议（NP）被批准纳入 SC 工作计划，SC 在各种情况下都应尽力确定上述哪种时间框架适合被批准纳入的项目，除非另有商定，否则所确定的时间框架在整个项目寿命周期保持不变。

3.4.2 项目制定的可选方案

ISO/IEC JTC 1 在制定和批准国际标准时，可以采用主要的 3 种项目制定程序中的任何一种：正常处理程序、快速处理程序和公开可用规范（PAS）转换程序（见表3-2）。

表 3-2 项目制定的可选方案流程

阶段名称	正常处理程序	快速处理程序	PAS 转换程序
预阶段	受理预工作项目（PWI）		
提案阶段	受理提案，即新工作项目建议（NP）		
准备阶段	起草工作草案（WD）		
委员会阶段	制定和受理委员会草案（CD）		
询问阶段	起草并受理国际标准草案（DIS）	提交并受理国际标准草案（DIS）	提交并受理国际标准草案（DIS）
批准阶段	批准最终国际标准草案（FDIS）	批准最终国际标准草案（FDIS）	批准最终国际标准草案（FDIS）
发布阶段	发布国际标准（IS）	发布国际标准（IS）	发布国际标准（IS）

1. 正常处理程序（Normal Processing）

正常处理程序主要分为 7 个阶段：预阶段、提案阶段、准备阶段、委员会阶段、询问阶段、批准阶段以及发布阶段（见表3-3）。

表 3-3 项目阶段和相关文件

项目阶段	相关文件	
	名称	缩写
预阶段	预工作项目[a]	PWI
提案阶段	新工作项目建议[a]	NP
准备阶段	工作草案[a]	WD
委员会阶段	委员会草案[a]	CD
询问阶段	询问草案[b]	ISO/DIS IEC/CDV
批准阶段	最终国际标准草案[c]	FDIS
发布阶段	国际标准	ISO,IEC 或 ISO/IEC

a 这些阶段可以省略；
b 在 ISO 是国际标准草案，在 IEC 是供投票的委员会草案；
c 可以省略。

（1）预阶段

① 预工作项目范围。

包括尚未成熟，不能进入下一阶段处理，也不能确定目标日期的项目（例如涉及新兴技术和对新兴需求提出前瞻性看法的项目）。

② 定期复审。

所有预工作项目，都应记入工作计划中，有关委员会都应给予定期复审。委员会应对每个预工作项目的市场相关性和所需的资源进行评价。

③ 预工作项目撤销。

任何预工作项目，在 IEC 内若 TC/SC 所规定的截止期满，或者在 ISO 内若 3 年之内还未进入提案阶段，则将自动从工作计划中删除。

④ 接受要求

大多数（2/3）P 成员投票通过后，TC/SC 就可以引入预工作项目。

（2）提案阶段

① 提案来源。

国家成员体（NB）、JTC 1 或承担项目的 SC 秘书处、另一个 TC 或 SC、JTC 1 的 A 类联络组织、技术管理局或其一个咨询组、首席执行官（CEO），均可提出关于 JTC 1 或 SC 范围内的新工作项目建议（NP）。

② 提案范围。

包括一个新标准、现行标准的新部分、技术规范（TS）或技术报告（TR）。

不需要提案阶段的情况包括：对现有国际标准的修订或补篇、对现有 TS 或 PAS（如果在 6 年的存续周期内）的修订、将 TS 或 PAS 转换成国际标准。但如果属于这三种情况，则委员会应该通过包含以下元素的决议：a）目标日期；b）确认范围不会扩大的声明；c）召集人或项目经理。委员会还应主动召集专家（不需要 Form 4 文件）。如果要将 TS 或 PAS 转换成国际标准，需要 2/3 成员赞成的决议。如果修订或补篇的结果是扩大范围，

则应该进行提案阶段（需要发起 NP 投票，需要 Form 4 文件）

③ 提案提交。

每种新工作项目建议均应使用适当的表格，并应经过充分论证，可以提交给 ITTF（CEO 办公室）或 JTC 1 秘书处。提交时还要附上第 1 个工作草案（WD），或至少提供工作草案的摘要，并提出一名项目负责人，还要在提交合适的文件之前，与委员会管理层进行讨论，以便（基于市场需求）决定一个合适的发展路径，制定一个包含关键里程碑和第一次会议预计时间的项目计划。ITTF 或 JTC 1 主席和秘书处应确保提案是根据 ISO 和 IEC 要求编制的，并提供足够的信息以支持国家成员体做出决定，还应评估提交的提案与现有工作的关系，对提案进行评论和提出建议。

④ 投票及接受要求。

在 JTC 1 中，对每项提案都应进行函件投票，投票表决期为 12 周，视情况而定，投票期可缩短为 8 周。

来自直接向 JTC 1 报告的工作组的提案或者例外情况（不在现有分技术委员会范围内）的提案，在 JTC 1 层面进行函件投票，其他提案在承担相应工作的 SC 层面进行函件投票。

新工作项目建议的接受遵循 IEC 的程序，需满足如下两个条件：JTC 1 至少 4 个 P 成员（若 P 成员为 16 或少于 16）或者 JTC 1 至少 5 个 P 成员（若 P 成员为 17 或多于 17）承诺积极参加项目制定，即承诺指派技术专家并对工作草案提出评论意见；参加投票的 JTC 1 或 SC 的 P 成员的绝大多数（2/3 以上）通过。

对于 NP 的投票，国家成员体的投票是否赞成都需要给予充分的理由说明，否则其投票不予考虑。

在评估投票结果是否满足接受要求时，如果在投票文件中没有指派专家，那么国家成员体关于积极参与项目制定的承诺将会失效或不予考虑。如果没有指派专家，在投票结束之后，还有 2 周的时间提名专家。如果有国家成员体不重视这次延期，那么其参与资格将被取消。如果有文件能够证明行业和（或）技术知识只存在于极少数的 P 成员中，那么委员会可以向技术管理委员会请求允许少于 4 个或 5 个提名技术专家。

如果在 SC 层面的投票通过，并且各个国家成员体和其他 SC 没有提出评论意见，新工作项目建议被接受，就将作为一个新项目以适当的优选顺序登记在相关技术委员会或分委员会的工作计划中。

投票结果应在结束投票后的 4 周内向 ISO 中央秘书处或 IEC 中央办公室报告。

（3）准备阶段

① 项目分配。

在 JTC 1 中，NP 通过后，承担项目的 SC 可以在其范围内起草文件，也可以设立工作组负责 NP 项目，除召集人外还可以确定一名项目编辑。工作组应明确其任务和提交草案的目标日期。工作组召集人应该确保草案研制工作在提案阶段所规定的工作范围之内。项目领导人负责项目的进度，通常来说，还要召集和主持项目会议。召集人可以邀请工作组的一位成员担任秘书。

② 协商一致。

这个阶段不需要投票，但在形成有关工作草案内容决议时工作组召集人应负责，不仅保证参与专家的协商一致，也要保证国家成员体代表的协商一致，这样做将会增加获得 CD、DIS 和 FDIS 成功投票的可能性。

③ 编制工作草案。

依据 ISO/IEC 导则第 2 部分的要求准备工作草案，针对一个标准，工作组可以编制一个或多个工作草案。通常，在工作组建议草案进入委员会阶段前，可以进行若干次修订。但如果工作组内部人员一致认为工作范围需要进一步扩大或发生明显改变，那么需要委员会 2/3 赞同票通过，并形成委员会决议。

将就绪的工作草案作为第 1 个委员会草案（CD）分发给 JTC 1 或承担项目的 SC 的成员，并经 CEO 办公室注册，准备阶段即告结束。

（4）委员会阶段[①]

① 投票和国家成员体评论。

委员会阶段是考虑国家成员体（NB）意见的主要阶段，目的是对技术内容达成协商一致。因此，各个国

[①] 在《ISO/IEC 导则第一部分—JTC 1 补充条款 2022—JTC 1 特定程序》征求意见稿中，取消了委员会阶段（CD Stage）投票。在原规定中，CD 阶段将进行 8~16 周（默认为 8 周）的委员会投票。截至本书成稿时，《ISO/IEC 导则第一部分—JTC 1 补充条款 2022—JTC 1 特定程序》未出版，在本书中仍采用原规定。

家成员体应认真研究委员会草案（CD）文本，在 P 成员投票时，各国家成员体应提交所有相关的评论意见。根据 JTC 1 或承担项目的 SC 的商定，委员会草案的投票和国家成员体的评论时间可以是 8 周、12 周或 16 周。在 JTC 1 中，默认的 CD 分发时间为 8 周。如果因文本复杂需要时间进行复审，JTC 1 或承担项目的 SC 可以将投票期延长到 6 个月。

② 处理评论意见。

提交投票和评论意见截止日期之后的 4 周内，秘书处汇总评论意见并分发给 JTC 1 或承担项目的 SC 的所有 P 成员和 O 成员。委员会需要回应收到的每条意见。经与承担项目的 SC 主席或项目领导人（如果需要的话）协商，对于项目如何进展提出处理建议：a）在下一次会议上讨论委员会草案和评论意见；b）分发经修改的委员会草案用于研究；c）注册委员会草案进入询问阶段。

在 b）或 c）的情况下，秘书处应在评论意见汇总报告中说明针对收到的评论意见采取的措施。如果在分发后的 8 周内有 2 个或多个 P 成员不同意秘书处在 b）或 c）项中提出的建议，应在会议上讨论委员会草案。

③ 协商一致。

如果经过会议研究对委员会草案未达成协商一致，应在 12 周内分发进一步形成的委员会草案（连同会议上形成的决议）予以考虑。P 成员的投票和国家成员体的评论时间及后续的投票和评论时间可以是 8 周、12 周或 16 周。在 JTC1 中，CD/PDAM/PDTS/PDTR 的默认分发日期为 8 周。

应持续考虑委员会草案，直到 JTC 1 或承担项目的 SC 的 P 成员达到协商一致或做出撤销或推迟项目的决定时为止。

在 JTC 1 中，如果对协商一致存在疑虑时，如何判断委员会草案是否得到充分的支持，JTC 1 或承担项目的 SC 参加投票的 P 成员的 2/3 绝大多数通过就被认为足以接受委员会草案，基于协商一致的原则做出分发询问草案（DIS）的决定。有持续反对意见的利益相关方可以提出申诉。弃权票和没有附原因的反对票不计入票数。

当 TC/SC 内部形成一致协商后，秘书处应该在最长 16 周内，提交草案终稿的电子版，用于分发给国家成员体进行询问，并提交给 CEO 办公室（如果是 SC，还应交给其 TC 的秘书处）。秘书处应将提议的国际标准草案（DIS）电子版提交给 ISO 中央秘书处，还应同时提交一份完整的解释性报告（ISO 格式 8A）和对最终版 CD 意见采取的评论和行动汇编。

如果所有技术问题得到解决，委员会草案被接受作为询问草案分发，并提交给 CEO 办公室注册，委员会阶段即告结束。不符合 ISO/IEC 导则第二部分的文本应在登记前被退回秘书处，并提出更正要求。如果在正确的时间限制内，无法解决技术意见，TC/SC 可以考虑以技术规范（TS）的形式发布一份中期交付件，等待国际标准的同意。

（5）询问阶段

① 联合投票。

联合投票程序是一种特殊的投票程序，确保 ISO 的各国家成员体和 IEC 的所有国家委员会在询问阶段可以投票，体现 JTC 1 是 ISO 和 IEC 的一个联合技术委员会。

在询问阶段，JTC 1 采用联合投票程序，JTC 1 的 P 成员、所有 ISO 国家成员体以及 IEC 各国家委员会同时投票（每个国家投一票）。在这个阶段，只有国际标准草案（DIS）和补篇草案（DAM）文件才需要经过联合投票程序（JTC 1 技术报告和技术规范不采用联合投票程序）。

在询问阶段，CEO 办公室将询问草案分发给所有国家成员体投票，投票期为 12 周。国家成员体提交的投票应是明确的：赞成、反对或弃权。赞成票可以附上编辑或技术意见；反对票要说明技术理由，投票时可以指出"接受技术修改"将使其反对票变为赞成票，但不应投"以接受修改意见为条件"的赞成票。

② 批准准则。

询问草案通过满足的准则是：JTC 1 或 SC 的 P 成员投票的 2/3 多数赞成，并且反对票不超过投票总数的 1/4（当计算表决票时，弃权票和没有附上技术理由的反对票不计算在内）。

③ 采取行动。

在投票结束后的 4 周内，CEO 办公室将投票结果和接收到的任何评论意见发送给 JTC 1 或承担项目的 SC 的主席和秘书处。JTC 1 或承担项目的 SC 的主席接收到投票结果和评论意见后，经与 CEO 办公室协商后，采取下列任一行动：

- 如果满足上文中的批准准则，且不需要进行技术修改，那么可以直接进入发布阶段。
- 如果满足上文中的批准准则，但是需要进行技术修改，则将修改过后的询问草案注册为最终国际标准草案。
- 如果不满足上文中的批准准则：a）分发修改后的询问草案，再次进行投票（再次投票的默认期限为 8 周，但一个或多个 P 成员可以要求延长至 12 周）；b）分发询问草案修改后的询问草案，征询意见；c）在下次会议上讨论询问草案和意见；d）提议将修改后的草案作为 TS 或 PAS 发布；e）提议取消项目。

投票期结束后的 12 周内，JTC 1 或承担项目的 SC 秘书处应准备一份正式的报告（包括投票结果、陈述 JTC 1 或承担项目的 SC 主席的决定、评论意见汇总、JTC 1 或承担项目的 SC 秘书处对于提交的每种评论意见的看法），然后由 CEO 办公室分发给各个国家成员体。

当主席做出草案进入批准阶段或发布阶段的决定，JTC 1 或承担项目的 SC 秘书处应在投票期结束后的最长 16 周内，准备最终文本并将其发送给 CEO 办公室，以准备和分发最终国际标准草案（FDIS）。

秘书处应向 CEO 办公室提供可修订的电子格式文本，同时也应提供可验证的格式。不符合 ISO/IEC 导则第二部分的文本会被退回秘书处，并要求进行修改。修改后的文本应以电子格式提交给 ISO 中央秘书处，同时应附上主席对投票结果的决议（使用 ISO Form13 文件），还应在 Form13 附上附件 B，详细说明对每条意见的处置。

当 CEO 办公室注册询问草案文本，或作为最终国际标准草案分发，或作为国际标准发布，询问阶段即告结束。

（6）批准阶段

① 联合投票。

在批准阶段，JTC 1 也采用联合投票程序，只针对最终国际标准草案（FDIS）和最终补篇草案（FDAM）（技术报告和技术规范除外）。ITTF 应在接收草案后的 12 周内将最终国际标准草案（FDIS）分发给 JTC 1 的 P 成员、所有 ISO 国家成员体以及 IEC 各国家委员会进行为期 8 周的投票。

国家成员体提交的投票应非常明确：赞成、反对或弃权。如果国家成员体投赞成票，就不应提交任何意见；如果国家成员体认为不能接受最终国际标准草案，应投反对票并说明技术理由，但不能投以接受修改意见为条件的赞成票。在这个阶段，不能接受编辑性和技术性补充内容。

② 批准准则。

批准阶段通过满足的准则是：如果 JTC 1 或承担项目的 SC 的 P 成员参加投票的 2/3 多数赞成，并且反对票不超过投票总数的 1/4（计票时，弃权票和没有附上技术理由的反对票不包括在内）。反对票的技术理由应提交技术委员会或分委员会秘书处，待下次国际标准复审时进行研究。

③ 投票后处理。

在投票结束后，JTC 1 或承担项目的 SC 的秘书处有责任指出草案编写过程中出现过的错误，并提请 CEO 办公室注意。反对票的技术理由应提交技术委员会或分委员会秘书处，待下次国际标准复审时进行研究。原则上，在这个阶段，不能进行编辑性和技术性补充内容；但是，对于特别明显的编辑性错误，秘书处可以和 CEO 办公室一起尝试解决。

如果一个成员体投了反对票，也提交了意见，但是其意见明显不属于技术问题，那么委员会秘书需要在投票结束后的两周内联系该成员体。如果委员会领导层和成员体没有达到一致结果，事态进一步扩大，则需要通过 CEO 办公室到技术管理委员会进一步协调。

投票期结束后的 2 周内，CEO 办公室应将公布投票结果的报告分发给所有国家成员体，指出国家成员体正式批准作为国际标准发布或正式拒绝最终国际标准草案。如果最终国际标准草案获得通过，便进入发布阶段；如果最终国际标准草案未通过，将文件返回 JTC 1 或承担项目的 SC，根据反对票的技术理由重新考虑，并从以下行为中选择一个：a）重新提交修改后的草案作为委员会草案、询问草案或（在 ISO 和 JTC 1 中的）国际标准最后草案；b）作为 TS 或 PAS 发布；c）取消项目。

分发投票报告，说明 FDIS 已被批准为国际标准发布或作为技术规范发布或文本送回 JTC 1，批准阶段即告结束。

（7）发布阶段

在 JTC 1 中，ITTF 应在接收草案后的 6 周内，修改 JTC 1 或承担该项目的 SC 秘书处指出的任何错误，准备并分发国际标准。在发布之前，文件应发送给秘书处和项目领导人，进行最终的审查。随着国际标准的刊载和发布，发布阶段即告结束。

2. 快速处理程序（Fast-Track Procedure）

在 JTC 1 中，按照快速处理程序提交的现行标准，可直接作为国际标准草案（DIS）在询问阶段进行投票，其程序列出如下。

（1）文件来源

来源 1：JTC 1 的任何 P 成员或 JTC 1 的 A 类联络组织可以提议，将任何来源的现行标准提交作为询问阶段草案投票，但提议者在做出决定之前需要得到现行标准制定组织的同意；JTC 1 的任何 P 成员或 A 类联络组织可以提议，提交来自任何来源的现有技术报告或技术规范，分别作为技术报告草案或技术规范草案投票（在 JTC 1 中，对于现有国际标准的补篇，不按快速处理程序提交）。

来源 2：经 ISO 或 IEC 理事会认可的国际标准化机构可提议将该机构制定的标准作为最终国际标准草案提交表决。

来源 3：与 ISO 或 IEC 签订正式技术协议的组织，在与适当的 TC/SC 达成协议的情况下，可以提议将该组织制定的标准草案作为该 TC/SC 的询问草案提交表决。

在 JTC 1 中，所有快速处理程序处理的文件都提交给 JTC 1，JTC 1 秘书处根据规定将其提交给 ITTF。快速处理程序处理的文件的提议者应提交一个同意担任项目编辑的姓名。提案人还应提交一份说明性报告。

该文件不要求采用 ISO/IEC 格式，可以以其原始格式出版。出版的形式由 ITTF 和提议者在出版协议中决定。

在 JTC 1 中，对现有国际标准的修订不应通过快速处理程序提交。

（2）采取的措施

所有提案应该交至 CEO 办公室，CEO 办公室受理文件后将采取以下措施：

① 与提交文件的组织解决版权和（或）商标权问题，这样文件可以不加限制地复制和分发给各国家成员体。此外，还会建议该组织在提案文件中应用 ISO/IEC 知识产权政策。

② 对于来源 1 和来源 3 来说，经与有关秘书处协商，评定 JTC 1 或哪个 SC 有能力承担提交的文件所覆盖的主题；如已确定有关委员会，则应在问询投票前，将该提案连同使用"快速通道"途径的理由，分发给该委员会以提前告知。如果没有相应的技术委员会，CEO 办公室应就该问题咨询技术管理局，后者可能要求 CEO 办公室将文件提交以作为询问阶段草案，并组建咨询组处理后续事项。

③ 确定与其他国际标准无明显的矛盾。

④ 按照正常处理程序的规定处理，将提交的文件作为询问草案（来源 1 和来源 3）或最终国际标准草案（来源 2）分发，指出要承担项目的 TC/SC。

要在 JTC 1 内按快速程序处理的技术报告或技术规范，提交的文件分别作为技术报告草案（DTR）或技术规范草案（DTS）处理。

（3）投票期和批准条件

对于询问草案（DIS）的投票期和批准条件，要求其满足正常处理程序中的询问阶段的规定，而对于最终国际标准草案（FDIS）的投票期和批准条件，要求其满足正常处理程序中的批准阶段的规定。

如果没有 TC 参与，批准最终国际标准草案的条件是反对票不超过总票数的 1/4。在 ISO，对最终国际标准草案提案的投票期为 20 周。

所处理的询问草案和最终国际标准草案，如果满足批准条件，则分别进入批准阶段和发布阶段。如果没有满足批准条件，提案未被通过，其归属的 TC/SC 应根据上文中的措施②采取下一步行动。

委员会领导层可以决定是否跳过 FDIS 投票，直接进入发布阶段。

如果标准已公布，应由标准归属的 TC/SC 进行维护。在没有技术委员会参与的情况下，如果发起组织需要对标准进行更改，则应重复上述批准程序。

3. PAS 转换程序（The PAS Transposition Process）

PAS（Publicly Available Specification，公开可用规范）是指符合 JTC 1 规定的 PAS 准则要求从而适合于通

过转换程序成为国际标准的一种技术规范。

根据 JTC 1 常设文件 9（SD 9）的规定，PAS 转换成国际标准的程序列出如下。

（1）PAS 提交者的认可

① PAS 准则。

与组织相关的准则（合作态度、组织素质、知识产权）和与文件相关的准则（高质量、协商一致、可调整性、维护），体现 JTC 1 的公共战略特点（互操作性，便携性，文化和语言的适配性，以及可访问性）。

② 申请。

PAS 的起草者应按相关程序和要求向 JTC 1 秘书处提出认可作为 PAS 提交者的申请。要求这类申请确定申请的整个范围、拟提交的初始 PAS 的名称和范围、陈述 PAS 起草者关于组织认可准则的所有强制性要素。

提交规范获得认可的倡议应由 PAS 发起者直接向 JTC 1 秘书处提出，JTC 1 秘书处应指派一名 PAS 指导者进行协助。

③ 投票及其结果。

完整的申请文件提交给 JTC 1 的 P 成员按 12 周投票表决，一旦 PAS 起草者被批准为认可的 PAS 提交者，他就有权在 2 年期限内（可以延长到 5 年期限）提交要转换的 PAS。但是，如果对 PAS 起草者的认可没有得到国家成员体的成功投票，或 PAS 起草者若不能在预期的期限内向 JTC 1 提交要转换的规范，则其作为 PAS 提交者的认可资格将被取消。

在一个组织作为被 JTC 1 批准的 PAS 提交者的状态届满前 6 个月，JTC 1 秘书处和指派的 PAS 指导者应提醒该 PAS 提交者确认其往后作为 PAS 提交者的意图，并考虑 3 种选择：修改首次申请（修改已获批申请中的重要部分，例如范围、过程、提交者的 IPR 政策等）；终止其作为 PAS 提交者的状态；重新确认延长目前的状态。如果 PAS 提交者选择修改，则应向 JTC 1 秘书处提交一份文件，在之前许可的基础上，说明对组织认可准则做出的改变。如果 PAS 提交者选择修改或重新确定，则应对之后准备提交的 PAS 进行确定。为了让 JTC 1 对修订或重申做出及时的反应，必要的文件应在其 PAS 提交者身份到期前的 12 周内提交。JTC 1 经理应就修订或重申的请求发出 12 周的信函投票。如果不对 JTC 1 秘书处关于审查 PAS 提交者身份的投票邀请做出回应，将导致 PAS 提交者身份在其任期结束时自动终止。

（2）PAS 的提交

① 提交 PAS。

PAS 起草者一旦被认可，就可以向 JTC 1 秘书处提交申请中确定范围内的 PAS。在向 JTC 1 秘书处提交 PAS 时，附上所有必要信息的说明性报告。

② 说明性报告内容。

说明性报告包括：组织认可准则尚未发生变化的陈述（或指出已经发生变化的性质）；提出文件相关准则的所有强制性要素；明确指出如何体现 JTC 1 的公共战略特点；提及履行维护责任的承诺。

所有的提交材料，包括说明性报告，应以电子版提交。

③ 提交 PAS 时间。

第一次要转换的 PAS 应在被初始认可为 PAS 提交者后的 6 个月内提交。如果 PAS 提交者在 6 个月期限结束前的 6 周内提出请求，经 JTC 1 主席和秘书的批准，可以再延长 6 个月的期限。如果 PAS 提交者在预定时间内未提交规范，则终止其被认可的 PAS 提交者状态。

JTC 1 不约束初版 PAS 的提交格式。提交规范时，格式和内容不要求与 ISO/IEC 指示第二部分保持一致。但鼓励 PAS 提交者在提交规范时采用和 ISO/IEC 模板较为相近的文档风格。有关 ISO/IEC 文档风格的建议可以在 ISO/IEC 信息技术工作组（ITTF）或 JTC 1 秘书处获得。

说明性报告对成功转换十分重要，因此，已获得认可的 PAS 提交者在书写说明性报告和转换期间，可以向 JTC 1 的 PAS 指导者寻求建议和忠告。JTC 1 强烈建议 PAS 提交者充分利用该咨询。咨询过程包含对拟提交材料的审查，PAS 提交者可以在正式提交至 JTC 1 之前进行咨询。

（3）PAS 转换成国际标准（IS）

① ITTF 采取行动。

JTC 1 秘书处在核实 PAS 提交者的认可状态后，将提交的规范和说明性报告一并提交给 ITTF，以便在 ISO

和 IEC 国家成员体中启动 JTC 1 的投票程序。

ITTF 收到 JTC 1 秘书处提交的规范和说明性报告后采取下列行动：
- 与被认可的 PAS 提交者解决版权和商标问题；
- 与 JTC 1 秘书处协商，评估 JTC 1 是否有能力负责标准建议中所覆盖的主题，并查明与其他 ISO/IEC 标准是否有明显的冲突；
- 将标准建议文本（即 PAS）作为国际标准草案（DIS）分发，并附上说明性报告及相关的文件，启动联合投票程序。

② DIS 投票。

对于 PAS 直接作为国际标准草案（DIS）的投票，表决期为 3 个月，必须满足联合投票程序的批准条件。

JTC 1 秘书处收到 ITTF 发出的 DIS 已被注册的通知后，将 DIS 编号、标题及投票期等事项通知被推荐承担项目和负责处理 DIS 投票结果的 SC 秘书处，发送 DIS 复印件及所附的说明性报告。与此同时，JTC 1 秘书处也将负责处理 DIS 投票结果的 SC 也转告 ITTF。

承担项目的 SC 收到 ITTF 发送的 DIS 投票结果和任何评论意见，秘书处向其国家成员体和被认可的 PAS 提交者分发这些材料。

如果 DIS 投票没有满足批准要求，则提交的 PAS 未通过，在这种情况下，提交者可以选择重新修订并提交新的 PAS；如果没有接收到反对票，文本可以跳过 FDIS 投票直接发布；如果接收到反对票，承担项目的 SC 秘书处将经修订的 DIS 报送 ITTF 进行 FDIS 投票，可以召开会议讨论 DIS 投票中收到的意见，该会议的结果通常用于将 DIS 投票文件修改为接受度更广的文件，用于 FDIS 投票。PAS 提交者能够参会并参与讨论。

③ FDIS 投票。

JTC 1 秘书处收到 ITTF 关于 FDIS 已被注册的通知后，将 FDIS 编号、标题和投票期等事项通知承担项目的 SC 秘书处，同时发送 FDIS 复制件及对 DIS 投票评论意见的处理情况。FDIS 投票期为 2 个月。投票后，ITTF 将 FDIS 投票结果和任何评论意见分别发送给承担项目的 SC 秘书处和 JTC 1 秘书处。

如果文本满足 FDIS 联合投票程序的批准条件，则该文本由 ITTF 发布，从而成为国际标准（IS）；如果文本不能满足 FDIS 联合投票程序的批准条件，则提交的规范未通过，在这种情况下，提交者可以选择修订其规范并提交新的 PAS。

在出版之前的任何阶段，PAS 提交者都可以自行决定是否将该规范从转换过程中撤回。PAS 提交者也有权要求该规范在整个转换过程中保持不变（例如，可以因此不接受国家机构在 DIS 投票期间提出的任何修改）。这种要求应在说明性报告中明确说明。

投票阶段预计需要 7～11 个月。

④ 发布。

最终，如果标准建议被接受，遵循 ISO/IEC 现有版权和知识产权政策予以发布。即：本规范作为国际标准（IS）出版的版权将授予 ISO/IEC 和任何将其转换为国家标准的国家成员体；本规范的 PAS 发起者保留其自身出版物的版权。该阶段为 PAS 转换的最终阶段，预计持续 8 周。

⑤ 维护责任和定期审查。

PAS 提交物在 JTC 1 通过 DIS/FDIS 投票后，就成为"ISO/IEC 国际标准"。因此，它们需要进行公认的国际标准维护程序，包括定期审查。

在 PAS 提交者投票中，如果 PAS 提交者要求承担对已认可国际标准的维护责任，而且 JTC 1 批准了该项安排，那么 PAS 提交者就需要进行维护工作，提交新版本的文档，用于 PAS 转换过程的审核（不允许提交小规模修订或补篇）。在这种情况下，PAS 提交者应积极维护该标准，并告知 JTC 1 后续修改的内容和时间（例如，在每年度两次的 JTC 1 全体会议上）。

值得注意的是：PAS 提交者必须在其最初的申请中详细阐述之后会进行的维护计划（还需要在说明性报告中再次说明），国家成员体在进行投票时会参考这些信息。

如果 PAS 提交者没有选择提供维护责任，那么 JTC 1 将决定后期维护的方式，同时，PAS 提交者也可以参与到维护活动中。尽管如此，JTC 1 十分期待和鼓励 PAS 提交者积极主动地参与维护活动。

在最新版标准发布之后或者有关标准维护的最新决定发出之后的 5 年之内，ISO/IEC 国际标准就要进行定期审查。在审查时，维护责任承担方需要决定该标准之后的状态：确认；修订；稳定；撤销。

- 如果维护建议是"确认",且批准通过,标准将保持不变,直至下一次审查,或者提出修订建议。
- 如果维护建议是"修订",且批准通过,则 PAS 提交者需要提交一份修订过的 PAS 全文,替代现有的标准。此外,还需要提交说明性声明,进行 DIS 和 FDIS 投票。JTC 1 鼓励 PAS 提交者在审查周期内或在审查周期后的不久提交修订后的 PAS 文本。在维护 PAS 文本时,不允许提交小规模更新、修订或补篇。PAS 提交者还需回应标准使用方和国家成员体提出的有关维护的问题。申请对 PAS 提交物进行(小规模)修订和更新是在 PAS 提交者程序中进行的,但向 JTC 1 提交修订(版本的文本)是在此处描述的程序中进行的。
- 鉴于 PAS 提交者需要积极维护其文本,所以"稳定"的维护建议不适用于 PAS 提交物。
- 如果维护建议是"撤销",那么该标准将被撤销。

JTC 1 批准(认可)的 PAS 提交者见表 3-4。

表 3-4 JTC 1 批准(认可)的 PAS 提交者

	组织/公司	提交者状态
目前的提交者	OASIS	重新确认到 2025 年 9 月
	OMG	重新确认到 2025 年 3 月
	Open Connectivity Foundation (OCF)	批准到 2024 年 3 月
	Trusted Computing Group (TCG)	重新确认到 2025 年 9 月
	The Open Group	重新确认到 2025 年 3 月
	W3C	重新确认到 2022 年 11 月
	DMTF	重新确认到 2023 年 9 月
	SNIA	重新确认到 2023 年 9 月
	Open Geospatial Consortium (OGC)	重新确认 到 2025 年 2 月
	GS1	重新确认到 2025 年 11 月
	SMPTE	重新确认到 2023 年 9 月
	NESMA	重新确认到 2026 年 6 月
	Joint Development Foundation (JDF)	重新确认到 2026 年 12 月
	The Khronos Group	批准到 2023 年 5 月
曾经的提交者	IFPUG	2010 年 2 月到期
	Sun Microsystems	1999 年 11 月到期
	IrDA	1999 年 9 月到期
	DAVIC	1999 年 9 月停止活动
	X-Open	1999 年 5 月到期
	VESA	1999 年 5 月到期
	ATM Forum	2000 年 4 月到期
	EUROPAY International	2001 年 10 月到期
	UKSMA	2002 年 8 月到期
	ISSEA	2005 年 2 月到期
	The J Consortium	2005 年 1 月到期
	Linux Foundation	2008 年 5 月到期
	WS-I	与 OASIS 合并
	UPnP	变成 OCF
	SPICE User Group	2016 年 4 月到期

第 4 章 我国 IT 领域标准化工作概要

4.1 全国信息技术标准化技术委员会 2022 年工作重点

2022 年，全国信息技术标准化技术委员会（简称信标委）继续认真履职，同时进一步强化顶层设计，提升业务能力，推动国际标准化新突破，完善创新工作机制方法。

1. 强化顶层设计与谋篇布局，提升标准质量

筹建数据管理与交互、文档描述与处理语言分标委，工业软件、操作系统、数据库、标准数字化转型、脑机接口、新一代信息技术和制造业融合、空间信息标准工作组，数字经济研究组，制定和完善相关标准体系，开展核心关键技术标准化需求征集和新标准预研，增强标准供给能力。

2. 进一步提升行业应用能力和技术服务水平

推动面向技术创新服务、数字化转型服务、业务融合服务、智能云、云边协同、云超算等重点方向形成标准成果；强化大数据系统标准检验检测能力，推动软件能力成熟度模型标准应用，持续运营全国企业上云平台，构建虚拟现实产品的测试评估体系。

3. 持续促进国际标准化"质""效"双提升

继续做好 JTC 1 国内技术对口工作，提出更多高质量国际标准提案；进一步增强与 ISO/TMB、IEC/SMB 以及 JTC 1 决策层的有效协同；筹建 JTC 1 国内技术对口组，建设 JTC 1 镜像平台和数据资源库；建立国际青年专家联合培养机制，培育国际标准化工作的有生力量。

4. 不断探索创新和完善标准化工作机制方法

优化秘书处工作机制，紧扣产业发展需求推进标准制修订工作。对网上平台进行全面技术升级和功能改造，优化展示界面，嵌入标准制修订全过程管理工作流，进一步规范工作流程。根据现行工作机制运行情况及存在的问题修订完善工作章程，提升工作效率。

4.2 全国信息安全标准化技术委员会 2022 年度工作要点

2022 年，全国信息安全标准化技术委员会（简称信安标委）以习近平新时代中国特色社会主义思想为指导，全面贯彻党的十九大和十九届历次全会精神，坚决维护国家网络安全、保障人民群众合法权益，贯彻落实《网络安全法》《数据安全法》《个人信息保护法》《密码法》《国家标准化发展纲要》《关键信息基础设施安全保护条例》，坚持问题导向、效果导向，加快研制急需关键标准，着力提升标准实施应用效果，努力推动网络安全国家标准由数量规模型向质量效益型转变，全面保障数字经济健康发展。

1. 聚焦中心工作，加快研制网络安全急需重点标准

① 加强国家网络安全重大问题研究力度，建立重大问题和标准需求研究机制，定期组织委员、工作组、成员单位等交流研讨，主动研究国家重要工作、重大项目、重大工程中的网络安全标准需求，及时提出标准研制项目，增强标准对解决国家网络安全重大问题的支撑能力。

② 支撑"3 法+1 条例"，研制重要数据保护、数据安全风险评估、数据交易服务安全、政务数据处理、智能手机预装应用程序、敏感个人信息处理、大型互联网企业个人信息保护监督机构要求、关键信息基础设施安全测评要求等数据安全、个人信息保护、关键信息基础设施安全保护等领域一批急需关键标准。

③ 规范引导网络安全技术产业发展，组织开展网络安全产品互联互通框架、网络安全服务能力、办公设备安全、IPv6 地址编码等标准的制修订。

2. 加强前瞻研究，做好网络安全标准规划工作

① 研制针对商业监控工具攻击的综合防御、Windows 7 操作系统安全加固、互联网用户动态验证等信安标委技术文件。研究人工智能、网络可信身份等新技术新应用带来的安全问题和风险，编制发布研究报告或白皮书。

② 紧密围绕国家网络安全战略规划、法规政策、重点工作、技术急需，发布《网络安全国家标准体系（2022版）》，编制《数据安全标准体系（2022版）》《个人信息保护标准体系（2022版）》《关键信息基础设施安全标准体系（2022版）》。

3. 创新形式举措，提升网络安全标准宣传效果

① 举办网络安全国家标准 20 周年庆活动。通过座谈会、技术高峰论坛、标准成果展览、表彰贡献突出个人等形式，全面总结信安标委成立20年以来所取得的工作成果。

② 全方位多渠道宣传标准。充分利用国家网络安全宣传周、世界标准日、全民国家安全教育日等主题活动，举办网络安全标准教学交流；与一流网络空间安全学院联合开展网络安全标准化课程，探索建立网络安全标准人才培养基地；创新形式，继续举办网络安全标准知识竞赛；利用抖音、视频号等新媒体解读标准。

③ 创新标准评价机制，常态化开展标准实施情况反馈和效果评价工作，选择有代表性的委员单位或关键信息基础设施运营者等标准用户，实地走访调研标准需求，掌握标准实施应用情况和效果。

4. 拓展全球视野，促进国内国际标准协同发展

① 加强国际标准化总体规划和布局，开展前沿研究，推进机密计算等先进计算领域至少 2 项新国际标准提案立项，同步推动研制国家标准。推进大数据安全与隐私保护实现、虚拟网络化安全等至少 2 项国际标准提案进入下一阶段。

② 持续壮大网络安全国际人才队伍，推荐一批熟悉国际标准规则、精通网络安全技术的专家成为国际标准专家。定期组织国际标准技术沙龙，研究国际标准应对策略，提出我国国际标准提案建议，通过实践提升我国专家运用和掌握国际规则的能力。

③ 研究欧美国家网络安全战略与标准发展趋势，每月编制《网络安全国际动态》。研究国际 SC 27 各技术领域标准发展趋势，形成 5 篇研究报告。

5. 强化能力建设，提升标准高质量发展保障能力

① 提升秘书处核心队伍能力。研究国家网络安全政策动向和技术发展趋势，主动研究网络安全重大问题，组织审查标准草案，派员全过程参与标准研制。细化标准草案、征求意见稿、送审稿等各阶段标准文本编制要求，加强全过程质量审查，持续提升项目管理效率。实行网络安全标准信息月报制度，进一步提升标准制定过程的透明度，提升信息服务水平。

② 充分发挥委员、工作组各方的积极作用。优先邀请委员参与标准立项、评审和讨论，实行委员年度工作积分制，表彰优秀，引领示范。强化工作组在技术研讨和标准前沿研究中的引导作用，开展新技术新应用标准前沿研究，及时发布研究报告或白皮书。

③ 落实委员会制度文件要求，全面升级标准项目服务管理平台，增设标准实施应用信息反馈功能，开发手机客户端，提升移动办公便利性和工作效率。

4.3 各专业领域标准化工作概要

4.3.1 编码字符集

1. 领域简介

图形字符集及其特性的标准化工作，包括字符串排序、相关控制功能、信息交换用字符的编码显现以及代码扩充技术，不包括音频和图像的编码。

在我国，有关中文信息技术的标准化工作也由该领域标准化组织来开展。

2. 国内标准化情况

（1）国内标准化组织

编码字符集的标准化工作由信标委字符集与编码分技术委员会（SAC/TC 28/SC 2）负责，其秘书处设在中国电子技术标准化研究院，国际对口组织是 ISO/IEC JTC 1/SC 2（编码字符集分技术委员会）。2019 年 7 月，国家标准化管理委员会公告 2019 年第 7 号，批准字符集与编码分技术委员会换届，目前为第三届委员会。

此外，经国家标准化管理委员会批准，信标委先后设立了 8 个少数民族信息技术国家标准工作组，作为对编码字符集分技术委员会的技术支持。这 8 个少数民族文字信息技术标准工作组如下：

- 藏文信息技术国家标准工作组（SAC/TC 28/WG 1）；
- 维哈柯文信息技术国家标准工作组（SAC/TC 28/WG 2）；
- 蒙古文信息技术国家标准工作组（SAC/TC 28/WG 3）；
- 云南少数民族语言文字信息技术国家标准工作组（SAC/TC 28/WG 4）；
- 彝文信息技术国家标准工作组（SAC/TC 28/WG 10）；
- 壮文信息技术国家标准工作组（SAC/TC 28/WG 18）；
- 朝鲜文信息技术国家标准工作组（SAC/TC 28/WG 21）；
- 锡伯文信息技术国家标准工作组（SAC/TC 28/WG 24）。

（2）国家和行业标准制定项目

2019 年至 2022 年 10 月，该领域共发布国家标准 11 项：

- GB/T 19966—2019《信息技术 通用编码字符集（基本多文种平面） 汉字 15×16 点阵字型》；
- GB/T 19967.1—2019《信息技术 通用编码字符集（基本多文种平面） 汉字 24 点阵字型 第 1 部分：宋体》；
- GB/T 19967.2—2019《信息技术 通用编码字符集（基本多文种平面） 汉字 24 点阵字型 第 2 部分：黑体》；
- GB/T 19968.1—2019《信息技术 通用编码字符集（基本多文种平面） 汉字 48 点阵字型 第 1 部分：宋体》；
- GB/T 22320—2019《信息技术 中文编码字符集 汉字 15×16 点阵字型》；
- GB/T 22322.1—2019《信息技术 中文编码字符集 汉字 24 点阵字型 第 1 部分：宋体》；
- GB/T 25899.1—2019《信息技术 通用编码字符集（基本多文种平面） 汉字 32 点阵字型 第 1 部分：宋体》；
- GB/T 25899.2—2019《信息技术 通用编码字符集（基本多文种平面） 汉字 32 点阵字型 第 2 部分：黑体》；
- GB/T 30878—2019《信息技术 通用编码字符集（基本多文种平面） 汉字 17×18 点阵字型》；
- GB/T 30879.1—2019《信息技术 通用编码字符集（基本多文种平面） 汉字 22 点阵字型 第 1 部分：宋体》；
- GB/T 30879.2—2019《信息技术 通用编码字符集（基本多文种平面） 汉字 22 点阵字型 第 2 部分：黑体》。

正在制定的国家标准计划项目 1 项，目前处于征求意见阶段：

- 20220127-T-469《信息技术 传统蒙古文名义字符、变形显现字符和控制字符使用规则》。

（3）主要标准化活动

① 复审 71 项国家标准。

2021 年度，复审强制性国家标准 1 项，推荐性国家标准 70 项。

复审的强制性国家标准是 GB 16959—1997《信息技术 藏文编码字符集 基本集》，建议的复审结论为"继续有效，择时修订"。

复审的 70 项推荐性国家标准之中，建议 67 项的结论为"继续有效"，其他 3 项的结论为"废止"。建议废止的 3 项标准为：

- GB/T 8045—1987《信息处理交换用蒙古文七位和八位编码图形字符集》，可由 GB/T 13000—2010《信息技术 通用多八位编码字符集（UCS）》取代。
- GB/T 12050—1989《信息处理 信息交换用维吾尔文编码图形字符集》，可由 GB/T 13000—2010《信

息技术 通用多八位编码字符集（UCS）》取代。
- GB/T 12509—1990《信息交换用维吾尔文 16、24 点阵字母集及数据集》，可由 GB/T 25907—2010《信息技术 维吾尔文、哈萨克文、柯尔克孜文编码字符集 16 点阵字型》系列标准和 GB/T 25909—2010《信息技术 维吾尔文、哈萨克文、柯尔克孜文编码字符集 24 点阵字型》系列标准取代。

② 技术会议。

2021 年度，召开 SC 2 专家会议若干次、藏文工作组会议一次、蒙古文工作组会议若干次。会议内容主要为技术工作，包括对国家标准的复审和待立项标准的草案讨论等。

3. 国际标准化情况

（1）正在制定和修订的标准

该领域制定中的国际标准 4 项，见附录 H。

ISO/IEC JTC 1/SC 2 管理的国际标准现有 48 项（包括补篇和勘误），多数为针对特定文种的编码字符集标准，与我国关联性较小。因此，目前只有拉丁字符集和部分通用标准共 7 项已翻译转化为我国国家标准。

国际标准 ISO/IEC 10646《信息技术 通用编码字符集》（GB/T 13000）是目前最重要的编码字符集，它对全世界古今文字和图形符号统一编码，目的是解决多文种统一处理的问题。该标准已收录 97 036 个在东亚国家/地区使用的汉字和全部我国少数民族文字以及多种我国古文字。

JTC1/SC 2/WG 2/IRG 于 2021 年启动了"CJK 统一汉字"下一阶段扩充项目（编号 IRG WS2021），初步收集了来自中国（包括台湾地区）、韩国、越南以及 UTC 等组织提交的待编码汉字 5 000 余个。其中，我国提出了 1 000 余个待编码汉字（主要用于人名、地名）以及方块壮字。

（2）有关的国际标准化活动

无。

4. 现行国内外标准一览

该领域现行国家标准 185 项，行业标准 16 项，见附录 C；现行 ISO/IEC 标准 48 项（含补篇和勘误），见附录 G。

5. 已开展信息技术标准化工作的我国古今文字

下面是已有信息技术标准的我国古今文字，但不包括中华人民共和国成立以后创制的拉丁化文字：
- 汉字；
- 朝鲜文；
- 维吾尔文、哈萨克文、柯尔克孜文；
- 西双版纳新傣文、西双版纳老傣文、德宏傣文；
- 滇东北苗文；
- 傈僳文；
- 传统蒙古文、锡伯文、托忒文、满文、阿礼嘎礼字；
- 藏文；
- 规范彝文；
- 八思巴文；
- 老突厥文（古维吾尔文）；
- 西夏文；
- 算筹；
- 麻将；
- 易卦；
- 太玄卦；
- 女书。

4.3.2 信息安全

1. 领域简介

信息安全领域的标准化。

2. 国内标准化情况

（1）国内标准化组织

信息安全相关的标准化工作由信安标委（SAC/TC 260）负责，其秘书处设在中国电子技术标准化研究院，其国际对口组织是 ISO/IEC JTC 1/SC 27（信息安全、网络安全和隐私保护分技术委员会）。

（2）国家标准制修订项目

截至 2021 年 12 月 31 日，我国共发布信息安全国家标准 332 项。其中，密码领域 42 项，鉴别与授权领域 66 项，信息安全评估领域 115 项，通信安全领域 22 项，信息安全管理领域 67 项，大数据领域 20 项。

截至 2021 年 12 月 31 日，我国在研信息安全国家标准 74 项，见表 4-1。

表 4-1 我国在研信息安全国家标准

序 号	标 准 名 称	阶 段
1	信息技术 安全技术 信息技术安全性评估方法	征求意见稿
2	信息安全技术 信息系统密码应用设计技术要求	征求意见稿
3	信息安全技术 公钥基础设施 PKI 系统安全测评方法	征求意见稿
4	信息安全技术 公钥基础设施 PKI 系统安全技术要求	征求意见稿
5	信息安全技术 移动互联网应用程序（App）生命周期安全管理指南	征求意见稿
6	信息安全技术 关键信息基础设施网络安全应急体系框架	征求意见稿
7	信息安全技术 网络安全信息共享指南	征求意见稿
8	信息安全技术 信息安全风险管理指南	征求意见稿
9	信息技术 安全技术 信息安全管理体系 指南	征求意见稿
10	信息安全技术 网络安全应急能力评估准则	征求意见稿
11	信息安全技术 关键信息基础设施安全防护能力评价方法	征求意见稿
12	信息安全技术 重要数据识别指南	征求意见稿
13	信息安全技术 信息系统密码应用测评要求	送审稿
14	信息安全技术 IPSec VPN 安全接入基本要求与实施指南	送审稿
15	信息安全技术 信息系统安全保障评估框架 第 1 部分：简介和一般模型	送审稿
16	信息安全技术 网络安全态势感知通用技术要求	送审稿
17	信息安全技术 政务网络安全监测平台技术规范	送审稿
18	信息安全技术 区块链信息服务安全规范	送审稿
19	信息安全技术 信息系统安全审计产品技术要求和测试评价方法	送审稿
20	信息安全技术 公共域名服务系统安全要求	送审稿
21	信息安全技术 社交网络平台信息标识规范	送审稿
22	信息安全技术 电子凭据服务安全要求与测评方法	送审稿
23	信息安全技术 机器学习算法安全评估规范	送审稿
24	信息安全技术 区块链技术安全框架	送审稿
25	信息安全技术 个人信息去标识化效果分级评估规范	送审稿
26	信息安全技术 移动互联网应用程序（App）个人信息安全测评规范	送审稿
27	信息安全技术 移动互联网应用程序（App）SDK 安全指南	送审稿
28	信息安全技术 边缘计算安全技术要求	送审稿
29	信息安全技术 电信领域大数据安全防护实现指南	送审稿
30	信息安全技术 个人信息处理中告知和同意的实施指南	送审稿
31	信息安全技术 云计算服务安全能力要求	送审稿
32	信息安全技术 云计算服务安全指南	送审稿
33	信息安全技术 数据出境安全评估指南	送审稿
34	信息安全技术 SM9 密码算法使用规范	报批稿
35	信息安全技术 可信计算密码支撑平台功能与接口规范	报批稿
36	信息安全技术 可信执行环境服务规范	报批稿

续表

序 号	标 准 名 称	阶 段
37	信息技术 安全技术 实体鉴别 第3部分：采用数字签名技术的机制	报批稿
38	信息技术 安全技术 带附录的数字签名 第1部分：概述	报批稿
39	信息安全技术 网络身份服务安全技术要求	报批稿
40	信息安全技术 人脸识别数据安全要求	报批稿
41	信息安全技术 基因识别数据安全要求	报批稿
42	信息安全技术 步态识别数据安全要求	报批稿
43	信息安全技术 声纹识别数据安全要求	报批稿
44	信息安全技术 可信执行环境 基本安全规范	报批稿
45	信息安全技术 网络入侵防御产品技术规范	报批稿
46	信息安全技术 反垃圾邮件产品技术规范	报批稿
47	信息安全技术 政府网站系统安全指南	报批稿
48	信息安全技术 工业控制系统信息安全防护建设实施规范	报批稿
49	信息安全技术 网络脆弱性扫描产品安全技术要求	报批稿
50	信息安全技术 重要工业控制系统网络安全防护导则	报批稿
51	信息技术 安全技术 网络安全 第3部分：面向网络接入场景的威胁、设计技术和控制	报批稿
52	信息技术 安全技术 网络安全 第4部分：使用安全网关的网间通信安全保护	报批稿
53	信息安全技术 智能家居通用安全规范	报批稿
54	信息安全技术 移动互联网安全审计技术规范	报批稿
55	信息安全技术 信息安全事件分类分级指南	报批稿
56	信息安全技术 关键信息基础设施网络安全保护基本要求	报批稿
57	信息安全技术 关键信息基础设施信息技术产品供应链安全要求	报批稿
58	信息安全技术 关键信息基础设施安全保障指标体系	报批稿
59	信息安全技术 关键信息基础设施安全检查评估指南	报批稿
60	信息安全技术 关键信息基础设施安全控制要求	报批稿
61	信息技术 安全技术 个人可识别信息（PII）处理者在公有云中保护PII的实践指南	报批稿
62	信息安全技术 信息安全风险评估方法	报批稿
63	信息安全技术 信息安全服务 分类与代码	报批稿
64	信息安全技术 网络数据处理安全要求	报批稿
65	信息安全技术 术语	报批稿
66	信息安全技术 汽车采集数据的安全要求	报批稿
67	信息安全技术 网上购物服务数据安全要求	报批稿
68	信息安全技术 即时通信服务数据安全要求	报批稿
69	信息安全技术 网络支付服务数据安全要求	报批稿
70	信息安全技术 网络预约汽车服务数据安全要求	报批稿
71	信息安全技术 网络音视频服务数据安全要求	报批稿
72	信息安全技术 快递物流服务数据安全要求	报批稿
73	信息安全技术 移动互联网应用（App）收集个人信息基本规范	报批稿
74	信息安全技术 个人信息安全工程指南	报批稿

（3）主要标准化活动

① 顺利完成委员会换届工作。结合新时期网络安全标准化新任务新要求，坚持公平、公正、透明的原则，提升委员的广泛性、代表性、专业性，研究提出了由100人组成的第三届委员会委员名单。2021年10月25日，成功召开第三届委员会第一次全体会议，标志着新一届委员会正式成立。

② 创新委员会工作机制。修订《委员会章程》《标准制修订工作程序》，制定《技术文件制订工作程序》《标准复审工作程序》和《专家遴选规则》，为新一届委员会工作的高效开展提供了坚实的制度基础。

③ 2020、2021两年内，推动《个人信息安全规范》《网络产品和服务安全通用要求》《信息系统密码应用基本要求》《互联网信息服务安全通用要求》等72项网络安全国家标准获批发布。研制一批急需的重要标准和技术文件，为法律法规实施和重点工作提供支撑。

a. 针对汽车数据处理活动中出现的个人信息或重要数据泄露、滥用等安全问题，及时立项研制《汽车数据的安全处理要求》标准，发布首份委员会技术文件《汽车采集数据处理安全指南》；研制网络数据分类分级、重要数据识别等标准，支撑《数据安全法》关于建立数据分类分级保护制度和制定重要数据目录等要求落地。

b. 积极响应社会热点和网民关切，引导和规范网络服务平台运营者的数据安全活动，针对网上购物、即时通信、网络支付、网络预约汽车、网络音视频、快递物流等领域网络服务平台中存在的数据安全风险，组织研制了 6 项网络服务数据安全标准；针对目前人脸、基因、步态、声纹等生物特征识别技术应用带来的数据安全问题，组织研制了 4 项生物特征识别数据安全标准。

c. 针对 App 个人信息治理工作暴露出来的应用商店、SDK 安全问题，研制相关 App 个人信息安全标准；针对即时通信服务平台个人通信信息认定不规范、智能移动终端生产厂商自行设定预装应用程序带来的强采偷采用户个人信息等问题，研制即时通信服务平台个人通信信息认定、智能移动终端预装应用程序分类等技术文件和标准。

d. 贯彻落实《关键信息基础设施安全保护条例》要求，推动关键信息基础设施安全保护要求、安全控制措施、安全保障指标体系、安全检查评估指南、产品供应链安全要求等核心标准完善。

e. 推动发布了《信息系统密码应用基本要求》《祖冲之序列密码算法》系列标准等重要密码国家标准，有效支撑《密码法》的落地实施和国产密码算法的推广应用。

④ 加强标准顶层设计，系统研究《网络安全法》《数据安全法》《个人信息保护法》《关键信息基础设施安全保护条例》，分析标准需求，编制完成《网络安全国家标准体系（2021 版）》，形成数据安全、个人信息保护、关键信息基础设施安全保护领域标准体系。

⑤ 发布了《5G 网络安全标准化白皮书》《网络安全态势感知技术标准化白皮书（2020 版）》《人工智能安全标准化白皮书（2019 版）》《物联网安全标准化白皮书（2019 版）》，为规划和开展相关领域标准化工作提供指导。

⑥ 组织对发布 3 年及以上的 176 项网络安全国家标准进行复审评估，建议废止 19 项、修订 89 项（含合并，其中 18 项标准合并修订为 9 项标准）、继续有效 68 项，形成复审工作报告报送国家标准委。

⑦ 举办"网络安全标准引领数字经济健康发展"主题论坛、大湾区数据要素流通研讨会、关键信息基础设施安全标准论坛、数据安全标准论坛等活动，解读政策、探讨交流标准需求和实践。依托国家网络安全宣传周、全民国家安全教育日活动、网络安全标准周、新一代标准化论坛等大型活动，2021 年共举办 5 场标准宣传活动，累计近 3 000 人通过线上或线下形式参加，大力促进了社会各方了解标准、使用标准。

⑧ 针对生物特征识别数据安全、网络服务数据安全等 15 项重点标准制定项目开展标准试点工作，旨在对标准内容的可操作性和适用性进行验证，提升标准质量。

⑨ 组织录制 16 项标准解读课件，以标准的技术要求、测试方法等为核心，从推动标准有效实施的角度开展解读，通过委员会网站更加方便、直观地供网络安全领域相关行政管理部门、企业、高等院校、科研机构学习参考。

⑩ 评选出一批工业控制系统安全、网络安全等级保护、数据安全、密码、个人信息保护、生物特征识别身份鉴别等领域标准优秀实践案例，总结典型标准应用模式和经验做法，通过专刊形式予以推广。

⑪ 创新举办网络安全标准线上知识竞赛活动，有效答题次数达 2 698 人次，促进全社会对网络安全标准的关注和了解。

⑫ 组织对一批发布实施满一年的国家标准和 5 年来我国主导提出的国际标准提案开展效果评价工作，总结成效、发现问题、提出建议。

⑬ 截至 2021 年底，我国参与的国际标准项目总数 45 项，已发布 18 项，在研 18 项，研究项目 9 项。其中，SM2、SM3、SM4、SM9 和 ZUC 等我国密码算法均已转化为国际标准，我国密码算法的国际标准体系已初步形成，为我国密码产业向国际化发展奠定了坚实标准基础；我国主导提出的 ISO/IEC 27070: 2021《虚拟信任根建立要求》发布，该标准规范企业安全增强开发的技术架构、协议、接口，促进不同企业间的互联互通和行业间的规范发展，有助于可信计算产业的积极落地和实施。

⑭ 2021 年，新增 10 名专家担任 SC 27 联合工作组召集人和项目编辑。推动由我国专家担任召集人的网联汽车设备网络安全要求及评估活动联合工作组（JWG 6）成立，我国在网联汽车安全国际标准化领域取得先发优势；推荐我国专家成为 SC 27 WG1 管理层团队成员，为后续深度参与工作组运作机制和规则制定获得发言权；推动 8 名专家担任国际标准编辑或联合编辑，有利于主导或影响相关国际标准制定。截至 2021 年底，我国共有 43 位专家担任 SC 27 职务和项目编辑。

⑮ 聚焦国内外网络安全战略政策的发展，以及标准化最新动态，编制 12 期《网络安全国际动态》上报主

管部门，提升标准化战略视野。组织编写数据安全国际标准化专题文章4篇，刊登于《信息技术与标准化》（2021年第8期），为大数据安全领域我国主导的国际标准提案推进起到积极作用。

⑯ 编制发布6期《网络安全标准化工作月报》，推送在研国家标准和国际标准信息动态，不断提升标准信息服务水平和能力。

3．国际标准化情况

（1）正在制定的标准

该领域正在制定的国际标准74项（含补篇/勘误），见附录H。

（2）有关的国际标准化活动

① 2019年4月1—9日，国际标准化组织ISO/IEC JTC 1/SC 27工作组会议和全体会议在以色列特拉维夫召开。

密码技术与安全机制工作组（WG 2）确定我国提出的ISO/IEC 18033-4/AMD1《信息技术 安全技术 加密算法 第4部分：序列算法 补篇1》进入补篇草案（PDAM）阶段；《SM9-IBE算法》结束研究期，以补篇形式成功立项纳入ISO/IEC 18033-5:2015；《SM9-KA协议》结束研究期，以补篇形式成功立项纳入ISO/IEC 11770-3:2015。

安全评估准则工作组（WG 3）确定我国主导提出的ISO/IEC 23837-1《量子密钥分发的安全要求、测试和评估方法 第1部分：要求》和ISO/IEC 23837-2《量子密钥分发的安全要求、测试和评估方法 第2部分：测试和评估方法》进入工作草案（WD）阶段；研究项目《ICT可信赖框架评估指南》结束研究期，进入NWIP立项投票阶段；研究项目《基于ISO/IEC 15408的网联汽车信息安全测评准则》立项。

安全控制与服务工作组（WG 4）确定我国主导提出的研究项目《大数据安全与隐私实现指南》《家庭物联网安全与隐私》《工业互联网平台安全参考模型（SRM-IIP）》结束研究期，进入NWIP立项投票阶段；ISO/IEC 27071《信息技术 安全技术 设备和服务之间建立可信连接的安全建议》、ISO/IEC 27045《大数据安全与隐私保护 过程》、ISO/IEC 27070《虚拟信任根安全要求》进入下一版工作草案（WD）阶段；研究项目《网络虚拟化安全》进行了中期汇报；研究项目《信息安全事件响应协同》成功立项。

身份管理与隐私技术工作组（WG 5）确定我国主导提出的ISO/IEC 27553《移动设备上使用生物特征识别进行身份认证的安全要求》进入下一版工作草案（WD）阶段。

② 2019年10月14—18日，国际标准化组织ISO/IEC JTC 1的SC 27工作组会议在法国巴黎召开。

密码技术与安全机制工作组（WG 2）确定我国提出的ISO/IEC 18033-4/AMD1《信息技术 安全技术 加密算法 第4部分：序列算法 补篇1》进入补篇草案（DAM）阶段；ISO/IEC 18033-5/AMD1《信息技术 安全技术 加密算法 第5部分：基于身份鉴别的密码 补篇1》进入委员会补篇草案（CDAM）阶段；ISO/IEC 11770-3:2015/AMD2《信息安全 安全技术 密钥管理 第3部分：使用非对称技术的机制 补篇2》进入补篇草案（PDAM）阶段。

安全评估准则工作组（WG 3）确定我国提出的ISO/IEC 23837-1《量子密钥分发的安全要求、测试和评估方法 第1部分：要求》、ISO/IEC 23837-2《量子密钥分发的安全要求、测试和评估方法 第2部分：测试和评估方法》、ISO/IEC 24462《ICT可信赖框架评估指南》推进到下一版工作草案（WD）；研究项目《可用于硬件评估的硬件监控技术方法研究》立项；研究项目《基于ISO/IEC 15408网联汽车安全测评准则》延长6个月研究期；我国专家担任编辑的ISO/IEC 15408-2《IT安全评估准则 第2部分：安全功能要求》进入国际标准草案（DIS）阶段。

安全控制与服务工作组（WG 4）确定我国提出的ISO/IEC 24391《家庭物联网安全与隐私保护》、ISO/IEC 27046《大数据安全与隐私实现指南》、ISO/IEC 24392《工业互联网平台安全参考模型（SRM-IIP）》进入工作草案（WD）阶段；ISO/IEC 27071《信息技术 安全技术 设备和服务之间建立可信连接的安全建议》、ISO/IEC 27045《大数据安全与隐私保护 过程》进入下一版工作草案（WD）；ISO/IEC 27070《虚拟信任根安全要求》进入委员会草案（CD）阶段；研究项目《网络虚拟化安全》推进到预工作项目（PWI）阶段；研究项目《信息安全事件响应协同》延长6个月研究期。

身份管理与隐私技术工作组（WG 5）确定我国提出的ISO/IEC 27553《移动设备上使用生物特征识别进行

身份认证的安全要求》推进到委员会草案（CD）阶段。

③ 2020 年 4 月 12—18 日，国际标准化组织 ISO/IEC JTC 1 的 SC 27 工作组会议以线上形式召开。

密码技术与安全机制工作组（WG 2）决定对 ISO/IEC 18033-3《加密算法 第 3 部分：分组密码算法》进行拆分，其中中国 SM4 算法作为 ISO/IEC 18033-3 补篇 1 从 DAM 阶段重启。

安全评估准则工作组（WG 3）确定我国提出的 ISO/IEC 23837-1《量子密钥分发的安全要求、测试和评估方法 第 1 部分：要求》、ISO/IEC 23837-2《量子密钥分发的安全要求、测试和评估方法 第 2 部分：测试和评估方法》；研究项目《可用于硬件评估的硬件监控技术方法研究》立项；研究项目《基于 ISO/IEC 15408 网联汽车安全测评准则》延长 6 个月研究期；研究项目《可用于硬件评估的硬件监控技术方法研究》延长 6 个月研究期。

安全控制与服务工作组（WG 4）确定我国提出的 ISO/IEC 24391《家庭物联网安全与隐私保护》改名为 ISO/IEC 27403《网络安全 物联网安全与隐私保护 家庭物联网指南》、ISO/IEC 27046《大数据安全与隐私实现指南》、ISO/IEC 24392《工业互联网平台安全参考模型（SRM-IIP）》、ISO/IEC 27071《信息技术 安全技术 设备和服务之间建立可信连接的安全建议》、ISO/IEC 27045《大数据安全与隐私保护 过程》进入下一版工作草案（WD）；ISO/IEC 27070《虚拟信任根安全要求》进入下一版委员会草案（CD）；研究项目《网络虚拟化安全》《信息安全事件响应协同》转入新工作项目提案（NWIP）投票阶段。

身份管理与隐私技术工作组（WG 5）确定我国提出的 ISO/IEC 27553《移动设备上使用生物特征识别进行身份认证的安全要求》推进到下一版委员会草案（CD）阶段。

④ 2020 年 9 月 12—19 日，国际标准化组织 ISO/IEC JTC 1/SC 27 工作组会议和全体会议以线上会议形式召开。

密码技术与安全机制工作组（WG 2）确定我国提出的 ISO/IEC 18033-3/AMD1《加密算法 第 3 部分：块密码 补篇 1》、ISO/IEC 18033-5/AMD1《加密算法 第 5 部分：基于身份鉴别的密码 补篇 1》、ISO/IEC 11770-3/AMD2《密钥管理 第 3 部分：使用非对称技术的机制 补篇 2》进入补篇草案（DAM）阶段。

安全评估准则工作组（WG 3）确定我国提出的 ISO/IEC 23837-1《量子密钥分发的安全要求、测试和评估方法 第 1 部分：要求》ISO/IEC 23837-2《量子密钥分发的安全要求、测试和评估方法 第 2 部分：测试和评估方法》进入委员会草案（CD）阶段；研究项目基于 ISO/IEC 15408 的网联汽车信息安全测评准则》、《用于硬件安全评估的硬件监控技术》转入预研工作项目（PWI）阶段。

安全控制与服务工作组（WG 4）确定我国提出的 ISO/IEC 27070《虚拟化信任根的安全要求》进入国际标准草案（DIS）阶段；ISO/IEC 27071《设备与服务建立可信连接的安全建议》、ISO/IEC 27045《大数据安全与隐私保护 过程》、ISO/IEC 27046《大数据安全与隐私实现指南》、ISO/IEC 24391《家庭物联网安全与隐私保护指南》、ISO/IEC 24392《工业互联网平台安全参考模型（SRM-IIP）》进入下一版工作草案（WD）标准；ISO/IEC 27030-7《网络虚拟化安全指南》进入工作草案（WD）阶段；研究项目《数据生命周期日志审计指南》立项。

身份管理与隐私技术工作组（WG 5）确定我国提出的 ISO/IEC 27553《移动设备上使用生物特征识别进行身份认证的安全要求》进入委员会草案（CD）阶段。

⑤ 2021 年 4 月 12—16 日，国际标准化组织 ISO/IEC JTC 1/SC 27 工作组会议和全体会议以线上会议形式召开。

密码技术与安全机制工作组（WG 2）确定我国提出的 ISO/IEC 18033-3/AMD1《加密算法 第 3 部分：块密码 补篇 1》、ISO/IEC 11770-3《密钥管理 第 3 部分：使用非对称技术的机制》进入最终国际标准草案（FDIS）阶段。

安全评估准则工作组（WG 3）确定我国提出的 ISO/IEC 23837-1 《量子密钥分发的安全要求、测试和评估方法 第 1 部分：要求》、ISO/IEC 23837-2 《量子密钥分发的安全要求、测试和评估方法 第 2 部分：测试和评估方法》进入下一版委员会草案（CD）阶段；ISO/IEC PWI 5888《基于 ISO/IEC 15408 网联汽车安全评估准则》、ISO/IEC TR 5891《用于硬件安全评估的硬件监控技术》结束研究期，转入新工作项目提案（NP）阶段。

安全控制与服务工作组（WG 4）确定我国提出的 ISO/IEC 27070《建立虚拟信任根的要求》进入国际标准

最终草案（FDIS）阶段；ISO/IEC 27071《设备与服务建立可信连接的安全建议》、ISO/IEC 24392《工业互联网平台安全参考模型（SRM-IIP）》进入委员会草案（CD）阶段；ISO/IEC 27045《大数据安全与隐私保护 过程》退回至预研工作项目（PWI）阶段；ISO/IEC 27046《大数据安全与隐私实现指南》、ISO/IEC 27403《物联网（IoT）安全与隐私保护 家庭物联网指南》、ISO/IEC 27033-7《网络虚拟化安全指南》进入下一版工作草案（WD）阶段；新预研工作项目（PWI）《多方数据融与合挖掘的安全隐私保护框架》立项；预研工作项目（PWI）《数据生命周期日志审计指南》进行汇报。

身份管理与隐私技术工作组（WG 5）确定我国提出的 ISO/IEC 27553《移动设备上使用生物特征识别进行身份认证的安全要求》进行拆分，分为两个部分，第 1 部分包含本地模式保持委员会草案（CD）阶段，第 2 部分包含远程模式进入预研工作项目（PWI）阶段；新预研工作项目（PWI）《基于零知识证明的个人可识别信息保护技术框架》立项。

⑥ 2021 年 9 月 12—19 日，国际标准化组织 ISO/IEC JTC 1/SC 27 工作组会议和全体会议以线上会议形式召开。

密码技术与安全机制工作组（WG 2）确定包含我国SM9标识密钥交换协议的ISO/IEC 11770-3《密钥管理 第3部分：使用非对称技术的机制》进入发布阶段。

安全评估准则工作组（WG 3）确定我国提出的 ISO/IEC 23837-1《量子密钥分发的安全要求、测试和评估方法 第 1 部分：要求》、ISO/IEC 23837-2《量子密钥分发的安全要求、测试和评估方法 第 2 部分：测试和评估方法》进入 DIS 阶段；ISO/IEC TR 5891《用于硬件安全评估的硬件监控技术》进入发布阶段。

安全控制与服务工作组（WG 4）确定我国提出的ISO/IEC 27033-7《信息技术 网络安全 第 7 部分：网络虚拟化安全指南》、ISO/IEC 27035-4《信息技术 信息安全事件管理 第4部分：协同》、ISO/IEC 27046《信息技术 大数据安全与隐私保护 实现指南》进入下一版WD阶段；ISO/IEC 27071《信息技术 安全技术 设备与服务建立可信连接的安全建议》进入下一版CD阶段；ISO/IEC 27070《信息技术 安全技术 建立虚拟信任根的要求》进入发布阶段；ISO/IEC PWI 7709《多方数据融合与挖掘的安全与隐私保护参考架构》继续研究阶段；ISO/IEC PWI 27045《信息技术 大数据安全与隐私保护 过程》更名为《信息技术 大数据安全与隐私保护 数据安全管理框架指南》；研究项目《数字货币硬件钱包安全参考模型》立项。

身份管理与隐私技术工作组（WG 5）确定我国提出的 ISO/IEC 27553-1《移动设备上使用生物特征识别进行身份认证的安全要求 第 1 部分：本地模式》进入 DIS 阶段；ISO/IEC PWI 27553-2《移动设备上使用生物特征识别进行身份认证的安全要求 第 2 部分：远程模式》继续研究；预研工作项目（PWI）《基于零知识证明的个人可识别信息保护技术框架》转入新工作项目（NWIP）投票阶段。

4. 现行国内外标准

该领域现行国家标准 332 项，见附录 C；现行 ISO/IEC 标准 215 项（含补篇/勘误），见附录 G。

4.3.3 软件与系统工程

1. 领域简介

软件与系统工程领域，以软件工程为核心，以系统工程的思想与理论为外延。软件工程是指导计算机软件开发和维护的工程学科。软件工程技术采用工程化的概念、原理、技术和方法来开发和维护软件，它把经过时间考验、证明是正确的管理技术和当前能够得到的最先进的技术方法结合起来，它有两个明显的特点：一是强调规范化，二是强调文档化。

2. 国内标准化情况

（1）国内标准化组织

我国的软件与系统工程标准化组织为信标委软件与系统工程分技术委员会（SAC/TC 28/SC 7，原信标委软件工程分技术委员会，简称"软工分委会"），秘书处设在中国电子技术标准化研究院，国际对口组织是 ISO/IEC JTC 1/SC 7（软件与系统工程分技术委员会）。2019 年 7 月，国家标准化管理委员会公告 2019 年第 7 号批准软工分委会换届，目前为第三届委员会。软工分委会由 76 委员及 147 家成员单位组成，何积丰院士担任主任委员。

软工分委会下设 5 个工作组和 1 个研究组。
- 软件质量工程标准工作组，负责软件质量度量、测试、评估、评价等方面的标准研制和应用推广。
- 软件能力开发标准工作组，负责生存周期过程、技术能力评估等方面的标准研制和应用推广。
- 软件工程工具标准工作组，负责需求分析、设计、开发、测试等与软件研发辅助工具相关的标准研制和应用推广。
- 软件价值标准工作组，负责软件绩效、成本、资产等方面的标准研制和应用推广。
- 软件人才培养标准工作组，负责软件学科体系、从业人员资质评估、认证等方面标准的研制和应用推广。
- 软件工程新技术标准研究组，负责敏捷开发、DevOps、产品线工程、基于模型的开发等软件工程新技术的研究和标准制定。

（2）国家和行业标准制定项目

截至 2022 年 10 月，软件与系统工程领域现行有效国家标准 132 项，覆盖了基础、软件质量与测试、生存周期管理、工具和方法、软件文档化、IT 资产管理、软件绩效和成本 7 个子领域。其中，基础标准 3 项，软件质量与测试标准 62 项，生存周期管理标准 24 项，工具和方法标准 18 项，软件文档化标准 9 项，IT 资产管理标准 3 项，软件绩效和成本度量标准 13 项。

2019 年至 2022 年 10 月，该领域共发布国家标准 23 项：
- GB/T 8566—2022《系统与软件工程 软件生存周期过程》；
- GB/T 22032—2021《系统与软件工程 系统生存周期过程》；
- GB/T 25000.1—2021《系统与软件工程 系统与软件质量要求和评价（SQuaRE）第 1 部分：SQuaRE 指南》；
- GB/T 25000.20—2021《系统与软件工程 系统与软件质量要求和评价（SQuaRE）第 20 部分：测量参考模型和指南》；
- GB/T 25000.21—2019《系统与软件工程 系统与软件质量要求和评价(SQuaRE) 第 21 部分：质量测度元素》；
- GB/T 25000.22—2019《系统与软件工程 系统与软件质量要求和评价(SQuaRE) 第 22 部分：使用质量测量》；
- GB/T 25000.23—2019《系统与软件工程 系统与软件质量要求与评价(SQuaRE) 第 23 部分：系统与软件产品质量测量》；
- GB/T 25000.30—2021《系统与软件工程 系统与软件质量要求和评价（SQuaRE）第 30 部分：质量需求》；
- GB/T 37691—2019《可编程逻辑器件软件安全性设计指南》；
- GB/T 37970—2019《软件过程及制品可信度评估》；
- GB/T 37979—2019《可编程逻辑器件软件 VHDL 编程安全要求》；
- GB/T 38634.1—2020《系统与软件工程 软件测试 第 1 部分：概念和定义》；
- GB/T 38634.2—2020《系统与软件工程 软件测试 第 2 部分：测试过程》；
- GB/T 38634.3—2020《系统与软件工程 软件测试 第 3 部分：测试文档》；
- GB/T 38634.4—2020《系统与软件工程 软件测试 第 4 部分：测试技术》；
- GB/T 38639—2020《系统与软件工程 软件组合测试方法》；
- GB/T 39788—2021《系统与软件工程 性能测试方法》；
- GB/T 41865—2022《件与系统工程 产品线工程与管理参考模型》；
- GB/T 41866.1—2022《系统与软件工程 信息技术项目绩效基准度量框架 第 1 部分：概念和定义》；
- GB/T 41866.2—2022《系统与软件工程 信息技术项目绩效基准度量框架 第 2 部分：基准度量要求》；
- GB/T 41866.3—2022《系统与软件工程 信息技术项目绩效基准度量框架 第 3 部分：报告编制》；
- GB/T 41866.4—2022《系统与软件工程 信息技术项目绩效基准度量框架 第 4 部分：数据收集和维护》；
- GB/T 41905—2022《软件与系统工程 软件测试工具能力》。

制定中的 7 项软件与系统工程领域国家标准（计划执行情况）见表 4-2。

表 4-2 制定中的软件与系统工程领域国家标准

计 划 号	标 准 名 称	阶 段
20194201-T-469	系统与软件工程 功能规模测量 COSMIC 方法	报批
20194189-T-469	系统与软件工程 功能规模测量 IFPUG 方法	报批
20194199-T-469	系统与软件工程 功能规模测量 MkⅡ功能点分析方法	报批
20194198-T-469	系统与软件工程 功能规模测量 NESMA 方法	报批
20194202-T-469	系统与软件工程 功能规模测量 FiSMA1.1 方法	报批
20194204-T-469	系统与软件工程 开发运维一体化 能力成熟度模型	报批
20220597-T-469	系统与软件工程 软件测试 第5部分：关键字驱动测试	起草

（3）主要标准化活动

2019 年 10 月 26 日，ISO/IEC JTC 1/SC 7/WG 6 工作组会议在意大利罗马召开。

2019 年 11 月 4 日，ISO/IEC JTC 1/SC 7/WG 4 工作组会议在法国巴黎召开。

2019 年 12 月 5 日，软工分委会换届大会、第三届第一次主任委员办公会、第三届第一次全会在上海召开。

2019 年 12 月 24 日，软工分委会软件质量工程标准工作组第一次组长办公会在北京召开。

2020 年 4 月 29 日，信标委软工分委会 2020 年第一次主任委员办公会以网络会议的形式顺利召开。

2020 年 5 月 27 日至 6 月 25 日，ISO/IEC JTC 1/SC 7（软件与系统工程分技术委员会）第三十五次全体会议以网络会议形式召开。会议批准由中国牵头成立"突发公共卫生事件应急防控系统"临时工作组，任命我国专家担任主席。

2020 年 6 月 12—19 日，信标委软工分委会和信标委工业 App 标准工作组联合开展"在线标准周"活动。

2020 年 9 月 1 日，《软件成本度量国家标准实施指南——理论、方法与实践》新书正式出版发布。

2020 年 10 月 16 日，第五届中国软件估算大会主会场在北京举行，"2020 年中国软件行业基准数据"发布。

2020 年 10 月 23—25 日，"软件成本度量国家标准培训"在苏州举办。

2020 年 10 月 26—30 日，ISO/IEC JTC 1/SC 7/WG 6 工作组会议在线召开。

2020 年 11 月 2—6 日，ISO/IEC JTC 1/SC 7/WG 4 工作组会议在线召开。

2020 年 12 月 11 日，ISO/IEC/IEEE 24748-9《系统与软件工程—— 系统生存周期过程在传染病预防和控制系统中的应用》启动 PWI 投票。

2021 年 3 月 10 日，信标委软工分委会 2021 年第一次主任委员办公会以网络会议的形式顺利召开。

2021 年 4 月 1 日，面向社会公开征集新一批软工分委会成员单位。

2021 年 4 月，由我国提出的《突发公共卫生时间工业企业应急防控系统技术规范》国际标准提案在 ISO/IEC、IEEE 成功立项，标准编号为 ISO/IEC/IEEE 24748-9。

2021 年 4 月 22 日，《软件成本度量》国家标准培训正式启动。

2021 年 4 月 26—29 日，信标委软工分委会和信标委工业 App 标准工作组联合开展"标准周"活动。

2021 年 5 月 13 日，由我国提出的《系统和软件生存周期过程在疫情防控系统中的应用》标准提案，正式获批立项。

2021 年 6 月 3—23 日（AG 组扩展会议 6 月 24 日至 7 月 15 日），ISO/IEC JTC 1/SC 7（软件与系统工程分技术委员会）第三十六次全体会议以网络会议形式召开，软工分委会组织专家参加会议并取得多项成果。

2021 年 7 月 17 日，第一批软件测试工具国家标准符合性测评工作正式启动。

2021 年 10 月 9 日，开展第二批软件测试工具国家标准符合性测评工作。

2021 年 10 月 22 日，第六届中国软件估算大会举行，主会场设在北京，"2021 年中国软件行业基准数据"发布。

2021 年 12 月 6—14 日，ISO/IEC JTC 1/SC 7 召开第三十七次全体会议。我国提出的抗疫提案 ISO/IEC/IEEE 24748-9《系统与软件工程 生存周期管理 第 9 部分：系统和软件生存周期过程在疫情防控系统中的应用》通过 CD 投票，成功进入 DIS 阶段。

3．国际标准化情况

（1）正在制定的国际标准

该领域正在制定的国际标准32项（含补篇/勘误），见附录H。

（2）其他有关的国际标准化活动

我国专家承担了 ISO/IEC/IEEE 24748-9、ISO/IEC 25020、ISO/IEC TS 25025、ISO/IEC 29119-8 等标准的编辑，以及 ISO/IEC 25002、ISO/IEC 25010、ISO/IEC 29119 系列、ISO/IEC 265XX 等标准的联合编辑。

2019年至2021年期间，我国牵头或参与制定22项国际标准，见表4-3。

表4-3 我国牵头或参与制定的国际标准

标 准 号	名 称	阶段
ISO/IEC/IEEE 24748-9	系统与软件工程 系统和软件生存周期过程在疫情防控系统中的应用	DIS
ISO/IEC 25002	系统与软件工程 系统和软件质量要求和评价（SQuaRE）质量质量概述和使用	CD2
ISO/IEC 25010	系统与软件工程 系统和软件质量要求和评价（SQuaRE）产品质量模型	CD2
ISO/IEC 25019	系统与软件工程 系统和软件质量要求和评价（SQuaRE）使用质量模型	CD2
ISO/IEC 25020:2019	系统与软件工程 系统和软件质量要求和评价质量测量框架	发布
ISO/IEC TS 25025:2021	信息技术 系统和软件质量要求和评价（SQuaRE）服务质量度量	发布
ISO/IEC 25030:2019	系统与软件工程 系统和软件质量要求和评价（SQuaRE）质量需求框架	发布
ISO/IEC 26552:2019	软件与系统工程 产品线架构设计的工具和方法	发布
ISO/IEC 26560:2019	软件与系统工程 在软件和系统产品线中用于产品族管理的工具和方法	发布
ISO/IEC 26561:2019	软件与系统工程 产品线技术探索的方法和工具	发布
ISO/IEC 26562:2019	软件与系统工程 产品线转变管理的方法和工具	发布
ISO/IEC 26563	软件与系统工程 产品线配置管理的工具和方法	DIS
ISO/IEC 26564	软件与系统工程 产品线测量的工具和方法	DIS
ISO/IEC 26565	软件与系统工程 产品线成熟度框架工具和方法	NP
ISO/IEC 26566	软件与系统工程 产品线设计评估	NP
ISO/IEC 24641	软件与系统工程 基于模型的系统与软件工程方法和工具	DIS
ISO/IEC/IEEE 29119-1:2022	软件与系统工程 软件测试 第1部分：概述（修订）	发布
ISO/IEC/IEEE 29119-2:2021	软件与系统工程 软件测试 第2部分：测试过程（修订）	发布
ISO/IEC/IEEE 29119-3:2021	软件与系统工程 软件测试 第3部分：测试文档（修订）	发布
ISO/IEC/IEEE 29119-4:2021	软件与系统工程 软件测试 第4部分：测试技术（修订）	发布
ISO/IEC DTR 29119-8	软件与系统工程 软件测试 第8部分：基于模型的测试	DTR
ISO/IEC/IEEE 29119-11:2020	软件与系统工程 软件测试 第11部分：基于人工智能系统的测试指南	发布
ISO/IEC 23396:2020	系统与软件工程 评审工具能力	发布
ISO/IEC 23531:2020	系统与软件工程 问题管理工具的功能	发布

2019年5月19—24日，ISO/IEC JTC 1/SC 7（软件与系统工程分技术委员会）第三十四次全体会议及工作组会议在芬兰艾斯堡召开。SC 7主席、秘书，以及来自澳大利亚、加拿大、中国、英国、美国、法国、印度、韩国、日本、马来西亚、意大利等18个P成员和1个O成员的120余名代表参加此次会议。中国代表团由来自中国电子技术标准化研究院、北京软件产品质量检测检验中心、上海市计算机技术开发中心、大连海事大学及中国测试联盟的8名代表组成。会议期间，召开了战略规划会议、SC 7全会，并行召开了2个咨询组和11个工作组会议。深入讨论SC 7目前已立项的35项标准，处理各国意见，并依据各研究组工作成果提出多项新工作提案计划。

2019年10月26日至11月3日，ISO/IEC JTC 1/SC 7/WG 6工作组会议在意大利罗马召开，此次会议由意大利标准化协会主办，来自中国、日本、韩国、美国、加拿大、澳大利亚、阿根廷、意大利8个国家的21位代表通过现场参会，另有阿根廷、美国、加拿大、日本4国的5位代表通过ISO网络会议系统远程参会；中国代表团有5名代表参加。此次会议重点推进SQuaRE系列标准研讨制定，推动ISO/IEC 25010-1、25010-2、25010-3等质量模型领域标准成功立项，为SQuaRE系列标准的制定和持续更新做出了卓越的贡献。

2019年11月4—8日，ISO/IEC JTC 1/SC 7/ WG 4工作组会议在法国巴黎召开，来自中国、日本、韩国、法国、芬兰、德国6个国家的13位代表现场参会。参加此次会议的中国代表团由来自中国电子技术标准化研究院以及北京软件产品质量检测检验中心的 3 名代表组成。主要讨论 MBSSE 在软件与系统工程工具标准中的实例描述，并推进产品线工程、安全验证工具等标准的制修订。

2020 年 5 月 27 日至 6 月 25 日，ISO/IEC JTC 1/SC 7 第三十五次全体会议及工作组会议通过网络会议的形式召开。SC 7 主席、秘书，以及来自澳大利亚、加拿大、中国、英国、美国、法国、印度、韩国、日本、马来西亚、意大利等 35 个 P 成员的代表参加了此次会议。中国代表团由来自中国电子技术标准化研究院、北京软件产品质量检测检验中心、上海市计算机技术开发中心、浙江省标准化研究院、浙江省电子信息产品检验研究院、中国航天系统科学与工程研究院、中国电子科技集团公司第二十八研究所、中国测试联盟、同济大学、北京邮电大学的 17 名代表组成。会议期间，召开了 SC 7 全会、5 个咨询组和 12 个工作组会议。深入讨论了 35 项在研标准和未来研究方向，处理各国意见，并基于各研究组工作成果提出多项新工作提案。

2020 年 10 月 26—30 日，ISO/IEC JTC 1/SC 7/ WG 6（软件与系统工程分委会/软件产品质量与评价工作组）会议通过网络会议的形式在线召开，来自中国、日本、韩国、美国、加拿大、澳大利亚、阿根廷、意大利、马来西亚、芬兰、英国、新西兰等 12 个国家共 39 名代表通过 ISO 网络会议系统远程参会。参加此次会议的中国代表团由来自中国电子技术标准化研究院、上海市计算机技术开发中心共 4 位代表组成。会议上我国代表履行了编辑及联合编辑职责，参与标准讨论，会议取得圆满成功。

2020 年 11 月 2—6 日，ISO/IEC JTC 1/SC 7/ WG 4（软件与系统工程分技术委员会/工具与环境工作组）会议通过网络会议的形式召开，来自中国、日本、韩国、英国、美国、加拿大、澳大利亚、德国、法国、印度、西班牙、马来西亚等 13 个国家共 29 名代表通过 ISO 网络会议系统远程参会。参加此次会议的中国代表团由来自中国电子技术标准化研究院、国家应用软件产品质量检测检验中心和北京工业大学的 4 位代表组成。此次会议主要处理了各国专家提出的技术意见，并有效推进基于模型的系统工程及产品线工程等领域等标准的研制。

2021 年 6 月 3—23 日，ISO/IEC JTC 1/SC 7 第三十六次全体会议及工作组会议通过网络会议的形式召开。SC 7 主席、秘书，以及来自澳大利亚、加拿大、中国、英国、美国、法国、印度、韩国、日本、马来西亚、意大利等 36 个 P 成员、10 个 O 成员、IEEE 和 INCOSE 等外部组织联络员的 135 名代表在线参加了此次会议。中国代表团由来自中国电子技术标准化研究院、北京软件产品质量检测检验中心、浙江省标准化研究院的 5 名代表组成，中国电子技术标准化研究院张旸旸任中国代表团团长。另外，还有来自上海市计算机技术开发中心、浙江省电子信息产品检验研究院、中国航天系统科学与工程研究院、中国电子科技集团公司第二十八研究所、中国测试联盟、同济大学、北京邮电大学的 12 名专家参加了下设工作组的工作会议，接受代表团的统筹安排和管理。会议期间，召开了 SC 7 全会、5 个咨询组和 12 个工作组会议；深入讨论了 35 项在研标准和未来研究方向，处理各国意见，并基于各研究组工作成果提出多项新工作提案。

2021 年 12 月 6—14 日，ISO/IEC JTC 1/SC 7 第三十七次全体会议及工作组会议通过网络会议的形式召开。SC 7 主席、秘书，以及来自澳大利亚、加拿大、中国、英国、美国、德国、印度、韩国、日本、西班牙等 36 个 P 成员、23 个 O 成员以及 IEEE 和 INCOSE 等外部组织联络员在线参加了此次会议。会议期间，召开了 SC7 全会、5 个咨询组会议，深入讨论了在研标准和未来研究方向。

4．现行国内外标准

该领域现行国家标准 132 项、行业标准 19 项，见附录 C；现行 ISO/IEC 标准 203 项，见附录 G。

4.3.4　文档处理

1. 领域简介

文档处理领域主要针对复杂多媒体文档的描述和处理，从文档结构、语言和相关设施等方面开展标准化工作，目前主要是包括 XML 语言、办公文档、版式文档和 HTML 等在内的相关标准的研制、测试和应用推广。

2. 国内标准化情况

（1）国内标准化组织

文档处理领域由办公文档标准研制组和版式文档标准研制组组织开展相应的标准化工作。办公文档标准研制组围绕办公软件文档格式标准《中文办公软件文档格式规范》及配套标准，开展与办公软件相关的标准化工作；版式文档标准研制组围绕版式文档格式及配套标准开展版式文档标准化工作。

该领域标准化工作的国际对口组织是 ISO/IEC JTC 1/SC 34（文档描述与处理语言分技术委员会）。

（2）国家和行业标准制定项目

2020 年至 2021 年，该领域发布团体标准 1 项：

- T/CESA 1182-2021《电子文件存储与交换格式 流式文档》。

目前，制定中的文档处理领域标准（计划项目情况）见表 4-4。

表 4-4 制定中的文档处理领域标准

序号	计 划 号	标准项目名称	阶 段
1	CESA-2021-1-012	流式办公软件扩展集成开发规范	报批
2	CESA-2021-4-011	移动办公软件与第三方应用交互技术要求	报批
3	CESA-2021-4-012	网络办公文档协同编辑技术要求	报批

（3）主要标准化活动

2021 年 6 月，启动《电子文件存储与交换格式 流式文档》团体标准文本升级工作，由工作组内主要企业提出技术修改提案，经讨论、修改和升级文字处理、电子表格和演示文稿主体章节内容，并经过标准技术验证，形成了标准文本，并于 2021 年 12 月正式发布团体标准。

2021 年 1 月，启动 OFD 2.0 的研究工作，初步确定增补自定义渲染（3D）、表单、加解密和线性化等内容，在 2022 年推动 GB/T 33189、GB/T 33190 等标准的修订立项工作。同时，不断丰富 OFD 行业应用标准，发布 GM/T 0099—2020《开放式版式文档密码应用技术规范》，推动《信息技术 OFD 档案应用指南》（OFD/A，国标计划号为 20202793-T-469）等标准进入审查报批阶段，进一步对标 PDF 等国际标准。

3．国际标准化情况

（1）正在制定的标准

该领域正在制定的国际标准 7 项，见附录 H。

（2）其他有关的国际标准化活动

ISO/IEC JTC 1/SC 34 文档语义支持研究组召集人中国代表李宁教授牵头开展在文档格式中支持文档语义元数据的研究工作，为大数据、智慧城市等的发展提供文档的语义支持。

4．现行国内外标准

该领域现行国家标准 41 项、电子行业标准 1 项，见附录 C；现行 ISO/IEC 标准 76 项（含补篇和勘误），见附录 G。

4.3.5 网络通信和信息交换

1．领域简介

网络通信和信息交换领域的标准化，涉及开放系统之间的信息交换，包括系统功能、参数和设备及其使用条件；覆盖物理层、数据链路层、网络层和传输层服务，包括专用综合业务网络的较低层，以及支持应用的协议和服务等。

2．国内标准化情况

（1）国内标准化组织

我国网络通信和信息交换领域的标准化组织，为信标委数据通信分技术委员会（SAC/TC 28/SC 6），其国际对口组织是 ISO/IEC JTC 1/SC 6（系统间远程通信与信息交换分技术委员会），秘书处设在中国电子技术标准化研究院。

（2）国家和行业标准制定项目

2019年至2020年10月，该领域共发布国家标准14项：
- GB/T 36628.2—2019《信息技术 系统间远程通信和信息交换 可见光通信 第2部分：低速窄带可见光通信媒体访问控制和物理层规范》；
- GB/T 36628.3—2019《信息技术 系统间远程通信和信息交换 可见光通信 第3部分：高速可见光通信媒体访问控制和物理层规范》；
- GB/T 36628.4—2019《信息技术 系统间远程通信和信息交换 可见光通信 第4部分：室内定位传输协议》；
- GB/T 38641—2020《信息技术 系统间远程通信和信息交换 低功耗广域网媒体访问控制层和物理层规范》；
- GB/T 38618—2020《信息技术 系统间远程通信和信息交换 高可靠低时延的无线网络通信协议规范》；
- GB/T 40015—2021《信息技术 系统间远程通信和信息交换 社区节能控制网络控制与管理》；
- GB/T 40017—2021《信息技术 系统间远程通信和信息交换 社区节能控制异构网络融合与可扩展性》；
- GB/T 40779—2021《信息技术 系统间远程通信和信息交换 应用于城市路灯接入的低压电力线通信协议》；
- GB/T 40786.1—2021《信息技术 系统间远程通信和信息交换 低压电力线通信 第1部分：物理层规范》；
- GB/T 40786.2—2021《信息技术 系统间远程通信和信息交换 低压电力线通信 第2部分：数据链路层规范》；
- GB/T 40783.1—2021《信息技术 系统间远程通信和信息交换 磁域网 第1部分：空中接口》；
- GB/T 40696—2021《信息技术 系统间远程通信和信息交换 基于SDN的网络联合调度》；
- GB/T 40695—2021《信息技术 系统间远程通信和信息交换 基于IPv6的无线网络接入要求》；
- GB/T 40783.2—2022《信息技术 系统间远程通信和信息交换 磁域网 第2部分：带内无线充电控制协议》。

该领域正在制定的国家标准9项、行业标准3项，见表4-5。

表4-5 正在制定的网络通信和信息交换国家标准和行业标准

序号	标准计划号	项目名称	状态
1	20190835-T-469	信息技术 系统间远程通信和信息交换 局域网和城域网 桥接和桥接网络	报批
2	20201610-T-469	信息技术 系统间远程通信和信息交换 局域网和城域网 特定要求 第1AB部分：站点和媒体访问控制互联发现	报批
3	20201613-T-469	信息技术 基于6TiSCH网络的工业确定性网络协议规范	报批
4	20194195-T-469	信息技术 系统间的远程通信和信息交换 局域网和城域网 桥接局域网用时间敏感应用的定时和同步	报批
5	20203592-T-469	信息技术 系统间远程通信和信息交换 时间敏感网络与用于过程控制的对象连接与嵌入统一架构融合 信息模型映射	报批
6	20203594-T-469	信息技术 系统间远程通信和信息交换 时间敏感网络应用配置管理	报批
7	20204925-T-469	信息技术 系统间远程通信和信息交换 实时以太网适配时间敏感网络技术要求	报批
8	20210916-T-469	信息技术 系统间远程通信和信息交换 视联网系统要求	起草
9	20220414-T-469	信息技术 系统间的远程通信和信息交换 局域网和城域网 特定要求 用于可靠性的帧复制和消除	起草
10	2019-0570T-SJ	信息技术 系统间远程通信和信息交换 时分复用低功耗短距离无线网络 第1部分：物理层	报批
11	2019-0571T-SJ	信息技术 系统间远程通信和信息交换 时分复用低功耗短距离无线网络 第2部分：链路层	报批
12	2019-0572T-SJ	信息技术 系统间远程通信和信息交换 时分复用低功耗短距离无线网络 第3部分：网络层	报批

3．国际标准化情况

（1）正在制定的国际标准

该领域正在制定的ISO/IEC标准31项（含修改单和勘误），见附录H。

（2）我国的主要贡献

2021年11月5日，我国专家担任项目编辑的 ISO/IEC 21558-2《系统间远程通信和信息交换 未来网络架构 第2部分：基于代理模型的服务质量》和 ISO/IEC 21559-2《系统间远程通信和信息交换 未来网络协议和机制 第2部分：基于代理模型的服务质量》等2项国际标准进入 FDIS 投票阶段。

2021年12月1日，我国提交的 ISO/IEC 5021-1《无线局域网接入控制 第1部分：组网架构规范》和 ISO/IEC 5021-2《无线局域网接入控制 第2部分：调度平台技术规范》等2项国际标准提案将开始委员会草案（CD）投票。

2021年12月7日，中国电子技术标准化研究院专家担任联合项目编辑的 ISO/IEC 29168-1《信息技术 开放系统互连 第1部分：对象标识符解析系统》进入 FDIS 投票阶段。

2021年我国主导制定的国际标准项目：
- ISO/IEC 5021-1《无线局域网接入控制 第1部分：组网架构规范》；
- ISO/IEC 5021-2《无线局域网接入控制 第2部分：调度平台技术规范》；
- ISO/IEC 29168-2《信息技术 开放系统互连 第2部分：对象标识符解析系统运营机构规程》。

2021年我国参与制定的国际标准项目：
- ISO/IEC 21558-2《系统间远程通信和信息交换 未来网络架构 第2部分：基于代理模型的服务质量》；
- ISO/IEC 21559-2《系统间远程通信和信息交换 未来网络协议和机制 第2部分：基于代理模型的服务质量》；
- ISO/IEC 29168-1《信息技术 开放系统互连 第1部分：对象标识符解析系统》。

（3）其他有关的主要标准化活动

2019年4月22—26日，组织国内20余名专家参加在北京举办的 ISO/IEC JTC 1/SC 6 第40次全会及工作组会议。

2020年2月3—7日，组织国内20余名专家参加在伦敦举办的 ISO/IEC JTC 1/SC 6 第41次全会及工作组会议。

2020年10月19—30日，组织国内20余名专家参加 ISO/IEC JTC 1/SC 6 第42次全会及工作组会议（线上会议）。

2021年9月10日，组织国内20余名专家参 ISO/IEC JTC 1/SC 6 第43次全会及工作组会议（线上会议）。

4. 现行国内外标准

该领域现行国家标准199项、电子行业标准2项，见附录C；现行 ISO/IEC 标准383项（含补篇和勘误），见附录G。

4.3.6 先进计算

1. 领域介绍

先进计算是面向从量变到质变的信息需求，在计算方式、位置、算法和机理等方面产生进步和革新的新兴计算技术及产业的统称，包括各类规模集成和高效协同的算法与技术，如量子计算、光子计算、类脑计算、异构计算等先进计算手段。先进计算领域的标准化活动，其范围主要包括为了规范先进计算活动所进行的相关基础共性类、关键技术类以及应用类标准的研究和制定。

2. 国内标准化情况

（1）国内标准化组织

2020年4月，信标委物联网和相关技术分技术委员会设立了先进计算研究组（SAC/TC 28/SC 41/SG 2），主要负责开展先进计算顶层设计和标准化需求分析，研究和梳理先进计算产业框架和技术体系，编写先进计算发展路线图和产业地图，并推动先进计算国家、行业和团体标准的研制工作。其秘书处设在中国电子技术标准化研究院。2021年12月，研究组顺利完成了所承担的技术及标准研究工作，相关标准化工作转入物联网和相关技术分技术委员会基础与支撑工作组（SAC/TC 28/SC 41/WG 1）中持续推动。

（2）国家和行业标准制定项目

该领域开展预研的国家标准 2 项：

- 先进计算 量子资源仿真平台通用要求；
- 信息技术 先进计算 术语。

（3）主要标准化活动

自 2019 年至 2021 年 12 月 31 日，先进计算研究组共组织召开全体会议 4 次、标准编辑会 3 次、专题研讨会 1 次。

2020 年 8 月，先进计算研究组召开第一次全体会议。会议正式宣布研究组成立，并进行了工作规划讨论，决定开展先进计算技术研究和标准化需求分析工作；审议了《中国先进计算产业发展路线图》《先进计算产业地图》和《先进计算标准体系框架》等课题立项建议；介绍了《先进计算技术和标准化研究》《超导量子计算现状与趋势》和《后摩尔时代的新型计算》等技术报告。

2020 年 9 月，先进计算研究组召开《中国先进计算产业发展路线图（2020 年版）》研讨会，对路线图关键技术指标进行了讨论。同年 11 月，《中国先进计算产业发展路线图（2020 年版）》发布。

2021 年 11 月，先进计算研究组召开第四次全体会议。会议审议了《先进计算产业分析报告》和《先进计算标准体系框架》，并对计划立项的《信息技术 先进计算 术语》标准草案进行了讨论。

3. 国际标准化情况

先进计算领域的相关标准化工作处于初始阶段，国际标准化工作尚未正式开展。

4. 现行国内外标准

目前国内外暂无先进计算现行技术标准。

4.3.7 操作系统

1. 领域简介

操作系统领域的标准化工作，主要涉及服务器操作系统、微型计算机操作系统、智能终端、嵌入式等系统的技术要求、编程接口、界面规范、兼容性要求、安全要求等。

2. 国内标准化情况

（1）国内标准化组织

操作系统领域的标准化工作由信标委程序设计语言分技术委员会（SAC/TC 28/SC 22）负责，其秘书处设在中国电子技术标准化研究院，国际对口组织是 ISO/IEC JTC 1/SC 22（程序设计语言及其环境和系统软件接口分技术委员会）。2022 年，信标委成立操作系统工作组（SAC/TC28/WG30），工作组组长由中国工程院院士廖湘科担任，秘书处设在中国电子技术标准化研究院，秘书长由中国电子技术标准化研究院信息技术研究中心主任范科峰担任。工作组将根据操作系统产业、技术发展现状，制定操作系统标准化工作方案，提出标准研制建议；按照国家和行业标准计划要求，完善操作系统标准体系，承担标准制修订工作；开展操作系统相关标准试验验证、宣贯、推广应用工作；编制产业技术研究报告，支撑主管部门提出产业政策建议。

（2）操作系统标准体系框架

操作系统标准体系框架见图 4-1。

（3）国家、行业和团体标准制定情况

2019 年至 2022 年 10 月，该领域共发布标准 5 项：

- GB/T 20272—2019《信息安全技术 操作系统安全技术要求》；
- GB/T 37730—2019《Linux 服务器操作系统测试方法》；
- GB/T 37731—2019《Linux 桌面操作系统测试方法》；
- T/CESA 9232—2022《信息技术应用创新 微型计算机操作系统应用商店基本要求》；
- T/CESA 9231—2021《信息技术应用创新 服务器操作系统服务及保障要求》。

在研标准 8 项，见表 4-6。

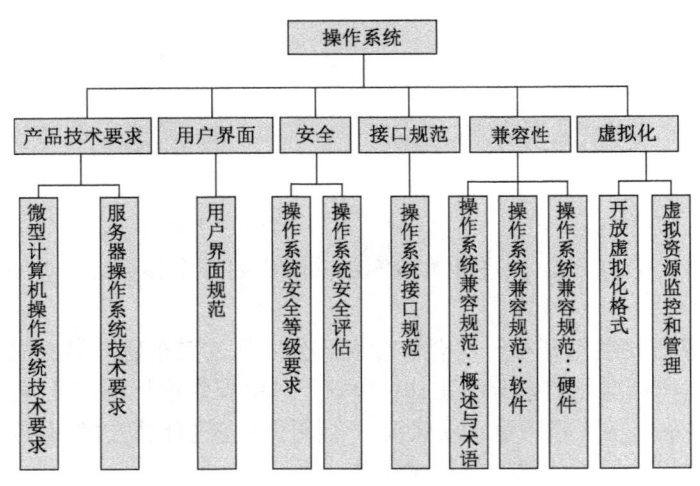

图 4-1 操作系统标准体系框架

表 4-6 正在制定的操作系统领域标准

序号	计划编号	计 划 标 准	标准阶段
1	2022-1110T-SJ	微型计算机操作系统应用商店基本要求	草案
2	CESA-2021-1-001	服务器操作系统技术要求	报批中
3	CESA-2021-1-002	微型计算机操作系统技术要求	报批中
4	CESA-2021-4-013	信息技术应用创新 操作系统兼容适配规范 第1部分：概述	征求意见
5	CESA-2021-4-014	信息技术应用创新 操作系统兼容适配规范 第2部分：硬件	征求意见
6	CESA-2021-4-015	信息技术应用创新 操作系统兼容适配规范 第3部分：软件	征求意见
7	CESA-2022-054	信息技术应用创新 服务器操作系统性能测试规范	草案
8	CESA-2022-055	信息技术应用创新 操作系统应用编程接口要求	草案

3．国际标准化情况

（1）正在制定的国际标准

目前无正在制定的国际标准。

（2）其他有关的国际标准化活动

2020年8月31日至9月1日，ISO/IEC JTC 1/SC 22年度工作会议以线上形式举行。中国电子技术标准化研究院专家组成中国代表团参加了此次会议。同意撤销 ISO/IEC 22537:2006《IT-ECMAScript for XML》(E4X)技术规范，同意在其工作计划中增加 ISO/IEC 9899 编程语言 C 的修订。

2021年8月24—25日，ISO/IEC JTC 1/SC 22 在线上召开了 2021 年全会。中国电子技术标准化研究院专家组成中国代表团参加了此次会议。会议同意废止 ISO/IEC TS 19571:2016，相关内容已被整合至 ISO/IEC 14882:2020 C++；修订 ISO/IEC 8652:2012 Ada；修订 ISO/IEC TS 18661-4 and TS 18661-5，保持与 IEEE 754-2019 协调；修订 ISO/IEC 14882:2020 C++，C++标准计划每 3 年更新一次；新项目建议有"C++并发扩展"和"定义语法规则"。

2021年度推荐国际专家 2 名，累计已有 5 名专家涉及 4 个工作组，覆盖 50%的领域范围。

4．现行国内外标准

该领域现行国家标准 14 项，见附录 C。

4.3.8 智慧城市

1. 领域简介

主要围绕智慧城市的城市发展转型和管理方式转变的需求开展相关标准化工作。

2. 国内标准化情况

（1）国内标准化组织

2014年1月30日，《国家标准委办公室关于成立国家智慧城市标准化协调推进组、总体组和专家咨询组截至 2022 年 10 月，共发布智慧城市相关国家标准 39 项，见表 4-7。

表 4-7 截至 2022 年 10 月发布的智慧城市国家标准

序号	标准号	标准名称	归口单位
1	GB/T 33356—2022	新型智慧城市评价指标	全国信息技术标准化技术委员会
2	GB/T 34678—2017	智慧城市 技术参考模型	全国信息技术标准化技术委员会
3	GB/T 34680.1—2017	智慧城市评价模型及基础评价指标体系 第1部分：总体框架及分项评价指标制定的要求	全国信息技术标准化技术委员会
4	GB/T 34680.3—2017	智慧城市评价模型及基础评价指标体系 第3部分：信息资源	全国信息技术标准化技术委员会
5	GB/T 34679—2017	智慧矿山信息系统通用技术规范	全国信息技术标准化技术委员会
6	GB/T 35776—2017	智慧城市时空信息基础设施 基本规定	国家测绘地理信息局
7	GB/T 35775—2017	智慧城市时空信息基础设施 评价指标体系	国家测绘地理信息局
8	GB/T 34680.4—2018	智慧城市评价模型及基础评价指标体系 第4部分：建设管理	全国智能建筑及居住区数字化标准化技术委员会
9	GB/T 36332—2018	智慧城市 领域知识模型 核心概念模型	全国信息技术标准化技术委员会
10	GB/T 36333—2018	智慧城市 顶层设计指南	全国信息技术标准化技术委员会
11	GB/T 36334—2018	智慧城市 软件服务预算管理规范	全国信息技术标准化技术委员会
12	GB/T 36445—2018	智慧城市 SOA标准应用指南	全国信息技术标准化技术委员会
13	GB/T 36622.1—2018	智慧城市 公共信息与服务支撑平台 第1部分：总体要求	全国信息技术标准化技术委员会
14	GB/T 36622.2—2018	智慧城市 公共信息与服务支撑平台 第2部分：目录管理与服务要求	全国信息技术标准化技术委员会
15	GB/T 36622.3—2018	智慧城市 公共信息与服务支撑平台 第3部分：测试要求	全国信息技术标准化技术委员会
16	GB/T 36625.1—2018	智慧城市 数据融合 第1部分：概念模型	全国信息技术标准化技术委员会
17	GB/T 36625.2—2018	智慧城市 数据融合 第2部分：数据编码规范	全国信息技术标准化技术委员会
18	GB/T 36621—2018	智慧城市 信息技术运营指南	全国信息技术标准化技术委员会
19	GB/T 37043—2018	智慧城市 术语	全国信息技术标准化技术委员会
20	GB/T 36620—2018	面向智慧城市的物联网技术应用指南	全国信息技术标准化技术委员会
21	GB/T 36342—2018	智慧校园总体框架	全国信息技术标准化技术委员会
22	GB/T 36552—2018	智慧安居信息服务资源描述格式	全国信息分类与编码标准化技术委员会
23	GB/T 36553—2018	智慧安居应用系统基本功能要求	全国电子业务标准化技术委员会
24	GB/T 36555.1—2018	智慧安居应用系统接口规范 第1部分：基于表述性状态转移（REST）技术接口	全国电子业务标准化技术委员会
25	GB/T 36554—2018	智慧安居信息服务资源分类与编码规则	全国信息分类与编码标准化技术委员会
26	GB/T 37976—2019	物联网 智慧酒店应用 平台接口通用技术要求	全国信息技术标准化技术委员会
27	GB/T 38237—2019	智慧城市 建筑及居住区综合服务平台通用技术要求	全国智能建筑及居住区数字化标准化技术委员会
28	GB/T 36625.5—2019	智慧城市 数据融合 第5部分：市政基础设施数据元素	全国信息技术标准化技术委员会
29	GB/T 37971—2019	信息安全技术 智慧城市安全体系框架	全国信息安全标准化技术委员会
30	GB/Z 38649—2020	信息安全技术 智慧城市建设信息安全保障指南	全国信息安全标准化技术委员会
31	GB/T 38465—2020	城市智慧卡互联互通 充值数据接口	全国智能建筑及居住区数字化标准化技术委员会
32	GB/T 34680.2—2021	智慧城市评价模型及基础评价指标体系 第2部分：信息基础设施	全国通信标准化技术委员会
33	GB/T 36625.3—2021	智慧城市 数据融合 第3部分：数据采集规范	全国通信标准化技术委员会
34	GB/T 36625.4—2021	智慧城市 数据融合 第4部分：开放共享要求	全国通信标准化技术委员会
35	GB/T 40028.2—2021	智慧城市 智慧医疗 第2部分：移动健康	全国通信标准化技术委员会
36	GB/T 40656.1—2021	智慧城市 运营中心 第1部分：总体要求	全国通信标准化技术委员会
37	GB/T 40689—2021	智慧城市 设备联接管理与服务平台技术要求	全国信息技术标准化技术委员会
38	GB/T 40994—2021	智慧城市 智慧多功能杆 服务功能与运行管理规范	全国城市公共设施服务标准化技术委员会
39	GB/T 34680.5—2022	智慧城市评价模型及基础评价指标体系 第5部分：交通	全国信息技术标准化技术委员会

目前，在研的智慧城市国家标准计划项目共 27 项，其执行情况见表 4-8。

的通知》（标委办工二〔2014〕33号）印发，宣布成立了国家智慧城市标准化协调推进组、国家智慧城市标准化总体组、国家智慧城市标准化专家咨询组3个小组，其职责分别介绍如下：

- 国家智慧城市标准化协调推进组——主要负责统筹规划和协调指导智慧城市领域国际国内标准化工作，研究和制定我国智慧城市标准化战略及政策措施，协调和处理标准制修订和应用实施过程中的重大问题，督促和检查智慧城市标准化工作的落实。
- 国家智慧城市标准化专家咨询组——提供智慧城市标准化工作技术方面的咨询，对智慧城市标准化试点工作进行指导，对智慧城市标准化工作重大问题提出解决的建议。
- 国家智慧城市标准化总体组——主要负责拟定我国智慧城市标准化战略和推进措施，制定我国智慧城市标准体系框架，协调我国智慧城市相关标准，指导总体组下设的各项目组开展智慧城市国家标准制定、国际标准化和标准应用实施等工作。

国家智慧城市标准化总体组于2021年完成了调整工作，设组长1名、副组长多名、秘书长1名、副秘书长1名。目前共有16个相关标准化技术组织在国家智慧城市标准化总体组指导下开展智慧城市标准制定工作。包括：全国信息技术标准化技术委员会（SAC/TC 28）、全国电子业务标准化技术委员会（SAC/TC 83）、全国自然资源与国土空间规划标准化技术委员会（SAC/TC 93）、全国安全防范报警系统标准化技术委员会（SAC/TC 100）、全国工业过程测量控制与自动化标准化技术委员会（SAC/TC124）、全国地理信息标准化技术委员会（SAC/TC 230）、全国信息安全标准化技术委员会（SAC/TC 260）、全国物流信息管理标准化技术委员会（SAC/TC 267）、全国智能运输系统标准化技术委员会（SAC/TC 268）、全国遥感技术标准化技术委员会（SAC/TC 327）、全国智能建筑及居住区数字化标准化技术委员会（SAC/TC 426）、全国通信标准化技术委员会（SAC/TC 485）、全国城市公共设施服务标准化技术委员会（SAC/TC 537）、全国城市可持续发展标准化技术委员会（SAC/TC 567）、中国电力企业联合会、中国电器工业协会。

信标委成立了智慧城市标准工作组（TC 28/WG 28），其秘书处设在中国电子技术标准化研究院，其国际对口组织是ISO/IEC JTC 1/WG 11（智慧城市工作组）。该工作组成员单位共同推动信息技术视角下智慧城市及典型细分领域的术语、评价指标、参考模型、数据融合、规划与设计、技术与平台、运营管理等相关国家标准的立项和制修订工作。

（2）国家和行业标准制定项目

2015年10月23日，《国家标准委、中央网信办、国家发展改革委关于开展智慧城市标准体系和评价指标体系建设及应用实施的指导意见》（国标委工二联〔2015〕64号）印发，明确了国家智慧城市标准化工作的总体布局和重点领域，可用以指导智慧城市标准体系、评价指标的研究与应用实施工作。该文件提出的智慧城市标准体系框架（试行稿）见图4-2。

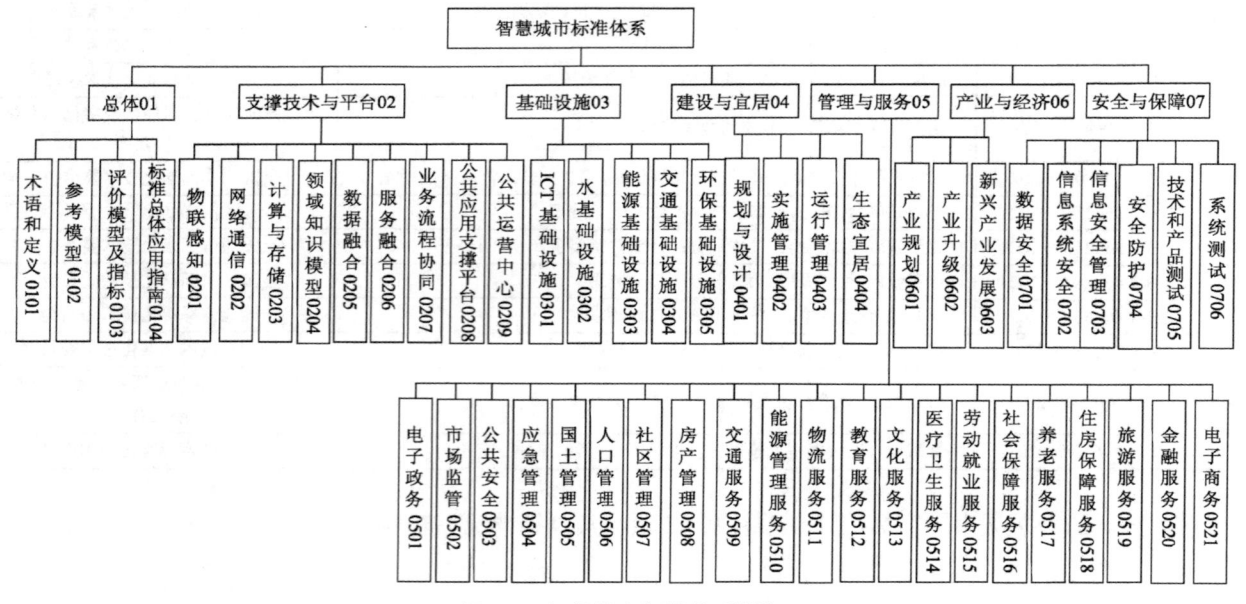

图4-2 智慧城市标准体系框架

表 4-8 智慧城市国家标准计划项目执行情况

序号	计划号	计划名称	阶段
1	20152348-T-339	智慧城市 跨系统信息交互 第1部分：总体框架	暂缓
2	20152347-T-339	智慧城市 跨系统信息交互 第2部分：技术要求及测试规范	暂缓
3	20152345-T-339	智慧城市 跨系统信息交互 第3部分：接口协议及测试规范	暂缓
4	20150021-T-339	公众电信网增强 智慧城市管理系统总体技术要求	报批
5	20161920-T-469	智慧城市 智慧医疗 第1部分：框架及总体要求	征求意见
6	20180987-T-469	智慧城市 建筑及居住区 智慧社区数字化技术应用	报批
7	20202576-T-469	智慧城市 智慧停车总体要求	报批
8	20210852-T-469	城市和社区可持续发展 智慧可持续社区成熟度模型	报批
9	20210849-T-469	智慧城市基础设施 突发公共卫生事件数据高效利用指南	报批
10	20210851-Z-469	智慧城市基础设施 绩效评价的原则和要求	报批
11	20210854-T-469	可持续城市与社区 智慧城市运行模型 应对城市突发公共卫生事件的应用指南	报批
12	20210853-T-469	智慧城市基础设施：突发公共卫生事件居民社区基础设施数据获取和利用规范	报批
13	20213293-T-469	智慧城市 人工智能技术应用场景和需求指南	审查
14	20213294-T-469	智慧城市 成熟度评估模型	审查
15	20213295-T-469	智慧城市 城市智能服务构建指南	审查
16	20213305-T-469	智慧城市 感知终端应用指南	审查
17	20213306-T-469	智慧城市 城市运行指标体系 总体框架及指标制定要求	审查
18	20213309-T-469	智慧城市 用于公众信息服务的终端总体要求	起草
19	20213549-T-333	智慧城市 建筑及居住区 第2部分：智慧社区评价	征求意见
20	20213390-T-469	智慧社区基础设施 评估和改善成熟度模型	征求意见
21	20214278-T-469	智慧城市 公共卫生事件应急管理平台通用要求	审查
22	20214281-T-469	智慧城市 智慧停车云平台技术要求	审查
23	20214284-T-469	智慧城市 智慧停车数据要求	审查
24	20214353-T-469	智慧城市 智慧多功能杆 系统总体要求	起草
25	20214492-T-469	智慧城市 智能设施运行指标体系	审查
26	20220778-T-469	智慧城市 城市智能中枢参考架构	起草
27	20220768-T-469	智慧城市评价模型及基础评价指标体系 第6部分：公共服务	起草

（3）主要标准化活动

2017年2月22日，国际（厦门）智慧城市标准化高峰论坛在厦门举行。国家相关部委领导、地方领导、企业代表以及来自加拿大、法国等国家的标准化专家齐聚一堂，研讨了当前国际智慧城市标准化领域的发展趋势、标准化需求以及相关产业标准化重点工作。

2017年6月28日，国际（上海）智慧城市标准化高峰论坛在上海举行。此次会议正式发布了中英标准化合作工作组成果——《中英智慧城市标准化合作》画册，同时正式发起并成立"国际智慧城市联合研究院"。

2017年7月18日，"2017中国（苏州）新一代信息技术产业标准化论坛"——新型智慧城市分级分类发展高峰论坛在苏州召开。该论坛正式发布了《国家新型智慧城市评价指标与标准体系应用指南》。

2017年9月23日，第四届中国智慧城市（国际）创新大会举办期间，由国家智慧城市标准化总体组主办、中国电子技术标准化研究院协办的"新型智慧城市标准化大会"在沈阳举行，参会代表就新型智慧城市关键标准、评价指标应用实施、城市优秀实践等主题展开研讨。此次会议成立了中英智慧城市俱乐部，并正式发布了《新型智慧城市评价指标应用实施报告》。

2018年1月13日，2018新型智慧城市（海南）生态宜居高峰论坛在海南省陵水黎族自治县成功举行。此次论坛由中国电子技术标准化研究院、国家智慧城市标准化总体组主办。论坛期间，海南智慧城市产业联盟正式揭牌，中国电子技术标准化研究院与浙江大华技术股份有限公司、南威软件股份有限公司、讯飞智元信息科技有限公司、重庆扬升信息技术有限公司、同方股份有限公司举行了签约仪式，共同推动以标准化手段规范、支撑各地智慧城市健康发展。

2018年6月20日，第十二届中国智慧城市建设技术研讨会暨设备博览会开幕式在北京国际会议中心召开，正式发布了中国电子技术标准化研究院、浙江大华技术股份有限公司等单位的研究成果——《新型智慧城市发展白皮书（2018）》。

2018年6月21日，中国电子技术标准化研究院和国家智慧城市标准化总体组在北京国际会议中心联合主办了以"智慧引领，标准护航"为主题的"新型智慧城市论坛"，就新型智慧城市政策、标准、技术、实践等主题展开了充分的交流与研讨。论坛上发布了 GB/T 36333—2018《智慧城市 顶层设计指南》等 5 项智慧城市领域国家标准成果。同日，"2018 年国家智慧城市标准化总体组全体工作大会"在北京国际会议中心召开。会议回顾和总结了 2017 年和 2018 年上半年的工作，介绍了总体组新的组织架构，并部署了 2018 年下半年的重点工作。

2018 年 11 月 23—25 日，第二届智慧城市与生态宜居高峰论坛在海南省海口市召开。此次论坛由中国电子标准化研究院、国家智慧城市标准化总体组、海南省工业和信息化厅、海口市人民政府联合主办，由海南省智慧城市产业联盟承办。此次论坛以"共享、智慧、生态、宜居"为主题，聚焦政策与标准、技术应用、生态宜居、融合创新等热点专题。来自工信部信息化和软件服务业司、国家发改委城市和小城镇改造发展中心、国家市场监督管理总局标准技术管理司、海南省人民政府、海南省工信厅、海口市政府等的领导，咸阳、沧州等城市的代表，企业代表以及科研机构等新型智慧城市相关产学研用单位代表 180 余人齐聚一堂，共同分享最新标准化成果与实践案例，共商共建新型智慧海南岛和生态宜居海南岛。此次论坛也是海南"互联网+"创新创业节的系列活动之一。

2018 年 11 月 23 日，由中国电子技术标准化研究院主办、浙江大华技术股份有限公司协办的信标委智慧城市领域标准化工作研讨会成功召开。在此次研讨会上，信标委智慧城市标准工作组秘书处汇报了智慧城市领域标准化工作进展及未来一系列工作部署，并针对组织架构调整、标准体系升级、在研标准、拟推进立项新标准、标准应用实施、培训及宣传等方面的工作思路达成一致。

3．国际标准化情况

（1）已制定和正在制定的国际标准

ISO、IEC 和 ITU-T 从不同视角开展智慧城市国际标准制定工作，已制定和正在制定的国际标准项目见表 4-9。

表 4-9 智慧城市领域已制定和正在制定的国际标准项目

序号	所属 TC/SC/WG	标 准 号	标准项目名称（英文）	标准项目名称（中文）
1	ISO/IEC JTC 1/WG 11	ISO/IEC 30182:2018	Smart city concept model — Guidance for establishing a model for data interoperability	智慧城市概念模型 数据互操作性模型建立导引
2	ISO/IEC JTC 1/WG 11	ISO/IEC 30146:2019	Information technology — Smart city ICT indicators	信息技术 智慧城市 ICT 评价指标
3	ISO/IEC JTC 1/WG 11	ISO/IEC 21972:2020	Information technology — Upper level ontology for smart city indicators	信息技术 智慧城市指标上层本体
4	ISO/IEC JTC 1/WG 11	ISO/IEC 30145-3:2020	Information technology — Smart City ICT reference framework — Part 3: Smart city engineering framework	信息技术 智慧城市 ICT 参考框架 第 3 部分：智慧城市工程框架
5	ISO/IEC JTC 1/WG 11	ISO/IEC 30145-1:2021	Information technology — Smart City ICT reference framework — Part 1: Smart city business process framework	信息技术 智慧城市 ICT 参考框架 第 1 部分：智慧城市业务流程框架
6	ISO/IEC JTC 1/WG 11	ISO/IEC 30145-2:2020	Information technology — Smart City ICT reference framework — Part 2: Smart city knowledge management framework	信息技术 智慧城市 ICT 参考框架 第 2 部分：智慧城市知识管理框架
7	ISO/IEC JTC 1/WG 11	ISO/IEC 24039	Information Technology — Smart city digital platform reference architecture – Data and service	信息技术 智慧城市数字平台参考架构 数据和服务
8	ISO/IEC JTC 1/WG 11	ISO/IEC 5087-1	Information technology — City data model — Part 1: Foundation level concepts	信息技术 城市数据模型 第 1 部分：基础层概念
9	ISO/IEC JTC 1/WG 11	ISO/IEC 5087-2	Information technology — City data model — Part 2: City level concepts	信息技术 城市数据模型 第 2 部分：城市层概念
10	ISO/IEC JTC 1/WG 11	ISO/IEC 5087-3	Information technology — City data model — Part 3: Service level concepts -Transportation planning	信息技术 城市数据模型 第 3 部分：服务层概念
11	ISO/IEC JTC 1/WG 11	ISO/IEC 5153-1	Information Technology —City service platform for public health emergencies — Part 1: Overview and general requirements	信息技术 城市公共卫生应急服务平台 第 1 部分：概述与通用要求

续表

序号	所属 TC/SC/WG	标 准 号	标准项目名称（英文）	标准项目名称（中文）
12	ISO/IEC JTC 1/WG 11	ISO/IEC PWI 5217	Guidance on smart city digital infrastructure design	智慧城市数字基础设施顶层规划
13	ISO/IEC JTC 1/WG 11	ISO/IEC PWI 10235-4	Information technology — City data model — Part 4: Service level concepts for public health emergencies	信息技术 城市数据模型 第4部分：公共卫生应急服务级概念
14	ISO/IEC JTC 1/WG 11	ISO/IEC PWI 10311-2	Information technology — City service platform for public health emergencies —Part 2: Response resource management	信息技术 城市突发公共卫生事件服务平台 第2部分：响应资源管理
15	ISO/IEC JTC 1/WG 11	ISO/IEC PWI TS 10267-3	Information technology—Data use in smart cities—Part 3: Measurement, evaluation and reporting	信息技术.智慧城市数据利用.第3部分：测试、评估和报告
16	IEC/SyC Smart Cities	IEC 63152:2020	Smart Cities—City Service Continuity against disasters—the role of the electrical supply	智慧城市应对灾害城市服务可持续性电力供应的作用
17	IEC/SyC Smart Cities	IEC SRD 63235:2021	Smart City System-Methodology for concepts building	智慧城市系统—概念构建方法论
18	IEC/SyC Smart Cities	IEC SRD 63188	Smart Cities Reference Architecture Methodology	智慧城市参考架构方法论
19	IEC/SyC Smart Cities	IEC 63205	Smart Cities Reference Architecture	智慧城市参考架构
20	IEC/SyC Smart Cities	IEC SRD 63233-1	Smart City Standards Inventory and Mapping-Part 1:Methodology	智慧城市标准检索与映射 第1部分：方法论
21	IEC/SyC Smart Cities	IEC SRD 63273	Use Case Collection and Analysis: City Information Modeling for Smart Cities	用例收集与分析：智慧城市城市信息模型
22	IEC/SyC Smart Cities	IEC 60050-831	International Electrotechnical Vocabulary (IEV) —Part 831: Smart city systems	国际电工术语 第831部分：智慧城市系统
23	IEC/SyC Smart Cities	IEC 63152-2	City Service Continuity (CSC): Collection of actual city service cases and design guideline for implementation	城市服务可持续性：真实城市服务用例收集和实施设计指南
24	IEC/SyC Smart Cities	IEC SRD 63233-2	Systems Reference Deliverable (SRD) — Smart City Standards Inventory and Mapping—Part 2: Standards Inventory	智慧城市标准检索与映射 第2部分：标准库
25	IEC/SyC Smart Cities	IEC SRD 63233-4	Systems Reference Deliverable (SRD) Smart City Standards Inventory and Mapping—Part 4: Guidance on standards for public health emergencies	智慧城市标准检索与映射 第4部分：突发公共卫生事件标准指南
26	IEC/SyC Smart Cities	IEC SRD 63301	Systems Reference Deliverable (SRD) —Use Case Collection and Analysis: Water Systems in Smart Cities	用例收集与分析：智慧水务系统
27	IEC/SyC Smart Cities	IEC SRD 63302	Systems Reference Deliverable (SRD) — Use cases collection and Analysis: intelligent operations center for smart cities	用例收集与分析：智慧城市运营中心
28	IEC/SyC Smart Cities	IEC SRD 63320	Systems Reference Deliverable (SRD) —Use Case Collection and Analysis: Smart Urban Planning for Smart Cities	用例收集与分析：智慧城市规划
29	IEC/SyC Smart Cities	IEC SRD 63326	Systems Reference Deliverable (SRD) —City Needs Analysis Framework	城市需求分析框架
30	IEC/SyC Smart Cities	IEC SRD 63347	Systems Reference Deliverable (SRD) —Use Case Collection and Analysis—Management of Public Health Emergencies in Smart Cities	用例收集与分析：智慧城市突发公共卫生事件管理
31	IEC/SyC Smart Cities	PWI SRD SyCSmartCities-1 ED1	Ontology—Gap Analysis Report	本体 差距分析报告
32	IEC/SyC Smart Cities	PWI SRD SyCSmartCities-2 ED1	Sustainable Digital Transformation of the Urban Landscape	城市景观的可持续数字化改造
33	ITU-T SG20	ITU-T Y.4900/L.1600-2016	Overview of key performance indicators in smart sustainable cities	智慧可持续城市关键绩效总览
34	ITU-T SG20	ITU-T Y.4901/L.1601-2016	Key performance indicators related to the use of information and communication technology in smart sustainable cities	与智慧可持续城市信息和通信技术使用相关的关键绩效指标
35	ITU-T SG20	ITU-T Y.4902/L.1602-2016	Key performance indicators related to the sustainability impacts of information and communication technology in smart sustainable cities	与智慧可持续城市信息和通信技术持久性影响相关的关键绩效指标

续表

序号	所属 TC/SC/WG	标准号	标准项目名称（英文）	标准项目名称（中文）
36	ITU-T SG20	ITU-T Y.4903/L.1603-2016	Key performance indicators for smart sustainable cities to assess the achievement of sustainable development goals	用于评估达到的可持续发展目标的智慧可持续城市的关键绩效指标
37	ITU-T SG20	ITU-T Y.4904	maturity model for smart sustainable cities	智慧可持续城市成熟度模型
38	ITU-T SG20	ITU-T Y.4905	Smart sustainable city impact assessment	智慧可持续城市影响力评估
39	ITU-T SG20	ITU-T Y.4906	Assessment framework for digital transformation of sectors in smart cities	智慧城市产业数字转型评估框架
40	ITU-T SG20	ITU-T Y.4907	Reference architecture of blockchain-based unified KPI data management for smart sustainable cities	面向智能可持续发展城市的基于区块链的统一 KPI 数据管理参考架构
41	ITU-T SG20	ITU-T Y.4200	Requirements for the interoperability of smart city platforms	智慧城市平台互操作要求
42	ITU-T SG20	ITU-T Y.4201	High-level requirements and reference framework of smart city platforms	智慧城市平台总体要求及参考框架
43	ISO/TC268	ISO 37122：2019	Sustainable cities and communities — Indicators for smart cities	城市和社区可持续发展 智慧城市指标
44	ISO/TC268	ISO 37106：2018/AWI AMD 1	Sustainable cities and communities — Guidance on establishing smart city operating models for sustainable communities — Amendment 1	城市和社区可持续发展 构建智慧城市战略指南
45	ISO/TC268	ISO /TS 37107：2019	Sustainable cities and communities — Maturity model for smart sustainable communities	城市和社区可持续发展 可持续智慧城市成熟度框架
46	ISO/TC268	ISO/WD 37110	Sustainable cities and communities — Management guidelines of open data for smart cities and communities — Part 1: Overview and general principles	城市和社区可持续发展 智慧城市开放数据管理指南 第1部分：概述和基本原则
47	ISO/TC268/SC1	ISO 37156:2020	Smart community infrastructures -- Guidelines on Data Exchange and Sharing for Smart Community Infrastructures	智慧城市基础设施数据交换与共享指南
48	ISO/TC268/SC1	ISO/WD 37170	Smart community infrastructures —Data framework for infrastructure governance based on digital technology in smart city	智慧城市基础设施 城市治理与服务数字化管理框架与数据
49	ISO/TC268/SC1	ISO/AWI 37166	Smart community infrastructures —Specification of multi-source urban data integration for smart city planning(SCP)	智慧城市顶层设计多源数据集成规范
50	ISO/TC268/SC1	ISO/TR 37150:2014	Smart community infrastructures—Review of existing activities relevant to metrics	智慧城市基础设施 与计量有关现有活动的回顾
51	ISO/TC268/SC1	ISO/TS 37151:2015	Smart community infrastructures—Principles and requirements for performance metrics	智慧城市基础设施绩效评价的原则和要求
52	ISO/TC268/SC1	ISO/TR 37152:2016	Smart community infrastructures — Common framework for development and operation	智慧城市基础设施开发与运营通用框架
53	ISO/TC268/SC1	ISO 37153:2017	Smart community infrastructures—Maturity model for assessment and improvement	智慧城市基础设施性能和集成成熟度模型
54	ISO/TC268/SC1	ISO 37154:2017	Smart community infrastructures—Best practice guidelines for transportation	智慧城市基础设施最佳交通实践指南
55	ISO/TC268/SC1	ISO/FDIS 37155-1	Framework for integration and operation of smart community infrastructures—Part 1: Opportunities and challenges from interactions in smart community infrastructures from all aspects through the life-cycle	智慧城市基础设施整合和运营框架

（2）其他有关的国际标准化活动

针对智慧城市领域，我国在 ISO、IEC、ITU-T 等国际标准化组织中积极布局和占位。在 2013 年 JTC 1 全会上，中国电子技术标准化研究院主导创立了 ISO/IEC JTC 1/SG 1 智慧城市研究组，由中国专家担任召集人和秘书。这是我国智慧城市国际标准化工作的首个突破，也是我国信息技术领域国际标准化工作的重大突破。目前，该研究组已升级为工作组（ISO/IEC JTC 1/WG 11），由中国专家担任召集人和秘书。

2016年5月30日—6月3日，ISO/IEC JTC1/WG11（智慧城市工作组）第一次会议在新加坡召开。会上，共讨论了各国专家贡献物48项，11个国家20位专家代表对其贡献的文档做了报告；重点完成了《智慧城市ICT参考框架》的3个部分标准和《智慧城市ICT评价指标》的项目时间计划，同时为4项国际标准项目建立了编辑团队。

2016年9月16—23日，ISO/IEC JTC 1/WG 11第二次全体会议在意大利卡利亚里召开。此次会议进一步推动了在研国际标准项目的研制工作，初步梳理了JTC 1内部和外部组织的联络关系。

2017年2月20—24日，ISO/IEC JTC 1/WG 11第三次全会在我国厦门召开。此次全会不仅对标准项目进行了深入研讨，还积极探讨了ISO、IEC、ISO/IEC JTC 1三大组织开展的智慧城市国际标准的系统性规划问题，为JTC 1开展智慧城市标准化研究及应用提供战略性建议。

2017年6月19—23日，ISO/IEC JTC 1/WG 11第四次全会在英国南安普顿召开。此次会议重点讨论了制定4项国际标准的相关工作，包括讨论最新工作组草案，讨论专家及联络组织的贡献物和意见，对通用性意见达成共识，以及制定未来工作计划等。同时，WG 11根据业务需要，与JTC 1内部其他组织、ISO、IEC相关组织及其他组织建立了联络关系。

2017年10月9—14日，ISO/IEC JTC 1/WG 11第五次全体会议在俄罗斯圣彼得堡召开。会议重点确立了在研国际标准的研制计划，并梳理、确定了最新联络组织。

2018年5月4—11日，ISO/IEC JTC 1/WG 11第六次全体会议在加拿大多伦多召开。会议就JTC 1智慧城市战略规划白皮书、在研国际标准项目、新工作项目、联络组织关系、未来计划等内容进行了深入探讨。此次会议发起成立了城市操作系统以及标准试点应用与案例学习两个任务组，将进一步吸引全球城市、企业的广泛参与。

2019年1月14—18日，ISO/IEC JTC 1/WG 11第七次全会在澳大利亚悉尼召开。此次会议共形成了25条决议；成功推动了ISO/IEC AWI 21972、ISO/IEC AWI 30145-3两项国际标准进入DIS阶段，初步确立了城市操作系统以及标准试点应用与案例学习两个任务组的范围、成员及工作计划，确立了与JTC 1/SC 40及其下设WG 1、WG 3、WG 4之间新的联络关系。会议期间，中澳标准化交流会议于2019年1月16日下午召开。

2019年7月15—19日，ISO/IEC JTC 1/WG 11第八次全会在英国伦敦召开。本次全会召开期间，JTC 1/WG 11与IEC/SyC Smart Cities联合会议于2019年7月18日召开。通过联合会议，两个组织针对双方智慧城市国际标准项目情况、潜在合作项进行了充分研讨，在参考框架、本体、用例等方面达成了初步的一致意见。

2019年12月2—6日，ISO/IEC JTC 1/WG 11第九次全体会议在济南市成功召开。12月4日上午，同期举办了国际智慧城市标准化论坛。

2020年7月6—10日，ISO/IEC JTC 1/WG 11第十次全会以线上会议形式召开。

2020年12月14—18日，ISO/IEC JTC 1/WG 11第十一次全会以电话会议形式召开

2021年6月14—16日及18日，ISO/IEC JTC 1/WG 11第十二次全会以线上形式召开。

2021年10月14—15日，由ISO/IEC JTC 1/WG 11主办的"智慧城市数据利用国际标准化论坛"以线上形式召开。国内外专家共同研讨智慧城市数据利用的标准化工作路径。此次论坛邀请了JTC 1/SC 32/WG 6、IEC/SyC Smart Cities、ISO/TC 268/SC 1/WG 4、ISO/IEC JTC1/SC 38等相关国际标准组织的专家代表从不同视角分享智慧城市数据利用的标准化思路，也邀请了来自加拿大、德国、印度、中国等不同国家的专家代表分享智慧城市数据利用的相关实践案例。

2021年11月29日—12月3日，ISO/IEC JTC 1/WG 11第十三次全会以线上形式召开。

4. 现行国内外标准

该领域现行信标委归口国家标准19项，见附录C；现行ISO/IEC标准6项，见附录G。

4.3.9 嵌入式软件

1. 领域简介

目前，嵌入式软件领域的标准化，其范围主要覆盖智能信息系统，包括智能终端、汽车电子等行业，涉

及嵌入式操作系统、数据库、支撑软件、应用系统等产品。

2. 国内标准化情况

（1）国内标准化组织

目前嵌入式软件标准分散在各标准化组织的不同专业领域中，国际、国内标准化组织尚未建立专门对口嵌入式软件标准的组织。

（2）国家和行业标准制定项目

2019 年至 2022 年 10 月，该领域发布国家标准 2 项：
- GB/T 37729—2019《信息技术 智能移动终端应用软件（App）技术要求》；
- GB/T 37743—2019《信息技术 智能设备操作系统身份识别服务接口》。

目前暂无在研国家标准计划项目。

（3）主要标准化活动

嵌入式软件标准化的研究范围主要涉及嵌入式操作系统、数据库、支撑软件等，还涉及相关的软件工程、信息安全等。其相应的标准化活动主要涉及以下领域：

① 嵌入式操作系统及驱动适配——以 Android、VxWorks 为代表的嵌入式操作系统相关接口、系统裁剪和驱动技术等；

② 与信息交换相关的嵌入式应用——嵌入式设备与信息系统的结合，包括移动浏览器相关技术、云计算技术、虚拟化技术、终端应用等；

③ 面向各个行业的嵌入式软件工程——针对嵌入式系统软件开发特点的工程管理。

3. 现行国内外标准

该领域现行国家标准见附录 C。

4.3.10 自动识别和数据采集

1. 领域简介

自动识别和数据采集（AIDC）领域的标准化工作，主要包括数据格式、数据语法、数据结构、数据编码、用于自动识别和数据采集过程的技术、用于行业内和国际商品流通应用的设备以及移动应用设备的标准化。

2. 国内标准化情况

（1）国内标准化组织

信标委自动识别与数据采集分技术委员会（SAC TC 28/SC 31），秘书处设在中国物品编码中心，其国际对口组织是 ISO/IEC JTC 1/SC 31（自动识别和数据采集技术分技术委员会）。

（2）国家和行业标准制定情况

2019 年至 2021 年 12 月，该领域共发布国家标准 12 项、行业标准 1 项：
- GB/T 12905—2019《条码术语》；
- GB/T 16828—2021《商品条码 参与方位置编码与条码表示》；
- GB/T 35660.3—2021《信息与文献 图书馆射频识别（RFID） 第 3 部分：分区存储 RFID 标签中基于 ISO/IEC 15962 规则的数据元素编码》；
- GB/T 37886—2019《气瓶射频识别（RFID）读写设备技术规范》；
- GB/T 37379—2019《内河船舶 2.45 GHz 射频识别系统技术规范》；
- GB/T 38059—2019《气瓶射频识别（RFID）应用 充装控制管理要求》；
- GB/T 38333—2019《铅酸蓄电池用射频识别（RFID）电子标签技术规范》；
- GB/T 38574—2020《食品追溯二维码通用技术要求》；
- GB/T 38622—2020《集装箱 2.45 GHz 频段货运标签通用技术规范》；
- GB/T 38668—2020《智能制造 射频识别系统 通用技术要求》；
- GB/T 38670—2020《智能制造 射频识别系统 标签数据格式》；

- GB/T 40204—2021《追溯二维码技术通则》;
- SJ/T 11738—2019《基于射频识别的瓶装酒防伪应用模型》。

制定中的自动识别和数据采集国家标准项目4项,其执行情况见表4-10。

表4-10 自动识别和数据采集国家标准项目执行情况

计划号	计划名称	阶段
20174084-T-469	信息技术 自动识别和数据采集技术 数据载体标识符	报批
20182303-T-469	信息技术 自动识别与数据采集 大容量ADC媒体语法	报批
20202904-T-469	智能制造 射频识别系统 超高频RFID系统性能测试规范	报批
20202791-T-469	智能制造 射频识别系统 超高频读写器应用编程接口	报批

（3）主要标准化活动

2021年,开展了自动识别和数据采集标准复审工作,对该领域14项现行国家标准进行了复审,涉及条码、二维码和射频识别。其中,4项国家标准需要进行修订,10项国家标准确认继续有效。

3．国际标准化情况

（1）国际标准化组织

ISO/IEC JTC 1/SC 31的主要任务是：用于自动识别和数据采集过程的技术、用于行业内和国际商品流通应用的设备以及移动应用设备的标准化。截至2021年12月,SC 31共有26名正式成员、24名观察成员,下设4个工作组：
- WG 1——数据载体;
- WG 2——数据结构;
- WG 4——无线电通信;
- WG 8——AIDC标准应用。

（2）正在制定和修订的国际标准

ISO/IEC/JTC 1/SC 31正在制定的国际标准20项,见附录H。

（3）主要标准化活动

2021年,召开了ISO/IEC JTC1/SC31全会。

（4）我国在ISO/IEC JTC 1/SC 31国际标准化工作中的贡献

2021年,我国提出的汉信码国际标准ISO/IEC 20830:2021《信息技术 自动识别与数据采集技术 汉信码条码符号规范》正式发布。

2021年我国主导提出的新国际标准提案ISO/AWI 8506《工业化建造AIDC技术应用》获得立项。

目前,我国提出并主导的ISO/IEC 29167-16:2015《信息技术 自动识别与数据采集技术 第16部分：用于空中接口通信安全服务的加密套件ECDSA-ECDH》,目前处于修订状态,已到发布阶段。

4．现行国内外标准

该领域现行国家标准26项、电子行业标准15项,见附录C；现行ISO/IEC标准136项（含补篇和勘误）,见附录G。

4.3.11 信息技术服务

1．领域简介

信息技术服务标准面向信息技术服务业在技术创新和业务转型方面的现实需求,实现了标准体系环境本身从离散型应用转向集成化应用,涉及基础标准、支撑标准、供给侧标准和需求侧标准。基础标准是信息技术服务的共性抽象；支撑标准主要覆盖服务管控和服务外包领域；供给侧标准聚焦于通过提供信息技术服务来支撑客户业务或客户自行开展信息技术服务以支撑自身业务的组织需求,它按业务类型分为面向IT的服务标准（咨询设计、集成实施和运行维护）和IT赋能的服务标准（云计算服务、数据服务和智能服务）；需求侧标准则聚焦于采购或自行开展信息技术服务以支撑自身业务的组织需求，它按业务类型分为治理、数据管理、数字化转型以及行业和领域的业务等标准。

2. 国内标准化情况

（1）国内标准化组织

① 信标委信息技术服务分技术委员会。

信标委信息技术服务分技术委员会（SAC/TC 28/SC 40，简称"ITSS 分委会"）于 2014 年 5 月 27 日成立。2021 年 1 月 20 日，ITSS 分委会换届。ITSS 分委会由委员（专家委员和单位委员）、观察员和联络员组成，下设秘书处以及 WG 1（基础标准工作组）、WG 2（咨询设计工作组）、WG 3（集成实施工作组）、WG 4（运行维护工作组）、WG 5（服务管控工作组）、WG 6（服务外包工作组）、WG 7（监理服务工作组）和 WG 8（国际标准工作组）等 8 个专业工作组。ITSS 分委会的国际对口组织是 ISO/IEC JTC 1/SC 40（IT 服务管理和 IT 治理分技术委员会）。

② 中国电子工业标准化技术协会信息技术服务分会。

中国电子工业标准化技术协会信息技术服务分会（简称"ITSS 分会"）于 2014 年 1 月 8 日成立。ITSS 分会由会员代表大会、理事会、执行委员会、秘书处，以及 IT 服务成熟度应用推广组、IT 服务技术（工具）应用推广组、数据中心运营管理组、IT 服务媒体工作组、IT 服务行业发展战略研究中心、ITSS 创新中心、信息技术创新人才培养与应用中心 7 个应用推广组构成。ITSS 分会的主要业务范围包括：标准研制，标准应用推广，产业相关政策研究，行业公共服务，基础共性关键技术研发，国际国内交流与合作。

（2）国家和行业标准制定项目

① 信息技术服务标准体系。

ITSS 分委会与 ITSS 分会共同组织编写了《信息技术服务标准体系建设报告（5.0 版）》，并于 2021 年 11 月 26 日正式发布。信息技术服务标准（ITSS）体系 5.0 框架见图 4-3。

图 4-3 信息技术服务标准体系 5.0 框架

② 标准制定项目。

2019 年 9 月至 2022 年 10 月，该领域发布国家标准 7 项、电子行业标准 1 项：
- GB/T 19668.7—2022《信息技术服务 监理 第 7 部分：监理工作量度量要求》；
- GB/T 28827.1—2022《信息技术服务 运行维护 第 1 部分：通用要求》；
- GB/T 28827.7—2022《信息技术服务 运行维护 第 7 部分：成本度量规范》；
- GB/T 28827.8—2022《信息技术服务 运行维护 第 8 部分：医院信息系统管理要求》；
- GB/T 39770—2021《信息技术服务 服务安全要求》；
- GB/T 33770.6—2021《信息技术服务 外包 第 6 部分：服务需方通用要求》；
- GB/T 40685—2021《信息技术服务 数据资产 管理要求》；
- SJ/T 11739—2019《信息技术服务 呼叫中心运营管理要求》。

该领域国家标准计划项目执行情况见表 4-11。

表 4-11 信息技术服务国家标准计划项目执行情况

序号	标准号/计划号	项目名称	阶段
1	20173826-T-469	信息技术服务 数字化营销服务 移动营销技术规范	报批
2	20190825-T-469	信息技术 IT 赋能服务业务过程外包（ITES-BPO）生存周期过程 第 1 部分：过程参考模型（PRM）	报批
3	20190821-T-469	信息技术 IT 赋能服务业务过程外包（ITES-BPO）生存周期过程 第 2 部分：过程评估模型（PAM）	报批
4	20190826-T-469	信息技术 IT 赋能服务业务过程外包（ITES-BPO）生存周期过程 第 3 部分：测量框架（MF）及组织成熟度模型（OMM）	报批
5	20190823-T-469	信息技术 IT 赋能服务业务过程外包（ITES-BPO）生存周期过程 第 4 部分：术语和概念	报批
6	20190824-T-469	信息技术 IT 赋能服务业务过程外包（ITES-BPO）生存周期过程 第 5 部分：指南	报批
7	20193178-T-469	信息技术服务 数据中心业务连续性等级评价准则	报批
8	20213262-T-469	信息技术服务 智能客户服务 第 1 部分：通用要求	审查
9	20213263-T-469	信息技术服务 数字化转型 第 2 部分：成熟度模型	审查
10	20214119-T-469	信息技术服务 数字化转型 第 6 部分：跨灾种监测预警技术要求	审查
11	20214283-T-469	信息技术服务 应对突发公共安全事件的 IT 风险管理	审查
12	20214286-T-469	信息技术服务 服务生存周期过程	审查
13	20214124-T-469	信息技术服务 智能运维 第 1 部分：通用要求	审查

（3）主要标准化活动

结合 GB/T 28827.1—2012《信息技术服务 运行维护 第 1 部分：通用要求》、ITSS.1—2015《信息技术 服务 运行维护服务能力成熟度模型》、SJ/T 11565.1—2015《信息技术服务 咨询设计 第 1 部分：通用要求》、GB/T 36326—2018《信息技术 云计算 云服务运营通用要求》和 GB/T 33136—2016《数据中心服务能力成熟度模型》等标准开展符合性评估工作，ITSS 分会秘书处组织对 ITSS 系列重点标准开展宣贯工作。

3．国际标准化情况

（1）国际标准制定情况

该领域正在制定的国际标准 11 项，见附录 H。

（2）其他有关的国际标准化活动

2019 年 6 月，ISO/IEC JTC 1/SC 40 第 6 次全会在法国圣丹尼召开。我国代表团认真履行工作组召集人、秘书及编辑、联合编辑职责，积极推动由我国专家担任编辑的 ISO/IEC DTR 30105-7《信息技术 IT 赋能服务业务过程外包（ITES-BPO）生存周期过程 第 7 部分：成熟度评估范例》进入发布阶段。此次会议，补充任命我国专家作为 ISO/IEC 30105-4《信息技术 IT 赋能服务业务过程外包（ITES-BPO）生存周期过程 第 4 部分：术语和概念》、ISO/IEC DTR 30105-6《信息技术 IT 赋能服务业务过程外包（ITES-BPO）生存周期过程 第 6 部分：业务风险管理指南》、ISO/IEC NP 30105-8《信息技术 IT 赋能服务业务过程外包（ITES-BPO）生存周期过程 第 8 部分：持续绩效改进在 ITES-BPO 领域应用指南》以及 ISO/IEC DTR 22564-1《信息技术 基础设施服务管理 第 1 部分：数据中心服务过程参考模型》的联合编辑。任命我国专家作为 SC 40 向 ISO/TC 307（区块链和分布式记账技术技术委员会）的联络官。

我国专家担任编辑的ISO/IEC TR 30105-7《信息技术 IT赋能服务业务过程外包（ITES-BPO）生存周期过程 第7部分：成熟度评估范例》于2019年11月4日正式发布。

2020年8月，受新冠疫情[①]影响，ISO/IEC JTC 1/SC 40第7次全会通过线上方式召开。我国代表团认真履行工作组召集人、秘书及标准编辑、联合编辑职责，推动在研标准的研制工作。此次会议决议WG 4与WG 2合并，原WG 4工作项目转移至WG 2。WG 2的名称由"（信息技术-服务管理）标准维护与研制"工作组改为"服务管理-信息技术"工作组。WG 1、WG 2和WG 3工作组范围也进行了相应调整。ISO/IEC 38500系列标准复审特设组解散。

2021年6月，受新冠疫情影响，ISO/IEC JTC 1/SC 40第8次全会通过线上方式召开。我国代表团认真履行工作组秘书及标准编辑、联合编辑职责，推动在研标准的研制工作。此次会议补充我国专家担任ISO/IEC 30105-8《信息技术 IT赋能服务/业务过程外包生存周期过程 第8部分：持续绩效改进在ITES-BPO领域应用指南》联合编辑。启动对ISO/IEC 30105系列标准第1、2、3、5部分的修订工作，任命我国专家担任修订第1部分、第2部分的联合编辑，修订第3部分、第5部分的编辑。

我国专家作为联合编辑的ISO/IEC TS 30105-6《信息技术 IT赋能服务业务过程外包（ITES-BPO）生存周期过程 第6部分：风险管理指南》于2021年10月20日正式发布。

4．现行国内外标准

该领域现行国家标准47项、电子行业标准17项，见附录C；现行ISO/IEC标准26项，见附录G。

5．其他（ITSS符合性评估）

结合信息技术服务标准验证与应用试点工作要求及工业和信息化部印发的《关于同意开展信息技术服务标准验证与应用试点工作的意见》（工信部软函〔2010〕386号）要求，ITSS分会秘书处开展《信息技术服务 运行维护 第1部分：通用要求》《信息技术服务 运行维护服务能力成熟度模型》《信息技术服务 咨询设计 第1部分：通用要求》《信息技术 云计算 云服务运营通用要求》和《数据中心服务能力成熟度模型》的符合性评估工作。

截至2021年12月，全国已有28个省区市设立了31家评估机构，负责所在省区市的符合性评估工作。全国33个省区市组织召开了标准宣贯培训会，组织召开了100余次专家评审会，累计5654家企业通过了运维服务符合性评估，81家企业通过了咨询设计符合性评估，215家企业通过了云服务能力评估，146家企业通过了工具产品符合性评估，34家企业通过了数据中心能力成熟度评估。当前，ITSS标准化成果在构建行业统计制度、制定产业政策和规划、提升企业服务能力、推动企业转型升级、指导服务关键支撑工具和产品研发等方面发挥了重要作用。浙江移动、北京高法、中核核电等18家用户单位积极实施标准，并通过了ITSS分会组织的符合性评估。

4.3.12 云计算

1．领域简介

该领域涉及支持云计算应用的基础、资源、服务和安全等方面的标准化。

2．国内标准化情况

（1）国内标准化组织

① 云计算标准工作组。

2012年信标委决定成立云计算标准工作组（SAC/TC 28/WG 20），负责云计算领域的标准化工作，其秘书处设在中国电子技术标准化研究院，目前该工作组的成员有205个。其国际对口组织是ISO/IEC JTC 1/SC38。

② 中国开源云联盟。

2016年4月，在工信部指导下，中国开源云联盟正式挂靠中国电子技术标准化研究院，开展开源团体标

---

① 新冠疫情，即新型冠状病毒感染疫情。

准研制、前沿开源技术研究以及开源产业推动和技术活动推广等工作。目前，该联盟的成员单位有214家。

（2）国家和行业标准制定情况

① 云计算综合标准化体系框架。

云计算综合标准化体系框架见图4-4。

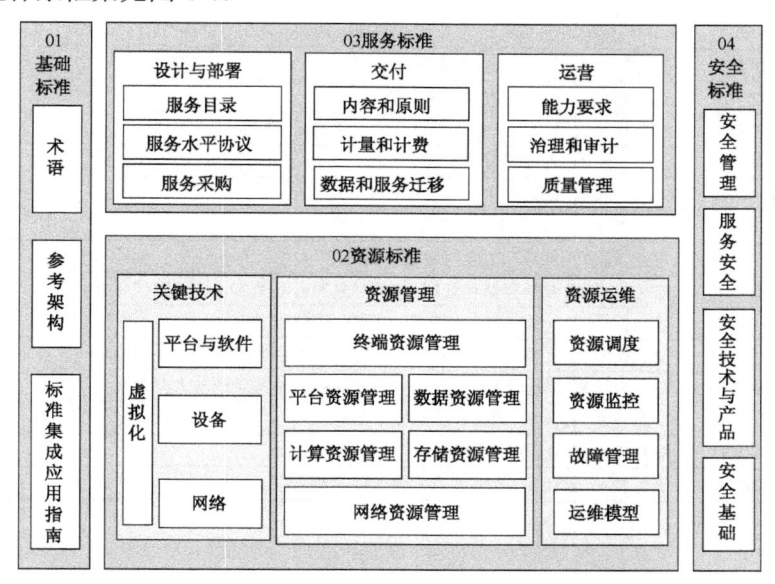

图4-4 云计算综合标准化体系框架

② 云计算标准编制情况。

2019年至2022年10月，该领域共发布国家标准18项：

- GB/T 37700—2019《信息技术 工业云 参考模型》；
- GB/T 37724—2019《信息技术 工业云服务 能力通用要求》；
- GB/T 37732—2019《信息技术 云计算 云存储系统服务接口功能》；
- GB/T 37734—2019《信息技术 云计算 云服务采购指南》；
- GB/T 37735—2019《信息技术 云计算 云服务计量指标》；
- GB/T 37736—2019《信息技术 云计算 云资源监控通用要求》；
- GB/T 37737—2019《信息技术 云计算 分布式块存储系统总体技术要求》；
- GB/T 37738—2019《信息技术 云计算 云服务质量评价指标》；
- GB/T 37739—2019《信息技术 云计算 平台即服务部署要求》；
- GB/T 37740—2019《信息技术 云计算 云平台间应用和数据迁移指南》；
- GB/T 37741—2019《信息技术 云计算 云服务交付要求》；
- GB/T 37938—2019《信息技术 云资源监控指标体系》；
- GB/T 37972—2019《信息安全技术 云计算服务运行监管框架》；
- GB/T 38249—2019《信息安全技术 政府网站云计算服务安全指南》；
- GB/T 40203—2021《信息技术 工业云服务 服务协议指南》；
- GB/T 40207—2021《信息技术 工业云服务 计量指标》；
- GB/T 40690—2021《信息技术 云计算 云际计算参考架构》；
- GB/T 40693—2021《智能制造 工业云服务 数据管理通用要求》。

制定中的云计算国家标准（计划项目）14项见表4-12。

（3）主要标准化活动

2020年12月29—30日在北京召开第十届中国云计算标准和应用大会，宣贯中国云计算产业政策，宣传云计算标准化的最新成果，交流云计算领域的最新技术和动态。此次大会以"标准聚力 开源共赢"为主题，围绕云计算赋能新基建和开源群智化创新进行了讨论,还着重就云计算开源领域的标准化成果进行了发布和宣传，推动了云计算开源标准化工作的开展。在此次大会上，还向包括中国联通、浪潮云、华为、腾讯云、九州云、深信服、麒麟软件、安超云等多家企业的云计算产品、云服务、云计算解决方案等云基准测评项目颁发了测评证书。

表 4-12 制定中的云计算国家标准（计划项目）

序号	计 划 号	计 划 名 称	阶 段
1	20193191-T-469	智能制造 工业云服务 能力测评规范	报批
2	20203865-T-469	工业互联网平台 微服务参考框架	报批
3	20192136-T-469	信息技术 云计算 云资源管理系统性能测试指标和度量方法	报批
4	20204926-T-469	工业云服务 资源配置要求	报批
5	20204924-T-469	工业云服务 知识库接入与管理要求	报批
6	20193187-T-469	基于工业云平台的个性化定制实施规范	报批
7	20203867-T-469	工业互联网平台 开放应用编程接口规范	报批
8	20202907-T-469	信息技术 云数据存储和管理 基于对象的云存储应用接口测试要求	审查
9	20202932-T-469	信息技术 云计算 虚拟机资源管理平台通用测试方法	审查
10	20213302-T-469	信息技术 云计算 面向云原生的应用支撑平台功能要求	起草
11	20213304-T-469	基于云计算的重大突发公众卫生事件中社区服务系统基本要求	起草
12	20213299-T-469	信息技术 云计算 边缘云通用技术要求	起草
13	20220416-T-469	信息技术 云计算 云超算通用要求	起草
14	20220413-T-469	信息技术 云计算 超融合系统通用技术要求	起草

3．国际标准化情况

（1）正在制定的国际标准

该领域正在制定的国际标准 7 项，见附录 H。

（2）其他有关的国际标准化活动

2019 年 3 月 24—30 日，ISO/IEC JTC 1/SC 38 第十九次全会及工作组会议在韩国首尔召开。中国专家担任编辑和联合编辑的技术报告 ISO/IEC TR 23613《信息技术 云计算 云服务计量计费元素》在此次会议上进入 DTR 投票阶段；中国专家担任联合编辑的国际标准 ISO/IEC 19944:AMD1《信息技术 云计算 云服务和设备：数据流、数据类别和数据使用-修订版 1》在此次会议后进入 CD 投票阶段。

4．现行国内外标准

云计算领域现行国家标准 37 项，见附录 C；现行 ISO/IEC 标准 25 项，见附录 G。

4.3.13 信息技术设备互连

1．领域简介

信息技术设备互连指信息技术设备之间的互联互通。

该领域标准化工作目前主要包括家用电子系统（HES）、用户建筑群布缆系统和小型计算机系统接口及附属设备互连三个子领域的标准化。

2．国内标准化情况

（1）国内标准化组织

信息技术设备互连领域国内标准化组织是信标委信息技术设备互连分技术委员会（SAC/TC 28/SC 25），其秘书处设在中国电子技术标准化研究院，其国际对口组织为 ISO/IEC JTC 1/SC 25（信息技术设备互连分技术委员会）。

目前信息技术设备互连分技术委员会下设 5 个工作组，分别是：

- WG 1——信息设备资源共享协同服务工作组；
- WG 2——通用布缆系统工作组；
- WG 3——信息存储技术工作组；

- WG 4——家用电子系统统一服务平台工作组；
- WG 5——智能家居工作组。

（2）国家和行业标准制修订项目

2019年至2022年10月，该领域共发布15项国家标准：

- GB/T 37723—2019《信息技术 信息设备互连 智能家用电子系统终端统一接入服务平台总体技术要求》；
- GB/T 37978—2019《信息技术 存储管理应用 盘阵列存储管理接口》；
- GB/T 37982—2019《信息技术 多路径管理（API）》；
- GB/T 38320—2019《信息技术 信息设备互连 智能家用电子系统终端设备与终端统一接入服务平台接口要求》；
- GB/T 38322—2019《信息技术 信息设备互连 第三方智能家用电子系统与终端统一接入服务平台接口要求》；
- GB/T 36450.2—2021《信息技术 存储管理 第2部分：通用架构》；
- GB/T 36450.5—2021《信息技术 存储管理 第5部分：文件系统》；
- GB/T 36450.6—2021《信息技术 存储管理 第6部分：交换结构》；
- GB/T 36450.7—2021《信息技术 存储管理 第7部分：主机元素》；
- GB/T 36450.8—2021《信息技术 存储管理 第8部分：媒体库》；
- GB/T 40027—2021《信息技术 信息设备互连 智能家用电子系统终端设备属性描述》
- GB/T 18233.1—2022《信息技术 用户建筑群通用布缆 第1部分：通用要求》；
- GB/T 18233.2—2022《信息技术 用户建筑群通用布缆 第2部分：办公场所》；
- GB/T 18233.6—2022《信息技术 用户建筑群通用布缆 第6部分：分布式楼宇设施》；
- GB/T 41904—2022《信息技术 自动化基础设施管理（AIM）系统 要求、数据交换及应用》。

该领域正在制定或修订的国家标准4项，见表4-13。

表4-13 正在制定或修订的信息技术设备互连国家标准

计划号	计划名称	制定/修订	阶段
20220599-T-469	信息技术 用户建筑群布缆的实现和操作 第2部分：规划和安装	修订	起草
20220558-T-469	信息技术 建筑物和其他建筑结构的电信联结网络	制定	起草
20220596-T-469	信息技术 用户建筑群布缆的实现和操作 第4部分：端到端（E2E）链路、模块化插座端接链路（MPTL）和直连布缆的测量	制定	起草
20220592-T-469	信息技术 存储管理 第3部分：通用轮廓文件	制定	起草

（3）主要标准化活动

2021年，SC 25积极围绕重点领域、热点领域的标准研究与制定，充分发挥平台作用，凝聚44家成员单位的力量，积极组织成员单位开展标准制修订各项工作。这一年共召开9次工作组讨论会及标准编辑会，推动6项国家标准发布，完成4项在研国家标准报批，提出4项标准制修订建议。

2021年10月，为更好统筹推进智能家居相关标准研制工作，成立了智能家居工作组（WG 5），其工作范围包括：家庭及小型商业环境中信息设备、家居、照明、安防等设备、系统或平台间的互联标准、接口标准、测试标准、评估标准等智能家居标准的研制。

3. 国际标准化情况

（1）国际标准化组织

该领域国际标准化组织是 ISO/IEC JTC 1/SC 25，下设4个工作组：

- WG 1——家用电子系统工作组；
- WG 3——用户建筑群布缆工作组；
- WG 4——计算机系统及附属设备互连工作组；
- WG 5——智能家居分类和术语工作组。

（2）正在制定的国际标准

该领域正在制定的 ISO/IEC 标准 1 项，见附录 H。

（3）我国的主要贡献

2021 年，我国 2 项国际标准提案通过立项投票，并推动至 CD 阶段；3 项提案通过全会讨论，同意在形成标准草案后发起 NP 投票：见表 4-14。

表 4-14 我国提出的国际提案

标 准 号	标 准 名 称	阶 段
ISO/IEC 14543-5-103 ED1	信息技术 家用电子系统（HES）体系结构 第 5-103 部分：2 类和 3 类资源共享协同服务 智能音频互连协议	CD
ISO/IEC 14543-5-104 ED1	信息技术 家用电子系统（HES）体系结构 第 5-104 部分：2 类和 3 类资源共享协同服务 基于远程连接服务的智能锁	CD
ISO/IEC 14543-5-105 ED1	信息技术 家用电子系统（HES）体系结构 第 105 部分：基于远程连接服务的智能锁的测试和认证	待立项
ISO/IEC 14543-5-13 ED1	信息技术 家用电子系统（HES）体系结构 第 13 部分：使用语音识别的远程智能家居设备控制	待立项
ISO/IEC 14543-5-141 ED1	信息技术 家用电子系统（HES）体系结构 第 141 部分：基于 IGRS 远程规范的 HES 区块链应用协议	待立项

（4）其他有关的国际标准化活动

2021 年 2 月 22—26 日，组织国内 7 名专家参加 ISO/IEC JTC 1/SC 25/WG 3（用户建筑群布缆工作组）会议，参与和跟踪 ISO/IEC 11801-1 AMD1《信息技术 用户建筑群通用布缆 第 1 部分：通用要求》等 10 项国际标准或预研项目。

2021 年 5 月 17—28 日，组织国内 2 名专家参加 ISO/IEC JTC 1/SC 25/WG 1（家用电子系统工作组）和 WG 5（智能家居工作组）会议，在 WG 1 会议上推动我国主导的 2 项在研项目 ISO/IEC 14543-5-103 和 ISO/IEC 14543-5-104 进入 CD 阶段。

2021 年 9 月 13—24 日，组织国内 9 名专家参加 ISO/IEC JTC 1/SC 25 第 32 次全会及工作组会议，全会同意我国提出的 3 项提案在形成草案后发起 NP 投票，分别是 ISO/IEC 14543-5-105《信息技术 家用电子系统（HES）体系结构 第 105 部分：基于远程连接服务的智能锁的测试和认证》、ISO/IEC 14543-5-13《信息技术 家用电子系统（HES）体系结构 第 13 部分：使用语音识别的远程智能家居设备控制》和 ISO/IEC 14543-5-141《信息技术 家用电子系统（HES）体系结构 第 141 部分：基于 IGRS 远程规范的 HES 区块链应用协议》。

4．现行国内外标准

该领域现行国家标准 67 项、电子行业标准 9 项，见附录 C；现行 ISO/IEC 标准 224 项（含补篇和勘误），见附录 G。

4.3.14 多媒体与音视频编码

1. 领域简介

多媒体与音视频编码领域的标准化工作，主要包括音频、图像、多媒体和超媒体信息的编码表示，以及用于这种信息的压缩和控制功能集的标准化，但不包括字符编码。

2. 国内标准化情况

（1）国内标准化组织

多媒体与音视频编码领域的标准化工作由信标委多媒体分技术委员会（SAC/TC 28/ SC 29）负责，其秘书处设在中国电子技术标准化研究院，其国际对口组织是 ISO/IEC JTC 1/SC 29（音频、图像、多媒体和超媒体信息的编码分技术委员会）。

（2）国家和行业标准制定项目

2019 年至 2022 年 10 月，该领域发布了国家标准 1 项，即：

● GB/T 33475.1—2019《信息技术 高效多媒体编码 第 1 部分：系统》。

该领域国家标准计划项目执行情况见表 4-15。

表 4-15　多媒体与音视频编码领域国家标准计划项目执行情况

序号	计 划 号	计 划 名 称	制定/修订	阶 段
1	20190776-T-469	信息技术 虚拟现实内容表达 第 1 部分：系统	制定	起草
2	20192082-T-469	信息技术 高效多媒体编码 第 2 部分：视频	修订	审查
3	20192083-T-469	信息技术 高效多媒体编码 第 4 部分：符合性测试	制定	审查
4	20192084-T-469	信息技术 高效多媒体编码 第 5 部分：参考软件	制定	审查
5	20192085-T-469	信息技术 高效多媒体编码 第 6 部分：智能媒体传输	制定	审查
6	20192086-T-469	信息技术 虚拟现实内容表达 第 2 部分：视频	制定	审查
7	20193148-T-469	信息技术 高效多媒体编码 第 7 部分：图片文件格式	制定	审查
8	20194127-T-469	信息技术 运动图像及其伴音信息的通用编码 第 1 部分：系统	修订	审查
9	20214118-T-469	信息技术 可关闭字幕	制定	起草
10	20214282-T-469	信息技术 虚拟现实内容表达 第 3 部分：音频	制定	起草

（3）主要标准化活动

信标委多媒体分技术委员会（SAC/TC 28/SC 29）成立于 1992 年，并于 2000 年、2005 年、2017 年三次换届。现为第四届委员会，有委员 36 人，其中北京大学高文、清华大学杨士强任顾问，北京大学黄铁军任主任委员，盛志凡、王国中、曲晓杰任副主任委员，孙齐锋任委员兼秘书长，李婧欣任委员兼副秘书长；秘书处设在中国电子技术标准化研究院。

在国内标准化工作方面，多媒体分技术委员会归口管理多媒体编解码技术标准，同时开展多媒体领域其他国家标准的制修订工作。第一代具有自主知识产权的多媒体编码国家标准《信息技术 先进音视频编码》制定工作已基本完成，第二代具有自主知识产权的多媒体编码国家标准《信息技术 高效多媒体编码 第 2 部分：视频》（AVS2 视频）及《信息技术 高效多媒体编码 第 3 部分：音频》（AVS2 音频）均已正式实施。该系列国家标准的符合性测试、参考软件、智能媒体传输和图片文件格式部分，目前正在制定中。我国具有自主知识产权的面向超高分辨率、超高动态范围的第三代高效编码标准制定工作也已经启动。

除高效多媒体编码系列标准外，2019 年新下达两项国家标准制定计划项目，即《信息技术 虚拟现实内容表达 第 1 部分：系统》（20190776-T-469）和《信息技术 虚拟现实内容表达 第 2 部分：视频》（20192086-T-469），目前正在起草中。2021 年新下达两项国家标准制定计划项目，即《信息技术 可关闭字幕》（20214118-T-469）和《信息技术 虚拟现实内容表达 第 3 部分：音频》（20214282-T-469）

多媒体分技术委员会一直以来组织国内相关专家积极参加 ISO/IEC 等国际标准的研究制定工作。截至 2021 年 12 月，多媒体分技术委员会共完成 4 位 SC 29 专家、116 位 SC 29/WG 1 专家、102 位 SC 29/WG 2 专家、96 位 SC 29/WG 3 专家、129 位 SC 29/WG 4 专家、121 位 SC 29/WG 5 专家、55 位 SC 29/WG 6 专家、103 位 SC 29/WG 7 专家、32 位 SC 29/WG 8 专家的注册工作。同时，秘书处组织本领域专家参加 ISO/IEC JTC 1/SC 29 全会 6 次。根据专家申报需求，按季度组织 ISO Directory 国际标准专家库中国专家申报工作，以保证中国专家正常参与国际标准化工作。

3. 国际标准化情况

（1）正在制定的标准

该领域正在制定的 ISO/IEC 标准 97 项（含补篇/勘误），见附录 H。

（2）我国的主要贡献

多媒体分技术委员会组织国内相关专家积极参加 ISO/IEC 等国际标准的研究制定工作。2019—2021 年，中国专家共参加 ISO/IEC JTC 1/SC 29/WG 11 工作组会议 12 次、SC 29 年会 6 次，通过 SC 提案系统提交国际技术提案及技术报告超百份。目前，中国专家参与国际标准化工作的重点，主要集中在沉浸式媒体编解码[包括沉浸式视频（MIV）、基于视频的点云压缩（V-PCC）、基于几何的点云压缩（G-PCC）]、神经网络压缩标准（ISO/IEC 15938-17 "用于多媒体内容和分析的神经网络压缩"等）和机器视频编码（VCM）等工作项目上。

4. 现行国内外标准

该领域现行国家标准 27 项、电子行业标准 1 项，见附录 C；现行 ISO/IEC 标准 607 项（含补篇/勘误），见附录 G。

5. 标准推广、应用和服务

中国电子技术标准化研究院作为多媒体分技术委员会秘书处挂靠单位，归口管理和组织国家标准制定工作；其牵头的标准符合性测试工作，目前已完成了 GB/T 20090.1—2012《信息技术 先进音视频编码 第 1 部分：系统》、GB/T 20090.2—2013《信息技术 先进音视频编码 第 2 部分：视频》、GB/T 20090.4—2012《信息技术 先进音视频编码 第 4 部分：符合性测试》以及 GB/T 20090.16—2016《信息技术 先进音视频编码 第 16 部分：广播电视视频》(《广播电视先进音视频编解码 第 1 部分：视频》)标准符合性测试平台的搭建工作，于 2014 年 12 月获得 CNAS 授权和认可，具备 AVS 系统层符合性、AVS 视频编码符合性和 AVS+视频编码符合性检测能力。

目前，中国电子技术标准化研究院正在进行 GB/T 33475.2—2016《信息技术 高效多媒体编码 第 2 部分：视频》和 GB/T 33475.3—2018《信息技术 高效多媒体编码 第 3 部分：音频》符合性测试平台的研究和开发工作，牵头起草《信息技术 高效多媒体编码 第 4 部分：符合性测试》和《信息技术 高效多媒体编码 第 5 部分：参考软件》并完成立项。中国电子技术标准化研究院以建立权威性、公正性、先进性的第三方视频编解码客观测试和主观评价公共服务平台及认证体系为目标，将为国内市场销售的 AVS2 音视频终端产品进行测试，并提供相应的认证服务，以加快推进 AVS2 标准的产业化进程。

4.3.15 数据库

1. 领域简介

数据库领域的标准化工作，主要包括关系型数据库、非结构化数据库、流数据库以及图数据库等方面的标准化。该领域的国际对口组织为 ISO/IEC JTC 1/SC 32/WG 3（数据库语言工作组）。

2. 国内标准化情况

（1）国内标准化组织

2012 年成立的信标委非结构化数据管理标准工作组，负责制定和完善我国非结构化数据管理领域的标准体系，制定我国非结构化数据管理的相关国家标准，并对口支撑和推动 ISO/IEC JTC 1 内的非结构化数据管理标准工作。2018 年 4 月，根据工作需要并经信标委主任委员办公会审议通过，撤销非结构化数据管理标准工作组，相关工作纳入大数据标准工作组。2022 年 11 月，信标委成立数据库标准工作组，推进数据库标准研制及应用推广。

（2）国家标准和行业标准制定项目

目前无国家标准和行业标准制定计划项目。

3. 国际标准化情况

（1）正在制定的国际标准

数据库领域正在制定的 ISO/IEC 标准 15 项，见附录 H。

（2）其他有关的国际标准化活动

2017 年 6 月 19－23 日，ISO/IEC JTC 1/SC 32 2017 年全会及各工作组会议在日本冈山召开，加拿大、中国、德国、日本、韩国、英国、美国 7 个国家的代表参加了此次全会，其中中国代表团有 7 人。会上，中国代表团提交的 3 项与 ISO/IEC NP TR 29075-1《数据库语言设计说明 第 1 部分：SQL 对流数据的支持》相关的贡献物在 WG 3 工作组内通过了专家论证。

2018 年 5 月 14－18 日，ISO/IEC JTC 1/SC 32 2018 年全会及各工作组会议在加拿大多伦多召开。会上，中国代表团提交的与 ISO/IEC NP TR 29075-1《数据库语言设计说明 第 1 部分：SQL 对流数据的支持》相关的贡献物及《SQL 对人工智能的支持》贡献物在 WG 3 工作组内通过了专家论证。目前，ISO/IEC AWI TR 29075-1 正在制定中。

4．现行国内外标准

该领域现行国家标准 6 项，见附录 C；现行 ISO/IEC 标准 44 项（含补篇和勘误），见附录 G。

4.3.16 数据

1. 领域简介

数据标准化范围主要涉及支持数据管理和交换规范化的标准化活动，主要覆盖：数据元素、数据结构、数据使用以及相关概念，值域（如分类方案、代码表），流程数据和行为数据，元数据管理工具（如数据字典、数据仓库、信息资源字典系统、注册库），元数据语义交换等。

数据领域国际标准化工作由 ISO/IEC JTC 1/SC 32（数据管理与交换分技术委员会）主导。

2. 国内标准化情况

（1）国内标准化组织

目前国内的数据领域国家标准制定活动主要由信标委（TC 28）负责推进。

（2）国家和行业标准制定项目

目前该领域无国家标准和行业标准制定计划项目。

3. 国际标准化情况

（1）正在制定的国际标准

该领域正在制定的 ISO/IEC 标准 14 项，见附录 H。

（2）其他有关的国际标准化活动

2021 年 6 月 14－18 日，ISO/IEC JTC 1/SC 32 2021 年全会及各工作组会议在线上召开。WG 2（元数据工作组）计划继续推动 ISO/IEC CD 11179-1《信息技术 元数据注册表（MDR） 第 1 部分：框架》、ISO/IEC CD 11179-6《信息技术 元数据注册表（MDR） 第 6 部分：注册》、ISO/IEC CD 11179-30《信息技术 元数据注册表（MDR） 第 30 部分：元数据的基本属性》等 12 项在研标准的研制。WG 6（数据使用工作组）计划继续推动 ISO/IEC AWI 5207《信息技术 数据使用 术语和用例》、ISO/IEC AWI 5212《信息技术 数据使用 数据使用指南》等 2 项在研标准的研制。

4．现行国内外标准

该领域现行国家标准 13 项，见附录 C；现行 ISO/IEC 标准 35 项，见附录 G。

4.3.17 实时定位系统

1. 领域简介

实时定位系统（RTLS）是依靠移动通信网络、卫星导航网络和其他定位方式，如 Wi-Fi、蓝牙、UWB、视觉、惯导、ZigBee、RFID、地磁、可见光、超声波、激光雷达等，实时获取用户的实际位置信息，为用户提供与其自身位置紧密相关的信息服务，包括定位、导航、查询、识别等。RTLS 主要由设备层、平台层和应用层组成。

RTLS 标准化主要涉及空中接口、应用编程接口、一致性测试、系统性能测试、产品、信息安全、应用等。

2. 国内标准化情况

（1）国内标准化组织

2009 年 8 月成立了信标委实时定位系统技术标准工作组（简称实时定位工作组）。截至 2021 年 12 月，该工作组成员有 27 家。

（2）已制定和正在制定的国家标准项目

2019 年至 2022 年 10 月，该领域发布了国家标准 3 项：
- GB/T 38630—2020《信息技术 实时定位 多源融合定位数据接口》；
- GB/T 38627—2020《信息技术 实时定位 磁定位数据接口》；
- GB/T 41784—2022《信息技术 实时定位 视觉定位系统数据接口》。

正在制定或修订的 RTLS 国家标准（计划项目）1 项，见表 4-16。

表 4-16 正在制定或修订的 RTLS 国家标准（计划项目）

计 划 号	计 划 名 称	制定/修订	阶 段
20213300-T-469	信息技术 实时定位技术指标及测试方法	修订	草案

（3）主要标准化活动

2021 年 7 月为 10 余家实时定位相关企业提供了包括标准知识培训、实时定位标准讲解等标准化技术培训；2021 年 11 月召开工作组年会，主要讨论了新标准提案、2022 年工作计划。

3. 国际标准化情况

（1）国际标准化组织

原从事 RTLS 标准的工作组 ISO/IEC JTC 1/SC 31/WG 5 已被撤销，目前 RTLS 标准的主要工作由 ISO/IEC JTC 1/SC 31/WG 4 负责，主要开展基于 RFID 和 UWB 技术的定位标准。

美国的 INCITS 也制定 RTLS 方面的标准。INCITS 组织制定的 RTLS 标准被 ANSI 采纳而作为美国国家标准，其标准号为 ANSI 371。该标准共分 3 部分：第 1 部分为 2.45 GHz 的空中接口协议，第 2 部分为 433 MHz 的空中接口协议，第 3 部分为应用层接口（即 API）。ANSI 371 的第 1 部分和第 3 部分已经转化为国际标准，其中第 1 部分对应 ISO/IEC 24730-2: 2012《信息技术 实时定位系统 第 2 部分：直接序列扩频（DSSS）2.4 GHz 空中接口协议》，第 3 部分对应 ISO/IEC 24730-1: 2014《信息技术 实时定位系统 第 1 部分：应用编程接口》。

（2）正在制定的国际标准

无。

4. 现行国内外标准

该领域现行国家标准 7 项，见附录 C；现行 ISO/IEC 标准 17 项，见附录 G。

4.3.18 生物特征识别

1. 领域简介

生物特征识别领域的标准化工作，涉及与人类有关的、用以支持应用和系统间互操作性和数据交换的通用生物特征识别技术的标准化，包括：通用文件框架、生物特征识别应用编程接口、生物特征识别数据交换格式、相关生物特征识别轮廓、生物特征识别技术评估准则的应用、性能测试与报告的方法，以及法律与地区管辖问题。

不包括 TC 28/SC 17 负责的将生物特征识别技术应用于 IC 卡及身份识别的工作。

不包括 TC 260 负责的生物特征识别数据保护技术、生物特征识别安全测试、评估以及评估方法的工作。

2. 国内标准化情况

（1）国内标准化组织

信标委生物特征识别分技术委员会（简称"生物特征识别分委会"）于 2013 年成立，其秘书处设在中国电子技术标准化研究院，编号为 SAC/TC 28/SC 37。2019 年，国家标准化管理委员会批准生物特征识别分委会换届，第二届生物特征识别分委会由 59 名委员组成。该分委会下设移动设备生物特征识别工作组（简称移动设备工作组）、基因组识别工作组、人脸识别工作组、虹膜识别工作组、静脉识别工作组、行为识别工作组、基础共性工作组和汽车应用研究组。该分委会国际对口组织是 ISO/IEC JTC 1/SC 37。

（2）已制定和正在制定的标准或项目

2019 年至 2022 年 10 月，该领域共发布国家标准 25 项：

- GB/T 5271.37—2021《信息技术 词汇 第 37 部分：生物特征识别》；
- GB/T 26237.1—2022《信息技术 生物特征识别数据交换格式 第 1 部分：框架》；
- GB/T 26237.14—2019《信息技术 生物特征识别数据交换格式 第 14 部分：DNA 数据》；
- GB/T 28826.2—2020《信息技术 公用生物特征识别交换格式框架 第 2 部分：生物特征识别注册机构操作规程》；
- GB/T 28826.4—2022《信息技术 公用生物特征识别交换格式框架 第 4 部分：安全块格式规范》；
- GB/T 29268.5—2022《信息技术 生物特征识别性能测试和报告 第 5 部分：访问控制场景与分级机制》；
- GB/T 29268.6—2022《信息技术 生物特征识别性能测试和报告 第 6 部分：运行评价的测试方法》；
- GB/T 37036.2—2019《信息技术 移动设备生物特征识别 第 2 部分：指纹》；
- GB/T 37036.3—2019《信息技术 移动设备生物特征识别 第 3 部分：人脸》；
- GB/T 37036.4—2021 信息技术 移动设备生物特征识别 第 4 部分：虹膜》；
- GB/T 37742—2019《信息技术 生物特征识别 指纹识别设备通用规范》；
- GB/T 40687—2021《物联网 生命体征感知设备通用规范》；
- GB/T 40694.1—2021《信息技术 用于生物特征识别系统的图示、图标和符号 第 1 部分：总则》；
- GB/T 40784.1—2021《信息技术 用于互操作和数据交换的生物特征识别轮廓 第 1 部分：生物特征识别系统概述和生物特征识别轮廓》；
- GB/T 40688—2021《物联网 生命体征感知设备数据接口》；
- GB/T 40694.4—2022《信息技术 用于生物特征识别系统的图示、图标和符号 第 4 部分：指纹应用》；
- GB/T 40694.5—2022《信息技术 用于生物特征识别系统的图示、图标和符号 第 5 部分：人脸应用》；
- GB/T 40694.9—2022《信息技术 用于生物特征识别系统的图示、图标和符号 第 9 部分：血管应用》；
- GB/T 41772—2022《信息技术 生物特征识别 人脸识别系统技术要求》；
- GB/T 41803.1—2022《信息技术 社会保障卡生物特征识别应用系统 第 1 部分：通用要求》；
- GB/T 41804—2022《信息技术 生物特征识别系统性能环境影响的评价方法》；
- GB/T 41814.1—2022《信息技术 生物特征识别校准、增强和融合数据 第 1 部分：融合信息格式》；
- GB/T 41815.1—2022《信息技术 生物特征识别呈现攻击检测 第 1 部分：框架》；
- GB/T 41815.2—2022《信息技术 生物特征识别呈现攻击检测 第 2 部分：数据格式》；
- GB/T 41903.1—2022《信息技术 面向对象的生物特征识别应用编程接口 第 1 部分：体系结构》。

该领域在研国家标准计划项目 23 项，见表 4-17。

表 4-17 生物特征识别领域在研国家标准计划项目

计划号	计划名称	阶段
20193149-T-469	信息技术 生物特征识别 指纹模组通用规范	报批
20201564-T-469	信息技术 移动设备生物特征识别 第 6 部分：指静脉	报批
20201566-T-469	信息技术 移动设备生物特征识别 第 5 部分：声纹	报批
20202577-T-469	信息技术 生物特征识别数据交换格式 第 5 部分：人脸图像数据	报批
20202792-T-469	信息技术 生物特征识别 人脸识别系统测试方法	报批
20202862-T-469	信息技术 生物特征识别数据交换格式 第 1 部分：框架	报批
20202863-T-469	信息技术 面向对象的生物特征识别应用编程接口 第 2 部分：Java 实现	报批
20202865-T-469	信息技术 面向对象的生物特征识别应用编程接口 第 3 部分：C#实现	报批
20202924-T-469	信息技术 公用生物特征识别交换格式框架 第 3 部分 实体格式规范	报批
20202927-T-469	信息技术 用于生物特征识别测试和报告的机读测试数据 第 1 部分：测试报告	报批

续表

计划号	计划名称	阶段
20204102-T-469	信息技术 生物特征识别性能测试及报告 第7部分：卡内生物特征比对算法测试	报批
20210868-T-469	信息技术 生物特征识别数据交换格式 第11部分：处理过的签名/签字动态数据	报批
20210869-T-469	信息技术 生物特征识别数据交换格式 第13部分：声音数据	报批
20210871-T-469	信息技术 生物特征识别数据交换格式 第9部分：血管图像数据	报批
20211209-T-469	信息技术 生物特征样本质量 第14部分：DNA数据	报批
20211212-T-469	信息技术 生物特征识别呈现攻击检测 第3部分：测试和报告	报批
20211213-T-469	信息技术 生物特征识别应用编程接口（BioAPI）的符合性测试 第3部分：BioAPI框架的测试断言	报批
20211214-T-469	信息技术 生物特征识别 基因组分型系统规范	报批
20211215-T-469	信息技术 移动设备生物特征识别 第7部分：多模态融合	报批
20211216-T-469	信息技术 移动设备生物特征识别 第8部分：呈现攻击检测	报批
20211217-T-469	信息技术 移动设备生物特征识别 第9部分：性能测试	审查
20213223-T-469	信息技术 生物特征识别数据交换格式 第14部分：DNA数据	报批
20213248-T-469	卡及身份识别安全设备 无触点接近式对象 第3部分：初始化和防冲突	审查

（3）主要标准化活动

2021年3月26日，召开生物特征识别分委会（SAC/TC28/SC37）工作组/研究组2021年度工作计划讨论会。

2021年5月19—21日，在杭州召开2021年上半年集中会议，包括移动设备工作组、基因组识别工作组、人脸识别工作组、虹膜识别工作组、静脉识别工作组、行为识别工作组、基础共性工作组和汽车应用研究组等8个专题组。来自各专题组77家成员单位的90余名专家参加了会议。

2021年10月11—15日，在重庆召开2021年下半年集中会议，包括移动设备工作组、基因组识别工作组、人脸识别工作组、虹膜识别工作组、静脉识别工作组、行为识别工作组、基础共性工作组和汽车应用研究组等8个专题组。会议期间还召开了工作组组长会，统筹推进生物特征识别分委会下设的各工作组工作。来自各专题组78家成员单位的86名专家参加了会议。

3．国际标准化情况

（1）国际标准化组织

ISO/IEC JTC 1/SC 37（生物特征识别分技术委员会）成立于2002年，其主要任务是在不同的生物特征识别应用和系统之间实现互操作和数据交换，从而使生物特征识别相关技术实现标准化，包括生物特征识别的公共文档框架、应用编程接口、数据交换格式、轮廓、评估准则的应用、性能测试等。截至2021年6月，ISO/IEC JTC 1/SC 37有27名正式成员、20名观察成员，下设6个工作组：

- WG 1——生物特征识别术语工作组；
- WG 2——生物特征识别技术接口工作组；
- WG 3——生物特征识别数据交换格式工作组；
- WG 4——生物特征识别技术实现工作组；
- WG 5——生物特征识别测试和报告工作组；
- WG 6——生物特征识别司法和社会活动相关管理工作组。

（2）正在制定的国际标准

该领域在研国际标准项目21项，见附录H。

（3）主要标准化活动

2021年1月4—28日，组织国内7位专家参加了ISO/IEC JTC 1/SC 37召开的WG 1～WG 6工作组会议。

2021年2月9—10日，组织国内3位专家参加了ISO/IEC JTC 1/SC 37召开的全会，跟踪了SC 37在2021年标准计划情况。

2021年4月28日，《信息技术 生物特征识别 人脸识别系统技术要求》国际标准提案顺利通过国内专家论证。

2021年6月28日至7月23日，组织国内7位专家参加了ISO/IEC JTC 1/SC 37召开的WG 1-WG 6国际会议。

（4）我国在国际标准化工作中的贡献

ISO/IEC JTC 1/SC 37/WG 3任命我国专家担任ISO/IEC 19794-14《信息技术 生物特征识别数据交换格式 第14部分：DNA数据》、ISO/IEC 29794-5《信息技术 生物特征样本质量 第5部分：人脸图像数据》的联合编辑。

4．现行国内外标准

该领域现行国家标准56项、电子行业标准2项，见附录C；现行ISO/IEC标准135项（含修改单和勘误），见附录G。

4.3.19 生物特征识别注册管理

1．生物特征识别注册管理的组织工作

经信标委授权，生物特征识别注册中心依据GB/T 28826.2—2020《信息技术 公用生物特征交换格式框架 第2部分：生物特征识别注册机构操作规程》为我国生物特征识别产业提供注册服务。企业注册申请经该注册中心审查通过后，可获得唯一标识符。注册范围目前包括生物特征识别的组织（包括生物特征识别产品供应商、系统集成商、系统运营商、系统管理者等）、产品、设备（专指GB/T28826.2—2020表2中的"生物特征识别注册机构认可的采集设备"，"产品"包括除"设备"外的识别终端、识别系统、应用平台等）、算法、数据格式等。该注册中心设在中国电子技术标准化研究院。

2．标识符相关说明

标识符由4字节组成，其结构见图4-5。其中，前2字节为生物特征识别组织标识符，其范围为1～65 535（0001～FFFFh）；后2字节为生物特征识别组织所拥有的生物特征识别数据格式、产品、设备和算法标识符，其范围为1～65 535（0001～FFFFh）。该标识符由生物特征识别注册中心负责分配。

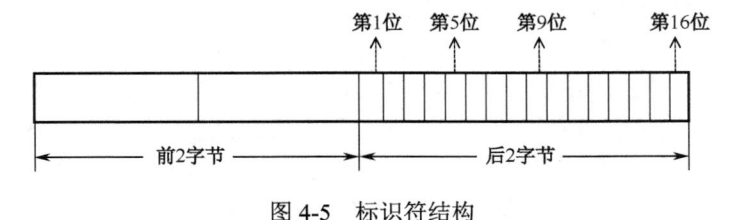

图4-5 标识符结构

（1）生物特征识别组织标识符

生物特征识别组织标识符的注册对象，是在我国境内依法注册并具备从事生物特征识别相关技术研究、产品研发和应用服务能力的组织。

（2）生物特征数据格式、产品、设备和算法标识符

申请组织按照注册程序取得生物特征识别组织标识符（即生物特征识别标识符的前2字节）后，生物特征识别标识符的后2字节（共16位）应按如下规则分配：

① 第1～4位根据表4-18所示的规则规定生物特征模态；
② 第5～8位根据表4-19所示的规则规定注册项目；
③ 第9～16位由申请组织继续向下分配。

申请组织所获得的生物特征数据格式、产品、设备和算法标识符，应与该组织所获得的生物特征识别组织标识符配合使用，以唯一地标识其数据格式、产品、设备和算法。

表 4-18 第 1～4 位的值和生物特征模态的对应关系

值	生物特征模态
0	多模态
1	指纹
2	人脸
3	虹膜
4	指静脉
5	掌静脉
6	声纹
7	数字签名
8	DNA
9	掌纹
10	手形轮廓
11	步态
12～15	保留

表 4-19 第 5～8 位的值和注册项目的对应关系

值	注册项目
0	生物特征识别注册机构认可的 BIR 格式
1	生物特征识别注册机构认可的 BDB 格式
2	生物特征识别注册机构认可的 SB 格式
3	生物特征识别注册机构认可的生物特征识别产品
4	生物特征识别注册机构认可的生物特征采集设备
5	生物特征识别注册机构认可的生物特征提取算法
6	生物特征识别注册机构认可的生物特征比对算法
7	生物特征识别注册机构认可的生物特征质量算法
8	生物特征识别注册机构认可的生物特征压缩算法
9	自定义
10～15	保留

3. 相关依据文件

生物特征识别注册所依据的文件为 GB/T 28826.2—2020《信息技术 公用生物特征交换格式框架 第 2 部分：生物特征识别注册机构操作规程》与《生物特征识别注册管理办法》（2021 修订版）。

4.3.20 卡及身份识别安全设备

1. 领域简介

该领域主要针对身份识别和相关文件、卡、安全设备和令牌以及在行业间应用和国际交换中使用的相关接口等方面开展标准化工作。

2. 国内标准化情况

（1）国内标准化组织

2015 年 10 月 30 日，信标委成立了卡及身份识别分技术委员会（SAC/TC 28/SC 17），2018 年更名为"卡及身份识别安全设备分技术委员会"。目前，该分技术委员会共有委员 39 名，其秘书处设在中国电子技术标准化研究院，其国际对口组织是 ISO/IEC JTC 1/SC 17（卡及身份识别安全设备分技术委员会）。

2018 年 4 月，该分技术委员会成立了无人机执照与无人机识别模组工作组，开展无人机执照与无人机识别模组的标准化工作，以及与无人机相关的通信协议、密码通信、身份鉴别的标准化工作。

2021 年 3 月，该分技术委员会成立了基础共性工作组和数字钥匙研究组，分别负责组织制定物理特性、注册、接口、数据交换、应用、测试等基础共性标准和研究数字钥匙的相关技术、标准及应用。

（2）已制定和正在制定的标准

2019 年至 2022 年 10 月，该领域发布国家标准 11 项：

- GB/T 14916—2022《识别卡 物理特性》；
- GB/T 15120.9—2019《识别卡 记录技术 第 9 部分：触觉标识符标记》；
- GB/T 16649.11—2019《识别卡 集成电路卡 第 11 部分：通过生物特征识别方法的身份验证》；
- GB/T 29271.4—2019《识别卡 集成电路卡编程接口 第 4 部分：应用编程接口（API）管理》；
- GB/T 29271.6—2019《识别卡 集成电路卡编程接口 第 6 部分：实现互操作的鉴别协议的注册管理规程》；
- GB/T 37720—2019《识别卡 金融 IC 卡芯片技术要求》；
- GB/T 38851—2020《信息技术 识别卡 集成指纹的身份识别卡通用技术要求》；
- GB/T 41300—2022《民用无人机唯一产品识别码》；
- GB/T 41801.1—2022《信息技术 卡上生物特征识别系统 第 1 部分：基本要求》；

- GB/T 41801.2—2022《信息技术 卡上生物特征识别系统 第2部分：物理特性》；
- GB/T 41801.3—2022《信息技术 卡上生物特征识别系统 第3部分：逻辑信息交换机制》。

正在制定的国家标准（计划项目）6项，见表4-20。

表4-20 正在制定的国家标准

计 划 号	计 划 名 称	阶 段
20202536-T-469	卡及身份识别安全设备 无触点接近式对象 第1部分：物理特性	报批
20202859-T-469	卡及身份识别安全设备 无触点接近式对象 第2部分：射频功率和信号接口	待报批
20201527-T-339	民用无人机身份识别 总体要求	审查
20213248-T-469	卡及身份识别安全设备 无触点接近式对象 第3部分：初始化和防冲突	审查
20213249-T-469	卡及身份识别安全设备 无触点接近式对象 第4部分：传输协议	审查
20220595-T-469	身份识别 数字钥匙 系统架构	起草

（3）主要标准化活动

2021年该分技术委员会召开了19次标准研讨会，就《信息技术 卡上生物特征识别系统》《卡及身份识别安全设备 无触点接近式对象 第3部分：初始化和防冲突》《卡及身份识别安全设备 无触点接近式对象 第4部分：传输协议》等标准内容以及片上操作系统的标准化进行了讨论。

3. 国际标准化情况

（1）国际标准化组织

该领域国际标准化组织是ISO/IEC JTC 1/SC 17，其下设1个咨询组、1个主席顾问组和7个工作组：
- AG 1——注册管理咨询组；
- CAG 1——主席顾问组；
- WG 1——物理特性及测试方法工作组；
- WG 3——旅行者身份识别工作组；
- WG 4——安全设备通用接口和协议工作组；
- WG 8——无触点集成电路卡工作组；
- WG 10——机动车驾照和相关证件工作组；
- WG 11——生物特征识别在卡及身份识别上的应用工作组；
- WG 12——无人机执照与无人机识别模组工作组。

（2）正在制定的国际标准

该领域正在制定的国际标准项目（含修改单和勘误）共33项，见附录H。

（3）主要标准化活动

2019年10月9—11日，ISO/IEC JTC 1/SC 17第34届全会在英国布雷纳德召开。
2020年9月23—25日，ISO/IEC JTC 1/SC 17第35届全会以线上形式召开。
2021年10月6—8日，ISO/IEC JTC 1/SC 17第36届全会以线上形式召开。

4. 现行国内外标准

该领域现行国家标准56项，见附录C；现行ISO/IEC标准115项，见附录G。

4.3.21 IC卡注册管理

1. IC卡注册管理的组织工作

按国家金卡工程协调领导小组2001年8月9日正式发布施行的《集成电路卡注册管理办法》的规定，国家金卡办公室负责我国IC卡注册管理，其日常注册和维护工作委托国家IC卡注册中心承担。国家IC卡注册中心设在信标委秘书处（中国电子技术标准化研究院）。

凡在我国从事以下活动的机构，应向国家IC卡注册中心申请注册，以获得相应的注册标识号：
- 提供用于我国境内的IC卡芯片；

- 制造用于我国境内的 IC 卡；
- 在我国发行面向社会或行业使用的 IC 卡；
- 在我国提供面向社会或行业使用的 IC 卡的应用服务；
- 制造用于我国境内的 IC 卡读写设备。

从 2012 年开始，国家 IC 卡注册中心开始办理 RFID 芯片提供机构、RFID 标签制造机构、RFID 读写设备制造机构唯一标识号的注册工作。已获得国际组织相应注册的机构应在国家 IC 卡注册中心备案。

2. 标识号使用范围

（1）IC 芯片提供机构标识号

ISO/IEC 15963 和 ISO/IEC 7816-6 规定 IC 芯片提供机构标识号设置在分配类"E0"之下，并规定了标识号（用 2 个十六进制数字表示）及其使用范围，见表 4-21。

表 4-21 中"专用"的 81～FE 范围内的代码是供各国使用的，且仅限于国内使用，不能用于国际交换。

国家 IC 卡注册中心从 81～FE 中选取特定号码用于为符合有关规定的 IC 芯片提供机构申请者分配标识号。该中心规定的标识号使用范围见表 4-22。

表 4-21 IC 芯片提供机构标识号及其使用范围

代码（十六进制）	使 用 范 围
00	保留于将来使用
01～7E	国际交换（由 ISO/IEC JTC1/SC 17 秘书处分配）
7F	ISO 保留于将来使用
80	保留于将来使用
81～FE	专用（不能用于国际交换）
FF	ISO 保留于将来使用

表 4-22 国家 IC 卡注册中心分配的标识号使用范围

代码（十六进制）	使 用 范 围
81～FE（86 除外）	IC 卡和 RFID 产品芯片提供机构标识号
86	国家 IC 卡注册中心保留于将来使用

具体标识号分配实例见表 4-23 和表 4-24。其中，表 4-23 中为 ISO 分配给 IC 芯片提供机构的可用于国际交换的标识号实例，更多信息可以从 ISO/IEC JTC 1/SC 17 网站的常设文件 5（SD 5）中获得；表 4-24 中为国家 IC 卡注册中心分配给 IC 芯片提供机构的可用于国内交换的标识号实例，更多信息可从该中心获得。

表 4-23 IC 芯片提供机构标识号（一）

代 码	机 构
01	Motorola
02	ST Microelectronics
03	Hitachi, Ltd
04	NXP Semiconductors
05	Infineon Technologies AG
…	…

表 4-24 IC 芯片提供机构标识号（二）

代 码	机 构
81	北京中电华大电子设计有限责任公司
82	长城计算机软件与系统有限公司
83	清华大学微电子学研究所
84	上海贝岭股份有限公司
85	上海华虹集成电路有限责任公司
…	…

（2）IC 卡和 RFID 产品制造机构标识号

ISO/IEC 15963 规定，各国专用的标识号设置在分配类"C0"之下。在此规定下，国家 IC 卡注册中心分配的 IC 卡和 RFID 产品制造机构标识号代码及其使用范围见表 4-25。

表 4-25 IC 卡和 RFID 产品制造机构标识号代码及其使用范围

代码（十六进制）	使 用 范 围
0000～0FFF	国家 IC 卡注册中心保留于将来使用
1000～3FFF	IC 卡和 RFID 读写设备制造机构标识号
4000～6FFF	RFID 标签制造机构标识号
7000～9FFF	IC 卡制造机构标识号
A000～FFFF	国家 IC 卡注册中心保留于将来使用

（3）IC卡发行机构标识号

国际标准ISO/IEC 7812-1规定了发行机构标识号的组成，见图4-6。

```
|←—— 发卡者标识号（IIN）——→|←——— 个人账户标识号 ———→|← 校验字 →|
| MII |          |                            |          |
|  1位 |   5位    |        ≤12位数字            |   1位    |
|  数字|   数字   |                            |   数字   |
```

图4-6 发行机构标识号的组成

发卡者标识号（IIN）是一个6位数字（二进制编码的十进制码，即BCD码），分为2部分：MII（主要行业标识符）及其后的5位数字。MII（0~9）分配如下：

0　由ISO/IEC TC 68和其他未来行业分配；
1　由航空业分配；
2　由航空业和其他未来行业分配；
3　由旅游和娱乐业分配；
4　由银行业/金融业分配；
5　由银行业/金融业分配；
6　由商业和银行业分配；
7　由石油业分配；
8　由电信业和未来行业分配；
9　由国家标准团体（在中国为信标委）分配。

可供国家IC卡注册中心使用的MII为9。

同时，该标准还规定，在代码为9的MII后面应跟随一个3位国家代码CCC，即9CCC。具体的国家代码（即CCC值）在ISO 3166中给出，我国是156。按此规定，我国的IIN范围是915600~915699，即最多100个，这显然不够用。不过该标准允许并建议各个国家标准机构采用大于6位数字的IIN，并在其附录A中做了具体说明。我国国家IC卡注册中心采用10位数字的IIN，其代码范围为9156000000~9156999999，其使用范围见表4-26。

表4-26 我国IIN的使用范围

代　码	使 用 范 围
9156000000	保留于将来使用
9156000001~9156999998	发行机构标识号
9156999999	保留于将来使用

（4）IC卡应用服务提供机构标识号

国际标准ISO/IEC 7816-5规定，应用标识符（AID）的首位是一个十六进制数字，用于表示注册类别，具体代码分配见表4-27。

注册类别D供国家（国家标准团体）使用。该标准规定，D后跟随国家代码（CCC）。如前所述，我国国家代码是156，且使用10位数字的IIN，因此国家IC卡注册中心的AID代码范围是D156000000~D156999999，见表4-28。

表4-27 AID注册类别代码分配

代　码	使 用 范 围
0~9	按ISO/IEC 7812-1定义
A	国际注册
B	ISO保留
C	ISO保留
D	国家注册
E	ISO保留
F	专用未注册

表4-28 AID代码范围（国家IC卡注册中心分配）

代　码	使 用 范 围
D156000000	国家IC卡注册中心保留
D156000001~D156999998	应用标识符
D156999999	国家IC卡注册中心保留

3. 标识号相关说明

（1）IC 芯片提供机构标识号

该标识号是向机构（如公司）发放的。

IC 芯片提供机构的产品经检验合格后才能给予标识号。一般 IC 芯片提供机构能提供多种型号的产品，为了能够区分各种产品，建议再用 1 字节（B）来表示本机构产品的型号，其号码的分配由芯片提供机构自行决定。

IC 芯片提供机构标识号由提供机构写入，芯片交付给用户以后不能再修改，但可以读出。

（2）IC 卡和 RFID 产品制造机构标识号

该标识号也是向机构（如公司）发放的。

"IC 卡和 RFID 产品"包括 IC 卡、RFID 标签以及"IC 卡和 RFID 标签读写设备"三大类。

IC 卡和 RFID 产品制造机构的产品经检验合格后才能给予标识号。由于产品制造过程可以不涉及 IC 芯片的读写，或者由于其他原因，有可能造成产品制造机构向芯片内写入标识号的困难，此时可考虑应用方在进行产品初始化时写入 IC 卡和 RFID 产品制造机构的标识号。

进行初始化以后的 IC 卡和 RFID 产品，其制造机构标识号不能再进行修改，但可以读出。

（3）IC 卡发行机构标识号

该标识号是在 IC 卡初始化或个人化时写入的，它在初始化或个人化后不能再进行修改，但可以读出。

（4）IC 卡应用服务提供机构标识号

IC 卡的应用分为单应用和多应用两种情况。当 IC 卡作为单应用卡时，IC 卡发行机构和 IC 卡应用服务提供机构可能是同一机构，在这种情况下，当芯片内写入发行机构标识号后允许不再写入应用服务提供机构标识号。在一卡多用时，可以有若干个应用服务提供者，此时需要写入应用服务提供机构标识号，并具有区别各个应用服务的能力。

4.3.22 OID 标识技术

1. 领域介绍

OID（对象标识符）标识技术标准化的主要活动领域是 OID 标识技术及其应用的标准化。

OID 标识技术是用来全球唯一地标识对象的技术。

OID 编码结构为树状结构，不同层次之间用"."分隔，层数无限制。在标识对象时，标识符是由从树根到叶子全部路径上的节点顺序组合而成的一个字符串。国际根节点下分为 ITU 分支（0）、ISO 分支（1）、ITU & ISO 联合分支（2）三个分支。其中，在 ISO 分支、ITU & ISO 联合分支这两个节点下，由各个国家成员体负责国家内部 OID 的管理和注册。OID 树状编码结构见图 4-7。

我国于 2007 年组建国家 OID 注册中心，负责管理"ISO 分支"和"ITU & ISO 联合分支"下的中国 OID 分支，负责国内 OID 注册、管理、维护和国际备案工作。

2. 国内标准化情况

（1）国内标准化组织

该领域目前国内没有常设标准化组织，其标准制定活动主要伴随国家智能制造标准化工作组、智慧城市标准化总体组、物联网标准工作组、电子标签工作组、传感器网络标准工作组、大数据工作组的相关标准化活动来开展。

（2）国家和行业标准制定项目

2019 年至 2022 年 10 月，该领域发布国家标准 9 项：

- GB/T 30269.504—2019《信息技术 传感器网络 第 504 部分：标识：传感节点标识符管理》；
- GB/T 37375—2019《交通运输 物联网标识规则》；
- GB/T 37695—2019《智能制造 对象标识要求》；

- GB/T 40649—2021《智能制造 制造对象标识解析系统应用指南》；
- GB/T 40782—2021《军民通用资源 标识应用指南》；
- GB/T 40781—2021《军民通用资源 异构系统互连参考模型》；
- GB/T 40780—2021《基于OID的地理位置标识编码》；
- GB/T 41810—2022《物联网标识体系 对象标识符编码与存储要求》；
- GB/T 42024—2022《智能制造 基于OID的异构系统互操作功能要求》。

2019年至2021年12月31日，该领域发布行业标准1项：

- SJ/T 11753—2019《供应链二维码追溯系统标识规则》。

执行中的行业标准计划项目如下：

- "智慧农业 对象标识要求"。

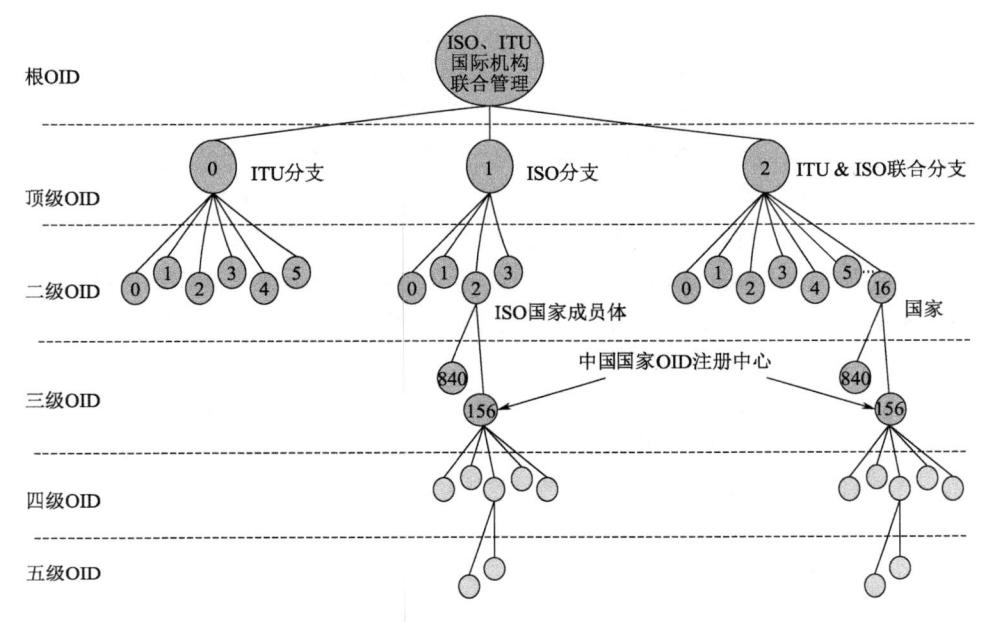

图 4-7 OID 树状编码结构

（3）主要标准化活动

2019年3月，国家OID注册中心建设和运行的国家OID标识解析系统（ORS）与国际ORS成功对接，实现了通过国家ORS解析国际OID标识对象信息的功能。2011年，韩国KISA依据国际标准ITU-T X.672(2010) |ISO/IEC 29168-1:2011《信息技术 开放系统互连 第1部分：OID解析系统》研制了国际ORS；中国国家OID注册中心也依据该国际标准，于2015年组建完成了中国ORS。此前，中国ORS和国际ORS各自独立运营；至2019年3月，已经完成了系统对接，实现了双方系统的数据互通互查。

2019年3月，工业互联网标识解析技术标准化研讨会在北京召开。国家市场监督管理总局标准技术管理司、工业和信息化部科技司、工业和信息化部信息通信管理局的相关领导出席指导，来自中国电子技术标准化研究院、农业农村部信息中心、中国国际电子商务中心、中国船级社、海尔智研院、石化盈科、航天云路、智云天地等16家单位的代表30余人出席了此次会议。会议讨论了《工业互联网标识解析技术标准化研究报告》及《OID白皮书（2019版）》的研究方向和内容。

2019年3月，为发挥标准在工业互联网产业生态体系构建中的顶层设计和引领规范作用，推动相关产业转型升级，加快制造强国和网络强国建设步伐，工业和信息化部与国家标准化管理委员会联合印发了《工业互联网综合标准化体系建设指南》（以下简称《指南》）。OID作为支持工业互联网标识解析的一种标识体系，有5项标准纳入已发布标准清单中（占比83.3%）。

2019年4月，中国电子技术标准化研究院与湖北省经济和信息化厅签署了战略合作协议。该战略合作协议约定：在工业互联网方面，双方将合作组织工业互联网标识解析二级节点建设，依托国家OID注册中心和已经建立的湖北OID注册中心，面向湖北省工业互联网应用相关企业，构建湖北省工业互联网服务体系，支撑省内各级标识解析节点建设，并与国家行业解析节点互联互通，实现全省工业系统间的精准对接，促进信息资源集成共享。

2019年12月，工业互联网标识解析标准研讨会在京召开。来自中国电子技术标准化研究院、国家工业信息安全发展研究中心、中国工业互联网研究院、中科院计算机网络信息中心、中国船级社、阿里云、海尔、联想、紫光云、航天云网、中车集团、酷特智能、北京工业大学、国家建材数据中心、湖北省标准化与质量研究院等35家单位的代表50余人出席了此次会议。会议主要讨论了《工业互联网标识解析 标识编码规范》的编制工作。

2020年2月，由江苏省经济和信息化研究院、江苏省软件行业协会主办，江苏中企教育科技股份有限公司承办的工业大数据元数据规范标准体系企业线上辅导培训视频会议（第二次）顺利举行。中国电子技术标准化研究院受邀做"工业大数据OID标识管理系统介绍"的报告。

2020年7月，由中国物联网产业应用联盟、深圳市物联网产业协会联合主办的"2020第十四届国际物联网展"大会在深圳市召开。大会以"数智新基，万物生G"为主题，举办了一系列形式多样的交流活动，国家千人计划专家、高校、企业、物联网领域专家、相关社会团体以及包括中国电子技术标准化研究院在内的多家单位的代表共计6 000余人参加了此次大会。中国电子技术标准化研究院专家受邀做了主题为"物联网唯一标识及注册管理"专题报告，介绍了注册管理的对象、注册标识编码体系、注册程序等相关内容。

2021年4月，由中国物联网产业应用联盟、深圳市物联网产业协会联合主办的IOTE国际物联网展（上海站）在上海世博展览馆召开。中国电子技术标准化研究院受邀主办了物联网标识技术与应用论坛。

2021年5月，中国电子技术标准化研究院信息技术研究中心、中国信息通信研究院工业互联网与物联网研究所签订标识业务合作协议，在工业互联网标识解析领域的机构共建、技术创新、标准研制、测试认证等方面开展密切合作。

2022年初，国家OID注册中心专家、中国开放对象标识（OID）应用联盟顾问、中国电子技术标准化研究院专家王立建，应邀在2021 WIOTC世界物联网大会上做主题为"标识技术助力产业数字化转型"的报告，介绍了OID标识技术标准体系、OID标识技术在产业数字化转型中的作用。

3．国际标准化情况

（1）国际标准化组织

目前，该领域没有常设国际标准化组织，其标准制定活动主要在ISO/IEC JTC 1/SC 6工作组和ITU-T SG 17工作组相关标准活动中开展。

（2）正在制定的国际标准

目前，ISO/IEC JTC 1 SC 6/WG 10和ITU SG 17/Q.11负责制定OID领域的国际标准。

2019年至2021年12月31日，该领域完成制定的ITU-T标准1项：

- ITU-T X.677《基于OID的无人机身份识别机制》。

修订中的ISO/IEC标准2项：

- ISO/IEC 29168-1《信息技术 开放系统互连 第1部分：OID解析系统》；
- ISO/IEC 29168-2《信息技术 开放系统互连 第2部分：对象标识符解析系统运营机构流程》。

（3）我国的主要贡献

我国先后多次派出专家参与ISO/IEC JTC1 SC 6、SC 31、SC 32和ITU SG 17的会议研讨及标准制修订工作。

针对现行国际标准缺少OID解析系统辅运营机构功能要求的问题，中国电子技术标准化研究院组织提出了国际标准ITU-T X.672(2010) | ISO/IEC 29168-1:2011《信息技术 开放系统互连 第1部分：OID解析系统》修订草案，在标准中新增了对象标识符（OID）解析系统辅运营机构的功能要求。该草案在2020年11月获得批准，并由中国专家担任该项目编辑。目前，该国际标准修订工作已于2021年10月进入FDIS阶段，正在ISO/IEC JTC1/SC 6中进行流通。

针对现行国际标准对OID国际根节点运营机构的选举机制描述模糊，无法明确支持多个根节点建设，且缺少对运营机构监管的问题，中国电子技术标准化研究院提出ISO/IEC 29168-2《信息技术 开放系统互连 第

2 部分：对象标识符解析系统运营机构流程》（修订案），先后经过多轮次国际会议讨论和邮件交流，已于 2021 年 10 月进入 DIS 阶段，标志着我国提出的新增 ORS 辅根运行机制、ORS 监测、快速响应联络等条款获得国际认可，该新增条款有利于完善国际根 ORS 运行机构管理规程，改进主根运行机构工作，也为我国申请承担国际根 ORS 辅根运行机构打下基础。

为指导无人机国际根节点建设，使无人机国际根节点作为 OID 标识解析国际根节点的国际化应用案例，为 OID 标识解析国际根节点的验证提供国际化应用平台，中国电子技术标准化研究院牵头编制了 ITU-T X.677《基于 OID 的无人机身份识别机制》国际标准，并于 2019 年 9 月获 ITU-T SG17 全会审议通过，该标准于 2020 年 3 月发布。该标准采用无人机领域国际通用的"一机一码"管理手段，规定了无人机使用 OID 的识别机制，包括无人机使用 OID 的分配规则和注册程序的详细说明。同期，SG 17 和 SC 6 共同批准 OID 节点（2.52）用于全球范围内无人机标识管理，并由中国负责管理。2020 年 3 月，SG 17 全会批准了由中国代拟的 SG 17 发给国际民用航空组织（ICAO）的联络函，加强双方的联络关系。

（4）其他有关的国际标准化活动

国际上通过建立 OID-Info 系统，提供全球 OID 的注册情况，涉及物流、信息安全、RFID、3GPP、生物识别、网络管理和医疗影像等领域。国际上依据 ISO /IEC 29168 国际标准开发了 OID 解析系统，实现了 OID 根目录、OID（2.27：ID-based）弧解析等解析服务功能。根解析机构由韩国承担。在 ISO/IEC JTC 1/SC 6（系统间远程通信与信息交换）2019 年全会及工作组会议上，通过了 OID（2.16.340）洪都拉斯（Honduras）和 OID（2.16.204）贝宁（Benin）两个国家节点的分配，OID 应用国家由 204 个增至 206 个。

HL7（Health Level Seven，健康信息交换第七层协议）组织是一家非营利性国际组织，主要从事卫生保健环境临床和管理电子数据交换标准的开发。该组织依托 OID 标识体系，研制了异构系统之间数据传输与交互的协议规范，面向各类操作系统和硬件设施实现了多应用系统间的信息交互。HL7 是医疗领域不同应用系统之间电子数据传输的协议。

X.509 标准作为信息安全领域广泛应用的基础标准，它采用 OID 对客户端、服务器、安全策略证书、密码算法等进行唯一标识。

4. 现行国内外标准

该领域现行国家标准 13 项，见附录 C；现行 ISO/IEC 标准 6 项，见附录 G。

4.3.23 用户界面

1. 领域简介

用户界面标准化是在优先满足不同文化和语言适应性要求的基础上，制定信息通信技术（ICT）环境中的用户界面规范，并为包括可访问需求或特殊需求的人群在内的所有用户提供服务接口支持的标准化。该领域主要覆盖：

- 信息无障碍（要求、需求、方法、技术和措施）；
- 文化和语言的适应性和可访问性（如 ICT 产品的语言和文化适应性的能力评估，语言的协调性，参数定位，语音信息菜单等）；
- 用户界面的对象、操作和属性；
- 系统内控制和导航方法与技术，视觉、听觉、触觉和其他感觉方式（如移动、手势和情感等）的设备与应用；
- 用户界面的符号、功能和互操作性（如图形、触觉和听觉图标，图形符号和其他用户界面元素）；
- ICT 环境中的视觉、听觉、触觉和其他感觉方式（如情感等）的输入/输出的设备和方法（如键盘、显示器、鼠标等设备）；
- 移动设备、手持设备和远程互操作设备及系统的人机交互要求和方法；
- 与语言和语音相关的人机交互技术、产品要求；
- 智能感知人机交互要求和方法；
- 新型人机交互技术研究。

2. 国内标准化情况

（1）国内标准化组织

信标委用户界面分技术委员会（SAC/TC 28/SC 35，简称用户界面分委会）负责制定我国用户界面领域相关国家标准。其秘书处设在中国电子技术标准化研究院。2019 年 6 月，国家标准化管理委员会批准用户界面分委会换届，现为第二届委员会。

用户界面分委会下设 5 个标准工作组、2 个标准研究组：

① 基础标准工作组：负责基础技术和标准化保障规范研究（包括基础术语、键盘布局输入等与文字相关的交互标准，图形、图标设计交互等标准和共性、基础标准的研制），以及用户需求研究和为标准化工作提供指南。

② 语音交互标准工作组：主要研究和制定我国语言和语音领域的人机交互相关标准，包括基础、交互接口、输入输出形式、交互过程和形式、通信协议等的相关标准。

③ 信息无障碍标准工作组：考虑的是身体机能差异人群（包括残疾人以及老年人等）在人机交互方面的特殊需求，并以更好地满足这些需求为目标；研究和制定与身体机能差异人群相关的人机交互标准，包括发现身体机能差异用户的需求，研究通用解决方案，制定相关标准和推广实施等。

④ 情感交互标准工作组：负责情感交互标准的立项和编制工作，协调国内相关企业和科研机构，积极推动情感交互国际标准和国内标准的制定。

⑤ 智能感知集成标准工作组：其工作主要包括语音、触控+语音、头部动作感知、嘴部动作感知、表情识别、手势识别、身体动作感知、重力感应、位置感知、位置定位等技术与应用的标准化。

⑥ 游戏标准研究组：主要研究与制定游戏领域的相关标准，包括用户需求的研究，各种技术的应用解决方案等。

⑦ 用户体验标准研究组：主要研究与制定人机交互领域的用户体验相关标准，包括用户需求的研究、各种技术的应用解决方案等。

用户界面分委会的国际对口组织是 ISO/IEC JTC 1/SC 35（用户界面分技术委员会）。用户界面分委会标准工作组/标准研究组与 JTC 1/SC 35 各工作组（WG）的对应关系见表 4-29。

表 4-29　用户界面分委会标准工作组/标准研究组与 ISO/IEC JTC 1/SC 35 各工作组的对应关系

国内标准工作组/标准研究组	ISO/IEC JTC 1/SC 35 下设组织						
	WG 1	WG 2	WG 4	WG 5	WG 6	WG 7	WG 9	WG 10
基础标准工作组	√	√	√	√		√		
语音交互标准工作组				√				
信息无障碍标准工作组					√			
游戏标准研究组								
智能感知集成标准工作组							√	
情感交互标准工作组								√

（2）已制定和正在制定的标准

2019 年至 2022 年 10 月，该领域发布国家标准 8 项：

- GB/T 36464.1—2020《信息技术 智能语音交互系统 第 1 部分：通用规范》；
- GB/T 37344—2019《可穿戴产品应用服务框架》；
- GB/T 37668—2019《信息技术 互联网内容无障碍可访问性技术要求与测试方法》；
- GB/Z 38623—2020《智能制造 人机交互系统 语义库技术要求》；
- GB/T 38640—2020《盲用数字出版格式》；
- GB/T 40691—2021《人工智能 情感计算用户界面 模型》；
- GB/T 41813.1—2022《信息技术 智能语音交互测试方法 第 1 部分：语音识别》；
- GB/T 41813.2—2022《信息技术 智能语音交互测试方法 第 2 部分：语义理解》。

正在制定的国家标准（计划项目）3 项，见表 4-30。

表 4-30　正在制定的用户界面领域国家标准（计划项目）

计 划 号	计 划 名 称	阶 段
20213219-T-469	移动智能终端儿童保护通用规范	征求意见
20213220-T-469	信息技术 全双工语音交互用户界面	征求意见
20220594-T-469	信息技术 小程序应用无障碍技术要求	起草

（3）主要标准化活动

2021年7月，由中国电子技术标准化研究院联合中国盲人协会、中国残疾人联合会信息中心等单位共同推动的项目"团体标准《移动智能终端信息无障碍通用规范》的研制及应用"被评为第十六届中国信息无障碍论坛暨全国无障碍环境建设成果展示应用推广活动的创新成果案例。目前，用户界面分委会正在开展《信息无障碍标准化白皮书》的编制。

3．国际标准化情况

（1）正在制定的国际标准

该领域正在制定的 ISO/IEC 标准 13 项（含补篇/勘误），见附录 H。

（2）其他有关的国际标准化活动

2020年1月13日至17日，ISO/IEC JTC 1/SC 35 全体会议和工作组会议在韩国釜山召开。此次会议上，中国代表团推动的 WG 10（情感交互用户界面工作组）正式成立，由我国专家王宏安教授和徐洋分别担任召集人和秘书。

此外，我国主导制定的情感交互领域首个国际标准 ISO/IEC 30150-1《信息技术 情感交互 第一部分：模型》已进入 FDIS 阶段。该标准为国际国内同步推动标准，目前此项国家标准已经正式发布。我国国际标准提案《信息技术 用户界面 全双工语音交互界面》正式立项，这是我国在语音交互领域的首个国际提案，目前处于 DIS 阶段。该标准为国际国内同步推动标准。我国国际标准提案《信息技术 用户界面 跨设备交互界面映射框架》正式注册为 PWI。

中国电子技术标准化研究院联合腾讯等公司成立 IEEE P2812 网络游戏未成年人守护系统工作组（Online Game Minor Guardianship System Working Group），共同开展 IEEE P2812《网络游戏未成年人守护指南》的编制。

4．现行国内外标准

该领域现行国家标准 36 项、电子行业标准 2 项，见附录 C；现行 ISO/IEC 标准 80 项（含补篇/勘误），见附录 G。

4.3.24 教育信息化

1. 领域简介

该领域主要涉及教育信息技术的标准化以及远程教育应用技术的标准化。

2. 国内标准化情况

（1）国内标准化组织

信标委教育技术分技术委员会（SAC/TC 28/SC 36）负责组织和推进教育信息化领域国家和行业标准的制定工作，该分技术委员会秘书处设在清华大学，其国际对口组织是 ISO/IEC JTC 1/SC 36（学习、教育和培训的信息技术分技术委员会）。教育技术分技术委员会下设的工作组包括：
- 指导类工作组；
- 学习资源类工作组；
- 学习者类工作组；
- 学习环境类工作组；

- 教育管理信息类工作组；
- 多媒体教学环境类工作组；
- 电子课本与电子书包类工作组；
- 虚拟实验与学习工具类工作组；
- 教育信息化服务工作组；
- 教育大数据与学习分析类工作组；
- 信息技术教育的技术平台类工作组；
- 教育决策技术类工作组；
- 学习系统体系结构类工作组；
- 网络空间"人人通"工作组；
- 在线教育服务类工作组。

（2）已制定和正在制定的国家标准

2019年至2022年10月，该领域发布国家标准6项：

- GB/T 37711—2019《信息技术 学习、教育和培训 虚拟实验 工作流参考模型》；
- GB/T 37712—2019《信息技术 学习、教育和培训 虚拟实验 教学指导接口规范》；
- GB/T 37713—2019《信息技术 学习、教育和培训 虚拟实验 评价要素》；
- GB/T 37716—2019《信息技术 学习、教育和培训 电子课本与电子书包术语》；
- GB/T 37717—2019《信息技术 学习、教育和培训 电子书包标准引用轮廓》；
- GB/T 37957—2019《信息技术 学习、教育和培训 电子书包总体框架》。

（3）该领域在研国家标准共3项：

- 20194130-T-469《信息技术 学习、教育和培训 在线课程体系 第1部分：框架与基本要求》；
- 20213221-T-469《信息技术 学习、教育和培训 中小学教师信息素养评价指标》；
- 20213222-T-469《信息技术 学习、教育和培训 中小学生信息素养评价指标描述框架》。

（4）主要标准化活动

① 2019年教育技术分技术委员会全体会议。

2019年6月2日，教育技术分技术委员会全体会议在北京召开。会上总结了该分技术委员会及其秘书处工作，成立了"教育决策技术标准"工作组，确认了其下设各工作组和研究组的召集人，明确了各组标准项目的负责人、状态和计划，并针对组内重大事项进行了投票。

② 教育信息技术高端沙龙。

教育信息技术高端沙龙是在教育技术分技术委员会内部形成的常设高端研讨机制，旨在对教育信息技术理论、技术发展趋势、行业现状与发展前景、合作模式等进行深入研讨，为标准体系的规划以及标准立项和研制奠定研究基础，为委员、单位委员间的交流合作提供平台。2018年7月至2019年6月，在北京、上海、武汉等地共召开了8次教育信息技术高端沙龙暨学术研讨会，主题分别为"智慧校园技术与标准""教育大数据技术与标准""学习技术系统体系2.0标准""学习分析系列标准""教育信息技术质量与认证""教育知识图谱技术与标准""青少年编程能力模型与等级标准""知识图谱及教学应用技术与标准"。

③ "在线教育理论与实践"专题网络研讨会。

2020年3月28日，为贯彻教育部关于应对新冠疫情的指导意见，助力广大一线教师、教育管理和技术支持人员在疫情期间开展在线教学，教育技术分技术委员会举办了"在线教育理论与实践专题网络研讨会"。

④ 2020年教育技术分技术委员会全体会议。

2020年6月20日，教育技术分技术委员会召开了全体会议，来自各个标准项目的工作组负责人对工作组各项标准进展进行了汇报，并做出未来的进度计划。

⑤ 第十二届全国数字校园建设与创新发展高峰论坛。

2021年5月15—16日，以"云资源、云课堂与云端学校"为主题，与中国教育技术协会标准委员会联合组织"第十二届全国数字校园建设与创新发展高峰论坛"。

⑥ CELTSC 教育信息化标准测评研究中心（成都）成立。

2021 年 10 月 10 日，信标委教育技术分技术委员会暨教育部教育信息化技术标准委员会（CELTSC）在成都举行了教育信息化标准测评研究中心揭牌仪式，宣布 CELTSC 教育信息化标准测评研究中心（成都）正式成立。该研究中心将致力于建设基于教育信息化技术标准的标准符合性测评平台，开展教育信息化标准符合性测评方案和测试用例研究，承担 CELTSC 的测评任务。

⑦ 教育信息化技术标准发展论坛。

2021 年 12 月 25 日，信标委教育技术分技术委员会暨 CELTSC 举办的"2021 年下半年教育信息化技术标准发展论坛"在三亚举办，215 位来自学校、研究机构、企业的委员和团队成员代表在论坛现场和在线会议参会。

3．国际标准化情况

（1）正在制定的国际标准

该领域正在制定的 ISO/IEC 标准 8 项，见附录 H。

（2）其他有关的国际标准化活动

① 2019 年 ISO/IEC JTC 1/SC 36 第 32 届全会及工作组会议。

2019 年 6 月 24—28 日，ISO/IEC JTC 1/SC 36 第 32 届全会及工作组会议在中国北京召开。中国专家主持了由中国提出并主导制定的国际标准 ISO/IEC 23126《泛在学习资源组织和描述框架（学习元框架）》的 CD 投票意见处理会议，汇报了 ISO/IEC 23127-1《在线学习指导者元数据 第 1 部分：框架》的进展情况和下一步计划，提出了《教育信息化评估参考模型》和《智慧教室概念模型与体系架构》两项 TR 提案；确定将由中国提出数字书写工具、信息素养评价指标和教育云的 TR 提案；中国专家作为在线课程研究组召集人主持了该研究组会议，多位中国专家就在线课程、知识图谱等主题做了专题报告，该研究组延期 1 年，继续由中国专家担任召集人。

② ISO/IEC JTC 1/SC36 全体会议和工作组会议。

2021 年 3 月 18—25 日和 9 月 7—16 日，ISO/IEC JTC 1/SC36 召开了两次全体会议和工作组线上会议，来自中国、加拿大、日本、韩国、法国、挪威、澳大利亚、印度、丹麦、俄罗斯、乌干达等 11 个国家的约 60 余名代表出席了 SC 36 的这两次在线会议。中国专家杜婧和吴永和在 AG 2 工作组会议上分别做了关于物联网和数字孪生相关标准进展的报告，中国代表团重点参加了 TCG、WG 3、WG 4 和 AG 2 工作组会议。

4．现行国内外标准

该领域现行国家标准 51 项、电子行业标准 4 项，见附录 C。现行 ISO/IEC 标准 55 项（含补篇和勘误），见附录 G。

4.3.25 电子政务软件应用

1. 领域简介

电子政务软件应用包括政府内部、政府与政府之间、政府与企业之间以及政府与公众之间的，涉及经济调节、市场监管、社会管理、公共服务、政府运行等业务活动的政务软件应用。该领域的标准主要包括总体标准、基础设施标准、数据标准、业务标准、服务标准、管理标准、安全标准等。

2. 国内标准化情况

（1）国内标准化组织

该领域国内标准化组织包括：
- 国家电子政务标准化总体组，其秘书处设在中国电子技术标准化研究院。
- 信标委政务信息共享标准工作组（SAC/TC 28/WG 26），其秘书处设在国家电子政务外网管理中心和中国电子技术标准化研究院。

（2）国家和行业标准制定项目

该领域国家标准和行业标准计划项目执行情况见表 4-31。

表 4-31　电子政务软件应用领域国家标准和行业标准计划项目执行情况

计 划 号	计 划 名 称	阶 段
20101511-T-469	电子文件存储与交换格式　流式文档　应用编程接口	审查
20109996-T-339	电子文件存储与交换格式　文书类流式文档	审查
20132357-T-469	电子文件存储与交换格式　流式文档　扩充要求	审查
20132358-T-469	电子文件存储与交换格式　流式文档　功能点分级和测试要求	审查
20213303-T-469	政务信息系统基本要求	征求意见

（3）主要标准化活动

① 发布《国家电子政务标准体系建设指南》。

2020 年 6 月，国家市场监管总局、中办、中央网信办、国办、国家发展改革委、工信部联合发布《国家电子政务标准体系建设指南》，围绕总体标准、基础设施标准、数据标准、业务标准、服务标准、管理标准、安全标准提出国家电子政务标准体系，加强政务数据共享开放、电子文件、互联网+政务服务等重点领域的标准化建设，为协调有序地进行电子政务建设起到指导、规范、引领和保障作用。

② 发布《信息技术　大数据　政务数据开放共享》系列国家标准。

2020 年 4 月，发布 GB/T 38664.1—2020《信息技术　大数据　政务数据开放共享　第 1 部分：总则》、GB/T 38664.2—2020《信息技术　大数据　政务数据开放共享　第 2 部分：基本要求》、GB/T 38664.3—2020《信息技术　大数据　政务数据开放共享　第 3 部分：开放程度评价》3 项政务数据国家标准，支撑政务数据共享开放工作的有序开展。依据政务数据开放共享国家标准，全面启动政务数据开放共享系列国家标准贯标试点工作，结合贯标地区政务数据开放共享的范围和模式，分析贯标地区政务数据开放共享评价指标权重以及开放共享水平。第一批试点地区包括河南省、广东省、贵州省、广西壮族自治区、重庆市等地区，充分发挥了标准化在政务数据开放共享工作中的支撑作用。

③ 支撑国家一体化在线政务服务平台标准工作。

支撑国办电政办一体化在线政务服务平台，联合各相关部门依据电子证照系列国家标准研制了 53 项电子证照工程标准，作为电子证照系列国家标准的配套，并推进其在政务服务中应用，带动了各行业证照证明批文的标准化热潮。

3．现行国内外标准

该领域现行国家标准 27 项、电子行业标准 6 项，见附录 C；目前尚无相关国际标准。

4.3.26　信息技术设备

1．领域简介

信息技术设备领域的标准化工作，主要涉及计算机、外围设备、服务终端、手持式设备、智能硬件（如智能可穿戴设备、智能家居产品、智能车载设备）、存储设备、嵌入式系统、汽车电子、打印机耗材等，及其组合成的各种系统的基础属性、测试方法等的标准化。

2．国内标准化情况

（1）国内标准化组织

该领域国内标准化组织是信标委办公机器、外围设备和耗材分技术委员会（SAC/TC 28/SC 28），其秘书处设在中国电子技术标准化研究院，其国际对口组织是 ISO/IEC JTC 1/SC 28（办公设备分技术委员会）。

（2）已制定和正在制定的标准

2019 年至 2022 年 10 月，该领域共发布国家标准 7 项：

- GB/T 37344—2019《可穿戴产品应用服务框架》；
- GB/T 37687—2019《信息技术　电子信息产品用低功率无线充电器通用规范》；

- GB/T 38961—2020《个人健康信息码 参考模型》；
- GB/T 38962—2020《个人健康信息码 数据格式》；
- GB/T 38963—2020《个人健康信息码 应用接口》；
- GB/T 40683—2021《信息技术 穿戴式设备 术语》；
- GB/T 41785—2022《磁光电混合存储系统通用规范》。

共发布电子行业标准2项：
- SJ/T 11754—2020《信息技术 条码测试版》；
- SJ/T 11770—2020《绿色设计产品评价技术规范 微型计算机》。

正在制定的国家标准（计划项目）6项，其执行情况见表4-32。

表4-32 信息技术设备国家标准计划项目执行情况

序号	计划号	计划名称	阶段
1	20152002-T-469	信息技术 自助服务设备通用规范 第1部分：现金循环机	报批
2	20152001-T-469	信息技术 自助服务设备通用规范 第2部分：回单终端	报批
3	20210930-T-469	绿色产品评价 计算机	报批
4	20210931-T-469	绿色产品评价 打印机及多功能一体机	报批
5	20213218-T-469	信息技术能力成熟度评估体系	草案

正在制定的行业标准（计划项目）4项，其执行情况见表4-33。

表4-33 信息技术设备行业标准计划项目执行情况

序号	计划号	计划名称	阶段
1	2018-0271T-ZJ	结构光手持式三维扫描仪	报批
2	2015-0669T-SJ	电子级超纯臭氧发生器	报批
3	2018-1618T-SJ	卫星移动多媒体 融合传输协议规范	征求意见
4	2018-1619T-SJ	卫星移动多媒体 终端内容保护要求	征求意见

（3）主要标准化活动

2017年5月，国家标准化管理委员会批准信标委办公机器、外围设备和耗材分技术委员会换届。第三届办公机器、外围设备和耗材分技术委员会由39名委员组成，其中王恩东任主任委员，罗潘峰、吴俊中、张希平任副主任委员，吴新松任委员兼秘书长；秘书处设在中国电子技术标准化研究院。2017年11月28日，信标委办公机器、外围设备和耗材分技术委员会换届大会在北京召开。换届后，原信标委计算机及外围设备标准工作组和电子书标准工作组的相关工作纳入该分技术委员会的工作中。

2020年4月，为响应突发防疫事件，由国务院办公厅电子政务办公室会同国家卫生健康委及国务院相关部门研究提出，信标委归口，紧急研制并发布了《个人健康信息码》系列标准，从参考模型、数据格式、应用接口三个方面进行规定，实现个人健康信息码的码制统一、展现方式统一、数据内容统一，统筹兼顾个人信息保护和信息共享利用。该系列标准于2020年4月29日发布并执行，为防控新冠疫情提供了标准支撑。

2020年，中国电子技术标准化研究院、工业和信息化部电子第五研究所以及相关企事业单位组织成立了计算产品性能基准工作组（Computing Product Performance Benchmark Workgroup，简称"CPPB WG"），开展标准及测试工具的研制。其秘书处设在中国电子技术标准化研究院。

2021年9月17日，在2021世界计算大会"数据要素与超级计算"主题峰会上，受CPPB WG委托，中国电子技术标准化研究院发布了《通用计算CPU性能测试与评价技术要求》和《通用计算机性能技术要求》等5项团体标准以及通用计算CPU性能基准工具、通用计算机性能基准测试套件两套通用工具，可对通用计算CPU以及整机的性能进行综合测评。目前，CPPB WG正在推动计算产品性能基准标准化的深入研究工作。

3. 国际标准化情况

（1）正在制定的国际标准

该领域正在制定的ISO/IEC标准8项，见附录H。

（2）其他有关的国际标准化活动

2020年9月9日，ISO/IEC JTC 1/SC 28（办公设备分技术委员会）工作组会议暨第31次全会以视频会议的形式召开，来自中国、日本、美国、韩国、英国5个国家成员体的代表参加了会议。在此次会议上，WG 5在研标准ISO/IEC 22954、ISO/IEC 15775因新冠疫情而暂停研制工作；中国继续在各项ISO标准的制修订讨论过程中发挥着重要作用，提交了ISO/IEC 24790和ISO/IEC 22592多部分标准的名称以及在工作范围内所体现的单色、彩色、单面、双面、常规印品质量属性、几何特性、物理耐久性分工；根据SG 2开发中低端办公设备安全领域标准提案的提议（标准名称为"办公设备安全"），由Masahiro Oizumi带队的SG 2将和日本AG对口的委员会AGJ和JBMIA信息安全委员会一起，研讨和制定相关的办公设备"共同安全指引"标准提案，提出就NP与相关标准组织的协作策略并达成共识，必要时提出变更SC 28工作范围和（或）成立新工作组的意见。

2021年6月23日，ISO/IEC JTC 1/SC 28（办公设备分技术委员会）工作组会议暨第32次全会以视频会议的形式召开，来自中国、日本、美国、韩国、英国5个国家成员体的代表参加了会议。中国任命刘晓蕾、乔怀信两位专家参与新立项的办公设备信息安全标准ISO/IEC 7184的制定工作并得到ISO标准组织认可。在新发布的5项修订标准ISO/IEC 24734-2021、ISO/IEC 24735-2021、ISO/IEC 17991-2021和ISO/IEC 29183-2021中，中国代表团提供了超过80%的修订意见。

4. 现行国内外标准

该领域现行国家标准80项、电子行业标准38项，见附录C；现行ISO/IEC标准37项（含补篇/勘误），见附录G。

4.3.27 图形图像与混合现实

1. 领域简介

图形图像与混合现实领域的标准化工作覆盖以下方面：
- 计算机图形；
- 图像处理；
- 环境数据表示；
- 虚拟现实、增强现实和混合现实。

具体包括：建模与仿真、相关参考模型、应用编程接口、功能规范、表示模型、交换格式、编码及其规范，涉及元文件、设备接口、测试方法、注册规程、创建多媒体和超媒体文档的表示和支持。

2. 国内标准化情况

（1）国内标准化组织

根据《关于成立全国信息技术标准化技术委员会卡及身份识别分技术委员会等3个分技术委员会的批复》（标委办综合[2015]160号），2016年1月29日成立了信标委计算机图形图像处理及环境数据表示分技术委员会（SAC/TC 28/SC 24，简称信标委图形图像分委会），其秘书处设在中国电子技术标准化研究院，国际对口组织是ISO/IEC JTC 1/SC 24（计算机图形和图像处理及环境数据表示分技术委员会）。

（2）国家和行业标准制定项目

2019年至2021年12月，该领域发布国家标准7项：
- GB/T 38247—2019《信息技术 增强现实 术语》；
- GB/T 38258—2019《信息技术 虚拟现实应用软件基本要求和测试方法》；
- GB/T 38259—2019《信息技术 虚拟现实头戴式显示设备通用规范》；
- GB/T 38665.1—2020《信息技术 手势交互系统 第1部分：通用技术要求》；
- GB/T 38665.2—2020《信息技术 手势交互系统 第2部分：系统外部接口》；
- GB/T 28170.2—2021《信息技术 计算机图形和图像处理 可扩展三维组件（X3D）第2部分：场景访问接口（SAI）》；

- GB/T 41864—2022《信息技术 计算机视觉 术语》。

该领域国家标准计划项目执行情况见表4-34。

表4-34 图形图像与混合现实领域国家标准计划项目执行情况

序号	计划号	计划名称	阶段
1	20214280-T-469	信息技术 增强现实 软件构件规范	起草
2	20220593-T-469	信息技术 计算机图形图像处理和环境数据表示 混合与增强现实中实时人物肖像和实体的表示	起草

（3）主要标准化活动

① 国内标准化活动。

2019年10月20日，承办世界虚拟现实（VR）大会标准分论坛，以"标准先行，统筹推进，应用牵引"为主题，分享了我国虚拟现实标准体系建设成果。

2020年11月18日，"网络空间信息表示与可视化"标准工作组筹备会在清华大学举行，来自中央网信办、交通部、自然资源部等政府部门，腾讯、百度、小米、华为、完美世界等企业，清华、北大、中科院等科研机构等共35家单位的50多位代表出席了会议。会议推选清华大学王继龙教授为工作组组长。

2020年，虚拟现实与增强现实标准工作组发布了《虚拟现实和增强现实标准化白皮书》，计算机视觉标准工作组发布了《计算机视觉标准化白皮书》。

② 参与国际标准化活动。

2021年7月1日至8月5日，ISO/IEC JTC 1/SC 24（计算机图形图像处理及环境数据表示分技术委员会）在线召开全会和工作组会议。来自中国、美国、日本、英国、韩国、澳大利亚等6个国家成员体和相关国际组织的29名代表出席了此次会议。中国代表团由中国电子技术标准化研究院赵洪良1人组成，并任代表团团长。会议期间还召开了WG 6、WG 7、WG 8、WG 9、WG 10、WG 11会议。

3. 国际标准化情况

（1）正在制定的国际标准

该领域正在制定的国际标准12项，见附录H。

（2）其他有关的国际标准化活动

SC 24正在商议与SC 29、SC 36、TC 100等成立联合工作组的可行性，协同推进VR技术、VR应用标准研制，支持将glTF规范作为ISO/IEC JTC 1内的PAS项目提交。

SC 24将继续与W3C、Web3D、OGC、ISO/TC 184/SC 4/JWG 16开展合作，继续与北约ISR联合能力小组（JCGISR）和NITFS技术委员会（NTB），以及SEDRIS组织、模拟互操作性标准组织（SISO）和Khronos Group组织合作。支持与企业增强现实联盟（AREA）建立C类联络。

4. 现行国内外标准

该领域现行国家标准24项，见附录C；现行ISO/IEC标准87项（含补篇/勘误），见附录G。

4.3.28 信息技术与可持续发展

1. 领域简介

该领域主要在信息技术的可持续发展和通过信息技术实现可持续发展两个方面开展标准化工作。

2. 国内标准化情况

（1）国内标准化组织

该领域国内标准化组织是信标委信息技术与可持续发展分技术委员会（SAC/TC 28/SC 39），其秘书处设在中国电子技术标准化研究院，其国际对口组织是ISO/IEC JTC 1/SC 39（信息技术和数据中心的可持续性分技术委员会）。

该分技术委员会下设数据中心资源利用国家标准工作组和能耗在线监测国家标准工作组。

数据中心资源利用国家标准工作组负责我国数据中心资源利用领域的国家标准制修订工作，旨在通过制定数据中心资源利用相关标准，协调整合数据中心行业及社会资源，努力推动数据中心领域节能技术创新，并将创新成果向技术标准转化，加强业内对相应标准的认可、实施，推动数据中心的合理化建设和运维。目前该工作组包含4个专题组：术语专题组，关键性能指标专题组，电能能效要求和测量方法专题组，集装箱式数据中心专题组。

能耗在线监测国家标准工作组负责与我国能耗监测相关的国家标准的制定，该工作组设立了需求组、测试组、系统组、数据组等专题组。

（2）国家和行业标准制定

2019年至2022年10月，数据中心资源利用领域发布3项国家标准：
- GB/T 32910.4—2021《数据中心 资源利用 第4部分：可再生能源利用率》；
- GB/T 41779—2022《高性能计算机系统能效测试方法》；
- GB/T 41783—2022《模块化数据中心通用规范》。

能耗在线监测领域发布1项国家标准：
- GB/T 37947.1—2019《信息技术 用能单位能耗在线监测系统 第1部分：端设备数据传输接口》。

在研国家标准4项：
- 20214360-T-469《绿色数据中心评价规范》；
- 20213259-T-469《信息技术 高性能计算系统 管理监控平台技术要求》；
- 20213260-T-469《信息技术 用能单位能耗在线监测系统 第4部分：能源品种采集规范》；
- 20213261-T-469《信息技术 用能单位能耗在线监测系统 第3部分：基础信息与格式规范》。

（3）主要标准化活动

国家重点研发计划"数据中心节能关键技术研发与示范"中的课题"数据中心能效标准与评价指标研究"，由中国电子技术标准化研究院牵头，联合国家发展改革委能源所、国家节能中心、国网电力公司和中国移动内蒙古呼和浩特分公司共同完成，课题共形成数据中心领域国家标准4项。

基于国家标准《数据中心 资源利用 第3部分：电能能效要求和测量方法》（GB/T 32910.3—2016），工业和信息化部、国家发展改革委、商务部、国家机关事务管理局、国家能源局、银保监会联合发起国家绿色数据中心遴选工作，该分技术委员会积极支撑此项工作并编制《绿色数据中心评价指标体系》《绿色数据中心自评价报告》《绿色数据中心第三方评价报告》。

支撑国家机关事务管理局编制《公共机构绿色数据中心建设指南》《公共机构绿色数据中心运维规范》，指导公共机构绿色数据中心创建、运维和改造。

牵头编写《绿色数据中心案例集》，并在新一代信息技术论坛绿色数据中心分论坛上发布。此案例集旨在及时总结和宣传推广一批好经验、好做法，为指导绿色数据中心建设工作提供相关技术和服务支持。

该分技术委员会进一步加大了标准的宣贯培训力度，有效促进了标准应用，助力数据中心节能和绿色化发展。在绿色数据中心评价方面，对200余名参评企业相关人员进行了《国家绿色数据中心评价解读》宣贯；在数据中心节能监察及相关培训方面，为全国10余个省份的200余名地方节能监察执法人员进行培训，指导对绿色数据中心试点的监测以及工业和信息化部委托的第三方核查工作，保障试点数据中心在同一标准规范下开展创建和评价工作。

3．国际标准化情况

（1）正在制定的国际标准

该领域正在制定的ISO/IEC标准8项，见附录H。

（2）其他有关的国际标准化活动

ITU-T SG 5是ITU中从事信息通信技术的电磁环境影响以及它与气候变化的关系的标准化工作组。在数据中心能效和环境影响方面，ITU-T SG 5研究能效评价指标、最佳实践和测量方法。ITU-T SG 5正在开发全球一致认可的衡量信息技术产品碳足迹的方法，用于衡量信息技术产品对碳排放的影响。

欧洲的 CEN/CENELEC/ETSI 绿色数据中心协调工作组（Coordination Group on Green Data Centres，CGGDC）主要开展与数据中心能源管理相关的标准化工作，并推动其他欧洲标准化组织共同开展相关研究。

绿色网格组织（The Green Grid，TGG）作为一个专家组织，旨在通过开发数据中心的相关效率指标，支持数据中心拥有者评价和比较数据中心状况。

4. 现行国内外标准

该领域现行国家标准 8 项，见附录 C；现行 ISO/IEC 标准 25 项（含补篇和勘误），见附录 G。

4.3.29 物联网

1. 领域简介

物联网领域的标准化工作主要包括与物联网相关的基础共性、测试评价、数据采集、网络接入、数据处理、互操作、应用支撑及应用、数字孪生等的标准化。

2. 国内标准化情况

（1）国内标准化组织

2019 年 8 月，国家标准化管理委员会批准成立信标委物联网分技术委员会（SAC/TC 28/SC 41），其秘书处设在中国电子技术标准化研究院，其国际对口组织是 ISO/IEC JTC 1/SC 41。

物联网分技术委员会目前下设 4 个工作组、5 个研究组和 1 个推进组：

WG 1（基础与支撑工作组）：负责制定物联网基础通用、智能感知、数据、应用支撑、使能技术、测试等相关标准。

WG 2（网络通信工作组）：负责制定物联网网络通信技术标准，包括短距离无线网络、低功耗广域网、时间敏感网络等。

WG 3（应用工作组）：负责制定物联网应用标准，包括工业、公共服务、消费电子、智慧农业等行业。

WG 4（数字孪生工作组）：负责组织开展数字孪生标准需求调研与分析、标准制修订工作以及相关产业研究等。

SG 1（车联网研究组）：负责落实车联网标准建设指南，开展车联网电子产品与服务、车载网络、车载终端等标准化需求分析，推进相关标准立项。该研究组现已关闭，相关工作转移至 WG 3（应用工作组）进行。

SG 2（先进计算研究组）：负责研究和梳理计算技术的演进、先进计算产业框架和技术体系，分析和推动物联网领域的标准化立项建议。该研究组现已关闭，相关工作转移至 WG1（基础与支撑工作组）进行。

SG 3（标准体系研究组）：负责从物联网产业发展实际出发，全面梳理、分析物联网标准化需求，提出物联网新型基础设施标准体系框架和建设方案。

SG 4（5G 与物联网融合应用研究组）：跟踪国内外 5G 与物联网融合应用标准化动态，提出 5G 与物联网融合应用标准体系，分析和提出 5G 与物联网融合应用标准化立项。

SG 6（无人集群研究组）：负责开展无人集群领域标准化顶层设计和标准化需求分析，研究提出《无人集群标准体系建设指南》，并启动国内、国际相关标准研制工作。

AG（国际标准化推进组）：负责推动物联网国际标准化相关工作。

（2）国家标准和行业标准制定

2019 年至 2022 年 10 月，该领域共发布国家标准 23 项：
- GB/T 36478.3—2019《物联网 信息交换和共享 第 3 部分：元数据》；
- GB/T 36478.4—2019《物联网 信息交换和共享 第 4 部分：数据接口》；
- GB/T 37684—2019《物联网 协同信息处理参考模型》；
- GB/T 37685—2019《物联网 应用信息服务分类》；
- GB/T 37686—2019《物联网 感知对象信息融合模型》；
- GB/T 37694—2019《面向景区游客旅游服务管理的物联网系统技术要求》；

- GB/T 37976—2019《物联网 智慧酒店应用 平台接口通用技术要求》；
- GB/T 38619—2020《工业物联网 数据采集结构化描述规范》；
- GB/T 38624.1—2020《物联网 网关 第1部分：面向感知设备接入的网关技术要求》；
- GB/T 38637.1—2020《物联网 感知控制设备接入 第1部分：总体要求》；
- GB/T 38637.2—2020《物联网 感知控制设备接入 第2部分：数据管理要求》；
- GB/T 38669—2020《物联网 矿山产线智能监控系统总体技术要求》；
- GB/T 40684—2021《物联网 信息共享和交换平台通用要求》；
- GB/T 40778.1—2021《物联网 面向Web开放服务的系统实现 第1部分：参考架构》；
- GB/T 40778.2—2021《物联网 面向Web开放服务的系统实现 第2部分：物体描述方法》；
- GB/T 40778.3—2022《物联网 面向Web开放服务的系统实现 第3部分：物体发现方法》；
- GB/T 41780.1—2022《物联网 边缘计算 第1部分：通用要求》；
- GB/T 41781—2022《物联网 面向Web开放服务的系统 安全要求》；
- GB/T 41782.1—2022《物联网 系统互操作性 第1部分：框架》；
- GB/T 41782.2—2022《物联网 系统互操作性 第2部分：网络连通性》；
- GB/T 41810—2022《物联网标识体系 对象标识符编码与存储要求》；
- GB/T 41816—2022《物联网 面向智能燃气表应用的物联网系统技术规范》；
- GB/T 42028—2022《面向陆上油气生产的物联网系统技术要求》。

制定中的物联网国家标准（计划项目）见表4-35。

表4-35 物联网国家标准计划项目

计 划 号	计 划 名 称	阶 段
20202543-T-469	物联网 电子价签系统 总体要求	报批
20213268-T-469	物联网 智慧农业数据传输技术要求	审查
20213298-T-469	信息技术 数字孪生 第1部分：通用要求	审查
21214120-T-469	智慧农业信息系统接口要求	审查
20220779-T-469	物联网 边缘计算 第2部分：数据管理要求	起草

（3）主要标准化活动

2020年，物联网分委会共组织召开会议48次，包括论坛1场、国家标准编辑会33次、工作组会12次、国际标准行前会2次。

2021年，物联网分委会共组织召开工作组会23次、组长会2次、标准编辑会27次、国际标准行前会2次，并进行了3次"新技术、新应用、新业态"物联网知识系列讲座。

3. 国际标准化情况

（1）国际标准化对口组织

物联网标准化工作的国际对口组织是ISO/IEC JTC 1/SC 41。

目前，ISO/IEC JTC 1/SC 41下设5个工作组、3个联合工作组、8个咨询组和3个特设组。其中，5个工作组是：WG 3（物联网基础标准工作组）、WG 4（物联网互操作工作组）、WG 5（物联网应用工作组）、WG 6（数字孪生工作组）和WG 7（海上、水下物联网和数字孪生应用工作组）。3个联合工作组是：与IEC/TC 65联合的JWG 17（工业设备与智能电网之间的系统接口联合工作组）、与IEC/TC 57联合的JWG 24（工业物联网在电力系统管理中的应用联合工作组）、与IEC SyC Smart Energy联合的JWG 3（智慧能源路线图联合工作组）。8个咨询组是：AG 6（顾问组）、AG 20（工业部门联络组SLG1）、AG 21（公共事业联络组SLG2）、AG 22（物联网可信度联络协调小组LCG）、AG25（用例咨询组）、AG 27（数字孪生战略）、AG 28（JTC 1/SC 42联络组）、AG 29（通信和网络协调咨询组）。3个特设组是：AHG 14（商业计划特设组）、AHG 15（交流和推广特设组）以及AHG 30［信息物理系统（CPS）特设组］。

（2）正在制定的国际标准

该领域正在制定的ISO/IEC标准3项，见附录H。

（3）我国的主要贡献

2021年，我国积极推进物联网国际标准化工作，主要贡献包括：
- 我国作为主编辑的 ISO/IEC 30163:2021《物联网 基于物联网/传感网技术面向动产质押监管集成平台的系统要求》于 2021 年 3 月正式发布；
- 我国作为联合编辑的 ISO/IEC 20924:2021《物联网 词汇》于 2021 年 3 月正式发布；
- 我国作为主编辑的 ISO/IEC 30165:2021《物联网 实时物联网框架》于 2021 年 7 月正式发布；
- 我国作为主编辑的 ISO/IEC TR 30174:2021《物联网 类似人类社会动力学的社会化物联网系统》于 2021 年 11 月正式发布；
- 我国作为主编辑的 ISO/IEC TR 30176:2021《物联网与区块链/分布式账本融合：用例》于 2021 年 11 月正式发布；
- 我国作为主编辑的 ISO/IEC 30172《数字孪生 应用案例》推进至 DTR 阶段；
- 我国作为主编辑的 ISO/IEC 30173《数字孪生 概念和术语》推进至 CD 阶段。

（4）其他有关的国际标准化活动

① W3C Web of Things 工作组。

W3C 成立了 Web of Things（WoT）工作组，在 WoT 架构工作组和 WoT 模板绑定工作组开展总体架构类标准的制定。

② IEEE P2806 工作组。

IEEE 于 2019 年 3 月成立 P2806 工作组，启动工厂环境下物理对象的数字表征相关研究工作，在研项目包括参考架构（IEEE P2806）和连接性要求（IEEE P2806.1）2 项，均处于草案阶段。

③ ITU SG 20（物联网、智慧城市与通信研究组）。

SG 20 主要开展物联网技术和标准化需求的相关研究工作，包括机器和机器间的通信以及传感器网络等领域，其核心工作是开展物联网端到端架构的标准化研究工作。同时，也关注物联网技术在智慧城市和社区（SC&C）中的应用，以及各种垂直行业所采用的物联网应用和数据集互操作机制。目前，SG 20 在研项目 83 项，涉及区块链、数字孪生和架构等领域。ITU-T 整体与 JTC 1/SC 41 保持 A 类联络关系。

4. 现行国内外标准

物联网领域现行国家标准 32 项，见附录 C；现行 ISO/IEC 标准 41 项，见附录 G。

4.3.30 大数据

1. 领域简介

大数据是指具有体量巨大、来源多样、生成极快和多变等特征并且难以用传统数据体系结构有效处理的包含大量数据集的数据。大数据领域的标准化活动，其范围主要包括以大数据为核心的基础、关键技术、平台/工具、管理、安全隐私、垂直行业应用等的标准化。

2. 国内标准化情况

（1）国内标准化组织

信标委于 2014 年 12 月成立了大数据标准工作组。该工作组主要负责制定和完善我国大数据领域的标准体系，组织开展大数据相关技术和标准的研究，申报国家、行业标准，承担国家、行业标准制修订计划任务，宣传、推广标准的实施。其秘书处设在中国电子技术标准化研究院，其国际对口组织是 ISO/IEC JTC 1/SC 32、ISO/IEC JTC 1/SC 42/WG 2。

（2）国家标准和行业标准制定

2019 年 7 月至 2022 年 10 月，大数据领域共发布国家标准 15 项：
- GB/T 38672—2020《信息技术 大数据 接口基本要求》；
- GB/T 38673—2020《信息技术 大数据 大数据系统基本要求》；

- GB/T 38667—2020《信息技术 大数据 数据分类指南》；
- GB/T 38676—2020《信息技术 大数据 存储与处理系统功能测试要求》；
- GB/T 38643—2020《信息技术 大数据 分析系统功能测试要求》；
- GB/T 38675—2020《信息技术 大数据 计算系统通用要求》；
- GB/T 38633—2020《信息技术 大数据 系统运维和管理功能要求》；
- GB/T 38664.1—2020《信息技术 大数据 政务数据开放共享 第1部分：总则》；
- GB/T 38664.2—2020《信息技术 大数据 政务数据开放共享 第2部分：基本要求》；
- GB/T 38664.3—2020《信息技术 大数据 政务数据开放共享 第3部分：开放程度评价》；
- GB/T 38664.4—2022《信息技术 大数据 政务数据开放共享 第4部分：共享评价》；
- GB/T 38666—2020《信息技术 大数据 工业应用参考架构》；
- GB/T 38555—2020《信息技术 大数据 工业产品核心元数据》；
- GB/T 41778—2022《信息技术 工业大数据 术语》；
- GB/T 41818—2022《信息技术 大数据 面向分析的数据存储与检索技术要求》。

该领域国家标准计划项目执行情况见表4-36。

表4-36 大数据领域国家标准计划项目执行情况

计 划 号	计 划 名 称	阶 段
20182040-T-339	智能制造 多模态数据融合技术要求	报批
20182052-T-339	智能制造 工业大数据时间序列数据采集与存储管理	报批
20182053-T-339	智能制造 工业大数据系统功能要求	报批
20182054-T-339	智能制造 工业数据空间参考模型	报批
20190840-T-469	数据管理能力成熟度评估方法	报批
20194186-T-469	信息技术 大数据 数据资源规划	报批
20213296-T-469	信息技术 大数据 批流融合计算技术要求	审查
20213297-T-469	城市数据治理能力成熟度模型	审查
20213308-T-469	信息技术 大数据 数据治理实施指南	征求意见
20214285-T-469	信息技术 大数据 数据资产价值评估	征求意见
20220415-T-469	信息技术 大数据 大数据服务能力评估 第1部分：评估模型	起草
20220601-T-469	信息技术 生态环境大数据 系统框架	起草
20220598-T-469	信息技术 生态环境大数据 数据分类与代码	起草

（3）主要标准化活动

2021年，共报批国家标准6项，立项国家标准4项，开展了23项国家标准预研。

3．国际标准化情况

（1）正在制定的国际标准

该领域正在制定的ISO/IEC标准6项，见附录H。

（2）其他有关的国际标准化活动

- 2021年4月26日至5月7日，召开了ISO/IEC JTC 1/SC 42第七次全会及工作组会议；
- 2021年10月19日至30日，召开了ISO/IEC JTC 1/SC 42第八次全会及工作组会议；
- ISO/IEC 5259-4《信息技术 人工智能 分析和机器学习的数据质量 第4部分：数据质量过程框架》顺利推进等。

4．现行国内外标准

该领域现行国家标准27项，见附录C；现行ISO/IEC标准5项，见附录G。

4.3.31 智能制造

1．领域简介

智能制造是基于先进制造技术与新一代信息技术的深度融合，贯穿于设计、生产、管理、服务等产品全生命周期，具有自感知、自决策、自执行、自适应、自学习等特征，旨在提高制造业质量、效率效益和柔性的先进生产方式。智能制造领域的标准化活动范围与这些内容对应。

2. 国内标准化情况

（1）国内标准化组织

2016年6月21日，工业和信息化部与国家标准化管理委员会成立了国家智能制造标准化协调推进组、总体组、专家咨询组；2020年4月完成了换届工作，中国电子技术标准化研究院为总体组组长单位。

（2）国家和行业标准制定

2019年至2022年10月，发布信息技术领域智能制造国家标准10项：

- GB/T 37695—2019《智能制造 对象标识要求》；
- GB/T 38668—2020《智能制造 射频识别系统 通用技术要求》；
- GB/T 38670—2020《智能制造 射频识别系统 标签数据格式》；
- GB/Z 38623—2020《智能制造 人机交互系统 语义库技术要求》；
- GB/T 39837—2021《信息技术 远程运维 技术参考模型》；
- GB/T 40814—2021《智能制造 个性化定制 能力成熟度模型》；
- GB/T 40012—2021《个性化定制 分类指南》；
- GB/T 40693—2021《智能制造 工业云服务 数据管理通用要求》；
- GB/T 42025—2022《智能制造 射频识别系统 超高频RFID系统性能测试方法》；
- GB/T 42030—2022《智能制造 射频识别系统 超高频读写器应用编程接口》。

制定中的智能制造国家标准（计划项目）3项，见表4-37。

表4-37 智能制造国家标准计划项目

计 划 号	计 划 名 称	阶 段
20202787-T-469	智能制造水平评价指标体系及指数计算方法	报批
20214487-T-469	智能制造 远程运维系统 评价指标体系	起草
20193191-T-469	智能制造 工业云服务 能力测评规范	报批

（3）国内相关标准化活动

① 修订《国家智能制造标准体系建设指南》。

2020年6月至7月，国家智能制造标准化总体组启动《国家智能制造标准体系建设指南》修订工作，10余个行业30余家单位参与草案编制，形成了《国家智能制造标准体系建设指南（2021版）》（草案）。

2020年8月至2021年6月，经优化草案、定向征询意见等阶段，形成了征求意见稿，并由专家咨询组进行了专家论证。

2021年7月至8月，根据工业和信息化部、国家标准化管理委员会面向社会公示征集的意见，对《国家智能制造标准体系建设指南（2021版）》进行了修改和完善。

2021年11月，工业和信息化部与国家标准化管理委员会联合印发了《国家智能制造标准体系建设指南（2021版）》（工信部联科〔2021〕187号）。

② 组织智能制造国家标准立项工作。信息技术领域智能制造相关国家标准见附录C。

③ 组织智能制造标准化宣贯培训。

国家智能制造标准化总体组组织相关标准化技术委员会、成员单位共同编制了《智能制造标准化》，重点结合应用案例深入讲解智能制造相关标准，分析标准对推进重点行业智能制造工作的积极作用，该书于2019年11月出版。

国家智能制造标准化总体组组织相关单位共同编制了《物联网与智能制造》，介绍了物联网与智能制造两种先进理念的融合方式，特别提出了一系列物联网关键技术在智能制造中应用的标准化案例，该书于2020年12月出版。

2021年12月，国家智能制造标准化总体组组织编制了26份宣贯教材，主要包括《国家智能制造标准体系建设指南（2021 版）》解读、智能制造重点标准解读、相关行业智能制造标准体系建设经验分享等方面，于 2022 年在全国范围内开展宣贯活动。

3. 国际标准化情况

（1）国际标准化组织

与智能制造/工业 4.0 相关的国际标准化组织，主要包括 ISO/TMBG/SMCC 智能制造协调委员会、IEC/SMB/SyC SM 智能制造系统委员会、ISO/IEC JTC 1 第一联合技术委员会（如 AG 11 数字孪生咨询组、SC 41/WG 6 数字孪生工作组、SC 42 人工智能分技术委员会等）、ISO/TC 10 技术产品文件技术委员会、ISO/TC 39 机床技术委员会、ISO/TC 184 自动化系统员会、ISO/IEC TC 184/JWG 21 智能制造参考模型联合工作组、IEEE 国际电气和电子工程师协会智能制造委员会等。另外，中德两国依托中德智能制造/工业 4.0 标准化工作组，开展了智能制造标准化的长期双边合作。

（2）正在制定的国际标准

由我国主导、正在制定的集成技术委员会、ISO/TC 261 增材制造技术委员会、IEC/TC 65 工业测控和自动化技术委员会的智能制造国际标准见表 4-38。

表 4-38　由我国主导、正在制定的智能制造国际标准

序号	计划号	标准名称	对应国际组织
1	ISO/IEC DIS 23510	信息技术 3D 打印和扫描 增材制造服务平台框架（AMSP）	ISO/IEC JTC1
2	ISO/IEC AWI 30165	物联网 实时物联网框架	ISO/IEC JTC1
3	ISO/IEC 30173	数字孪生 概念和术语	ISO/IEC JTC1
4	ISO/IEC TR 30172	数字孪生 应用案例	ISO/IEC JTC1
5	ISO DIS 23218.1	工业自动化系统与集成 机床数控系统 第 1 部分：对数控系统的要求	ISO/TC184/SC1
6	ISO DIS 23218.2	工业自动化系统与集成 机床数控系统 第 2 部分：数控系统集成要求	ISO/TC184/SC1
7	IEC 63270	工业自动化设备和系统 预测性维护	IEC/TC65E
8	IEEE P2671	智能制造 基于机器视觉的在线检测标准 通用要求	IEEE
9	IEEE P2672	大规模个性化定制通用要求导则	IEEE
10	IEEE P2806	智能工厂物理实体的数字化表征	IEEE
11	IEEE P2879	智能工厂评价通则	IEEE

（3）有关的国际标准化活动

2019 年 5 月，组织召开中德智能制造/工业 4.0 标准化工作组第八次全会，发布了《应用案例指南》《设备生命周期管理用例》和《中德智能制造/工业 4.0 预测性维护标准化路线图（第二版）》等 3 项报告。

2019 年 11 月，组织召开中德智能制造/工业 4.0 标准化工作组第九次全会暨中德智能制造及生产过程网络化第三次副部长级会议智能制造和工业 4.0 标准化分论坛，发布了合作成果报告《中德智能制造/工业 4.0 功能安全白皮书》，基于合作成果向 IEC/TC65 提交 1 项标准提案。

2020 年 10 月，组织召开中德智能制造/工业 4.0 标准化工作组第十次全会，发布了《应用案例指南（第二版）》《制造业商业场景样例》和《智能制造/工业 4.0 中小型企业测试床程序白皮书》等 3 项报告。

2021 年 7 月，组织召开中德智能制造/工业 4.0 标准化工作组第十一次全会。

2021 年 11 月，组织召开中德智能制造/工业 4.0 标准化工作组第十二次全会，发布了合作成果报告《智能制造时间敏感网络白皮书》。目前，两国在数字孪生/管理壳、人工智能应用、信息安全、功能安全、工业网络与边缘计算、状态监测与预测性维护以及应用案例等领域正开展标准化合作。

4.3.32　人工智能

1. 领域简介

人工智能（AI）是指利用数字计算机或者数字计算机控制的机器模拟、延伸和扩展人的智能，感知环境，获取知识，并使用知识获得最佳结果的理论、方法、技术和应用系统。人工智能领域的标准化活动范围与这些

内容相关，主要涉及基础、平台/支撑、关键技术、产品及服务、应用、安全/伦理等的标准。

2. 国内标准化情况

（1）国内标准化组织

2020 年 3 月 18 日，国家标准化管理委员会批复成立信标委人工智能分技术委员会（SAC/TC28/SC42），组织开展人工智能领域基础、技术、风险管理、可信赖、治理、产品及应用等方面相关技术和标准的研究，申报国家、行业标准，承担国家、行业标准制修订计划任务，宣传、推广标准实施，承担国际标准化工作，组织推动国际标准化活动。该分技术委员会下设 3 个工作组和 5 个研究组：基础工作组、计算机视觉工作组、知识图谱工作组、芯片与系统研究组、模型与算法研究组、产品和服务研究组、可信赖研究组、自动驾驶研究组。其国际对口组织是 ISO/IEC JTC 1/SC 42（人工智能分技术委员会）。

（2）国家标准和行业标准制定

2022 年 10 月，发布 2 项国家标准：
- GB/T 41867—2022《信息技术 人工智能 术语》；
- GB/T 42018—2022《信息技术 人工智能 平台计算资源规范》。

该领域在研国家标准 4 项，见表 4-39。

表 4-39 人工智能领域在研国家标准

序号	标准号/计划号	项目名称	阶段
3	20192138-T-469	信息技术 人工智能 知识图谱技术框架	报批
4	20192137-T-469	信息技术 神经网络表示与模型压缩 第 1 部分：卷积神经网络	报批
5	20201611-T-469	人工智能 面向机器学习的数据标注规程	征求意见
6	20203869-T-469	人工智能 面向机器学习的系统规范	草案

（3）主要标准化活动

目前，信标委人工智能分技术委员会已有近 300 家成员单位，涵盖人工智能领域主要产学研用单位；已形成并发布了《人工智能标准化白皮书（2021 版）》《可信赖人工智能白皮书（2022 版）》《计算机视觉标准化白皮书》和《自动驾驶场景描述语言白皮书》等成果。

3. 国际标准化情况

（1）正在制定的国际标准

该领域正在制定的 ISO/IEC 标准 19 项，见附录 H。

（2）其他有关的国际标准化活动

目前，ISO/IEC SC 42 的最新组织架构为：WG 1（基础工作组）、WG 2（大数据工作组）、WG 3（可信工作组）、WG 4（用例工作组）、WG 5（计算方法与人工智能系统特征工作组）、JWG 1（人工智能治理联合工作组）。

我国专家担任了 WG 5（计算方法与人工智能系统特征工作组）召集人、秘书职位，全面推进与人工智能计算和系统相关的国际标准化研究工作。

4. 现行国内外标准

该领域现行国家标准 2 项，见附录 C；现行 ISO/IEC 标准 10 项，见附录 G。

4.3.33 工业软件

1. 领域简介

工业软件是承载了工业知识和经验，面向工业领域，解决研发设计、生产制造、运营维护、经营管理等场景需求的一类软件。它需要良好的软件架构、过程管理和数据管理，通过几何内核、求解器、前后处理、图像处理等软件技术，将工业知识软件化，形成成熟的工业软件产品。工业软件应用在不同工业领域，用于解决研发设计、生产制造、运维服务、经营管理等各个环节的问题，并不断迭代更新。随着产业生态链向上下游的拓展，以及零散、个性化工业软件需求的不断挖掘，出现了工业软件新形态——工业互联网 App（以下简称工业 App）。

工业软件领域的标准化活动范围与上述内容相关，主要涉及基础、关键技术、产品、服务和应用等的标准。

2．国内标准化情况

（1）国内标准化组织

我国工业软件领域的标准化工作由信标委工业互联网 App 标准工作组（SAC/TC 28/WG 27，简称工业 App 工作组）归口管理，该工作组秘书处设在中国电子技术标准化研究院。

（2）标准体系框架

我国工业软件标准体系框架见图4-8。

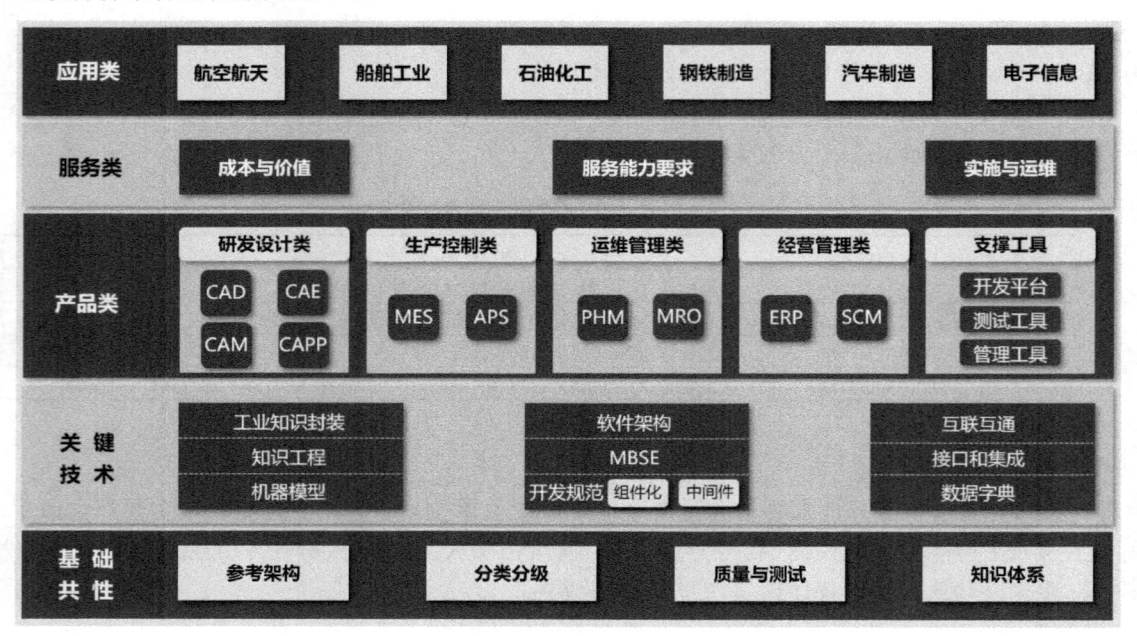

图4-8 我国工业软件标准体系框架

（3）国家标准制定情况

目前，工业软件领域在研国家标准7项，见表4-40。

表4-40 工业软件领域国家标准制定情况

序号	计划号	标准名称	标准阶段
1	20193194-T-469	工业软件 工业 App 参考架构	报批
2	20193193-T-469	工业软件 中间件平台功能要求	报批
3	20193192-T-469	工业软件 基于组件的工业 App 开发通用要求	报批
4	20193195-T-469	工业软件 质量要求	报批
5	20194196-T-469	工业软件 质量测量	审查
6	20202626-T-469	工业软件 工业 App 分类分级和测评	审查
7	20203866-T-469	工业互联网平台异构协议兼容适配指南	审查

（4）主要标准化活动

- 2019年1月15—18日，工业 App 工作组对南京市、无锡市、苏州市和徐州市等地企业开展了工业 App 分类分级试点评估工作。
- 2019年6月18—21日，工业 App 领域"标准周"活动在北京举行，对《工业 App 分类分级和测评》《系统与软件工程 接口和数据交换 第1部分：企业资源规划系统与制造执行系统的接口规范》《工业软件异构协议兼容适配规范》和《工业 App 开放接口规范》4 项标准内容进行研讨。
- 2019 年 6 月 25—28 日，工业 App 工作组对南京市、常州市和无锡市等地企业开展了工业 App 分类分级试点评估工作。
- 2019 年 7 月 1 日，《工业 App 分类分级和测评》团体标准正式发布，标准号：T/CESA 1046—2019。
- 2019 年 7 月 19 日，工业 App 工作组建设的全国首个第三方工业 App 汇聚平台在第十五届南京软博会开幕式上正式发布上线。
- 2019 年 7 月 22 日，首届工业 App 软件测试大赛在南京顺利结束。
- 2019 年 7 月 30 日，工业 App 工作组在苏州召开 2019 年度第一次组长办公会和工作组全体大会。
- 2019 年 8 月至 9 月，工业 App 工作组在连云港、苏州、无锡、常州、镇江、扬州等地开展了《工业 App 分类分级和测评》《工业 App 培育指南》等标准的培训和宣贯。
- 2019 年 11 月 18 日，工业 App 工作组组织开展了《工业 App 标准化实施案例集》线上讨论会。
- 2019 年 12 月 18 日，根据工业和信息化部《关于公布 2019 年团体标准应用示范项目名单的通告》，由中国电子技术标准化研究院牵头制定发布的《工业 App 培育指南》（T/CESA 1031—2018）团体标准入选。
- 2020 年 2 月 10 日，"万众一心 抗击疫情——主力企业复工复产的工业 App"征集活动正式启动。
- 2020 年 3 月 26 日，启动第二批工业 App 分级测评工作。
- 2020 年 3 月 31 日，开展"标准助力工业 App 质量提升"线上标准宣贯。
- 2020 年 4 月 21 日，由工业 App 工作组组织完成的"精选工业 App 助力企业复工复产"活动，入选工信部印发的《中小企业数字化赋能服务产品及活动推荐目录（第一期）》。
- 2020 年 6 月 15 日，开展工业 App 领域标准化需求征集工作。
- 2020 年 6 月 12—19 日，工业 App 工作组和信标委软工分委会联合开展"在线标准周"活动。
- 2020 年 8 月 23 日，第二届工业 App 测试大赛正式启动。
- 2020 年 8 月 25 日，《工业 App 开放接口规范》等两项中电标协团体标准正式发布。
- 2020 年 9 月 7 日，第二届工业 App 测试大赛总决赛暨高质量工业 App 论坛在南京软博会期间举办。
- 2020 年 11 月 2 日，工信部发布 2020 年"百项团体标准应用示范项目"公示，《工业 App 分类分级和测评》（T/CESA 1046—2019）入选。
- 2021 年 1 月至 3 月，开展江苏省工业软件产业研究，形成"工业软件五图六清单"。
- 2021 年 3 月 26 日，在江苏苏州开展"新发展趋势下的工业软件"专题宣讲培训活动。
- 2021 年 4 月 7—8 日，开展"标准制修订培训"线下培训，覆盖百余人次。
- 2021 年 4 月 26—29 日，工业 App 工作组联合信标委软工分委会组织开展"标准会议周"活动。
- 2021 年 6 月 26 日，第三届工业 App 开发与测试大赛正式启动。
- 2021 年 7 月至 8 月，组织开展第三届工业 App 开发和测试大赛"训练营"，超 500 人次在线参加。
- 2021 年 10 月 17 日，在北京大学面向在校工程博士开展工业软件标准培训。
- 2021 年 10 月 28 日，在湖北黄石"工业互联网创新发展大会"的"工业 App 创新发展论坛"上，进行了工业软件标准化宣贯和培训，参会人数约 300 人次。
- 2021 年 12 月 12 日，举办 2021 年第三届工业 App 开发和测试总决赛。

3．国际标准化情况

工业软件领域的相关标准化工作处于起始阶段，国际标准化工作尚未开展。

4．现行国内外标准

由 SAC/TC 28/WG 27 归口的工业软件领域现行团体标准 4 项，见表 4-41。国家标准 1 项，见附录 C。

表 4-41 工业软件领域现行国家标准及团体标准情况

序号	标准号	标准名称	标准阶段
1	T/CESA 1031—2018	工业 App 培育指南	已发布
2	T/CESA 1046—2019	工业 App 分类分级和测评	已发布
3	T/ CESA 1114—2020	工业 App 开放接口规范	已发布
4	T/ CESA 1115—2020	工业软件异构协议兼容适配要求	已发布

4.3.34 量子信息技术

1. 领域简介

量子信息技术通过对光子、电子和冷原子等微观粒子系统及其量子态进行精确的人工调控和观测，借助量子叠加和量子纠缠等独特物理现象，以经典理论无法实现的方式获取、传输和处理信息。量子计算和量子通信都属于量子信息技术。其中，量子通信技术是利用微观粒子的量子态或量子纠缠效应等进行密钥或信息传递的新型通信方式；而量子计算是一种遵循量子力学规律，通过调控量子信息单元来进行计算的新型计算模式。

2. 国内标准化情况

（1）国内标准化组织

以下列出了国内开展量子信息技术标准化研究的组织。

量子通信方面：

- 中国通信标准化协会成立了量子通信与信息技术特设任务组（ST 7），启动量子通信标准化预研工作；
- 国家密码管理局已开展基于量子密钥分发（QKD）的网络密码机标准化工作；
- 信安标委（SAC/TC 260）已开展量子通信网络安全研究。

量子计算方面：

- 信标委（SAC/TC 28）已在开展量子计算相关标准化研究，信标委专家担任 ISO/IEC JTC 1/ WG 14（量子计算工作组）的召集人；
- 全国量子计算与测量标准化技术委员会（SAC/TC 578）已成立，其秘书处设在济南量子技术研究院。

（2）国家标准和行业标准制定

目前尚未发布量子信息技术相关国家标准和行业标准，国家标准计划项目执行情况见表 4-42。

表 4-42 量子信息技术国家标准计划项目执行情况

序号	标准计划号	项目名称	状态
1	20181791-T-339	量子通信术语和定义	审查
2	20181799-T-339	量子保密通信应用场景和需求	审查
3	20203857-T-469	量子计算 术语和定义	审查

（3）主要标准化活动

- 2017 年 6 月 14 日，中国通信标准化协会在北京召开量子通信与信息技术特设任务组（ST 7）成立大会暨第一次会议。
- 2018 年 8 月 5 日，全国量子计算与测量标准化技术委员会（筹）在山东济南正式揭牌成立。
- 2021 年 3 月 30 日，全国量子计算与测量标准化技术委员会召开《量子计算 术语和定义》国家标准启动会暨第一次工作会议。
- 信标委物联网分技术委员会（秘书处设在中国电子技术标准化研究院）开展了量子计算标准研究工作，《先进计算 量子资源仿真平台通用要求》国家标准正在立项阶段。

3. 国际标准化情况

（1）国际会议

- 2017 年 10 月 30 日至 11 月 3 日，ISO/IEC JTC 1/SC 27 工作组会议在德国柏林召开，中国代表团提出的《量子密钥分发的安全要求和测试方法》项目获得立项。
- 2018年9月30日至10月4日，ISO/IEC JTC 1/SC 27工作组会议在挪威约维克召开，中国代表团提出的《量子密钥分发的安全要求和测试方法》完成研究，进入下一阶段。
- 2018年11月5—8日，ISO/IEC JTC 1全会在瑞典斯德哥尔摩召开，此次会议决定成立量子计算研究组（SG 2），中国专家杨宏被任命为SG 2召集人；中国专家作为联合编辑在会上参与了《量子计算技术趋势报告》的讨论。
- 2019年1月29日至4月2日，SG 2先后召开4次国际电话会议和1次面对面会议，讨论《量子计算研究报告》技术内容及下一步工作计划。
- 2019年5月7日，ISO/IEC JTC 1全会在美国夏威夷召开，SG 2召开了面对面会议。此次全会讨论了《量子计算研究报告》的内容，决定成立量子计算咨询组，任命中国专家杨宏为该咨询组召集人，并确定了咨询组下一步的工作职责。
- 2019年6月5—7日，ITU量子信息技术国际研讨会在中国上海召开。
- 2020年9月至2022年1月，ISO/IEC JTC 1/WG 14（量子计算工作组）先后召开6次国际会议，讨论了《信息技术 量子计算 术语和词汇》国际标准和《信息技术 量子计算概述》国际技术报告。

（2）我国专家参与的国际标准化项目
- 2018年，中国专家作为联合编辑参加了JETI组织的《量子计算技术趋势报告》的相关工作；
- 2019年，中国专家作为召集人和主编辑组织编写了《量子计算研究报告》；
- 2020年，中国专家作为主编辑组织编写了《信息技术 量子计算 术语和词汇》；
- 2021年，中国专家作为主编辑组织编写了《信息技术 量子计算概述》。

（3）其他有关的国际标准化活动
- 2016年IEEE成立了量子通信工作组；
- 2018年IEEE发布了关于量子计算定义、性能指标和基准的P7130和P7131文件；
- 2018年QIA成立了"量子互联网研究小组（QIRG）"；
- 2018年ITU-T的SG 13成立了新的未来研究量子密钥发布（QKD）网络框架，SG 17集中研究量子密钥分发网络（QKDN）安全。
- 2021年IEEE启动了《量子计算架构标准》（P3120）和《量子算法设计和开发试用标准》（P2995）。

4．现行国内外标准

目前，国内外暂无量子信息技术标准。

4.3.35 脑机接口

1. 领域简介

脑机接口（Brain Computer Interface, BCI）是指在不依赖脊髓或周围神经肌肉，在大脑与外界环境之间建立一种信息交换和控制通道，以实现大脑与外部设备之间直接交互的技术。该领域主要涉及脑机接口技术的标准化工作。

2. 国内标准化情况

（1）国内标准化组织

目前正在信标委下筹建脑机接口分技术委员会，秘书处单位为中国电子技术标准化研究院。国际对口组织是ISO/IEC JTC 1/SC 43（脑机接口分技术委员会）。

（2）国家标准和行业标准制定

目前，国内暂无已立项和发布的脑机接口标准。

（3）主要标准化活动

① 2021年7月，中国电子技术标准化研究院发布《脑机接口标准化白皮书（2021版）》，这是我国首

部脑机接口领域的标准化白皮书。

② 正在开展脑机接口术语、参考架构、数据格式、编解码算法、伦理安全等标准预研工作。

3. 国际标准化情况

（1）正在制定的国际标准

该领域正在制定的 ISO/IEC 标准 1 项，见附录 H。

（2）其他有关的国际标准化活动

① 2019 年 8 月，由中国电子技术标准化研究院和浙江大学专家牵头编写的"Study Report for BCI"研究报告提交 JTC 1 发布。基于此报告，ISO/IEC JTC 1 于 2019 年 11 月成立 JTC 1/AG 16（脑机接口咨询组），由中国电子技术标准化研究院发起召集，多国专家参与，共注册 16 位中国专家，研究脑机领域相关技术和标准化需求。在 AG 16 秘书处与专家的共同努力下，AG 16 共举行 23 次专家组会议，围绕脑机技术、应用以及标准化工作开展研究，形成新一版的《脑机接口研究报告》（Study Report for BCI）等重要成果。

② 2021 年 11 月 15 日，JTC 1 全会批准中国提案，决定成立 ISO/IEC JTC 1/SC 43（脑机接口分技术委员会），负责脑机接口领域的标准化工作。SC 43 秘书处设在我国，由我国专家担任主席职务。这是 JTC 1 成立以来我国首次担任分技术委员会秘书国和主席职务，是我国信息技术国际标准化事业的重大突破。同时，JTC 1/AG 16 已完成既定研究任务，此次全会决定撤销 JTC 1/AG 16。

③ 我国主导制定 1 项该领域 ISO/IEC 国际标准。

④ 从 2021 年 9 月起，我国专家担任 IEC SEG 12/WG 4 标准化评估组人类增强工作组的召集人，该工作组的业务范围包含脑机接口。

⑤ IEEE 正在开展脑机接口领域标准制定工作，包括脑机接口统一术语标准 P2731、治疗性电刺激的波形标准 P2792 以及体内神经接口相关的数据存储表示标准 P2794。我国专家积极参与 IEEE P2731 的制定工作。

4．现行国内外标准

该领域暂无现行的国家标准和国际标准。

4.3.36 中间件

1. 领域简介

中间件领域的标准化工作，主要包括中间件产品技术、适配能力、符合性验证等方面的标准化。

2. 国内标准化情况

（1）国内标准化组织

中间件领域的标准化工作在信标委程序设计语言分技术委员会（SAC/TC 28/SC 22）下进行，其秘书处设在中国电子技术标准化研究院，国际对口组织为 ISO/IEC JTC 1/SC 22（程序设计语言及其环境和系统软件接口分技术委员会）。

（2）国家标准和行业标准制定项目

目前正开展 2 项国家标准 GB/T 26232—2010《基于 J2EE 的应用服务器技术规范》和 GB/T 28168—2011《信息技术 中间件 消息中间件技术规范》的修订工作。

（3）主要标准化活动

2021 年 8 月，信标委程序设计语言分技术委员会成立 Java 工作组（SAC/TC 28/SC 22/WG 3），负责中间件领域的标准化工作。该工作组组长由北京东方通科技股份有限公司张春林担任，副组长由华迪计算机集团有限公司卢炜担任，工作组成员单位包括国内相关科研院所，中间件、CPU、操作系统、应用软件、系统集成商等厂商，以及金融、电信等典型行业用户单位组成。目前，该工作组成员单位共 20 家。

3. 国际标准化情况

（1）正在制定的国际标准

目前无正在制定的国际标准。

（2）其他有关的国际标准化活动

无。

4. 现行国内外标准

该领域现行信息技术国家标准 6 项，见附录 C；现行 ISO/IEC 标准 10 项，见附录 G。

第 5 章　JTC 1 及其各 SC 和 WG 业务计划

5.1　JTC 1 战略业务计划（2021）

1. 概要

ISO/IEC JTC 1（信息技术）是 ISO 和 IEC 共同的下设组织，负责制定适用于各领域的信息技术标准。由 ISO 和 IEC 共同制定信息技术标准，有助于避免重复和冲突。对于 ISO 和 IEC 中以信息技术标准为基础的技术委员会（TC）来说，这样也比较有利。JTC 1 有选择地与其他 TC 以及其他具有领域专业知识的组织合作，共同制定特定领域的信息技术标准。JTC 1 与各联络组织开展合作，JTC 1 还有一个与联盟组织开展合作的项目。

JTC 1 的业务范围是"信息技术领域的标准化工作"。

信息技术标准考虑众多利益相关方（包括消费者、生产者、政府和其他组织）的需求。

2. 商业环境

（1）描述

全球信息技术产业规模 2021 年超过 5.5 万亿美元（源自 IDC 数据），且未来的增长率将超过全球 GDP 增长率。每一个经济部门都在利用信息技术提高生产力、提升质量。新冠疫情[①]导致的（出行）限制已经加速了许多部门对信息技术的依赖，预计即使在限制解除后，这种依赖也将继续增加。信息技术几乎涉及世界上的每一个人，并提高了人们的生活质量。信息技术的特点是大量创新和快速变化。

信息技术标准至关重要，原因如下：
- 实现不同供应商产品和服务之间的互操作性；
- 促进全球供应链发展，使不同的供应商之间能够进行合作，为全球贸易提供基础；
- 促进竞争，为消费者和企业带来更多选择和更低价格；
- 拥有明确的要求和实践（规范），提高产品和服务的质量，使消费者更安心；
- 收集专业知识和最佳实践，让消费者和企业能够安全高效地使用信息技术。

由于社会越来越依赖信息技术，许多政府对信息技术，特别是对信息技术标准越来越感兴趣。例如，他们会关注新技术的可信度，以及新技术产生的社会成本和效益。

（2）量化标志
- 信息技术产业的规模：全球信息技术产业在 2021 年超过 5.5 万亿美元。
- JTC 1 标准的销售和应用。
- JTC 1 在研项目的数量和新提案的数量：JTC 1 大约有 600 项在研标准。
- JTC 1 标准制定的参与情况：有 35 个国家成员体和 4 500 多名专家参与 JTC 1 的工作。
- JTC 1 与 ISO 和 IEC 其他分委会，以及其他组织的合作关系：JTC 1 及其下设的 SC 共有超过 400 个联络关系。
- 按照联合国可持续发展目标，JTC 1 标准对社会做出的贡献：JTC 1 正在为其对联合国可持续发展目标的贡献统计数据，目前该工作处于初期阶段。到目前为止，JTC 1 已经对目标 1、2、3、4、6、7、8、9、10、11、12、13 和 16 做出了明确的贡献。

3. JTC 1 工作的预期利益

JTC 1 不断及时推进有效合作，具有得到全球市场满意接受的高质量国际标准。JTC 1 发布的 3 200 多项

[①] 新冠疫情，即新型冠状病毒感染疫情。

标准中有许多是信息技术领域的，在这些领域中，JTC 1 标准在解决其市场需求方面发挥了重要的作用。JTC 1 的许多标准是普适性的并且对我们的世界有着深远影响，但它们往往内置于信息技术基础设施中，不易察觉。以下几个例子有助于理解 JTC 1 标准的好处：

- ISO/IEC 16963 由 JTC 1/SC 23（信息交换和存储用数字记录媒体）与 ISO/TC 171 和 ISO/TC 42 合作制定，为长期数据存储光学媒体的使用寿命建立了预测方法，该方法获得了全球认可。
- ISO/IEC 14496（MPEG-4）由 JTC 1/SC 29（音频、图像、多媒体和超媒体信息的编码）和 ITU-T/SG 16 合作制定。该标准是信息技术领域应用最为广泛的标准之一，在全球范围内有数十亿个应用案例。MPEG-4 曾获由美国国家电视艺术与科学学院颁发的技术与工程艾美奖。
- ISO/IEC 27001 由 JTC 1/SC 27（信息安全、网络安全和隐私保护）制定，旨在提供一个信息安全标准管理体系。世界各地的众多组织都使用该标准，它为每一种数字数据提供安全保护，是 ISO 和 IEC 最为畅销的标准之一。JTC 1/SC27 最近发布的 ISO/IEC 27701 对 27000 系列标准进行了拓展，27701 用于应对隐私安全要求的问题；隐私安全是对每一个人越来越重要的领域。
- JTC 1/SC 37（生物特征识别）已经发布了 ISO/IEC 39694 标准的几个主要部分，该标准支持将生物特征识别纳入电子护照。已有近 140 个国家签发的超过 14 亿本护照包含了符合其第一代标准的数据。应国际民用航空组织（ICAO）的要求，JTC 1/SC 37 与 JTC 1/SC 17 合作，共同对该标准进行了修订，并将在 2030 年起强制执行。其中最关键的创新是：通过使用向前和向后兼容的机制，定义未来拓展，将指纹、虹膜和其他数据放在可扩展的数据结构中。
- ISO/IEC 18000-63 由 JTC 1/SC 31（自动识别和数据采集技术）制定，是物品管理领域中应用最为广泛的射频识别标准。在 2020 年，大约销售了 200 亿个符合该标准的 RFID 标签。该标准的最初版本基于 2004 年 GS1 提交的文件。2014 年 4 月成立了 RAIN RFID 联盟，旨在促进该标准在零售、医疗、航空和其他多个领域的应用。
- ISO/IEC 9995 由 JTC 1/SC35（用户界面）制定，旨在为各种键盘的布局定义一个框架，该框架支持现在普及面最广的以及未来使用键盘的应用程序。JTC 1/SC 35 已将这一框架扩展至使用基于手势的界面、遍及多种设备和方法的虚拟键盘（ISO/IEC 30113），以及作为输入形态的语音命令（ISO/IEC 30122）。JTC 1/SC 35 最近开始研究基于情感计算的用户界面，以考虑用户在与信息通信设备交互时的情绪问题。
- ISO/IEC/IEEE 9945《可移植操作系统接口 POSIX》是由 JTC 1/SC 22（程序设计语言及其环境和系统软件接口）与 IEEE 和 Open Group 合作，通过一个名为 Austin Group 的联合工作组（JWG）制定的，该标准定义了世界上实用性最广的操作系统。从嵌入式设备到智能手机，再到超级计算机，该标准应用于大量的系统。POSIX 的应用范围比所有其他操作系统的总和还要大。
- ISO/IEC 7812《识别卡 发卡者标识 第 1 部分：编号体系》由 ISO/IEC JTC 1/SC17（卡及身份识别安全设备）和美国银行家协会（ABA）及众多卡服务提供商（如 AMEX、VISA 和 MasterCard）合作制定。该标准提供了一个编号系统，应用于（在交换环境中运行的）发卡者识别、发卡者标识编号格式、主账户编号格式，该系统还提供了申请和注册程序，能让发卡者在国际交换环境中运行卡项目。ISO/IEC 7812 的修订版将 6 位数的标识符转移到了 8 位数的，以确保金融组织对标识符和编号方案完全放心，能继续在全球范围内发行新卡。全球几乎所有的信用卡都在使用 ISO/IEC 7812。
- ISO/IEC 9075《数据库语言 结构化查询语言》由 JTC 1/SC 32（数据管理与交换）制定。该标准为一个每年产值远远超过 100 亿美元的产业提供了基础。在世界范围内，每种规模的公司都依赖 ISO/IEC 9075 来进行财务管理、交易、采购、制造、销售以及开展许多其他方面的业务。

通过及时制定高质量的且在全球市场得到广泛接受的国际标准，JTC 1 使信息技术能让世界变得更加美好。

4. JTC 1 成员及参与情况

（1）成员

- 35 名 P 成员，超过 4 500 名专家参与其中；
- 65 名 O 成员；
- 3 个 A 类联络组织（Ecma 国际、ITU-T 和欧盟委员会）；

- 14个PAS提交者。

其他成员信息参见ISO官网。

（2）参与情况分析

JTC 1感谢其P成员、O成员、联络组织和PAS提交者的参与。JTC 1追求：
- 更多发展中国家的参与；
- 增加对虚拟会议工具的使用，以确保所有成员都能参与进来，提升参与度；
- 鼓励消费者和政府进一步参与JTC 1的工作；
- 吸引国际上更多信息技术领域的专家参与到工作计划中来。

5. JTC 1目标和实现目标的战略

JTC 1的作用是提供适用于各个领域的信息技术标准（有时被称为横向标准或基础标准），并与ISO和IEC中的其他相关TC协作，共同开发特定领域的标准。

（1）确定的JTC 1目标

① 在适当的时机启动工作方案，以应对新兴的市场趋势。

② 提高JTC 1工作的参与度。

③ 在市场需要时提供高质量的标准。

④ 加强JTC 1内部以及与ISO和IEC的其他TC之间的协作。

⑤ 加强与联盟及其他标准制定组织（SDO）之间的合作。

⑥ 在需要系统方法的领域进行有效的协作。

（2）为实现所确定的目标而采用的战略

① 在适当的时机启动工作方案，以应对新兴的市场趋势。

在适当的时机启动工作方案，并对新兴的市场趋势做出反应，这对JTC 1来说至关重要。JTC 1有一个高效的咨询组——JTC 1新兴技术和创新咨询组（JETI）。JETI积极主动地追踪新兴技术趋势和市场创新，探索制定新标准的机会，并督促JTC 1及时采取行动。JETI的工作过程推动了JTC 1/SC 42（人工智能）的成立。现在，在制定人工智能的国际标准方面，SC 42处于公认的国际领先地位。JETI还推动了JTC 1量子计算工作组的成立。许多JTC 1的分委会也在其业务范围内采用了类似的方法，他们吸引来自行业内和消费者组织的参与者，共同分享关于市场趋势的知识。

② 提高JTC 1工作的参与度。

JTC 1希望公众更多了解其工作，以便公众有机会参与和做出贡献。例如，越来越多的公众提供用例，这可能使许多工作受益，而新的项目可能得益于越来越多样化的参与。JTC 1和JTC 1的一些SC十分注重外联活动和（与会议同期举行的）研讨会，以使公众更加了解其工作。一些SC已经和消费者及其他利益相关组织建立了关系。JTC 1公开了白皮书等部分文件，鼓励公众了解并提供反馈。JTC 1的各SC正在建立网站，以便进行工作交流。JTC 1下设了联络咨询组，负责参与TC之间的公共交流活动。JTC 1和ISO中央秘书处及IEC中央办公室交流密切，会通过不同的市场交流项目与他们分享JTC 1的活动信息。JTC 1还有一个负责外联的咨询组，其工作目标是鼓励更多的国家参与，特别是目前没有参与的国家。对于已经参与了JTC 1工作项目的利益相关方（包括消费者、政府或监管方），JTC 1鼓励他们继续加强参与。JTC 1标准和法规咨询组正在研究策略，提高政府/监管方的参与度。

鉴于有来自35个国家成员体的4 500多名专家积极地参与JTC 1的工作，JTC 1格外重视改进ISO和IEC的操作和基础架构，希望以此来帮助提高专家的生产力。JTC 1与ISO编辑项目经理合作，改进JTC 1和ISO的编辑流程。JTC 1专家也参与了ISO开发的IT工具试点工作。JTC 1鼓励ISO和IEC进一步在政策、操作、程序、基础设施等方面紧密合作，让JTC 1更加专注于信息技术标准的研制。

③ 在市场需要时提供高质量的标准。

JTC 1始终致力于在保持高质量的同时，提升标准的研制速度。许多新工作项目建议（NP）现在包括初步草案、论证研究和设计规范（视情况而定）。此外，JTC 1下设的许多工作组都在线上召开会议，以便及时做出决定，加快标准研制的进度。在标准研制进度加快的同时，加快发布过程的速度，提高发布过程的质量，就能够进一步提高标准交付的及时性。在持续响应市场需求的同时，JTC 1 仍有机会提升标准本身的效用。标准正在发展，正在纳入更多的具有各种特色的嵌入式智能，例如引用的软件代码和智能识别符。虽然标准不可能一夜之间就变成机器可读，但积极主动地迎接短期和长期存在的机会，让标准变得比纸质版本更加智能、更加有用，这对 ISO 和 IEC 的成功至关重要。

优化自身结构也有利于在市场需要时提供高质量的标准。虽然 JTC 1 目前的结构运行良好，但 JTC 1 也积极主动地寻求改进的机会。JTC 1 还依托各咨询组研究新领域，寻求机会，建立适用于整个 JTC 1 的操作，如系统集成方法。JTC 1 将持续评估机会，在未来不断加强其结构和方法。

④ 加强 JTC 1 内部以及与 ISO 和 IEC 的其他 TC 之间的协作。

通过联络关系、联合工作组以及一些非正式合作，JTC 1 与 ISO、IEC 的多个 TC 建立了合作关系。JTC 1 及其下设各 SC 共有超过 400 个联络组织。例如，JTC 1/SC 27 有 85 个联络关系，和其他 TC 之间有共同编辑，和 ITU-T SG17 共同制定标准文件。JTC 1/SC 27 还与 ISO/TC 307 建立了一个联合工作组，共同解决区块链的网络安全问题。JTC 1/SC 41 与 IEC/TC 65、IEC SyC 共同建立了一个有关智慧能源的联合工作组。JTC 1 一直在追求新的合作和协作机会，包括加强联络策略（例如与 ISO/TC 307）。在 2019 年，JTC 1 与 IEC/TC 100 召开了一次联合研讨会，未来也将持续举行研讨会。在 2021 年，JTC 1 与 ISO/TC 20/SC 16 召开了一次联合研讨会，讨论了信息技术领域的无人机系统标准。此外，最近成立的分技术委员会也在各自的业务范围内建立合作关系。JTC 1 有兴趣探索和完善跨领域合作的新模式、新方法。在 2021 年，JTC 1 开始努力为跨领域合作和协作制定前瞻性原则。

JTC 1 内部的合作与协作也很重要。在 JTC 1 全会上，各 SC 主席之间的互动有效地促进了内部协作。例如，JTC 1/SC 37（生物特征识别）与 JTC 1/SC 17（卡及身份识别安全设备）、JTC 1/SC 27（信息安全、网络安全和隐私保护）共同协作，提供时效性较强的国际标准，为广泛应用的生物识别系统提供安全保护。

⑤ 加强与联盟及其他标准制定组织之间的合作。

JTC 1 认识到联盟在信息技术标准中发挥着重要作用，因此 JTC 1 希望通过（能够促成联合工作的）联络关系、JTC 1 的 PAS 程序来与各个联盟进行合作。鉴于联盟已经制定出具有广泛市场接受度的标准，JTC 1 的 PAS 程序能够填补 ISO/IEC 信息技术标准中的空白。联盟也有志成为 JTC 1 的 PAS 程序提交者，他们希望把联盟的规范转化为 ISO/IEC 标准，从而提高其国际接受度和权威性。JTC 1 没有将联盟仅仅看作竞争对手；相反，通过 JTC 1 的 PAS 程序，JTC 1 与他们在多个不同领域进行合作和协作，与他们建立了桥梁。例如，已被批准为 JTC 1 的 PAS 提交者的万维网联盟（W3C），已经提交了多个规范，这些规范是 Web 有待批准为 ISO/IEC 标准的重要组成部分。JTC 1 希望进一步推进和已建立的联盟之间的伙伴关系。

JTC 1 与 ITU-T 有长期的联络关系，可以进行各种类型的合作，例如共同制定 MPEG 标准。

⑥ 在需要系统方法的领域进行有效的协作。

为了在需要跨学科专业知识的领域制定标准，也为了在涉及 JTC 1 内外部合作的领域制定标准，JTC 1 制定了一种系统集成方法（该方法记录在 JTC 1 常设文件 24 中）。该方法是逐步发展的，借鉴了现有的多个框架（如 IEC 的框架），符合各个框架的要求。JTC 1 系统集成促进咨询组负责支持这项工作，并就可能出现的问题和应采取的行动向 JTC 1 提供建议。例如，对于 JTC 1 的各个 SC，以及 ISO 和 IEC 的其他 TC 来说，可信性都是很重要的特征，JTC 1 在 2019 年建立了 JTC 1/WG 13（可信性），以便研制出能够指导整个 JTC 1 可信性工作的横向可交付件，并在此基础上研制其他交付件。物联网和相关技术分技术委员会（JTC 1/SC 41）和人工智能分技术委员会（JTC 1/SC 42）正在运用这种系统集成方法。

6. 影响完成和实现工作计划的因素

在信息技术标准制定领域，JTC 1 面临着巨大的竞争。许多新的 IT 标准会在联盟而非 JTC 1 中进行研制，因为有时在联盟研制标准会被认为比在 ISO/IEC 更容易或更快捷，还因为大多数联盟都免费公开其可交付件。和 JTC 1 竞争的有数百个联盟，而且联盟的数量还在逐年增加。作为传统标准研制的替代方案，开源软件开发（标准）也越来越受欢迎，其支持者强调：开源软件开发（标准）有着速度更快、灵活性更高、免费开放等优点。JTC 1 必须继续提升自身，与此同时，还要寻求与联盟的合作，探索与开源社区合作的方式。

近年来，《JTC 1 导则》与《ISO/IEC 导则 第 1 部分》保持一致，或者采用 ISO 或 IEC 的补充文本，以减少 JTC 1 独有流程的数量。此外，JTC 1 在 2019 年撤销了 6 项 JTC 1 常设文件，这使得 JTC 1 指南减少了

47页，并与《ISO/IEC 导则 第 1 部分》更加一致。同样是在 2019 年，JTC 1 向 ISO/IEC JDMT 提出了 5 项提案，旨在改进《ISO/IEC 导则 第 2 部分》。这些提案几乎全部被采纳，并被纳入 2021 版本的《ISO/IEC 导则 第 2 部分》中。近年来，JTC 1 没有提出任何新的 JTC 1 程序。ISO 和 IEC 在政策、操作、程序和基础架构等方面更加一致，这对于 JTC 1 大有裨益，JTC 1 相信这在整体上也有利于 ISO 和 IEC 的发展。

7. JTC 1 的策略、在研项目和出版物

JTC 1 目前有 23 个分技术委员会（SC）和 4 个 JTC 1 层面的工作组（WG）。JTC 1 还有 10 个咨询组（AG），从执行 JTC 1 战略，到评估可能扩大工作计划的领域，这些咨询组各司其职。

JTC 1 已经发布的标准有 3200 多项，在研标准大约有 600 项。

JTC 1 每年召开两次全会。通过全会，掌握各 SC 的进展和业务计划，考虑成员提出的建议，完善其战略，并及时做出决定。

更多信息请查阅 ISO 官网或 ISO/IEC 官网。

5.2 JTC1 各 SC 和 WG 业务计划

5.2.1 SC 2 业务计划（2020 年 9 月—2021 年 9 月）

1. 执行概要

范围：图形字符集及其特性的标准化，包括字符串排序、相关控制功能、信息交换用字符的编码显现以及代码扩充技术，不包括音频及图像的编码。

SC 2 的专家长期致力于研制 ISO/IEC 10646《通用编码字符集》以及相关标准。作为信息系统的基础，这些标准得到包括基于字符的信息交换和（或）处理用标准在内的各个标准的引用。

SC 2 将确保字符标准研发工作的质量和速度。SC 2 与其他委员会在字符编码标准研制方面的密切合作十分重要。

2. 回顾

通过互联网，每件事物都在互联互通，且互联互通的领域正在飞速扩大。在大多数情况下，编码字符用于传递含义。在这种情况下，为了避免数字分裂，技术和标准的研制应尊重文化和语言的多样性。正如 JTC 1 2017 补篇的附录C.4所述，标准化的基本目标之一是"文化和语言的适用性"，SC 2 在工作中始终将此要求铭记于心。

SC 2 的专家长期致力于研制 ISO/IEC 10646《通用编码字符集》，并在字符串排序和比较标准（ISO/IEC 14651）的支持下，帮助全世界众多语言/文字使用者实现本语种信息化的目标。对于引用字符编码标准的其他标准来说，SC 2 工作的质量和速度十分重要。

ISO/IEC 10646-1第一版于1993年发布，收录了32 884个字符。2020年发布了最新版（第六版）。

这个标准在信息社会中扮演着基础平台的角色，是不可或缺的要素，是今天各类产品和服务（移动设备、电信、图书馆、政府、教育、金融、社交网络、开放数据等）得以应用于多语言、多文化、多样性社会的保证。

（1）市场需求和创新

互联设备的应用领域正在迅速扩大。在大多数情况下，信息的含义都是用编码字符来传递的。

编码字符集和字符排序是全部信息和通信技术的基础。

贴近个人需求的移动设备需要更多的字符，以传递信息和情感。

所有通过字符与人类交互的技术/标准在研制过程中都应当注意全球文化和语言的多样性，以及它们之间的互操作性。SC 2 与其他委员会在字符编码标准研制方面的密切合作十分重要。

我们还需要认识到，少数民族文字和历史文字用户群体的潜在需求仍然十分强烈。近年来，几乎所有正在使用的主要文字和民族文字都已编码，但还没有包括大量方言和少数民族语言所使用的文字。

（2）成就

报告期内出版了以下两项标准：

- ISO/IEC 10646: 2020（第 6 版）《信息技术 通用编码字符集（UCS）》；
- ISO/IEC 14651: 2020（第 6 版）《信息技术 国际字符串排序和比较 字符串排序比较方法和常用模板裁剪排序描述》。

（3）资源

SC 2 没有太多活跃的工作项目。不过 SC 2 的 P 成员、O 成员及相关组织的数量众多。目前其 P 成员的数量是 25 个，O 成员的数量是 24 个，同时还有少量来自发展中国家的专家受邀参加工作组会议和全会，他们虽没有官方身份，但具备语言文字业务专长。

SC 2/WG 2 下设一个 IRG（表意文字起草组）。这个起草组的工作专注于东亚地区的表意文字字符，即汉字字符。参加的国家和地区并不仅限于 SC 2 的 P 成员和 O 成员，还有一些其他相关国家和地区作为联络成员或客座成员积极参与其中，例如：我国的台湾地区（通过 TCA，C 类联络成员）、香港特区（通过 HKITF，C 类联络成员）和澳门特区（作为客座成员）一直参与工作。

自制定 ISO/IEC 10646 第一阶段以来，SC 2 与 Unicode 联盟的持续合作超过 20 年。Unicode 联盟已被指定为 JTC 1 批准的引用规范发起者组织（ARO）。

SC 2 下属的 WG 2 与 UC Berkeley 之间建立了 C 类联络关系，研究特殊的少数民族文字和历史文字。除了这些正式合作关系，SC 2 还与若干学术研究机构（如东京外国语大学）保持着积极且密切的合作关系。

（4）竞争与合作

SC 2 是编码字符集标准化领域的关键组织，它与一些内部和外部组织（见表 5-1 和表 5-2）建立了官方的联络关系。没有与之竞争的国际标准或标准化组织。Unicode 标准是一个与之相关的字符编码行业标准，SC 2 与 Unicode 联盟的合作超过 20 年，使 ISO/IEC 10646 与 Unicode 标准相互兼容并保持同步。

表 5-1　SC 2 内部联络成员

代　号	名　　称
ISO/IEC JTC 1/SC 22	程序设计语言及其环境和系统软件接口
ISO/IEC JTC 1/SC 34	文档描述与处理语言
ISO/IEC JTC 1/SC 35	用户界面
ISO/TC 37/SC 2	术语和词汇工作方法
ISO/TC 46/SC 4	技术互操作性
ISO/TC 204	智能运输系统

表 5-2　SC 2 外部联络成员

代　号	名　　称	类别
ISOC	互联网协会	A
ITU	国际电信联盟	A
UNICODE	统一码联盟	A
CCSDS	空间数据系统咨询委员会	B
EC-European Commission	欧盟委员会	B
UNCTAD	联合国贸易与发展会议	B
UNECE	联合国欧洲经济委员会	B
WIPO	世界知识产权组织	B
WMO	世界气象组织	B
HKITF	香港资讯科技商会	C
SAT Daizōkyō Text Database	SAT Daizōkyō 文本数据库	C
TCA	台北电脑公会	C
UC Berkeley	加州大学伯克利分校	C
W3C	万维网联盟	C

3. 项目报告

在研项目：无。

撤销项目：无。

（1）战略

SC 2 应当重点着眼于以下 7 个方面：

① 对新提交的（特别是发展中国家以及少数民族文字和历史文字的用户群体提交的）字符和文字的快速和精确的标准化。

注：SC 2/WG 2 有自己的一套指导方针，用以加速标准化工作，并使所有专家及用户群体对标准化的准则更加清楚，该指导方针叫作"分配新字符和文字位置及处理字符名称缺陷报告的原则和程序"（SC 2 N 4318）。

② ISO/IEC 14651 与 ISO/IEC 10646 的同步。

注：ISO/IEC 14651 由 SC 2 直接研发和维护。必要时，其实际编辑工作将由一个特别工作小组的项目编辑来完成。加拿大国家成员体依照 ISO/IEC 导则，一直负责该标准的法语版本。

③ 与各个国家和地区的标准保持一致。

④ 与参照 SC 2 标准的其他相关标准保持一致。

⑤ 与目标文字及字符的实际用户群体建立关系。

⑥ 探寻更有效的标准化工作流程。

⑦ 遵循安全、有效、用户友好的出版原则。

（2）风险

① 风险一：可能会受到出于文化或政治考虑的批评。由于 SC 2 的研究主题与用户群体的身份和尊严息息相关，如果标准化工作进程没有来自用户群体的合适的专家代表参与，或如果合适的提案未能提交并经历标准化进程，由此产生的标准则可能会有受到用户群体批评的风险。

解决办法：努力提高讨论的开放度，努力建立与用户群体的联系，并与其他国际组织、政府以及学术研究机构通力合作。

② 风险二：延迟与 UCS 紧密关联的其他标准的同步。

解决办法：加快标准的发布进程，并同时披露最新标准化的文字和字符信息。

③ 风险三：相关的国家标准与 ISO/IEC 10646 可能产生偏差。引用 SC 2 标准的或被 SC 2 标准引用的国家标准可能会出现不兼容的情况。

解决办法：鼓励国家成员体在计划对国家标准做出可能影响互操作性的更改时及时与 SC 2 沟通，并考虑由 SC 2 成员提交有关如何更好地避免国家标准与国际标准之间互操作性风险的提案。

④ 风险四：为了应对其他 SC 或 JTC 1 以外标准化组织提出的请求，SC 2 会采取某些临时解决办法，但这会损害 ISO/IEC 10646 本身的连贯性。

解决办法：欢迎其他 SC 和其他标准化组织提出请求；与请求者建立密切关系，并力图辨别实际需求；寻求不损害标准连贯性并能满足对方需求的其他解决办法。

⑤ 风险五：以 UCS 进行编码的各个文种的不同专家/用户群体之间产生分歧。这种情况会妨碍标准制定工作的进程。

解决办法：让不同立场的人们互相妥协是件难事，不过无论如何，提供讨论的机会是非常重要的。

⑥ 风险六：ISO 的出版政策没有考虑到字符代码标准的庞大体量和所需的特定格式，所以与该政策保持一致存在困难。

⑦ 风险七：SC 2 及其下设工作组通常需要较长时间与来自世界各地的参会者讨论不同字符形状之间难以察觉的细微差别。这使得虚拟会议几乎不可能进行。

（3）机遇

① 在技术方面（如大数据、物联网、程序设计语言和脚本语言、互联网、电子政务等）以及在积极影响发达国家（如美国、日本）和发展中国家（如中国、柬埔寨、埃塞俄比亚等）的非常广阔的全球商务应用环境中扩展使用 SC 2 标准。

② 巨大编码字符集的协调和巩固。
③ 为改善发展中国家、地区以及少数民族文字使用者的信息和通信技术而设立的基础设施。
④ 作为对广阔学术研究领域的 ICT 环境的支持。

（4）工作计划重点

所有工作计划都必须同时展开，ISO/IEC 14651 应以最快速度跟上 ISO/IEC 10646 所有修订和增补的步伐。

5.2.2 SC 6 业务计划（2021 年 9 月—2022 年 6 月）

1. 执行概要

自从 1964 年成立以来，SC 6 致力于开放系统间信息交换的电信领域中的标准化，包括系统体系结构、功能、规程、参数及其使用条件。这种标准化涵盖较低层和较高层的协议和服务。其中，低层包括物理层、数据链路层、网络层和传输层；高层包括（但不限于）目录和 ASN.1、MFAN、NFC、PLC、未来网络和 OID。SC 6 与 ITU-T SG 和其他标准化机构（包括 IEEE 802、Ecma 国际和 NFC 论坛）已合作完成了一部分工作。SC 6 负责 396 个已发布的国际标准和 37 个开放项目。

最近，SC 6 正在研究：①未来网络体系结构及其协议和机制，以便支持超出当前网络限制的新兴服务和应用；②ISO/IEC 21481 NFCIP-2 的修订版与 NFC 论坛的规范和 ISO/IEC 17982 CCCC PHY 的协调，以改善国际标准的互操作性。③低空无人机区域网络（LADAN）通信协议新标准。

2. 回顾

（1）市场需求和创新

NFC 标准（ISO/IEC 18092 NFCIP-1，ISO/IEC 21481 NFCIP-2）在市场上取得了重大成功。包括谷歌、诺基亚和三星在内的许多供应商都将 NFC 技术融入其智能手机。恩智浦、索尼、NFC 论坛和 Ecma 国际对 NFC 标准的发展做出了重大贡献。SC 17 一直是 SC 6 制定标准的密切合作伙伴。SC 6 将跟踪先进的 NFC 应用的需求。SC 6 目前正在开展 ISO/IEC 21481 关于 NFCIP-2 的修订工作，以便与广泛应用于市场的 NFC 论坛规范相协调。

当前，网络作为至关重要的通信基础设施，不仅应用于数据传输，也应用于各个社会应用。尽管如此，SC 6 注意到还有许多值得关注的地方：可扩展性、安全性、稳健性、移动性、服务质量（QoS）、可重新配置性、环境感知等。自 2010 年以来，SC 6 研制并发布了 ISO/IEC TR 29181《未来网络问题陈述和要求》的 9 个部分：概述，命名和寻址，交换和路由，移动性，安全性，媒体传输，服务组合，服务质量，万物网络。在新兴应用需求的推动下，SC 6 目前正致力于为未来网络制定有关架构、协议和机制的国际标准：ISO/IEC 21558（未来网络架构）和 ISO/IEC 21559（未来网络协议），尤其是基于 IPC 的 RINA 上的 ISO/IEC 4396。假设在量子中继器上实现，则提供安全和短延迟服务。目录标准用于支持在多个系统中分布部署的大型目录数据库，运用了高效、灵活和可靠的复制机制，它为企业目录提供了一个非常好的解决方案，特别是如果企业目录使用了 LDAP（轻量目录访问协议），即使用 DAP（目录访问协议）或 LDAP 访问目录服务器，用户的请求就可以链接到 X.500 目录服务器和 LDAP 服务器之间。目录标准正在不断改进，以支持诸如标签或云计算之类的新兴应用。公钥和属性证书（同时也是 X.500 标准的一部分）现在被广泛用于安全交易。在其 2016 年的版本中，第 8 部分（相当于 Rec. ITU-T X.509）仅包含与公钥基础设施和特权管理基础设施相关的功能，并支持像智能电网之类的环境所需的很短时间内完成证书验证等新功能。

ASN.1 标准在许多协议（目录、网络管理、安全）中使用。ASN.1 支持使用多种编码规则，特别是窄带宽用的 PER，与 XML 应用进行交流的 XER，以及快速高效编码的 OER（特别用于金融应用）。SC 6 将考虑新的编码规则（例如与 JSON 应用兼容的编码规则）。

（2）成就

SC 6 负责 397 个已发布的国际标准和 47 个开放项目。自成立以来，SC 6 识别出新的服务请求类型，并且对系统间的远程通信和信息交换的协议与服务进行了及时和适当的标准化。针对网络中出现的使用不同通信技术的新应用，SC 6 通过与 ISO 和 IEC 的相关 TC 和 SC、ITU-T 研究组以及其他标准化机构（包括 IEEE 802、

Ecma 国际和 NFC 论坛）进行有效合作，提出了更多的新工作内容并对其进行标准化。

（3）资源

目前，SC 6 共有 19 个 P 成员和 34 个 O 成员。SC 6 具有以下特点：擅长新兴技术的专家们引导诸如 NFC、PLC 和未来网络之类热点问题的标准化活动；加入 SC 6 时间较长的数十名专家在每次定期和临时工作组会议上继续维护和修订现有的标准，如 X.500 和 ASN.1。随着许多服务的出现，需要更多的具有不同背景的专家组；与全球 SDO（标准制定组织）和本地 SDO 的更密切合作对于全球标准化至关重要。

（4）竞争与合作（包括联盟）

SC 6 旨在使用各种技术，对不同网络环境下的系统间远程通信和信息交换的通信协议与应用进行标准化。然而，与通信设施无关的传统服务或设备，如家用电器或汽车，已经融入了 ICT 技术，因此每个组织都制定了自己的标准，造成了不同组织之间的不必要的竞争。根据以往的教训，SC 6 基于详细的议题，尝试与其他 SDO 密切联系，特别是 C 类联络组织。

2016 年 2 月，SC 6 在中国西安召开全会时，与 Ecma 国际就 SC 6/WG 1 中的 NFC 事宜进行了协商。SC 6 还计划定期与其他相关组织举行会议。

3. 工作组

（1）WG 1（物理层和数据链路层）

SC 6 /WG 1 的主要职责是提供有关物理层和数据链路层中服务和协议的标准。随着新型通信技术的出现，它扩大了工作边界，提供了满足市场需求的标准。

① WG 1 的成就。

WG 1 成功完成了以下工作：

- NFC 系列：ISO/IEC 18092、21481、22536、23917、28361、19369、13157 系列、16353。
- MFAN 系列：ISO/IEC 15149-1、15149-2、15149-3、15149-4。
- PLC：ISO/IEC 12139-1、ISO/IEC 21228。

ISO/IEC 21228 关于宽带电力线通信技术的共存机制，已于 2019 年 5 月 24 日发布。该标准的发布，不仅是为了改进 ISO/IEC 12139-1:2009，而且还为了实现 ISO/IEC 12139-1、IEEE 1901 和 ITU-T G.9960 之间的协调共存。

ISO/IEC 21481:2021 关于近场通信接口和协议 2（NFCIP-2），已于 2021 年 4 月 20 日发布。这个新版本旨在和市场上广泛部署的 NFC 论坛的规范相协调。

ISO/IEC 17982:2021 关于紧密电容耦合通信物理层（CCCCPHY），已于 2021 年 4 月发布。该标准规定了频分多路信道上时隙内全双工和广播通信的 CCCCPHY。这个新版本通过整合国际技术报告 ISO/IEC TR 22512，改进了国际标准的互操作性。

② WG 1 的可交付件。

WG 1 正在修订 ISO/IEC 18092（NFCIP-1）、ISO/IEC 23917（NFCIP-1 协议试验方法）和 ISO/IEC 19369（NFCIP-2 试验方法）。

在 2020 年，WG1 已经开始研究低空无人机区域网络（LADAN）的新标准项目，即 ISO/IEC4005。ISO/IEC 4005 系列已分为 4 个子部分。

③ WG 1 的战略/风险/机会/经验教训。

由于 WG 1 的工作与各种物理通信技术密切相关，因此强烈建议与其他 SDO 或论坛密切合作。WG1 将利用与其他组织或论坛的联络关系。

近年来，WG 1 在 ISO/IEC 导则融合的 JTC 1 补充部分的指导下，通过各种标准化活动机制，努力寻求更多的机会来改进其标准化工作。WG 1 鼓励建立特设小组，例如安全特设小组（AHGS）、可穿戴设备研究小组。另外 WG 1 和 WG 7 有一个关于区块链网络的联合特设小组。这些特设小组的成果增强了 WG 1 的活力。

2021 年 8 月，WG 1 确认开始进行预工作项目（PWI），包括 PWI-DWIN（确定性无线工业网络）和 PWI-WRAN（可穿戴机器人局域网）。WG 1 鼓励对各 PWI 做出贡献，以改进和加速可能的国际标准项目。

WG 1 还鼓励采取更灵活的手段，例如组织临时会议/电子会议和起草联络报告，以便专家充分讨论与标准发展有关的问题。

(2) WG 7（网络、传输和未来网络）

WG 7 是由 WG 2（网络层工作组）与 WG 4（传输层和应用层工作组）合并建立的。自 20 世纪 90 年代初以来，WG 7 制定了许多关于 OSI 网络和传输等的协议。WG 7 重点关注增强通信功能和设施（ECFF），得益于 20 世纪 90 年代许多国家机构和组织的支持，WG 7 发布了多个增强型的通信协议，解决了一些传输协议中存在的显著问题。自 1998 年以来，WG 7 致力于包括其他新兴网络问题在内的未来网络方向，为下一代互联网做准备。一个新的关于区块链无线局域网接入控制和网络的标准化工作正在进行中。

① WG 7 的成就。

自从有关下一代互联网的问题出现以来，WG 7 就开始研究新的网络体系结构，以便长期支持新兴的应用和服务。通过先后与 ITU-T SG 17（原先的 SG 7）和 SG11 合作，截止到 2010 年，SC 6 发布了以下相关标准：

- ISO/IEC 13252：增强通信传输协议（ECTS）定义。
- ISO/IEC 14476 系列：增强通信传输协议（ECTP）（协议规范，支持多播和增强服务质量）。
- ISO/IEC 16512 系列：中继多播协议（RMCP）规范。
- ISO/IEC 24793 系列：移动多播通信（MMC）规范。

然后，在此基础上，WG 7 开发了一系列 TR（技术报告）文件，即 ISO/IEC TR 29181 系列，以明确未来网络各种问题的陈述和要求。第 1 部分：一般方面。第 2 部分：命名和寻址。第 3 部分：交换和路由。第 4 部分：移动性。第 5 部分：安全。第 6 部分：媒体传输。第 7 部分：服务组成。第 8 部分：服务质量。第 9 部分：万物网络。

此外，WG 7 于 2012 年还研制了一个管理点对点通信的框架，即 ISO/IEC TR 20002。ISO/IEC TR 20002 已被 ITU-T SG 11 用作参考标准，以开发 ITU-T X.609 系列建议、规定管理 P2P 通信以及混合 P2P 通信的体系结构和协议。WG 7 在网络和网络控制方面的其他成就有：关于设备控制和管理的体系结构和协议的 ISO/IEC 17811 系列标准。WG 7 的另一项成就是 ISO/IEC17821，该标准是基于信道跳转 TDMA 链路的低功耗无线网状网络规范。

② WG 7 的可交付件。

根据 ISO/IEC TR 29181 系列标准"未来网络问题陈述和要求"，WG 7 一直在为未来网络制定协议和机制以及架构的国际标准。考虑到建立新的 ISO/IEC 4396 项目、FN 架构和基于递归网络体系结构（RINA）的协议，对未来网络相关的工作计划进行了重组。WLAN 中的访问控制架构和协议一直在积极发展：

- ISO/IEC 21558 系列：未来网络 架构。
- ISO/IEC 21559 系列：未来网络 协议和机制。
- ISO/IEC 4396 系列：未来网络递归网络体系结构（RINA）。
- ISO/IEC 5021 系列：无线局域网接入控制。

将关于未来网络交换和路由的 ISO/IEC 21558/21559-1 和关于 FN NoE（未来网络 万物联网）的 ISO/IEC 21558/21559-3 推进到发布阶段。此外，ISO/IEC 21558/21559-2 (FN QoS)已进入 DIS（国际标准草案）投票阶段，计划 2023 年作为国际标准发布。（注：这 3 项标准目前均已发布）

ISO/IEC 4396 系列由参考模型、通用应用连接建立协议、通用分布式应用、流量分配器、基于 RINA 的错误和流量控制 5 个部分组成，目前正处于 DIS 投票过程中。在 ISO/IEC 4396 现有范围内添加 4 个新提议的附加规范已获同意，以此来扩展现有的 ISO/IEC 4396。ISO/IEC 4396 更新的提议部分是否进入 DIS 阶段的注册，将在未来的 WG 7 会议上决定。现有 ISO/IEC 4396 的其他建议是完整注册程序、增量注册程序、RINA 数据传输服务和 RINA 通用定界程序的相关规范。

自 2020 年 ISO/IEC NP 5021 系列获得批准以来，由于积极工作，WG 7 决定继续将其进行 CD 投票过程，2022 年进入 DIS 阶段。用于研究区块链应用的网络相关标准化问题的新 PWI 被批准。

③ WG 7 的战略/风险/机会/经验教训。

由于未来网络项目需要新的理念和专业知识，WG 7 计划邀请联络组织的专家参加 WG 7 的相关活动，对于从"不活跃"的 P 成员国家机构提交的文稿，使用结对系统从"活跃"的 P 成员国家机构获得贡献物。为了成功完成 WG 7 未来网络相关主题，应加强与其他 SDO，特别是 ITU-T SG 11（协议）和 SG 13（需求和体系结构）在未来网络和 IMT-2020 网络上的密切合作。此外，考虑到 5G/IMT-2020 网络技术最近的市场需求和其他 SDO 的活动，WG 7 需要挑战这一重要技术领域以及未来的网络技术，包括多接入边缘计算和人工智能在网络中的应用，以支持新兴的应用和服务，如区块链和虚拟世界。

（3）WG 10（目录、ASN.1 和注册）

自 1990 年以来，WG 10 中那些在"目录""ASN.1"和"注册"方面具有长期经验的专家一直致力于提供和更新标准，他们仍在帮助其他组织使用 ASN.1 相关文本和对象标识符，并对其需求进行反馈。

① WG 10 的成就。

ISO/IEC 9594 第 9 版吸纳了对第 8 版的技术勘误。第 9 版可以使用基本编码规则（BER）以外的编码规则，该标准（公共密钥和属性证书）与 LDAP 的互通已经得到改进，其第 8 部分已被批准用于身份管理。一个新的部分 ISO/IEC 9594-11（安全操作协议规范）已在 2020 年投票表决。

所有 ASN.1 文本 ISO/IEC 8824 和 ISO/IEC 8825 的新版本已经发布。

ISO/IEC 29168-1（对象标识符解析系统）的新版本正在开发中。

新版 ISO/IEC 29168-2（对象标识符解析系统运营机构的程序）正在投票中。

② WG 10 的可交付件。

目录：
- 维护 ISO/IEC 95954 第 9 版（2020）：包括技术更正的进展。

PKI 和 PMI：
- ISO/IEC 9594 最新版；
- ISO/IEC 9594 协议规范的新部分（第 11 部分）已经发布。

ASN.1：
- 继续协助其他团体使用与 ASN.1 相关的文本和对象标识符，并对他们的需求做出响应；
- 解决当前缺陷；
- ISO/IEC 8824 和 ISO/IEC 8825 的新版，整合了 2015 年版的修订本和技术更正。

注册：
- 针对网络中异构标识符和定位符解析的对象标识符新用法；
- 针对物联网的对象标识符用法；
- 新版对象标识符解析系统标准（ISO/IEC 29168-1 和 ISO/IEC 29168-2）。

③ WG 10 的战略/风险/机会/经验教训。

目录，特别是 ISO/IEC 9594 的第 8 部分，主要用于公钥基础设施（PKI）和特权管理基础设施（PMI）中的安全性。X509 证书已经更新，已纳入量子抵抗算法的使用。ISO/IEC 9594 的新部分（第 11 部分）与安全操作的协议规范有关，并已进行修订，加强协议安全性和可用性的一项修正案正在开发中。一种使用区块链的去中心化 PKI 架构正在开发中。

ASN.1 已在许多应用中使用，其标准化的编码规则有一个扩展机制，它支持一个协议的各个相继版本互通。其中一些编码规则（如 PER 或 OER）为窄带网络提供了非常紧凑的编码。另外，已经开发了 XER 和 JER 等其他技术，以便与其他数据描述模式兼容。

对象标识符可用于许多地方，如：网络管理，LDAP 对象类和属性，加密方法（用于确定算法）等。在未来，对象标识符也将被用来识别包括物联网在内的各种对象。由于对象标识符具有包含委托机制的分层结构，因此很容易将对象标识符分配给新对象，而不存在产生任何冲突的风险。在对象解析系统标准（ISO/IEC 29168）中定义的解析器，提供了一种自动检索关于给定对象标识符的信息的方法。ISO/IEC 29168 的两个部分正在修订中，以便具有更好的 ORS 服务。

4. 咨询小组和特设小组

（1）AG 1（可穿戴设备）

① AG 1 的职责范围（ToR）。

AG 1 评估了可穿戴设备的标准化现状，并研究了可穿戴设备之间的协调共存。它的研究范围包括物理层和 MAC 层与可穿戴传感器、设备、系统等进行通信的协议和程序。

② AG 1 当前工作。

AG 1 一直致力于与 IEC TC 124（可穿戴设备）建立联合工作组（JWG），并研究与可穿戴设备通信系统相关的新工作项目和未来项目。

③ AG 1 未来工作。

AG 1 将就以下主题征求专家意见：智能体区域网的 CDV 文本；导电织物区域网、可穿戴机器人区域网等新工作项目的 NP 文本；未来可穿戴设备区域网、可穿戴神经接口等未来项目。AG 1 将讨论与 IEC TC 124 建立 JWG，以及与 ISO/TC 299（机器人）联络。

（2）AG 2（概念和术语）

① AG 2 的职责范围。

- 定义 AG 2 要解决什么类型的术语问题，反映 SC 6 的需求，反映概念和术语工作的演变性质；
- 确定现有的和正在出现的项目中的术语问题并确定优先级，以引起注意；
- 利用现有标准、ISO/IEC 可交付成果，以及其他 TC/SC 开发和管理的良好实践，作为解决过程和建议的输入；
- 建立适当的存储库（新的或重用的），以支持文档的进展、建议和更新；
- 为 SC 6/WG 管理层、项目编辑和报告员提供概念和术语建议。

② AG 2 当前工作。

AG 2 开发了一份常设文件——术语和系统间远程通信和信息交换术语表，收集已交付成果中的所有术语和定义。原始数据来自在线浏览平台（OBP），见 ISO 官网；2021 年 7 月，词汇表上的 SD 已更新到第三版。

③ AG 2 未来工作。

AG 2 呼吁有更多的参与者来完成其职责范围所定义的工作，将定期更新 SC 6 术语表上的 SD。下一步是对术语参考文献进行研究并提出建议。根据 AG 2 成员的初步建议，AG 2 今后的工作有更大可能按抽象级别安排术语。

（3）AHG 1（区块链网络）

AHG 1 自 2018 年 8 月成立以来，一直在讨论支持区块链应用的网络标准化问题。AHG 1 已决定结束其活动，决定在 WG 7 中继续研究相关标准化问题，并为此批准了一个关于区块链网络技术的新 PWI。

（4）AHG 2（可信赖）

① AHG 2 的职责范围。

- 审查 JTC 1 关于可信度工作的产出（包括之前 AG 的可信度产出）；
- 跟踪 ISO/IEC JTC 1 中关于可信度的 WG（WG 13）的进展；
- 指出在 SC 6 范围内的可信度，例如，术语/概念（如信任、可信赖性）在多大程度上得到了解决；
- 从 SC 6 的观点和实践中收集与可信度相关的标准化空白；
- 应在 SC 6 中制定一份指导文件或关于可信度的常设文件；
- 向 SC 6 和 JTC 1 提供报告或建议。

② AHG 2 当前工作。

AHG 2 对 JTC 1 的可信度工作进行评审，并定期跟踪 JTC /WG 13 的进展，寻找机会为建立可信度标准化体系做出贡献。AHG 2 对可信度属性热图（可信度景观 SD）做出了贡献，以表明在 SC 6 范围内的术语/概念（如信任、可信度）的可信度程度（见 JTC 1/WG 13 N135）。

AHG 2 在 2021 年 8 月回顾了 JTC1/WG 13 的信赖度工作进展，并将继续跟进 JTC 1/WG 13 中活跃的基础项目，主要涉及"信赖度词汇""信赖度参考架构""信赖度概述和概念"。

③ AHG 2 未来工作。

AHG 2 将从 SC 6 的观点和实践中收集与可信度相关的标准化空白，然后将重点向 SC 6 和 JTC 1 提供报告或建议，并维护一个指导文件或一个关于可信赖性的常设文件。

5.2.3 SC 7 业务计划（2020年5月—2022年5月）

1. 执行概要

要求 ISO/IEC JTC 1/SC 7 准备并发布 2020 年至 2023 年期间的新业务计划。在之前的计划中，重点放在了数字化转型和敏捷性的趋势上。现在认识到需要更快地制定标准并做出更积极的反应。SC 7 准备从制度上预测趋势，响应支持者的呼声。

由于新冠疫情，在可预见的未来，我们将面临这样一个现实：在我们所有的职业和个人活动中，都将保持某种形式的社交距离。每个组织和个人都被迫迅速做出反应。在许多情况下，我们的底层系统根本没有足够的弹性。

SC 7 将大力推进以下主题：
- 系统弹性；
- 以通用格式理解的统一体系结构概念；
- 数字工程；
- 制定强调标准的新方法和制定机器可读标准。

2. 回顾

（1）宏观趋势

新冠疫情对全球生态系统的不同部分产生了不同的影响。

对于商业组织来说，有些组织的商品/服务的需求急剧下降，例如航空公司和酒店。其他一些组织无法继续运营，因为他们的运营需要人员在特定的办公室或工厂进行操作，例如制造业。而一些组织的商品和服务的需求急剧增加，例如电信、物流服务（尤其是必需品）和医疗保健。

政府部门必须继续履行其职责，为公民提供服务，并在不损害安全、保障和效能的情况下开展其所有活动。

私营医疗机构和公共卫生保健部门都必须应对需求的突然激增，并在医护人员自身面临更高风险的情况下继续运营。

过去几年，商业环境变化迅速，随之进行的应对也越来越"敏捷"。我们过去和现在都在关注如何利用新兴技术和生态系统。这种追求"敏捷性"目标的趋势仍在继续。

新冠疫情迫使每个组织和个人迅速做出反应。在许多情况下，我们的底层系统根本就没有足够的弹性。

（2）启示

在新冠疫情下，所有组织都在一个相互关联的生态系统中运作。这些系统相互依存，对其中一些系统的影响很容易波及整个生态系统的大部分，突显了对这样一种系统工程方法的需求，它使过程、系统和事实上的综合系统具有弹性，我们的系统必须设计成具有弹性的系统。

数字化转型的必要性已经得到广泛认可。其目标是变得足够敏捷，以便快速从新技术提供的可能性中受益。一个重要方面是利用生态系统的能力，各种云提供商就是一个很好的例子。新冠疫情也引起了人们对弹性需求的关注。我们已经看到了工作方式转变的需求：集中的工作方式需要迅速转移到大量的分布式和远程工作方式。主要的启示有：

- 对敏捷性的需求一如既往地强烈——需要适合增量式和迭代式系统开发的流程和技术。
- 优先利用生态系统而不是创建捕获系统的趋势一如既往地强烈——综合系统技术与设计和理解这些生态系统中的相互作用的相关性越来越强。
- 新冠疫情突显了：系统需要在逆境中继续提供可接受的输出——具有可接受的弹性水平；即使在系统主要是物理形式的区域，也需要远程工作形式——很有可能会大量部署信息物理系统（cyber-physical systems，CPS）。（注：信息物理系统是一种综合了计算、网络和物理环境的复杂系统。）

（3）联合国可持续发展目标

SC 7 制定的标准已经为以下联合国可持续发展目标做出了贡献：

- 目标 4——优质教育；
- 目标 9——产业、创新和基础设施；

- 目标 10——减少不平等；
- 目标 11——可持续城市和社区。

当前的新冠疫情已经威胁到人们的生计，并加剧了能够居家办公的人和不能居家办公的人之间的不平等。医疗保健部门承受着巨大的压力。该群体要迎接挑战并制定系统弹性标准，使系统能够在严重逆境中运行，进而也有助于实现以下联合国可持续发展目标：

- 目标 3——良好健康与福祉；
- 目标 8——体面工作和经济增长。

（4）市场需求

SC 7 标准化的优先领域包括：

- 修订现有标准，将敏捷性和开发运维纳入软件与系统工程标准中；
- 重新包装产品线和产品，以吸引更广泛的受众；
- 在软件和系统（包括综合系统和产品线）支持的获取、开发、演化、资产管理和持续性保障等方面制定新标准和修订标准；
- 系统之间互操作和接口的标准；
- 不同规模的组织可使用的标准；
- 自治系统的工程化标准；
- 测试中人工智能（AI）的应用和 AI 系统测试等方面的标准；
- 信息物理系统领域的标准；
- 系统弹性领域的标准。

市场要求这些标准能在较短的时间内研制出来。

（5）咨询组

SC 7 的研究组已重组为咨询组。2018 年完成工作的研究组已结束工作，根据已确定的影响和市场需求，成立了以下咨询组，为 SC 7 提供指导：

- 开发运维和敏捷实践咨询组；
- SC 7 体系结构评审咨询组。

此外，SC 7 已经开始着手以下项目：

- 创建一个项目，用于开发定义自治系统通用框架和术语的标准。
- 创建两份技术报告，用于定义：a）敏捷和开发运维的原则和实践；b）敏捷准备和成功准则。

（6）成果

图 5-1 所示是 JTC 1/SC 7 标准合集，即截至 2020 年 5 月 18 日 SC 7 所积累的标准成果。

（7）资源

当前工作的重要部分是维护现有的标准库。如果 SC 7 要对当前市场形势做出回应，则需要集中精力招募合适的专家。

（8）竞争和合作

SC 7 共有 34 个全权成员（P 成员）和 25 个观察成员（O 成员），具体信息可在 SC 7 成员列表（详见 ISO 官网）中找到。SC 7 通过建立广泛的 JTC 1 外部或内部的联络人网络，有意识地努力加强与其他标准化组织的合作。

通常，SC 7 与 IEEE 计算机社区（IEEE-CS）和国际系统工程师协会（INCOSE）保持着有效的联系。它与 JTC 1/WG 11（智慧城市）、TC 307（区块链和分布式记账技术）、TC 279（创新管理）和 JTC 1/SC 42（人工智能）建立了新的联系；正在与 ITAM.ORG、ITAMOrg、TagVault、对象管理组（OMG）建立新的外部关系，以促进各工作组的工作。

（9）沟通和外联

保持与不同的利益相关者团体和国家机构持续接触非常重要，这样 SC 7 的工作才能被广泛了解和使用。为加强交流与合作，建立了沟通外联咨询组（AG 3），以支持国家成员体（NB）与他们的国家机构（NMC）

进行内部沟通和外部沟通,并提高新专家的参与度和现有专家的积极性。该小组将联系其他标准制定组织(SDO)、JTC1 其他分委员会,管理所有面向公众的材料,如宣传册、维基百科、推特、领英等。

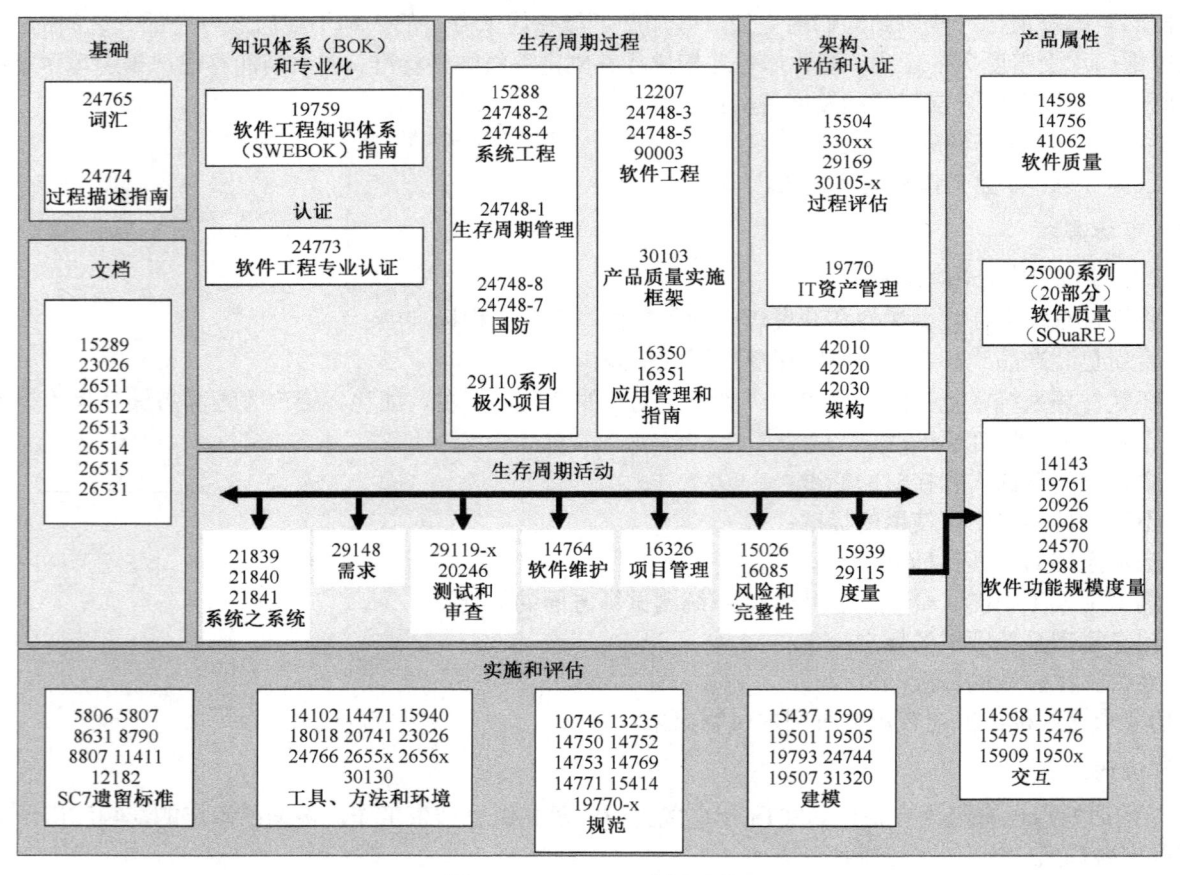

基础	知识体系(BOK)和专业化	生存周期过程	架构、评估和认证	产品属性
24765 词汇	19759 软件工程知识体系(SWEBOK)指南	15288 / 24748-2 / 24748-4 系统工程	12207 / 24748-3 / 24748-5 / 90003 软件工程	15504 / 330xx / 29169 / 30105-x 过程评估	14598 / 14756 / 41062 软件质量
24774 过程描述指南	认证 24773 软件工程专业认证	24748-1 生存周期管理	30103 产品质量实施框架	19770 IT资产管理	25000系列(20部分)软件质量(SQuaRE)
文档 15289 / 23026 / 26511 / 26512 / 26513 / 26514 / 26515 / 26531		24748-8 / 24748-7 国防 29110系列 极小项目	16350 / 16351 应用管理和指南	42010 / 42020 / 42030 架构	14143 / 19761 / 20926 / 20968 / 24570 / 29881 软件功能规模度量

生存周期活动

| 21839 / 21840 / 21841 系统之系统 | 29148 需求 | 29119-x / 20246 测试和审查 | 14764 软件维护 | 16326 项目管理 | 15026 / 16085 风险和完整性 | 15939 / 29115 度量 |

实施和评估

| 5806 5807 / 8631 8790 / 8807 11411 / 12182 SC7遗留标准 | 14102 14471 15940 / 18018 20741 23026 / 24766 2655x 2656x / 30130 工具、方法和环境 | 10746 13235 / 14750 14752 / 14753 14769 / 14771 15414 / 19770-x 规范 | 15437 15909 / 19501 19505 / 19793 24744 / 19507 31320 建模 | 14568 15474 / 15475 15476 / 15909 1950x 交互 |

图 5-1　JTC 1/SC 7 标准合集

5.2.4　SC 17 业务计划(2020 年 11 月至 2021 年 10 月)

1. 执行概要

SC 17 继续在全球范围内提供需要识别的行业能够普遍使用的标准。迄今为止,这项活动的重点是"银行卡"或身份识别文件形式因素标准的使用。由于市场正在扩展"身份识别文件"的概念,SC 17 也在采取行动以应对这些变化。

2. 回顾

(1) 市场需求和创新

SC 17 的工作计划目前分布在 8 个工作组中。细分为 5 个技术工作组(WG 1、WG 4、WG 8、WG 11 和 WG 12)和 2 个基于应用程序的工作组(WG 3 和 WG 10),而 WG 5 在 2020 年 SC 17 全体会议上已解散。

(2) 成就

WG 3 与 ICAO(国际民用航空组织)密切合作,帮助 ICAO 全面修订了其关于机读旅行证件的第 9303 号文件,并将第 7 版重新编排为 12 部分,于 2015 年发布。WG 3 一直在编写 Doc 9303 号文件的第 8 版,并已得到 ICAO 旅客身份识别方案技术咨询小组的认可。(注:Doc 9303 号文件的第 8 版已发布)

WG 8 与 NFC 论坛的联络开始产生结果。NFC 论坛已提议对 WG 8 的一种测试方法进行调整,以便可以测试 NFC 智能手机和 ISO/IEC 14443 卡设备。这被视为 ISO/IEC 14443 与 NFC 论坛规范之间实质性协调的重要第一步。

此外,WG 8 已经启动了与 EMVCo 组织之间的联络程序,该程序已得到 ISO TMB 的支持,因此 SC 17 现在通过 A 类联络关系与 EMVCo 联络。WG 8 在改善与 EMVCo 的合作方面迈出了重要一步,因为全球支付应用程序都由 EMVCo 密集驱动，因此联络关系可以更有效地解决 SC 17 标准之间的兼容性问题，特别是 WG 8 的标准。

WG 10 在确保跨司法管辖区 mDL（移动驾驶执照）互操作性所需的接口标准化项目上继续取得良好进展——ISO/IEC 18013-5 即将发布。

AG 1（注册管理组，前身为 SWG-RMG）成立于 2017 年，负责管理发行者识别号（IIN）。与 WG 不同，AG 由一名代表和每个选定的 P 成员的候补成员组成。RMG 提供投票，以确认或拒绝向 RA 申请 IIN 块。

（3）资源

SC 17 的工作计划继续得到专家的大力支持，尽管已明显从支付卡行业的代表（即应用程序用户）向制造商和基础设施提供商转变。这是意料之中的，因为智能卡是一种成熟的产品，早期的开拓者和应用程序开发人员已经不再需要技能，现在他们能够依靠制造商和卡制造商为他们提供商品化的产品。这种转变至少有一部分原因源于标准化的成功，SC 17 在其中发挥了重要作用。

（4）竞争与合作

在 SC 17 的业务范围内，SC 17 及其标准没有主要的竞争对手。相反，不同的卡应用程序生产商、卡系统基础设施提供商和卡制造商都依赖于 SC 17 稳定的标准基础。

NFC 论坛与 SC 17/WG 8 的非接触式技术有重叠利益的联盟，也是 SC 17/WG 10 移动驾驶执照工作中使用协议的提供者，所以 SC 17 与 NFC 论坛的联络也令人鼓舞。SC 17/WG 10 也在移动驾驶执照工作中与 Wi-Fi 联盟进行了联络。

3. 工作组

SC 17 有 7 个活跃的工作组，计划 2021 年 9 月底解散 1 个工作组和 1 个研究组（注：WG 5 工作组和 AG 2 研究组已经解散。）

SC 17 的完整工作方案见 ISO 官网。

（1）WG 1（物理特性和测试方法）

WG 1 管理 6 组标准，包括：
- 物理特性和测试方法；
- 凸印和 TIM（触觉标识符标记，如盲文）；
- 磁条卡；
- 柔性薄卡；
- 卡使用寿命；
- ICC 管理器件。

① WG 1 成就。

WG 1 于 2020 年发布了 ISO/IEC 10373-1。

② WG 1 可交付成果。

ISO/IEC FDIS 18328-2 于 2021 年第三季度启动（FDIS：最终国际标准草案）。

WG 1 在 2021 年完成了 ISO/IEC 24789-1 和 ISO/IEC 24789-2 的第二次 CD 投票。

ISO/IEC PWI 24789-3 于 2021 年第四季度启动。

③ WG 1 风险、机遇和问题。

讨论何种程度的标准监管才能有利于发展中的细分市场，这会影响 ISO/IEC 18328-2 和 ISO/IEC 24789 系列标准的进度，也可能导致 ISO/IEC 24789 系列标准的延迟。

（2）WG 3（机读旅行证件）

WG 3 与 ICAO（国际民用航空组织）密切合作，制定机读旅行证件（MRTD）规范 Doc 9303 号文件，并将其转换为 ISO/IEC 7501。

① WG 3 成就。

WG 3 与 ICAO 的各工作组密切合作，致力于推进：

- 将 ISO 1831 转换为 ISO/IEC 30116 和 ICAO Doc 9303；
- （电子）机读旅行证件中不符合项的分析和指导；
- 起草符合 Doc 9303 物理标准的测试规范；
- 更新人像质量规格；
- 数字旅行证件的技术规范；
- 起草 Doc 9303 文件的下一版（第 8 版）；
- 电子旅行授权技术报告。

② WG 3 可交付成果。

WG 3 向 ICAO 旅客身份识别方案技术咨询小组提供了以下交付成果，于 2020 年 9 月底获得批准：

- Doc 9303 号文件第 8 版，包括以下部分：ICAO-TR-逻辑数据结构 2；ICAO TR-非电子文件的可见数字印章；ICAO TR-人像质量。
- ICAO TR-数字旅行证书，虚拟组件。

③ WG 3 风险、机遇和问题。

ICAO 和 ISO 就制定两个组织之间合作的谅解备忘录展开了讨论，讨论仍在进行中。

这可能会对 Doc 9303 第 7 版作为 ISO/IEC 7501 的简短背书产生影响。因此，背书尚未开始。

在制定 ISO/IEC 39794（与参考这些标准的 SC 17 有关）之后，SC 17/WG 3 继续与 SC 37 密切联系，以制定从 ISO/IEC 19794 到 ISO/IEC 39794 的过渡指南（ISO/IEC 49794）。

（3）WG 4（安全设备的通用接口和协议）

WG 4 最初为带触点的集成电路卡（ICC）制定了标准。这项工作随后被分为 WG 4 和 WG 8（非接触式卡），WG 4 继续致力于与物理接口独立的 ICC 逻辑接口，例如非接触式或接触式。自 2004 年以来，WG 4 制定了新标准，以促进 ICC 通过标准中间件（ISO/IEC 24727）与用户（ISO/IEC 12905）和系统连接。自 2010 年以来，WG 4 一直致力于支持电子设备使用的 IC 上应用程序的逻辑接口的标准化，例如键盘、电子显示屏（ISO/IEC 18328）。此外，自 2013 年以来，WG 4 一直致力于涉及 ICC 隐私增强协议和服务（ISO/IEC 19286）的标准化。2016 年，WG 4 开始研究 HCI/HCP（ISO/IEC 22924）、Mobile ID（ISO/IEC 22320）和新的编程接口（ISO/IEC 23465）。

① WG 4 成就。

ISO/IEC TS 22924 已发布。

ISO/IEC 7816-8《安全操作命令与机制》已发布。

② WG 4 可交付成果。

ISO/IEC 7816-6《交换用行业间数据元素》处于发布阶段。

ISO/IEC TS 22924《HCI/HCP 交换配置》处于 DTS 阶段。

③ WG 4 风险、机遇和问题。

ISO/IEC 23220《移动设备身份管理的构建模块》处于 CD 阶段。

ISO/IEC 23465 第 1～3 部分《安全设备编程接口 功能和参数》处于 CD 阶段。

ISO/IEC 7816-6《识别卡 集成电路卡 第 6 部分：用于交换的行业间数据元》的修订目前处于暂停状态，等待 BSI 承诺管理与 IC 制造商 ID 编号分配相关的维护机构。新的 ISO 文件系统缺乏"可见的公共空间"进一步阻碍了其修订进展。

（4）WG 5 [（发行者识别号（IIN）/应用程序提供商标识符（RID）]

ISO/IEC 7812 的修订工作已经完成，因此该工作组已解散。

（5）WG 8（非接触式集成电路卡）

WG 8 为非接触式集成电路卡制定标准：用于接近式卡的 ISO/IEC 14443 系列和用于邻近式卡的 ISO/IEC 15693 系列。WG 8 还支持 WG 3，其机读旅行证件（MRTD）（如电子护照和电子签证）等采用了 ISO/IEC 14443 非接触式技术。

① WG 8 成就。

- ISO/IEC 14443-3 AMD 2《无触点接近式对象 第 3 部分：初始化和防冲突 修改单 2：协调增强》已

发布；
- ISO/IEC 14443-4 AMD 2《无触点接近式对象 第4部分：传输协议 修改单2：协调增强》已发布；
- ISO/IEC TS 24192-1《公共交通 非接触式读卡器和收费媒体间的通信 第1部分：ISO/IEC 14443 的实施要求》已发布；
- ISO/IEC TS 24192-2《公共交通 非接触式读卡器和收费媒体间的通信 第2部分：ISO/IEC 14443 的测试计划》已发布；
- ISO/IEC 18745-2《机读旅行证件（MRTD）和相关设备的测试方法 第2部分：非接触式接口的测试方法》已发布。

② WG 8 可交付成果。
- ISO/IEC 14443-2:2020/Amd 1《接近式对象 第2部分：射频功率和信号接口 修改单1：动态功率级别管理》DAM 投票已通过；
- ISO/IEC 14443-3:2020/Amd 1《接近式对象 第3部分：初始化和防冲突 修改单1：动态功率级别管理》DAM 投票已通过；
- ISO/IEC 14443-4:2018/Amd 1《接近式对象 第4部分：传输协议 修改单1：动态功率级别管理》DAM 投票已通过；
- ISO/IEC 10373-6:2020/Amd 1《测试方法 第6部分：接近式对象 修改单1：动态功率级别管理》DAM 投票已通过；
- ISO/IEC 10373-6:2020/Amd 2《测试方法 第6部分：接近式对象 修改单2：协调增强》DAM 投票已通过。

③ WG 8 风险、机遇和问题。

ISO/IEC 10373-6 Amd 3 已发布，WG 8 对此持乐观态度，这是 ISO/IEC 14443 和 NFC 论坛规范之间实质性协调的重要第一步。

此外，WG 8 收到了 ISO/TC 204 的需求信息：协调 ISO/IEC 14443 和 EMVCo 规范。为满足运输部门的这一要求，WG 8 已启动 3 项新的修改单。WG 8 也希望在新的特别小组中开始工作，以便与 EMVCo 专家讨论协调问题。一个先决条件是 ISO 和 EMVCo 之间的谅解备忘录，目前该备忘录尚未最终确定。

（6）WG 9（光存储卡）（已解散）

WG 9 负责光存储卡的标准化。这是一项成熟的技术，WG 9 的标准已经稳定。

（7）WG 10（机动车驾驶执照和相关文件）

WG 10 负责制定机动车驾驶执照标准。

① WG 10 成就。

针对 ISO/IEC 18013-3《信息技术 身份识别 遵循 ISO 的驾驶执照 第3部分：访问控制、身份验证和完整性验证》修改单的 DIS 投票于 2021 年 7 月成功结束。由于没有技术评论，因此投票决定此修改单直接为最终版。

ISO/IEC 18013-4《信息技术 身份识别 遵循 ISO 的驾驶执照 第4部分：测试方法》修改单的新工作项目于 2021 年 10 月 8 日投票结束，并附有拟议的 FDIS（最终国际标准草案）文本。

ISO/IEC 18013-5《信息技术 身份识别 遵循 ISO 的驾驶执照 第5部分：移动驾驶执照（mDL）申请》的 FDIS 投票于 2021 年 8 月成功结束。（注：已在 2021 年 9 月发布）

ISO/IEC 18013-6《信息技术 身份识别 遵循 ISO 的驾驶执照 第6部分：mDL 测试方法》的工作仍在继续。在撰写本报告时，该项目处于 WD 阶段。

ISO/IEC 18013-7 的新工作项目提案《信息技术 身份识别 遵循 ISO 的驾驶执照 第7部分：移动驾驶执照（mDL）附加功能》，已于 2021 年 6 月获得批准，这将是一个技术规范。

2021 年 6 月批准了 ISO/IEC 7367 的新工作项目提案，即符合 ISO 标准的车辆移动登记证书，这将是一个技术规范。

② WG 10 风险、机遇和问题。

ISO/IEC 18013-5 移动驾驶执照所涉及的领域是一个快速发展的动态主题，也是一个涉及多个利益相关者的新领域。WG 10 与 NFC 论坛、Wi-Fi 联盟以及 SC 17/WG 4 持续保持有效联系。

（8）WG 11（卡及身份识别生物识别应用）

WG 11 负责制定将生物识别技术应用于卡和个人识别的标准。

① WG 11 成就。

ISO/IEC 17839-2：2015 Amd 1 于 2021 年 5 月发布。该修改单引入了四类传感器尺寸，以便产品可以结合小型或大型生物识别传感器，满足不同的安全要求。同时，ISO/IEC 17839-2:2015 的系统评价获得批准，并决定启动新版本。新版本将在 ISO/IEC 17839-2 和 ISO/IEC 18328-x（"ICC 管理器件"）之间进行更清晰的区分，其中一个标准侧重于生物识别，另一个侧重于物理特性。WG 11 将与 SC 17/WG 1 密切合作，共同制定这些标准。

新加坡国会建议举办"BSoC PlugFest"活动，并邀请各企业提交产品样品，用来研究传感器尺寸和精度性能。由于新冠疫情限制了旅行，该活动已推迟。旅行不再受限后，将恢复规划讨论。

ISO/IEC 24787（Ed.3）《卡上生物特征比对》正在按计划进行，并已进入 CD 阶段。

ISO/IEC TR 30117（Ed.2）《卡上生物特征比对标准和应用指南》已于 2021 年 8 月成功发布。

ISO/IEC 7816-11（Ed.3）《通过生物特征识别方法进行身份验证》正在 DIS 投票中，将进入 FDIS 阶段。

开始修订 ISO/IEC 18584《卡上生物特征比对应用的一致性测试要求》。该文件目前处于 WD 阶段。

关于在卡生物识别领域使用"区块链和 DLT"的研究已结束。WG 11 有兴趣将其材料作为技术报告发布，等待下一次 SC 17 全体会议的进一步讨论。

② WG 11 可交付成果。

- ISO/IEC 17839-2 第 2 版取得进展并与 SC 17/WG 1 密切协调；
- ISO/IEC 24787（Ed.3）于 2022 年第一季度进入 DIS 阶段；
- ISO/IEC 7816-11（Ed.3）于 2022 年 2 月进入 FDIS 阶段；
- ISO/IEC 18584（Ed.2）于 2022 年初升级为 CD；
- 对"区块链和 DLT 学习期"下一步的建议。

③ WG 11 风险、机遇和问题。

与 SC 17/WG 3 一样，WG 11 比较关注 SC 37 开发的第 3 代 ISO/IEC 19794。SC 37/WG 2 的 CBEFF 工作也与 WG 11 中的工作相关，特别是与 ISO/IEC 7816-11、ISO/IEC 24787 保持一致。

WG 11 与 SC 17/WG 4 以及 SC 37 保持密切联系，以实现工作协调及合作。

（9）WG 12（无人机执照和无人机识别模组）

WG 12 为无人机（无人驾驶飞机系统）执照和无人机识别模组制定标准。

① WG 12 成就。

无。

② WG 12 可交付成果。

- ISO/IEC 22460-1 已进入第二轮 CD 投票（于 2020 年 10 月结束）；
- ISO/IEC 22460-2 正在制定；
- ISO/IEC 22460-3 正在制定。

（注：该多部分标准目前处于中止状态）

③ WG 12 风险、机遇和问题。

商用和个人无人机市场的持续快速增长，需要用于经营商和无人机识别的标准。

在商用和个人无人机市场持续快速增长的同时，也存在许多飞行安全问题，因此对经营商和无人机识别的需求也在持续增长，标准是必需的。

（10）AG 1（注册管理）

注册管理组（RMG）的活动最初是在 WG 5 中进行的。然而，随着 ISO/IEC 7812 的修订，根据 ISO 引入的关于 RA 的新指南，RMG 工作被转移到一个单独的组 AG 1 中。

5.2.5 JTC 1/SC 22 业务计划（2020 年 9 月—2021 年 10 月）

1. 执行概要

SC 22 各项工作运转良好。虽然部分工作组的成员数量及业务与市场相关度不断下降，但其他工作组的成员数量却在增加，并且所有成员都能够紧密协作。

各工作组持续监控、优化和修订标准对新技术的支持，如并发性、多核并行（同质和异构）、高性能计算、面向对象和其他方法，同时考虑可教育性并避免错误。

SC 22 每年举行一次全体会议，会议时间通常在 11 月 JTC 1 全体会议的前几周。在全体会议期间，正式事务通过信函投票进行，非正式事务通过电话会议和电子邮件进行。所有委员会文件都会附在 ISO 文件中。全体会议允许最多两个工作组会议与大会同时召开。

2. 回顾

（1）市场需求和创新

在经典编程语言方面，SC 22 主要负责 Ada、C、C++、COBOL、FORTRAN、Prolog 等主流编程语言标准的开发工作。各种编程语言的漏洞记录工作仍然作为工作组重点关注领域之一。Linux 和 POSIX 中的操作系统相关工作也正在开展。

较新的语言标准倾向于基于开源模型开展相关工作，并在 GitHub 或类似网站上免费提供工作进展信息以及研究成果。然而，ISO/IEC 的商业化模式与此相悖，大大削弱了社区语言的开放性，因此 ISO/IEC 很难吸引新的编程语言。

（2）成就

不同工作组的活跃度差异巨大，某些工作组除 DR 议程外几乎没有活动，而其他工作组则活动频繁。

（3）资源

C 和 C++语言工作组在成员和国家成员体的数量上都拥有较高的参与度，它也十分积极地记录各种编程语言的漏洞。其他工作组的参与活跃程度，从勉强足够到良好不等。

（4）竞争与合作

SC 22 的各个项目之间不存在直接竞争，大多数工作组都与各自行业的团体积极合作。

（5）对 JTC 1 的谏言

最近，JTC 1 对标准的免费使用设置了限制，这极大地影响了 ISO/IEC 24772 系列文件的使用。如果一份文件以前是免费提供的，并且其范围没有改变，则新版本应继续免费提供，避免对用户社区和开发文件的团体造成干扰。

3. 工作组

（1）WG 4（COBOL）

WG 4 负责开发和维护与编程语言 COBOL 相关的 ISO/IEC 标准和技术报告。

COBOL 一直属于广泛应用于程序开发和应用程序升级的编程语言之一。

① WG 4 成就。

WG 4 始终致力于语言标准每四年一次的周期性修订工作。该工作允许延期 9 个月。

② WG 4 可交付件。

标准草案：2021-09 版 ISO/IEC DIS 1989-COBOL。

③ WG 4 风险、机遇和问题。

- （技术专家）资源持续减少。大部分原有技术工作人员已经退休。之前做了大量技术工作的美国 COBOL 委员会——INCITS PL22 已解散。
- 通常，初入标准化行业的专家在标准化过程中较为活跃。

（2）WG 5（FORTRAN）

WG 5 负责 ISO/IEC FORTRAN 编程语言标准的开发和维护。FORTRAN 作为多种科学、工程、经济等领域程序开发的首选语言，在长期演进迭代的大型程序中发挥着重要作用。

① WG 5 成就。

WG 5 致力于 ISO/IEC 1539-1-FORTRAN 标准每三年一次的周期性修订工作。

② WG 5 可交付件。

- 2023-09 版 ISO/IEC 1539-1 - FORTRAN。

③ WG 5 风险、机遇和问题。

新冠疫情导致一次会议取消，一次会议延迟约 6 个月。

(3) WG 9（Ada）

WG 9 负责编程语言 Ada 的 ISO 标准和技术报告的开发和协调工作。Ada 是实时嵌入式系统社区以及航空航天和国防领域的首选语言。例如，卡西尼号探测器（自 2004 年 7 月 1 日起绕土星运行）上的所有机载（嵌入式）软件都采用 Ada 语言编写。Ada 也用于铁路、银行业等其他市场领域。

① WG 9 成就。

- 正式记录 Ada 标准的修订过程。该过程与以往不同，此次修订的相关材料来源于美国政府机关，但条件是此项标准必须免费开放。
- 提交 Ada 标准 ISO/IEC 8652 的 NWIP（新工作项目提案）和 DIS（国际标准草案）。
- 与 WG 23 合作制定 ISO/IEC TR 24772-2:2020 第 2 部分（Ada）和第 6 部分（SPARK）。
- 根据 ISO/IEC 8652 编写勘误报告。

② WG 9 可交付件

- 继续处理 Ada 勘误报告。
- 更新 ISO/IEC TR 24772 第 6 部分（SPARK）。
- 完成 ISO/IEC TR 24772 第 2 部分（Ada）。
- 将 WG 9 有关材料从以前的 IEEE 转移到 ISO 文件中。

③ WG 9 风险、机遇和问题。

- 如果在投票过程中收到意外的技术修改意见，则标准发布可能会延误。
- 随着人们对软件和系统安全的重视程度日益提升，WG 9 打算继续与 WG 23 合作，制定软件漏洞预防指南。

(4) WG 14（C）

WG 14 负责开发和维护与编程语言 C 相关的 ISO/IEC 标准。

① WG 14 成就。

- 印度标准 IS 9899 的修订取得一定进展，其中包括将 ISO/IEC TS 18661 的部分内容纳入 C 标准。
- 成立专项研究小组，研究将 ISO/IEC TS 18661 纳入 C 标准的未来版本，并准备将 ISO/IEC TS 18661 第 4 部分和第 5 部分更新为 2019 IEEE 浮点标准。
- 成立专项研究小组，负责 C 语言记忆对象模型的调整，并辅助起草 ISO/IEC TS 6010。
- 联合 WG 21 成立专门研究小组，协调推进两种语言间的提案。

② WG 14 可交付件

- 2023-08 版 ISO/IEC 9899（编程语言 C）。
- 2023-10 版 ISO/IEC TS 6010（指针来源）。

③ WG 14 风险、机遇和问题。

WG 14 已经很好地适应了虚拟会议。但是，由于虚拟会议的有效时间较短，WG 14 将每年举办 4 次虚拟会议，而不是 2 次线下会议，这增加了会议日程安排的难度。

(5) WG 17（Prolog）

WG 17 负责开发和维护与编程语言 Prolog 相关的 ISO/IEC 标准。Prolog 是一种市场牵引型编程语言，被少数用户深度使用，主要用于配置、Web 和 CGI（通用网关接口）生成、约束处理和自然语言等方面的应用。目前多数大学已设立 Prolog 课程。

① WG 17 成就。

- 研究确定分句语法（DCG）的技术报告（TR）。

② WG 17 可交付件。
- 完成了 DCG 的技术报告。

③ WG 17 风险、机遇和问题。

该工作组规模较小，加上新冠疫情的影响，相关工作难以开展。

（6）WG 21（C++）

WG 21 负责开发和维护与 C++程序设计语言相关的 ISO/IEC 标准、技术规范以及技术报告。

ISO C++是一种广泛应用的基础标准，广受市场欢迎。

尽管 C++保持了长久的流行度，但自 2011 年以来，在行业资本的驱动下，C++语言编程工具和平台迎来了新一轮的增长和投资变革期。C++11 标准的完成为新变革提供了强劲动力，正是在该标准完成的同时，业界再次燃起了针对移动设备、云数据中心、高性能金融系统、向量与 GPGPU 计算（C++的非标准扩展，WG 21 正在调研其标准化）及其他主要成长领域和环境对运行高效、硬件配置高效（尤其是节能）的系统编程能力的追求。

C++行业投资的新变革包括但不限于如下方面：
- 工具（如 CLAN 编译器中的 C++新型实现工具）以及主流新产品的积极竞争，将推动最新的 ISO C++标准制修订工作。
- 组织工作。标准 C++基础贸易协会于 2012 年成立。
- 参与标准化工作。超过 250 名专家出席会议，并组成了 20 多个活跃子群，其中包括 16 个特定领域的活动子群（例如，事务型存储器、图形、游戏等子群）。这些子群自 2012 年成立以来，汇聚了一批之前未参与 C++标准化工作的本领域专家。
- 更快、更可预测的标准化成果输出，包括每三年一次的周期性标准制修订以及多种并行技术规范的发布（从 2014 年至 2018 年完成并发布了 13 个规范）。

① WG 21 成就。
- 出版 JTC1.22.14882《程序设计语言 C++》。
- JTC1.22.23619《C++显示扩展 技术工作》已完成，待发布。

② WG 21 可交付件。

持续推进 JTC1.22.14882（ISO C++）下一步修订工作，同时兼顾其他项目。

③ WG 21 风险、机遇和问题。
- 新冠疫情加大了召开全体会议的阻力。
- WG 21 将会议分为小型会议，以满足虚拟参与方的需要。

（7）WG 23（编程语言漏洞）

WG 23 负责开发和维护"通过语言选择和使用避免编程语言中的漏洞指南"相关的系列技术报告。

市场急需稳健、安全的软件。语言漏洞阻碍了软件的稳健性、安全性。软件系统之所以遭受攻击，通常是因为计算机语言未能阻止攻击向量，且未能及时警告开发人员其代码中存在攻击缺陷。

① WG 23 成就。
- 完善 ISO/IEC TR 24772 第三版的各个部分。

② WG 23 可交付件。
- 完成 Python、FORTRAN、C++和 Java 的 ISO/IEC TR 24772 部分的制修订工作。

③ WG 23 风险、机遇和问题。
- 部分工作需要借助其他工作组或外部专家资源共同完成。
- 尽管各技术报告（TR）的第 1 版和第 2 版是免费的，但由于政策调整，导致第 3 版无法免费提供。这严重制约了社区和只参阅免费标准的专家团体的信息获取途径。为恢复 TR 的免费可用性，该工作组正开展将 TR 向国际标准转换的相关工作，但这在一定程度上增加了工作量和工作时间。

（8）WG 24（Linux）

WG 24 负责开发和维护与 Linux 操作系统相关的 ISO/IEC 标准。Linux 是支撑嵌入式系统和超级计算机等多个主要类别操作系统的基本操作系统。

① WG 24 成就。
- ISO/IEC 23360 系列标准的 20 个分部分正在出版中。

② WG 24 可交付件。
- 指导发布 ISO/IEC 23360 标准。

③ WG 24 风险、机遇和问题。
- ISO/IEC 23360 文件需要 ISO CS（中央秘书处）与 Linux 基金会进一步沟通和协调，以便获得有关文件在 ISO/IEC 发布的授权。
- ISO CS 希望遵循不同流程发布未来版本的标准，但目前尚不知道 WG 24 和 Linux 基金会之间如何协调。

5.2.6 SC 23 业务计划（2020 年 10 月—2021 年 9 月）

1. 执行概要

数字记录信息是信息技术领域的基本要素，SC 23 将继续提供满足用户要求的技术严格的标准。在 2020 年 10 月至 2021 年 9 月期间，SC 23 一直在制定保持光盘可靠性的标准修订版、CD-ROM 卷和文件结构的修订版以及 4 项 BD 标准的修订版：一是长期数据存储的数据迁移方法的修订，即 ISO/IEC 29121 第 4 版；二是 ISO/IEC 9660 的修订，合并了 ISO 9660:1988 的两次修订 Amd.1:2013 和 Amd.2:2020；三是修订 4 项 BD 国际标准，即 ISO/IEC 30190、ISO/IEC 30191、ISO/IEC 30192 和 ISO/IEC 30193，支持可写 BD 光盘上的 4K/8K 广播录制。

2. 回顾

（1）市场需求和创新

2020 年，由于新冠疫情以及居家工作、学习和娱乐的人数急剧增加，总计 64.2 ZB 的数据以异常高的速度被生成和复制。预计 2020—2025 年全球数据的生成和复制将出现 23%的复合年增长率（CAGR），如图 5-2 所示。

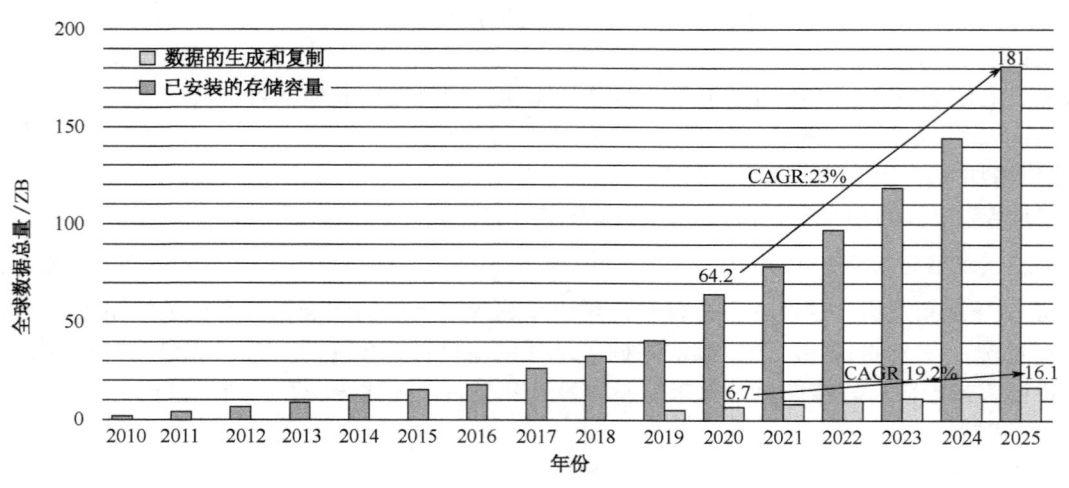

图 5-2 数字数据增长预测（源自 IDC，2021 年 3 月）

2020 年全球存储容量安装基数达到 6.7 ZB，全球数据存储容量预计会继续扩大，达到 19.2%的复合年增长率。虽然它在增长，但它的增长速度比数据生成的增长速度要慢，而且在世界范围内，存储的数据少于生成的数据。

数据生成和存储容量的增长速度差距是合理的（并非所有数据都需要存储或保留），但这一差距已经变得太大，需要更加关注数据存储。各个组织应考虑立即准备存储和保留更多数据，以用于创新、弹性和客户体验优化等业务目的，并获得积极和明确的投资回报率。

此外，有报告以存储在 2020 年的数字数据为基础进行能源消耗预测，该预测的前提假设为：数字数据生成总量中的约 40%存储在数据中心中。该报告得出的结论是，只有将大量数据转移到离线"冷"存储，才能达到现实可行的能源消耗预测。所有有用数据都可以随时在线获取的普遍假设是不可持续的，也是不现实可行的。

在"冷"存储的意义上，光盘具有优于数据归档应用的基本特性，例如防水、寿命长、功耗低等。这些独特的特性将帮助用户从灾难中恢复重要数据，并使超低功耗下的数据归档系统的构建和管理更加容易。因此，具有更大容量、有效空间因子和更低延迟的新型光存储系统（或混合存储系统）有望在不久的将来实现可持续的和现实可行的能源消耗增长。

（2）成就

SC 23 直接负责其范围内已发布的 132 项国际标准。

涵盖利用光学、全息和磁记录技术以及闪存技术进行数字信息交换的可移动数字存储媒体，包括：

- 数据无损压缩算法；
- 卷和文件结构；
- 确定数字存储媒体预期寿命的方法；
- 数字存储媒体的错误监控方法。

（3）资源

SC 23 有 6 个 P 成员（中国、日本、韩国、荷兰、俄罗斯、瑞士）和 22 个 O 成员。尽管存储行业的开发和制造设施最近已集中到少数几个国家，但对于所有当前和预期的项目，如常规存储媒体的物理规范、数据存档应用程序和文件系统规范等，仍有足够的资源来支撑标准的发展。

另外，考虑到近期存储环境的剧烈变化，SC 23 正在寻求将其活动扩展到新的工作领域。为了应对面向物联网、人工智能和云服务等的创新技术领域，SC 23 不仅需要邀请当前技术领域的专家，还需要邀请逻辑和系统领域的专家。

（4）竞争与合作

完整的 SC 23 成员列表可在 ISO 官网"SC 23 成员列表"中找到。SC 23 通过为 JTC 1 的内部和外部建立广泛的联络网络，始终有意地在努力减少和消除与其他标准化委员会的竞争。联络人名单也可以在 ISO 官网中找到。

值得注意的联络组织是：

- ISO/TC 42：摄影；
- ISO/TC 171：文档管理应用程序；
- ISO/TC 171/SC 1：信息的质量、保存和完整性；
- IEC/TC 100：音频、视频和多媒体设备与系统；
- Ecma TC 31：信息存储。

特别是，通过采用快速通道程序，SC 23 与 Ecma 国际的 A 类联络已促使 SC 23 的标准目录大量增加。在正常情况下，SC 23 全体会议与 Ecma TC 31 会议一起举行，以鼓励每个成员之间的相互交流。SC 23 正在寻求与 Ecma TC 31 的潜在联合活动，以共同发展未来标准化项目。

3. 标准化项目

（1）光盘可靠性标准——光盘数据迁移方法 [ISO/IEC 29121 (Ed.4)]

2018 年 3 月，光盘数据迁移方法国际标准 ISO/IEC 29121(Ed.3) 发布。除了现有的可写 DVD 光盘外，修订版 ISO/IEC 29121(Ed.4) 还打算合并可刻录 BD、可重写 BD、CD-R 和 CD-RW 光盘。通过此修订，可以解决将数据安全迁移到具有更高数据容量的新 BD 磁盘的问题，以供专业使用和（或）企业使用。

之后，SC 23 日本国家成员体（JNB）讨论了如何在最终用户中推广该标准的使用，并提议建立一个修订项目，引入多项技术修订，以明确操作环境，特别是针对一般用户。此次修订的开发工作已顺利完成，ISO/IEC DIS 29121（Ed. 4）于 2021 年 1 月发布。

- ISO/IEC 29121:2021《信息技术 用于信息交换和存储的数字记录媒体 用于长期数据存储的光盘的数据迁移方法》。

（2）光盘文卷格式标准——CD-ROM 的卷和文件结构（ISO/IEC 9660）

2020 年 4 月，CD-ROM 卷和文件结构的修订版 ISO 9660: 1988/Amd.2 发布，其中加入了 JOLIET 规范。

该规范是微软公司开发的 ISO 9660 的扩展版本,至今已在现有的 Windows 操作系统中广泛实施。此次修订的目的是防止用户和市场因业务领域可能丢失 JOLIET 规范文件而产生混淆。

在其 DAM2 投票中,为了使用户受益,也因为 ISO 9660 年代久远,ITTF 建议在 ISO/IEC 9660 的基础上产出一个小规模修订版本,将 ISO 9660:1988 及其 Amd.1:2013 和 Amd.2:2020 合并。因此,SC 23 正在制定 ISO/IEC 9660 的合并版本,当前处于 40.99(最终文本准备)状态。

- ISO/IEC DIS 9660《信息处理 用于信息交换的 CD-ROM 的卷和文件结构》。

(3)BD 标准——BD 可记录和 BD 可重写磁盘(ISO/IEC 30190/30191/30192/30193)

2017 年 11 月,蓝光光盘协会(BDA)更新了 Blu-ray Disc™第 1 部分"物理格式",以支持 4K/8K 广播的录制,并要求 SC 23 进行相应国际标准的修订,包括 ISO/IEC 30190/30191/30192/30193,以反映 BD 格式的这些更新。

根据 BDA 的要求,ISO/IEC 30190:2016/Amd.1、ISO/IEC 30191:2015/Amd.1 和 ISO/IEC 30192:2016/Amd.1 于 2019 年 6 月发布。然而,这些修订在技术上仍不充分,经过与 ITTF 协商,制定了合并的新版本以解决那些已发布的修订标准中的技术问题。最后,ISO/IEC 30190 (Ed.3)、ISO/IEC 30191 (Ed.3) 和 ISO/IEC 30192 (Ed.3) 于 2021 年 1 月发布。

关于对 ISO/IEC 30193(三层可擦写 BD 盘)的修订,ITTF 建议从一开始就发布合并后的新版本,以避免用户混淆;因为技术修订补充了额外的更高的播放速度,导致其数量比其他 3 个标准大得多。然后,ISO/IEC 30193 (Ed.3) 于 2020 年 3 月发布(2020 年 7 月发布更正版本),其中包含了附加修订以及其他 3 个标准。

此外,ISO/IEC 30193 (Ed.4) 正在制定中,以处理其他技术错误和形式问题,当前处于 50.00(FDIS 注册)状态。

- ISO/IEC 30190:2021《信息技术 用于信息交换和存储的数字记录媒体 120 毫米单层(每磁盘 25.0 GB)和双层(每磁盘 50.0 GB)BD 可记录磁盘》;
- ISO/IEC 30191:2021《信息技术 用于信息交换和存储的数字记录媒体 120 毫米三层(100.0 GB 单面磁盘和 200.0 GB 双面磁盘)和四层(128.0 GB 单面磁盘)BD 可记录磁盘》;
- ISO/IEC 30192:2021《信息技术 用于信息交换和存储的数字记录媒体 120 毫米单层(每磁盘 25.0 GB)和双层(每磁盘 50.0 GB)BD 可擦写磁盘》;
- ISO/IEC FDIS 30193《信息技术 用于信息交换和存储的数字记录媒体 120 毫米三层(每磁盘 100.0 GB)BD 可重写磁盘》。

(4)标准化活动的扩展

在过去的许多年里,基于已建立和公认的技术基础,光盘行业促进了相关的标准化。SC 23 将继续监控光盘格式创建方的活动,例如 BDA、Ecma TC31 等,并鼓励他们为国际标准化贡献自己的规范。

随着物联网、人工智能和云计算服务的扩展,预计在不久的将来将创建、分发和存储大量的数字数据(2025 年为 181 ZB)。由于数据存储容量的增长速度慢于数据创建和分发的速度,显然用户将面临严重的存储容量问题。为了解决这些潜在问题,同时实现可持续的和现实可行的能源消耗增长,新数据存储系统的进一步创新和标准化活动将是重要且值得的,不仅对于 SC 23,而且对于迈向数字数据爆炸时代的其他标准化委员会都是如此。

为了应对这种情况,SC 23 正在研究潜在的未来标准化,例如,具有更高容量和更高数据传输速率的新型光存储介质、专门用于更高速度访问的新文件格式、新的数据归档混合系统图书馆等。

为了对可持续的未来做出贡献,SC 23 将继续提供遍及整个数字数据存储领域的平台,希望与相关的标准化组织合作。

5.2.7 SC 24 业务计划(2020 年 8 月—2021 年 7 月)

1. 执行概要

SC 24 目前的工作领域可概括为以下方面的标准化:
- 计算机图形;
- 图像处理;

- 虚拟现实（VR）、增强现实（AR）和混合现实（MR）；
- 环境数据表示；
- 信息可视化和交互。

但不包括：多媒体高效编码。

SC 24 工作组的业务范围如下：

① WG 6（计算机图形和虚拟现实）：应用程序接口的计算机图形功能规范的标准化，包括对增强现实端（ARC）的支持；ARC 多媒体信息呈现技术的标准化，包括其创建以及对用户交互的支持；用于 ARC 多媒体对象的存储、检索和交换的接口的标准化；图形信息交换的标准化，包括计算机图形元文件和计算机图形设备接口；WG 6 内开发的标准的编码和语言绑定标准化。

② WG 7（图像处理和交换）：成像体系架构的发展；数字图像处理；数字图像的交换和存储；涉及与成像系统和技术、成像参考体系架构、成像系统测试和评估、成像产品和服务、图像质量、成像应用以及相关安全问题的术语；处理和传播架构内的成像技术（包括可视化、数据产品、AR/VR/MR 应用和计算机视觉）；用于特定应用程序域的通用规范分析。

③ WG 8（环境数据表示）：制定环境数据元素的标准，包括表示属性及其在数据表示模型中的关系；制定环境数据提供者和消费者之间的数据交换标准；制定空间参考和环境数据识别、分析和重用的标准。

④ WG 9（增强现实端概念和参考模型）：参考架构；功能规范；场景/数据表示和交换格式；交互；注册/校准流程；多模态输入和输出；远程混合现实数据交换（云/服务器/客户端）；设备规范；系统性能和评估过程。

⑤ WG 10（系统集成信息的表示和可视化）：与相关的 ISO/IEC 内的组织和其他组织协调，针对系统集成主题和倡议，制定信息表示和可视化方面的标准及相关指南；通过应用表示和可视化来支持 JTC1 系统集成需求和架构；提出和维护用于表示和可视化的通用方法和体系架构。

⑥ WG 11（增强现实和虚拟现实的健康、安全、安保和可用性）：增强现实和虚拟现实（AR/VR）的健康和安全，包括沉浸感；确保 AR/VR 个人防护装备（PPE）的安全使用；与 AR/VR 相关的卫生健康；确保多样性、平等和包容；软件/硬件的业务流程和多样性考虑；AR/VR 设备的稳健性；与 AR/VR 内容捕获、处理和后期制作相关的流程；AR/VR 领域特定的网络安全/隐私保护/潜在危害。

⑦ JWG 16（产品数据可视化和其他衍生形式的格式）：此工作组是 ISO/TC 184/SC 4、ISO/IEC JTC 1/SC 24 和 ISO/TC 171/SC 2 的联合工作组，由 ISO/TC 184/SC 4 主持。

2. 回顾

（1）市场需求和创新

随着虚拟世界技术的进步和扩展，企业和消费者需要安全、高效地生成和使用视觉信息。SC 24 各工作组正在研究满足这一要求的创新解决方案。另外一个需求是：在图像处理、计算机视觉、AR/VR 和混合现实、环境的数据表示，以及应用程序运行环境中的信息可视化等领域，其他标准团体和行业有益地使用现有 SC 24 标准。

（2）成就

SC 24 发布的所有标准以及在研标准的状态可在 SC 24 标准目录中查看（详见 ISO 官网）。在与相关 TC 和 SC 沟通后，SC 24 的范围已最终确定并达成一致。其下设工作组 WG 6~WG 11 的名称和职责范围已经修订。SC 24 及其 6 个工作组以及它与 ISO/TC 184/SC 4 和 ISO/TC 171/SC 2 共同建立的联合工作组的成就稍后予以阐述。

（3）资源

SC 24 采用的战略：基于与联盟合作的工作理念。

（4）竞争和合作（包括联盟）

SC 24 继续与 JTC 1 其他 SC 和 WG、ISO 的 TC 以及在 SC 24 工作范围内具有共同目标的行业联盟和论坛开展合作。其中包括 JTC 1/SC 29、JTC 1/WG 11、JTC 1/WG 12、JTC 1/AG 13、ISO/TC 211、ISO/TC 184、Web3D 联盟、万维网联盟（W3C）、开放地理空间联盟（OGC）、仿真互操作性标准组织（SISO）、SEDRIS

组织和 Khronos 集团。

3. 工作组报告

（1）WG 6（计算机图形和虚拟现实）

① WG 6 成就。
- ISO/IEC 19777-1 第 2 版 CD《X3D 语言绑定　第 1 部分：ECMAScript》；
- ISO/IEC 19777-2 第 2 版 CD《X3D 语言绑定　第 2 部分：Java》；
- ISO/IEC 19777-3 WD《X3D 语言绑定　第 3 部分：C》；
- ISO/IEC 19777-4 WD《X3D 语言绑定　第 4 部分：C++》；
- ISO/IEC 19777-5 WD《X3D 语言绑定　第 5 部分：C#》。

② WG 6 可交付件。

2020—2021 年无交付标准。

③ WG 6 战略/风险/机会/经验教训。

WG 6 将与 Web3D 联盟合作，创建一个修订的 X3D（19775-1 和 19775-2），包含必要的变动，在保持向后兼容的同时，能够更好地支持 HTML5。还将增加额外的技术能力，包括：声音增强；获取并支持基于物理的 glTF 渲染；投影纹理映射。

为非 HTML 环境提供支持；X3D EXI 编码，现在 EXI 规范已获得 W3C 批准；X3D-JSON 编码；HL7 FIHR 集成，包括元数据；HAnim 面部表征；HAnim 内脏器官代表；X3D 的 Python 语言绑定（鉴于 19777-6 尚未提交）；支持 Khronos 集团提出的 glTF PAS 标准化。

（2）WG 7（图像处理和交换）

① WG 7 成就。

ISO/IEC 12087-5:1998（BIIF）第 2 版的持续发展；批准将联合 BIIF 文件 2021.2（JBP-2021.2）添加到注册项目中。

② WG 7 可交付件。

2020—2021 年无交付标准。

③ WG 7 战略/风险/机会/经验教训。

中国已经制定了计算机视觉术语国家标准草案，预计将作为新的工作项目提交给 SC 24/WG 7。该项目启动后，将评估与计算机视觉标准化相关的额外工作的必要性。使用"快速无损扩展"（FLEX）压缩算法（ISO 18381）注册 ISO/IEC 12087-5（BIIF）轮廓。

（3）WG 8（环境数据表示）

① WG 8 成就。
- CD 批准和登记了 ISO/IEC 18041-5《EDCS 语言绑定　第 5 部分：C++》；
- NWIP 和 WD 批准并登记了 ISO/IEC 18042-5《SRM 语言绑定　第 5 部分：C++》；
- 为 ISO/IEC 18024-5《SEDRIS 语言绑定　第 5 部分：C++》准备了用于投票的 WD 和 NWIP 文件；
- 积极参与 RIEDP（环境数据和过程的重用和互操作）的 SISO 项目。

② WG 8 可交付件。

2020—2021 年无交付标准。

③ WG 8 战略/风险/机会/经验教训。

WG 8 的战略为：支持在（使用数据呈现运行应用环境的）业务应用标准中使用 WG 8 标准。遵循着这一战略，在适用于智慧城市、健康与安全、AR/VR 的标准中，以及生成和交换可重用环境数据产品的流程中都蕴含机遇。

（4）WG 9（增强现实端概念和参考模型）

① WG 9 成就。
- ISO/IEC CD 23844《虚拟、混合和增强现实（VR、MAR）中基于模型的物体触觉模拟的材料特性和参数表示》；

- ISO/IEC DIS 3721-1《混合和增强现实（MAR）内容的信息模型 第 1 部分：核心对象和属性》；
- ISO/IEC CD 3721-2《混合和增强现实（MAR）内容的信息模型 第 2 部分：增强样式规范》；
- ISO/IEC NP《虚拟/混合和增强现实（VR/MAR）用的基于对象/环境的图像》。

② WG 9 可交付件。

2020—2021 年无交付标准。

③ WG 9 战略/风险/机会/经验教训。

在明确当前项目的目标、实际用途和行业相关性方面改进标准化实践，并在这方面战略性地培养新的未来工作项目。发布白皮书，概述和宣传当前工作项目的明确目标和行业效益。积极宣传 MAR 参考模型（ISO/IEC 18039）和其他标准，以扩大其在行业中的应用。加强联络活动（Web3D、W3C、OGC、Khronos），加强与其他 SDO（如 IEEE）、学术协会（如 ACM）和行业论坛（如 MWC、AWExpo）的合作；加强与谷歌 ARCore、苹果 ARKit、WebVR 和 OpenXR 的行业合作。确定新兴的关键战略领域，例如以下（但不限于）正在进行积极标准化工作的领域：a）MAR 内容/风格和元素的表示；b）MAR 性能问题；c）MAR 的感知和工效学方面；d）室内跟踪和基准点确定。

（5）WG 10（系统集成信息的表示和可视化）

① WG 10 成就。

WG 10 在 2020 年 SC 24 全体会议上成立，是 AG 1 的系统集成可视化活动的结果。WG 10 正在进行两项工作：a）智慧城市表示和可视化指南（NP TS 5147）；b）虚拟现实智慧城市健康信息建模和表示（PWI 3982）。

② WG 10 可交付件。

2020—2021 年无交付标准。

③ WG 10 战略/风险/机会/经验教训。

通过参加 JTC 1/WG 11 工作组会议和在 2020 年 Web3D 大会上举办智慧城市研讨会，WG 10 加强了与 JTC 1/WG 11 等其他 JTC 1 团体以及其他组织（OGC）的合作。WG 10 将根据需要与 JTC 1/SC 41/WG 6、JTC 1/WG 11、JTC 1/AG 13 和 SC 42/WG 2 合作，推进数字孪生、智慧城市、虚拟现实的培训和大数据的潜在工作项目。

（6）WG 11（增强现实和虚拟现实的健康、安全、安保和可用性）

① WG 11 成就

WG 11 在 2020 年 SC 24 全体会议上成立，正在进行的两项工作：a）沉浸时间、设置和使用的指南；b）关于确保设备加强现有 PPE 使用和清洁要求的指南。

② WG 11 可交付件。

2020—2021 年无交付标准。

③ WG 11 战略/风险/机会/经验教训。

在以下领域已经确定并将探索制定标准的更多机会：AR/VR 网络安全、隐私保护和在线伤害预防的指南；在开发增强现实和虚拟现实硬件和软件（规范）时确保多样性、平等性和包容性；AR/VR 内容捕获、内容处理和后期制作的流程指南；稳健 VR 设备的测试规范。

4. 联合工作组报告

JWG 16（产品数据可视化和其他衍生形式的格式）是 ISO/IEC JTC 1/SC 24 与 ISO/TC 184/SC 4 和 ISO/TC 171/SC 2 的联合工作组。

① JWG 16 的成就。

2021 年 9 月，ISO/CS 直接指导出版 ISO/TS 23301《STEP 几何服务》；2020 年 11 月出版 ISO/TR 24464《自动化系统与集成 工业数据 数字孪生的可视化元素》，第 2 版初稿；发布 ISO/PWI 3151.2《工厂工业 PLM-MES 接口可视化组件》；2021 年 10 月，ISO/CS 直接指导出版了 ISO 17506《工业自动化系统和集成 工业数据三维可视化用 COLLADA 数字资产模式规范》；2017 年发布 ISO/PWI 14306《工业自动化系统和集成 三维可视化的 JT 文件格式规范》，第 2 版（项目团队成立后，第 3 版将立即启动）。

（注："工厂工业"是包括造船和建筑在内的行业。该行业能同时满足大规模定制和个性化生产的需求。新技术有助于以大规模生产的价格水平提供个性化的产品。）

② JWG 16 可交付成果。

发布 ISO/TS 23301、ISO/TR 24464 和 ISO 17506。

③ JWG 16 战略/风险/机遇。

管理技术数据包括从纸质二维图纸到多种格式的三维标注模型的转换。ISO/TC 184/SC 4 主持的与 WG 12/T 1（几何与拓扑）、WG 3（石油、天然气、过程和电力）和 JWG 16 的几何与拓扑本体论联合倡议，其 DTR 正在进行中。JWG 16 与 ISO/IEC JTC 1/SC 41、ISO/IEC JTC 1/AG 13、ISO/IEC JTC 1/WG 12、ISO/TC 59/SC 13（BIM）等其他 ISO 和 IEC 委员会合作，确定产品和工厂数据的可视化要求，以及数字孪生的一般要求。

5.2.8 SC 25 业务计划（2020 年 9 月—2021 年 9 月）

1. 范围

① 信息技术设备和网络的微处理器系统、接口、协议、架构和相关互连媒体的标准化，以支持嵌入式和分布式计算环境、存储系统和其他输入/输出组件。

② 住宅和商业环境的家庭和建筑电子系统的标准化，以支持（与物联网相关的）互连设备和能源管理、环境控制、照明和安全等应用。

③ 信息和通信技术（ICT）的布缆系统的标准化，适用于所有类型的住宅、商业和工业环境的设计、规划和安装、测试程序、自动化基础设施管理系统和远程供电。

注：JTC 1/SC 25 的标准参考了 IEC 的线缆、波导、连接器等方面的标准。

2. 回顾

（1）市场需求和创新

由于产业、消费者和政府对能源管理与存储、温室气体排放、可再生能源、电动汽车、用户互联等领域的关注，家庭和办公网络应用的物联网设备市场在不断扩大。加强家用电子系统（HES）网关标准的网络安全特性，旨在解决消费者关心的数据安全、隐私等问题。

越来越多的家庭配备了家用电子系统，这些系统符合 ISO/IEC 14543 系列国际标准中规定的系统架构和实施协议。这些协议支持竞争性市场中不同来源的各类产品。家庭设备的远程访问和管理标准正处于研制中。符合以上协议规范的产品被市场普遍接受，并能够实现智能电网与智慧家庭之间的交互。

随着连接至家庭应用设备的云服务不断扩大，物联网环境逐渐形成，促使 JTC 1/SC 25 研制的相关标准在市场上的应用范围也不断扩大。针对家庭内连接设备和应用的网络安全（数据安全）、隐私等问题，SC 25 也在制定相关标准。

用于办公场所、工业建筑群、住宅、数据中心的通用布缆标准在市场上取得了巨大成功，SC 25 下属的 WG 3 持续跟进布缆技术相关进展，以支持 IEC 标准管理委员会确定的主流趋势。ISO/IEC 11801 系列标准提高了技术一致性，简化了未来的维护工作，目前包含一个分布式建筑服务的布缆标准。

SC 25 启动了信道和链路建模和单一双股电缆方面的工作，以支持覆盖单一双股电缆的以太网的新兴应用。WG 3 对 ISO/IEC 14763-2 标准（信息技术布缆安装）进行了修订，补充了附加要求，以支持高达 90 W 功率的远程供电应用。

（2）成就

SC 25 的能源管理相关标准被社区住宅（公寓楼或公寓楼园区）采用。为了服务这个市场，SC 25 正负责制定标准，以协调从公共资源和本地资源（风能、太阳能和存储能源）到电气设备和电动汽车充电桩的能源分配。这些标准正纳入人工智能（AI）元素，以提供适应每个消费者偏好及接入家庭和建筑物网络设备选项的能源管理规范。

SC 25 下属的 WG 1 正在制定一项用于需求响应的能源管理代理（EMA）交互系统的标准。该标准支持家庭 EMA 向公寓复合式建筑扩展。其中 EMA 使用 AI（人工智能）为用户提供有效能源管理的代理，SC 25 已对其进行了标准化。

WG 1同时在制定一个系列标准，为使用集成方式的操作应用设定通用用户界面，即使应用组件可能是由使用各种家庭区域网络（HAN）协议的不同制造商提供的。

（3）资源

SC 25全会及SC 25各工作组会议继续保持良好的出席状态。在SC 25中，工作组WG 1、WG 3、WG 4和项目组PT TT的标准文件制定和维护的资源都令人满意。

（4）竞争与合作

SC 25通过在JTC 1内部和外部建立广泛的联络网络，有意识地尽力减少或消除与其他标准组织的竞争。近期已与JTC 1/SC 41（物联网和相关技术分技术委员会）、有关智慧城市和环境辅助生活（AAL）的IEC系统委员会建立了联络关系。

3. 工作组

（1）WG 1

WG 1负责超过50项的家用电子系统（HES）标准的制定工作。WG 1针对住宅和小型建筑物用电气和电子设备及产品的互连制定标准；这些设备和产品提供诸如能源管理、使用HVAC（加热、通风、空调）设备的舒适度控制、照明、保安之类的应用。WG 1标准的主要市场是这些产品和相关服务的开发人员、制造商和安装人员。

用于家用电子系统的WG 1标准使得家庭和建筑物住户：

- 居住更加舒适；
- 得到更多保护，居住更加安全；
- 在智能建筑中高效工作；
- 通过降低能源消耗和（或）生产、存储或出售过剩能源，使生活和工作更加节约，对环境产生最低程度的影响。

WG 1标准促进了消费电子产品、物联网设备、网络和服务在可行的情况下作为一个单一的连贯系统进行交互或操作。该系统使所有利益相关者受益，包括产品开发人员、制造商、服务提供商、安装人员、公用事业和消费者。家用电子系统是由使得家庭和建筑物中的消费产品、传感器、控制设备和用户接口之间可以互操作的网络组成的网络。

WG 1正在推行促进家庭、公寓、企业和公共网络应用无缝交付的项目。目前正在制定用于家庭设备远程访问和管理的标准，以及一个用于多样化家庭系统间的通用用户接口；正在就能源管理方面的人工智能应用制定详细说明，以支持创建能自动响应用户在舒适性和经济性方面的偏好的环境。

随着互连的传感器、执行器、用户接口、控制器等被嵌入到智能家电中，家居变得越来越智能；但是公共网络与家庭网络互连给消费者隐私和安全带来了风险，这些问题正在逐步得到解决。

① WG 1成就。

WG 1完成了以下方面的标准（注意，"系列标准"表示一组相关的标准）：

- 家用电子系统架构（ISO/IEC 14543-2，ISO/IEC TR 15044）；
- 家用电子系统的数字键盘（IEC 60948）；
- 多用途建筑中的家庭和建筑自动化（ISO/IEC TR 14543-4）；
- 包括分布式能源的能源管理需求响应（ISO/IEC 15067-3）；
- 综合公寓大厦的分布式EMA（ISO/IEC 15067-3-3）；
- 电网智能化架构委员会（GWAC）互操作性环境设置框架（ISO/IEC TR 15067-3-2）；
- 智能电网联动能源系统的研究、开发和部署路线图（ISO/IEC TR 15067-3-7）；
- 智能电网联动能源框架（ISO/IEC 15067-3-8）；
- 用于能源管理的模块化通信接口（MCI）（ISO/IEC 10192-3）；
- 简单接口（ISO/IEC TR 10192-2）；
- 1类通用接口（ISO/IEC 10192-1）；
- 住宅网关（ISO/IEC 15045系列标准）；

- 产品交互性（ISO/IEC 18012 系列标准）；
- 基于 KNX 的通信协议（ISO/IEC 14543-3 系列标准）；
- 基于 Echonet 的通信协议（ISO/IEC 14543-4 系列标准）；
- 信息设备资源共享协同服务（IGRS）（ISO/IEC 14543-5 系列标准）；
- 适用于能源收集设备的无线短数据包协议（用于调幅信号的 ISO/IEC 14543-3-10，用于调频信号的 ISO/IEC 14543-3-11）；
- 用于符合 IEEE 802.15.4: 2011 无线电设备的无线信标使能的能源效率网状网络（WiBEEM）（ISO/IEC 29145 系列标准）；
- 安全要求和服务（ISO/IEC 24767 系列标准）；
- 功能安全（ISO/IEC 14762）；
- 家庭网络资源管理（ISO/IEC 30100 系列标准）；
- 家用电子系统照明模型（ISO/IEC TR 15067-2）。

② WG 1 可交付件。

WG 1 将继续在以下方面展开工作：
- 家庭系统之间的通用用户界面和互操作性（ISO/IEC 10192-4 系列标准）；
- 家用电子系统网关的网络安全、安全和隐私（ISO/IEC 15045 系列标准））；
- 需求响应型能源管理的交互式能源管理代理模型（ISO/IEC 15067-3-3x 系列标准）；
- 使用能源管理代理的能源管理系统的窄 AI 引擎主集群（ISO/IEC 15067-3-5x 系列标准）。

WG 1 正考虑的新项目建议：
- 使用 Echonet 通信协议的蓄电池和控制器的应用协议（ISO/IEC 14543-4-302）；
- 用于音频远程访问的 IGRS 系列标准的扩展（ISO/IEC 14543-5-103）、智能锁远程访问（ISO/IEC 14543-5-104 和 ISO/IEC 14543-5-105）、使用语音的访问控制（ISO/IEC 14543-5-13）和区块链应用协议（ISO/IEC 14543-5-141）；
- 照明控制用户界面（ISO/IEC 15067-2-1）；
- 住宅小区能源管理参考体系结构（ISO/IEC 15067-3-1）；
- 产品互操作性系列标准在词典方面的扩展（ISO/IEC 18012-3）和在事件编码方面的扩展（ISO/IEC 18012-4）。

③ WG 1 风险、机遇和问题。

无。

(2) WG 3

WG 3 负责通用布缆系统和相关标准。ISO/IEC 11801 系列标准取代了以前的单个标准，涵盖了办公室、工业区、家庭和数据中心以及分布式建筑服务的布缆。

与此相关，ISO/IEC TR 11801-9903（关于信道和连接的矩阵模型）开始修订为 TS（技术规范）。几个 TR（技术报告）项目已经启动，为 ISO/IEC 11801 系列布缆标准及其支持的应用提供进一步的指导。

例如，ISO/IEC TR 11801-9906 为支持相关 IEEE 802.3 活动的单对布缆应用提供了初步指南。

此外，WG 3 已经启动了一项布缆标准项目的工作，通过布缆为以太网的新兴应用提供服务。

光纤信道的测试以及光纤接口的目测和清洁由 ISO/IEC 14763-3 覆盖。该标准将进行修订，以更好地支持线缆安装人员验证安装的光纤线缆是否符合指定的性能要求。

其他新项目包括布缆的可持续性和布缆安装的物理网络安全。

WG 3（新）考虑的方面包括：
- 能源效率；
- 恢复对安全和当地规范的引用；
- 达到 100 Gbit/s 的平衡电缆；
- 平衡布缆模式转换的影响；
- 已安装布缆性能的验证；

- 工作温度超过 60℃的平衡信道和组件；
- 单对布缆对其他标准化组织的影响；
- 传感器和物联网（IoT）；
- 考虑通用布缆的海上应用（如游轮、商船、浮动平台、钻井平台）；
- 新的无线通信技术（如光移动互联网）对布缆标准的影响；
- 多分支布缆。

① 2019 年 9 月 SC 25 全会以来 WG 3 发布的文件。

自 2019 年 9 月以来，发布了如下标准：

- ISO/IEC 14763-2《信息技术　用户建筑群布缆的实现和操作　第 2 部分：规划和安装》；
- ISO/IEC TR 11801-9906《信息技术　用户建筑群通用布缆　第 9906 部分：电缆以太网（SPE）最高 600 MHz 的单对平衡布缆信道》；
- ISO/IEC TR 11801-9908《信息技术　用户建筑群通用布缆　第 9908 部分：支持光纤信道上更高速应用的指南》；
- ISO/IEC TR 11801-9909《信息技术　用户建筑群通用布缆　第 9909 部分：对 30 m 以上支持 25 Gbit/s 的平衡布缆的评估》；
- ISO/IEC TR 11801-9910《信息技术　用户建筑群通用布缆　第 9910 部分：模块化插座端接链路布缆规范》；
- ISO/IEC TS 29125:2017/Amd 1:2020《信息技术　终端设备远程供电通信布缆要求　补篇 1》。

② WG 3 在研工作项目

ISO/IEC 18598《自动化基础设施管理系统》的修正案 1 正在制定。

ISO/IEC 14763-4 的修订已经开始，计划于 2021 年完成。（注：已于 2021 年 3 月发布）

ISO/IEC 30129:2015《电信联结网络》的修订工作于 2020 年启动。

ISO/IEC 11801-1、11801-3 和 11801-6 关于通用单对布缆的修正案，它们支持多种应用，例如（但不限于）IoT、工业 4.0、智能家居/智能建筑、传感器网络等应用。

ISO/IEC 11801 系列标准其他方面的考虑包括：

- 医疗保健、支持生活和辅助生活；
- 教育、演出等。

ISO/IEC DTS 11801-9903《信息技术　用户建筑群通用布缆　第 9903 部分：信道和链路的矩阵建模》已提交，进入正式投票阶段。

为了符合技术的发展（如光纤命名、连接器等），决定开展对 ISO/IEC 14763-3 的修订。

正在制定关于物理网络安全（ISO/IEC 24383）的标准，如结构物理安全。

正在制定关于可持续性（ISO/IEC 14763-5）的标准，包括布缆安装技巧、培训、管理、质量控制、可用性和责任等。

③ WG 3 的风险、机遇和问题。

基于 IT 和 IoT/IIoT 市场技术的动态变化，还有可持续性方面的影响，WG 3 的工作中有几个新的方面需要考虑。

（3）WG 4

WG 4 标准几乎可用于全球每个计算平台。然而，WG 4 标准化工作大量依赖于美国国家成员体在跨国公司支持和参与下的工作。

WG 4 负责：

- 持续增强 SCSI 架构（SAM）、指令集标准（SBC、SCC、SFSC、SPC、SSC、MMC、SMC、SES、ADT、OSD、RBC 和 ZBC）、协议（并行 SCSI【SPI】、SAS、SBP、SPL、iSCSI、SCSI Express【SOP 和 PQI】、UAS、FCP、SSA、ADI、SAT、SRP 和 IEEE 1394）以及 SAS 速率；
- 持续增强 ATA 指令集和 SATA 指令集（ACS），也包括增强的磁盘驱动器服务（EDD）、分区设备 ATA 指令集（ZAC）、ATA 架构模型（AAM）、ATA 并行传输模型（APT）和 ATA 串行传输模型（AST）；

- 持续增强光信道传输相关标准（FC-PI、FC-BB、FC-SB、FC-SP、FC-FS、FC-LS、FC-GS、FC-SW、FC-NVMe 和 FC-RDMA）；
- 维护几个稳定标准。

① WG 4 成就。

WG 4 复审并选择了新的存储网络标准，用以作为新工作项目提案。

WG 4 发布了以下标准：
- ISO/IEC 14776-224:2019《信息技术 小型计算机系统接口（SCSI） 第 224 部分：光纤信道协议第 4 版（FCP-4）》；
- ISO/IEC 14776-263:2018《信息技术 小型计算机系统接口（SCSI 第 263 部分：SAS 协议层-3（SPL-3）》；
- ISO/IEC 14776-415:2019《信息技术 小型计算机系统接口（SCSI） 第 415 部分：SCSI 结构模型-5（SAM-5）》；
- ISO/IEC 14776-454:2018《信息技术 小型计算机系统接口（SCSI） 第 454 部分：SCSI 主指令-4（SPC-4）》；
- ISO/IEC 14776-481:2019《信息技术 小型计算机系统接口（SCSI） 第 481 部分：SCSI 指令安全特征（SFSC）》。

WG 4 正在进行的项目包括：
- FC-SP-2 14165-432：安全协议，已进入 CD 阶段；
- AC-3 17760-103：ATA/ATAPI 指令集（ACS-3），已进入 FDIS 阶段。

② WG 4 可交付件。

正在制定的未来可能提交为 WG 4 项目的有：
- 自动化设备指令-4（ADC-4）；
- 自动化设备传输-3（ADT-3）；
- SCSI 的光纤信道协议-5（FCP-5）；
- SCSI 结构模型-6（SAM-6）；
- 串行连接 SCSI-4.1（SAS-4.1）；
- 串行连接 SCSI-4（SAS-4）；
- 串行连接 SCSI-5（SAS-5）；
- SAS 协议层-4（SPL-4）；
- SAS 协议层-5（SPL-5）；
- SCSI/ATA 转换-4（SAT-4）；
- SCSI/ATA 转换-5（SAT-5）；
- SCSI 块指令-4（SBC-4）；
- SCSI 附件服务-4（SES-4）；
- SCSI 主指令-5（SPC-5）；
- SCSI RDMA 协议-2（SRP-2）；
- SCSI 流指令-5（SSC-5）；
- 分区块指令-2（ZBC-2）；
- FC-PI-7p 物理接口 多路 256GFC；
- FC-PI-8 物理接口 单路 128GFC；
- FC-FS-6 组帧和信号传输；
- FC-GS-8 通用服务；
- FC-LS-4 链路服务；
- FC-NVMe-2 光信道上的 NVMe；
- FC-SW-7 交换结构；
- FC-RDMA 光信道上的 RDMA；

- AT 附件指令集-4（ACS-4）计划成为 17760-104；
- AT 附件指令集-5（ACS-5）计划成为 17760-105；
- 分区设备 ARA 指令集（ZAC）（INCITS 537-2016）；
- ZAC 修正案（INCITS 537-2016/AM1-2018）；
- 分区设备 ATA 指令集-2（ZAC-2）。

③ WG 4 的风险、机遇和问题。

新的存储互连为 WG 4 业务范围内的国际标准化提供了新的机会。

（4）PT TT（项目组）

① 计划。

PT TT 是 SC 25 为了响应 JTC 1 的要求而成立的一个项目组，它在协调智能家居的标准化活动中起主导作用。该项目组于 2007 年召开了第一次会议。

PT TT 2020—2021 年计划的项目有两个：一个关于分类，即《信息技术 智能家居 规范分类》；另一个关于术语，即《信息技术 智能家居术语》。分类项目包括两部分：第 1 部分（ISO/IEC TR 29107-1《信息技术 智能家居 规范分类 第 1 部分：分类方法》），描述了规范化特征的分类方案；第 2 部分提供了根据分类方案得到的资料列表。

术语项目涉及智能家居的术语和定义。该项目从 JTC 1 标准和其他标准中收集术语和定义。当某个术语具有多个定义时，这些定义根据质量进行排序。对于没有定义的术语，需要创建新的定义。

② 成果及可交付件。

正在进行中的术语项目 ISO/IEC TR 29108《信息技术 智能家居术语》扩展版本，预计在 2～3 年内完成。

5.2.9 SC 27 业务计划（2019 年 10 月—2022 年 4 月）

1. 执行概要

SC 27 是国际公认的、服务于许多业务部门（如政府）的需求的专业技术中心。其业务范围既包括管理标准，也包括技术标准。SC 27 汇集了许多世界领先的信息安全和隐私保护领域专家，迄今为止已经发布了 198 个标准化出版物，其中一个是 ISO 内最受欢迎的三个标准之一；SC 27 有 84 个标准正在制定中。

SC 27 委员会成员从 1990 年的 18 个 P 成员增加到 2020 年的 48 个 P 成员和 32 个 O 成员，覆盖全球广大地区。SC 27 的 P 成员和 O 成员有 10 个来自非洲，14 个来自美洲，22 个来自亚太地区，34 个来自欧洲。

SC 27 专注于编制用于信息和信息通信技术（ICT）保护的通用标准，这为 SC 27 带来了大量与 SDO、行业团体的联络关系，这些 SDO 和行业团体使用 SC 27 的标准作为其制定部门特定安全实施标准的基础。SC 27 为联合国的下列可持续发展目标（SDG）贡献了 19 项标准：

- SDG 3——良好的健康状况与福祉；
- SDG 8——体面工作和经济增长；
- SDG 9——工业、创新和基础设施；
- SDG 10——缩小差距；
- SDG 11——可持续城市和社区；
- SDG 12——负责任的消费和生产；
- SDG 16——和平、正义与强大机构。

性别和地域平衡是 SC 27 的一个重要目标。截至 2020 年 10 月，4 名来自美洲、8 名来自亚太地区和 14 名来自欧洲的专家担任 SC 27 官员职位。在 26 名 SC 27 官员中，有 5 名是女性。7 位来自非洲、40 位来自美洲、95 位来自亚太地区和 93 位来自欧洲的专家担任 SC 27 编辑职位。在这 235 名 SC 27 编辑中，有 53 名是女性。

2. 回顾

SC 27 本业务计划根据 JTC 1 全会决议编制。

（1）市场需求和创新

互联网等信息技术的飞速发展，给我们的日常生活、工业生产等诸多领域带来了巨大的变化。伴随着这些变化，标准化的安全技术正在成为几乎每个部门的强制性要求。

短期内，SC 27 将有更多的市场机会来扩大其标准和专业知识的应用，并与其他标准机构就新项目和新创意进行合作。SC 27 作为信息安全、网络安全和隐私保护方面的权威中心，在过去 30 年中一直处在标准化工作的前沿。正如其业绩所证明的那样，SC 27 具备适当的技能和资源组合，能够根据市场需求提供安全标准。近几年，安全技术的应用有所扩大，SC 27 的成员和工作方案也有所拓展。

（2）沟通和外联

① 近期活动。

2021 年 4 月—2022 年 4 月，SC 27 参与了许多由通信官管理的沟通和外联活动。这些活动带来了新的挑战和机遇，进一步拓展了 SC 27 及其工作的外联。其中，SC 27 参与了一些全球性议题，在这些议题中标准化有利于更广泛的利益相关者群体，例如：发展中国家的标准、利用 ISO/IEC 27001 系列标准应对新冠疫情风险、网络安全作为一种社会责任、性别平等和其他全球议题。沟通和外联活动旨在告知并鼓励更多专家参与 SC 27 的工作，提高其对 SC 27 标准价值和益处的认知，增加 SC 27 标准的应用，并在各种沟通渠道、会议和商业研讨会、社交媒体上分享有关 SC 27 成就以及新可交付件的新闻和信息。

在 SC 27 开展的外联活动中，包括继续与 ISO 和 IEC 合作撰写大量文章，详见 ISO、IEC 和 JTC 1 官网。

② 研讨班、培训会和会议。

SC 27 官员和专家有机会通过各种研讨班、培训会和会议促进 SC 27 的工作，包括：

- SC 27 通信官为 ISO 和 UNIDO 举办了一次关于 ISO/IEC 27001 系列标准和新冠疫情网络挑战的网络研讨会（2020 年 7 月）。
- SC 27 与波兰国家机构 PKN 和（波兰）国家电信研究所合作筹备了虚拟会议。这是 SC 27 首次举行虚拟会议，是一次全新的尝试（这可能是未来 SC 27 虚拟会议的模式）。此次会议吸引了来自波兰和世界各地的知名网络安全专业人士，分享他们在网络安全挑战、解决方案和标准方面的知识和经验。
- 2020 年的 ETSI 安全周于 6 月 8 日至 19 日在线上举行，共有 14 场实时网络研讨会，吸引了来自世界各地的网络安全专家，包括 SC 27 的成员。
- SC 27 专家与 ENISA 合作，通过会议和研讨会促进 SC 27 的工作。
- 2020 年 6 月，在亚洲大学联盟组织的一次座谈会上，通讯官就 SC 27 的标准开设了为期 3 天的虚拟课程。

③ UNECE/ISO 性别行动计划。

《欧洲经委会宣言》要求签署国制定并实施性别行动计划（GAP），以支持更多性别均衡和包容性的标准制定过程，并加强标准本身对性别问题的响应。该宣言签署几个月后，ISO 理事会批准了《2019—2021 年性别行动计划》，该计划提出了在标准化过程中支持性别平等的倡议和长远目标。作为 GAP 的一部分，ISO 构建了性别焦点网络（Gender Focal Point Network）。该平台有助于全球成员之间分享知识和最佳实践。目前正在讨论的是：性别平等在标准化中的重要性，以及 ISO 在《性别行动计划》中的工作。ISO 正在收集标准化工作中的不同性别代表的数据，这将有助于建立基础，也能帮助我们更好地了解挑战。SC 27 是 ISO/IEC 27000 系列标准的高姿态形象，所以 SC 27/WG 1 被推举参加 GAP 工作。在当今备受瞩目的社会政治环境中，这可能是 SC 27 展示其国际合作承诺、沟通和外联能力的一次重大机会。

ISO 已要求通信官代表 SC 27 参与《性别行动计划（2019 年—2021 年）》。2020 年 9 月，SC 27 与 UNIDIR 针对与网络安全标准（尤其是 ISO/IEC 27001 系列标准）相关的性别问题开展了工作。

④ 常设文件 SD 11。

SC 27 常设文件 SD 11 最新版于 2020 年 8 月发布。

2020 年 9 月出版了一本书，庆祝 SC 27 成立 30 周年（1990 年—2020 年）。这本书包含了 SC 27 官员和专家撰写的文章，内容涵盖了 SC 27 的各个标准化领域，还包括 SC 27 国家成员体和联络组织的贺信。

⑤ AG 7（沟通和外联咨询组）。

在 2020 年 9 月的全体会议上，SC 27 成立了 AG 7——沟通和外联咨询组（COMOG），扩大了通信官的作用，负责 SC 27 的宣传活动。通信官是新成立的 COMOG 的召集人，他们将与专门的专家团队一起管理 SC 27 的沟通和外联活动。

（3）成就

自 2019 年 10 月以来，SC 27 已出版 36 个国际标准、技术规范、技术报告及相关修订标准，详见各 WG 的描述。

（4）资源

2019 年 4 月 8—9 日，SC 27 在以色列特拉维夫举行会议，83 名代表出席了会议，来自 48 个 P 成员和 32 个 O 成员中的 31 个成员。

SC 27 的 5 个工作组于 2019 年 10 月 14—18 日在法国巴黎举行了两次线下会议，于 2020 年 4 月 20—24 日举行了两次虚拟会议。在巴黎会议和虚拟会议上，约有 280 名代表出席了会议。

第 4 联合工作组（JWG 4）也于 2020 年 4 月 28 日和 30 日举行了虚拟会议。JWG 4 是 ISO/TC 307 和 JTC 1/SC 27 共同成立的联合工作组。约 30 名 JWG 4 专家参加了此次虚拟会议。

2020 年 9 月 12—16 日举行了下一轮虚拟工作组会议，随后于 9 月 18—19 日举行了一次虚拟全体会议。2021 年的第一次 SC 27 全体会议于 2021 年 4 月 16 日以虚拟形式举行，在此之前先举行了 5 个 SC 27 工作组的线上会议。

总的来说，SC 27 的资源和专业知识足以应对目前面临的诸多挑战。对于选定的项目来说，SC 27 资源得到了来自相关 SC 27 联络组织的补充。目前，SC 27 每 6 个月召开一次全会，这样的会议周期能有效利用资源来制定标准。6 个月的周期允许每年大约在同一时间举行会议，并有助于最大限度地减少差旅预算。

在管理体系类型方面，持续改进 SC 27 及其工作组内的工作及交付成果的效率和质量；在 SC 27 级实现工作组自主权与协调之间的适当平衡，并优化使用相关的 ISO 流程和可用工具；SC 27 新成立了几个咨询组：

- 主席顾问组（CAG）；
- 概念和术语咨询组（AG 3）；
- 战略咨询组（AG 5）；
- 业务咨询组（AG 6）；
- 沟通和外联咨询组（AG 7）。

横向项目特别工作组（SWG-T）已经解散。

（5）竞争与合作（包括联盟）

SC 27 与许多内部和外部的委员会和组织都存在联络关系，他们的工作成效和价值很高，SC27 从与他们的合作中受益良多。下面着重介绍几个联络关系。

① JTC 1/SC 37（生物特征识别分技术委员会）。

生物识别技术和信息技术安全之间存在着紧密而有益的协同增效关系。SC 27 对生物识别标准的潜在贡献是显而易见的，特别是在模板保护技术、算法安全性和安全评估等领域。因此，SC 27 与 SC 37 保持着密切的合作关系。

② ITU-T Q3/SG17 和 ITU-T FG。

ITU-T Q3/SG17 和 SC 27 就若干项目开展合作，合作项目包括：

- 建议书 ITU-T X.1051 | ISO/IEC 27011:2016（电信信息安全管理指南）；
- 建议书 ITU-T X.1054 | ISO/IEC 27014:2020（信息安全治理）；
- 草案建议书 ITU-T X.1085（bhsm）|ISO/IEC 17922:2017（使用生物特征识别硬件安全模块的远程生物特征识别鉴别框架）；
- 建议书 ITU-T X.1631（cc-control）| ISO/IEC 27017:2015（基于 ISO/IEC 27002 的云服务信息安全控制的行为守则）；
- 草案建议书 ITU-T 1058（X.gpim）|ISO/IEC 29151:2017（个人可识别信息保护的行为守则）。

③ 共同准则编制委员会（CCDB）。

CCDB 和 SC 27/WG 3 已经就 IT 安全评估标准相关项目建立了长期的技术联络。因此，SC 27/WG 3 在 ISO/IEC 15408 和 ISO/IEC 18045 的当前修订程序上一直与 CCDB 密切合作。这种密切合作使这两项修订的标准得以纳入 CCRA 利益相关者（使用此类标准的认证机构）所做贡献的考虑之中。

大量 SC 27/WG 3 项目补充了 ISO/IEC 15408 的应用，如 ISO/IEC TS 22216《IT 安全评估的介绍性指南》、ISO/IEC IS 23532《IT 安全测试和评估实验室的能力要求》、ISO/IEC 19896《信息安全测试人员和评估人员的能力要求》。这种覆盖范围的扩展增加了与 CCDB 的合作。

④ ISO/TC 292（安全和韧性技术委员会）。

ISO/TC 292 的业务范围很广，涵盖了"社会安全和弹性领域的标准化"。SC 27 与 TC 292 就双方感兴趣的话题建立了密切合作关系。SC 27 的 WG 1 和 WG 4 对以下 TC 292 项目非常感兴趣：

- 修订 ISO 28000《供应链安全管理体系规范》。
- ISO 22300 系列标准，包括：
  ✧ 新版 ISO 22300《安全性和弹性 术语》；
  ✧ ISO 22301:2019《安全性和弹性 业务连续性管理体系 要求》；
  ✧ ISO 22313:2020《安全性和弹性 业务连续性管理体系 ISO 22301 使用指南》；
  ✧ ISO 22316:2017《安全性和弹性 组织韧性 原则和属性》；
  ✧ ISO/TS 22317《安全性和弹性 业务连续性管理体系 业务影响分析指南》；
  ✧ ISO/TS 22318《安全性和弹性 业务连续性管理体系 供应链连续性指南》；
  ✧ ISO 22320:2018《安全性和弹性 应急管理 事故管理指南》；
  ✧ ISO/TS 22332《安全性和弹性 业务连续性管理体系 业务连续性计划和程序的制定指南》；
  ✧ ISO 22385《安全性和弹性 产品和文档的真实性、完整性和可信任性》。
- ISO 28000 系列标准，包括：
  ✧ ISO 28000 修订版《供应链安全管理体系规范》；
  ✧ ISO 28001:2007《供应链安全管理体系 关于实现供应链安全、评估和规划的最佳实践 要求和指南》；
  ✧ ISO 28002:2011《供应链安全管理体系 供应链弹性的开发 要求和指南》。
- ISO 31050《风险管理 关于管理新生风险以增强弹性的指南》（TC 292 和 TC 262 的联合成果）。

⑤ ISO/TC 232（教育与学习服务技术委员会）。

SC 27/WG 1 及其网络教育和培训工作对 ISO/TC 232（教育与学习服务技术委员会）的研究领域和工作感兴趣，尤其是 ISO 21001:2018《教育组织 教育组织管理系统 要求及使用指南》。SC 27 与 TC 232 建立了联系，以探索共同感兴趣的领域。

⑥ ISO/TC 309（机构治理技术委员会）。

SC 27/WG 1（特别是与信息安全治理标准 ISO/IEC 27014 及其信息安全管理体系标准 ISO/IEC 27001 相关的工作）对 ISO/TC 309（机构治理技术委员会）的研究领域和工作感兴趣，尤其是 ISO 37301《符合性管理体系 要求及使用指南》。SC 27 与 TC 309 建立了联系。

⑦ ISO/TC 307（区块链和分布式记账技术）。

ISO / TC 307 于 2016 年创建，并于 2017 年 4 月举行了首次会议。这个新成立的技术委员会的工作范围是"区块链技术和分布式记账技术的标准化"，不仅涵盖用于实施和支持区块链和分布式记账的技术，而且还有通用标准的研制。

在区块链和分布式记账所使用的许多基本技术领域已有了 SC 27 制定的标准。因此，SC 27 已经积极地与 TC 307 建立了联络关系，以支持 TC 307 的新工作。2018 年，SC 27 与 TC 307 共同成立了联合工作组（JWG 4），以补充区块链安全、身份和隐私领域的知识和标准化专业知识。相当多的 SC 27 专家也在 TC 307 中积极发挥作用。

⑧ IEC 信息安全和数据隐私咨询委员会（ACSEC）。

ACSEC 负责处理信息安全和数据隐私问题，这些问题的处理并非仅限于 IEC 的一个技术委员会。ACSEC 协调与信息安全和数据隐私等主题相关的活动，并就这些主题向 IEC/SMB 提供建议。ACSEC 从总体上和在特定部门实施信息安全和数据隐私方面为 TC/SC 提供指导。ACSEC 还提供场所，供 IEC 和其他与 ACSEC 工作范围相关的标准制定组织之间交换信息。ACSEC 密切关注学术界的研究活动和趋势。通过参与 ACSEC，SC 27 促进了其标准在 IEC 中的应用，并从 IEC 中获得了有关 IT 安全标准化需求的最新信息。

⑨ IEC/TC 65（工业过程测量、控制和自动化技术委员会）。

TC 65 旨在为工业过程测量、控制和自动化系统和元件制定国际标准，并协调影响系统组件和功能集成（包括安全方面）的标准化活动。它将在设备和系统的国际领域进行此标准化工作。

3. SC 27 工作计划

（1）WG 1（信息安全管理体系）

SC 27/WG 1 制定、管理和维护 ISO/IEC 27000 ISMS 系列标准：管理体系要求，支持性的行为守则和实现指南，信息安全治理，信息安全管理体系认可、审核和认证标准，信息安全管理体系行业特定控制，信息安全管理体系专业人员的能力要求，适用于网络安全的信息安全管理体系。完整的 SC 27/WG 1 工作计划可在 SC 27 常设文件 SD11 中找到，也可从 SC 27 官网获得。

① WG 1 成就。

自 2019 年 10 月以来，WG 1 已编制完成以下文件：

- ISO/IEC 27006:2015/Amd 1:2020 《信息安全管理体系审核和认证机构要求 补篇 1》；
- ISO/IEC 27007:2020（第 3 版）《信息安全管理体系审核指南》；
- ISO/IEC 27009:2020（第 2 版）《ISO/IEC 27001 的行业特定应用 要求》；
- ISO/IEC 27102:2019（第 1 版）《信息安全管理 网络保险指南》；
- ISO/IEC TS 27100:2020（第 1 版）《信息技术 网络安全（Cybersecurity） 综述和概念》；
- ISO/IEC TS 27110:2021（第 1 版）《信息技术 安全技术 网络安全（Cybersecurity）框架开发指南》。

② WG 1 可交付件。

WG 1 目前正在编制一系列文件，包括：

- ISO/IEC 27002（DIS）《信息安全、网络安全和隐私保护 信息安全控制（修订版）》；
- ISO/IEC 27005（CD）《信息安全、网络安全和隐私保护 信息安全风险和机遇管理指南（修订版）》；
- ISO/IEC 27013（DIS）《信息技术 安全技术 ISO/IEC 27001 和 ISO/IEC 20000-1 综合实施指南（修订版）》；
- ISO/IEC 27014（IS）《信息技术 安全技术 信息安全管理（修订版）》；
- ISO/IEC 27022（DTS）《信息技术 安全技术 ISMS 过程指南》。

其他可交付件包括常设文件 SD 7（政府/监管要求方面 ISO/IEC 系列标准的使用）、SD 2（指南和术语制定过程）以及关于网络安全保险指南和网络教育与培训的 PWI。

WG 1 将在行业特定认证要求领域开展标准化工作，以扩充 ISO/IEC 27006 系列标准。

③ WG 1 的战略/风险/机会/经验教训。

作为信息安全管理领域最热门的 ISO/IEC 标准，ISO/IEC 27001 和 ISO/IEC 27002 已确立了其全球市场地位，这是一项杰出的成就。ISO 将这些标准归类为超高级标准，仅为数不多的标准才能进入此类别［ISO/IEC 27001 在 ISO 管理体系标准（MSS）调查中排名第三］，这些标准提供了一种通用的国际语言，为所有市场部门的发展和协调提供了许多机会。WG 1 的其他战略标准用于应对网络风险的多样性和持续增长，并支持网络空间治理，如 ISO/IEC 27005、ISO/IEC 27014、ISO/IEC 27100、ISO/IEC 27101、ISO/IEC 27102 和 ISO/IEC 27103。WG 1 制定了一套世界级横向标准，对客户需求和要求进行重要的拓展，并为行业/应用的特定市场带来了好处，如 ISO/IEC 27010（与部门间通信相关）、ISO/IEC 27011（与电信相关）、ISO/IEC 27013（与服务管理相关）、ISO/IEC 27017（与云服务相关）和 ISO/IEC 27019（与公用设施相关）。

鉴于 ISO/IEC 27000 系列标准的成功，WG 1 的工作计划吸引了其他 ISO 和 IEC 的 TC/SC 以及 JTC1 中其他 SC 的注意，这为 ISO/IEC 27000 系列标准在多个标准化领域的应用提供了大量的机会。

WG 1 继续在 ISO/TMB/JTCG 的 MSS 联合技术协调组中发挥积极作用，塑造 MSS 的未来。此外，WG 1 还积极联系 IAF（国际认可论坛）、ISO CASCO 和 IEC/CAB，在合格评定方面进行合作，特别是 MSS 认可、审核和认证（ISO/IEC 27006 和 ISO/IEC 27007）。WG 1 还与其他 MSS 相关委员会合作，如 ISO/TC 292（业务连续性和供应链）、ISO/PC 302（评估）、TC 309（治理）、TC232（教育）和 ISO/TC 262（风险管理），并与 IEC 的 TC 45、TC 57 和 TC 65 在 WG 1 ISMS 项目的网络和行业特定方面进行合作。WG 1 与 ITU-T SG 17 密切合作，共同制定了几项通用标准：ISO/IEC 27011、ISO/IEC 27014 和 ISO/IEC 27017。

（2）WG 2（密码和安全机制）

WG 2 负责密码学和安全机制标准制定，其职责范围是：（a）确定信息技术系统和应用中密码学和安全机制的需求和要求；（b）制定用于安全服务的密码学和安全机制术语、通用模型和标准（含加密和非加密技术和机制），包括机密性、实体认证、抗抵赖性、密钥管理和数据完整性（如信息验证、散列函数和数字签名）。

① WG 2 成就。

自 2019 年 10 月以来，WG 2 已编制完成以下文件：

- ISO/IEC 9797-3/AMD1:2020《信息安全 消息认证码（MAC） 第 3 部分：使用通用散列函数的机制 补篇 1》；
- ISO/IEC 10116:2017/Amd.1:2021-02《信息技术 安全技术 n 位块密码算法的操作模式 补篇 1：CTR-ACPKM 操作模式》；
- ISO/IEC 11770-4:2017/Amd.2:2021-01《信息技术 安全技术 密钥管理 第 4 部分：基于弱秘密信息的机制 补篇 2：带附加已存秘密信息的已认证泄漏-恢复口令的密钥协议》；
- ISO/IEC 11770-5:2020-11（第 2 版）《信息安全 密钥管理 第 5 部分：组密钥管理》；
- ISO/IEC 13888-1:2020（第 4 版）《信息安全 抗抵赖性 第 1 部分：总则》；
- ISO/IEC 13888-3:2020（第 3 版）《信息安全 抗抵赖性 第 3 部分：使用非对称技术的机制》；
- ISO/IEC 18032:2020-12（第 2 版）《信息安全 素数生成》；
- ISO/IEC 18033-4:2011/AMD1:2020《信息安全 加密算法 第 4 部分：流密码 修订版 1》；
- ISO/IEC 18033-5:2015/Amd.1:2021-02《信息安全 安全技术 加密算法 第 5 部分：基于身份的密码 补篇 1：SM9 机制》；
- ISO/IEC 19772:2020-11（第 2 版）《信息安全 认证加密》；
- ISO/IEC 20008-2:2013/Amd.1:2021-02《信息安全 安全技术 匿名数字签名 第 2 部分：使用组公钥的机制 补篇 1》。

② WG 2 可交付件。

WG 2 目前正在编制一系列文件，包括：

- ISO/IEC 9797-2（DIS）《信息安全 消息认证码（MAC） 第 2 部分：使用专用散列函数的机制（修订版）》；
- ISO/IEC 10118-1/AMD1（DAM）《信息安全 散列函数 第 1 部分：概述 补篇 1》；
- ISO/IEC 11770-7（DIS）《信息安全 密钥管理 第 7 部分：组密钥管理》；
- ISO/IEC 15946-5（CD）《息安全 基于椭圆曲线的密码技术 第 5 部分：椭圆曲线生成（修订版）》；
- ISO/IEC 18014-2（CD）《信息安全 时间标记业务 第 2 部分：独立标记生成机制（修订版）》；
- ISO/IEC 18033-1（CD）《信息安全 加密算法 第 1 部分：概述（修订版）》；
- ISO/IEC 20009-3（CD）《信息安全 匿名实体鉴别 第 3 部分：基于盲签名的机制》；
- ISO/IEC 23264-1（DIS）《信息安全 原作数据编校 第 1 部分：总则》；
- ISO/IEC 23264-2（CD）《信息安全 原作数据编校 第 2 部分：基于非对称机制的可编辑签名方案》。

③ WG 2 战略/风险/机会/经验教训。

后量子密码学是新兴的技术之一。为了使 SC 27 应对未来的需要，WG 2 编制了一份常设文件 WG 2/SD 8（后量子密码学）。目前，WG 2/SD 8 包括 6 部分：

- 第 1 部分：后量子密码学概述与动机；
- 第 2 部分：基于散列函数的签名；
- 第 3 部分：基于格理论的密码学；
- 第 4 部分：基于编码的加密；
- 第 5 部分：基于多变量的签名；
- 第 6 部分：基于同源的加密。

目前可从 SC 27 官网上公开获取 WG 2/SD 8。

（3）WG 3（安全评估、测试和规范）

WG 3 涉及与安全工程有关的方面（但不限于信息技术安全规范），以及与 IT 系统、组件和产品的评价、测试和认证有关的方面。下列几方面可能尤为突出：
- 安全评价准则；
- 准则的应用方法；
- IT 系统、组件和产品的安全功能和保障规范；
- 确定安全功能和保障符合性的测试方法；
- 测试、评价、认证和认可方案的行政管理规程。

① WG 3 成就。

自 2019 年 10 月以来，WG 3 已编制完成以下文件：
- ISO/IEC 19989（第 1 版）《安全技术 生物特征识别系统安全评价的准则和方法》。
  ◇ 第 1 部分：框架；
  ◇ 第 2 部分：生物特征识别性能；
  ◇ 第 3 部分：呈现攻击检测。
- ISO/IEC 20085-1:2020（第 1 版）《IT 安全技术 测试密码模块中非侵入性攻击缓解技术用测试工具要求和测试工具校准方法 第 1 部分：测试工具和技术》。
- ISO/IEC 20085-2:2020（第 1 版）《IT 安全技术 测试密码模块中非侵入性攻击缓解技术用测试工具要求和测试工具校准方法 第 2 部分：测试校准方法和设备》。
- ISO/IEC 20453（第 1 版）《信息技术 安全技术 ISO/IEC 19790 和 ISO/IEC 15408 中随机位发生器的测试和分析方法》。
- ISO/IEC 20897-1（第 1 版）《生成非存储安全参数的物理不可克隆功能的安全要求和测试方法 第 1 部分：安全要求》。
- ISO/IEC 30111:2019（第 2 版）《信息技术 安全技术 漏洞处理流程》。

② WG 3 可交付件。

WG 3 目前正在编制一系列文件，包括：
- ISO/IEC 15408（DIS）《IT 安全技术 信息技术安全的评估标准》：
  ◇ 第 1 部分：简介和一般模型（修订版）；
  ◇ 第 2 部分：安全功能组件（修订版）；
  ◇ 第 3 部分：安全保障组件（修订版）；
  ◇ 第 4 部分：评估方法和活动规范的框架；
  ◇ 第 5 部分：安全要求的预定义包。
- ISO/IEC 18045（DIS）《IT 安全技术 IT 安全评估的方法（修订版）》。

③ WG 3 战略/风险/机会/经验教训。

WG 3 正在进行 ISO/IEC 15408 和 ISO/IEC 18045 的修订工作，这是一项基础性工作。这一修订具有特别意义，因为这是 WG 3 第一次领导所述标准的维护和发展，并始终与 CCDB 密切协调。此修订计划于 2021 年完成（注：这 2 项标准已发布），旨在提供一个能够应对网络安全评估和认证新需求的改进标准。

候选的 EUCC 认证方案是一项在全欧洲范围内实施产品认证的提案，它广泛使用和参考了 WG 3 标准。这是一项重大发展，同时也是对 WG 3 进一步发展的支持。

由于 WG 3 的成果越来越受欢迎，多个初步工作项目的主题包括新领域安全保障的概念、网络安全评估标准和方法，涉及互联车辆信息安全、复杂系统的网络安全保障或支持云服务的产品。

（4）WG 4（安全控制和服务）

WG 4 的工作范围涵盖了与安全控制和服务有关的方面，重点是信息技术安全标准及其在信息系统中产品和系统的安全性，以及这些产品和系统在生命周期中的安全性。所涉及的主题包括：
- ICT 安全操作（如准备就绪状态、连续性、事件与事故管理、调查）；
- 信息寿命周期（如创建、处理、存储、传输和处置）；

- 组织流程（如设计、采集、开发和供应）；
- 可信服务的安全方面（如在这些服务的提供、操作和管理方面）；
- 有关云、互联网和网络安全的技术及架构（如网络、虚拟化、存储）；
- 数字环境，如云计算、网络、互联网和其他组织。

① WG 4 成就。

自 2019 年 10 月以来，WG 4 已编制完成以下文件：
- ISO/IEC 20547-4:2020（第 1 版）《信息技术 大数据参考架构 第 4 部分：安全与隐私保护》；
- ISO/IEC 27035-3:2020（第 1 版）《信息技术 信息安全事件管理 第 3 部分：ICT 事件响应操作指南》；
- ISO/IEC 27050-1:2019（第 2 版）《信息技术 电子举证 第 1 部分：综述和概念》；
- ISO/IEC 27050-3:2020（第 2 版）《信息技术 电子举证 第 3 部分：电子举证行为守则》。

② WG 4 可交付件。

WG 4 目前正在编制一系列文件，包括：
- ISO/IEC 27050-4（FDIS）《信息技术 电子举证 第 4 部分：技术准备》；
- ISO/IEC 27070（DIS）《信息技术 安全技术 虚拟信任根建立要求》；
- ISO/IEC 27032（CD）《信息技术 网络安全 互联网安全指南》；
- ISO/IEC 27400（CD）《网络安全 物联网安全与隐私 指南》。

③ WG 4 的战略/风险/机会/经验教训。

大数据、网络安全和物联网（IoT）领域对国际标准的需求迅速增长。因此，WG 4 将在这些领域提出并启动越来越多的项目。WG 4 还继续与其他委员会就大数据（JTC 1/SC 7 和 JTC 1/SC 42）和物联网（JTC 1/SC 25 和 JTC 1/SC 41）等领域展开合作。WG 4 特别邀请相关委员会担任联合编辑。例如，与 ISO/TC 292（安全与韧性技术委员会）进行合作，在信息和通信技术方面为业务连续性做好准备。

WG 4 还与联络组织保持密切联系。例如，小型企业标准（SBS）的一位成员担任了 ISO/IEC 27035-1《信息技术 信息安全事件管理 第 1 部分：事件管理原则》的联合编辑。

（5）WG 5（身份管理和隐私技术）

在完成基础框架［特别是 ISO/IEC 24760（身份管理框架）和 ISO/IEC 29100（隐私框架）］之后，WG 5 的重点是制定有关支持技术、模型和方法的相关标准和常设文件。

① WG 5 成就。

自 2019 年 10 月以来，WG 5 已编制完成以下文件：
- ISO/IEC 24760-1:2019（第 2 版）《IT 安全和隐私 身份管理框架 第 1 部分：术语和概念》；
- ISO/IEC 24761:2019（第 2 版）《信息技术 安全技术 认证范围内的生物识别技术》；
- ISO/IEC TR 27550:2019（第 1 版）《系统生命周期过程的隐私工程》；
- ISO/IEC 27701:2019（第 1 版）《安全技术 ISO/IEC 27001 和 ISO/IEC 27002 在隐私信息管理方面的扩展 要求和指南》【此项编号已是 27552】；
- ISO/IEC 29184:2020（第 1 版）《信息技术 在线隐私通知和同意》；
- ISO/IEC TS 27006-2:2021（第 1 版）《信息安全管理体系审核和认证机构要求 第 2 部分：隐私信息管理体系》【此项编号已是 27558】；
- ISO/IEC TS 27570:2021（第 1 版）《信息技术 安全技术 智慧城市隐私指南》。

② WG 5 可交付件。

WG 5 目前正在编制一系列文件，包括：
- ISO/IEC 24745（DIS）《信息安全 网络安全和隐私保护 生物特征信息保护》；
- ISO/IEC 24760-2（WD）《信息技术 安全技术 身份管理框架 第 2 部分：参考架构和要求》；
- ISO/IEC 24760-3:2016 Amd1（WD）《信息安全 安全技术 身份管理框架 第 3 部分：实践》；
- ISO/IEC 27551（DIS）《信息技术 安全技术 基于属性的不可链接实体身份验证要求》；
- ISO/IEC 27553（CD）《信息技术 安全技术 移动设备上使用生物特征进行身份验证的安全要求》；
- ISO/IEC 27554（WD）《ISO 31000 在身份管理相关风险评估中的应用》；

- ISO/IEC 27555（DIS）《信息安全、网络安全和隐私保护 个人标识信息删除指南》；
- ISO/IEC 27556（CD）《基于隐私偏好的以用户为中心的个人标识信息（PII）处理框架》；
- ISO/IEC 27557（WD）《信息技术 组织隐私风险管理》；
- ISO/IEC 27559（WD）《隐私增强数据去标识框架》；
- ISO/IEC TS 27560（WD）《隐私技术 同意记录信息结构》；
- ISO/IEC TS 27561（WD）《信息技术 安全技术 工程用隐私操作模型和方法（POMME）》；
- ISO/IEC 27562（WD）《金融科技服务隐私保护指南》。

③ WG 5 的战略/风险/机会/经验教训。

全球隐私和身份管理立法越来越依赖标准，需要制定更多的标准来实现各种法律法规和最佳实践。随着越来越多的 WG 5 成果受到关注和应用，这对 WG 5 来说是一个机会。此外，WG 5 正在招募更多的志愿者。鉴于 WG 5 正在成长，其他方面的隐私工作也在加强，这一趋势既是机遇，也是挑战。因此，WG 5 持续维护许多联络关系。尤其是与研究项目的联络，一直以来都非常成功：相关的创新内容卓有贡献，而且从更长远来看也将为 WG 5 维持更多的联络关系。

ISO/TMB 已将 ISO/COPOLCO 发起的 ISO 31700"消费品和服务的设计隐私"项目分配给 ISO/TMB 新创建的 ISO/PC 317。WG 5 与 PC 317 密切合作，理想情况下会开展联合或背靠背会议，为该项目做出贡献。2019 年 10 月在巴黎举行了首次会议。在 SC 27 工作组会议之后，WG 5 与 PC 317/WG 1 于周六举行了联合会议。在之后的一周里，PC 317/WG 1 从周一至周三分别举行了会议。通过这种会议模式，参会代表无须额外旅行即可参加联合会议，甚至一些代表可以同时参加两次会议。事实证明，联合会议成功促进了双方对隐私和相关技术挑战的相互理解，例如消费者对隐私的处理方法。因此，计划今后再次举行此类活动。

对于 WG 5 来说，（由于新冠疫情）虚拟会议的总体经历并没有让人产生太多热情。虽然与实体会议相比，虚拟会议更容易安排，但效率有时较低。在虚拟会议中，无法实现标准化过程所需的全方位互动，尤其是在有争议的国家和国际监管环境中就跨学科领域以及创新方法展开讨论时。

（6）ISO/TC 307-JTC 1/SC 27/JWG 4

JWG 4 从 2018 年开始开展工作。该联合工作组（JWG）由 ISO/TC 307 管理，其目标是利用两个上级委员会（ISO/TC 307 和 JTC 1/SC 27）的专业知识，在区块链身份、安全和隐私领域制定标准和技术报告。

① JWG 4 可交付件。

JWG 4 目前正在编制以下标准：

- ISO/TR 23249（DTR）《用于身份管理的现有 DLT 系统概述》。

② JWG 4 战略/风险/机会/经验教训。

JWG 4 旨在利用两个上级委员会的不同专业知识和能力，在区块链专家与安全、身份和隐私专家之间建立协同效应，以便在两个上级委员会的专业交叉领域制定专门标准，同时避免重复和不一致。管理 JWG 可能比管理常规 WG 更具挑战性。为此，任命了两名召集人（一名来自 TC 307，另一名来自 SC 27）。在 2022 年 4 月之前的一年中，JWG 4 的成员人数和积极参与人数都有所增加。JWG 4 还致力于完善其工作计划，以满足区块链安全、身份和隐私标准化工作的需要。JWG 4 与两个委员会的工作组合作，以确保与 SC 27 制定的现有标准兼容，并适应区块链的特殊性要求。

（7）主席顾问组（CAG）

① CAG 可交付件。

CAG 不自行编制可交付件。CAG 支持 SC 27 主席在非全体会议期间领导 SC 27。对于不能推迟到下次全体会议和不适合进行信件投票的所有决定，CAG 向主席和委员会管理层提出建议。CAG 参与 SC 27 会议的组织工作。如有必要，CAG 支持 SC 27 主席和 SC 27 专家处理与其他组织的联系。

② CAG 成就。

通过 2020 年 9 月全体会议上的正式投票和批准程序，CAG 正式成立，来自阿根廷、中国、法国、德国、印度、菲律宾和西班牙 7 个国家体成员已获得批准。2020 年，CAG 召开了三次会议，讨论了以下议程项目：

- 将计划在圣彼得堡举行的春季会议改为虚拟会议；
- 将计划在华沙举行的秋季会议改为虚拟会议，包括虚拟全体会议；

- 根据ISO指令，讨论SC 27将文件转入下一阶段的指南；
- 讨论2021年第一次SC 27全体会议和同步WG会议的最佳周数，以及会议的最佳举行时间；
- 考虑到ISO会议平台的能力不足，讨论协调WG会议主题信息的变通方法，以及在ISO会议门户网站中宣布WG系列会议。

③ CAG风险、机遇和问题。

考虑到未来需要更多非同步工作和虚拟会议，包括SC 27在内的所有委员会的决策过程都将更加虚拟化。像CAG这样的平台可以在短时间内快速向主席和委员会管理层提供建议，并能够加快决策速度，同时提高决策质量。

（8）AG 1（管理）

SC 27管理咨询组（MAG——AG 1）是一个内部行政职能部门，旨在审查和评估SC 27的有效性，并提出改进建议。2017年在柏林举行SC 27代表团团长会议之后，成立了AG 1，由10名成员组成，包括由国家成员体提名的召集人和召集人辅助官，代表所有SC 27工作组和地域平衡的成员。通常情况下，AG 1在线上办公，在线下举行会议和WG会议。

AG 1的职能是向SC 27的管理提供咨询。向SC 27管理层传达的任何建议或提议都体现了AG 1成员之间的共识。除非SC 27管理层事先授权，否则AG 1无权直接向SC 27全体会议提出建议。AG 1内部的讨论不对外公开。

① AG 1成就。

在本工作周期，AG 1向SC 27管理层提出了改进会议管理和工作组组织的建议，以提高SC 27的工作效率。AG 1还编制了一份旨在改进联络管理的表格。AG 1与SC 27管理团队讨论了这些建议。

AG 1编制、分发并分析了一份调查问卷，涵盖了SC 27工作组内部处理委员会草稿和更高版本文件的不同程序。因此，AG 1将向SC 27管理层提出一些协调措施建议。

AG 1还一直在解决虚拟会议对SC 27工作效率影响的问题，并向SC 27管理层提出了改进建议。

② AG 1可交付件。

AG 1本身不执行任何标准编制工作，只为SC 27管理层提供建议或思路。

③ AG 1风险、机遇和问题。

鉴于未来可能会越来越多地举行虚拟会议，AG 1目前正在努力改进SC 27的职能。当前，AG 1希望能在SC 27管理层中提出更大的灵活性和主动性。在AG 1目前的工作环境中，由于以下原因迫使SC 27流程快速变化：新冠疫情引起ISO CS政策变化和委员会成员可用工具变化。

（9）AG 2（可信性）

该咨询组（AG）的职责范围如下：
- 提供一个SC 27成员可以从安全和隐私角度讨论可信性问题的环境；
- 作为单一渠道，可向JTC 1/WG 13提供关于可信性的内容；
- 遵循ISO/IEC JTC 1/WG 13中与SC 27相关的可信性项目；
- 遵守ISO/IEC JTC 1/WG 13中与SC 27相关的关于可信性的职责范围；
- 讨论AG 2的贡献作为SC 27对JTC 1/WG 13的贡献，并达成共识。

所有SC 27工作组的所有专家均可成为AG 2成员。

① AG 2成就。

AG 2成功参与了ISO/IEC JTC 1/WG 13。

② AG 2可交付件。

AG 2直接向ISO/IEC JTC 1/WG 13提供项目反馈。目前的反馈包括：
- 可信性热图；
- 可信性术语；
- 可信性参考架构；
- ISO/IEC 24462《ICT可信度评估的本体》。

③ AG 2 风险、机遇和问题。

ISO/IEC JTC 1/WG 13 要求 AG 2 收集和处理意见的时间非常短。这导致 AG 2 很难收集意见并在 WG 13 规定的截止日期前及时处理。

（10）AG 3（概念和术语）

SC 27 概念和术语咨询组——AG 3 是一个新的内部行政职能部门，旨在解决各工作组的概念和术语问题，尤其是在这些问题可能直接或间接影响多个工作组的情况下。2019 年在巴黎举行 SC 27 代表团团长会议后，成立了 AG 3，由 10 名成员组成，每个 SC 27 工作组提供两名成员，包括召集人和召集人辅助官。通常情况下，AG 3 在线上办公，在线下举行会议和工作组会议。

AG 3 的职能是向 SC 27 及其工作组提供咨询。AG 3 向 SC 27 及其工作组传达的任何建议或组织决策应体现 AG 3 成员之间的共识。除非 SC 27 全体会议授权，否则 AG 3 无权代表 SC 27 全体会议或工作组会议做出决策。

① AG 3 可交付件。

AG 3 的职能是向 SC 27 工作组管理层、项目编辑和报告员提供咨询。AG 3 应确定、定义术语问题并确定其优先顺序，并制定方法，从而为解决方案提供参考和建议。AG 3 将监测和报告进展情况，但不会自行开展标准制定工作。

② AG 3 成就。

AG 3 编制和分发了一份分析报告，分析了 SC 27 使用的术语以及这些术语在各工作组内部和工作组之间不一致的程度。该分析报告为确定各工作组和 SC 27 的进一步工作奠定了基础。

③ AG 3 风险、机遇和问题。

AG 3 在向 SC 27 提交第一份报告后，召集人和召集人辅助官一直在等待工作组召集人对其提名的咨询组代表做出答复。在该咨询组成立之前，不得开始实质性工作。

AG 3 还将协助新成立的 JTC 1 咨询组——AG 18，一起进行 JTC 1 术语方面的工作，并将 AG 3 的一名成员作为 SC 27 代表委派给 AG 18。

（11）AG 4（数据安全）

数据安全咨询组 AG 4 的职责范围如下：

- 明确数据安全的定义，解释数据安全与信息安全、数据保护和隐私保护之间的关系；
- 收集潜在的数据安全问题/风险/挑战/要求，并进行缺口分析，以明确 SC 27 范围内的数据安全标准化方向；
- 如有可能，检查不同 SDO（如 ISO/IEC JTC 1/WG 9、ISO/IEC JTC 1/SC 32、ISO/IEC JTC 1/SC 38、ITU-T SG 17）之间现有的数据安全相关标准。

① AG 4 成就。

AG 4 根据其职责范围编制和发布了一份关于数据安全定义的分析报告，解释了数据与信息、数据安全、数据保护和隐私保护之间的关系。

② AG 4 可交付件。

AG 4 将根据其职责范围第 2 条，收集潜在的数据安全问题/风险/挑战/要求，进行缺口分析，并完成报告。

③ AG 4 风险、机遇和问题。

在最新报告中进行需求分析后，找到目前仍面临的问题/风险/挑战/要求，以及 SC 27 已发布标准或可交付件中未涵盖的领域。

（12）AG 5（战略）

AG 5 的职责范围是通过以下方式，就新兴技术提供战略建议，支持 SC 27 管理层的工作：

- 确定 SC 27 标准和项目中的缺口，以确保充分满足市场需求；
- 监测新兴技术与 SC 27 工作范围的潜在相关性；
- 审查由存在重叠或冲突的工作范围、活动和项目所引起的问题，以及工作组之间和工作组之外（包括 SC 27 之外的委员会）关于项目分配的分歧。

① AG 5 可交付件。

AG 5 本身不负责任何标准编制工作，只向 SC 27 管理层提出建议。

② AG 5 成就。

通过 2020 年 9 月全体会议上的正式投票和批准程序，AG 5 正式成立，除 SC 27 管理层和工作组召集人外，来自比利时、中国、英国、印度、韩国、菲律宾、南非、瑞典和瑞士的 11 名成员已获得批准。

③ AG 5 风险、机遇和问题。

新技术领域正在扩大，网络安全的重要性和必要性毋庸置疑。因此，预计网络安全领域对国际标准的需求将显著增加。

作为一个新成立的咨询组，AG 5 鼓励所有领域的专家在不久的将来参与网络安全工作，并将此作为一项持续任务执行下去。

（13）AG 6（业务）

SC 27 业务咨询组——AG 6 在组织问题上支持 SC 27 管理层，包括：调整和协调工作组路线图和 SC 27 整体路线图，协助处理 SC 27 与其他委员会的联系和共同主题，维护 SC 27 常设文件。2019 年 10 月举行 SC 27 代表团团长会议后，成立了 AG 6，由 SC 27 管理团队成员、最多 15 名 P 成员（国家成员体）代表、1 名召集人和 1 名召集人辅助官组成。目前，AG 6 有 11 个国家成员体，包括阿根廷、比利时、中国、德国、英国、韩国、印度、瑞典和瑞士等。通常情况下，AG 6 在线上办公，在线下举行会议和 WG 会议。

AG 6 的职能是向 SC 27 管理层提供咨询。向 SC 27 管理层传达的任何建议或提议都体现了 AG 6 成员之间的共识。

① AG 6 成就。

自 2020 年以来，新冠疫情给全球会议的组织带来了挑战，导致大多数会议都改为虚拟会议。在 SC 27 的指导下，AG 6 积极应对挑战，目前制定了 SC 27 虚拟会议指南。虚拟会议指南涉及：虚拟会议的作用和责任、会议工具的安全使用、会议安排时间表和会议时间表原则，以确保会议效率和国际公平。此外，为了保持 SC 27 会议指南的适用性和一致性，AG 6 在关于 SD 19 的 JTC 1 咨询组 17（AG 17）中派有代表。

② AG 6 可交付件。

AG 6 发布了 SC 27 虚拟会议指南，为 SC 27 虚拟全体会议和任何虚拟工作组/咨询组会议的参会官员、编辑和参与者提供指南和建议，以最大限度地提高会议效率。

③ AG 6 风险、机遇和问题。

鉴于虚拟会议和混合会议可能在未来很长一段时间内成为常态，AG 6 将制定混合模式会议指南。随着新技术平台和流程要求的采用，AG 6 还将审查当前的 SC 27 常设文件，并优化 SC 27 的相关工作建议。

SC 27 全体会议将多份 SC 27 常设文件的维护工作分配给了 AG 6。

（14）AG 7（沟通和外联）

① AG 7 的职责范围和目标。

AG 7 负责处理与 SC 27 及其工作组、咨询组以及工作计划相关的所有沟通和外联活动。因此，AG 7 的目标是：

- 通过提高 SC 7 及其与更广泛利益相关者社区的合作意识，实现对 SC 27 工作的高度认可、支持和赞同；
- 为 SC 27 编制并发布外部沟通文件，以补充 ISO 发布的信息；
- 通过有效传达 SC 27 信息的活动和机会，告知并鼓励专家更多地参与 SC 7 的工作；
- 通过提高公众对标准应用和价值的认识，增加对 SC 7 制定的标准（和其他文件）的应用；
- 协助 SC 27 社区的所有成员在内部和外部进行全面、可理解的有效沟通。

AG 7 与 ISO/CS、JTC 1/AG 1（信息化）、JTC 1/AG 10（外联）以及其他相关的内部组合作。这项工作的重要目标受众和利益相关者包括：

- 国际和国内企业；
- 商业和服务专业人员，涵盖公用事业、医疗保健、金融和保险、IT 部门，认可、认证、测试和评估机构，商业协会、联盟、论坛，以及专业人士（如顾问、咨询师）；
- 国家/联邦/省/州或地区政府机构；
- 学术界和研究机构；
- 非政府组织，包括标准组织、国际组织（如 OECD、INTERPOL）等。

② AG 7 成就和可交付件。

AG 7 提供一系列宣传材料、出版物和文章，旨在支持和宣传 SC 27 的工作。AG 7 还参与外部项目、研讨会和会议，以提高对 SC 27 及其工作的认识，并提供与行业和企业接触的机会，促进标准化活动和未来合作。

③ AG 7 风险、机遇和问题。

随着 SC 27 工作范围和多样性的不断扩大，AG 7 也在不断地向全球社会宣传 SC 27 的成就和成功。未来几年，随着 SC 27 向外开放的平台采用新的沟通和外联方式，AG 7 将迎来许多机遇。例如，AG 7 计划将 SC 27 引入社交媒体领域，并计划进行以下开发工作：
- SC 27 脸书；
- SC 27 领英。

5.2.10　SC 28 业务计划（2021 年 9 月—2022 年 8 月）

1. 执行概要

SC 28 是 JTC 1 中为数不多的面向产品或硬件的分技术委员会之一。因此，SC 28 的基本输出是产品规格描述符、硬拷贝设备生产率测量方法、硬拷贝输出质量和耗材（墨水和墨粉盒）产量的标准。SC 28 继续扩展耗材、生产力的测量方法，并扩展图像质量评估以支持打印持久性和耐用性。

2015 年，由于办公设备和相关技术的市场需求不断变化，办公环境中 3D 技术的使用越来越多，SC 28 扩大了其范围，包括 3D 打印机/扫描仪。在 2020 年 JTC 1 线上全体会议上，SC 28 报告了其对 3D 标准化的立场如下。

由于 3D 打印尚未从制造和小众消费者转移到更一般的办公室或消费市场，并且情况依旧，因此很难建立 SC 28 擅长的标准类型来应对这个市场。

（1）SC 28 至少需要几年时间才能启动 3D 标准化工作（产量、生产率等的测量方法）。

（2）SC 28 保持当前范围不变，因为 SC 28 目标与其他分技术委员会或工作组之间的工作区域没有重叠。

（3）当其他分技术委员会或工作组想要发起 SC 28 现在计划在 3D 领域开展的工作时，SC 28 将很乐意通过建立联合工作组与其共同工作。

（4）SC 28 一如既往持续关注办公室/家庭空间中 3D 打印机/扫描仪的发展。

SC 28 开始将其物联网和可访问性工作计划与适用的 JTC 1 战略方向保持一致。SC 28 在 2017 年设立了 SG 1 来评估"办公设备的新机遇"，并在 2018 年根据 SG 1 的输出建立了 SG 2 来制定 PWI 标准。2019 年，SG 2 提出了名为"通用安全指南"的 PWI，用于在与现有安全标准相协调的情况下，在安全领域简单使用中低端办公设备。SG 2 是 SC 28 与日本的 AG 镜像委员会（AGJ）和 JBMIA 信息安全委员会合作建立的。

在 2021 年全体会议上，SC 28 决定成立一个新的工作组（WG 6）来解决社会的一些需求，并确定 WG 6 "可持续性要求"的范围。WG 6 涵盖了上述"通用安全指南"的新项目。SG 2 因此决定解散。此外，SC 28 与 JTC 1/SC 27 和 SC 27/WG 3 建立了联络关系，其范围是"安全评估、测试和规范"。

2. 回顾

（1）市场需求和创新

SC 28 负责的当前市场上的主要设备类型如下：
- 复印机；
- 打印机，包括喷墨打印机（单色和彩色）和电子照相（激光）打印机（单色和彩色）；
- 图像扫描仪；
- 传真机；
- 数据投影机；
- MFD（多功能设备，即执行两台或两台以上具有打印、复印或传真功能的机器）；
- 办公室和家庭环境中的 3D 打印机/扫描仪。

从各种免费和付费报告中获悉的这些设备市场的总体趋势如下：

- 这些年喷墨打印机和激光打印机的总销售数量一直在下降，尽管我们可以观察到短期或特定产品类型的增长。具有大墨量或连续供墨系统的喷墨打印机等具有成本效益的打印机在办公机器市场受到关注。
- 许多制造商使用 MPS（托管打印服务）提供降低效益成本的服务。这些制造商试图通过提供解决方案和外围业务（如服务/消耗品）来扩大办公机器市场。
- 许多制造商通过在市场上引入光产生模式来推动数字印刷领域的发展。
- 由于 3D 打印尚未将其从制造和利基消费者转移到更一般的办公室或消费市场，并且仍在继续发展，因此很难建立 SC 28 擅长的标准类型来应对这个市场。

市场所要求的可用标准如下：
- 产品目录中功能规格（描述符）的比较（持续更新中）；
- 测量打印机墨水和墨粉盒的产量（主要工作已完成）；
- 打印输出图像质量和分辨率的评估和比较；
- 研究用户对全球设备色彩配置文件共享平台的需求；
- 残疾人和老年人在办公设备中的可访问性；
- 数据投影仪规格说明；
- 可持续性要求，例如安全和环境问题。

（2）成就

SC 28 和各工作组的详细进展见后面关于每个工作组的叙述。SC 28 已发布的所有标准的状态和正处于制定中的标准，都可以从 SC 28 标准目录见 ISO 官网。

（3）资源

2020 年，SC 28 由 12 个 P 成员和 19 个 O 成员组成。SC 28 有一个固有的、长期的问题，即能够为 SC 28 技术工作提供专家的国家成员体，一般局限在少数有办公设备产业的国家中。虽然办公设备产业被认为是成熟的，但办公设备的市场和技术一直在随着印刷行业而发生变化。因此，SC 28 的标准也需要不断发展。

（4）合作与竞争

SC 28 持续与 ISO/TC 130 和 ISO/TC 42 合作，在 JWG 14 框架内就商业印刷的图像质量评估与 TC 130/WG 3 合作，在 JWG 27 框架内就印刷持久性和耐久性与 TC 42/WG 5 和 TC 130/JWG 14 进行合作。SC 28/WG 4 还扩大了与 ISO/TC 42/WG 3 的联络关系。

SC 28 持续关注 ISO/TC 261 的工作。SC 28 已经与 JTC 1/SC 41 建立了联络。

3. 工作组

（1）WG 2（耗材）

① WG 2 成就。
- ISO/IEC DIS 22505《单色喷墨打印机和包含打印机组件的多功能设备的墨盒印量测定方法》（已发布）。

② WG 2 可交付件。

WG 2 已启动技术报告 ISO/IEC TR 22950《产能标准的使用》的 WD 研究，涵盖和整合了单色打印机、彩色打印机和 MFD 上墨粉/墨盒产能测量方法的标准。WG 2 已完成 ISO/IEC 24711 的修订，并将 ISO/IEC 29142-1 的修订推进到委员会阶段。此外，ISO/IEC 29102 的修订工作刚刚开始。

（2）WG 3（生产率）

① WG 3 成就。

WG 3 已经着手调查并开始对大多数办公设备生产率标准的修订。

② WG 3 可交付件。

WG 3 已完成修订并获得优秀奖的标准：
- ISO/IEC 17991《数字多功能设备扫描生产率的测量方法》；
- ISO/IEC 29183《单面原稿数字复制生产率测量方法》；
- ISO/IEC 24734《数字打印生产率的测量方法》；
- ISO/IEC 24735《数字复制生产率的测量方法》；

WG 3 也将启动以下标准的复审：
- ISO/IEC 17629《数字打印设备首次打印时间测量方法》。

以下标准草案正在制定：
- ISO/IEC DIS 23385《数字照片打印输出时间测量方法》。

③ WG 3 策略/风险/机会/经验。

WG 3 正在为测量照片打印生产率的方法提供新的工作项目建议。

(3) WG 4（图像质量评估）

① WG 4 成就。

无。

② WG 4 可交付件。
- ISO/IEC 22592-1：在 2021 年 10 月完成 CD 投票。
- ISO/IEC 22592-2：在 2021 年 6 月完成 CD 投票。
- ISO/IEC 22592-3：在 2021 年 11 月完成 PWI 投票。
- ISO/IEC 24790 修正案 1：在 2021 年 12 月完成 DAM 投票。
- ISO/IEC 24790 第 1 次修订：更改范围，旨在包含原色打印。
- ISO/IEC 24790 colour1：更改全彩色打印的范围。

③ WG 4 策略/风险/机会/经验。

WG 4 持续在 JWG 14 的工作框架内就 ISO/TS 18621 的商业印刷图像质量评估与 ISO/TC 130 进行合作。WG 4 还与 JWG 27 框架内的 TC 42 和 TC 130 合作制定印刷持久性和耐久性标准。

(4) WG 5（办公色彩）

① WG 5 成就。

无。

② WG 5 可交付件。

WG 5 正在制定以下草案：
- ISO/IEC DIS 22954《信息技术 办公设备 自动颜色配置文件分发》。

WG 5 正在对以下草案进行修订：
- ISO/IEC 15775《信息技术 办公设备 通过打印测试图表指定具有复印模式的彩色复印机和多功能设备的图像再现方法》；
- ISO/IEC 17823《信息技术 办公设备 办公颜色设备的颜色术语》。

③ WG 5 策略/风险/机会/经验。

无。

(5) AG

① 成就。

AG 曾于 2018 年组织了 SG 2，并成功推出了题为"办公设备 硬拷贝设备（HCD）安全指南和最低要求 第 1 部分：高级别最低要求的定义"的新工作项目（NP）提案。

AG 一一确认了目前的联络关系，并对每一位联络官进行了适当的任命。

② 可交付件。

上述 NP 已获得批准，新成立的 WG 6 将把它作为一个新工作项目进行编制。

③ 策略/风险/机会/经验。

SC 28 的工作计划应与 JTC 1 的战略方向一致（例如，3D、物联网和可访问性等）。为了覆盖 SC 28 的范围，AG 将持续促使 SC 28 国家成员体通过践行绝大部分路线图来产生新的项目，AG 为该路线图投入了大量的精力。

(6) SG 2

① 成就。

经过 PWI 的多次讨论和实施，SG 2 结束并向 AG 报告，并在 2021 年全体会议上启动新的工作项目提案，即NP7184。

正如在2021年全体会议上所讨论的，SG 2已经研究了如何通过执行PWI来促进"通用安全指南"提议的标准化，并在委员会中达成一致。SC 28启动了WG 6来支持该标准的制定，并解散SG 2，此举被列入2021年全体会议的决议中。WG 6将接管SG 2的成果。

② 可交付件。

新成立的WG 6接手SG 2，并解散SG 2。

③ 策略/风险/机会/经验。

无。

5.2.11 SC 29业务计划（2020年9月—2021年8月）

1. 执行概要

SC 29一直在制定和提供作为数字媒体服务和应用基础的国际标准，特别是对图像、音频、运动图片和其他一些类型的数据（如基因组）进行有效编码的国际标准，以及对系统中媒体技术提供数字信息支持的国际标准。这些标准旨在表示、包装、记录、保存和传递数字媒体信息。这些标准支持媒体的编码、组成、传输、归档和存档等功能，以及它们的控制、接口、一般应用和（或）特定应用的中间件。

在对自身结构进行了18个月的彻底评估后，SC 29于2020年7月获批重组，将SC的工作安排成8个工作组和5个咨询组。此次重组的基本原则是将MPEG（原WG 11）的工作子组提升到工作组（WG）的层级，同时将原工作子组主席任命为召集人，从而确保工作的连续性。因此，本节所描述的SC 29结构是近期重组后的结果。SC 29的结构如图5-3所示。

SC 29	WG 1	JPEG图像数字表示编码	工作组
	WG 2	MPEG技术需求	
	WG 3	MPEG系统	
	WG 4	MPEG视频编码	
	WG 5	MPEG联合视频编码	
	WG 6	MPEG音频编码	
	WG 7	MPEG三维图形编码	
	WG 8	MPEG基因组编码	
	AG 1	主席支撑与管理	咨询组
	AG 2	MPEG技术协调	
	AG 3	MPEG联络与沟通	
	AG 4	管理	
	AG 5	MPEG视觉质量评价	

图5-3 ISO/IEC JTC 1/SC29的结构

SC 29及其工作组包含1 000多人，每季度约有400人参加其工作组的会议，注册专家总数约为1 000人。

最近SC 29的一项突出成就是：在2021年1月，ISO基础媒体文件格式（ISOBMFF，ISO/IEC 14496-12）标准获得技术与工程艾美奖（Technology & Engineering Emmy）。这是继2019年JPEG标准（ISO/IEC 10918-1）获得黄金时段工程艾美奖（Primetime Engineering Emmy）之后，SC 29获得的第7个艾美奖。

SC 29有29个P成员和16个O成员，在SC 29直接负责下有近600个已发布标准以及100多个在研标准。

2. 回顾

（1）市场需求和创新

对于WG 1（又称"JPEG"，即联合图像专家组）来说，作为其重大创新的例证，传统的JPEG格式在过去30年里一直是领先的静止图像格式之一，使世界每天都能使用和分享数以十亿计的图像。ISO/IEC JTC 1/SC 29和ITU-T共同组建的JPEG，因其对工程发展的贡献而被授予2019年黄金时段工程艾美奖。在接受该奖项时，JPEG得到以下授奖词："对于制定图像压缩标准的特别认可，（是因为）该标准已被普遍采纳，用于保持电视制作中的高质量图像以及制作中相关性不大但十分必要的工作流程。"最近，JPEG一直在开发低延迟轻量级图像编码系统 JPEG XS、下一代图像编码标准 JPEG XL、全光场编码 JPEG Pleno，并且已经开始了基于神经网络的图像编码 JPEG AI 的工作。其他潜在的新项目也正在探索之中。

对于 WG 2~8（由原 WG 11 衍生出来的"MPEG"工作组），自其 1988 年成立以来的 30 多年里，MPEG 已经发展为研制成功标准的专业中心，这些标准既改变了行业，也改善了数十亿人的生活。在原 WG 11 的工作业务和专家数量发展到远超常规 ISO/IEC 工作组的规模和范围后，SC 29 重组了 WG 11，将其以前的工作子组提升到工作组的层级。WG 11 虽然被解散，但 MPEG 团体的凝聚力和协调性通过一种特殊的运作方式得以保留，即：一个共同的会议安排，各工作组之间的定期联席会议，一个负责所有 MPEG 工作组召集人之间的技术协调和会议规划的咨询组（SC 29/AG 2），一个负责联络和沟通协调的共同咨询组（SC 29/AG 3），一个负责对 MPEG 视觉编码标准和技术建议的能力进行可视资料质量评估的共同咨询组（AG 5），由 WG 2 协调的关于需求的共同工作以及之后一旦再次有可能举行面对面会议时使这些会议的举行保持连贯性的计划。

从原 WG 11（众所周知的"MPEG"）内部的分组和活动衍生出来的各工作组（WG）互相协调且关系紧密。因此，WG 2 至 WG 8，连同 AG 2、AG 3 和 AG 5，仍然统称为"MPEG"，并以协调的方式一起举行会议，定期举行联席会议，进行信息共享和组间协调。MPEG 在 2020 年 10 月的会议是第 132 次 MPEG 会议，在 2021 年 1 月的会议是第 133 次 MPEG 会议，在 2021 年 4 月的会议是第 134 次 MPEG 会议，在 2021 年 7 月的会议是第 135 次 MPEG 会议。

新成立的 MPEG 各工作组继承了由原工作子组创建和开发的项目。MPEG 标准研发路线图如图 5-4 所示。

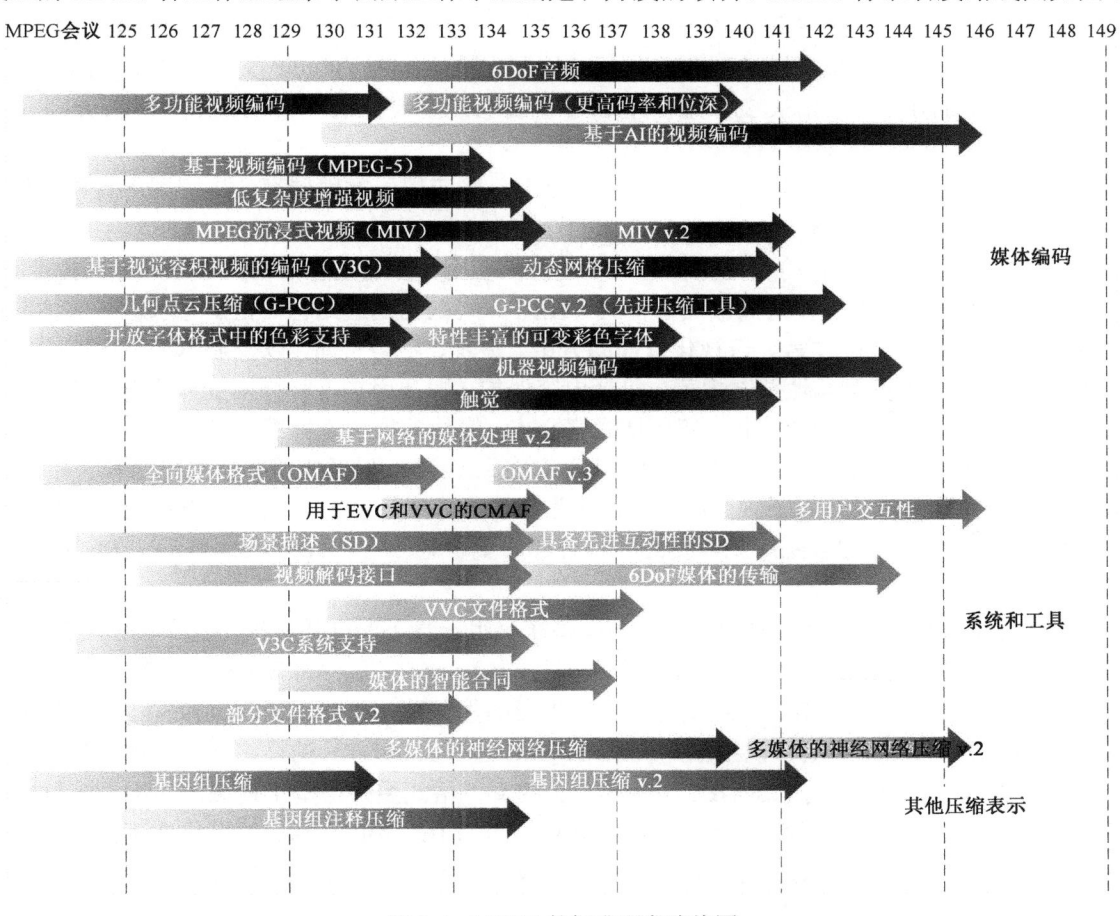

图 5-4 MPEG 的标准研发路线图

如今，MPEG 社区是 WG 和 AG 的紧密联系团体，将继续按照以前的 MPEG 会议惯例一起开会，并将进一步推进 MPEG 工作计划中的标准化活动。

2020 年 10 月举行的第 132 次 MPEG 会议是组成新结构的以下各小组的第一次会议：AG 2（MPEG 技术协调，负责 MPEG 整体工作协调）、WG 2（MPEG 技术需求）、WG 3（MPEG 系统）、WG 4（MPEG 视频编码）、WG 5（MPEG 联合视频编码，与 ITU-T SG16 共同组成的 MPEG 联合视频编码团队）、WG 6（MPEG 音频编码）、WG 7（MPEG 三维图形编码）、WG 8（MPEG 基因组编码）、AG 3（MPEG 联络和沟通）以及 AG 5（MPEG 视觉质量评价）。300 多名参与者继续高效地为行业的未来需求制定标准。作为一个团体，MPEG 开始探索新的应用领域，这些领域将从未来标准化的压缩技术中受益。

为了在 JPEG 和 MPEG 社区之间进行协调，还组成了一个咨询组——AG 4（管理）。

除了上述小组，SC 29 还有 AG 1，协助主席处理 SC 29 的各项事务，特别是提供管理方面的建议。AG 1 最近的两项成就是协助指导 SC 29 通过其最近的重组和主席的过渡，以及为数个 ISO/IEC JTC 1/SC 29 的产品（"横向可交付件"）进行材料准备的协调工作。

对于 WG 1 至 WG 7，包括虚拟和增强现实、360°图像/视频、3D 音频和 3D 表示（如"点云"）在内的沉浸式应用正在不断涌现。为了避免市场的分裂和确保互操作性，需要为此类应用制定标准。

随着网络物理系统和物联网类型应用的发展，媒体数据预计将变成更为机器友好或系统友好的数据，如丰富多彩的感官数据。需要有标准化的机制来支持这种系统和应用。

此外，在 SC 29 的领域内，人工智能/机器学习/神经网络技术的应用呈现明显的上升趋势，此类新应用跨越了包括 SC 29 领域的媒体编码、协调和分析在内的广泛应用。这种发展已经开始出现在 SC 29 的多个项目中，预计这种技术将来会产生巨大影响。

① SC 29/WG 3 系统组下设的文件格式工作子组赢得技术和工程艾美奖。

SC 29 很高兴地通报：鉴于 WG 3（MPEG 系统）的文件格式子组已专心研究 ISO 基础媒体文件格式（ISOBMFF）20 年之久，WG 3 今年被美国国家电视艺术与科学学院（NATAS）授予技术与工程艾美奖。该格式于 1999 年首次作为 MPEG-4 系统规范的一部分被标准化，现在已经出版的是 ISO/IEC 14496-12 的第六版，第七版正处于审批过程的 FDIS 阶段。它是得到广泛使用和支持的 MP4 和 3GP 文件格式下的结构规范。

"此次获奖进一步加强了 JTC 1/SC29 对娱乐行业和全社会的重要贡献。"——Philip C. Wennblom（ISO/IEC JTC 1 主席）

"ISO 基础媒体文件格式是现代媒体储存和传输的基石，既应用于本地储存，也应用于音乐、视频和其他流媒体服务。"—— Gary Sullivan（ISO/IEC JTC 1/SC 29）

格式的演变使能实现文件格式的现代化和富于表现力的使用，特别是包括 HTTP 上的分段流，例如 HTTP 上的动态自适应流（DASH）以及作为高效图像格式（HEIF）规范的底层结构，正在寻求适于媒体图像传输的快速多平台运用（包括用以支持非常大可视化表面的分组、突发、网格布局，以及显示之前由客户端执行的调整）。文件格式工作子组还负责其他关键规范，包括内容保护（即通用加密和样本变体规范）和许多不同类型媒体的传输（不仅包括传统的音频和视频，还包括时序文本、媒体数据测量标准以及客户端应用的视觉效果和过渡）。正在进行的工作包括支持三维（3D）视觉媒体（包括点云），以及支持时序触觉媒体（如振动信号）。

"这些文件格式通常被接受，而无须考虑庞大的工程工作和在设计服务于整个生态系统的具体文件格式时所要求的视角以及来自多媒体内容生产到消费的各种各样的要求。"—— Jörn Ostermann，MPEG 技术协调召集人

"ISO 基础文件格式已经被各行各业采纳，MPEG 系统小组一直不断强化标准，以反映今后 20 年行业的需求。该小组将继续努力更好地服务于各个行业。"—— Youngkwon Lim，MPEG 系统召集人

在这次会议上，WG 3 的文件格式子组实现了一些重要的里程碑，就 ISO/IEC 14496-15 中支持通用视频编码（VVC，ISO/IEC 23090-3）和基本视频编码（EVC，ISO/IEC 23094-1）的最终文本达成一致，该文件格式规定了基于 ISO 基础媒体文件格式（ISO/IEC 14496-12）的文件格式系列中基于视频的 NAL 单元的视频传输。这项工作将开始使这些格式在通用媒体应用格式（CMAF）（ISO/IEC 23000-19）的采用实现规格化。文件格式工作子组还就 DASH 事件在时序元数据轨道中的传输达成了一致，这将使此类媒体相关事件能够以支持灵活分割的方式在从创作到客户端的生态系统中传输。

② 教育推广的白皮书。

在 2021 年 7 月的会议上，由 SC 29/AG 2（MPEG 联络与沟通）制定了关于以下两个主题的非正式公开发布的白皮书。

- 通用视频编码（VVC）白皮书：通用视频编码（VVC）标准（ISO/IEC 23090-3，又称 ITU-T H.266）比先前的视频编码标准提供了更好的压缩性能和更广泛的有效应用。同时，比上一代视频编码标准——高效视频编码（HEVC）节省可大约 50%的码率。在制定 VVC 标准时，特别针对的应用包括高清（HD）和超高清分辨率（UHD）及以上的视频、高动态范围（HDR）、宽色域（WCG）、每个颜色分量 10

位采样精度、自适应分辨率码率的流、带有投影映射和视口依赖的360°沉浸式视频、超低延迟场景，以及码流提取和合并。该白皮书简要介绍VVC标准并指导读者找到更多相关资源。
- MPEG-G及其与监管和隐私有关的应用白皮书：目前MPEG-G标准系列（ISO/IEC 23092）涉及基因组测序数据的表示、压缩和传输，以支持正在开发的注释数据。在整个基因组工作流程中，现有的基因组数据表示方法并不支持数据层面上的隐私和安全。相比之下，MPEG-G将支持由隐私和安全法规驱动的应用要求。该白皮书对不同国家的基因组信息法规、安全和隐私的要求以及进一步开发标准的技术工具进行了调查。

③ 未来项目的探索。

对SC29内潜在项目的探索主题包括：
- 虚假媒体对策，如媒体认证；
- 非同质化代币（NFT）的最佳实践和规范；
- 基于DNA的存储，用于媒体信息的存档；
- 基于人工智能的点云编码；
- 机器视频编码；
- 基于神经网络的视频编码；
- 压缩能力超过通用视频编码（VVC）标准的视频编码；
- 用于多媒体的神经网络的增量压缩内容和分析；
- 触觉的编码表示；
- 沉浸式音频的表示；
- 无损的一般数据压缩；
- 媒体格式以及支持新兴的沉浸式显示器和沉浸式应用的媒体；
- 密集光场的透镜视频编码；
- 动态网格编码；
- 先进基因组特征和技术的编码。

（2）成就

由SC 29发布的所有标准以及正在开发的标准的状态可在SC 29标准目录中查看。

SC 29的成就，稍后将根据工作组的任务分别进行介绍。

（3）资源

每个工作组目前都有足够的专家参与，从而执行JPEG、JPEG 2000、AIC、JPEG XR、JPEG XT、JPEG Systems、JPEG XS、JPEG XL、JPEG Pleno、JPEG AI、MPEG-2、MPEG-4、MPEG-7、MPEG-21、MPEG-A～MPEG-E、MPEG-G、MPEG-H、MPEG-I、MPEG-M、MPEG-V、MPEG-U、MPEG-CICP 和 MPEG-DASH 项目的工作。此外，还有其他正在研制的标准和正在研究的主题。SC 29及其工作组构成了一个1000多人的社区，每季度约有400人参加其工作组的会议，注册专家总数约为1000人。

（4）竞争与合作（包括联盟）

SC 29与其他组织保持着许多联系，以满足来自其他团体的标准用户的要求和期望。SC 29一直在与ITU-T进行富有成效的合作。联合摄影专家组（JPEG）和联合视频探索小组（JVET）是SC 29与ITU-T SG 16（ITU-T多媒体研究小组）继续进行和共享的联合活动。JVET作为WG 5向SC 29报告，是与ITU-T最新的主要联合活动。JVET最初成立于2017年10月，在2020年完成了第一版通用视频编码（VVC）标准（ISO/IEC 23090-3，又名ITU-T H.266）的开发，以便在压缩性能上比之前的高效视频编码（HEVC）标准（ISO/IEC 23008-2，又名ITU-T H.265）有明显的改善。JVET最近正在对VVC的操作范围扩展、符合性测试标准和参考软件进行标准化。JVET还负责维护和小规模改进SC 29和ITU-T联合开发的其他与视频编码有关的标准，并正在对该领域未来联合开发的潜力进行进一步探索研究。

SC 29及其工作组对欢迎新成员和寻求与新联络伙伴合作的机会持开放态度，并且充分认识到这一领域的工作需要快速推进，并有可能带来新的倡议和新的竞争对手。SC 29及其工作组始终努力与行业内的利益相关者沟通，并汇集合适的成员，以保持相关性和竞争力。

在视频编码领域，其他组织最近也在制定自己的视频编码规范。AOM（开放媒体联盟）在2018年制定了AV1视频编码规范，并在视频流服务中推广使用。AVS（中国音视频编码标准工作组）最近与IEEE的一个工作组共同开发了AVS3视频编码技术。美国电影和电视工程师协会（SMPTE）也发布了各种视频编码标准。尽管最近的研究表明，VVC（通用视频编码）的编码效率大大高于其竞争对手，但（SC 29的）竞争力仍在不断提高，SC 29将继续监测和回应这种外部发展。

Khronos集团联合体（简称Khronos）也与SC 29在多个领域高度相关，特别是最近与SC 29/WG 7（MPEG三维图形编码）更密切。在2021年中期，Khronos被批准为JTC 1的PAS提交者，预计将提交多个规范，作为图形表示的候选标准。SC 29成员对这些发展有着浓厚的兴趣，SC 29和Khronos之间已经进行了联络沟通。

JTC 1中的另外两个SC最近被认为与SC 29的工作特别相关。

- SC 24（计算机图形图像处理和环境数据表示）所研究的技术与SC 29（尤其是SC 29/WG 7）密切相关。SC 29最近一直在与SC 24沟通，努力提出对其范围的修订说明，供JTC 1批准，并且还努力改善两个SC之间在其他事项上的沟通和联系。
- SC 42（人工智能）负责的技术领域里，有许多快速新兴应用，特别是包含视听媒体的编码和分析的应用。

3. SC 29 工作讨论

（1）SC 29 的机遇与策略

SC 29已经发布了几代重要的媒体编码标准。这些标准的能力和特性，例如压缩能力以及支持媒体组合、传输和存储等的功能，已经得到巨大提升。在支持高质量、可用性和高级功能方面，仍有明显的需求。预期将对媒体做进一步压缩，从而在互联网和移动通道上投送媒体。超高清、3D和360°媒体的新兴能力需要支持已有的应用和新的应用。考虑到这些需求，产业需要对数字媒体进行更高效、更适当的压缩、组合、描述和操作。

在基于机器学习的海量数据处理时代，SC 29在开发基于人工智能的媒体编码方面发现了一个极具潜力且极具挑战性的机会。

在物联网时代，数字媒体的接收者或消费者未必是人类，也可以是机器或系统。因此，SC 29有很多机遇。

SC 29将通过其SC网站、工作组（WG）网站、新闻稿、白皮书或宣传活动，继续向公众提供标准化工作的进展情况，以使人们关注多媒体信息技术领域的最新发展，并争取新的投入和参与。

SC 29将继续推行包括符合性测试位流和参考软件在内的标准作为ISO/IEC的免费标准。SC 29乐于收集行业需求，以便其相应的下设工作组开展研究工作，并在合适的时间发布满足需求的标准。各工作组可以召开公开研讨会来介绍他们的活动，并使未来的标准化工作与用户和行业的需求相一致。

（2）SC 29 及其工作组（WG）的风险

SC 29工作中存在的风险如下：

① 范围、结构和人员过渡。JTC 1于2019年11月批准了SC 29的修订范围，修订后的新结构于2020年7月17日生效，并新增了一位新主席，任期从2021年1月开始。SC 29内部各小组的职责范围已经进行了细微的调整，新的召集人和主席也已经投入各自的责任领域。尽管在过渡之后，到目前为止还未发生明显的重大问题，但仍有可能对组织事项进行进一步研究和考虑。

② 虚拟会议。新冠疫情对会议的进行和规划造成了很大干扰，迫使SC 29的工作组会议自2020年4月开始突然转向全虚拟会议。虽然SC 29一直在努力推进其工作计划，但由于不能进行面对面的工作，标准制定的许多方面受到了干扰。其中一个例子是：难以对技术的感知效果进行测试，因为这些测试需要人类测试对象、特殊设备和现场专业知识。小组参与和连贯性的下降是显而易见的，虚拟会议需要在与会者的疲劳和缩短的会议时间之间做出艰难的选择。面对面会议伴随着友情和愉快的环境，但如今这些已经大大减退，同样减少的还有有助于识别和解决关键问题的相关非正式讨论机会。虽然SC 29为自己所制定的一些标准成为有助于有效通信的关键工具而感到自豪，但人们强烈渴望恢复一定程度的面对面的标准制定活动。另外，在这一困难时期学到的一些经验可能会产生持续的积极影响，例如更多地使用在线工作协调工具。一些过去因旅行困难而无法参与的人，现在能够更多地参与，当然也节省了一些旅行时间和费用。一些SC 29的小组已经开始要求再次举行

混合或面对面的会议，不过，是否具有实现以上转变的能力和时间以及未来以什么程序和规则开展工作，仍有待确定。

③ 与专利有关的风险。为了满足行业的要求并与其他标准/规范制定组织竞争，SC 29 的标准应纳入新的技术和理念，这可能与需要许可的专利权有关。与复杂技术标准的先进功能相对应的相关专利数量可能会越来越多，以至于逐一进行许可谈判不切实际，而且可能包括没有参与标准制定过程的各方，甚至那些不熟悉标准化领域的人也可能拥有专利权，每个权利权人都有各自的政策。可能出现的问题会延迟标准开发或导致标准开发的暂停。由于采用 SC 29 的标准被认为具有与专利权许可相关的高成本、复杂性和商业风险（例如，高效视频编码，ISO/IEC 23008-2），所以对采用 SC 29 最近制定的一些标准的犹豫不决是显而易见的，过去也发生过一些关于 SC 29 标准专利权的大型、长期的诉讼（例如，高级视频编码，ISO/IEC 14496-10）。最近 SC 29 的一个标准（高吞吐量 JPEG 2000，ISO/IEC 15444-15）在 FDIS 批准投票 1 年后和标准出版 8 个月后，由一家有专家参与工作组的公司提出了缺乏许可意愿的"第 3 类"主张，后来在大约 7 个月后被撤回，给目标使用社区的部署计划带来潜在的混乱。SC 29 及其工作组继续鼓励其成员提交专利权声明。同时，行业联盟中的一些竞争性努力已经在不同的政策下开发了规范和软件应用，这些规范和软件应用被宣传为"开放和免版税"或具有"一站式购物"的许可可用性，并且其中的关键专利最终确实到期了（尽管这些旧专利往往最初是基于快要过时技术开发的）。考虑到 ISO/IEC 如何能更好地应对这些发展，可能需要一些进一步的研究。对这些研究的建议包括：促进许可池的形成，对专利权报告表的潜在改进，以及考虑在某种不同的政策下开发特定标准的能力（特别是对打算供行业免版税使用的标准）。

（3）WG 1（JPEG 图像数字表示编码）

① WG 1 职责范围。

WG 1 制定国际标准，这些标准基于光的数字表示，能够支持广泛的互操作性并提升用户体验。

② WG 1 近期活动和成就。

作为 WG 1 的重大创新范例，传统的 JPEG 格式在过去的 30 年里一直是领先的静止图像格式之一，使世界每天都能使用和分享数以十亿计的图像。ISO/IEC JTC 1/SC 29 "音频、图片、多媒体和超媒体信息的编码"的联合摄影专家组以及 ITU-T SG 16，因其对工程发展的贡献而获得了 2019 年黄金时段工程艾美奖。

ISO/IEC 21122 JPEG XS（低延迟轻量级图像编码系统）：为拜尔图像传感器数据的压缩提供了重大改进。在专业视频链路上的视频传输、相机内外的实时视频存储以及自动驾驶汽车上的数据压缩都是原始拜尔图像传感器压缩的目标使用案例。核心编码系统的第二版（第 1 部分）以及针对原始拜尔图像应用的新轮廓文件（第 2 部分）正在进行中，这两部分在 2021 年底前发布。

ISO/IEC 18181 JPEG XL 图像编码系统：继续朝着最终规范的方向发展，其核心编码系统在 2021 年夏季发布。这种新的编码技术允许以传统的 JPEG 格式的 1/3 的大小来存储高质量的图像。此外，JPEG XL 可以将现有的 JPEG 图像无损地转码为大约 80% 的原始尺寸，简化了互操作性并加速了广泛部署。JPEG XL 的贡献方已经制作了一个开源的参考实现，可在 JPEG Gitlab 存储库中使用。该软件在 Apache 2 版权许可下可用，其中包括一个免版税的专利授权。速度测试表明，多线程的编码器和解码器比 libjpeg-turbo 更加优秀。已经针对 JPEG XL 编码流、元数据和扩展对该文件格式做了规定。该文件格式能够与 ISOBMFF、JUMBF、XMP、Exif 和其他现有的标准兼容。JPEG XL 核心编码系统第 1 部分现在已经到了 IS 阶段，另外的第 2、3 和 4 部分在 2021 年和 2022 年达到 IS 阶段。

媒体"零食"，即短时长猝发（<15 min）多媒体消费，已经在全球范围内流行起来。JPEG 认识到有必要对"零食"图像的构建方式进行标准化，以确保互操作性。2021 年，JPEG Snack 的 CD 获批，目前正在 DIS 投票中。

虚假新闻、侵犯版权、媒体取证、隐私和安全是数字媒体的新挑战。WG 1 已经确定：将区块链和分布式记账技术（DLT）作为一个技术组成部分，在透明和可信任的媒体交易中应对这些挑战具有巨大潜力。然而，区块链和 DLT 需要与一个广泛采用的标准紧密结合，以确保受保护图像的广泛互操作性。WG 1 组织了几次研讨会，与业界接触，帮助确定即将推动标准化进程的用例和要求。从标准化角度看，其结果是两项探索已经在 WG 1 中启动，即 JPEG Fake Media（该标准集中于安全和可信的跟踪图像形式的数字资产）和 JPEG NFT（该标准探索如何定义 JPEG 最佳实践和规范），定义它们有助于生成更安全、可信和有效的不可替代令牌（NFT），其优点是利用图像形式呈现媒体资产的性质和结构。

在过去的几年里,已经出现了几个高效的基于学习的图像编码解决方案,主要是采用改进的神经网络模型。这些改进利用了大型图像数据集和特殊硬件的可用性,如高度并行的图形处理单元(GPU)。鉴于该领域近期收到了许多技术提案,并且被认为将在未来对丰富的多媒体生态系统起到至关重要的作用,WG 1建立了JPEG AI标准化活动,以定义用于人类和机器消费的基于学习的图像编码。对自动编码器架构等基于深度学习的图像压缩解决方案的探索研究已经在推进当中,同时也表明该领域的技术正不断成熟。目前正在征集提案。

随着基于DNA的数字信息存储技术越来越成熟,该技术为媒体信息的存档提供了一系列有吸引力的功能。WG 1已经开始一项研究,一方面是为了更好地了解以媒体为中心的应用,这些应用可以从这种新兴的技术趋势中获益;另一方面是探讨如何制定基于DNA的存储的图像标准。这项活动仍在继续,并吸引了大量的用例和利益相关方。

JPEG Pleno工作正朝着单一框架下以无缝方式整合各种模式全息内容的方向发展。高效和强大的光场、点云和全息表现是其关键特征。在统一的框架下,光场、点云和全息的全光内容支持广泛的应用,包括计算机辅助制造、娱乐、文化遗产保护、科学研究以及先进的传感和分析。WG 1目前已基本完成了第一阶段的光场图像编码系统规范,并将重点放在全息技术的编码上,为此已在征集提案。同时,WG 1正在为基于人工智能的点云编码系统征集提案,并且已经启动了就此类技术征集标准化提案的活动。其后(但非最后),评估全光图像编码性能的方法和度量仍然是一个基本需求,WG 1将在这个主题上像以往一样持续开展工作。

③ WG 1当前工作项目。

WG 1正在推进以下标准的制定工作:

- ISO/IEC AWI 6048《信息技术 JPEG基于AI学习的图像编码系统》;
- ISO/IEC DIS 10918-7《信息技术 连续色调静态图像的数字压缩和编码 第7部分:参考软件》;
- ISO/IEC FDIS 15444-2《信息技术 JPEG 2000图像编码系统 第2部分:扩展》;
- ISO/IEC FDIS 15444-4《信息技术 JPEG 2000图像编码系统 第4部分:符合性测试》;
- ISO/IEC FDIS 15444-5《信息技术 JPEG 2000图像编码系统 第5部分:参考软件》;
- ISO/IEC CD 15444-8《信息技术 JPEG 2000图像编码系统 第8部分:安全的JPEG 2000》;
- ISO/IEC CD 15444-9《信息技术 JPEG 2000图像编码系统 第9部分:交互性工具、API和协议》;
- ISO/IEC DIS 15444-16《信息技术 JPEG 2000图像编码系统 第16部分:将JPEG 2000图像封装成ISO/IEC 23008-12》;
- ISO/IEC CD 15444-17《信息技术 JPEG 2000图像编码系统 第17部分:不连续介质的编码扩展》;
- ISO/IEC FDIS 18181-1《信息技术 JPEG XL图像编码系统 第1部分:核心编码系统》;
- ISO/IEC FDIS 18181-1/DAmd 1《信息技术 PEG XL图像编码系统 第1部分:核心编码系统 第1号补篇:JPEG XL图像编码系统的轮廓文件和级别》;
- ISO/IEC FDIS 18181-2《信息技术 JPEG XL图像编码系统 第2部分:文件格式》;
- ISO/IEC CD 18181-3《信息技术 PEG XL图像编码系统 第3部分:符合性测试》;
- ISO/IEC DIS 18181-4《信息技术 JPEG XL图像编码系统 第4部分:参考软件》;
- ISO/IEC 19566-5:2019/WD Amd 2《信息技术 JPEG系统 第5部分:JPEG通用元数据盒格式(JUMBF) 第2号补篇:支持JUMBF的额外应用》;
- ISO/IEC DIS 19566-7《信息技术 JPEG系统 第7部分:JPEG链接媒体格式(JLINK)》;
- ISO/IEC CD 19566-8《信息技术 JPEG系统 第8部分:JPEG Snack》;
- ISO/IEC DIS 21122-1《信息技术 JPEG XS低延迟轻量级图像编码系统 第1部分:核心编码系统》;
- ISO/IEC FDIS 21122-2《信息技术 JPEG XS低延迟轻量级图像编码系统 第2部分:轮廓文件和缓冲器模型》;
- ISO/IEC FDIS 21122-3《信息技术 JPEG XS低延迟轻量级图像编码系统 第3部分:传输和容器格式》;
- ISO/IEC CD 21122-4《信息技术 JPEG XS低延迟轻量级图像编码系统 第4部分:符合性测试》;
- ISO/IEC CD 21122-5《信息技术 JPEG XS低延迟轻量级图像编码系统 第5部分:参考软件》;
- ISO/IEC DIS 21794-3《信息技术 全光图像编码系统(JPEG Pleno) 第3部分:符合性测试》;
- ISO/IEC PRF 21794-4《信息技术 全光图像编码系统(JPEG Pleno) 第4部分:参考软件》。

④ WG 1 已发布的可交付件。

自 2020 年 9 月以来，WG 1 发布的相关可交付件如下：
- ISO/IEC 19566-5:2019/Amd 1:2021《信息技术 JPEG 系统 第 5 部分：JPEG 通用元数据盒格式（JUMBF） 第 1 号补篇：支持嵌入混合码流》；
- ISO/IEC 19566-6:2019/Amd 1:2021《信息技术 JPEG 系统 第 6 部分：JPEG 360 第 1 号补篇：增加新的 JPEG 360 图像类型和加速的 ROI 渲染》；
- ISO/IEC 21122-5:2020《信息技术 JPEG XS 低延迟轻量级图像编码系统 第 5 部分：参考软件》；
- ISO/IEC 21794-1:2020《信息技术 全能型图像编码系统（JPEG Pleno） 第 1 部分：框架》；
- ISO/IEC 21794-2:2021《信息技术 全光图像编码系统（JPEG Pleno） 第 2 部分：光场编码》；
- ISO/IEC 21794-2:2021/Amd 1:2021《信息技术 全光图像编码系统（JPEG Pleno） 第 2 部分：光场编码 补篇 1：JPEG Pleno 光场编码系统的轮廓文件（profiles）和级别》；
- ISO/IEC 24800-2:2021《信息技术 JPSearch 第 2 部分：模式和本体的注册、识别和管理》。

（4）WG 2（MPEG 技术需求）

① WG 2 职责范围。

WG 2 负责 SC 29 MPEG 标准的需求研究，目的是确保在所有工作阶段都充分考虑到 SC 29 WG 2 至 WG 8 所开发的通用编码算法的未来应用领域的需求。

② WG 2 成就。
- WG 2 发布关于触觉编码表示的提案征集。

触觉提供了一个超越音频和视觉媒体的额外娱乐和感官沉浸层。无论是在 ISO 基础媒体文件格式（ISOBMFF）文件中，还是在 ATSC 3.0 广播、流媒体游戏和移动广告等媒体流中，通过在音频/视频内容中加入触觉，可以大大增强用户体验，让用户更加享受媒体内容。为此，触觉被提议作为 ISOBMFF 中的第一阶媒体类型，与音频和视频处于同等地位。此外，触觉被提议作为 MPEG-DASH 标准的一个补充，这将使 DASH 流媒体客户意识到 ISOBMFF 片段中触觉的存在。触觉还被添加到 MPEG-I 的用例中，从而为 MPEG-I 提出了一些触觉的具体要求。这些建议正处于 MPEG 标准化进程的不同阶段。

这些正在进行的触觉标准化的努力，强调了对触觉编码表示标准化的需要。一个标准化的触觉编码格式和相关的标准化解码器，将有助于将触觉纳入 ISOBMFF、MPEG-DASH 和 MPEG-I 标准中，使内容创作者和流媒体内容提供商更容易将触觉纳入，并从其对用户体验的影响中获益。

2020 年 10 月，WG 2 发布了一份关于触觉编码表示的提案征集（CfP）草案。该 CfP 呼吁提交能够有效表示和压缩与时间有关的触觉信号，并适用于可与音频和（或）视频媒体同步的时序触觉轨道的编码技术。

各公司和组织也被邀请为该 CfP 提交提案。响应方并不需要是 MPEG 成员。要求在 2021 年 3 月 1 日前提交答复，并在 2021 年 4 月的会议上进行评估。
- 关于机器视频编码的证据征集。

WG 2 正在研究机器智能用例中未处理或已处理视频的编码技术的标准化问题。这些技术预计将具有超过最先进的视频编码标准的压缩能力，以完成单一或多个机器智能任务，或者可选择以足够质量支持机器/人类混合视觉。

为了协调这项研究，WG 2 在 2021 年 1 月重新成立了机器视频编码（VCM）特设小组（AhG），以研究用例和需求、测试条件、评估方法及潜在的编码技术。有两项具体技术需要例证：对已处理或未处理的视频进行高效压缩；共享的特征提取主干。

WG 2 计划发布多轮证据征集（CfE），以涵盖草案阶段的需求和用例文件中定义的 VCM 的全部范围。第一轮 CfE 主要关注"压缩效率"，指的是为相关应用表示视频内容所需的数据量。

该 CfE 要求提供有关视频压缩技术的信息，该技术的压缩性能超过了通过通用视频编码（VVC）实现的、仅用于机器消费以及机器/人类混合消费的压缩性能。在 2021 年 4 月的会议上对响应 CfE 的提交材料进行评估，在 CfE 文件"机器视频编码证据征集"中对此进行了进一步说明。
- 用于多媒体应用的神经网络压缩——征集神经网络增量编码技术。

人工神经网络已被证明可用于多媒体分析和处理的广泛任务中，如视觉和声音分类、对象和模式识别、多媒体描述符的提取或图像和视频编码。这些应用中经过训练的神经网络包含大量的参数（权重），导致需要大量的数据来表示神经网络本身。为了有效地将这些经过训练的网络传输到设备（如移动电话、智能相机）上，需要对神经网络进行压缩。用于多媒体内容和分析的神经网络压缩表示的 MPEG 标准，目前正在进行国际标准草案（DIS）的投票，以满足这些要求，并提供参数减少和量化的技术，以便压缩整个神经网络。

在神经网络的新兴应用场景（例如基于边缘的内容处理或联合训练）中，神经网络的更新（例如，对额外数据进行训练之后）需要实现交换。这种更新包括网络参数的变化，也可能涉及网络的结构变化。在像联合训练这样的场景中，这些更新比受训网络的初始部署更加频繁，因此随着时间的推移，需要更大的带宽。然而有证据表明，这些相对于基础模型的更新能够进行高效压缩。

因此，WG 2 发布了关于神经网络增量编码的压缩技术的提案征集（CfP）通知，以解决权重和结构更新的问题。该压缩技术将在两个用例中从压缩效率和对性能的影响方面进行评估。

● 先进基因组新功能和新技术的提案征集。

高通量 DNA 测序技术的广泛使用，实现了一种被称为"精准医疗"的新医疗方法。DNA 测序技术产生了数量极其庞大的原始数据，这些数据被存储在全球不同的存储库中。一个挑战是如何有效地处理日益泛滥的测序数据；另一个挑战是处理这种数据洪流的能力，进而增加基因组序列信息的科学知识，并搜索基于诊断和治疗目的的基因组数据库。基因组数据需要得到高效压缩，以减小大数据集的存储规模并提高传输速度。

目前的 MPEG-G 标准系列（ISO/IEC 23092）涉及基因组测序数据的表示、压缩和传输，对注释数据的支持正在开发中。该系列标准提供了一个文件以及传输格式、压缩技术、元数据规范、保护支持和多个标准 API（这些 API 用以支持访问本地压缩格式的基因组数据）。

按照 MPEG 持续改进其标准质量和性能的惯例，在 2021 年 4 月的会议上评估了新技术可用性的证据后，SC 29/WG 8 发出了提案征集（CfP）通知。该 CfP 旨在收集各方提交的新技术，这些技术能够：为 ISO/IEC 23092 系列标准当前的压缩、传输和索引能力提供改进，特别是应用于由第三代测序设备产生的超长读数组成的数据；为图形基因组参考的表示和使用提供支持；纳入依靠机器学习过程的编码模式，满足机器学习所需的数据访问模式，并提供更高的压缩率；支持将现有标准用于与临床数据交换对接。

各公司和组织也被邀请为该 CfP 提交提案。响应方并不需要是 MPEG 成员。要求在 2022 年 1 月 10 日之前提交答复，并在 2022 年 1 月的会议上进行评估。详细信息（包括如何响应提案征集的说明、必须考虑的要求、要使用的测试数据以及提案者的提交和评估程序）可在 MPEG 官网的子菜单"Emerging Technologies"中查找。

● MPEG-I 沉浸式音频的提案征集。

MPEG-I 沉浸式音频提案征集（CfP）是为了在 MPEG-I 第 4 部分"沉浸式音频"中实现技术标准化。与 MPEG-I 的其他部分（即第 3 部分"沉浸式视频"和第 2 部分"系统支持"）一起，这套标准将支持虚拟现实（VR）或增强现实（AR）呈现，在这些场景中用户可以使用 6 自由度（6DoF）[即，空间（x, y, z）和用户头部方向（偏转、俯仰、旋转）] 导航并与环境互动。

MPEG-I 呈现的目标是让用户感觉到自己确实置身于虚拟世界中。在虚拟世界（或场景）中感知的音频就像现实世界中来自关联的视觉图像的声音，即处在正确的位置和距离上感知。用户在现实世界中的物理运动被感知为在虚拟世界中具有匹配的运动。此外，更重要的是，用户可以与虚拟场景互动，并引发声音，这些声音被认为是真实的，与用户在现实世界的经验相匹配。

在 MPEG-I 沉浸式音频中使用的音频压缩引擎是 MPEG-H 3D 音频（ISO/IEC 23008-3），特别是"低复杂度（LC）轮廓文件"（Low Complexity Profile）。将在 MPEG-I 沉浸式音频中进行标准化的新技术如下：

● 渲染音频演示的技术，同时允许用户有 6DoF 运动；
● 支持该渲染的元数据；
● 一种码流语法，能够有效地存储和传输 MPEG-I 沉浸式音频内容。

对提案者响应 CfP 而提交的技术的评估将使用实时视听演示引擎进行。这要求提案者提交实时运行的音频渲染器，并允许评估对象体验引人注目的虚拟现实或增强现实视听呈现，这是体验真正沉浸式音频内容的关键。

各公司和组织也被邀请为该 CfP 提交提案。响应方并不需要是 MPEG 成员。要求在 2022 年 1 月 10 日之前提交答复，并计划在 2022 年 1 月的会议上进行评估。详细信息（包括如何响应提案征集的说明、必须考虑的要求、要使用的测试数据以及提案者的提交和评估程序）可在 MPEG 官网的子菜单"Emerging Technologies"中查找。

③ WG 2 当前工作项目。
- ISO/IEC CD TR 23090-1《信息技术 沉浸式媒体的编码表示 第一部分：沉浸式媒体》。

（5）WG 3（MPEG 系统）

① WG 3 职责范围。

WG 3 开发封装格式、传输协议、多媒体演示信息的编码表示；WG 3 还开发方案，对多媒体内容和相关信息进行声明和描述。

② WG 3 成就。
- 评估对 MPEG IPR 智能合约 CfP 的响应。

2020 年 10 月，WG 3 在工作草案（WD）级别通过了 MPEG IPR 智能合约（ISO/IEC 21000-23）的规范草案。

在 2020 年 1 月的会议上，MPEG 完成了对其关于 MPEG 知识产权（IPR）合同向智能合约转换技术的提案征集（CfP）的评估。事实证明，CfP 的响应是对 CfP 需求的补充，即把 MPEG 知识产权 XML 和 RDF 合同（ISO/IEC 21000-19 媒体价值链本体、ISO/IEC 21000-19/AMD1 音频价值链本体、ISO/IEC 21000-20 合同表达语言和 ISO/IEC 21000-21 媒体合同本体）转换为可在现有分布式记账技术（DLT）环境中执行的智能合约。该 CfP 响应在术语、工作流程描述、架构和 API 方面进行了统一。

这个重要标准将极大帮助业界实现不同 DLT 之间交换经过验证的知识产权合同数据的有效互操作性，并为促进可互操作的 MPEG 知识产权智能合约的发展提供宝贵信息。该标准的另一个重要特点是，提供了将智能合约的条款与人类可读合同的条款绑定的可能性，反之亦然。通过这种方式，增加了可信度，促进了音乐和媒体价值链中各方对 DLT 应用的采用，因为签署 MPEG IPR 智能合约的各方都能清楚知道智能合约所包含的条款。

- 完成 DASH 和 CMAF 的协调标准。

在 2020 年 10 月的会议上，WG 3 通过推动 ISO/IEC 23009-1:2019 补篇 1 进入最终补篇草案（FDAM）阶段，完成了使 HTTP 动态自适应流（DASH）与通用媒体应用格式（CMAF）整合的标准开发。在其他改进中，该补篇定义了一个用于 CMAF 的 DASH 轮廓文件。

CMAF 和 DASH 片段都是基于 ISO 基础媒体文件格式（ISOBMFF）的，这使得两种技术能够顺利整合。这一变化定义了对 DASH 和 CMAF 内容模型的约束，从而使这两种技术能够有效地结合使用。为了在 DASH 中分发 CMAF 内容，该轮廓文件定义了 CMAF 结构与 DASH 结构的规范性映射，以及它们与媒体呈现描述（MPD）作为清单格式的使用。

此外，该补篇还增加了具有带内事件流的 DASH 事件和时序元数据轨道计时和处理模型，增加了一种方法，用于为那些内在结构允许容器级再同步的段指定再同步点，增加了 MPD 补丁框架，按此框架允许传输部分 MPD 信息，而不是使用 IETF RFC 5261 中定义的 XML 补丁框架的完整 MPD 信息，还增强了高效信令的内容保护。

包含这一变化的第五版 MPEG DASH 标准（ISO/IEC 23009-1）计划在 2021 年 1 月的会议上发布。（注：该标准于 2022 年发布）

- 完成第二版全向媒体格式。

在 2020 年 10 月的会议上，WG 3 通过推动 ISO/IEC 23009-2 进入 FDIS（最终国际标准草案）阶段，完成了第二版全向媒体格式（OMAF）的标准化。

该版本增加了"后期绑定"技术，只传递和呈现适应动态变化的用户视点的部分内容。为了能够有效地实现这样的功能，该版本引入了码流重写的概念，即动态生成一个符合要求的码流，通过组合码流的接收部分，只覆盖客户端上的用户视口。此外，该版本将 OMAF 规范的应用领域扩大到 360°视频，并引入视点的概念。视点可以视为用户可切换的摄像机位置，用于观看内容，也可以视为故事情节中暂时接触部分，使用户能在追随故事情节时有多种选择。该版本还加强了在与兴趣点或视点相关的全向视觉背景视频和图像的上部叠加视频、图像或时序文本。

WG 3 文件格式子组获得技术与工程艾美奖（如前所述）。

在通用媒体应用格式（CMAF）中支持通用视频编码（VVC）和基本视频编码（EVC）方面达到第一个里程碑。

在 2021 年 1 月的会议上，MPEG 系统将通用媒体应用格式（CMAF，ISO/IEC 23000-19:2019）的补篇 2 提升到委员会补篇草案（CDAM）阶段。该补篇定义了对在 CMAF 视频轨道中携带的通用视频编码（VVC）和基本视频编码（EVC）视频基本流的约束。此外，该补篇还定义了用于具有 VVC 和 EVC 轨道的 CMAF 切换集合的编解码参数，以确保广泛的互操作性。

该补篇还包括对新引入的 MPEG-H 3D 音频轮廓文件的支持，计划在 2022 年初达到标准化的最后阶段（FDIS）。（注：该补篇已发布。）

- 不断增强 HTTP 动态自适应流（DASH）。

在 2021 年 1 月的会议上，WG 3 将 HTTP 动态自适应流（DASH）的第 8 部分（ISO/IEC 23009-8 "基于会话的 DASH 操作"）推进到标准化的最后阶段（即 FDIS）。

历史上出于服务可扩展性原因，在 DASH 中每个用户都使用相同的清单。然而，业界越来越要求启用定制清单以支持个性化服务。WG 3 已经对这一问题的解决方案进行了标准化，在不牺牲可扩展性的前提下，形成了 ISO/IEC 23009-8。ISO/IEC 23009-8 为媒体呈现描述（MPD）增加了一个引用文件机制，称为基于会话的描述（SBD），能够允许单个会话信息。DASH 客户端可以使用 SBD 中提供的这些信息（即变量和相应的值）来推导 HTTP GET 请求的 URL。

- 在 ISO 基础媒体文件格式轨道上传输事件信息。

在 2021 年 1 月的会议上，WG 3 制定的标准（ISO/IEC 23001-18 在 ISO 基础媒体文件格式轨道上传输事件信息）已进入委员会草案（CD）阶段，达到了制定标准的第一个里程碑。

该标准为 ISO 基础媒体文件格式（ISOBMFF，ISO/IEC 14496-12）的轨道上事件消息的传输提供了一种方法。该事件消息轨道格式将 "DashEventMessageBox" 消息的时间线与轨道时间线相结合，规范了的轨道格式可以实现所有常见的 ISOBMFF 处理，如多路复用和去分段化。此外，还定义了使用基于该事件消息轨道格式的顶级 "DashEventMessageBox" 的复用和解复用操作。事件消息轨道格式中的传输也将使这些信息更容易被那些能通过 ISOBMFF 格式媒体文件寻找的设备获取。该标准计划在 2022 年初进入其最后阶段（FDIS）。（注：该标准已发布。）

- 完成 VVC 和 EVC 的传输。

在 2021 年 4 月的会议上，WG 3 完成了通用视频编码（VVC）和基本视频编码（EVC）的两个传输标准。ISO/IEC 13818-1（MPEG-2 系统）第 8 版被推进到 FDIS 状态，包括支持 VVC 和 EVC 在 MPEG-2 传输流（TS）中的传输。该标准定义了对 VVC 和 EVC 基本流的约束，以使它们能够在打包的基本流（PES）数据包中传输；还定义了缓冲区管理机制和传输系统目标解码器（T-STD）模型扩展，以便在 MPEG-2 系统的约束下传输视频码流。

ISO/IEC 14496-15 [在 ISO 基础媒体文件格式中传输网络抽象层（NAL）单元结构视频] 的补篇 2 已经完成，对 VVC 和 EVC 传输的支持被推进到最终补篇草案（FDAM）状态。该补篇中定义了 VVC 和 EVC 的 ISOBMFF 中编解码器初始化信息的传输，还定义了反映高层码流结构的样本和子样本，以及两种视频编解码器的独立解码单元。对于 VVC，还支持信号和提取特定操作点与视频层的组合。

- 完成 ISOBMFF 中 V3C 的传输。

在 2021 年 4 月的会议上，WG 3 完成了使用 ISOBMFF 的基于视觉的三维视频编码（V3C）数据的传输标准，将其推进到最终国际标准草案（FDIS）阶段，这是 ISO/IEC 标准制定过程的最后一个里程碑。

该标准引入了对包含多个独立组件码流的媒体的支持。考虑到只有沉浸式媒体资产的某些部分需要根据用户的位置和视口进行渲染，因此定义了表明要渲染的三维空间数据的区域与其在码流中的位置之间关系的元数据。此外，该标准还规定了通过 DASH 和 MMT 传输包含 V3C 内容的 ISOBMFF 文件。

- 达到开放字体格式补篇的第一个里程碑。

在 2021 年 4 月的会议上，WG 3 通过推动 ISO/IEC 14496-22 补篇 2 进入委员会补篇草案（CDAM）阶段，达到了扩展开放字体格式标准开发的第一个里程碑。

该补篇扩展了彩色字体的功能，以实现功能丰富的可变彩色字体，并多层次支持使用高级图形基元的复杂设计。它增加了对多色字形的支持，将其与现有文本引擎的光栅化器相结合，很容易支持当前的 OpenType 字体文件。其中一个版本允许彩色元素的简单组合，另一个版本支持额外的图形能力，如梯度填充、仿射变换和各种混合模式。

该标准在 2022 年初达到其最后的里程碑——最终补篇草案（FDAM）。
- 推进沉浸式媒体的视频解码接口达到第一个里程碑。

与二维媒体相比，沉浸式媒体的一个最显著的特点是，只有极小部分的内容呈现给用户。这部分内容是在消费时以交互方式选择的。例如，用户可能不会同时看到同一个点云物体的正面和背面。因此，从用户的视角，只需要解码和呈现其前面或后面的内容。同样，观察者身后的部分场景可能不需要访问。

WG 3 已经开始为视频解码器的输入和输出接口开发沉浸式媒体的视频解码接口（VDI）标准（ISO/IEC 23090-13），以便为此类应用提供更灵活的视频解码器资源。VDI 标准允许动态调整视频码流，以提供解码后的输出图片，这样视频解码器的实际数量就能够小于需要解码的基本视频流的数量。在其他情况下，视频解码器的虚拟实例可以与需要解码的基本流的部分相关联。通过该标准，运行多个虚拟视频解码器实例的平台，可以通过考虑实际呈现给用户的特定解码视频区域来进一步优化其资源要求，而不是只考虑使用中的视频基本流的数量。

在 2021 年 7 月的会议上，WG 3 已经达到了制定 ISO/IEC 23090-13 标准的第一个正式里程碑，将该文本推进到委员会草案投票阶段。该标准定义了各种视频编码标准的基本框架和该框架的具体实现（方法），还包括对实践中广泛使用的 API 标准的支持。该标准计划在 2022 年中期达到研发的最终里程碑（即 FDIS）。（注：该标准目前处于 DIS 阶段。）

- 进一步增强了基于网络的媒体处理的可扩展性和灵活性。

在 2021 年 7 月的会议上，WG 3 已经完成了 ISO/IEC 23090-8 "基于网络的媒体处理"（NBMP）的第二版，将其推进到 FDIS 阶段。

新版的 NBMP 增加了一个使用函数模板的机制，它定义了对 NBMP 框架所要使用的函数的共同引用。在使用已经部署的函数的各种实现时，可以不进行修改。函数模板定义了一个 NBMP 品牌名称、规范功能行为的描述、功能描述模板和配置参数定义。NBMP 框架可以通过这个模板提供的定义来利用市场上已经部署功能的实现方式。

该标准目前为 360°缝合器、FIFO、OMAF 打包器、分割器、合并器、智能视频裁剪、选择器和合成器提供功能模板。

- 完成了对高效图像文件格式中的通用视频编码和基本视频编码的支持。

作为 WG 3 开发的最广泛实施的标准之一，ISO/IEC 23008-12 "图像文件格式"已经进行了修订，以支持使用最近完成的通用视频编码（VVC）和基本视频编码（EVC）标准的图像编码。图像文件格式标准的第二版在 2021 年 7 月的会议上通过并推进到 FDIS 阶段。

该版本增加了品牌的定义，及其对 VVC 图像、VVC 图像集、EVC 图像和 EVC 图像集的约束：对于 VVC，已经定义了对操作点和子图片的支持，以便以一种灵活的方式提取图片的子集；对于 EVC，已经定义了 EVC Baseline 轮廓文件和 EVC Main 轮廓文件所特有的不同品牌，以便业界可以根据适合应用的技术能力和许可条件选择 EVC 的轮廓文件。

除了支持新的视频编解码器外，该版本还增加了用文件中包含的图像进行幻灯片展示的功能，以及定义图片的各种类型的区域并对其进行注释的机制。该版本增加的一个重要方面是对图像文件的隐私和安全考虑的讨论。它澄清了该标准依赖外部的完整性或保密性保护工具，因为该标准只定义了一种静态数据存储格式，可以容纳许多类型的数据。此外，该标准现在提供了一个清单，列出了实施者应考虑删除的一些数据类型，以便在文件被公开共享时保护隐私。

③ WG 3 当前工作项目。

WG 3 正在推进以下标准的制定：
- ISO/IEC FDIS 13818-1《信息技术 活动图像和相关音频信息的通用编码 第 1 部分：系统》；
- ISO/IEC FDIS 13818-1/DAmd 1《信息技术 活动图像和相关音频信息的通用编码 第 1 部分：系统 补篇 1：在 MPEG-2 TS 中携带 LCEVC 和其他改进》；
- ISO/IEC FDIS 14496-12《信息技术 视听对象的编码 第 12 部分：ISO 基础媒体文件格式》；

- ISO/IEC 14496-12:2021/WD Amd 1《信息技术 视听对象的编码 第 12 部分：ISO 基础媒体文件格式 补篇 1：改进品牌文件和其他改进》；
- ISO/IEC DIS 14496-15《信息技术 视听对象的编码 第 15 部分：ISO 基础媒体文件格式中的网络抽象层（NAL）单元结构视频的传输》；
- ISO/IEC DIS 14496-15/DAmd 1《信息技术 视听对象的编码 第 15 部分：ISO 基础媒体文件格式中的网络抽象层（NAL）单元结构视频的传输 补篇 1：支持 LCEVC》；
- ISO/IEC 14496-22:2019/CD Amd 2《信息技术 视听对象的编码 第 22 部分：开放字体格式 补篇 2：扩展彩色字体功能和其他更新》；
- ISO/IEC 14496-30:2018/DAmd 1《信息技术 视听对象的编码 第 30 部分：ISO 基础媒体文件格式中的时序文本和其他视觉覆盖物 补篇 1：时序的改进》；
- ISO/IEC DIS 21000-22《信息技术 多媒体框架（MPEG-21） 第 22 部分：用户描述》；
- ISO/IEC DIS 21000-23《信息技术 多媒体框架（MPEG-21） 第 23 部分：媒体的智能合约》；
- ISO/IEC 23000-19:2020/DAmd 2《信息技术 多媒体应用格式（MPEG-A） 第 19 部分：用于分段媒体的通用媒体应用格式（CMAF） 补篇 2：用于 MPEG-H 3D 音频、EVC、VVC 和其他技术的 CMAF 媒体轮廓文件》；
- ISO/IEC 23000-19:2020/CD Amd 3《信息技术 多媒体应用格式（MPEG-A） 第 19 部分：用于分段媒体的通用媒体应用格式（CMAF） 补篇 3》（待分配）；
- ISO/IEC 23000-22:2019/FDAmd 2《信息技术 多媒体应用格式（MPEG-A） 第 22 部分：多图像应用格式（MIAF） 补篇 2：HEVC 高级 HDR 轮廓文件和其他澄清》；
- ISO/IEC 23001-7:2016/DAmd 2《信息技术 MPEG 系统技术 第 7 部分：ISO 基础媒体文件格式文件中的通用加密 补篇 2：对选择性加密的改进》；
- ISO/IEC 23001-10:2020/Amd 1《信息技术 MPEG 系统技术 第 10 部分：ISO 基础媒体文件格式中媒体的时序元数据指标的传输 补篇 1：支持内容引导的转码和沉浸式媒体的空间关系》；
- ISO/IEC AWI 23001-11 MPEG《系统技术 第 11 部分：节能的媒体消费（绿色元数据）》；
- ISO/IEC 23001-14:2019/PRF Amd 1《信息技术 MPEG 系统技术 第 14 部分：部分文件格式 补篇 1：支持 HTTP 实体，增强文件类型和字节范围优先级》（待分配）；
- ISO/IEC FDIS 23001-16《信息技术 MPEG 系统技术 第 16 部分：ISO 基础媒体文件格式中的派生视觉轨迹》；
- ISO/IEC AWI 23001-17《信息技术 MPEG 系统技术 第 17 部分：ISO 基础媒体文件格式中的非压缩视频的传输》；
- ISO/IEC DIS 23001-18 《信息技术 MPEG 系统技术 第 18 部分：ISO 基础媒体文件格式中的事件信息轨道》；
- ISO/IEC DIS 23008-1《信息技术 异质环境中的高效编码和媒体传输 第 1 部分：MPEG 媒体传输（MMT）》；
- ISO/IEC DIS 23008-1/WD Amd 1《信息技术 异构环境中的高效编码和媒体传输 第 1 部分。MPEG 媒体传输（MMT） 补篇 1》；
- ISO/IEC 23008-4:2020/CD Amd 2《信息技术 异构环境中的高效编码和媒体传输 第 4 部分：MMT 参考软件 补篇 2：支持 MMTP 扩展》；
- ISO/IEC CD 23008-7《信息技术 异构环境中的高效编码和媒体传输 第 7 部分：MMT 符合性》；
- ISO/IEC 23008-10:2015/PRF Amd 1 信息技术 异构环境中的高效编码和媒体传输 第 10 部分：MPEG 媒体传输前向纠错（FEC）编码 补篇 1：基于窗口的 FEC 编码》（待分配）；
- ISO/IEC 23008-12:2017/DAmd 2《信息技术 异构环境中的高效编码和媒体传输 第 12 部分：图像文件格式 补篇 2：对 VVC、EVC、幻灯片的支持及其他改进》；
- ISO/IEC DIS 23008-12《信息技术 异构环境中的高效编码和媒体传输 第 12 部分：图像文件格式》；
- ISO/IEC DIS 23009-1《信息技术 通过 HTTP 的动态自适应流（DASH） 第 1 部分：媒体演示描述和片段格式》；

- ISO/IEC DIS 23009-1/CD Amd 1《信息技术 通过 HTTP 的动态自适应流（DASH） 第 1 部分：媒体演示描述和片段格式 补篇 1：预热、非线性播放和其他扩展》；
- ISO/IEC AWI TR 23009-3《信息技术 通过 HTTP 的动态自适应流（DASH） 第 3 部分：实施指南》；
- ISO/IEC WD TR 23009-7《信息技术 通过 HTTP 的动态自适应流（DASH） 第 7 部分：用 DASH 交付 CMAF 内容》；
- ISO/IEC FDIS 23009-8《信息技术 通过 HTTP 的动态自适应流（DASH） 第 8 部分：基于会话的 DASH 操作》；
- ISO/IEC FDIS 23009-8/CD Amd 1《信息技术 通过 HTTP 的动态自适应流（DASH） 第 8 部分：基于会话的 DASH 操作 补篇 1：URL 定制和其他扩展》；
- ISO/IEC 23090-2:2021 WD Amd 1《信息技术 沉浸式媒体的编码表示 第 2 部分：全向媒体格式 补篇 1：VVC 支持和其他改进》；
- ISO/IEC 23090-6:2021/CD Amd 1《信息技术 沉浸式媒体的编码表示 第 6 部分：沉浸式媒体度量 补篇 1：V3C 数据和 OMAF 的沉浸式媒体度量》；
- ISO/IEC DIS 23090-7《信息技术 沉浸式媒体的编码表示 第 7 部分：沉浸式媒体元数据》；
- ISO/IEC DIS 23090-8《信息技术 沉浸式媒体的编码表示 第 8 部分：基于网络的媒体处理》；
- ISO/IEC 23090-8:2020/DAmd 1《信息技术 沉浸式媒体的编码表示 第 8 部分：基于网络的媒体处理 补篇 1：NBMP 功能模板》；
- ISO/IEC 23090-8:2020/DAmd 2《信息技术 沉浸式媒体的编码表示 第 8 部分：基于网络的媒体处理 补篇 2：MPE 能力、分割渲染支持和其他增强功能》；
- ISO/IEC DIS 23090-10《信息技术 沉浸式媒体的编码表示 第 10 部分：基于视觉三维的视频编码数据的传输》；
- ISO/IEC DIS 23090-10/DAmd 1《信息技术 沉浸式媒体的编码表示 第 10 部分：基于视觉三维的视频编码数据的传输 补篇 1：支持打包视频数据》；
- ISO/IEC CD 23090-11《信息技术 沉浸式媒体的编码表示 第 11 部分：基于网络的媒体处理实施指南》；
- ISO/IEC CD 23090-13《信息技术 沉浸式媒体的编码表示 第 13 部分：沉浸式媒体的视频解码接口》；
- ISO/IEC DIS 23090-14《信息技术 沉浸式媒体的编码表示 第 14 部分：MPEG 媒体的场景描述》；
- ISO/IEC PRF 23090-17《信息技术 沉浸式媒体的编码表示 第 17 部分：全向媒体格式（OMAF）的参考软件和符合性》；
- ISO/IEC DIS 23090-18《信息技术 沉浸式媒体的编码表示 第 18 部分：基于几何的点云压缩数据的传输（待分配）》；
- ISO/IEC AWI 23090-24《信息技术 沉浸式媒体的编码表示 第 24 部分：用于 MPEG 媒体场景描述的符合性和参考软件》；
- ISO/IEC AWI 23090-25《信息技术 沉浸式媒体的编码表示 第 25 部分：基于视觉三维的视频编码数据传输的符合性和参考软件》；
- ISO/IEC AWI 23090-26《信息技术 沉浸式媒体的编码表示 第 26 部分：基于几何的点云压缩数据的传输的符合性和参考软件》。

④ WG 3 发布的可交付件。

自 2020 年 9 月以来，WG 3 发布的相关可交付成果如下：

- ISO/IEC 13818-1:2019/Cor 1:2020《信息技术 活动图像和相关音频信息的通用编码 第 1 部分：系统 技术勘误 1》；
- ISO/IEC 14496-12:2020《信息技术 视听对象的编码 第 12 部分：ISO 基础媒体文件格式》；
- ISO/IEC 14496-15:2019/Amd 1:2020《信息技术 视听对象的编码 第 15 部分：ISO 基础媒体文件格式中的网络抽象层（NAL）单元结构视频的传输 补篇 1：改进对平铺和分层的支持》；
- ISO/IEC 23000-19:2020/Amd 1:2021《信息技术 多媒体应用格式（MPEG-A） 第 19 部分：用于分段媒体的通用媒体应用格式（CMAF） 补篇 1：附加 CMAF HEVC 媒体轮廓文件》；
- ISO/IEC 23000-21:2019/Amd 1:2021《信息技术 多媒体应用格式（MPEG-A） 第 21 部分：视觉识别

管理应用格式 补篇 1：符合性和参考软件》；
- ISO/IEC 23000-22:2019/Amd 1:2021《信息技术 多媒体应用格式（MPEG-A） 第 22 部分：多图像应用格式（MIAF） 补篇 1：多图像应用格式的参考软件和符合性》；
- ISO/IEC 23008-12:2017/Amd 1:2020《信息技术 异构环境中的高效编码和媒体传输 第 12 部分：图像文件格式 补篇 1：支持预测性图像编码、突发事件、包围和其他改进》；
- ISO/IEC TR 23008-13:2020《信息技术 异构环境中的高效编码和媒体传输 第 13 部分：MMT 实施指南》；
- ISO/IEC 23009-2:2020《信息技术 通过 HTTP 的动态自适应流（DASH） 第 2 部分：符合性和参考软件》；
- ISO/IEC 23090-2:2021《信息技术 沉浸式媒体的编码表示 第 2 部分：全向媒体格式》；
- ISO/IEC 23090-6:2021《信息技术 沉浸式媒体的编码表示 第 6 部分：沉浸式媒体度量指标》；
- ISO/IEC 23090-8:2020《信息技术 沉浸式媒体的编码表示 第 8 部分：基于网络的媒体处理》。

（6）WG 4（MPEG 视频编码）

① WG 4 职责范围。

WG 4 负责制定以下标准：任何技术产生或捕获的移动图片的数字表示和描述的编码和压缩；与视觉信息有关的编码系统和内容方法的效率评估；编码系统和内容方法的实现的可行性分析。

② WG 4 成就。

- 完成低复杂度增强视频编码标准的制定。

2020 年 10 月，WG 4 完成了新的 ISO/IEC 23094-2 标准，即低复杂度增强视频编码（MPEG-5 Part 2 LCEVC），该标准在 2020 年 10 月的会议上被推进为最终国际标准草案（FDIS）。

LCEVC 增加了一个增强数据流，通过建立在现有和未来的视频编码技术之上，可以明显提高重建视频的分辨率和视觉质量，并具有有限复杂度的有效压缩效率。

通过使用固件、操作系统或浏览器支持，LCEVC 可用于补充原本只为解码基础层码流而设计的设备。它被设计成与现有的视频工作流程（如 CDN、元数据管理、DRM/CA）和网络协议（如 HLS、DASH、CMAF）兼容，以促进增强型视频服务的快速部署。

LCEVC 可用于在有限的带宽情况下提供更高的视频质量，特别是当可用的码率对高分辨率视频传输来说很低时，解码复杂度也是一个挑战。典型的用例包括移动流媒体和社交媒体，以及受益于高密度/低功率转码的服务。

- 完成基本视频编码（EVC）验证测试评估。

在 2021 年 1 月的会议上，WG 4 完成了对基本视频编码（EVC）标准（ISO/IEC 23094-1；MPEG-5 第一部分）的验证测试评估。在 2020 年 10 月的会议上，使用高动态范围（HDR）和宽色域（WCG）的 EVC 验证测试的第一部分已经完成。进行了主观质量评估，将 EVC Main 轮廓文件和 EVC Baseline 轮廓文件分别与 HEVC Main 10 轮廓文件和 AVC High 10 轮廓文件进行了比较。对主观测试结果的分析表明：与 HEVC Main 10 轮廓文件相比，使用随机访问和低延迟配置编码的 UHD 和 HD SDR 内容，EVC Main 轮廓文件的平均码率可节省约 40%。EVC Baseline 轮廓文件与 AVC High 10 轮廓文件相比，使用在随机访问配置中编码的 UHD SDR 内容，平均码率可节省约 40%；使用在低延迟配置中编码的 HD SDR 内容，平均码率可节省约 35%。使用 HDR 内容的验证测试结果显示，与 HEVC Main 10 轮廓文件相比，EVC Main 轮廓文件的平均码率节省约 35%。与 HEVC 和早期的视频编码标准相比，MPEG-5 EVC 标准的压缩效率明显提高，同时鼓励及时公布许可条款，有望满足新兴传输协议和网络（如 5G）的市场需求，为不断增长的受众提供高质量的视频服务。

- 批准了第一个用于多媒体应用的神经网络压缩国际标准。

人工神经网络已被用于多媒体分析和处理中的广泛任务，如视觉和声学分类、语音识别和多媒体描述符的提取，而且正在探索它们的其他用途，如图像和视频编码。用于这些应用的已训练的神经网络包含许多参数（即权重），导致为展示神经网络所需的数据量相当大。因此，将一个神经网络的表示转移到几个客户端（如移动电话、智能相机）可以从使用神经网络的压缩表示中受益。

在 2021 年 4 月的会议上，WG 4 完成了第一个用于多媒体应用的神经网络压缩国际标准（ISO/IEC

15938-17），将其设计为压缩技术的工具箱。该标准包含了一些不同之处：参数减少（如修剪、稀疏化、矩阵分解）；参数转换（如量化）；熵编码方法，可以组装成编码管道，这些管道由各组的一种或多种方法（在缩减情况下）组成。结果表明，用于图像或音频分类或图像压缩等许多多媒体问题的已训练的神经网络，可以按10～20倍压缩而没有性能损失，甚至可以在一定的性能折中的情况下压缩30倍以上。该标准并不局限于特定的神经网络架构，而且与神经网络交换格式的选择无关。该标准的附件中描述了与常见的神经网络交换格式之间的互操作性。

- 完成低复杂度增强视频编码（LCEVC）验证测试评估。

在2021年4月的会议上，WG 4通过衡量4个不同代的现有编解码器（即AVC、HEVC、EVC、VVC）的好处和确认项目的需求，完成了低复杂度增强视频编码标准（ISO/IEC 23094-2）的验证测试评估。

第一组测试比较了LCEVC和全分辨率单层锚点。当增强AVC时，LCEVC产生的平均码率节约，对UHD约为46%，对HD约为28%；当增强HEVC时，对UHD约为31%，对HD约为24%。测试结果表明，使用LCEVC增强EVC和VVC，整体都有好处。

第二组测试证实，LCEVC为半分辨率锚点提供了比无制导的上采样更有效的分辨率增强手段。将LCEVC全分辨率编码与上采样的半分辨率锚点进行比较，计算出LCEVC与AVC、HEVC、EVC和VVC一起使用时，对UHD来说平均码率节省分别约为28%、34%、38%和33%，对HD分别约为27%、26%、21%和21%。

- 推动MPEG沉浸式视频进入FDIS阶段。

在2021年7月的会议上，WG 4已经将MPEG沉浸式视频（MIV）标准推进到FDIS阶段。MIV的开发是为了支持对沉浸式视频内容的压缩，其中多个真实或虚拟摄像机捕捉真实或虚拟三维场景。该标准能够在现有和未来的网络上存储和分发身临其境的视频内容，以6自由度（6DoF）的视角位置和方向进行播放。

MIV是一个灵活的深度多视角视频（MVD）标准，利用常用视频编解码器的强大硬件支持来进行三维视频编码。视图可以使用等角、透视或正射投影。通过打包和修剪视图，MIV可以实现25 Mb/s左右的码率和相当于HEVC 5.2级的分辨率。MIV标准定义了多个轮廓文件：用于MVD的MIV Main轮廓文件；MIV Geometry Absent轮廓文件，目标是基于云和解码器侧的深度估计；MIV Extended轮廓文件，实现多平面图像编码（MPI）。

MIV标准设计为基于视觉的三维视频编码（V3C）标准（ISO/IEC 23090-5）的包含若干扩展和轮廓文件限制的一个集合。该标准的主体由MIV和基于视频的点云压缩（V-PCC）标准（ISO/IEC 23090-5 Annex H）共享。它有可能被正在开发的其他MPEG-I三维编解码器使用。MIV的传输是通过V3C数据的传输标准（ISO/IEC 23090-10）规定的。

③ WG 4当前工作项目。

WG 4正在推进以下标准的制定：

- ISO/IEC DIS 15938-17《信息技术　多媒体内容接口　第17部分：用于多媒体内容和分析的神经网络的压缩》（待分配）；
- ISO/IEC WD 15938-18《信息技术　多媒体内容接口　第18部分：用于压缩神经网络的符合性和参考软件》；
- ISO/IEC DIS 23090-12《信息技术　沉浸式媒体的编码表示　第12部分：MPEG沉浸式视频》；
- ISO/IEC WD 23090-23《信息技术　沉浸式媒体的编码表示　第23部分：MPEG沉浸式视频的符合性和参考软件》（待分配）；
- ISO/IEC DIS 23094-2《信息技术　通用视频编码　第2部分：低复杂度增强视频编码》（待分配）；
- ISO/IEC DIS 23094-3《信息技术　通用视频编码　第3部分：低复杂度增强视频编码的符合性和参考软件》；
- ISO/IEC FDIS 23094-4《信息技术　通用视频编码　第4部分：基本视频编码的符合性和参考软件》。

④ WG 4可交付件。

自2020年9月以来，WG 4发布的相关可交付件如下：

- ISO/IEC 15938-16:2021《信息技术　多媒体内容接口　第16部分：用于视频分析的紧凑描述符的符合性和参考软件》；
- ISO/IEC 23094-1:2020《信息技术　通用视频编码　第1部分：基本视频编码》。

（7）WG 5（MPEG 联合视频编码）

① WG 5 职责范围

WG 5 与 SC 29 MPEG 和 ITU-T SG 16 共同建立的联合视频专家小组（JVET）相对应。JVET 的建立是为了合作开发技术上一致的视频编码技术的国际标准/建议书（双文本或共同文本）。

② WG 5 成就。

- 完成通用视频编码（VVC）超清验证测试评估，符合性和参考软件标准达到其第一个里程碑。

2020 年 10 月，新的通用视频编码（VVC）标准的验证测试评估已经完成，适用于具有标准动态范围的超高清（UHD）内容。该测试是采用缜密的主观评估方法进行的。评估表明，VVC 比其前身［即 2013 年研发的高效视频编码（HEVC）标准］有明显的好处。通过使用其参考软件实现，VVC 显示在可比的主观视频质量方面比 HEVC 节省了大约 45%的码率。在同一评估中，观察到相对于 VVC 参考软件，VVC 的开源编码器实现还节省了 10%以上的码率，同时其运行速度明显快于参考软件实现。值得注意的是，HEVC 本身的压缩能力比大多数现代视频应用中使用的 AVC 标准好得多。VVC（ISO/IEC 23090-3）由 MPEG 与 ITU-T 联合制作，ITU-T 已经批准 VVC 成为 H.266 标准。

此外，VVC 标准的符合性测试和参考软件的标准化工作达到了第一个重要的里程碑——在 ISO/IEC 批准过程中进入委员会草案投票阶段。符合性测试标准 ISO/IEC 23090-15 将确保使用 VVC 标准的各种应用之间的互操作性，而参考软件标准 ISO/IEC 23090-16 将提供一个关于 VVC 能力的说明，并提供一个说明如何实现该标准的宝贵实例。参考软件将作为产品实现的基础，由此进一步促进标准的采用。

- 通用视频编码（VVC）的 360°、低延时和高清晰度用例的验证测试。

尽管新冠疫情造成了一些困难，但 VVC（ISO/IEC 23090-3 和 Rec. ITU-T H.266）的第二轮验证测试已经完成。其中包括：360°视频的等角和立方图格式，与 2013 年开发的被称为高效视频编码（HEVC）的上一代主要 MPEG 视频编码标准相比，VVC 显示出平均 50%以上的码率降低；低延迟应用，如对会话（电话会议）内容和游戏内容的压缩，其压缩比平均约为 40%；高清视频流，平均码率降低近 50%。

在 2020 年 10 月完成的一组针对 4K UHD 内容的测试已经显示出类似的结果。这些验证测试使用了正式的主观视觉质量评估测试与"没有测试经验"的真人观众。这些测试是在两个测试实验室的严格卫生制度下进行的，以确保观看者和测试管理人员的安全条件。

除了证明 VVC 标准在高压缩能力方面的有效性外，该测试还证实了实际实施主观感知优化的可行性；因为该测试包括一个 VVC 编码器，其运行速度远远高于与 VVC 标准一起开发的参考软件作为示例在实施时的速度。经过主观优化的编码器所显示出的压缩性能，在主观上与当前版本的参考软件相当或比它更好。

对 VVC 能力的进一步主观测试也计划在其他用例中进行，包括高动态范围（HDR）视频内容的编码。

- 开始关于 VVC 和 VSEI 第 2 版的标准化工作。

关于通用视频编码（VVC）和通用 SEI（VSEI）标准的第 2 版修订工作已进入正式的标准化阶段，发布了关于这两个标准的 CDAM。

VVC 第 2 版中的轮廓文件将支持比特深度大于 10 比特的视频，并增加了新的工具，以进一步提高极高码率下的压缩性能。

VSEI 第 2 版增加了更多支持可扩展和多视图、深度数据和阿尔法通道的 SEI 消息，扩展了 HDR 的依赖性随机访问概念和映射功能，并从 HEVC 中继承了一些更多的 SEI 消息用于 VVC 背景。

虽然新的 SEI 消息最初是为在 VVC 背景下使用而开发的，但也计划利用 VSEI 规范（ISO/IEC 23002-7 和 Rec. ITU-T H.274）的通用性，支持在 HEVC 标准中使用至少两个 SEI 消息。

- 通用视频编码（VVC）的高动态范围用例的验证测试。

截至 2021 年 4 月，VVC（ISO/IEC 23090-3 和 Rec. ITU-T H.266）的第三轮验证测试已经完成。这包括使用混合对数伽马（HLG）和感知量化（PQ）视频格式对 4K 超高清（UHD）分辨率的高动态范围（HDR）内容进行测试。该测试使用最先进的高质量消费级显示器进行，模拟了互联网流媒体类型的场景。

③ WG 5 当前工作项目。

WG 5 正在推进以下标准的制定：

- ISO/IEC DIS 14496-10《信息技术　视听对象的编码　第 10 部分：高级视频编码》；
- ISO/IEC DIS 23002-7《信息技术　MPEG 视频技术　第 7 部分：用于已编码视频码流的多功能补充增

强信息（SEI）消息》；
- ISO/IEC DIS 23090-3《信息技术　沉浸式媒体的编码表示　第 3 部分：通用视频编码》；
- ISO/IEC DIS 23090-15《信息技术　沉浸式媒体的编码表示　第 15 部分：通用视频编码的符合性测试码》；
- ISO/IEC DIS 23090-16《信息技术　沉浸式媒体的编码表示　第 16 部分：通用视频编码的参考软件》；
- ISO/IEC 23091-2《信息技术　独立于编码的代码点　第 2 部分：视频》（待分配）。

③ WG 5 可交付件。

自 2020 年 9 月以来，WG 5 发布的相关可交付件如下：
- ISO/IEC 14496-10:2020《信息技术　视听对象的编码　第 10 部分：高级视频编码》；
- ISO/IEC 23002-7:2021《信息技术　MPEG 视频技术　第 7 部分：用于已编码视频码流的多功能补充增强信息（SEI）消息》；
- ISO/IEC TR 23002-8:2021《信息技术　MPEG 视频技术　第 8 部分：使用客观度量评价视频编码效率实验的工作实践》；
- ISO/IEC 23008-2:2020《信息技术　异质环境中的高效编码和媒体传输　第 2 部分：高效视频编码》；
- ISO/IEC 23008-2:2020/Amd 1:2021《信息技术　异构环境中的高效编码和媒体传输　第 2 部分：高效视频编码　补篇 1：快门间隔信息 SEI 消息》；
- ISO/IEC 23090-3:2021《信息技术　沉浸式媒体的编码表示　第 3 部分：通用视频编码》；
- ISO/IEC TR 23091-4:2021《信息技术　独立于编码的代码点　第 4 部分：视频信号类型代码点的使用》。

（8）WG 6（MPEG 音频编码）

① WG 6 职责范围。

WG 6 为音频和相关元数据的编码数字表示制定标准。

② WG 6 成就。

在 2021 年 4 月的会议上，MPEG 将 ISO/IEC 23008-3（MPEG-H 3D 音频）标准的第 3 版推进为委员会草案（CD）阶段。第 3 版包含了对第 2 版的两项修改，引入了一些澄清和更正，以及元数据的增强和 3D 音频基线轮廓文件。MPEG-H 3D 音频是用于广播和流媒体应用的最先进的音频系统之一，它在首次出版后进行了修订，并做出了许多改进。现在，第 3 版包含了广泛采用的低复杂度和基线轮廓文件的完整规范，并为世界各地的实现者提供了重要支持。这个版本的 MPEG-H 3D 音频将包含额外的改进。

此外，MPEG 已经完成了修订 MPEG-H 3D 音频参考软件和符合性测试的工作，并宣布将 ISO/IEC 23008-6（MPEG-H 3D 音频参考软件）第 3 版和 ISO/IEC 23008-9（MPEG-H 3D 音频符合性测试）第 2 版提升到 FDIS 阶段。在第 3 版中，MPEG-H 3D 音频参考软件包含了对过去几年报告的所有已确认错误的修复，现在与标准文本更加一致。第 2 版的 MPEG-H 3D 音频符合性测试包含了更多的基线轮廓文件的符合性码流，并更好地覆盖了 MPEG-H 3D 音频功能。

③ WG 6 当前工作项目。

WG 6 正在推进以下标准的制定：
- ISO/IEC DTR 14496-24《信息技术　视听对象的编码　第 24 部分：音频和系统交互》；
- ISO/IEC 14496-26:2010/WD Amd 6《信息技术　视听对象的编码　第 26 部分：音频符合性　补篇 6：支持高分辨率音频的 MPEG-4 ALS 简单轮廓文件的新水平的符合性》；
- ISO/IEC 23003-3:2020/FDAmd 1《信息技术　MPEG 音频技术　第 3 部分：统一语音和音频编码　补篇 1：参考软件和符合性》；
- ISO/IEC 23003-4:2020/DAmd 1《信息技术　MPEG 音频技术　第 4 部分：动态范围控制　补篇 1：侧链规范化》；
- ISO/IEC DIS 23003-6《信息技术　MPEG 音频技术　第 6 部分：统一语音和音频编码参考软件》；
- ISO/IEC DIS 23003-7《信息技术　MPEG 音频技术　第 7 部分：统一语音和音频编码的符合性测试》；
- ISO/IEC DIS 23008-3《信息技术　异质环境中的高效编码和媒体传输　第 3 部分：3D 音频》（待分配）；
- ISO/IEC FDIS 23008-6《信息技术　异构环境中的高效编码和媒体传输　第 6 部分：3D 音频参考软件》；

- ISO/IEC FDIS 23008-9《信息技术 异构环境中的高效编码和媒体传输 第9部分：3D音频符合性测试》；
- ISO/IEC 23091-3:2018/DAmd 1《信息技术 独立于编码的代码点 第3部分：音频 补篇1：耳机支持》。

④ WG 6 发布的可交付件。

自 2020 年 9 月以来，WG 6 发布的相关可交付件如下：

- ISO/IEC 23008-3:2019/Amd 2:2020《信息技术 异质环境中的高效编码和媒体传输 第3部分：3D音频 补篇2：3D音频基线轮廓文件、修正和改进》。

（9）WG 7（MPEG 三维图形编码）

① WG 7 职责范围。

WG 7 为计算机生成的或从物理世界捕获的三维数据表示、三维图形对象和环境的编码以及自然和合成音频、视频和交互信息的整合制定标准。

② WG 7 成就。

2020 年 10 月，WG 7 将其 ISO/IEC 23090-9 "基于几何的点云压缩"（G-PCC）标准推进到 FDIS 阶段。G-PCC 可解决具有诸如颜色和材料性质之类关联属性的时变三维点云的无损和有损编码问题。这项技术特别适用于稀疏的点云。ISO/IEC 23090-5 "基于视频的点云压缩"（V-PCC）在 2020 年 7 月达到 FDIS 阶段；该标准可解决同样的问题，但针对密集的点云，通过将（通常是密集的）三维点云投影到平面上，然后用视频压缩技术处理所产生的二维图像序列。G-PCC 的广义方法，即直接对三维几何进行编码以利用点云本身的任何冗余，是对 V-PCC 的补充，对代表大环境的稀疏点云特别有用。

点云通常由数量极大的数据来表示，这是大众市场应用的一个重要障碍。然而，与其他三维视频表示法相比，捕捉和渲染空间信息相对容易，这使得点云在显示沉浸式三维数据方面越来越受欢迎。目前的无损、帧内 G-PCC 编码器的参考软件实现草案提供了高达 10:1 的压缩比和高达 35:1 的质量可接受的有损编码，适合各种应用。

通过在目前可用的码率下提供高沉浸感，G-PCC 标准将实现各种应用，如 3D 绘图、室内导航、自动驾驶、带有环境绘图的高级增强现实（AR）以及文化遗产。

③ WG 7 当前工作项目。

WG 7 正在推进以下标准的制定：

- ISO/IEC DIS 23090-5《信息技术 沉浸式媒体的编码表示 第5部分：基于视觉的三维视频编码（V3C）和基于视频的点云压缩（V-PCC）》；
- ISO/IEC DIS 23090-9《信息技术 沉浸式媒体的编码表示 第9部分：基于几何的点云压缩》；
- ISO/IEC CD 23090-19《信息技术 沉浸式媒体的编码表示 第19部分：V-PCC 的参考软件》；
- ISO/IEC DIS 23090-20《信息技术 沉浸式媒体的编码表示 第20部分：V-PCC 的符合性》；
- ISO/IEC CD 23090-21《信息技术 沉浸式媒体的编码表示 第21部分：G-PCC 的参考软件》；
- ISO/IEC CD 23090-22《信息技术 沉浸式媒体的编码表示 第22部分：G-PCC 的符合性》；
- ISO/IEC FDIS 23093-1《信息技术 媒体物联网 第1部分：架构》；
- ISO/IEC FDIS 23093-2《信息技术 媒体物联网 第2部分：发现和通信 API》；
- ISO/IEC DIS 23093-3《信息技术 媒体物联网 第3部分：媒体数据格式和 API》。

④ WG 7 已发布的可交付件。

自 2020 年 9 月以来，WG 7 发布的相关可交付件如下：

- ISO/IEC 23005-1:2020《信息技术 媒体背景和控制 第1部分：架构》；
- ISO/IEC 23090-5:2021《信息技术 沉浸式媒体的编码表示 第5部分：基于视觉的三维视频编码（V3C）和基于视频的点云压缩（V-PCC）》。

（10）WG 8（MPEG 基因组编码）

① WG 8 职责范围。

WG 8 为各种类型的基因组数据制定标准。

② WG 8 成就。

评估MPEG-G的扩展和改进,并征集有关先进基因组新功能和技术的证据

高通量DNA测序技术的广泛使用实现了一种被称为"精准医疗"的新医疗方法。DNA测序技术产生了数量极大的原始数据,这些数据储存在世界各地的各种存储库中。第一个挑战是如何有效地处理日益泛滥的测序数据。第二个挑战是为达到以下目标所需的处理这种数据洪流的能力:扩大基因组序列信息的科学知识;为诊断和治疗目的搜索基因组数据库。为此,需要对基因组数据进行高性能的压缩,以减少大数据集的存储规模并提高传输速度。

目前的MPEG-G标准系列(ISO/IEC 23092)涉及基因组测序数据的表示、压缩和传输,对注释数据的支持也在开发中。这些标准提供了一个文件和传输格式、压缩技术、元数据规范、保护支持,以及用于访问那些使用本地压缩格式的基因组数据的若干标准API。

对于第131次会议发出的提案征集,MPEG收到了针对低复杂度编码模式的提案(该模式可直接提高编码和解码速度,以便能够以更低的延迟访问数据),以及针对高级测序数据及元数据索引和搜索的提案(该提案可直接应用于压缩领域中的有序和无序数据)。此外,还提出了对有序和无序的读取数据进行压缩和索引的技术。目前,MPEG正在评估将这些新技术整合到MEPG-G标准系列中的问题。

根据MPEG不断提高其标准的质量和性能的传统做法,2020年10月发布了一个公开的证据征集(CfE)。这个CfE旨在针对以下目标评估新技术的性能:可以证明ISO/IEC 23092系列的当前压缩、传输和索引技术可以通过新的压缩技术得到改善,特别是对于很长的读取;能够产生更高的压缩比,支持新的功能或提高其他重要指标的性能。

③ WG 8当前工作项目。

WG 8正在推进以下标准的制定:

- ISO/IEC CD 23092-1《信息技术 基因组信息表示 第1部分:基因组信息的传输和存储》(待分配);
- ISO/IEC 23092-1:2020/CD Amd 1《信息技术 基因组信息表示 第1部分:基因组信息的传输和存储 补篇1:对第6部分的支持》;
- ISO/IEC CD 23092-2《信息技术 基因组信息表示 第2部分:基因组信息的编码》(待分配);
- ISO/IEC 23092-2:2020/CD Amd 1《信息技术 基因组信息表示 第2部分:基因组信息的编码 补篇1:对ISO/IEC 23092系列的扩展和改进》;
- ISO/IEC DIS 23092-3《信息技术 基因组信息表示 第3部分:元数据和应用程序接口(API)》;
- ISO/IEC 23092-4:2020/CD Amd 1《信息技术 基因组信息表示 第4部分:参考软件 补篇1:第2版和第6版》;
- ISO/IEC DIS 23092-6《信息技术 基因组信息表示 第6部分:基因组注释的编码》。

④ WG 8可交付成果。

- 自2020年9月以来,WG 8发布的相关可交付成果如下:
- ISO/IEC 23092-1:2020《信息技术 基因组信息表示 第1部分:基因组信息的传输和存储》(待分配);
- ISO/IEC 23092-2:2020《信息技术 基因组信息表示 第2部分:基因组信息的编码》(待分配);
- ISO/IEC 23092-4:2020《信息技术 基因组信息表示 第4部分:参考软件》(待分配);
- ISO/IEC 23092-5:2020《信息技术 基因组信息表示 第5部分:符合性》(待分配)。

5.2.12 SC 31业务计划(2020年11月—2021年10月)

1. 执行概要

SC 31的工作范围是用于自动识别和数据采集过程的数据结构和技术的标准化。SC 31致力于解决条码、光学字符识别、射频识别和实时定位系统的技术问题。SC31还负责制定和维护用于物品识别和数据结构的标准,以便对数据载体中的信息进行编码。此外,SC31还有一个制定应用标准的工作组,它可以协助ISO、IEC和JTC 1各下设组织制定利用自动识别和数据采集技术的标准。

2. 回顾

(1)市场需求和创新

自动识别和数据采集(AIDC)市场已经成熟并稳步增长,因而该领域标准化工作的重点是标准的有效实

施。越来越多的国家政府机构需要采用 AIDC 技术，例如在制药和医疗器械部门，或者在打击烟草行业非法贸易的领域。然而，仍然需要新的技术标准，特别是新的条码标准以及与数据载体和读写设备符合性及性能相关的标准。

（2）成就

SC 31 制定的 129 项标准已发布，26 项标准在研。2020 年 9 月至 2021 年 8 月，SC 31 发布了以下标准：

- ISO/IEC 29160:2020《信息技术 用于物品管理的射频识别 RFID 标志》；
- ISO/IEC 29158:2020《信息技术 自动识别和数据采集技术 直接零件标记（DPM）质量指南》；
- ISO/IEC 23200-1:2021《信息技术 用于物品管理的射频识别 第 1 部分：ISO/IEC18000-63 中定义的标签与异构无线系统之间的干扰抑制性能测试方法》；
- ISO/IEC 20830:2021《息技术 自动识别和数据采集技术 汉信码条码符号规范》；
- ISO/IEC 19823-16:2020《信息技术 安全服务加密套件的符合性测试方法 第 16 部分：用于空中接口通信的加密套件 ECDSA-ECDH 安全服务》；
- ISO/IEC 18046-3:2020《信息技术 射频识别设备性能测试方法 第 3 部分：标签性能测试方法》。

（3）资源

SC 31 有 24 名参与成员（P 成员）和 26 名观察成员（O 成员）。此外，SC 31 还与 15 个 ISO 和 JTC 1 技术机构以及 10 个外部组织保持联系。

SC 31 拥有世界顶级专家，他们积极参与工作组并主动提出新工作项目。SC31 将继续关注其他参与者的加入，以确保维持和增强专业力量。

拥有活跃的镜像委员会的国家数量正在减少。这可能是因为条形码和 RFID 技术已经成熟，被认为缺乏新的技术突破。这种看法需要纠正。新的 AIDC 技术正在涌现，应用 AIDC 技术标准的创新解决方案将越来越多。

（4）竞争与合作

SC 31 继续与 CEN TC 225 合作，并根据"维也纳协议"制定了几个项目。SC 31 与 ISO/TC 122（包装）进行合作，将 5 个"RFID 供应链应用"项目从 ISO/TC 122 转移到 SC 31。其中项目 ISO/IEC 17363 特别用于货运集装箱，已转移到 ISO/TC 104/SC 4。

SC 31 与 AIM 公司和 GS1 的 A 类联络很有益处，将继续合作下去。

物联网（IoT）的发展唤起了人们对基于 SC 31 技术标准的兴趣。物联网的概念得到了快速且有效的采用，而射频识别、实时定位系统和条码标准对其至关重要。

3. 工作组（WG）

（1）WG 1（数据载体）

WG 1 管理光学字符识别、条形码和二维码符号以及符号质量标准。

① WG 1 成就。

WG 1 推进汉信码在 2021 年 8 月发布。汉信码对其 AIM 标准进行了修改，以增加 GS1 功能和特定网址支持。一种基于 QR 码的新符号系统即将发布，被称为 rMQR，添加了支持长、薄物体标记要求的整套矩阵格式。支持标签打印的新条形码扫描仪和解码器性能标准即将发布。WG1 第一个被标准化的彩色条形码符号即将发布，被称为 JAB 码，支持对包含身份证件中生物特征在内的个人信息进行有效编码。在打印质量方面，直接零件标记（DPM）质量测试已更新，包含新的照明配置，以支持自动读取应用程序，目前已作为标准发布。条码和二维码打印质量标准已开放，用于新的十进制评分系统，将评分级别从 5 级扩展到 41 级，以支持提高打印质量评估的一致性和可重复性。最后，其他几个标准也将开始修订，针对十进制评分及其他改进的设计（包括 DM 码、QR 码、Aztec 码、DMRE 码和 39 码）进行更新。调查 DPM 方法和应用的技术报告正在进行重大更新。

② WG 1 可交付件。

除了推进上述项目外，WG 1 还致力于制定 DPM 质量符合性流程，并跟上未来潜在的技术发展，如数字水印扩频打印技术和其他颜色符号。

③ WG 1 战略/风险/机遇/问题。

WG 1 拟制定技术严格的、经得起时间考验的数据载体标准。为了支持这一目标，WG 1 邀请条形码扫描、打印和解码技术专家加入其工作。WG 1 将在美洲、亚洲和欧洲方便的地方（或在线上选取方便的时区）进行两到三天的会议，这些会议本质上是高度技术性的，有时会在会议之间产生一些自愿的"家庭作业"，通常涉及帮助解决正在修订的各种标准技术问题的研究。

（2）WG 2（数据和结构）

WG 2 专注于在自动识别和数据采集（AIDC）设备中编码的数据的结构，这包括为物理和虚拟物品构建唯一标识符的高层规则。

① WG 2 成就。

WG 2 管理着一套成熟的标准，该标准被世界各地的行业和政府机构广泛采用。

② WG 2 可交件。

WG 2 已启动 ISO/IEC 20248（数字签名数据结构模式）的修订工作，在 2021 年完成。将包括错误纠正、示例添加，以辅助该标准实施。

③ WG 2 战略/风险/机遇/问题。

WG 2 和 WG 8 要共同解决的关键问题是防止数据结构冲突，这种冲突可能导致拒绝服务，特别是在物联网、移动系统和传统市场融合的环境下。

（3）WG 4（射频通信）

WG 4 负责射频识别（RFID）和实时定位系统（RTLS）的所有方面，包括空中接口、安全性、符合性和性能。

① WG 4 成就。

WG 4 致力于 RFID、RTLS、安全和测试方法领域的各种标准。因为 RFID 和 RTLS 技术已经成熟，所以目前大多数工作都是修订和维护现有标准。新的工作主要围绕测试方法开展。

② WG 4 可交付件。

WG 4 目前有 10 个正在进行的工作项目，所有项目都已通过 CD 投票或已进入下一步阶段。其中，只有一项是新工作项目，其他都是对早期发布标准的修订。

③ WG 4 战略/风险/机遇/问题。

WG 4 预计在 2021/2022 年涉及的相关主题见表 5-3。

表 5-3　WG 4 预计在 2021/2022 年涉及的相关主题

序号	战　略	风　险	机　遇
1	根据市场反馈改进现有标准	向后兼容性可能会限制可以进行的更改	基于标准的更先进的产品提高了市场接受度
2	使其他标准化工作组知悉 SC 31 的工作	以前的工作或其他利益不适合 SC 31 工作	行业可能从以下现实情况中受益：所有 RFID 应用都使用相同的测试标准，因此测试只需进行一次，仅仅是不同应用有不同要求

（4）WG 8（AIDC 的应用）

WG 8 的目的是制定 AIDC 应用标准，在内部向 ISO 推广 SC 31，在外部向包括行业组织在内的所有标准机构推广，并成为 SC 31 及其工作组的外部联络点。

① WG 8 成就。

WG 8 在 2021 年 8 月完成了 ISO/IEC FDIS 22603-1《产品信息的数字表示》。新工作项目 ISO/IEC 22603-2 正在进行第二轮投票。第一轮没有取得要求的共识。ISO 17367 正在进行 DIS 意见处理，但目前已决定暂停其工作，以支持 ISO 17364、ISO 17365、ISO 17366 和 ISO 17367 的合并。"AIDC 在建造中的应用"于 2021 年 9 月完成新工作项目投票。

② WG 8 可交付件。

WG8 将继续推进上述工作项目。

③ WG 8 战略/风险/机遇/问题。

ISO/IEC 22603 的工作引起了国际监管界的极大兴趣。这项工作具有一定挑战性，要尝试理解如何处理标记/电子标签的符合性,这也导致该标准可能会成为多部分标准,以解决各种类型的标记/电子价签的符合性。监管部门给这项工作施加了压力,在这些部门中,复杂标签的访问以及电子标签数据的长期存储变得越来越重要。ISO/IEC 22603 的第 1 部分《通用要求》于 2021 年发布。

ISO 1736x 系列标准(RFID 供应链应用)的转交工作,是由 SC 31 技术专家按照联合汽车工业论坛(JAIF)的要求为改进标准做出贡献的需要而推动的。JAIF 是日本(JAMA 和 JAPIA)、欧洲(Odette)和北美(AIAG)标准组织的联盟,他们合作为全球汽车行业提供全球最佳实践建议和解决方案。2021 年第二季度做出将 4 个 ISO 规范(17367、17366、17365、17364)合并为 1 个的决定。2021 年制定了计划,2022 年第四季度通过 FDIS。2022 年第一季度,将推动衣联网成为新工作项目。

(5)SC 31 词汇

ISO/IEC 19762:2016 是 AIDC 的协调词汇。有英文、法文、德文、俄文、韩文和日文版本。在系统审查过程结束之后,一些 P 成员建议只发布英文版的更新标准,而另一些成员建议保留多语言版本,甚至增加一些语言,如中文。将成立特设组,就最佳推进方向提出建议。

5.2.13 SC 32 业务计划(2020 年 8 月—2021 年 9 月)

1. 执行概要

SC 32 目前通过 4 个积极的工作组(WG)开展工作,每个工作组都为其在 SC 32 全会上批准的项目计划中各个工作项目设定优先级。比较积极的工作领域大致上可总结为:商务运行视角(WG 1,电子商务)、元数据本体与注册(WG 2,元数据)、SQL 和 GQL(WG 3,数据库语言)、数据使用定义及用例(WG 6,数据使用)。

SC 32 强调内部各工作组之间以及与相关领域其他 SC 和 TC 的联络组之间的知识共享与合作。

新冠疫情期间,SC 32 不得不在完全虚拟会议的环境下运转,这在一定程度上阻碍了工作的开展。各工作组召集人和专家们迎难而上,保持着高度的参与度与热情。

2. 回顾

SC 32 参与者不断推进各个项目。这些项目包括涉及相对成熟技术的现行标准的修订和涉及新生技术的新标准的制定,其参与者主要有销售商、专业学者以及来自 LDBC(Linked Data Benchmark Council,关联数据基准委员会)等联合倡议的专家和包括政府机构在内的用户,得到了来自北美、亚洲、澳洲和欧洲的贡献——这些贡献是有益于增加标准数量和保证质量的资源。这些优势可抵御大量的组织内部变换优先权和支持事项的风险以及与其他标准制定组织竞争的风险。

(1)WG 1

WG 1 继续开展电子商务标准的制定工作,重点关注 ISO/IEC 14662《开放式 edi 参考模型》的商务运行视角(BOV)方面的内容。WG 1 的 BOV 标准制定工作主要解决开放式 edi 的运行方面的内容(在 ISO/EC 15944 标准的多个部分中规定),涉及实现、场景和作为商务对象的场景构件的注册、会计和经济学本体,以及商务交易所涉及领域的外部约束条件(包括隐私保护要求)的标识、编码域和溯源性框架。BOV 标准不仅用来解决电子商务的法律要求,还用于促进商务标准的 IT 实现。

对于由 ISO、IEC、ITU 和 UN/ECE 共同签署,由国际用户群体参与,涉及电子商务领域标准化的高层谅解备忘录(MOU)来说,这些开放式 edi 参考模型标准充当了它们的基础。

WG 1 正在草拟关于其标准和项目的介绍,以供其他标准制定组织使用。

(2)WG 2

WG 2 的工作日程非常满。它在重构、阐明和扩展其现有元数据标准(ISO/IEC 11179,元数据注册表)方面取得了良好的进展,包括 ISO/IEC TR 19583《元数据的概念和使用》的多个部分。2021—2022 年的计划包括:继续和扩展这项工作,完成 ISO/IEC 11179-3 的参考 SQL 实现的最终定稿。WG 2 还将继续提供 ISO/IEC 21838 系列《顶层(Toplevel)本体》的部分内容和 ISO/IEC 5394《概念系统的标准》的修订版。

WG 2 将监视 WG 6(数据使用)正在进行的工作,这可能受益于数据消费者允许数据使用的元数据扩展描述。

WG 2 将继续关注数据安全和数据隐私领域的发展，以确定是否需要描述大数据安全和隐私设置的元数据。

（3）WG 3

WG 3 继续致力于预研下一代多部分 SQL 标准 ISO/IEC 9075，该标准已进入委员会草案和评论决议阶段。这个下一代多部分标准中的一个主要新部分指定了对属性图数据的 SQL 支持。属性图工作持续得到了来自多领域专家的积极贡献。根据计划，WG 3 在 2021—2022 年期间将新版本的 ISD/IEC 9075 推进到 DIS 阶段。

与 SQL 属性图功能相关的是新的、独立的图形查询语言（Graph Query Language，GQL）标准 ISO/IEC 39075。GQL 的工作进展顺利，根据计划，WG 3 在 2021—2022 年进行关于 GQL 的初步委员会草案投票。

WG 3 已获得 SC 的批准，在 2021—2022 年启动两个新项目。一个是指南系列的新部分，即 ISO/IEC 19075-10，描述 SQL 模型；另一个是新的初步工作项目 ISO/IEC 29075，指定了用于高级统计和分析功能的函数库。

WG 3 将继续关注数据库行业的不断变化，以确定适合标准化的其他功能，其中一个领域是流媒体数据的 SQL；WG 3 密切关注在国家机构层面正在进行的讨论，如果就存在理想的前进方式达成共识，WG 3 准备承担责任。

（4）WG 6

WG 6 是 2020 年 9 月新成立的工作组，它的工作计划包括数据使用领域的两个标准：ISO/IEC 5207 将介绍定义和用例，而 ISO/IEC 5212 将介绍数据使用指南。WG 6 在短时间内加快了工作速度，计划在 2021—2022 年期间把现有的两份文件至少推进到 40 阶段（注：目前已作为新工作项目在 SC 32 注册）。WG 6 认为，这两个项目只触及了其工作范围内可能标准和相关标准的表面。SC 32 已指示 WG 2（元数据）和 WG 3（数据库语言）注意各自领域中支持 WG 6 正在进行的工作。

（5）工作范围

SC 32 名称：数据管理与交换。

SC 32 工作范围：本地和分布式信息系统中和系统间的数据管理；提供支持性技术，以促进跨行业的数据管理设施的协调。SC 32 负责的标准包括：
- 用于协调现行标准和新生标准的参考模型和框架；
- 数据域、数据类型、数据使用和数据结构，以及与它们关联的语义的定义；
- 用于数据的永久性存储、并行访问、并行更新和数据交换的语言、服务和协议；
- 用于构造、组织和注册元数据的方法、语言、服务和协议，以及与共享和互操作性关联的其他信息资源（包括电子商务）。

3. 成就

以下是自上一份报告以来的成就。

已完成并发布或处于阶段 60（发布阶段）的项目见表 5-4。

表 5-4　SC 32 已完成并发布或处于阶段 60 的项目

项 目 号	项 目 名 称
ISO/IEC 21838-1:2021	信息技术　顶级本体论（TLO）　第 1 部分：要求
ISO/IEC 19763-3:2020	信息技术　互操作性的元模型框架（MFI）　第 3 部分：本体注册的元模型
ISO/IEC 19763-16:2021	信息技术　互操作性的元模型框架（MFI）　第 16 部分：用于文档模型注册的元模型
ISO/IEC 19075-1:2021	信息技术　数据库语言 SQL 的使用指南　第 1 部分：XQuery 正则表达式
ISO/IEC 19075-2:2021	信息技术　数据库语言 SQL 的使用指南）　第 2 部分：与时间相关的信息
ISO/IEC 19075-3:2021	信息技术　数据库语言 SQL 的使用指南　第 3 部分：使用 Java™ 编程语言嵌入到程序中的 SQL
ISO/IEC 19075-4:2021	信息技术　数据库语言 SQL 的使用指南　第 4 部分：使用 Java™ 编程语言的例程和类型
ISO/IEC 19075-5:2021	信息技术　数据库语言 SQL 的使用指南　第 5 部分：行模式识别

续表

项 目 号	项 目 名 称
ISO/IEC 19075-6:2021	信息技术 数据库语言 SQL 的使用指南 第 6 部分：对 JSON 的支持
ISO/IEC 19075-7:2021	信息技术 数据库语言 SQL 的使用指南 第 7 部分：多态表函数
ISO/IEC 19075-8:2021	信息技术 数据库语言 SQL 的使用指南 第 8 部分：多维数组
ISO/IEC TR 15944-14:2020	信息技术 商务运行视角 第 14 部分：开放式 edi 参考模型和云计算架构
ISO/IEC 21838-2:2021	信息技术 顶层本体（TLO） 第 2 部分：基本形式本体（BFO）

SC 32 处于阶段 40（询问阶段）的项目见表 5-5。

表 5-5　SC 32 处于询问阶段的项目

项 目 号	项 目 名 称
ISO/IEC DIS 15944-8	信息技术 业务操作视图 第 8 部分：确定隐私保护要求作为业务事务的外部约束
ISO/IEC DIS 15944-9	信息技术 业务操作视图 第 9 部分：承诺交换的业务交易可追溯性框架
ISO/IEC DIS 15944-10	信息技术 业务操作视图 第 10 部分：支持编码域作为业务事务中语义组件的 IT
ISO/IEC DIS 5218	信息技术 代表人类性别的代码
ISO/IEC DIS 15944-1	信息技术 业务操作视图 第 1 部分：用于实现的开放式 edi 操作
ISO/IEC DIS 15944-12	信息技术 业务操作视图 第 12 部分：个人信息（PI）的 EDI 和信息寿命周期管理（ILCM）的隐私保护要求（PPR）
ISO/IEC DIS 15944-16	信息技术 业务操作视图 第 16 部分：ISO/IEC 15944 业务操作视图标准中确定的一规则和导则的合集及其 IT 支持
ISO/IEC DIS 15944-21	信息技术 业务操作视图 第 21 部分：开放式 edi 业务事务本体在分布式业务事务存储库中的应用

SC 32 处于阶段 30（委员会阶段）（CD/PDTR/PDTS）的项目见表 5-6。

表 5-6　SC 32 处于委员会阶段的项目

项 目 号	项 目 名 称
ISO/IEC CD 15944-17	信息技术 业务操作视图 第 17 部分：EDI 和协作空间环境中管理隐私设计（PbD）要求的基本原则和规则
ISO/IEC CD 15944-18	信息技术 业务操作视图 第 18 部分：标识的通用原则和业务交易中标识符的使用规则
ISO/IEC CD 15944-19	信息技术 业务操作视图 第 19 部分：跨境数据流（CBDF）指南：业务交易要求（包括个人信息）
ISO/IEC CD 11179-30	信息技术 元数据注册（MDR） 第 30 部分：元数据的基本属性
ISO/IEC DTR 19583-21.2	信息技术 元数据的概念和使用 第 21 部分：11179-3SQL 中的数据模型
ISO/IEC CD 11179-1	信息技术 元数据注册（MDR） 第 1 部分：框架
ISO/IEC CD 11179-3.4	信息技术 元数据注册（MDR） 第 3 部分：注册通用设施的元模型
ISO/IEC CD 11179-6	信息技术 元数据注册（MDR） 第 6 部分：注册
ISO/IEC CD 11179-32.3	信息技术 元数据注册（MDR） 第 32 部分：概念系统注册的元模型
ISO/IEC CD 11179-35.2	信息技术 元数据注册（MDR） 第 35 部分：模型注册的元模型
ISO/IEC CD 9075-1	信息技术 数据库语言 SQL 第 1 部分：框架（SQL/框架）
ISO/IEC CD 9075-2	信息技术 数据库语言 SQL 第 2 部分：基础（SQL/基础）
ISO/IEC CD 9075-4	信息技术 数据库语言 SQL 第 4 部分：持久性存储模块（SQL/PSM）
ISO/IEC CD 9075-11	信息技术 数据库语言 SQL 第 11 部分：信息和定义模式（SQL/Schemata）
ISO/IEC CD 9075-14	信息技术 数据库语言 SQL 第 14 部分：XML 相关规范（SQL/XML）

续表

项 目 号	项 目 名 称
ISO/IEC CD 9075-16	信息技术 数据库语言 SQL 第 16 部分：SQL 属性图查询（SQL/PGQ）
ISO/IEC CD 5394	信息技术 概念系统的标准
ISO/IEC DTR 19583-24	信息技术 元数据的概念和使用 第 24 部分：11179-3：2013 RDF 中的元模型
ISO/IEC CD 11179-33	信息技术 元数据注册（MDR） 第 33 部分：数据集注册的元模型
ISO/IEC CD 21838-3.2	信息技术 顶层本体 第 3 部分：语言和认知工程的描述性本体（DOLCE）
ISO/IEC CD 21838-4.2	信息技术 顶层本体 第 4 部分：TUpper
ISO/IEC CD 11179-31.3	信息技术 元数据注册（MDR） 第 31 部分：数据规范注册的元模型

自上次报告之后，SC 32 进入阶段 00 或阶段 10（初步/提议阶段）的项目见表 5-7。

表 5-7 SC 32 处于阶段 00 或阶段 10 的项目

项 目 号	项 目 名 称
ISO/IEC AWI TR 19583-25	信息技术 元数据的概念和使用 第 25 部分：11179-3：2013 XML 中的元模型
ISO/IEC AWI 11179-34	信息技术 元数据注册（MDR） 第 34 部分：用于可计算对象注册的元模型
ISO/IEC AWI 39075	信息技术 数据库语言 GQL
ISO/IEC AWI 6523-1	信息技术 用于组织标识和组织部分标识的结构 第 1 部分：组织标识方案的标识
ISO/IEC AWI 6523-2	信息技术 用于组织标识和组织部分标识的结构 第 2 部分：组织标识方案的注册
ISO/IEC AWI 5212	信息技术 数据使用 数据使用指南
ISO/IEC AWI 5207	信息技术 数据使用 术语和用例
ISO/IEC NP 19075-9	信息技术 数据库语言 SQL 的使用指南 第 9 部分：在线解析处理（OLAP）能力
ISO/IEC PWI 29075	信息技术 数据实现中高级解析用的函数库

4. 风险和问题

SC 32 的每个工作组都为达成其目标设定了自己的优先顺序和战略。SC 32 将权力和责任下放给工作组（WG）的做法与其他一些 JTC 1 分技术委员会（SC）的工作形成鲜明对比。这种管理风格为各 WG 提供了相当大的自由，可以根据不同的资源可用性和 WG 专家的贡献来动态地调整议程和时间表。然而，它确实相当依赖 WG 召集人来确保项目的推进和时间表得到满足。SC 32 非常幸运，其 WG 召集人能够应对挑战。

SC 32 积极维护的许多标准都非常悠久（几十年）或非常"大"（数千页），或者两者兼有。ISO 过去和现在的机构风格有所不同，其要求也随之不断变化，造成了一定冲突，进而导致了在某些情况下，原本只是一个小的修订，却变成了一个没有资源支撑的主要编辑项目。与 ISO/CS 的个案合作在很大程度上（但不是全部）缓解了这种风险。

总会有一些风险，即主要供应商可能希望在国家成员体或其他标准组织内重新聚集，以试图通过 JTC 1 以快速通道或 PAS 提交的方式推进标准。幸好，SC 32 最近没有看到任何此类尝试。某些技术的支持者可能更喜欢在开放源码社区中开发这些技术而避免正式的标准化，这样做也存在一些风险。为了将这种风险降到最低，SC 32 的工作组已经与开源社区进行了更密切的合作。有一种可能性是，像 SQL 这样的主要标准可以被声明为成熟的，而不需要在 SC 32 中做大量额外的工作。还有一种可能是，任何工作组内的主要参与者团体可能会因为财务、项目、产品或其他原因而放弃参与，从而破坏工作组和（或）SC 32 的生存能力。

如果 SC 32 不积极地进行工作，则会存在以下风险：市场上将无法获得支持重要功能的基本能力，或者市场将在通用方法和互操作性对用户至关重要的领域产生多种不兼容的解决方案。SC 32 必须在完成现有项目所需的重点和对不断变化的市场需求的敏捷性/响应性之间保持平衡。

许多新的和有趣的标准化领域，如大数据、物联网、数据隐私和使用以及云计算，跨越了 SC 和 TC 的范围。SC 32 必须致力于那些与其专业知识和范围相匹配的方面，同时不干扰（而是在必要时支持）那些更适合其他 SC/TC 的方面或与这些 SC/TC 联合工作。

5. 机会

物联网、云计算、大数据、数据使用和隐私、高级解析、近似查询、流数据以及半结构化或非结构化数据使用，都代表着市场力量正在创造对 SC 32 标准需求的主要机遇领域。其中有些领域（如流数据），完全属于 SC 32 的工作范围；而诸如物联网之类的其他领域，则展示了 SC 32 可以实现一些标准，用以支持在其他 SC/TC 中进行的架构或基准类工作。SC 32 将继续与其他相关部门合作，确定具体的标准化需求，并对当前和新提出的项目做出回应。

5.2.14　SC 34 业务计划（2020 年 9 月—2021 年 9 月）

1. 执行概要

SC 34 将持续制定和维护文档描述与处理语言领域广泛使用的核心标准。2020 年 9 月—2021 年 9 月，SC 34 有 4 个活跃的工作组，完成了 1 项新国际标准，修订了 2 项国际标准和 2 项多部分技术规范。SC 34 继续与 Ecma 国际和 OASIS 密切合作，维护主要的办公文件格式标准 ISO/IEC 26300 和 ISO/IEC 29500。SC 34 负责管理它与 ISO/TC 46 和 IEC/TC100/TA 10 共同组建的 JWG 7 联合工作组，与 W3C 密切合作开展 EPUB3 标准化活动。新成立了文档语义支持工作组，并开始探索已有的和潜在的用例，用于丰富文档应用程序的元数据支持。已经决定要发布一项技术报告，探索将来该领域标准化工作中的令人振奋的机会。

2. 回顾

（1）市场需求与创新

尽管文档生产和出版有时看起来是一个成熟领域，技术创新范围有限，但该领域在广泛的人类活动中仍然发挥着重要作用。许多锁定于文档中的人类知识，存在越来越多的实现，其中许多实现能通过以下方式获得：使那些由人类作者创建的文档更易于让人工智能、机器学习应用程序以及涉及出版和数字保存的简单系统接受。在 2020 年 9 月 SC 34 全会上，SC 34 的文档语义支持研究组宣布完成了其研究工作，并指出在某些应用领域需要丰富与文档内容和结构相关联的语义元数据，便于机器像人类读者一样理解文档。该研究可能会引申出增强现有文档格式的新需求，包括现有 SC 34 范围内需要修订的格式，还包括其他 SC 和 TC 范围内尚未修订的格式。

SC 34 回应了电子书出版商关于 EPUB 可访问性国际标准的需求，该标准（ISO/IEC 23761）于 2021 年初发布。这使得出版商可以遵循《马拉喀什条约》的条款，以可访问的格式制作所有数字出版物。

（2）成就

考虑到 SC 34 负责的文档文件格式标准的规模和复杂性，SC 34 大部分的技术工作都集中在维护现有标准上。即便如此，在 2020 年 9 月—2021 年 9 月期间，SC 34 研制了 1 项 EPUB 可访问性标准、2 项有关 EPUB 数字保存和数字版权管理（DRM）的多部分技术规范。另外，还发布了 2 项现有 XML 模式语言标准（Schematron 和 CREPDL）的新版本。

（3）资源

SC 34 有 17 个 P 成员（亚美尼亚、中国、捷克、芬兰、德国、印度、意大利、日本、哈萨克斯坦、韩国、黎巴嫩、波兰、俄罗斯、瑞士、乌克兰、英国、美国）。目前，SC 34 每年举办一次全会。2020 年参与度令人满意：来自 7 个国家成员体的 21 名代表/专家和 2 名联络员代表参加了 2020 年线上全会及工作组会议。

（4）竞争与合作

SC 34 在 ISO/IEC 29500 办公开放 XML 文件格式维护方面与 Ecma 国际紧密合作，SC 34 特别感谢 Ecma 国际在维护任务（尤其是缺陷报告处理）和积极参与会议方面的强力配合。自 ISO/IEC 29500 第一版发布以来，Ecma-376（Office Open XML File Formats）和 ISO/IEC 29500 一直保持同步。

根据 JTC 1 和 OASIS 达成的协议，SC 34 与 OASIS 合作维护 ISO/IEC 26300 开放文档格式（ODF）。在该协议下，ISO/IEC 26300 文本必须在技术上与已批准的 OASIS 标准保持一致：不能有技术性修改；如果要修改编辑性缺陷，只能与 OASIS 的勘误文档并行发布。近年来，OASIS 专家一直在研制 ODF 1.3，该标准将由 OASIS 发布后按 PAS 程序向 JTC 1 提交。

Publishing@W3C、Readium 基金会和 DAISY 联盟协助 SC 34 和 JWG 7 完成了 ISO/IEC 23761 EPUB 可访

问性标准和 ISO/IEC TS 23078 数字出版物 DRM 技术规范前 2 个部分的编制工作，这些标准将很快提交出版。各方合作还将继续，SC 34 希望在未来几年能有更多的出版物。

预计，文档语义支持这项新技术报告编制工作将为 SC 34 提供更多与其他 SC 合作的机会，尤其是与 SC 42 在明确人工智能和机器学习相关用例方面的要求，以及可能与 ISO 其他 TC 在文件格式标准化方面的合作，包括 ISO/TC 46（信息和文件）、ISO/TC 171（文件管理应用程序）和 ISO/TC 130（图形技术）。

3. 工作组

（1）WG 4（办公开放 XML 文件格式）

WG 4 负责维护 ISO/IEC 29500。Ecma 国际提供秘书处支持，目前由来自 12 个国家成员体和 3 个联络组织推荐的 37 名注册专家组成。

WG 4 参与 OPC 修订已有一段时间。当前修订版目标是解决缺陷报告，特别是与部件名、包 IRI 和数字签名中的与非 ASCII 字符有关的缺陷报告。

① WG4 成就。

自 2019 在福冈举办的 SC 34 全会以来，WG 4 已组织 13 次电话会议。其主要工作继续集中在处理缺陷报告和修订 ISO/IEC 29500-2 开放打包协议（OPC）上。

② WG 4 可交付件。

ISO/IEC 29500-2 修订版第一次 DIS 投票于 2020 年 5 月顺利完成。WG 4 正在积极处理 DIS 投票期间提出的意见，但要处理来自 ISO 的所有编辑意见并不容易。WG 4 计划于 2021 年发布最终国际标准。（注：该标准已于 2021 年发布）

WG 4 需要发布 ISO/IEC 29500-1 和 ISO/IEC 29500-4 的新版本来处理一系列缺陷报告，考虑到当前基于 STS 的编辑工作流程要求，这将是一项重大挑战。

③ WG 4 策略/机会/风险/教训。

与 ETSI 数字签名专家以及日本网络安全协会（JNSA）在 XAdES 方面的合作将重启，将 XAdES 纳入 ISO/IEC 29500-2 的修订提案将由日本提交。

（2）WG 6（开放文档格式）

WG 6 负责与 OASIS 共同维护 ISO/IEC 26300。目前由来自 9 个国家成员体和 3 个联络组织的 29 名注册专家组成。

① WG 6 成就。

由于 OASIS ODF（开放文档格式）技术委员会正集中精力编写 ODF 1.3 供出版，无法协调资源来编写 ODF 1.2 勘误文件，所以 WG 6 这段时间未举行任何会议。WG 6 专家将继续就 SC 34 成员提出的问题与 OASIS ODF 技术委员会合作。

② WG 6 可交付件。

目前还没有可交付件。希望 OASIS 能够在 2021 年初按 PAS 程序提交 ODF 1.3（注：已提交并发布）。随后，WG 6 将恢复与 OASIS ODF TC 的合作，共同维护 ODF 1.2。

③ WG 6 策略/机会/风险/教训。

过去，WG 6 已成功管理和与 OASIS 共同维护 ISO/IEC 26300 的联合工作，这有赖于双方都有意愿和资源来积极协作，以确保发布的标准保持高质量。OASIS ODF 技术委员会和 WG 6 都面临着资源方面的挑战。WG 6 需要与 OASIS 密切合作，挖掘与 ISO/IEC 26300 相关的潜在的新工作机会。

（3）JWG 7（EPUB）

① JWG 7 成就。

JWG 7 与来自 Publishing@W3C 的专家共同负责维护 EPUB3 标准和技术规范。目前由来自 14 个国家成员体和 4 个联络组织的 54 名注册专家组成。ISO/IEC TS 22424-1 和 ISO/IEC TS 22424-2 于 2020 年 5 月在完成 DTS 投票意见处理后提交出版。

② WG 7 可交付件。

ISO/IEC DTS 22424-3 在 2020 年 7 月投票通过并收到了若干意见，已召开意见处理会议（CRM），预计不久将提交最终文本供出版。ISO/IEC DIS 23761 于 2020 年 6 月投票通过并收到若干意见，已召开 CRM 会议，预计不久将提交最终文本供出版。（注：ISO/IEC 23761 已于 2021 年发布）

ISO/IEC 23736-1 到 -6 EPUB 3.0.1 由韩国成员体按照快速通道程序提交到 JTC 1，于 2020 年 2 月发布。如需维护 ISO/IEC 23736 各部分标准，SC 34 将建议 JTC 1 将这方面责任分配给 SC 34，由 SC 34 将相关责任分配给 JWG 7。

③ WG 7 策略/机会/风险/教训。

WG 7 已完成当前计划中的工作内容，SC 34 要求 JWG 7 召集人确认下一个周期是否需要开展其他与 EPUB 有关的标准化工作；在 2021 年 5 月 ISO/TC 46 全会期间召开 JWG 7 会议，提交初步想法，并在下一次 SC 34 全会上提交最终建议。

（4）WG 8（文档处理和展现）

① WG 8 成就。

WG 8 完成了其"整理"工作，完成了分配的项目工作，并于 2020 年 9 月 SC 34 全会上解散。WG 8 由来自 10 个国家成员体和 1 个联络成员的 28 名注册专家成员组成。新版 ISO/IEC 19757-3 Schematron 和 ISO/IEC 19757-7 CREPDL 于 2020 年发布。

② WG 8 可交付件。

ISO/IEC 10036 撤回后，WG 8 协助项目编辑准备 ISO/IEC DTR 10036 投票工作，获得一致通过。如果将来有该项目的进一步工作，将由项目编辑在 SC 34 的直接支持下处理。

③ WG 8 策略/机会/风险/教训。

在完成工作后，WG 8 解散。

（5）SG 1/WG 9（文档语义支持）

① SG 1/WG 9 成就。

SG 1 完成了对办公文件格式增强文档语义支持用例的确认工作，并提出制定一个新的技术报告项目，明确选定用例的要求，以及如何通过办公文件格式的现有特性和新特性来满足这些要求。SG 1 在 2020 年 9 月 SC 34 全体会议上解散。

② SG 1/WG 9 可交付件。

SG 1 提交了一份技术报告的初步工作草案，该项目已分配给新成立的 WG 9。

③ SG 1 经验和 WG 9 策略/机会/风险。

由于最初研究重点主要集中在文档保存方面，相对来说过于狭窄，SG 1 最初很难提出新的工作建议。在工作的最后阶段，SG 1 扩大了其工作重点，并很快确定了与机器学习和发布用例相关的潜在新工作。这让对该工作感兴趣的专家数量有所增加，因此预计会出现其他用例。

WG 9 由 SC 34 成立，负责编写 SG 1 提出的技术报告，并负责后续工作。广泛参与对该工作的成功至关重要，SC 34 将支持 WG 9 吸引来自国家成员体、已建立联络的成员和新联络成员（如 SC 42）的专家参与该项工作。

5.2.15　SC 35 业务计划（2019 年—2021 年 12 月）

1. 执行概要

SC 35 的工作范围是整合产品中无障碍、文化和语言适应性以及用户界面（CLAUI）方面的需求，使软/硬件适应当地的文化、语言和用户需求。

信息技术无障碍对当前世界日益增长的人口至关重要。诸如有特殊需要的人群、老龄化人口、在嘈杂环境中工作的人群，以及手的使用受到限制的情景（如开车或打字时）、有语言障碍之类的情况，都需要 IT 用户界面满足用户特定的、永久的或临时的需求。

平等地访问 IT 设备、数字信息并进行互动，不仅能确保产品被更广泛地接受，而且也是促进就业和通过社会化、商业互动或公民权利等手段服务所有用户的途径。自 2014 年以来，SC 35 作为 ISO/IEC JTC 1 的无障碍领域代表，其使命是促进 ISO 及其他机构接纳无障碍概念。鉴于其职责，SC 35 强烈支持 TMB 成立"无障碍咨询组"（TMB 第 99/2018 号决议），以审查和布局"ISO、IEC 和 ITU 现有和正在进行的关于可访问性的工作，提出帮助 TC 社区制定可访问性标准的工具的建议"。

为了协调，SC 35 还同意对 EN 17161 "面向所有人的设计"和 ISO/IEC 30071-1 "创建无障碍 ICT 产品和服务的行为规则"进行比较。

鉴于新冠疫情促进了通过 ICT 设备获取信息、远程工作和虚拟会议，所有这些问题显然至关重要。为此，SC 35 为 JTC 1/AG 17 提供贡献，以确保所有与会者都能参加所有会议（面对面会议、虚拟/在线会议和混合会议）。

2. 回顾

（1）市场需求和创新

信息和通信技术（ICT）应用于生活的每一个可能的领域。例如，人们越来越需要确保全世界所有公民都能访问互联网，并让每个人都独立于自己的文化和语言上网。新冠疫情正在强力助推这一进程。为了在 ICT 产品中实现文化和语言概念，尤其需要制定与市场相关的标准。此外，老年人口的增长和对残疾人的日益关注推动了一系列用户需求和无障碍要求，SC 35 标准在其范围内可以部分解决这些需求和无障碍要求。

SC 35 成员将继续发起以自然用户界面和交互为重点的新项目。同声传译、情感计算或易读易懂（内容）等项目完全符合这种需求。此外，与使用语音输入/输出（包括情绪、手势、语言和文化特征）界面的相关项目正在讨论中。同时，成立了研究组，以审查和预测行业对沉浸式环境或物联网界面等新主题的期望。该研究组的成员也一直就具有特殊需求的参与者无障碍参与会议为 AG 17 提供贡献。

（2）资源

由于新冠疫情，一些项目因负责人的个人不可预知原因而延迟。将所有面对面会议改为虚拟/在线会议也影响了进度。

正如定期向 JTC 1 会议的报告所述，SC 35 的参与者具有丰富的专业知识，但为了涵盖未来的必要发展，吸引能够代表市场参与者并愿意积极参与新项目开发的新专家非常重要。由于只有 19 个 P 成员，而且不包括美国，SC 35 需要更好地促进其活动，并确保更多国家参与进来。

SC 35 将继续与 ITU-T 保持密切合作，并定期发布相关共同利益的联络声明。

（3）竞争与合作

完整的 SC 35 成员名单可以在 ISO 官网 "SC 成员列表"中找到，联络员名单可以在 ISO 官网 "ISO/IEC JTC1/SC35 联络员"中找到。

SC 35 关注的是众多领域（如设备、应用/服务、物联网、智能对象/智慧城市等）中非常普遍的界面，同时，SC 35 也尽量避免与其他 SC 和组织发生重复与竞争。因此，SC 35 与其他组织和委员会保持联络。如前所述，SC 35 与 ITU-T 进行了非常密切且富有成效的合作。

3. SC 35 工作计划

SC 35 详细的工作计划可参阅其网站。SC 35 参与者持续推进一系列项目，如下所示。

（1）WG 1（键盘、方法和与输入及其反馈相关的设备）

WG 1 致力于键盘上的以及与其他输入设备和方法的接口和交互。WG 1 将继续拓展虚拟键盘（如屏幕键盘、投影键盘等）的工作。WG 1 完成了一项关于"用于选择自然语言的通用接口"的重要工作，提出一个新的通用符号，用以代表 IT 应用中的通用自然语言选择器（ISO/IEC 23836:2020）。带直接触摸界面的屏幕键盘的工作继续按计划进行，对虚拟键盘用户界面的通用框架（包括音频键盘、屏幕或投影键盘在内的所有形式的虚拟键盘的通用要求和建议）做出了重要贡献。

ISO/IEC 9995 键盘标准系列正在进行修订，以满足新的国家键盘标准的需求。该标准系列的新部分也在制定之中，以补充和简化多语言键盘在全球范围内的使用。

（2）WG 2（移动设备的图形用户界面）

WG 2 目前正在开展一个项目，即 ISO/IEC 11581-7。该项目很重要，因为它提供了对适合在各种设备中设置交互模式的图标的要求。该工作组仍在考虑将动画表情符号作为一个可能的项目。

（3）WG 4（移动设备的用户界面）

WG 4 重要的项目是设计和规范一个关于菜单导航的用户界面指南通用框架（ISO/IEC 17549-1），该项目包含多个部分，侧重于使用多方向设备（1 个方向和 4 个方向）进行导航。

（4）WG 5（文化和语言适应性）

WG 5 专注于为通信技术产品的文化语言适应性和用户界面确立推荐的实践和要求。它包括语言应用接口的标准化，如传译（ISO/IEC 23773 同传系统系列标准）、语音（ISO/IEC 24661 全双工语音交互用户界面）、翻译（ISO/IEC 20382 面对面语音翻译系列标准）和语音命令。

该工作组还提供了有关用户界面所用语言的指南（ISO/IEC 23859 易读和易理解的语言 系列标准）。

（5）WG 6（用户界面无障碍性）

WG 6 的一项关键任务是提高人们对现已发布的 ISO/IEC 30071-1:2019《创建无障碍 ICT 产品和服务的行为规则》的认识。WG 6 认为，立法工作和公共财政应该将这个 ISO 标准考虑在内。

WG 6 正在推进 ISO/IEC 20071《用户界面组件可访问性 信息设备上可访问性设置的可访问用户界面》，该项目目前处于 CD 投票阶段，其中的几个部分正在与 ITU-T Q26/16 合作进行更新和修订。

WG 6 启动了一个新项目，即用手语直观呈现音频信息，该项目使用用户界面组件可访问性来说明。

ISO/IEC 29138-3《用户需求映射指南》的更新工作取得重要进展，修订后的国际标准在 2020 年内完成。（注：该标准已于 2022 年发布）

如上所述，正在进行的以下工作可能会作为 ISO/IEC 20071 系列标准的补充部分：
- 沉浸式环境的可访问性指南；
- 用于播放媒体内容的软件辅助功能指南；
- 视频中手语的使用。

（6）WG 9（自然用户界面和交互）

自然用户界面（NUI）是一种用户界面，它实际上是不可见的，并且即使用户在不断学习越来越复杂的交互的情况下仍保持不可见。NUI 依赖于用户能够快速从新手变为专家，而大多数计算机界面使用的是那些必须事先学习其操作的人工控制设备。

因此，"自然"是指用户体验中的一个目标——在使用该技术进行交互时，交互是自然的，而不是界面本身是自然的。WG 9 重点关注 NUI 和基于以下方法的交互：
- 手势；
- 触控；
- 面部表情；
- 任何其他只需要很少学习量的"自然"交互用户界面。

该工作组发布的国际标准有：
- ISO/IEC 30113-1《基于手势的跨设备交互方法 第 1 部分：框架》；
- ISO/IEC 30113-5《基于手势的跨设备交互方法 第 5 部分：手势界面标记语言（GIML）》；
- ISO/IEC 30113-11《基于手势的跨设备交互方法 第 11 部分：常用系统动作的单点手势》；
- ISO/IEC 30113-12《基于手势的跨设备交互方法 第 12 部分：常用系统动作的多点手势》；
- ISO/IEC 30113-60《基于手势的跨设备交互方法 第 60 部分：屏幕阅读器的通用指南》；
- ISO/IEC 30113-61《基于手势的跨设备交互方法 第 61 部分：屏幕阅读器的单点手势》。

（7）WG 10（情感计算用户界面）

情感计算接受了对于人的感受的新见解，并能更好地满足他们的需求。将感情、情绪、感觉和姿势等情感现象整合到当前技术中，这是一个挑战，同时也为行业的增长、效益和盈利提供新的机会。

情感现象是人类体验的基础和基本要素，影响着日常生活的方方面面，如感知、认知、决策和行为。

建立情感计算用户界面的国际标准非常重要，这些标准可用于支持 ICT 中的情感交互和改善情感智能。

WG 10 将在情感计算方面致力于：
- 作为情感计算 JTC1/SC35 标准化计划的核心和支持者；

- 调查情感计算用户界面中使用的情感属性和特征（以实现可靠性、安全性、保密性等）；
- 研究通过透明度、可解释性、可控性、可验证性等在 ICT 系统中建立影响沟通的原则、过程、方法和技术；
- 调查不同应用领域中情感计算用户界面的需求、要求、功能和交互（如医疗保健、自动驾驶汽车、智能家居、智能教育等）；
- 识别不同的情感计算应用领域（如社交网络、嵌入式系统、可穿戴系统等）及其不同的使用环境；
- 评估情感计算用户界面的典型相关威胁和风险，并研究其缓解技术和方法；
- 调查和评估与 ICT 系统应用的情感交流相关的道德和社会问题。

备注：

2018 年，SC 35 决定解散 WG 8（远程交互用户界面），因为 WG 8 没有更多的活动项目。

2020 年，SC 35 决定解散 WG 7（用户界面对象、操作和属性）。

4．未来愿景

由于新冠疫情，SC 35 与其他分技术委员会一样，一直召开远程会议。目前项目进展顺利，但一些 PWI 因需要面对面讨论而被搁置。

WG 1 团队继续致力于键盘的新领域，特别是考虑虚拟键盘（屏幕、键盘、投影键盘等）对于多种语言和文化的要求。该工作组正在设计一个通用框架以使这种键盘的规范更容易实现。WG 2 继续研究关于接口和系统输出的新观点，新观点着重考虑到了访问性问题，如图标表示（即用图标表示"某物"）、确保此类信息可以转化为听觉和视觉形式以及动画表情符号。WG 4 继续其在移动和其他设备导航界面方面提供多个方向的工作。文化和语言适应是无障碍的基本要求，"易读/易懂"、同声传译、语音输入/输出接口等新项目正在取得实质性进展。WG 6 继续在三个主要领域制定标准（将来可能会在确定其他机会时添加）：用户可访问性需求（在 ISO/IEC 29138 系列中），用户界面的开发可访问性（在 ISO/IEC 30071 系列中）和用户界面组件可访问性（在 ISO/IEC 20071 系列中）。关于沉浸式环境或物联网接口的新举措将很快推出。WG 6 列出了一组需要修改的项目。WG 9 发起了一个关于评估自然用户界面可用性的重要项目，该项目将涵盖许多界面和模式。

正如已经指出的，考虑到情感计算在 ICT 服务和产品用户界面中的重要性，SC 35 现在有一个有关"情感计算"工作组 WG 10，该工作组正在研究一些问题，例如在我们的工作中使用的情感模型。

此外，SC 35 将继续加强与其他相关组织的联系，例如与 ITU 开展联合活动。

5. SC 35 在研标准（见表 5-8）

表 5-8　SC 35 在研标准

标准编号	标准名称	所属工作组
ISO/IEC CD 11581-7	信息技术　用户界面图标　第 7 部分：用于设置交互模式的图标	WG 2
ISO/IEC DIS 17549-1	信息技术　菜单导航的用户界面指南　第 1 部分：框架	WG 4
ISO/IEC CD 17549-3.2	信息技术　菜单导航的用户界面指南　第 3 部分：1 方向设备导航	WG 4
ISO/IEC DIS 20071-5	信息技术　用户界面组件可访问性　第 5 部分：用于信息设备上的辅助功能设置的可访问用户界面	WG 6
ISO/IEC DIS 22121-2	信息技术　虚拟键盘用户界面　第 2 部分：配备直接触控界面的屏幕键盘	WG 1
ISO/IEC AWI 23773-1	用户界面　自动同声传译系统　第 1 部分：概述	WG 5
ISO/IEC AWI 23773-2	用户界面　自动同声传译系统　第 2 部分：要求和功能说明	WG 5
ISO/IEC DIS 23859-1	信息技术　用户界面　第 1 部分：使书面文本易于阅读并且理解的指南	WG 5
SO/IEC CD 24661	信息技术　用户界面　全双工语音交互用户界面	WG 5
ISO/IEC DIS 29138-3	信息技术　用户界面可访问性　第 3 部分：用户需求映射指南	WG 6
ISO/IEC DIS 30150-1	信息技术　情感计算用户界面（AUI）　第 1 部分：模型	WG 10

5.2.16 SC 36 业务计划

1. 执行概要

SC 36 负责制定用于学习、教育和培训（LET）的信息技术（IT）国际标准。SC 36 标准的主要目标是为用于 LET 环境的异构分布式 IT 系统、工具和服务之间提供互操作性。

数字技术对 LET 的各个方面有着深刻的全面影响，主要是由于它的无处不在和不断创新。创新和标准化之间有着密切的关联，创新产生于许多边缘领域，并通过实践和市场需求得以展现。此类环境的最大化扩展，要求在制定标准时反应灵敏且中肯。

SC 36 的运行受到约束，因为预测未来的创新和市场需求是不可能的；比较切合实际的是通过监测重要发展趋势预测 IT 需求。标准化工作永不休止，它只能代表一个特定时刻形成文件的协商一致。因此，与支持和激励 LET 全球 IT 基础设施发展相关的标准化，是 SC 36 的重要关注点。

随着信息技术与 LET 的实现和整合，SC 36 正在经历一次复兴，这不仅使人类的发展达到新的高度，而且使更多的人得到前所未有的益处。通过数字化学习的变革，学习者有机会直接相互交流和分享他们的知识、技能和观点。

每年全球在 LET 工作上的投入超过 1 万亿欧元，教育机构、企业、专业机构、政府部门和其他利益相关方要求各种信息技术相互融合，对学习者进行支持并与学习者紧密结合。工作场所的教育、培训和其他形式的学习，要求信息技术以灵活而有效的方式支持各利益相关方。

从课程开发到交付与评估，需要考虑教育者、雇主、政府和其他利益相关方的隐私、适应性和可访问性需求，SC 36 负责制定这些领域和其他许多领域的标准。

2. 引言

SC 36 通过其业务计划文件，响应不断变化的业务环境，审查并相应地调整其工作计划。为维持与其利益相关方的相关性和价值，SC 36 的业务计划两年更新一次。以前的版本见 SC 36 N3803。

（1）SC 36 起源及业务计划周期

SC 36 由 JTC 1 于 1999 年成立，它作为国际高峰论坛之一，负责制定用于学习、教育和培训（LET）的信息技术（ITLET）领域的标准。为达到这一目标，SC 36 不仅服务于其国家成员体，也服务于国家标准团体以及 ISO 内部和外部的关键联络组织。

依据 ISO 的表述，国际标准化最重要的目的，是通过消除贸易的技术壁垒来促进商品和服务的交易。对于 SC 36 来说，这意味着需要对这样一个 IT 基础设施的发展不断做出贡献——它是强健的、可互操作的，并且与 LET 中各利益相关方的需求是相关的；同时还意味着，在复杂的业务环境中，SC 36 需要与一些关键的 IT 规范组织进行合作。

（2）SC 36 工作范围

SC 36 的工作范围是"用于学习、教育和培训的信息技术领域标准化，以支持个人、群体或组织，并使资源和工具能互操作和复用"。

此范围不包括：

- 规定教育水平（能力）、文化习俗、学习目标或特定学习内容的标准或技术报告。
- 其他 ISO 或 IEC 的 TC/SC 或 WG 在其组成部分、领域或专业方面所开展的工作。在必要时应包括其标准的规范性或资料性引用。此类例子包括诸如多媒体、Web 内容、文化适应性及安全之类专题方面的文件。

（3）战略

SC 36 所制定的标准旨在满足国家成员体的要求，满足利益相关方的需求并受到其关注。标准的起草由来自若干国家成员体的专家们协同工作，由出席全会和临时会议的这些专家的一个编辑或一个编辑小组牵头。

（4）研究组

除了起草标准，SC 36 的活动还包括由其研究组进行的对特定主题的研究。其研究报告包括对最佳实践的描述，并提供指导。用户案例集用来对用于 LET 的信息技术领域的新标准确定需求、范围和规范。

（5）SC 36 组织结构（见表 5-9）

表 5-9　SC 36 组织结构

标　识	名　　称	备　　注
SC 36/WG 3	学习者信息	
SC 36/WG 4	管理与传输	
SC 36/WG 7	文化、语言与个人需求	
SC 36/WG 8	学习分析互操作	
SC 36/AG 1	业务计划与交流	
SC 36/AG 2	新兴技术（AGTE）	2018 年成立
SC 36/AHG 5	教育领域区块链	2019 年成立
SC 36/TCG	术语协调组	2018 年成立

注：WG——工作组；AG——咨询组；AHG——特设组。

3. 业务环境

（1）背景

近年来，在 LET 中使用信息技术的背景发生了巨大的变化。全球化需求包括可访问性和隐私、共享词汇和合作。例如，可访问性在许多国家是法定要求，是必需的，并且必须用新工具予以支持。

随着云计算的出现，内容（包括隐私和管理数据）可能驻留在地方法规所不及的任何地方。然而，许多国家的监控程序可能与国家或国际的隐私权和法规相抵触。同样，当冗余和备份系统驻留在学习者居住地之外的其他国家时，学习者的隐私可能存在风险。

尽管联合国教科文组织正在促进开放性教育资源的使用，但仍缺乏反映构建和尊重指导者和学习者贡献的政策。需要制定规则来使采购程序反映学习者、指导者和其他人的需求（如：可访问性、可互操作的开源软件和专有软件及隐私保护等）。此外，尽管开放政府（Open Government）正在成为大数据的提供者，但数据挖掘工具和专业知识仍然缺乏，需要增强数字化能力。

质量保证方法在当代教育背景下至关重要。实施质量保证流程通常是为了确保系统的效率，优化利益相关方的体验。

（2）重要趋势

在上述环境下，一些重要的趋势使得技术创新及利益相关方的期望越来越清晰，这些趋势包括：

- "开放"日程，这建立在开源软件成功的基础上，目前在很大程度上是由开放教育资源（OER）、大规模开放网络课程（MOOC，又称慕课）等形式的大规模免费在线课程以及开放式教育实践（OEP）的出现（如开放式评价和开放式同行互查）所驱动的。
- 21 世纪技术的评估与教学——以内容为中心的教学法的转变。
- 移动革命和从桌面或窗口图标鼠标指针（WIMP）环境到更灵活、可移动且个性化的自然用户界面（NUI）的转变。
- 教育机构内部日益增长的由标准开放环境（SOE）和用户个人使用其自己的设备[即自带设备（BYOD）]所带来的压力。
- 社交媒体介入日常生活（包括职业、工作场所和学习环境）的许多方面。
- 通过学习分析和教育数据挖掘所支持的数据驱动企业和数据驱动教室的出现。
- 基于云的软件即服务（SaaS）被市场广泛接受，标志着本地安装的软件解决方案发生了巨大的变化。
- 随着庞大的电子游戏市场的快速增长，基于游戏的学习也在快速发展。
- 强化学习管理系统（LMS）作为高级教育的核心学习平台，当开放网络上提供免费服务时对其作为核心学习平台这一角色提出了质疑。
- 人工智能（AI）的出现。作为数字技术创新的主要驱动力，人工智能扩展了数字环境中实体的范围。例如，"学习者"和"讲师"都不再必须是人类了。

- 物联网（IoT）的出现和"智能"环境的安装。这让越来越多的设备和传感器互相连接起来，这些设备和传感器可以共享数据，并与 IT 系统和利益相关方互动。
- 增强现实（AR）技术是对现实环境的交互体验。通过计算机生成的感知信息，AR 可以（在虚拟世界中）增强对现实中存在的物体的体验，有时还会跨越包括视觉、听觉、触觉、体感和嗅觉在内的多种感官模式。AR 可以定义为一个包含以下三个基本功能的系统：真实世界和虚拟世界的组合，实时交互，以及对虚拟物体和真实物体的精准 3D 呈现。
- 虚拟现实（VR）是一种模拟体验，它既可以与现实世界相似，也可以与现实世界完全不同。AR 的应用包括娱乐（如电子游戏）、教育（如医疗或军事训练）和商业（如虚拟会议）。
- 混合现实（MR）将真实世界与虚拟世界进行融合，以产生新的环境和可视化效果。在 MR 中，真实物体和虚拟物体共存并实时交互。
- 元宇宙通常是指互联网未来迭代的一个概念。元宇宙由一个个持续的、共享的 3D 虚拟空间组成，这些虚拟空间连接起来，形成一个可感知的虚拟世界。从更广泛的意义上讲，元宇宙可能不仅指虚拟世界，还指整个互联网，整个增强现实（AR）技术。
- 数字人是指由人工智能赋能的类人虚拟人，它能完美地将人工智能和人类对话这两者同时呈现。此外，它们还可以轻松连接到任何数字大脑［如聊天机器人和 NLP（神经语言程序）］，以共享知识。
- 数字孪生是一种虚拟概念，它是真实物体或真实进程的实时数字对应物。数字孪生是产品设计和制造活动的创造性行为持续进步的结果。
- 区块链是"去信任的、完全分散的、点对点的、不可变的数据存储"，它分布在由众多参与者形成的网络上，这些参与者通常被称为节点。每个区块都包含前一个区块的加密哈希值、时间戳和事务数据。

此外，还有许多创新公司的技术发展，使得技术为学习提供了便利和支持。通常来说，一家"初创"公司的创新要是能在一定程度上成为传统的"破坏者"，那它就能很快走向成功。近年来，从事教育技术的初创公司和团体呈快速增长趋势。为使教育技术行业有全球性的影响，需要制定标准，以保证所有开发出来的 App 和工具具有互操作性。

（3）基数庞大的利益相关方带来的机会

LET 领域的业务环境及其产品、服务和实践，会影响相关标准的研制过程和所产生的标准的内容。

全球正规教育和培训领域涉及利益相关组织、行政辖区、监管框架和实践，具有极其广泛的基础，还受到政策、经济条件和全球化趋势的影响。终身学习对工作场所的要求以及不断增长的全球教育和培训的产品与服务市场，增加了形势的复杂性，同时也提供了创新和成长的机会。

SC 36 的利益相关方范围广泛，小到只提供单一服务的小企业，大到对其专业人员持续培训的大型组织（如航空公司和军事综合体）。在正规教育背景下的利益相关方也同样广泛，从小型私立学校到大型公立大学，从商学院到教育部，涵盖了从幼儿园、学校、大学到终身教育（需要发展新技能以丰富退休生活）的各个阶段的学习者，为来自任何文化、任何地区的人提供服务。SC 36 制定的标准必须满足这些基数庞大的利益相关方的期望，为 SC 36 制定的标准带来了一些挑战和机遇。

SC 36 的标准是作为基础去制定的，在本质上，这些标准必须适用于不同的使用场景和用例。它们提供了一些基本原则，以确保最低程度的互操作性，有意地促进互操作性的优雅降级。

但与此同时，因其处在基数如此庞大的利益相关方中，SC 36 期待看到新的工作项目提案，这些提案应当强调在数字学习生态中能支撑创新和提供新型服务、支撑利益相关方的核心"业务"的基础功能。

ITLET 是一个不断变化的领域。因此，SC 36 的一个核心焦点"数字化学习"正产生于日益多元化的环境中，包括突发的趋势和已确立的实践。不久之前，"自定进度、单一学习者、定制辅导"似乎是一种大变革。之后出现了社交媒体的变革，近年来又出现了移动变革。今天，在"任何时间、任何地点"支持移动的世界里，几年前的数字化学习就显得过于死板并且与桌面绑定太紧。因此，在学习管理系统和受管控学习环境已成为高等教育和专业在职培训的通用平台的同时，还有许多创新，如大规模开放网络课程（MOOC）、手持设备应用扩展以及利益相关方对开放教育资源（OER）日益增长的渴望，这些都要求标准制定组织（SDO）在响应实际市场需求和为未来的可持续性提供主导地位之间进行平衡。

4. SC 36 的效益

教育、工业和其他领域知识和技术的发展，与信息技术的有效利用越来越紧密地联系在一起。教育机构、企业、专业组织、协会、政府部门和其他机构所开发的能力框架和相关的信息技术系统，可以得到充分利用和共享，以更好地支持学习成果。

聚焦于教育内容和背景、技术要求和权利管理的元数据标准，可以帮助学习资源提供者和机构与其相应的教育者、培训师和学习者更好地交互，更有效地支持机构及其相应的教育者、培训师和学习者，从而使用不同来源的资料（如开放教育资源、出版内容等）来定制和增强教育和学习经验。

随着移动技术的发展，内容交付可在任何地点、任何时间发生，并有着各种各样的支持。内容互操作性和学生跟踪是现场与在线活动无缝结合的关键，尤其是在一个不断变化的信息技术领域，成千上万的学习者有机会在网络环境下的学习活动中进行互动。

在用于 LET 的信息技术中使用 ISO/IEC SC 36 标准的好处包括：

- 可持续性——通过使用支持数据迁移的投资战略；
- 信息生态系统——可支持开放的和专有的格式，允许使用新的工具平台和解决方案进行内容迁移和信息共享；
- 互操作性——具有在多个平台上共享内容和数据的能力。

（1）应用领域

ITLET 数据可分为 4 类，其中每一类都需要特定的规范和标准集。以下是部分已出版的 SC 36 制定的处理各类数据的标准（还有超过 14 个在研标准，不在此列出）：

① 内容：学习资源描述、引用和包装。
- ISO/IEC 12785 系列标准——内容包装；
- ISO/IEC 19788 系列标准——学习资源元数据；
- ISO/IEC 29163 系列标准——可共享内容对象参考模型；
- ISO/IEC TR 18120——教育中的电子课本需求。

② 有助于跟踪学习者学习进展的程序、课程和能力描述。
- ISO/IEC 20006 系列标准——能力信息模型。

③ 资源交付（DRM、流和下载）和用户数据（身份、偏好、可访问性）相关的技术数据。
- ISO/IEC 23988: 2007——在传送评估中使用信息技术的实用规则；
- ISO/IEC 24751 系列标准——在数字化学习、教育和培训中的个性化适应性和可访问性；
- ISO/IEC TS 29140 系列标准——游牧和移动技术；
- ISO/IEC 20016-1: 2014——语言可访问性和人机接口相等（HIE）在数字化学习中的应用；
- ISO/IEC 29187 系列标准——与学习、教育和培训相关的隐私保护需求鉴定。

④ 收集学习者输出和支持学习分析的跟踪数据。
- ISO/IEC 24703: 2004——参与者标识符；
- ISO/IEC 19778 系列标准——协同技术；
- ISO/IEC 19780 系列标准——协同学习通信；
- ISO/IEC 36000 系列标准——质量管理、保证和度量；
- ISO/IEC 20748 系列标准——学习分析互操作。

（2）SC 36 标准的用户

目前，SC 36 在复杂且有着大量工具和服务的学习生态系统中进行培训和学习。标准化的挑战在于支持学习者在这样的生态系统中的流动性，提供鉴别，以及响应用户输入和收集有用的数据。

对于那些由教育机构、公司、专业机构、政府部门和其他利益相关方用于学习、教育和培训（LET）的信息技术，SC 36 标准为它们的开发、实施和评估奠定基础。这些标准还可用于支持学习和再教育（ROE）评估、协议［例如：服务水平协议及操作级别协议（SLA/OLA）］、采购流程，以及其他事务中对数字化服务供应链的评价。

LET 指导者可利用 SC 36 标准，选择可持续、有效且可互操作的交付工具，并对整个教育过程（包括在线教育和学习分析）实施质量保证。

LET 顾问有机会使用能力和投资组合参考模型来识别学习者获得知识的能力。同时，这些标准可用于确保指导方针和其他支持工具适用于个人学习者，并加强和提高与可访问性法规之间的符合性。

指导者、教师和培训师可在安全、可靠的环境中通过社交网络和协作工具安全地共享教育资源，提供多样化的学习经验；该环境尊重学习者的隐私。

信息技术提供者、在线内容开发者和其他专业人士可访问一个集成的模块化标准集，该标准集能更好地满足他们各自社区的需求。

5. SC 36 的参与情况及分析

（1）参与 SC 36 的 P 成员和 O 成员

① P 成员（20 个）。

澳大利亚（SA）、加拿大（SCC）、中国（SAC）、芬兰（SFS）、法国（AFNOR）、德国（DIN）、印度（BIS）、意大利（UNI）、日本（JISC）、哈萨克斯坦（KAZMEMST）、韩国（KATS）、荷兰（NEN）、挪威（SN）、葡萄牙（IPQ）、俄罗斯（GOST R）、斯洛伐克（SOSMT）、南非（SABS）、西班牙（AENOR）、乌克兰（DSTU）和英国（BSI）。

② O 成员（27 个）。

阿尔及利亚（IANOR）、阿根廷（IRAM）、奥地利（ASI）、比利时（NBN）、波黑（BAS）、哥伦比亚（ICONTEC）、捷克（UNMZ）、埃塞俄比亚（ESA）、加纳（GSA）、希腊（NQIS ELOT）、中国香港（(ITCHKSAR）、匈牙利（MSZT）、印度尼西亚（BSN）、伊朗（ISIRI）、爱尔兰（NSAI）、肯尼亚（KEBS）、新西兰（SNZ）、巴基斯坦（PSQCA）、菲律宾（BPS）、罗马尼亚（ASRO）、沙特阿拉伯（SASO）、塞尔维亚（ISS）、瑞典（SIS）、瑞士（SNV）、突尼斯（INNORPI）、土耳其（TSE）、乌干达（UNBS）。

（2）参与情况分析

SC 36 内各项活动的开展和参与情况良好，并建立了许多新工作项目，且有多个新工作项目正在筹备中。不过，最活跃的合作伙伴大多来自工业化国家，他们具有良好的教育体制和机构。

ITLET 被认为是在欠发达国家和地区传播和推进教育的一种常用手段。使用 ITLET 实现以较低的费用提供教育的承诺，在教育机构和体制尚不健全或教育体制和机构正在建立的地区，使用 ITLET 或许更为有效。

为制定满足不同用户场景的标准，确保 SC 36 所制定的标准满足那些处于正在建立和发展其教育体制过程中的国家的需求和要求，应当感谢这些国家的利益相关方及教育产业更多地参与这些过程。

SC 36 正在鼓励目前活跃的 P 成员联系此类国家，力图提出双方的约定及其他联络约定，使这些国家更多地参与并做出贡献。

许多大学有研究 ITLET 的发展及其影响的部门，SC 36 期望看到这些研究机构投入更多研究，以便为更好地传播研究成果而将其制定为信息技术标准，并且期望有新的已确定的标准更好地满足目前及未来的需求。

6. SC 36 的联络组织

SC 36 的联络组织见表 5-10、表 5-11 和表 5-12。

表 5-10　向 ISO/IEC JTC 1/SC 36 建立联络关系的委员会

标　识	名　　称	ISO/IEC
ISO/IEC JTC 1/SC 24	计算机图形和图像处理及环境数据表示	ISO/IEC
ISO/IEC JTC 1/SC 27	信息安全、网络安全和隐私保护	ISO/IEC
ISO/IEC JTC 1/SC 34	文档描述与处理语言	ISO/IEC
ISO/IEC JTC 1/SC 35	用户界面	ISO/IEC
ISO/IEC JTC 1/SC 42	人工智能	ISO/IEC
ISO/TC 176	质量管理和质量保证	ISO
ISO/TC 211	地理信息/测绘学	ISO
ISO/TC 232	教育和学习服务	ISO
ISO/TC 37/SC 2	术语工作流和语言编码	ISO

表 5-11 ISO/IEC JTC 1/SC 36 发起建立联络的委员会

标识	名称	ISO/IEC
ISO/IEC JTC 1	信息技术	ISO/IEC
ISO/IEC JTC 1/SC 32	数据管理与交换	ISO/IEC
ISO/IEC JTC 1/SC 34	文档描述与处理语言	ISO/IEC
ISO/IEC JTC 1/SC 41	物联网和数字孪生	ISO/IEC
ISO/IEC JTC 1/SC 42	人工智能	ISO/IEC
ISO/TC 37	语言和术语	ISO
ISO/TC 46	信息与文献	ISO
ISO/TC 215	卫生信息学	ISO
ISO/TC 232	教育和学习服务	ISO
ISO/TC 260	人力资源和管理	ISO

表 5-12 外部联络组织（A 类和 B 类）

标识	名称	ISO/IEC
AUF	世界法语大学联盟	A
Infoterm	国际术语信息中心	A
LTSC	IEEE 学习技术标准委员会	A

7. 组织结构、现有项目及出版物

SC 36 的组织结构、工作范围、项目和出版物，这些信息会定期更新，并在 ISO 网站（ISO 在线）上提供。SC 36 的 ISO 在线内容包括：

- 关于 SC 36（秘书处、秘书、主席、创建时间、工作范围等）；
- 联系方式；
- 组织结构；
- 联络；
- 会议；
- 工具；
- 工作计划（发布的标准和在研的标准）。

5.2.17 SC 37 业务计划（2021 年 9 月—2022 年 8 月）

1. 执行概要

包括新项目以及对现有标准和技术报告的修订在内，SC 37 目前共负责 30 多个项目（可细分为 130 多个子项目）。包括补篇和本工作周期内已完成的 7 个项目在内，SC 37 共发布了 131 项国际标准。此外，还有 4 个新项目已获得批准。已发布的标准和正在进行的项目可以通过访问 ISO 官网进行查看。

SC 37 于 2020 年 1 月在美国新奥尔良举行了全会及全部 6 个工作组的会议，并于 2020 年 7 月举行了线上工作组会议。作为 SC 37 业务计划活动的一部分，SC 37 和下属工作组定期开发路线图。SC 37 的路线图发布在其网站的公开信息区域，各工作组的路线图作为 SC 37 的常设文件 14-1～14-6 发布在各工作组网站的公开区域。

2. 回顾

（1）市场需求和创新

单独使用的或与其他鉴别技术组合使用的生物特征识别技术（如令牌），可以提供更高的安全程度，可用来克服其他技术的弱点。虽然 SC 37 自成立以来其战略变化很少，但现在，以下两个因素推动了其战略的改变：其一，将基于人工智能的算法和方法纳入一些生物特征识别产品；其二，目前全球倡议对生物特征识别技术的特定应用进行法律监管，特别是那些可能破坏民主自由的应用。和以往一样，SC 37 根据需要启动工作，并酌情与外部组织合作。这么做是为了满足 IT 行业及其他用户的需求，以促进生物特征识别标准的采用，并支持市场对生物特征识别技术的使用。在监管领域，SC 37 预计将制定与部署前和部署后技术的设计、开发和审计相关的标准。

随着技术能力的提高，市场在不断地扩张、发展。在这种发展趋势下，基于生物特征识别系统的应用越来越广泛，也越来越成熟，尤其是在性能和安全方面。虽然各种预测结果有所差别，但是生物特征识别市场的增长是显著的，比如全球各国的需求都在增长。亚太地区将有实质性增长。大部分增长发生在非政府应用（如民用部门和个人认证）中，其中指纹和人脸识别得到大规模应用。未来十年在新兴市场（尤其是非洲、南亚和东亚）也将出现积极增长。

SC 37 在制定国际标准和技术报告时，牢记顾客的需求并支持市场采用这些标准。SC 37 密切关注相关标准的制定工作（如：SC 17、SC 27 和 SC 42 的项目，云计算、个人授权、ID 管理），目的在于向其他委员会及联络组织（如 FIDO）提供自己的标准。SC 37 通过自己的工作来确保基于标准的个人识别系统和基于生物特征识别解决方案的应用具有更好的互操作性、更佳的可伸缩性和更高的安全性。

人们对审计、认证以及通过增强和严格的性能测试提供的通用数据越来越关注。这些数据既适用于与安全相关的评估，也同样适用于被动性能指标。针对各种危害信息测试的方法，来自 SC 37 第 5 工作组 WG 5 的标准及时发挥了它们的市场作用。

SC 37 的长期愿景是重点关注支持个人身份认证的市场，因为个人授权业务预计将在多个领域出现重大增长：政府（如国土安全）、企业（如身份防窃）、用户市场（如便捷的金融业务）。可以预期，对用于支持性能测试、互操作性和数据交换的生物特征识别及其标准的需求也将出现明显增长。由于许多应用中采用了人脸识别，所以对图像质量度量标准化的需求变得越来越重要。

在新项目或建议的项目中，具有代表性的例子有：
- 移动设备上的呈现攻击检测；
- 衡量和减轻基于人口统计的差异对生物特征系统的影响；
- 采集指南，包括图像质量评估以及人脸感知采集系统的规范；
- 移动设备上生物特征识别采集的测试与评估；
- 高效、有效、经济的测试。

未来工作的其他例子：
- 具有远程采集功能的生物特征识别系统规范；
- 对此类系统开发人员和部署人员的要求；
- 关于操作性能表征的改进指南；
- 预测性能；
- 消费者应用程序开发人员指南。

（2）成就

ISO/IEC 30107 第 1 部分（框架）、第 2 部分（数据交换格式）、第 3 部分（测试与报告）和第 4 部分（移动设备）相关标准的完成，为生物特征识别市场中快速发展的无人值守设备交互场景提供了极大的标准支撑。早期 FIDO 联盟采用的词汇和性能指标可用于指导工作，新的第 4 部分能很好地支持 FIDO，目前正在与联络组织积极开展工作。

ISO/IEC 22116 的早期工作与生物识别系统中的偏倚（更正式的说法是人口统计的差异影响）有关，这对最终用户、政府和商业供应商在对一个重要主题给出具体定义时非常重要，该主题正在受到媒体的广泛报道和客户咨询。SC 37 的工作计划中加入了 ISO/IEC 19795-10（人口统计群体上生物特征识别系统性能变化的量化），使市场参与者可以更好地推动、贡献并受益于所制定的国际测试标准。

ISO/IEC 19795-1（生物特征识别测试的原则和框架）修订版已经完成，可更好地支持认证过程，以用于指导市场应用，尤其是个人认证用例。

为了满足用户需求，SC 37 正在完成 ISO/IEC 39794 系列标准（可扩展生物特征识别数据交换格式）的研制，以表示基于 ASN.1 扩展规范的带标记二进制数据格式和基于 XML 模式的文本数据格式（二者都可以表述同样的信息）。这些重要标准合并了以前 ISO/IEC 19794 版本的数据元素。特别是，SC 37 第 3 工作组 WG 3 按时交付了国际民用航空组织（ICAO）从 2024 年起对所有电子护照要求的 ISO/IEC 39794-1（框架）、39794-4（指纹）和 39794-5（面部）标准。SC 37 在本工作周期内所取得的进展体现在进入新阶段的项目数量上（许多项目到了 FDIS、FDAM、DIS、DAM 等阶段），以及已经完成和发布的项目上。包括 SC 37 文件列表及各工作组文件列表中列出的已提交和公示的文件在内，在本工作周期内 SC 37 公示了超过 495 个文件。

3 个文件进入了研制的最终阶段（如 FDIS、FDAM），预期将在下一个工作周期内完成并发布。项目阶段可通过 ISO 官网查到。

许多国际组织、国家组织和项目已经采用或正在考虑采用由 SC 37 制定的多项生物特征识别标准。以前的报告已经详细列举了多个例子。一个典型的采标例子是 ICAO 采用了数种模态的生物特征数据交换格式标准（用于机器可读旅行证件，即 MRTD）。近期，ICAO 表示，已有 111 个国家发行的 7.6 亿多本电子护照在该领域投入使用。

采用基于生物特征识别技术的、可互操作的系统，在一定程度上仍然依赖于及时开发技术合格的、符合其他标准组织和用户（包括终端用户和工业用户）要求的生物特征识别标准组合。影响用户采标的主要负面风险是这些标准制定的时间。

（3）资源

在本工作周期内，国家成员体和联络组织参与 SC 37 工作计划的情况非常好，SC 37 全会及其下属工作组的会议继续保持了很好的参与度。SC 37 依靠的很多编辑和共同编辑，使得工作计划能有效、及时地推进。

SC 37 仍主要通过其下属的 6 个工作组来推进其工作项目：
- WG 1（协调的生物特征识别词汇）；
- WG 2（生物特征识别技术接口）；
- WG 3（生物特征识别数据交换格式）；
- WG 4（生物特征识别系统的技术实现）；
- WG 5（生物特征识别测试和报告）；
- WG 6（生物特征识别的司法与社会交叉问题）。

这些工作组还成立了特别组，以调查新的工作领域。此外，SC 37 的业务还依靠全会及 SC 37 战略特别组（SG）来协调 SC 37 与 JTC 1 下属其他 SC 的关系，并且通过全会来解决 SC 37 的战略相关事务。

为了促进更多的专家参与工作组工作，未来 SC 37 将在 SC 和 TC 层面增加新闻宣传力度，同时利用 ISO、IEC 和 JTC 1 内部和外部的资源。

（4）竞争与合作

目前，SC 37 有 28 个 P 成员、21 个 O 成员和 20 个联络组织，具体名单详见 ISO 官网。

以下是 SC 37 与联络组织进行紧密协作活动的代表例子：SC 17 和 SC 37 负责的技术领域在某些应用中有天然的互补性；SC 37 通过联络活动向 SC 17 提供的潜在贡献物具有实质作用，特别是在 SC 17 项目中生物特征识别数据的使用规范；SC 37 定期向 SC 17 转发许多制定中的标准草案。

SC 37 与 SC 27 在身份管理、隐私技术和生物特征识别方面的信息交换持续进行。在 2017 年 1 月全会上，SC 37 批准了与线上快速身份验证（FIDO）联盟的 A 类联络关系，SC 37 将继续与 FIDO 联盟保持积极合作。

2020 年 9 月，SC 37 在联络组织中增加了欧盟自由、安全和正义领域大型 IT 系统运营管理机构（EU-LISA）。此外，SC 37 还受益于 JTC 1 与欧盟委员会的 A 类联络关系。

SC 37 的联络委员会名单见 ISO 官网。

3. 工作项目

截至 2021 年 8 月，包括补篇在内，共有 131 项已发布的生物特征识别国际标准。这些标准和很多正在进行或建议的项目一起，聚焦于各种类型的可以提供准确、可信任的身份识别与认证的系统及应用。

在本工作周期内完成的标准：
- ISO/IEC 19795-1:2021《生物特征识别性能测试和报告 第 1 部分：原则和框架》；
- ISO/IEC 30137-4:2021《在视频监控系统中使用生物特征识别 第 4 部分：真值和视频注释程序》；

- ISO/IEC TR 22116:2021《识别和减轻人口因素在生物特征识别系统中的差异影响》；
- ISO/IEC 39794-9:2021《信息技术　可扩展生物特征识别数据交换格式　第9部分：血管图像数据》；
- ISO/IEC 39794-16:2021《信息技术　可扩展生物特征识别数据交换格式　第16部分：全身图像数据》；
- ISO/IEC 39794-17:2021《信息技术　可扩展生物特征识别数据交换格式　第17部分：步态图像序列数据》；
- ISO/IEC 39794-1:2019《信息技术　可扩展生物特征识别数据交换格式　第1部分：框架》；
- ISO/IEC 39794-4:2019《信息技术　可扩展生物特征识别数据交换格式　第4部分：指纹图像数据》；
- ISO/IEC 39794-5:2019《信息技术　可扩展生物特征识别数据交换格式　第5部分：人脸图像数据》；
- ISO/IEC 24779-5:2020《信息技术　生物特征识别实施的法律与地区管辖方面　生物特征识别系统的图示、图标和符号　第5部分：人脸应用》；
- ISO/IEC 30107-4:2020《信息技术　生物特征识别呈现攻击检测　第4部分：移动设备测试轮廓》；
- ISO/IEC TS 19795-9:2019《信息技术　生物特征识别性能测试和报告　第9部分：移动设备测试》。

正在进行的工作和可交付成果，包括正在制定的已发布标准的修订版本，通过SC 37网站进行维护。

其他新项目或提案项目：

- ISO/IEC 5152　基于统计模型的生物特征识别性能评估方法；
- ISO/IEC 9868　远程生物特征识别系统　设计、开发和审计；
- ISO/IEC TR 49794　从 ISO/IEC 19794过渡到39794的指南　第5部分：人脸图像数据；
- ISO/IEC 19794　生物特征识别数据交换格式　第14部分：DNA 数据；
- ISO/IEC TR 22604　在访问控制系统中运动主体的生物特征识别；
- ISO/IEC 30107　生物特征识别呈现攻击检测　第3部分：测试和报告；
- ISO/IEC 30107　生物特征识别呈现攻击检测　第4部分：移动设备测试轮廓（profile）；
- ISO/IEC 24358　人脸感知采集子系统规范；
- ISO/IEC 29794-1　生物特征质量评估与评价；
- ISO/IEC 29794-5　人脸图像质量评估；
- ISO/IEC 19795-10　生物特征识别系统对不同人口群体性能差异表现的量化。

5.2.18　SC 38业务计划（2020年9月—2021年9月）

1. 执行概要

SC 38于2009年11月JTC 1全会上成立，2010年5月举行了第一次会议，当时其工作范围为分布式应用平台和服务（DAPS），包括云计算及相关技术，如Web服务和面向服务的体系结构（SOA）。

在完成Web服务、SOA等方面工作，以及发布了基础性云计算标准后，SC 38认识到该领域对标准的不断增长的（尤其是政府部门）需求，需要标准来支持云计算技术和服务的规范和获取。为响应此类需求，SC 38重新聚焦在云计算工作方面。JTC 1于2014年批准了SC 38工作范围和名称的变更，将SC 38更名为"云计算和分布式平台"（CCDP）分技术委员会。云计算和分布式平台方面的系统性整合工作性质，已经反映在2017年JTC 1批准的SC 38工作范围修改版中。

SC 38新一届领导团队于2019年上任，他们共同为SC 38制定了长期战略。该战略综合考虑了市场发展需求，反映了全球云计算和分布式平台领域的持续创新、趋势以及政府和政策制定者的各类需求。

自成立以来，SC 38已经发布了29项标准。目前，SC 38正在制定6项国际标准、1项技术规范和1份技术报告。2021年的SC 38工作计划中已经增加了5个PWI。

SC 38的参加情况依然稳固，共有49个国家成员体（28个P成员和21个O成员）参与。

2. 回顾

（1）云计算和分布式平台的现状

云计算和分布式平台代表了当今IT技术最重要的发展领域，对IT技术服务的供给和消费方式产生了重大影响。此外，云计算也促使市场中产生显著的不连续性和变动，因而同时带来了风险和机遇。SC 38正寻求解决来自用户（特别是政府）对于云计算和分布式平台标准的需求，以帮助他们掌握、获取和应用相关技术和服务。

SC 38 将继续展望未来、不懈努力，并高度重视自身工作，确保响应云计算的现状和未来趋势。目前，SC 38 正在开展更多的规划和路线图工作，整理未来 3～5 年内需要解决的问题，并确定解决这些问题的秩序。在过去，云计算曾被称为分布式处理或分布式计算。SC 38 强调要在更大的背景下认识云计算的重要性。发生在集中数据中心的云计算应与发生在边缘（物联网侧设备）的云计算相同。换言之，云计算和边缘计算均被视为在相同的连续体中。

（2）转移关注点

SC 38 正在将更多的关注点从云服务供应商（CSP）和云服务合作伙伴（CSN）转移到云服务客户（CSC）。为此，SC 38 正在研究关于多云和混合云概念的标准，还打算扩展项目，以指导如何使用其之前发布的标准。这将有助于其他处理云计算的委员会将 SC 38 的标准更方便地集成到他们的工作程序中。SC 38 还启动了数字主权领域的探索性工作，因为它特别适用于云计算，也适用于通用分布式计算。

（3）与关键 JTC 1 SC 紧密合作

作为一个系统集成实体，SC 38 将持续努力，以便更有效地与其他和 SC 38 有更多交集的委员会进行合作。SC 38 会继续使用联络协调小组（LCG）机制（国家成员体任命专家加入 SC 38 担任联络官），就半年度全体会议期间 SC 38 需要采取行动的议题，代表 SC 38 向目标 SC 进行回应。目前，SC 38 有针对以下 5 个组织的联络协调小组（LCG）：

- SC 7（软件与系统工程）；
- SC 27（信息安全、网络安全和隐私保护）；
- SC 41（物联网及数字孪生）；
- SC 42（人工智能）；
- JTC 1/WG 13（可信性）。

（4）加强与主要受众的联系

① 政府（制度与采购）。

- SC 38 正在扩展其与各国政府的合作方式，首先是与欧盟委员会、印度和世界各地的其他政府建立更为紧密的联系。
- 欧盟委员会在 SC 38 有委员代表。
- SC 38 专家参加各种欧洲活动（SWIPO、Gaia-X 等）。
- SC 38 主席参加了由印度标准局（BIS）组织的名为"多云数据管理——问题和解决方案"的网络研讨会。主席演讲的题目为"ISO/IEC JTC 1/SC 38（云计算和分布式平台）和多云"。

② 用户。

- SC 38 正在将关注点转移到云服务客户（CSC）角度，同时计划更多地进行客户外延。SC 38 随时欢迎与云用户组织（如 OMG 云工作组、COPOLCO 等）建立更多的联络关系。

③ 开发者。

- 云计算已经改变了软件开发、测试和部署的方式。所有这些功能均是名为"DevOps"（开发和运营）的一部分。在云计算参考体系结构（ISO/IEC 17789）中，"开发者"是云服务合作伙伴（CSN）角色的从属角色。
- 可通过与 ISO/ IEC JTC1/SC 7/WG 29（Agile DevOps）的合作来实现。ISO/ IEC JTC1/SC7/WG 29 是一个新的 SC 7 工作组，于 2020 年 7 月成立。其他标准开发组织也可能会感兴趣，如 IEEE，它发布了新的 DevOps 标准 2675。
- 审议主题包括：服务合作伙伴（CSN）角色——开发者及其在开发、测试、部署和支持云服务中关联的活动；DevOps 和 DevSecOps 云场景；云本地开发和支持；多云端中的云本地开发和支持；云本地开发安全考虑；重点在于帮助开发者社区了解如何使用 ISO/IEC 云和软件标准来提供和支持满足客户期望的云解决方案。

④ JTC 1/SC 以及 ISO 和 IEC 的 TC。

- 随着其他 JTC 1/SC、ISO/TC 或 IEC/TC 与云计算不断产生交集，SC 38 将加倍努力，以便了解这些组织，并与他们开展更为紧密的合作。

（5）长期战略

在 2019 年 9 月于斯德哥尔摩举行的全体会议上，SC 38 制定了 AG 5 长期标准路线图。AG 5 在评估市场趋势、市场优先事项和市场机遇方面卓有成效，并为 SC 38 未来 3～5 年的发展指明了方向。鉴于这些长期方向和策略将对 SC 38 将产生巨大影响，而且市场不断变化，SC 38 重组了 AG 5，以便将精力集中在市场最需要之处。AG 5 也将作为一个论坛，SC 38 的参与者可以对 SC 38 工作计划的新项目建议进行讨论和交流，并确定这些建议的优先顺序，以便专注于与市场最相关的内容。

以下是 SC 38 长期研究方向的一些发现。

① 云计算是必不可少的、关键的基础设施。

- 数百万工作人员因新冠疫情被困家中，云计算使在线金融服务、远程医疗等关键行业得以在封锁限制期间继续发展。此外，基于云的网络会议（如 Zoom、WebEx、Teams 等）和其他远程访问工具使其他大部分企业继续运营，并逐步取代航空旅行。
- 如今，全球经济和日常生活都依赖于这些在线服务，而新冠疫情恰恰突显了这些服务的重要性。
- 对云计算重要性的新认知增加了查询数量和监管义务。
- 需要研究"关键基础设施"（CI）的含义、作用以及对云计算和分布式计算的潜在影响。

② 开放源码。

- 自从联合开发基金会（JDF）（Linux 基金会的一部分）被批准为 JTC 1 的 PAS 提交者后，SC 38 就与其领导人进行接触以探索进一步合作的可能性。虽然 SC 38 并未直接参与开放源码，但云计算中的许多创新均发生在很多 OSS 项目（如 Docker、Kubernetes 等）中。
- 在开放源码项目涉及接口规范的情况下，SC 38 将与这些项目的相关方保持联系，并与 JTC 1 密切合作，继续围绕开放源码进行努力。

③ 多云端和互操作性。

- 由于各种原因（包括成本、弹性、可靠性、功能、规模、法规、供应商独立性和服务质量等因素），越来越多的客户使用不同的云服务供应商（CSP）。SC 38 正在针对涉及多云端的基本概念和定义制定标准。
- 客户在使用多个云端时，会遇到可移植性、互操作性、可管理性和切换等问题。SC 38 正在探索这一领域的标准化缺口和标准需求。

④ 为 MSS 的审计、鉴证、认证生态系统和指导材料提供协助。

- JTC 1 标准有助于进行技术政策讨论，并有助于定义行业利益相关方应遵守的标准。
- 基于风险的"管理体系标准"（MSS），如 ISO/IEC 27001/27002（信息安全）和 ISO/IEC 27701（对信息安全在隐私方面的补充），包含"控制"，此类"控制"通常要求给出推荐的关联指导，而这些指导往往要求和引用其他标准。SC 38 的基本标准被作为关键标准带入其中。
- 虽然此时 SC 38 本身并没有任何 MSS 项目在进行中，但 SC 38 与 SC 27 和 SC 42 以及他们开发的 MSS 项目合作，以确保 SC 38 的关键标准得以引用。
- 通过使用联络协调小组机制，SC 38 与 SC 27、SC 42 紧密合作，特别是围绕他们的 MSS 项目进行合作。

⑤ 数字主权。

- 2019 年 12 月 1 日成立的新欧盟（EU）委员会将"数字主权"作为其主要优先项目之一。
- 数字主权包含多个维度，例如：平台主权；数据主权和数据联邦。
- 非个人数据自由流动条例及其关于云交换和可移植性的条款就是一个示例。SC 38 将继续关注 ISO/IEC 19941 之外的数据可移植性，以帮助界定情况，并提出理解数据主权后果所需的共识要素。
- 受新冠疫情的影响，对数字主权的需求将进一步扩大。因此，考虑到各国希望关闭边境，变得更加独立，因此对主权云的需求将会更大。数字主权的以下方面因新冠疫情而被放大：数据主权和数据本地化、数据控制及数据共享需求；数据可移植性和服务互换性需求；新的主权需求可能会对云 SLA 产生影响。

⑥ 现代数字"平台"的演进本质。
- 监管机构和客户关注的是分布式数字平台（包括云计算）的潜在过度权力。随着时代的发展，需要精确的概念和术语。以下是客户和监管机构想要的几种数字平台类型：电子商务和消费平台，如社交、游戏、电子商务和中介平台；计算基础设施，如云计算基础设施（PaaS/IaaS）、客户端执行平台（Windows/MacOS/iOS/Android）；互联网本身。
- 作为跨 JTC 1 的云计算和分布式计算的系统集成实体，SC 38 可以开发一个或多个项目，提供各种数字平台的清晰定义和描述，作为一组基本概念供客户、供应商、政策制定者、监管机构和其他利益相关者在开发新的法律法规时参考。软件法系统也可以从使用此类更精确的术语和概念中获益。
⑦ 新冠疫情对云计算和分布式计算平台的影响。

由于社会越来越多地采用和依赖云服务，新冠疫情加速了此前已有的监管和政治趋势，从而对云计算产生了影响。以下是 SC 38 应关注的一些最重要的趋势和相关政策含义：
- 政府和社会对数字化的加速推进促进了关于数据本地化和数字主权的持续讨论；
- 对家庭网络和居家办公的依赖性增加了对具有足够带宽、安全性和质量的弹性云基础设施的需求；
- 人工智能和数据分析在公共卫生领域的加速应用，增加了对人工智能治理（公平性、可解释性、隐私和安全性）的关注；
- 电子学习、远程医疗、电子商务和电子政务的增长增加了对云服务的需求，同时增加了对影响云服务的监管。

（6）市场需求和创新

认识到这种新技术/业务模式的潜力后，IT 技术和服务的消费者（特别是政府）需要相关的标准来帮助他们过渡到云计算。面对这些需求，JTC 1 在 2014 年批准了 SC 38 工作范围和名称的变化；为了支持云计算和分布式平台标准在 JTC 1、IEC、ISO 和其他标准开发组织中的应用，JTC 1 在 2017 年批准了 SC 38 工作范围的进一步修订。

名称：云计算和分布式平台（CCDP）

工作范围：云计算和分布式平台领域中的标准化，包括：
- 基本概念和技术；
- 操作问题；
- 云计算系统之间的交互，以及与其他分布式系统之间的交互。

SC 38 充当了云计算、分布式平台这两类技术应用的焦点、支持者和系统集成实体。SC 38 为 JTC 1、IEC、ISO 和其他在这些领域制定标准的实体提供指导。

（7）成就

自 2020 年业务计划（发布）以来，SC 38 已发布以下 2 项国际标准：
- ISO/IEC FDIS 19944-1:2020 《云计算和分布式平台 云服务和设备：数据流、数据类别和数据使用 第 1 部分：基础》（项目对补篇到修订版进行了拆分/更改）（WG 5）；
- ISO/IEC 22123-1:2021 《信息技术 云计算 概念和术语 第 1 部分：术语》。

此外，SC 38 已完成以下 4 份文件的投票：
- ISO/IEC DIS 19944.2 《云计算和分布式平台 云服务和设备：数据流、数据类别和数据使用 第 2 部分：关于应用和可扩展性的指南》（WG 5）；
- ISO/IEC CD 22123-2.4《信息技术 云计算 概念和术语 第 2 部分：概念》（WG 3）；
- ISO/IEC DIS 23751《信息技术 云计算和分布式平台 数据共享协议（DSA）框架》（WG 5）；
- ISO/IEC DTR 3445《信息技术 云计算 云服务审计》（WG 3）。

SC 38 启动了以下 3 个项目的相关工作：
- ISO/IEC WD 5140《信息技术 云计算 多云概念以及多云服务的其他互操作性》（WG 3）；
- ISO/IEC AWI TS 5928《信息技术 云计算和分布式平台 数字平台分类》（WG 3）；
- ISO/IEC CD 22123 -1《信息技术 云计算 概念和术语 第 1 部分：术语》（修订）（WG 3）。

（8）资源

SC 38 全会包含工作组会议，每年举行两次。

在（两次）面对面会议之间，SC 38 的各工作组和各咨询组也会定期召开线上会议，以便推进工作。SC 38 全体会议和工作组会议出席情况一直良好。国家成员体和联络组织踊跃参与 SC 38 的工作计划。SC 38 现有 28 名 P 成员和 21 名 O 成员。SC 38 国家体成员名单见 ISO 官网。

（9）竞争与合作

作为 IT 行业的热门领域，云计算将继续受益于市场的强大创新。许多标准制定组织以及开放源代码促进会均在此领域工作。复制其他组织的工作不是 SC 38 的追求，SC 38 更倾向于扮演系统集成商的角色，引用最优秀的标准，与具有专业知识的论坛合作，以扩大在 SC 38 内进行的核心云计算标准化项目。为实现这一目标，SC 38 已经与 JTC 1/SC 27 达成协议，开发服务水平协议标准（ISO/IEC 19086-4）的第 4 部分，并与 JTC 1/SC 41 达成协议，开发边缘计算标准（ISO/IEC TR 23188）。在未来的数据共享协议项目开发过程中，SC 38 还希望与 JTC 1/SC 7、JTC 1/SC 32/WG 6、JTC 1/SC 40、JTC 1/SC 41 以及 JTC 1/SC 42 进行更多的互动。此外，SC 38 在 ISO/IEC 内拥有 11 个联络组织和 8 个 A 类联络组织、4 个 C 类联络组织，其中许多联络组织在 SC 38 的工作中发挥着积极的作用。

3. 工作计划

SC 38 负责制定云计算和分布式平台领域的标准，SC 工作计划可从 ISO 官网查到。

（1）SC 38 的结构

SC 38 利用其工作组 WG 3 和 WG 5 执行其工作计划。

除这两个工作组外，SC 38 在 2020 年 9 月的全体会议上再次批准成立了长期战略咨询组（AG 5）。除提供长远策略及路线图外，AG 5 也提供论坛供 SC 38 讨论新项目的构思，以便在提交 SC 38 高层投票前进行审核并确定项目的优先次序。

注意：从历史角度看，WG 1（Web 服务）、WG 2（SOA）及 WG 4（互操作性和可移植性）已完成了各自的任务，目前并未重新恢复其活动。

（2）WG 3（云计算基础）（CCF）

① WG 3 职责范围。
- 与云计算服务协议相关的项目；
- 与云计算基本概念、术语和定义相关的项目；
- 与制定政策时使用国际标准的指南相关的项目，其中一些政策用于控制或监管云服务提供方和云服务，一些政策用于控制企业中云服务的使用；
- 与执行云计算相关工作的 JTC 1、SDO 和其他实体建立联系和合作。

② WG 3 成就。

WG 3 发布了以下国际标准：
- ISO/IEC 22123-1:2021《信息技术　云计算　概念和术语　第 1 部分：术语》。

WG 3 完成了以下项目：
- ISO/IEC CD 22123-1《信息技术　云计算　概念和术语　第 1 部分：术语》；
- ISO/IEC CD 22123-2.4《信息技术　云计算　概念和术语　第 2 部分：概念》；
- ISO/IEC WD 5140《信息技术　云计算　多云概念以及多云服务的其他互操作性》；
- ISO/IEC DTR 3445《信息技术　云计算　云服务审计》；
- ISO/IEC AWI TS 5928《信息技术　云计算和分布式平台　数字平台分类》。

WG 3 启动了以下项目：
- ISO/IEC 19086-2:2018/CD Amd 1《云计算　服务水平协议（SLA）框架　第 2 部分：度量模型　补篇 1》。

③ WG 3 可交付件。

2021 年可交付件：
- ISO/IEC 22123-1 已处于国际标准起草阶段；

- ISO/IEC 22123-2 已通过第 4 次委员会草案阶段；
- ISO/IEC 5140 已通过第 1 次委员会草案。

未来可交付件：
- PWI 22123-3 第 3 部分：参考体系结构；
- PWI TS 7339 平台功能类型及平台服务概述；
- PWI 11034 云服务可信性。

④ WG 3 面临的风险、机遇和问题。

2017 年 4 月，WG 3 将云计算基础（如云计算的基本概念、术语和定义）以及制定政策时的国际标准使用指南纳入其职责范围，自此 WG 3 拥有了更多的机会及时满足市场需求。

WG 3 需要继续专注于满足市场需求的未来项目，包括对产品的改进以及新工作领域的启动。

(3) WG 5（云计算中的数据和相关技术）

① WG 5 职责范围。

WG 5 负责云计算中的数据、分布式平台和相关技术等领域的标准化，包括但不限于：
- 边缘计算、联合的或多云数据平台；
- 数据控制、使用及共享中的透明性；
- 这些环境中的互操作性和可移植性；
- 应对数据和平台主权关注点的机制。

WG 5 在适当情况下与 JTC 1 内部及外部的其他实体建立联系和合作。

② WG 5 成就。

WG 5 发布了以下国际标准和技术报告：
- ISO/IEC 19944-1:2020《云计算和分布式平台 云服务和设备：数据流、数据类别和数据使用 第 1 部分：基础》（对补篇到修订版进行了拆分/更改）。

WG 5 完成了以下项目：
- ISO/IEC DIS 19944-2《云计算和分布式平台 云服务和设备：数据流、数据类别和数据使用 第 2 部分：关于应用和可扩展性的指南》；
- ISO/IEC DIS 23751《信息技术 云计算和分布式平台 数据共享协议（DSA）框架》。

WG 5 启动了以下项目：
- PWI 10822《多云互操作性和可移植性 要求》；
- PWI 10866《数字主权》。

③ WG 5 可交付件。

2021 年可交付件：
- ISO/IEC DIS 19944.2 已进入发布阶段；
- ISO/IEC DIS 23751 已进入发布阶段。

未来可交付成果：
- PWI 10822《多云互操作性和可移植性 要求》；
- PWI 10866《数字主权》。

WG 5 有机会继续及时满足市场需求。在未来的项目中，WG 5 将利用其成员的专业知识，继续在所有云数据相关问题上努力工作。

WG 5 将与 SC 32/WG 6 紧密合作。WG 5 会密切关注分布式计算方面的工作，支持 JTC 1 内部任何与数据有关的更广泛的工作。

WG 5 需要继续专注于满足市场需求的未来项目，包括对产品的改进以及新工作领域的启动。

5.2.19 SC 39 业务计划（2020 年 11 月—2021 年 11 月）

1．执行概要

SC 39 持续开展数据中心和信息技术可持续发展领域的标准化工作。SC 39 在 2018 年更新了其工作范围，

2019年变更了其名称。SC 39每年举办一次全体会议，其工作组每年召开两次会议并通过召开电话会议的方式推进各项工作。SC 39将继续研究数据中心的关键性能指标和最佳实践。

2．回顾

（1）市场需求和创新

可持续发展是满足数据中心用户需求的一个关键方面。SC 39的标准制定工作主要集中于交付有效的数据中心服务和运行方面，设计出用于衡量数据中心设施最佳性能的方法。云计算、智慧城市（智能电网）、电子医疗、智能交通、大数据和物联网正全面地推动着信息技术和数据中心的发展。与此同时，政府、商业和信息技术设备用户要求不断提高工作场所生产力，同时减少能源或资源消耗。如果不使用数据中心这种有效的工具，是否能衡量和报告可持续性是值得怀疑的。可持续性从数据中心运行、升级和改进等方面定义业务案例。联合国政府间气候变化专门委员会（IPCC）的目标是将全球变暖限制在2℃以内，并减缓气候变化恶性发展。数据中心检测其电能使用效率，目前尚未考虑数据中心使用的物料、组件和系统等的生产、运输和处置所产生的影响。SC 39的A类联络组织——绿网（Green Grid）的数据中心成熟度模型，其最高等级（第5级）要求购买"从出生到死亡"生命周期的二氧化碳排放，学习和控制所有电气和机械系统。

政府和商家均已认同信息技术的可持续性方面。上述要求在于确定是想以较低的能耗得到同样的成果，还是以同样的能耗得到更高的成果。答案是：沿着可持续之路，不断减低能耗，获得更大的成果。

环境问题和信息技术的作用正受到前所未有的关注。将技术（尤其是信息技术）作为可持续发展的方法，对于制造商、集成商、管理者、政府或用户来说有着不同的价值。SC 39将继续研究新的设备、制冷系统和电力传输的空间和能源分配，以及分布（必要时）。计算机支持各种基础设施，如配电、制冷、基础设施管理、电信及其他系统，这些设施是数据中心管理者们除了系统价格之外最为关注的话题。许多问题相当复杂，不容易以各方满意的方式加以解决。

数据中心的可持续性可以简化为以下几个简短问题：
- 你抓住了所有机会来减少数据中心资源的浪费吗？
- 你追溯数据中心关键运行系统的度量了吗？
- 如果以上都做了，你有管理多位点数据中心的经历吗？
- 你进行持续且永无休止的改进（CANI）吗？在思考上述问题的情况下，你是如何运行你的数据中心的？

在描述工作时，避免过度使用"绿色"这个词，SC 39一直坚持用科学和可量化的方法去衡量可持续性。数字化世界的发展，要求数据中心运营者向着可再生能源应用和零电力能源浪费的目标努力。可持续发展的数据中心战略要求数据中心运营者确保能源被有效地利用在应用程序、托管服务和云服务等业务上。如果查看SC 39在网上执行的所有任务，如财务数据、医疗保健、采购和家庭管理等，你会发现SC 39在全球范围内接受长期行之有效的数字化生活方式。这种数字生活方式通过数据中心展现出SC 39数字化体验的特征。其中的许多因素可用于数据中心的生产和运营。IT系统、制冷系统、配电系统、综合布线等需要管理和随时更新。数据中心不仅应该减少能源浪费，也需要关注废旧设备的回收与再利用。数据中心需要兼顾能源消耗的降低与能源资源利用水平的提升，并将其作为自身的要求。

与智慧城市、智能制造（如工业4.0）、电子保健、智能运输、云计算、物联网和其他信息技术相关的全球政府政策倡议不断推进，并且得到普遍采纳。数据中心在数量和规模上仍在不断增长，这种增长不可避免，因为产生的数据的量在不断增长。最近，中小型业务开始向云迁移，并且已经引起数据中心的合并，其发展超越现实预期。向云架构的过渡已经转换到跨数据中心和其他IT站点的数据服务重组和优化上。一方面，核心服务和数据中心继续合并成混合云（私有云和公有云配置），同时，为满足特定的本地化数据获取、服务和安全需求，区域性和本地化的边缘计算站点也开始出现。这些本地化的计算站点和数据服务体系的整合，将有望成为智慧城市、智能建筑、智能医疗和其他IT优化的工业、商业和消费活动等领域发展的关键组成部分。IT设施越来越贴近用户，数量也越来越大，将会更加依赖IT标准，以确保更有效、更高效地使用信息技术和自然资源。分布式设施和所有者之间的集成和互操作性将依赖通用标准和协议，以确保其有效且高效。通过合并可降低能源消耗，减少基础设施和本地主设备的安装。为设定有效的地方、辖区或国家节能要求，政府将需要资源效率标准来建立主题、限定值和要求框架。未来的考虑事项包括新兴技术和通信技术的整合。混合云和边缘计算已纳入考虑中，因其影响到SC 39标准，还有一些IT领域的技术可能对整个计算体系结构的效果和效率产生重大影响。

新技术使数据中心和 IT 设施在全球经济中变得更加重要。混合云、边缘计算、物联网聚合站点、人工智能、非易失性存储（NVM）、网络功能虚拟化（NFV）和 5G 将影响 ICT 设施并且依靠行业标准，以确保资源可持续、有效和高效的方法成为 IT 成长和转化的重要组成部分。

2019 年，SC 39 继续得到各国家成员体和联络组织的支持，他们通过对数据中心和 IT 设施标准的投票表现出对该议题的兴趣。行业和政府通过自愿性计划以及一些国家和区域计划的强制性工作，高效而节能地开发和获取信息，这些得益于过去几年影响法律法规制定的经验教训。在这些工作中，全球性关键性能指标（KPI）、分类和广为人知的实践是必要的，不仅用于提高效率，而且还用于结合迅速发展的技术为持续改进提供标准化的方法。

（2）资源

SC 39 的全体会议及其工作组会议出席情况良好。最近一次 SC 39 全体会议于 2021 年 5 月在线上召开。

（3）合作与竞争

SC 39 有 24 个 P 成员和 13 个 O 成员。

P 成员：奥地利、比利时、加拿大、中国、丹麦、芬兰、法国、德国、印度、伊朗、意大利、日本、哈萨克斯坦、韩国、荷兰、秘鲁、波兰、俄罗斯、沙特阿拉伯、新加坡、南非、坦桑尼亚、英国和美国。

O 成员：阿根廷、澳大利亚、巴西、捷克、匈牙利、印度尼西亚、爱尔兰、肯尼亚、卢森堡、巴基斯坦、西班牙、乌克兰和瑞士。

SC 39 与 ISO、IEC、JTC 1 其他 SC 以及其他外部组织建立了联络关系。

3. SC 39 工作组

（1）WG 1（资源高效数据中心）

WG 1 负责制定资源高效数据中心关键性能指标的标准。

① WG 1 的成就。

WG 1 完成和整理的国际标准草案（DIS）：
- ISO/IEC 30134-6:2021《信息技术　数据中心关键性能指标　第 6 部分：能源再利用比率（ERF）》；
- ISO/IEC 23544：2021《信息技术　数据中心　应用能源效率（APEE）》。

WG1 已批准完成和部署以下技术报告草案（DTR），待发布：
- ISO/IEC FDIS 30134-9《信息技术　数据中心关键性能指标　第 9 部分：水资源使用效率》；
- ISO/IEC FDIS 30134-8《信息技术　数据中心关键性能指标　第 8 部分：碳使用效率》。

WG 1 已审查并推进的 2021—2022 年度标准，以下项目正处于委员会阶段：
- ISO/IEC CD TR 21897.2《信息技术　数据中心　ISO 52000 对建筑物能源的影响》；
- ISO/IEC DTR 30133.3《信息技术　数据中心　资源高效数据中心指南》。

WG 1 已审查并推进的 2021—2022 年度标准，以下项目正处于筹备阶段：
- ISO/IEC TS 8236《信息技术　数据中心 IT 设备供应　预测管理》；
- ISO/IEC 30134-7《信息技术　数据中心关键性能指标　第 7 部分：冷却效率比》。

② WG 1 可交付件。

WG 1 的可交付件，其中项目和/或 NWIP 建议包括：
- IS xxxxx 电子产品环境评估工具（EPEAT）。

待处理的确定为补充的候选 NWIP 项目（需要注意的是，根据不同的贡献，其中一些会以 NWIP 发布，其余一些会待定，直到资源到位，其中 IS 即国际标准，TR 即技术报告）
- IS&TR 安全和隐私 数据中心和 IT 资源影响与 IT 安全级别；
- IS 再生水利用率（WRF）；
- IS&TR 数据中心的恢复力级别和类型；
- IS 数据中心成本（DCCX）；
- IS 数据中心成本效益（DCCE）；

- IS 数据中心利用（DCU）；
- IS 网络设备能效（ITEEnetw）；
- IS 网络设备利用率（ITEUnetw）；
- IS 存储设备能效（ITEEstor）；
- IS 存储设备利用率（ITEU$_{stor}$）；
- IS 能效季节调整因子（SEER）；
- IS 性能系数（COP）；
- TR 经济产出；
- TR 回弹风险影响；
- TR 数据中心生存周期影响；
- TR 软件定义的数据中心边界；
- TR 软件定义的子系统边界；
- TR 智慧城市的数据中心整合；
- TR 数据中心与物联网整合；
- TR 废弃物对当地的影响。

③ WG 1 的风险、机会和问题。

WG 1 的问题和挑战：
- 冲突和竞争的标准（如 ITU-T、ETSI、ENERGY STAR、Eco-Design 指令等）；
- 新的区域资源（新区域包括新加坡、马来西亚、澳大利亚、巴西、阿根廷等）；
- 新技术带来的整合和更新（如混合云、边缘计算、SDN、5G、NVM 等）；
- 与数据中心相关但由其他组织驱动的规范和技术的整合（如软件定义的数据中心、智慧城市、物联网、混合云、开放计算）。

WG 1 将通过联络关系应对这些问题和挑战。

（2）WG 3（可持续设施和基础设施）

WG 3 是在 2017 年 5 月的 SC 39 全会上成立的，负责可持续设备和基础设施标准的制定。

① WG 3 的成就。

WG 3 完成了以下项目的工作（FDIS 已批准，于 2021 年第四季度发布）：
- ISO/IEC PDTS 22237-1《信息技术　数据中心设备和基础设施　第 1 部分：一般概念》；
- ISO/IEC PDTS 22237-3《信息技术　数据中心设备和基础设施　第 3 部分：配电》；
- ISO/IEC PDTS 22237-4《信息技术　数据中心设备和基础设施　第 4 部分：环境控制》。

WG 3 已审查并推进的 2021—2022 年度标准，以下项目正处于委员会阶段：
- ISO/IEC PDTS 22237-30《信息技术　数据中心设备和基础设施　第 30 部分：地震风险和影响分析》。

WG 3 正在推进的 2021—2022 年度标准，以下项目正处于筹备阶段：
- ISO/IEC PDTS 22237-2《信息技术　数据中心设备和基础设施　第 2 部分：建筑结构》；
- ISO/IEC PDTS 22237-6.2《信息技术　数据中心设备和基础设施　第 6 部分：安防系统》；
- ISO/IEC NP TS 22237-31《信息技术　数据中心设备和基础设施　第 31 部分：恢复力关键性能指标》。

② WG 3 的风险、机会和问题。

在第一次会议上，WG 3 通过了制定系列标准 IS 22237 的项目计划，并确定了标准牵头人。目前活跃的 6 个国家成员体已开展 3 个 IS 项目和 1 个 TR 项目。

由于 IS 项目基于已发布的 TS 项目，因此在 12~24 个月内仍有机会进行意见提交。这将吸引更多的专家参与到标准的编制中，尤其是来自亚洲国家成员体的专家，并有利于满足全球范围内数据中心利益相关者的需求。

还有机会使 ISO/IEC 22237 与相关地区或国家标准在技术上协调一致（如欧洲 EN 50600 系列标准）。

5.2.20 SC 40 业务计划（2020年11月—2021年10月）

1. 执行概要

自成立以来，SC 40 已发布 24 项 ISO/IEC 标准，包括在本工作周期内新发布的 1 项技术规范；有 12 项处于不同阶段的标准正在制定中。

迄今为止，SC 40 已有 33 个 P 成员、24 个 O 成员和 13 个联络委员会或联络组织。

自出现新冠疫情以来，所有的工作组会议都通过线上方式召开，2021 年 6 月通过线上方式召开了 SC 40 全体会议。SC 40 的工作范围和初步工作可以通过 ISO 官网查到。

2. 回顾

（1）市场需求和创新

信息技术（IT）及其在组织中的使用，对社会、企业和个人的重要性与日俱增。过去 10 年间，IT 及其在系统、服务和商业模式中的应用迅速扩张。组织和个人都在互联的生态系统内运作。与 IT 及其应用和获取有关的决定，能极大地影响所获得的价值。数字化转型不再是技术专家的研究课题，它已成为快速发展的组织的核心业务。

在这种环境下，IT 治理面临的挑战与日俱增。IT 治理团体应确定它们的组织在新兴商业生态系统中所要发挥的作用。他们有必要为技术和数据投资设定方向并参与战略决策，并确保组织在创新中尽可能寻求机遇，同时不会受到开拓性技术的负面影响。

在本工作周期（2020 年 11 月—2021 年 10 月）内，有大量与 IT 治理相关的标准已发布或正在制定中。ISO/IEC 标准化工作对 IT 治理的日益关注反映了社会对其重要性的认可。

世界各地的市场反馈证明了 SC 40 制定的引导性标准和管理体系标准的价值。企业正在寻求高效、强适应性及降低风险的管理。他们正在用数字技术进行创新，希望以此来维护老客户，吸引新客户，与多个外部供应商实现密切合作。

消费者需要的是可信赖的组织，而不仅是可信赖的技术。供应链中的任何纰漏都可能损害这种信任，并对品牌价值产生负面影响。目前，IT 赋能服务-业务过程外包（ITES-BPO）和 IT 服务管理的市场规模已增长到 3 500 多亿美元，并以每年 8.5%～11%的速度持续增长，SC 40 的标准就服务于这个经济快速增长的重要领域。

新兴的商业模式越来越快地采用技术和数据分析，为了应对这一趋势，SC 40 扩展了治理、服务管理和业务过程外包（BPO）方面的标准，从而纳入数据分类、平台生态系统、服务进化以及在从以产品为中心向以服务为中心的商业模式转型过程中数字化工具的应用。

（2）成就

SC 40 官网的开通，提供了与广大用户交流的平台，同时 SC 40 在领英、ISO 和 IEC 平台及 JTC 1 Twitter 上发布动态、文章和视频进行宣传。

SC 40 已提交 ISO/IEC 20000 系列标准和 ISO/IEC 38500 标准作为横向可交付件/出版物。

（3）资源

在本工作周期内，新冠疫情仍然对专家们的参与、密切联系和工作项目进展有一定影响。但 SC 40 的专家们克服重重困难，尽最大努力投入时间精力，本着合作的精神和尊重以及热情的态度参与会议。

各个国家成员体和联络组织都积极参与了 SC 40 所有工作组、特设工作组工作和各项标准研制。鉴于线上会议的特殊性，会议召集人和项目编辑需要在时间上进行协调以方便更多的专家参与。一些欠缺旅行资源的国家也积极参与（线上会议）。

但随着一些编辑和召集人退休或工作变动，他们已无法继续贡献价值。不过，在 SC 40/WG 2 召集人和秘书创新精神的激励下，整个 SC 40 正努力工作，以接纳新成员。

（4）竞争与合作

SC 40 的战略是成为卓越和权威的 IT 治理、IT 服务和 IT 业务流程优化的前沿标准化组织，根据全局安排负责有效利用信息技术、数据和数字化能力。

SC 40 继续积极主动地与 JTC 1、ISO 和 IEC 内的其他委员会和特设小组（AHG）开展合作。目前，SC 40 的合作已经扩展到与 JTC 1/AHG 4 合作，与 SC 27 讨论 ISO/IEC 20000 的第 7 部分，以及持续参与信息技术安全、人工智能、卓越服务、数据使用、可信度、信息管理和管理体系标准等。目前的联络组织包括 ISO/TC 309、ISO/TC 312、ISO/TC 307、ISO/TC 46 以及 ISO/IEC JTC 1 的 SC 27、SC 42、SC 7、WG 13 等 JTCG。

3. SC 40 工作组

（1）WG 1（IT 治理）

作为一门独特的学科，IT 治理正在相关领域（包括 IT 领域和数据在内的所有垂直专业领域）持续增长。WG 1 负责 IT 治理领域以及此类治理运营方面的标准化活动。但 WG 1 并非对 IT 领域每一个与治理有关的提议负责。WG 1 的主要工作分为：

- SC 40 的自有项目，包括常规的关注领域（信息技术、数字技术和数据的治理）以及 WG 1 专业所达之处；
- SC 40 参与的其他项目（不论通过联络、投稿还是联合），只要关于治理问题的看法是有用的。

① WG 1 成就。

目前有 4 个标准项目正在制定中，其中 ISO/IEC 38500 作为横向可交付成果/出版物已提交。

② WG 1 可交付件。

- ISO/IEC 38500 修订版，在 2022 年 1 月之前发布委员会草案（CD）。
- ISO/IEC 38503《IT 治理评估》，计划在 2021 年底或 2022 年初发布。（注：该标准已于 2022 年 1 月 17 日发布）
- ISO/IEC 38503-3《数据治理 第 3 部分：数据分类指南》：根据委员会评审会议（CRM）的结果，项目编辑根据已处理的意见修改 DTS 文本内容；根据意见决议更新草案，并于 2021 年 8 月提交至秘书处。计划在 2022 年 6 月前发布技术规范（TS）。[注：该标准于 2021 年 12 月 20 日以 TS 形式发布]
- ISO/IEC 38508《生态系统组织间的共享数字服务平台》：在 2022 年 11 月至 12 月完成技术规范建议草案（PDTS）投票，并在 2024 年 3 月前发布技术规范（TS）。

③ JWG 可交付件。

- ISO/IEC AWI 38507《组织使用人工智能的治理影响》：征询意见草案（DIS）投票于 2021 年 7 月结束。

④ WG 1 战略/风险/机遇。

自从 ISO/IEC 38500 标准里的模型和原则建立以来，企业使用技术的环境已经发生了巨大变革。因此需要对 ISO/IEC 38500 系列标准进行审查，WG 1 将开展审查和修订 ISO/IEC 38500 系列标准工作。SC 40 的特设工作组在 2020 年 6 月制定了"ISO/IEC 38500 系列标准的审查与建议"，这一报告为 WG 1 提出了关于 IT 治理的战略。

WG 1 将开展联络工作，目的是在全球标准化体系中促进各地制定的标准使用或纳入 ISO/IEC 38500 系列标准。

- WG 1 将致力于在 SC 40 以及更广泛的领域内协调核心治理术语，并促进不同学科之间对治理和 IT 管理的差异达成更多共识。
- WG 1 将为 ISO/TC 309 提供有关核心术语的输入，并充分利用自身的核心能力和经验。WG 1 希望能够影响一些专业技术领域的工作，如网络安全治理、物联网（IoT）、大数据和数据分析、人工智能以及其他对 JETI 比较重要的新兴领域（如可穿戴、可植入的人机交互接口）。
- WG 1 专家正在参与 JTC 1/WG 13 可信度工作会议，以开发可信本体。在未来更新 ISO/IEC 38500 标准的工作中，该本体将有助于澄清 IT 治理和 IT 管理之间的差异。
- 鼓励 WG 1 专家在标准和法规方面与 JTC 1/AG 15 建立更密切的关系。随着监督数据治理领域的相关立法日益完善（如欧盟的《数据治理法》），更需要保证所制定的国际标准能够为立法机构所用。

（2）WG 2（IT 服务管理）

WG 2 负责制定 ISO/IEC 20000《信息技术 服务管理》系列标准。该系列标准包括组织、审核员、培训师、咨询师和用户所使用的 IT 服务管理方面的国际标准和技术报告。其中 ISO/IEC 20000-1 用来规定服务管理体系（SMS）要求。

① WG 2 成就。

由 WG 2 主导建立的 JTC 1/SC 40 官网于 2021 年初上线运营。该网站有望成为 WG 2 促进 ISO/IEC 20000-1:2018 使用、改进和测量的必要沟通渠道。

- ISO/IEC TS 20000-11《信息技术 IT 服务管理 第 11 部分：ISO/IEC 20000-1：2021 与服务管理框架之间关系的指南：ITIL®》已发布。

② WG 2 可交付件。

- ISO/IEC TR 20000-5《信息技术 IT 服务管理 第 5 部分：ISO/IEC 20000-1 实施指南》已经完成了从研究报告（TR）到技术规范（TS）的过渡及技术规范草案（DTS）投票。在委员会评审会议（CRM）结束后，将安排发布，预计 2021 年秋季发布。（注：该标准已于 2022 年 1 月 14 日发布）。
- ISO/IEC TR 20000-12《信息技术 服务管理 第 12 部分：ISO/IEC 20000-1: 2011 与服务管理框架的关系指南：CMMI-SVC®》和 ISO/IEC TR 20000-13《信息技术 服务管理 第 13 部分：ISO/IEC 20000-1 与服务管理框架的关系指南：COBIT 2019》，因 ISO 和国际信息系统审计协会（ISACA）之间意见不统一，已被撤销。
- ISO/IEC 22564-1《信息技术 基础设施的服务管理 第 1 部分：数据中心服务的过程参考模型（PRM）》和 ISO/IEC 22564-2《信息技术 基础设施的服务管理 第 2 部分：数据中心服务的过程评估模型（PAM）》已根据投票结果撤销。WG2 将继续讨论如何从服务管理的角度呈现这些信息，并将此作为工作计划的一部分。
- ISO/IEC WD 24286《信息技术 持续性能改进 概念和术语》已被撤销。WG 2 将在全体会议和临时会议上讨论持续性能改进的总体计划。
- ISO/IEC TR 22446:2017《信息技术 服务管理 IT 服务的持续性能改进（CPI）》已完成监督审查，将撤销并纳入 CPI 总体规划。

③ WG 2 风险、机会和问题。

ISO/IEC 20000 的修订版与所有 ISO 管理体系标准的通用高层结构保持一致，将进一步增强各组织将其服务管理体系（SMS）与其他 ISO 管理体系标准（包括 ISO 9001 和 ISO/IEC 27001）整合的能力。在 ISO 标准库中有 80 多项标准使用或引用了 ISO/IEC 20000-1。这也将支持服务整合以及多供应商服务。为此，聚焦这些领域的新工作项目仍将是 WG 2 工作计划中最重要的一部分。

随着全球对服务重要性的日益关注，服务现已被视为企业层面的交付物（而非仅仅是信息技术的输出），企业服务管理（ESM）已经成为全球服务管理领域的"新"重点。在 ESM 中，由传统信息技术定义的服务管理原则和要求仍在使用，故而需要一项标准来支持"治理"服务生存周期并促进与其他支持特定服务类型的 ISO 标准保持协调一致。为响应该需求，WG 2 始终遵循技术管理委员会的"横向可交付成果"计划，在该架构内将 ISO/IEC 20000-1:2018 作为横向可交付件进行关联。

全球产业对服务管理看法的转变对 WG 2 的工作产生了极大影响。首先，ISO/IEC 20000-1:2018 仍然是一项从信息技术角度应对服务管理的十分重要的标准，它不一定仅针对信息和数字技术，但一定是针对很大企业范围的。如今，任何一项服务都依托于信息技术，必要的技术基础是各机构提供服务的前提。鉴于这些服务已被纳入机构业务计划，并与战略计划相互协调、配合，甚至在某些情况下成为战略计划的关键要素，ISO/IEC 20000-1:2018 也必须改进为相适应的横向可交付件。其次，就目前来说，衡量服务的直接或间接标准就是客户满意度和客户喜悦度（最终目标）。在现今的全球事件中，客户意见的强大影响有目共睹。因此，WG 2 必须通过与 TC 312 合作，将提供优质服务与实现客户满意度和维系客户关系相结合。第三，随着服务变化速度的持续加快，以及敏捷和精益方法的普及，WG 2 正与 JTC 1/SC 7/WG 29 合作，在服务管理中纳入和（或）使用敏捷和精益方法。

（3）WG 3（IT 赋能服务-业务过程外包）

ISO/IEC 30105 为 IT 赋能服务-业务过程外包（ITES-BPO）行业中生存周期要素的交付和消费提供了标准和指南。WG 3 的战略是跟踪最新的业务趋势，并在数字转型、业务流程自动化、敏捷交付实践、区块链和分布式记账技术（BC-DLT）等领域找到标准化需求。WG 3 的战略还包括强化 ISO/IEC 30105 系列标准，如成熟度评估范例、风险管理指南、ITES-BPO 的持续性能改进（CPI）以及 ISO/IEC 30105 系列标准的修订版。WG 3 计划从 ITES/BPO 行业的新趋势中识别新工作项目，并且在 ITES-BPO 中增加新标准，包括风险管理指南（DTS 30105-6）、成熟度评估范例（TR 30105-7）、ITES-BPO 持续性能改进（NP 30105-8）、针对小规模业务实体的 30105 轮廓等。此外，WG 3 正在讨论的主题有：ITES-BPO 中的数字成熟度评估、区块链和分布式记账技术在 ITES-BPO 中的应用指南、ITES-BPO 的服务提升，以及 ITES-BPO 中采用敏捷实践的范例。ISO/IEC 30105-3 补篇于 2020 年 3 月发布；ISO/IEC 30105-4 的修订已启动，在 2022 年 4 月完成国际标准草案的注册； ISO/IEC 30105-1、-2、-3 和-5 的修订已经启动，预计在 2023 年 5 月完成国际标准征询意见草案（DIS）。

① WG 3 成就。
- ISO/IEC 30105-6《信息技术 IT 赋能服务－业务过程外包（ITES-BPO）生命周期过程 第 6 部分：风险管理指南》已提交，预计不久将发布。

目前，ISO/IEC DTS 30105 系列标准有 5 个项目正在制定中。

② WG 3 可交付件。
- ISO/IEC 30105《信息技术 IT 赋能服务－业务过程外包（ITES-BPO）生存周期流程》（全部 5 部分）：在 2016 年发布的一系列标准的基础上，正在制定新标准。
- 提议新提案"第 8 部分：ITES-BPO 的持续性能改进"：WG 3 在 2021 年 7 月发起了第二轮委员会草案（CD）投票，计划在 2022 年 8 月发布。（注：该标准于 2022 年 9 月 12 日启动为期 8 周的 FDIS 投票）
- 修订 ISO/IEC 30105-4《ITES-BPO 生存周期过程 第 4 部分：术语和概念》：通过在 ISO/IEC 30105-4（2016）中更正 ISO/IEC 30105-6 中的错误，并呈现 ISO/IEC 30105-4 技术规范草案（DTS）的新条款，该项目已注册为 ISO/IEC 30105-4 修订版，于 2022 年 4 月进行了 DIS 注册。
- 提议新项目提案"ITES-BPO 中的数字成熟度评估"：DX BPO 特设小组已于 2020 年 6 月完成其任务。于 2021 年 6 月启动新项目提案（NWIP）ISO/IEC 30105-9 技术规范（TS）的投票。
- ISO/IEC 30105-1/2/3/5 的修订版。WG 3 决定修订 ISO/IEC 30105-1、-2、-3 和-5。第 1 次工作组会议于 2021 年 7 月举行。计划 2023 年 5 月注册 DIS。
- ITES-BPO 的敏捷适用性：一个特设小组"将评估敏捷技术在 ITES-BPO 中的适用性，包括变更管理和服务交付。第一份研究报告计划于 2021 年 8 月发布。（注：此项目目前搁置）
- ISO/IEC 30105 的市场及推广：领英上发布了一篇有关 ISO/IEC 30105 的文章，在 SC 40 官网上可获得 WG 3 的相关信息。

③ WG 3 风险、机会和问题。

在人工智能和 BC-DLT 技术的基础上，过程自动化、转换、分析正在业务过程服务中兴起。新的商业模式也正在出现，如解决方案提供商、数字转型等。业务过程外包行业中的这些新兴领域，将为 SC 40 提供探索新工作项目和提供市场指导的机会。WG 3 将一如既往地欢迎各行业积极参与。

5.2.21 SC 41 业务计划（2020 年 6 月—2021 年 9 月）

1. 执行概要

物联网（IoT）是一个系统概念，使用了许多由 JTC 1 内其他领域和标准制定组织（SDO）标准化了的相关技术。这些技术包括传感器、执行器、组网和通信、数据库和大数据、分布式和云计算、数字孪生和人工智能技术等。

物联网系统和综合系统都是软件和数据密集型系统，可能十分复杂，其范围从简单的单层架构到多层分布式计算的网络物理系统。

物联网系统是"智慧赋能"的关键推动者，如智慧农业、智慧健康、智能制造、智慧能源、智慧电网、智慧交通和智慧城市。

按照咨询机构高德纳（Gartner）和德勤（Deloitte）的观点，数字孪生犹如现实世界实体或系统的数字表示。它是一个物理对象或过程的历史和当前行为状态的不断更新的数字轮廓。数字孪生的实现是一个封装的软件对象或模型，它是一个独特的物理对象、过程、组织、人或其他抽象概念的镜像。因此，数字孪生是基于多维度海量、累积、实时、真实世界的数据来度量的。

来自多个数字孪生的相关数据可以聚合成一个跨越多个真实世界实体的复合视图，如船舶、桥梁、建筑、工厂、供应链或城市等。通过同步使用数据流执行镜像。数据流由传感器生成，但也由任务流和其他源（如虚拟传感器）生成。

数字孪生也是智慧万物（Smart Everything）的推动者，它基于以下度量项：它们在数字世界中创建实体或系统的不断更新的数字轮廓；数字孪生提供了有关系统性能的重要视角，为现实世界导入了诸如系统和流程设计中的变化或业务性能优化之类的行动。

JTC 1 在 2016 年 11 月的全体会议上由系统委员会授权创建了 SC 41。SC 41 继承了 JTC 1/WG 7（传感器网络工作组）和 JTC 1/WG 10（物联网工作组）的相关标准和项目。JTC 1/WG 7 和 JTC 1/WG 10 的工作计划在 2017 年 5 月的全体会议开始时移交到 SC 41。自 2017 年 5 月起，SC 41 已成功召开 8 次全体会议。2020 年 11 月，JTC 1 在 SC 41 的职责范围（ToR）中增加了数字孪生标准化工作的相关授权。

SC 41 需要应对一个复杂且不断发展的技术和市场生态，同时与多个 SDO 存在关联。因此，系统方法被作为战略重点应用于其标准研制工作中。基于以往扎实的工作基础，SC 41 目前已拥有多项发布的标准以及在研项目。截至 2021 年 9 月 30 日，SC 41 有 35 项已发布标准、20 项在研项目。

自 SC 41 创建以来，16 个特设组和咨询组（以前称为"研究组"）已经结束工作，因此 SC 41 提出了多个新工作方向，其中三个方向目前正在积极探索可能的新工作项目，同时正在开展一项发展趋势报告的研究工作。

2. 回顾

在本工作周期（2020 年 6 月—2021 年 9 月）内，SC 41 通过三个探索性特设组的工作及其 P 成员的贡献继续推进其工作计划。

从组织治理的角度看，SC 41 已经建立了一个正在运行的组织机制。SC 41 每年召开两次全体会议，以确保其决策的适当性和及时性。SC 41 顾问组（AG）会议与 SC 41 全会同期召开，同时为词汇和用例工作分别设立了报告员职位并配备了相关人员。SC 41 已经成立了两个特设组（"联络关系和外联"和"业务规划"）。

受运营技术（OT）和信息技术（IT）融合影响的工业物联网（IIoT）领域是 SC 41 的一个重点研究方向。SC 41 与 IEC/TC 65（工业过程测量、控制和自动化）建立了联合工作组（JWG 17），IEC/TC 65 主要在工业过程测量、控制和自动化领域开展相关标准化工作。SC 41 目前已发布了 1 项该领域的 TR（ISO/IEC TR 30166：2020），同时有 3 个在研项目正在开展工作。

SC 41 另一个重点研究方向是智慧能源领域，SC 41 与 IEC 的智慧能源系统委员会和 IEC/TC 57（电力系统管理及信息交换）分别建立了联合工作组（JWG 3 和 JWG 24），致力于开展电力系统的管理系统领域的相关标准化工作。

在数字孪生领域，SC 41 目前已建立 WG 6（数字孪生）管理此领域的项目。目前有 2 个在研项目以及 2 个预工作项目（PWI）。2021 年 9 月，与 IEC 学术学院合作举办了为期 4 天的"数字孪生"研讨会，吸引了众多相关方参与讨论。

在 2021 年 5 月的全体会议上，SC 41 决定将其在水下和海上物联网方面的相关工作整合到一个新的工作组 WG 7（海上、水下物联网和数字孪生应用）中。SC 41 还计划加强与 ISO/TC 8（系统电力能源供应）和 IEC/TC 80（海上导航和无线电通信设备及系统）的相关合作。

（1）市场需求、创新性

物联网（IoT）在 ISO/IEC 20924:2021《物联网（IoT）词汇》中的定义为：一种由相互关联的实体、人员系统和信息资源连同服务组成的，能够处理和响应来自物理世界和虚拟世界的信息的基础设施。

物联网作为一个系统或综合系统成员带来价值。物联网系统具有以下主要特点：

- 网络中心；
- 分布式的、机器对机器（M2M）驱动的、使用两层或多层的分布式计算架构（例如"霭"、"群"、"雾"、边缘和云计算）；
- 数据密集。

物联网的"对象"，其范围覆盖了从传感器和执行器，到联网车辆或工业机器人等集成系统。对象也可能是"智慧"的。

一些系统，更确切地说是综合系统，还包含"社会技术"，如智慧城市。诸如智能工厂或自动驾驶汽车之类的其他综合系统，其本质是网络-物理。

如图 5-5 所示，物联网是一种水平技术，它正在影响且扰动全球社会中的许多应用领域。这也意味着对物联网系统有范围广阔的需求，包括功能性和非功能性（如可用性、弹性等）。因此，需要范围广阔的诸多物联网体系结构模式来满足这些不同的需求。

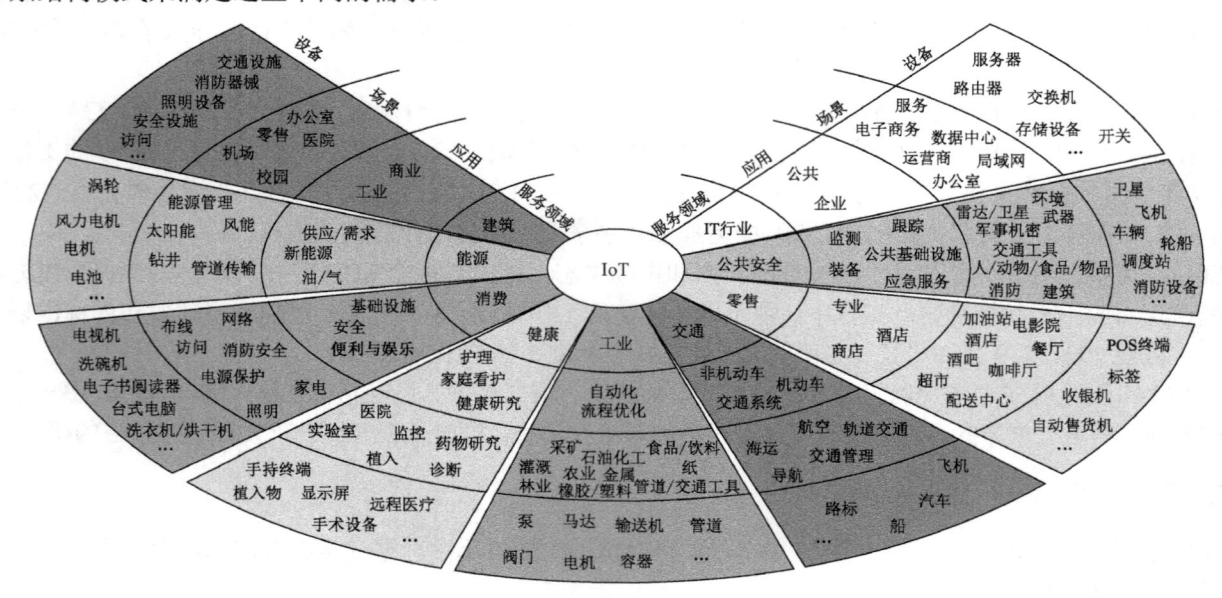

图 5-5 物联网水平形态

许多物联网系统的另一个特征是异构性；这是因为有大量的技术正在使用，也因为有大量的物联网产品和服务供应商。这一特点之所以存在，不仅是因为物联网系统的需求范围很大，也是因为这些技术的不断发展。

最后，物联网系统结合了其他"智能 ICT"技术，如大数据分析，包括深度学习系统和其他人工智能（AI）技术。

这意味着，对于 SC 41 来说：
- 对水平和灵活的基础标准有强烈需求（参考体系结构，词汇）；
- 随着技术和市场的不断发展，要在某些技术主题上达成共识，将面临挑战；
- 水平方面的挑战来自技术（与云计算、安全等主体的重叠）和应用领域的立场；
- SDO 和联盟的高层次活动，强调的是不改变基本原则。

因此，遵循以下主要战略途径：
- 使用系统方法：实践战略规划；采用敏捷办法管理；与其他 SDO 开展合作；与其他 JTC 1、ISO 和 IEC 实体合作，考虑联合工作。
- 通过特设组和咨询组的形式积极探索新工作领域。

这就是 SC 41 作为一个系统委员会成立的原因：为了履行其使命，它需要与其他 JTC 1、ISO 和 IEC 实体以及许多 SDO 合作。

考虑到之前列出的物联网特性，SC 41 需要专注于技术不确定性框架和标准，并发布有助于将物联网技术与其广泛的应用领域联系起来的标准。

（2）成就

SC 41 分别于 2019 年 11 月 11—26 日在俄罗斯（线下）和 2020 年 5 月 24—29 日在线上举行了全会，参会人数分别为 85 人和 116 人。在本工作周期（2020 年 6 月—2021 年 9 月）内，SC 41 一些关键亮点包括以下几个方面：

① 2020 年 11 月虚拟会议。

工作项目：
- 对 6 项在研项目进行了讨论；

- 通过了1项新工作项目提案；
- 启动了1项技术报告的编制工作；
- 创立了1项预工作项目。

组织方面：
- 创建AHG 26（可信性互操作）；
- 支持对OCF的PAS提交者身份的确认。

② 2021年5月虚拟会议。

工作项目：
- 对6项在研项目进行了讨论；
- 通过了1项新工作项目提案；
- 启动了1项技术报告的编制工作；
- 创立了1项预工作项目。

组织方面：
- 创建AG 29（通信和网络协调）。

③ 特设组和咨询组（以前称"研究组"）在SC 41中用来探索新领域，并为SC 41战略规划做出贡献。从首尔全体会议开始，共设立了13个研究组。分别是：
- 边缘计算：2017年11月完成工作，发布1项技术报告。
- 物联网可信性：2018年5月完成工作，输出2项在研项目。
- 工业物联网（IIoT）：2018年5月完成工作，发布1项技术报告，输出2项在研项目。
- 实时物联网：2018年5月完成工作，输出1项在研项目。
- 物联网用例：2018年5月完成工作，该组提出的相关建议被接受，输出1项新工作项目提案。
- 参考架构和词汇表：该组提出的相关建议已被接受并执行。
- 可穿戴设备：2018年11月完成工作，启动1项预工作项目。
- 参考架构和词汇协调：2019年5月完成工作。
- 物联网服务中的社会和人为因素研究：2019年6月完成工作。
- 物联网和区块链集成：2020年5月完成工作，启动1项技术报告。
- 物联网群体智能：2019年5月完成工作。
- 物联网人员定位管理系统（PPMS）：创建于2019年5月31日。
- 可信性互操作：创建于2020年5月29日。

截至2021年5月，SC 41有30个P成员、10个O成员、8个A类联络组织，以及402名IEC注册专家。

（3）资源

SC 41现阶段有足够的资源用于目前的工作计划，虽然后面需要持续寻找相关工作资源以确保SC 41顺利发展。SC 41将通过合作尽可能多地利用其他JTC 1、ISO和IEC实体以及SDO的相关工作资源。

（4）竞争及合作

SC 41作为一个系统委员会而创建，最初被授权开展物联网（IoT）领域相关标准化工作，后来其工作范围扩展到数字孪生领域。

由于物联网不是一项单一技术，而是一种包含多种技术的分布式处理系统，SC 41必须处理与其他技术的关系：
- 与JTC 1中的SC及ISO和IEC中的委员会进行对接和协作，使物联网系统中使用的相关技术标准化；
- 与主要利益相关方及其标准使用方进行接触并合作：开发物联网密集型工程应用和系统。
- 这同样适用于数字孪生领域。

此外，需要强调的是，一个成功的标准项目的重要判据，不仅在于按时交付，而且还在于交付该标准的充分的使用价值。就SC 41而言，这些标准需要被能源、城市、农业、卫生等相关部门接受和使用。这种接受度也反映在各领域特定标准中对SC 41标准的系统性引用上。

由于物联网和数字孪生涵盖的技术领域还在不断发展，而且它们还推动了许多应用领域的转型，大量的

SDO和联盟参与到标准的研制中。这意味着 SC 41 需要与许多相关实体一起工作，或者确保其工作情况能够得到及时沟通。

在标准项目研制过程中，与其他 SDO 的经典合作方式是建立"联络关系"。在委员会文件正式发布之前，联络关系是 SDO 之间系统性交换信息的唯一途径。

就内部实体和外部实体联络关系（C 类联络，尤其是 A 类联络）而言，如果多个专家同时积极参与内部和外部实体的工作，那么联络关系可以变得更加密切和富有成效。例如，在 SC 41 中，SC 38、SC 42、SC 27 和 IEC SyC COMM 就是这种情况。

在某些情况下，在研项目可以通过系统地交换意见来进行密切协调工作，例如与 SC 38、SC 27 以及 ISO/TC 307 的协调工作。

假如整个专家小组都介入联络关系，并且同多个实体联络，就会设立联络小组来整合资源以确保适当的协调工作。

最后，在某些情况下，需要开发覆盖内部和外部两类实体范围的多个标准，这就需要一个组织结构来确保：

- 多学科的技术专长不仅可用于标准制定，还可用于标准批准过程中的审查工作；
- 稀缺的国家成员体（NB）资源得到高效利用，避免重复性工作；
- 不采用对满足市场需求的标准进行细分的方法来处理"范围"问题。

正确的解决方案是建立一个联合工作组（JWG）。JWG 可以结合新工作项目来创建，也可以基于现有的工作组来创建。

现阶段，SC 41 已经成立：

- 3 个"以技术为导向"的联络小组（可信赖，人工智能，通信和网络），涵盖一个或多个 SDO；
- 2 个"行业联络小组"，分别负责工业、智慧城市与公用事业领域；
- 3 个 JWG，分别与 IEC/TC 65、IEC/TC 57 和 SyC Smart Energy 联合建立，这些 JWG 不由 SC 41 管理。

另外，有两个 JWG 以及一些与 IEC 某些系统委员会的"R"成员资格正在考虑中。

完整的 SC 41 成员名单，包括所有外部和内部联络代表，可以在 IEC 网站上找到。SC 41 正在有意识地通过建立一个与 JTC 1 内外组织的广泛联系网络来加强与其他 SDO 的合作。值得注意的是，目前 SC 41 与 IEC/TC 65 创建了 JWG 17，致力于工业系统整合方面的合作；与 IEC SyC Smart Energy 创建了 JWG 3，将物联网概念引入智慧能源领域，并且共同将这些概念整合到智慧能源标准中。

考虑到有大量的内部联络实体（见表 5-13），从 SC 41 中征集合适的与这些实体对接的联络代表是一个挑战。

表 5-13 SC 41 联络关系统计

联 络 种 类	联络数量
与 ISO 的内部联络	21
与 IEC 的内部联络	16
与 ISO/IEC JTC 1 的内部联络	19
外部的 A 类联络	8
外部的 C 类联络	7

（5）管理结构

SC 41 工作计划在 5 个工作组和 3 个联合工作组中完成，SC 41 管理结构见图 5-6。

这些工作组在下述管理结构下运作：以一个咨询组（AG）为中心，由 SC 41 主席主持，其成员包括委员会管理者、工作组召集人、P 成员和 A 类联络代表。如前所述，每年举行两次全体会议和工作组会议。

（6）WG 3（物联网基础标准）

WG 3 的工作范围是：物联网词汇、架构和框架领域的标准化工作。

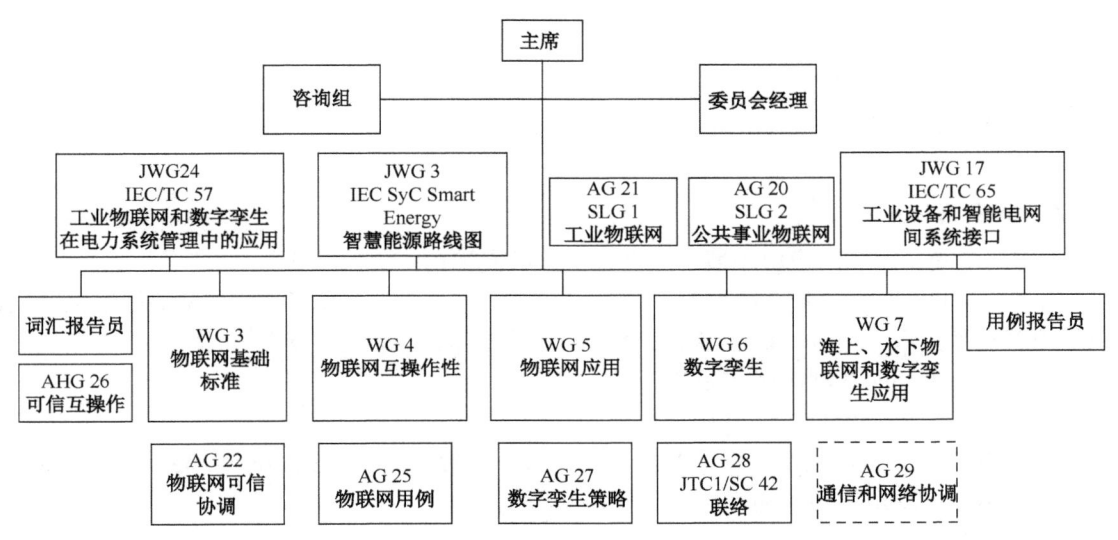

图 5-6　SC 41 管理结构

从水平视角看，JTC 1/SC 41/WG 3 将进行参考架构、框架和词汇的标准化活动，以建立和维护一个灵活的基础平台。从垂直视角看，考虑了广泛垂直市场的各个方面，信息和通信技术专家与垂直领域专家之间的合作是该工作组成功的一个基本因素。

业务计划：JTC 1/SC 41 N0478。

已分配标准：ISO/IEC 29182-1/2/3/4/5，ISO/IEC 20924，ISO/IEC 30164，ISO/IEC 30165，ISO/IEC 30147。

新发布标准：暂无。

在研标准：ISO/IEC 30149，ISO/IEC 30168，修订版 ISO/IEC 30141 和 ISO/IEC 20924。

预工作项目：JTC 1-SC 41-172。

（7）WG 4（物联网互操作性）

WG 4 的工作范围是：物联网互操作性、连通性、物联网（IoT）平台、中间件、一致性和测试等领域的标准化工作。

WG 4 的项目领域如图 5-7 所示。除了 ISO/IEC 21823 系列标准外，WG 4 的一个目标是为其他主题开发互操作性标准，如水声传感器网络和用于互操作性的面向 Web 的架构系统模型。此外，WG 4 还将尝试开发测试标准，如物联网互操作性测试和物联网一致性测试。为此，WG 4 已经在这些领域成立了研究组。

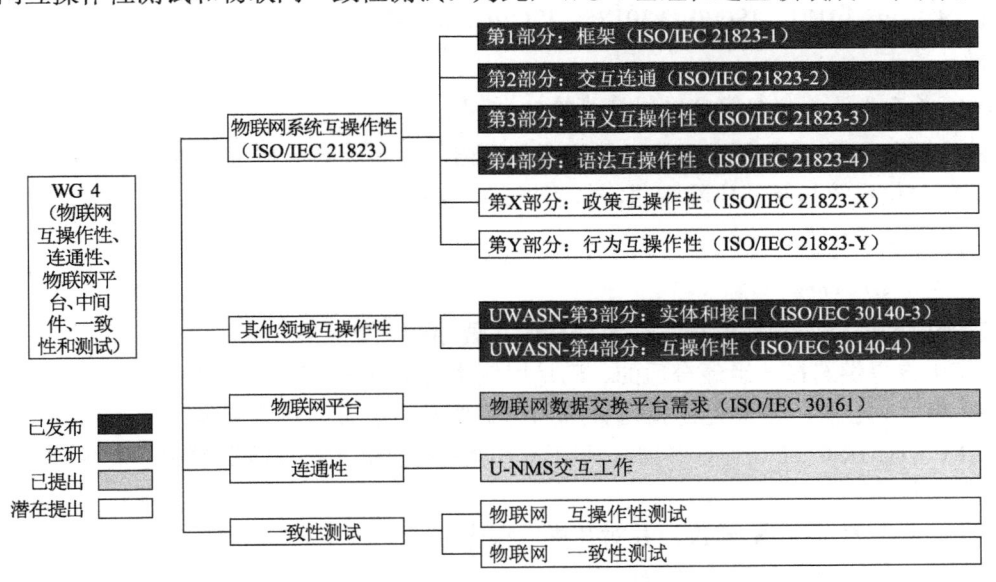

图 5-7　WG 4 项目领域

业务计划：JTC 1/SC 41 N0479。

已分配标准：ISO/IEC 19637，ISO/IEC 29182-7，ISO/IEC 21823-1/2，ISO/IEC 30161，ISO/IEC 21823-3，

· 207 ·

ISO/IEC 30161。

新发布标准：ISO/IEC 21823-2。

在研标准：ISO/IEC 21823-4。

预工作项目：暂无。

（8）WG 5（物联网应用）

WG 5 的工作范围是：物联网应用领域、用例、工具和实施指南的标准化。

从水平视角看，WG 5 将承担物联网用例、物联网平台、中间件、工具和实施指南等标准化活动，促进各个应用领域之间的相互关系，适应和扩展 WG 3 和 WG 4 的工作。从垂直市场视角看，WG 5 将进行标准化活动，借以规范每个垂直市场的各种应用和服务。

业务计划：JTC 1/SC 41 N0465。

已分配标准：ISO/IEC 22417，ISO/IEC 22560，ISO/IEC 29182-6，ISO/IEC 20005，ISO/IEC 30101，ISO/IEC 30128，ISO/IEC 30148，ISO/IEC 30166。

新发布标准：ISO/IEC 21823-2。

在研标准：ISO/IEC 31044，ISO/IEC 30162，ISO/IEC 30163，ISO/IEC 30167，ISO/IEC 30169，ISO/IEC 30171。

预工作项目：PWI JTC 1-SC 41-2，PWI JTC 1-SC 41-3，PWI JTC 1-SC 41-4，PWI JTC 1-SC 41-180。

（9）WG 6（数字孪生）

WG 6 的工作范围是：数字孪生领域的标准化。WG 6 将负责制定数字孪生基础标准及水平标准。

业务计划：暂无。

已分配标准：暂无。

新发布标准：暂无。

在研标准：ISO/IEC 30172，ISO/IEC 30173。

预工作项目：PWI JTC1-SC41-5，PWI JTC1-SC41-6。

（10）WG 7（海上、水下物联网和数字孪生应用）

WG 7 的工作范围为：海上、水下和内河航道物联网、数字孪生及相关技术的应用的标准化工作。

业务计划：暂无。

已分配标准：ISO/IEC 30140-1/2/3/4，ISO/IEC 30142，ISO/IEC 30143。

新发布标准：暂无。

在研标准：ISO/IEC 30171，ISO/IEC 30175，ISO/IEC 30177。

预工作项目：暂无。

（11）JWG 17（工业设备和智能电网间系统接口）

该工作组的工作将对该领域所需标准进行确认和介绍，并对原有标准范围进行必要扩充，以允许工业设施和其中的工业自动化系统与智能电网沟通，从而规划、协商和管理电力输送以及它们之间的相关信息。

在研标准：IEC 62872-1/2；

（12）JWG 3（智慧能源路线图）

JWG 3 负责映射智慧能源领域的相关系统架构的主要用例，其中包括：

- 为标准使用方提供选择一组最合适的、满足用例集的标准/规范（现有的或来自 IEC，也可来自其他机构）的指南。这包括将智慧能源范围分解为若干典型的系统和系统架构。
- 与 ISO/IEC JTC 1/SC 41 合作，将物联网和数字孪生概念引入智慧能源领域，并协调其在智慧能源标准化工作中的集成。
- 识别可能的标准差距/重叠/建议，并对其进行排序。
- 将上述结果提供给 IEC 智慧能源映射工具。

（13）JWG 24（工业物联网和数字孪生在电力系统管理中的应用）

JWG 24 为配电系统管理的应用研制工业物联网（IIoT）和数字孪生相关标准：架构和功能要求。

5.2.22 SC 42 业务计划（2020 年 11 月—2021 年 9 月）

1. 执行概要

① 背景和概述。

在俄罗斯符拉迪沃斯托克（海参崴）举行的第 32 届 ISO/IEC JTC 1 全体会议上，通过了第 12 号决议——成立 SC 42，作为"人工智能的系统集成实体"（分技术委员会），提交 ISO TMB 和 IEC SMB 批准。该决议还任命 Wael William Diab 先生（美国）为 SC 42 主席，ISO 被指定为 SC 42 的管理者，Heather Benko 女士（ANSI）被任命为委员会秘书。

SC 42 成立大会于 2018 年 4 月 18 日至 20 日在北京举行，会议通过了处理 ISO TMB 审查意见的决议。这些决议和相关文稿由 JTC 1 批准并提供给 ISO TMB 和 IEC SMB，后者随后于 2018 年 5 月完成批准。特别是，针对包含社会关切事项的 SC 42 工作计划的决议（SC 42 N 078 北京 决议 2）获得通过。ISO TMB 53/2018 决议批准了该决议。

此外，还有一项决议（SC 42 N 078 北京 决议 1）获得通过，这项决议支持此前 JTC 1 全会上将大数据工作从 JTC 1/WG 9 转移到 SC 42 的决议（JTC 1 符拉迪沃斯托克决议 13）。根据这两项决议以及与 TMB 秘书的协商，JTC 1 秘书于 2018 年 5 月 7 日将大数据工作计划移交给 SC 42，JTC 1/WG 9 被解散（SC 42 N088 和 JTC 1 N 13712）。

SC 42 第二、三、四次全体会议分别在桑尼维尔、都柏林和东京举行。鉴于全球新冠疫情，第五次、第六次和第七次全体会议以虚拟方式举行。在历届全体会议结束时，批准了一些项目，并建立了一份更新的工作计划以反映（项目）批准情况。

② SC 42 的工作范围。

SC 42 主要负责人工智能（AI）领域的标准化工作。

- 作为 JTC 1 人工智能标准化项目的汇聚点和支持者；
- 为 JTC 1、IEC 和 ISO 开发人工智能应用程序提供指导。

③ 业务计划的范围。

本业务计划侧重于 SC 42 自 2020 年提交最后一个版本以来的产出。

2. 回顾

（1）市场需求、创新

在人工智能等技术的推动下，数字化转型有望让我们的生活、工作和娱乐方式变得更好。尽管如此，随着底层技术的普及，这种转变也改变了标准化的格局。例如：

- 日益显现的非技术要求，例如道德和社会问题以及设计可信赖系统的能力，这两方面比较关键；
- 利益相关者的多样性已大大增加（例如监管、社会科学、经济等）；
- 各个利益相关者的早期参与已成为常态；
- 应用领域和相关用例急剧增加；
- 了解用途、证明业务案例和开发标准现在是并行的；
- "数据生态系统"与硬件、软件和运营技术一样重要；
- 启用认证、第三方审计和提高终端用户的信心越来越重要。

为了在迎接新生挑战的同时，应对不断变化的环境和努力解决采用障碍，SC 42 采用了整体生态系统方法。这种方法通过探寻技术能力以及非技术趋势和需求，考虑将技术运用背景用于开发技术要求。此外，SC 42 产生的横向的、基础性的可交付件可以连接创新社区，如应用程序 SDO、研究和开源社区。图 5-8 总结了 SC 42 的新方法。

数字化转型的承诺以及人工智能的持续快速创新也改变了人工智能系统的部署方式。传统上，人工智能一直专注于大规模问题，这些问题要么太难、太复杂，无法用传统计算方法解决，要么处于专业的新兴领域。而现在已不再是这种情况。对服务和更智能分析的需求驱动了数字化转型，而人工智能是数字化转型的关键推动力之一。示例包括：

- 设置有适当可信性措施的人工智能专家系统正在帮助医疗保健专业人员为患者做出更好的决策。

- 在工业制造业中的部署：设置有安全措施的人工智能系统，其中机器人可以与人类工人一起工作来提高效率。
- 在金融生态系统中的部署：从考虑客户风险等因素的资产管理程序，到减少误报的欺诈检测程序，人工智能可为多种金融应用程序赋能。
- 新兴应用程序数量众多且多样化，例如消费者、零售、数字助理、智能电网等专家系统、营销智能工具、企业等。

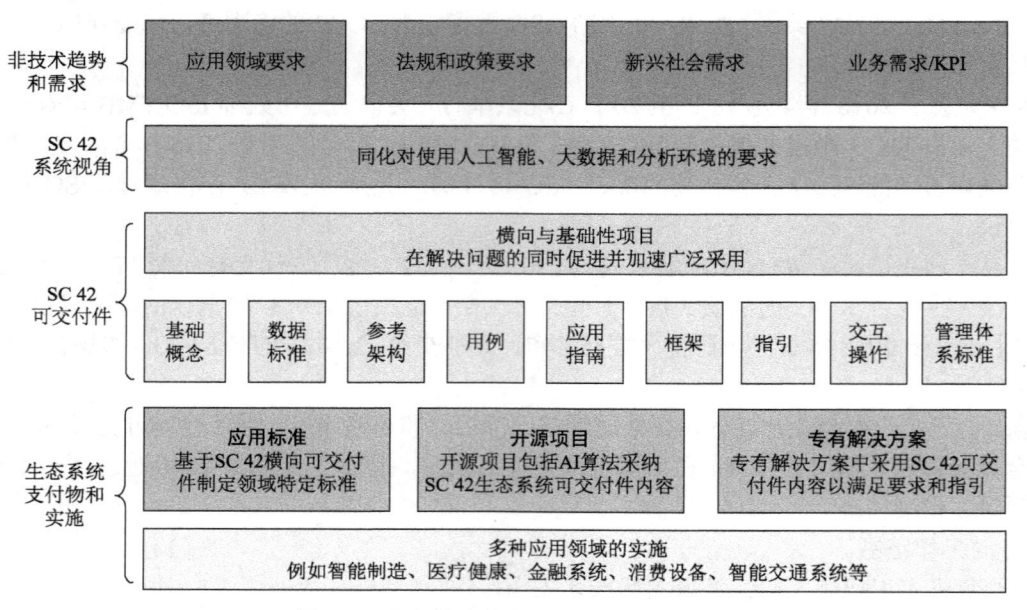

图 5-8 弥合差距——一种生态系统方法

因此，根据 IDC（国际数据公司）的预计，2021 年 75%的企业应用使用人工智能，2021 年企业在人工智能解决方案上的花费达到约 3 420 亿美元；2022 年市场进一步加速增长，增长 18.8%，在 2024 年有望突破 5 000 亿美元大关。

人工智能生态系统的标准化时机继续成熟。

（2）成就

自成立至 2020 年 10 月之前 SC 42 的成就如下：

① 解决了在其创建时确定的与工作计划相关的问题。
- 解决了 ISO TMB 和 IEC SMB 重申的有关"社会问题"的意见，完成了 SC 42 的建立批准。在整个工作计划中考虑了道德和社会问题，并紧密整合到各种横向可交付件中。此外，将道德和社会方面的考虑和要求映射到人工智能技术工作的项目已接近完成。
- 解决了大数据工作的转移问题。

② 确定、实施和发展治理结构和工作计划，为了人工智能、大数据和分析的发展，改善人工智能生态系统和数据生态系统的各个方面。
- 6 个工作组，包括 5 个 SC 42/WG 和 1 个由 SC 42 管理的 JWG。

③ 逐年扩大其工作计划。
- 基础大数据工作已完成并发布。建立在流程管理基础工作上的后续框架已进入 DIS。
- 已批准工作的人工智能组合项目在开发阶段进展顺利。
- NB 和 WG 新确立工作项目的健康渠道：一些 WG 绘制了各自领域的规划；就各种战略主题向 SC /AG 提供咨询，从而扩大了工作计划。
- 启动了新项目以解决工作计划中的缺口，如数据质量系列。
- 数据问题越来越重要，作为应对措施，扩展大数据工作组的职责范围，包括与大数据、人工智能和分析相关的所有数据方面。
- 启动了采用新方法的新项目，以解决人工智能生态系统中新兴的需求，如人工智能 MSS 系统、人工智能应用程序的指南、风险管理、数据质量系列、道德和社会问题等。
- 增加与 JTC 1 其他分技术委员会（如 SC 7、SC 27、SC 29、SC 32、SC 38~42）的合作，以及更广泛地在 ISO 和 IEC 内部（如 SMCC、ACOS、IEC 65A）使用人工智能应用程序。
- 解决人工智能特定问题的新方法，例如 MSS，以允许第三方认证和审计和风险管理，以解决技术的性质。

④ 建立协作生态系统，并执行其系统集成任务。
- 与 JTC 1 SIF 团队就系统集成进行合作，接受指导并根据经验教训提供反馈。
- 参与 JTC 1 的新兴工作，向各个感兴趣的 AG（如 JTC 1 的可信性咨询组、数据使用咨询组、量子计算咨询组、JETI 咨询组等）和跨 JTC 1 倡议（如 PII、OSS、交叉协作）指派代表。SC 42 在 JTC 1 下总共参与了 16 个领域。
- 建立了广泛的联络网络，用于与内部和外部组织合作，加强 SC 42 作为系统集成实体的使命。SC 42 有 40 多个联络伙伴。
- 从所有联络合作伙伴（包括 ISO、IEC 的各 TC 以及外部组织）获取用例。
- 利用完整的协作工具集，为包括 JWG 在内的其他委员会提供人工智能应用指南。通过联络伙伴和特别 AG，SC 42 开发了一些项目以支持联络工作。

⑤ 开展广泛的外展活动，包括：
- 开发外展平台，建立外展 AHG 和 ISO 网站培训。
- 持续与对人工智能感兴趣的 ISO、IEC 和 JTC 1 委员会进行外展。
- 与 ISO 和 IEC 通信人员以及 JTC 1 新闻委员会合作发布新闻报道。
- 启动 SC 42 人工智能研讨会系列。
- 出席关键行业活动，包括 GSC-22 的人工智能轨道和 IEC-FDFA 研讨会。
- 发送在 SC 42 全体会议上进行主题演讲的邀约，例如欧盟委员会人工智能政策负责人、IEC SMB 主席、经合组织人工智能政策领导，ISO TMB SMCC 主席和 METI 副总干事。
- 在虚拟全体会议期间建立主题信息通报会。
- 发起 SC 42 研讨会系列。
- 与 GSO、EC、OECD、消费者国际、国际电联等外部组织进行外展。
- 参与关键新兴的 ISO/IEC 倡议，例如 ISO SMCC、IEC SEG 10、IEC MSB AI WP 反馈等。

本工作周期（2020 年 11 月—2021 年 9 月）内 SC 42 的主要成就和亮点如下：
① 出版物。
- 完成大数据基础工作；
- ISO/IEC 24030 人工智能用例（>130 个用例）；
- ISO/IEC 24028 人工智能可信性概述；
- ISO/IEC 24029 -1 神经网络稳健性评估概述；
- 预计发布 ISO/IEC 24027 人工智能系统和人工智能辅助决策偏差；（注：已发布 ISO/IEC TR 24027:2021）
- 预计发布 ISO/IEC 24372 人工智能计算方法概述。（注：已发布 ISO/IEC TR 24372:2021）

② 数量增长
- 项目：24 个活跃项目，其中 6 个新项目在 2020 年添加到工作计划中；
- 参与情况：连续逐年增长，有 50 个国家成员体（33 个 P 成员，17 个 O 成员）；约 150 人线下参与，超过 250 人线上参与。

③ 工作计划的多样性和生态系统覆盖范围的增长。
在生态系统的以下其他领域启动的新项目：
- 与人工智能、大数据和分析相关的数据，包括：分析和 ML（机器学习）的数据质量系列标准（ISO/IEC 5259） 第 4 部分（度量）；PWI 数据生命周期框架。
- 人工智能（AI）可信性：ML 模型和 AI 系统的可解释性（ISO/IEC 6254）；AI 系统的质量评估指南（ISO/IEC 5471）；自动化人工智能系统的可控性（ISO/IEC 8200）。
- 其他项目的新想法的健康渠道。

- WG级别的路线图规划。
- SC级别通过各AG的战略性新工作考虑。

许多主题领域和潜在的新项目正在评估中，包括：
- 人工智能测试；
- 数据生命周期框架；
- 人工智能服务生态系统；
- 人工智能系统的验证和确认方法；
- 人工智能MSS特定部门扩展的合作机会；
- 建议建立一个AG，以确定工作计划中的缺口；
- 路线图AHG在许多工作组中开始。

④ 现有工作的稳健进展。
- 4个IS（22989、23053、24668、38507）推进到DIS，包括基础项目、大数据流程管理框架和人工智能的治理影响；风险管理IS（23894）预计将推进到DIS。
- 3个IS（42001、25059、24029-2）推进到CD，包括AI MSS、AI系统的SQuaRE质量模型和神经网络的稳健性。
- 1个TS（4213）推进到DTS，关于机器学习模型的分类性能评估。
- 3个TR（24027、24368、24372）推进到DTR，包括偏见、计算、伦理和社会问题项目。所有项目均已成功完成DTR，并处于评论处理和预发布的各个阶段。

⑤ 广泛的外展活动、媒体/通讯报道和合作（内部和外部）。
- 十多篇IEC文章和多媒体活动。与ISO通信团队就AI MSS等关键文章开展合作。
- 超过40个联络伙伴。
- 新的内部协作：JTC 1/SC 7关于人工智能测试；参与IEC SMB ACOS的协作安全；将GOST-R医疗人工智能提案提交给协作小组，各ISO和IEC委员会出席并参与其中，使SC 42的项目更加纯粹；讨论和支持由SC 37推动并与SC 27和EC合作的生物识别人工智能工作；与SC 39就可持续人工智能进行初步讨论。
- 现有举措和关系取得显著进展：从SC 42和SC 65就ISO/IEC 5469征求反馈；为提交给TMB的ISO SMCC文件贡献了人工智能和大数据部分；通过与包括SC 27、SC 38和SC 41在内的联络组织，与JTC 1小组委员会合作开展新的人工智能相关举措，支持JTC 1领导参与SMB的SEG 10的建议，以确保与SC 42可交付件和补充方法不重叠；对与经合组织框架相关的SC 42工作计划重点领域的相互协作进行详细分析和向经合组织反馈；向EC多利益相关方滚动计划的详细意见。
- 参与战略性ISO和IEC活动，例如：ISO SMCC、IEC ACOS、IEC SEG 10、ISO、IEC和JTC 1研讨会，IEC YP、JTC 1 AG、JTC 1 EC多方利益相关者反馈，ISO/IEC医疗人工智能协调组。
- 出席行业主题演讲、小组讨论和重要活动。

⑥ 计划了到2024年底前的全部会议。

自成立以来，SC 42成员每年都健康稳定地增长。SC 42有33个P成员和17个O成员。此外，实体全体会议的出席人数约为150人，虚拟全体会议的出席人数超过250人。由委员会主席和委员会秘书、小组召集人和秘书处以及由编辑组成的委员会领导团队积极开展工作，落实商定的工作计划。

（3）机遇和挑战

SC 42的最近一次商业计划书确定了一些挑战。

① 2020年业务计划中确定的主要挑战已经成功解决。
- 2020年挑战：平衡工作计划的扩展和现有项目的有效执行。

  解决方案：SC 42工作的兴趣仍然很高。继续改进讨论新工作、开发官员模板、培训、提案质量控制和跨项目问题识别的流程。更多SC 42 WG正在制定结构化路线图。而各AG则着眼于战略领域。正在讨论建立一个新的AG，旨在分析差距和形势。
- 2020年挑战：更多地参与ISO和IEC关注应用的委员会的活动。

解决方案：正在使用完整的协作工具集（与 JWG 联络）。正在进行新项目和倡议（如 AI 测试、ACOS 协作安全、医疗 AI）。加强与对 AI 感兴趣的委员会的联系。SC 42 研讨会系列将以应用程序为重点开始工作。开展工作组合，使 ISO 和 IEC TC 能够使用 SC 42 的 AI 应用工作（如 MSS 部门特定扩展、应用指南等）。

- 2020 年挑战：有机会参与其他兴趣类别，例如消费者细分、学术/研究和其他兴趣领域。

  解决方案：通过各种机制进行有针对性的外展，包括有针对性的研讨会和有针对性的出版物中的文章（如 RAPS）。利用联络伙伴扩大目标受众（如 ISO 和 IEC 委员会的 OT 专家，经合组织的政策专家，欧共体的监管）。

- 2020 年挑战：使用国际标准应对人工智能领域新兴的特定需求和挑战。

  解决方案：人工智能带来了不同于传统 IT 系统的新挑战（例如：依赖于培训的结果；偏见），这是被成功采用的关键。此外，需要将这些要求与可验证的技术要求联系起来。SC 42 采用了许多新颖的方法，例如 MSS、申请指南以及将道德要求与投资组合等联系起来。

② 2020 年独特的意外挑战。

- 新冠疫情对 SC 42 工作计划、会议和通话造成了疲劳/重叠的影响。

  解决方案：继续 2 周计划并就新冠疫情问题与东道主密切合作。此外，各工作组改进流程，保留 SC 42 会议席位，以确保平衡。

③ 展望未来的挑战。

随着 SC 42 和工作计划的不断发展，在过去的周期中确定和应对的挑战可能会继续存在，SC 42 已经意识到其中的一些挑战，例如继续扩大利益相关者的多样性、协作以及平衡高质量、高效率的产出与计划增长之间的关系，这些都不是一次性的问题，并且可能随着 SC 42 工作的增长而发展。

此外，新冠疫情和经济困难可能持续存在。SC 42 将继续采用上述有效的方法，并在全年进行定期评估，以根据需要进行改进。虽然无法预测新冠疫情引起的不确定性，但是，虚拟会议和跨 WG 的 SC 42 电话协调等方法可以帮助解决或减轻其影响。

迄今为止，SC 42 有幸通过一系列新的项目提案唤起了对自身工作的浓厚兴趣。尽管如此，仍然带来了一些独特的挑战：

- 扩展：随着工作计划的不断发展，培训新编辑，在确保所有可交付件质量的同时保持高效执行，这些都面临着一系列挑战。
- 确定工作计划中的缺口，尤其是涉及现有工作计划或工作组尚未涵盖的新兴领域。

④ 未来规划。

展望未来，SC 42 的工作范围，及其对人工智能整个生态系统和与人工智能、大数据分析相关数据的关注，为继续扩大工作计划、成员资格和合作提供了很多机会。由于这是一个非常令人感兴趣的领域，因此现在是继续在这些领域采取行动的理想时机。SC 42 运行中的挑战已在上面描述。从战略的角度来看，继续寻找提升计划及可交付件的方法也很重要。此外，随着 ISO 和 IEC TC 对建立人工智能应用标准的兴趣持续升温，建立外展指导、补充横向标准组合，以了解如何利用 SC 42 可交付件和工作范围就变得越来越重要。最后，通过 SC 42 主办的研讨会来补充外展倡议，可以扩大外展并帮助确定工作计划中的缺口。

（4）资源

SC 42 已决定每年召开两次全体会议。此外，SC 42 下设小组的所有面对面会议都在全体会议期间举行。当前的资源和结构足以满足 SC 42 的工作计划。

在新冠疫情期间，SC 42 制定了为期两周的虚拟全体会议，以平衡工作进展与合理的通话时间表，同时最大限度地减少任何重叠通话。重叠电话会议的最小化（原则）也已扩展到每届全体会议之间的定期电话会议。

另外，由于人工智能和与人工智能、分析和大数据相关的数据主题具有许多应用领域，并且由于 SC 42 的系统集成性质，SC 42 将继续尝试尽可能多地利用 JTC 1 其他 SC、ISO 和 IEC 实体的资源，通过合作来利用 SDO 的资源。

（5）竞争与合作

SC 42 与许多内部和外部的委员会和组织合作。有关当前联络的完整列表，可登录 ISO 官网查阅。

① 批准的外部联络。

A 类：

- EC（欧盟委员会）。SC 42 联络官：Ray Walshe（爱尔兰）。
- ETUC（欧洲工会联盟）。
- 大数据价值协会（BDVA）。SC 42 联络官：Abdellatif Benjelloun Touimi（英国）、Ray Walshe（爱尔兰）。BDVA 联络官：Ana Garcia Robles、Abdellatif Benjelloun Touimi。
- 人工智能伙伴关系（PAI）。SC 42 联络官：Tarek Besold（德国）。PAI 联络官：Terah Lyons、Peter Eckersley、Steven Adler。
- OECD（经济合作与发展组织）。OECD 联络官：Karine Perset、Luis Aranda。SC 42 联络官：Rohit Israni（美国）。
- 消费者国际小企业标准（SBS）。
- 开放地理空间联盟（OGC）。OGC 联络官：George Percivall、Ingo Simonis。
- ITU。SC 42 联络官：Yoav Evenstein（以色列）。ITU 联络官：Reinhard Scholl、Bilel Jamoussi。

C 类：无。

② SC 42 批准的内部联络。

- JTC 1/SC 7（软件与系统工程）：SC 42 官员是 Yuchang Chen（日本）和 Adam Leon Smith（英国）。
- JTC 1/SC 27（信息安全、网络安全和隐私保护）：SC 42 官员是 Peter Deussen（德国）和孙彦（中国）。
- JTC 1/SC 29（音频、图片、多媒体和超媒体信息编码）：SC 42 官员是 Wo Chang（美国）和 Abdellatif Benjelloun Touimi（英国）。
- JTC 1/SC 32（数据管理与交换）：SC 42 官员是 Wo Chang（美国）和 Guang Liang（中国）。
- JTC 1/SC 34（文档描述与处理语言）。
- JTC 1/SC 36（学习、教育和培训用信息技术）：SC 42 官员是 Bruce Peoples（美国）。
- JTC 1/SC 37（生物特征识别）：SC 42 官员是 Brianna Brownell（加拿大）和 Frank Rudzicz（加拿大）。
- JTC 1/SC 38（云计算和分布式平台）：SC 42 官员是 Peter Deussen（德国）和 David Filip（爱尔兰）。
- JTC 1/SC 39（信息技术和数据中心的可持续性）：SC 42 官员是 Yoav Evenstein（以色列）。
- JTC 1/SC 40（IT 服务管理和 IT 治理）：SC 42 官员是 Geoff Clarke（澳大利亚）。
- JTC 1/SC 41（物联网和数字孪生）：SC 42 官员是 Wei Wei（德国）。
- JTC 1/WG 11（智慧城市）：SC 42 官员是 Tangli Liu（中国）。
- ISO CASCO。
- ISO/TC 22/SC 32（电气和电子元件和一般系统方面）。
- ISO/TC 37（语言和术语）：SC 42 官员是 David Filip（爱尔兰）。
- ISO/TC 37/SC 3（术语资源管理）：SC 42 官员是 David Filip（爱尔兰）。
- ISO/TC 69（统计方法的应用）：SC 42 官员是 Radouane Oudhriri（英国）。
- ISO/TC 204（智能交通系统）：SC 42 官员是 Wael William Diab（主席）。
- ISO/TC 215（健康信息学）：SC 42 官员是 Paolo Alcini（意大利）。
- ISO/TC 262（风险管理）：SC 42 官员是 Pat Baird（美国）。
- ISO/TC 299（机器人）：SC 42 官员是 David Dubois（加拿大）。
- ISO/TC 307（区块链和分布式记账技术）：SC 42 官员是李斌（中国）、张大鹏（中国）。
- ISO/TC 309（组织治理）：SC 42 官员是 Victoria Hailey（加拿大）。
- IEC SyC（智能城市）：SC 42 官员是 Tangli Liu（中国）。
- IEC/SyC SM（智能制造）：SC 42 官员是 Wael William Diab（SC 42 主席）。
- IEC SyC AAL（主动辅助生活）：SC 42 官员是 David Martin（美国）。
- IEC/TC 62（医疗实践中的电气设备）。
- IEC TC 65（工业过程测量、控制和自动化）：SC 42 官员是 Wael William Diab（SC 42 主席）、Wei Wei（德国）和 Rudy Belliardi（TC 65 秘书）。
- IEC/TC 65/SC 65A（系统方面）：SC 42 官员是 Takashi Egawa（日本）。

③ 批准的 SC 42 内部联络。
- JTC 1/WG 11（智慧城市）：官员是 Howard Choe。
- JTC 1/SC 7（软件与系统工程）：官员是 Stuart Reid（英国）和 Shuji Kinoshita（日本）。
- JTC 1/SC 24（计算机图形和图像处理及环境数据表示）。
- JTC 1/SC 27（信息安全、网络安全和隐私保护）。
- JTC 1/SC 29（音频、图像、多媒体和超媒体信息编码）。
- JTC 1/SC 32（数据管理与交换）：官员是 Dawson Liu 和 Jan Michels。
- JTC 1/SC 34（文档描述与处理语言）。
- JTC 1/SC 36（学习、教育和培训用信息技术）：官员是 Jon Mason（澳大利亚）。
- JTC 1/SC 37（生物特征识别）：官员是 Markku Metsämäki（芬兰）。
- JTC 1/SC 38（云计算和分布式平台）：官员是 Toshiro Suzuki（日本）。
- JTC 1/SC 40（IT 服务管理和 IT 治理）：官员是 Terry Landers（爱尔兰）。
- JTC 1/SC 41（物联网和数字孪生）：官员是 Osten Franberg（瑞典）和 Luke Fay（美国）。
- ISO CASCO。
- ISO/PC 317（消费者保护：消费品和服务的设计隐私）：官员是 Jacqueline Zoest（英国）。
- ISO/TC 20（飞机和航天器）：官员是 Karim Benmeziane（法国）。
- ISO/TC 20/SC 16（无人驾驶飞机）。
- ISO/TC 37（语言和术语）：官员是 David Filip（爱尔兰）。
- ISO/TC 37/SC 3（术语资源管理）。
- ISO/TC 42（摄影）：官员是 Scott Foshee（美国）。
- ISO/TC 69（统计方法的应用）：官员是 Radouane Oudrhiri（英国）。
- ISO/TC 211（地理信息/地理信息）：官员是 Chris Body（澳大利亚）、Jean Brodeur（加拿大）和 Liping Di（美国）。
- ISO/TC 215（健康信息）：官员是 Paolo Alcini（意大利）。
- ISO/TC 262（风险管理）。
- ISO/TC 269（铁路应用）。
- ISO/TC 307（区块链和分布式记账技术）：官员是 Janna Lingenfelder（德国）。
- ISO/TC 309（组织治理）：官员是 Michael Kayser。
- IEC SyC AAL：官员是 Ulrike Haltrich。
- IEC SyC SM：官员是 Alexander McMillan。
- IEC TC 62（医疗实践中的电气设备）。
- IEC TC 62/SC 62C（放射治疗、核医学和辐射剂量测定设备）。
- IEC TC 65（工业过程测量、控制和自动化）：官员是 Wael William Diab（SC 42 主席）和 Rudy Belliardi（TC 65 秘书）。
- IEC TC 65/SC 65A（系统方面）。

预计联络关系将继续增长。

3. 工作计划

结构：
SC 42 在首届全体会议上确定了其初始结构，并在随后的全体会议上进行了更新。SC 42 已经并将继续根据需要使用 AG 和临时组。其当前结构见表 5-14①。

SC 42 将根据工作计划继续评估其结构。

成员资格：
SC 42 现有 33 个 P 成员和 17 个 O 成员。有关完整的当前成员列表，请浏览 ISO 网站。

---

① 为了简洁明了，此处只列出了 SC 42 的工作小组，各 AG 和 AHG 没有列入。如需获取完整列表，请浏览 ISO 网站。

表 5-14 SC 42 当前结构

SC 42 小组	名 称	备 注
SC 42/WG 1	基础标准工作组	第一次全会成立
SC 42/WG 2	数据工作组	第二次全会成立，第五次全会更新
SC 42/WG 3	可信工作组	第二次全会成立
SC 42/WG 4	用例工作组	第二次全会成立
SC 42/WG 5	计算方法与人工智能系统特征工作组	第三次全会成立
SC 42/SC 40 JWG 1	人工智能治理影响联合工作组	由 2018 年 11 月 JTC 1 决议确认

33 个 P 成员：澳大利亚（SA），奥地利（ASI），比利时（NBN），加拿大（SCC），中国（SAC），刚果民主共和国（OCC），科特迪瓦（CODINORM）），塞浦路斯（CYS），丹麦（DS），芬兰（SFS），法国（AFNOR），德国（DIN），印度（BIS），爱尔兰（NSAI），以色列（SII），意大利（UNI），日本（JISC），哈萨克斯坦（KAZMEMST），肯尼亚（KEBS），韩国（KATS），卢森堡（ILNAS），马耳他（MCCAA），荷兰（NEN），挪威（SN），俄罗斯联邦（GOST R），沙特阿拉伯（SASO），新加坡（SSC），西班牙（UNE），瑞典（SIS），瑞士（SNV），阿拉伯联合酋长国（MoIAT-STR），英国（BSI），美国（ANSI）。

17 个 O 成员：阿根廷（IRAM），贝宁（ANM），巴西（ABNT），中国香港特别行政区（ITCHKSAR），匈牙利（MSZT），印度尼西亚（BSN），立陶宛（LST），墨西哥（DGN），新西兰（NZSO），北马其顿（ISRSM），菲律宾（BPS），波兰（PKN），葡萄牙（IPQ），罗马尼亚（ASRO），南非（SABS），乌干达（UNBS），乌克兰（DSTU）。

目前 SC 42 官员和编辑信息表见表 5-15。

表 5-15 SC 42 官员和编辑信息表

职 务	姓 名	来自的国家成员体
SC 42 主席	Wael William Diab	美国（ANSI）
SC 42 秘书	Heather Benko	美国（ANSI）
SC 42/WG 1 召集人	Paul Cotton	加拿大（SCC）
SC 42/WG 2 召集人	Wo Chang	美国（ANSI）
SC 42/WG 3 召集人	David Filip	爱尔兰（NSAI）
SC 42/WG 3 秘书	Aditya Mohan	爱尔兰（NSAI）
SC 42/WG 4 召集人	Fumihiro Maruyama	日本（JISC）
SC 42/WG 4 秘书	Nobuhiro Hosokawa	日本（JISC）
SC 42/WG 5 召集人	刘棠丽	中国（SAC）
SC 42/WG 5 秘书	孙宁	中国（SAC）
SC 42/JWG 1 召集人	Yonosuke Harada	日本（JISC）
SC 42/JWG 1 联合召集人	Gyeung-Min Kim	韩国（KATS）

编辑信息如下：
- ISO/IEC 22989：Wei Wei（德国）。
- ISO/IEC 23053：Milan Patel（英国）。
- ISO/IEC 42001：Marta Janczarski（加拿大）。
- ISO/IEC 24668：Gautam Banerjee（印度）。
- ISO/IEC 5259-1：Suwook Ha（韩国）。
- ISO/IEC 5259-2：Kyoung-Sook Kim（日本）。
- ISO/IEC 5259-3：Matthis Eicher（德国）。
- ISO/IEC 5259-4：马万钟（中国）。

- ISO/IEC PWI 数据生命周期框架：Colin Crone（英国）。
- ISO/IEC TR 24027：Adam Leon Smith（英国）[①]。
- ISO/IEC 24029-2：Arnault Ioualalen（法国）。
- ISO/IEC 23894：Peter Deussen（德国）。
- ISO/IEC TR 24368：Viveka Bonde（瑞典）。
- ISO/IEC TR 5469：Takashi Egawa（日本）。
- ISO/IEC 25059：Adam Leon Smith（英国）。
- ISO/IEC TS 6254：Jaeho Lee（韩国）。
- ISO/IEC TS 5471： Olivier Blais（法国）。
- ISO/IEC TS 8200 ：曹晓琦（中国）。
- ISO/IEC 5338：Yuchang Cheng（日本）。
- ISO/IEC 5339：Shrinkat Bhat（印度）。
- ISO/IEC TR 24372：马万钟（中国）。
- ISO/IEC TS 4213：孟令中（中国），Michael Thieme（美国）。
- ISO/IEC 5392：李瑞琪（中国）。
- ISO/IEC 38507：Peter Brown（英国）。

（1）WG 1（基础标准）

SC 42 在其首次全体会议上成立了 WG 1。

WG 1 承担了两个目前批准的项目：

- ISO/IEC 22989（人工智能概念和术语）；
- ISO/IEC 23053（使用机器学习的人工智能系统框架）。

在第二次全体会议上，SC 42 分配给 WG 1 的职责范围（ToR）：开发人工智能的基础标准。

除了指定的项目外，该工作组的任务是研究和整合关于生命周期的材料，这些材料将包含在现有的两个项目中。

2020 年 8 月 26 日，SC 42 完成了 AI 管理体系标准，ISO/IEC 42001 的注册，并将该项目分配给 WG 1。

ISO/IEC 42001《信息技术 人工智能 管理体系》。

WG 1 官员：

- 召集人：Paul Cotton（加拿大）被任命为 WG 1 的召集人（2018 年 4 月 20 日至今）
- 项目编辑：

  ISO/IEC 22989：Wei Wei（德国）（2018 年 4 月 20 日至今）

  ISO/IEC 23053：Milan Patel（英国）（2018 年 4 月 20 日至今）

  ISO/IEC 42001：Marta Jenczarski（加拿大）（2020 年 8 月 6 日至今）

（2）WG 2（数据）

SC 42 在其第二次全体会议上成立了关于大数据的工作组 WG 2。

WG 2 承担了 5 个现有的大数据项目：

- ISO/IEC 20546《信息技术 大数据 概述和词汇》；
- ISO/IEC TR 20547-1《信息技术 大数据参考架构 第 1 部分：框架和应用程序》；
- ISO/IEC TR 20547-2《信息技术 大数据参考架构 第 2 部分：用例和衍生需求》；
- ISO/IEC 20547-3《信息技术 大数据参考架构 第 3 部分：参考架构》；
- ISO/IEC TR 20547-5《信息技术 大数据参考架构 第 5 部分：标准路线图》。

在第二次全体会议上，SC 42 为 WG 2 分配了以下标题和 ToR：

- 标题：大数据；
- ToR：大数据领域的标准化。

---

① 项目编辑在第三次全会上已更换，原来的编辑因其他职责而辞职。

在第五次全体会议上，SC 42 扩大了 WG 2 的工作范围，更新了其标题和 ToR：
- 标题：数据；
- ToR：人工智能背景下与数据相关的标准化、大数据和数据分析。

2019 年 8 月 14 日，SC 42 批准 ISO/IEC 24668 注册项目并将其分配给 WG 2。
- ISO/IEC 24668《信息技术 人工智能 大数据分析过程管理框架》。

2020 年 7 月 31 日，SC 42 批准 AI 数据质量系列（ISO/IEC 5259）的 3 个部分，注册了这些项目并将其分配给 WG 2。
- ISO/IEC 5259-1《分析和机器学习的数据质量 第 1 部分：概述、术语和示例》；
- ISO/IEC 5259-3《分析和机器学习的数据质量 第 3 部分：数据质量管理要求和指南》；
- ISO/IEC 5259-4《分析和机器学习的数据质量 第 4 部分：数据质量过程框架》。

2021 年 1 月 1 日，SC 42 批准 AI 数据质量系列（ISO/IEC 5259）的第 2 部分，注册了该项目并将其分配给 WG 2。
- ISO/IEC 5259-2《分析和机器学习的数据质量 第 2 部分：数据质量措施》。

在第七次全体会议上，SC 42 批准了关于数据生命周期的预工作项目（PWI），并将其分配给 WG 2。该 PWI 题为"信息技术 人工智能 数据生命周期框架"。

完成并发布的基础大数据标准：

① ISO/IEC 20546 已完成并于 2019 年发布；

② 已完成并发布了 ISO/IEC 20547 系列的以下部分：

2020 年，ISO/IEC 20547-1；

2018 年，ISO/IEC 20547-2；

2020 年，ISO /IEC 20547-3；

2018 年，ISO/IEC 20547-5。

WG 2 官员。
- 召集人：Wo Chang（美国）被任命为 WG 2 的召集人。（2018 年 10 月 12 日至今）
- 项目编辑：

ISO/IEC 20546：David Boyd（美国）。（2018 年 10 月 12 日至发布）

ISO/IEC 20547-1：David Boyd（美国）。（2019 年 1 月 14 日至发布）

ISO/IEC 20547-2：Ray Walshe（爱尔兰）。（2018 年 10 月 12 日至出版）

ISO/IEC 20547-3：Ray Walshe（爱尔兰）。（2018 年 10 月 12 日至发布）

ISO/IEC 20547-5：David Boyd（美国）。（2018 年 10 月 12 日至出版）

ISO/IEC 24668：Gautam Banerjee（印度）。（2019 年 8 月 14 日至提交）

ISO/IEC 5259-1：Suwook Ha（韩国）。（2020 年 7 月 31 日至今）

ISO/IEC 5259-2：Kyoung-Sook Kim（日本）。（2021 年 1 月 1 日至今）

ISO/IEC 5259-3：Matthis Eicher（德国）。（2020 年 7 月 31 日至今）

ISO/ IEC 5259-4：马万钟（中国）。（2020 年 7 月 31 日至今）

ISO/IEC PWI 数据生命周期框架：Colin Crone（英国）。（2021 年 5 月 7 日至今）

（3）WG 3（可信性）

SC 42 在其第二次全体会议上成立了关于可信性的工作组 WG 3。WG 3 承担了 3 个新批准的可信性项目：
- ISO/IEC TR 24027《信息技术 人工智能（AI） 人工智能系统和人工智能辅助决策中的偏移》；
- ISO/IEC TR 24028《信息技术 人工智能（AI） 人工智能可信性概述》；
- ISO/IEC TR 24029-1《人工智能（AI） 神经网络稳健性评估 第 1 部分：综述》。

在第二次全体会议概述会议上，SC 42 为 WG 3 分配了以下 ToR：
- 人工智能可信性领域的标准化。

在第二次全体会议上，SC 42 授权发起 NP 投票，随后于 2019 年 2 月 13 日获得批准，并分配给 WG 3（关于风险管理）：

- ISO/IEC 23894《信息技术 人工智能 风险管理》。

在第三次全体会议上，SC 42 批准并分配给 WG 3 一个关于人工智能伦理和社会问题的新项目：

- ISO/IEC 24368《信息管理技术 人工智能 伦理和社会问题概述》。

2020 年 6 月 11 日，SC 42 完成了对神经网络稳健性系列的第 2 部分（ISO/IEC 24029-2）的批准，注册了该项目并将其分配给 WG 3：

- ISO/IEC 24029-2《稳健性评估神经网络 第 2 部分：形式方法方法学》。

在第五次全体会议上，SC 42 批准并分配给 WG 3 一个关于人工智能伦理和社会问题的新项目。该项目正在通过联络与 IEC TC 65/SC 65A 合作开发：

- ISO/IEC TR 5469《人工智能 功能安全和 AI 系统》。

2020 年 5 月 18 日，SC 42 完成了对 ISO/IEC 25059 的批准，并注册了该项目并将其分配给 WG 3：

- ISO/IEC 25059《软件工程 系统和软件质量要求和评估（SQuaRE） 人工智能系统的质量模型》。

2021 年 2 月 11 日，SC 42 完成了对 ISO/IEC 6254 的批准，注册了项目并将其分配给 WG 3：

- ISO/IEC TS 6254《信息技术 人工智能 ML 模型和 AI 系统可解释性的目标和方法》。

2021 年 5 月 11 日，SC 42 完成了对 ISO/IEC 5471 的批准，注册了该项目并将其分配给 WG 3：

- ISO/IEC TS 5471《人工智能 人工智能系统的质量评估指南》。

2021 年 8 月 11 日，SC 4 批准和注册 ISO/IEC 8200 项目并将其分配给 WG 3：

- ISO/IEC TS 8200《信息技术 人工智能 自动化人工智能系统的可控性》。

已完成并发布的标准：

- ISO/IEC 24028 已完成并于 2020 年发布；
- ISO/IEC 24029-1 已完成并于 2021 年发布。

WG 3 官员：

- 召集人：David Filip（爱尔兰）被任命为 SC 42/WG 3 的召集人。（2018 年 10 月 12 日至今）；
- 秘书处：Aditya Mohan（爱尔兰），之前为 Barry Smith（爱尔兰）、Coleen Naden（爱尔兰）。
- 项目编辑：

ISO/IEC TR 24027：Adam Leon Smith（英国）。（2019 年 4 月 12 日至今）；

ISO/IEC TR 24028:2020：Orit Levin（美国）。（2018 年 10 月 12 日至发布）；

ISO/IEC TR 24029-1:2021：Arnault Ioualalen（法国）。（2018 年 10 月 12 日至发布）；

ISO/IEC TR 24029-2：Arnault Ioualalen（法国）。（2020 年 6 月 11 日至今）；

ISO/IEC 23894：Peter Deussen（德国）。（2018 年 2 月 13 日至今）；

ISO/IEC TR 24368 Viveka Bonde（瑞典）。（2020 年 6 月至今）；

［第 1 阶段为 Mikael Hjalmarson（瑞典），（2019 年 4 月 12 日至 2020 年 6 月）］；

ISO/IEC TR 5469：Takashi Egawa（日本）。（2020 年 4 月 20 日至今）；

ISO/IEC 25059：Adam Leon Smith（英国）。（2020 年 5 月 18 日至今）；

ISO/IEC TS 6254：Jaeho Lee（韩国）。（2021 年 2 月 11 日至今）；

ISO/IEC TS 5471：Olivier Blais（法国）。（2021 年 5 月 11 日至今）；

ISO/IEC TS 8200：曹晓琦（中国）。（2201 年 8 月 11 日至今）；

除了分配的项目外，该工作组还负责研究第 2 研究组的其余职责范围。

（4）WG 4（用例和应用）

SC 42 在其第二次全体会议上成立了 WG 4（用例和应用）。WG 4 承担了一个新批准的项目：

- ISO/IEC TR 24030《信息技术 人工智能（AI） 用例》。

在第二次全体会议上，SC 42 为 WG 4 分配了以下 ToR：

- 人工智能标准化的用例和应用。

2020 年 8 月 19 日，SC 42 批准 ISO/IEC 5338 和 ISO/IEC 5339 项目，注册了这些项目并将其分配给 WG 4：

- ISO/IEC 5338《信息技术 人工智能 AI 系统生命周期过程》；
- ISO/IEC 5339《信息技术 人工智能 人工智能应用指南》。

已完成和发布的标准：
- ISO/IEC 24030 完成并于 2021 年发布。

WG 4 官员：
- 召集人：Fumihiro Murayama（日本）被任命为 SC 42/WG 4 的召集人。（2018 年 10 月 12 日至今）
- 秘书处：Nobuhiro Hosokawa（日本）被任命为 SC 42/WG 4 的秘书处。（2018 年 10 月 12 日至今）
- 项目编辑：

ISO/IEC TR 24030 Yuchang Cheng（日本）。（2018 年 10 月 12 日至发布）

ISO/IEC 5338 Yuchang Cheng（日本）。（2020 年 8 月 19 日至今）

ISO/IEC 5339 Shrikant Bhat（印度）。（2020 年 1 月 19 日至今）

除了分配的项目外，该工作组还负责研究 SG 3 的其余职责范围。

（5）WG 5（人工智能系统的计算方法和计算特性）

SC 42 在其第三次全体会议上成立了关于人工智能系统的计算方法和计算特性的工作组 WG 5。WG 5 承担了一个新批准的项目：
- ISO/IEC TR 24372《信息技术　人工智能（AI）　人工智能系统计算方法概述》。

在第三次全体会议上，SC 42 将以下 ToR 分配给 WG 5：
- 人工智能系统的计算方法和计算特征领域的标准化。

2020 年 7 月 1 日，SC 42 批准 ISO/IEC 4213 项目，注册了该项目并将其分配给 WG 5：
- ISO/IEC TS 4213《人工智能　机器学习分类性能评估》。

2020 年 8 月 24 日，SC 42 批准 ISO/IEC 5392 项目，注册了该项目并将其分配给 WG 5：
- ISO/IEC 5392《信息技术　人工智能　参考架构知识工程》。

WG 5 官员：
- 召集人：刘棠丽（中国）被任命为 SC 42/WG 5 召集人。（2019 年 4 月 12 日至今）
- 秘书处：孙宁（中国），之前为张群（中国）。
- 项目编辑：

ISO/IEC TR 24372：马万中（中国）。（2019 年 4 月 12 日至提交）

ISO/IEC TS 4213：Michael Theime（美国）和孟令中（中国）。

ISO/IEC 5392：李瑞琪（中国）。（2020 年 8 月 24 日至今）

（6）JWG 1（人工智能的治理影响）

SC 42 在其第二次全体会议上建议与 SC 40 建立一个联合工作组 JWG 1，由 SC 42 担任行政领导，以讨论人工智能的治理影响。

JTC 1 随后在 2018 年 11 月的全体会议上确认了 SC 4 的建议。

JWG 1 承担了一个新批准的项目：
- ISO/IEC NP 38507《信息技术　IT 治理　组织使用人工智能的治理影响》。

以下 ToR 被分配给 JWG 1：
- 人工智能官员的治理影响。

JWG 1 官员：
- 召集人：Yonosuke Harada（日本，SC 42），之前为 Janna Lingenfelder（德国，SC 42）。
- 联合召集人：Gyeung-min Kim（韩国，SC 40）被任命为 SC 42/JWG 1 的联合召集人。（2018 年 11 月 9 日至今）
- 秘书处：之前为 Katharina Sehnert（德国，SC 42）、Subhi Mahmoud（德国，SC 42）。
- 项目编辑：

ISO/IEC 38507：Peter Brown（英国）。（2018 年 11 月 9 日至今）

（7）已发布项目

① 大数据：
- ISO/IEC 20546:2019《信息技术　大数据　综述和词汇》。

发布日期：2019年2月。

描述：该文件提供了一组术语和定义，以促进和改进这个领域的沟通和理解。它为大数据相关标准提供了术语基础，提供了大数据领域的概念概述、大数据与其他技术领域和标准工作的关系，以及大数据领域一些较早的概念。

- ISO/IEC TR 20547-1:2020《信息技术 大数据参考架构 第1部分：框架和应用》。

发布日期：2020年8月。

描述：该文件描述了大数据参考架构的框架以及文件用户如何将其应用于特定问题域的过程。

- ISO/IEC TR 20547-2:2018《信息技术 大数据参考架构 第2部分：用例和衍生要求》。

发布日期：2018年1月。

描述：ISO/IEC TR 20547-2:2018 提供了具有应用领域的大数据用例和来自贡献用例的技术考虑。

- ISO/IEC 20547-3:2020《信息技术 大数据参考架构 第3部分：参考架构》。

发布日期：2020年3月。

描述：本文件规定了大数据参考架构（BDRA）。参考架构包括概念和架构视图。

- ISO/IEC TR 20547-5:2018《信息技术 大数据参考架构 第5部分：标准路线图》。

发布日期：2018年2月。

描述：ISO/IEC TR 20547-5:2018 结合基于差距分析提出的未来大数据标准开发优先顺序来描述大数据相关标准，包括现有的和正在开发中的标准。

- ISO/IEC TR 20547-2:2018《信息技术 大数据参考架构 第2部分：用例和衍生要求》。

状态：60.60。

② 人工智能：

- ISO/IEC TR 24030:2021《信息技术 人工智能 用例》。

发布日期：2021年5月。

描述：该文件提供了人工智能应用程序在各个领域的代表性用例的集合。

- ISO/IEC TR 24029-1:2021《人工智能 神经网络稳健性评估 第1部分：综述》。

发布日期：2021年3月。

描述：该文件提供了评估神经网络稳健性的现有方法的背景网络。

- ISO/IEC TR 24028:2020《信息技术 人工智能 人工智能可信性概述》。

发布日期：2020年5月。

描述：本文件调查了与人工智能系统可信性相关的主题，包括：通过透明性、可解释性、可控性等建立对人工智能系统的信任；人工智能系统的工程缺陷和典型的相关威胁和风险，以及可能的缓解技术和方法；评估和实现人工智能系统的可用性、弹性、可靠性、准确性、安全性、保密性和隐私的方法。

5.2.23 JTC 1/WG 11 业务计划（2021年5月—2021年9月）

1. 执行概要

作为JTC 1智慧城市标准化工作的重点和支持者，WG 11不断认识到对智慧城市和支撑城市服务与建设的新ICT标准的紧迫性与新兴需求。

WG 11不断推进标准项目，探索ICT参考框架、城市数据语义互操作性、城市开放数据软件平台、城市数字孪生、城市操作系统、ICT在突发公共卫生事件中的应用、智慧城市数据利用、城市知识可信赖评估等战略方向。

WG 11还成立了两个新焦点组：关于统一数字基础设施ICT参考架构的焦点组；关于城市知识可信赖评估的焦点组。

2. 回顾

（1）市场需求和创新

智慧城市是在ISO、IEC和ITU-T三个主要国际标准组织均成立了相关技术委员会或工作组的唯一领域。

这些技术委员会或工作组关注智慧城市的不同方面，相互间需要进行协作。

IEC/SyC 是一个系统委员会，旨在从电子电工视角下开展相关标准研究，以帮助实现城市系统的集成、互操作和效能。

ISO/TC 268 开展智慧、弹性等可持续发展目标相关的需求、框架、指南及支撑技术和工具研究，以使城市和社区变得更加可持续。ISO/TC 268/SC 1 是专注于智慧社区基础设施的分委会。

ITU-T/SG 20 关注物联网技术的标准化需求，聚焦智慧城市及社区领域 IoT 的应用。

在 JTC 1 中，有许多现行 ICT 标准可应用于智慧城市，包括：
- 数据采集硬件技术：传感器和物联网；
- 数据采集和识别；
- 数据管理；
- 隐私；
- 安全；
- ICT 网络；
- 软件工程：应用技术，文化和语言适应性，编程语言；
- IT 服务管理。

（2）成就

2021 年 5—9 月，WG 11 继续推进标准项目，探索 ICT 参考框架、城市数字孪生、智慧城市数据利用等战略方向。在此期间，发布标准 1 项，2 项标准分别进入 DIS 阶段和 CD 阶段，3 个项目的工作草案不断更新。此外，JTC 1 批准了其 3 个 PWI 项目，另外 3 个潜在新项目也在预研中。

① 会议。

从 2021 年 5 月到 2021 年 9 月，WG 11 举行了 1 次线上全体会议以及 16 次电话会。2021 年 10 月 14—15 日举行 1 次智慧城市数据使用国际研讨会。

2021 年举办的会议见表 5-16。

表 5-16　2021 年 WG 11 举办的会议清单

序号	日期	主题
1	1 月 12 日	JTC 1/WG 11 战略白皮书修订焦点组第一次会议
2	1 月 19 日	ISO/IEC 5087-1 信息技术 城市数据模型 第 1 部分：基础层概念
3	1 月 21 日	ISO/IEC 5087-2 信息技术 城市数据模型 第 2 部分：城市层概念
4	1 月 25 日	ISO/IEC24039 信息技术 智慧城市数据平台
5	1 月 26 日	ISO/IEC PWI 5217 智慧城市数字基础设施规划指南 AHG 第一次会议
6	2 月 4 日	智慧城市数据利用任务组第一次会议
7	2 月 22 日	ISO/IEC 5087-1 信息技术 城市数据模型 第 1 部分：基础层概念
8	3 月 2 日	ISO/IEC PWI 5217 智慧城市数字基础设施规划指南
9	3 月 5 日	智慧城市数据利用任务组第二次会议
10	3 月 12 日	ISO/IEC 5153 信息技术 智慧城市 城市公共卫生应急服务平台
11	3 月 19 日	试点实施项目和用例研究任务组
12	4 月 5 日	（临时会议：讨论日本向 JTC1 提交的应用领域工作组重组的建议）（JTC 1/WG 11 N1027, JTC 1 N15266）
13	4 月 8 日	ISO/IEC 5153 系列标准拆分焦点组
14	4 月 9 日	智慧城市数据利用任务组第三次会议
15	4 月 19 日	JTC1/WG11 战略白皮书修订焦点组第二次会议
16	5 月 5 日	ISO/IEC 5087-1 信息技术 城市数据模型 第 1 部分：基础层概念
17	5 月 6 日	ISO/IEC 5087-2 信息技术 城市数据模型 第 2 部分：城市层概念
18	5 月 12 日	ISO/IEC 24039 题目和范围更新焦点组
19	5 月 14 日	智慧城市数据利用任务组第四次会议
20	5 月 19 日	ISO/IEC 5153 系列标准拆分焦点组

续表

序号	日期	主 题
21	5月20日	JTC1/WG11 战略白皮书修订
22	6月14—17日	JTC 1/WG 11 第 12 次全体会议
23	7月16日	AHG 9（统一数字基础设施——ICT 参考架构焦点组）会议 1
24	8月4日	ISO/IEC 5153-1 信息技术 城市公共卫生应急服务平台 第 1 部分：概述
25	8月13日	JTC 1/WG 11/AHG 9（统一数字基础设施——ICT 参考架构焦点组）会议 2
26	8月25日	JTC 1/WG 11 任务组与焦点组工作回顾
27	9月8日	ISO/IEC 5087-1 信息技术 城市数据模型 第 1 部分：基础层概念
28	9月10日	信息技术 城市突发公共卫生事件服务平台 第 2 部分：响应资源管理（ISO/IEC PWI 10311-2） 信息技术 突发公共卫生事件城市服务平台 第 3 部分：接触者追踪
29	9月17日	AHG 9 统一数字基础设施——ICT 参考架构焦点组会议 3
30	9月20日	AHG 5-JTC1/WG11 战略白皮书修订焦点组
31	9月22日	ISO/IEC PWI:10235-4 信息技术 城市突发公共卫生事件服务平台 第 4 部分：公共卫生应急服务层概念 ISO/IEC PWI:10235-4 智慧城市数据利用
32	9月23日	AHG 10-城市知识可信赖评估焦点组
33	10月7日	ISO/IEC 5153-1 信息技术 城市公共卫生应急服务平台 第 1 部分：概述
34	10月8日	信息技术 城市突发公共卫生事件服务平台 第 2 部分：响应资源管理（ISO/IEC PWI 10311-2） 信息技术 突发公共卫生事件城市服务平台 第 3 部分：接触者追踪
35	10月13日	TF 1-城市数字孪生与操作系统任务组
36	10月14—15日	智慧城市数据利用国际研讨会
37	10月19日	TF2-试点实施项目和用例研究任务组
38	10月21日	信息技术 智慧城市数据利用.第 1 部分：架构 信息技术 智慧城市数据利用.第 2 部分：用例分析和导出要求 PWI 信息技术 智慧城市数据利用 第 3 部分：测试、评估和报告
39	10月22日	AHG 9-统一数字基础设施——ICT 参考架构焦点组会议 4
40	11月3日	信息技术 城市数据模型 第 3 部分：服务层概念 交通规划
41	11月4日	ISO/IEC 5153-1 信息技术 城市公共卫生应急服务平台 第 1 部分：概述
42	11月5日	信息技术 城市突发公共卫生事件服务平台 第 2 部分：响应资源管理（ISO/IEC PWI 10311-2） 信息技术 突发公共卫生事件城市服务平台 第 3 部分：接触者追踪
43	11月10日	信息技术 智慧城市数据利用 第 1 部分：架构 信息技术 智慧城市数据利用 第 2 部分：用例分析和导出要求 信息技术 智慧城市数据利用 第 3 部分：测试、评估和报告（ISO/IEC PWI TS 10267-3）
44	11月11日	AHG 10-城市知识可信赖评估焦点组
45	11月12日	JTC 1/WG 11/AHG 9（统一数字基础设施——ICT 参考架构焦点组）会议 5
46	11月29—12月3日	JTC 1/WG 11 第 13 次全体会议

② 项目。

2021 年，WG 11 新发布 1 项标准，其 1 项标准从 CD 阶段进入 DIS 阶段，1 项标准从 WD 阶段进入 CD 阶段。此外，JTC 1 批准了其 3 个 PWI 项目。

WG 11 在智慧城市领域共启动了 17 个项目，见表 5-17。

表 5-17 WG 11 已制定和正在制定的国际标准项目

序号	标准编号	中文名称	进展
1	ISO/IEC 30146:2019	信息技术 智慧城市 ICT 评价指标	已发布
2	ISO/IEC 21972:2020	信息技术 智慧城市指标上层本体	已发布
3	ISO/IEC 30145-3:2020	信息技术 智慧城市 ICT 参考框架 第 1 部分：智慧城市业务流程框架	已发布
4	ISO/IEC 30145-2:2020	信息技术 智慧城市 ICT 参考框架 第 2 部分：智慧城市知识管理框架	已发布

续表

序号	标准编号	中文名称	进展
5	ISO/IEC 30145-1:2021	信息技术 智慧城市ICT参考框架 第3部分：智慧城市工程框架	已发布
6	ISO/IEC 24039	信息技术 智慧城市数字平台	DIS
7	ISO/IEC 5087-1	信息技术 城市数据模型 第1部分：基础层概念	CD
8	ISO/IEC 5087-2	信息技术 城市数据模型 第2部分：城市层概念	WD
9	ISO/IEC 5087-3	信息技术 城市数据模型 第3部分：服务层概念 交通分类规划	WD
10	ISO/IEC 5153-1	信息技术 城市公共卫生应急服务平台 第1部分：概述与通用要求	WD
11	ISO/IEC PWI 5217	信息技术 智慧城市数字基础设施规划指南 第1部分：概述	PWI
12	ISO/IEC PWI 10235-4	信息技术 城市数据模型 第4部分：公共卫生应急服务层概念	PWI
13	ISO/IEC PWI 10311-2	信息技术 城市突发公共卫生事件服务平台 第2部分：响应资源管理	PWI
14	ISO/IEC PWI TS 10267-3	信息技术 智慧城市数据利用 第3部分：测试、评估和报告	PWI
15	—	信息技术 突发公共卫生事件城市服务平台 第3部分：接触者追踪	潜在项目
16	—	信息技术 智慧城市数据利用 第1部分：架构	潜在项目
17	—	信息技术 智慧城市数据利用 第2部分：用例分析和导出要求	潜在项目

③ 工作组与焦点组。

WG 11 工作组与焦点组见表 5-18。

表 5-18 WG 11 的工作组与焦点组

序号	名称	召集人	成立的会议及日期	状态
TF 1	城市操作系统任务组	Mark Fox (CA) Yun Li(CN)	JTC 1/WG 11 6th Meeting in Plenary mode Toronto, Canada May 5-11, 2018 ISO/IEC JTC 1/WG 11 E-meeting Aug 25th, 2021	存续
TF 2	试点实施项目和用例研究任务组	Dapeng Zhang (CN)	JTC 1/WG 11 6th Meeting in Plenary mode Toronto, Canada May 5-11, 2018	存续
TF 3	智慧城市数据利用任务组	Xiaomi An(CN)	JTC 1/WG 11 11th Virtual Meeting in Plenary Mode December 14-18, 2020	存续
JAHG 1	JTC 1/WG 11 和 ISO/TC 268 之间的联合特设小组	Mark Fox (CA)	JTC 1/WG 11 4th Meeting in Plenary Mode Southampton, UK Jun.19th-23rd, 2017	解散
AHG 2	ISO/IEC 30145 名称和项目重组焦点组	/	JTC 1/WG 11 6th Meeting in Plenary Mode Toronto, Canada May 5th-11th, 2018	解散
JAHG 3	与 IEC SyC 智慧城市联合特设小组（IEC/SyC SmC/JAHG5：智慧城市中 ICT 与电工技术之间的相互依存关系）	Heng Qian (JTC 1/WG 11), Howard Choe(SyC SmC)	JTC 1/WG 11 7th Meeting in Plenary Mode Sydney, Australia Jan 14th-18th, 2019 JTC 1/WG 11 10th Virtual Meeting in Plenary Mode July 6-10, 2020 Request to establish a Joint Ad-hoc Group between IEC Systems Committee Smart Cities and JTC 1/WG 11	存续
AHG 4	ISO/IEC PWI 5217 "信息技术 智慧城市数字基础设施规划指南 第1部分 概述"	Dapeng Zhang(CN)	JTC 1/WG 11 10th Virtual Meeting in Plenary Mode July 6-10, 2020 JTC 1/WG 11 9th Meeting in Plenary Mode Jinan, Shandong Province, China 2-6 December 2019	解散

续表

序号	名　　称	召集人	成立的会议及日期	状态
AHG 5	《WG 11 战略白皮书》修订焦点组	Heng Qian (JTC 1/WG 11)	JTC 1/WG 11 9th Meeting in Plenary Mode Jinan, Shandong Province, China 2-6 December 2019 JTC 1/WG 11 12th virtual Meeting in Plenary Mode June 14-16 and　June　18, 2021	存续
AHG 6	审查 ISO/IEC 30145（所有部分）、ISO/IEC 30146：2019 和 ISO/IEC 21972：2019 实施指导文件的作用的焦点组	Michael Mulquin (UK)	JTC 1/WG 11 10th Virtual Meeting in Plenary Mode July 6-10, 2020 ISO/IEC JTC 1/WG 11 E-meeting Aug 25th, 2021	存续
AHG 7	ISO/IEC 24039《信息技术 智慧城市数字平台》的标题、范围讨论焦点组	Yun Li(CN)	ISO/IEC JTC 1/WG 11 E-meeting Jan 25th, 2021	解散
AHG 8	关于 ISO/IEC 5153《信息技术 智慧城市城市公共卫生应急服务平台》的各方审查和讨论的焦点组	Yun Li(CN), Sangkeun YOO(KR)	JTC 1/WG 11 E-meeting March 12th, 2021	解散
AHG 9	统一数字基础设施——ICT 参考架构焦点组	Sujit Patheja(IN), Lavanya Nupur(IN)	JTC 1/WG 11 12th Virtual Meeting in Plenary Mode June 14-16 and June 18, 2021	存续
AHG 10	城市知识可信赖评估焦点组	Yongchao Gao(CN), Junfeng Zhao(CN)	JTC 1/WG 11 12th Virtual Meeting in Plenary Mode June 14-16 and June 18, 2021	存续
AHG 11	为潜在项目《信息技术——突发公共卫生事件的城市服务平台——第 3 部分：接触者追踪》编写差距分析报告和进一步研究的焦点组	Sangkeun YOO(KR)	JTC 1/WG 11 12th Virtual Meeting in Plenary Mode September 10, 2021	存续

④ 资源。

截至 2021 年 9 月，WG 11 中共有来自 29 个国家成员体的 165 名工作组专家，以及 12 个联络组织代表、17 个文档监控者。

WG 11 的国家成员体一览见表 5-19。

表 5-19　WG 11 的国家成员体一览

澳大利亚 Australia (SA)	奥地利 Austria (ASI)	比利时 Belgium (NBN)	加拿大 Canada (SCC)	中国 China (SAC)	丹麦 Denmark (DS)
芬兰 Finland (SFS)	法国 France(AFNOR)	德国 Germany (DIN)	印度 India (BIS)	爱尔兰 Ireland (NSAI)	以色列 Israel (SII)
意大利 Italy (UNI)	日本 Japan (JISC)	韩国 Korea (KATS)	卢森堡 Luxemburg(ILNAS)	马来西亚 Malaysia(DSM)	墨西哥 Mexico (DGN)
新西兰(NZSO) New Zealand	俄罗斯(GOSTR) Russia	沙特阿拉伯(SASO) Saudi Arabia	新加坡(SPRINGSG) Singapore	斯洛文尼亚 Slovenia (SIST)	南非(SABS) South Africa
西班牙 Spain (UNE)	瑞典 Sweden (SIS)	瑞士(SNV) Switzerland	英国(BSI) United Kingdom	美国(ANSI) United States	

3. 协作与合作

（1）联络组织

WG 11 相关联络组织及联络官情况见表 5-20。

（2）需求调查和加强合作

① 需要与多个对象建立良好合作关系：面对城市、社区的市场和代表，比如城市的技术供应商，需要他们积极参与智慧城市活动——走进消费者所在的地方。

表 5-20 WG 11 相关联络组织及联络官情况

序号	联络组织	联络官及联系方式
1	JTC 1/SC 7	Dapeng Zhang (CN): iecseg1@163.com
2	JTC 1/SC 24	Chris Body (AU): chris.body@iinet.net.au
3	JTC 1/SC 27	Jinghua Min (CN): minjinghua@qq.com
4	JTC 1/SC 38	Dapeng Zhang (CN): iecseg1@163.com
5	JTC 1/SC 41	Howard Choe (US): h_choe@yahoo.com
6	JTC 1/SC 41/WG 4	Mark Fox (CA): msf@eil.utoronto.ca
7	JTC 1/SC 41/WG 5	Chris Body (AU): chris.body@iinet.net.au
8	JTC 1/SC 42	Howard Choe (US): h_choe@yahoo.com Tangli Liu (CN): liutangli1979@icloud.com
9	ISO/TC 204/WG 1	Mark Fox (CA): msf@eil.utoronto.ca
10	ISO/TC 268	Chris Body (AU): chris.body@iinet.net.au
11	ISO/TC 268/SC 1	Chris Body (AU): chris.body@iinet.net.au
12	ISO/TC 268/WG 2	Dapeng Zhang (CN): iecseg1@163.com
13	ISO/TC 268/WG 3	Mark Fox (CA): msf@eil.utoronto.ca
14	ISO/TC 268/WG 4	Hongwei Zhang (CN): zhanghw@cesi.cn Mark Fox (CA): msf@eil.utoronto.ca
15	ISO/TC 211	Chris Body (AU): chris.body@iinet.net.au
16	IEC/SyC Smart Cities	Howard Choe (US): h_choe@yahoo.com
17	ITU-T SG 17-Security	Jinghua Min (CN): minjinghua@qq.com
18	ITU-T/SG 20	Yun Li (CN): liyun_cetcisa@163.com
19	ITU-T/JCA-IoT and SC&C	Yun Li (CN): liyun_cetcisa@163.com
20	OGC	Peter Parslow (UK): Peter.Parslow@os.uk
21	TM Forum	Michael Mulquin (UK): michael@iscommunications.co.uk

② 需要明确与其他组织间的重复性、独立性工作：

- ISO/TC 268 可持续城市和社区标准化技术委员会，尤其是其下设的 SC 1 智慧社区基础设施分委会。因为"基础设施"范畴包括"ICT 基础设施"。
- IEC/SyC 智慧城市系统委员会。他们的系统工程方法需要考虑城市的 IT 系统。
- ISO/TC 204/WG 1 和 JTC 1/WG 11 都对城市数据模型感兴趣。

③ 在JTC 1中，有许多已经建立的分技术委员会、最近的JTC 1工作都与智慧城市相关。在协调层面会从中受益，有利于为这个广泛的市场领域提供一个更加一致的愿景。

④ JTC 1/WG 11还安排专家参加了JTC 1/AG 18、JTC 1/AG 8、JTC 1/AG 6、JTC 1/AG 10、JTC 1/WG 15、JTC 1/AHG 4。

（3）与 IEC Systems 建立联合焦点组

JTC 1/WG 11 和 IEC SyC 智慧城市同意建立联合焦点组，JTC 1 批准了这一决定。

其任务是研究和讨论各种类型的智慧城市系统，应用程序和服务以及构成它们的技术和组件（无论是实体的还是虚拟的）之间的相互关系。

4．JTC 1/WG 11 工作项讨论

（1）智慧城市 ICT 的独特性

- 城市开放数据软件平台方面。

为市民和企业提供数据的开放可用性是智慧城市的一个重要组成部分。虽然世界各地的城市都能够提供开放的数据，但是各个城市各自的开放数据平台所提供的服务却不尽相同。迄今为止，还没有开放数据平台相关的标准。

- 城市数据的语义互操作性方面。

语义互操作性是限制电子政务运行的关键因素，只有通过引入标准才能够解决。城市使用的信息可以分为几种不同的类型。

- 智慧城市应用日志记录的标准方面。

随着越来越多的城市通过智能应用程序来实现自动化运行，对应用程序的运行故障进行检测和分析变得越来越重要。需要相关标准对"智能"应用程序记录相关输入、输出、决策和操作等进行规范。这些标准的制定，将有利于分析故障的起因来源，从而有助于刑侦领域应用的发展，并且随着时间的推移，效果会越来越好。

- 城市运行的协调方面。

随着越来越多的智能应用被用于城市运行当中，对其进行运行整合变得越来越重要。如果不通过制定标准来要求这些智能程序对相关决策和行动进行沟通协调，那么这些智能应用也将像当前的城市功能运行一样，如同筒仓间一样很少有沟通/协调。

- 城市操作系统方面。

得益于人工智能、基于 Wed 信息系统、移动技术和云服务等技术的融合，智慧城市提出后，相关研究、发展、应用程序的研究规模激增。

- 智慧城市评价方面。

智慧城市需要评估方法和指标，借助这些方法和指标，城市各参与方可以从 ICT 的角度了解智慧城市的性能。这些评估方法和指标重点关注不同系统、基础建设和设施的有效运作。此外，它们还能够指导城市如何以一种协调、条理的方式促进创新和增长。

- 智慧城市数据利用。

智慧城市需要标准化协作框架、通用要求和全市数据使用测量方法作为战略资源，包括数据可用、数据有用、数据有效使用、数据安全使用等。这将增强数据使用的总体能力，从许多观点和各个方面最大限度地满足多个利益相关者的需求，例如：有效、可持续、全面和创新地使用数据。这可用于绘制、建造、操作、评估和持续改进信通技术开发和应用、投资、采购、监测、审计和业绩评估中的数据使用。

（2）未来工作

WG 11 未来的工作包括：

① 按时完成当前项目（参见表 5-17）。
② 预研究并启动潜在项目：
- 城市数据模型研讨会。WG 11 将持续举办一系列关于智慧城市数据模型方法要求的电子研讨会，WG 11 成员参加。
- 城市数据的语义互操作性；
- ICT 在突发公共卫生事件中的应用；
- 智慧城市中的数据使用：智慧城市数据使用的基本指导；
- 城市数字孪生和操作系统；
- 城市数据开放软件平台；
- 统一数字基础设施——ICT 参考架构；
- 城市知识可信度评价；
- 城市规划与智能建模与仿真。

③ 处理正在进行的任务组和焦点组的工作（参见表 5-18）。
④ 引导和测试。成立一个任务组来引导开展标准（或标准组合）的应用实施试点工作。
⑤ 智慧城市战略白皮书修订。为 WG11 的未来工作制定清晰的路线图。
⑥ 建立关系。
- 积极参与 IEC-ISO-ITU 智慧城市联合任务组工作；
- 继续与 ISO/TC268，特别是 SC1 智能社区基础设施进行交流；
- 探索与 ITU-T、IEEE-SA、ETSI 的协作；
- 鉴于 JTC1 工作组在已经完成和近期开展的工作中，有许多内容与智慧城市有关，应同 JTC1 小组委员会开展内部讨论。

通过保持协调一致，将有益于为巨大的市场和行业提供始终如一的蓝图。

5.2.24 JTC 1/WG 12 业务计划

1. 执行概要

JTC 1/WG 12 致力于开发 ICT 标准，尤其是与设计制造相关的 ICT 标准，包括命名法、框架、接口、协议和格式规范，包括但不限于增材制造和减材制造以及自动化组装和分配。

经 2017 年 10 月 2 日至 6 日在俄罗斯符拉迪沃斯托克（海参崴）举行的 ISO/IEC JTC 1 第 32 次会议的第 11 号决议同意，WG 12 的工作范围是：

- 作为 JTC 1 的 3D 打印和扫描标准化计划的重点和支持者；
- 为 3D 打印和扫描制定与 ICT 相关的基础标准，在此基础上可以制定其他标准；
- 基于基础标准制定其他 3D 打印和扫描标准，前提是相关 ISO 和 IEC 委员会还没有设立或没有能力制作；
- 发现 3D 打印和扫描标准化方面的空白和机会；
- 与所有相关的 ISO 和 IEC 委员会以及对 3D 打印和扫描感兴趣的外部组织建立并保持联系；
- 与 3D 打印和扫描社区合作，提高对 JTC 1 标准化工作的认识，并为讨论和进一步合作提供开放平台；
- 制定和维护现有的 3D 打印和扫描标准列表，以及 ISO TC、IEC TC 和 JTC 1 中正在进行的标准制定项目。

WG 12 的重点领域：用于表示和处理 3D 数据的信息技术，该技术源自对对象或现象的分析或建模，能够将数据表示提供给数字控制的制造工作流程，从而创建具有可预测和可验证的形状、配合和功能的对象。

2. WG 12 的业务环境

以下政治、经济、技术、监管、法律和社会动态描述了与 WG 12 工作范围相关的行业部门、产品、材料、学科或实践的业务环境，它们可能会显著影响相关标准制定过程的实施方式和产生的标准内容：

（1）3D 打印

① 什么是 3D 打印？

ISO/ASTM 52900：3D 打印（3D printing）是通过使用打印头、喷嘴或其他打印机技术沉积材料来制造物体。

维基百科：术语"3D 打印"涵盖了在计算机控制下将材料连接或固化以创建 3D 对象的各种过程，一般是将材料一层一层叠加在一起（例如将液体分子或粉末颗粒融合在一起）。

② 市场规模。

3D 打印是一项价值数十亿美元的业务，且增长率在 15%～25%之间。鉴于预测方法可能不同，各个预测之间差异很大。其增长主要归功于工业 3D 打印。桌面 3D 打印系统销售额（<5000 美元）正在下降。

- 《德勤》（Deloitte）：2019 年与 3D 打印相关的销售额为 27 亿美元，2020 年为 30 亿美元。
- 《沃勒斯报告》（Wohlers）（通过福布斯杂志）：3D 打印收入将在 2020 年达到 158 亿美元，在 2022 年达到 239 亿美元，在 2024 年达到 356 亿美元。
- 《联合市场研究》（Allied Market Research）：2014 年市值约为 42 亿美元，到 2025 年增长至约 444 亿美元。2019 年至 2025 年之间的复合年增长率为 21.8%。
- 《市场和市场》（Market and Market）：2018 年市场规模估计约为 99 亿美元，预计 2024 年将增长至 348 亿美元。这段时期的复合年增长率为 23.25%。
- 《大视野研究》（Grand View Research）：2017 年市场规模约为 70 亿美元，2018-2025 年之间的复合年增长率为 16.5%。

③ 涉及的行业。

3D 打印在以下行业有所应用：（依据在各个参考资料中提及的频率排序）

- 医疗保健；
- 汽车；
- 工业；
- 消费电子产品；

- 航空航天与国防；
- 教育；
- 能源；
- 时装与珠宝；
- 食品和烹饪；
- 高科技；
- 服务；
- 建筑与施工；
- 印刷电子产品；
- 家庭和家用。

④ 示例应用。

下面列出了3D打印的几种应用：（不全面，也没有以任何特定方式排序）
- 用于医疗保健的复杂生物打印和个性化假肢；
- 工具制造；
- 减轻重量；
- 汽车设计；
- 产品定制；
- 功能部件制造；
- 建模。

⑤ 3D打印的目的。

Sculpteo对SD打印不断变化的用途进行了调查。以下用途按提及的次数进行排序：
- 原型；
- 概念证明；
- 研究/教育/研发；
- 生产；
- 机械/备件；
- 个人兴趣/爱好；
- 工具；
- 营销样本；
- 艺术/珠宝/时尚；
- 医疗/牙科/假肢；
- 量产；
- 零售。

⑥ 趋势。

以下列出了一些与3D打印相关的趋势，各个预测报告中提到，这些趋势似乎对3D打印市场产生了重大影响：（这些趋势没有以任何特定方式排序）
- 汽车行业的增长；
- 伙伴关系；
- 服务；
- 以粉末床熔融工艺为主；
- 原型设计仍占主导地位；
- 增加金属的使用；
- 增加打印量；
- 混合材料打印机；
- 提高打印速度；
- 大公司进入市场；

- 粉末床熔合。

⑦ 挑战。

以下列出了参考报告中提出的 3D 打印市场面临的挑战：（优先把提及次数大于 1 次的挑战列在前面）

- 成本/负担能力；
- 教育/熟练劳动力稀缺；
- 高效的物流管理；
- 知识和技能发展；
- 材料开发；
- 高能耗；
- 昂贵的软件；
- 网络安全；
- 后处理自动化；
- 行业标准；
- 量产；
- 软件/衍生式设计；
- 适应性；
- 可持续性；
- 标准；
- 零件质量。

（2）3D 扫描

① 什么是 3D 扫描？

国际标准化组织（ISO）：3D 扫描（3D scanning）是在对象表面上记录 x、y、z 坐标，并通过软件将点的集合转换为数字数据，最终以三维表示形式获取对象的形状和大小的方法。

维基百科：3D 扫描是分析现实世界对象或环境，以收集有关其形状和（可能的）外观（例如颜色）的数据的过程。收集到的数据之后可以用来构建数字 3D 模型。

② 市场规模：

3D 扫描市场规模估值差异很大。查阅几份参考资料之后的大致结论是：3D 扫描现在的市场仍然相对较小，但在稳步增长。不同参考资料的预测如下：

- 《联合市场研究》（Allied Market Research）：2017 年约为 850 万美元，预计到 2025 年将达到约 5300 万美元。
- 《摩多情报》（Mordor Intelligence）：2018 年市值约为 10 亿美元，到 2024 年增长至约 33 亿美元。2019 年至 2024 年的复合年增长率为 22.21%。
- 《大视野研究》（Grand View Research）：2018 年市场规模约为 45 亿美元，预计 2019 年至 2025 年的复合年增长率为 8.5%。
- 《买方报告》（Report Buyer）：2024 年买方市场规模约为 133 亿美元，复合年增长率为 18.4%。
- 《工业企业咨询公司》（IndustryARC）：2017 年 3D 扫描市场约为 90 亿美元，预计到 2023 年将达到 116 亿美元。预计 2018—2023 年的复合年增长率为 4.39%。

③ 涉及的行业。

下面列出了 3D 扫描所涉及的行业：（按参考资料中提及的频率粗略排序）

- 建筑与施工；
- 医疗保健/医疗；
- 制造业；
- 航空航天和国防；
- 汽车；
- 电影和娱乐；

- 文物保护；
- 民用基础设施；
- 采矿；

④ 应用领域。

下面列出了 3D 扫描的应用领域：（按参考资料中提及的频率粗略排序）

- 逆向工程；
- 质量检验；
- 快速原型制作；
- 面部和身体扫描；
- 数字建模；
- 诊断；
- 安全和监视；
- 材料加工；
- 汽车设计；
- 汽车雷达；
- 工厂检查；
- 建筑设计；
- 犯罪调查。

⑤ 挑战。

- 材料相关性（例如：次表面散射）；
- 网络安全（防伪）。

3. WG 12 工作的预期收益

3D 打印和 3D 扫描是两个截然不同的行业，同时它们也有很大重叠。这些行业发展迅速，正在被越来越多的应用所利用，并面临着许多重大挑战。其中一些挑战可以通过创建和采用战略性开发的行业标准来解决。其中的一些标准机会全部或部分与 ICT 相关。

此外，持续的新冠疫情暴露了当前全球供应链的脆弱性。3D 扫描和 3D 打印在加速产品开发以扩大医疗和个人防护设备的生产方面发挥着重要作用。例如，正在使用 3D 扫描仪来更快地开发防护装备的模具，从而减少生产救生医疗设备的总时间。3D 打印允许快速设计关键部件，这些部件可以立即在世界各地共享，以便当地医务人员立即生产。依靠数字设计和传输实现的即时性，再加上数字制造，提供了其他情况下无法获得的应急解决方案。除此之外，医学成像还应用于对新冠病毒感染者进行 3D 扫描，以进行建模和研究。

为了拥有可以通过 3D 打印提供的分布式供应链，重要的是要有适当的工具和标准，以确保客户可以确信分布式模型中各部分的可靠性。

最后，鉴于当前采用领域的现有标准无法解决增材制造差异，所以需要在这些领域创建标准。主要采用领域包括医疗、航空航天和汽车应用。使标准实现并保持一致性对于所有相关方的长期成功至关重要。

总之，向第四次工业革命的转变将需要适当的监督和通用性，以实现广泛采用和使用，防止制造商和最终客户出现意外。

4. WG 12 成员

WG 12 成员列表见 ISO 官网。

WG 12 由来自 14 个国家成员体的专家组成。

- P 成员：法国（AFNOR）、美国（ANSI）、印度（BIS）、英国（BSI）、德国（DIN）、日本（JISC）、韩国（KATS）、爱尔兰（NSAI）、澳大利亚（SA）、中国（SAC）、加拿大（SCC）、尼日利亚（SON）和意大利（UNI）。
- O 成员：以色列（SII）。

5. WG 12 的目标及实现策略

（1）WG 12 的明确目标

数字制造。具体来说，在增材制造的大部分历史中，它都首先被视为一种原型技术，所以，在数字化制造的采用和使用方面，性能要求和相关标准都比较少。WG 12 将努力使数字制造成为用户的生产级选项。为了对用户有用，需要以一种可靠的方式，进行跨系统和服务框架的数据输入、移动和提供，以使终端客户能够将时间花在创建部件上，而不是尝试连接不同的系统。

第一步和基础级别是创建 ISO/IEC 23510《增材制造服务平台框架》，它提供了一个通用框架，其他标准可以在此基础上构建，其他标准可以连接到该框架。

之后，生产方面将需要质量系统和控制，以提供所需的基础，提供有关正在生产的零件的可验证和可靠的信息。

此外，数字制造以及专有信息的传输和处理将需要围绕零件数据的处理进行标准化，以便为零件创建者提供有关其知识产权的安全性。

（2）已确定的实现 WG 12 既定目标的策略

3D 打印和 3D 扫描本质上是信息物理系统。因此，从严格的 ICT 角度来看，许多标准化机会无法解决。在许多情况下，需要与具有互补专业领域的其他标准机构合作。为了每个机会，将考虑以下方法：

① 如果标准化机会显然是 3D 打印或 3D 扫描的基础 ICT 推动因素，那么 WG 12 将主动并带头制定该标准。示例包括但不限于：基础的、广泛适用的文件格式、协议或网络安全机制。

② 如果标准化机会需要 ICT 专业知识和另一个领域的专业知识，那么 WG 12 将寻求与 ISO 和/或 IEC 内的其他实体以及与其他适当的外部标准机构的合作开发机会。示例包括但不限于：具体应用的文件格式和协议、信息管理策略、数据质量标准。

对于目前正在进行的具有重大 ICT 问题的 3D 打印和 3D 扫描相关标准化活动，WG 12 将寻求与负责该工作的标准机构达成合作安排。

6. 影响 WG 12 工作计划完成和实施的因素

没有负面因素影响标准的完成，也没有负面因素影响商业界对本工作组制定标准的接受和使用。

7. WG 12 的结构、当前项目和出版物 ISO 在线信息

通过 ISO 网站可以查找以下信息：
- 关于（秘书处、委员会经理、主席、创建日期、范围等）；
- 联系方式；
- 结构（小组委员会和工作组）；
- 联络人；
- 会议；
- 工具；
- 工作计划（已发布的标准和正在制定的标准）。

（1）结构

在 2021 年 8 月的会议上，WG 12 重组了特设小组（AHG），以推进 WG 围绕 4D 打印的讨论。

WG 12 的当前结构如下：
- AHG 1 4D 打印。

（2）可交付成果

WG 12 的可交付成果见表 5-21。

表 5-21 WG 12 可交付成果

可交付成果	状态	预告
ISO/IEC DIS 23510《信息技术 3D 打印和扫描 增材制造服务平台（AMSP）框架》	60.00 等待国际标准发布	60.60 的目标日期（已发布）：2021 年 10 月
ISO/IEC PWI 24398《3D 打印和扫描概述和词汇》	00.00 收到新项目提案	NP 投票预计在 2021 年底或 2022 年初进行。 注：目前没有后续的工作，当前状态为 PWI
ISO/IEC CD 3532-1.2《信息技术 3D 打印和扫描 基于医学图像的建模 第 1 部分：一般要求》	40.00 正在等待 DIS 投票	预计 2021 年 11 月发起的 DIS 投票 注：2022 年 1 月完成 DIS 投票，当前状态为 DIS（40.60）
ISO/IEC WD 3532-2《信息技术 3D 打印和扫描 基于医学图像的建模 第 2 部分：分割》	30.20 等待 CD 投票结果	CD 投票评论决议预计将于 2022 年 2 月发布。 注：2021 年 10 月完成 CD 投票，当前状态为 DIS（40.20）

（3）协调与协作

在 3D 打印标准化领域有几个活跃的 SDO 和联盟。WG 12 的重点是 3D 打印标准化的 ICT 基础方面，并且在制定其工作计划和可交付成果时，WG 12 努力确保与其他标准化组织的协同作用，从而避免重复工作。

表 5-22 显示了活跃于 3D 打印标准化领域的组织。

表 5-22 外部组织

组织	分组	描述
Web 3D 联盟	不适用	一个国际性、非营利性、成员资助的行业标准开发组织。利用其广泛的行业支持来开发 X3D 规范和设计，用于在 Web 上、应用程序之间以及跨分布式网络和 Web 服务共享交互式 3D 图形
3MF 联盟	不适用	3MF 是一个致力于定义 3D 打印格式的行业联盟，该格式将允许设计应用程序将全保真 3D 模型发送到其他应用程序、平台、服务和打印机的组合
Khronos Group 注：与 WG 12 具有 C 类关系	不适用	Khronos Group 是一个成员驱动的联盟，开发免版税的开放标准和充满活力的生态系统，利用硅加速来满足要求苛刻的图形渲染和计算密集型应用程序，例如 3D 图形、虚拟和增强现实、并行计算、神经网络和视觉处理
DICOM	WG 17	扩展和推广使用 DICOM 在医疗保健环境中创建、存储和管理虚拟现实、增强现实和混合现实模型，医疗保健环境中的模型要么(a)源自医学图像，要么(b)预期与医学图像进行比较/合成
ASTM	F.42 增材制造技术	通过制定增材制造技术标准来推广知识、促进研究和实施技术。该委员会的工作将与其他 ASTM 技术委员会以及其他具有共同或相关利益的国家和国际组织协调
ASME	Y14	通过开发工作、标准化系统和指南促进增材制造(AM)的统一产品定义实践。创建一个广泛接受的标准，该标准整合、扩展或改进国际惯例和符号系统，以支持在全球范围内创建、解释和使用 AM 产品定义数据集。该标准应确保从此类增材制造产品定义数据集生成的零部件和组件服从工程规范和要求的单一解释，以进行一致性验证。该标准是对 Y14 系列要求的补充
MPIF	不适用	金属粉末工业联合会（MPIF）发布标准，为设计和材料工程师提供指定粉末冶金材料所需的信息，这些材料由粉末冶金和金属注射成型零件、粉末和设备生产商开发。MPIF 标准旨在介绍和阐明粉末冶金技术，以帮助开展业务。PM 材料规格和测试标准与涉及 PM 零件的设计者和用户以及制造商的活动有关

表 5-23 ISO/IEC 委员会

组织	技术委员会	描述
ISO	TC 261	增材制造
ISO	TC 106	牙科
ISO	TC 150	外科植入物
ISO	TC 184/SC 1	自动化系统和集成：物理设备控制

续表

组织	技术委员会	描述
ISO	TC 184/SC 4	自动化系统和集成：工业数据
ISO	TC 215	健康信息学
IEC	TC 62	医疗实践中的电气设备
ISO	TC 213	尺寸和几何产品规格和验证
ISO/IEC	JTC 1/SC 24	计算机图形和图像处理及环境数据表示
ISO/IEC	JTC 1/SC 28	办公设备
ISO/IEC	JTC 1/SC 29	音频、图像、多媒体和超媒体信息的编码
ISO/IEC	JTC 1/SC 31	自动识别和数据采集技术
ISO/IEC	JTC 1/SC 38	云计算和分布式平台
ISO/IEC	JTC 1/SC 41	物联网和数字孪生
ISO/IEC	JTC 1/SC 42	人工智能

5.2.25　JTC 1/WG 13 业务计划（2021 年 5 月—2022 年 5 月）

1. 执行概要

WG 13 是 JTC 1 的一部分。

WG 13 成立于 2019 年，此前它是 JTC 1 的一个研究组。该研究组确定，在 JTC 1 逐渐增加的领域中，可信性是一个需要标准化的议题。目前已有几个 SC 正在制定与可信性相关的标准。

根据其职责范围，WG 13 需要制定横向协调的可交付件，如信息通信技术（ICT）可信性框架、分类法和本体，以指导整个 JTC 1 的可信性工作。

不同领域以及相同领域内不同标准用户可能会对可信性有不同的看法。WG 13 希望提供适用于各个 JTC 1 领域的可信性通用方法指南。特定领域可信性相关的可交付件不包括在内。

在目前的早期工作阶段，WG 13 的目标是确定和发现可信性领域内已经完成或正在兴起的、用以满足不断增长的市场需求的工作项目和倡议。首先根据本文件制定横向可交付件来实现这一目标。审查可交付件后，将考虑进一步的横向标准化方案。

2. 回顾

（1）市场需求和创新

可信性与许多领域相关，既有公共组织也有私人组织。

不同的市场参与者，包括买方、供应商、消费者、监管机构，都需要对可信性、合理性和适用性有共同的理解。相关的 JTC 1 分技术委员会（SC）将决定是否需要在领域内补充可信性指南。但为了保持一致性，JTC 1 的各 SC 可采用 WG 13 制定的指南。在标准化和市场需求方面，可信性主题可适用于：

- 组织；
- 人；
- 过程；
- 服务；
- 产品；
- 系统；
- 软件。

这种适用性划分可以作为 WG 13 的反映市场需求的工作结构。在目前的早期工作阶段，WG 13 的目标是确定和发现可信性领域内已经完成或正在兴起的、用以满足不断增长的市场需求的工作项目和倡议。

对于 JTC 1 以外的 ISO 领域，可信性也是一个议题。

WG 13 或许只会在 TC/SC 级别建立联络。WG 13 将确定与其工作相关的 ISO、IEC 中的 TC 和 SC，并通过 JTC 1 项目与他们共享可信性相关标准。关于可信性态势的 SD（常设文件）将对此有所帮助。

从纵向看，也有这种需求，在说明此态势时，宜将 JTC 1 内部的相关倡议标准传达给市场，从而满足基于 JTC 1 工作的可信性需求。这一定义和状态将是明年 WG 13 要解决的重点领域之一。

WG 13 内部的不同项目将确定与（联合国）可持续目标相关的利益，目的是在本文件的后续版本中概述这些利益。

（2）成就

① 会议。

WG 13 以前每年举行 3 次会议，但现在每年举行 2 次全体会议和项目会议。目前，采用虚拟会议模式举行这些会议。

2021 年 5 月至 2022 年 5 月期间的会议如下所示：

日　　期	主　　题
2021 年 5 月 5—6 日	全体会议
2021 年 5 月 18 日	ISO/IEC PWI 5957
2021 年 6 月 1 日	ISO/IEC PWI 5957
2021 年 6 月 10 日	ISO/IEC WD 5723（第 1 版）
2021 年 6 月 15 日	ISO/IEC PWI 5957
2021 年 6 月 17 日	ISO/IEC WD 5723（第 1 版）
2021 年 9 月 15—16 日	WG 13 全体会议
不定期（根据需要）	项目会议
2022 年 3 月 29—31 日	WG 13 全体会议

② 项目进展。
- WD 至 DTS 升级项目（TS 5723）；
- 第 2 版 WD 至第 3 版 WD 升级项目（TS 24462）；
- PWI 至 NP 升级项目（PWI 5957）；
- 一份 PWI (PWI 9814)。

（3）资源

WG 13 拥有来自 16 个国家的 118 名注册成员、4 名联络代表和 7 名文件监督员。这 16 个国家如下：

AFNOR，法国	ANSI，美国	BIS，印度	BSI，英国
DIN，德国	DS，丹麦	GOST R，俄罗斯联邦	ILNAS，卢森堡
JISC，日本	KATS，韩国，共和国	NSAI，爱尔兰	SA，澳大利亚
SAC，中国	SCC，加拿大	SIS，瑞典	UNI，意大利

（4）合作与竞争

WG 13 联络实体和代表如下：

实　　体	WG 13 联络代表
ISO/IEC JTC 1/SC 27	Amsenga, Johann
ISO/IEC JTC 1/SC 31	Pretorius, Albertus
ISO/IEC JTC 1/SC 38	Suzuki, Toshihiro
ISO/IEC JTC 1/SC 40	Harada, Yonosuke

3. 工作概要

（1）职责范围（ToR）和简述

WG 13 的职责范围：
- 完成、完善和维护包括热图在内的文件清单（JTC 1 N14500），将其作为 JTC 1 的常设文件（SD），反映 JTC 1、其他 ISO 和 IEC 委员会以及其他 SDO 的可信性概况。
- 完成术语和特征描述，并确定应创建的文件类型。
- 制定横向可交付件，如 ICT 可信性框架、分类法和本体，以指导 JTC 1 的可信性工作，并在此基础上制定其他可交付件（从 AWI ISO/IEC TS 24462《ICT 可信性评估本体》开始）。不包括与特定领域可信性相关的可交付件，如 JTC 1/SC 范围内的可交付件。

（2）成就

WG 13 根据职责范围启动工作，为不同的项目举行了几次虚拟会议。

（3）可交付成果

2021 年期间，管理层将进一步正式确定 WG 13 的工作和结构规划，以支持不同的项目和 NB 贡献。这将形成 WG 的通用文件，例如：
- 业务计划（本文件）；
- 路线图；
- 报告模板；
- 全体会议计划和议程。

（4）战略/风险/机会/经验教训

为了支持战略，在 2021/2022 年 WG 13 进一步调查已确定的议题，例如：
- 分析和确定需要在 JTC 1 WG 和 SC 内部保持一致的倡议；
- 在 WG 内部协调项目所需的依赖关系和进度顺序需求：纳入路线图。
- 可信性和合格性评定：与 CASCO 建立联络。

（5）项目描述

① JTC 1 常设文件《可信性态势》。

状态	草案
编辑	Kishor Narang(IN)，Jan Branzell(SE)，Raquel Porciúncula(PT)
范围	JTC 1 N14500 提供了 JTC 1/AG 7 收集的可信性和信任条款清单，以及可信性特征"热图"。用于构建"热图"的特征来自 NP TS 5723。"热图"旨在显示可信性特性对于其范围非常重要的 JTC 1/SC 以及其他相关 ISO 和 IEC TC

② ISO/IEC TS 5723 《可信性 词汇》。

状态	第 1 版 DTS
编辑	François Coallier(CA)
范围	该文件提供系统及其相关服务的可信性定义，以及一组选定的特征

③ ISO/IEC PWI 5957《可信性 参考架构》。

状态	PWI
编辑	Kishor Narang(IN)
范围	目前有两种选择： a）该文件为系统及其相关服务中的可信性工程提供通用参考架构。

	b）该文件详细说明可信性参考架构，包括视点、风险等。 ● 可信性参考架构的受众、利益相关者和受益人是谁？ ● 说明各种实现，它们可以利用参考架构原则来处理那些与需求（或高层需求）明确关联的关注点和变化。 ● 为在特定系统域中构建"网络-物理系统"的架构提供通用方法（不同的人在相似的情况下找到相似的解决方案或提出创新）。 ● 帮助利益相关者、计划和项目进行工作协作和协调——就各种系统元素（如服务、接口、数据等）、共同愿景等达成共同协议（即标准）

④ ISO/IEC TS 24462《ICT可信性评估用本体》。

状态	第二版 WD
编辑	Claire Vishik(GB)，Yan SUN(CN)，Marcello Balduccini(US)、Frank Farance(US)
范围	该文件定义了构建模块（在概念上与不同类型评估相关）的清单、本体（即元模型，用于组织各个构建模块）以及使用构建模块清单和本体的指南。 相关领域包括与治理、风险管理、安全评估、安全开发生命周期（SDL）、供应链完整性、隐私等相关的评估。 本体涵盖了ICT可信性评估领域，并在此领域给出了一致看法。本文件不会编辑或提议编辑该领域的现有标准。 将可信性评估领域的模块类型、类别和结构特征正规化可以提高标准制定和使用的效率和协调性。 构建模块既可以指结构构件，也可以指语义组件。这些模块可以与可信性评估相关概念和活动相关，包括与过程相关的概念和活动，如可追溯性或评估方法要素

⑤ ISO/IEC PWI 9814《可信性 综述和概念》。

状态	PWI
编辑	Luc Poulin(GB)，Jinghua Min(CN)
范围	可信性是一个高度复杂和细微的范式。为了将可信性概念应用并融入实体（即组织、系统软件、过程、人），需要将此概念分解为多个元素并给出所研究和列举的各元素之间复杂的相互依赖关系。 然后开发一个由信任、框架和其他元素组成的结构化生态系统。此PWI还可以帮助利益相关者确定JTC 1/WG 13应制定的其他重要可交付件，从而帮助所有JTC 1分技术委员会和其他SDO在处理各自工作中的不同可信性问题时，获得交叉和横向指导。JTC 1/SC可以在使用一致和标准化的方法中受益。 此PWI将阐述可信性及其概念

附录 A 法律法规文件

A.1　中华人民共和国标准化法

（1988年12月29日第七届全国人民代表大会常务委员会第五次会议通过
2017年11月4日第十二届全国人民代表大会常务委员会第三十次会议修订）

目录

第一章　总则
第二章　标准的制定
第三章　标准的实施
第四章　监督管理
第五章　法律责任
第六章　附则

第一章　总　则

第一条　为了加强标准化工作，提升产品和服务质量，促进科学技术进步，保障人身健康和生命财产安全，维护国家安全、生态环境安全，提高经济社会发展水平，制定本法。

第二条　本法所称标准（含标准样品），是指农业、工业、服务业以及社会事业等领域需要统一的技术要求。

标准包括国家标准、行业标准、地方标准和团体标准、企业标准。国家标准分为强制性标准、推荐性标准，行业标准、地方标准是推荐性标准。

强制性标准必须执行。国家鼓励采用推荐性标准。

第三条　标准化工作的任务是制定标准、组织实施标准以及对标准的制定、实施进行监督。

县级以上人民政府应当将标准化工作纳入本级国民经济和社会发展规划，将标准化工作经费纳入本级预算。

第四条　制定标准应当在科学技术研究成果和社会实践经验的基础上，深入调查论证，广泛征求意见，保证标准的科学性、规范性、时效性，提高标准质量。

第五条　国务院标准化行政主管部门统一管理全国标准化工作。国务院有关行政主管部门分工管理本部门、本行业的标准化工作。

县级以上地方人民政府标准化行政主管部门统一管理本行政区域内的标准化工作。县级以上地方人民政府有关行政主管部门分工管理本行政区域内本部门、本行业的标准化工作。

第六条　国务院建立标准化协调机制，统筹推进标准化重大改革，研究标准化重大政策，对跨部门跨领域、存在重大争议标准的制定和实施进行协调。

设区的市级以上地方人民政府可以根据工作需要建立标准化协调机制，统筹协调本行政区域内标准化工作重大事项。

第七条　国家鼓励企业、社会团体和教育、科研机构等开展或者参与标准化工作。

第八条　国家积极推动参与国际标准化活动，开展标准化对外合作与交流，参与制定国际标准，结合国情采用国际标准，推进中国标准与国外标准之间的转化运用。

国家鼓励企业、社会团体和教育、科研机构等参与国际标准化活动。

第九条 对在标准化工作中做出显著成绩的单位和个人，按照国家有关规定给予表彰和奖励。

第二章　标准的制定

第十条 对保障人身健康和生命财产安全、国家安全、生态环境安全以及满足经济社会管理基本需要的技术要求，应当制定强制性国家标准。

国务院有关行政主管部门依据职责负责强制性国家标准的项目提出、组织起草、征求意见和技术审查。国务院标准化行政主管部门负责强制性国家标准的立项、编号和对外通报。国务院标准化行政主管部门应当对拟制定的强制性国家标准是否符合前款规定进行立项审查，对符合前款规定的予以立项。

省、自治区、直辖市人民政府标准化行政主管部门可以向国务院标准化行政主管部门提出强制性国家标准的立项建议，由国务院标准化行政主管部门会同国务院有关行政主管部门决定。社会团体、企业事业组织以及公民可以向国务院标准化行政主管部门提出强制性国家标准的立项建议，国务院标准化行政主管部门认为需要立项的，会同国务院有关行政主管部门决定。

强制性国家标准由国务院批准发布或者授权批准发布。

法律、行政法规和国务院决定对强制性标准的制定另有规定的，从其规定。

第十一条 对满足基础通用、与强制性国家标准配套、对各有关行业起引领作用等需要的技术要求，可以制定推荐性国家标准。

推荐性国家标准由国务院标准化行政主管部门制定。

第十二条 对没有推荐性国家标准、需要在全国某个行业范围内统一的技术要求，可以制定行业标准。

行业标准由国务院有关行政主管部门制定，报国务院标准化行政主管部门备案。

第十三条 为满足地方自然条件、风俗习惯等特殊技术要求，可以制定地方标准。

地方标准由省、自治区、直辖市人民政府标准化行政主管部门制定；设区的市级人民政府标准化行政主管部门根据本行政区域的特殊需要，经所在地省、自治区、直辖市人民政府标准化行政主管部门批准，可以制定本行政区域的地方标准。地方标准由省、自治区、直辖市人民政府标准化行政主管部门报国务院标准化行政主管部门备案，由国务院标准化行政主管部门通报国务院有关行政主管部门。

第十四条 对保障人身健康和生命财产安全、国家安全、生态环境安全以及经济社会发展所急需的标准项目，制定标准的行政主管部门应当优先立项并及时完成。

第十五条 制定强制性标准、推荐性标准，应当在立项时对有关行政主管部门、企业、社会团体、消费者和教育、科研机构等方面的实际需求进行调查，对制定标准的必要性、可行性进行论证评估；在制定过程中，应当按照便捷有效的原则采取多种方式征求意见，组织对标准相关事项进行调查分析、实验、论证，并做到有关标准之间的协调配套。

第十六条 制定推荐性标准，应当组织由相关方组成的标准化技术委员会，承担标准的起草、技术审查工作。制定强制性标准，可以委托相关标准化技术委员会承担标准的起草、技术审查工作。未组成标准化技术委员会的，应当成立专家组承担相关标准的起草、技术审查工作。标准化技术委员会和专家组的组成应当具有广泛代表性。

第十七条 强制性标准文本应当免费向社会公开。国家推动免费向社会公开推荐性标准文本。

第十八条 国家鼓励学会、协会、商会、联合会、产业技术联盟等社会团体协调相关市场主体共同制定满足市场和创新需要的团体标准，由本团体成员约定采用或者按照本团体的规定供社会自愿采用。

制定团体标准，应当遵循开放、透明、公平的原则，保证各参与主体获取相关信息，反映各参与主体的共同需求，并应当组织对标准相关事项进行调查分析、实验、论证。

国务院标准化行政主管部门会同国务院有关行政主管部门对团体标准的制定进行规范、引导和监督。

第十九条 企业可以根据需要自行制定企业标准，或者与其他企业联合制定企业标准。

第二十条 国家支持在重要行业、战略性新兴产业、关键共性技术等领域利用自主创新技术制定团体标准、企业标准。

第二十一条 推荐性国家标准、行业标准、地方标准、团体标准、企业标准的技术要求不得低于强制性国家标准的相关技术要求。

国家鼓励社会团体、企业制定高于推荐性标准相关技术要求的团体标准、企业标准。

第二十二条 制定标准应当有利于科学合理利用资源，推广科学技术成果，增强产品的安全性、通用性、可替换性，提高经济效益、社会效益、生态效益，做到技术上先进、经济上合理。

禁止利用标准实施妨碍商品、服务自由流通等排除、限制市场竞争的行为。

第二十三条 国家推进标准化军民融合和资源共享，提升军民标准通用化水平，积极推动在国防和军队建设中采用先进适用的民用标准，并将先进适用的军用标准转化为民用标准。

第二十四条 标准应当按照编号规则进行编号。标准的编号规则由国务院标准化行政主管部门制定并公布。

第三章 标准的实施

第二十五条 不符合强制性标准的产品、服务，不得生产、销售、进口或者提供。

第二十六条 出口产品、服务的技术要求，按照合同的约定执行。

第二十七条 国家实行团体标准、企业标准自我声明公开和监督制度。企业应当公开其执行的强制性标准、推荐性标准、团体标准或者企业标准的编号和名称；企业执行自行制定的企业标准的，还应当公开产品、服务的功能指标和产品的性能指标。国家鼓励团体标准、企业标准通过标准信息公共服务平台向社会公开。

企业应当按照标准组织生产经营活动，其生产的产品、提供的服务应当符合企业公开标准的技术要求。

第二十八条 企业研制新产品、改进产品，进行技术改造，应当符合本法规定的标准化要求。

第二十九条 国家建立强制性标准实施情况统计分析报告制度。

国务院标准化行政主管部门和国务院有关行政主管部门、设区的市级以上地方人民政府标准化行政主管部门应当建立标准实施信息反馈和评估机制，根据反馈和评估情况对其制定的标准进行复审。标准的复审周期一般不超过五年。经过复审，对不适应经济社会发展需要和技术进步的应当及时修订或者废止。

第三十条 国务院标准化行政主管部门根据标准实施信息反馈、评估、复审情况，对有关标准之间重复交叉或者不衔接配套的，应当会同国务院有关行政主管部门作出处理或者通过国务院标准化协调机制处理。

第三十一条 县级以上人民政府应当支持开展标准化试点示范和宣传工作，传播标准化理念，推广标准化经验，推动全社会运用标准化方式组织生产、经营、管理和服务，发挥标准对促进转型升级、引领创新驱动的支撑作用。

第四章 监督管理

第三十二条 县级以上人民政府标准化行政主管部门、有关行政主管部门依据法定职责，对标准的制定进行指导和监督，对标准的实施进行监督检查。

第三十三条 国务院有关行政主管部门在标准制定、实施过程中出现争议的，由国务院标准化行政主管部门组织协商；协商不成的，由国务院标准化协调机制解决。

第三十四条 国务院有关行政主管部门、设区的市级以上地方人民政府标准化行政主管部门未依照本法规定对标准进行编号、复审或者备案的，国务院标准化行政主管部门应当要求其说明情况，并限期改正。

第三十五条 任何单位或者个人有权向标准化行政主管部门、有关行政主管部门举报、投诉违反本法规定的行为。

标准化行政主管部门、有关行政主管部门应当向社会公开受理举报、投诉的电话、信箱或者电子邮件地址，并安排人员受理举报、投诉。对实名举报人或者投诉人，受理举报、投诉的行政主管部门应当告知处理结果，为举报人保密，并按照国家有关规定对举报人给予奖励。

第五章 法律责任

第三十六条 生产、销售、进口产品或者提供服务不符合强制性标准，或者企业生产的产品、提供的服务不符合其公开标准的技术要求的，依法承担民事责任。

第三十七条 生产、销售、进口产品或者提供服务不符合强制性标准的，依照《中华人民共和国产品质量法》、《中华人民共和国进出口商品检验法》、《中华人民共和国消费者权益保护法》等法律、行政法规的规定查处，记入信用记录，并依照有关法律、行政法规的规定予以公示；构成犯罪的，依法追究刑事责任。

第三十八条 企业未依照本法规定公开其执行的标准的，由标准化行政主管部门责令限期改正；逾期不改正的，在标准信息公共服务平台上公示。

第三十九条 国务院有关行政主管部门、设区的市级以上地方人民政府标准化行政主管部门制定的标准不符合本法第二十一条第一款、第二十二条第一款规定的，应当及时改正；拒不改正的，由国务院标准化行政主管部门公告废止相关标准；对负有责任的领导人员和直接责任人员依法给予处分。

社会团体、企业制定的标准不符合本法第二十一条第一款、第二十二条第一款规定的，由标准化行政主管部门责令限期改正；逾期不改正的，由省级以上人民政府标准化行政主管部门废止相关标准，并在标准信息公共服务平台上公示。

违反本法第二十二条第二款规定，利用标准实施排除、限制市场竞争行为的，依照《中华人民共和国反垄断法》等法律、行政法规的规定处理。

第四十条 国务院有关行政主管部门、设区的市级以上地方人民政府标准化行政主管部门未依照本法规定对标准进行编号或者备案，又未依照本法第三十四条的规定改正的，由国务院标准化行政主管部门撤销相关标准编号或者公告废止未备案标准；对负有责任的领导人员和直接责任人员依法给予处分。

国务院有关行政主管部门、设区的市级以上地方人民政府标准化行政主管部门未依照本法规定对其制定的标准进行复审，又未依照本法第三十四条的规定改正的，对负有责任的领导人员和直接责任人员依法给予处分。

第四十一条 国务院标准化行政主管部门未依照本法第十条第二款规定对制定强制性国家标准的项目予以立项，制定的标准不符合本法第二十一条第一款、第二十二条第一款规定，或者未依照本法规定对标准进行编号、复审或者予以备案的，应当及时改正；对负有责任的领导人员和直接责任人员可以依法给予处分。

第四十二条 社会团体、企业未依照本法规定对团体标准或者企业标准进行编号的，由标准化行政主管部门责令限期改正；逾期不改正的，由省级以上人民政府标准化行政主管部门撤销相关标准编号，并在标准信息公共服务平台上公示。

第四十三条 标准化工作的监督、管理人员滥用职权、玩忽职守、徇私舞弊的，依法给予处分；构成犯罪的，依法追究刑事责任。

第六章 附则

第四十四条 军用标准的制定、实施和监督办法，由国务院、中央军事委员会另行制定。

第四十五条 本法自 2018 年 1 月 1 日起施行。

A.2 国家标准管理办法

第一章 总 则

第一条 为了加强国家标准管理，规范国家标准制定、实施和监督，根据《中华人民共和国标准化法》，制定本办法。

第二条 国家标准的制定（包括项目提出、立项、组织起草、征求意见、技术审查、对外通报、编号、批准发布）、组织实施以及监督工作，适用本办法。

第三条 对农业、工业、服务业以及社会事业等领域需要在全国范围内统一的技术要求，可以制定国家标准（含国家标准样品），包括下列内容：

（一）通用的技术术语、符号、分类、代号（含代码）、文件格式、制图方法等通用技术语言要求和互换配合要求；

（二）资源、能源、环境的通用技术要求；

（三）通用基础件，基础原材料，重要产品和系统的技术要求；

（四）通用的试验、检验方法；

（五）社会管理、服务，以及生产和流通的管理等通用技术要求；

（六）工程建设的勘察、规划、设计、施工及验收的通用技术要求；

（七）对各有关行业起引领作用的技术要求；

（八）国家需要规范的其他技术要求。

对保障人身健康和生命财产安全、国家安全、生态环境安全以及满足经济社会管理基本需要的技术要求，应当制定强制性国家标准。

第四条 国家标准规定的技术指标以及有关分析试验方法，需要配套标准样品保证其有效实施的，应当制定相应的国家标准样品。标准样品管理按照国务院标准化行政主管部门的有关规定执行。

第五条 制定国家标准应当有利于便利经贸往来，支撑产业发展，促进科技进步，规范社会治理，实施国家战略。

第六条 积极推动结合国情采用国际标准。以国际标准为基础起草国家标准的，应当符合有关国际组织的版权政策。

鼓励国家标准与相应国际标准的制修订同步，加快适用国际标准的转化运用。

第七条 鼓励国际贸易、产能和装备合作领域，以及全球经济治理和可持续发展相关新兴领域的国家标准同步制定外文版。

鼓励同步开展国家标准中外文版制定。

第八条 国务院标准化行政主管部门统一管理国家标准制定工作，负责强制性国家标准的立项、编号、对外通报和依据授权批准发布；负责推荐性国家标准的立项、组织起草、征求意见、技术审查、编号和批准发布。

国务院有关行政主管部门依据职责负责强制性国家标准的项目提出、组织起草、征求意见、技术审查和组织实施。

由国务院标准化行政主管部门组建、相关方组成的全国专业标准化技术委员会（以下简称技术委员会），受国务院标准化行政主管部门委托，负责开展推荐性国家标准的起草、征求意见、技术审查、复审工作，承担归口推荐性国家标准的解释工作；受国务院有关行政主管部门委托，承担强制性国家标准的起草、技术审查作；负责国家标准外文版的组织翻译和审查、实施情况评估和研究分析工作。

国务院标准化行政主管部门根据需要，可以委托国务院有关行政主管部门、有关行业协会，对技术委员会开展推荐性国家标准申请立项、国家标准报批等工作进行指导。

县级以上人民政府标准化行政主管部门和有关行政主管部门依据法定职责，对国家标准的实施进行监督检查。

第九条 对于跨部门跨领域、存在重大争议的国家标准的制定和实施，由国务院标准化行政主管部门组织协商，协商不成的报请国务院标准化协调机制解决。

第十条 国家标准及外文版依法受到版权保护，标准的批准发布主体享有标准的版权。

第十一条 国家标准一般不涉及专利。国家标准中涉及的专利应当是实施该标准必不可少的专利，其管理按照国家标准涉及专利的有关管理规定执行。

第十二条 制定国家标准应当在科学技术研究和社会实践经验的基础上，通过调查、论证、验证等方式，保证国家标准的科学性、规范性、适用性、时效性，提高国家标准质量。

制定国家标准应当公开、透明，广泛征求各方意见。

第十三条 国务院标准化行政主管部门建立国家标准验证工作制度。根据需要对国家标准的技术要求、试验检验方法等开展验证。

第十四条 制定国家标准应当做到有关标准之间的协调配套。

第十五条 鼓励科技成果转化为国家标准，围绕国家科研项目和市场创新活跃领域，同步推进科技研发和标准研制，提高科技成果向国家标准转化的时效性。

第十六条 对具有先进性、引领性，实施效果良好，需要在全国范围推广实施的团体标准，可以按程序制定为国家标准。

第十七条 对技术尚在发展中，需要引导其发展或者具有标准化价值的项目，可以制定为国家标准化指导性技术文件。

第二章 国家标准的制定

第十八条 政府部门、社会团体、企业事业组织以及公民可以根据国家有关发展规划和经济社会发展需要，向国务院有关行政主管部门提出国家标准的立项建议，也可以直接向国务院标准化行政主管部门提出国家标准的立项建议。

推荐性国家标准立项建议可以向技术委员会提出。

鼓励提出国家标准立项建议时同步提出国际标准立项申请。

第十九条 国务院标准化行政主管部门、国务院有关行政主管部门收到国家标准的立项建议后，应当对立项建议的必要性、可行性进行评估论证。国家标准的立项建议，可以委托技术委员会进行评估。

第二十条 强制性国家标准立项建议经评估后决定立项的，由国务院有关行政主管部门依据职责提出立项申请。

推荐性国家标准立项建议经评估后决定立项的，由技术委员会报国务院有关行政主管部门或者行业协会审核后，向国务院标准化行政主管部门提出立项申请。未成立技术委员会的，国务院有关行政主管部门可以依据职责直接提出推荐性国家标准项目立项申请。

立项申请材料应当包括项目申报书和标准草案。项目申报书应当说明制定国家标准的必要性、可行性，国内外标准情况、与国际标准一致性程度情况，主要技术要求，进度安排等。

第二十一条 国务院标准化行政主管部门组织国家标准专业审评机构对申请立项的国家标准项目进行评估，提出评估建议。

评估一般包括下列内容：

（一）本领域标准体系情况；

（二）标准技术水平、产业发展情况以及预期作用和效益；

（三）是否符合法律、行政法规的规定，是否与有关标准的技术要求协调衔接；

（四）与相关国际、国外标准的比对分析情况；

（五）是否符合本办法第三条、第四条、第五条规定。

第二十二条 对拟立项的国家标准项目，国务院标准化行政主管部门应当通过全国标准信息公共服务平台向社会公开征求意见，征求意见期限一般不少于三十日。必要时，可以书面征求国务院有关行政主管部门意见。

第二十三条 对立项存在重大分歧的，国务院标准化行政主管部门可以会同国务院有关行政主管部门、有关行业协会，组织技术委员会对争议内容进行协调，形成处理意见。

第二十四条 国务院标准化行政主管部门决定予以立项的，应当下达项目计划。

国务院标准化行政主管部门决定不予立项的，应当及时反馈并说明不予立项的理由。

第二十五条 强制性国家标准从计划下达到报送报批材料的期限一般不得超过二十四个月。推荐性国家标准从计划下达到报送报批材料的期限一般不得超过十八个月。

国家标准不能按照项目计划规定期限内报送的，应当提前三十日申请延期。强制性国家标准的延长时限不得超过十二个月，推荐性国家标准的延长时限不得超过六个月。

无法继续执行的，国务院标准化行政主管部门应当终止国家标准计划。

执行国家标准计划过程中，国务院标准化行政主管部门可以对国家标准计划的内容进行调整。

第二十六条 国务院有关行政主管部门或者技术委员会应当按照项目计划组织实施，及时开展国家标准起草工作。

国家标准起草，应当组建具有专业性和广泛代表性的起草工作组，开展国家标准起草的调研、论证（验证）、编制和征求意见处理等具体工作。

第二十七条 起草工作组应当按照标准编写的相关要求起草国家标准征求意见稿、编制说明以及有关材料。编制说明一般包括下列内容：

（一）工作简况，包括任务来源、制定背景、起草过程等；

（二）国家标准编制原则、主要内容及其确定依据，修订国家标准时，还包括修订前后技术内容的对比；

（三）试验验证的分析、综述报告，技术经济论证，预期的经济效益、社会效益和生态效益；

（四）与国际、国外同类标准技术内容的对比情况，或者与测试的国外样品、样机的有关数据对比情况；

（五）以国际标准为基础的起草情况，以及是否合规引用或者采用国际国外标准，并说明未采用国际标准的原因；

（六）与有关法律、行政法规及相关标准的关系；

（七）重大分歧意见的处理经过和依据；

（八）涉及专利的有关说明；

（九）实施国家标准的要求，以及组织措施、技术措施、过渡期和实施日期的建议等措施建议；

（十）其他应当说明的事项。

第二十八条 国家标准征求意见稿和编制说明应当通过有关门户网站、全国标准信息公共服务平台等渠道向社会公开征求意见，同时向涉及的其他国务院有关行政主管部门、企业事业单位、社会组织、消费者组织和科研机构等相关方征求意见。

国家标准公开征求意见期限一般不少于六十日。强制性国家标准在征求意见时应当按照世界贸易组织的要求对外通报。

国务院有关行政主管部门或者技术委员会应当对征集的意见进行处理，形成国家标准送审稿。

第二十九条 技术委员会应当采用会议形式对国家标准送审稿开展技术审查，重点审查技术要求的科学性、合理性、适用性、规范性。审查会议的组织和表决按照《全国专业标准化技术委员会管理办法》有关规定执行。

未成立技术委员会的，应当成立审查专家组采用会议形式开展技术审查。审查专家组成员应当具有代表性，由生产者、经营者、使用者、消费者、公共利益方等相关方组成，人数不得少于十五人。审查专家应当熟悉本领域技术和标准情况。技术审查应当协商一致，如需表决，四分之三以上同意为通过。起草人员不得承担技术审查工作。

审查会议应当形成会议纪要，并经与会全体专家签字。会议纪要应当真实反映审查情况，包括会议时间地点、会议议程、专家名单、具体的审查意见、审查结论等。

技术审查不通过的，应当根据审查意见修改后再次提交技术审查。无法协调一致的，可以提出计划项目终止申请。

第三十条 技术委员会应当根据审查意见形成国家标准报批稿、编制说明和意见处理表，经国务院有关行政主管部门或者行业协会审核后，报国务院标准化行政主管部门批准发布或者依据国务院授权批准发布。

未成立技术委员会的，国务院有关行政主管部门应当根据审查意见形成国家标准报批稿、编制说明和意见处理表，报国务院标准化行政主管部门批准发布或者依据国务院授权批准发布。

报批材料包括：

（一）报送公文；

（二）国家标准报批稿；

（三）编制说明；

（四）征求意见汇总处理表；

（五）审查会议纪要；

（六）需要报送的其他材料。

第三十一条 国务院标准化行政主管部门委托国家标准专业审评机构对国家标准的报批材料进行审核。国家标准专业审评机构应当审核下列内容：

（一）标准制定程序、报批材料、标准编写质量是否符合相关要求；

（二）标准技术内容的科学性、合理性，标准之间的协调性，重大分歧意见处理情况；

（三）是否符合有关法律、行政法规、产业政策、公平竞争的规定。

第三十二条 强制性国家标准由国务院批准发布或者授权批准发布。推荐性国家标准由国务院标准化行政主管部门统一批准、编号，以公告形式发布。

国家标准的代号由大写汉语拼音字母构成。强制性国家标准的代号为"GB"，推荐性国家标准的代号为"GB/T"，国家标准样品的代号为"GSB"。指导性技术文件的代号为"GB/Z"。

国家标准的编号由国家标准的代号、国家标准发布的顺序号和国家标准发布的年份号构成。国家标准样品的编号由国家标准样品的代号、分类目录号、发布顺序号、复制批次号和发布年份号构成。

第三十三条 应对突发紧急事件急需的国家标准，制定过程中可以缩短时限要求。

第三十四条 国家标准由国务院标准化行政主管部门委托出版机构出版。

国务院标准化行政主管部门按照有关规定在全国标准信息公共服务平台公开国家标准文本，供公众查阅。

第三章 国家标准的实施与监督

第三十五条 国家标准的发布与实施之间应当留出合理的过渡期。

国家标准发布后实施前，企业可以选择执行原国家标准或者新国家标准。

新国家标准实施后，原国家标准同时废止。

第三十六条 强制性国家标准必须执行。不符合强制性国家标准的产品、服务，不得生产、销售、进口或者提供。

推荐性国家标准鼓励采用。在基础设施建设、基本公共服务、社会治理、政府采购等活动中，鼓励实施推荐性国家标准。

第三十七条 国家标准发布后，各级标准化行政主管部门、有关行政主管部门、行业协会和技术委员会应当组织国家标准的宣贯和推广工作。

第三十八条 国家标准由国务院标准化行政主管部门解释，国家标准的解释与标准文本具有同等效力。解释发布后，国务院标准化行政主管部门应当自发布之日起二十日内在全国标准信息公共服务平台上公开解释文本。

对国家标准实施过程中有关具体技术问题的咨询，国务院标准化行政主管部门可以委托国务院有关行政主管部门、行业协会或者技术委员会答复。相关答复应当按照国家信息公开的有关规定进行公开。

第三十九条 企业和相关社会组织研制新产品、改进产品和服务、进行技术改造等，应当符合本办法规定的标准化要求。

第四十条 国务院标准化行政主管部门建立国家标准实施信息反馈机制，畅通信息反馈渠道。

鼓励个人和单位通过全国标准信息公共服务平台反馈国家标准在实施中产生的问题和修改建议。

各级标准化行政主管部门、有关行政主管部门、行业协会和技术委员会应当在日常工作中收集相关国家标准实施信息。

第四十一条 国务院标准化行政主管部门、国务院有关行政主管部门、行业协会、技术委员会应当及时对反馈的国家标准实施信息进行分析处理。

第四十二条 国务院标准化行政主管部门建立国家标准实施效果评估机制。国务院标准化行政主管部门根据国家标准实施情况，定期组织开展重点领域国家标准实施效果评估。国家标准实施效果评估应当包含下列内容：

（一）标准的实施范围；

（二）标准实施产生的经济效益、社会效益和生态效益；

（三）标准实施过程中发现的问题和修改建议。

第四十三条 国务院有关行政主管部门、有关行业协会或者技术委员会应当根据实施信息反馈、实施效果评估情况，以及经济社会和科学技术发展的需要，开展国家标准复审，提出继续有效、修订或者废止的复审结论，报国务院标准化行政主管部门。复审周期一般不超过五年。

复审结论为修订的，国务院有关行政主管部门、有关行业协会或者技术委员会应当在报送复审结论时提出修订项目。

复审结论为废止的，由国务院标准化行政主管部门通过全国标准信息公共服务平台向社会公开征求意见，征求意见一般不少于六十日。无重大分歧意见或者经协调一致的，由国务院标准化行政主管部门以公告形式废止。

第四十四条 国家标准发布后，个别技术要求需要调整、补充或者删减，可以通过修改单进行修改。修改单由国务院有关行政主管部门、有关行业协会或者技术委员会提出，国务院标准化行政主管部门按程序批准后以公告形式发布。国家标准的修改单与标准文本具有同等效力。

第四章 附 则

第四十五条 《强制性国家标准管理办法》对强制性国家标准的制定、组织实施和监督另有规定的，从其规定。

第四十六条 本办法自 2023 年 3 月 1 日起实施。1990 年 8 月 24 日原国家技术监督局第 10 号令公布的《国家标准管理办法》同时废止。

A.3 强制性国家标准管理办法

（2020年1月6日国家市场监督管理总局令第25号公布 自2020年6月1日起施行）

第一条 为了加强强制性国家标准管理，规范强制性国家标准的制定、实施和监督，根据《中华人民共和国标准化法》，制定本办法。

第二条 强制性国家标准的制定（包括项目提出、立项、组织起草、征求意见、技术审查、对外通报、编号、批准发布）、组织实施以及监督工作，适用本办法。

第三条 对保障人身健康和生命财产安全、国家安全、生态环境安全以及满足经济社会管理基本需要的技术要求，应当制定强制性国家标准。

第四条 制定强制性国家标准应当坚持通用性原则，优先制定适用于跨领域跨专业的产品、过程或者服务的标准。

第五条 制定强制性国家标准应当在科学技术研究成果和社会实践经验的基础上，深入调查论证，保证标准的科学性、规范性、时效性。

第六条 制定强制性国家标准应当结合国情采用国际标准。

第七条 制定强制性国家标准应当公开、透明，按照便捷有效的原则采取多种方式，广泛听取各方意见。

第八条 强制性国家标准应当有明确的标准实施监督管理部门，并能够依据法律、行政法规、部门规章的规定对违反强制性国家标准的行为予以处理。

第九条 国务院标准化行政主管部门统一管理全国标准化工作，负责强制性国家标准的立项、编号和对外通报。国务院有关行政主管部门依据职责负责强制性国家标准的项目提出、组织起草、征求意见和技术审查。强制性国家标准由国务院批准发布或者授权批准发布。

县级以上人民政府标准化行政主管部门和有关行政主管部门依据法定职责，对强制性国家标准的实施进行监督检查。

第十条 省、自治区、直辖市人民政府标准化行政主管部门可以向国务院标准化行政主管部门提出强制性国家标准的立项建议，由国务院标准化行政主管部门会同国务院有关行政主管部门研究决定。确有必要制定强制性国家标准的，国务院标准化行政主管部门应当明确项目提出部门，无需立项的应当说明理由。

社会团体、企业事业组织以及公民可以向国务院标准化行政主管部门提出强制性国家标准的立项建议，国务院标准化行政主管部门认为需要立项的，会同国务院有关行政主管部门研究决定。确有必要制定强制性国家标准的，国务院标准化行政主管部门应当明确项目提出部门，无需立项的应当说明理由。

第十一条 国务院有关行政主管部门依据职责向国务院标准化行政主管部门提出强制性国家标准项目。

涉及两个以上国务院有关行政主管部门的强制性国家标准项目，可以由牵头部门会同有关部门联合提出。

第十二条 国务院有关行政主管部门提出强制性国家标准项目前，应当充分征求国务院其他有关行政主管部门的意见，调查企业事业组织、社会团体、消费者和教育、科研机构等方面的实际需求，对项目的必要性和可行性进行论证评估。

第十三条 国务院有关行政主管部门提出强制性国家标准项目时，应当报送项目申报书和标准立项草案。项目申报书应当包括下列内容：

（一）制定强制性国家标准的必要性、可行性；

（二）主要技术要求；

（三）国内相关强制性标准和配套推荐性标准制定情况；

（四）国际标准化组织、其他国家或者地区相关法律法规和标准制定情况；

（五）强制性国家标准的实施监督管理部门以及对违反强制性国家标准行为进行处理的有关法律、行政法规、部门规章依据；

（六）强制性国家标准所涉及的产品、过程或者服务目录；
（七）征求国务院有关部门意见的情况；
（八）经费预算以及进度安排；
（九）需要申报的其他事项。

第十四条 国务院标准化行政主管部门应当按照下列要求对强制性国家标准项目进行审查：
（一）是否符合本办法第三条和第四条规定的原则；
（二）是否符合有关法律、行政法规的规定，是否与有关强制性标准的技术要求协调衔接；
（三）是否符合本办法第十二条和第十三条的要求；
（四）需要审查的其他内容。

第十五条 国务院标准化行政主管部门应当将符合本办法第十四条规定的强制性国家标准项目在全国标准信息公共服务平台向社会公开征求意见。

征求意见期限不得少于三十日。紧急情况下可以缩短征求意见期限，但一般不得少于七日。

第十六条 对于公众提出的意见，国务院标准化行政主管部门根据需要可以组织专家论证、召开会议进行协调或者反馈项目提出部门予以研究处理。

第十七条 国务院标准化行政主管部门应当根据审查意见以及协调情况，决定是否立项。

决定予以立项的，国务院标准化行政主管部门应当下达项目计划，明确组织起草部门和报送批准发布时限。涉及两个以上国务院有关行政主管部门的，还应当明确牵头组织起草部门。

决定不予立项的，国务院标准化行政主管部门应当以书面形式告知项目提出部门不予立项的理由。

第十八条 组织起草部门可以委托相关标准化技术委员会承担起草工作。

未组成标准化技术委员会的，组织起草部门应当成立起草专家组承担强制性国家标准起草工作。涉及两个以上国务院有关行政主管部门的强制性国家标准项目，牵头组织起草部门应当会同其他组织起草部门成立起草专家组。起草专家组应当具有权威性和代表性。

第十九条 强制性国家标准的技术要求应当全部强制，并且可验证、可操作。

强制性国家标准编写应当遵守国家有关规定，并在前言中载明组织起草部门信息，但不得涉及具体的起草单位和起草人信息。

第二十条 强制性国家标准应当对相关事项进行调查分析、实验、论证。

有关技术要求需要进行试验验证的，应当委托具有相应能力的技术单位开展。

第二十一条 起草强制性国家标准应当同时编写编制说明。编制说明应当包括下列内容：
（一）工作简况，包括任务来源、起草人员及其所在单位、起草过程等；
（二）编制原则、强制性国家标准主要技术要求的依据（包括验证报告、统计数据等）及理由；
（三）与有关法律、行政法规和其他强制性标准的关系，配套推荐性标准的制定情况；
（四）与国际标准化组织、其他国家或者地区有关法律法规和标准的比对分析；
（五）重大分歧意见的处理过程、处理意见及其依据；
（六）对强制性国家标准自发布日期至实施日期之间的过渡期（以下简称过渡期）的建议及理由，包括实施强制性国家标准所需要的技术改造、成本投入、老旧产品退出市场时间等；
（七）与实施强制性国家标准有关的政策措施，包括实施监督管理部门以及对违反强制性国家标准的行为进行处理的有关法律、行政法规、部门规章依据等；
（八）是否需要对外通报的建议及理由；
（九）废止现行有关标准的建议；
（十）涉及专利的有关说明；
（十一）强制性国家标准所涉及的产品、过程或者服务目录；
（十二）其他应当予以说明的事项。

第二十二条 组织起草部门应当以书面形式向涉及的有关行政主管部门以及企业事业组织、社会团体、消费者组织和教育、科研机构等方面征求意见。

书面征求意见的有关行政主管部门应当包括强制性国家标准的实施监督管理部门。

第二十三条 组织起草部门应当将强制性国家标准征求意见稿、编制说明以及拟订的过渡期，通过本部门门户网站和全国标准信息公共服务平台向社会公开征求意见。

公开征求意见期限不少于六十日。紧急情况下可以缩短公开征求意见期限，但一般不得少于三十日。

第二十四条 对于涉及面广、关注度高的强制性国家标准，组织起草部门可以采取座谈会、论证会、听证会等多种形式听取意见。

第二十五条 对于不采用国际标准或者与有关国际标准技术要求不一致，并且对世界贸易组织（WTO）其他成员的贸易有重大影响的强制性国家标准，组织起草部门应当按照要求将强制性国家标准征求意见稿和中英文通报表送国务院标准化行政主管部门。

国务院标准化行政主管部门应当按照世界贸易组织（WTO）的要求对外通报，并将收到的意见反馈组织起草部门。

第二十六条 制定中的强制性国家标准有关技术要求发生重大变化的，应当再次向社会公开征求意见。需要对外通报的，还应当再次对外通报。

第二十七条 组织起草部门应当根据各方意见修改形成强制性国家标准送审稿。

第二十八条 组织起草部门可以委托相关标准化技术委员会承担对强制性国家标准送审稿的技术审查工作。

未组成标准化技术委员会的，组织起草部门应当成立审查专家组承担强制性国家标准送审稿的技术审查。涉及两个以上国务院有关行政主管部门的强制性国家标准项目，牵头组织起草部门应当会同其他组织起草部门成立审查专家组。审查专家组应当具有权威性和代表性，人数不得少于十五人。

起草人员不得承担技术审查工作。

第二十九条 技术审查应当采取会议形式，重点审查技术要求的科学性、合理性、适用性、规范性，与相关政策要求的符合性，以及与其他强制性标准的协调性。

审查会议应当形成会议纪要，并经与会全体专家签字。会议纪要应当真实反映审查情况，包括会议时间地点、会议议程、专家名单、具体的审查意见、审查结论等。

第三十条 组织起草部门根据技术审查意见决定报送批准发布的，应当形成报批稿，送国务院标准化行政主管部门统一编号。

两个以上国务院有关行政主管部门联合起草的，牵头组织起草部门应当经其他组织起草部门同意后，送国务院标准化行政主管部门统一编号。

第三十一条 组织起草部门应当提供下列材料，并对强制性国家标准报批稿的内容负责：

（一）报送公文；

（二）强制性国家标准报批稿；

（三）编制说明；

（四）征求意见汇总处理表；

（五）审查会议纪要；

（六）需要报送的其他材料。

报送公文应当包括过渡期的建议。

第三十二条 强制性国家标准不能按照项目计划规定时限报送的，组织起草部门应当提前三十日向国务院标准化行政主管部门说明情况，并申请延长期限。

延长的期限不得超过一年。

第三十三条 强制性国家标准报送编号前，组织起草部门认为相关技术要求存在重大问题或者出现政策性变化的，可以重新组织起草或者向国务院标准化行政主管部门提出项目终止建议。

第三十四条 国务院标准化行政主管部门应当对符合下列要求的强制性国家标准予以编号：

（一）制定程序规范、报送材料齐全；

（二）符合本办法第三条和第四条规定的原则；

（三）符合有关法律、行政法规的规定，并与有关强制性标准的技术要求协调衔接；

（四）妥善处理重大分歧意见。

第三十五条 强制性国家标准的编号由强制性国家标准代号（GB）、顺序号和年代号构成。

第三十六条　国务院标准化行政主管部门依据国务院授权批准发布强制性国家标准。强制性国家标准应当以国务院标准化行政主管部门公告的形式发布。

第三十七条　国务院标准化行政主管部门应当自发布之日起二十日内在全国标准信息公共服务平台上免费公开强制性国家标准文本。

第三十八条　强制性国家标准从项目计划下达到报送强制性国家标准报批稿的期限一般不得超过两年，国务院标准化行政主管部门从收到强制性国家标准报批稿到授权批准发布的期限一般不得超过两个月。

第三十九条　强制性国家标准发布后实施前，企业可以选择执行原强制性国家标准或者新强制性国家标准。

新强制性国家标准实施后，原强制性国家标准同时废止。

第四十条　强制性国家标准发布后，起草单位和起草人信息可以通过全国标准信息公共服务平台予以查询。

第四十一条　强制性国家标准发布后，有下列情形之一的，由国务院标准化行政主管部门依据国务院授权解释：

（一）强制性国家标准的规定需要进一步明确具体含义的；

（二）出现新的情况，需要明确适用强制性国家标准依据的；

（三）需要解释的其他事项。

强制性国家标准解释草案由组织起草部门研究提出并报国务院标准化行政主管部门。

强制性国家标准的解释与标准具有同等效力。解释发布后，国务院标准化行政主管部门应当自发布之日起二十日内在全国标准信息公共服务平台上免费公开解释文本。

属于强制性国家标准实施过程中有关具体问题的咨询，由组织起草部门研究答复。

第四十二条　国务院标准化行政主管部门应当通过全国标准信息公共服务平台接收社会各方对强制性国家标准实施情况的意见建议，并及时反馈组织起草部门。

第四十三条　组织起草部门应当收集强制性国家标准实施效果和存在问题，及时研究处理，并对实施情况进行跟踪评估。

强制性国家标准的实施监督管理部门与组织起草部门为不同部门的，监督管理部门应当将行政检查、行政处罚以及其他有关信息及时反馈组织起草部门。

第四十四条　强制性国家标准实施后，组织起草部门应当定期组织对强制性国家标准实施情况进行统计分析，形成实施情况统计分析报告并送国务院标准化行政主管部门。

强制性国家标准实施情况统计分析报告应当包括强制性国家标准实施情况总体评估以及具体实施效果、存在的问题、改进建议等。

第四十五条　组织起草部门应当根据反馈和评估情况，对强制性国家标准进行复审，提出继续有效、修订或者废止的结论，并送国务院标准化行政主管部门。

复审周期一般不得超过五年。

第四十六条　复审结论为修订强制性国家标准的，组织起草部门应当在报送复审结论时提出修订项目。

强制性国家标准的修订，按照本办法规定的强制性国家标准制定程序执行；个别技术要求需要调整、补充或者删减，采用修改单方式予以修订的，无需经国务院标准化行政主管部门立项。

第四十七条　复审结论为废止强制性国家标准的，由国务院标准化行政主管部门通过全国标准信息公共服务平台向社会公开征求意见，并以书面形式征求强制性国家标准的实施监督管理部门意见。公开征求意见一般不得少于三十日。

无重大分歧意见或者经协调一致的，由国务院标准化行政主管部门依据国务院授权以公告形式废止强制性国家标准。

第四十八条　强制性国家标准制定实施中出现争议的，由国务院标准化行政主管部门组织协商；经协商未形成一致意见的，提交国务院标准化协调推进部际联席会议研究解决。

第四十九条　任何单位或者个人有权向标准化行政主管部门、有关行政主管部门举报、投诉违反本办法规定的行为。

标准化行政主管部门、有关行政主管部门依据职责予以处理，对于实名举报人或者投诉人，应当告知处理结果，为举报人保密，并按照国家有关规定对举报人给予奖励。

第五十条　强制性国家标准制定过程中涉及国家秘密的，应当遵守有关保密规定。

第五十一条　强制性国家标准涉及专利的，应当按照国家标准涉及专利的有关管理规定执行。

制定强制性国家标准参考相关国际标准的，应当遵守相关国际标准化组织的版权政策。

第五十二条　本办法所称企业包括内资企业和外商投资企业。强制性国家标准对内资企业和外商投资企业平等适用。外商投资企业依法和内资企业平等参与强制性国家标准的制定、修订工作。

第五十三条　本办法所称日为公历日。

第五十四条　法律、行政法规和国务院决定对强制性标准的制定另有规定的，从其规定。

第五十五条　本办法自 2020 年 6 月 1 日起施行。有关部门规章中涉及强制性国家标准管理的内容与本办法规定不一致的，以本办法规定为准。

A.4　国家标准外文版管理办法

第一章　总　则

第一条　为促进国际贸易、经济、技术交流与合作，扩大对外开放程度，做好国家标准外文版管理工作，特制定本办法。

第二条　本办法适用于国家标准外文版的立项、翻译、审查和发布工作。

第三条　国家标准外文版是指国家标准翻译为英文或其他语种的译本。国家标准外文版重点是：

（一）强制性国家标准；

（二）进出口贸易所需的国家标准；

（三）促进我国产品、技术、服务"走出去"的国家标准。

第四条　国家标准外文版由国家标准化管理委员会统一管理，并确保外文版的准确性和权威性。

第五条　鼓励国家标准制修订工作与国家标准外文版翻译工作同步开展。

第二章　立　项

第六条　根据贸易和技术交流的需要，全国专业标准化技术委员会（以下简称"技术委员会"）负责提出推荐性国家标准外文版项目建议，国务院有关行业主管部门（以下简称"标准归口部门"）负责提出强制性国家标准外文版项目建议（《国家标准外文版项目建议书》见附件），报国家标准化管理委员会。

第七条　国家标准化管理委员会对国家标准外文版项目建议的必要性和可行性、翻译单位资质能力等内容进行审核。对符合要求的项目，国家标准化管理委员会向技术委员会或标准归口部门下达任务。从下达任务到完成报批，外文版项目周期原则上不超过1年。

第八条　国家标准化管理委员会也可根据经济和贸易发展及国际合作等需求，组织相关单位开展国家标准外文版翻译工作。

第九条　鼓励各企业、事业单位和社会团体提出国家标准外文版工作建议或承担翻译工作。

第三章　翻　译

第十条　任务下达后，技术委员会或标准归口部门负责组织翻译单位开展翻译工作。

第十一条　鼓励翻译单位与专业性翻译机构合作开展翻译工作。

第十二条　国家标准外文版翻译应坚持忠实原文、准确规范的原则。

第十三条　国家标准英文版的编写格式和表述应符合 GB/T 20000.10《标准化工作指南　第 10 部分：国家标准的英文译本翻译通则》和 GB/T 20000.11《标准化工作指南　第 11 部分：国家标准的英文译本通用表述》有关规定。其他语种外文版应符合该语言文字的使用习惯。

第四章　审　查

第十四条　国家标准翻译工作完成后，技术委员会或标准归口部门组织对外文版与中文版内容的一致性、表述的准确性、文本的编写格式等进行审查，并对国家标准外文版的文本质量负责。审查应成立专家组，专家组由标准和语言方面的专家共同组成。

第十五条　审查通过的项目，由技术委员会或标准归口部门行文报送国家标准化管理委员会。报批文件包括：

（一）国家标准外文版报批稿 1 份；
（二）专家组审查意见及专家名单各 1 份。

第十六条 与国家标准制修订计划同步执行的翻译任务，应在国家标准批准发布后 90 天内完成报批。

第五章 发 布

第十七条 国家标准化管理委员会对国家标准外文版报批材料进行形式审查。审查通过后，国家标准化管理委员会发布国家标准外文版公告。

第十八条 国家标准外文版版权归国家标准化管理委员会所有，法律另有规定的除外。

第十九条 国家标准外文版由国家标准化管理委员会委托具有相关资质的出版单位进行出版。

第二十条 已有外文版的国家标准修订时，技术委员会或标准归口部门可同步组织外文版的修订工作。

第二十一条 国家标准废止时，相应的国家标准外文版同步废止，并由国家标准化管理委员会发布废止公告。

第六章 附 则

第二十二条 国家标准化管理委员会可根据工作实际对国家标准外文版翻译工作提供一定的经费补助。鼓励行业部门、地方财政及社会各方给予经费资助。

第二十三条 国家标准外文版与国家标准中文版出现异议时，以中文版为准。

第二十四条 本办法由国家标准化管理委员会负责解释。

第二十五条 本办法自公布之日起实施，原国家质量技术监督局 1998 年 4 月 22 日发布的《国家标准英文版翻译出版工作管理暂行办法》即行废止。

附件：

国家标准外文版项目建议书

拟翻译国家标准名称（中文）			
国家标准编号（计划编号）		拟翻译语种	
技术委员会（TC）或标准归口部门		TC 号	
翻译单位			
完成周期（月）			
国内外需求情况			
申报联系人		联系电话	
备注			

A.5 国家标准化指导性技术文件管理规定

(1998年12月24日 质技监局标发[1998]181号)

第一条 为了使我国标准化工作适应社会主义市场经济发展的需要,有利于国际交流,规范国家标准化指导性技术文件(以下简称"指导性技术文件")的管理工作,特制定本规定。

第二条 指导性技术文件,是为仍处于技术发展过程中(如变化快的技术领域)的标准化工作提供指南或信息,供科研、设计、生产、使用和管理等有关人员参考使用而制定的标准文件。

第三条 符号下列情况之一的项目,可制定指导性技术文件:

(一)技术尚在发展中,需要有相应的标准文件引导其发展或具有标准化价值,尚不能制定为标准的项目;

(二)采用国际标准化组织、国际电工委员会及其他国际组织(包括区域性国际组织)的技术报告的项目。

第四条 指导性技术文件不宜由标准引用使其具有强制性或行政约束力。

第五条 国务院标准化行政主管部门统一负责指导性技术文件的管理工作。

指导性技术文件由国务院标准化行政主管部门编制计划,组织草拟,统一审批、编号、发布。

第六条 指导性技术文件的代号由大写汉语拼音字母"GB/Z"构成。

指导性技术文件的编号,由指导性技术文件的代号、顺序号和年号(即发布年份的四位数字)构成。

第七条 指导性技术文件的制定,按《国家标准管理办法》和 GB/T16733《国家标准制定程序的阶段划分及代码》的有关规定办理。

指导性技术文件项目列入《国家标准制、修订项目计划》,并在《国家标准制、修订项目计划》及其他有关文件中,用"GB/Z"注明。

第八条 指导性技术文件的编写,参照 GB/T1《标准化工作导则》系列国家标准的规定。其中:

(一)指导性技术文件中,凡提及"指导性技术文件"自身时,采用"本指导性技术文件"的方式叙述。

(二)指导性技术文件的前言中,还应当说明需要制定本指导性技术文件的理由,采用国际标准化组织、国际电工委员会或其他国际组织的技术报告的编号和名称及其采用程度。

同时注明:

"本指导性技术文件仅供参考。有关对本指导性技术文件的建议和意见,向国务院标准化行政主管部门反映。"

第九条 指导性技术文件的印刷格式,比照 GB/T1.2《标准化工作导则 第1单元:标准的起草与表述规则 第2部分:标准出版印刷的规定》,将封面和首页上的"中华人民共和国国家标准"改为"中华人民共和国国家标准化指导性技术文件",将国家标准的编号改为指导性技术文件的编号,取消实施日期,其他各处作相应改动。

指导性技术文件的出版单位由国务院标准化行政主管部门确定。

第十条 指导性技术文件的复审程序,按照《国家标准管理办法》的规定。指导性技术文件发布后3年内必须复审,以决定是否继续有效、转化为国家标准或撤销。

指导性技术文件转化为国家标准,应当在国家标准的前言中予以说明。

第十一条 指导性技术文件属科技成果,按《标准化科学技术进步奖励办法》的规定,参与科技成果奖的评定。

第十二条 本办法由国家质量技术监督局负责解释。

第十三条 本办法自发布之日起施行。

A.6　采用快速程序制定国家标准的管理规定

采用快速程序制定国家标准的管理规定
发布机构：国家技术监督局
发布日期：1998.01.08
生效日期：1998.01.08

第一条　为了缩短标准制定周期，以适应企业对市场经济快速反应的需要，规范采用快速程序制定国家标准的工作，特制定本规定。

第二条　快速程序（代号：FTP）是在正常标准制定程序（程序类别代号：A）的基础上省略起草阶段（程序类别代号：B）或省略起草阶段和征求意见阶段（程序类别代号：C）的简化程序（见 GB/T16733《国家标准制定程序的阶段划分及代码》）。

第三条　符合下列情况之一的项目，可申请采用快速程序：

（一）等同采用或等效采用国际标准制定国家标准的项目，可采用 B 程序（项目类别代号：1）；

（二）等同采用或等效采用国外先进标准制定国家标准的项目，可采用 B 程序（项目类别代号：2）；

（三）现行国家标准的修订项目，可采用 C 程序（或 B 程序）（项目类别代号：3）；

（四）现行其他标准转化为国家标准的项目，可采用 B 程序（项目类别代号：4）。

第四条　采用快速程序的项目，按《国家标准管理办法》的有关规定和 GB/T16733 的要求进行管理。

第五条　采用快速程序的项目，应在《国家标准项目任务书》的备注栏内说明理由并注明快速程序代码。

快速程序代码由快速程序代号、程序类别代号和项目类别代号三部分组成：

　　FTP
快速程序代号
　　×
程序类别代号（B、C）
　　×
项目类别代号（1、2、3、4）

第六条　在执行《国家标准制、修订项目计划》过程中，如需由快速程序转为正常程序，或由正常程序转为快速程序时，应按要求填写《国家标准计划项目调整申请表》（见《国家标准管理办法》附件3），并按《国家标准管理办法》中有关计划项目调整的规定办理。

第七条　采用快速程序制定行业标准、地方标准时，可参照本规定执行。

第八条　本规定由国家技术监督局负责解释。

第九条　本规定自发布之日起施行。

A.7 工业通信业行业标准制定管理办法

第一章 总 则

第一条 为了规范工业通信业行业标准制定程序，提高标准制定质量，根据《中华人民共和国标准化法》等法律法规，制定本办法。

第二条 工业通信业行业标准（以下简称行业标准）的立项、起草、技术审查、批准、发布、复审等制定活动，适用本办法。

第三条 制定行业标准，应当遵循公平公正、开放透明、充分协商原则，有利于科学合理利用资源，推广科学技术成果，保证标准的科学性、规范性、时效性，做到技术上先进、经济上合理。

第四条 制定行业标准，应当重点围绕重要产品、工程技术、服务和行业管理标准。涉及融合发展的新兴技术领域的，支持联合制定行业标准。

第五条 工业和信息化部负责行业标准制定的管理工作。

省、自治区、直辖市工业和信息化主管部门协助工业和信息化部做好行业标准制定管理相关工作。

第六条 标准化技术委员会、标准化专家组等单位和组织（以下统称标准化技术组织）按照本办法规定，负责所属领域行业标准起草、技术审查、复审、修订等具体工作。

第七条 有关行业协会（联合会）和标准化专业机构等（以下统称初审机构）按照本办法规定，承担行业标准制定相关工作。

第二章 立 项

第八条 政府部门、社会团体、企业事业组织以及公民可以向工业和信息化部提出行业标准制定或者修订的立项建议。

提出立项建议，应当书面说明制定或者修订行业标准的必要性、可行性、适用范围等内容。

第九条 工业和信息化部组织有关标准化技术组织对立项建议进行论证评估。

标准化技术组织应当围绕有关政府部门、企业、社会团体、消费者等方面的实际需求进行研究，对标准制定或者修订的必要性、可行性进行论证评估，形成评估意见报送对应初审机构，经初审机构初审后报送工业和信息化部；没有对应初审机构的，直接报送工业和信息化部。

工业和信息化部可以根据行业管理和产业发展需要提出行业标准制定或者修订项目。

第十条 工业和信息化部对立项建议、评估意见和初审意见进行研究，制定行业标准制定、修订计划草案，向社会公开征求意见。

第十一条 工业和信息化部对社会公众意见进行汇总、协调和处理。对没有不同意见或者相关意见已处理完毕的立项建议，工业和信息化部组织专家进行评审，根据评审意见制定并公布行业标准制定、修订计划。

行业标准制定、修订计划应当明确项目名称、主要起草单位、完成时限等内容。行业标准制定周期一般不超过24个月，修订周期一般不超过18个月。

第十二条 标准化技术组织在行业标准制定、修订计划执行中需要对项目作合并、撤销等重大调整的，应当向对应初审机构提出，经初审机构初审后报送工业和信息化部审批；没有对应初审机构的，直接报送工业和信息化部审批。

第三章 起草和技术审查

第十三条 标准化技术组织负责行业标准起草的组织工作，成立标准起草工作组具体负责起草工作。

标准起草工作组应当广泛征求有关方面意见，组织对标准相关事项进行调查分析、实验、论证，形成行业标准征求意见稿和编制说明。

第十四条　行业标准征求意见稿和编制说明由标准化技术组织向社会公开征求意见。

标准起草工作组应当对社会公众意见进行汇总和研究，填写行业标准征求意见汇总处理表，形成行业标准送审稿，报送标准化技术组织进行技术审查。

第十五条　标准化技术组织对行业标准送审稿进行技术审查，可以采用会议审查或者函审形式。对经济技术意义重大、涉及面广、分歧意见多的行业标准，应当会议审查。

会议审查的，标准化技术组织应当形成会议纪要，内容包括审查结论和参加会议人员情况等。函审的，标准化技术组织应当组织填写行业标准送审稿函审单，形成函审结论。

第十六条　行业标准送审稿由标准化技术委员会进行技术审查的，参加投票的委员不得少于委员总数的 3/4。

参加投票委员 2/3 以上赞成且反对意见不超过 1/4 的，方为技术审查通过。

第十七条　行业标准送审稿由标准化技术委员会以外的标准化技术组织进行技术审查的，一般应当组织生产者、经营者、使用者、消费者、公共利益方等相关方面的专家进行审查。

专家人数一般不少于 15 人，起草人所在单位成员应当回避。参加投票专家 2/3 以上赞成且反对意见不超过 1/4 的，方为技术审查通过。

第十八条　行业标准送审稿通过技术审查的，标准起草工作组应当根据审查结论进行完善，形成行业标准报批稿和编制说明等报批材料；未通过技术审查的，标准起草工作组应当根据审查结论修改后，再次报送标准化技术组织进行技术审查。

行业标准涉及专利问题的，根据国家有关规定执行。报批材料应当就行业标准是否涉及专利以及相应处理意见作出说明。

第四章　批准和发布

第十九条　标准化技术组织应当将行业标准报批材料报送对应初审机构，经初审机构初审后报送工业和信息化部；没有对应初审机构的，直接报送工业和信息化部。

第二十条　工业和信息化部对行业标准报批材料进行审查，审查通过后向社会公开征求意见。

第二十一条　工业和信息化部对社会公众意见进行汇总、协调和处理，对没有不同意见或者相关意见已处理完毕的行业标准报批稿予以批准，编号并公告发布。

第二十二条　工业和信息化部依法组织行业标准的出版和备案，推动行业标准文本向社会免费公开。

第五章　复审和修订

第二十三条　工业和信息化部根据经济社会发展和技术进步需要，制定并公布行业标准复审计划。

第二十四条　标准化技术组织应当根据复审计划对行业标准进行复审，提出复审结论建议，形成复审材料报送对应初审机构，经初审机构初审后报送工业和信息化部；没有对应初审机构的，直接报送工业和信息化部。

行业标准复审结论建议分为继续有效、修订和废止三种。复审结论建议为废止的，应当对废止的理由重点说明。

第二十五条　工业和信息化部对行业标准复审材料进行审查，审查通过后向社会公开征求意见。

工业和信息化部对社会公众意见进行汇总、协调和处理。没有不同意见或者相关意见已处理完毕的，由工业和信息化部公告发布复审结论。

第二十六条　复审结论为继续有效的行业标准再次出版时，应当在封面上标明复审信息。

对复审结论为修订的行业标准，相关标准化技术组织应当及时组织修订。进行少量修改能够符合当前科技水平、适应产业发展需求、满足行业管理需要的，可采用修改单方式修改。

第六章 附 则

第二十七条 本办法第十条、第十四条第一款、第二十条、第二十五条第一款规定的向社会公开征求意见的期限，一般不少于 30 日。

第二十八条 本办法规定的材料式样和内容，由工业和信息化部统一公布和调整。

第二十九条 本办法自 2020 年 10 月 1 日起施行。

A.8 工业和信息化部行业标准制定管理暂行办法

第一章 总 则

第一条 为加强工业和信息化部所辖领域行业标准制定工作的管理，规范标准的制修订程序和要求，根据《中华人民共和国标准化法》和《中华人民共和国标准化法实施条例》的规定，制定本办法。

第二条 本办法规定了行业标准的立项、起草、审查、报批、批准发布、出版、复审、修改等标准制定的主要程序及要求。

第三条 本办法适用的行业及编号代码是：化工（HG）、石化（SH）、黑色冶金（YB）、有色金属（YS）、黄金（YS）、建材（JC）、稀土（XB）、机械（JB）、汽车（QC）、船舶（CB）、航空（HB）、轻工（QB）、纺织（FZ）、包装（BB）、航天（QJ）、兵工民品（WJ）、核工业（EJ）、电子（SJ）、通信（YD）等19个大行业和信息化的行业标准。

第四条 行业标准的制定工作遵循"面向市场、服务产业、自主制定、适时推出、及时修订、不断完善"的原则，标准制定应与技术创新、试验验证、产业推进、应用推广相结合，统筹推进。

第五条 行业标准的制定工作实行统一管理，分工负责。科技司负责统一归口管理，负责行业标准计划编制、标准批准发布以及综合协调与监督指导工作。相关司局等单位分别负责所管领域标准的项目计划建议，标准起草、审查、报批、出版、复审、修改等管理工作。

第六条 行业标准制定工作应充分发挥有关行业协会、联合会、标准化机构和标准化技术组织的作用。

第二章 标准立项

第七条 行业标准立项，由相关司局等单位根据所管领域的工作实际，提出行业标准制定立项建议。

第八条 行业标准的范围、标准性质等按现行国家标准化法律、法规和规章的规定执行。

第九条 标准立项建议内容包括：

（一）申报项目的总体情况说明（包括项目编制的基本情况、编制原则和重点等）；

（二）标准项目汇总表（见附表1）；

（三）行业标准项目建议书（见附表2）。

第十条 科技司收到标准立项建议后，负责归类、汇总，并公开征求意见，并统筹协调和审查后，下达标准计划。

项目执行过程中如需要调整，应填写《标准项目调整申请表》（见附表3），按标准立项程序办理。

第三章 标准起草和审查

第十一条 标准草案应按照 GB/T1《标准化工作导则》的规定及相关要求编写。

第十二条 起草标准草案时，应编写标准编制说明，其内容一般包括：

（一）工作简况，包括任务来源、主要工作过程、主要参加单位和工作组成员及其所做的工作等；

（二）标准编制原则和主要内容（如技术指标、参数、公式、性能要求、试验方法、检验规则等）的论据，解决的主要问题。修订标准时应列出与原标准的主要差异和水平对比；

（三）主要试验（或验证）情况分析；

（四）标准中如果涉及专利，应有明确的知识产权说明；

（五）产业化情况、推广应用论证和预期达到的经济效果等情况；

（六）采用国际标准和国外先进标准情况，与国际、国外同类标准水平的对比情况，国内外关键指标对比分析或与测试的国外样品、样机的相关数据对比情况；

（七）与现行相关法律、法规、规章及相关标准，特别是强制性标准的协调性；

（八）重大分歧意见的处理经过和依据；

（九）标准性质的建议说明；

（十）贯彻标准的要求和措施建议（包括组织措施、技术措施、过渡办法、实施日期等）；
（十一）废止现行相关标准的建议；
（十二）其他应予说明的事项。

第十三条 标准草案完成后，应将标准草案和编制说明公开征求业内各方面意见，对反馈的意见应做认真分析研究，列出《标准征求意见汇总处理表》（见附表4），对标准草案进行修改，提出标准送审稿。

第十四条 标准送审稿审查形式，分为会议审查和函审。强制性标准必须采用会议审查。

会议审查应写出会议纪要，内容包括本办法第十二条（二）至（十一）项内容的审查结论。函审时应写出《标准送审稿函审结论》（见表5），并附《标准送审稿函审单》（见附表6）。

第十五条 标准送审稿审查通过后，应对审查意见进行整理，提出标准报批稿和编制说明及相关附件。

第四章 标准报批

第十六条 行业标准报批时，按本办法第十二条（二）至（十一）项的内容，以及是否符合产业发展政策和产业发展水平等对标准报批稿及相关材料进行审查，符合要求的将有关材料送科技司。报送材料包括：
（一）报送函；
（二）标准申报单（见附表7）；
（三）报批标准项目汇总表（见附表8）；
（四）标准报批稿（包括电子版）；
（五）标准编制说明（详细内容见第十二条）；
（六）标准征求意见汇总处理表；
（七）标准审查会议纪要或《标准送审稿函审结论表》及《标准送审稿函审单》；
（八）采用国际标准或国外先进标准的原文和译文；
（九）强制性标准应填写强制性标准通报表（见表9）；

第十七条 科技司对报送的标准报批材料进行审查，并办理标准审批手续。主要审查内容包括：
（一）标准报批材料是否符合要求，标准制定工作程序是否有效；
（二）有关问题的处理是否恰当；
（三）强制性标准是否符合制定强制性标准的规定；
（四）与现行相关法律、法规、规章及相关标准，特别是强制性标准的协调性；
（五）标准中专利情况是否清晰等。

第五章 标准批准和发布

第十八条 科技司行文将标准报批材料报部领导审批，并以部公告形式发布。
第十九条 行业标准批准发布后，相关司局等单位按国家标准化主管部门的有关规定办理备案。

第六章 标准出版

第二十条 行业标准由相关出版机构出版。
第二十一条 行业标准出版后，相关出版机构应及时将标准文本送部机关相关司局各两份。

第七章 标准复审

第二十二条 标准实施后，根据科学技术发展和经济建设的需要应适时提出复审建议。标准复审周期一般不超过五年。
第二十三条 复审形式可采用会议审查或函审。标准复审的程序和要求按照相关规定办理。
第二十四条 标准复审结果分为继续有效、修订和废止三种情况。对复审的每一项标准均应填写《标准复审意见表》（见附表10）。

第二十五条 行业标准复审后，相关司局等单位提出复审报告（内容包括：复审简况，复审程序，处理意见，复审结论等），填写继续有效、修订和废止标准项目汇总表（见附表 11、12、13），并将标准复审材料送科技司。报送材料包括：

（一）报送函；
（二）标准复审报告；
（三）标准复审项目汇总表；
（四）标准复审意见表。

第二十六条 科技司对报送的标准复审材料进行汇总、协调、审核，并将复审结果在网站上进行公示。

第二十七条 科技司将标准复审结果报部领导审批，并以部公告形式公布。

第八章 标准修改

第二十八条 当标准的技术内容不够完善，在对标准的技术内容作少量修改或补充后，仍能符合当前科学技术水平、适应市场和行业发展的需要，可对标准内容进行修改。

第二十九条 行业标准的修改内容，应填写《标准修改通知单》（见附表 14），整理审查纪要（内容包括：修改原因和依据，审查结论等），按标准报批程序办理。报送材料包括：

（一）报送函；
（二）审查纪要；
（三）标准修改通知单。

第九章 附　则

第三十条 本办法由工业和信息化部科技司负责解释。

第三十一条 本办法自公布之日起实施。

第三十二条 相关司局可根据需要制定本办法实施细则。

附件：附表目录

1．行业标准项目汇总表
2．行业标准项目建议书
3．行业标准项目调整申请表
4．行业标准征求意见汇总处理表
5．行业标准送审稿函审结论表
6．行业标准送审稿函审单
7．行业标准申报单
8．报批行业标准项目汇总表
9．强制性行业标准通报表
10．行业标准复审意见表
11．行业标准复审继续有效项目汇总表
12．行业标准复审修订项目汇总表
13．行业标准复审废止项目汇总表
14．行业标准修改通知单（格式）

附表1：

行业标准项目计划汇总表

行业：　　　　　　　　　　　　　承办人：　　　　　　　　　电话：

序号	标准项目名称	标准性质	制、修订	完成年限	标准化技术组织	主要起草单位	采用国际标准或国外先进标准程度及标准号	代替标准	经费预算（万元）

注：1. 产品方面标准、节能与综合利用标准、安全生产标准、标准样品和工程建设标准项目分别列表。
　　2. 修订项目，请在"代替标准"栏中注明修订标准号和年代号。
　　3. 采用国际标准或国外先进标准项目，请填写采用标准编号及年代号。

· 263 ·

附表 2：

行业标准项目建议书

建议项目名称（中文）				建议项目名称（英文）		
制定或修订	□制定		□修订	被修订标准号		
采用程度	□IDT	□MOD	□NEQ	采标号		
国际标准名称（中文）				国际标准名称（英文）		
采用快速程序		□FTP		快速程序代码	□B	□C
ICS 分类号				中国标准分类号		
牵头单位				体系编号		
参与单位				计划起止时间		
目的、意义或必要性	指出标准项目涉及的方面，期望解决的问题。					
范围和主要技术内容	标准的技术内容与适用范围； 项目建议性质为强制性，需要指出强制内容。					
国内外情况简要说明	1.国内外对该技术研究情况简要说明：国内外对该技术研究情况、远程及未来的发展；该技术是否相对稳定，如果不是的话，预计一下技术未来稳定的时间，提出的标准项目是否可作为未来技术发展的基础； 2.项目与国际标准或国外先进标准采用程度的考虑：该标准项目是否有对应的国际标准或国外先进标准，标准制定过程中如何考虑采用的问题； 3.与国内相关标准间的关系：该项目是否有相关的国家或行业标准，该标准项目与这些标准是什么关系，该标准项目在标准体系中的位置； 4.指出是否发现有知识产权的问题。					
牵头单位	（签字、盖公章） 月　　日	标准化技术组织	（签字、盖公章） 月　　日	部委托机构	（签字、盖公章） 月　　日	

[注1] 填写制定或修订项目中，若选择修订必须填写被修订标准号；
[注2] 选择采用国际标准，必须填写采标号及采用程度；
[注3] 选择采用快速程序，必须填写快速程序代码；
[注4] 体系编号是指各行业（领域）技术标准体系建设方案中的体系编号。

附表 3：

行业标准项目计划调整申请表

标准名称		计划项目批准文号及项目编号	
申请调整的内容			
理由和依据			
主要起草单位	单位名称： 负责人：　　　　　　　　（签名、盖公章）　　年　月　日			
标准化技术组织	单位名称： 负责人：　　　　　　　　（签名、盖公章）　　年　月　日			
部委托机构	单位名称： 负责人：　　　　　　　　（签名、盖公章）　　年　月　日			

部委托机构承办人：　　　　　　　　　　电　话：

附表4：

行业标准征求意见汇总处理表

标准项目名称： 　　　　　　　　　承办人： 　　　　共　页　第　页

主要起草单位： 　　　　　　　　　电　话： 　　　　年　月　日　填写

序号	标准章条编号	意见内容	提出单位	处理意见及理由

说明：① 发送"征求意见稿"的单位数：　　　　个。

　　　② 收到"征求意见稿"后，回函的单位数：　　　　个。

　　　③ 收到"征求意见稿"后，回函并有建议或意见的单位数：　　　　个。

　　　④ 没有回函的单位数：　　　个。

附表 5：

行业标准送审稿函审结论表

标准项目名称			
主要起草单位		标准化技术组织	
函审时间	发出日期	年　月　日	
	投票截止日期	年　月　日	

回函情况：
函审单总数：
赞成：　　　　　　　　　　　　　　　共　　　个单位
赞成，但有建议或意见：　　　　　　　共　　　个单位
不赞成，如采纳建议或意见改为赞成：　共　　　个单位
弃权：　　　　　　　　　　　　　　　共　　　个单位
不赞成：　　　　　　　　　　　　　　共　　　个单位
未复函：　　　　　　　　　　　　　　共　　　个单位

函审结论：

标准化技术组织
负责人：

（签名、盖公章）

年　月　日

标准化技术组织承办人：　　　　　　　　　　电话：

附表6：

行业标准送审稿函审单

标准项目名称： 主要起草单位： 函审单总数： 发出日期：　　　　　年　　月　　日 投票截止日期：　　　年　　月　　日		
表决态度：		
赞　成		☐
赞　成，有建议或意见		☐
不赞成，如采纳意见或建议改为赞成		☐
弃权		☐
不赞成		☐
建议或意见和理由如下：		
标准化技术组织（盖公章） 　　　　年　　月　　日	技术负责人（签名） 　　　　年　　月　　日	
说明： ① 表决方式是在选定的方框内划"√"，只可划一个，选划两个框以上者按废票处理（废票不计数）。 ② 回函说明提不出意见的单位按赞成票计；没有回函说明理由的，按弃权票计。 ③ 回函日期，以邮戳为准。 ④ 建议或意见和理由栏，幅面不够可另附纸。		
标准化技术组织承办人：　　　　　　　　　　　　　　电话：		

附表 7：

行业标准申报单

标准名称		项目批准文号及项目编号	
		国际标准分类号	
		中国标准分类号	
标准性质	（1）强制性标准		（2）推荐性标准
标准类别	（1）基础　　　　　　（2）方法　　　　　　（3）产品 （4）工程建设　　　　（5）节能综合利用　　（6）安全生产 （7）管理技术　　　　（8）其他		
采用国际标准或国外先进标准的程度	（1）等同采用　　　　　　　　　（2）修改采用		
	被采用的标准号：		
标准水平分析	（1）国际先进水平　　　　　　　（2）国际一般水平 （3）国内先进水平		
与测试的国外样品样机相关数据的对比（产品标准填写）			
标准主要起草单位	盖章	标准化技术组织　　　盖章	部委托机构　　　盖章
部委托机构承办人		电　话	填报日期　　年　月　日

填写说明：1、表中第 2，3，4 行，请在选定的内容上划"√"的符号。

附表8:

报批行业标准项目汇总表

报批单位:

序号	标准编号	标 准 名 称	标准主要内容	代替标准	采 标 情 况	建议实施日期

附表 9-1：

世界贸易组织

G/TBT/N/CHN/
2009 年 月 日
（xx -xxxx）

原文：（英语）

贸易技术壁垒委员会

通　　报
以下通报根据 TBT 协定第 10.6 条分发

1.	通报成员：<u>中华人民共和国</u> 如可能，列出涉及的地方政府名称 （3.2 条和 7.2 条）：
2.	负责机构：中国国家标准化管理委员会（SAC）
3.	通报依据的条款 2.9.2 [X]， 2.10.1 [ ]， 5.6.2 [ ]， 5.7.1 [ ]， 其他：
4.	覆盖的产品 （如可能，提供产品的 HS 或 CCCN 编码，否则提供国家减让表中所列关税税目号。如可能，可另提供国际标准分类 ICS 号）： 卧轴矩台平面磨床 ICS：25.080.50　　　　　　　　　　　　　　　　　　　　　HS：8460
5.	通报文件的标题，页数和使用语言： 中华人民共和国国家标准《卧轴矩台平面磨床 安全防护技术条件》（25 页，中文）
6.	内容简述： 本标准规定了针对卧轴矩台平面磨床存在的主要危险采取的基本安全防护技术要求和措施以及验证方法。本标准适用于一般用途的卧轴矩台平面磨床。
7.	目标和理由， 如是紧急措施，说明紧急问题的性质： 保护人身安全
8.	相关文件： -
9.	拟批准日期： WTO 秘书处分发后 90 天 拟生效日期： 批准后 6 个月
10.	提意见截止日期： WTO 秘书处分发后 60 天
11.	文本可从以下机构得到： 国家的某咨询点或其他机构（如果有）的地址、电话和传真号、电子邮件和网址 中国 WTO/TBT 国家通报咨询中心 电话： +86 10 82260618 传真： +86 10 82262448 电子信箱： tbt@aqsiq.gov.cn

附表 9-2：

World Trade ORGANIZATION

G/TBT/N/CHN/
2009
（xxxxxx）

Committee on Technical Barriers to Trade

Original:　English

NOTIFICATION

The following notification is being circulated in accordance with Article 10.6.

1.	**Member to Agreement notifying:** THE PEOPLE'S REPUBLIC OF CHINA If applicable, name of local government involved （Articles 3.2 and 7.2）：
2.	**Agency responsible:** Standardization Administration of China （SAC） **Name and address** （including telephone and fax numbers, e-mail and web-site addresses, if available） of agency or authority designated to handle comments regarding the notification shall be indicated if different from above:
3.	**Notified under Article** 2.9.2 [X], 2.10.1 [　], 5.6.2 [　], 5.7.1 [　], other:
4.	**Products covered** （HS or CCCN where applicable, otherwise national tariff heading. **ICS numbers may be provided in addition**, where applicable）： Surface grinding machines with horizontal grinding wheel spindle and reciprocating table ICS: 25.080.50　　　　　　　HS: 8460
5.	**Title, number of pages and language（s） of the notified document:** National Standard of the P.R.C., Surface Grinding Machines with Horizontal Grinding Wheel Spindle and Reciprocating Table-Safeguarding Technical Specification （25 pages, in Chinese）
6.	**Description of content:** This standard specifies the basic safeguarding technical requirements, measures and assessment methods of the main hazards existing in the surface grinding machines with horizontal grinding wheel spindle and reciprocating table. This standard is applicable to the surface grinding machines with horizontal grinding wheel spindle and reciprocating table for general purpose.
7.	**Objective and rationale,** including the nature of urgent problems where applicable: To protect human safety
8.	**Relevant documents:**　-
9.	**Proposed date of adoption:** 90 days after circulation by the WTO Secretariat **Proposed date of entry into force:** 6 months after adoption
10.	**Final date for comments:** 60 days after circulation by the WTO Secretariat
11.	**Texts available from:** National enquiry point [X] or address, telephone and fax numbers, e-mail and web-site addresses, if available of the other body: WTO/TBT National Notification and Enquiry Center of the People's Republic of China Tel: +86 10 82260618 Fax: +86 10 82262448 E_mail: tbt@aqsiq.gov.cn

附表 10：

行业标准复审意见表

标准编号及名称	
复审结论	□ 继续有效　　　□ 修订　　　□ 废止
主要理由	
审查意见	参加审查总人数：　　　　人 同意：　　　人　　　不同意：　　　人　　　弃权：　　　人
标准化技术组织	 盖章 　　　年　　月　　日
备注	

· 273 ·

附表 11：

行业标准复审继续有效标准汇总表

行业：

序号	标准编号	标准名称	备注

附表 12：

行业标准复审修订标准汇总表

行业：

序号	标准编号	标准名称	拟列入计划年度

附表 13：

行业标准复审废止标准汇总表

行业：

序号	标准编号	标准名称	废止理由

附表 14：

行业标准修改通知单

JB（/T）××××—××××
《××××× （标准名称）》
第×号修改单

（修改事项）

修 改 示 例

① "更改"示例：

a. 1.5 条第二行中更改数值：

"1.15 毫米"更改为"1.20mm"；"1.35 毫米"更改为"1.50mm"。

b. 表 2 更改为新表（新表 2 略）。

② "补充"示例：

a. 1.8 条后补充新条文，1.9：

"1.9 钢瓶在组装时，不允许用锤敲打和增加金属应力的修整办法"。

b. 1.7 条与 1.8 条之间补充新文条，1.7A：

"1.7A 正火状态下供应的钢板，其他要求符合本标准规定时，抗拉强度允许比表 1 上限的规定提高 5kg/mm"。

c. 图 3 后补充新图，图 3A（图 3A 略）。

③ "删除"示例：

将 2.1.4 条中的"做容器用的瓷件……，……或渗漏"等字删除。

④ "改用新条文"示例：

3.2 条改用新条文：

3.2　厚度大于 20mm 的钢板进行冷弯试验时，弯心直径应比上述规定增加一块钢板厚度 a。

A.9　工业和信息化部标准制修订工作补充规定

工信厅科[2011]137号

一、标准制修订计划编制

（一）标准立项工作实施滚动管理，有关司局可根据产业发展的需要，随时向科技司申报标准立项建议。科技司按程序对标准项目进行汇总审查、公开征求意见、行业协调、专家评审后列入标准计划项目库，实现"随时受理、定期下达"。

（二）标准主要起草单位、技术组织、技术归口单位等应按要求认真填写标准项目建议书，确保填写完整准确。建议书应阐述标准项目对产业发展的作用、解决的主要问题、与国际标准（国外先进标准）的对比情况，在标准体系中的位置及与相关标准间的关系、有关的知识产权等内容。

（三）有关司局在申报标准计划项目时，应分轻重缓急，优先考虑产业发展急需的标准项目。在申报项目总体情况说明中应按行业、分领域对标准项目进行阐述，包括各领域的标准体系情况、与产业发展重点的结合情况、与国际标准（国外先进标准）的对比分析情况、与现有标准的协调配套情况等内容（具体要求见附件1）。

（四）科技司对有关司局申报的标准项目及总体情况说明进行形式审查，审查通过的标准立项计划建议书将在部网站主页上进行公示，公示期为15天。

（五）公示期满后，科技司对公示意见进行综合汇总反馈至各有关司局，并适时组织召开由有关司局参加的标准计划行业协调会。对涉及两个或多个司局的标准项目，由项目提出司局先行进行协调，对于经两次协调仍未达成一致且影响产业发展的项目，请有关司局将项目清单及两次协调纪要书面送科技司，科技司组织进行协调。

（六）科技司组织召开专家评审会，对经行业协调的标准项目进行评审。通过评审的项目列入标准项目库，科技司统一下达标准制修订计划。

（七）对未按要求报送的标准项目及有关材料，科技司予以退回。

二、标准起草和审查

（一）标准起草单位要注意做好标准制定与技术创新、实验验证、知识产权处置、产业化推进、应用推广的统筹协调。标准化技术归口单位、技术组织等要做好标准意见征求和技术审查等工作，把好技术审查关。部内部有关司局应做好所辖行业（领域）标准制修订过程的管理工作，确保标准质量。

（二）在标准制修订计划的执行过程中，如需对标准项目进行调整，应由标准起草单位或技术组织及时提出申请，填写《标准项目计划调整申请表》，上报有关司局审查，有关司局审查通过后送科技司批准。对于重大标准项目或涉及面广的标准项目计划调整，科技司按相关标准立项程序办理。未经科技司批准调整的标准计划，按原计划执行。

三、标准的报批和发布

（一）请有关司局按照《工业和信息化部行业标准制定管理暂行办法》（以下简称《暂行办法》）第十六条的要求加强对标准报批材料的审查，确保标准质量符合要求、制修订程序符合规定、报批材料齐备。对跨行业、跨领域的标准项目，有关司局在报批前应主动征求有关方面的意见，并在报批材料中予以说明。

（二）标准主要起草单位、技术组织、技术归口单位等应按《暂行办法》的要求准备有关报批材料，并在标准编制说明、标准申报单等材料中阐述对产业发展的作用、与国际标准（国外先进标准）的对比情况，在标准体系中的位置及与相关标准间的关系、有关专利等情况。对于涉及专利的标准项目，应提供全部专利所有权人的专利许可声明和专利披露声明。

（三）有关司局在标准报批函中应按行业、分领域对标准报批项目进行阐述，包括标准的制定过程和审查情况、对产业发展的支撑作用、与国际标准（国外先进标准）的对比分析情况、标准体系和专利情况等内容（具体要求见附件2）。

（四）科技司按程序对标准报批材料进行汇总审查，审查通过的标准报批材料将在部网站主页上进行公示，公示期为15天。公示期满后，科技司对公示意见进行综合汇总反馈至有关司局研究提出处理建议。对于程序符合规定、材料符合要求、公示意见已妥善处理的标准项目，科技司集中办理相关的报批手续。

（五）对不符合要求的标准报批项目及有关材料，科技司予以退回。

四、行业标准复审

（一）有关司局应于每年初向科技司提出行业标准复审计划建议。科技司综合汇总后下达年度行业标准复审计划。

（二）行业标准复审完成后，有关司局应按照《暂行办法》的要求，提出复审报告，填写标准复审结论汇总表，并将复审报告及有关材料送科技司。对于拟废止的标准项目，有关司局等单位应确保废止理由充分、准确。

（三）科技司按程序对标准复审材料进行综合汇总、审核协调，并将复审结论在部网站主页上进行公示，公示期为15天。公示期满后，科技司对公示意见进行综合汇总并反馈至有关司局研究提出处理建议。对于程序符合规定、材料符合要求、相关意见已妥善处理的标准复审结论，科技司按程序办理批准手续。

（四）对不符合要求的标准复审报告及有关材料，科技司予以退回。

附件1 标准申报项目总体情况说明的具体要求

一、总体情况

1. 标准申报项目总数及行业分布等情况；
2. 标准申报项目领域划分及分布情况（需按行业、分领域对标准申报项目进行划分）；
3. 本次申报的重点领域和项目情况；
4. 申报项目与产业发展结合的总体情况；
5. 申报项目的总体技术水平及与国际标准（国外先进标准）对比分析的总体情况。

二、项目提出过程及司局审查情况

1. 本批标准项目提出的主要过程；
2. 司局对标准申报项目的审查情况及跨行业、跨领域的协调情况。

三、按行业、分领域阐述标准申报项目

（一）领域1
1. 标准体系的基本情况及标准申报项目中标准体系中的位置；
2. 与其他行业或领域的关系；
3. 对产业发展的支撑作用及解决的主要问题；
4. 与国际标准（国外先进标准）的对比分析情况，及采用国际标准（国外先进标准）的情况；
5. 涉及国内外专利的情况；
6. 与现有标准、制定中标准的协调配套情况；
7. 其他需要说明的情况，如：强制性标准项目的必要性和强制性内容等。

（二）领域2（要求同上）

附件2 标准报批函的具体要求

一、总体情况

1. 标准报批项目的总数及行业分布等情况；
2. 标准报批项目的领域划分及分布情况（需按行业、分领域对标准报批项目进行划分）；
3. 报批标准对产业发展的支撑作用（包括：产业结构调整与优化升级、战略型新兴产业培育、"两型"工业体系建设等）；

4. 报批标准项目的总体技术水平及与国际标准（国外先进标准）对比分析的总体情况；

5. 涉及的专利及处置情况。

二、制定过程及司局审查情况

1. 本批报批标准项目制定的主要过程；

2. 跨行业、跨领域的协调总体情况；

3. 司局对标准报批项目的审查情况，包括程序是否合法、资料是否齐备、与产业规划和政策是否衔接、与产业发展是否相适应、有无重大问题尚未解决等。

三、按行业、分领域阐述标准报批项目

（一）领域1

1. 报批标准项目的主要内容、适用范围；

2. 相关标准体系的基本情况及报批标准项目在标准体系中的位置；

3. 与现有标准、制定中标准的协调配套情况；

4. 与其他行业或领域的关系及跨行业、跨领域的协调情况；

5. 报批标准对产业发展的支撑作用（包括：产业结构调整与优化升级、战略型新兴产业培育、"两型"工业体系建设等）及解决的主要问题；

6. 与国际标准（国外先进标准）的对比分析情况，及采用国际标准（国外先进标准）的情况；

7. 涉及国内外专利及处置情况；

8. 其他需要说明的情况，如：强制性标准项目强制性内容及WTO/TBT通报情况等。

（二）领域2（要求同上）

A.10 检验检测机构资质认定管理办法

(2015年4月9日国家质量监督检验检疫总局令第163号公布 自2015年8月1日起施行)

第一章 总 则

第一条 为了规范检验检测机构资质认定工作，加强对检验检测机构的监督管理，根据《中华人民共和国计量法》及其实施细则、《中华人民共和国认证认可条例》等法律、行政法规的规定，制定本办法。

第二条 本办法所称检验检测机构，是指依法成立，依据相关标准或者技术规范，利用仪器设备、环境设施等技术条件和专业技能，对产品或者法律法规规定的特定对象进行检验检测的专业技术组织。

本办法所称资质认定，是指省级以上质量技术监督部门依据有关法律法规和标准、技术规范的规定，对检验检测机构的基本条件和技术能力是否符合法定要求实施的评价许可。

资质认定包括检验检测机构计量认证。

第三条 检验检测机构从事下列活动，应当取得资质认定：

（一）为司法机关作出的裁决出具具有证明作用的数据、结果的；

（二）为行政机关作出的行政决定出具具有证明作用的数据、结果的；

（三）为仲裁机构作出的仲裁决定出具具有证明作用的数据、结果的；

（四）为社会经济、公益活动出具具有证明作用的数据、结果的；

（五）其他法律法规规定应当取得资质认定的。

第四条 在中华人民共和国境内从事向社会出具具有证明作用的数据、结果的检验检测活动以及对检验检测机构实施资质认定和监督管理，应当遵守本办法。

法律、行政法规另有规定的，依照其规定。

第五条 国家质量监督检验检疫总局主管全国检验检测机构资质认定工作。

国家认证认可监督管理委员会（以下简称国家认监委）负责检验检测机构资质认定的统一管理、组织实施、综合协调工作。

各省、自治区、直辖市人民政府质量技术监督部门（以下简称省级资质认定部门）负责所辖区域内检验检测机构的资质认定工作；

县级以上人民政府质量技术监督部门负责所辖区域内检验检测机构的监督管理工作。

第六条 国家认监委依据国家有关法律法规和标准、技术规范的规定，制定检验检测机构资质认定基本规范、评审准则以及资质认定证书和标志的式样，并予以公布。

第七条 检验检测机构资质认定工作应当遵循统一规范、客观公正、科学准确、公平公开的原则。

第二章 资质认定条件和程序

第八条 国务院有关部门以及相关行业主管部门依法成立的检验检测机构，其资质认定由国家认监委负责组织实施；其他检验检测机构的资质认定，由其所在行政区域的省级资质认定部门负责组织实施。

第九条 申请资质认定的检验检测机构应当符合以下条件：

（一）依法成立并能够承担相应法律责任的法人或者其他组织；

（二）具有与其从事检验检测活动相适应的检验检测技术人员和管理人员；

（三）具有固定的工作场所，工作环境满足检验检测要求；

（四）具备从事检验检测活动所必需的检验检测设备设施；

（五）具有并有效运行保证其检验检测活动独立、公正、科学、诚信的管理体系；

（六）符合有关法律法规或者标准、技术规范规定的特殊要求。

第十条 检验检测机构资质认定程序：

（一）申请资质认定的检验检测机构（以下简称申请人），应当向国家认监委或者省级资质认定部门（以下统称资质认定部门）提交书面申请和相关材料，并对其真实性负责；

（二）资质认定部门应当对申请人提交的书面申请和相关材料进行初审，自收到之日起 5 个工作日内作出受理或者不予受理的决定，并书面告知申请人；

（三）资质认定部门应当自受理申请之日起 45 个工作日内，依据检验检测机构资质认定基本规范、评审准则的要求，完成对申请人的技术评审。技术评审包括书面审查和现场评审。技术评审时间不计算在资质认定期限内，资质认定部门应当将技术评审时间书面告知申请人。由于申请人整改或者其它自身原因导致无法在规定时间内完成的情况除外；

（四）资质认定部门应当自收到技术评审结论之日起 20 个工作日内，作出是否准予许可的书面决定。准予许可的，自作出决定之日起 10 个工作日内，向申请人颁发资质认定证书。不予许可的，应当书面通知申请人，并说明理由。

第十一条 资质认定证书有效期为 6 年。

需要延续资质认定证书有效期的，应当在其有效期届满 3 个月前提出申请。

资质认定部门根据检验检测机构的申请事项、自我声明和分类监管情况，采取书面审查或者现场评审的方式，作出是否准予延续的决定。

第十二条 有下列情形之一的，检验检测机构应当向资质认定部门申请办理变更手续：

（一）机构名称、地址、法人性质发生变更的；

（二）法定代表人、最高管理者、技术负责人、检验检测报告授权签字人发生变更的；

（三）资质认定检验检测项目取消的；

（四）检验检测标准或者检验检测方法发生变更的；

（五）依法需要办理变更的其他事项。

检验检测机构申请增加资质认定检验检测项目或者发生变更的事项影响其符合资质认定条件和要求的，依照本办法第十条规定的程序实施。

第十三条 资质认定证书内容包括：发证机关、获证机构名称和地址、检验检测能力范围、有效期限、证书编号、资质认定标志。

检验检测机构资质认定标志，由 China Inspection Body and Laboratory Mandatory Approval 的英文缩写 CMA 形成的图案和资质认定证书编号组成。式样如下：

第十四条 外方投资者在中国境内依法成立的检验检测机构，申请资质认定时，除应当符合本办法第九条规定的资质认定条件外，还应当符合我国外商投资法律法规的有关规定。

第十五条 检验检测机构依法设立的从事检验检测活动的分支机构，应当符合本办法第九条规定的条件，取得资质认定后，方可从事相关检验检测活动。

资质认定部门可以根据具体情况简化技术评审程序、缩短技术评审时间。

第三章 技术评审管理

第十六条 资质认定部门根据技术评审需要和专业要求，可以自行或者委托专业技术评价机构组织实施技术评审。

资质认定部门或者其委托的专业技术评价机构组织现场技术评审时，应当指派两名以上与技术评审内容相适应的评审员组成评审组，并确定评审组组长。必要时，可以聘请相关技术专家参加技术评审。

第十七条 评审组应当严格按照资质认定基本规范、评审准则开展技术评审活动，在规定时间内出具技术评审结论。

专业技术评价机构、评审组应当对其承担的技术评审活动和技术评审结论的真实性、符合性负责，并承担相应法律责任。

第十八条　评审组在技术评审中发现有不符合要求的，应当书面通知申请人限期整改，整改期限不得超过 30 个工作日。逾期未完成整改或者整改后仍不符合要求的，相应评审项目应当判定为不合格。

评审组在技术评审中发现申请人存在违法行为的，应当及时向资质认定部门报告。

第十九条　资质认定部门应当建立并完善评审员专业技能培训、考核、使用和监督制度。

第二十条　资质认定部门应当对技术评审活动进行监督，建立责任追究机制。

资质认定部门委托专业技术评价机构组织开展技术评审的，应当对专业技术评价机构及其组织的技术评审活动进行监督。

第二十一条　专业技术评价机构、评审员在评审活动中有下列情形之一的，资质认定部门可以根据情节轻重，作出告诫、暂停或者取消其从事技术评审活动的处理：

（一）未按照资质认定基本规范、评审准则规定的要求和时间实施技术评审的；

（二）对同一检验检测机构既从事咨询又从事技术评审的；

（三）与所评审的检验检测机构有利害关系或者其评审可能对公正性产生影响，未进行回避的；

（四）透露工作中所知悉的国家秘密、商业秘密或者技术秘密的；

（五）向所评审的检验检测机构谋取不正当利益的；

（六）出具虚假或者不实的技术评审结论的。

第四章　检验检测机构从业规范

第二十二条　检验检测机构及其人员从事检验检测活动，应当遵守国家相关法律法规的规定，遵循客观独立、公平公正、诚实信用原则，恪守职业道德，承担社会责任。

第二十三条　检验检测机构及其人员应当独立于其出具的检验检测数据、结果所涉及的利益相关各方，不受任何可能干扰其技术判断因素的影响，确保检验检测数据、结果的真实、客观、准确。

第二十四条　检验检测机构应当定期审查和完善管理体系，保证其基本条件和技术能力能够持续符合资质认定条件和要求，并确保管理体系有效运行。

第二十五条　检验检测机构应当在资质认定证书规定的检验检测能力范围内，依据相关标准或者技术规范规定的程序和要求，出具检验检测数据、结果。

检验检测机构出具检验检测数据、结果时，应当注明检验检测依据，并使用符合资质认定基本规范、评审准则规定的用语进行表述。

检验检测机构对其出具的检验检测数据、结果负责，并承担相应法律责任。

第二十六条　从事检验检测活动的人员，不得同时在两个以上检验检测机构从业。

检验检测机构授权签字人应当符合资质认定评审准则规定的能力要求。非授权签字人不得签发检验检测报告。

第二十七条　检验检测机构不得转让、出租、出借资质认定证书和标志；不得伪造、变造、冒用、租借资质认定证书和标志；不得使用已失效、撤销、注销的资质认定证书和标志。

第二十八条　检验检测机构向社会出具具有证明作用的检验检测数据、结果的，应当在其检验检测报告上加盖检验检测专用章，并标注资质认定标志。

第二十九条　检验检测机构应当按照相关标准、技术规范以及资质认定评审准则规定的要求，对其检验检测的样品进行管理。

检验检测机构接受委托送检的，其检验检测数据、结果仅证明样品所检验检测项目的符合性情况。

第三十条　检验检测机构应当对检验检测原始记录和报告归档留存，保证其具有可追溯性。

原始记录和报告的保存期限不少于 6 年。

第三十一条　检验检测机构需要分包检验检测项目时，应当按照资质认定评审准则的规定，分包给依法取得资质认定并有能力完成分包项目的检验检测机构，并在检验检测报告中标注分包情况。

具体分包的检验检测项目应当事先取得委托人书面同意。

第三十二条　检验检测机构及其人员应当对其在检验检测活动中所知悉的国家秘密、商业秘密和技术秘密负有保密义务，并制定实施相应的保密措施。

第五章 监 督 管 理

第三十三条 国家认监委组织对检验检测机构实施监督管理，对省级资质认定部门的资质认定工作进行监督和指导。

省级资质认定部门自行或者组织地（市）、县级质量技术监督部门对所辖区域内的检验检测机构进行监督检查，依法查处违法行为；定期向国家认监委报送年度资质认定工作情况、监督检查结果、统计数据等相关信息。

地（市）、县级质量技术监督部门对所辖区域内的检验检测机构进行监督检查，依法查处违法行为，并将查处结果上报省级资质认定部门。涉及国家认监委或者其他省级资质认定部门的，由其省级资质认定部门负责上报或者通报。

第三十四条 资质认定部门根据检验检测专业领域风险程度、检验检测机构自我声明、认可机构认可以及监督检查、举报投诉等情况，建立检验检测机构诚信档案，实施分类监管。

第三十五条 检验检测机构应当按照资质认定部门的要求，参加其组织开展的能力验证或者比对，以保证持续符合资质认定条件和要求。

鼓励检验检测机构参加有关政府部门、国际组织、专业技术评价机构组织开展的检验检测机构能力验证或者比对。

第三十六条 资质认定部门应当在其官方网站上公布取得资质认定的检验检测机构信息，并注明资质认定证书状态。

国家认监委应当建立全国检验检测机构资质认定信息查询平台，以便社会查询和监督。

第三十七条 检验检测机构应当定期向资质认定部门上报包括持续符合资质认定条件和要求、遵守从业规范、开展检验检测活动等内容的年度报告，以及统计数据等相关信息。

检验检测机构应当在其官方网站或者以其他公开方式，公布其遵守法律法规、独立公正从业、履行社会责任等情况的自我声明，并对声明的真实性负责。

第三十八条 资质认定部门可以根据监督管理需要，就有关事项询问检验检测机构负责人和相关人员，发现存在问题的，应当给予告诫。

第三十九条 检验检测机构有下列情形之一的，资质认定部门应当依法办理注销手续：

（一）资质认定证书有效期届满，未申请延续或者依法不予延续批准的；

（二）检验检测机构依法终止的；

（三）检验检测机构申请注销资质认定证书的；

（四）法律法规规定应当注销的其他情形。

第四十条 对检验检测机构、专业技术评价机构或者资质认定部门及相关人员的违法违规行为，任何单位和个人有权举报。相关部门应当依据各自职责及时处理，并为举报人保密。

第六章 法 律 责 任

第四十一条 检验检测机构未依法取得资质认定，擅自向社会出具具有证明作用数据、结果的，由县级以上质量技术监督部门责令改正，处 3 万元以下罚款。

第四十二条 检验检测机构有下列情形之一的，由县级以上质量技术监督部门责令其 1 个月内改正；逾期未改正或者改正后仍不符合要求的，处 1 万元以下罚款：

（一）违反本办法第二十五条、第二十八条规定出具检验检测数据、结果的；

（二）未按照本办法规定对检验检测人员实施有效管理，影响检验检测独立、公正、诚信的；

（三）未按照本办法规定对原始记录和报告进行管理、保存的；

（四）违反本办法和评审准则规定分包检验检测项目的；

（五）未按照本办法规定办理变更手续的；

（六）未按照资质认定部门要求参加能力验证或者比对的；

（七）未按照本办法规定上报年度报告、统计数据等相关信息或者自我声明内容虚假的；

（八）无正当理由拒不接受、不配合监督检查的。

第四十三条 检验检测机构有下列情形之一的，由县级以上质量技术监督部门责令整改，处3万元以下罚款：

（一）基本条件和技术能力不能持续符合资质认定条件和要求，擅自向社会出具具有证明作用数据、结果的；

（二）超出资质认定证书规定的检验检测能力范围，擅自向社会出具具有证明作用数据、结果的；

（三）出具的检验检测数据、结果失实的；

（四）接受影响检验检测公正性的资助或者存在影响检验检测公正性行为的；

（五）非授权签字人签发检验检测报告的。

前款规定的整改期限不超过3个月。整改期间，检验检测机构不得向社会出具具有证明作用的检验检测数据、结果。

第四十四条 检验检测机构违反本办法第二十七条规定的，由县级以上质量技术监督部门责令改正，处3万元以下罚款。

第四十五条 检验检测机构有下列情形之一的，资质认定部门应当撤销其资质认定证书：

（一）未经检验检测或者以篡改数据、结果等方式，出具虚假检验检测数据、结果的；

（二）违反本办法第四十三条规定，整改期间擅自对外出具检验检测数据、结果，或者逾期未改正、改正后仍不符合要求的；

（三）以欺骗、贿赂等不正当手段取得资质认定的；

（四）依法应当撤销资质认定证书的其他情形。

被撤销资质认定证书的检验检测机构，三年内不得再次申请资质认定。

第四十六条 检验检测机构申请资质认定时提供虚假材料或者隐瞒有关情况的，资质认定部门不予受理或者不予许可。检验检测机构在一年内不得再次申请资质认定。

第四十七条 从事资质认定和监督管理的人员，在工作中滥用职权、玩忽职守、徇私舞弊的，依法予以处理；构成犯罪的，依法追究刑事责任。

第七章　附　　则

第四十八条 资质认定收费，依据国家有关规定执行。

第四十九条 本办法由国家质量监督检验检疫总局负责解释。

第五十条 本办法自2015年8月1日起施行。国家质量监督检验检疫总局于2006年2月21日发布的《实验室和检查机构资质认定管理办法》同时废止。

附录 B　ITU-T/ITU-R/ISO/IEC 共同专利政策实施指南

（第三次修订　2018 年 11 月 2 日生效
第二次修订　2015 年 6 月 26 日生效
第一次修订　2012 年 4 月 23 日生效）

第 1 部分　共同指南

1　目的

ITU[在其电信标准化部（ITU-T）和无线电通信部(ITU-R)]、ISO 和 IEC 在多年前就制定了自己的专利政策，其目的是为了给参加各自组织的技术团体在遭遇专利权问题时提供简单明了的实际指导。

考虑到技术专家通常并不熟悉复杂的专利法问题，故起草了以核查表的形式表示的 ITU-T/ITU-R/ISO/IEC 的共同专利政策（以下简称"专利政策"），它覆盖了在以下状况下可能出现的三种不同情况：建议书|可交付件要求获得部分或全部实施或实现专利的专利使用许可。

ITU-T/ITU-R/ISO/IEC 共同专利政策实施指南（以下简称"指南"）旨在说明该专利政策，便利其实施。专利政策拷贝在附件 1 给出，也可以从每个组织的网站上找到。

该专利政策鼓励尽早披露和标识那些可能与正在制定的建议书|可交付件有关的专利。这样做可能提高标准制定效率并且可能避免潜在的专利权纠纷。

这些组织不宜介入有关建议书|可交付件的专利适当性或基本性评价，不干涉专利许可谈判，不参与解决关于专利的争端，所有这些都应该留给有关当事方去做（即使是过去的事情）。

本文件第 2 部分包含组织专用规定。不过，应该明白，这些组织专用规定都不应与本专利政策和指南矛盾。

2　术语

贡献（Contribution）：技术团体提交考虑的任何文件。

免费（Free of Charge）："免费"一词并不意味专利持有者放弃有关该专利的全部权利。更确切地说，"免费"是指金钱补偿问题；即，在谈判许可协议时，专利持有者不寻求任何金钱补偿（不论这类补偿称为专利使用费还是一次性许可证发放费等）。不过，在专利持有者承诺不收取任何数量金钱的同时，该专利持有者仍然有权要求为实施相关建议书|可交付件签署一项许可证发放协议，其中包含其他诸如与管治法、使用领域、保证等有关的合理的条款和条件。

组织（Organizations）：指 ITU、ISO 和 IEC。

专利（Patent）："专利"一词指专利、实用模型和其他基于发明的类似法定权利（包括它们的任何应用）中包含的和标识的那些主张，并且任何此类主张仅仅是为实施建议书|可交付件所必要的。必要专利是那些为实施某特定建议书|可交付件所必需的专利。

专利持有者（Patent Holder）：拥有、控制和/或具备专利许可能力的个人或实体。

互惠（Reciprocity）："互惠"一词的含义是：只有当预期的许可证领取人承诺免费或在合理的条款和条件下为实施同一个相关建议书|可交付件而发放其必要专利或主张的必要专利许可的情况下，预期的许可证领取人才应该请求该专利持有者发放许可。

建议书|可交付件（Recommendations | Deliverables）：ITU-T 和 ITU-R 建议书被称为"建议书"，ISO 可交付件和 IEC 可交付件被称为"可交付件"。在附件 2 给出的《专利陈述和许可声明表》（以下简称"声明表"）中，建议书|可交付件的各种类型统称为"文件类型"。

技术团体（Technical Bodies）：ITU-T 和 ITU-R 的研究组、分组和其他小组，以及 ISO 和 IEC 的技术委员会、分委员会和工作组。

3 专利披露

专利政策在其第1段中强制要求，参与①本组织的工作的任何当事人一开始就应该提醒注意任何已知的专利或正在处理中的专利申请，无论是他们自己的还是其他组织的。

在这种情况下，"一开始"意味着在建议书|可交付件制定期间应当尽可能早地披露此类信息。在第一次起草文本时也许不可能做到，因为此时的文本中的主题可能还处于很不确定状态，其后可能要做重大修改。此外，这类信息应当在良好信任度和最佳工作基础上提供，但是不要求专利搜索。

除以上所述外，没有参与技术团体的任何当事人也可以提请组织注意已知的专利，无论是他们自己的和/或第三方的。

在披露自己的专利时，专利持有者必须按照本指南第4节规定填写专利陈述和许可声明表（以下称"声明表）。

关于任何第三方专利的提醒通知应当书面寄送有关组织。如果适用，相关组织的负责人/CEO将请求潜在专利持有者提交声明表。

专利政策和这些指导规则也适用于在建议书|可交付件批准后披露的或提请有关组织（ITU、ISO和/或IEC）予以注意的任何专利。

无论专利是在建议书|可交付件批准之前还是批准之后标识的，如果专利持有者不愿意按照专利政策的第2.1或2.2条发放许可，组织（ITU、ISO和/或IEC）将迅速通告受影响的建议书|可交付件的负责技术团体，以便采取适当措施。此类措施包括（但是不限于）重新审查该建议书|可交付件或其草案，以便消除潜在的冲突，或者进一步检查并澄清引起冲突的技术考虑。

4 专利陈述和许可声明表

4.1 声明表的目的

为了在每个组织的专利信息库中提供清楚的信息，专利持有者必须填写声明表。这个表格可以通过每个组织的网站找到（附件2给出了声明表，供参考）。必须将填写的声明表递送给相应的组织，以提请ITU-TSB或ITU-BR的局长（对于ITU）、或CEO（对于ISO/IEC）注意。声明表的目的是确保专利持有者以标准化的形式向相应的组织提交其发表的声明。

对于为实施某特定建议书|可交付件而要求的专利，该声明表为专利持有者提供了发表相关专利权许可声明的方法。特别是，通过提交这种声明表，提交方声明其愿意（通过选择表中的选项1或2）或不愿意（通过选择表中的第3选项）按照专利政策发放其持有的专利许可，而这些许可是为实践或实施某特定建议书|可交付件的部分或全部而要求的。

如果专利持有者选择了声明表的第3选项，那么，对于所涉及的ITU建议书，ITU要求专利持有者提供有关标识该专利的补充信息。在这种情况下，对于任何有关的ISO或IEC可交付件，ISO和IEC极力鼓励（但不要求）专利持有者提供有关标识该专利的补充信息。

如果专利持有者希望针对同一个建议书|可交付件标识若干专利并且按声明表中不同选项予以归类，或者，如果专利持有者按声明表中不同选项归类某个复杂专利的不同的主张，则使用多个声明表比较合适。

若出现明显错误，诸如标准中的打印错误或专利号出错，可以更改声明表中的信息。声明表包含的许可声明仍然有效，除非另有包含对许可接受者更有利条款和条件的声明表所替代，例如：(a) 其承诺由第3选项变为第1或第2项，(b) 其承诺由第2项变为第1项，或(c) 在1和2选项内包含一个或多个非选子项。

4.2 联系人信息

在填写声明表时，应该注意提供联系人信息，这些信息一直有效。只要可能，通常应提供"姓名和部门"以及电子邮件地址。只要可能，当事人，特别是多国组织，最好在提交的所有声明表上给出同一个联系人。从为了在每个组织的专利信息库中维持最新信息的角度看，要求对最新提交的声明表的任何修改或更正，特别是与联系人有关的信息的变更通知组织（ITU、ISO和/或IEC）。

---

① 在ISO和IEC情况下，所谓参与，包括在标准制定过程中任何阶段中受理标准草案。

5 举行会议

早期披露专利有助于提高建议书|可交付件制定过程的效率。因此，每个技术团体在编制建议书|可交付件的进程中都将要求披露已知的必要的专利。

如果需要，技术团体的主席在每次会议上要用适当的时间询问是否有人已经知道在所考虑的建议书|可交付件的实施或实现中可能要求使用的专利。应该在会议报告中记录询问问题的事实以及任何肯定的响应。

相关组织如果一直没有收到选择专利政策第 2.3 条的专利持有者的指示，就可以使用相关组织的适当的和相应的规则批准该建议书|可交付件。希望在技术团体的讨论中考虑在建议书|可交付件中纳入专利内容的有关事项，不过，技术团体不可以就所主张的任何专利的必要性、范围、有效性或具体的许可条款表明立场。

6 专利信息数据库

为了给标准制定过程和建议书|可交付件的应用提供便利，每个组织都建立了可供公众使用的专利信息数据库，以声明表形式向组织通报其中包括的信息。专利信息数据库包含特定专利的信息以及针对具体建议书|可交付件符合专利政策的陈述方面的信息等。

专利信息数据库的准确性和完备性未经认证，仅仅是为了反映已经通报给组织的信息。因此，专利信息数据库可以看成是升起的一面提醒用户的旗帜，用户可望与那些已经把声明表通报给组织的实体联系，以便确定为了使用或实施某具体建议书|可交付件是否必须获得专利使用许可。

7 专利权的分给或转让

控制专利权分给和转让的规则包含在专利陈述和许可声明表（见附件 2 和 3）中。通过遵循这些规则，在分给或转让后，专利持有者完全履行了其有关许可承诺的义务和责任。这些规则的目的并不是由受让人在完成转让后将执行许可承诺的任何责任加诸于专利持有者。

第 2 部分 各组织的专用规定

2.1 ITU 的专用规定

ITU-1 一般性专利陈述和许可声明表

任何人都可以提交《一般性专利陈述和许可声明表》，这种表格可以从 ITU-T 和 ITU-R 的网站上找到（附件 3 给出了这个表格，供参考）。这个表格的目的是为专利持有者提供自愿性选择，可以用它就其任何贡献中包含的受专利保护的材料做出一般性许可声明。特别是，在专利持有者向组织提交的包含在其贡献中的任何部分或全部建议被纳入建议书并且被纳入的部分包含已经取得专利的项目或者是已经提出专利申请的项目而且使用或实施这些建议书要求获得其许可的情况下，可以通过提交填具的这种表格，声明其发放专利许可的意愿。

这个"一般性专利陈述和许可声明表"并不取代每个建议书填写一份的"单个"（见第 1 部分第 4.1 条）声明表，而是希望提高专利持有者遵循专利政策的响应度和早期披露。因此，除了现有的与其贡献有关的"一般性专利陈述和许可声明表"外，需要时（例如，刚知道他还有一项用于某特定建议书的专利），专利持有者最好也提交一份"单个"专利陈述和许可声明表：

——对于其向组织提交的任何贡献中含有的、包含在某建议书中的专利，此类"单个"专利陈述和许可声明既可以含有与"一般性专利陈述和许可声明表"中相同的许可条款和条件，按"单个"（见第 1 部分第 4.1 条）声明表规定，也可以含有更多的从申请许可者看来更有利的许可条款和条件；

——对于包含在某建议书中的、专利持有者未对组织做出贡献的那些专利，任何此类"单个"专利陈述和许可声明中可以包含声明表中三种选项的任何一种（见第 1 部分 4.1 条），与现有一般性专利陈述和许可声明中的承诺无关。

一般性专利陈述和许可声明一直有效，除非用另一份包含更多的从申请许可者看来更有利的许可条款和条件的"一般性专利陈述和许可声明表"替代；这另一份表反映出（a）从承诺选项 2 变更为选项 1，或者（b）在 1 和 2 选项内包含一个或多个非选子项。

ITU 专利信息数据库还包含一般性专利陈述和许可声明的记录。

ITU-2 通知

所有新的和修订的 ITU-T 和 ITU-R 建议书的封面中应该增加文字说明，（适用时）鼓励用户查询 ITU 专利信息数据库。其措辞为：

"ITU 提请注意，本建议书有可能在实践或实施中涉及到使用已主张的知识产权。ITU 不负责所主张的知识产权的证据、有效性或适用性，无论这些主张是 ITU 成员宣称的还是该建议书制定过程外的其他当事人宣称的。

截止到本建议书批准之日，ITU[已经/还没有]收到可能在实施本建议书时要求的受专利保护的知识财产的通知。不过，请实施者注意，这可能不代表最新信息，因此强烈鼓励查询 ITU 专利信息数据库。"

2.2 ISO 和 IEC 的专用规定

ISO/IEC-1 关于可交付件草案的考虑

所有提交征求意见的草案都应该在封面中包含如下文字：

"请本草案的收件人连同他们的评论意见一起提交关于他们知晓的任何有关专利权的通知并且提供支持材料。"

ISO/IEC-2 通知

已发布的、在其准备过程中没有识别出专利权的文件应该在前言中包含以下通知：

"请注意以下可能性，即本文件的某些要素可能受专利权支配。ISO[和/或]IEC 不应该承担识别任何或全部此类专利权的责任。"

已发布的在其准备过程中已识别出专利权的文件应该在引言中包含以下通知：

"国际标准化组织（ISO）[和/或]国际电工委员会（IEC）提请注意所主张的以下事实，即符合本文件可能涉及使用（……条……）中给出的有关（……主题……）的专利。

ISO[和/或]IEC 不表示与这个专利权的证据、有效性和范围有关的任何立场。

该专利权的持有者已经向 ISO[和/或]IEC 保证，他/她愿意在合理、无歧视的条款和条件下与全世界申请者谈判许可证发放。为此，该专利权持有者向 ISO[和/或]IEC 登记了其陈述。可以通过以下方式获得信息：

　　专利权持有者姓名……

　　地址……

请注意以下可能性，即除了上面确定的专利权外，本文件的某些要素可能受其他专利权支配。ISO[和/或]IEC 不应该承担识别任何或全部这类专利权的责任。"

ISO/IEC 3 国家采用

ISO、IEC 和 ISO/IEC 可交付件中的专利声明只适用于"声明表"中指出的那些 ISO 和/或 IEC 文件。这些声明不适用于被替代（例如通过国家或地区采用）的文件。不过，那些符合国家和地区的等同采用以及相应 ISO 和/或 IEC 可交付件的实现可以依据针对此类可交付件向 ISO 和/或 IEC 提交的声明。

附件 1

ITU-T/ITU-R/ISO/IEC 共同专利政策

下面是有关不同程度覆盖 ITU-T 建议书、ITU-R 建议书、ISO 可交付件和 IEC 可交付件（本文件中把 ITU-T 建议书和 ITU-R 建议书统称为"建议书"，把 ISO 可交付件和 IEC 可交付件统称为"可交付件"）的专利的"行为准则"。"行为准则"的是简单且直截了当的。建议书|可交付件是由技术专家而不是专利专家起草的，因此，他们可能不一定很熟悉诸如专利之类知识产权的复杂国际法的状况。

建议书|可交付件没有约束性；它们的目的是确保世界上的技术和系统的兼容性。为了达到这个所有参与者共同兴趣所在的目的，必须确保建议书|可交付件的应用、使用等是人人都可容易取得的。

因此，随之而来的是，被全部或部分纳入建议书|可交付件的专利必须是人人都可在没有不适当的限制的情况下容易取得的。满足这个普遍性要求是行为准则的唯一目的。有关专利的详细协议（专利许可、专利使用费等）留待有关当事人去做，因为这些协议可能因事而异。

行为准则可以归纳如下：

1 ITU 电信标准化局（ITU-TSB）、ITU 无线电通信局（ITU-BR）以及 ISO 和 IEC 首席执行官办公室不负责针对专利或类似权利的证据、有效性或范围给出权威或全面的信息，但是希望最好披露最充分的可用信息。因此，任何参与 ITU、ISO 或 IEC 的当事人都应该从一开始就分别提请 ITU-TSB 局长、ITU-BR 局长或 ISO 和 IEC 首席执行官办公室注意所知道的任何专利或任何正在处理的专利申请，无论它们是自己的还是其他组织的，尽管 ITU、ISO 或 IEC 不可能确认任何这类信息。

2 如果某建议书|可交付件被制定并且第 1 条中谈及的信息已经披露，那么出现三种不同状况：

2.1 专利持有者愿意与其他当事人在无歧视基础上以合理的条款和条件谈判免费专利许可事宜。这类谈判留待有关当事人在 ITU-T/ITU-R/ISO/IEC 外进行。

2.2 专利持有者愿意与其他当事人在无歧视基础上以合理的条款和条件谈判专利许可事宜。这类谈判留待有关当事人在 ITU-T/ITU-R/ISO/IEC 外进行。

2.3 专利持有者不愿意遵循上述第 2.1 或 2.2 条的规定；在这种情况下，建议书|可交付件不应该包含依赖该专利的规定。

3 无论是应用哪种情况（2.1、2.2 或 2.3），专利持有者都必须使用相应的《专利陈述和许可声明表》分别向 ITU-TSB、ITU-BR，或向 ISO 或 IEC 的首席执行官办公室提供书面陈述，以便归档。这种陈述除了针对表中与（做了标记的）方框对应的情况提供信息之外，不必再包含附加的规定、条件或任何其他排他性条款。

附件 2

ITU-T 或 ITU-R 建议书 | ISO 或 IEC 可交付件的专利陈述和许可声明表

ITU-T 或 ITU-R 建议书 | ISO 或 IEC 可交付件的
专利陈述和许可声明
此申明不代表任何实际的许可证授予

请把表格按下列每种文件类型的指示返回相关组织：

国际电信联盟电信标准化局　局长 Place des Nations CH-1211 Geneva 20, Switzerland Fax: +41 22 730 5853 Email: tsbdir@itu.int	国际电信联盟无线电通信局局长 Place des Nations CH-1211 Geneva 20, Switzerland Fax: +41 22 730 5785 Email: brmail@itu.int	国际标准化组织 秘书长 8 Chemin de Blandonnet CP 401 1214 Vernier, Geneva Switzerland Fax: +41 22 733 3430 Email: patent.statements@iso.org	国际电工委员会 秘书长 3 rue de Varembé CH-1211 Geneva 20 Switzerland Fax: +41 22 919 0300 Email: inmail@iec.ch

专利持有者：法定名称
许可申请联系点名称和部门
地址
电话
传真
电子邮件
网址（可选）

文件类型：

☐ ITU-T 建议书(*)　　☐ ITU-R 建议书(*)　　☐ ISO 可交付件(*)　　☐ IEC 可交付件(*)

(请把所填写的表格返回对应的组织)

☐ 共同文本或双文本 (ITU-T 建议书 | ISO/IEC 可交付件 (*))

(如果是共同文本或双文本，请把所填写的表格返回三个组织：ITU-T, ISO, IEC)

☐ ISO/IEC 可交付件 (*)

(如果是 ISO/IEC 可交付件，请把所填写的表格返回 ISO 和 IEC)

(*)文件代号：

(*)文件标题：

许可发放声明： 专利持有者确信，他持有已经批准的和/或正在处理中的专利申请，为了实施上述文件需要使用这些专利，为此，按照 ITU-T/ITU-R/ISO/IEC 共同专利政策做如下声明：（只填划 1 个方框）
☐　1. 专利持有者准备无歧视地及其他合理的条款和条件下免费向全世界任何数量的申请发放许可证，以便制造、使用和销售上述文件的实现。 谈判由有关当事人在 ITU-T、ITU-R、ISO 或 IEC 以外进行。 也在这里做标记——如果专利持有者愿意在上述文件的互惠条件下发放许可证时。 也在这里做标记——如果专利持有者保留在合理的条款和条件下（但不免费）向以下申请者发放许可证时：这类申请者只愿意在合理的条款和条件下（但不免费）发放这类申请者的需要在实施上述文件时使用的专利。

☐ 2. 专利持有者准备无歧视地在其他合理的条款和条件下向全世界任何数量的申请发放许可证，以便制造、使用和销售上述文件的实现。
谈判由有关当事人在 ITU-T、ITU-R、ISO 或 IEC 以外进行。
也在这里做标记—— 如果专利持有者愿意在上述文件的互惠条件下发放许可证时。

☐ 3. 专利持有者不愿意按照前两种选项中任何一项发放许可证。
在这种情况下，必须作为本声明的组成部分向 ITU 提供下列信息，并且 ISO 和 IEC 强烈希望得到下列信息：
—— 已经批准的专利号或（正在处理中的）专利申请号；
—— 标出上述文件中受影响部分；
—— 覆盖上述文件的专利描述。

免费（Free of Charge）："免费"一词并不意味着专利持有者放弃有关该必要专利的全部权利。确切说，"免费"指的是金钱补偿问题，即专利持有者并不把寻求任何金钱补偿（无论这类补偿叫作专利使用费还是称为一次性许可发放费等）作为许可发放协议的组成部分。不过，在这种情况下，在专利持有者答应不收取任何数量金钱的同时，该专利持有者仍然有权要求上述文件的实施者签署一份许可证协议，其中包含其他诸如与管制法、使用领域、担保等有关的合理条款和条件。

互惠（Reciprocity）：本表格中使用的"互惠"一词的含义是：只有当预期的许可证领取者答应免费或在合理的条款和条件下为实施上述文件而发放其必要专利或主张的必要专利许可证的情况下，预期的许可证领取者才应该请求该专利持有者发放许可证。

专利（Patent）："专利"一词指的是，专利或类似专利、实用模型和其他基于发明（包括发明的任何应用）的类似法定权利中包含的和标识的那些主张，并且任何此类主张仅仅是为实施建议书|可交付件所必要的。必要专利是那些为实施某特定建议书|可交付件所必需的。

专利权的转让/转移：依据 ITU-T/ITU-R/ISO/IEC 共同专利政策的 2.1 或 2.2 条款，授权声明应解释为：在专利转让中，授权声明是约束（专利）利益继承人的限制。但是，鉴于这一解释可能不适用于所有的司法管辖区，任何根据共同专利政策提交许可声明的专利持有人（无论是在专利声明表格中选择的是选项 1 还是选项 2）在转让受该许可声明约束的专利所有权时，应在相关的转让文件中包括适当的规定，以确保对于该转让专利，该许可声明对受让人具有约束力，并且受让人在今后的转让中也将同样包括适当的规定，以约束所有利益继承人。

专利信息	[希望（但不强求）给出关于选项 1 或 2 的信息；ITU 要求给出选项 3 的信息（见注释）]			
编号	状态（已批准/处理中）	国家	批准的专利号 或 申请号（处理中）	标题
1				
2				
3				
4				
5				
6				
7				
8				
9				
10				

☐ 如果在附加的页面上提供了附加的专利信息，在此方框中打勾。

注释：在选择选项 3 的情况下，在上述选项 3 方框中列出还应该提供的最少补充信息。

签名
专利持有者　　_____
授权人姓名　　_____
授权人职称　　_____
签名　　　　　_____
地点，日期　　_____

表格（第二版本）：2018 年 2 月 11 日

附件 3

ITU-T/ITU-R 建议书的一般性专利陈述和许可声明表

本声明并不代表实际的许可证授予

请将所填写的表格返回有关局：

国际电信联盟 电信标准化局
局长
Place des Nations
CH-1211 Geneva 20,
Switzerland
Fax: +41 22 730 5853
Email: tsbdir@itu.int

国际电信联盟 无线电通信局
局长
Place des Nations
CH-1211 Geneva 20,
Switzerland
Fax: +41 22 730 5785
Email: brmail@itu.int

| 专利持有者：|
| 合法名称 _____ |
| 许可证申请联系人 |
| 姓名和部门地址 _____ |
| 电话 _____ |
| 传真 _____ |
| 电子邮件 _____ |
| 网址（选项） _____ |

许可声明：
在上述专利持有者提交的贡献中包含的部分或全部建议被纳入ITU-T/ITU-R建议书，而所纳入的部分包含已取得的专利或已提出专利申请的条款并且为实施ITU-T/ITU-R建议书要求使用这些专利的情况下，上述专利持有者在此依照ITU-T/ITU-R/ISO/IEC的共同专利政策声明如下（只有在其前面的方框中做标记的那个选项适用）：

☐　1. 专利持有者准备无歧视地在其他合理条款和条件下向全世界数量不受限制的申请免费授予专利使用许可，用于制造、使用和销售有关的ITU-T/ITU-R建议书的实现。
谈判和谈判结果的执行留待有关的当事人在ITU-T/ITU-R外进行。
也在这里做标记——如果专利持有者希望在互惠条件下发放有关上述ITU-T/ITU-R建议书的专利使用许可。
也在这里做标记——如果专利持有者保留在合理的条款和条件下免费向以下申请者发放其专利使用许可的权利：他们愿意在合理的条款和条件下免费发放他们所主张的、为实施上述ITU-T/ITU-R建议书所要求的专利使用许可。

☐　2. 专利持有者准备无歧视地在其他合理条款和条件下向全世界数量不受限制的申请授予专利使用许可，用于制造、使用和销售有关的ITU-T/ITU-R建议书的实现。
谈判和谈判结果的执行留待有关的当事人在ITU-T/ITU-R外进行。
也在这里做标记——如果专利持有者希望在互惠条件下发放有关上述ITU-T/ITU-R建议书的专利使用许可。

免费
"免费"一词并不意味着专利持有者放弃其悠远该必要专利的全部权利。更恰当地说，"免费"指的是金钱补偿问题，即该专利持有者将不寻求任何金钱补偿作为许可证发放协议的组成部分（无论这类补偿称为专利使用费还是叫作一次性许可费等）。不过，在这种情况下，在专利持有者承诺不收取任何数量金钱的同时，该专利持有者仍然有权要求ITU-T/ITU-R建议书实施者签署一项许可协议，其中包含其他合理的条款和条件，例如与管制法、使用领域、互惠、正当理由等有关的条件。

互惠
这里所使用的"互惠"一词的含义是：只有当预期的许可证领取人承诺免费或在合理的条款和条件下为实施上述文件而发放其必要专利或主张的必要专利许可的情况下，预期的许可证领取人才应该请求该专利持有者发放许可。

专利（Patent）："专利（Patent）"一词指的是，专利（patents）或类似专利、实用模型和其他基于发明（包括发明的任何应用）的类似法定权利中包含的和标识的那些主张，并且任何此类主张仅仅是为实施建议书|可交付件所必要的。必要专

• 291 •

利是那些为实施某特定建议书|可交付件所要求的。
<u>专利权的分给/转让</u>
根据 ITU-T/ITU-R/ISO/IEC 共同专利政策的 2.2 或 2.3 条提供的发放许可声明应被解释为阻碍物,它束缚所有与转让专利利益相关的后来人。认识到这种解释可能不适用所有管辖范围,所以已经按共同专利政策提交许可声明的任何专利持有者（在许可声明表中选择 1 或 2）和通过这种许可声明转让专利所有权的
专利持有者应在相关转让文件中纳入适当的规定,以确保该许可声明对受让人有束缚力,该受让人在未来转让中同样会纳入适当规定,其目的是束缚所有后来利益相关人。
签署:
专利持有者　_____
被授权人姓名_____
被授权人头衔　_____
签名　　　　　_____
地点、日期　　_____

FORM: 2015 年 6 月 26 日

附录 C 我国信息技术标准目录

一、信息技术标准体系框架（文字描述）

1 基础
 1.1 术语
 1.2 产品分类和代码
2 技术
 2.1 传感器网络
 2.2. 卡和身份识别
 2.3 条码码制和识读设备
 2.4 射频识别
 2.5 生物特征识别
 2.6 数字记录媒体
 2.7 网络云存储技术
 2.8 系统间远程通信和信息交换
 2.9 信息技术设备互连
 2.10 程序设计语言和接口
 2.11 计算机图形图像处理和环境数据表示
 2.12 多媒体信源编码
 2.13 中文信息处理
 2.14 数据管理与交换
 2.15 文档描述与处理语言
 2.16 软件和系统工程
 2.17 用户界面
 2.18 分布式平台与服务（SOA）
 2.19 云计算软件技术
 2.20 可持续发展
 2.21 物联网
 2.22 大数据
 2.23 人工智能
 2.24 其它
3 产品
 3.1 设备设施
 3.2 软件产品
4 应用
 4.1 电子政务软件应用
 4.2 教育软件应用
 4.3 智慧城市
 4.4 智能制造
 4.5 工业互联网
 4.6 其它软件应用

5 信息技术服务
　　5.1　服务基础
　　5.2　咨询设计服务
　　5.3　集成实施服务
　　5.4　运行维护服务
　　5.5　服务管理
　　5.6　服务外包
　　5.7　云服务
　　5.8　数据中心服务
　　5.9　数字化营销服务
　　5.10　行业应用服务
　　5.11　服务测评
　　5.12　其它
6 管理

二、信息技术国家标准目录

序号	体系编号	标准号	标准名称	采标号	采标程度
1	1.1	GB/T 5271.1-2000	信息技术 词汇 第1部分:基本术语	ISO/IEC 2382-1:1993	非等效
2	1.1	GB/T 5271.2-1988	数据处理词汇 02部分 算术和逻辑运算	ISO 2382-2:1976	非等效
3	1.1	GB/T 5271.3-2008	信息技术 词汇 第3部分：设备技术	ISO/IEC 2382-3:1987	等同
4	1.1	GB/T 5271.4-2000	信息技术 词汇 第4部分:数据的组织	ISO/IEC 2382-4:1987	非等效
5	1.1	GB/T 5271.5-2008	信息技术 词汇 第5部分：数据表示	ISO/IEC 2382-5:1999	等同
6	1.1	GB/T 5271.6-2000	信息技术 词汇 第6部分:数据的准备与处理	ISO/IEC 2382-6:1987	非等效
7	1.1	GB/T 5271.7-2008	信息技术 词汇 第7部分：计算机编程	ISO/IEC 2382-7:2000	等同
8	1.1	GB/T 5271.8-2001	信息技术 词汇 第8部分:安全	ISO/IEC 2382-8:1998	等同
9	1.1	GB/T 5271.9-2001	信息技术 词汇 第9部分:数据通信	ISO/IEC 2382-9:1995	等同
10	1.1	GB/T 5271.10-1986	数据处理词汇 10部分 操作技术和设施	ISO 2382-10:1979	非等效
11	1.1	GB/T 5271.11-2000	信息技术 词汇 第11部分:处理器	ISO/IEC 2382-11:1987	非等效
12	1.1	GB/T 5271.12-2000	信息技术 词汇 第12部分:外围设备	ISO/IEC 2382-12:1988	非等效
13	1.1	GB/T 5271.13-2008	信息技术 词汇 第13部分：计算机图形	ISO/IEC 2382-13:1996	等同
14	1.1	GB/T 5271.14-2008	信息技术 词汇 第14部分：可靠性、可维护性与可用性	ISO/IEC 2382-14:1997	等同
15	1.1	GB/T 5271.15-2008	信息技术 词汇 第15部分：编程语言	ISO/IEC 2382-15:1999	等同
16	1.1	GB/T 5271.16-2008	信息技术 词汇 第16部分：信息论	ISO/IEC 2382-16:1996	等同
17	1.1	GB/T 5271.17-2010	信息技术 词汇 第17部分：数据库	ISO/IEC 2382-17:1999	等同
18	1.1	GB/T 5271.18-2008	信息技术 词汇 第18部分：分布式数据处理	ISO/IEC 2382-18:1999	等同
19	1.1	GB/T 5271.19-2008	信息技术 词汇 第19部分：模拟计算	ISO/IEC 2382-19:1989	等同
20	1.1	GB/T 5271.20-1994	信息技术词汇 20部分 系统开发	ISO/IEC 2382/20:1990	非等效
21	1.1	GB/T 5271.22-1993	数据处理词汇 22部分:计算器	ISO 2382/22:1986	非等效
22	1.1	GB/T 5271.23-2000	信息技术 词汇 第23部分:文本处理	ISO/IEC 2382-23:1994	非等效
23	1.1	GB/T 5271.24-2000	信息技术 词汇 第24部分:计算机集成制造	ISO/IEC 2382-24:1995	非等效
24	1.1	GB/T 5271.25-2000	信息技术 词汇 第25部分:局域网	ISO/IEC 2382-25:1992	非等效
25	1.1	GB/T 5271.26-2010	信息技术 词汇 第26部分：开放系统互连	ISO/IEC 2382-26:1993	等同
26	1.1	GB/T 5271.27-2001	信息技术 词汇 第27部分:办公自动化	ISO/IEC 2382-27:1994	非等效
27	1.1	GB/T 5271.28-2001	信息技术 词汇 第28部分:人工智能 基本概念与专家系统	ISO/IEC 2382-28:1995	非等效
28	1.1	GB/T 5271.29-2006	信息技术 词汇 第29部分:人工智能 语音识别与合成	ISO/IEC 2382-29:1999	等同
29	1.1	GB/T 5271.31-2006	信息技术 词汇 第31部分:人工智能 机器学习	ISO/IEC 2382-31:1997	等同
30	1.1	GB/T 5271.32-2006	信息技术 词汇 第32部分:电子邮件	ISO/IEC 2382-32:1998	等同
31	1.1	GB/T 5271.34-2006	信息技术 词汇 第34部分:人工智能 神经网络	ISO/IEC 2382-34:1999	等同
32	1.1	GB/T 5271.36-2012	信息技术 词汇 第36部分：学习、教育和培训	ISO/IEC 2382-36:2008	等同
33	1.1	GB/T 5271.37-2021	信息技术 词汇 第37部分：生物特征识别	ISO/IEC 2382-37：2017	修改
34	1.1	GB/T 12118-1989	数据处理词汇 21部分:过程计算机系统和技术过程间的接口	ISO 2382-21:1985	非等效
35	1.1	GB/T 12200.1-1990	汉语信息处理词汇 01部分:基本术语		
36	1.1	GB/T 12200.2-1994	汉语信息处理词汇 02部分:汉语和汉字		
37	1.1	GB/T 22033-2017	信息技术 嵌入式系统术语		
38	1.1	GB/T 32390-2015	信息技术 哈萨克文常用术语		
39	1.1	GB/T 32391-2015	信息技术 藏文词汇		
40	1.1	GB/T 33847-2017	信息技术 中间件术语		
41	1.2	GB/T 36475-2018	软件产品分类		
42	2.1	GB/T 30269.1001-2017	信息技术 传感器网络 第1001部分：中间件：传感器网络节点接口		
43	2.1	GB/T 30269.1-2015	信息技术 传感器网络 第1部分：参考体系结构和通用技术要求	ISO/IEC 29182-5:2013	非等效
44	2.1	GB/T 30269.2-2013	信息技术 传感器网络 第2部分：术语		
45	2.1	GB/T 30269.301-2014	信息技术 传感器网络 第301部分：通信与信息交换：低速线传感器网络网络层和应用支持子层规范		
46	2.1	GB/T 30269.302-2015	信息技术 传感器网络 第302部分：通信与信息交换：高可靠性 线传感器网络媒体访问控制和物理层规范		

续表

序号	体系编号	标准号	标准名称	采标号	采标程度
47	2.1	GB/T 30269.303-2018	信息技术 传感器网络 第303部分：通信与信息交换：基于IP的 线传感器网络网络层规范		
48	2.1	GB/T 30269.304-2019	信息技术 传感器网络 第304部分:通信与信息交换:声波通信系统技术要求		
49	2.1	GB/T 30269.401-2015	信息技术 传感器网络 第401部分：协同信息处理：支撑协同信息处理的服务及接口	ISO/IEC 20005:2013	等同
50	2.1	GB/T 30269.501-2014	信息技术 传感器网络 第501部分：标识：传感节点标识符编制规则		
51	2.1	GB/T 30269.502-2017	信息技术 传感器网络 第502部分：标识：传感节点标识符解析		
52	2.1	GB/T 30269.503-2017	信息技术 传感器网络 第503部分：标识：传感节点标识符注册规程		
53	2.1	GB/T 30269.504-2019	信息技术 传感器网络 第504部分：标识：传感节点标识符管理		
54	2.1	GB/T 30269.601-2016	信息技术 传感器网络 第601部分：信息安全：通用技术规范		
55	2.1	GB/T 30269.602-2017	信息技术 传感器网络 第602部分：信息安全：低速率 线传感器网络网络层和应用支持子层安全规范		
56	2.1	GB/T 30269.701-2014	信息技术 传感器网络 第701部分：传感器接口：信号接口		
57	2.1	GB/T 30269.702-2016	信息技术 传感器网络 第702部分：传感器接口：数据接口		
58	2.1	GB/T 30269.801-2017	信息技术 传感器网络 第801部分：测试：通用要求		
59	2.1	GB/T 30269.802-2017	信息技术 传感器网络 第802部分：测试：低速 线传感器网络媒体访问控制和物理层		
60	2.1	GB/T 30269.803-2017	信息技术 传感器网络 第803部分：测试：低速 线传感器网络网络层和应用支持子层		
61	2.1	GB/T 30269.804-2018	信息技术 传感器网络 第804部分：测试：传感器接口		
62	2.1	GB/T 30269.805-2019	信息技术 传感器网络 第805部分：测试：传感器网关测试规范		
63	2.1	GB/T 30269.806-2018	信息技术 传感器网络 第806部分：测试：传感节点标识符编码和解析		
64	2.1	GB/T 30269.807-2018	信息技术 传感器网络 第807部分：测试：网络传输安全		
65	2.1	GB/T 30269.808-2018	信息技术 传感器网络 第808部分：测试：低速率 线传感器网络网络层和应用支持子层安全		
66	2.1	GB/T 30269.809-2020	信息技术 传感器网络 第809部分：测试：基于IP的无线传感器网络网络层协议一致性测试		
67	2.1	GB/T 30269.901-2016	信息技术 传感器网络 第901部分：网关：通用技术要求		
68	2.1	GB/T 30269.902-2018	信息技术 传感器网络 第902部分：网关：远程管理技术要求		
69	2.1	GB/T 30269.903-2018	信息技术 传感器网络 第903部分：网关：逻辑接口		
70	2.1	GB/T 33137-2016	基于传感器的产品监测软件集成接口规范		
71	2.1	GB/T 36330-2018	信息技术 面向燃气表远程管理的 线传感器网络系统技术要求		
72	2.1	GB/T 36346-2018	信息技术 面向设施农业应用的传感器网络技术要求		
73	2.1	GB/T 37693-2019	信息技术 基于感知设备的工业设备点检管理系统总体架构		
74	2.1	GB/T 37727-2019	信息技术 面向需求侧变电站应用的传感器网络系统总体技术要求		
75	2.1	GB/T 37733.1-2019	传感器网络 个人健康状态远程监测 第1部分：总体技术要求		
76	2.1	GB/T 37733.2-2020	传感器网络 个人健康状态远程监测 第2部分：终端与平台接口技术要求		
77	2.1	GB/T 37733.3-2020	传感器网络 个人健康状态远程监测 第3部分：终端技术要求		
78	2.1	GB/T 41800-2022	信息技术 传感器网络 爆炸危险化学品贮存安全监测系统技术要求		
79	2.2	GB/T 14916-2022	识别卡 物理特性	ISO/IEC 7810:2019	修改
80	2.2	GB/T 15120.1-2013	识别卡 记录技术 第1部分：凸印	ISO/IEC 7811-1:2002	等同
81	2.2	GB/T 15120.2-2012	识别卡 记录技术 第2部分：磁条-低矫顽力	ISO/IEC 7811-2:2001	修改
82	2.2	GB/T 15120.6-2012	识别卡 记录技术 第6部分：磁条-高矫顽力	ISO/IEC 7811-6:2008	修改
83	2.2	GB/T 15120.9-2019	识别卡 记录技术 第9部分：触觉标识符标记	ISO/IEC 7811-9:2015	修改
84	2.2	GB/T 15694.1-1995	识别卡 发卡者标识 第1部分:编号体系	ISO/IEC 7812-1:1993	等同

续表

序号	体系编号	标准号	标准名称	采标号	采标程度
85	2.2	GB/T 15694.2-2002	识别卡 发卡者标识 第2部分:申请和注册规程	ISO/IEC 7812-2:2000	非等效
86	2.2	GB/T 15935-2013	信息技术 存折本的磁条	ISO/IEC 8484:2007	修改
87	2.2	GB/T 16649.10-2002	识别卡 带触点的集成电路卡 第10部分:同步卡的电信号和复位应答	ISO/IEC 7816-10:1999	等同
88	2.2	GB/T 16649.11-2019	识别卡 集成电路卡 第11部分:通过生物特征识别方法的身份验证	ISO/IEC 7816-11:2017	修改
89	2.2	GB/T 16649.1-2006	识别卡 带触点的集成电路卡 第1部分:物理特性	ISO/IEC 7816-1:1998	修改
90	2.2	GB/T 16649.12-2010	识别卡 集成电路卡 第12部分:带触点的卡-USB电气接口和操作规程	ISO/IEC 7816-12:2005	等同
91	2.2	GB/T 16649.13-2013	识别卡 集成电路卡 第13部分:在多应用环境中的应用管理命令	ISO/IEC 7816-13:2007	等同
92	2.2	GB/T 16649.15-2010	识别卡 集成电路卡 第15部分:密码信息应用	ISO/IEC 7816-15:2004	等同
93	2.2	GB/T 16649.2-2006	识别卡 带触点的集成电路卡 第2部分:触点的尺寸和位置	ISO/IEC 7816-2:1999	等同
94	2.2	GB/T 16649.3-2006	识别卡 带触点的集成电路卡 第3部分:电信号和传输协议	ISO/IEC 7816-3:1997	等同
95	2.2	GB/T 16649.4-2010	识别卡 集成电路卡 第4部分:用于交换的结构、安全和命令	ISO/IEC 7816-4:2005	等同
96	2.2	GB/T 16649.5-2002	识别卡 带触点的集成电路卡 第5部分:应用标识符的国家编号体系和注册规程	ISO/IEC 7816-5:1994	非等效
97	2.2	GB/T 16649.6-2001	识别卡 带触点的集成电路卡 第6部分:行业间数据元	ISO/IEC 7816-6:1996	等同
98	2.2	GB/T 16649.7-2000	识别卡 带触点的集成电路卡 第7部分:用于结构化卡查询语言(SCQL)的行业间命令	ISO/IEC 7816-7:1999	等同
99	2.2	GB/T 16649.8-2002	识别卡 带触点的集成电路卡 第8部分:与安全相关的行业间命令	ISO/IEC 7816-8:1999	等同
100	2.2	GB/T 16649.9-2010	识别卡 集成电路卡 第9部分:用于卡管理的命令	ISO/IEC 7816-9:2004	等同
101	2.2	GB/T 17550.1-1998	识别卡 光记忆卡 线性记录方法 第1部分:物理特性	ISO/IEC 11694-1:1994	等同
102	2.2	GB/T 17550.2-1998	识别卡 光记忆卡 线性记录方法 第2部分:可访问光区域的尺寸和位置	ISO/IEC 11694-2:1995	等同
103	2.2	GB/T 17550.3-1998	识别卡 光记忆卡 线性记录方法 第3部分:光属性和特性	ISO/IEC 11694-3:1995	等同
104	2.2	GB/T 17550.4-2000	识别卡 光记忆卡 线性记录方法 第4部分:逻辑数据结构	ISO/IEC 11694-4:1996	等同
105	2.2	GB/T 17551-1998	识别卡 光记忆卡 一般特性	ISO/IEC 11693:1994	等同
106	2.2	GB/T 17552-2008	信息技术 识别卡 金融交易卡	ISO/IEC 7813:2006	等同
107	2.2	GB/T 17554.1-2006	识别卡 测试方法 第1部分:一般特性测试	ISO/IEC 10373-1:1998	修改
108	2.2	GB/T 17554.2-2015	识别卡 测试方法 第2部分:带磁条的卡	ISO/IEC 10373-2:2006	等同
109	2.2	GB/T 17554.3-2006	识别卡 测试方法 第3部分:带触点的集成电路卡及其相关接口设备	ISO/IEC 10373-3:2001	修改
110	2.2	GB/T 17554.7-2010	识别卡 测试方法 第7部分:邻近式卡	ISO/IEC 10373-7:2008	修改
111	2.2	GB/T 18239-2000	集成电路(IC)卡读写机通用规范		
112	2.2	GB/T 22351.1-2008	识别卡 触点的集成电路卡 邻近式卡 第1部分:物理特性	ISO/IEC 15693-1:2000	等同
113	2.2	GB/T 22351.2-2010	识别卡 触点的集成电路卡 邻近式卡 第2部分:空中接口和初始化	ISO/IEC 15693-2:2000	等同
114	2.2	GB/T 22351.3-2008	识别卡 触点的集成电路卡 邻近式卡 第3部分:防冲突和传输协议	ISO/IEC 15693-3:2001	等同
115	2.2	GB/T 28177.1-2011	识别卡 柔性薄卡 第1部分:物理特性	ISO/IEC 15457-1:2008	修改
116	2.2	GB/T 28177.2-2011	识别卡 柔性薄卡 第2部分:磁记录技术	ISO/IEC 15457-2:2007	修改
117	2.2	GB/T 28177.3-2012	识别卡 柔性薄卡 第3部分:测试方法	ISO/IEC 15457-3:2008	修改
118	2.2	GB/T 29271.1-2012	识别卡 集成电路卡编程接口 第1部分:体系结构	ISO/IEC 24727-1:2007	等同
119	2.2	GB/T 29271.2-2012	识别卡 集成电路卡编程接口 第2部分:通用卡接口	ISO/IEC 24727-2:2008	等同
120	2.2	GB/T 29271.3-2014	识别卡 集成电路卡编程接口 第3部分:应用接口	ISO/IEC 24727-3:2008	修改
121	2.2	GB/T 29271.4-2019	识别卡 集成电路卡编程接口 第4部分:应用编程接口（API）管理	ISO/IEC 24727-4: 2008	修改
122	2.2	GB/T 29271.6-2019	识别卡 集成电路卡编程接口 第6部分:实现互操作的鉴别协议的注册管理规程	ISO/IEC 24727-6: 2010	非等效
123	2.2	GB/T 30001.1-2013	信息技术 基于射频的移动支付 第1部分: 射频接口		
124	2.2	GB/T 30001.2-2013	信息技术 基于射频的移动支付 第2部分: 卡技术要求		
125	2.2	GB/T 30001.3-2013	信息技术 基于射频的移动支付 第3部分: 设备技术要求		
126	2.2	GB/T 30001.4-2013	信息技术 基于射频的移动支付 第4部分: 卡应用管理和安全		

续表

序号	体系编号	标准号	标准名称	采标号	采标程度
127	2.2	GB/T 30001.5-2013	信息技术 基于射频的移动支付 第5部分：射频接口测试方法		
128	2.2	GB/T 30266-2013	信息技术 识别卡 卡内生物特征比对	ISO/IEC 24787:2010	等同
129	2.2	GB/T 30962-2014	识别卡 集成电路卡 大容量卡		
130	2.2	GB/T 33564.1-2017	识别卡 卡使用寿命 第1部分：应用轮廓和要求	ISO/IEC 24789-1:2012	修改
131	2.2	GB/T 34974.1-2017	识别卡 机器可读旅行文件 第1部分：机器可读护照	ISO/IEC 7501-1:2008	非等效
132	2.2	GB/T 36636-2018	识别卡 双界面集成电路卡模块规范		
133	2.2	GB/T 37720-2019	识别卡 金融IC卡芯片技术要求		
134	2.2	GB/T 38851-2020	信息技术 识别卡 集成指纹的身份识别卡通用技术要求		
135	2.2	GB/T 41300-2022	民用无人机唯一产品识别码		
136	2.2	GB/T 41801.1-2022	信息技术 卡上生物特征识别系统 第1部分：基本要求	ISO/IEC 17839-1:2014	修改
137	2.2	GB/T 41801.2-2022	信息技术 卡上生物特征识别系统 第2部分：物理特性	ISO/IEC 17839-2:2015	修改
138	2.2	GB/T 41801.3-2022	信息技术 卡上生物特征识别系统 第3部分：逻辑信息交换机制	ISO/IEC 17839-3:2016	修改
139	2.3	GB/T 12908-2002	信息技术 自动识别和数据采集技术 条码符号规范 三九条码	ISO/IEC 16388:1999	修改
140	2.3	GB/T 14258-2003	信息技术 自动识别与数据采集技术 条码符号印制质量的检验	ISO/IEC 15416:2000	修改
141	2.3	GB/T 16829-2003	信息技术 自动识别与数据采集技术 条码码制规范 交插二五条码	ISO/IEC 16390:1999	等同
142	2.3	GB/T 18284-2000	快速响应矩阵码	ISO/IEC 18004:2000	非等效
143	2.3	GB/T 26227-2010	信息技术 自动识别与数据采集技术 条码原版胶片测试规范	ISO/IEC 15421:2000	修改
144	2.3	GB/T 26228.1-2010	信息技术 自动识别与数据采集技术 条码检测仪一致性规范 第1部分：一维条码	ISO/IEC 15426-1:2006	修改
145	2.4	GB/T 28925-2012	信息技术 射频识别 2.45GHz空中接口协议		
146	2.4	GB/T 28926-2012	信息技术 射频识别 2.45GHz空中接口符合性测试方法		
147	2.4	GB/T 29261.3-2012	信息技术 自动识别和数据采集技术 词汇 第3部分：射频识别	ISO/IEC 19762-3:2008	非等效
148	2.4	GB/T 29261.4-2012	信息技术 自动识别和数据采集技术 词汇 第4部分：无线电通信	ISO/IEC 19762-4:2008	非等效
149	2.4	GB/T 29261.5-2014	信息技术 自动识别和数据采集技术 词汇 第5部分：定位系统	ISO/IEC 19762-5:2008	等同
150	2.4	GB/T 29266-2012	射频识别 13.56MHz标签基本电特性		
151	2.4	GB/T 29272-2012	信息技术 射频识别设备性能测试方法 系统性能测试方法		
152	2.4	GB/T 29768-2013	信息技术 射频识别 800/900MHz空中接口协议		
153	2.4	GB/T 29797-2013	13.56MHz射频识别读/写设备规范		
154	2.4	GB/T 33848.1-2017	信息技术 射频识别 第1部分：参考结构和标准化参数定义	ISO/IEC 18000-1:2008	非等效
155	2.4	GB/T 33848.3-2017	信息技术 射频识别 第3部分：13.56MHz的空中接口通信参数	ISO/IEC 18000-3：2004	非等效
156	2.4	GB/T 34996-2017	800/900MHz射频识别读/写设备规范		
157	2.4	GB/T 35102-2017	信息技术 射频识别 800/900MHz空中接口符合性测试方法		
158	2.4	GB/T 36364-2018	信息技术 射频识别 2.45GHz标签通用规范		
159	2.4	GB/T 36365-2018	信息技术 射频识别 800/900MHz源标签通用规范		
160	2.4	GB/T 36435-2018	信息技术 射频识别 2.45GHz读写器通用规范		
161	2.4	GB/T 38668-2020	智能制造 射频识别系统 通用技术要求		
162	2.4	GB/T 38670-2020	智能制造 射频识别系统 标签数据格式		
163	2.4	GB/Z 36442.1-2018	信息技术 用于物品管理的射频识别 实现指南 第1部分：源超高频RFID标签		
164	2.4	GB/Z 36442.3-2018	信息技术 用于物品管理的射频识别 实现指南 第3部分：超高频RFID读写器系统在物流应用中的实现和操作	ISO/IEC TR 24729-3:2009	非等效
165	2.5	GB/T 26237.6-2014	信息技术 生物特征识别数据交换格式 第6部分：虹膜图像数据	ISO/IEC 19794-6:2005	非等效
166	2.5	GB/T 26237.7-2013	信息技术 生物特征识别数据交换格式 第7部分：签名/签字时间序列数据	ISO/IEC 19794-7:2007	修改
167	2.5	GB/T 26237.9-2014	信息技术 生物特征识别数据交换格式 第9部分：血管图像数据	ISO/IEC 19794-9:2007	非等效

续表

序号	体系编号	标准号	标准名称	采标号	采标程度
168	2.5	GB/T 26237.14-2019	信息技术 生物特征识别数据交换格式 第14部分：DNA数据	ISO/IEC 19794-14:2013	非等效
169	2.5	GB/T 26237.1-2022	信息技术 生物特征识别数据交换格式 第1部分：框架	ISO/IEC 19794-1:2011	修改
170	2.5	GB/T 26237.2-2011	信息技术 生物特征识别数据交换格式 第2部分：指纹细节点数据	ISO/IEC FCD 19794-2:2004	非等效
171	2.5	GB/T 26237.3-2011	信息技术 生物特征识别数据交换格式 第3部分：指纹型谱数据	ISO/IEC FDIS 19794-3:2006	非等效
172	2.5	GB/T 26237.4-2014	信息技术 生物特征识别数据交换格式 第4部分：指纹图像数据	ISO/IEC 19794-4:2005	非等效
173	2.5	GB/T 26237.5-2014	信息技术 生物特征识别数据交换格式 第5部分：人脸图像数据	ISO/IEC 19794-5:2006	非等效
174	2.5	GB/T 26238-2010	信息技术 生物特征识别术语		
175	2.5	GB/T 28826.1-2012	信息技术 公用生物特征识别交换格式框架 第1部分：数据元素规范	ISO/IEC 19785-1:2006	修改
176	2.5	GB/T 28826.2-2020	信息技术 公用生物特征识别交换格式框架 第2部分：生物特征识别注册机构操作规程		
177	2.5	GB/T 28826.4-2022	信息技术 公用生物特征识别交换格式框架 第4部分：安全块格式规范	ISO/IEC 19785-4：2010	修改
178	2.5	GB/T 29268.1-2012	信息技术 生物特征识别性能测试和报告 第1部分：原则与框架	ISO/IEC 19795-1:2006	等同
179	2.5	GB/T 29268.2-2012	信息技术 生物特征识别性能测试和报告 第2部分：技术与场景评价的测试方法	ISO/IEC 19795-2:2007	等同
180	2.5	GB/T 29268.3-2012	信息技术 生物特征识别性能测试和报告 第3部分：模态特定性测试	ISO/IEC TR 19795-3:2007	等同
181	2.5	GB/T 29268.4-2012	信息技术 生物特征识别性能测试和报告 第4部分：互操作性性能测试	ISO/IEC 19795-4:2008	等同
182	2.5	GB/T 29268.5-2022	信息技术 生物特征识别性能测试和报告 第5部分：访问控制场景与分级机制	ISO/IEC 19795-5:2011	等同
183	2.5	GB/T 29268.6-2022	信息技术 生物特征识别性能测试和报告 第6部分：运行评价的测试方法	ISO/IEC 19795-6:2012	等同
184	2.5	GB/T 30267.1-2013	信息技术 生物特征识别应用程序接口 第1部分：BioAPI规范	ISO/IEC 19784-1:2006	等同
185	2.5	GB/T 30268.1-2013	信息技术 生物特征识别应用程序接口（BioAPI）的符合性测试 第1部分：方法和规程	ISO/IEC 24709-1:2007	等同
186	2.5	GB/T 30268.2-2013	信息技术 生物特征识别应用程序接口（BioAPI）的符合性测试 第2部分：生物特征识别服务供方的测试断言	ISO/IEC 24709-2:2007	等同
187	2.5	GB/T 32629-2016	信息技术 生物特征识别应用程序接口的互通协议	ISO/IEC 24708:2008	等同
188	2.5	GB/T 32903-2016	信息技术 指静脉识别系统 指静脉图像数据格式		
189	2.5	GB/T 33135-2016	信息技术 指静脉识别系统 指静脉采集设备通用规范		
190	2.5	GB/T 33767.1-2017	信息技术 生物特征样本质量 第1部分：框架	ISO/IEC 29794-1:2009	等同
191	2.5	GB/T 33767.4-2018	信息技术 生物特征样本质量 第4部分：指纹图像数据	ISO/IEC TR 29794-4:2010	等同
192	2.5	GB/T 33767.5-2018	信息技术 生物特征样本质量 第5部分：人脸图像数据	ISO/IEC TR 29794-5:2010	非等效
193	2.5	GB/T 33767.6-2018	信息技术 生物特征样本质量 第6部分：虹膜图像数据	ISO/IEC 29794-6:2015	等同
194	2.5	GB/T 33842.2-2017	信息技术 GB/T 26237中定义的生物特征数据交换格式的符合性测试方法 第2部分：指纹细节点数据	ISO/IEC 29109-2:2010	非等效
195	2.5	GB/T 33842.4-2017	信息技术 GB/T 26237中定义的生物特征数据交换格式的符合性测试方法 第4部分：指纹图像数据	ISO/IEC 29109-4:2010	非等效
196	2.5	GB/T 33842.5-2018	信息技术 GB/T 26237中定义的生物特征数据交换格式的符合性测试方法 第5部分：人脸图像数据	ISO/IEC 29109-5:2014	非等效
197	2.5	GB/T 33844-2017	信息技术 生物特征识别 用于生物特征十指指纹采集应用编程接口（BioAPI）	ISO/IEC 29141:2009	修改
198	2.5	GB/T 35783-2017	信息技术 虹膜识别设备通用规范		
199	2.5	GB/T 36094-2018	信息技术 生物特征识别 嵌入式BioAPI	ISO/IEC 29164:2011	等同
200	2.5	GB/T 36460-2018	信息技术 生物特征识别 多模态及其他多生物特征融合	ISO/IEC TR 24722:2015	修改
201	2.5	GB/T 37036.1-2018	信息技术 移动设备生物特征识别 第1部分：通用要求		
202	2.5	GB/T 37036.2-2019	信息技术 移动设备生物特征识别 第2部分：指纹		
203	2.5	GB/T 37036.3-2019	信息技术 移动设备生物特征识别 第3部分:人脸		
204	2.5	GB/T 37036.4-2021	信息技术 移动设备生物特征识别 第4部分：虹膜		
205	2.5	GB/T 37045-2018	信息技术 生物特征识别 指纹处理芯片技术要求		

续表

序号	体系编号	标准号	标准名称	采标号	采标程度
206	2.5	GB/T 37742-2019	信息技术 生物特征识别 指纹识别设备通用规范		
207	2.5	GB/T 40687-2021	物联网 生命体征感知设备通用规范		
208	2.5	GB/T 40688-2021	物联网 生命体征感知设备数据接口		
209	2.5	GB/T 40694.1-2021	信息技术 用于生物特征识别系统的图示、图标和符号 第1部分：总则	ISO/IEC 24779-1:2016	等同
210	2.5	GB/T 40694.4-2022	信息技术 用于生物特征识别系统的图示、图标和符号 第4部分：指纹应用	ISO/IEC 24779-4:2017	修改
211	2.5	GB/T 40694.5-2022	信息技术 用于生物特征识别系统的图示、图标和符号 第5部分：人脸应用	ISO/IEC 24779-5：2020	等同
212	2.5	GB/T 40694.9-2022	信息技术 用于生物特征识别系统的图示、图标和符号 第9部分：血管应用	ISO/IEC 24779-9:2015	修改
213	2.5	GB/T 40784.1-2021	信息技术 用于互操作和数据交换的生物特征识别轮廓 第1部分：生物特征识别系统概述和生物特征识别轮廓	ISO/IEC 24713-1：2008	等同
214	2.5	GB/T 41772-2022	信息技术 生物特征识别 人脸识别系统技术要求		
215	2.5	GB/T 41803.1-2022	信息技术 社会保障卡生物特征识别应用系统 第1部分：通用要求		
216	2.5	GB/T 41804-2022	信息技术 生物特征识别系统性能环境影响的评价方法	ISO/IEC 29197:2015	等同
217	2.5	GB/T 41814.1-2022	信息技术 生物特征识别校准、增强和融合数据 第1部分：融合信息格式	ISO/IEC 29159-1:2010	修改
218	2.5	GB/T 41815.1-2022	信息技术 生物特征识别呈现攻击检测 第1部分：框架	ISO/IEC 30107-1:2016	等同
219	2.5	GB/T 41815.2-2022	信息技术 生物特征识别呈现攻击检测 第2部分：数据格式	ISO/IEC 30107–2: 2017	修改
220	2.5	GB/T 41903.1-2022	信息技术 面向对象的生物特征识别应用编程接口 第1部分：体系结构	ISO/IEC 30106-1:2016	修改
221	2.6	GB/T 2020-1980	信息处理交换用9磁道12.7毫米宽 32 行/毫米记录磁带	ISO 1863:1976	非等效
222	2.6	GB/T 3290-1982	信息交换用磁带盘的尺寸和性能	ISO 1864:1985	非等效
223	2.6	GB/T 6550-1986	信息处理交换用9磁道12.7毫米宽 63 行/毫米调相制记录磁带		
224	2.6	GB/T 7574-2008	信息处理 信息交换用磁带的文卷结构和标号	ISO 1001:1986	等同
225	2.6	GB/T 9363-1988	信息处理 信息交换用9磁道 12.7mm(0.5in)磁带成组编码方式 246 cpmm (6250 cpi) 的格式及记录	ISO 5652-1984	等同
226	2.6	GB/T 9713-1988	信息处理 计测磁带(包括遥测系统)的记录特性 互换要求	ISO 6068:1985	非等效
227	2.6	GB/T 9714-1988	信息处理 互换计测磁带用的76mm 中心孔通用带盘和盘芯	ISO 1858:1977	非等效
228	2.6	GB/T 9715-1988	信息处理 互换计测磁带用的精密带盘	ISO 1860:1986	非等效
229	2.6	GB/T 9716-1988	信息处理 信息交换用9磁道，12.7mm(0.5in)未记录磁带 32ftpmm(800ftpi)NRZ1 制，126ftpmm(3200ftpi)调相制和 356ftpmm(9042ftpi)NRZ1 制	ISO 1864-1985	非等效
230	2.6	GB/T 9717-1988	信息处理 互换用未记录计测磁带的一般尺寸要求	ISO 1859:1973	非等效
231	2.6	GB/T 9718-1988	信息处理 互换计测磁带用 8mm 中心孔通用带盘	ISO 3802:1976	非等效
232	2.6	GB/T 12055-1989	信息处理 信息交换用的盒式磁带和卡式磁带的标号和文卷结构	ISO 4341:1978	等同
233	2.6	GB/T 13703-1992	信息处理 信息交换用软磁盘盘卷和文卷结构	ISO 9293:1987	等同
234	2.6	GB/T 15122-2008	信息技术 未记录软磁盘的标志	ISO/IEC 9983:1995	等同
235	2.6	GB/T 15130.1-1994	信息处理 数据交换用90 mm 改进调频制记录的位密度为15916 磁通翻转/弧度、每面80 条磁道的软磁盘 第一部分：尺寸、物理性能和磁性能	ISO/IEC 9529-1:1989	等同
236	2.6	GB/T 15130.2-1995	信息处理 数据交换用90 mm 改进调频制记录的位密度为15916 磁通翻转/弧度、每面80 条磁道的软磁盘 第二部分：磁道格式	ISO/IEC 9529-2:1989	等同
237	2.6	GB/T 15131.1-1994	信息处理 数据交换用130 mm 改进调频制记录的位密度为13262 磁通翻转/弧度、每面80 条磁道的软磁盘 第一部分：尺寸、物理性能和磁性能	ISO 8630-1:1987	等同
238	2.6	GB/T 15131.2-1995	信息处理 数据交换用130 mm 改进调频制记录的位密度为13262 磁通翻转/弧度、每面80 条磁道的软磁盘 第二部分：磁道格式 A (用于 77 条磁道)	ISO 8630-2:1987	等同
239	2.6	GB/T 15131.3-1995	信息处理 数据交换用130 mm 改进调频制记录的位密度为13262 磁通翻转/弧度、每面80 条磁道的软磁盘 第三部分：磁道格式 B(用于 80 条磁道)	ISO 8630-3:1987	等同
240	2.6	GB/T 15134-1994	信息处理 信息交换用软磁盘文卷结构和标号	ISO 7665:1983	等同
241	2.6	GB/T 16686-1996	信息技术 信息交换用数据压缩 具有嵌入字典的自适应编码 DCLZ 算法	ISO/IEC 11558:1992	等同

续表

序号	体系编号	标准号	标准名称	采标号	采标程度
242	2.6	GB/T 16969-1997	信息技术 只读120mm 数据光盘(CD-ROM)的数据交换	ISO/IEC 10149:1995	等同
243	2.6	GB/T 16970-1997	信息技术 信息交换用只读光盘 存储器(CD-ROM)的盘卷和文卷结构	ISO 9660:1988	等同
244	2.6	GB/T 16971-1997	信息技术 信息交换用130 mm 可重写盒式光盘	ISO/IEC 10089:1991	等同
245	2.6	GB/T 17234-1998	信息技术 数据交换用90 mm 可重写和只读盒式光盘	ISO/IEC 10090:1992	等同
246	2.6	GB/T 17704.1-1999	信息技术 信息交换用130 mm 一次写入盒式光盘 第1部分：未记录盒式光盘	ISO/IEC 9171-1:1990	等同
247	2.6	GB/T 17704.2-1999	信息技术 信息交换用130 mm 一次写入盒式光盘 第2部分：记录格式	ISO/IEC 9171-2:1990	等同
248	2.6	GB/T 17960-2000	信息技术 数据交换用90 mm 改进调频制记录的位密度为31 831 磁通翻转/弧度、每面80 磁道的软磁盘 GB 303 型	ISO/IEC 10994:1992	等同
249	2.6	GB/T 18140-2000	信息技术 130 mm 盒式光盘上的数据交换 容量：每盒1 G 字节	ISO/IEC 13481:1993	等同
250	2.6	GB/T 18141-2000	信息技术 130 mm 一次写入多次读出磁光盒式光盘的信息交换	ISO/IEC 11560:1992	等同
251	2.6	GB/T 18807-2002	信息技术 130 mm 盒式光盘上的数据交换容量：每盒1.3 G 字节	ISO/IEC 13549:1993	等同
252	2.6	GB/T 1989-1980	信息处理交换用七位编码字符集在9 磁道12.7 毫米磁带上的表示方法	ISO 962:1974	非等效
253	2.6	GB/T 19969-2005	信息技术 信息交换用130mm 盒式光盘 容量：每盒2.6G 字节	ISO/IEC 13549:1993	等同
254	2.6	GB/Z 17979-2000	信息技术 符合GB/T 17234 标准的盒式光盘有效使用的指南	ISO/IEC TR 13561:1994	等同
255	2.6	GB/Z 18390-2001	信息技术 90 mm 盒式光盘测量技术指南	ISO/IEC TR 13841:1995	等同
256	2.6	GB/Z 18808-2002	信息技术 130 mm 一次写入盒式光盘记录格式技术规范	ISO/IEC TR 10091:1995	等同
257	2.7	GB/T 31916.1-2015	信息技术 云数据存储和管理 第1部分：总则		
258	2.7	GB/T 31916.2-2015	信息技术 云数据存储和管理 第2部分：基于对象的云存储应用接口		
259	2.7	GB/T 31916.3-2018	信息技术 云数据存储和管理 第3部分：分布式文件存储应用接口		
260	2.7	GB/T 31916.5-2015	信息技术 云数据存储和管理 第5部分：基于键值（Key-Value）的云数据管理应用接口		
261	2.8	GB/T 3453-1994	数据通信基本型控制规程	ISO 1745:1975;1177;1745;2111;2628;2629	非等效
262	2.8	GB/T 3455-1982	非平衡双流接口电路的电特性	CCITT V.28	等同
263	2.8	GB/T 6107-2000	使用串行二进制数据交换的数据终端设备和数据电路终接设备之间的接口	EIA/TIA-232-E	等同
264	2.8	GB/T 7421-2008	信息技术 系统间远程通信和信息交换 高级数据链路控制（HDLC）规程	ISO/IEC 13239:2002	等同
265	2.8	GB/T 9387.1-1998	信息技术 开放系统互连 基本参考模型 第1部分：基本模型	ISO/IEC 7498-1:1994	等同
266	2.8	GB/T 9387.2-1995	信息处理系统 开放系统互连 基本参考模型 第2部分：安全体系结构	ISO 7498-2:1989	等同
267	2.8	GB/T 9387.3-2008	信息技术 开放系统互连 基本参考模型 第3部分：命名与编址	ISO/IEC 7498-3:1997	等同
268	2.8	GB/T 9387.4-1996	信息处理系统 开放系统互连 基本参考模型 第4部分：管理框架	ISO/IEC 7498-4:1989	等同
269	2.8	GB/T 9950-2008	信息技术 数据通信 37插针DTE/DCE接口连接器和接触件编号分配	ISO 4902:1989	等同
270	2.8	GB/T 9951-2008	信息技术 系统间远程通信和信息交换 34插针DTE/DCE接口连接器的配合性尺寸和接触件编号分配	ISO/IEC 2593:2000	等同
271	2.8	GB/T 9952-2008	信息技术 数据通信 15插针DTE/DCE接口连接器和接触件编号分配	ISO 4903:1989	等同
272	2.8	GB 15629.1101-2006	信息技术 系统间远程通信和信息交换 局域网和城域网 特定要求 第11部分：线局域网媒体访问控制和物理层规范：5.8GHz 频段高速物理层扩展规范	ISO/IEC 8802-11:1999/Amd1:2000	修改
273	2.8	GB 15629.1102-2003	信息技术 系统间远程通信和信息交换局域网和城域网 特定要求 第11部分：线局域网媒体访问控制和物理层规范：2.4 GHz 频段较高速物理层扩展规范		
274	2.8	GB 15629.1104-2006	信息技术 系统间远程通信和信息交换 局域网和城域网 特定要求 第11部分：线局域网媒体访问控制和物理层规范：2.4GHz 频段更高数据速率扩展规范	ISO/IEC 8802-11:2005/Amd4:2005	修改

续表

序号	体系编号	标准号	标准名称	采标号	采标程度
275	2.8	GB 15629.11-2003	信息技术 系统间远程通信和信息交换 局域网和城域网 特定要求 第11部分：线局域网媒体访问控制和物理层规范	ISO/IEC 8802-11:1999	修改
276	2.8	GB/T 12057-1989	使用串行二进制数据交换的数据终端设备和数据电路终接设备之间的通用37插针和9插针接口	EIA RS449:1977	非等效
277	2.8	GB/T 12166-1990	非平衡电压数字接口电路的电气特性	EIA RS423A:1978	等同
278	2.8	GB/T 12453-2008	信息技术 开放系统互连 运输服务定义	ISO/IEC 8072:1996	等同
279	2.8	GB/T 12500-2008	信息技术 开放系统互连 提供连接方式运输服务的协议	ISO/IEC 8073:1997	等同
280	2.8	GB/T 13133-2008	信息技术 系统间远程通信和信息交换 DTE到DTE直接连接	ISO/IEC 8481:1996	等同
281	2.8	GB/T 14397-2008	信息技术 系统间远程通信和信息交换 DTE/DCE接口处起止式传输的信号质量	ISO/IEC 7480:1991	等同
282	2.8	GB/T 14399-2008	信息技术 系统间远程通信和信息交换 高级数据链路控制规程 与X.25 LAPB兼容的DTE数据链路规程的描述	ISO/IEC 7776:1995	等同
283	2.8	GB/T 15123-2008	信息技术 系统间远程通信和信息交换 使用GB/T 3454的DTE/DCE接口备用控制操作	ISO/IEC 8480:1995	等同
284	2.8	GB/T 15124-1994	信息处理系统 数据通信 多链路规程	ISO 7478:1987	等同
285	2.8	GB/T 15125-1994	信息技术 数据通信 25插针DTE/DCE接口连接器及接触件号分配	ISO 2110:1989	等同
286	2.8	GB/T 15126-2008	信息技术 开放系统互连 网络服务定义	ISO/IEC 8348:2002	等同
287	2.8	GB/T 15127-2008	信息技术 系统间远程通信和信息交换 双扭线多点互连	ISO/IEC 8482:1993	等同
288	2.8	GB/T 15128-2008	信息技术 开放系统互连 会话服务定义	ISO/IEC 8326:1996	等同
289	2.8	GB/T 15274-1994	信息处理系统 开放系统互连 网络层的内部组织结构	ISO 8648:1988	等同
290	2.8	GB/T 15276-1994	信息处理系统 系统间信息交换 DTE/DCE接口处同步传输的信号质量	ISO 9543:1989	等同
291	2.8	GB/T 15278-1994	信息处理 数据加密 物理层互操作性要求	ISO 9160:1988	非等效
292	2.8	GB/T 15629.1103-2006	信息技术 系统间远程通信和信息交换 局域网和城域网 特定要求 第11部分：线局域网媒体访问控制和物理层规范：附加管理域操作规范	ISO/IEC 8802-11:2005	等同
293	2.8	GB/T 15629.15-2010	信息技术 系统间远程通信和信息交换 局域网和城域网 特定要求 第15部分：低速 线个域网（WPAN）媒体访问控制和物理层规范		
294	2.8	GB/T 15629.16-2017	信息技术 系统间远程通信和信息交换 局域网和城域网 特定要求 第16部分：宽带 线多媒体系统的空中接口		
295	2.8	GB/T 15629.2-2008	信息技术 系统间远程通信和信息交换 局域网和城域网 特定要求 第2部分：逻辑链路控制	ISO/IEC 8802-2:1998	等同
296	2.8	GB/T 15629.3-2014	信息技术 系统间远程通信和信息交换 局域网和城域网 特定要求 第3部分：带碰撞检测的载波侦听多址访问（CSMA/CD）的访问方法和物理层规范	ISO/IEC 8802-3:2000	修改
297	2.8	GB/T 15629.5-1996	信息技术 局域网和城域网 第5部分:令牌环访问方法和物理层规范	ISO/IEC 8802-5:1992	等同
298	2.8	GB/T 15695-2008	信息技术 开放系统互连 表示服务定义	ISO/IEC 8822:1994	等同
299	2.8	GB/T 15696.1-2009	信息技术 开放系统互连 面向连接的表示协议 第1部分：协议规范	ISO/IEC 8823-1:1994	等同
300	2.8	GB/T 16262.1-2005	信息技术 抽象语法记法一(ASN.1) 第1部分:基本记法规范	ISO/IEC 8824-1:2002	等同
301	2.8	GB/T 16262.2-2005	信息技术 抽象语法记法一(ASN.1) 第2部分：信息客体规范	ISO/IEC 8824-2:2002	等同
302	2.8	GB/T 16262.3-2005	信息技术 抽象语法记法一(ASN.1) 第3部分:约束规范	ISO/IEC 8824-3:2002	等同
303	2.8	GB/T 16262.4-2006	信息技术 抽象语法记法一(ASN.1) 第4部分:ASN.1规范的参数化	ISO/IEC 8824-4:2002	等同
304	2.8	GB/T 16263.1-2006	信息技术 ASN.1编码规则 第1部分：基本编码规则（BER）、正则编码规则（CER）和非典型编码规则（DER）规范	ISO/IEC 8825-1:2002	等同
305	2.8	GB/T 16263.2-2006	信息技术 ASN.1编码规则 第2部分：紧缩编码规则（PER）规范	ISO/IEC 8825-2:2002	等同
306	2.8	GB/T 16263.4-2015	信息技术 ASN.1编码规则 第4部分：XML编码规则（XER）	ISO/IEC 8825-4:2008	等同
307	2.8	GB/T 16263.5-2015	信息技术 ASN.1编码规则 第5部分：W3C XML模式定义到ASN.1的映射	ISO/IEC 8825-5:2008	等同
308	2.8	GB/T 16264.1-2008	信息技术 开放系统互连 目录 第1部分：概念、模型和服务的概述	ISO/IEC 9594-1:2005	等同
309	2.8	GB/T 16264.2-2008	信息技术 开放系统互连 目录 第2部分：模型	ISO/IEC 9594-2:2005	等同

续表

序号	体系编号	标准号	标准名称	采标号	采标程度
310	2.8	GB/T 16264.3-2008	信息技术 开放系统互连 目录 第3部分:抽象服务定义	ISO/IEC 9594-3:2005	等同
311	2.8	GB/T 16264.4-2008	信息技术 开放系统互连 目录 第4部分:分布式操作规程	ISO/IEC 9594-4:2005	等同
312	2.8	GB/T 16264.5-2008	信息技术 开放系统互连 目录 第5部分:协议规范	ISO/IEC 9594-5:2005	等同
313	2.8	GB/T 16264.6-2008	信息技术 开放系统互连 目录 第6部分:选定的属性类型	ISO/IEC 9594-6:2005	等同
314	2.8	GB/T 16264.7-2008	信息技术 开放系统互连 目录 第7部分:选定的客体类	ISO/IEC 9594-7:2005	等同
315	2.8	GB/T 16264.8-2005	信息技术 开放系统互连 目录 第8部分:公钥和属性证书框架	ISO/IEC 9594-8:2001	等同
316	2.8	GB/T 16284.10-2016	信息技术 信报处理系统（MHS） 第10部分:MHS路由选择	ISO/IEC 10021-10:1999	修改
317	2.8	GB/T 16284.1-2008	信息技术 信报处理系统(MHS) 第1部分:系统和服务概述	ISO/IEC 10021-1:2003	等同
318	2.8	GB/T 16284.2-1996	信息技术 文本通信 面向信报的文本交换系统 第2部分:总体结构	ISO/IEC 10021-2:1990	等同
319	2.8	GB/T 16284.4-1996	信息技术 文本通信 面向信报的文本交换系统 第4部分:抽象服务定义和规程	ISO/IEC 10021-4:1990	等同
320	2.8	GB/T 16284.5-1996	信息技术 文本通信 面向信报的文本交换系统 第5部分:信报存储器:抽象服务定义	ISO/IEC 10021-5:1990	等同
321	2.8	GB/T 16284.6-1996	信息技术 文本通信 面向信报的文本交换系统 第6部分:协议规范	ISO/IEC 10021-6:1990	等同
322	2.8	GB/T 16284.7-1996	信息技术 文本通信 面向信报的文本交换系统 第7部分:人际信报系统	ISO/IEC 10021-7:1990	等同
323	2.8	GB/T 16284.8-2016	信息技术 信报处理系统（MHS） 第8部分:电子数据交换信报处理服务	ISO/IEC 10021-8:1999	等同
324	2.8	GB/T 16284.9-2016	信息技术 信报处理系统（MHS） 第9部分:电子数据交换信报处理系统	ISO/IEC 10021-9:1999	修改
325	2.8	GB/T 16503-1996	信息技术 平衡互换电路的电隔离	ISO/IEC 9549:1990	等同
326	2.8	GB/T 16505.1-1996	信息处理系统 开放系统互连 文卷传送、访问和管理 第1部分:概论	ISO 8571-1:1988	等同
327	2.8	GB/T 16505.2-1996	信息处理系统 开放系统互连 文卷传送、访问和管理 第2部分:虚文卷存储器定义	ISO 8571-2:1988	等同
328	2.8	GB/T 16505.3-1996	信息处理系统 开放系统互连 文卷传送、访问和管理 第3部分:文卷服务定义	ISO 8571-3:1988	等同
329	2.8	GB/T 16505.4-1996	信息处理系统 开放系统互连 文卷传送、访问和管理 第4部分:文卷协议规范	ISO 8571-4:1988	等同
330	2.8	GB/T 16505.5-1996	信息处理系统 开放系统互连 文卷传送、访问和管理 第5部分:协议实现一致性声明形式表	ISO/IEC 8571-5:1990	等同
331	2.8	GB/T 16644-2008	信息技术 开放系统互连 公共管理信息服务	ISO/IEC 9595:1998	等同
332	2.8	GB/T 16645.1-2008	信息技术 开放系统互连 公共管理信息协议 第1部分:规范	ISO/IEC 9596-1:1998	等同
333	2.8	GB/T 16645.2-2000	信息技术 开放系统互连 公共管理信息协议 第2部分:协议实现一致性声明形式表	ISO/IEC 9596-2:1993	等同
334	2.8	GB/T 16684-1996	信息技术 信息交换用数据描述文卷规范	ISO/IEC 8211:1994	等同
335	2.8	GB/T 16687.1-2008	信息技术 开放系统互连 面向连接的联系控制服务元素协议 第1部分：协议规范	ISO/IEC 8650-1:1996	等同
336	2.8	GB/T 16723-1996	信息技术 提供OSI连接方式运输服务的协议	ISO/IEC 8602:1995	等同
337	2.8	GB/T 16724.2-1996	信息技术 系统间的远程通信和信息交换 X.25 DTE 一致性测试 第2部分:数据链路层一致性测试套	ISO/IEC 8882-2:1992	等同
338	2.8	GB/T 16724.3-1997	信息技术 系统间的远程通信和信息交换 X.25 DTE 一致性测试 第3部分:分组层一致性测试套	ISO/IEC 8882-3:1991	等同
339	2.8	GB/T 16966-1997	信息技术 连接到综合业务数字网(ISDN)的包式终端设备提供OSI连接方式网络服务	ISO/IEC 9574:1992	等同
340	2.8	GB/T 16974-2009	信息技术 数据通信 数据终端设备用X.25包层协议	ISO/IEC 8208:2000	等同
341	2.8	GB/T 16975.1-2000	信息技术 远程操作 第1部分:概念、模型和记法	ISO/IEC 13712-1:1995	等同
342	2.8	GB/T 16975.2-1997	信息技术 远程操作 第2部分:OSI实现 远程操作服务元素(ROSE)服务定义	ISO/IEC 13712-2:1995 及 ISO/IEC 13712-2:1995/Amd.1:1996	等同
343	2.8	GB/T 16975.3-1997	信息技术 远程操作 第3部分:OSI实现 远程操作服务元素(ROSE)协议规范	ISO/IEC 13712-3:1995 及 ISO/IEC 13712-3:1995/Cor.1:1996	等同
344	2.8	GB/T 16976-1997	信息技术 系统间远程通信和信息交换 使用X.25提供OSI连接方式网络服务	ISO/IEC 8878:1992	等同
345	2.8	GB/T 17142-2008	信息技术 开放系统互连 系统管理综述	ISO/IEC 10040:1998	等同

续表

序号	体系编号	标准号	标准名称	采标号	采标程度
346	2.8	GB/T 17143.1-1997	信息技术 开放系统互连 系统管理 第1部分:客体管理功能	ISO/IEC 10164-1:1993	等同
347	2.8	GB/T 17143.2-1997	信息技术 开放系统互连 系统管理 第2部分:状态管理功能	ISO/IEC 10164-2:1993 及 ISO/IEC 10164-2:1993/Cor.1:1996	等同
348	2.8	GB/T 17143.3-1997	信息技术 开放系统互连 系统管理 第3部分:表示关系的属性	ISO/IEC 10164-3:1993	等同
349	2.8	GB/T 17143.4-1997	信息技术 开放系统互连 系统管理 第4部分:告警报告功能	ISO/IEC 10164-4:1992 及 ISO/IEC 10164-4:1992/Cor.1:1994	等同
350	2.8	GB/T 17143.5-1997	信息技术 开放系统互连 系统管理 第5部分:事件报告管理功能	ISO/IEC 10164-5:1993 及 ISO/IEC 10164-5:1993/Cor.1:1994	等同
351	2.8	GB/T 17143.6-1997	信息技术 开放系统互连 系统管理 第6部分:日志控制功能	ISO/IEC 10164-6:1993	等同
352	2.8	GB/T 17143.7-1997	信息技术 开放系统互连 系统管理 第7部分:安全告警报告功能	ISO/IEC 10164-7:1992	等同
353	2.8	GB/T 17143.8-1997	信息技术 开放系统互连 系统管理 第8部分:安全审计跟踪功能	ISO/IEC 10164-8:1993 及 ISO/IEC 10164-8:1993/Cor.1:1995	等同
354	2.8	GB/T 17173.1-2015	信息技术 开放系统互连 分布式事务处理 第1部分：OSI TP 模型	ISO/IEC 10026-1:1998	等同
355	2.8	GB/T 17173.2-2015	信息技术 开放系统互连 分布式事务处理 第2部分：OSI TP 服务	ISO/IEC 10026-2:1998	等同
356	2.8	GB/T 17173.3-2014	信息技术 开放系统互连 分布式事务处理 第3部分：协议规范	ISO/IEC 10026-3:1998	等同
357	2.8	GB/T 17174.1-1997	信息处理系统 文本通信 可靠传送 第1部分:模型和服务定义	ISO/IEC 9066-1:1989	等同
358	2.8	GB/T 17174.2-1997	信息处理系统 文本通信 可靠传送 第2部分:协议规范	ISO/IEC 9066-2:1989	等同
359	2.8	GB/T 17175.1-1997	信息技术 开放系统互连 管理信息结构 第1部分:管理信息模型	ISO/IEC 10165-1:1993 及 ISO/IEC 10165-1:1993/Cor.1:1994	等同
360	2.8	GB/T 17175.2-1997	信息技术 开放系统互连 管理信息结构 第2部分:管理信息定义	ISO/IEC 10165-2:1992 及 ISO/IEC 10165-2:1992/Cor.1:1994	等同
361	2.8	GB/T 17175.4-1997	信息技术 开放系统互连 管理信息结构 第4部分:被管客体的定义指南	ISO/IEC 10165-4:1992	等同
362	2.8	GB/T 17176-1997	信息技术 开放系统互连 应用层结构	ISO/IEC 9545:1994	等同
363	2.8	GB/T 17178.1-1997	信息技术 开放系统互连 一致性测试方法和框架 第1部分:基本概念	ISO/IEC 9646-1:1994	等同
364	2.8	GB/T 17178.2-2010	信息技术 开放系统互连 一致性测试方法和框架 第2部分：抽象测试套规范	ISO 9646-2:1994	修改
365	2.8	GB/T 17178.4-2010	信息技术 开放系统互连 一致性测试方法和框架 第4部分：测试实现	ISO/IEC 9646-4:1994	修改
366	2.8	GB/T 17178.5-2011	信息技术 开放系统互连 一致性测试方法和框架 第5部分：一致性评估过程对测试实验室及客户的要求	ISO/IEC 9646-5:1994	等同
367	2.8	GB/T 17178.6-2010	信息技术 开放系统互连 一致性测试方法和框架 第6部分：协议轮廓测试规范	ISO/IEC 9646-6:1994	等同
368	2.8	GB/T 17178.7-2011	信息技术 开放系统互连 一致性测试方法和框架 第7部分：实现一致性声明	ISO/IEC 9646-7:1995 及 ISO/IEC 9646-7:1995/Cor.1:1997	等同
369	2.8	GB/T 17179.1-2008	信息技术 提供 连接方式网络服务的协议 第1部分：协议规范	ISO/IEC 8473-1:1998	等同
370	2.8	GB/T 17179.2-2000	信息技术 提供 连接方式网络服务的协议 第2部分:由 GB/T 15629(ISO/IEC 8802)子网提供低层服务	ISO/IEC 8473-2:1996	等同
371	2.8	GB/T 17179.3-2000	信息技术 提供 连接方式网络服务的协议 第3部分:由X.25 子网提供低层服务	ISO/IEC 8473-3:1995	等同
372	2.8	GB/T 17179.4-2000	信息技术 提供 连接方式网络服务的协议 第4部分:由提供OSI 数据链路服务的子网提供低层服务	ISO/IEC 8473-4:1995	等同
373	2.8	GB/T 17180-1997	信息处理系统 系统间远程通信和信息交换与提供 连接方式的网络服务协议联合使用的端系统到中间系统路由选择交换协议	ISO 9542:1988	等同
374	2.8	GB/T 17183-1997	数据终端设备和数据电路终接设备用的高速25插针接口暨可替换的26插针连接器	ANSI/TIA/EIA-530-A-1992	非等效
375	2.8	GB/T 17534-1998	信息技术 开放系统互连 物理服务定义	ISO/IEC 10022:1996	等同
376	2.8	GB/T 17535-1998	信息技术 系统间远程通信和信息交换 在S和T参考点上定位的ISDN基本接入接口用的接口连接器和接触件分配	ISO/IEC 8877:1992	等同

续表

序号	体系编号	标准号	标准名称	采标号	采标程度
377	2.8	GB/T 17545.1-1998	信息技术 开放系统互连 联系控制服务元素的 连接协议 第1部分:协议规范	ISO/IEC 10035-1:1995	等同
378	2.8	GB/T 17545.2-2000	信息技术 开放系统互连 联系控制服务元素的 连接协议 第2部分:协议实现一致性声明形式表	ISO/IEC 10035-2:1995	等同
379	2.8	GB/T 17546.1-1998	信息技术 开放系统互连 连接表示协议 第1部分:协议规范	ISO/IEC 9576-1:1995	等同
380	2.8	GB/T 17547-1998	信息技术 开放系统互连 数据链路服务定义	ISO/IEC 8886:1996	等同
381	2.8	GB/T 17559-1998	信息技术 系统间远程通信和信息交换 26插针接口连接器 配合性尺寸和接触件编号分配	ISO/IEC 11569:1993	等同
382	2.8	GB/T 17579-1998	信息技术 开放系统互连 虚拟终端基本类服务	ISO 9040:1990	等同
383	2.8	GB/T 17580.1-1998	信息技术 开放系统互连 虚拟终端基本类协议 第1部分:规范	ISO 9041-1:1990 及 ISO 9041-1:1990/Cor.1:1992 及 ISO 9041-1:1990/Cor.2:1993 及 ISO 9041-1:1990/Amd.2:1992	等同
384	2.8	GB/T 17580.2-1998	信息技术 开放系统互连 虚拟终端基本类协议 第2部分:协议实现一致性声明	ISO/IEC 9041-2:1993	等同
385	2.8	GB/T 17900-1999	网络代理服务器的安全 技术要求		
386	2.8	GB/T 17959-2000	信息技术 系统间远程通信和信息交换 50插针接口连接器 配合性尺寸和接触件编号分配	ISO/IEC 13575:1995	等同
387	2.8	GB/T 17963-2000	信息技术 开放系统互连 网络层安全协议	ISO/IEC 11577:1995	等同
388	2.8	GB/T 17965-2000	信息技术 开放系统互连 高层安全模型	ISO/IEC 10745:1995	等同
389	2.8	GB/T 17967-2000	信息技术 开放系统互连 基本参考模型 OSI服务定义约定	ISO/IEC 10731:1994	等同
390	2.8	GB/T 17968-2000	信息技术 系统间的远程通信和信息交换 与OSI数据链路层标准相关的管理信息元素	ISO/IEC 10742:1994	等同
391	2.8	GB/T 17969.1-2015	信息技术 开放系统互连 OSI登记机构的操作规程 第1部分:一般规程和国际对象标识符树的顶级弧	ISO/IEC 9834-1:2008	非等效
392	2.8	GB/T 17969.3-2008	信息技术 开放系统互连 OSI登记机构的操作规程 第3部分:ISO和ITU-T联合管理的顶级弧下的客体标识符弧的登记	ISO 9834-3:2005	修改
393	2.8	GB/T 17969.5-2000	信息技术 开放系统互连 OSI登记机构的操作规程 第5部分:VT控制客体定义的登记表	ISO/IEC 9834-5:1991	非等效
394	2.8	GB/T 17969.6-2000	信息技术 开放系统互连 OSI登记机构的操作规程 第6部分:应用进程和应用实体	ISO/IEC 9834-6:1993	非等效
395	2.8	GB/T 17969.8-2010	信息技术 开放系统互连 OSI登记机构操作规程 第8部分:通用唯一标识符(UUID)的生成和登记及其用作ASN.1客体标识符部件	ISO/IEC 9834-8:2005	等同
396	2.8	GB/T 17972-2000	信息处理系统 数据通信 局域网中使用X.25包级协议	ISO/IEC 8881:1989	等同
397	2.8	GB/T 17973-2000	信息技术 系统间远程通信和信息交换 在因特网传输控制协议(TCP)之上使用OSI应用	ISO/IEC 14766:1997	等同
398	2.8	GB/T 18231-2000	信息技术 低层安全模型	ISO/IEC TR 13594:1995	等同
399	2.8	GB/T 18236.1-2000	信息技术 系统间远程通信和信息交换 局域网和城域网 公共规范 第1部分:媒体访问控制(MAC)服务定义	ISO/IEC 15802-1:1995	等同
400	2.8	GB/T 18237.1-2000	信息技术 开放系统互连 通用高层安全 第1部分:概述、模型和记法	ISO/IEC 11586-1:1996	等同
401	2.8	GB/T 18237.2-2000	信息技术 开放系统互连 通用高层安全 第2部分:安全交换服务元素(SESE)服务定义	ISO/IEC 11586-2:1996	等同
402	2.8	GB/T 18237.3-2000	信息技术 开放系统互连 通用高层安全 第3部分:安全交换服务元素(SESE)协议规范	ISO/IEC 11586-3:1996	等同
403	2.8	GB/T 18237.4-2003	信息技术 开放系统互连 通用高层安全 第4部分:保护传送语法规范	ISO/IEC 11586-4:1996	等同
404	2.8	GB/T 18304-2001	信息技术 因特网中文规范 电子邮件传送格式		
405	2.8	GB/T 18794.1-2002	信息技术 开放系统互连 开放系统安全框架 第1部分:概述	ISO/IEC 10181-1:1996	等同
406	2.8	GB/T 18794.2-2002	信息技术 开放系统互连 开放系统安全框架 第2部分:鉴别框架	ISO/IEC 10181-2:1996	等同
407	2.8	GB/T 18794.3-2003	信息技术 开放系统互连 开放系统安全框架 第3部分:访问控制框架	ISO/IEC 10181-3:1996	等同
408	2.8	GB/T 18794.4-2003	信息技术 开放系统互连 开放系统安全框架 第4部分:抗抵赖框架	ISO/IEC 10181-4:1997	等同
409	2.8	GB/T 18794.5-2003	信息技术 开放系统互连 开放系统安全框架 第5部分:机密性框架	ISO/IEC 10181-5:1996	等同
410	2.8	GB/T 18794.6-2003	信息技术 开放系统互连 开放系统安全框架 第6部分:完整性框架	ISO/IEC 10181-6:1996	等同

序号	体系编号	标准号	标准名称	采标号	采标程度
411	2.8	GB/T 18794.7-2003	信息技术 开放系统互连 开放系统安全框架 第7部分:安全审计和报警框架	ISO/IEC 10181-7:1996	等同
412	2.8	GB/T 18903-2002	信息技术 服务质量:框架	ISO/IEC 13236:1998	等同
413	2.8	GB/T 26229-2010	信息技术 系统间远程通信和信息交换 线高速率超宽带媒体访问控制和物理层规范	ISO/IEC 26907:2007	修改
414	2.8	GB/T 26230-2010	信息技术 系统间远程通信和信息交换 线高速率超宽带媒体访问控制和物理层接口规范	ISO/IEC 26908:2007	修改
415	2.8	GB/T 26231-2017	信息技术 开放系统互连 对象标识符（OID）的国家编号体系和操作规程		
416	2.8	GB/T 26241.1-2010	信息技术 增强型通信运输协议 第1部分：单工组播运输规范	ISO/IEC 14476-1:2002	等同
417	2.8	GB/T 26243.1-2010	信息技术 中继组播控制协议（RMCP） 第1部分：框架	ISO/IEC 16512-1:2005	等同
418	2.8	GB/T 26244-2010	信息技术 组管理协议	ISO/IEC 16513:2005	等同
419	2.8	GB/T 26857.1-2011	信息技术 开放系统互连 测试方法和规范 (MTS) 测试和测试控制记法 第3版 第1部分：TTCN-3 核心语言		
420	2.8	GB/T 26857.4-2018	信息技术 开放系统互连 测试方法和规范(MTS) 测试和测试控制记法 第3版 第4部分：TTCN-3 操作语义		
421	2.8	GB/T 26858-2011	基于联邦模型的P2P网络管理方法		
422	2.8	GB/T 28036-2011	信息处理 面向起止和同步字符传输的字符结构	ISO 1177:1985	等同
423	2.8	GB/T 31491-2015	无线网络访问控制技术规范		
424	2.8	GB/T 32214.2-2015	信息技术 ASN.1的一般应用 第2部分：快速Web服务	ISO/IEC 24824-2:2006	等同
425	2.8	GB/T 32396-2015	信息技术 系统间远程通信和信息交换 基于单载波 线高速率超宽带（SC-UWB）物理层规范		
426	2.8	GB/T 33851-2017	信息技术 系统间远程通信和信息交换 基于双载波的 线高速率超宽带物理层测试规范		
427	2.8	GB/T 34962-2017	信息技术 系统间远程通信和信息交换 休眠主机代理	ISO/IEC 16317：2011	非等效
428	2.8	GB/T 34984-2017	信息技术 系统间远程通信和信息交换 局域网和城域网 超高速 线个域网的媒体访问控制和物理层规范		
429	2.8	GB/T 35299-2017	信息技术 开放系统互连 对象标识符解析系统	ISO/IEC 29168-1:2011	修改
430	2.8	GB/T 35300-2017	信息技术 开放系统互连 用于对象标识符解析系统运营机构的规程		
431	2.8	GB/T 36440-2018	信息技术 系统间远程通信和信息交换局域网和城域网 特定要求 抗干扰低速 线个域网物理层规范		
432	2.8	GB/T 36444-2018	信息技术 开放系统互连 简化目录协议及服务		
433	2.8	GB/T 36451-2018	信息技术 系统间远程通信和信息交换 社区节能控制网络协议	ISO/IEC/IEEE 18880:2015	等同
434	2.8	GB/T 36454-2018	信息技术 系统间远程通信和信息交换 中高速 线局域网媒体访问控制和物理层规范		
435	2.8	GB/T 36469-2018	信息技术 系统间远程通信和信息交换局域网和城域网 特定要求 Q波段超高速 线局域网媒体访问控制和物理层规范		
436	2.8	GB/T 36628.1-2018	信息技术 系统间远程通信和信息交换 可见光通信 第1部分：媒体访问控制和物理层总体要求		
437	2.8	GB/T 36628.2-2019	信息技术 系统间远程通信和信息交换 可见光通信 第2部分：低速窄带可见光通信媒体访问控制和物理层规范		
438	2.8	GB/T 36628.3-2019	信息技术 系统间远程通信和信息交换 可见光通信 第3部分：高速可见光通信媒体访问控制和物理层规范		
439	2.8	GB/T 36628.4-2019	信息技术 系统间远程通信和信息交换 可见光通信 第4部分：室内定位传输协议		
440	2.8	GB/T 37020-2018	信息技术 系统间远程通信和信息交换 局域网和城域网 特定要求 面向视频的 线个域网（VPAN）媒体访问控制和物理层规范		
441	2.8	GB/T 38618-2020	信息技术 系统间远程通信和信息交换高可靠低时延的无线网络通信协议规范		
442	2.8	GB/T 38641-2020	信息技术 系统间远程通信和信息交换 低功耗广域网媒体访问控制层和物理层规范		
443	2.8	GB/T 40015-2021	信息技术 系统间远程通信和信息交换 社区节能控制网络控制与管理	ISO/IEC/IEEE 18881:2016	等同
444	2.8	GB/T 40017-2021	信息技术 系统间远程通信和信息交换 社区节能控制异构网络融合与可扩展性	ISO/IEC/IEEE 18882:2017	等同
445	2.8	GB/T 40695-2021	信息技术 系统间远程通信和信息交换 基于IPv6的无线网络接入要求		

续表

序号	体系编号	标准号	标准名称	采标号	采标程度
446	2.8	GB/T 40696-2021	信息技术 系统间远程通信和信息交换 基于SDN的网络联合调度		
447	2.8	GB/T 40779-2021	信息技术 系统间远程通信和信息交换 应用于城市路灯接入的低压电力线通信协议		
448	2.8	GB/T 40781-2021	军民通用资源 异构系统互连参考模型		
449	2.8	GB/T 40782-2021	军民通用资源 标识应用指南		
450	2.8	GB/T 40783.1-2021	信息技术 系统间远程通信和信息交换 磁域网 第1部分：空中接口	ISO/IEC 15149-1：2014	修改
451	2.8	GB/T 40783.2-2022	信息技术 系统间远程通信和信息交换 磁域网 第2部分：带内无线充电控制协议	ISO/IEC 15149-2：2015	等同
452	2.8	GB/T 40785-2021	信息技术 城市路灯接入控制系统技术要求		
453	2.8	GB/T 40786.1-2021	信息技术 系统间远程通信和信息交换 低压电力线通信 第1部分：物理层规范		
454	2.8	GB/T 40786.2-2021	信息技术 系统间远程通信和信息交换 低压电力线通信 第2部分：数据链路层规范		
455	2.8	GB/Z 15629.1-2000	信息技术 系统间远程通信和信息交换 局域网和城域网 特定要求 第1部分：局域网标准综述	ISO/IEC TR 8802-1:1997	等同
456	2.8	GB/Z 16506-2008	信息技术 系统间远程通信和信息交换 提供和支持OSI网络服务的协议组合	ISO/IEC TR 13532:1995	等同
457	2.8	GB/Z 16682.1-2010	信息技术 国际标准化轮廓的框架和分类方法 第1部分：一般原则和文件编制框架	ISO/IEC TR 10000-1:1998	修改
458	2.8	GB/Z 16682.2-2010	信息技术 国际标准化轮廓的框架和分类方法 第2部分：OSI轮廓用的原则和分类方法	ISO/IEC TR 10000-2:1998	等同
459	2.8	GB/Z 17977-2000	信息技术 系统间远程通信和信息交换 OSI路由选择框架	ISO/IEC TR 9575:1995	等同
460	2.9	GB/T 7497.1-2008	微处理器系统总线 8位及16位数据(MULTIBUS I) 第1部分：电气与定时规范的功能描述	IEC 60796-1:1990	等同
461	2.9	GB/T 7497.2-2008	微处理器系统总线 8位及16位数据（MULTIBUS I） 第2部分：对带有边缘连接器(直接配合)的系统总线配置的机械与引脚的描述	IEC 60796-2:1990	等同
462	2.9	GB/T 7497.3-2008	微处理器系统总线 8位及16位数据（MULTIBUS I) 第3部分：对带有插针与插座连接器(间接配合)的欧洲板配置的机械与插针的描述	IEC 60796-3:1990	等同
463	2.9	GB/T 13724-2008	821总线 1至4字节数据微处理机系统总线	IEC 60821:1991	等同
464	2.9	GB/T 14241-1993	信息处理 处理机系统总线接口(欧洲总线A)	ISO 6951:1986	等同
465	2.9	GB/T 15533-1995	信息处理系统 小型计算机系统接口	ISO 9316:1989	等同
466	2.9	GB/T 16678.1-1996	信息处理系统 光纤分布式数据接口(FDDI) 第1部分：令牌环物理层协议(PHY)	ISO 9314-1:1989	等同
467	2.9	GB/T 16678.2-1996	信息处理系统 光纤分布式数据接口(FDDI) 第2部分：令牌环媒体访问控制(MAC)	ISO 9314-2:1989	等同
468	2.9	GB/T 16678.3-1996	信息处理系统 光纤分布式数据接口(FDDI) 第3部分：令牌环物理层媒体相关部分(PMD)	ISO/IEC 9314-3:1990	等同
469	2.9	GB/T 16678.5-2000	信息技术 光纤分布式数据接口(FDDI) 第5部分：混合环控制(HRC)	ISO/IEC 9314-5:1995	等同
470	2.9	GB/T 17966-2000	微处理器系统的二进制浮点运算	IEC 559:1989	等同
471	2.9	GB/T 18233.1-2022	信息技术 用户建筑群通用布缆 第1部分：通用要求	ISO/IEC 11801-1:2017	修改
472	2.9	GB/T 18233.2-2022	信息技术 用户建筑群通用布缆 第2部分：办公场所	ISO/IEC 11801-2:2017	修改
473	2.9	GB/T 18233.3-2018	信息技术 用户建筑群通用布缆 第3部分：工业建筑群	ISO/IEC 11801-3:2017	等同
474	2.9	GB/T 18233.5-2018	信息技术 用户建筑群通用布缆 第5部分：数据中心	ISO/IEC 11801-5:2017	等同
475	2.9	GB/T 18233.6-2022	信息技术 用户建筑群通用布缆 第6部分：分布式楼宇设施	ISO/IEC 11801-6:2017	修改
476	2.9	GB/T 18235.1-2000	信息技术 高性能并行接口 第1部分：机械、电气及信号协议规范(HIPPI-PH)	ISO/IEC 11518-1:1995	等同
477	2.9	GB/T 18471-2001	VXI总线系统规范	IEEE 1155:1992	等同
478	2.9	GB/T 19244-2003	信息技术 高性能串行总线	IEEE 1394:1995	等同
479	2.9	GB/T 20299.1-2006	建筑及居住区数字化技术应用 第1部分：系统通用要求		
480	2.9	GB/T 21671-2018	基于以太网技术的局域网（LAN）系统验收测试方法		
481	2.9	GB/T 29265.102-2017	信息技术 信息设备资源共享协同服务 第102部分：远程访问系统结构		
482	2.9	GB/T 29265.1-2017	信息技术 信息设备资源共享协同服务 第1部分：系统结构与参考模型		

序号	体系编号	标准号	标准名称	采标号	采标程度
483	2.9	GB/T 29265.201-2017	信息技术 信息设备资源共享协同服务 第201部分：基础协议		
484	2.9	GB/T 29265.202-2012	信息技术 信息设备资源共享协同服务 第202部分：通用控制基础协议		
485	2.9	GB/T 29265.203-2012	信息技术 信息设备资源共享协同服务 第203部分：基于IPV6的通信协议		
486	2.9	GB/T 29265.204-2017	信息技术 信息设备资源共享协同服务 第204部分：网关		
487	2.9	GB/T 29265.205-2017	信息技术 信息设备资源共享协同服务 第205部分：远程访问基础协议		
488	2.9	GB/T 29265.206-2017	信息技术 信息设备资源共享协同服务 第206部分：远程访问服务平台		
489	2.9	GB/T 29265.301-2017	信息技术 信息设备资源共享协同服务 第301部分：设备类型		
490	2.9	GB/T 29265.302-2017	信息技术 信息设备资源共享协同服务 第302部分：服务类型		
491	2.9	GB/T 29265.303-2012	信息技术 信息设备资源共享协同服务 第303部分：通用控制设备描述		
492	2.9	GB/T 29265.304-2016	信息技术 信息设备资源共享协同服务 第304部分：数字媒体内容保护		
493	2.9	GB/T 29265.305-2012	信息技术 信息设备资源共享协同服务 第305部分：电力线通信接口		
494	2.9	GB/T 29265.306-2012	信息技术 信息设备资源共享协同服务 第306部分：服务质量		
495	2.9	GB/T 29265.307-2017	信息技术 信息设备资源共享协同服务 第307部分：远程用户界面		
496	2.9	GB/T 29265.401-2017	信息技术 信息设备资源共享协同服务 第401部分：基础应用		
497	2.9	GB/T 29265.402-2017	信息技术 信息设备资源共享协同服务 第402部分：应用框架		
498	2.9	GB/T 29265.403-2017	信息技术 信息设备资源共享协同服务 第403部分：远程音视频访问框架		
499	2.9	GB/T 29265.404-2018	信息技术 信息设备资源共享协同服务 第404部分：远程访问管理应用框架		
500	2.9	GB/T 29265.405-2012	信息技术 信息设备资源共享协同服务 第405部分：媒体中心设备		
501	2.9	GB/T 29265.406-2012	信息技术 信息设备资源共享协同服务 第406部分：网络多媒体终端及应用		
502	2.9	GB/T 29265.407-2017	信息技术 信息设备资源共享协同服务 第407部分：音频互连协议		
503	2.9	GB/T 29265.501-2017	信息技术 信息设备资源共享协同服务 第501部分：测试		
504	2.9	GB/T 29265.502-2017	信息技术 信息设备资源共享协同服务 第502部分：远程访问测试		
505	2.9	GB/T 29269-2012	信息技术 住宅通用布缆	ISO/IEC 15018:2004	等同
506	2.9	GB/T 30995.1-2014	信息技术 家用电子系统（HES）产品互操作性指南 第1部分：导言	ISO/IEC 18012-1:2004	修改
507	2.9	GB/T 31100.201-2014	信息技术 家用电子系统（HES）体系结构 第2-1部分：导言和设备模块化	ISO/IEC 14543-2-1:2006	修改
508	2.9	GB/T 31240-2014	信息技术 用户建筑群布缆的路径和空间	ISO/IEC 18010:2002	等同
509	2.9	GB/T 32420-2015	无线局域网测试规范		
510	2.9	GB/T 34961.1-2018	信息技术 用户建筑群布缆的实现和操作 第1部分：管理	ISO/IEC 14763-1:1999	修改
511	2.9	GB/T 34961.2-2017	信息技术 用户建筑群布缆的实现和操作 第2部分：规划和安装	ISO/IEC 14763-2:2012	等同
512	2.9	GB/T 34961.3-2017	信息技术 用户建筑群布缆的实现和操作 第3部分：光纤布缆测试	ISO/IEC 14763-3:2014	等同
513	2.9	GB/T 36450.1-2018	信息技术 存储管理 第1部分：概述	ISO/IEC 24775-1:2014	等同
514	2.9	GB/T 36450.2-2021	信息技术 存储管理 第2部分：通用架构	ISO/IEC 24775-2:2014	修改
515	2.9	GB/T 36450.5-2021	信息技术 存储管理 第5部分：文件系统	ISO/IEC 24775-5:2014	修改
516	2.9	GB/T 36450.6-2021	信息技术 存储管理 第6部分：交换结构	ISO/IEC 24775-6:2014	等同
517	2.9	GB/T 36450.7-2021	信息技术 存储管理 第7部分：主机元素	ISO/IEC 24775-7:2014	修改
518	2.9	GB/T 36450.8-2021	信息技术 存储管理 第8部分：媒体库	ISO/IEC 24775-8:2014	修改

续表

序号	体系编号	标准号	标准名称	采标号	采标程度
519	2.9	GB/T 36458-2018	信息技术 线接入点的用户建筑群布缆	ISO/IEC TR 24704:2004	等同
520	2.9	GB/T 36638-2018	信息技术 终端设备远程供电通信布缆要求	ISO/IEC TS 29125:2017	等同
521	2.9	GB/T 37723-2019	信息技术 信息设备互连 智能家用电子系统终端统一接入服务平台总体技术要求		
522	2.9	GB/T 37978-2019	信息技术 存储管理应用 盘阵列存储管理接口		
523	2.9	GB/T 37982-2019	信息技术 多路径管理（API）	ISO/IEC 11002：2008	等同
524	2.9	GB/T 38320-2019	信息技术 信息设备互连 智能家用电子系统终端设备与终端统一接入服务平台接口要求		
525	2.9	GB/T 38322-2019	信息技术 信息设备互连 第三方智能家用电子系统与终端统一接入服务平台接口要求		
526	2.9	GB/T 41904-2022	信息技术 自动化基础设施管理（AIM）系统 要求、数据交换及应用	ISO/IEC 18598:2016	修改
527	2.10	GB/T 12856-1991	程序设计语言 BASIC 子集	ECMA-BASIC116	非等效
528	2.10	GB/T 14246.1-1993	信息技术 可移植操作系统界面 第一部分:系统应用程序界面(POSIX.1)	ISO/IEC 9945-1:1990	等同
529	2.10	GB/T 15189-1994	DOS 中文信息处理系统接口规范		
530	2.10	GB/T 15272-1994	程序设计语言 C	ISO/IEC 9899:1990	等同
531	2.10	GB/T 17548-2008	信息技术 POSIX 标准符合性的测试方法规范和测试方法实现的要求和指南	ISO/IEC 13210:1999	等同
532	2.10	GB/T 18221-2000	信息技术 程序设计语言、环境与系统软件接口 独立于语言的数据类型	ISO/IEC 11404:1996	等同
533	2.10	GB/T 18349-2001	集成电路/计算机硬件描述语言 Verilog	IEEE Std 1364:1995	等同
534	2.10	GB/T 28169-2011	嵌入式软件 C 语言编码规范		
535	2.10	GB/T 3057-1996	信息技术 程序设计语言 Fortran	ISO/IEC 1539:1991	等同
536	2.10	GB/T 30997-2014	编程语言 C 支持嵌入式处理器的扩展	ISO/IEC TR 18037:2008	等同
537	2.10	GB/T 34949-2017	实时数据库 C 语言接口规范		
538	2.10	GB/T 4092-2008	信息技术 程序设计语言 COBOL	ISO/IEC 1989:2002	非等效
539	2.10	GB/T 7591-1987	程序设计语言 Pascal	ISO 7185:1982	非等效
540	2.10	GB/T 9542-1988	程序设计语言 PL/1	ISO 6160:79	等同
541	2.10	GB/T 9543-1988	程序设计语言 PL/1 通用子集	ISO 6522:85	等同
542	2.11	GB/T 9544-1988	信息处理系统 计算机处理图形 图形核心系统（GKS)的功能描述		
543	2.11	GB/T 15121.1-1994	信息处理系统 计算机图形 存储和传送图片描述信息的元文卷 第一部分:功能描述	ISO 8632-1:1987	等同
544	2.11	GB/T 15121.3-1996	信息技术 计算机图形 存储和传送图片描述信息的元文卷 第三部分:二进制编码	ISO/IEC 8632-3:1992	等同
545	2.11	GB/T 15121.4-1996	信息技术 计算机图形 存储和传送图片描述信息的元文卷 第四部分:清晰正文编码	ISO/IEC 8632-4:1992	等同
546	2.11	GB/T 17192.1-1997	信息技术 计算机图形 与图形设备会话的接口技术(CGI)功能说明 第1部分:概述、轮廓和一致性	ISO/IEC 9636-1:1991	等同
547	2.11	GB/T 17192.2-1997	信息技术 计算机图形 与图形设备会话的接口技术(CGI)功能说明 第2部分:控制	ISO/IEC 9636-2:1991	等同
548	2.11	GB/T 17192.3-1997	信息技术 计算机图形 与图形设备会话的接口技术(CGI)功能说明 第3部分:输出	ISO/IEC 9636-3:1991	等同
549	2.11	GB/T 17192.4-1998	信息技术 计算机图形 与图形设备会话的接口技术(CGI)功能说明 第4部分:图段	ISO/IEC 9636-4:1991	等同
550	2.11	GB/T 17192.5-2000	信息技术 计算机图形 与图形设备会话的接口技术(CGI)功能说明 第5部分:输入和应答	ISO/IEC 9636-5:1991	等同
551	2.11	GB/T 17192.6-2000	信息技术 计算机图形 与图形设备会话的接口技术(CGI)功能说明 第6部分:光栅	ISO/IEC 9636-6:1991	等同
552	2.11	GB/T 17555-1998	信息技术 计算机图形与图像处理 图形标准实现的一致性测试	ISO/IEC 10641:1993	等同
553	2.11	GB/T 18232-2000	信息技术 计算机图形和图像处理 图形项的登记规程	ISO/IEC 9973:1994	非等效
554	2.11	GB/T 28170.1-2011	信息技术 计算机图形和图像处理 可扩展三维组件（X3D）第1部分：体系结构和基础组件	ISO/IEC 19775-1:2004	等同
555	2.11	GB/T 28170.2-2021	信息技术 计算机图形和图像处理 可扩展三维组件(X3D) 第2部分：场景访问接口(SAI)	ISO/IEC 19775-2:2015	等同
556	2.11	GB/T 36341.1-2018	信息技术 形状建模信息表示 第1部分：框架和基本组件		
557	2.11	GB/T 36341.2-2018	信息技术 形状建模信息表示 第2部分：特征约束		

续表

序号	体系编号	标准号	标准名称	采标号	采标程度
558	2.11	GB/T 36341.3-2018	信息技术 形状建模信息表示 第3部分：流式传输		
559	2.11	GB/T 36341.4-2018	信息技术 形状建模信息表示 第4部分：存储格式		
560	2.11	GB/T 38247-2019	信息技术 增强现实 术语		
561	2.11	GB/T 38258-2019	信息技术 虚拟现实应用软件基本要求和测试方法		
562	2.11	GB/T 38259-2019	信息技术 虚拟现实头戴式显示设备通用规范		
563	2.11	GB/T 38665.1-2020	信息技术 手势交互系统 第1部分：通用技术要求		
564	2.11	GB/T 38665.2-2020	信息技术 手势交互系统 第2部分：系统外部接口		
565	2.11	GB/T 41864-2022	信息技术 计算机视觉 术语		
566	2.12	GB/T 10022.1-1998	信息技术 图片编码方法 第1部分:标识	ISO/IEC 9281-1:1990	等同
567	2.12	GB/T 10022.2-1996	信息技术 图片编码方法 第2部分:登记规程	ISO/IEC 9281-2:1990	等同
568	2.12	GB/T 14815.1-1993	信息处理 图片编码表示 第一部分:在七位或八位环境中图片表示的编码原则	ISO 9282-1:1988	等同
569	2.12	GB/T 17191.1-1997	信息技术 具有1.5Mbit/s数据传输率的数字存储媒体运动图像及其伴音的编码 第1部分:系统	ISO/IEC 11172-1:1993	等同
570	2.12	GB/T 17191.2-1997	信息技术 具有1.5Mbit/s数据传输率的数字存储媒体运动图像及其伴音的编码 第2部分:视频	ISO/IEC 11172-2:1993	等同
571	2.12	GB/T 17191.3-1997	信息技术 具有1.5Mbit/s数据传输率的数字存储媒体运动图像及其伴音的编码 第3部分:音频	ISO/IEC 11172-3:1993	等同
572	2.12	GB/T 17191.4-2000	信息技术 具有1.5Mbit/s数据传输率的数字存储媒体运动图像及其伴音的编码 第4部分:一致性测试	ISO/IEC 11172-4:1995	等同
573	2.12	GB/T 17235.1-1998	信息技术 连续色调静态图像的数字压缩及编码 第1部分:要求和指南	ISO/IEC 10918-1:1994	等同
574	2.12	GB/T 17235.2-1998	信息技术 连续色调静态图像的数字压缩及编码 第2部分:一致性测试	ISO/IEC 10918-2:1995	等同
575	2.12	GB/T 17975.1-2010	信息技术 运动图像及其伴音信息的通用编码 第1部分：系统	ISO/IEC 13818-1:2007	修改
576	2.12	GB/T 17975.2-2000	信息技术 运动图像及其伴音信号的通用编码 第2部分:视频	ITU-T H.262:1995	
577	2.12	GB/T 17975.3-2002	信息技术 运动图像及其伴音信号的通用编码 第3部分:音频	ISO/IEC 13818.3-1998	等同
578	2.12	GB/T 17975.7-2002	信息技术 运动图像及其伴音信号的通用编码 第7部分:先进音频编码(AAC)	ISO/IEC 13818-7:1997 及 ISO/IEC 13818-7:1997/技术勘误1	等同
579	2.12	GB/T 17975.9-2000	信息技术 运动图像及其伴音信息的通用编码 第9部分:系统解码器的实时接口扩展	ISO/IEC 13818-9:1996	等同
580	2.12	GB/T 20090.10-2013	信息技术 先进音视频编码 第10部分：移动语音和音频		
581	2.12	GB/T 20090.11-2015	信息技术 先进音视频编码 第11部分：同步文本		
582	2.12	GB/T 20090.1-2012	信息技术 先进音视频编码 第1部分：系统		
583	2.12	GB/T 20090.12-2015	信息技术 先进音视频编码 第12部分：综合场景		
584	2.12	GB/T 20090.13-2017	信息技术 先进音视频编码 第13部分：视频工具集		
585	2.12	GB/T 20090.16-2016	信息技术 先进音视频编码 第16部分：广播电视视频		
586	2.12	GB/T 20090.2-2013	信息技术 先进音视频编码 第2部分：视频		
587	2.12	GB/T 20090.4-2012	信息技术 先进音视频编码 第4部分：符合性测试		
588	2.12	GB/T 20090.5-2012	信息技术 先进音视频编码 第5部分：参考软件		
589	2.12	GB/T 30248.1-2013	信息技术 JPEG 2000图像编码系统 第1部分：核心编码系统	ISO/IEC 15444-1:2004	等同
590	2.12	GB/T 33475.1-2019	信息技术 高效多媒体编码 第1部分：系统		
591	2.12	GB/T 33475.2-2016	信息技术 高效多媒体编码 第2部分：视频		
592	2.12	GB/T 33475.3-2018	信息技术 高效多媒体编码 第3部分：音频		
593	2.13	GB/T 1988-1998	信息技术 信息交换用七位编码字符集	ISO/IEC 646:1991	非等效
594	2.13	GB/T 2311-2000	信息技术 字符代码结构与扩充技术	ISO/IEC 2022:1994	等同
595	2.13	GB/T 2312-1980	信息交换用汉字编码字符集 基本集		
596	2.13	GB/T 3911-1983	信息处理用七位编码字符集控制字符的图形表示	ISO 2047:1975	非等效
597	2.13	GB/T 5007.1-2010	信息技术 汉字编码字符集（基本集） 24点阵字型		
598	2.13	GB/T 5007.2-2008	信息技术 汉字编码字符集(辅助集) 24点阵字型 宋体		
599	2.13	GB/T 5199-2010	信息技术 汉字编码字符集（基本集） 15×16点阵字型		

续表

序号	体系编号	标准号	标准名称	采标号	采标程度
600	2.13	GB/T 5261-1994	信息处理 七位和八位编码字符集用的控制功能	ISO 6429-1988	等同
601	2.13	GB/T 6345.1-2010	信息技术 汉字编码字符集（基本集） 32 点阵字型 第 1 部分：宋体		
602	2.13	GB/T 6345.2-2008	信息技术 汉字编码字符集（基本集） 32 点阵字型 第 2 部分：黑体		
603	2.13	GB/T 6345.3-2008	信息技术 汉字编码字符集(基本集)32 点阵字型 第 3 部分：楷体		
604	2.13	GB/T 6345.4-2008	信息技术 汉字编码字符集（基本集） 32 点阵字型 第 4 部分：仿宋体		
605	2.13	GB/T 7347-1987	汉语标准频谱		
606	2.13	GB/T 7419-1987	信息处理 数据交换用七位编码字符集及其七位与八位扩充在 3.81mm 盒式磁带上的实现方法	ISO 3275:1974(E)	等同
607	2.13	GB/T 7514-1987	信息处理交换用七位编码字符集与电报用五单位电码之间的转换	ISO 6936:1983	非等效
608	2.13	GB/T 7515-1987	信息处理用机器可读字符编码（磁墨水字符识别和光学字符识别的字符）		
609	2.13	GB/T 7589-1987	信息交换用汉字编码字符集 第二辅助集	ISO 2022:1986	非等效
610	2.13	GB/T 7590-1987	信息交换用汉字编码字符集 第四辅助集	ISO 2022:1986	非等效
611	2.13	GB/T 8045-1987	信息处理交换用蒙古文七位和八位编码图形字符集		
612	2.13	GB/T 8565.1-1988	信息处理 文本通信用编码字符集 第一部分:总则		
613	2.13	GB/T 8565.2-1988	信息处理 文本通信用编码字符集 第二部分：图形字符集		
614	2.13	GB/T 8565.3-1988	信息处理 文本通信用编码字符集 第三部分：按页成象格式用控制功能	ISO 6937-3:1987	非等效
615	2.13	GB/T 11383-1989	信息处理 信息交换用八位代码结构和编码规则	ISO 4873:1986	等同
616	2.13	GB/T 11460-2009	信息技术 汉字字型要求和检测方法		
617	2.13	GB/T 12041.1-2010	信息技术 汉字编码字符集（基本集） 48 点阵字型 第 1 部分：宋体		
618	2.13	GB/T 12041.2-2008	信息技术 汉字编码字符集（基本集） 48 点阵字型 第 2 部分：黑体		
619	2.13	GB/T 12041.3-2008	信息技术 汉字编码字符集（基本集） 48 点阵字型 第 3 部分：楷体		
620	2.13	GB/T 12041.4-2008	信息技术 汉字编码字符集（基本集） 48 点阵字型 第 4 部分：仿宋体		
621	2.13	GB/T 12050-1989	信息处理 信息交换用维吾尔文编码图形字符集		
622	2.13	GB/T 12052-1989	信息交换用朝鲜文字编码字符集		
623	2.13	GB/T 12053-1989	光学识别用字母数字字符集 第一部分:OCR-A 字符集印刷图象的形状和尺寸	ISO 1073-1:1976	等同
624	2.13	GB/T 12054-1989	数据处理 转义序列的登记规程	ISO 2375:1985	非等效
625	2.13	GB/T 12345-1990	信息交换用汉字编码字符集 辅助集		
626	2.13	GB/T 12508-1990	光学识别用字母数字字符集 第二部分:OCR-B 字符集印刷图象的形状和尺寸	ISO 1073-2:1976	非等效
627	2.13	GB/T 12509-1990	信息交换用维尔文 16、24 点阵字母集及数据集		
628	2.13	GB/T 12510-2015	信息技术 维吾尔文通用键盘字母数字区布局		
629	2.13	GB/T 13000-2010	信息技术 通用多八位编码字符集（UCS）	ISO/IEC 10646:2003	等同
630	2.13	GB/T 13134-1991	信息交换用彝文编码字符集		
631	2.13	GB/T 13135-1991	信息交换用彝文字符 15×16 点阵字模集及数据集		
632	2.13	GB/T 13715-1992	信息处理用现代汉语分词规范		
633	2.13	GB/T 14245.1-2008	信息技术 汉字编码字符集（基本集） 64 点阵字型 第 1 部分：宋体		
634	2.13	GB/T 14245.2-2008	信息技术 汉字编码字符集(基本集)64 点阵字型 第 2 部分：黑体		
635	2.13	GB/T 14245.3-2008	信息技术 汉字编码字符集（基本集） 64 点阵字型 第 3 部分：楷体		
636	2.13	GB/T 14245.4-2008	信息技术 汉字编码字符集（基本集） 64 点阵字型 第 4 部分：仿宋体		
637	2.13	GB/T 15273.1-1994	信息处理 八位单字节编码图形字符集 第一部分:拉丁字母一	ISO 8859-1:1987	等同
638	2.13	GB/T 15732-1995	汉字键盘输入用通用词语集		

续表

序号	体系编号	标准号	标准名称	采标号	采标程度
639	2.13	GB/T 16683-1996	信息交换用彝文字符 24×24 点阵字模集及数据集		
640	2.13	GB/T 16793.1-2010	信息技术 通用多八位编码字符集(CJK 统一汉字) 24 点阵字型 第 1 部分：宋体		
641	2.13	GB/T 16794.1-2010	信息技术 通用多八位编码字符集(CJK 统一汉字) 48 点阵字型 第 1 部分：宋体		
642	2.13	GB 16959-1997	信息技术 信息交换用藏文编码字符集 基本集		
643	2.13	GB/T 16960.1-1997	信息技术 藏文编码字符集(基本集) 24×48 点阵字型 第 1 部分:白体		
644	2.13	GB/T 17698-2010	信息技术 通用多八位编码字符集(CJK 统一汉字) 15×16 点阵字型		
645	2.13	GB 18030-2005	信息技术 中文编码字符集		
646	2.13	GB/T 18031-2016	信息技术 数字键盘汉字输入通用要求		
647	2.13	GB/T 18286-2000	信息技术 文本通信用控制功能	ISO/IEC 10538:1991	等同
648	2.13	GB/T 19246-2003	信息技术 通用键盘汉字输入通用要求		
649	2.13	GB/T 19966-2019	信息技术 通用编码字符集（基本多文种平面） 汉字 15×16 点阵字型		
650	2.13	GB/T 19967.1-2019	信息技术 通用编码字符集（基本多文种平面） 汉字 24 点阵字型 第 1 部分：宋体		
651	2.13	GB/T 19967.2-2019	信息技术 通用编码字符集（基本多文种平面） 汉字 24 点阵字型 第 2 部分：黑体		
652	2.13	GB/T 19968.1-2019	信息技术 通用编码字符集（基本多文种平面） 汉字 48 点阵字型 第 1 部分：宋体		
653	2.13	GB/T 20542-2006	信息技术 藏文编码字符集 扩充集 A		
654	2.13	GB/T 21669-2008	信息技术 维吾尔文、哈萨克文、柯尔克孜文编码字符集		
655	2.13	GB/T 22034-2008	信息技术 藏文编码字符集键盘字母数字区的布局		
656	2.13	GB/T 22238-2008	信息技术 藏文编码字符集 扩充集 B		
657	2.13	GB/T 22320-2019	信息技术 中文编码字符集 汉字 15×16 点阵字型		
658	2.13	GB/T 22321.1-2018	信息技术 中文编码字符集 汉字 48 点阵字型 第 1 部分：宋体		
659	2.13	GB/T 22322.1-2019	信息技术 中文编码字符集 汉字 24 点阵字型 第 1 部分：宋体		
660	2.13	GB/T 22323-2008	信息技术 藏文编码字符集(基本集及扩充集 A) 24×48 点阵字型 吾坚琼体		
661	2.13	GB/T 25741-2010	信息技术 汉字编码字符集 汉字部首序和笔顺序		
662	2.13	GB/T 25891-2010	信息技术 维吾尔文、哈萨克文、柯尔克孜文编码字符集 8 点阵字型 正文白体		
663	2.13	GB/T 25892.1-2010	信息技术 维吾尔文、哈萨克文、柯尔克孜文编码字符集 32 点阵字型 第 1 部分：正文白体		
664	2.13	GB/T 25892.2-2010	信息技术 维吾尔文、哈萨克文、柯尔克孜文编码字符集 32 点阵字型 第 2 部分：正文黑体		
665	2.13	GB/T 25892.3-2010	信息技术 维吾尔文、哈萨克文、柯尔克孜文编码字符集 32 点阵字型 第 3 部分：库非白体		
666	2.13	GB/T 25892.4-2010	信息技术 维吾尔文、哈萨克文、柯尔克孜文编码字符集 32 点阵字型 第 4 部分：库非黑体		
667	2.13	GB/T 25892.5-2010	信息技术 维吾尔文、哈萨克文、柯尔克孜文编码字符集 32 点阵字型 第 5 部分：如克白体		
668	2.13	GB/T 25892.6-2010	信息技术 维吾尔文、哈萨克文、柯尔克孜文编码字符集 32 点阵字型 第 6 部分：如克黑体		
669	2.13	GB/T 25892.7-2010	信息技术 维吾尔文、哈萨克文、柯尔克孜文编码字符集 32 点阵字型 第 7 部分：塔里克白体		
670	2.13	GB/T 25892.8-2010	信息技术 维吾尔文、哈萨克文、柯尔克孜文编码字符集 32 点阵字型 第 8 部分：塔里克黑体		
671	2.13	GB/T 25893.1-2010	信息技术 通用多八位编码字符集 蒙古文名义字符与变形显现字符 16 点阵字型 第 1 部分：白体		
672	2.13	GB/T 25893.2-2010	信息技术 通用多八位编码字符集 蒙古文名义字符与变形显现字符 16 点阵字型 第 2 部分：新闻体		
673	2.13	GB/T 25899.1-2019	信息技术 通用编码字符集（基本多文种平面） 汉字 32 点阵字型 第 1 部分：宋体		
674	2.13	GB/T 25899.2-2019	信息技术 通用编码字符集（基本多文种平面） 汉字 32 点阵字型 第 2 部分：黑体		

续表

序号	体系编号	标准号	标准名称	采标号	采标程度
675	2.13	GB/T 25900-2010	信息技术 信息处理用维吾尔文、哈萨克文、柯尔克孜文字型 白体、黑体		
676	2.13	GB/T 25901.1-2010	信息技术 通用多八位编码字符集 德宏傣文32点阵字型 第1部分：伊香白体		
677	2.13	GB/T 25901.2-2010	信息技术 通用多八位编码字符集 德宏傣文32点阵字型 第2部分:伊香黑体		
678	2.13	GB/T 25902.1-2010	信息技术 通用多八位编码字符集 西双版纳新傣文32点阵字型 第1部分：赫罕白体		
679	2.13	GB/T 25902.2-2010	信息技术 通用多八位编码字符集 西双版纳新傣文32点阵字型 第2部分：赫罕黑体		
680	2.13	GB/T 25902.3-2010	信息技术 通用多八位编码字符集 西双版纳新傣文32点阵字型 第3部分：温暖菲白体		
681	2.13	GB/T 25902.4-2010	信息技术 通用多八位编码字符集 西双版纳新傣文32点阵字型 第4部分：温暖菲黑体		
682	2.13	GB/T 25902.5-2014	信息技术 通用多八位编码字符集 西双版纳新傣文32点阵字型 第5部分：法杭体		
683	2.13	GB/T 25902.6-2014	信息技术 通用多八位编码字符集 西双版纳新傣文32点阵字型 第6部分：温暖菲大黑体		
684	2.13	GB/T 25902.7-2014	信息技术 通用多八位编码字符集 西双版纳新傣文32点阵字型 第7部分：勒达毕体		
685	2.13	GB/T 25903.1-2010	信息技术 通用多八位编码字符集 锡伯文、满文名义字符、显现字符与合体字16点阵字型 第1部分：正白体		
686	2.13	GB/T 25903.2-2010	信息技术 通用多八位编码字符集 锡伯文、满文名义字符、显现字符与合体字16点阵字型 第2部分：正黑体		
687	2.13	GB/T 25904.1-2010	信息技术 通用多八位编码字符集 锡伯文、满文名义字符、显现字符与合体字24点阵字型 第1部分：大黑体		
688	2.13	GB/T 25904.2-2010	信息技术 通用多八位编码字符集 锡伯文、满文名义字符、显现字符与合体字24点阵字型 第2部分：行书体		
689	2.13	GB/T 25904.3-2010	信息技术 通用多八位编码字符集 锡伯文、满文名义字符、显现字符与合体字24点阵字型 第3部分：奏折体		
690	2.13	GB/T 25905.1-2010	信息技术 通用多八位编码字符集 锡伯文、满文名义字符、显现字符与合体字32点阵字型 第1部分：正白体		
691	2.13	GB/T 25905.2-2010	信息技术 通用多八位编码字符集 锡伯文、满文名义字符、显现字符与合体字32点阵字型 第2部分：正黑体		
692	2.13	GB/T 25906.1-2010	信息技术 通用多八位编码字符集 锡伯文、满文名义字符、显现字符与合体字48点阵字型 第1部分：正白体		
693	2.13	GB/T 25906.2-2010	信息技术 通用多八位编码字符集 锡伯文、满文名义字符、显现字符与合体字48点阵字型 第2部分：正黑体		
694	2.13	GB/T 25906.3-2010	信息技术 通用多八位编码字符集 锡伯文、满文名义字符、显现字符与合体字48点阵字型 第3部分：大黑体		
695	2.13	GB/T 25906.4-2010	信息技术 通用多八位编码字符集 锡伯文、满文名义字符、显现字符与合体字48点阵字型 第4部分：行书体		
696	2.13	GB/T 25906.5-2010	信息技术 通用多八位编码字符集 锡伯文、满文名义字符、显现字符与合体字48点阵字型 第5部分：奏折体		
697	2.13	GB/T 25907.1-2010	信息技术 维吾尔文、哈萨克文、柯尔克孜文编码字符集16点阵字型 第1部分：正文白体		
698	2.13	GB/T 25907.2-2010	信息技术 维吾尔文、哈萨克文、柯尔克孜文编码字符集16点阵字型 第2部分：正文黑体		
699	2.13	GB/T 25907.3-2010	信息技术 维吾尔文、哈萨克文、柯尔克孜文编码字符集16点阵字型 第3部分：库非白体		
700	2.13	GB/T 25907.4-2010	信息技术 维吾尔文、哈萨克文、柯尔克孜文编码字符集16点阵字型 第4部分：库非黑体		
701	2.13	GB/T 25907.5-2010	信息技术 维吾尔文、哈萨克文、柯尔克孜文编码字符集16点阵字型 第5部分：如克白体		
702	2.13	GB/T 25907.6-2010	信息技术 维吾尔文、哈萨克文、柯尔克孜文编码字符集16点阵字型 第6部分：如克黑体		
703	2.13	GB/T 25907.7-2010	信息技术 维吾尔文、哈萨克文、柯尔克孜文编码字符集16点阵字型 第7部分：塔里克白体		
704	2.13	GB/T 25907.8-2010	信息技术 维吾尔文、哈萨克文、柯尔克孜文编码字符集16点阵字型 第8部分：塔里克黑体		
705	2.13	GB/T 25908-2010	信息技术 维吾尔文、哈萨克文、柯尔克孜文编码字符集 16×32点阵字型 正文白体		
706	2.13	GB/T 25909.2-2010	信息技术 维吾尔文、哈萨克文、柯尔克孜文编码字符集24点阵字型 第2部分:正文黑体		

续表

序号	体系编号	标准号	标准名称	采标号	采标程度
707	2.13	GB/T 25910.2-2010	信息技术 维吾尔文、哈萨克文、柯尔克孜文编码字符集 48点阵字型 第2部分：正文黑体		
708	2.13	GB/T 25911-2010	信息技术 藏文编码字符集 24×48点阵字型 朱匝体		
709	2.13	GB/T 25912-2010	信息技术 藏文编码字符集 24×48点阵字型 白祖体		
710	2.13	GB/T 25913-2010	信息技术 藏文编码字符集(扩充集B) 24×48点阵字型 吾坚琼体		
711	2.13	GB/T 25914-2010	信息技术 传统蒙古文名义字符、变形显现字符和控制字符使用规则		
712	2.13	GB/T 26122.1-2010	信息技术 通用多八位编码字符集 蒙古文名义字符与变形显现字符 32点阵字型 第1部分：白体		
713	2.13	GB/T 26122.2-2010	信息技术 通用多八位编码字符集 蒙古文名义字符与变形显现字符 32点阵字型 第2部分：新闻体		
714	2.13	GB/T 26226-2010	信息技术 蒙古文变形显现字符集和控制字符使用规则		
715	2.13	GB/T 26233-2010	信息技术 蒙古文类文字通用编辑软件的基本要求		
716	2.13	GB/T 26235-2010	信息技术 信息处理用蒙古文词语标记		
717	2.13	GB/T 28038-2011	信息技术 通用多八位编码字符集 蒙古文 通用键盘字母数字区布局		
718	2.13	GB/T 28175-2011	信息技术 通用多八位编码字符集 德宏傣文 通用键盘字母数字区布局		
719	2.13	GB/T 28176-2011	信息技术 通用多八位编码字符集 西双版纳新傣文 通用键盘字母数字区布局		
720	2.13	GB/T 29270.1-2012	信息技术 编码字符集测试规范 第1部分：蒙古文		
721	2.13	GB/T 29270.2-2012	信息技术 编码字符集测试规范 第2部分：藏文		
722	2.13	GB/T 29270.3-2012	信息技术 编码字符集测试规范 第3部分：维吾尔文、哈萨克文、柯尔克孜文		
723	2.13	GB/T 29273-2012	信息技术 藏文编码字符集(基本集及扩充集A) 16×32点阵字型 甘丹白体		
724	2.13	GB/T 29274-2012	信息技术 藏文编码字符集(基本集及扩充集A) 16×32点阵字型 甘丹黑体		
725	2.13	GB/T 29275-2012	信息技术 藏文编码字符集(基本集及扩充集A) 24×48点阵字型 甘丹白体		
726	2.13	GB/T 29276-2012	信息技术 藏文编码字符集(基本集及扩充集A) 24×48点阵字型 甘丹黑体		
727	2.13	GB/T 29277-2012	信息技术 藏文编码字符集(扩充集B) 16×32点阵字型 甘丹白体		
728	2.13	GB/T 29278-2012	信息技术 藏文编码字符集(扩充集B) 16×32点阵字型 甘丹黑体		
729	2.13	GB/T 29279-2012	信息技术 藏文编码字符集(扩充集B) 24×48点阵字型 甘丹白体		
730	2.13	GB/T 29280-2012	信息技术 藏文编码字符集(扩充集B) 24×48点阵字型 甘丹黑体		
731	2.13	GB/T 30441.1-2013	信息技术 通用多八位编码字符集 满文名义字符与变形显现字符 16点阵字型 第1部分：铅印白体		
732	2.13	GB/T 30441.2-2013	信息技术 通用多八位编码字符集 满文名义字符与变形显现字符 16点阵字型 第2部分：铅印黑体		
733	2.13	GB/T 30442.1-2013	信息技术 通用多八位编码字符集 满文名义字符与变形显现字符 32点阵字型 第1部分：铅印白体		
734	2.13	GB/T 30442.2-2013	信息技术 通用多八位编码字符集 满文名义字符与变形显现字符 32点阵字型 第2部分：铅印黑体		
735	2.13	GB/T 30848-2014	信息技术 通用多八位编码字符集 锡伯文、满文字型 正黑体		
736	2.13	GB/T 30849-2014	信息技术 通用多八位编码字符集 锡伯文、满文字型 正白体		
737	2.13	GB/T 30851-2014	信息技术 传统蒙古文排序		
738	2.13	GB/T 30874-2014	信息技术 通用多八位编码字符集 八思巴文名义字符与变形显现字符 16点阵字型 忽必烈体		
739	2.13	GB/T 30875-2014	信息技术 通用多八位编码字符集 八思巴文名义字符与变形显现字符 32点阵字型 忽必烈体		
740	2.13	GB/T 30876-2014	信息技术 通用多八位编码字符集 蒙古文名义字符与变形显现字符 32点阵字型 孝经体		
741	2.13	GB/T 30877-2014	信息技术 通用多八位编码字符集 蒙古文名义字符与变形显现字符 48点阵字型 孝经体		

续表

序号	体系编号	标准号	标准名称	采标号	采标程度
742	2.13	GB/T 30878-2019	信息技术 通用编码字符集（基本多文种平面） 汉字 17×18 点阵字型		
743	2.13	GB/T 30879.1-2019	信息技术 通用编码字符集（基本多文种平面） 汉字 22 点阵字型 第 1 部分：宋体		
744	2.13	GB/T 30879.2-2019	信息技术 通用编码字符集（基本多文种平面） 汉字 22 点阵字型 第 2 部分：黑体		
745	2.13	GB/T 31917-2015	信息技术 柯尔克孜文通用键盘字母数字区布局		
746	2.13	GB/T 31918-2015	信息技术 哈萨克文通用键盘字母数字区布局		
747	2.13	GB/T 31919-2015	信息技术 基于数字键盘的哈萨克文字母布局		
748	2.13	GB/T 31920-2015	信息技术 基于数字键盘的维吾尔文字母布局		
749	2.13	GB/T 31921-2015	信息技术 基于数字键盘的柯尔克孜文字母布局		
750	2.13	GB/T 32408-2015	信息技术 柯尔克孜文常用术语		
751	2.13	GB/T 32409-2015	信息技术 传统蒙古文软件工程术语		
752	2.13	GB/T 32410-2015	信息技术 维吾尔文常用术语		
753	2.13	GB/T 32411-2015	信息技术 维吾尔文、哈萨克文、柯尔克孜文通用软件排版规则		
754	2.13	GB/T 32412-2015	信息技术 维吾尔文、哈萨克文、柯尔克孜文特定功能符与引用功能符		
755	2.13	GB/T 32636.1-2016	信息技术 通用多八位编码字符集（基本多文种平面） 汉字 28 点阵字型 第 1 部分：宋体		
756	2.13	GB/T 32636.2-2016	信息技术 通用多八位编码字符集(基本多文种平面) 汉字 28 点阵字形 第 2 部分：黑体		
757	2.13	GB/T 32637-2016	信息技术 通用多八位编码字符集 西双版纳老傣文通用键盘字母数字区布局		
758	2.13	GB/T 32912-2016	信息技术 传统蒙古文单词词形规范 基本集		
759	2.13	GB/T 34951-2017	信息技术 基于数字键盘的锡伯文字母布局		
760	2.13	GB/T 34957-2017	信息技术 基于数字键盘的朝鲜文字母布局		
761	2.13	GB/T 34958-2017	信息技术 朝鲜文通用键盘字母数字区的布局		
762	2.13	GB/T 36331-2018	信息技术 回鹘式蒙古文名义字符、变形显现字符和控制字符使用规则		
763	2.13	GB/T 36335-2018	信息技术 藏文字符排序规范		
764	2.13	GB/T 36337-2018	信息处理用藏语词类标记集		
765	2.13	GB/T 36338-2018	信息处理用藏文文献文本信息标记规范		
766	2.13	GB/T 36452-2018	信息处理用藏文分词规范		
767	2.13	GB/T 36472-2018	信息处理用藏语短语分类与标记规范		
768	2.13	GB/T 36616.1-2018	信息技术 通用编码字符集（基本多文种平面） 汉字 64 点阵字型 第 1 部分：宋体		
769	2.13	GB/T 36616.2-2018	信息技术 通用编码字符集（基本多文种平面） 汉字 64 点阵字型 第 2 部分：黑体		
770	2.13	GB/T 36616.3-2018	信息技术 通用编码字符集（基本多文种平面） 汉字 64 点阵字型 第 3 部分：楷体		
771	2.13	GB/T 36616.4-2018	信息技术 通用编码字符集（基本多文种平面） 汉字 64 点阵字型 第 4 部分：仿宋体		
772	2.13	GB/T 36641-2018	信息技术 锡伯文名义字符、变形显现字符和控制字符使用规则		
773	2.13	GB/T 36645-2018	信息技术 满文名义字符、变形显现字符和控制字符使用规则		
774	2.13	GB/T 36649-2018	信息技术 托忒文名义字符、变形显现字符和控制字符使用规则		
775	2.13	GB/T 37021-2018	信息技术 通用编码字符集（基本多文种平面） 汉字 19×20 点阵字型		
776	2.13	GB/T 37022-2018	信息技术 通用编码字符集（基本多文种平面） 汉字 11×12 点阵字型		
777	2.13	GB/T 37023-2018	信息技术 通用编码字符集（基本多文种平面） 汉字 13×14 点阵字型		
778	2.14	GB/T 12991.1-2008	信息技术 数据库语言 SQL 第 1 部分：框架	ISO/IEC 9075-1:2003	等同
779	2.14	GB/T 16647-1996	信息技术 信息资源词典系统(IRDS)框架	ISO/IEC 10027:1990	等同
780	2.14	GB/T 17533.1-1998	信息技术 开放系统互连 远程数据库访问 第 1 部分:类属模型、服务与协议	ISO/IEC 9579-1:1993	等同

续表

序号	体系编号	标准号	标准名称	采标号	采标程度
781	2.14	GB/T 17533.2-1993	信息技术 开放系统互连 远程数据库访问 第2部分:SQL专门化	ISO/IEC 9579-2:1993	等同
782	2.14	GB/T 17628-2008	信息技术 开放式edi参考模型	ISO/IEC 14662:2004	等同
783	2.14	GB/T 17962-2000	信息技术 信息资源词典系统(IRDS)服务接口	ISO/IEC 10728:1993	等同
784	2.14	GB/T 18139.1-2000	信息技术 代码值交换的通用结构 第1部分:编码方案的标识	ISO/IEC 7826-1:1994	等同
785	2.14	GB/T 18139.2-2000	信息技术 代码值交换的通用结构 第2部分:编码方案的登记	ISO/IEC 7826-2:1994	非等效
786	2.14	GB/T 18142-2017	信息技术 数据元素值表示 格式记法	ISO/IEC 14957:2010	等同
787	2.14	GB/T 18391.1-2009	信息技术 元数据注册系统(MDR) 第1部分：框架	ISO/IEC 11179-1:2004	等同
788	2.14	GB/T 18391.2-2009	信息技术 元数据注册系统(MDR) 第2部分：分类	ISO/IEC 11179-2:2005	等同
789	2.14	GB/T 18391.3-2009	信息技术 元数据注册系统(MDR) 第3部分：注册系统元模型与基本属性	ISO/IEC 11179-3:2003	等同
790	2.14	GB/T 18391.4-2009	信息技术 元数据注册系统(MDR) 第4部分：数据定义的形成	ISO/IEC 11179-4:2004	等同
791	2.14	GB/T 18391.5-2009	信息技术 元数据注册系统(MDR) 第5部分：命名和标识原则	ISO/IEC 11179-5:2005	等同
792	2.14	GB/T 18391.6-2009	信息技术 元数据注册系统(MDR) 第6部分：注册	ISO/IEC 11179-6:2005	等同
793	2.14	GB/T 20531-2006	移动数据库应用编程接口规范		
794	2.14	GB/T 28167-2011	信息技术 XML元数据交换（XMI）	ISO/IEC 19503:2005	等同
795	2.14	GB/T 28821-2012	关系数据管理系统技术要求		
796	2.14	GB/T 29806-2013	信息技术 地下管线数据交换技术要求		
797	2.14	GB/T 30880-2014	信息技术 通用逻辑（CL）：基于逻辑的语言族框架	ISO/IEC 24707:2007	等同
798	2.14	GB/T 30881-2014	信息技术 元数据注册系统（MDR）模块	ISO/IEC 19773:2011	等同
799	2.14	GB/T 30994-2014	关系数据库管理系统检测规范		
800	2.14	GB/T 32392.1-2015	信息技术 互操作性元模型框架（MFI） 第1部分：参考模型	ISO/IEC 19763-1:2007	等同
801	2.14	GB/T 32392.2-2015	信息技术 互操作性元模型框架（MFI） 第2部分：核心模型		
802	2.14	GB/T 32392.3-2015	信息技术 互操作性元模型框架（MFI） 第3部分：本体注册元模型	ISO/IEC 19763-3:2007	等同
803	2.14	GB/T 32392.4-2015	信息技术 互操作性元模型框架（MFI） 第4部分：模型映射元模型		
804	2.14	GB/T 32392.5-2018	信息技术 互操作性元模型框架(MFI) 第5部分：过程模型注册元模型	ISO/IEC 19763-5:2015	等同
805	2.14	GB/T 32392.7-2018	信息技术 互操作性元模型框架(MFI) 第7部分：服务模型注册元模型	ISO/IEC 19763-7:2015	等同
806	2.14	GB/T 32392.8-2018	信息技术 互操作性元模型框架(MFI) 第8部分：角色和目标模型注册元模型	ISO/IEC 19763-8:2015	等同
807	2.14	GB/T 32392.9-2018	信息技术 互操作性元模型框架(MFI) 第9部分：按需模型选择	ISO/IEC 19763-9:2015	等同
808	2.14	GB/T 32630-2016	非结构化数据管理系统技术要求		
809	2.14	GB/T 32633-2016	分布式关系数据库服务接口规范		
810	2.14	GB/T 32908-2016	非结构化数据访问接口规范		
811	2.14	GB/T 32909-2016	非结构化数据表示规范		
812	2.14	GB/T 32913-2016	信息技术 元对象设施（MOF）	ISO/IEC 19502:2005	等同
813	2.14	GB/T 34950-2017	非结构化数据管理系统参考模型		
814	2.14	GB/Z 18219-2008	信息技术 数据管理参考模型	ISO/IEC TR 10032:2003	等同
815	2.15	GB/T 14814-1993	信息处理 文本和办公系统 标准通用置标语言(SGML)	ISO 8879:1986	非等效
816	2.15	GB/T 15536-1995	信息处理 SGML支持设施 SGML文件交换格式(SDIF)	ISO 9069:1988	等同
817	2.15	GB/T 15537-1995	信息处理 SGML支持设施 公用文本拥有者标识符登记规程	ISO 9070:1990	等同
818	2.15	GB/T 15936.10-1996	信息处理 文本和办公系统 办公文件体系结构(ODA)和交换格式 第10部分:形式规范	ISO 8613-10:1991	等同
819	2.15	GB/T 15936.1-1995	信息处理 文本与办公系统 办公文件体系结构(ODA)和交换格式 第1部分:引言和总则	ISO 8613-1:1989	等同
820	2.15	GB/T 15936.2-1996	信息处理 文本与办公系统 办公文件体系结构(ODA)和交换格式 第二部分:文件结构	ISO 8613-2:1989	等同

续表

序号	体系编号	标准号	标准名称	采标号	采标程度
821	2.15	GB/T 15936.3-1998	信息技术 开放文件体系结构(ODA)和交换格式 第3部分:ODA文件操纵的抽象界面	ISO/IEC 8613-3:1995	等同
822	2.15	GB/T 15936.4-1996	信息处理 文本与办公系统 办公文件体系结构(ODA)和交换格式 第四部分:文件轮廓	ISO 8613-4:1989	等同
823	2.15	GB/T 15936.5-1996	信息处理 文本与办公系统 办公文件体系结构(ODA)和交换格式 第五部分:办公文件交换格式(ODIF)	ISO 8613-5:1989	等同
824	2.15	GB/T 15936.6-1996	信息处理 文本与办公系统 办公文件体系结构(ODA)和交换格式 第六部分:字符内容体系结构	ISO 8613-6:1989	等同
825	2.15	GB/T 15936.7-1996	信息处理 文本与办公系统 办公文件体系结构(ODA)和交换格式 第七部分:光栅图形体系结构	ISO 8613-7:1989	等同
826	2.15	GB/T 15936.8-1995	信息处理 文本与办公系统 办公文件体系结构(ODA)和交换格式 第八部分:几何图形内容体系结构	ISO 8613-8:1989	等同
827	2.15	GB/T 16648-1996	信息技术 文本通信 标准页面描述语言(SPDL)	ISO/IEC DIS 10180:1995	修改
828	2.15	GB/T 16964.1-1997	信息技术 字型信息交换 第1部分:体系结构	ISO/IEC 9541-1:1991 及 ISO/IEC 9541-1:1991/Cor.1:1992	非等效
829	2.15	GB/T 16964.2-1997	信息技术 字型信息交换 第2部分:交换格式	ISO/IEC 9541-2:1991	等同
830	2.15	GB/T 16964.3-1997	信息技术 字型信息交换 第3部分:字形形状表示	ISO/IEC 9541-3:1994	等同
831	2.15	GB/T 16965-2009	信息技术 超媒体/时基结构化语言（HyTime）	ISO/IEC 10744:1997	等同
832	2.15	GB/T 16973.1-1997	信息技术 文本与办公系统 文件归档和检索(DFR) 第1部分:抽象服务定义和规程	ISO/IEC 10166-1:1991	等同
833	2.15	GB/T 16973.2-1997	信息技术 文本与办公系统 文件归档和检索(DFR) 第2部分:协议规范	ISO/IEC 10166-2:1991	等同
834	2.15	GB/T 17970-2000	信息技术 处理语言 文件式样的语义及规格说明语言(DSSSL)	ISO/IEC 10179:1996	等同
835	2.15	GB/T 18792-2002	信息技术 文件描述和处理语言 超文本置标语言(HTML)	ISO/IEC 15445:2000	等同
836	2.15	GB/T 18793-2002	信息技术 可扩展置标语言(XML)1.0	W3C RFC-xml:1998	非等效
837	2.15	GB/T 19667.1-2005	基于XML的电子公文格式规范 第1部分:总则		
838	2.15	GB/T 19667.2-2005	基于XML的电子公文格式规范 第2部分:公文体		
839	2.15	GB/T 20916-2007	中文办公软件文档格式规范		
840	2.15	GB/T 21026-2007	中文办公软件应用编程接口规范		
841	2.15	GB/T 26234-2010	信息技术 文档处理与相关通信 标准通用置标语言（SGML）系统的符合性测试	ISO/IEC 13673:2000	等同
842	2.15	GB/T 26856-2011	中文办公软件基本要求及符合性测试规范		
843	2.15	GB/T 28174.1-2011	统一建模语言(UML) 第1部分：基础结构		
844	2.15	GB/T 28174.2-2011	统一建模语言(UML) 第2部分：上层结构		
845	2.15	GB/T 28174.3-2011	统一建模语言(UML) 第3部分：对象约束语言(OCL)		
846	2.15	GB/T 28174.4-2011	统一建模语言(UML) 第4部分：图交换		
847	2.15	GB/T 28822-2012	电子名片交换格式通用规范		
848	2.15	GB/T 32656-2016	日历及日程数据格式		
849	2.15	GB/T 33853-2017	中文办公软件文档格式 网络应用要求		
850	2.15	GB/T 34997-2017	中文办公软件 网页应用编程接口		
851	2.15	GB/T 37688-2019	信息技术 流式文档互操作性的度量		
852	2.15	GB/Z 17978-2000	信息处理 SGML支持设施 SGML使用技术	ISO/IEC TR 9573:1988	非等效
853	2.15	GB/Z 18906-2002	开放式电子图书出版物结构		
854	2.15	GB/Z 21025-2007	XML使用指南		
855	2.15	GB/Z 26248.1-2010	信息技术 文档描述和处理语言 用于XML的规则语言描述（RELAX） 第1部分：RELAX 核心	ISO/IEC TR 22250-1:2002	等同
856	2.16	GB/T 1526-1989	信息处理 数据流程图、程序流程图、系统流程图、程序网络图和系统资源图的文件编制符号及约定	ISO 5807:1985	等同
857	2.16	GB/T 8566-2022	系统与软件工程 软件生存周期过程	ISO/IEC/IEEE 12207：2017	等同
858	2.16	GB/T 8567-2006	计算机软件文档编制规范		
859	2.16	GB/T 9385-2008	计算机软件需求规格说明规范		
860	2.16	GB/T 9386-2008	计算机软件测试文档编制规范		
861	2.16	GB/T 11457-2006	信息技术 软件工程术语		
862	2.16	GB/T 13502-1992	信息处理 程序构造及其表示的约定		

序号	体系编号	标准号	标准名称	采标号	采标程度
863	2.16	GB/T 14085-1993	信息处理系统 计算机系统配置图符号及约定	ISO 8790:1987	等同
864	2.16	GB/T 14394-2008	计算机软件可靠性和可维护性管理		
865	2.16	GB/T 15532-2008	计算机软件测试规范		
866	2.16	GB/T 15535-1995	信息处理 单命中判定表规范	ISO 5806:1984	等同
867	2.16	GB/T 16680-2015	系统与软件工程 用户文档的管理者要求	ISO/IEC 26511:2011	等同
868	2.16	GB/T 18234-2000	信息技术 CASE 工具的评价与选择指南	ISO/IEC 14102:1995	等同
869	2.16	GB/T 18491.1-2001	信息技术 软件测量 功能规模测量 第1部分:概念定义	ISO/IEC 14143-1:1998	等同
870	2.16	GB/T 18491.2-2010	信息技术 软件测量 功能规模测量 第2部分：软件规模测量方法与 GB/T 18491.1-2001 的符合性评价	ISO/IEC 14143-2:2002	等同
871	2.16	GB/T 18491.3-2010	信息技术 软件测量 功能规模测量 第3部分：功能规模测量方法的验证	ISO/IEC TR 14143-3:2003	等同
872	2.16	GB/T 18491.4-2010	信息技术 软件测量 功能规模测量 第4部分：基准模型	ISO/IEC TR 14143-4:2002	等同
873	2.16	GB/T 18491.5-2010	信息技术 软件测量 功能规模测量 第5部分：功能规模测量的功能域确定	ISO/IEC TR 14143-5:2004	等同
874	2.16	GB/T 18491.6-2010	信息技术 软件测量 功能规模测量 第6部分：GB/T 18491 系列标准和相关标准的使用指南	ISO/IEC 14143-6:2006	等同
875	2.16	GB/T 18492-2001	信息技术 系统及软件完整性级别	ISO/IEC 15026:1998	等同
876	2.16	GB/T 18714.1-2002	信息技术 开放分布式处理 参考模型 第1部分:概述	ISO/IEC 10746-1:1998	等同
877	2.16	GB/T 18714.2-2002	信息技术 开放分布式处理 参考模型 第2部分:基本概念	ISO/IEC 10746-2:1996	等同
878	2.16	GB/T 18714.3-2003	信息技术 开放分布式处理 参考模型 第3部分:体系结构	ISO/IEC 10746-3:1996	等同
879	2.16	GB/T 18905.6-2002	软件工程 产品评价 第6部分:评价模块的文档编制	ISO/IEC 14598-6:2001	等同
880	2.16	GB/T 20157-2006	信息技术 软件维护	ISO/IEC 14764:1999	等同
881	2.16	GB/T 20158-2006	信息技术 软件生存周期过程 配置管理	ISO/IEC TR 15846:1998	等同
882	2.16	GB/T 20261-2006	信息技术 系统安全工程 能力成熟度模型	ISO/IEC 21827:2002	修改
883	2.16	GB/T 20917-2007	软件工程 软件测量过程	ISO/IEC 15939:2002	等同
884	2.16	GB/T 20918-2007	信息技术 软件生存周期过程 风险管理		
885	2.16	GB/T 22032-2021	系统与软件工程 系统生存周期过程	ISO/IEC/IEEE 15288:2015	等同
886	2.16	GB/T 25000.10-2016	系统与软件工程 系统与软件质量要求和评价(SQuaRE) 第10 部分：系统与软件质量模型	ISO/IEC 25010:2011	修改
887	2.16	GB/T 25000.1-2021	系统与软件工程 系统与软件质量要求和评价(SQuaRE) 第1 部分：SQuaRE 指南	ISO/IEC 25000:2014	修改
888	2.16	GB/T 25000.12-2017	系统与软件工程 系统与软件质量要求和评价(SQuaRE) 第12 部分：数据质量模型	ISO/IEC 25012:2008	修改
889	2.16	GB/T 25000.20-2021	系统与软件工程 系统与软件质量要求和评价(SQuaRE) 第20 部分：质量测量框架	ISO/IEC 25020:2019	修改
890	2.16	GB/T 25000.21-2019	系统与软件工程 系统与软件质量要求和评价(SQuaRE) 第21 部分：质量测度元素	ISO/IEC 25021:2012	等同
891	2.16	GB/T 25000.2-2018	系统与软件工程 系统与软件质量要求和评价(SQuaRE) 第2 部分:计划与管理	ISO/IEC 25001:2014	修改
892	2.16	GB/T 25000.22-2019	系统与软件工程 系统与软件质量要求和评价(SQuaRE) 第22 部分：使用质量测量	ISO/IEC 25022:2016	修改
893	2.16	GB/T 25000.23-2019	系统与软件工程 系统与软件质量要求和评价(SQuaRE) 第23 部分：系统与软件产品质量测量	ISO/IEC 25023:2016	修改
894	2.16	GB/T 25000.24-2017	系统与软件工程 系统与软件质量要求和评价(SQuaRE) 第24 部分：数据质量测量	ISO/IEC 25024:2015	修改
895	2.16	GB/T 25000.30-2021	系统与软件工程 系统与软件质量要求和评价(SQuaRE) 第30 部分：质量需求框架	ISO/IEC 25030:2019	修改
896	2.16	GB/T 25000.40-2018	系统与软件工程 系统与软件质量要求和评价(SQuaRE) 第40 部分：评价过程	ISO/IEC 25040:2011	修改
897	2.16	GB/T 25000.41-2018	系统与软件工程 系统与软件质量要求和评价(SQuaRE) 第41 部分：开发方、需方和独立评价方评价指南	ISO/IEC 25041:2012	修改
898	2.16	GB/T 25000.45-2018	系统与软件工程 系统与软件质量要求和评价(SQuaRE) 第45 部分：易恢复性的评价模块	ISO/IEC 25045:2010	修改
899	2.16	GB/T 25000.51-2016	系统与软件工程 系统与软件质量要求和评价(SQuaRE) 第51 部分：就绪可用软件产品（RUSP）的质量要求和测试细则	ISO/IEC 25051:2014	修改
900	2.16	GB/T 25000.62-2014	软件工程 软件产品质量要求与评价（SQuaRE） 易用性测试报告行业通用格式（CIF）	ISO/IEC 25062:2006	等同
901	2.16	GB/T 25644-2010	信息技术 软件工程 可复用资产规范		

续表

序号	体系编号	标准号	标准名称	采标号	采标程度
902	2.16	GB/T 26224-2010	信息技术 软件生存周期过程 重用过程		
903	2.16	GB/T 26236.1-2010	信息技术 软件资产管理 第1部分：过程	ISO/IEC 19770-1:2006	等同
904	2.16	GB/T 26239-2010	软件工程 开发方法元模型	ISO/IEC 24744:2007	等同
905	2.16	GB/T 26240-2010	系统工程 系统工程过程的应用和管理	ISO/IEC 26702:2007	等同
906	2.16	GB/T 28035-2011	软件系统验收规范		
907	2.16	GB/T 28171-2011	嵌入式软件可靠性测试方法		
908	2.16	GB/T 28172-2011	嵌入式软件质量保证要求		
909	2.16	GB/T 28173-2011	嵌入式系统 系统工程过程应用和管理		
910	2.16	GB/T 29831.1-2013	系统与软件功能性 第1部分：指标体系		
911	2.16	GB/T 29831.2-2013	系统与软件功能性 第2部分：度量方法		
912	2.16	GB/T 29831.3-2013	系统与软件功能性 第3部分：测试方法		
913	2.16	GB/T 29832.1-2013	系统与软件可靠性 第1部分：指标体系		
914	2.16	GB/T 29832.2-2013	系统与软件可靠性 第2部分：度量方法		
915	2.16	GB/T 29832.3-2013	系统与软件可靠性 第3部分：测试方法		
916	2.16	GB/T 29833.1-2013	系统与软件可移植性 第1部分：指标体系		
917	2.16	GB/T 29833.2-2013	系统与软件可移植性 第2部分：度量方法		
918	2.16	GB/T 29833.3-2013	系统与软件可移植性 第3部分：测试方法		
919	2.16	GB/T 29834.1-2013	系统与软件维护性 第1部分：指标体系		
920	2.16	GB/T 29834.2-2013	系统与软件维护性 第2部分：度量方法		
921	2.16	GB/T 29834.3-2013	系统与软件维护性 第3部分：测试方法		
922	2.16	GB/T 29835.1-2013	系统与软件效率 第1部分：指标体系		
923	2.16	GB/T 29835.2-2013	系统与软件效率 第2部分：度量方法		
924	2.16	GB/T 29835.3-2013	系统与软件效率 第3部分：测试方法		
925	2.16	GB/T 29836.1-2013	系统与软件易用性 第1部分：指标体系		
926	2.16	GB/T 29836.2-2013	系统与软件易用性 第2部分：度量方法		
927	2.16	GB/T 29836.3-2013	系统与软件易用性 第3部分：测评方法		
928	2.16	GB/T 30264.1-2013	软件工程 自动化测试能力 第1部分：测试机构能力等级模型		
929	2.16	GB/T 30264.2-2013	软件工程 自动化测试能力 第2部分：从业人员能力等级模型		
930	2.16	GB/T 30847.1-2014	系统与软件工程 可信计算平台可信性度量 第1部分：概述与词汇		
931	2.16	GB/T 30847.2-2014	系统与软件工程 可信计算平台可信性度量 第2部分：信任链		
932	2.16	GB/T 30961-2014	嵌入式软件质量度量		
933	2.16	GB/T 30971-2014	软件工程 用于互联网的推荐实践 网站工程、网站管理和网站生存周期	ISO/IEC 23026:2006	修改
934	2.16	GB/T 30972-2014	系统与软件工程 软件工程环境服务	ISO/IEC 15940:2013	等同
935	2.16	GB/T 30973-2014	信息技术 软件状态转换的人际通信表示	ISO/IEC 11411:1995	等同
936	2.16	GB/T 30975-2014	信息技术 基于计算机的软件系统的性能测量与评级	ISO/IEC 14756:1999	等同
937	2.16	GB/T 30998-2014	信息技术 软件安全保障规范		
938	2.16	GB/T 30999-2014	系统和软件工程 生存周期管理 过程描述指南	ISO/IEC TR 24774:2010	等同
939	2.16	GB/T 32421-2015	软件工程 软件评审与审核		
940	2.16	GB/T 32422-2015	软件工程 软件异常分类指南		
941	2.16	GB/T 32423-2015	系统与软件工程 验证与确认		
942	2.16	GB/T 32424-2015	系统与软件工程 用户文档的设计者和开发者要求	ISO/IEC 26514:2008	修改
943	2.16	GB/T 32904-2016	软件质量量化评价规范		
944	2.16	GB/T 32911-2016	软件测试成本度量规范		
945	2.16	GB/T 33781-2017	可编程逻辑器件软件开发通用要求		
946	2.16	GB/T 33783-2017	可编程逻辑器件软件测试指南		
947	2.16	GB/T 33784-2017	可编程逻辑器件软件文档编制规范		
948	2.16	GB/T 34943-2017	C/C++语言源代码漏洞测试规范		
949	2.16	GB/T 34944-2017	Java语言源代码漏洞测试规范		

续表

序号	体系编号	标准号	标准名称	采标号	采标程度
950	2.16	GB/T 34946-2017	C#语言源代码漏洞测试规范		
951	2.16	GB/T 36099-2018	基于行为声明的应用软件可信性验证		
952	2.16	GB/T 36328-2018	信息技术 软件资产管理 标识规范		
953	2.16	GB/T 36329-2018	信息技术 软件资产管理 授权管理		
954	2.16	GB/T 36457-2018	复杂产品虚拟样机建模方法		
955	2.16	GB/T 36462-2018	面向组件的虚拟样机软件开发通用要求		
956	2.16	GB/T 36964-2018	软件工程 软件开发成本度量规范		
957	2.16	GB/T 37691-2019	可编程逻辑器件软件安全性设计指南		
958	2.16	GB/T 37970-2019	软件过程及制品可信度评估		
959	2.16	GB/T 37979-2019	可编程逻辑器件软件 VHDL 编程安全要求		
960	2.16	GB/T 38634.1-2020	系统与软件工程 软件测试 第1部分：概念和定义	ISO/IEC/IEEE 29119-1：2013	修改
961	2.16	GB/T 38634.2-2020	系统与软件工程 软件测试 第2部分：测试过程	ISO/IEC/IEEE 29119-2:2013	修改
962	2.16	GB/T 38634.3-2020	系统与软件工程 软件测试 第3部分：测试文档	ISO/IEC/IEEE 29119-3:2013	修改
963	2.16	GB/T 38634.4-2020	系统与软件工程 软件测试 第4部分：测试技术	ISO/IEC/IEEE 29119-4:2015	修改
964	2.16	GB/T 38639-2020	系统与软件工程 软件组合测试方法		
965	2.16	GB/T 39788-2021	系统与软件工程 性能测试方法		
966	2.16	GB/Z 18493-2001	信息技术 软件生存周期过程指南	ISO/IEC TR 15271:1998	等同
967	2.16	GB/Z 18914-2014	信息技术 软件工程 CASE 工具的采用指南	ISO/IEC TR 14471:2007	修改
968	2.16	GB/Z 20156-2006	软件工程 软件生存周期过程 用于项目管理的指南	ISO/IEC TR 16326:1999	修改
969	2.16	GB/Z 31102-2014	软件工程 软件工程知识体系指南	ISO/IEC TR 19759:2005	修改
970	2.16	GB/Z 31103-2014	系统工程 GB/T 22032（系统生存周期过程）应用指南	ISO/IEC TR 19760:2003	修改
971	2.16	GB/T 41865-2022	软件与系统工程 产品线工程与管理参考模型	ISO/IEC 26550:2015	等同
972	2.16	GB/T 41866.1-2022	系统与软件工程 信息技术项目绩效基准度量框架 第1部分：概念和定义	ISO/IEC 29155-1:2017	等同
973	2.16	GB/T 41866.2-2022	系统与软件工程 信息技术项目绩效基准度量框架 第2部分：基准度量要求	ISO/IEC 29155-2:2013	修改
974	2.16	GB/T 41866.3-2022	系统与软件工程 信息技术项目绩效基准度量框架 第3部分：报告编制	ISO/IEC 29155-3:2015	修改
975	2.16	GB/T 41866.4-2022	系统与软件工程 信息技术项目绩效基准度量框架 第4部分：数据收集和维护	ISO/IEC 29155-4:2016	修改
976	2.16	GB/T 41905-2022	软件与系统工程 软件测试工具能力	ISO/IEC 30130:2016	修改
977	2.17	GB/T 3910-1983	办公机器和数据处理设备 行间距和字符间距	ISO 4882:1979	非等效
978	2.17	GB/T 40691-2021	人工智能 情感计算用户界面 模型		
979	2.17	GB/T 7188-1987	办公机器和数据处理设备数字应用的键盘布局	ISO 3791:1976	非等效
980	2.17	GB/T 10020-1988	加法器 功能键盘的布局	ISO 3792:1976	等同
981	2.17	GB/T 14185-1993	语文学习系统通用技术条件	ISO 8790:1987	非等效
982	2.17	GB/T 16681-2003	信息技术 开放系统中文界面规范		
983	2.17	GB/T 17971.1-2010	信息技术 文本和办公系统的键盘布局 第1部分：指导键盘布局通则	ISO/IEC 9995-1:2006	等同
984	2.17	GB/T 17971.2-2010	信息技术 文本和办公系统的键盘布局 第2部分：字母数字区	ISO/IEC 9995-2:2002	等同
985	2.17	GB/T 17971.3-2010	信息技术 文本和办公系统的键盘布局 第3部分：字母数字区的字母数字分区的补充布局	ISO/IEC 9995-3:2002	等同
986	2.17	GB/T 17971.4-2010	信息技术 文本和办公系统的键盘布局 第4部分：数字区	ISO/IEC 9995-4:2002	等同
987	2.17	GB/T 17971.5-2010	信息技术 文本和办公系统的键盘布局 第5部分：编辑区	ISO/IEC 9995-5:2006	等同
988	2.17	GB/T 17971.7-2010	信息技术 文本和办公系统的键盘布局 第7部分：用于表示功能的符号	ISO/IEC 9995-7:2002	等同
989	2.17	GB/T 17971.8-2010	信息技术 文本和办公系统的键盘布局 第8部分：数字小键盘上字母的分配	ISO/IEC 9995-8:2006	等同
990	2.17	GB/T 21023-2007	中文语音识别系统通用技术规范		
991	2.17	GB/T 21024-2007	中文语音合成系统通用技术规范		
992	2.17	GB/T 29799-2013	网页内容可访问性指南		
993	2.17	GB/T 34083-2017	中文语音识别互联网服务接口规范		
994	2.17	GB/T 34145-2017	中文语音合成互联网服务接口规范		

序号	体系编号	标准号	标准名称	采标号	采标程度
995	2.17	GB/T 34947-2017	信息技术 汉语拼音双拼和三拼输入通用要求		
996	2.17	GB/T 35312-2017	中文语音识别终端服务接口规范		
997	2.17	GB/T 36339-2018	智能客服语义库技术要求		
998	2.17	GB/T 36353-2018	读屏软件技术要求		
999	2.17	GB/T 36443-2018	信息技术 用户、系统及其环境的需求和能力的公共访问轮廓(CAP)框架	ISO/IEC 24756:2009	等同
1000	2.17	GB/T 36464.1-2020	信息技术 智能语音交互系统 第1部分：通用规范		
1001	2.17	GB/T 36464.2-2018	信息技术 智能语音交互系统 第2部分：智能家居		
1002	2.17	GB/T 36464.3-2018	信息技术 智能语音交互系统 第3部分：智能客服		
1003	2.17	GB/T 36464.4-2018	信息技术 智能语音交互系统 第4部分：移动终端		
1004	2.17	GB/T 36464.5-2018	信息技术 智能语音交互系统 第5部分：车载终端		
1005	2.17	GB/T 37668-2019	信息技术 互联网内容无障碍可访问性技术要求与测试方法		
1006	2.17	GB/T 38640-2020	盲用数字出版格式		
1007	2.17	GB/Z 36471-2018	信息技术 包括老年人和残疾人的所有用户可访问的图标和符号设计指南	ISO/IEC TR 19766:2007	等同
1008	2.17	GB/Z 38623-2020	智能制造 人机交互系统 语义库技术要求		
1009	2.17	GB/T 41813.1-2022	信息技术 智能语音交互测试方法 第1部分：语音识别		
1010	2.17	GB/T 41813.2-2022	信息技术 智能语音交互测试方法 第2部分：语义理解		
1011	2.18	GB/T 29262-2012	信息技术 面向服务的体系结构（SOA）术语		
1012	2.18	GB/T 29263-2012	信息技术 面向服务的体系结构（SOA）应用的总体技术要求		
1013	2.18	GB/T 29798-2013	信息技术 基于Web服务的IT资源管理规范		
1014	2.18	GB/T 32416-2015	信息技术 Web服务可靠传输消息		
1015	2.18	GB/T 32419.1-2015	信息技术 SOA技术实现规范 第1部分：服务描述		
1016	2.18	GB/T 32419.2-2016	信息技术 SOA技术实现规范 第2部分：服务注册与发现		
1017	2.18	GB/T 32419.3-2016	信息技术 SOA技术实现规范 第3部分：服务管理		
1018	2.18	GB/T 32419.4-2016	信息技术 SOA技术实现规范 第4部分：基于发布/订阅的数据服务接口		
1019	2.18	GB/T 32419.5-2017	信息技术 SOA技术实现规范 第5部分：服务集成开发		
1020	2.18	GB/T 32419.6-2017	信息技术 SOA技术实现规范 第6部分：身份管理服务		
1021	2.18	GB/T 32427-2015	信息技术 SOA成熟度模型及评估方法	ISO/IEC 16680:2012	修改
1022	2.18	GB/T 32428-2015	信息技术 SOA服务质量模型及测评规范		
1023	2.18	GB/T 32429-2015	信息技术 SOA应用的生存周期过程		
1024	2.18	GB/T 32430-2015	信息技术 SOA应用的服务分析与设计		
1025	2.18	GB/T 32431-2015	信息技术 SOA服务交付保障规范		
1026	2.18	GB/T 33846.1-2017	信息技术 SOA支撑功能单元互操作 第1部分：总体框架		
1027	2.18	GB/T 33846.2-2017	信息技术 SOA支撑功能单元互操作 第2部分：技术要求		
1028	2.18	GB/T 33846.3-2017	信息技术 SOA支撑功能单元互操作 第3部分：服务交互通信		
1029	2.18	GB/T 33846.4-2017	信息技术 SOA支撑功能单元互操作 第4部分：服务编制		
1030	2.18	GB/T 34985-2017	信息技术 SOA治理		
1031	2.19	GB/T 31915-2015	信息技术 弹性计算应用接口		
1032	2.19	GB/T 32399-2015	信息技术 云计算 参考架构	ISO/IEC 17789:2014	修改
1033	2.19	GB/T 32400-2015	信息技术 云计算 概览与词汇	ISO/IEC 17788:2014	等同
1034	2.19	GB/T 34982-2017	云计算数据中心基本要求		
1035	2.19	GB/T 35103-2017	信息技术 Web服务互操作基本轮廓	ISO/IEC 29361:2008	修改
1036	2.19	GB/T 35292-2017	信息技术 开放虚拟化格式（OVF）规范	ISO/IEC 17203:2011	修改
1037	2.19	GB/T 35293-2017	信息技术 云计算 虚拟机管理通用要求		
1038	2.19	GB/T 35301-2017	信息技术 云计算 平台即服务（PaaS）参考架构		
1039	2.19	GB/T 36327-2018	信息技术 云计算 平台即服务（PaaS）应用程序管理要求		
1040	2.19	GB/T 36623-2018	信息技术 云计算 文件服务应用接口		
1041	2.19	GB/T 37700-2019	信息技术 工业云 参考模型		
1042	2.19	GB/T 37732-2019	信息技术 云计算 云存储系统服务接口功能		

续表

序号	体系编号	标准号	标准名称	采标号	采标程度
1043	2.19	GB/T 37736-2019	信息技术 云计算 云资源监控通用要求		
1044	2.19	GB/T 37737-2019	信息技术 云计算 分布式块存储系统总体技术要求		
1045	2.19	GB/T 37739-2019	信息技术 云计算 平台即服务部署要求		
1046	2.19	GB/T 37740-2019	信息技术 云计算 云平台间应用和数据迁移指南		
1047	2.19	GB/T 37938-2019	信息技术 云资源监控指标体系		
1048	2.19	GB/T 40690-2021	信息技术 云计算 云际计算参考架构		
1049	2.20	GB/T 32910.1-2017	数据中心 资源利用 第1部分：术语		
1050	2.20	GB/T 32910.2-2017	数据中心 资源利用 第2部分：关键性能指标设置要求		
1051	2.20	GB/T 32910.3-2016	数据中心 资源利用 第3部分：电能能效要求和测量方法		
1052	2.20	GB/T 32910.4-2021	数据中心 资源利用 第4部分：可再生能源利用率		
1053	2.20	GB/T 36448-2018	集装箱式数据中心机房通用规范		
1054	2.20	GB/T 37947.1-2019	信息技术 用能单位能耗在线监测系统 第1部分：端设备数据传输接口		
1055	2.20	GB/T 41779-2022	高性能计算机系统能效测试方法		
1056	2.20	GB/T 41783-2022	模块化数据中心通用规范		
1057	2.21	GB/T 33474-2016	物联网 参考体系结构		
1058	2.21	GB/T 33745-2017	物联网 术语		
1059	2.21	GB/T 35319-2017	物联网 系统接口要求		
1060	2.21	GB/T 36461-2018	物联网标识体系 OID应用指南		
1061	2.21	GB/T 36468-2018	物联网 系统评价指标体系编制通则		
1062	2.21	GB/T 36478.1-2018	物联网 信息交换和共享 第1部分：总体架构		
1063	2.21	GB/T 36478.2-2018	物联网 信息交换和共享 第2部分：通用技术要求		
1064	2.21	GB/T 36478.3-2019	物联网 信息交换和共享 第3部分：元数据		
1065	2.21	GB/T 36478.4-2019	物联网 信息交换和共享 第4部分：数据接口		
1066	2.21	GB/T 36620-2018	面向智慧城市的物联网技术应用指南		
1067	2.21	GB/T 37684-2019	物联网 协同信息处理参考模型		
1068	2.21	GB/T 37685-2019	物联网 应用信息服务分类		
1069	2.21	GB/T 37686-2019	物联网 感知对象信息融合模型		
1070	2.21	GB/T 37694-2019	面向景区游客旅游服务管理的物联网系统技术要求		
1071	2.21	GB/T 37976-2019	物联网 智慧酒店应用 平台接口通用技术要求		
1072	2.21	GB/T 38619-2020	工业物联网 数据采集结构化描述规范		
1073	2.21	GB/T 38624.1-2020	物联网 网关 第1部分：面向感知设备接入的网关技术要求		
1074	2.21	GB/T 38637.1-2020	物联网 感知控制设备接入 第1部分：总体要求		
1075	2.21	GB/T 38637.2-2020	物联网 感知控制设备接入 第2部分：数据管理要求		
1076	2.21	GB/T 38669-2020	物联网 矿山产线智能监控系统总体技术要求		
1077	2.21	GB/T 40684-2021	物联网 信息共享和交换平台通用要求		
1078	2.21	GB/T 40778.1-2021	物联网 面向Web开放服务的系统实现 第1部分：参考架构		
1079	2.21	GB/T 40778.2-2021	物联网 面向Web开放服务的系统实现 第2部分：物体描述方法		
1080	2.21	GB/Z 33750-2017	物联网 标准化工作指南		
1081	2.21	GB/T 40778.3-2022	物联网 面向Web开放服务的系统实现 第3部分：物体发现方法		
1082	2.21	GB/T 41780.1-2022	物联网 边缘计算 第1部分：通用要求		
1083	2.21	GB/T 41781-2022	物联网 面向Web开放服务的系统 安全要求		
1084	2.21	GB/T 41782.1-2022	物联网 系统互操作性 第1部分：框架	ISO/IEC 21823-1：2019	非等效
1085	2.21	GB/T 41782.2-2022	物联网 系统互操作性 第2部分：网络连通性	ISO/IEC 21823-2:2020	非等效
1086	2.21	GB/T 41810-2022	物联网标识体系 对象标识符编码与存储要求		
1087	2.21	GB/T 41816-2022	物联网 面向智能燃气表应用的物联网系统技术规范		
1088	2.21	GB/T 42028-2022	面向陆上油气生产的物联网系统技术要求		
1089	2.22	GB/T 34945-2017	信息技术 数据溯源描述模型		
1090	2.22	GB/T 34952-2017	多媒体数据语义描述要求		

续表

序号	体系编号	标准号	标准名称	采标号	采标程度
1091	2.22	GB/T 35294-2017	信息技术 科学数据引用		
1092	2.22	GB/T 35295-2017	信息技术 大数据 术语		
1093	2.22	GB/T 35589-2017	信息技术 大数据 技术参考模型		
1094	2.22	GB/T 36073-2018	数据管理能力成熟度评估模型		
1095	2.22	GB/T 36343-2018	信息技术 数据交易服务平台 交易数据描述		
1096	2.22	GB/T 36344-2018	信息技术 数据质量评价指标		
1097	2.22	GB/T 36345-2018	信息技术 通用数据导入接口		
1098	2.22	GB/T 37721-2019	信息技术 大数据分析系统功能要求		
1099	2.22	GB/T 37722-2019	信息技术 大数据存储与处理系统功能要求		
1100	2.22	GB/T 37728-2019	信息技术 数据交易服务平台 通用功能要求		
1101	2.22	GB/T 38555-2020	信息技术 大数据 工业产品核心元数据		
1102	2.22	GB/T 38633-2020	信息技术 大数据 系统运维和管理功能要求		
1103	2.22	GB/T 38643-2020	信息技术 大数据 分析系统功能测试要求		
1104	2.22	GB/T 38664.1-2020	信息技术 大数据 政务数据开放共享 第1部分：总则		
1105	2.22	GB/T 38664.2-2020	信息技术 大数据 政务数据开放共享 第2部分：基本要求		
1106	2.22	GB/T 38664.3-2020	信息技术 大数据 政务数据开放共享 第3部分：开放程度评价		
1107	2.22	GB/T 38664.4-2022	信息技术 大数据 政务数据开放共享 第4部分：共享评价		
1108	2.22	GB/T 38666-2020	信息技术 大数据 工业应用参考架构		
1109	2.22	GB/T 38667-2020	信息技术 大数据 数据分类指南		
1110	2.22	GB/T 38672-2020	信息技术 大数据 接口基本要求		
1111	2.22	GB/T 38673-2020	信息技术 大数据 大数据系统基本要求		
1112	2.22	GB/T 38675-2020	信息技术 大数据计算系统通用要求		
1113	2.22	GB/T 38676-2020	信息技术 大数据 存储与处理系统功能测试要求		
1114	2.22	GB/T 41778-2022	信息技术 工业大数据 术语		
1115	2.22	GB/T 41818-2022	信息技术 大数据 面向分析的数据存储与检索技术要求		
1116	2.23	GB/T 41867-2022	信息技术 人工智能 术语		
1117	2.23	GB/T 42018-2022	信息技术 人工智能 平台计算资源规范		
1118	2.24	GB/T 30996.1-2014	信息技术 实时定位系统 第1部分：应用程序接口	ISO/IEC 24730-1:2006	修改
1119	2.24	GB/T 30996.2-2017	信息技术 实时定位系统 第2部分：2.45GHz 空中接口协议		
1120	2.24	GB/T 30996.3-2018	信息技术 实时定位系统 第3部分：433MHz 空中接口协议		
1121	2.24	GB/T 31101-2014	信息技术 自动识别和数据采集技术 实时定位系统性能测试方法		
1122	2.24	GB/T 38627-2020	信息技术 实时定位 磁定位数据接口		
1123	2.24	GB/T 38630-2020	信息技术 实时定位 多源融合定位数据接口		
1124	2.24	GB/T 41784-2022	信息技术 实时定位 视觉定位系统数据接口		
1125	3.1	GB/T 2887-2011	计算机场地通用规范		
1126	3.1	GB/T 3261-1993	信息处理用办公机器和打印机使用的编织打印色带的宽度	ISO 3866:1977	非等效
1127	3.1	GB/T 4313-2014	信息技术 办公设备 针式打印机用编织打印色带通用规范		
1128	3.1	GB/T 4873-1985	信息处理用连续格式纸 尺寸和输送孔	ISO 2784:1974	非等效
1129	3.1	GB/T 4967-1995	电子计算器通用技术条件		
1130	3.1	GB/T 9312-1988	行式打印机通用技术条件		
1131	3.1	GB/T 9313-1995	数字电子计算机用阴极射线管显示设备通用技术条件		
1132	3.1	GB/T 9314-2011	串行击打式点阵打印机通用规范		
1133	3.1	GB/T 9361-2011	计算机场地安全要求		
1134	3.1	GB/T 9698-1995	信息处理 击打式打印机用连续格式纸通用技术条件		
1135	3.1	GB/T 9813.1-2016	计算机通用规范 第1部分：台式微型计算机		
1136	3.1	GB/T 9813.2-2016	计算机通用规范 第2部分：便携式微型计算机		
1137	3.1	GB/T 9813.3-2017	计算机通用规范 第3部分：服务器		
1138	3.1	GB/T 9813.4-2017	计算机通用规范 第4部分：工业应用微型计算机		
1139	3.1	GB/T 12627-1990	软磁盘驱动器通用技术条件		

续表

序号	体系编号	标准号	标准名称	采标号	采标程度
1140	3.1	GB/T 12628-2008	硬磁盘驱动器通用规范		
1141	3.1	GB/T 13723-1992	中型数字电子计算机通用技术条件		
1142	3.1	GB/T 13918-1992	办公机器用非连续格式纸尺寸系列		
1143	3.1	GB/T 14080-2010	硬磁盘驱动器头堆组件通用规范		
1144	3.1	GB/T 14081-2010	信息处理用键盘通用规范		
1145	3.1	GB/T 14084-1993	办公事务处理用中西文电子打字机通用技术条件		
1146	3.1	GB/T 14714-2008	微小型计算机系统设备用开关电源通用规范		
1147	3.1	GB/T 14715-2017	信息技术设备用不间断电源通用规范		
1148	3.1	GB/T 16685-2008	信息技术 办公设备 打印设备 吞吐量的测量方法 1类和2类打印机	ISO/IEC 10561:1999	等同
1149	3.1	GB/T 17540-2017	台式激光打印机通用规范		
1150	3.1	GB/T 17541-1998	学习机通用规范		
1151	3.1	GB/T 17961-2010	印刷体汉字识别系统要求与测试方法		
1152	3.1	GB/T 17974-2017	台式喷墨打印机通用规范		
1153	3.1	GB/T 18220-2012	信息技术 手持式信息处理设备通用规范		
1154	3.1	GB/T 18240.1-2003	税控收款机 第1部分:机器规范		
1155	3.1	GB/T 18240.2-2018	税控收款机 第2部分：税控IC卡规范		
1156	3.1	GB/T 18240.3-2003	税控收款机 第3部分：税控器规范		
1157	3.1	GB/T 18240.4-2004	税控收款机 第4部分:银行卡受理设备规范		
1158	3.1	GB/T 18240.5-2005	税控收款机 第5部分：税控打印机规范		
1159	3.1	GB/T 18240.6-2004	税控收款机 第6部分:设备编码规则		
1160	3.1	GB/T 18787.1-2015	信息技术 电子书 第1部分：设备通用规范		
1161	3.1	GB/T 18787.3-2015	信息技术 电子书 第3部分：元数据		
1162	3.1	GB/T 18787.4-2015	信息技术 电子书 第4部分：标识		
1163	3.1	GB/T 18788-2008	平板式扫描仪通用规范		
1164	3.1	GB/T 18789.1-2013	信息技术 自动柜员机通用规范 第1部分：设备		
1165	3.1	GB/T 18789.2-2016	信息技术 自动柜员机通用规范 第2部分：安全		
1166	3.1	GB/T 18789.3-2016	信息技术 自动柜员机通用规范 第3部分：服务		
1167	3.1	GB/T 18790-2010	联机手写汉字识别系统技术要求与测试规程		
1168	3.1	GB/T 26225-2010	信息技术 移动存储 闪存盘通用规范		
1169	3.1	GB/T 26242-2010	信息技术 九针点阵式打印机芯通用规范		
1170	3.1	GB/T 26245-2010	计算机用鼠标器通用规范		
1171	3.1	GB/T 26246-2010	微型计算机用机箱通用规范		
1172	3.1	GB/T 28037-2011	信息技术 投影机通用规范	ISO/IEC 21118:2005	非等效
1173	3.1	GB/T 28165-2011	热打印机通用规范		
1174	3.1	GB/T 28166-2011	馈纸式扫描仪通用规范		
1175	3.1	GB/T 28439-2012	热转印色带通用规范		
1176	3.1	GB/T 29267-2012	热敏和热转印条码打印机通用规范		
1177	3.1	GB/T 30263-2013	信息技术 手写绘画设备通用规范		
1178	3.1	GB/T 30440.1-2013	游戏游艺机产品规范 第1部分：通用要求		
1179	3.1	GB/T 30440.3-2013	游戏游艺机产品规范 第3部分：室内商用大型游戏游艺机		
1180	3.1	GB/T 30440.5-2016	游戏游艺机产品规范 第5部分：家庭游戏机		
1181	3.1	GB/T 32417-2015	信息技术 用于老年人和残疾人的办公设备可访问性指南	ISO/IEC 10779:2008	等同
1182	3.1	GB/T 33777-2017	附网存储设备通用规范		
1183	3.1	GB/T 34948-2017	信息技术 8路(含)以上服务器功能基本要求		
1184	3.1	GB/T 34963-2017	彩色激光打印机用有机光导鼓		
1185	3.1	GB/T 34964-2017	喷墨打印机打印速度测试方法		
1186	3.1	GB/T 34969-2017	彩色激光打印机测试版		
1187	3.1	GB/T 34970-2017	彩色激光打印机印品质量测试方法		
1188	3.1	GB/T 34988-2017	信息技术 单色激光打印机用鼓粉盒通用规范		
1189	3.1	GB/T 35297-2017	信息技术 盘阵列通用规范		

续表

序号	体系编号	标准号	标准名称	采标号	采标程度
1190	3.1	GB/T 35313-2017	模块化存储系统通用规范		
1191	3.1	GB/T 35590-2017	信息技术 便携式数字设备用移动电源通用规范		
1192	3.1	GB/T 36092-2018	信息技术 备份存储 备份技术应用要求		
1193	3.1	GB/T 36093-2018	信息技术 网际互联协议的存储区域网络（IP-SAN）应用规范		
1194	3.1	GB/T 36336.1-2018	信息技术 远程视频柜员机 第1部分：设备		
1195	3.1	GB/T 36355-2018	信息技术 固态盘测试方法		
1196	3.1	GB/T 36473-2018	信息技术 文档拍摄仪通用规范		
1197	3.1	GB/T 36480-2018	信息技术 紧缩嵌入式摄像头通用规范		
1198	3.1	GB/T 36481-2018	信息技术 场景记录仪通用规范		
1199	3.1	GB/T 37035-2018	可穿戴产品分类与标识		
1200	3.1	GB/T 37037-2018	可穿戴产品数据规范		
1201	3.1	GB/T 37344-2019	可穿戴产品应用服务框架		
1202	3.1	GB/T 37687-2019	信息技术 电子信息产品用低功率 线充电器通用规范		
1203	3.1	GB/T 41785-2022	磁光电混合存储系统通用规范		
1204	3.1	GB/T 40683-2021	信息技术 穿戴式设备 术语		
1205	3.2	GB/T 25645-2010	信息技术 中文Linux服务器操作系统技术要求		
1206	3.2	GB/T 25646-2010	信息技术 中文Linux用户界面规范		
1207	3.2	GB/T 25654-2010	手持电子产品嵌入式软件API		
1208	3.2	GB/T 25655-2010	信息技术 中文Linux桌面操作系统技术要求		
1209	3.2	GB/T 25656-2010	信息技术 中文Linux应用编程界面(API)规范		
1210	3.2	GB/T 26232-2010	基于J2EE的应用服务器技术规范		
1211	3.2	GB/T 28168-2011	信息技术 中间件 消息中间件技术规范		
1212	3.2	GB/T 30882.1-2014	信息技术 应用软件系统技术要求 第1部分：基于B/S体系结构的应用软件系统基本要求		
1213	3.2	GB/T 30883-2014	信息技术 数据集成中间件		
1214	3.2	GB/T 32393-2015	信息技术 工作流中间件 参考模型和接口功能要求		
1215	3.2	GB/T 32394-2015	信息技术 中文Linux操作系统运行环境扩充要求		
1216	3.2	GB/T 32395-2015	信息技术 中文Linux操作系统应用编程接口（API）扩充要求		
1217	3.2	GB/T 32413-2015	网络游戏外挂防治		
1218	3.2	GB/T 32414-2015	网络游戏安全		
1219	3.2	GB/T 32418-2015	信息技术 手持设备游戏软件接口要求		
1220	3.2	GB/T 32626-2016	信息技术 网络游戏 术语		
1221	3.2	GB/T 32635-2016	网络游戏软件开发流程规范		
1222	3.2	GB/T 33138-2016	存储备份系统等级和测试方法		
1223	3.2	GB/T 34979.1-2017	智能终端软件平台测试规范 第1部分：操作系统		
1224	3.2	GB/T 34979.2-2017	智能终端软件平台测试规范 第2部分：应用与服务		
1225	3.2	GB/T 34980.1-2017	智能终端软件平台技术要求 第1部分：操作系统		
1226	3.2	GB/T 34980.2-2017	智能终端软件平台技术要求 第2部分：应用与服务		
1227	3.2	GB/T 34998-2017	移动终端浏览器软件技术要求		
1228	3.2	GB/T 36441-2018	硬件产品与操作系统兼容性规范		
1229	3.2	GB/T 36446-2018	软件构件管理 管理信息模型		
1230	3.2	GB/T 36455-2018	软件构件模型		
1231	3.2	GB/T 36465-2018	网络终端操作系统总体技术要求		
1232	3.2	GB/T 37729-2019	信息技术 智能移动终端应用软件（APP）技术要求		
1233	3.2	GB/T 37730-2019	Linux服务器操作系统测试方法		
1234	3.2	GB/T 37731-2019	Linux桌面操作系统测试方法		
1235	3.2	GB/T 37743-2019	信息技术 智能设备操作系统身份识别服务接口		
1236	3.2	GB/T 38557.1-2020	系统与软件工程 接口和数据交换 第1部分：企业资源计划系统与制造执行系统的接口规范		
1237	3.2	GB/T 40780-2021	基于OID的地理位置标识编码		

续表

序号	体系编号	标准号	标准名称	采标号	采标程度
1238	3.2	GB/T 41802-2022	信息技术 验证码程序要求		
1239	4.1	GB/T 21061-2007	国家电子政务网络技术和运行管理规范		
1240	4.1	GB/T 21062.1-2007	政务信息资源交换体系 第1部分：总体框架		
1241	4.1	GB/T 21062.2-2007	政务信息资源交换体系 第2部分：技术要求		
1242	4.1	GB/T 21062.3-2007	政务信息资源交换体系 第3部分：数据接口规范		
1243	4.1	GB/T 21062.4-2007	政务信息资源交换体系 第4部分：技术管理要求		
1244	4.1	GB/T 21063.1-2007	政务信息资源目录体系 第1部分：总体框架		
1245	4.1	GB/T 21063.2-2007	政务信息资源目录体系 第2部分：技术要求		
1246	4.1	GB/T 21063.3-2007	政务信息资源目录体系 第3部分：核心元数据		
1247	4.1	GB/T 21063.4-2007	政务信息资源目录体系 第4部分：政务信息资源分类		
1248	4.1	GB/T 21063.6-2007	政务信息资源目录体系 第6部分：技术管理要求		
1249	4.1	GB/T 21064-2007	电子政务系统总体设计要求		
1250	4.1	GB/T 25647-2010	电子政务术语		
1251	4.1	GB/T 30850.1-2014	电子政务标准化指南 第1部分：总则		
1252	4.1	GB/T 30850.2-2014	电子政务标准化指南 第2部分：工程管理		
1253	4.1	GB/T 30850.3-2014	电子政务标准化指南 第3部分：网络建设		
1254	4.1	GB/T 30850.4-2017	电子政务标准化指南 第4部分：信息共享		
1255	4.1	GB/T 30850.5-2014	电子政务标准化指南 第5部分：支撑技术		
1256	4.1	GB/T 32617-2016	政务服务中心信息公开数据规范		
1257	4.1	GB/T 32618-2016	政务服务中心信息公开业务规范		
1258	4.1	GB/T 32619-2016	政务服务中心信息公开编码规范		
1259	4.1	GB/T 32627-2016	信息技术 地址数据描述要求		
1260	4.1	GB/T 33189-2016	电子文件管理装备规范		
1261	4.1	GB/T 33190-2016	电子文件存储与交换格式 版式文档		
1262	4.1	GB/T 34981.1-2017	机构编制统计及实名制管理系统数据规范 第1部分：总则		
1263	4.1	GB/T 34981.2-2017	机构编制统计及实名制管理系统数据规范 第2部分：代码集		
1264	4.1	GB/T 34981.3-2017	机构编制统计及实名制管理系统数据规范 第3部分：数据字典		
1265	4.1	GB/T 40692-2021	政务信息系统定义和范围		
1266	4.2	GB/T 21364-2008	信息技术 学习、教育和培训 基于规则的XML绑定技术		
1267	4.2	GB/T 21365-2008	信息技术 学习、教育和培训 学习对象元数据		
1268	4.2	GB/T 21366-2008	信息技术 学习、教育和培训 参与者标识符	ISO/IEC 24703:2004	等同
1269	4.2	GB/T 26222-2010	信息技术 学习、教育和培训 内容包装		
1270	4.2	GB/T 28823-2012	信息技术 学习、教育和培训 平台与媒体分类代码 XML绑定规范		
1271	4.2	GB/T 28824-2012	信息技术 学习、教育和培训 数字权利描述语言		
1272	4.2	GB/T 28825-2012	信息技术 学习、教育和培训 学习对象分类代码		
1273	4.2	GB/T 29801-2013	信息技术 学习、教育和培训 学习管理系统规范		
1274	4.2	GB/T 29802-2013	信息技术 学习、教育和培训 测试试题信息模型		
1275	4.2	GB/T 29803-2013	信息技术 学习、教育和培训 学习技术系统体系结构		
1276	4.2	GB/T 29804-2013	信息技术 学习、教育和培训 平台与媒体分类代码		
1277	4.2	GB/T 29805-2013	信息技术 学习、教育和培训 学习者模型		
1278	4.2	GB/T 29807-2013	信息技术 学习、教育和培训 学习对象元数据 XML绑定规范		
1279	4.2	GB/T 29808-2013	信息技术 学习、教育和培训 高等学校管理信息		
1280	4.2	GB/T 29809-2013	信息技术 学习、教育和培训 内容包装 XML绑定		
1281	4.2	GB/T 29810-2013	信息技术 学习、教育和培训 测试试题信息模型 XML绑定规范		
1282	4.2	GB/T 29811.1-2013	信息技术 学习、教育和培训 学习系统体系结构与服务接口 第1部分：抽象框架与核心接口		
1283	4.2	GB/T 29811.2-2018	信息技术 学习、教育和培训 学习系统体系结构与服务接口 第2部分：教育管理信息服务接口		

续表

序号	体系编号	标准号	标准名称	采标号	采标程度
1284	4.2	GB/T 29811.3-2018	信息技术 学习、教育和培训 学习系统体系结构与服务接口 第3部分：资源访问服务接口		
1285	4.2	GB/T 30265-2013	信息技术 学习、教育和培训 学习设计信息模型		
1286	4.2	GB/T 33782-2017	信息技术 学习、教育和培训 教育管理基础代码		
1287	4.2	GB/T 34994.1-2017	教育卡应用规范 第1部分：教育卡技术要求		
1288	4.2	GB/T 35298-2017	信息技术 学习、教育和培训 教育管理基础信息		
1289	4.2	GB/T 36095-2018	信息技术 学习、教育和培训 电子书包终端规范		
1290	4.2	GB/T 36096-2018	信息技术 学习、教育和培训 虚拟实验构件服务接口		
1291	4.2	GB/T 36097-2018	信息技术 学习、教育和培训 虚拟实验构件元数据		
1292	4.2	GB/T 36098-2018	信息技术 学习、教育和培训 虚拟实验构件封装		
1293	4.2	GB/T 36342-2018	智慧校园总体框架		
1294	4.2	GB/T 36347-2018	信息技术 学习、教育和培训 学习资源通用包装		
1295	4.2	GB/T 36348-2018	信息技术 学习、教育和培训 虚拟实验 框架		
1296	4.2	GB/T 36349-2018	信息技术 学习、教育和培训 虚拟实验 数据交换		
1297	4.2	GB/T 36350-2018	信息技术 学习、教育和培训 数字化学习资源语义描述		
1298	4.2	GB/T 36351.1-2018	信息技术 学习、教育和培训 教育管理数据元素 第1部分：设计与管理规范		
1299	4.2	GB/T 36351.2-2018	信息技术 学习、教育和培训 教育管理数据元素 第2部分：公共数据元素		
1300	4.2	GB/T 36352-2018	信息技术 学习、教育和培训 教育云服务：框架		
1301	4.2	GB/T 36354-2018	数字语言学习环境设计要求		
1302	4.2	GB/T 36366-2018	信息技术 学习、教育和培训 电子学档信息模型规范		
1303	4.2	GB/T 36436-2018	信息技术 学习、教育和培训 简单课程编列 XML 绑定		
1304	4.2	GB/T 36437-2018	信息技术 学习、教育和培训 简单课程编列		
1305	4.2	GB/T 36438-2018	学习设计 XML 绑定规范		
1306	4.2	GB/T 36447-2018	多媒体教学环境设计要求		
1307	4.2	GB/T 36449-2018	电子考场系统通用要求		
1308	4.2	GB/T 36453-2018	信息技术 学习、教育和培训 电子课本信息模型		
1309	4.2	GB/T 36459-2018	信息技术 学习、教育和培训 电子课本内容包装		
1310	4.2	GB/T 36642-2018	信息技术 学习、教育和培训 在线课程		
1311	4.2	GB/T 37711-2019	信息技术 学习、教育和培训 虚拟实验 工作流参考模型		
1312	4.2	GB/T 37712-2019	信息技术 学习、教育和培训 虚拟实验 教学指导接口规范		
1313	4.2	GB/T 37713-2019	信息技术 学习、教育和培训 虚拟实验 评价要素		
1314	4.2	GB/T 37716-2019	信息技术 学习、教育和培训 电子课本与电子书包术语		
1315	4.2	GB/T 37717-2019	信息技术 学习、教育和培训 电子书包标准引用轮廓		
1316	4.2	GB/T 37957-2019	信息技术 学习、教育和培训 电子书包总体框架		
1317	4.3	GB/T 33356-2022	新型智慧城市评价指标		
1318	4.3	GB/T 34678-2017	智慧城市 技术参考模型		
1319	4.3	GB/T 34679-2017	智慧矿山信息系统通用技术规范		
1320	4.3	GB/T 34680.1-2017	智慧城市评价模型及基础评价指标体系 第1部分：总体框架及分项评价指标制定的要求		
1321	4.3	GB/T 34680.3-2017	智慧城市评价模型及基础评价指标体系 第3部分：信息资源		
1322	4.3	GB/T 34680.5-2022	智慧城市评价模型及基础评价指标体系 第5部分：交通		
1323	4.3	GB/T 36332-2018	智慧城市 领域知识模型 核心概念模型		
1324	4.3	GB/T 36333-2018	智慧城市 顶层设计指南		
1325	4.3	GB/T 36334-2018	智慧城市 软件服务预算管理规范		
1326	4.3	GB/T 36445-2018	智慧城市 SOA 标准应用指南		
1327	4.3	GB/T 36621-2018	智慧城市 信息技术运营指南		
1328	4.3	GB/T 36622.1-2018	智慧城市 公共信息与服务支撑平台 第1部分：总体要求		
1329	4.3	GB/T 36622.2-2018	智慧城市 公共信息与服务支撑平台 第2部分：目录管理与服务要求		
1330	4.3	GB/T 36622.3-2018	智慧城市 公共信息与服务支撑平台 第3部分：测试要求		

续表

序号	体系编号	标准号	标准名称	采标号	采标程度
1331	4.3	GB/T 36625.1-2018	智慧城市 数据融合 第1部分：概念模型		
1332	4.3	GB/T 36625.2-2018	智慧城市 数据融合 第2部分：数据编码规范		
1333	4.3	GB/T 36625.5-2019	智慧城市 数据融合 第5部分：市政基础设施数据元素		
1334	4.3	GB/T 37043-2018	智慧城市 术语		
1335	4.3	GB/T 40689-2021	智慧城市 设备联接管理与服务平台技术要求		
1336	4.4	GB/T 37695-2019	智能制造 对象标识要求		
1337	4.4	GB/T 39837-2021	信息技术 远程运维 技术参考模型		
1338	4.4	GB/T 40012-2021	个性化定制 分类指南		
1339	4.4	GB/T 40693-2021	智能制造 工业云服务 数据管理通用要求		
1340	4.4	GB/T 40814-2021	智能制造 个性化定制 能力成熟度模型		
1341	4.4	GB/T 42025-2022	智能制造 射频识别系统 超高频RFID系统性能测试方法		
1342	4.4	GB/T 42030-2022	智能制造 射频识别系统 超高频读写器应用编程接口		
1343	4.6	GB/T 36456.1-2018	面向工程领域的共享信息模型 第1部分：领域信息模型框架		
1344	4.6	GB/T 36456.2-2018	面向工程领域的共享信息模型 第2部分：领域信息服务接口		
1345	4.6	GB/T 36456.3-2018	面向工程领域的共享信息模型 第3部分：测试方法		
1346	4.6	GB/T 38961-2020	个人健康信息码 参考模型		
1347	4.6	GB/T 38962-2020	个人健康信息码 数据格式		
1348	4.6	GB/T 38963-2020	个人健康信息码 应用接口		
1349	4.6	GB/T 40020-2021	信息物理系统 参考架构		
1350	4.6	GB/T 40021-2021	信息物理系统 术语		
1351	5.1	GB/T 29264-2012	信息技术服务 分类与代码		
1352	5.1	GB/T 37961-2019	信息技术服务 服务基本要求		
1353	5.2	GB/T 36463.1-2018	信息技术服务 咨询设计 第1部分：通用要求		
1354	5.2	GB/T 36463.2-2019	信息技术服务 咨询设计 第2部分：规划设计指南		
1355	5.4	GB/T 28827.1-2022	信息技术服务 运行维护 第1部分：通用要求		
1356	5.4	GB/T 28827.2-2012	信息技术服务 运行维护 第2部分：交付规范		
1357	5.4	GB/T 28827.3-2012	信息技术服务 运行维护 第3部分：应急响应规范		
1358	5.4	GB/T 28827.4-2019	信息技术服务 运行维护 第4部分：数据中心服务要求		
1359	5.4	GB/T 28827.6-2019	信息技术服务 运行维护 第6部分：应用系统服务要求		
1360	5.4	GB/T 28827.7-2022	信息技术服务 运行维护 第7部分：成本度量规范		
1361	5.4	GB/T 28827.8-2022	信息技术服务 运行维护 第8部分：医院信息系统管理要求		
1362	5.5	GB/T 19668.1-2014	信息技术服务 监理 第1部分：总则		
1363	5.5	GB/T 19668.2-2017	信息技术服务 监理 第2部分：基础设施工程监理规范		
1364	5.5	GB/T 19668.3-2017	信息技术服务 监理 第3部分：运行维护监理规范		
1365	5.5	GB/T 19668.4-2017	信息技术服务 监理 第4部分：信息安全监理规范		
1366	5.5	GB/T 19668.5-2018	信息技术服务 监理 第5部分：软件工程监理规范		
1367	5.5	GB/T 19668.6-2019	信息技术服务 监理 第6部分:应用系统:数据中心工程监理规范		
1368	5.5	GB/T 19668.7-2022	信息技术服务 监理 第7部分：监理工作量度量要求		
1369	5.5	GB/T 24405.1-2009	信息技术 服务管理 第1部分：规范	ISO/IEC 20000-1:2005	等同
1370	5.5	GB/T 24405.2-2010	信息技术 服务管理 第2部分：实践规则	ISO/IEC 20000-2:2005	等同
1371	5.5	GB/T 33850-2017	信息技术服务 质量评价指标体系		
1372	5.5	GB/T 34960.1-2017	信息技术服务 治理 第1部分：通用要求		
1373	5.5	GB/T 34960.2-2017	信息技术服务 治理 第2部分：实施指南		
1374	5.5	GB/T 34960.3-2017	信息技术服务 治理 第3部分:绩效评价		
1375	5.5	GB/T 34960.4-2017	信息技术服务 治理 第4部分：审计导则		
1376	5.5	GB/T 34960.5-2018	信息技术服务 治理 第5部分：数据治理规范		
1377	5.5	GB/T 36074.2-2018	信息技术服务 服务管理 第2部分：实施指南		
1378	5.5	GB/T 36074.3-2019	信息技术服务 服务管理 第3部分：技术要求		
1379	5.5	GB/T 37696-2019	信息技术服务 从业人员能力评价要求		

续表

序号	体系编号	标准号	标准名称	采标号	采标程度
1380	5.5	GB/T 37725-2019	信息技术 业务管理体系模型		
1381	5.5	GB/T 39770-2021	信息技术服务 服务安全要求		
1382	5.6	GB/T 33770.1-2017	信息技术服务 外包 第1部分：服务提供方通用要求		
1383	5.6	GB/T 33770.2-2019	信息技术服务 外包 第2部分：数据保护要求		
1384	5.6	GB/T 33770.6-2021	信息技术服务 外包 第6部分：服务需求方通用要求		
1385	5.7	GB/T 36325-2018	信息技术 云计算 云服务级别协议基本要求		
1386	5.7	GB/T 36326-2018	信息技术 云计算 云服务运营通用要求		
1387	5.7	GB/T 37724-2019	信息技术 工业云服务 能力通用要求		
1388	5.7	GB/T 37734-2019	信息技术 云计算 云服务采购指南		
1389	5.7	GB/T 37735-2019	信息技术 云计算 云服务计量指标		
1390	5.7	GB/T 37738-2019	信息技术 云计算 云服务质量评价指标		
1391	5.7	GB/T 37741-2019	信息技术 云计算 云服务交付要求		
1392	5.7	GB/T 40203-2021	信息技术 工业云服务 服务协议指南		
1393	5.7	GB/T 40207-2021	信息技术 工业云服务 计量指标		
1394	5.8	GB/T 33136-2016	信息技术服务 数据中心服务能力成熟度模型		
1395	5.8	GB/T 37726-2019	信息技术 数据中心精益六西格玛应用评价准则		
1396	5.9	GB/T 34941-2017	信息技术服务 数字化营销服务 程序化营销技术要求		
1397	5.12	GB/T 40685-2021	信息技术服务 数据资产 管理要求		
1398	6	GB 17859-1999	计算机信息系统 安全保护等级划分准则		
1399	6	GB/T 20274.4-2008	信息安全技术 信息系统安全保障评估框架 第4部分：工程保障		
1400	6	GB/T 20274.3-2008	信息安全技术 信息系统安全保障评估框架 第3部分：管理保障		
1401	6	GB/T 20274.2-2008	信息安全技术 信息系统安全保障评估框架 第2部分：技术保障		
1402	6	GB/T 20271-2006	信息安全技术 信息系统通用安全技术要求		
1403	6	GB/T 19771-2005	信息技术 安全技术 公钥基础设施 PKI 组件最小互操作规范		
1404	6	GB/T 20269-2006	信息安全技术 信息系统安全管理要求		
1405	6	GB/T 17902.2-2005	信息技术 安全技术 带附录的数字签名 第2部分：基于身份的机制	ISO/IEC 14888-2:1999	等同
1406	6	GB/T 20274.1-2006	信息安全技术 信息系统安全保障评估框架 第一部分：简介和一般模型		
1407	6	GB/T 20008-2005	信息安全技术 操作系统安全评估准则		
1408	6	GB/T 20011-2005	信息安全技术 路由器安全评估准则		
1409	6	GB/T 20282-2006	信息安全技术 信息系统安全工程管理要求		
1410	6	GB/T 15843.4-2008	信息技术 安全技术 实体鉴别 第4部分：采用密码校验函数的机制	ISO/IEC 9798-4:1999	等同
1411	6	GB/T 17903.3-2008	信息技术 安全技术 抗抵赖 第3部分：采用非对称技术的机制	ISO/IEC 13888-3:1997	等同
1412	6	GB/T 17903.1-2008	信息技术 安全技术 抗抵赖 第1部分：概述	ISO/IEC 13888-1:2004	等同
1413	6	GB/T 17902.3-2005	信息技术 安全技术 带附录的数字签名 第3部分：基于证书的机制	ISO/IEC 14888-3:1998	等同
1414	6	GB/T 15843.5-2005	信息技术 安全技术 实体鉴别 第5部分：使用零知识技术的机制	ISO/IEC 9798-5:1999	等同
1415	6	GB/T 19714-2005	信息技术 安全技术 公钥基础设施 证书管理协议		
1416	6	GB/Z 19717-2005	基于多用途互联网邮件扩展（MIME）的安全报文交换	RF 2630	非等效
1417	6	GB/T 20520-2006	信息安全技术 公钥基础设施 时间戳规范		
1418	6	GB/T 21053-2007	信息安全技术 公钥基础设施 PKI 系统安全等级保护技术要求		
1419	6	GB/T 21054-2007	信息安全技术 公钥基础设施 PKI 系统安全等级保护评估准则		
1420	6	GB/T 20988-2007	信息安全技术 信息系统灾难恢复规范		
1421	6	GB/Z 20986-2007	信息安全技术 信息安全事件分类分级指南		

· 329 ·

续表

序号	体系编号	标准号	标准名称	采标号	采标程度
1422	6	GB/T 21052-2007	信息安全技术 信息系统物理安全技术要求		
1423	6	GB/T 17902.1-1999	信息技术 安全技术 带附录的数字签名 第1部分:概述		
1424	6	GB/T 18238.1-2000	信息技术 安全技术 散列函数 第1部分:概述	ISO/IEC 10118-1:1994	等同
1425	6	GB/T 18238.3-2002	信息技术 安全技术 散列函数 第3部分:专用散列函数	ISO/IEC 10118-3:1998	等同
1426	6	GB/T 18238.2-2002	信息技术 安全技术 散列函数 第2部分:采用n位块密码的散列函数	ISO/IEC 10118-2:2000	等同
1427	6	GB/T 20270-2006	信息安全技术 网络基础安全技术要求		
1428	6	GB/T 19713-2005	信息技术 安全技术 公钥基础设施 在线证书状态协议		
1429	6	GB/T 24363-2009	信息安全技术 信息安全应急响应计划规范		
1430	6	GB/Z 24364-2009	信息安全技术 信息安全风险管理指南		
1431	6	GB/T 25062-2010	信息安全技术 鉴别与授权 基于角色的访问控制模型与管理规范		
1432	6	GB/T 25068.3-2022	信息技术 安全技术 网络安全 第3部分：面向网络接入场景的威胁、设计技术和控制	ISO/IEC 27033-3:2010	修改
1433	6	GB/T 25068.4-2022	信息技术 安全技术 网络安全 第4部分：使用安全网关的网间通信安全保护	ISO/IEC 27033-4:2014	等同
1434	6	GB/T 25069-2022	信息安全技术 术语		
1435	6	GB/T 25064-2010	信息安全技术 公钥基础设施 电子签名格式规范		
1436	6	GB/T 25065-2010	信息安全技术 公钥基础设施 签名生成应用程序的安全要求		
1437	6	GB/T 26855-2011	信息安全技术 公钥基础设施 证书策略与认证业务声明框架		
1438	6	GB/T 28452-2012	信息安全技术 应用软件系统通用安全技术要求		
1439	6	GB/T 28447-2012	信息安全技术 电子认证服务机构运营管理规范		
1440	6	GB/T 28455-2012	信息安全技术 引入可信第三方的实体鉴别及接入架构规范		
1441	6	GB/T 28453-2012	信息安全技术 信息系统安全管理评估要求		
1442	6	GB/T 28457-2012	SSL协议应用测试规范		
1443	6	GB/T 28451-2012	信息安全技术 网络型入侵防御产品技术要求和测试评价方法		
1444	6	GB/T 29242-2012	信息安全技术 鉴别与授权 安全断言标记语言		
1445	6	GB/T 29241-2012	信息安全技术 公钥基础设施 PKI互操作性评估准则		
1446	6	GB/T 29243-2012	信息安全技术 数字证书代理认证路径构造和代理验证规范		
1447	6	GB/T 28456-2012	IPsec协议应用测试规范		
1448	6	GB/Z 28828-2012	信息安全技术 公共及商用服务信息系统个人信息保护指南		
1449	6	GB/T 29767-2013	信息安全技术 公钥基础设施 桥CA体系证书分级规范		
1450	6	GB/T 29244-2012	信息安全技术 办公设备基本安全要求		
1451	6	GB/T 15852.2-2012	信息技术 安全技术 消息鉴别码 第2部分：采用专用杂凑函数的机制	ISO/IEC 9797-2:2002	修改
1452	6	GB/T 29240-2012	信息安全技术 终端计算机通用安全技术要求与测试评价方法		
1453	6	GB/T 29245-2012	信息安全技术 政府部门信息安全管理基本要求		
1454	6	GB/T 29829-2022	信息安全技术 可信计算密码支撑平台功能与接口规范		
1455	6	GB/T 20278-2022	信息安全技术 网络脆弱性扫描产品安全技术要求		
1456	6	GB/T 20945-2013	信息安全技术 信息系统安全审计产品技术要求和测试评价方法		
1457	6	GB/T 30271-2013	信息安全技术 信息安全服务能力评估准则		
1458	6	GB/T 29827-2013	信息安全技术 可信计算规范 可信平台主板功能接口		
1459	6	GB/Z 29830.1-2013	信息技术 安全技术 信息技术安全保障框架 第1部分：综述和框架	ISO/IEC TR 15443-1:2005	等同

续表

序号	体系编号	标准号	标准名称	采标号	采标程度
1460	6	GB/Z 29830.2-2013	信息技术 安全技术 信息技术安全保障框架 第2部分：保障方法	ISO/IEC TR 15443-2:2005	等同
1461	6	GB/Z 29830.3-2013	信息技术 安全技术 信息技术安全保障框架 第3部分：保障方法分析	ISO/IEC TR 15443-3:2007	等同
1462	6	GB/T 29828-2013	信息安全技术 可信计算规范 可信连接架构		
1463	6	GB/T 30270-2013	信息技术 安全技术 信息技术安全性评估方法	ISO/IEC 18045:2005	等同
1464	6	GB/T 30275-2013	信息安全技术 鉴别与授权 认证中间件框架与接口规范		
1465	6	GB/T 30273-2013	信息安全技术 信息系统安全保障通用评估指南		
1466	6	GB/T 30278-2013	信息安全技术 政务计算机终端核心配置规范		
1467	6	GB/Z 30286-2013	信息安全技术 信息系统保护轮廓和信息系统安全目标产生指南		
1468	6	GB/T 30280-2013	信息安全技术 鉴别与授权 地理空间可扩展访问控制置标语言		
1469	6	GB/T 30281-2013	信息安全技术 鉴别与授权 可扩展访问控制标记语言		
1470	6	GB/T 30282-2013	信息安全技术 反垃圾邮件产品技术要求和测试评价方法		
1471	6	GB/T 30283-2022	信息安全技术 信息安全服务 分类		
1472	6	GB/T 30285-2013	信息安全技术 灾难恢复中心建设与运维管理规范		
1473	6	GB/T 31167-2014	信息安全技术 云计算服务安全指南		
1474	6	GB/T 31168-2014	信息安全技术 云计算服务安全能力要求		
1475	6	GB/T 32905-2016	信息安全技术 SM3密码杂凑算法		
1476	6	GB/T 32918.1-2016	信息安全技术 SM2椭圆曲线公钥密码算法 第1部分：总则		
1477	6	GB/T 32907-2016	信息安全技术 SM4分组密码算法		
1478	6	GB/T 33565-2017	信息安全技术 无线局域网接入系统安全技术要求（评估保障级2级增强）		
1479	6	GB/T 33563-2017	信息安全技术 无线局域网客户端安全技术要求（评估保障级2级增强）		
1480	6	GB/T 35291-2017	信息安全技术 智能密码钥匙应用接口规范		
1481	6	GB/T 35101-2017	信息安全技术 智能卡读写机具安全技术要求（EAL4增强）		
1482	6	GB/T 31495.3-2015	信息安全技术 信息安全保障指标体系及评价方法 第3部分：实施指南		
1483	6	GB/T 35290-2017	信息安全技术 射频识别（RFID）系统通用安全技术要求		
1484	6	GB/T 32919-2016	信息安全技术 工业控制系统安全控制应用指南		
1485	6	GB/T 36633-2018	信息安全技术 网络用户身份鉴别技术指南		
1486	6	GB/T 34990-2017	信息安全技术 信息系统安全管理平台技术要求和测试评价方法		
1487	6	GB/T 37033.1-2018	信息安全技术 射频识别系统密码应用技术要求 第1部分：密码安全保护框架及安全级别		
1488	6	GB/T 31496-2015	信息技术 安全技术 信息安全管理体系实施指南	ISO/IEC 27003:2010	等同
1489	6	GB/T 36644-2018	信息安全技术 数字签名应用安全证明获取方法		
1490	6	GB/T 33133.1-2016	信息安全技术 祖冲之序列密码算法 第1部分：算法描述		
1491	6	GB/T 35288-2017	信息安全技术 电子认证服务机构从业人员岗位技能规范		
1492	6	GB/T 35289-2017	信息安全技术 电子认证服务机构服务质量规范		
1493	6	GB/T 33134-2016	信息安全技术 公共域名服务系统安全要求		
1494	6	GB/T 33560-2017	信息安全技术 密码应用标识规范		
1495	6	GB/T 37033.3-2018	信息安全技术 射频识别系统密码应用技术要求 第3部分：密钥管理技术要求		
1496	6	GB/T 37076-2018	信息安全技术 指纹识别系统技术要求		
1497	6	GB/T 31722-2015	信息技术 安全技术 信息安全风险管理	ISO/IEC 27005:2008	等同
1498	6	GB/T 36631-2018	信息安全技术 时间戳策略和时间戳业务操作规则		

续表

序号	体系编号	标准号	标准名称	采标号	采标程度
1499	6	GB/T 32915-2016	信息安全技术 二元序列随机性检测方法		
1500	6	GB/T 32914-2016	信息安全技术 信息安全服务提供方管理要求		
1501	6	GB/T 36957-2018	信息安全技术 灾难恢复服务要求		
1502	6	GB/T 34095-2017	信息安全技术 用于电子支付的基于近距离无线通信的移动终端安全技术要求		
1503	6	GB/T 36950-2018	信息安全技术 智能卡安全技术要求（EAL4+）		
1504	6	GB/T 37033.2-2018	信息安全技术 射频识别系统密码应用技术要求 第2部分：电子标签与读写器及其通信密码应用技术要求		
1505	6	GB/T 33131-2016	信息安全技术 基于IPSec的IP存储网络安全技术要求		
1506	6	GB/T 36968-2018	信息安全技术 IPSec VPN技术规范		
1507	6	GB/T 33562-2017	信息安全技术 安全域名系统实施指南		
1508	6	GB/T 36632-2018	信息安全技术 公民网络电子身份标识格式规范		
1509	6	GB/T 35287-2017	信息安全技术 网站可信标识技术指南		
1510	6	GB/T 36959-2018	信息安全技术 网络安全等级保护测评机构能力要求和评估规范		
1511	6	GB/T 33132-2016	信息安全技术 信息安全风险处理实施指南		
1512	6	GB/T 37046-2018	信息安全技术 灾难恢复服务能力评估准则		
1513	6	GB/Z 32906-2016	信息安全技术 中小电子商务企业信息安全建设指南		
1514	6	GB/T 33746.1-2017	近场通信(NFC)安全技术要求 第1部分：NFCIP-1安全服务和协议	ISO/IEC 13157-1:2010	修改
1515	6	GB/T 33746.2-2017	近场通信(NFC)安全技术要求 第2部分：安全机制要求	ISO/IEC 13157-2:2010	修改
1516	6	GB/T 36637-2018	信息安全技术 ICT供应链安全风险管理指南		
1517	6	GB/T 38648-2020	信息安全技术 蓝牙安全指南		
1518	6	GB/T 31509-2015	信息安全技术 信息安全风险评估实施指南		
1519	6	GB/T 36960-2018	信息安全技术 鉴别与授权 访问控制中间件框架与接口		
1520	6	GB/T 38646-2020	信息安全技术 移动签名服务技术要求		
1521	6	GB/T 20985.1-2017	信息技术 安全技术 信息安全事件管理 第1部分：事件管理原理	ISO/IEC 27035-1:2016	等同
1522	6	GB/T 32920-2016	信息技术 安全技术 行业间和组织间通信的信息安全管理	ISO/IEC 27010:2012	等同
1523	6	GB/T 17901.3-2021	信息技术 安全技术 密钥管理 第3部分：采用非对称技术的机制	ISO/IEC 11770-3:2015	修改
1524	6	GB/T 34953.2-2018	信息技术 安全技术 匿名实体鉴别 第2部分：基于群组公钥签名的机制	ISO/IEC 20009-2:2013	等同
1525	6	GB/Z 32916-2016	信息技术 安全技术 信息安全控制措施审核员指南	ISO/IEC TR 27008:2011	等同
1526	6	GB/T 32922-2016	信息安全技术 IPSec VPN安全接入基本要求与实施指南		
1527	6	GB/T 35286-2017	信息安全技术 低速无线个域网空口安全测试规范		
1528	6	GB/Z 24294.1-2018	信息安全技术 基于互联网电子政务信息安全实施指南 第1部分：总则		
1529	6	GB/T 35285-2017	信息安全技术 公钥基础设施 基于数字证书的可靠电子签名生成及验证技术要求		
1530	6	GB/T 34975-2017	信息安全技术 移动智能终端应用软件安全技术要求和测试评价方法		
1531	6	GB/T 38558-2020	信息安全技术 办公设备安全测试方法		
1532	6	GB/T 32926-2016	信息安全技术 政府部门信息技术服务外包信息安全管理规范		
1533	6	GB/T 32925-2016	信息安全技术 政府联网计算机终端安全管理基本要求		
1534	6	GB/T 20276-2016	信息安全技术 具有中央处理器的IC卡嵌入式软件安全技术要求		
1535	6	GB/T 22186-2016	信息安全技术 具有中央处理器的IC卡芯片安全技术要求		
1536	6	GB/T 39205-2020	信息安全技术 轻量级鉴别与访问控制机制		

序号	体系编号	标准号	标准名称	采标号	采标程度
1537	6	GB/T 37027-2018	信息安全技术 网络攻击定义及描述规范		
1538	6	GB/T 20277-2015	信息安全技术 网络和终端隔离产品测试评价方法		
1539	6	GB/T 35284-2017	信息安全技术 网站身份和系统安全要求与评估方法		
1540	6	GB/T 38561-2020	信息安全技术 网络安全管理支撑系统技术要求		
1541	6	GB/T 36627-2018	信息安全技术 网络安全等级保护测试评估技术指南		
1542	6	GB/T 32927-2016	信息安全技术 移动智能终端安全架构		
1543	6	GB/T 34976-2017	信息安全技术 移动智能终端操作系统安全技术要求和测试评价方法		
1544	6	GB/T 34978-2017	信息安全技术 移动智能终端个人信息保护技术要求		
1545	6	GB/T 34977-2017	信息安全技术 移动智能终端数据存储安全技术要求与测试评价方法		
1546	6	GB/T 31508-2015	信息安全技术 公钥基础设施 数字证书策略分类分级规范		
1547	6	GB/T 31500-2015	信息安全技术 存储介质数据恢复服务要求		
1548	6	GB/T 31502-2015	信息安全技术 电子支付系统安全保护框架		
1549	6	GB/T 32213-2015	信息安全技术 公钥基础设施 远程口令鉴别与密钥建立规范		
1550	6	GB/T 31501-2015	信息安全技术 鉴别与授权 授权应用程序判定接口规范		
1551	6	GB/T 31495.2-2015	信息安全技术 信息安全保障指标体系及评价方法 第2部分：指标体系		
1552	6	GB/T 18336.1-2015	信息技术 安全技术 信息技术安全评估准则 第1部分：简介和一般模型	ISO/IEC 15408-1:2009	等同
1553	6	GB/T 18336.2-2015	信息技术 安全技术 信息技术安全评估准则 第2部分：安全功能组件	ISO/IEC 15408-2:2008	等同
1554	6	GB/T 17901.1-2020	信息技术 安全技术 密钥管理 第1部分：框架	ISO/IEC 11770-1:2010	修改
1555	6	GB/T 38647.1-2020	信息技术 安全技术 匿名数字签名 第1部分：总则	ISO/IEC 20008-1:2013	修改
1556	6	GB/T 34953.1-2017	信息技术 安全技术 匿名实体鉴别 第1部分：总则	ISO/IEC 20009-1:2013	等同
1557	6	GB/T 22080-2016	信息技术 安全技术 信息安全管理体系 要求	ISO/IEC 27001:2013	等同
1558	6	GB/T 22081-2016	信息技术 安全技术 信息安全控制实践指南	ISO/IEC 27002:2013	等同
1559	6	GB/T 32923-2016	信息技术 安全技术 信息安全治理	ISO/IEC 27014:2013	等同
1560	6	GB/T 37092-2018	信息安全技术 密码模块安全要求		
1561	6	GB/T 32918.2-2016	信息安全技术 SM2椭圆曲线公钥密码算法 第2部分：数字签名算法		
1562	6	GB/T 32918.3-2016	信息安全技术 SM2椭圆曲线公钥密码算法 第3部分：密钥交换协议		
1563	6	GB/T 32918.4-2016	信息安全技术 SM2椭圆曲线公钥密码算法 第4部分：公钥加密算法		
1564	6	GB/T 32918.5-2017	信息安全技术 SM2椭圆曲线公钥密码算法 第5部分：参数定义		
1565	6	GB/T 31507-2015	信息安全技术 智能卡通用安全检测指南		
1566	6	GB/T 31504-2015	信息安全技术 鉴别与授权 数字身份信息服务框架规范		
1567	6	GB/T 18336.3-2015	信息技术 安全技术 信息技术安全评估准则 第3部分：安全保障组件	ISO/IEC 15408-3:2008	等同
1568	6	GB/T 31503-2015	信息安全技术 电子文档加密与签名消息语法		
1569	6	GB/T 31495.1-2015	信息安全技术 信息安全保障指标体系及评价方法 第1部分：概念和模型		
1570	6	GB/T 15843.3-2016	信息技术 安全技术 实体鉴别 第3部分：采用数字签名技术的机制	ISO/IEC 9798-3:1998/AMD.1:2010	等同
1571	6	GB/T 31506-2022	信息安全技术 政府门户网站系统安全技术指南		
1572	6	GB/T 31499-2015	信息安全技术 统一威胁管理产品技术要求和测试评价方法		
1573	6	GB/T 31497-2015	信息技术 安全技术 信息安全管理 测量	ISO/IEC 27004:2009	等同
1574	6	GB/T 20279-2015	信息安全技术 网络和终端隔离产品安全技术要求		

续表

序号	体系编号	标准号	标准名称	采标号	采标程度
1575	6	GB/T 35282-2017	信息安全技术 电子政务移动办公系统安全技术规范		
1576	6	GB/T 32924-2016	信息安全技术 网络安全预警指南		
1577	6	GB/T 35283-2017	信息安全技术 计算机终端核心配置基线结构规范		
1578	6	GB/T 38644-2020	信息安全技术 可信计算 可信连接测试方法		
1579	6	GB/T 20273-2019	信息安全技术 数据库管理系统安全技术要求		
1580	6	GB/T 36635-2018	信息安全技术 网络安全监测基本要求与实施指南		
1581	6	GB/T 37093-2018	信息安全技术 物联网感知层接入通信网的安全要求		
1582	6	GB/T 35280-2017	信息安全技术 信息技术产品安全检测机构条件和行为准则		
1583	6	GB/T 32921-2016	信息安全技术 信息技术产品供应方行为安全准则		
1584	6	GB/T 36958-2018	信息安全技术 网络安全等级保护安全管理中心技术要求		
1585	6	GB/T 28449-2018	信息安全技术 网络安全等级保护测评过程指南		
1586	6	GB/T 28448-2019	信息安全技术 网络安全等级保护测评要求		
1587	6	GB/T 22239-2019	信息安全技术 网络安全等级保护基本要求		
1588	6	GB/T 35281-2017	信息安全技术 移动互联网应用服务器安全技术要求		
1589	6	GB/T 36619-2018	信息安全技术 政务和公益机构域名命名规范		
1590	6	GB/Z 38649-2020	信息安全技术 智慧城市建设信息安全保障指南		
1591	6	GB/T 36626-2018	信息安全技术 信息系统安全运维管理指南		
1592	6	GB/T 37091-2018	信息安全技术 安全办公U盘安全技术要求		
1593	6	GB/T 38541-2020	信息安全技术 电子文件密码应用指南		
1594	6	GB/T 37096-2018	信息安全技术 办公信息系统安全测试规范		
1595	6	GB/T 37095-2018	信息安全技术 办公信息系统安全基本技术要求		
1596	6	GB/T 37094-2018	信息安全技术 办公信息系统安全管理要求		
1597	6	GB/T 37090-2018	信息安全技术 病毒防治产品安全技术要求和测试评价方法		
1598	6	GB/Z 24294.2-2017	信息安全技术 基于互联网电子政务信息安全实施指南 第2部分：接入控制与安全交换		
1599	6	GB/Z 24294.4-2017	信息安全技术 基于互联网电子政务信息安全实施指南 第4部分：终端安全防护		
1600	6	GB/Z 24294.3-2017	信息安全技术 基于互联网电子政务信息安全实施指南 第3部分：身份认证与授权管理		
1601	6	GB/T 15851.3-2018	信息技术 安全技术 带消息恢复的数字签名方案 第3部分：基于离散对数的机制	ISO 9796-3:2006	修改
1602	6	GB/T 15843.2-2017	信息技术 安全技术 实体鉴别 第2部分：采用对称加密算法的机制	ISO/IEC 9798-2:2008	等同
1603	6	GB/T 15843.1-2017	信息技术 安全技术 实体鉴别 第1部分：总则	ISO/IEC 9798-1:2010	等同
1604	6	GB/T 40018-2021	信息安全技术 基于多信道的证书申请和应用协议		
1605	6	GB/T 36629.1-2018	信息安全技术 公民网络电子身份标识安全技术要求 第1部分：读写机具安全技术要求		
1606	6	GB/T 36629.2-2018	信息安全技术 公民网络电子身份标识安全技术要求 第2部分：载体安全技术要求		
1607	6	GB/T 20283-2020	信息安全技术 保护轮廓和安全目标的产生指南	ISO/IEC TR 15446:2017	非等效
1608	6	GB/T 35277-2017	信息安全技术 防病毒网关安全技术要求和测试评价方法		
1609	6	GB/T 36951-2018	信息安全技术 物联网感知终端应用安全技术要求		
1610	6	GB/T 37002-2018	信息安全技术 电子邮件系统安全技术要求		
1611	6	GB/T 37024-2018	信息安全技术 物联网感知层网关安全技术要求		
1612	6	GB/T 37025-2018	信息安全技术 物联网数据传输安全技术要求		
1613	6	GB/T 18018-2019	信息安全技术 路由器安全技术要求		
1614	6	GB/T 34942-2017	信息安全技术 云计算服务安全能力评估方法		

续表

序号	体系编号	标准号	标准名称	采标号	采标程度
1615	6	GB/T 35278-2017	信息安全技术 移动终端安全保护技术要求		
1616	6	GB/T 25068.5-2021	信息技术 安全技术 网络安全 第5部分：使用虚拟专用网的跨网通信安全保护	ISO/IEC 27033-5:2013	修改
1617	6	GB/T 29246-2017	信息技术 安全技术 信息安全管理体系 概述和词汇	ISO/IEC 27000:2016	等同
1618	6	GB/T 35279-2017	信息安全技术 云计算安全参考架构		
1619	6	GB/T 37044-2018	信息安全技术 物联网安全参考模型及通用要求		
1620	6	GB/T 36629.3-2018	信息安全技术 公民网络电子身份标识安全技术要求 第3部分：验证服务消息及其处理规则		
1621	6	GB/T 35275-2017	信息安全技术 SM2密码算法加密签名消息语法规范		
1622	6	GB/T 35276-2017	信息安全技术 SM2密码算法使用规范		
1623	6	GB/T 15843.6-2018	信息技术 安全技术 实体鉴别 第6部分：采用人工数据传递的机制	ISO/IEC 9798-6:2010	等同
1624	6	GB/T 37934-2019	信息安全技术 工业控制网络安全隔离与信息交换系统安全技术要求		
1625	6	GB/T 37950-2019	信息安全技术 桌面云安全技术要求		
1626	6	GB/T 37962-2019	信息安全技术 工业控制系统产品信息安全通用评估准则		
1627	6	GB/T 37931-2019	信息安全技术 Web应用安全检测系统安全技术要求和测试评价方法		
1628	6	GB/T 38671-2020	信息安全技术 远程人脸识别系统技术要求		
1629	6	GB/T 37954-2019	信息安全技术 工业控制系统漏洞检测产品技术要求及测试评价方法		
1630	6	GB/T 20272-2019	信息安全技术 操作系统安全技术要求		
1631	6	GB/T 20009-2019	信息安全技术 数据库管理系统安全评估准则		
1632	6	GB/T 25058-2019	信息安全技术 网络安全等级保护实施指南		
1633	6	GB/T 25070-2019	信息安全技术 网络安全等级保护安全设计技术要求		
1634	6	GB/T 20979-2019	信息安全技术 虹膜识别系统技术要求		
1635	6	GB/T 38645-2020	信息安全技术 网络安全事件应急演练指南		
1636	6	GB/T 36643-2018	信息安全技术 网络安全威胁信息格式规范		
1637	6	GB/T 36630.1-2018	信息安全技术 信息技术产品安全可控评价指标 第1部分：总则		
1638	6	GB/T 36630.2-2018	信息安全技术 信息技术产品安全可控评价指标 第2部分：中央处理器		
1639	6	GB/T 36630.3-2018	信息安全技术 信息技术产品安全可控评价指标 第3部分：操作系统		
1640	6	GB/T 36630.4-2018	信息安全技术 信息技术产品安全可控评价指标 第4部分：办公套件		
1641	6	GB/T 30284-2020	信息安全技术 移动通信智能终端操作系统安全技术要求		
1642	6	GB/T 38647.2-2020	信息技术 安全技术 匿名数字签名 第2部分：采用群组公钥的机制	ISO/IEC 20008-2:2013	修改
1643	6	GB/T 36322-2018	信息安全技术 密码设备应用接口规范		
1644	6	GB/T 25056-2018	信息安全技术 证书认证系统密码及其相关安全技术规范		
1645	6	GB/T 20518-2018	信息安全技术 公钥基础设施 数字证书格式		
1646	6	GB/T 37953-2019	信息安全技术 工业控制网络监测安全技术要求及测试评价方法		
1647	6	GB/T 21050-2019	信息安全技术 网络交换机安全技术要求		
1648	6	GB/T 36323-2018	信息安全技术 工业控制系统安全管理基本要求		
1649	6	GB/T 36324-2018	信息安全技术 工业控制系统信息安全分级规范		
1650	6	GB/T 36470-2018	信息安全技术 工业控制系统现场测控设备通用安全功能要求		
1651	6	GB/T 37941-2019	信息安全技术 工业控制系统网络审计产品安全技术要求		
1652	6	GB/T 36466-2018	信息安全技术 工业控制系统风险评估实施指南		

续表

序号	体系编号	标准号	标准名称	采标号	采标程度
1653	6	GB/T 37980-2019	信息安全技术 工业控制系统安全检查指南		
1654	6	GB/T 37933-2019	信息安全技术 工业控制系统专用防火墙技术要求		
1655	6	GB/T 34953.4-2020	信息技术 安全技术 匿名实体鉴别 第4部分：基于弱秘密的机制	ISO/IEC 20009-4:2017	修改
1656	6	GB/T 36624-2018	信息技术 安全技术 可鉴别的加密机制	ISO/IEC 19772:2009	修改
1657	6	GB/T 15852.3-2019	信息技术 安全技术 消息鉴别码 第3部分：采用泛杂凑函数的机制	ISO/IEC 9797-3:2011	修改
1658	6	GB/T 36651-2018	信息安全技术 基于可信环境的生物特征识别身份鉴别协议框架		
1659	6	GB/T 37952-2019	信息安全技术 移动终端安全管理平台技术要求		
1660	6	GB/T 37955-2019	信息安全技术 数控网络安全技术要求		
1661	6	GB/T 37939-2019	信息安全技术 网络存储安全技术要求		
1662	6	GB/T 36639-2018	信息安全技术 可信计算规范 服务器可信支撑平台		
1663	6	GB/T 37935-2019	信息安全技术 可信计算规范 可信软件基		
1664	6	GB/T 36630.5-2018	信息安全技术 信息技术产品安全可控评价指标 第5部分：通用计算机		
1665	6	GB/T 36618-2018	信息安全技术 金融信息服务安全规范		
1666	6	GB/T 37956-2019	信息安全技术 网站安全云防护平台技术要求		
1667	6	GB/T 38249-2019	信息安全技术 政府网站云计算服务安全指南		
1668	6	GB/T 37972-2019	信息安全技术 云计算服务运行监管框架		
1669	6	GB/T 37973-2019	信息安全技术 大数据安全管理指南		
1670	6	GB/T 35274-2017	信息安全技术 大数据服务安全能力要求		
1671	6	GB/T 37971-2019	信息安全技术 智慧城市安全体系框架		
1672	6	GB/T 38635.1-2020	信息安全技术 SM9标识密码算法 第1部分：总则		
1673	6	GB/T 38635.2-2020	信息安全技术 SM9标识密码算法 第2部分：算法		
1674	6	GB/T 38556-2020	信息安全技术 动态口令密码应用技术规范		
1675	6	GB/T 38625-2020	信息安全技术 密码模块安全检测要求	ISO/IEC 24759:2017	非等效
1676	6	GB/T 38629-2020	信息安全技术 签名验签服务器技术规范		
1677	6	GB/T 38540-2020	信息安全技术 安全电子签章密码技术规范		
1678	6	GB/T 38636-2020	信息安全技术 传输层密码协议（TLCP）		
1679	6	GB/T 38542-2020	信息安全技术 基于生物特征识别的移动智能终端身份鉴别技术框架		
1680	6	GB/T 38626-2020	信息安全技术 智能联网设备口令保护指南		
1681	6	GB/T 38674-2020	信息安全技术 应用软件安全编程指南		
1682	6	GB/T 38632-2020	信息安全技术 智能音视频采集设备应用安全要求		
1683	6	GB/T 20281-2020	信息安全技术 防火墙安全技术要求和测试评价方法		
1684	6	GB/T 25066-2020	信息安全技术 信息安全产品类别与代码		
1685	6	GB/T 22240-2020	信息安全技术 网络安全等级保护定级指南		
1686	6	GB/T 39720-2020	信息安全技术 移动智能终端安全技术要求及测试评价方法		
1687	6	GB/T 25068.1-2020	信息技术 安全技术 网络安全 第1部分：综述和概念	ISO/IEC 27033-1:2015	等同
1688	6	GB/T 25068.2-2020	信息技术 安全技术 网络安全 第2部分：网络安全设计和实现指南	ISO/IEC 27033-2:2012	等同
1689	6	GB/T 38638-2020	信息安全技术 可信计算 可信计算体系结构		
1690	6	GB/T 38631-2020	信息技术 安全技术 GB/T 22080具体行业应用 要求	ISO/IEC 27009:2016	修改
1691	6	GB/T 28454-2020	信息技术 安全技术 入侵检测和防御系统（IDPS）的选择、部署和操作	ISO/IEC 27039:2015	修改
1692	6	GB/T 25067-2020	信息技术 安全技术 信息安全管理体系审核和认证机构要求	ISO/IEC 27006:2015	等同

续表

序号	体系编号	标准号	标准名称	采标号	采标程度
1693	6	GB/T 37988-2019	信息安全技术 数据安全能力成熟度模型		
1694	6	GB/T 37932-2019	信息安全技术 数据交易服务安全要求		
1695	6	GB/T 39335-2020	信息安全技术 个人信息安全影响评估指南		
1696	6	GB/T 37964-2019	信息安全技术 个人信息去标识化指南		
1697	6	GB/T 38628-2020	信息安全技术 汽车电子系统网络安全指南		
1698	6	GB/T 39786-2021	信息安全技术 信息系统密码应用基本要求		
1699	6	GB/T 20985.2-2020	信息技术 安全技术 信息安全事件管理 第2部分：事件响应规划和准备指南	ISO/IEC 27035-2:2016	修改
1700	6	GB/T 39725-2020	信息安全技术 健康医疗数据安全指南		
1701	6	GB/T 39477-2020	信息安全技术 政务信息共享 数据安全技术要求		
1702	6	GB/T 25061-2020	信息安全技术 XML数字签名语法与处理规范		
1703	6	GB/T 15852.1-2020	信息技术 安全技术 消息鉴别码 第1部分：采用分组密码的机制	ISO/IEC 9797-1:2011	修改
1704	6	GB/T 39680-2020	信息安全技术 服务器安全技术要求和测评准则		
1705	6	GB/T 20261-2020	信息安全技术 系统安全工程 能力成熟度模型	ISO/IEC 21827：2008	修改
1706	6	GB/T 28458-2020	信息安全技术 网络安全漏洞标识与描述规范		
1707	6	GB/T 30279-2020	信息安全技术 网络安全漏洞分类分级指南		
1708	6	GB/T 30276-2020	信息安全技术 网络安全漏洞管理规范		
1709	6	GB/T 28450-2020	信息技术 安全技术 信息安全管理体系审核指南	ISO/IEC 27007：2017	等同
1710	6	GB/T 39276-2020	信息安全技术 网络产品和服务安全通用要求		
1711	6	GB/T 35273-2020	信息安全技术 个人信息安全规范		
1712	6	GB/T 39412-2020	信息安全技术 代码安全审计规范		
1713	6	GB/T 40653-2021	信息安全技术 安全处理器技术要求		
1714	6	GB/T 40652-2021	信息安全技术 恶意软件事件预防和处理指南		
1715	6	GB/T 40813-2021	信息安全技术 工业控制系统安全防护技术要求和测试评价方法		
1716	6	GB/T 33133.2-2021	信息安全技术 祖冲之序列密码算法 第2部分：保密性算法		
1717	6	GB/T 33133.3-2021	信息安全技术 祖冲之序列密码算法 第3部分：完整性算法		
1718	6	GB/T 40650-2021	信息安全技术 可信计算规范 可信平台控制模块		
1719	6	GB/T 40651-2021	信息安全技术 实体鉴别保障框架		
1720	6	GB/T 40660-2021	信息安全技术 生物特征识别信息保护基本要求		
1721	6	GB/T 40645-2021	信息安全技术 互联网信息服务安全通用要求		
1722	6	GB/T 17964-2021	信息安全技术 分组密码算法的工作模式		
1723	6	GB/T 17903.2-2021	信息技术 安全技术 抗抵赖 第2部分：采用对称技术的机制	ISO/IEC 13888-2:2010	修改
1724	6	GB/T 30272-2021	信息安全技术 公钥基础设施 标准符合性测评		
1725	6	GB/T 29766-2021	信息安全技术 网站数据恢复产品技术要求与测试评价方法		
1726	6	GB/T 20275-2021	信息安全技术 网络入侵检测系统技术要求和测试评价方法		
1727	6	GB/T 29765-2021	信息安全技术 数据备份与恢复产品技术要求与测试评价方法		
1728	6	GB/T 39204-2022	信息安全技术 关键信息基础设施安全保护要求		
1729	6	GB/T 41387-2022	信息安全技术 智能家居通用安全规范		
1730	6	GB/T 41388-2022	信息安全技术 可信执行环境 基本安全规范		
1731	6	GB/T 41389-2022	信息安全技术 SM9密码算法使用规范		
1732	6	GB/T 41391-2022	信息安全技术 移动互联网应用程序（App）收集个人信息基本要求		

续表

序号	体系编号	标准号	标准名称	采标号	采标程度
1733	6	GB/T 41400-2022	信息安全技术 工业控制系统信息安全防护能力成熟度模型		
1734	6	GB/T 41479-2022	信息安全技术 网络数据处理安全要求		
1735	6	GB/T 41574-2022	信息技术 安全技术 公有云中个人信息保护实践指南	ISO/IEC 27018:2019	修改
1736	6	GB/T 41773-2022	信息安全技术 步态识别数据安全要求		
1737	6	GB/T 41806-2022	信息安全技术 基因识别数据安全要求		
1738	6	GB/T 41807-2022	信息安全技术 声纹识别数据安全要求		
1739	6	GB/T 41817-2022	信息安全技术 个人信息安全工程指南		
1740	6	GB/T 41819-2022	信息安全技术 人脸识别数据安全要求		
1741	6	GB/T 41871-2022	信息安全技术 汽车数据处理安全要求		
1742	6	GB/T 42012-2022	信息安全技术 即时通信服务数据安全要求		
1743	6	GB/T 42013-2022	信息安全技术 快递物流服务数据安全要求		
1744	6	GB/T 42014-2022	信息安全技术 网上购物服务数据安全要求		
1745	6	GB/T 42015-2022	信息安全技术 网络支付服务数据安全要求		
1746	6	GB/T 42016-2022	信息安全技术 网络音视频服务数据安全要求		
1747	6	GB/T 42017-2022	信息安全技术 网络预约汽车服务数据安全要求		
1748	6	GB/Z 41288-2022	信息安全技术 重要工业控制系统网络安全防护导则		
1749	6	GB/Z 41290-2022	信息安全技术 移动互联网安全审计指南		

三、信息技术行业标准目录

序号	体系编号	标准号	标准名称	采标号	采标程度
1	2.2	SJ/T 11166-1998	集成电路卡（IC卡）插座总规范		
2	2.2	SJ/T 11230-2001	集成电路卡通用规范 第4部分:接口设备基本应用编程接口规范		
3	2.2	SJ/T 11231-2001	集成电路卡通用规范 第5部分:带触点的IC卡模块		
4	2.2	SJ/T 11232-2001	集成电路卡通用规范 第6部分:安全规范		
5	2.3	SJ/T 11349-2006	二维条码 网格矩阵码		
6	2.3	SJ/T 11350-2006	二维条码 紧密矩阵码		
7	2.4	SJ/T 11529-2015	服装制造生产线射频识别系统通用规范		
8	2.4	SJ/T 11531-2015	电子标签读写设备无线技术指标和测试方法		
9	2.4	SJ/T 11532.1-2015	危险化学品气瓶标识用电子标签通用技术要求 第1部分：气瓶电子标识代码		
10	2.4	SJ/T 11532.2-2015	危险化学品气瓶标识用电子标签通用技术要求 第2部分：应用技术规范		
11	2.4	SJ/T 11532.3-2015	危险化学品气瓶标识用电子标签通用技术要求 第3部分：读写器特殊要求		
12	2.4	SJ/T 11604-2016	基于十进制网络的射频识别标签信息定位、查询与服务发现技术规范		
13	2.4	SJ/T 11605-2016	基于射频技术的用于产品和服务域名规范		
14	2.4	SJ/T 11606-2016	射频识别标签信息查询服务的网络架构技术规范		
15	2.4	SJ/T 11651-2016	离散制造业生产管理用射频识别读写设备管理接口规范		
16	2.4	SJ/T 11652-2016	离散制造业生产管理用射频识别标签数据模型		
17	2.4	SJ/T 11657-2016	基于射频识别的物流供应链事务应用数据模型		
18	2.4	SJ/T 11738-2019	基于射频识别的瓶装酒防伪应用模型		
19	2.4	SJ/Z 11648-2016	射频识别技术仓储业务应用指南		
20	2.5	SJ/T 11607-2016	指纹识别设备通用规范		
21	2.5	SJ/T 11608-2016	人脸识别设备通用规范		
22	2.6	SJ/T 11649.1-2016	高清光盘播放系统 第1部分:只读光盘技术要求		
23	2.6	SJ/Z 9049-1987	信息处理——12.7mm宽的磁带自动装带夹	ISO 6098：1984	等同
24	2.6	SJ/Z 9052-1987	打印色带——包装物上的最少标记	ISO 2258：1976	等同
25	2.6	SJ/Z 9053-1987	信息处理用办公机器和打印机——一次性使用的纸或塑料打印色带的宽度和色带终点指示标记	ISO 2775：1977	等同
26	2.6	SJ/Z 9055-1987	纸或塑料打印色带——盘芯的规格	ISO 3540：1976	等同
27	2.6	SJ/Z 9056-1987	信息处理用办公机器和打印机——在卷轴上宽度超过19mm的编织打印色带	ISO3866：1977	等同
28	2.6	SJ/Z 9056-2016	信息处理用办公机器和打印机 在卷轴上宽度超过19mm的编织打印色带	ISO 3866:1977	修改
29	2.6	SJ/Z 9088-1987	信息处理——数据交换用6.30mm宽，以63位/毫米调相制记录的盒式磁带	ISO 4057：1986	等同
30	2.6	SJ/Z 9089.1-1987	数据交换用6.30mm宽，密度为394磁通翻转/毫米，39字符/毫米，成组编码记录的盒式磁带 第一部分：机械、物理和磁性能	ISO 8462-1：1986	等同
31	2.6	SJ/Z 9089.2-1987	信息处理 数据交换用6.3mm宽，密度为394磁通翻转/毫米，39字符/毫米，成组编码记录的盒式磁带 第2部分 流带方式	ISO 8462-2：1986	等同
32	2.8	SJ/T 11271-2002	数字域名规范		
33	2.8	SJ/T 11603-2016	用于信息处理产品和服务数字标识格式		
34	2.9	SJ 2559-1984	S-100总线规范		
35	2.9	SJ/T 10566-1994	可测性总线 第一部分：标准测试存取口与边界扫描结构		
36	2.9	SJ/T 11310.2-2015	信息设备资源共享协同服务 第2部分：应用框架		
37	2.9	SJ/T 11310.3-2015	信息设备资源共享协同服务 第3部分：基础应用		
38	2.9	SJ/T 11310.5-2015	信息设备资源共享协同服务 第5部分：设备类型		
39	2.9	SJ/T 11310.6-2015	信息设备资源共享协同服务 第6部分：服务类型		
40	2.9	SJ/T 11310-2005	信息设备资源共享协同服务 第1部分:基础协议		
41	2.9	SJ/T 11311-2005	信息设备资源共享协同服务 第4部分:设备验证		
42	2.9	SJ/T 11526-2015	信息技术 SCSI基于对象的存储设备命令		

续表

序号	体系编号	标准号	标准名称	采标号	采标程度
43	2.12	SJ/T 11689-2017	音频编码质量主观测试规范		
44	2.13	SJ/Z 9047-1987	信息处理——信息交换用以字符串形式表示数值的方法	ISO6093：1984	等同
45	2.13	SJ/Z 9054-1987	格式设计纸和格式图	ISO 3535：1977	等同
46	2.13	SJ 11240-2001	信息技术 汉字编码字符集(基本集) 12 点阵字型		
47	2.13	SJ 11241-2001	信息技术 汉字编码字符集(基本集) 14 点阵字型		
48	2.13	SJ 11242.1-2001	信息技术 通用多八位编码字符集(I 区)汉字 64 点阵字型 第 1 部分：宋体		
49	2.13	SJ 11242.2-2001	信息技术 通用多八位编码字符集(I 区)汉字 64 点阵字型 第 2 部分：黑体		
50	2.13	SJ 11242.3-2001	信息技术 通用多八位编码字符集(I 区)汉字 64 点阵字型 第 3 部分：楷体		
51	2.13	SJ 11242.4-2001	信息技术 通用多八位编码字符集(I 区)汉字 64 点阵字型 第 4 部分：仿宋体		
52	2.13	SJ 11295—2003	信息技术 通用多八编码字符集（基本多文种平面）汉字 12 点阵字型		
53	2.13	SJ 11296—2003	信息技术 通用多八编码字符集（基本多文种平面）汉字 14 点阵字型		
54	2.13	SJ 11297—2003	信息技术 通用多八编码字符集（基本多文种平面）汉字 20 点阵字型		
55	2.13	SJ 11301-2005	信息技术 通用多八位编码字符集(基本多文种平面)汉字 12 点阵压缩字型		
56	2.13	SJ 11302-2005	信息技术 通用多八位编码字符集(基本多文种平面)汉字 14 点阵压缩字型		
57	2.13	SJ 11303-2005	信息技术 通用多八位编码字符集(基本多文种平面)汉字 16 点阵压缩字型		
58	2.13	SJ/T 11229-2001	手持式个人信息处理设备中文应用程序接口规范		
59	2.13	SJ/T 11239-2001	信息技术 信息交换用汉字编码字符集 第八辅助集		
60	2.14	SJ/Z 9090-1987(2009)	数据交换——组织标识的结构	ISO 6523：1984	等同
61	2.14	SJ/T 11675-2017	信息技术 一体化系统建模方法		
62	2.14	SJ/T 11676-2017	信息技术 元数据属性		
63	2.15	SJ/T 11372-2007	中文办公软件用户界面要求		
64	2.16	SJ/T 10352-1993	办公自动化系统开发设计指南		
65	2.16	SJ/T 11234-2001	软件过程能力评估模型		
66	2.16	SJ/T 11235-2001	软件能力成熟度模型		
67	2.16	SJ/T 11290-2003	面向对象的软件系统建模规范 第 1 部分：概念与表示法		
68	2.16	SJ/T 11291-2003	面向对象的软件系统建模规范 第 3 部分：文档编制		
69	2.16	SJ/T 11374-2007	软件构件 产品质量 第 1 部分：质量模型		
70	2.16	SJ/T 11375-2007	软件构件 产品质量 第 2 部分：质量度量		
71	2.16	SJ/T 11463-2013	软件研发成本度量规范		
72	2.16	SJ/T 11563-2015	网络化可信软件生产过程与环境		
73	2.16	SJ/T 11617-2016	软件工程 COSMIC-FFP 一种功能规模测量方法	ISO/IEC 19761:2011	等同
74	2.16	SJ/T 11618-2016	软件工程 MKⅡ功能点分析计数实践指南		
75	2.16	SJ/T 11619-2016	软件工程 NESMA 功能规模测量方法版本 2.1 使用功能点分析的定义和统计准则		
76	2.16	SJ/T 11620-2016	信息技术 软件和系统工程 FiSMA1.1 功能规模测量方法	ISO/IEC 29881:2010	等同
77	2.16	SJ/T 11621-2016	信息技术 软件资产管理 成熟度评估基准		
78	2.16	SJ/T 11622-2016	信息技术 软件资产管理 实施指南		
79	2.16	SJ/T 11680-2017	信息技术 软件项目度量元		
80	2.16	SJ/T 11681-2017	C#语言源代码缺陷控制与测试指南		
81	2.16	SJ/T 11682-2017	C/C++语言源代码缺陷控制与测试规范		
82	2.16	SJ/T 11683-2017	Java 语言源代码缺陷控制与测试指南		
83	2.17	SJ/T 11143-1997(2009)	计算机用普通话语音库规范		
84	2.17	SJ/T 11380-2008	自动声纹识别(说话人识别)技术规范		
85	3.1	SJ/T 10332-1992	计算机用数字化仪通用技术条件		
86	3.1	SJ/T 10360-1993	家用电子游戏机通用技术条件		

续表

序号	体系编号	标准号	标准名称	采标号	采标程度
87	3.1	SJ/T 11115-1997(2009)	光学标记阅读机通用规范		
88	3.1	SJ/T 11144-1997(2009)	电子产品分类与代码		
89	3.1	SJ/T 11193-1998(2009)	微型数字电子计算机多媒体性能规范		
90	3.1	SJ/T 11238-2001	语言复读机通用规范		
91	3.1	SJ/T 11262-2002	互联网机顶盒通用规范		
92	3.1	SJ/T 11270-2002	信息技术 鼠标器通用规范		
93	3.1	SJ/T 11292-2016	计算机用液晶显示器通用规范		
94	3.1	SJ/T 11298—2003	数字投影机通用规范		
95	3.1	SJ/T 11300-2005	热转印色带通用规范		
96	3.1	SJ/T 11381-2008	信息查询自助终端通用规范		
97	3.1	SJ/T 11410-2009	九针点阵式打印机芯通用规范		
98	3.1	SJ/T 11438-2015	信息技术 商用卷式热敏纸通用规范		
99	3.1	SJ/T 11439-2015	信息技术 面阵式二维码识读引擎通用规范		
100	3.1	SJ/T 11441-2012	喷墨打印纸媒体通用规范		
101	3.1	SJ/T 11527-2015	磁盘阵列通用规范		
102	3.1	SJ/T 11528-2015	信息技术 移动存储 存储卡通用规范		
103	3.1	SJ/T 11530-2015	信息技术 开关型电源适配器通用规范		
104	3.1	SJ/T 11536.1-2015	高性能计算机 刀片服务器 第1部分：管理模块技术要求		
105	3.1	SJ/T 11537-2015	高性能计算机 机群监控系统技术要求		
106	3.1	SJ/T 11538-2015	热打印头通用规范		
107	3.1	SJ/T 11539-2015	接触式图像传感器通用规范		
108	3.1	SJ/T 11596-2016	电子投影机多媒体功能技术要求和测量方法		
109	3.1	SJ/T 11601-2016	信息技术 非接触式二维码扫描枪通用规范		
110	3.1	SJ/T 11602-2016	信息技术 非接触式一维码扫描枪通用规范		
111	3.1	SJ/T 11609-2016	信息技术 拍摄仪通用规范		
112	3.1	SJ/T 11647-2016	信息技术 盘阵列接口要求		
113	3.1	SJ/T 11650-2016	信息技术 办公设备 电子设备中化学品散发率的确定	ISO/IEC 28360:2012	等同
114	3.1	SJ/T 11653-2016	电子收款机通用规范		
115	3.1	SJ/T 11654-2016	固态盘通用规范		
116	3.1	SJ/T 11655-2016	信息技术 移动存储 移动硬盘通用规范		
117	3.1	SJ/T 11663-2016	应急用车载计算机通用规范		
118	3.1	SJ/T 11719-2018	高性能计算机 刀片式服务器 计算刀片电气技术要求		
119	3.1	SJ/T 11720-2018	高性能计算机 刀片式服务器 计算刀片机械技术要求		
120	3.1	SJ/T 11721-2018	高性能计算机 刀片式服务器 计算刀片固件技术要求		
121	3.1	SJ/T 11754-2020	信息技术 条码测试版		
122	3.1	SJ/T 11770-2020	绿色设计产品评价技术规范 微型计算机		
123	3.2	SJ/T 11373-2007	软件构件管理 第1部分：管理信息模型		
124	3.2	SJ/T 11408-2009	软件构件 图形用户界面图元构件描述规范		
125	3.2	SJ/T 11409-2009	软件构件模型		
126	3.2	SJ/T 11561-2015	软件构件运行环境规范		
127	3.2	SJ/T 11562-2015	软件协同开发平台技术规范		
128	3.2	SJ/T 11616-2016	信息技术 移动信息终端基于关键词引导的规范		
129	3.2	SJ/T 11659-2017	城轨列车运行状态智能监测系统技术规范		
130	3.2	SJ/T 11677-2017	信息技术 交易中间件性能测试规范		
131	4.1	SJ/T 11268-2002	网络信息分类系统		
132	4.1	SJ/T 11548.1-2015	信息技术 社会服务管理 三维数字社会服务管理系统技术规范 第1部分：总则		
133	4.1	SJ/T 11615.1-2016	网络数据采集分析软件规范 第1部分：框架		
134	4.1	SJ/T 11615.2-2016	网络数据采集分析软件规范 第2部分：数据格式描述		
135	4.1	SJ/T 11615.3-2016	网络数据采集分析软件规范 第3部分：信息识别		
136	4.1	SJ/T 11615.4-2016	网络数据采集分析软件规范 第4部分：服务要求		

续表

序号	体系编号	标准号	标准名称	采标号	采标程度
137	4.2	SJ/T 11678.1-2017	信息技术 学习、教育和培训 协作技术 协作空间 第1部分：协作空间数据模型	ISO/IEC 19778-1：2015	等同
138	4.2	SJ/T 11678.2-2017	信息技术 学习、教育和培训 协作技术 协作空间 第2部分：协作环境数据模型	ISO/IEC 19778-2：2015	等同
139	4.2	SJ/T 11678.3-2017	信息技术 学习、教育和培训 协作技术 协作空间 第3部分：协作组数据模型	ISO/IEC 19778-3：2015	等同
140	4.2	SJ/T 11679.1-2017	信息技术 学习、教育和培训 协作技术 协作学习通信 第1部分：基于文本的通信	ISO/IEC 19780-1：2015	等同
141	4.6	SJ 2716-86(2009)	数字计算机系统的设计文件的成套和编制		
142	4.6	SJ/T 10629.4-1995(2009)	计算机辅助设计文件管理制度 设计文件的签署		
143	4.6	SJ/T 10629.5-1995(2009)	计算机辅助设计文件管理制度 设计文件的管理		
144	4.6	SJ/T 11156-1998(2009)	计算机辅助设计 设计文件档案管理制度		
145	4.6	SJ/T 11214-1999	计算机辅助工艺文件编制		
146	4.6	SJ/T 11293-2003	企业信息化技术规范 第1部分:企业资源规划系统(ERP)规范		
147	4.6	SJ/T 11362-2006	企业信息化技术规范 制造执行系统(MES)规范		
148	4.6	SJ/T 11656-2016	大型公共活动（会展、赛事）电子票务系统应用规范		
149	4.6	SJ/T 11751-2020	供应链二维码追溯系统数据接口要求		
150	4.6	SJ/T 11752-2020	供应链二维码追溯系统数据格式要求		
151	4.6	SJ/T 11753-2020	供应链二维码追溯系统标识规则		
152	4.6	SJ/Z 11289-2003	面向对象领域工程指南		
153	5.2	SJ/T 11565.1-2015	信息技术服务 咨询设计 第1部分：通用要求		
154	5.3	SJ/T 11674.1-2017	信息技术服务 集成实施 第1部分：通用要求		
155	5.3	SJ/T 11674.2-2017	信息技术服务 集成实施 第2部分：项目实施规范		
156	5.3	SJ/T 11674.3-2017	信息技术服务 集成实施 第3部分：项目验收规范		
157	5.4	SJ/T 11564.4-2015	信息技术服务 运行维护 第4部分：数据中心规范		
158	5.4	SJ/T 11564.5-2017	信息技术服务 运行维护 第5部分：桌面及外围设备规范		
159	5.5	SJ/T 11435-2015	信息技术服务 服务管理 技术要求		
160	5.5	SJ/T 11623-2016	信息技术服务 从业人员能力规范		
161	5.5	SJ/T 11684-2018	信息技术服务 信息系统服务监理规范		
162	5.5	SJ/T 11691-2017	信息技术服务 服务级别协议指南		
163	5.5	SJ/T 11693.1-2017	信息技术服务 服务管理 第1部分：通用要求		
164	5.6	SJ/T 11445.2-2012	信息技术服务 外包 第2部分：数据（信息）保护规范		
165	5.6	SJ/T 11445.4-2017	信息技术服务 外包 第4部分：非结构化数据管理与服务规范		
166	5.6	SJ/T 11445.5-2018	信息技术服务 外包第5部分：发包方项目管理规范		
167	5.6	SJ/T 11673.3-2017	信息技术服务 外包 第3部分：交付中心规范		
168	5.7	SJ/T 11772-2020	企业上云效果评价		
169	5.10	SJ/T 11690-2017	软件运营服务能力通用要求		
170	5.10	SJ/T 11739-2019	信息技术服务 呼叫中心运营管理要求		

附录 D ISO/IEC JTC 1 稳定状态标准

1. 概述

为了节省资源，提高标准的利用率，ISO/IEC 近几年在标准的维护方面进行了一些改革，确定了一批稳定状态标准。ISO/IEC JTC 1 在 ISO/IEC 改革的基础上根据本组织实际情况做出自己的规定，并批准了数百个稳定状态标准。

所谓"稳定状态标准"（stabilized standards）是指：根据标准的有效性和成熟性可以确定其不需要任何维护的标准。一个标准若被确定为稳定状态标准，对其就不再进行周期性维护，但是还予以保留，以规定预计工作寿命较长的设备的现有产品或服务的持续有效性。

《ISO/IEC 导则 第 1 部分：融合的 JTC1 补充部分》国际标准的维护规定了确定稳定状态标准的程序，其要点是：现行标准必须在其最后一次修改后通过至少一个 5 年评审周期方可由负责该标准的 JTC 1/SC 或其他机构推荐将其批准为稳定状态标准。

JTC 1 内的一个 SC 或其他标准所属机构可以推荐其标准放到稳定状态标准，作为该标准复审结果。这种推荐要附有推荐的理由；如果是重新确认，还要随附 JTC 1 投票结果。一旦批准，则纳入稳定标准清单。该清单由 ISO 中央秘书处维护并提供给 JTC 1 秘书处和所有分委员会秘书处。

分委员会、国家成员体或其他 JTC 1 内标准所属机构如果发现某稳定状态标准不再使用或已暂停使用，或继续使用这一标准会不安全，他们可以请求 JTC 1 通过 60 天投票表决程序修订或撤销该标准。

如果根据某稳定状态标准产生了新工作建议，相应秘书处自动地将该标准撤出稳定状态标准清单。依据稳定状态标准的新工作建议必须明确指出该标准是稳定状态标准，新工作建议一旦被采纳，将使该标准返回到激活状态。必须重新经历稳定标准程序（不包括 5 年维护周期），方可再进入稳定状态。

一个稳定状态标准，其归属的 JTC 1 分委员会可在任何时候撤销其稳定状态，也可请求 60 天投票将标准复原为当前状态。

2. 稳定状态标准清单

清单包括目前批准的所有 JTC 1 稳定状态标准（363 项），按标准维护组织（JTC 1 和各 SC）排列，见表 D-1。

表 D-1 JTC 1 稳定状态标准目录

标 准 号	标 题
JTC 1 秘书处维护的（131 项）	
ISO 1538:1984	Programming languages -- ALGOL 60
ISO 2257:1980	Office machines and printing machines used for information processing -- Widths of fabric printing ribbons on spools
ISO 2784:1974	Continuous forms used for information processing -- Sizes and sprocket feed holes
ISO 3791:1976	Office machines and data processing equipment -- Keyboard layouts for numeric applications
ISO 4882:1979	Office machines and data processing equipment -- Line spacings and character spacings
ISO 6093:1985	Information processing -- Representation of numerical values in character strings for information interchange
ISO 7498-2:1989	Information processing systems -- Open Systems Interconnection -- Basic Reference Model -- Part 2: Security Architecture
ISO 8571-1:1988	Information processing systems -- Open Systems Interconnection -- File Transfer, Access and Management -- Part 1: General introduction
ISO 8571-2:1988	Information processing systems -- Open Systems Interconnection -- File Transfer, Access and Management -- Part 2: Virtual Filestore Definition
ISO 8571-3:1988	Information processing systems -- Open Systems Interconnection -- File Transfer, Access and Management -- Part 3: File Service Definition
ISO 8571-4:1988	Information processing systems -- Open Systems Interconnection -- File Transfer, Access and Management -- Part 4: File Protocol Specification

标 准 号	标 题
ISO/IEC 10026-1:1998	Information technology -- Open Systems Interconnection -- Distributed Transaction Processing -- Part 1: OSI TP Model
ISO/IEC 10026-2:1998	Information technology -- Open Systems Interconnection -- Distributed Transaction Processing -- Part 2: OSI TP Service
ISO/IEC 10026-3:1998	Information technology -- Open Systems Interconnection -- Distributed Transaction Processing -- Part 3: Protocol specification
ISO/IEC 10026-4:1995	Information technology -- Open Systems Interconnection -- Distributed Transaction Processing: Protocol Implementation Conformance Statement (PICS) proforma -- Part 4
ISO/IEC 10026-5:1998	Information technology -- Open Systems Interconnection -- Distributed Transaction Processing -- Part 5: Application context proforma and guidelines when using OSI TP
ISO/IEC 10026-6:1995	Information technology -- Open Systems Interconnection -- Distributed Transaction Processing -- Part 6: Unstructured Data Transfer
ISO/IEC 10035-2:1995	Information technology -- Open Systems Interconnection -- Connectionless protocol for the Association Control Service Element: Protocol Implementation Conformance Statement (PICS) proforma -- Part 2
ISO/IEC 10040:1998	Information technology -- Open Systems Interconnection -- Systems management overview
ISO/IEC 10164-1:1993	Information technology -- Open Systems Interconnection -- Systems Management: Object Management Function -- Part 1
ISO/IEC 10164-10:1995	Information technology -- Open Systems Interconnection -- Systems Management: Usage metering function for accounting purposes -- Part 10
ISO/IEC 10164-11:1994	Information technology -- Open Systems Interconnection -- Systems Management: Metric objects and attributes -- Part 11
ISO/IEC 10164-12:1994	Information technology -- Open Systems Interconnection -- Systems Management: Test Management Function -- Part 12
ISO/IEC 10164-13:1995	Information technology -- Open Systems Interconnection -- Systems Management: Summarization Function -- Part 13
ISO/IEC 10164-14:1996	Information technology -- Open Systems Interconnection -- Systems Management: Confidence and diagnostic test categories -- Part 14:
ISO/IEC 10164-15:2002	Information technology -- Open Systems Interconnection -- Systems management: Scheduling function -- Part 15:
ISO/IEC 10164-16:1997	Information technology -- Open Systems Interconnection -- Systems Management: Management knowledge management function -- Part 16:
ISO/IEC 10164-17:1996	Information technology -- Open Systems Interconnection -- Systems Management: Change over function -- Part 17
ISO/IEC 10164-18:1997	Information technology -- Open Systems Interconnection -- Systems Management: Software management function -- Part 18:
ISO/IEC 10164-19:1998	Information technology -- Open Systems Interconnection -- Systems Management: Management domain and management policy management function -- Part 19:
ISO/IEC 10164-2:1993	Information technology -- Open Systems Interconnection -- Systems Management: State Management Function -- Part 2:
ISO/IEC 10164-20:1999	Information technology -- Open Systems Interconnection -- Systems Management: Time management function -- Part 20:
ISO/IEC 10164-21:1998	Information technology -- Open Systems Interconnection -- Systems Management: Command sequencer for Systems Management -- Part 21:
ISO/IEC 10164-22:2000	Information technology -- Open Systems Interconnection -- Systems Management: Response time monitoring function -- Part 22:
ISO/IEC 10164-3:1993	Information technology -- Open Systems Interconnection -- Systems Management: Attributes for representing relationships -- Part 3
ISO/IEC 10164-4:1992	Information technology -- Open Systems Interconnection -- Systems Management: Alarm reporting function -- Part 4:
ISO/IEC 10164-5:1993	Information technology -- Open Systems Interconnection -- Systems management: Event Report Management Function -- Part 5
ISO/IEC 10164-6:1993	Information technology -- Open Systems Interconnection -- Systems Management: Log control function -- Part 6
ISO/IEC 10164-7:1992	Information technology -- Open Systems Interconnection -- Systems Management: Security alarm reporting function -- Part 7
ISO/IEC 10164-8:1993	Information technology -- Open Systems Interconnection -- Systems Management: Security audit trail function -- Part 8
ISO/IEC 10164-9:1995	Information technology -- Open Systems Interconnection -- Systems Management: Objects and attributes for access control -- Part 9
ISO/IEC 10165-1:1993	Information technology -- Open Systems Interconnection -- Management Information Services -- Structure of management information: Management Information Model -- Part 1
ISO/IEC 10165-2:1992	Information technology -- Open Systems Interconnection -- Structure of management information: Definition of management information -- Part 2
ISO/IEC 10165-4:1992	Information technology -- Open Systems Interconnection -- Structure of management information -- Part 4: Guidelines for the definition of managed objects
ISO/IEC 10165-5:1994	Information technology -- Open Systems Interconnection -- Structure of management information: Generic management information -- Part 5
ISO/IEC 10165-6:1997	Information technology -- Open Systems Interconnection -- Structure of management information: Requirements and guidelines for implementation conformance statement proformas associated with OSI management -- Part 6

续表

标准号	标题
ISO/IEC 10165-7:1996	Information technology -- Open Systems Interconnection -- Structure of management information: General relationship model -- Part 7
ISO/IEC 10165-8:2000	Information technology -- Open Systems Interconnection -- Structure of management information: Managed objects for supporting upper layers -- Part 8:
ISO/IEC 10165-9:2000	Information technology -- Open Systems Interconnection -- Structure of management information: Systems management application layer managed objects -- Part 9:
ISO/IEC 10181-1:1996	Information technology -- Open Systems Interconnection -- Security frameworks for open systems: Overview -- Part 1
ISO/IEC 10181-2:1996	Information technology -- Open Systems Interconnection -- Security frameworks for open systems: Authentication framework -- Part 2
ISO/IEC 10181-3:1996	Information technology -- Open Systems Interconnection -- Security frameworks for open systems: Access control framework -- Part 3
ISO/IEC 10181-4:1997	Information technology -- Open Systems Interconnection -- Security frameworks for open systems: Non-repudiation framework -- Part 4:
ISO/IEC 10181-5:1996	Information technology -- Open Systems Interconnection -- Security frameworks for open systems: Confidentiality framework -- Part 5
ISO/IEC 10181-6:1996	Information technology -- Open Systems Interconnection -- Security frameworks for open systems: Integrity framework -- Part 6
ISO/IEC 10181-7:1996	Information technology -- Open Systems Interconnection -- Security frameworks for open systems: Security audit and alarms framework -- Part 7
ISO/IEC 10731:1994	Information technology -- Open Systems Interconnection -- Basic Reference Model -- Conventions for the definition of OSI services
ISO/IEC 10745:1995	Information technology -- Open Systems Interconnection -- Upper layers security model
ISO/IEC 11578:1996	Information technology -- Open Systems Interconnection -- Remote Procedure Call (RPC)
ISO/IEC 11586-1:1996	Information technology -- Open Systems Interconnection -- Generic upper layers security: Overview, models and notation -- Part 1
ISO/IEC 11586-2:1996	Information technology -- Open Systems Interconnection -- Generic upper layers security: Security Exchange Service Element (SESE) service definition -- Part 2
ISO/IEC 11586-3:1996	Information technology -- Open Systems Interconnection -- Generic upper layers security: Security Exchange Service Element (SESE) protocol specification -- Part 3
ISO/IEC 11586-4:1996	Information technology -- Open Systems Interconnection -- Generic upper layers security: Protecting transfer syntax specification -- Part 4
ISO/IEC 11586-5:1997	Information technology -- Open Systems Interconnection -- Generic upper layers security: Security Exchange Service Element (SESE) Protocol Implementation Conformance Statement (PICS) proforma -- Part 5
ISO/IEC 11586-6:1997	Information technology -- Open Systems Interconnection -- Generic upper layers security: Protecting transfer syntax Protocol Implementation Conformance Statement (PICS) proforma -- Part 6
ISO/IEC 11587:1996	Information technology -- Open Systems Interconnection -- Application Context for Systems Management with Transaction Processing
ISO/IEC 13244:1998	Information technology -- Open Distributed Management Architecture
ISO/IEC 13346-1:1995	Information technology -- Volume and file structure of write-once and rewritable media using non-sequential recording for information interchange -- Part 1: General
ISO/IEC 13346-5:1995	Information technology -- Volume and file structure of write-once and rewritable media using non-sequential recording for information interchange -- Part 5: Record structure
ISO/IEC 13490-1:1995	Information technology -- Volume and file structure of read-only and write-once compact disk media for information interchange -- Part 1: General
ISO/IEC 13490-2:1995	Information technology -- Volume and file structure of read-only and write-once compact disk media for information interchange -- Part 2: Volume and file structure
ISO/IEC 13712-1:1995	Information technology -- Remote Operations: Concepts, model and notation -- Part 1
ISO/IEC 13712-2:1995	Information technology -- Remote Operations: OSI realizations -- Remote Operations Service Element (ROSE) service definition -- Part 2
ISO/IEC 13712-3:1995	Information technology -- Remote Operations: OSI realizations -- Remote Operations Service Element (ROSE) protocol specification -- Part 3
ISO/IEC 13714:1995	Information technology -- Document processing and related communication -- User interface to telephone-based services -- Voice messaging applications
ISO/IEC 13800:1996	Information technology -- Procedure for the registration of identifiers and attributes for volume and file structure
ISO/IEC 14834:1996	Information technology -- Distributed Transaction Processing -- The XA Specification
ISO/IEC 14863:1996	Information technology -- System-Independent Data Format (SIDF)

续表

标准号	标 题
ISO/IEC 15953:1999	Information technology -- Open Systems Interconnection -- Service definition for the Application Service Object Association Control Service Element
ISO/IEC 15954:1999	Information technology -- Open Systems Interconnection -- Connection-mode protocol for the Application Service Object Association Control Service Element
ISO/IEC 15955:1999	Information technology -- Open Systems Interconnection -- Connectionless protocol for the Application Service Object Association Control Service Element
ISO/IEC 7498-1:1994	Information technology -- Open Systems Interconnection -- Basic Reference Model: The Basic Model -- Part 1
ISO/IEC 7498-3:1997	Information technology -- Open Systems Interconnection -- Basic Reference Model: Naming and addressing -- Part 3
ISO/IEC 7498-4:1989	Information processing systems -- Open Systems Interconnection -- Basic Reference Model -- Part 4: Management framework
ISO/IEC 8211:1994	Information technology -- Specification for a data descriptive file for information interchange
ISO/IEC 8326:1996	Information technology -- Open Systems Interconnection -- Session service definition
ISO/IEC 8327-1:1996	Information technology -- Open Systems Interconnection -- Connection-oriented Session protocol: Protocol specification -- Part 1
ISO/IEC 8327-2:1996	Information technology -- Open Systems Interconnection -- Connection-oriented Session protocol: Protocol Implementation Conformance Statement (PICS) proforma -- Part 2
ISO/IEC 8571-5:1990	Information processing systems -- Open Systems Interconnection -- File Transfer, Access and Management -- Part 5: Protocol Implementation Conformance Statement Proforma
ISO/IEC 8613-10:1995	Information technology -- Open Document Architecture (ODA) and Interchange Format -- Part 10: Formal specifications
ISO/IEC 8613-11:1995	Information technology -- Open Document Architecture (ODA) and interchange format: Tabular structures and tabular layout -- Part 11
ISO/IEC 8613-12:1996	Information technology -- Open Document Architecture (ODA) and interchange format: Identification of document fragments -- Part 12
ISO/IEC 8613-14:1997	Information technology -- Open Document Architecture (ODA) and interchange format: Temporal relationships and non-linear structures -- Part 14
ISO/IEC 8613-2:1995	Information technology -- Open Document Architecture (ODA) and interchange format: Document structures -- Part 2:
ISO/IEC 8613-3:1995	Information technology -- Open Document Architecture (ODA) and interchange format: Abstract interface for the manipulation of ODA documents -- Part 3
ISO/IEC 8613-9:1996	Information technology -- Open Document Architecture (ODA) and interchange format: Audio content architectures -- Part 9
ISO/IEC 8650-2:1997	Information technology -- Open Systems Interconnection -- Protocol specification for the Association Control Service Element: Protocol Implementation Conformance Statement (PICS) proforma -- Part 2
ISO/IEC 8822:1994	Information technology -- Open Systems Interconnection -- Presentation service definition
ISO/IEC 8823-1:1994	Information technology -- Open Systems Interconnection -- Connection-oriented presentation protocol: Protocol specification -- Part 1
ISO/IEC 8823-2:1997	Information technology -- Open Systems Interconnection -- Connection-oriented presentation protocol: Protocol Implementation Conformance Statement (PICS) proforma -- Part 2
ISO/IEC 9040:1997	Information technology -- Open Systems Interconnection -- Virtual Terminal Basic Class Service
ISO/IEC 9041-1:1997	Information technology -- Open Systems Interconnection -- Virtual Terminal Basic Class Protocol -- Part 1: Specification
ISO/IEC 9041-2:1997	Information technology -- Open Systems Interconnection -- Virtual Terminal Basic Class Protocol -- Part 2: Protocol Implementation Conformance Statement (PICS) proforma
ISO/IEC 9066-1:1989	Information processing systems -- Text communication -- Reliable Transfer -- Part 1: Model and service definition
ISO/IEC 9066-2:1989	Information processing systems -- Text communication -- Reliable Transfer -- Part 2: Protocol specification
ISO/IEC 9066-3:1996	Information technology -- Open Systems Interconnection -- Reliable Transfer: Protocol Implementation Conformance Statement (PICS) proforma -- Part 3
ISO/IEC 9072-1:1989	Information processing systems -- Text communication -- Remote Operations -- Part 1: Model, notation and service definition
ISO/IEC 9072-2:1989	Information processing systems -- Text communication -- Remote Operations -- Part 2: Protocol specification
ISO/IEC 9072-3:1996	Information technology -- Open Systems Interconnection -- Remote Operations: Protocol Implementation Conformance Statement (PICS) proforma -- Part 3
ISO/IEC 9545:1994	Information technology -- Open Systems Interconnection -- Application Layer structure
ISO/IEC 9548-1:1996	Information technology -- Open Systems Interconnection -- Connectionless Session protocol: Protocol specification -- Part 1
ISO/IEC 9548-2:1995	Information technology -- Open Systems Interconnection -- Connectionless Session protocol: Protocol Implementation Conformance Statement (PICS) proforma -- Part 2
ISO/IEC 9576-1:1995	Information technology -- Open Systems Interconnection -- Connectionless Presentation protocol: Protocol specification -- Part 1:

续表

标 准 号	标 题
ISO/IEC 9576-2:1995	Information technology -- Open Systems Interconnection -- Connectionless Presentation protocol: Protocol Implementation Conformance Statement (PICS) proforma -- Part 2
ISO/IEC 9595:1998	Information technology -- Open Systems Interconnection -- Common management information service
ISO/IEC 9596-1:1998	Information technology -- Open Systems Interconnection -- Common management information protocol -- Part 1: Specification
ISO/IEC 9596-2:1993	Information technology -- Open Systems Interconnection -- Common management information protocol: Protocol Implementation Conformance Statement (PICS) proforma -- Part 2:
ISO/IEC 9646-1:1994	Information technology -- Open Systems Interconnection -- Conformance testing methodology and framework -- Part 1: General concepts
ISO/IEC 9646-2:1994	Information technology -- Open Systems Interconnection -- Conformance testing methodology and framework -- Part 2: Abstract Test Suite specification
ISO/IEC 9646-3:1998	Information technology -- Open Systems Interconnection -- Conformance testing methodology and framework -- Part 3: The Tree and Tabular Combined Notation (TTCN)
ISO/IEC 9646-4:1994	Information technology -- Open Systems Interconnection -- Conformance testing methodology and framework -- Part 4: Test realization
ISO/IEC 9646-5:1994	Information technology -- Open Systems Interconnection -- Conformance testing methodology and framework -- Part 5: Requirements on test laboratories and clients for the conformance assessment process
ISO/IEC 9646-6:1994	Information technology -- Open Systems Interconnection -- Conformance testing methodology and framework -- Part 6: Protocol profile test specification
ISO/IEC 9646-7:1995	Information technology -- Open Systems Interconnection -- Conformance testing methodology and framework -- Part 7: Implementation Conformance Statements
ISO/IEC 9804:1998	Information technology -- Open Systems Interconnection -- Service definition for the Commitment, Concurrency and Recovery service element
ISO/IEC 9805-1:1998	Information technology -- Open Systems Interconnection -- Protocol for the Commitment, Concurrency and Recovery service element: Protocol specification -- Part 1:
ISO/IEC 9805-2:1996	Information technology -- Open Systems Interconnection -- Protocol for the Commitment, Concurrency and Recovery service element: Protocol Implementation Conformance Statement (PICS) proforma -- Part 2
ISO/IEC 9834-2:1993	Information technology -- Open Systems Interconnection -- Procedures for the operation of OSI Registration Authorities -- Part 2: Registration procedures for OSI document types
ISO/IEC 9834-4:1991	Information technology -- Open Systems Interconnection -- Procedures for the operation of OSI Registration Authorities -- Part 4: Register of VTE Profiles
ISO/IEC 9834-5:1991	Information technology -- Open Systems Interconnection -- Procedures for the operation of OSI Registration Authorities -- Part 5: Register of VT Control Object Definitions
ISO/IEC ISP 11188-1:1995	Information technology -- International Standardized Profile -- Common upper layer requirements -- Part 1: Basic connection oriented requirements
SC 2 维护的（46 项）	
ISO 10585:1996	Information and documentation -- Armenian alphabet coded character set for bibliographic information interchange
ISO 10586:1996	Information and documentation -- Georgian alphabet coded character set for bibliographic information interchange
ISO 1113:1979	Information processing -- Representation of the 7- bit coded character set on punched tape
ISO 1154:1975	Information processing -- Punched paper tape -- Dimensions and location of feed holes and code holes
ISO 11822:1996	Information and documentation -- Extension of the Arabic alphabet coded character set for bibliographic information interchange
ISO 1681:1973	Information processing -- Unpunched paper cards -- Specification
ISO 2033:1983	Information processing -- Coding of machine readable characters (MICR and OCR)
ISO 2047:1975	Information processing -- Graphical representations for the control characters of the 7- bit coded character set
ISO 3275:1974	Information processing -- Implementation of the 7- bit coded character set and its 7- bit and 8- bit extensions on 3,81 mm magnetic cassette for data interchange
ISO 5426:1983	Extension of the Latin alphabet coded character set for bibliographic information interchange
ISO 5426-2:1996	Information and documentation -- Extension of the Latin alphabet coded character set for bibliographic information interchange -- Part 2: Latin characters used in minor European languages and obsolete typography
ISO 5427:1984	Extension of the Cyrillic alphabet coded character set for bibliographic information interchange
ISO 5428:1984	Greek alphabet coded character set for bibliographic information interchange
ISO 6438:1983	Documentation -- African coded character set for bibliographic information interchange
ISO 6586:1980	Data processing -- Implementation of the ISO 7- bit and 8- bit coded character sets on punched cards
ISO 6861:1996	Information and documentation -- Glagolitic alphabet coded character set for bibliographic information interchange
ISO 6862:1996	Information and documentation -- Mathematical coded character set for bibliographic information interchange

续表

标 准 号	标 题
ISO 6936:1988	Information processing -- Conversion between the two coded character sets of ISO 646 and ISO 6937-2 and the CCITT international telegraph alphabet No. 2 (ITA 2)
ISO 8957:1996	Information and documentation -- Hebrew alphabet coded character sets for bibliographic information interchange
ISO 9036:1987	Information processing -- Arabic 7-bit coded character set for information interchange
ISO 962:1974	Information processing -- Implementation of the 7- bit coded character set and its 7- bit and 8-bit extensions on 9- track 12,7 mm (0.5 in) magnetic tape
ISO/IEC 10367:1991	Information technology -- Standardized coded graphic character sets for use in 8-bit codes
ISO/IEC 10538:1991	Information technology -- Control functions for text communication
ISO/IEC 2022:1994	Information technology -- Character code structure and extension techniques
ISO/IEC 2375:2003	Information technology -- Procedure for registration of escape sequences and coded character sets
ISO/IEC 4873:1991	Information technology -- ISO 8-bit code for information interchange -- Structure and rules for implementation
ISO/IEC 6429:1992	Information technology -- Control functions for coded character sets
ISO/IEC 646:1991	Information technology -- ISO 7-bit coded character set for information interchange
ISO/IEC 6937:2001	Information technology -- Coded graphic character set for text communication -- Latin alphabet
ISO/IEC 7350:1991	Information technology -- Registration of repertoires of graphic characters from ISO/IEC 10367
ISO/IEC 8859-1:1998	Information technology -- 8-bit single-byte coded graphic character sets -- Part 1: Latin alphabet No. 1
ISO/IEC 8859-10:1998	Information technology -- 8-bit single-byte coded graphic character sets -- Part 10: Latin alphabet No. 6
ISO/IEC 8859-11:2001	Information technology -- 8-bit single-byte coded graphic character sets -- Part 11: Latin/Thai alphabet
ISO/IEC 8859-13:1998	Information technology -- 8-bit single-byte coded graphic character sets -- Part 13: Latin alphabet No. 7
ISO/IEC 8859-14:1998	Information technology -- 8-bit single-byte coded graphic character sets -- Part 14: Latin alphabet No. 8 (Celtic)
ISO/IEC 8859-15:1999	Information technology -- 8-bit single-byte coded graphic character sets -- Part 15: Latin alphabet No. 9
ISO/IEC 8859-16:2001	Information technology -- 8-bit single-byte coded graphic character sets -- Part 16: Latin alphabet No. 10
ISO/IEC 8859-2:1999	Information technology -- 8-bit single-byte coded graphic character sets -- Part 2: Latin alphabet No. 2
ISO/IEC 8859-3:1999	Information technology -- 8-bit single-byte coded graphic character sets -- Part 3: Latin alphabet No. 3
ISO/IEC 8859-4:1998	Information technology -- 8-bit single-byte coded graphic character sets -- Part 4: Latin alphabet No. 4
ISO/IEC 8859-5:1999	Information technology -- 8-bit single-byte coded graphic character sets -- Part 5: Latin/Cyrillic alphabet
ISO/IEC 8859-6:1999	Information technology -- 8-bit single-byte coded graphic character sets -- Part 6: Latin/Arabic alphabet
ISO/IEC 8859-7:2003	Information technology -- 8-bit single-byte coded graphic character sets -- Part 7: Latin/Greek alphabet
ISO/IEC 8859-8:1999	Information technology -- 8-bit single-byte coded graphic character sets -- Part 8: Latin/Hebrew alphabet
ISO/IEC 8859-9:1999	Information technology -- 8-bit single-byte coded graphic character sets -- Part 9: Latin alphabet No. 5
ISO/IEC TR 15285:1998	Information technology -- An operational model for characters and glyphs
SC 6 维护的（83 项）	
ISO 1155:1978	Information processing -- Use of longitudinal parity to detect errors in information messages
ISO 1177:1985	Information processing -- Character structure for start/stop and synchronous character oriented transmission
ISO 1745:1975	Information processing -- Basic mode control procedures for data communication systems
ISO 2110:1989	Information technology -- Data communication -- 25-pole DTE/DCE interface connector and contact number assignments
ISO 2628:1973	Basic mode control procedures -- Complements
ISO 2629:1973	Basic mode control procedures -- Conversational information message transfer
ISO 4902:1989	Information technology -- Data communication -- 37-pole DTE/DCE interface connector and contact number assignments
ISO 4903:1989	Information technology -- Data communication -- 15-pole DTE/DCE interface connector and contact number assignments
ISO 7478:1987	Information processing systems -- Data communication -- Multilink procedures
ISO 8648:1988	Information processing systems -- Open Systems Interconnection -- Internal organization of the Network Layer
ISO 9160:1988	Information processing -- Data encipherment -- Physical layer interoperability requirements
ISO 9542:1988	Information processing systems -- Telecommunications and information exchange between systems -- End system to Intermediate system routeing exchange protocol for use in conjunction with the Protocol for providing the connectionless-mode network service (I
ISO 9543:1989	Information processing systems -- Information exchange between systems -- Synchronous transmission signal quality at DTE/DCE interfaces
ISO/IEC 10021-1:2003	Information technology -- Message Handling Systems (MHS) -- Part 1: System and service overview
ISO/IEC 10021-10:1999	Information technology -- Message Handling Systems (MHS): MHS routing -- Part 10:
ISO/IEC 10021-2:2003	Information technology -- Message Handling Systems (MHS): Overall architecture -- Part 2:
ISO/IEC 10021-4:2003	Information technology -- Message Handling Systems (MHS): Message transfer system -- Abstract service definition and procedures -- Part 4:
ISO/IEC 10021-5:1999	Information technology -- Message Handling Systems (MHS): Message store: Abstract service definition -- Part 5:
ISO/IEC 10021-6:2003	Information technology -- Message Handling Systems (MHS): Protocol specifications -- Part 6:

标 准 号	标 题
ISO/IEC 10021-7:2003	Information technology -- Message Handling Systems (MHS): Interpersonal messaging system -- Part 7:
ISO/IEC 10021-8:1999	Information technology -- Message Handling Systems (MHS) -- Part 8: Electronic Data Interchange Messaging Service
ISO/IEC 10021-9:1999	Information technology -- Message Handling Systems (MHS): Electronic Data Interchange Messaging System -- Part 9:
ISO/IEC 10022:1996	Information technology -- Open Systems Interconnection -- Physical Service Definition
ISO/IEC 10028:1993	Information technology -- Telecommunications and information exchange between systems -- Definition of the relaying functions of a Network layer intermediate system
ISO/IEC 10030:1995	Information technology -- Telecommunications and information exchange between systems -- End System Routeing Information Exchange Protocol for use in conjunction with ISO/IEC 8878
ISO/IEC 10166-1:1991	Information technology -- Text and office systems -- Document Filing and Retrieval (DFR) -- Part 1: Abstract service definition and procedures
ISO/IEC 10166-2:1991	Information technology -- Text and office systems -- Document Filing and Retrieval (DFR) -- Part 2: Protocol specification
ISO/IEC 10173:1998	Information technology -- Telecommunications and information exchange between systems -- Interface connector and contact assignments for ISDN primary rate access connector located at reference points S and T
ISO/IEC 10175-1:1996	Information technology -- Text and office systems -- Document Printing Application (DPA) -- Part 1: Abstract service definition and procedures
ISO/IEC 10175-2:1996	Information technology -- Text and office systems -- Document Printing Application (DPA) -- Part 2: Protocol specification
ISO/IEC 10175-3:2000	Information technology -- Text and office systems -- Document Printing Application (DPA) -- Part 3: Management abstract service definitions and procedures
ISO/IEC 10177:1993	Information technology -- Telecommunications and information exchange between systems -- Provision of the connection-mode Network internal layer service by intermediate systems using ISO/IEC 8208, the X.25 Packet Layer Protocol
ISO/IEC 10588:1993	Information technology -- Use of X.25 Packet Layer Protocol in conjunction with X.21/X.21 bis to provide the OSI connection-mode Network Service
ISO/IEC 10589:2002	Information technology -- Telecommunications and information exchange between systems -- Intermediate System to Intermediate System intra-domain routeing information exchange protocol for use in conjunction with the protocol for providing the connectionle
ISO/IEC 10732:1993	Information technology -- Use of X.25 Packet Layer Protocol to provide the OSI connection-mode Network Service over the telephone network
ISO/IEC 10733:1998	Information technology -- Elements of management information related to the OSI Network Layer
ISO/IEC 10736:1995	Information technology -- Telecommunications and information exchange between systems -- Transport layer security protocol
ISO/IEC 10737:1998	Information technology -- Elements of management information related to OSI Transport layer
ISO/IEC 10742:1994	Information technology -- Telecommunications and information exchange between systems -- Elements of management information related to OSI Data Link Layer standards
ISO/IEC 10747:1994	Information technology -- Telecommunications and information exchange between systems -- Protocol for exchange of inter-domain routeing information among intermediate systems to support forwarding of ISO 8473 PDUs
ISO/IEC 11569:1993	Information technology -- Telecommunications and information exchange between systems -- 26-pole interface connector mateability dimensions and contact number assignments
ISO/IEC 11570:1992	Information technology -- Telecommunications and information exchange between systems -- Open Systems Interconnection -- Transport protocol identification mechanism
ISO/IEC 11573:1994	Information technology -- Telecommunications and information exchange between systems -- Synchronization methods and technical requirements for Private Integrated Services Networks
ISO/IEC 11575:1995	Information technology -- Telecommunications and information exchange between systems -- Protocol mappings for the OSI Data Link service
ISO/IEC 11577:1995	Information technology -- Open Systems Interconnection -- Network layer security protocol
ISO/IEC 11579-2:1999	Information technology -- Telecommunications and information exchange between systems -- Private integrated services network -- Part 2: Reference configuration for HS-PISN Exchanges (HS-PINX)
ISO/IEC 11584:1996	Information technology -- Telecommunications and information exchange between systems -- Private Integrated Services Network -- Circuit-mode multi-rate bearer services -- Service description, functional capabilities and information flows
ISO/IEC 13239:2002	Information technology -- Telecommunications and information exchange between systems -- High-level data link control (HDLC) procedures
ISO/IEC 13241:1997	Information technology -- Telecommunications and information exchange between systems -- Private Integrated Services Network -- Inter-exchange signalling protocol -- Route Restriction Class additional network feature
ISO/IEC 13242:1997	Information technology -- Telecommunications and information exchange between systems -- Private Integrated Services Network -- Specification, functional model and information flows -- Route Restriction Class additional network feature

续表

标 准 号	标 题
ISO/IEC 13575:1995	Information technology -- Telecommunications and information exchange between systems -- 50-pole interface connector mateability dimensions and contact number assignments
ISO/IEC 13642:1999	Information technology -- Elements of management information related to the OSI Physical Layer
ISO/IEC 13871:1995	Information technology -- Telecommunications and information exchange between systems -- Private telecommunications networks -- Digital channel aggregation
ISO/IEC 14699:1997	Information technology -- Open Systems Interconnection -- Transport Fast Byte Protocol
ISO/IEC 14700:1997	Information technology -- Open Systems Interconnection -- Network Fast Byte Protocol
ISO/IEC 14765:1997	Information technology -- Framework for protocol identification and encapsulation
ISO/IEC 14766:1997	Information technology -- Telecommunications and information exchange between systems -- Use of OSI applications over the Internet Transmission Control Protocol (TCP)
ISO/IEC 18017:2001	Information technology -- Telecommunications and information exchange between systems -- Private Integrated Services Network -- Mapping functions for the employment of Virtual Private Network scenarios
ISO/IEC 2593:2000	Information technology -- Telecommunications and information exchange between systems -- 34-pole DTE/DCE interface connector mateability dimensions and contact number assignments
ISO/IEC 7480:1991	Information technology -- Telecommunications and information exchange between systems -- Start-stop transmission signal quality at DTE/DCE interfaces
ISO/IEC 7776:1995	Information technology -- Telecommunications and information exchange between systems -- High-level data link control procedures -- Description of the X.25 LAPB-compatible DTE data link procedures
ISO/IEC 8072:1996	Information technology -- Open systems interconnection -- Transport service definition
ISO/IEC 8073:1997	Information technology -- Open Systems Interconnection -- Protocol for providing the connection-mode transport service
ISO/IEC 8208:2000	Information technology -- Data communications -- X.25 Packet Layer Protocol for Data Terminal Equipment
ISO/IEC 8473-1:1998	Information technology -- Protocol for providing the connectionless-mode network service: Protocol specification -- Part 1:
ISO/IEC 8473-2:1996	Information technology -- Protocol for providing the connectionless-mode network service -- Part 2: Provision of the underlying service by an ISO/IEC 8802 subnetwork
ISO/IEC 8473-3:1995	Information technology -- Protocol for providing the connectionless-mode network service: Provision of the underlying service by an X.25 subnetwork -- Part 3
ISO/IEC 8473-4:1995	Information technology -- Protocol for providing the connectionless-mode network service: Provision of the underlying service by a subnetwork that provides the OSI data link service -- Part 4
ISO/IEC 8473-5:1997	Information technology -- Protocol for providing the connectionless-mode network service: Provision of the underlying service by ISDN circuit-switched B-channels -- Part 5
ISO/IEC 8480:1995	Information technology -- Telecommunications and information exchange between systems -- DTE/DCE interface back-up control operation using ITU-T Recommendation V.24 interchange circuits
ISO/IEC 8481:1996	Information technology -- Telecommunications and information exchange between systems -- DTE to DTE direct connections
ISO/IEC 8482:1993	Information technology -- Telecommunications and information exchange between systems -- Twisted pair multipoint interconnections
ISO/IEC 8602:1995	Information technology -- Protocol for providing the OSI connectionless-mode transport service
ISO/IEC 8802-2:1998	Information technology -- Telecommunications and information exchange between systems -- Local and metropolitan area networks -- Specific requirements -- Part 2: Logical link control
ISO/IEC 8877:1992	Information technology -- Telecommunications and information exchange between systems -- Interface connector and contact assignments for ISDN Basic Access Interface located at reference points S and T
ISO/IEC 8878:1992	Information technology -- Telecommunications and information exchange between systems -- Use of X.25 to provide the OSI Connection-mode Network Service
ISO/IEC 8881:1989	Information processing systems -- Data communications -- Use of the X.25 packet level protocol in local area networks
ISO/IEC 8882-1:1996	Information technology -- Telecommunications and information exchange between systems -- X.25 DTE conformance testing -- Part 1: General principles
ISO/IEC 8882-2:2000	Information technology -- Telecommunications and information exchange between systems -- X.25 DTE conformance testing -- Part 2: Data link layer conformance test suite
ISO/IEC 8882-3:2000	Information technology -- Telecommunications and information exchange between systems -- X.25 DTE conformance testing -- Part 3: Packet layer conformance test suite
ISO/IEC 8886:1996	Information technology -- Open Systems Interconnection -- Data link service definition
ISO/IEC 9549:1990	Information technology -- Galvanic isolation of balanced interchange circuit
ISO/IEC 9574:1992	Information technology -- Provision of the OSI connection-mode network service by packet mode terminal equipment to an integrated services digital network (ISDN)
SC 7 维护的（3 项）	
ISO/IEC 11411:1995	Information technology -- Representation for human communication of state transition of software

续表

标 准 号	标 题
ISO/IEC 14769:2001	Information technology -- Open Distributed Processing -- Type Repository Function
ISO/IEC 15437:2001	Information technology -- Enhancements to LOTOS (E-LOTOS)
SC 17 维护的（3 项）	
ISO/IEC 10536-1:2000	Identification cards -- Contactless integrated circuit(s) cards -- Close-coupled cards -- Part 1: Physical characteristics
ISO/IEC 10536-2:1995	Identification cards -- Contactless integrated circuit(s) cards -- Part 2: Dimensions and location of coupling areas
ISO/IEC 10536-3:1996	Identification cards -- Contactless integrated circuit(s) cards -- Part 3: Electronic signals and reset procedures
SC 22 维护的（12 项）	
ISO 6160:1979	Programming languages -- PL/1
ISO 7185:1990	Information technology -- Programming languages -- Pascal
ISO 8485:1989	Programming languages -- APL
ISO/IEC 10206:1991	Information technology -- Programming languages -- Extended Pascal
ISO/IEC 10279:1991	Information technology -- Programming languages -- Full BASIC
ISO/IEC 10514-1:1996	Information technology -- Programming languages -- Part 1: Modula-2, Base Language
ISO/IEC 13211-1:1995	Information technology -- Programming languages -- Prolog -- Part 1: General core
ISO/IEC 13751:2001	Information technology -- Programming languages, their environments and system software interfaces -- Programming language Extended APL
ISO/IEC 13817-1:1996	Information technology -- Programming languages, their environments and system software interfaces -- Vienna Development Method -- Specification Language -- Part 1: Base language
ISO/IEC 13886:1996	Information technology -- Language-Independent Procedure Calling (LIPC)
ISO/IEC 14519:2001	Information technology -- POSIX Ada Language Interfaces -- Binding for System Application Program Interface (API)
ISO/IEC 6522:1992	Information technology -- Programming languages -- PL/1 general purpose subset
SC 23 维护的（113 项）	
ISO 1862:1975	Information processing -- 9- track, 12,7 mm (0.5 in) wide magnetic tape for information interchange recorded at 8 rpmm (200 rpi)
ISO 3407:1983	Information processing -- Information interchange on 3,81 mm (0.150 in) magnetic tape cassette at 4 cpmm (100 cpi), phase encoded at 63 ftpmm (1 600 ftpi)
ISO 3561:1976	Information processing -- Interchangeable magnetic six-disk pack -- Track format
ISO 3562:1976	Information processing -- Interchangeable magnetic single-disk cartridge (top loaded) -- Physical and magnetic characteristics
ISO 3563:1976	Information processing -- Interchangeable magnetic single-disk cartridge (top loaded) -- Track format
ISO 3564:1976	Information processing -- Interchangeable magnetic eleven-disk pack -- Physical and magnetic characteristics
ISO 3692:1976	Information processing -- Reels and cores for 25,4 mm (1 in) perforated paper tape for information interchange -- Dimensions
ISO 4337:1977	Information processing -- Interchangeable magnetic twelve-disk pack (100 Mbytes)
ISO 5652:1984	Information processing -- 9-Track, 12,7 mm (0.5 in) wide magnetic tape for information interchange -- Format and recording, using group coding at 246 cpmm (6 250 cpi)
ISO 5653:1980	Information processing -- Interchangeable magnetic twelve-disk pack (200 Mbytes)
ISO 5654-1:1984	Information processing -- Data interchange on 200 mm (8 in) flexible disk cartridges using two-frequency recording at 13 262 ftprad, 1,9 tpmm (48 tpi), on one side -- Part 1: Dimensional, physical and magnetic characteristics
ISO 5654-2:1985	Information processing -- Data interchange on 200 mm (8 in) flexible disk cartridges using two- frequency recording at 13 262 ftprad, 1.9 tpmm (48 tpi), on one side -- Part 2: Track format
ISO 6098:1984	Information processing -- Self-loading cartridges for 12,7 mm (0.5 in) wide magnetic tape
ISO 6596-1:1985	Information processing -- Data interchange on 130 mm (5.25 in) flexible disk cartridges using two-frequency recording at 7 958 ftprad, 1.9 tpmm (48 tpi), on one side -- Part 1: Dimensional, physical and magnetic characteristics
ISO 6596-2:1985	Information processing -- Data interchange on 130 mm (5.25 in) flexible disk cartridges using two-frequency recording at 7 958 ftprad, 1,9 tpmm (48 tpi), on one side -- Part 2: Track format
ISO 7065-1:1985	Information processing -- Data interchange on 200 mm (8 in) flexible disk cartridges using modified frequency modulation recording at 13 262 ftprad, 1,9 tpmm (48 tpi), on both sides -- Part 1: Dimensional, physical and magnetic characteristics
ISO 7065-2:1985	Information processing -- Data interchange on 200 mm (8 in) flexible disk cartridges using modified frequency modulation recording at 13 262 ftprad, 1,9 tpmm (48 tpi), on both sides -- Part 2: Track format
ISO 7487-2:1985	Information processing -- Data interchange on 130 mm (5.25 in) flexible disk cartridges using modified frequency modulation recording at 7 958 ftprad, 1,9 tpmm (48 tpi), on both sides -- Part 2: Track format A
ISO 7487-3:1986	Information processing -- Data interchange on 130 mm (5.25 in) flexible disk cartridges using modified frequency modulation recording at 7 958 ftprad, 1,9 tpmm (48 tpi), on both sides -- Part 3: Track format B
ISO 8064:1985	Information processing -- Reels for 12,7 mm (0,5 in) wide magnetic tapes -- Sizes 16, 18 and 22

续表

标 准 号	标 题
ISO 8630-1:1987	Information processing -- Data interchange on 130 mm (5.25 in) flexible disk cartridges using modified frequency modulation recording at 13 262 ftprad, on 80 tracks on each side -- Part 1: Dimensional, physical and magnetic characteristics
ISO 8630-3:1987	Information processing -- Data interchange on 130 mm (5.25 in) flexible disk cartridges using modified frequency modulation recording at 13 262 ftprad, on 80 tracks on each side -- Part 3: Track format B for 80 tracks
ISO 8860-1:1987	Information processing -- Data interchange on 90 mm (3.5 in) flexible disk cartridges using modified frequency modulation recording at 7 958 ftprad on 80 tracks on each side -- Part 1: Dimensional, physical and magnetic characteristics
ISO 8860-2:1987	Information processing -- Data interchange on 90 mm (3.5 in) flexible disk cartridges using modified frequency modulation recording at 7 958 ftprad on 80 tracks on each side -- Part 2: Track format
ISO/IEC 10089:1991	Information technology -- 130 mm rewritable optical disk cartridge for information interchange
ISO/IEC 10090:1992	Information technology -- 90 mm optical disk cartridges, rewritable and read only, for data interchange
ISO/IEC 10149:1995	Information technology -- Data interchange on read-only 120 mm optical data disks (CD-ROM)
ISO/IEC 10994:1992	Information technology -- Data interchange on 90 mm flexible disk cartridges using modified frequency modulation recording at 31 831 ftprad on 80 tracks on each side -- ISO Type 303
ISO/IEC 11319:1993	Information technology -- 8 mm wide magnetic tape cartridge for information interchange -- Helical scan recording
ISO/IEC 11321:1992	Information technology -- 3,81 mm wide magnetic tape cartridge for information interchange -- Helical scan recording -- DATA/DAT format
ISO/IEC 11557:1992	Information technology -- 3,81 mm wide magnetic tape cartridge for information interchange -- Helical scan recording -- DDS-DC format using 60 m and 90 m length tapes
ISO/IEC 11558:1992	Information technology -- Data compression for information interchange -- Adaptive coding with embedded dictionary -- DCLZ Algorithm
ISO/IEC 11559:1993	Information technology -- Data interchange on 12,7 mm wide 18-track magnetic tape cartridges -- Extended format
ISO/IEC 11560:1992	Information technology -- Information interchange on 130 mm optical disk cartridges using the magneto-optical effect, for write once, read multiple functionality
ISO/IEC 11576:1994	Information technology -- Procedure for the registration of algorithms for the lossless compression of data
ISO/IEC 12042:1993	Information technology -- Data compression for information interchange -- Binary arithmetic coding algorithm
ISO/IEC 12246:1993	Information technology -- 8 mm wide magnetic tape cartridge dual azimuth format for information interchange -- Helical scan recording
ISO/IEC 12247:1993	Information technology -- 3,81 mm wide magnetic tape cartridge for information interchange -- Helical scan recording -- DDS format using 60 m and 90 m length tapes
ISO/IEC 12248:1993	Information technology -- 3,81 mm wide magnetic tape cartridge for information interchange -- Helical scan recording -- DATA/DAT-DC format using 60 m and 90 m length tapes
ISO/IEC 13170:2009	Information technology -- 120 mm (8,54 Gbytes per side) and 80 mm (2,66 Gbytes per side) DVD re-recordable disk for dual layer (DVD-RW for DL)
ISO/IEC 13403:1995	Information technology -- Information interchange on 300 mm optical disk cartridges of the write once, read multiple (WORM) type using the CCS method
ISO/IEC 13421:1993	Information technology -- Data Interchange on 12,7 mm, 48-track magnetic tape cartridges -- DLT 1 format
ISO/IEC 13422:1994	Information technology -- Data interchange on 90 mm Flexible Disk Cartridges 10 MByte capacity using sector servo tracking -- ISO Type 304
ISO/IEC 13481:1993	Information technology -- Data interchange on 130 mm optical disk cartridges -- Capacity: 1 gigabyte per cartridge
ISO/IEC 13549:1993	Information technology -- Data interchange on 130 mm optical disk cartridges -- Capacity: 1,3 gigabytes per cartridge
ISO/IEC 13614:1995	Information technology -- Interchange on 300 mm optical disk cartridges of the write once, read multiple (WORM) type using the SSF method
ISO/IEC 13842:1995	Information technology -- 130 mm optical disk cartridges for information interchange -- Capacity: 2 Gbytes per cartridge
ISO/IEC 13923:1996	Information technology -- 3,81 mm wide magnetic tape cartridge for information interchange -- Helical scan recording -- DDS-2 format using 120 m length tape
ISO/IEC 13962:1995	Information technology -- Data interchange on 12,7 mm, 112-track magnetic tape cartridges -- DLT 2 format
ISO/IEC 13963:1995	Information technology -- Data interchange on 90 mm optical disk cartridges -- Capacity: 230 megabytes per cartridge
ISO/IEC 14169:1995	Information technology -- 90 mm flexible disk cartridges -- 21 MBytes formatted capacity -- ISO Type 305
ISO/IEC 14251:1995	Information technology -- Data interchange on 12,7 mm 36-track magnetic tape cartridges
ISO/IEC 14417:1999	Information technology -- Data recording format DD-1 for magnetic tape cassette conforming to IEC 1016
ISO/IEC 14517:1996	Information technology -- 130 mm optical disk cartridges for information interchange -- Capacity: 2,6 Gbytes per cartridge
ISO/IEC 14760:1997	Information technology -- Data interchange on 90 mm overwritable and read only optical disk cartridges using phase change -- Capacity: 1,3 Gbytes per cartridge
ISO/IEC 14833:1996	Information technology -- Data interchange on 12,7 mm 128-Track magnetic tape cartridges -- DLT 3 format
ISO/IEC 14840:1996	Information technology -- 12,65 mm wide magnetic tape cartridge for information interchange -- Helical scan recording -- Data-D3-1 format

续表

标 准 号	标 题
ISO/IEC 15041:1997	Information technology -- Data interchange on 90 mm optical disk cartridges -- Capacity: 640 Mbytes per cartridge
ISO/IEC 15200:1996	Information technology -- Adaptive Lossless Data Compression algorithm (ALDC)
ISO/IEC 15286:1999	Information technology -- 130 mm optical disk cartridges for information interchange -- Capacity: 5,2 Gbytes per cartridge
ISO/IEC 15307:1997	Information technology -- Data interchange on 12,7 mm 128-track magnetic tape cartridges -- DLT 4 format
ISO/IEC 15485:1997	Information technology -- Data interchange on 120 mm optical disk cartridges using phase change PD format -- Capacity: 650 Mbytes per cartridge
ISO/IEC 15486:1998	Information technology -- Data interchange on 130 mm optical disk cartridges of type WORM (Write Once Read Many) using irreversible effects -- Capacity: 2,6 Gbytes per cartridge
ISO/IEC 15498:1997	Information technology -- Data interchange on 90 mm optical disk cartridges -- HS-1 format -- Capacity: 650 Mbytes per cartridge
ISO/IEC 15521:1998	Information technology -- 3,81 mm wide magnetic tape cartridge for information interchange -- Helical scan recording -- DDS-3 format using 125 m length tapes
ISO/IEC 15718:1998	Information technology -- Data interchange on 8 mm wide magnetic tape cartridge -- Helical scan recording -- HH-1 format
ISO/IEC 15731:1998	Information technology -- 12,65 mm wide magnetic tape cassette for information interchange -- Helical scan recording -- DTF-1 format
ISO/IEC 15757:1998	Information technology -- Data interchange on 8 mm wide magnetic tape cartridge -- Helical scan recording -- DA-2 format
ISO/IEC 15780:1998	Information technology -- 8 mm wide magnetic tape cartridge -- Helical scan recording -- AIT-1 format
ISO/IEC 15895:1999	Information technology -- Data interchange on 12,7 mm 128-track magnetic tape cartridges -- DLT 3-XT format
ISO/IEC 15896:1999	Information technology -- Data interchange on 12,7 mm 208-track magnetic tape cartridges -- DLT 5 format
ISO/IEC 15898:1998	Information technology -- Data interchange on 356 mm optical disk cartridges -- WORM, using phase change technology -- Capacity: 14,8 Gbytes and 25 Gbytes per cartridge
ISO/IEC 16382:2000	Information technology -- Data interchange on 12,7 mm 208-track magnetic tape cartridges -- DLT 6 format
ISO/IEC 16448:2002	Information technology -- 120 mm DVD -- Read-only disk
ISO/IEC 16449:2002	Information technology -- 80 mm DVD -- Read-only disk
ISO/IEC 16824:1999	Information technology -- 120 mm DVD rewritable disk (DVD-RAM)
ISO/IEC 16825:1999	Information technology -- Case for 120 mm DVD-RAM disks
ISO/IEC 16969:1999	Information technology -- Data interchange on 120 mm optical disk cartridges using +RW format -- Capacity: 3,0 Gbytes and 6,0 Gbytes
ISO/IEC 17342:2004	Information technology -- 80 mm (1,46 Gbytes per side) and 120 mm (4,70 Gbytes per side) DVD re-recordable disk (DVD-RW)
ISO/IEC 17345:2006	Information technology -- Data Interchange on 130 mm Rewritable and Write Once Read Many Ultra Density Optical (UDO) Disk Cartridges -- Capacity: 30 Gbytes per Cartridge -- First Generation
ISO/IEC 17346:2005	Information technology -- Data interchange on 90 mm optical disk cartridges -- Capacity: 1,3 Gbytes per cartridge
ISO/IEC 17462:2000	Information technology -- 3,81 mm wide magnetic tape cartridge for information interchange -- Helical scan recording -- DDS-4 format
ISO/IEC 17592:2004	Information technology -- 120 mm (4,7 Gbytes per side) and 80 mm (1,46 Gbytes per side) DVD rewritable disk (DVD-RAM)
ISO/IEC 17594:2004	Information technology -- Cases for 120 mm and 80 mm DVD-RAM disks
ISO/IEC 17913:2000	Information technology -- 12,7mm 128-track magnetic tape cartridge for information interchange -- Parallel serpentine format
ISO/IEC 18093:1999	Information technology -- Data interchange on 130 mm optical disk cartridges of type WORM (Write Once Read Many) using irreversible effects -- Capacity: 5,2 Gbytes per cartridge
ISO/IEC 1863:1990	Information processing -- 9-track, 12,7 mm (0,5 in) wide magnetic tape for information interchange using NRZ1 at 32 ftpmm (800 ftpi) -- 32 cpmm (800 cpi)
ISO/IEC 1864:1992	Information technology -- Unrecorded 12,7 mm (0,5 in) wide magnetic tape for information interchange -- 32 ftpmm (800 ftpi), NRZ1, 126 ftpmm (3 200 ftpi) phase encoded and 356 ftpmm (9 042 ftpi), NRZ1
ISO/IEC 18809:2000	Information technology -- 8 mm wide magnetic tape cartridge for information interchange -- Helical scan recording AIT-1 with MIC format
ISO/IEC 18810:2001	Information technology -- 8 mm wide magnetic tape cartridge for information interchange -- Helical scan recording AIT-2 with MIC format
ISO/IEC 18836:2001	Information technology -- 8 mm wide magnetic tape cartridge for information interchange -- Helical scan recording -- MammothTape-2 format
ISO/IEC 20061:2001	Information technology -- 12,65 mm wide magnetic tape cassette for information interchange -- Helical scan recording -- DTF-2
ISO/IEC 20062:2001	Information technology -- 8 mm wide magnetic tape cartridge for information interchange -- Helical scan recording -- VXA-1 format

续表

标 准 号	标 题
ISO/IEC 20162:2001	Information technology -- Data interchange on 300 mm optical disk cartridges of type WORM (Write Once Read Many) using irreversible effects -- Capacity: 30 Gbytes per cartridge
ISO/IEC 20563:2001	Information technology -- 80 mm (1,23 Gbytes per side) and 120 mm (3,95 Gbytes per side) DVD-recordable disk (DVD-R)
ISO/IEC 22050:2002	Information technology -- Data interchange on 12,7 mm, 384-track magnetic tape cartridges -- Ultrium-1 format
ISO/IEC 22051:2002	Information technology -- Data interchange on 12,7 mm, 448-track magnetic tape cartridges -- SDLT1 format
ISO/IEC 22091:2002	Information technology -- Streaming Lossless Data Compression algorithm (SLDC)
ISO/IEC 22092:2002	Information technology -- Data interchange on 130 mm magneto-optical disk cartridges -- Capacity: 9,1 Gbytes per cartridge
ISO/IEC 22533:2005	Information technology -- Data interchange on 90 mm optical disk cartridges -- Capacity: 2,3 Gbytes per cartridge
ISO/IEC 23651:2003	Information technology -- 8 mm wide magnetic tape cartridge for information interchange -- Helical scan recording -- AIT-3 format
ISO/IEC 23912:2005	Information technology -- 80 mm (1,46 Gbytes per side) and 120 mm (4,70 Gbytes per side) DVD Recordable Disk (DVD-R)
ISO/IEC 25435:2006	Data Interchange on 60 mm Read-Only ODC -- Capacity: 1,8 Gbytes (UMDTM)
ISO/IEC 3788:1990	Information processing -- 9-track, 12,7 mm (0,5 in) wide magnetic tape for information interchange using phase encoding at 126 ftpmm (3 200 ftpi), 63 cpmm (1 600 cpi)
ISO/IEC 7487-1:1993	Information technology -- Data interchange on 130 mm (5,25 in) flexible disk cartridges using modified frequency modulation recording at 7 958 ftprad, 1,9 tpmm (48 tpi), on both sides -- ISO type 202 -- Part 1: Dimensional, physical and magnetic character
ISO/IEC 9171-1:1990	Information technology -- 130 mm optical disk cartridge, write once, for information interchange -- Part 1: Unrecorded optical disk cartridge
ISO/IEC 9171-2:1990	Information technology -- 130 mm optical disk cartridge, write once, for information interchange -- Part 2: Recording format
ISO/IEC 9529-1:1989	Information processing systems -- Data interchange on 90 mm (3,5 in) flexible disk cartridges using modified frequency modulation recording at 15 916 ftprad, on 80 tracks on each side -- Part 1: Dimensional, physical and magnetic characteristics
ISO/IEC 9529-2:1989	Information processing systems -- Data interchange on 90 mm (3,5 in) flexible disk cartridges using modified frequency modulation recording at 15 916 ftprad, on 80 tracks on each side -- Part 2: Track format
ISO/IEC 9661:1994	Information technology -- Data interchange on 12,7 mm wide magnetic tape cartridges -- 18 tracks, 1 491 data bytes per millimetre
ISO/IEC TR 10091:1995	Information technology -- Technical aspects of 130 mm optical disk cartridge write-once recording format
ISO/IEC TR 13561:1994	Information technology -- Guidelines for effective use of optical disk cartridges conforming to ISO/IEC 10090
ISO/IEC TR 13841:1995	Information technology -- Guidance on measurement techniques for 90 mm optical disk cartridges
SC 25 维护的（4 项）	
ISO/IEC 14165-133:2010	Information technology -- Fibre Channel -- Part 133: Switch Fabric-3 (FC-SW-3)
ISO/IEC 14543-5-1:2010	Information technology -- Home electronic system (HES) architecture -- Part 5-1: Intelligent grouping and resource sharing for Class 2 and Class 3 -- Core protocol
ISO/IEC 14543-5-22:2010	Information technology -- Home electronic system (HES) architecture -- Part 5-22: Intelligent grouping and resource sharing for HES Class 2 and Class 3 -- Application profile -- File profile
ISO/IEC 24739-3:2010	Information technology -- AT Attachment with Packet Interface - 7 -- Part 3: Serial transport protocols and physical interconnect (ATA/ATAPI-7 V3)
SC 27 维护的（1 项）	
ISO/IEC 7064:2003	Information technology -- Security techniques -- Check character systems
SC 28 维护的（1 项）	
ISO/IEC 11160-1:1996	Information technology -- Office equipment -- Minimum information to be included in specification sheets -- Printers -- Part 1: Class 1 and Class 2 printers
SC 29 维护的（8 项）	
ISO/IEC 10918-2:1995	Information technology -- Digital compression and coding of continuous-tone still images: Compliance testing -- Part 2
ISO/IEC 11172-4:1995	Information technology -- Coding of moving pictures and associated audio for digital storage media at up to about 1,5 Mbit/s -- Part 4: Compliance testing
ISO/IEC 13522-4:1996	Information technology -- Coding of multimedia and hypermedia information -- Part 4: MHEG registration procedure
ISO/IEC 13522-7:2001	Information technology -- Coding of multimedia and hypermedia information -- Part 7: Interoperability and conformance testing for ISO/IEC 13522-5
ISO/IEC 13522-8:2001	Information technology -- Coding of multimedia and hypermedia information -- Part 8: XML notation for ISO/IEC 13522-5
ISO/IEC 13818-9:1996	Information technology -- Generic coding of moving pictures and associated audio information -- Part 9: Extension for real time interface for systems decoders
ISO/IEC 14496-5:2001	Information technology -- Coding of audio-visual objects -- Part 5: Reference software

续表

标 准 号	标 题
SC 31 维护的（4 项）	
ISO 1073-1:1976	Alphanumeric character sets for optical recognition -- Part 1: Character set OCR-A -- Shapes and dimensions of the printed image
ISO 1073-2:1976	Alphanumeric character sets for optical recognition -- Part 2: Character set OCR-B -- Shapes and dimensions of the printed image
ISO 1831:1980	Printing specifications for optical character recognition
ISO/IEC TR 19782:2006	Information technology -- Automatic identification and data capture techniques -- Effects of gloss and low substrate opacity on reading of bar code symbols
SC 34 维护的（5 项）	
ISO 8879:1986	Information processing -- Text and office systems -- Standard Generalized Markup Language (SGML)
ISO/IEC 10179:1996	Information technology -- Processing languages -- Document Style Semantics and Specification Language (DSSSL)
ISO/IEC 10180:1995	Information technology -- Processing languages -- Standard Page Description Language (SPDL)
ISO/IEC 13240:2001	Information technology -- Document description and processing languages -- Interchange Standard for Multimedia Interactive Documents (ISMID)
ISO/IEC 9070:1991	Information technology -- SGML support facilities -- Registration procedures for public text owner identifiers
SC 35 维护的（1 项）	
ISO/IEC 10741-1:1995	Information technology -- User system interfaces -- Dialogue interaction -- Part 1: Cursor control for text editing

附录 E   JTC 1 标准中吸纳专利情况统计

1. 专利声明 3300 多个

按声明提交者所在国（或地区）统计的专利声明数量（括号内数字）如下：

美国（1097）、日本（748）、法国（289）、韩国（289）、德国（200）、芬兰（221）、荷兰（82）、英国（52）、澳大利亚（38）、奥地利（45）、中国（56）、瑞士（36）、新加坡（23）、挪威（20）、瑞典（26）、加拿大（15）、意大利（14）、比利时（14）、以色列（7）、南非（4）、爱尔兰（2）、丹麦（1）、冰岛（2）。

2. 覆盖专利技术声明的标准 360 个

明确覆盖专利技术的 ISO/IEC 标准（含多部分标准和补篇）共计 360 个（其中补篇 64 个；有 2 项查不到标准，可能源统计有误。）

具有专利技术声明的标准见表 E-1（按标准号升序排序）。

表 E-1 具有专利技术声明的标准

序号	标准
1	ISO/IEC 7501 Information technology -- Coding of moving pictures and associated audio for digital storage media at up to about 1,5 Mbit/s -- Part 1: Systems
2	ISO/IEC 7816-11:2017 Identification cards -- Integrated circuit cards -- Part 11: Personal verification through biometric methods
3	ISO/IEC 7816-12 Identification cards - Integrated circuit cards -- Part 12: Cards with contacts -- USB electrical interface and operating procedures
4	ISO/IEC 7816-2/Amd 1 Identification cards -- Integrated circuit cards -- Part 2: Cards with contacts -- Dimensions and location of the contacts / Amd 1
5	ISO/IEC 7816-3 Identification cards -- Integrated circuit cards -- Part 3: Cards with contacts -- Electrical interface and transmission protocols
6	ISO/IEC 7816-4 Identification cards -- Integrated circuit cards -- Part 4: Organization, security and commands for interchange
7	ISO/IEC 7816-8 Identification cards -- Integrated circuit cards -- Part 8: Commands for security operations
8	ISO/IEC 8802-11/Amd 6 Information technology -- Telecommunications and information exchange between systems -- Local and metropolitan area networks -- Specific requirements -- Part 11: Wireless LAN medium access control (MAC) and physical layer (PHY) specifications
9	ISO/IEC 8802-3 Information technology -- Telecommunications and information exchange between systems -- Local and metropolitan area networks -- Specific requirements -- Part 3: Carrier sense multiple access with collision detection (CSMA/CD) access method and physical layer specifications
10	ISO/IEC 8802-5 Information technology -- Telecommunications and information exchange between systems -- Local and metropolitan area networks -- Specific requirements -- Part 5: Token ring access method and physical layer specifications
11	ISO/IEC 9594-8 Information technology -- Open Systems Interconnection -- The Directory: Public-key and attribute certificate frameworks
12	ISO/IEC 9796-2 Information technology -- Security techniques -- Digital signature schemes giving message recovery -- Part 2: Integer factorization based mechanisms
13	ISO/IEC 9796-3 Information technology -- Security techniques -- Entity authentication -- Part 3: Mechanisms using digital signature techniques
14	ISO/IEC 9797-2:2011 Information technology -- Security techniques -- Message Authentication Codes (MACs) -- Part 2: Mechanisms using a dedicated hash-function
15	ISO/IEC 9798-3:1998 Information technology -- Security techniques -- Entity authentication -- Part 3: Mechanisms using digital signature techniques
16	ISO/IEC 9798-3/Amd 1 Information technology -- Security techniques -- Entity authentication -- Part 3: Mechanisms using digital signature techniques Amd1
17	ISO/IEC 9798-5 Information technology -- Security techniques -- Entity authentication -- Part 5: Mechanisms using zero-knowledge techniques
18	ISO/IEC 9798-6 Information technology -- Security techniques -- Entity authentication -- Part 6: Mechanisms using manual data transfer
19	ISO/IEC 10118-2 Information technology -- Security techniques -- Hash-functions -- Part 2: Hash-functions using an n-bit block cipher
20	ISO/IEC 10118-3 Information technology -- Security techniques -- Hash-functions -- Part 3: Dedicated hash-functions

续表

序号	标 准
21	ISO/IEC 10373-9　Identification cards -- Test methods -- Part 9: Optical memory cards -- Holographic recording method
22	ISO/IEC 10536-3　Identification cards -- Contactless integrated circuit(s) cards -- Part 3: Electronic signals and reset procedures
23	ISO/IEC 10777　Information technology -- 3,81 mm wide magnetic tape cartridge for information interchange -- Helical scan recording -- DDS forma
24	ISO/IEC 10918-1　Information technology -- Digital compression and coding of continuous-tone still images: Requirements and guidelines
25	ISO/IEC 11172-1　Information technology -- Coding of moving pictures and associated audio for digital storage media at up to about 1,5 Mbit/s -- Part 1: Systems
26	ISO/IEC 11172-2　Information technology -- Coding of moving pictures and associated audio for digital storage media at up to about 1,5 Mbit/s -- Part 2: Video
27	ISO/IEC 11172-3　Information technology -- Coding of moving pictures and associated audio for digital storage media at up to about 1,5 Mbit/s -- Part 3: Audio
28	ISO/IEC 11558　Information technology -- Data compression for information interchange -- Adaptive coding with embedded dictionary -- DCLZ Algorithm
29	ISO/IEC 11573　Information technology -- Telecommunications and information exchange between systems -- Synchronization methods and technical requirements for Private Integrated Services Networks
30	ISO/IEC 11693　Identification cards -- Optical memory cards -- Part 1: General characteristics
31	ISO/IEC 11693-3　Identification cards -- Optical memory cards -- Part 3: Authentication techniques
32	ISO/IEC 11694-1　Identification cards -- Optical memory cards -- Linear recording method -- Part 1: Physical characteristics
33	ISO/IEC 11695-1　Identification cards -- Optical memory cards -- Holographic recording method -- Part 1: Physical characteristics
34	ISO/IEC 11695-2　Identification cards -- Optical memory cards -- Holographic recording method -- Part 2: Dimensions and location of accessible optical area
35	ISO/IEC 11770-3　Information technology -- Security techniques -- Key management -- Part 3: Mechanisms using asymmetric techniques
36	ISO/IEC 11770-4:2017　Information technology -- Security techniques -- Key management -- Part 4: Mechanisms based on weak secrets
37	ISO/IEC 11801　Information technology -- Generic cabling for customer premises
38	ISO/IEC 11889　（这是多部分标准的总号，没有查到只带总号 11889 的标准。）
39	ISO/IEC 11889-1　Information technology -- Trusted Platform Module -- Part 1: Overview
40	ISO/IEC 11889-2　Information technology -- Trusted Platform Module -- Part 2: Design principles
41	ISO/IEC 11889-3　Information technology -- Trusted Platform Module -- Part 3: Structures
42	ISO/IEC 11889-4　Information technology -- Trusted Platform Module -- Part 4: Commands
43	ISO/IEC 13157-4:2016　Information technology -- Telecommunications and information exchange between systems -- NFC Security -- Part 4: NFC-SEC entity authentication and key agreement using asymmetric cryptography
44	ISO/IEC 13157-5:2016　Information technology -- Telecommunications and information exchange between systems -- NFC Security -- Part 5: NFC-SEC entity authentication and key agreement using symmetric cryptography
45	ISO/IEC 13818　（这是多部分标准的总号，没有只带总号的标准。）
46	ISO/IEC 13818-1　Information technology -- Generic coding of moving pictures and associated audio information: Systems
47	ISO/IEC 13818-1/Amd 1　Delivery of timeline for external data
48	ISO/IEC 13818-1/Amd 2　Carriage of layered HEVC
49	ISO/IEC 13818-1/Amd 3　Carriage of green metadata in MPEG2 systems
50	ISO/IEC 13818-1/Amd 4　New profiles and levels for MPEG4 audio descriptor
51	ISO/IEC 13818-1/Amd 6　Carriage of Quality Metadata in MPEG-2 Systems
52	ISO/IEC 13818-1/Amd 7　Virtual segmentation
53	ISO/IEC 13818-11　Information technology -- Generic coding of moving pictures and associated audio information -- Part 11: IPMP on MPEG-2 systems
54	ISO/IEC 13818-2　Information technology -- Generic coding of moving pictures and associated audio information: Video
55	ISO/IEC 13818-2/Amd 2
56	ISO/IEC 13818-3　Information technology -- Generic coding of moving pictures and associated audio information -- Part 3: Audio
57	ISO/IEC 13818-7　Information technology -- Generic coding of moving pictures and associated audio information -- Part 7: Advanced Audio Coding (AAC)
58	ISO/IEC 14165-133　Information technology -- Fibre Channel -- Part 133: Switch Fabric-3 (FC-SW-3)
59	ISO/IEC 14165-251　Information technology -- Fibre Channel -- Part 251: Framing and Signaling (FC-FS)
60	ISO/IEC 14165-331　Information technology -- Fibre Channel -- Part 331: Virtual Interface (FC-VI)
61	ISO/IEC 14443-1　Identification cards -- Contactless integrated circuit cards -- Proximity cards -- Part 1: Physical characteristics
62	ISO/IEC 14443-2　Identification cards -- Contactless integrated circuit cards -- Proximity cards -- Part 2: Radio frequency power and signal interface
63	ISO/IEC 14443-3　Identification cards -- Contactless integrated circuit cards -- Proximity cards -- Part 3: Initialization and anticollision
64	ISO/IEC 14443-4　Identification cards -- Contactless integrated circuit cards -- Proximity cards -- Part 4: Transmission protocol

序号	标准
65	ISO/IEC 14495-1　Information technology -- Lossless and near-lossless compression of continuous-tone still images: Baseline
66	ISO/IEC 14496-1　Information technology -- Coding of audio-visual objects -- Part 1: Systems
67	ISO/IEC 14496-1/Amd 1　Usage of LASeR in MPEG-4 systems and Registration Authority for MPEG-4 descriptors
68	ISO/IEC 14496-1/Amd 3
69	ISO/IEC 14496-10　Information technology -- Coding of audio-visual objects -- Part 10: Advanced Video Coding
70	ISO/IEC 14496-10/Amd 1　Multi-Resolution frame compatible stereoscopic video with depth maps, additional supplemental enhancement information and video usability information
71	ISO/IEC 14496-10/Amd 2　Additional Levels and Supplemental Enhancement Information
72	ISO/IEC 14496-10/Amd 3　Additional Supplemental Enhancement Information
73	ISO/IEC 14496-11　Information technology -- Coding of audio-visual objects -- Part 11: Scene description and application engine
74	ISO/IEC 14496-12　Information technology -- Coding of audio-visual objects -- Part 12: ISO base media file format
75	ISO/IEC 14496-12/Amd 1　Enhanced DRC
76	ISO/IEC 14496-12/Amd 2
77	ISO/IEC 14496-14　Information technology -- Coding of audio-visual objects -- Part 14: MP4 file format
78	ISO/IEC 14496-15　Information technology -- Coding of audio-visual objects -- Part 15: Carriage of NAL unit structured video in the ISO Base Media File Format
79	ISO/IEC 14496-15/Amd 1
80	ISO/IEC 14496-15/Amd 2
81	ISO/IEC 14496-15/Amd 3
82	ISO/IEC 14496-16　Information technology -- Coding of audio-visual objects -- Part 16: Animation Framework eXtension (AFX)
83	ISO/IEC 14496-16/Amd 1　Efficient representation of 3D meshes with multiple attributes
84	ISO/IEC 14496-16/Amd 2　Multi-resolution 3D mesh compression
85	ISO/IEC 14496-18　Information technology -- Coding of audio-visual objects -- Part 18: Font compression and streaming
86	ISO/IEC 14496-19　Information technology - Coding of audio-visual objects -- Part 19: Synthesized texture stream
87	ISO/IEC 14496-2　Information technology -- Coding of audio-visual objects -- Part 2: Visual
88	ISO/IEC 14496-2/Amd 1　Error resilient simple scalable profile
89	ISO/IEC 14496-2/Amd 3　Support for colour spaces
90	ISO/IEC 14496-20　Information technology -- Coding of audio-visual objects -- Part 20: Lightweight Application Scene Representation (LASeR) and Simple Aggregation Format (SAF)
91	ISO/IEC 14496-20/Amd 2　Technology for scene adaptation
92	ISO/IEC 14496-22　Information technology -- Coding of audio-visual objects -- Part 22: Open Font Format
93	ISO/IEC 14496-25　Information technology -- Coding of audio-visual objects -- Part 25: 3D Graphics Compression Model
94	ISO/IEC 14496-27　Information technology -- Coding of audio-visual objects -- Part 27: 3D Graphics conformance
95	ISO/IEC 14496-29　Information technology -- Coding of audio-visual objects -- Part 29: Web video coding
96	ISO/IEC 14496-3　Information technology -- Coding of audio-visual objects -- Part 3: Audio
97	ISO/IEC 14496-3/Amd 1　HD-AAC profile and MPEG Surround signaling
98	ISO/IEC 14496-3/Amd 2　ALS simple profile and transport of SAOC
99	ISO/IEC 14496-3/Amd 3　Transport of unified speech and audio coding (USAC)
100	ISO/IEC 14496-3/Amd 4　New levels for AAC profiles
101	ISO/IEC 14496-3/Amd 5　Support for Dynamic Range Control, New Levels for ALS Simple Profile, and Audio Synchronization
102	ISO/IEC 14496-3/Amd 6　Profiles, levels and downmixing method for 22.2 channel programs
103	ISO/IEC 14496-3/Amd 9
104	ISO/IEC 14496-31　Information technology -- Coding of audio-visual objects -- Part 31: Video coding for browsers
105	ISO/IEC 14496-4　Information technology -- Coding of audio-visual objects -- Part 4: Conformance testing
106	ISO/IEC 14496-4/Amd 38　Conformance testing for Multiview Video Coding
107	ISO/IEC 14496-5　Information technology -- Coding of audio-visual objects -- Part 5: Reference software
108	ISO/IEC 14496-5/Amd 1　Reference software for MPEG-4
109	ISO/IEC 14496-5/Amd 15　Reference software for Multiview Video Coding
110	ISO/IEC 14496-5/Amd 24　Reference software for AAC-ELD
111	ISO/IEC 14496-6　Information technology -- Coding of audio-visual objects -- Part 6: Delivery Multimedia Integration Framework (DMIF)
112	ISO/IEC 14496-6/Amd 1
113	ISO/IEC 14543-2-1　Information technology - Home Electronic Systems (HES) Architecture -- Part 2-1: Introduction and device modularity
114	ISO/IEC 14543-3-1　Information technology -- Home Electronic Systems (HES) Architecture -- Part 3-1: Communication layers -- Application layer for network based control of HES Class 1
115	ISO/IEC 14543-3-2　Information technology -- Home Electronic Systems (HES) Architecture -- Part 3-2:

续表

序号	标准
116	ISO/IEC 14543-3-3　Information technology -- Home electronic system (HES) architecture -- Part 3-3: User process for network based control of HES Class 1
117	ISO/IEC 14543-3-4　Information technology -- Home electronic system (HES) architecture -- Part 3-4: System management -- Management procedures for network based control of HES Class 1
118	ISO/IEC 14543-3-5　Information technology -- Home electronic system (HES) architecture -- Part 3-5: Media and media dependent layers -- Power line for network based control of HES Class 1
119	ISO/IEC 14543-3-6　Information technology -- Home electronic system (HES) architecture -- Part 3-6: Media and media dependent layers -- Network based on HES Class 1, twisted pair
120	ISO/IEC 14543-3-7　Information technology -- Home electronic system (HES) architecture -- Part 3-7: Media and media dependent layers -- Radio frequency for network based control of HES Class 1
121	ISO/IEC 14543-5-21　Information technology -- Home electronic system (HES) architecture -- Part 5-21: Intelligent grouping and resource sharing for HES Class 2 and Class 3 -- Application profile -- AV profile
122	ISO/IEC 14543-5-3　Information technology -- Home electronic system (HES) architecture -- Part 5-3: Intelligent grouping and resource sharing for HES Class 2 and Class 3 -- Basic application
123	ISO/IEC 14543-5-5　Information technology -- Home electronic system (HES) architecture -- Part 5-5: Intelligent grouping and resource sharing for HES Class 2 and Class 3 -- Device type
124	ISO/IEC 14543-5-6　Information technology -- Home electronic system (HES) architecture -- Intelligent grouping and resource sharing for HES Class 2 and Class 3 -- Part 5-6: Service type
125	ISO/IEC 14763-2　Information technology -- Implementation and operation of customer premises cabling -- Part 2: Planning and installation
126	ISO/IEC 14888-2　Information technology -- Security techniques -- Digital signatures with appendix -- Part 2: Integer factorization based mechanisms
127	ISO/IEC 14888-3　Information technology -- Security techniques -- Digital signatures with appendix -- Part 3: Discrete logarithm based mechanisms
128	ISO/IEC 14908-1　Information technology -- Control network protocol -- Part 1: Protocol stack
129	ISO/IEC 14908-2　Information technology -- Control network protocol -- Part 2: Twisted pair communication
130	ISO/IEC 14908-3　Information technology -- Control network protocol -- Part 3: Power line channel specification
131	ISO/IEC 14908-4　Information technology -- Control network protocol -- Part 4: IP communication
132	ISO/IEC 15149-4　Information technology -- JPEG 2000 image coding system: Core coding system
133	ISO/IEC 15444-1　Information technology -- JPEG 2000 image coding system: Core coding system
134	ISO/IEC 15444-1/Amd 4　Guidelines for digital cinema applications
135	ISO/IEC 15444-12/Amd 1　Various enhancements including support for large metadata（15444-12：Information technology -- JPEG 2000 image coding system -- Part 12: ISO base media file format）
136	ISO/IEC 15444-12/Amd 2　Carriage of timed text and other visual overlays
137	ISO/IEC 15444-15　Information technology -- JPEG 2000 image coding system: High-Throughput JPEG 2000 (HTJ2K)
138	ISO/IEC 15444-2　Information technology -- JPEG 2000 image coding system: Extensions
139	ISO/IEC 15444-3　Information technology -- JPEG 2000 image coding system: Motion JPEG 2000
140	ISO/IEC 15444-5　Reference software for the JP2 file format
141	ISO/IEC 15459-1:2014　Information technology -- Automatic identification and data capture techniques -- Unique identification -- Part 1: Individual transport units
142	ISO/IEC 15693-1　Identification cards -- Contactless integrated circuit cards -- Vicinity cards -- Part 1: Physical characteristics
143	ISO/IEC 15693-2　Identification cards -- Contactless integrated circuit cards -- Vicinity cards -- Part 2: Air interface and initialization
144	ISO/IEC 15693-3　Identification cards -- Contactless integrated circuit cards -- Vicinity cards -- Part 3: Anticollision and transmission protocol
145	ISO/IEC 15938-1　Information technology -- Multimedia content description interface -- Part 1: Systems
146	ISO/IEC 15938-1/Amd 2　Fast access extension
147	ISO/IEC 15938-12　Information technology -- Multimedia content description interface -- Part 12: Query format
148	ISO/IEC 15938-12/Amd 1
149	ISO/IEC 15938-13　Information technology -- Multimedia content description interface -- Part 13: Compact descriptors for visual search
150	ISO/IEC 15938-15　Compact Descriptors for Video Analysis (CDVA)
151	ISO/IEC 15938-2　Information technology -- Multimedia content description interface -- Part 2: Description definition language
152	ISO/IEC 15938-3　Information technology -- Multimedia content description interface -- Part 3: Visual
153	ISO/IEC 15938-3/Amd 1　Visual extensions
154	ISO/IEC 15938-3/Amd 3　Image signature tools
155	ISO/IEC 15938-3/Amd 4　Video signature tools
156	ISO/IEC 15938-4　Information technology -- Multimedia content description interface -- Part 4: Audio
157	ISO/IEC 15938-4/Amd 2　High-level descriptors
158	ISO/IEC 15938-5　Information technology -- Multimedia content description interface -- Part 5: Multimedia description schemes

续表

序号	标 准
159	ISO/IEC 15938-5/Amd 1　Multimedia description schemes extensions
160	ISO/IEC 15938-6　Information technology -- Multimedia content description interface -- Part 6: Reference software
161	ISO/IEC 15938-6/Amd 1　Reference software extensions
162	ISO/IEC 15938-7　Information technology -- Multimedia content description interface -- Part 7: Conformance testing
163	ISO/IEC 15938-8　Information technology - Multimedia content description interface - Part 8: Extraction and use of MPEG-7 descriptions
164	ISO/IEC 15946-1:2016　Information technology -- Security techniques -- Cryptographic techniques based on elliptic curves -- Part 1: General
165	ISO/IEC 15946-2　Information technology— Security techniques — Cryptographic techniques based on elliptic curves —Part 2: Digital signatures
166	ISO/IEC 15946-3　Information technology— Security techniques — Cryptographic techniques based on elliptic curves —Part 3: Key establishment
167	ISO/IEC 15946-4:2004　Information technology -- Security techniques -- Cryptographic techniques based on elliptic curves -- Part 4: Digital signatures giving message recovery
168	ISO/IEC 15961-1　Information technology -- Radio frequency identification (RFID) for item management: Data protocol -- Part 1: Application interface
169	ISO/IEC 15962　Information technology -- Radio frequency identification (RFID) for item management -- Data protocol: data encoding rules and logical memory functions
170	ISO/IEC 15963　Information technology -- Radio frequency identification for item management -- Unique identification for RF tags
171	ISO/IEC 15963-1:　Information technology -- Radio frequency identification for item management -- Part 1: Unique identification for RF tags numbering systems
172	ISO/IEC 15963-2:　Information technology -- Radio frequency identification for item management -- Part 2: Unique identification for RF tags registration procedures
173	ISO/IEC 17811-2　Information technology -- Device control and management -- Part 2: Specification of Device Control and Management Protocol
174	ISO/IEC 17821　Information technology -- Specification of low power wireless mesh network over channel-hopped TDMA links
175	ISO/IEC 18000-1　Information technology -- Radio frequency identification for item management -- Part 1: Reference architecture and definition of parameters to be standardized
176	ISO/IEC 18000-2　Information technology -- Radio frequency identification for item management -- Part 2: Parameters for air interface communications below 135 kHz
177	ISO/IEC 18000-3　Information technology -- Radio frequency identification for item management -- Part 3: Parameters for air interface communications at 13,56 MHz
178	ISO/IEC 18000-4　Information technology -- Radio frequency identification for item management -- Part 4: Parameters for air interface communications at 2,45 GHz
179	ISO/IEC 18000-5　（未找到标准名称，专利标题是：System and Method for Electronic Inventory）
180	ISO/IEC 18000-6　Information technology -- Radio frequency identification for item management -- Part 6: Parameters for air interface communications at 860 MHz to 960 MHz General
181	ISO/IEC 18000-6/Amd 1
182	ISO/IEC 18000-61　Information technology -- Radio frequency identification for item management – Part 61: Parameters for air interface communications at 860 MHz to 960 MHz Type A
183	ISO/IEC 18000-62　Information technology -- Radio frequency identification for item management – Part 62: Parameters for air interface communications at 860 MHz to 960 MHz Type B
184	ISO/IEC 18000-63　Information technology -- Radio frequency identification for item management – Part 63: Parameters for air interface communications at 860 MHz to 960 MHz Type C
185	ISO/IEC 18000-64　Information technology -- Radio frequency identification for item management – Part 64: Parameters for air interface communications at 860 MHz to 960 MHz Type D
186	ISO/IEC 18000-7　Information technology -- Radio frequency identification for item management -- Part 7: Parameters for active air interface communications at 433 MHz
187	ISO/IEC 18031　Information technology -- Security techniques -- Random bit generation
188	ISO/IEC 18033-1　Information technology -- Security techniques -- Encryption algorithms -- Part 1: General
189	ISO/IEC 18033-2　Information technology -- Security techniques -- Encryption algorithms -- Part 2: Asymmetric ciphers
190	ISO/IEC 18033-3　Information technology -- Security techniques -- Encryption algorithms -- Part 3: Block ciphers
191	ISO/IEC 18033-4　Information technology -- Security techniques -- Encryption algorithms -- Part 4: Stream ciphers
192	ISO/IEC 18033-5　Information technology -- Security techniques – Encryption algorithms -- Part 5: Identity-based ciphers
193	ISO/IEC 18046-1　Information technology -- Radio frequency identification device performance test methods -- Part 1: Test methods for system performance
194	ISO/IEC 18046-3　Information technology -- Radio frequency identification device performance test methods -- Part 3: Test methods for tag performance
195	ISO/IEC 18047-6:2017　Information technology -- Radio frequency identification device conformance test methods -- Part 6: Test methods for air interface communications at 860 MHz to 960 MHz

续表

序号	标 准
196	ISO/IEC 18092　Information technology -- Telecommunications and information exchange between systems -- Near Field Communication -- Interface and Protocol (NFCIP-1)
197	ISO/IEC 18328-1　Devices on cards -- Part 1: General framework
198	ISO/IEC 18370-2　Information technology -- Security techniques -- Blind digital signatures -- Part 2: Discrete logarithm based mechanisms
199	ISO/IEC 18477-2　Information technology -- Information Technology: Scalable Compression and Coding of Continuous-Tone Still Images -- Part 2: Extensions for High Dynamic Range Images
200	ISO/IEC 18477-7　Information technology -- Scalable compression and coding of continuous-tone still images -- Part 7: HDR Floating-Point Coding
201	ISO/IEC 18477-8　Information technology -- Scalable compression and coding of continuous-tone still images -- Part 8: Lossless and near-lossless coding
202	ISO/IEC 19592-2:2017　Information technology -- Security techniques -- Secret sharing -- Part 2: Fundamental mechanisms
203	ISO/IEC 19751　Office Equipment - Appearance-based image quality standards for printers
204	ISO/IEC 19794-3　Information technology -- Biometric data interchange formats -- Part 3: Finger pattern spectral data
205	ISO/IEC 19794-6　Information technology -- Biometric data interchange formats -- Part 6: Iris image data
206	ISO/IEC 19823-10:2017　Information technology -- Conformance test methods for security service crypto suites -- Part 10: Crypto suite AES-128
207	ISO/IEC 19823-13:2018　Information technology -- Conformance test methods for security service crypto suites -- Part 13: Cryptographic Suite Grain-128A
208	ISO/IEC 19823-21:2019　Information technology -- Conformance test methods for security service crypto suites -- Part 21: Crypto suite SIMON
209	ISO/IEC 19823-22:2019　Information technology -- Conformance test methods for security service crypto suites -- Part 22: Crypto suite SPECK
210	ISO/IEC 20008-2　Information technology — Security techniques — Anonymous digital signatures — Part 2: Mechanisms using a group public key
211	ISO/IEC 20009-2　Information technology — Security techniques — Anonymous entity authentication — Part 2: Mechanisms based on signatures using a group public key
212	ISO/IEC 20009-4:2017　Information technology -- Security techniques -- Anonymous entity authentication -- Part 4: Mechanisms based on weak secrets
213	ISO/IEC 20382-1:2017　Information technology -- User interfaces -- Face-to-face speech translation -- Part 1: User interface
214	ISO/IEC 20382-2:2017　Information technology -- User interface -- Face-to-face speech translation -- Part 2: System architecture and functional components
215	ISO/IEC 21000　Information technology -- Multimedia framework (MPEG-21)
216	ISO/IEC 21000-10　Information technology -- Multimedia framework (MPEG-21) -- Part 10: Digital Item Processing
217	ISO/IEC 21000-18　Information technology -- Multimedia framework (MPEG-21) -- Part 18: Digital Item Streaming
218	ISO/IEC 21000-19　Information technology -- Multimedia framework (MPEG-21) -- Part 19: Media Value Chain Ontology
219	ISO/IEC 21000-2　Information technology -- Multimedia framework (MPEG-21) -- Part 2: Digital Item Declaration
220	ISO/IEC 21000-22　Information technology -- Multimedia framework (MPEG-21) -- Part 22: User Description
221	ISO/IEC 21000-3　Information technology -- Multimedia framework (MPEG-21) -- Part 3: Digital Item Identification
222	ISO/IEC 21000-5　Information technology -- Multimedia framework (MPEG-21) -- Part 5: Rights Expression Language
223	ISO/IEC 21000-5/Amd 1　MAM (Mobile And optical Media) profile
224	ISO/IEC 21000-6　Information technology -- Multimedia framework (MPEG-21) -- Part 6: Rights Data Dictionary
225	ISO/IEC 21000-7　Information technology -- Multimedia framework (MPEG-21) -- Part 7: Digital Item Adaptation
226	ISO/IEC 21277:2018　Information technology -- Radio frequency identification device performance test methods -- Crypto suite
227	ISO/IEC 22425:2017　Information technology -- Telecommunications and information exchange between systems -- NFC-SEC Test Methods
228	ISO/IEC 23000-11　Information technology -- Multimedia application format (MPEG-A) -- Part 11: Stereoscopic video application format
229	ISO/IEC 23000-12　Information technology -- Multimedia application format (MPEG-A) -- Part 12: Interactive music application format
230	ISO/IEC 23000-13　Information technology -- Multimedia application format (MPEG-A) -- Part 2: MPEG music player application format
231	ISO/IEC 23000-5　Information technology -- Multimedia application format (MPEG-A) -- Part 5: Media streaming application format
232	ISO/IEC 23000-9/Amd 1　Conformance and reference software（23000-9 的名称是：Information technology -- Multimedia application format (MPEG-A) -- Part 9: Digital Multimedia Broadcasting application format）
233	ISO/IEC 23000-9/Amd 2　Harmonization on MPEG-2 TS storage
234	ISO/IEC 23001-1　Information technology -- MPEG systems technologies -- Part 1: Binary MPEG format for XML
235	ISO/IEC 23001-10　Information technology -- MPEG systems technologies -- Part 10: Carriage of timed metadata metrics of media in ISO base media file format
236	ISO/IEC 23001-11:2015　Information technology -- MPEG systems technologies -- Part 11: Energy-efficient media consumption (green metadata)
237	ISO/IEC 23001-14:2019　Information technology -- MPEG systems technologies -- Part 14: Partial file format
238	ISO/IEC 23001-2　Information technology -- MPEG systems technologies -- Part 2: Fragment request units
239	ISO/IEC 23002-1/Amd 1　Software for integer IDCT accuracy testing（23002-1 的名称是：Information technology -- MPEG video technologies -- Part 1: Accuracy requirements for implementation of integer-output 8x8 inverse discrete cosine transform）

续表

序号	标准
240	ISO/IEC 23002-2　Information technology -- MPEG video technologies -- Part 2: Fixed-point 8x8 inverse discrete cosine transform and discrete cosine transform
241	ISO/IEC 23002-4/Amd 1　Video tool library conformance and reference software（23002-4 的名称是：Information technology -- MPEG video technologies -- Part 4: Video tool library）
242	ISO/IEC 23003-1　Information technology -- MPEG audio technologies -- Part 1: MPEG Surround
243	ISO/IEC 23003-2　Information technology -- MPEG audio technologies -- Part 2: Spatial Audio Object Coding (SAOC)
244	ISO/IEC 23003-3　Information technology -- MPEG audio technologies -- Part 3: Unified speech and audio coding
245	ISO/IEC 23003-4:2015　Information technology -- MPEG audio technologies -- Part 4: Dynamic Range Control
246	ISO/IEC 23005-1　Information technology -- Media context and control -- Part 1: Architecture
247	ISO/IEC 23005-2　Information technology -- Media context and control -- Part 2: Control information
248	ISO/IEC 23005-3　Information technology -- Media context and control -- Part 3: Sensory information
249	ISO/IEC 23005-4　Information technology -- Media context and control -- Part 4: Virtual world object characteristics
250	ISO/IEC 23005-5　Information technology -- Media context and control -- Part 5: Data formats for interaction devices
251	ISO/IEC 23005-6　Information technology -- Media context and control -- Part 6: Common types and tools
252	ISO/IEC 23006-2:2016　Information technology -- Multimedia service platform technologies -- Part 2: MPEG extensible middleware (MXM) API
253	ISO/IEC 23006-3:2016　Information technology -- Multimedia service platform technologies -- Part 3: Conformance and reference software
254	ISO/IEC 23006-4　Information technology -- Multimedia service platform technologies -- Part 4: Elementary services
255	ISO/IEC 23006-5　Information technology -- Multimedia service platform technologies -- Part 5: Service aggregation
256	ISO/IEC 23007-2　Information technology -- Rich media user interfaces -- Part 2: Advanced user interaction (AUI) interfaces
257	ISO/IEC 23008-1　Information technology -- High efficiency coding and media delivery in heterogeneous environments -- Part 1: MPEG media transport (MMT)
258	ISO/IEC 23008-10:2015　Information technology -- High efficiency coding and media delivery in heterogeneous environments -- Part 10: MPEG media transport forward error correction (FEC) codes
259	ISO/IEC 23008-11:2015　Information technology -- High efficiency coding and media delivery in heterogeneous environments -- Part 11: MPEG media transport composition information
260	ISO/IEC 23008-12:2017　Information technology -- High efficiency coding and media delivery in heterogeneous environments -- Part 12: Image File Format
261	ISO/IEC 23008-2　Information technology -- High efficiency coding and media delivery in heterogeneous environments -- Part 2: High efficiency video coding
262	ISO/IEC 23008-3　Information technology -- High efficiency coding and media delivery in heterogeneous environments -- Part 3: 3D audio
263	ISO/IEC 23009　Information technology -- Dynamic adaptive streaming over HTTP (DASH)
264	ISO/IEC 23009-1　Information technology -- Dynamic adaptive streaming over HTTP (DASH) -- Part 1: Media presentation description and segment formats
265	ISO/IEC 23009-1/Amd 2　Information technology -- 8 mm wide magnetic tape cartridge for information interchange -- Helical scan recording -- AIT-3 format
266	ISO/IEC 23009-4　Identification cards -- Integrated circuit card programming interfaces -- Part 4: Application programming interface (API) administration
267	ISO/IEC 23009-5　Information technology -- Dynamic adaptive streaming over HTTP (DASH) -- Part 5: Server and network assisted DASH (SAND)
268	ISO/IEC 23009-6：2017　Information technology -- Dynamic adaptive streaming over HTTP (DASH) -- Part 6: DASH with server push and WebSockets
269	ISO/IEC 23090-2:2019　Information technology -- Coded representation of immersive media -- Part 2: Omnidirectional media format
270	ISO/IEC 23092-1:2019　Information technology -- Genomic information representation -- Part 1: Transport and storage of genomic information
271	ISO/IEC 23093-2　Information technology -- Internet of media things -- Part 2: Discovery and communication API
272	ISO/IEC 23651　Information technology -- 8 mm wide magnetic tape cartridge for information interchange -- Helical scan recording -- AIT-3 format
273	ISO/IEC 24727-4　Identification cards -- Integrated circuit card programming interfaces -- Part 4: Application programming interface (API) administration
274	ISO/IEC 24730-2　Information technology -- Real time locating systems (RTLS) -- Part 2: Direct Sequence Spread Spectrum (DSSS) 2,4 GHz air interface protocol
275	ISO/IEC 24730-5　Information technology -- Real-time locating systems (RTLS) -- Part 5: Chirp spread spectrum (CSS) at 2,4 GHz air interface
276	ISO/IEC 24730-61　Information technology -- Real time locating systems (RTLS) -- Part 61: Low rate pulse repetition frequency Ultra Wide Band (UWB) air interface
277	ISO/IEC 24730-62　Information technology -- Real time locating systems (RTLS) -- Part 62: High rate pulse repetition frequency Ultra Wide Band (UWB) air interface
278	ISO/IEC 24761　Information technology -- Security techniques -- Authentication context for biometrics

续表

序号	标 准
279	ISO/IEC 24787 Information technology -- Identification cards -- On-card biometric comparison
280	ISO/IEC 26300 Information technology -- Open Document Format for Office Applications (OpenDocument) v1.0
281	ISO/IEC 28361 Information technology -- Telecommunications and information exchange between systems -- Near Field Communication Wired Interface (NFC-WI)
282	ISO/IEC 29143 Information technology -- Automatic identification and data capture techniques -- Air interface specification for Mobile RFID interrogators
283	ISO/IEC 29157 Information technology -- Telecommunications and information exchange between systems -- PHY/MAC specifications for short range wireless low-rate applications in the ISM band
284	ISO/IEC 29167-1 Information technology -- Automatic identification and data capture techniques -- Part 1: Security services for RFID air interfaces
285	ISO/IEC 29167-10 Information technology -- Automatic identification and data capture techniques -- Part 10: Crypto suite AES-128 security services for air interface communications
286	ISO/IEC 29167-11 Information Technology -- Automatic Identification and Data Capture Techniques -- Part 11: crypto suite PRECENT-80 security services for air interface comunication
287	ISO/IEC 29167-12 Information technology -- Automatic identification and data capture techniques -- Part 12: Crypto suite ECC-DH security services for air interface communications
288	ISO/IEC 29167-13 Information technology -- Automatic identification and data capture techniques -- Part 13: Crypto suite Grain-128A security services for air interface communications
289	ISO/IEC 29167-14 Information technology -- Automatic identification and data capture techniques -- Part 14: Crypto suite AES OFB security services for air interface communications
290	ISO/IEC TS 29167-15:2017 Information technology -- Automatic identification and data capture techniques -- Part 15: Crypto suite XOR security services for air interface communications
291	ISO/IEC 29167-16 Information technology -- Automatic identification and data capture techniques -- Part 16: Crypto suite ECDSA-ECDH security services for air interface communications
292	ISO/IEC 29167-17 Information Technology -- Automatic Identification and Data Capture Techniques -- Part 17: Air Interface for Security Services Crypto Suite cryptoGPS
293	ISO/IEC 29167-19 Information technology - Automatic identification and data capture techniques– Part 19: Air Interface for security services crypto suite RAMON
294	ISO/IEC 29167-21:2018 Information technology -- Automatic identification and data capture techniques -- Part 21: Crypto suite SIMON security services for air interface communications
295	ISO/IEC 29167-22:2018 Information technology -- Automatic identification and data capture techniques -- Part 22: Crypto suite SPECK security services for air interface communications
296	ISO/IEC 29168-1 Information technology -- Open systems interconnection -- Part 1: Object identifier resolution system
297	ISO/IEC 29177 Information technology -- Automatic identification and data capture technique -- Identifier resolution protocol for multimedia information access triggered by tag-based identification
298	ISO/IEC 29192-2 Information technology -- Security techniques -- Lightweight cryptography -- Part 2: Block ciphers
299	ISO/IEC 29192-3 Information technology -- Security techniques -- Lightweight cryptography -- Part 3: Stream ciphers
300	ISO/IEC 29192-4 Information technology -- Security techniques -- Lightweight cryptography -- Part 4: Mechanisms using asymmetric techniques
301	ISO/IEC 29192-4/Amd 1
302	ISO/IEC 29192-5:2016 Information technology -- Security techniques -- Lightweight cryptography -- Part 5: Hash-functions
303	ISO/IEC 29199-2 Information technology -- JPEG XR image coding system -- Part 2: Image coding specification
304	ISO/IEC 29199-4 Information technology -- JPEG XR image coding system -- Part 4: Conformance testing
305	ISO/IEC 29199-5 Information technology -- JPEG XR image coding system -- Part 5: Reference software
306	ISO/IEC 29341 Information technology -- UPnP Device Architecture -- Part 1: UPnP Device Architecture Version 1.0
307	ISO/IEC 29500 Information technology -- Document description and processing languages -- Office Open XML File Formats -- Part 1: Fundamentals and Markup Language Reference
308	ISO/IEC 30190 Information technology -- Digitally recorded media for information interchange and storage -- 120 mm Single Layer (25,0 Gbytes per disk) and Dual Layer (50,0 Gbytes per disk) BD Recordable disk
309	ISO/IEC 30191 Information technology -- Digitally recorded media for information interchange and storage -- 120 mm Triple Layer (100,0 Gbytes per disk) and Quadruple Layer (128,0 Gbytes per disk) BD Recordable disk
310	ISO/IEC 30192 Information technology -- Digitally recorded media for information interchange and storage -- 120 mm Single Layer (25,0 Gbytes per disk) and Dual Layer (50,0 Gbytes per disk) BD Rewritable disk
311	ISO/IEC 30193 Information technology -- Digitally recorded media for information interchange and storage -- 120 mm Triple Layer (100,0 Gbytes per disk) BD Rewritable disk
312	ISO/IEC DIS 14496-31 Information technology -- Coding of audio-visual objects -- Part 31: Video coding for browsers
313	ISO/IEC TR 29127 Information technology -- System Process and Architecture for Multilingual Semantic Reverse Query Expansion
314	ISO/IEC 14496-33 Information technology — Coding of audio-visual objects — Part 33: Internet video coding

续表

序号	标准
315	ISO/IEC 15961-2 Information technology — Data protocol for radio frequency identification (RFID) for item management — Part 2: Registration of RFID data constructs
316	ISO/IEC 15961-3 Information technology — Data protocol for radio frequency identification (RFID) for item management — Part 3: RFID data constructs
317	ISO/IEC 18181-1 Information technology — JPEG XL image coding system — Part 1: Core coding system
318	ISO/IEC 19823-16 Information technology — Conformance test methods for security service crypto suites — Part 16: Crypto suite ECDSA-ECDH security services for air interface communications
319	ISO/IEC 19823-19 Information technology — Conformance test methods for security service crypto suites — Part 19: Crypto suite RAMON
320	ISO/IEC 23090-10 Information technology — Coded representation of immersive media — Part 10: Carriage of visual volumetric video-based coding data — Amendment 1: Support of packed video data
321	ISO/IEC 23090-12 Information technology — Coded representation of immersive media — Part 12: MPEG Immersive video
322	ISO/IEC 23090-13 Information technology — Coded representation of immersive media — Part 13: Video decoding interface for immersive media
323	ISO/IEC 23090-14 Information technology — Coded representation of immersive media — Part 14: Scene description
324	ISO/IEC 23090-18 Information technology — Coded representation of immersive media — Part 18: Carriage of geometry-based point cloud compression data
325	ISO/IEC 23090-19 Information technology — Coded representation of immersive media — Part 19: Reference Software for V-PCC
326	ISO/IEC 21122-1 Information technology — JPEG XS low-latency lightweight image coding system — Part 1: Core coding system
327	ISO/IEC 21558-2 Telecommunications and information exchange between systems — Future network architecture — Part 2: Proxy model-based quality of service
328	ISO/IEC 21559-2 Telecommunications and information exchange between systems — Future network protocols and mechanisms — Part 2: Proxy model-based quality of service
329	ISO/IEC 22243 Information technology — Radio frequency identification for item management — Methods for localization of RFID tags
330	ISO/IEC 23001-13 Information technology — MPEG systems technologies — Part 13: Media orchestration
331	ISO/IEC 23001-16 Information technology — MPEG systems technologies — Part 16: Derived visual tracks in the ISO base media file format
332	ISO/IEC 23002-7 Information technology — MPEG video technologies — Part 7: Versatile supplemental enhancement information messages for coded video bitstreams
333	ISO/IEC 23090-3 Information technology — Coded representation of immersive media — Part 3: Versatile video coding
334	ISO/IEC 23090-5 Information technology — Coded representation of immersive media — Part 5: Visual volumetric video-based coding (V3C) and video-based point cloud compression (V-PCC)
335	ISO/IEC 23090-7 Information technology — Coded representation of immersive media — Part 7: Immersive media metadata
336	ISO/IEC 23090-8 Information technology — Coded representation of immersive media — Part 8: Network based media processing
337	ISO/IEC 23090-9 Information technology — Coded representation of immersive media — Part 9: Geometry-based point cloud compression
338	ISO/IEC 23091-3 Information technology — Coding-independent code points — Part 3: Audio
339	ISO/IEC 23092-2 Information technology — Genomic information representation — Part 2: Coding of genomic information
340	ISO/IEC 23092-3 Information technology — Genomic information representation — Part 3: Metadata and application programming interfaces (APIs)
341	ISO/IEC 23092-4 Information technology — Genomic information representation — Part 4: Reference software
342	ISO/IEC 23092-5 Information technology — Genomic information representation — Part 5: Conformance
343	ISO/IEC 23093-1 Information technology — Internet of media things — Part 1: Architecture
344	ISO/IEC 23093-3 Information technology — Internet of media things — Part 3: Media data formats and APIs
345	ISO/IEC 23094-1 Information technology — General video coding — Part 1: Essential video coding
346	ISO/IEC 23094-2 Information technology – General video coding — Part 2: Low complexity enhancement video coding
347	ISO/IEC 24770-5 Information technology —Real-time locating system (RTLS) device performance test methods — Part 5: Test methods for chirp spread spectrum (CSS) air interface
348	ISO/IEC 4005-2 Telecommunications and information exchange between systems — Low altitude drone area network (LADAN) — Part 2: Physical and data link protocols for shared communication
349	ISO/IEC 4005-3 Telecommunications and information exchange between systems — Low altitude drone area network (LADAN) — Part 3: Physical and data link protocols for control communication
350	ISO/IEC 4005-4 Telecommunications and information exchange between systems — Low altitude drone area network (LADAN) — Part 4: Physical and data link protocols for video communication
351	ISO/IEC TR 15938-8/Amd 1 Information technology — Multimedia content description interface — Part 8: Extraction and use of MPEG-7 descriptions — Amendment 1: Extensions of extraction and use of MPEG-7 descriptions
352	ISO/IEC/IEEE 8802-11:2018 Amd 1:2019 Information technology — Telecommunications and information exchange between systems — Local and metropolitan area networks — Specific requirements — Part 11: Wireless LAN medium access control (MAC) and physical layer (PHY) specifications — Amendment 1: Fast initial link setup

续表

序号	标　准
353	ISO/IEC/IEEE 8802-11:2018 Amd 2:2019　Information technology — Telecommunications and information exchange between systems — Local and metropolitan area networks — Specific requirements — Part 11: Wireless LAN medium access control (MAC) and physical layer (PHY) specifications — Amendment 2: Sub 1 GHz license exempt operation
354	ISO/IEC/IEEE 8802-11:2018 Amd 3:2020　Information technology — Telecommunications and information exchange between systems — Local and metropolitan area networks — Specific requirements — Part 11: Wireless LAN medium access control (MAC) and physical layer (PHY) specifications — Amendment 3: Enhancements for very high throughput to support Chinese millimeter wave frequency bands (60 GHz and 45 GHz)
355	ISO/IEC/IEEE 8802-3 Amd 2　Telecommunications and exchange between information technology systems — Requirements for local and metropolitan area networks — Part 3: Standard for Ethernet — Amendment 2: Physical layer and management parameters for power over Ethernet over 4 pairs
356	ISO/IEC/IEEE 8802-3 Amd 3　Telecommunications and exchange between information technology systems — Requirements for local and metropolitan area networks — Part 3: Standard for Ethernet — Amendment 3: Media access control parameters for 50 Gb/s and physical layers and management parameters for 50 Gb/s, 100 Gb/s, and 200 Gb/s operation
357	ISO/IEC/IEEE 8802-3:2017 Amd 10:2019　Telecommunications and exchange between information technology systems — Requirements for local and metropolitan area networks — Part 3: Standard for Ethernet — Amendment 10: Maintenance #14: Isolation
358	ISO/IEC/IEEE 8802-3:2021 Amd 9　Telecommunications and exchange between information technology systems — Requirements for local and metropolitan area networks — Part 3: Standard for Ethernet — Amendment 9: Physical layer specifications and management parameters for 25 Gb/s and 50 Gb/s passive optical networks

附录 F ISO 标准制定项目阶段代码及其含义

阶 段	子 阶 段						
				90 决策子阶段			
	00 注册	20 启动主行动	60 完成主行动	92 重复某早期阶段	93 重复当前阶段	98 放弃	99 继续推进
00 前期准备阶段	00.00 收到新项目建议	00.20 审查新项目建议	00.60 审查结束			00.98 放弃新项目建议	00.99 同意表决新项目建议
10 建议阶段	10.00 注册新项目建议	10.20 启动新项目表决	10.60 投票结束	10.92 项目建议返回提交者做进一步处理		10.98 拒绝新项目	10.99 接受新项目
20 准备阶段	20.00 在 TC/SC 工作计划中注册新项目	20.20 启动工作草案（WD）	20.60 征求意见周期结束			20.98 放弃项目	20.99 同意 WD 注册为 CD
30 委员会阶段	30.00 注册委员会草案（CD）	30.20 启动 CD 研究/表决	30.60 投票/征求意见周期结束	30.92 CD 送回工作组		30.98 放弃项目	30.99 同意 CD 注册为 DIS
40 询问阶段	40.00 DIS 注册	40.20 启动 DIS 表决：5 个月	40.60 投票结束	40.92 分发完整报告：DIS 送回 TC 或 SC	40.93 分发完整报告：决定新 DIS 表决	40.98 放弃项目	40.99 分发完整报告：同意 DIS 注册为 FDIS
50 批准阶段	50.00 注册 FDIS，以便正式批准	50.20 启动 FDIS 8 周表决 证明送交秘书处	50.60 投票结束，秘书处证明返回	50.92 FDIS 送回 TC 或 SC		50.98 删除项目	50.99 批准发布 FDIS
60 发布阶段	60.00 发布国际标准		60.60 出版国际标准				
90 复审阶段		90.20 定期复审国际标准	90.60 复审结束	90.92 修订国际标准	90.93 确认国际标准		90.99 根据 TC 或 SC 的建议废止国际标准
95 废止阶段		95.20 启动废止表决	95.60 投票结束	95.92 不废止国际标准			95.99 废止国际标准

注：根据 ISO IEC 最新政策（见 JTC 1 文件 ISO/IEC JTC 1 N15921），委员会阶段（CD）投票不再必须，可选择意见征询（call for comments）。

附录 G ISO/IEC JTC 1 负责的现行国际标准

截至 2022 年 7 月 31 日，JTC 1 负责的现行有效标准文件 3 352 项，其中：
- ISO/IEC 标准 2 013 项；
- ISO/IEC/IEEE 标准 99 项（JTC1 与 IEEE 共同制定和发布的标准）；
- ISO/IEC TR（技术报告）286 项；
- ISO/IEC TS（技术规范）85 项；
- ISO 标准 116 项；
- IEC 标准 8 项（原 IEC/TC 83 和 IEC/SC47B 遗留的现行有效标准）；
- ISO/IEC 标准补篇 438 项；
- 勘误 307 项。

标准目录按 JTC 1 秘书处和 SC 分类，按标准号升序编排。
SC 名称：
- SC 2　　编码字符集
- SC 6　　系统间远程通信与信息交换
- SC 7　　软件和系统工程
- SC 17　　卡及身份识别安全设备
- SC 22　　程序设计语言及其环境和系统软件接口
- SC 23　　信息交换和存储用数字记录媒体
- SC 24　　计算机图形和图像处理及环境数据表示
- SC 25　　信息技术设备互连
- SC 27　　信息安全、网络安全和隐私保护
- SC 28　　办公设备
- SC 29　　音频、图像、多媒体和超媒体信息编码
- SC 31　　自动识别和数据采集技术
- SC 32　　数据管理和交换
- SC 34　　文档描述和处理语言
- SC 35　　用户界面
- SC 36　　学习、教育和培训用信息技术
- SC 37　　生物识别技术
- SC 38　　云计算和分布式平台
- SC 39　　信息技术可持续发展
- SC 40　　IT 服务管理和 IT 治理
- SC 41　　物联网和相关技术
- SC 42　　人工智能
- SC 43　　脑机接口

（JTC 1 秘书处负责维护那些尚未分配给现有 SC 的标准，不负责制定标准。）

JTC 1秘书处

ISO 1538:1984	Programming languages — ALGOL 60
ISO 1730:1980	Dictation equipment — Basic operating requirements
ISO 1858:1977	Information processing — General purpose hubs and reels, with 76 mm (3 in) centrehole, for magnetic tape used in interchange instrumentation applications
ISO 1859:1973	Information processing — Unrecorded magnetic tapes for interchange instrumentation applications — General dimensional requirements
ISO 1860:1986	Information processing — Precision reels for magnetic tape used in interchange instrumentation applications
ISO 2257:1980	Office machines and printing machines used for information processing — Widths of fabric printing ribbons on spools
ISO 2258:1976	Printing ribbons — Minimum markings to appear on containers
ISO/IEC 2382:2015	Information technology — Vocabulary
ISO 2775:1977	Office machines and printing machines used for information processing — Widths of one-time paper or plastic printing ribbons and marking to indicate the end of the ribbons
ISO 2784:1974	Continuous forms used for information processing — Sizes and sprocket feed holes
ISO 3540:1976	Paper or plastic printing ribbons — Characteristics of cores
ISO 3791:1976	Office machines and data processing equipment — Keyboard layouts for numeric applications
ISO 3792:1976	Adding machines — Layout of function keyboard
ISO 3802:1976	Information processing — General purpose reels with 8 mm (5/16 in) centre hole for magnetic tape for interchange instrumentation applications
ISO 3866:1977	Office machines and printing machines used for information processing — Widths of fabric printing ribbons on spools exceeding 19 mm
ISO 3883:1977	Office machines — Line and character capacity of address masters
ISO 4341:1978	Information processing — Magnetic tape cassette and cartridge labelling and file structure for information interchange
ISO 4882:1979	Office machines and data processing equipment — Line spacings and character spacings
ISO/IEC 5055:2021	Information technology — Software measurement — Software quality measurement — Automated source code quality measures
ISO/IEC 5230:2020	Information technology — OpenChain Specification
ISO/IEC TS 5723:2022	Trustworthiness — Vocabulary
ISO/IEC 5962:2021	Information technology — SPDX® Specification V2.2.1
ISO/IEC 5965:2021	Information technology — Swordfish Scalable Storage Management API Specification
ISO 6068:1985	Information processing — Recording characteristics of instrumentation magnetic tape (including telemetry systems) — Interchange requirements
ISO 6093:1985	Information processing — Representation of numerical values in character strings for information interchange
ISO 7297:1985	Information processing — Magnetic disk for data storage devices — 96 000 flux transitions per track, 200 mm (7.9 in) outer diameter, 63,5 mm (2.5 in) inner diameter
ISO 7298:1985	Information processing — Magnetic disk for data storage devices — 158 000 flux transitions per track, 210 mm (8.3 in) outer diameter, 100 mm (3.9 in) inner diameter
ISO 7487-3:1986/Cor 1:1991	Information processing — Data interchange on 130 mm (5.25 in) flexible disk cartridges using modified frequency modulation recording at 7 958 ftprad, 1,9 tpmm (48 tpi), on both sides — Part 3: Track format B — Technical Corrigendum 1
ISO/IEC 7498-1:1994	Information technology — Open Systems Interconnection — Basic Reference Model: The Basic Model
ISO 7498-2:1989	Information processing systems — Open Systems Interconnection — Basic Reference Model — Part 2: Security Architecture
ISO/IEC 7498-3:1997	Information technology — Open Systems Interconnection — Basic Reference Model: Naming and addressing
ISO/IEC 7498-4:1989	Information processing systems — Open Systems Interconnection — Basic Reference Model — Part 4: Management framework
ISO 7665:1983	Information processing — File structure and labelling of flexible disk cartridges for information interchange
ISO 7929:1985	Information processing — Magnetic disk for data storage devices — 83 000 flux transitions per track, 130 mm (5.12 in) outer diameter, 40 mm (1.57 in) inner diameter
ISO/IEC 8211:1994	Information technology — Specification for a data descriptive file for information interchange
ISO/IEC 8326:1996	Information technology — Open Systems Interconnection — Session service definition
ISO/IEC 8326:1996/Amd 1:1998	Information technology — Open Systems Interconnection — Session service definition — Amendment 1: Efficiency enhancements

ISO/IEC 8326:1996/Cor 1:2002	Information technology — Open Systems Interconnection — Session service definition — Technical Corrigendum 1
ISO/IEC 8326:1996/Amd 2:1998	Information technology — Open Systems Interconnection — Session service definition — Amendment 2: Nested Connections Functional Unit
ISO/IEC 8327-1:1996	Information technology — Open Systems Interconnection — Connection-oriented Session protocol: Protocol specification
ISO/IEC 8327-1:1996/Amd 1:1998	Information technology — Open Systems Interconnection — Connection-oriented Session protocol: Protocol specification — Amendment 1: Efficiency enhancements
ISO/IEC 8327-1:1996/Cor 1:2002	Information technology — Open Systems Interconnection — Connection-oriented Session protocol: Protocol specification — Technical Corrigendum 1
ISO/IEC 8327-1:1996/Amd 2:1998	Information technology — Open Systems Interconnection — Connection-oriented Session protocol: Protocol specification — Amendment 2: Nested Connections Functional Unit
ISO/IEC 8327-2:1996	Information technology — Open Systems Interconnection — Connection-oriented Session protocol: Protocol Implementation Conformance Statement (PICS) proforma
ISO/IEC 8441-1:1991	Information technology — High density digital recording (HDDR) — Part 1: Unrecorded magnetic tape for (HDDR) applications
ISO/IEC 8441-2:1991	Information technology — High density digital recording (HDDR) — Part 2: Guide for interchange practice
ISO 8571-1:1988	Information processing systems — Open Systems Interconnection — File Transfer, Access and Management — Part 1: General introduction
ISO 8571-1:1988/Amd 1:1992	Information processing systems — Open Systems Interconnection — File Transfer, Access and Management — Part 1: General introduction — Amendment 1: Filestore Management
ISO 8571-1:1988/Cor 1:1991	Information processing systems — Open Systems Interconnection — File Transfer, Access and Management — Part 1: General introduction — Technical Corrigendum 1
ISO 8571-1:1988/Amd 2:1993	Information processing systems — Open Systems Interconnection — File Transfer, Access and Management — Part 1: General introduction — Amendment 2: Overlapped access
ISO 8571-2:1988	Information processing systems — Open Systems Interconnection — File Transfer, Access and Management — Part 2: Virtual Filestore Definition
ISO 8571-2:1988/Amd 1:1992	Information processing systems — Open Systems Interconnection — File Transfer, Access and Management — Part 2: Virtual Filestore Definition — Amendment 1: Filestore Management
ISO 8571-2:1988/Cor 1:1991	Information processing systems — Open Systems Interconnection — File Transfer, Access and Management — Part 2: Virtual Filestore Definition — Technical Corrigendum 1
ISO 8571-2:1988/Amd 2:1993	Information processing systems — Open Systems Interconnection — File Transfer, Access and Management — Part 2: Virtual Filestore Definition — Amendment 2: Overlapped access
ISO 8571-3:1988	Information processing systems — Open Systems Interconnection — File Transfer, Access and Management — Part 3: File Service Definition
ISO 8571-3:1988/Amd 1:1992	Information processing systems — Open Systems Interconnection — File Transfer, Access and Management — Part 3: File Service Definition — Amendment 1: Filestore Management
ISO 8571-3:1988/Cor 1:1991	Information processing systems — Open Systems Interconnection — File Transfer, Access and Management — Part 3: File Service Definition — Technical Corrigendum 1
ISO 8571-3:1988/Amd 2:1993	Information processing systems — Open Systems Interconnection — File Transfer, Access and Management — Part 3: File Service Definition — Amendment 2: Overlapped access
ISO 8571-3:1988/Cor 2:1992	Information processing systems — Open Systems Interconnection — File Transfer, Access and Management — Part 3: File Service Definition — Technical Corrigendum 2
ISO 8571-4:1988	Information processing systems — Open Systems Interconnection — File Transfer, Access and Management — Part 4: File Protocol Specification
ISO 8571-4:1988/Amd 1:1992	Information processing systems — Open Systems Interconnection — File Transfer, Access and Management — Part 4: File Protocol Specification — Amendment 1: Filestore Management
ISO 8571-4:1988/Amd 4:1992/Cor 1:1995	Information processing systems — Open Systems Interconnection — File Transfer, Access and Management — Part 4: File Protocol Specification — Amendment 4 — Technical Corrigendum 1
ISO 8571-4:1988/Cor 1:1992	Information processing systems — Open Systems Interconnection — File Transfer, Access and Management — Part 4: File Protocol Specification — Technical Corrigendum 1
ISO 8571-4:1988/Amd 2:1993	Information processing systems — Open Systems Interconnection — File Transfer, Access and Management — Part 4: File Protocol Specification — Amendment 2: Overlapped access

ISO/IEC 8571-5:1990Information processing systems — Open Systems Interconnection — File Transfer, Access and Management — Part 5: Protocol Implementation Conformance Statement Proforma

ISO/IEC 8613-1:1994Information technology — Open Document Architecture (ODA) and interchange format: Introduction and general principles — Part 1:

ISO/IEC 8613-4:1994	Information technology — Open Document Architecture (ODA) and Interchange Format: Document profile
ISO/IEC 8613-4:1994/Cor 1:1998	Information technology — Open Document Architecture (ODA) and Interchange Format: Document profile — Technical Corrigendum 1
ISO/IEC 8613-4:1994/Cor 2:1998	Information technology — Open Document Architecture (ODA) and Interchange Format: Document profile — Technical Corrigendum 2
ISO/IEC 8613-5:1994	Information technology — Open Document Architecture (ODA) and Interchange Format: Open Document Interchange Format
ISO/IEC 8613-5:1994/Cor 1:1998	Information technology — Open Document Architecture (ODA) and Interchange Format: Open Document Interchange Format — Technical Corrigendum 1
ISO/IEC 8613-5:1994/Cor 2:1998	Information technology — Open Document Architecture (ODA) and Interchange Format: Open Document Interchange Format — Technical Corrigendum 2
ISO/IEC 8613-6:1994	Information technology — Open Document Architecture (ODA) and Interchange Format: Character content architectures
ISO/IEC 8613-6:1994/Cor 1:1998	Information technology — Open Document Architecture (ODA) and Interchange Format: Character content architectures — Technical Corrigendum 1
ISO/IEC 8613-7:1994	Information technology — Open Document Architecture (ODA) and Interchange Format: Raster graphics content architectures — Part 7:
ISO/IEC 8613-7:1994/Amd 1:1998	Information technology — Open Document Architecture (ODA) and Interchange Format: Raster graphics content architectures — Part 7: — Amendment 1
ISO/IEC 8613-7:1994/Cor 1:1998	Information technology — Open Document Architecture (ODA) and Interchange Format: Raster graphics content architectures — Part 7: — Technical Corrigendum 1
ISO/IEC 8613-8:1994	Information technology — Open Document Architecture (ODA) and Interchange Format: Geometric graphics content architectures — Part 8:
ISO/IEC 8823-1:1994	Information technology — Open Systems Interconnection — Connection-oriented presentation protocol: Protocol specification
ISO/IEC 8823-1:1994/Amd 1:1998	Information technology — Open Systems Interconnection — Connection-oriented presentation protocol: Protocol specification — Amendment 1: Efficiency enhancements
ISO/IEC 8823-1:1994/Amd 2:1998	Information technology — Open Systems Interconnection — Connection-oriented presentation protocol: Protocol specification — Amendment 2: Nested connections functional unit
ISO/IEC 8823-2:1997	Information technology — Open Systems Interconnection — Connection-oriented presentation protocol: Protocol Implementation Conformance Statement (PICS) proforma
ISO 8860-1:1987/Cor 1:1990	Information processing — Data interchange on 90 mm (3.5 in) flexible disk cartridges using modified frequency modulation recording at 7 958 ftprad on 80 tracks on each side — Part 1: Dimensional, physical and magnetic characteristics — Technical Corrigendum 1
ISO 8860-2:1987/Cor 1:1990	Information processing — Data interchange on 90 mm (3.5 in) flexible disk cartridges using modified frequency modulation recording at 7 958 ftprad on 80 tracks on each side — Part 2: Track format — Technical Corrigendum 1
ISO/IEC 9040:1997	Information technology — Open Systems Interconnection — Virtual Terminal Basic Class Service
ISO/IEC 9041-1:1997	Information technology — Open Systems Interconnection — Virtual Terminal Basic Class Protocol — Part 1: Specification
ISO/IEC 9041-2:1997	Information technology — Open Systems Interconnection — Virtual Terminal Basic Class Protocol — Part 2: Protocol Implementation Conformance Statement (PICS) proforma
ISO/IEC 9066-1:1989	Information processing systems — Text communication — Reliable Transfer — Part 1: Model and service definition
ISO/IEC 9066-2:1989	Information processing systems — Text communication — Reliable Transfer — Part 2: Protocol specification
ISO/IEC 9066-3:1996	Information technology — Open Systems Interconnection — Reliable Transfer: Protocol Implementation Conformance Statement (PICS) proforma
ISO/IEC 9072-3:1996	Information technology — Open Systems Interconnection — Remote Operations: Protocol Implementation Conformance Statement (PICS) proforma
ISO/IEC 9293:1994	Information technology — Volume and file structure of disk cartridges for information interchange
ISO/IEC 9545:1994	Information technology — Open Systems Interconnection — Application Layer structure
ISO/IEC 9548-1:1996	Information technology — Open Systems Interconnection — Connectionless Session protocol: Protocol specification
ISO/IEC 9548-1:1996/Amd 1:2000	Information technology — Open Systems Interconnection — Connectionless Session protocol: Protocol specification — Amendment 1: Efficiency enhancements
ISO/IEC 9576-1:1995/Amd 1:2000	Information technology — Open Systems Interconnection — Connectionless Presentation protocol: Protocol specification — Part 1: — Amendment 1: Efficiency enhancements
ISO/IEC 9576-2:1995	Information technology — Open Systems Interconnection — Connectionless Presentation protocol: Protocol Implementation Conformance Statement (PICS) proforma
ISO/IEC 9595:1998	Information technology — Open Systems Interconnection — Common management information service
ISO/IEC 9596-1:1998	Information technology — Open Systems Interconnection — Common management information protocol — Part 1: Specification

ISO/IEC 9596-1:1998/Cor 1:1999	Information technology — Open Systems Interconnection — Common management information protocol — Part 1: Specification — Technical Corrigendum 1
ISO/IEC 9596-1:1998/Cor 2:2002	Information technology — Open Systems Interconnection — Common management information protocol — Part 1: Specification — Technical Corrigendum 2
ISO/IEC 9596-2:1993	Information technology — Open Systems Interconnection — Common management information protocol: Protocol Implementation Conformance Statement (PICS) proforma — Part 2:
ISO/IEC 9596-2:1993/Cor 1:1993	Information technology — Open Systems Interconnection — Common management information protocol: Protocol Implementation Conformance Statement (PICS) proforma — Part 2: — Technical Corrigendum 1
ISO/IEC 9596-2:1993/Cor 2:1996	Information technology — Open Systems Interconnection — Common management information protocol: Protocol Implementation Conformance Statement (PICS) proforma — Part 2: — Technical Corrigendum 2
ISO/IEC 9596-2:1993/Cor 3:1998	Information technology — Open Systems Interconnection — Common management information protocol: Protocol Implementation Conformance Statement (PICS) proforma — Part 2: — Technical Corrigendum 3
ISO/IEC 9646-1:1994	Information technology — Open Systems Interconnection — Conformance testing methodology and framework — Part 1: General concepts
ISO/IEC 9646-2:1994	Information technology — Open Systems Interconnection — Conformance testing methodology and framework — Part 2: Abstract Test Suite specification
ISO/IEC 9646-3:1998	Information technology — Open Systems Interconnection — Conformance testing methodology and framework — Part 3: The Tree and Tabular Combined Notation (TTCN)
ISO/IEC 9646-4:1994	Information technology — Open Systems Interconnection — Conformance testing methodology and framework — Part 4: Test realization
ISO/IEC 9646-5:1994	Information technology — Open Systems Interconnection — Conformance testing methodology and framework — Part 5: Requirements on test laboratories and clients for the conformance assessment process
ISO/IEC 9646-6:1994	Information technology — Open Systems Interconnection — Conformance testing methodology and framework — Part 6: Protocol profile test specification
ISO/IEC 9646-7:1995	Information technology — Open Systems Interconnection — Conformance testing methodology and framework — Part 7: Implementation Conformance Statements
ISO/IEC 9646-7:1995/Cor 1:1997	Information technology — Open Systems Interconnection — Conformance testing methodology and framework — Part 7: Implementation Conformance Statements — Technical Corrigendum 1
ISO/IEC 9804:1998	Information technology — Open Systems Interconnection — Service definition for the Commitment, Concurrency and Recovery service element
ISO/IEC 9805-1:1998	Information technology — Open Systems Interconnection — Protocol for the Commitment, Concurrency and Recovery service element: Protocol specification — Part 1:
ISO/IEC 9805-2:1996	Information technology — Open Systems Interconnection — Protocol for the Commitment, Concurrency and Recovery service element: Protocol Implementation Conformance Statement (PICS) proforma
ISO/IEC 9834-2:1993	Information technology — Open Systems Interconnection — Procedures for the operation of OSI Registration Authorities — Part 2: Registration procedures for OSI document types
ISO/IEC 9834-4:1991	Information technology — Open Systems Interconnection — Procedures for the operation of OSI Registration Authorities — Part 4: Register of VTE Profiles
ISO/IEC 9834-5:1991	Information technology — Open Systems Interconnection — Procedures for the operation of OSI Registration Authorities — Part 5: Register of VT Control Object Definitions
ISO/IEC TR 10000-2:1998	Information technology — Framework and taxonomy of International Standardized Profiles — Part 2: Principles and Taxonomy for OSI Profiles
ISO/IEC TR 10000-3:1998	Information technology — Framework and taxonomy of International Standardized Profiles — Part 3: Principles and Taxonomy for Open System Environment Profiles
ISO/IEC 10026-1:1998	Information technology — Open Systems Interconnection — Distributed Transaction Processing — Part 1: OSI TP Model
ISO/IEC 10026-2:1998	Information technology — Open Systems Interconnection — Distributed Transaction Processing — Part 2: OSI TP Service
ISO/IEC 10026-3:1998	Information technology — Open Systems Interconnection — Distributed Transaction Processing — Part 3: Protocol specification
ISO/IEC 10026-4:1995	Information technology — Open Systems Interconnection — Distributed Transaction Processing: Protocol Implementation Conformance Statement (PICS) proforma
ISO/IEC 10026-5:1998	Information technology — Open Systems Interconnection — Distributed Transaction Processing — Part 5: Application context proforma and guidelines when using OSI TP
ISO/IEC 10026-6:1995	Information technology — Open Systems Interconnection — Distributed Transaction Processing — Part 6: Unstructured Data Transfer
ISO/IEC 10035-2:1995	Information technology — Open Systems Interconnection — Connectionless protocol for the Association Control Service Element: Protocol Implementation Conformance Statement (PICS) proforma

ISO/IEC 10040:1998	Information technology — Open Systems Interconnection — Systems management overview
ISO/IEC 10164-1:1993	Information technology — Open Systems Interconnection — Systems Management: Object Management Function
ISO/IEC 10164-1:1993/Amd 1:1996	Information technology — Open Systems Interconnection — Systems Management: Object Management Function — Amendment 1: Implementation conformance statement proformas
ISO/IEC 10164-1:1993/Amd 1:1996/Cor 1:1996	Information technology — Open Systems Interconnection — Systems Management: Object Management Function — Amendment 1: Implementation conformance statement proformas — Technical Corrigendum 1
ISO/IEC 10164-2:1993	Information technology — Open Systems Interconnection — Systems Management: State Management Function — Part 2:
ISO/IEC 10164-2:1993/Amd 1:1996	Information technology — Open Systems Interconnection — Systems Management: State Management Function — Part 2: — Amendment 1: Implementation conformance statement proformas
ISO/IEC 10164-2:1993/Amd 1:1996/Cor 1:1996	Information technology — Open Systems Interconnection — Systems Management: State Management Function — Part 2: — Amendment 1: Implementation conformance statement proformas — Technical Corrigendum 1
ISO/IEC 10164-2:1993/Cor 1:1996	Information technology — Open Systems Interconnection — Systems Management: State Management Function — Part 2: — Technical Corrigendum 1
ISO/IEC 10164-2:1993/Amd 2:2002	Information technology — Open Systems Interconnection — Systems Management: State Management Function — Part 2: — Amendment 2: Amendment to support lifecycle state
ISO/IEC 10164-2:1993/Cor 2:2002	Information technology — Open Systems Interconnection — Systems Management: State Management Function — Part 2: — Technical Corrigendum 2: Clarification of state change event
ISO/IEC 10164-3:1993	Information technology — Open Systems Interconnection — Systems Management: Attributes for representing relationships
ISO/IEC 10164-3:1993/Amd 1:1996	Information technology — Open Systems Interconnection — Systems Management: Attributes for representing relationships — Amendment 1: Implementation conformance statement proformas
ISO/IEC 10164-3:1993/Amd 1:1996/Cor 1:1996	Information technology — Open Systems Interconnection — Systems Management: Attributes for representing relationships — Amendment 1: Implementation conformance statement proformas — Technical Corrigendum 1
ISO/IEC 10164-4:1992	Information technology — Open Systems Interconnection — Systems Management: Alarm reporting function — Part 4:
ISO/IEC 10164-4:1992/Amd 1:1995	Information technology — Open Systems Interconnection — Systems Management: Alarm reporting function — Part 4: — Amendment 1: Implementation conformance statement proformas
ISO/IEC 10164-4:1992/Amd 1:1995/Cor 1:1996	Information technology — Open Systems Interconnection — Systems Management: Alarm reporting function — Part 4: — Amendment 1: Implementation conformance statement proformas — Technical Corrigendum 1
ISO/IEC 10164-4:1992/Cor 1:1994	Information technology — Open Systems Interconnection — Systems Management: Alarm reporting function — Part 4: — Technical Corrigendum 1
ISO/IEC 10164-4:1992/Cor 2:1999	Information technology — Open Systems Interconnection — Systems Management: Alarm reporting function — Part 4: — Technical Corrigendum 2
ISO/IEC 10164-5:1993	Information technology — Open Systems Interconnection — Systems management: Event Report Management Function
ISO/IEC 10164-5:1993/Amd 1:1995	Information technology — Open Systems Interconnection — Systems management: Event Report Management Function — Amendment 1: Implementation conformance statement proformas
ISO/IEC 10164-5:1993/Amd 1:1995/Cor 1:1996	Information technology — Open Systems Interconnection — Systems management: Event Report Management Function — Amendment 1: Implementation conformance statement proformas — Technical Corrigendum 1
ISO/IEC 10164-5:1993/Cor 1:1994	Information technology — Open Systems Interconnection — Systems management: Event Report Management Function — Technical Corrigendum 1
ISO/IEC 10164-5:1993/Cor 2:1999	Information technology — Open Systems Interconnection — Systems management: Event Report Management Function — Technical Corrigendum 2
ISO/IEC 10164-6:1993	Information technology — Open Systems Interconnection — Systems Management: Log control function
ISO/IEC 10164-6:1993/Amd 1:1996	Information technology — Open Systems Interconnection — Systems Management: Log control function — Amendment 1: Implementation conformance statement proformas

ISO/IEC 10164-6:1993/Amd 1:1996/Cor 1:1996	Information technology — Open Systems Interconnection — Systems Management: Log control function — Amendment 1: Implementation conformance statement proformas — Technical Corrigendum 1
ISO/IEC 10164-6:1993/Cor 1:2003	Information technology — Open Systems Interconnection — Systems Management: Log control function — Technical Corrigendum 1
ISO/IEC 10164-7:1992	Information technology — Open Systems Interconnection — Systems Management: Security alarm reporting function
ISO/IEC 10164-7:1992/Amd 1:1995	Information technology — Open Systems Interconnection — Systems Management: Security alarm reporting function — Amendment 1: Implementation conformance statement proformas
ISO/IEC 10164-7:1992/Amd 1:1995/Cor 1:1996	Information technology — Open Systems Interconnection — Systems Management: Security alarm reporting function — Amendment 1: Implementation conformance statement proformas — Technical Corrigendum 1
ISO/IEC 10164-8:1993	Information technology — Open Systems Interconnection — Systems Management: Security audit trail function
ISO/IEC 10164-8:1993/Cor 1:1995	Information technology — Open Systems Interconnection — Systems Management: Security audit trail function — Technical Corrigendum 1
ISO/IEC 10164-8:1993/Cor 2:1996	Information technology — Open Systems Interconnection — Systems Management: Security audit trail function — Technical Corrigendum 2
ISO/IEC 10164-8:1993/Cor 3:1999	Information technology — Open Systems Interconnection — Systems Management: Security audit trail function — Technical Corrigendum 3
ISO/IEC 10164-9:1995	Information technology — Open Systems Interconnection — Systems Management: Objects and attributes for access control
ISO/IEC 10164-9:1995/Cor 1:1996	Information technology — Open Systems Interconnection — Systems Management: Objects and attributes for access control — Technical Corrigendum 1
ISO/IEC 10164-9:1995/Cor 2:1999	Information technology — Open Systems Interconnection — Systems Management: Objects and attributes for access control — Technical Corrigendum 2
ISO/IEC 10164-9:1995/Cor 3:2002	Information technology — Open Systems Interconnection — Systems Management: Objects and attributes for access control — Technical Corrigendum 3
ISO/IEC 10164-10:1995	Information technology — Open Systems Interconnection — Systems Management: Usage metering function for accounting purposes
ISO/IEC 10164-10:1995/Amd 1:1998	Information technology — Open Systems Interconnection — Systems Management: Usage metering function for accounting purposes — Amendment 1: Implementation conformance statement proformas
ISO/IEC 10164-10:1995/Cor 1:1999	Information technology — Open Systems Interconnection — Systems Management: Usage metering function for accounting purposes — Technical Corrigendum 1
ISO/IEC 10164-10:1995/Cor 2:2002	Information technology — Open Systems Interconnection — Systems Management: Usage metering function for accounting purposes — Technical Corrigendum 2
ISO/IEC 10164-11:1994	Information technology — Open Systems Interconnection — Systems Management: Metric objects and attributes
ISO/IEC 10164-11:1994/Amd 1:1998	Information technology — Open Systems Interconnection — Systems Management: Metric objects and attributes — Amendment 1: Implementation conformance statement proformas
ISO/IEC 10164-11:1994/Cor 1:1999	Information technology — Open Systems Interconnection — Systems Management: Metric objects and attributes — Technical Corrigendum 1
ISO/IEC 10164-12:1994	Information technology — Open Systems Interconnection — Systems Management: Test Management Function
ISO/IEC 10164-12:1994/Cor 1:1998	Information technology — Open Systems Interconnection — Systems Management: Test Management Function — Technical Corrigendum 1
ISO/IEC 10164-12:1994/Cor 2:1999	Information technology — Open Systems Interconnection — Systems Management: Test Management Function — Technical Corrigendum 2
ISO/IEC 10164-12:1994/Cor 3:2002	Information technology — Open Systems Interconnection — Systems Management: Test Management Function — Technical Corrigendum 3
ISO/IEC 10164-13:1995	Information technology — Open Systems Interconnection — Systems Management: Summarization Function

ISO/IEC 10164-13:1995/Amd 1:1997	Information technology — Open Systems Interconnection — Systems Management: Summarization Function — Amendment 1: Implementation conformance statement proformas
ISO/IEC 10164-13:1995/Cor 1:1999	Information technology — Open Systems Interconnection — Systems Management: Summarization Function — Technical Corrigendum 1
ISO/IEC 10164-13:1995/Cor 2:2002	Information technology — Open Systems Interconnection — Systems Management: Summarization Function — Technical Corrigendum 2
ISO/IEC 10164-14:1996	Information technology — Open Systems Interconnection — Systems Management: Confidence and diagnostic test categories — Part 14:
ISO/IEC 10164-14:1996/Cor 1:1999	Information technology — Open Systems Interconnection — Systems Management: Confidence and diagnostic test categories — Part 14: — Technical Corrigendum 1
ISO/IEC 10164-14:1996/Cor 2:2002	Information technology — Open Systems Interconnection — Systems Management: Confidence and diagnostic test categories — Part 14: — Technical Corrigendum 2
ISO/IEC 10164-14:1996/Cor 3:2002	Information technology — Open Systems Interconnection — Systems Management: Confidence and diagnostic test categories — Part 14: — Technical Corrigendum 3
ISO/IEC 10164-15:2002	Information technology — Open Systems Interconnection — Systems management: Scheduling function — Part 15:
ISO/IEC 10164-16:1997	Information technology — Open Systems Interconnection — Systems Management: Management knowledge management function — Part 16:
ISO/IEC 10164-16:1997/Amd 1:1998	Information technology — Open Systems Interconnection — Systems Management: Management knowledge management function — Part 16: — Amendment 1: Extension for General Relationship Model
ISO/IEC 10164-16:1997/Cor 1:2002	Information technology — Open Systems Interconnection — Systems Management: Management knowledge management function — Part 16: — Technical Corrigendum 1
ISO/IEC 10164-17:1996	Information technology — Open Systems Interconnection — Systems Management: Change over function
ISO/IEC 10164-17:1996/Cor 1:1999	Information technology — Open Systems Interconnection — Systems Management: Change over function — Technical Corrigendum 1
ISO/IEC 10164-17:1996/Cor 2:2002	Information technology — Open Systems Interconnection — Systems Management: Change over function — Technical Corrigendum 2
ISO/IEC 10164-18:1997	Information technology — Open Systems Interconnection — Systems Management: Software management function — Part 18:
ISO/IEC 10164-18:1997/Cor 1:1999	Information technology — Open Systems Interconnection — Systems Management: Software management function — Part 18: — Technical Corrigendum 1
ISO/IEC 10164-18:1997/Cor 2:2002	Information technology — Open Systems Interconnection — Systems Management: Software management function — Part 18: — Technical Corrigendum 2
ISO/IEC 10164-18:1997/Cor 3:2002	Information technology — Open Systems Interconnection — Systems Management: Software management function — Part 18: — Technical Corrigendum 3
ISO/IEC 10164-19:1998	Information technology — Open Systems Interconnection — Systems Management: Management domain and management policy management function — Part 19:
ISO/IEC 10164-20:1999	Information technology — Open Systems Interconnection — Systems Management: Time management function — Part 20:
ISO/IEC 10164-20:1999/Cor 1:2002	Information technology — Open Systems Interconnection — Systems Management: Time management function — Part 20: — Technical Corrigendum 1
ISO/IEC 10164-21:1998	Information technology — Open Systems Interconnection — Systems Management: Command sequencer for Systems Managenment — Part 21:
ISO/IEC 10164-22:2000	Information technology — Open Systems Interconnection — Systems Management: Response time monitoring function — Part 22:

ISO/IEC 10165-1:1993	Information technology — Open Systems Interconnection — Management Information Services — Structure of management information: Management Information Model
ISO/IEC 10165-1:1993/Amd 1:1996	Information technology — Open Systems Interconnection — Management Information Services — Structure of management information: Management Information Model — Amendment 1: Generalization of Terms
ISO/IEC 10165-1:1993/Cor 1:1994	Information technology — Open Systems Interconnection — Management Information Services — Structure of management information: Management Information Model — Technical Corrigendum 1
ISO/IEC 10165-2:1992	Information technology — Open Systems Interconnection — Structure of management information: Definition of management information
ISO/IEC 10165-2:1992/Cor 1:1994	Information technology — Open Systems Interconnection — Structure of management information: Definition of management information — Technical Corrigendum 1
ISO/IEC 10165-2:1992/Cor 2:1996	Information technology — Open Systems Interconnection — Structure of management information: Definition of management information — Technical Corrigendum 2
ISO/IEC 10165-2:1992/Cor 3:1999	Information technology — Open Systems Interconnection — Structure of management information: Definition of management information — Technical Corrigendum 3
ISO/IEC 10165-4:1992	Information technology — Open Systems Interconnection — Structure of management information — Part 4: Guidelines for the definition of managed objects
ISO/IEC 10165-4:1992/Amd 1:1996	Information technology — Open Systems Interconnection — Structure of management information — Part 4: Guidelines for the definition of managed objects — Amendment 1: Set by Create and Component Registration
ISO/IEC 10165-4:1992/Cor 1:1996	Information technology — Open Systems Interconnection — Structure of management information — Part 4: Guidelines for the definition of managed objects — Technical Corrigendum 1
ISO/IEC 10165-4:1992/Amd 2:1998	Information technology — Open Systems Interconnection — Structure of management information — Part 4: Guidelines for the definition of managed objects — Amendment 2: Addition of the NO-MODIFY syntax element and guideline extensions
ISO/IEC 10165-4:1992/Cor 2:2003	Information technology — Open Systems Interconnection — Structure of management information — Part 4: Guidelines for the definition of managed objects — Technical Corrigendum 2
ISO/IEC 10165-4:1992/Amd 3:1998	Information technology — Open Systems Interconnection — Structure of management information — Part 4: Guidelines for the definition of managed objects — Amendment 3: Guidelines for the use of Z in formalizing the behaviour of managed objects
ISO/IEC 10165-5:1994	Information technology — Open Systems Interconnection — Structure of management information: Generic management information
ISO/IEC 10165-5:1994/Cor 1:1998	Information technology — Open Systems Interconnection — Structure of management information: Generic management information — Technical Corrigendum 1
ISO/IEC 10165-5:1994/Cor 2:2002	Information technology — Open Systems Interconnection — Structure of management information: Generic management information — Technical Corrigendum 2
ISO/IEC 10165-6:1997	Information technology — Open Systems Interconnection — Structure of management information: Requirements and guidelines for implementation conformance statement proformas associated with OSI management
ISO/IEC 10165-7:1996	Information technology — Open Systems Interconnection — Structure of management information: General relationship model
ISO/IEC 10165-8:2000	Information technology — Open Systems Interconnection — Structure of management information: Managed objects for supporting upper layers — Part 8:
ISO/IEC 10165-9:2000	Information technology — Open Systems Interconnection — Structure of management information: Systems management application layer managed objects — Part 9:
ISO/IEC 10181-1:1996	Information technology — Open Systems Interconnection — Security frameworks for open systems: Overview
ISO/IEC 10181-2:1996	Information technology — Open Systems Interconnection — Security frameworks for open systems: Authentication framework
ISO/IEC 10181-3:1996	Information technology — Open Systems Interconnection — Security frameworks for open systems: Access control framework
ISO/IEC 10181-4:1997	Information technology — Open Systems Interconnection — Security frameworks for open systems: Non-repudiation framework — Part 4:
ISO/IEC 10181-5:1996	Information technology — Open Systems Interconnection — Security frameworks for open systems: Confidentiality framework
ISO/IEC 10181-6:1996	Information technology — Open Systems Interconnection — Security frameworks for open systems: Integrity framework
ISO/IEC 10181-7:1996	Information technology — Open Systems Interconnection — Security frameworks for open systems: Security audit and alarms framework
ISO/IEC TR 10183-1:1993	Information technology — Text and office systems — Office Document Architecture (ODA) and interchange format — Technical Report on ISO 8613 implementation testing — Part 1: Testing methodology
ISO/IEC TR 10183-2:1993	Information technology — Text and office systems — Office Document Architecture (ODA) and interchange format — Technical Report on ISO 8613 implementation testing — Part 2: Framework for abstract test cases

ISO/IEC 10731:1994	Information technology — Open Systems Interconnection — Basic Reference Model — Conventions for the definition of OSI services
ISO/IEC 10745:1995	Information technology — Open Systems Interconnection — Upper layers security model
ISO/IEC 11578:1996	Information technology — Open Systems Interconnection — Remote Procedure Call (RPC)
ISO/IEC 11586-1:1996	Information technology — Open Systems Interconnection — Generic upper layers security: Overview, models and notation
ISO/IEC 11586-2:1996	Information technology — Open Systems Interconnection — Generic upper layers security: Security Exchange Service Element (SESE) service definition
ISO/IEC 11586-3:1996	Information technology — Open Systems Interconnection — Generic upper layers security: Security Exchange Service Element (SESE) protocol specification
ISO/IEC 11586-4:1996	Information technology — Open Systems Interconnection — Generic upper layers security: Protecting transfer syntax specification
ISO/IEC 11586-5:1997	Information technology — Open Systems Interconnection — Generic upper layers security: Security Exchange Service Element (SESE) Protocol Implementation Conformance Statement (PICS) proforma
ISO/IEC 11586-6:1997	Information technology — Open Systems Interconnection — Generic upper layers security: Protecting transfer syntax Protocol Implementation Conformance Statement (PICS) proforma
ISO/IEC 11587:1996	Information technology — Open Systems Interconnection — Application Context for Systems Management with Transaction Processing
ISO/IEC 11889-1:2009	Information technology — Trusted Platform Module — Part 1: Overview
ISO/IEC 11889-1:2015	Information technology — Trusted platform module library — Part 1: Architecture
ISO/IEC 11889-2:2009	Information technology — Trusted Platform Module — Part 2: Design principles
ISO/IEC 11889-2:2015	Information technology — Trusted Platform Module Library — Part 2: Structures
ISO/IEC 11889-3:2009	Information technology — Trusted Platform Module — Part 3: Structures
ISO/IEC 11889-3:2015	Information technology — Trusted Platform Module Library — Part 3: Commands
ISO/IEC 11889-4:2009	Information technology — Trusted Platform Module — Part 4: Commands
ISO/IEC 11889-4:2015	Information technology — Trusted Platform Module Library — Part 4: Supporting Routines
ISO/IEC 12034-1:2017	Information technology — Archive eXchange Format (AXF) — Part 1: Structure and semantics
ISO/IEC 12113:2022	Information technology — Runtime 3D asset delivery format — Khronos glTF™ 2.0
ISO/IEC TR 12382:1992	Permuted index of the vocabulary of information technology
ISO/IEC TR 13233:1995	Information technology — Interpretation of accreditation requirements in ISO/IEC Guide 25 — Accreditation of Information Technology and Telecommunications testing laboratories for software and protocol testing services
ISO/IEC 13244:1998	Information technology — Open Distributed Management Architecture
ISO/IEC 13244:1998/Amd 1:1999	Information technology — Open Distributed Management Architecture — Amendment 1: Support using Common Object Request Broker Architecture (CORBA)
ISO/IEC 13346-1:1995	Information technology — Volume and file structure of write-once and rewritable media using non-sequential recording for information interchange — Part 1: General
ISO/IEC 13346-2:1999	Information technology — Volume and file structure of write-once and rewritable media using non-sequential recording for information interchange — Part 2: Volume and boot block recognition
ISO/IEC 13346-4:1999	Information technology — Volume and file structure of write-once and rewritable media using non-sequential recording for information interchange — Part 4: File structure
ISO/IEC 13346-5:1995	Information technology — Volume and file structure of write-once and rewritable media using non-sequential recording for information interchange — Part 5: Record structure
ISO/IEC 13490-1:1995	Information technology — Volume and file structure of read-only and write-once compact disk media for information interchange — Part 1: General
ISO/IEC 13490-2:1995	Information technology — Volume and file structure of read-only and write-once compact disk media for information interchange — Part 2: Volume and file structure
ISO/IEC 13712-1:1995	Information technology — Remote Operations: Concepts, model and notation
ISO/IEC 13712-1:1995/Amd 1:1996	Information technology — Remote Operations: Concepts, model and notation — Amendment 1: Built-in operations
ISO/IEC 13712-1:1995/Cor 1:1996	Information technology — Remote Operations: Concepts, model and notation — Technical Corrigendum 1
ISO/IEC 13712-2:1995	Information technology — Remote Operations: OSI realizations — Remote Operations Service Element (ROSE) service definition

ISO/IEC 13712-2:1995/Amd 1:1996	Information technology — Remote Operations: OSI realizations — Remote Operations Service Element (ROSE) service definition — Amendment 1: Mapping to A-UNIT-DATA and built-in operations
ISO/IEC 13712-3:1995	Information technology — Remote Operations: OSI realizations — Remote Operations Service Element (ROSE) protocol specification
ISO/IEC 13712-3:1995/Amd 1:1996	Information technology — Remote Operations: OSI realizations — Remote Operations Service Element (ROSE) protocol specification — Amendment 1: Mapping to A-UNIT-DATA and built-in operations
ISO/IEC 13712-3:1995/Cor 1:1996	Information technology — Remote Operations: OSI realizations — Remote Operations Service Element (ROSE) protocol specification — Technical Corrigendum 1
ISO/IEC 13714:1995	Information technology — Document processing and related communication — User interface to telephone-based services — Voice messaging applications
ISO/IEC 13800:1996	Information technology — Procedure for the registration of identifiers and attributes for volume and file structure
ISO/IEC 14165-147:2021	Information technology - Fibre channel — Part 147: Physical interfaces - 7 (FC-PI-7)
ISO/IEC 14834:1996	Information technology — Distributed Transaction Processing — The XA Specification
ISO/IEC 14863:1996	Information technology — System-Independent Data Format (SIDF)
ISO/IEC 15953:1999	Information technology — Open Systems Interconnection — Service definition for the Application Service Object Association Control Service Element
ISO/IEC 15954:1999	Information technology — Open Systems Interconnection — Connection-mode protocol for the Application Service Object Association Control Service Element
ISO/IEC 15955:1999	Information technology — Open Systems Interconnection — Connectionless protocol for the Application Service Object Association Control Service Element
ISO/IEC 16512-1:2016	Information technology — Relayed Multicast Control Protocol (RMCP) — Framework — Part 1:
ISO/IEC 16512-2:2016	Information technology — Relayed multicast protocol: Specification for simplex group applications — Part 2:
ISO/IEC 16680:2012	Information technology — The Open Group Service Integration Maturity Model (OSIMM)
ISO/IEC 17826:2022	Information technology — Cloud Data Management Interface (CDMI) Version 2.0.0
ISO/IEC 17998:2012	Information technology — SOA Governance Framework
ISO/IEC 18180:2013	Information technology — Specification for the Extensible Configuration Checklist Description Format (XCCDF) Version 1.2
ISO/IEC 19099:2014	Information technology — Virtualization Management Specification
ISO/IEC 19464:2014	Information technology — Advanced Message Queuing Protocol (AMQP) v1.0 specification
ISO/IEC 19500-1:2012	Information technology — Object Management Group — Common Object Request Broker Architecture (CORBA) — Part 1: Interfaces
ISO/IEC 19500-2:2012	Information technology — Object Management Group — Common Object Request Broker Architecture (CORBA) — Part 2: Interoperability
ISO/IEC 19500-3:2012	Information technology — Object Management Group — Common Object Request Broker Architecture (CORBA) — Part 3: Components
ISO/IEC 19501:2005	Information technology — Open Distributed Processing — Unified Modeling Language (UML) Version 1.4.2
ISO/IEC 19505-1:2012	Information technology — Object Management Group Unified Modeling Language (OMG UML) — Part 1: Infrastructure
ISO/IEC 19505-2:2012	Information technology — Object Management Group Unified Modeling Language (OMG UML) — Part 2: Superstructure
ISO/IEC 19506:2012	Information technology — Object Management Group Architecture-Driven Modernization (ADM) — Knowledge Discovery Meta-Model (KDM)
ISO/IEC 19507:2012	Information technology — Object Management Group Object Constraint Language (OCL)
ISO/IEC 19508:2014	Information technology — Object Management Group Meta Object Facility (MOF) Core
ISO/IEC 19509:2014	Information technology — Object Management Group XML Metadata Interchange (XMI)
ISO/IEC 19510:2013	Information technology — Object Management Group Business Process Model and Notation
ISO/IEC 19513:2017	Information technology — Object Management Group Unified Profile for DoDAF and MODAF (UPDM), 2.1.1
ISO/IEC 19514:2017	Information technology — Object management group systems modeling language (OMG SysML)
ISO/IEC 19515:2019	Information technology — Object Management Group Automated Function Points (AFP), 1.0
ISO/IEC 19516:2020	Information technology — Object management group — Interface definition language (IDL) 4.2
ISO/IEC 19540-1:2022	Information technology — Object Management Group Unified Architecture Framework (OMG UAF) — Part 1: Domain Metamodel (DMM)

ISO/IEC 19540-2:2022	Information technology — Object Management Group Unified Architecture Framework (OMG UAF) — Part 2: Unified Architecture Framework Profile (UAFP)
ISO/IEC 19678:2015	Information Technology — BIOS Protection Guidelines
ISO/IEC 19831:2015	Cloud Infrastructure Management Interface (CIMI) Model and RESTful HTTP-based Protocol — An Interface for Managing Cloud Infrastructure
ISO/IEC 19845:2015	Information technology — Universal business language version 2.1 (UBL v2.1)
ISO/IEC 19987:2017	Information technology — EPC Information Services (EPCIS) Standard
ISO/IEC 19988:2017	Information technology — Core Business Vocabulary Standard
ISO/IEC 20243-1:2018	Information technology — Open Trusted Technology ProviderTM Standard (O-TTPS) — Mitigating maliciously tainted and counterfeit products — Part 1: Requirements and recommendations
ISO/IEC 20243-2:2018	Information technology — Open Trusted Technology ProviderTM Standard (O-TTPS) — Mitigating maliciously tainted and counterfeit products — Part 2: Assessment procedures for the O-TTPS and ISO/IEC 20243-1:2018
ISO/IEC 20648:2016	Information technology — TLS specification for storage systems
ISO/IEC 20802-1:2016	Information technology — Open data protocol (OData) v4.0 — Part 1: Core
ISO/IEC 20802-2:2016	Information technology — Open data protocol (OData) v4.0 — Part 2: OData JSON Format
ISO/IEC 20919:2021	Information technology — Linear tape file system (LTFS) Format specification
ISO/IEC 20922:2016	Information technology — Message Queuing Telemetry Transport (MQTT) v3.1.1
ISO/IEC 20933:2019	Information technology — Distributed application platforms and services (DAPS) — Framework for distributed real-time access systems
ISO/IEC 21964-1:2018	Information technology — Destruction of data carriers — Part 1: Principles and definitions
ISO/IEC 21964-2:2018	Information technology — Destruction of data carriers — Part 2: Requirements for equipment for destruction of data carriers
ISO/IEC 21964-3:2018	Information technology — Destruction of data carriers — Part 3: Process of destruction of data carriers
ISO/IEC 21972:2020	Information technology — Upper level ontology for smart city indicators
ISO/IEC 22275:2018	Information technology — Programming languages, their environments, and system software interfaces — ECMAScript® Specification Suite
ISO/IEC 23510:2021	Information technology — 3D printing and scanning — Framework for an Additive Manufacturing Service Platform (AMSP)
ISO/IEC 23681:2019	Information technology — Self-contained Information Retention Format (SIRF) Specification
ISO/IEC 24039:2022	Information technology — Smart city digital platform reference architecture — Data and service
ISO/IEC 24091:2019	Information technology — Power efficiency measurement specification for data center storage
ISO/IEC 24570:2018	Software engineering — NESMA functional size measurement method — Definitions and counting guidelines for the application of function point analysis
ISO/IEC 24643:2020	Architecture for a distributed real-time access system
ISO/IEC 24775-1:2021	Information technology — Storage management — Part 1: Overview
ISO/IEC 24775-2:2021	Information technology — Storage management — Part 2: Common Architecture
ISO/IEC 24775-3:2021	Information technology — Storage management — Part 3: Common profiles
ISO/IEC 24775-4:2021	Information technology — Storage management — Part 4: Block devices
ISO/IEC 24775-5:2021	Information technology — Storage management — Part 5: File systems
ISO/IEC 24775-6:2021	Information technology — Storage management — Part 6: Fabric
ISO/IEC 24775-7:2021	Information technology — Storage management — Part 7: Host elements
ISO/IEC 24775-8:2021	Information technology — Storage management — Part 8: Media libraries
ISO/IEC 25185-1:2016	Identification cards — Integrated circuit card authentication protocols — Part 1: Protocol for Lightweight Authentication of Identity
ISO/IEC 28360-1:2021	Information technology — Determination of chemical emission rates from electronic equipment — Part 1: Using consumables
ISO/IEC 28360-2:2018	Information technology — Office equipment — Determination of chemical emission rates from electronic equipment — Part 2: Not using-consumables
ISO/IEC 29341-1:2011	Information technology — UPnP Device Architecture — Part 1: UPnP Device Architecture Version 1.0
ISO/IEC 29341-2:2008	Information technology — UPnP Device Architecture — Part 2: Basic Device Control Protocol - Basic Device
ISO/IEC 29341-1-1:2011	Information technology — UPnP Device Architecture — Part 1-1: UPnP Device Architecture Version 1.1
ISO/IEC 29341-1-2:2017	Information technology — UPnP Device Architecture — Part 1-2: UPnP Device Architecture Version 2.0

ISO/IEC 29341-10-10:2008	Information technology — UPnP Device Architecture — Part 10-10: Quality of Service Device Control Protocol - Quality of Service Device Service
ISO/IEC 29341-10-11:2008	Information technology — UPnP Device Architecture — Part 10-11: Quality of Service Device Control Protocol - Quality of Service Manager Service
ISO/IEC 29341-10-12:2008	Information technology — UPnP Device Architecture — Part 10-12: Quality of Service Device Control Protocol - Quality of Service Policy Holder Service
ISO/IEC 29341-10-1:2008	Information technology — UPnP Device Architecture — Part 10-1: Quality of Service Device Control Protocol - Quality of Service Architecture
ISO/IEC 29341-11-10:2008	Information technology — UPnP Device Architecture — Part 11-10: Quality of Service Device Control Protocol - Level 2 - Quality of Service Device Service
ISO/IEC 29341-11-11:2008	Information technology — UPnP Device Architecture — Part 11-11: Quality of Service Device Control Protocol - Level 2 - Quality of Service Manager Service
ISO/IEC 29341-11-12:2008	Information technology — UPnP Device Architecture — Part 11-12: Quality of Service Device Control Protocol - Level 2 - Quality of Service Policy Holder Service
ISO/IEC 29341-11-1:2008	Information technology — UPnP Device Architecture — Part 11-1: Quality of Service Device Control Protocol - Level 2 - Quality of Service Architecture
ISO/IEC 29341-11-2:2008	Information technology — UPnP Device Architecture — Part 11-2: Quality of Service Device Control Protocol - Level 2 - Quality of Service Schemas
ISO/IEC 29341-13-10:2008	Information technology — UPnP Device Architecture — Part 13-10: Device Security Device Control Protocol - Device Security Service
ISO/IEC 29341-13-11:2008	Information technology — UPnP Device Architecture — Part 13-11: Device Security Device Control Protocol - Security Console Service
ISO/IEC 29341-14-12:2011	Information technology — UPnP Device Architecture — Part 14-12: Audio Video Device Control Protocol — Level 3 — Audio Video Content Directory Service
ISO/IEC 29341-14-3:2011	Information technology — UPnP Device Architecture — Part 14-3: Audio Video Device Control Protocol — Level 3 — Media Server Device
ISO/IEC 29341-15-10:2011	Information technology — UPnP Device Architecture — Part 15-10: Content Synchronization Device Control Protocol — Content Synchronization Service
ISO/IEC 29341-16-10:2011	Information technology — UPnP Device Architecture — Part 16-10: Low Power Device Control Protocol — Low Power Proxy Service
ISO/IEC 29341-16-11:2011	Information technology — UPnP Device Architecture — Part 16-11: Low Power Device Control Protocol — Low Power Service
ISO/IEC 29341-16-1:2011	Information technology — UPnP Device Architecture — Part 16-1: Low Power Device Control Protocol — Low Power Architecture
ISO/IEC 29341-17-10:2011	Information technology — UPnP Device Architecture — Part 17-10: Quality of Service Device Control Protocol — Level 3 — Quality of Service Device Service
ISO/IEC 29341-17-11:2011	Information technology — UPnP Device Architecture — Part 17-11: Quality of Service Device Control Protocol — Level 3 — Quality of Service Manager Service
ISO/IEC 29341-17-12:2011	Information technology — UPnP Device Architecture — Part 17-12: Quality of Service Device Control Protocol — Level 3 — Quality of Service Policy Holder Service
ISO/IEC 29341-17-13:2011	Information technology — UPnP Device Architecture — Part 17-13: Quality of Service Device Control Protocol — Level 3 — Quality of Service Device Service — Underlying Technology Interfaces
ISO/IEC 29341-17-1:2011	Information technology — UPnP Device Architecture — Part 17-1: Quality of Service Device Control Protocol — Level 3 — Quality of Service Architecture
ISO/IEC 29341-18-10:2011	Information technology — UPnP Device Architecture — Part 18-10: Remote Access Device Control Protocol — Remote Access Inbound Connection Configuration Service
ISO/IEC 29341-18-11:2011	Information technology — UPnP Device Architecture — Part 18-11: Remote Access Device Control Protocol — Remote Access Discovery Agent Service
ISO/IEC 29341-18-12:2011	Information technology — UPnP Device Architecture — Part 18-12: Remote Access Device Control Protocol — Remote Access Discovery Agent Synchronization Service
ISO/IEC 29341-18-13:2011	Information technology — UPnP Device Architecture — Part 18-13: Remote Access Device Control Protocol — Remote Access Transport Agent Configuration Service
ISO/IEC 29341-18-1:2011	Information technology — UPnP Device Architecture — Part 18-1: Remote Access Device Control Protocol — Remote Access Architecture
ISO/IEC 29341-18-2:2011	Information technology — UPnP Device Architecture — Part 18-2: Remote Access Device Control Protocol — Remote Access Client Device

ISO/IEC 29341-18-3:2011	Information technology — UPnP Device Architecture — Part 18-3: Remote Access Device Control Protocol — Remote Access Server Device
ISO/IEC 29341-18-4:2011	Information technology — UPnP Device Architecture — Part 18-4: Remote Access Device Control Protocol — Remote Access Discovery Agent Device
ISO/IEC 29341-19-10:2011	Information technology — UPnP Device Architecture — Part 19-10: Solar Protection Blind Device Control Protocol — Two Way Motion Motor Service
ISO/IEC 29341-19-1:2011	Information technology — UPnP Device Architecture — Part 19-1: Solar Protection Blind Device Control Protocol — Solar Protection Blind Device
ISO/IEC 29341-20-10:2017	Information technology — UPnP Device Architecture — Part 20-10: Audio video device control protocol — Level 4 — Audio video transport service
ISO/IEC 29341-20-11:2017	Information technology — UPnP Device Architecture — Part 20-11: Audio video device control protocol — Level 4 — Connection manager service
ISO/IEC 29341-20-12:2017	Information technology — UPnP Device Architecture — Part 20-12: Audio video device control protocol — Level 4 — Content directory service
ISO/IEC 29341-20-13:2017	Information technology — UPnP Device Architecture — Part 20-13: Audio video device control protocol — Level 4 — Rendering control service
ISO/IEC 29341-20-14:2017	Information technology — UPnP Device Architecture — Part 20-14: Audio video device control protocol — Level 4 — Scheduled recording service
ISO/IEC 29341-20-1:2017	Information technology — UPnP Device Architecture — Part 20-1: Audio video device control protocol — Level 4 — Audio video architecture
ISO/IEC 29341-20-2:2017	Information technology — UPnP Device Architecture — Part 20-2: Audio video device control protocol — Level 4 — Media renderer device
ISO/IEC 29341-20-3:2017	Information technology — UPnP Device Architecture — Part 20-3: Audio video device control protocol — Level 4 — Media server device
ISO/IEC 29341-20-4:2017	Information technology — UPnP Device Architecture — Part 20-4: Audio video device control protocol — Level 4 — Datastructure template
ISO/IEC 29341-24-10:2017	Information technology — UPnP Device Architecture — Part 24-10: Internet gateway device control protocol — Level 2 — Wide area network internet protocol — Connection service
ISO/IEC 29341-24-11:2017	Information technology — UPnP Device Architecture — Part 24-11: Internet gateway device control protocol — Level 2 — Wide area network internet protocol v6 — Firewall control service
ISO/IEC 29341-24-1:2017	Information technology — UPnP Device Architecture — Part 24-1: Internet gateway device control protocol — Level 2 — Internet gateway device
ISO/IEC 29341-24-2:2017	Information technology — UPnP Device Architecture — Part 24-2: Internet gateway device control protocol — Level 2 — Wide area network connection device
ISO/IEC 29341-24-3:2017	Information technology — UPnP Device Architecture — Part 24-3: Internet gateway device control protocol — Level 2 — Wide area network device
ISO/IEC 29341-26-10:2017	Information technology — UPnP Device Architecture — Part 26-10: Telephony device control protocol — Level 2 — Call management service
ISO/IEC 29341-26-11:2017	Information technology — UPnP Device Architecture — Part 26-11: Telephony device control protocol — Level 2 — Media management service
ISO/IEC 29341-26-12:2017	Information technology — UPnP Device Architecture — Part 26-12: Telephony device control protocol — Level 2 — Messaging service
ISO/IEC 29341-26-13:2017	Information technology — UPnP Device Architecture — Part 26-13: Telephony device control protocol — Level 2 — Phone management service
ISO/IEC 29341-26-14:2017	Information technology — UPnP Device Architecture — Part 26-14: Telephony device control protocol — Level 2 — Address book service
ISO/IEC 29341-26-15:2017	Information technology — UPnP Device Architecture — Part 26-15: Telephony device control protocol — Level 2 — Calendar service
ISO/IEC 29341-26-16:2017	Information technology — UPnP Device Architecture — Part 26-16: Telephony device control protocol — Level 2 — Presence service
ISO/IEC 29341-26-1:2017	Information technology — UPnP Device Architecture — Part 26-1: Telephony device control protocol — Level 2 — Telephony architecture
ISO/IEC 29341-26-2:2017	Information technology — UPnP Device Architecture — Part 26-2: Telephony device control protocol — Level 2 — Telephony client device
ISO/IEC 29341-26-3:2017	Information technology — UPnP Device Architecture — Part 26-3: Telephony device control protocol — Level 2 — Telephony server device

ISO/IEC 29341-27-1:2017	Information technology — UPnP Device Architecture — Part 27-1: Friendly device control protocol — Friendly information update service
ISO/IEC 29341-28-10:2017	Information technology — UPnP Device Architecture — Part 28-10: Multiscreen device control protocol — Application management service
ISO/IEC 29341-28-1:2017	Information technology — UPnP Device Architecture — Part 28-1: Multiscreen device control protocol — Multiscreen architecture
ISO/IEC 29341-28-2:2017	Information technology — UPnP Device Architecture — Part 28-2: Multiscreen device control protocol — Screen device
ISO/IEC 29341-29-10:2017	Information technology — UPnP Device Architecture — Part 29-10: Multiscreen device control protocol — Level 2 — Application management service
ISO/IEC 29341-29-2:2017	Information technology — UPnP Device Architecture — Part 29-2: Multiscreen device control protocol — Level 2 — Screen device
ISO/IEC 29341-3-11:2008	Information technology — UPnP Device Architecture — Part 3-11: Audio Video Device Control Protocol - Connection Manager Service
ISO/IEC 29341-3-12:2008	Information technology — UPnP Device Architecture — Part 3-12: Audio Video Device Control Protocol - Content Directory Service
ISO/IEC 29341-3-13:2008	Information technology — UPnP Device Architecture — Part 3-13: Audio Video Device Control Protocol - Rendering Control Service
ISO/IEC 29341-3-2:2008	Information technology — UPnP Device Architecture — Part 3-2: Audio Video Device Control Protocol - Media Renderer Device
ISO/IEC 29341-3-3:2008	Information technology — UPnP Device Architecture — Part 3-3: Audio Video Device Control Protocol - Media Server Device
ISO/IEC 29341-30-10:2017	Information technology — UPnP Device Architecture — Part 30-10: IoT management and control device control protocol — Data store service
ISO/IEC 29341-30-11:2017	Information technology — UPnP Device Architecture — Part 30-11: IoT management and control device control protocol — IoT management and control data model service
ISO/IEC 29341-30-12:2017	Information technology — UPnP Device Architecture — Part 30-12: IoT management and control device control protocol — IoT management and control transport generic service
ISO/IEC 29341-30-1:2017	Information technology — UPnP Device Architecture — Part 30-1: IoT management and control device control protocol — IoT management and control architecture overview
ISO/IEC 29341-30-2:2017	Information technology — UPnP Device Architecture — Part 30-2: IoT management and control device control protocol — IoT management and control device
ISO/IEC 29341-31-1:2017	Information technology — UPnP Device Architecture — Part 31-1: Energy management device control protocol — Energy management service
ISO/IEC 29341-4-12:2008	Information technology — UPnP Device Architecture — Part 4-12: Audio Video Device Control Protocol - Level 2 - Content Directory Service
ISO/IEC 29341-4-3:2008	Information technology — UPnP Device Architecture — Part 4-3: Audio Video Device Control Protocol - Level 2 - Media Server Device
ISO/IEC 29341-5-10:2008	Information technology — UPnP Device Architecture — Part 5-10: Digital Security Camera Device Control Protocol - Digital Security Camera Motion Image Service
ISO/IEC 29341-5-11:2008	Information technology — UPnP Device Architecture — Part 5-11: Digital Security Camera Device Control Protocol - Digital Security Camera Settings Service
ISO/IEC 29341-5-12:2008	Information technology — UPnP Device Architecture — Part 5-12: Digital Security Camera Device Control Protocol - Digital Security Camera Still Image Service
ISO/IEC 29341-5-1:2008	Information technology — UPnP Device Architecture — Part 5-1: Digital Security Camera Device Control Protocol - Digital Security Camera Device
ISO/IEC 29341-6-10:2008	Information technology — UPnP Device Architecture — Part 6-10: Heating, Ventilation, and Air Conditioning Device Control Protocol - Control Valve Service
ISO/IEC 29341-6-11:2008	Information technology — UPnP Device Architecture — Part 6-11: Heating, Ventilation, and Air Conditioning Device Control Protocol - Fan Operating Mode Service
ISO/IEC 29341-6-12:2008	Information technology — UPnP Device Architecture — Part 6-12: Heating, Ventilation, and Air Conditioning Device Control Protocol - Fan Speed Service
ISO/IEC 29341-6-13:2008	Information technology — UPnP Device Architecture — Part 6-13: Heating, Ventilation, and Air Conditioning Device Control Protocol - House Status Service
ISO/IEC 29341-6-14:2008	Information technology — UPnP Device Architecture — Part 6-14: Heating, Ventilation, and Air Conditioning Device Control Protocol - Setpoint Schedule Service
ISO/IEC 29341-6-15:2008	Information technology — UPnP Device Architecture — Part 6-15: Heating, Ventilation, and Air Conditioning Device Control Protocol - Temperature Sensor Service

ISO/IEC 29341-6-16:2008	Information technology — UPnP Device Architecture — Part 6-16: Heating, Ventilation, and Air Conditioning Device Control Protocol - Temperature Setpoint Service
ISO/IEC 29341-6-17:2008	Information technology — UPnP Device Architecture — Part 6-17: Heating, Ventilation, and Air Conditioning Device Control Protocol - User Operating Mode Service
ISO/IEC 29341-6-1:2008	Information technology — UPnP Device Architecture — Part 6-1: Heating, Ventilation, and Air Conditioning Device Control Protocol - System Device
ISO/IEC 29341-6-2:2008	Information technology — UPnP Device Architecture — Part 6-2: Heating, Ventilation, and Air Conditioning Device Control Protocol - Zone Thermostat Device
ISO/IEC 29341-7-10:2008	Information technology — UPnP Device Architecture — Part 7-10: Lighting Device Control Protocol - Dimming Service
ISO/IEC 29341-7-1:2008	Information technology — UPnP Device Architecture — Part 7-1: Lighting Device Control Protocol - Binary Light Device
ISO/IEC 29341-7-2:2008	Information technology — UPnP Device Architecture — Part 7-2: Lighting Device Control Protocol - Dimmable Light Device
ISO/IEC 29341-8-10:2008	Information technology — UPnP Device Architecture — Part 8-10: Internet Gateway Device Control Protocol - Local Area Network Host Configuration Management Service
ISO/IEC 29341-8-11:2008	Information technology — UPnP Device Architecture — Part 8-11: Internet Gateway Device Control Protocol — Layer 3 Forwarding Service
ISO/IEC 29341-8-12:2008	Information technology — UPnP Device Architecture — Part 8-12: Internet Gateway Device Control Protocol - Link Authentication Service
ISO/IEC 29341-8-13:2008	Information technology — UPnP Device Architecture — Part 8-13: Internet Gateway Device Control Protocol - Radius Client Service
ISO/IEC 29341-8-14:2008	Information technology — UPnP Device Architecture — Part 8-14: Internet Gateway Device Control Protocol - Wide Area Network Cable Link Configuration Service
ISO/IEC 29341-8-15:2008	Information technology — UPnP Device Architecture — Part 8-15: Internet Gateway Device Control Protocol - Wide Area Network Common Interface Configuration Service
ISO/IEC 29341-8-16:2008	Information technology — UPnP Device Architecture — Part 8-16: Internet Gateway Device Control Protocol - Wide Area Network Digital Subscriber Line Configuration Service
ISO/IEC 29341-8-17:2008	Information technology — UPnP Device Architecture — Part 8-17: Internet Gateway Device Control Protocol - Wide Area Network Ethernet Link Configuration Service
ISO/IEC 29341-8-18:2008	Information technology — UPnP Device Architecture — Part 8-18: Internet Gateway Device Control Protocol - Wide Area Network Internet Protocol Connection Service
ISO/IEC 29341-8-19:2008	Information technology — UPnP Device Architecture — Part 8-19: Internet Gateway Device Control Protocol - Wide Area Network Plain Old Telephone Service Link Configuration Service
ISO/IEC 29341-8-1:2008	Information technology — UPnP Device Architecture — Part 8-1: Internet Gateway Device Control Protocol - Internet Gateway Device
ISO/IEC 29341-8-20:2008	Information technology — UPnP Device Architecture — Part 8-20: Internet Gateway Device Control Protocol - Wide Area Network Point-to-Point Protocol Connection Service
ISO/IEC 29341-8-21:2008	Information technology — UPnP Device Architecture — Part 8-21: Internet Gateway Device Control Protocol - Wireless Local Area Network Configuration Service
ISO/IEC 29341-8-2:2008	Information technology — UPnP Device Architecture — Part 8-2: Internet Gateway Device Control Protocol - Local Area Network Device
ISO/IEC 29341-8-3:2008	Information technology — UPnP Device Architecture — Part 8-3: Internet Gateway Device Control Protocol - Wide Area Network Device
ISO/IEC 29341-8-4:2008	Information technology — UPnP Device Architecture — Part 8-4: Internet Gateway Device Control Protocol - Wide Area Network Connection Device
ISO/IEC 29341-8-5:2008	Information technology — UPnP Device Architecture — Part 8-5: Internet Gateway Device Control Protocol - Wireless Local Area Network Access Point Device
ISO/IEC 29341-9-10:2008	Information technology — UPnP Device Architecture — Part 9-10: Imaging Device Control Protocol - External Activity Service
ISO/IEC 29341-9-11:2008	Information technology — UPnP Device Architecture — Part 9-11: Imaging Device Control Protocol - Feeder Service
ISO/IEC 29341-9-12:2008	Information technology — UPnP Device Architecture — Part 9-12: Imaging Device Control Protocol - Print Basic Service
ISO/IEC 29341-9-13:2008	Information technology — UPnP Device Architecture — Part 9-13: Imaging Device Control Protocol - Scan Service
ISO/IEC 29341-9-1:2008	Information technology — UPnP Device Architecture — Part 9-1: Imaging Device Control Protocol - Printer Device

ISO/IEC 29341-9-2:2008	Information technology — UPnP Device Architecture — Part 9-2: Imaging Device Control Protocol - Scanner Device
ISO/IEC 29341-12-10:2015	Information technology — UPnP Device Architecture — Part 12-10: Remote User Interface Device Control Protocol — Remote User Interface Client Service
ISO/IEC 29341-12-11:2015	Information technology — UPnP Device Architecture — Part 12-11: Remote User Interface Device Control Protocol - Remote User Interface Server Service
ISO/IEC 29341-12-1:2015	Information technology — UPnP Device Architecture — Part 12-1: Remote User Interface Device Control Protocol - Remote User Interface Client Device
ISO/IEC 29341-12-2:2015	Information technology — UPnP Device Architecture — Part 12-2: Remote User Interface Device Control Protocol — Remote User Interface Server Device
ISO/IEC 29341-3-10:2015	Information technology — UPnP Device Architecture — Part 3-10: Audio Video Device Control Protocol — Audio Video Transport Service
ISO/IEC 29341-3-1:2011	Information technology — UPnP Device Architecture — Part 3-1: Audio Video Device Control Protocol — Audio Video Architecture
ISO/IEC 29341-4-10:2011	Information technology — UPnP Device Architecture — Part 4-10: Audio Video Device Control Protocol — Level 2 — Audio Video Transport Service
ISO/IEC 29341-4-11:2011	Information technology — UPnP Device Architecture — Part 4-11: Audio Video Device Control Protocol — Level 2 — Connection Manager Service
ISO/IEC 29341-4-13:2011	Information technology — UPnP Device Architecture — Part 4-13: Audio Video Device Control Protocol — Level 2 — Rendering Control Service
ISO/IEC 29341-4-14:2011	Information technology — UPnP Device Architecture — Part 4-14: Audio Video Device Control Protocol — Level 2 — Scheduled Recording Service
ISO/IEC 29341-4-2:2011	Information technology — UPnP Device Architecture — Part 4-2: Audio Video Device Control Protocol — Level 2 — Media Renderer Device
ISO/IEC 29341-4-4:2011	Information technology — UPnP Device Architecture — Part 4-4: Audio Video Device Control Protocol — Level 2 — Audio Video Data Structures
ISO/IEC 29341-7-11:2015	Information technology — UPnP Device Architecture — Part 7-11: Lighting Device Control Protocol — Switch Power Service
ISO/IEC 29361:2008	Information technology — Web Services Interoperability — WS-I Basic Profile Version 1.1
ISO/IEC 29362:2008	Information technology — Web Services Interoperability — WS-I Attachments Profile Version 1.0
ISO/IEC 29363:2008	Information technology — Web Services Interoperability — WS-I Simple SOAP Binding Profile Version 1.0
ISO/IEC 30115:2018	Information technology — Redfish scalable platforms management API specification
ISO/IEC 30118-1:2021	Information technology — Open Connectivity Foundation (OCF) Specification — Part 1: Core specification
ISO/IEC 30118-2:2021	Information technology — Open Connectivity Foundation (OCF) Specification — Part 2: Security specification
ISO/IEC 30118-3:2021	Information technology — Open Connectivity Foundation (OCF) Specification — Part 3: Bridging specification
ISO/IEC 30118-4:2021	Information technology — Open Connectivity Foundation (OCF) Specification — Part 4: Resource type specification
ISO/IEC 30118-5:2021	Information technology — Open Connectivity Foundation (OCF) Specification — Part 5: OCF device specification
ISO/IEC 30118-6:2021	Information technology — Open Connectivity Foundation (OCF) Specification — Part 6: Resource to AllJoyn interface mapping specification
ISO/IEC 30118-7:2021	Information Technology - Open Connectivity Foundation (OCF) Specification — Part 7: Wi-Fi easy setup specification
ISO/IEC 30118-8:2021	Information technology - Open Connectivity Foundation (OCF) Specification — Part 8: OCF resource to oneM2M resource mapping specification
ISO/IEC 30118-9:2021	Information technology - Open Connectivity Foundation (OCF) Specification — Part 9: Core optional specification
ISO/IEC 30118-10:2021	Information technology - Open Connectivity Foundation (OCF) Specification — Part 10: Cloud API for cloud services specification
ISO/IEC 30118-11:2021	Information technology - Open Connectivity Foundation (OCF) Specification — Part 11: Device to cloud services specification
ISO/IEC 30118-12:2021	Information technology - Open Connectivity Foundation (OCF) Specification — Part 12: Cloud security specification
ISO/IEC 30118-13:2021	Information technology - Open Connectivity Foundation (OCF) Specification — Part 13: Onboarding tool specification
ISO/IEC 30118-14:2021	Information technology - Open Connectivity Foundation (OCF) Specification — Part 14: OCF resource to BLE mapping specification
ISO/IEC 30118-15:2021	Information technology - Open Connectivity Foundation (OCF) Specification — Part 15: OCF resource to EnOcean mapping specification
ISO/IEC 30118-16:2021	Information technology — Open Connectivity Foundation (OCF) Specification — Part 16: OCF resource to UPlus mapping specification

ISO/IEC 30118-17:2021	Information technology — Open Connectivity Foundation (OCF) Specification — Part 17: OCF resource to Zigbee cluster mapping specification
ISO/IEC 30118-18:2021	Information technology — Open Connectivity Foundation (OCF) Specification — Part 18: OCF resource to Z-wave mapping specification
ISO/IEC 30145-1:2021	Information technology — Smart City ICT reference framework — Part 1: Smart city business process framework
ISO/IEC 30145-2:2020	Information technology — Smart City ICT reference framework — Part 2: Smart city knowledge management framework
ISO/IEC 30145-3:2020	Information technology — Smart City ICT reference framework — Part 3: Smart city engineering framework
ISO/IEC 30146:2019	Information technology — Smart city ICT indicators
ISO/IEC 30182:2017	Smart city concept model — Guidance for establishing a model for data interoperability
ISO/IEC 33071:2016	Information technology — Process assessment — An integrated process capability assessment model for Enterprise processes
ISO/IEC 40210:2011	Information technology — W3C SOAP Version 1.2 Part 1: Messaging Framework (Second Edition)
ISO/IEC 40220:2011	Information technology — W3C SOAP Version 1.2 Part 2: Adjuncts (Second Edition)
ISO/IEC 40230:2011	Information technology — W3C SOAP Message Transmission Optimization Mechanism
ISO/IEC 40240:2011	Information technology — W3C Web Services Addressing 1.0 — Core
ISO/IEC 40250:2011	Information technology — W3C Web Services Addressing 1.0 — SOAP Binding
ISO/IEC 40260:2011	Information technology — W3C Web Services Addressing 1.0 — Metadata
ISO/IEC 40270:2011	Information technology — W3C Web Services Policy 1.5 — Framework
ISO/IEC 40280:2011	Information technology — W3C Web Services Policy 1.5 — Attachment
ISO/IEC 40314:2016	Information technology — Mathematical Markup Language (MathML) Version 3.0 2nd Edition
ISO/IEC 40500:2012	Information technology — W3C Web Content Accessibility Guidelines (WCAG) 2.0

SC 2

ISO/IEC 646:1991	Information technology -- ISO 7-bit coded character set for information interchange
ISO 962:1974	Information processing -- Implementation of the 7- bit coded character set and its 7- bit and 8-bit extensions on 9- track 12,7 mm (0.5 in) magnetic tape
ISO 1113:1979	Information processing -- Representation of the 7- bit coded character set on punched tape
ISO 1154:1975	Information processing -- Punched paper tape -- Dimensions and location of feed holes and code holes
ISO 1681:1973	Information processing -- Unpunched paper cards -- Specification
ISO/IEC 2022:1994	Information technology -- Character code structure and extension techniques
ISO/IEC 2022:1994/Cor 1:1999	
ISO 2033:1983	Information processing -- Coding of machine readable characters (MICR and OCR)
ISO 2047:1975	Information processing -- Graphical representations for the control characters of the 7- bit coded character set
ISO/IEC 2375:2003	Information technology -- Procedure for registration of escape sequences and coded character sets
ISO 3275:1974	Information processing -- Implementation of the 7- bit coded character set and its 7- bit and 8- bit extensions on 3,81 mm magnetic cassette for data interchange
ISO/IEC 4873:1991	Information technology -- ISO 8-bit code for information interchange -- Structure and rules for implementation
ISO 5426:1983	Extension of the Latin alphabet coded character set for bibliographic information interchange
ISO 5426-2:1996	Information and documentation -- Extension of the Latin alphabet coded character set for bibliographic information interchange -- Part 2: Latin characters used in minor European languages and obsolete typography
ISO 5427:1984	Extension of the Cyrillic alphabet coded character set for bibliographic information interchange
ISO 5428:1984	Greek alphabet coded character set for bibliographic information interchange
ISO/IEC 6429:1992	Information technology -- Control functions for coded character sets
ISO 6438:1983	Documentation -- African coded character set for bibliographic information interchange
ISO 6586:1980	Data processing -- Implementation of the ISO 7- bit and 8- bit coded character sets on punched cards
ISO 6861:1996	Information and documentation -- Glagolitic alphabet coded character set for bibliographic information interchange
ISO 6862:1996	Information and documentation -- Mathematical coded character set for bibliographic information interchange
ISO 6936:1988	Information processing -- Conversion between the two coded character sets of ISO 646 and ISO 6937-2 and the CCITT international telegraph alphabet No. 2 (ITA 2)

ISO/IEC 6937:2001	Information technology -- Coded graphic character set for text communication -- Latin alphabet
ISO/IEC 8859-1:1998	Information technology -- 8-bit single-byte coded graphic character sets -- Part 1: Latin alphabet No. 1
ISO/IEC 8859-2:1999	Information technology -- 8-bit single-byte coded graphic character sets -- Part 2: Latin alphabet No. 2
ISO/IEC 8859-3:1999	Information technology -- 8-bit single-byte coded graphic character sets -- Part 3: Latin alphabet No. 3
ISO/IEC 8859-4:1998	Information technology -- 8-bit single-byte coded graphic character sets -- Part 4: Latin alphabet No. 4
ISO/IEC 8859-5:1999	Information technology -- 8-bit single-byte coded graphic character sets -- Part 5: Latin/Cyrillic alphabet
ISO/IEC 8859-6:1999	Information technology -- 8-bit single-byte coded graphic character sets -- Part 6: Latin/Arabic alphabet
ISO/IEC 8859-7:2003	Information technology -- 8-bit single-byte coded graphic character sets -- Part 7: Latin/Greek alphabet
ISO/IEC 8859-8:1999	Information technology -- 8-bit single-byte coded graphic character sets -- Part 8: Latin/Hebrew alphabet
ISO/IEC 8859-9:1999	Information technology -- 8-bit single-byte coded graphic character sets -- Part 9: Latin alphabet No. 5
ISO/IEC 8859-10:1998	Information technology -- 8-bit single-byte coded graphic character sets -- Part 10: Latin alphabet No. 6
ISO/IEC 8859-11:2001	Information technology -- 8-bit single-byte coded graphic character sets -- Part 11: Latin/Thai alphabet
ISO/IEC 8859-13:1998	Information technology -- 8-bit single-byte coded graphic character sets -- Part 13: Latin alphabet No. 7
ISO/IEC 8859-14:1998	Information technology -- 8-bit single-byte coded graphic character sets -- Part 14: Latin alphabet No. 8 (Celtic)
ISO/IEC 8859-15:1999	Information technology -- 8-bit single-byte coded graphic character sets -- Part 15: Latin alphabet No. 9
ISO/IEC 8859-16:2001	Information technology -- 8-bit single-byte coded graphic character sets -- Part 16: Latin alphabet No. 10
ISO 8957:1996	Information and documentation -- Hebrew alphabet coded character sets for bibliographic information interchange
ISO 9036:1987	Information processing -- Arabic 7-bit coded character set for information interchange
ISO/IEC 10367:1991	Information technology -- Standardized coded graphic character sets for use in 8-bit codes
ISO/IEC 10367:1991/Cor 1:2001	
ISO/IEC 10538:1991	Information technology -- Control functions for text communication
ISO 10585:1996	Information and documentation -- Armenian alphabet coded character set for bibliographic information interchange
ISO 10586:1996	Information and documentation -- Georgian alphabet coded character set for bibliographic information interchange
ISO/IEC 10646:2020	Information technology -- Universal Coded Character Set (UCS)
ISO 11822:1996	Information and documentation -- Extension of the Arabic alphabet coded character set for bibliographic information interchange
ISO/IEC 14651:2020	Information technology — International string ordering and comparison — Method for comparing character strings and description of the common template tailorable ordering

SC 6

ISO 1155:1978	Information processing — Use of longitudinal parity to detect errors in information messages
ISO 1177:1985	Information processing — Character structure for start/stop and synchronous character oriented transmission
ISO 1745:1975	Information processing — Basic mode control procedures for data communication systems
ISO 2110:1989	Information technology — Data communication — 25-pole DTE/DCE interface connector and contact number assignments
ISO 2110:1989/Amd 1:1991	Information technology — Data communication — 25-pole DTE/DCE interface connector and contact number assignments — Amendment 1: Interface connector and contact number assignments for a DTE/DCE interface for data signalling rates above 20 000 bit/s per second
ISO/IEC 2593:2000	Information technology — Telecommunications and information exchange between systems — 34-pole DTE/DCE interface connector mateability dimensions and contact number assignments
ISO 2628:1973	Basic mode control procedures — Complements
ISO 2629:1973	Basic mode control procedures — Conversational information message transfer
ISO 4902:1989	Information technology — Data communication — 37-pole DTE/DCE interface connector and contact number assignments
ISO 4903:1989	Information technology — Data communication — 15-pole DTE/DCE interface connector and contact number assignments
ISO 7478:1987	Information processing systems — Data communication — Multilink procedures
ISO 7478:1987/Cor 1:1989	Information processing systems — Data communication — Multilink procedures — Technical Corrigendum 1
ISO/IEC 7480:1991	Information technology — Telecommunications and information exchange between systems — Start-stop transmission signal quality at DTE/DCE interfaces

ISO/IEC 7776:1995	Information technology — Telecommunications and information exchange between systems — High-level data link control procedures — Description of the X.25 LAPB-compatible DTE data link procedures
ISO/IEC 7776:1995/Amd 1:1996	Information technology — Telecommunications and information exchange between systems — High-level data link control procedures — Description of the X.25 LAPB-compatible DTE data link procedures — Amendment 1: Modulo 32 768 and multi-selective reject option
ISO/IEC 8072:1996	Information technology — Open systems interconnection — Transport service definition
ISO/IEC 8073:1997	Information technology — Open Systems Interconnection — Protocol for providing the connection-mode transport service
ISO/IEC 8073:1997/Amd 1:1998	Information technology — Open Systems Interconnection — Protocol for providing the connection-mode transport service — Amendment 1: Relaxation of class conformance requirements and expedited data service feature negotiation
ISO/IEC 8208:2000	Information technology — Data communications — X.25 Packet Layer Protocol for Data Terminal Equipment
ISO/IEC 8348:2002	Information technology — Open Systems Interconnection — Network service definition
ISO/IEC 8473-1:1998	Information technology — Protocol for providing the connectionless-mode network service: Protocol specification — Part 1:
ISO/IEC 8473-2:1996	Information technology — Protocol for providing the connectionless-mode network service — Part 2: Provision of the underlying service by an ISO/IEC 8802 subnetwork
ISO/IEC 8473-3:1995	Information technology — Protocol for providing the connectionless-mode network service: Provision of the underlying service by an X.25 subnetwork
ISO/IEC 8473-4:1995	Information technology — Protocol for providing the connectionless-mode network service: Provision of the underlying service by a subnetwork that provides the OSI data link service
ISO/IEC 8473-5:1997	Information technology — Protocol for providing the connectionless-mode network service: Provision of the underlying service by ISDN circuit-switched B-channels
ISO/IEC 8480:1995	Information technology — Telecommunications and information exchange between systems — DTE/DCE interface back-up control operation using ITU-T Recommendation V.24 interchange circuits
ISO/IEC 8481:1996	Information technology — Telecommunications and information exchange between systems — DTE to DTE direct connections
ISO/IEC 8482:1993	Information technology — Telecommunications and information exchange between systems — Twisted pair multipoint interconnections
ISO/IEC 8602:1995	Information technology — Protocol for providing the OSI connectionless-mode transport service
ISO/IEC 8602:1995/Amd 1:1996	Information technology — Protocol for providing the OSI connectionless-mode transport service — Amendment 1: Addition of connectionless-mode multicast capability
ISO 8648:1988	Information processing systems — Open Systems Interconnection — Internal organization of the Network Layer
ISO 8648:1988/Cor 1:1991	Information processing systems — Open Systems Interconnection — Internal organization of the Network Layer — Technical Corrigendum 1
ISO/IEC/IEEE 8802-1CS:2022	Telecommunications and exchange between information technology systems — Requirements for local and metropolitan area networks — Part 1CS: Link-local registration protocol
ISO/IEC/IEEE 8802-1AC:2018	Information technology — Telecommunications and information exchange between systems — Local and metropolitan area networks — Part 1AC: Media access control (MAC) service definition
ISO/IEC/IEEE 8802-1BA:2016	Information technology — Telecommunications and information exchange between systems — Local and metropolitan area networks — Specific requirements — Part 1BA: Audio video bridging (AVB) systems
ISO/IEC/IEEE 8802-1BR:2016	Information technology — Telecommunications and information exchange between systems — Local and metropolitan area networks — Specific requirements — Part 1BR: Virtual bridged local area networks — Bridge port extension
ISO/IEC/IEEE 8802-1CB:2019	Information technology — Telecommunications and information exchange between systems — Local and metropolitan area networks — Specific requirements — Part 1CB: Frame replication and elimination for reliability
ISO/IEC/IEEE 8802-1CM:2019	Telecommunications and information exchange between information technology systems — Requirements for local and metropolitan area networks — Part 1CM: Time-sensitive networking for fronthaul
ISO/IEC/IEEE 8802-1AC:2018/Cor 1:2020	Information technology — Telecommunications and information exchange between systems — Local and metropolitan area networks — Part 1AC: Media access control (MAC) service definition — Technical Corrigendum 1: Logical Link Control (LLC) Encpsulation EtherType
ISO/IEC/IEEE 8802-1CM:2019/Amd 1:2021	Telecommunications and information exchange between information technology systems — Requirements for local and metropolitan area networks — Part 1CM: Time-sensitive networking for fronthaul — Amendment 1: Enhancements to fronthaul profiles to support new fronthaul interface, synchronization, and syntonization standards
ISO/IEC/IEEE 8802-1AS:2021	Information technology — Telecommunications and information exchange between systems — Local and metropolitan area networks — Part 1AS: Timing and synchronization for time-sensitive applications in bridged local area networks
ISO/IEC/IEEE 8802-1AX:2021	Telecommunications and exchange between information technology systems — Requirements for local and metropolitan area networks — Part 1AX: Link aggregation
ISO/IEC/IEEE 8802-1X:2021	Telecommunications and exchange between information technology systems — Requirements for local and metropolitan area networks — Part 1X: Port-based network access control

ISO/IEC/IEEE 8802-1AB:2017	Information technology — Telecommunications and information exchange between systems — Local and metropolitan area networks — Specific requirements — Part 1AB: Station and media access control connectivity discovery
ISO/IEC/IEEE 8802-1AE:2020	Telecommunications and exchange between information technology systems — Requirements for local and metropolitan area networks — Part 1AE: Media access control (MAC) security
ISO/IEC/IEEE 8802-1AR:2020	Telecommunications and exchange between information technology systems — Requirements for local and metropolitan area networks — Part 1AR: Secure device identity
ISO/IEC/IEEE 8802-1Q:2020	Telecommunications and exchange between information technology systems — Requirements for local and metropolitan area networks — Part 1Q: Bridges and bridged networks
ISO/IEC/IEEE 8802-1AE:2020/Cor 1:2021	Telecommunications and exchange between information technology systems — Requirements for local and metropolitan area networks — Part 1AE: Media access control (MAC) security — Technical Corrigendum 1: Information technology — Telecommunications and exchange between information technology systems — Requirements for local and metropolitan area networks — Part 1AE: Media access control (MAC) security —TECHNICAL CORRIGENDUM 1: Tag control information figure
ISO/IEC/IEEE 8802-1Q:2020/Amd 2:2021	Telecommunications and exchange between information technology systems — Requirements for local and metropolitan area networks — Part 1Q: Bridges and bridged networks — Amendment 2: YANG data model
ISO/IEC/IEEE 8802-1Q:2020/Amd 3:2021	Telecommunications and exchange between information technology systems — Requirements for local and metropolitan area networks — Part 1Q: Bridges and bridged networks — Amendment 3: Virtual station interface (VSI) discovery and configuration protocol (VDP) extension to support network virtualization overlays over layer 3 (NVO3)
ISO/IEC/IEEE 8802-1Q:2020/Amd 31:2021	Telecommunications and exchange between information technology systems — Requirements for local and metropolitan area networks — Part 1Q: Bridges and bridged networks — Amendment 31: Stream Reservation Protocol (SRP) enhancements and performance improvements
ISO/IEC 8802-2:1998	Information technology — Telecommunications and information exchange between systems — Local and metropolitan area networks — Specific requirements — Part 2: Logical link control
ISO/IEC 8802-2:1998/Cor 1:2000	Information technology — Telecommunications and information exchange between systems — Local and metropolitan area networks — Specific requirements — Part 2: Logical link control — Technical Corrigendum 1
ISO/IEC/IEEE 8802-3:2021	Telecommunications and exchange between information technology systems — Requirements for local and metropolitan area networks — Part 3: Standard for Ethernet
ISO/IEC/IEEE 8802-3:2021/Amd 1:2021	Telecommunications and information exchange between systems — Specific requirements for local and metropolitan area networks — Part 3: Standard for Ethernet — Amendment 1: Physical layer specifications and management parameters for 2.5 Gb/s and 5 Gb/s operation over backplane
ISO/IEC/IEEE 8802-3:2021/Amd 2:2021	Telecommunications and exchange between information technology systems — Requirements for local and metropolitan area networks — Part 3: Standard for Ethernet — Amendment 2: Physical layer and management parameters for power over Ethernet over 4 pairs
ISO/IEC/IEEE 8802-3:2021/Amd 3:2021	Telecommunications and exchange between information technology systems — Requirements for local and metropolitan area networks — Part 3: Standard for Ethernet — Amendment 3: Media access control parameters for 50 Gb/s and physical layers and management parameters for 50 Gb/s, 100 Gb/s, and 200 Gb/s operation
ISO/IEC/IEEE 8802-3:2021/Amd 4:2021	Telecommunications and exchange between information technology systems — Requirements for local and metropolitan area networks — Part 3: Standard for Ethernet — Amendment 4: Physical layers and management parameters for 50 Gb/s, 200 Gb/s, and 400 Gb/s operation over single‐mode fiber
ISO/IEC/IEEE 8802-3:2021/Amd 5:2021	Telecommunications and exchange between information technology systems — Requirements for local and metropolitan area networks — Part 3: Standard for Ethernet — Amendment 5: Physical layers specifications and management parameters for 10 Mb/s operation and associated power delivery over a single balanced pair of conductors
ISO/IEC/IEEE 8802-3:2021/Amd 6:2021	Telecommunications and exchange between information technology systems — Requirements for local and metropolitan area networks — Part 3: Standard for Ethernet — Amendment 6: Maintenance #13: Power over ethernet over 2 pairs
ISO/IEC/IEEE 8802-3:2021/Amd 7:2021	Telecommunications and exchange between information technology systems — Requirements for local and metropolitan area networks — Part 3: Standard for Ethernet — Amendment 7: Physical layer and management parameters for 400 Gb/s over multimode fiber
ISO/IEC/IEEE 8802-3:2021/Amd 8:2021	Telecommunications and exchange between information technology systems — Requirements for local and metropolitan area networks — Part 3: Standard for Ethernet — Amendment 8: Physical layer specifications and management parameters for 2.5 Gb/s, 5 Gb/s, and 10 Gb/s automotive electrical ethernet
ISO/IEC/IEEE 8802-3:2021/Amd 9:2021	Telecommunications and exchange between information technology systems — Requirements for local and metropolitan area networks — Part 3: Standard for Ethernet — Amendment 9: Physical layer specifications and management parameters for 25 Gb/s and 50 Gb/s passive optical networks
ISO/IEC/IEEE 8802-3:2021/Amd 10:2022	Telecommunications and exchange between information technology systems — Requirements for local and metropolitan area networks — Part 3: Standard for Ethernet — Amendment 10: Maintenance #14: Isolation
ISO/IEC/IEEE 8802-3:2021/Amd 11:2022	Telecommunications and exchange between information technology systems — Requirements for local and metropolitan area networks — Part 3: Standard for Ethernet — Amendment 11: Physical layers and management parameters for 100 Gb/s and 400 Gb/s operation over single-mode fiber at 100 Gb/s per wavelength

Standard	Title
ISO/IEC/IEEE 8802-11:2022	Telecommunications and information exchange between systems — Specific requirements for local and metropolitan area networks — Part 11: Wireless LAN medium access control (MAC) and physical layer (PHY) specifications
ISO/IEC/IEEE 8802-21:2018	Information technology — Telecommunications and information exchange between systems — Local and metropolitan area networks — Specific requirements — Part 21: Media independent services framework
ISO/IEC/IEEE 8802-21:2018/Cor 1:2018	Information technology — Telecommunications and information exchange between systems — Local and metropolitan area networks — Specific requirements — Part 21: Media independent services framework — Technical Corrigendum 1: Clarification of parameter definition in group session key derivation
ISO/IEC/IEEE 8802-22:2022	Telecommunications and information exchange between systems — Wireless Regional Area Networks (WRAN) — Specific requirements — Part 22: Cognitive Wireless RAN Medium Access Control (MAC) and Physical Layer (PHY) Specifications: Policies and procedures for operation in the bands that allow spectrum sharing where the communications devices may opportunistically operate in the spectrum of primary service
ISO/IEC/IEEE 8802-3-2:2021	Telecommunications and exchange between information technology systems — Requirements for local and metropolitan area networks — Part 3-2: Standard for Ethernet YANG data model definitions
ISO/IEC/IEEE 8802-15-3:2017	Information technology — Telecommunications and information exchange between systems — Local and metropolitan area networks — Specific requirements — Part 15-3: High data rate wireless multi-media networks
ISO/IEC/IEEE 8802-15-6:2017	Information technology — Telecommunications and information exchange between systems — Local and metropolitan area networks — Specific requirements — Part 15-6: Wireless body area network
ISO/IEC/IEEE 8802-21-1:2018	Information technology — Telecommunications and information exchange between systems — Local and metropolitan area networks — Part 21-1: Media independent services
ISO/IEC/IEEE 8802-3-1:2015	Information technology — Telecommunications and information exchange between systems — Local and metropolitan area networks — Specific requirements — Part 3-1: Standard for management information base (MIB) — Definitions for Ethernet
ISO/IEC/IEEE 8802-A:2015	Information technology — Telecommunications and information exchange between systems — Local and metropolitan area networks — Part A: Overview and architecture
ISO/IEC/IEEE 8802-A:2015/Amd 1:2018	Information technology — Telecommunications and information exchange between systems — Local and metropolitan area networks — Part A: Overview and architecture — Amendment 1: Allocation of Uniform Resource Name (URN) values in IEEE 802® standards
ISO/IEC/IEEE 8802-A:2015/Amd 2:2019	Information technology — Telecommunications and information exchange between systems — Local and metropolitan area networks — Part A: Overview and architecture — Amendment 2: Local medium access control (MAC) address usage
ISO/IEC/IEEE 8802-15-4:2018	Information technology — Telecommunications and information exchange between systems — Local and metropolitan area networks — Specific requirements — Part 15-4: Wireless medium access control (MAC) and physical layer (PHY) specifications for low-rate wireless personal area networks (WPANs)
ISO/IEC 8824-1:2021	Information technology — Abstract Syntax Notation One (ASN.1) — Part 1: Specification of basic notation
ISO/IEC 8824-2:2021	Information technology — Abstract Syntax Notation One (ASN.1) — Part 2: Information object specification
ISO/IEC 8824-3:2021	Information technology — Abstract Syntax Notation One (ASN.1) — Part 3: Constraint specification
ISO/IEC 8824-4:2021	Information technology — Abstract Syntax Notation One (ASN.1) — Part 4: Parameterization of ASN.1 specifications
ISO/IEC 8825-1:2021	Information technology — ASN.1 encoding rules — Part 1: Specification of Basic Encoding Rules (BER), Canonical Encoding Rules (CER) and Distinguished Encoding Rules (DER)
ISO/IEC 8825-2:2021	Information technology — ASN.1 encoding rules — Part 2: Specification of Packed Encoding Rules (PER)
ISO/IEC 8825-3:2021	Information technology — ASN.1 encoding rules — Part 3: Specification of Encoding Control Notation (ECN)
ISO/IEC 8825-4:2021	Information technology — ASN.1 encoding rules — Part 4: XML Encoding Rules (XER)
ISO/IEC 8825-5:2021	Information technology — ASN.1 encoding rules — Part 5: Mapping W3C XML schema definitions into ASN.1
ISO/IEC 8825-6:2021	Information technology — ASN.1 encoding rules — Part 6: Registration and application of PER encoding instructions
ISO/IEC 8825-7:2021	Information technology — ASN.1 encoding rules — Part 7: Specification of Octet Encoding Rules (OER)
ISO/IEC 8825-8:2021	Information technology — ASN.1 encoding rules — Part 8: Specification of JavaScript Object Notation Encoding Rules (JER)
ISO/IEC 8877:1992	Information technology — Telecommunications and information exchange between systems — Interface connector and contact assignments for ISDN Basic Access Interface located at reference points S and T
ISO/IEC 8878:1992	Information technology — Telecommunications and information exchange between systems — Use of X.25 to provide the OSI Connection-mode Network Service
ISO/IEC 8878:1992/Cor 1:1993	Information technology — Telecommunications and information exchange between systems — Use of X.25 to provide the OSI Connection-mode Network Service — Technical Corrigendum 1
ISO/IEC 8878:1992/Cor 2:1993	Information technology — Telecommunications and information exchange between systems — Use of X.25 to provide the OSI Connection-mode Network Service — Technical Corrigendum 2

Standard	Title
ISO/IEC 8878:1992/Cor 3:1996	Information technology — Telecommunications and information exchange between systems — Use of X.25 to provide the OSI Connection-mode Network Service — Technical Corrigendum 3
ISO/IEC 8881:1989	Information processing systems — Data communications — Use of the X.25 packet level protocol in local area networks
ISO/IEC 8881:1989/Cor 1:1991	Information processing systems — Data communications — Use of the X.25 packet level protocol in local area networks — Technical Corrigendum 1
ISO/IEC 8882-1:1996	Information technology — Telecommunications and information exchange between systems — X.25 DTE conformance testing — Part 1: General principles
ISO/IEC 8882-2:2000	Information technology — Telecommunications and information exchange between systems — X.25 DTE conformance testing — Part 2: Data link layer conformance test suite
ISO/IEC 8882-3:2000	Information technology — Telecommunications and information exchange between systems — X.25 DTE conformance testing — Part 3: Packet layer conformance test suite
ISO/IEC 8886:1996	Information technology — Open Systems Interconnection — Data link service definition
ISO 9160:1988	Information processing — Data encipherment — Physical layer interoperability requirements
ISO 9542:1988	Information processing systems — Telecommunications and information exchange between systems — End system to Intermediate system routeing exchange protocol for use in conjunction with the Protocol for providing the connectionless-mode network service (ISO 8473)
ISO 9542:1988/Amd 1:1999	Information processing systems — Telecommunications and information exchange between systems — End system to Intermediate system routeing exchange protocol for use in conjunction with the Protocol for providing the connectionless-mode network service (ISO 8473) — Amendment 1: Addition of group composition information
ISO 9543:1989	Information processing systems — Information exchange between systems — Synchronous transmission signal quality at DTE/DCE interfaces
ISO/IEC 9549:1990	Information technology — Galvanic isolation of balanced interchange circuit
ISO/IEC 9574:1992	Information technology — Provision of the OSI connection-mode network service by packet mode terminal equipment to an integrated services digital network (ISDN)
ISO/IEC TR 9575:1995	Information technology — Telecommunications and information exchange between systems — OSI Routeing Framework
ISO/IEC TR 9577:1999	Information technology — Protocol identification in the network layer
ISO/IEC TR 9578:1990	Information technology — Communication interface connectors used in local area networks
ISO/IEC 9594-1:2020	Information technology — Open systems interconnection — Part 1: The Directory: Overview of concepts, models and services
ISO/IEC 9594-2:2020	Information technology — Open systems interconnection — Part 2: The Directory: Models
ISO/IEC 9594-2:2020/Amd 1:2021	Information technology — Open systems interconnection — Part 2: The Directory: Models — Amendment 1
ISO/IEC 9594-3:2020	Information technology — Open systems interconnection — Part 3: The Directory: Abstract service definition
ISO/IEC 9594-4:2020	Information technology — Open systems interconnection — Part 4: The Directory: Procedures for distributed operation
ISO/IEC 9594-5:2020	Information technology — Open systems interconnection — Part 5: The Directory: Protocol specifications
ISO/IEC 9594-6:2020	Information technology — Open systems interconnection — Part 6: The Directory: Selected attribute types
ISO/IEC 9594-7:2020	Information technology — Open systems interconnection — Part 7: The Directory: Selected object classes
ISO/IEC 9594-8:2020	Information technology — Open systems interconnection — Part 8: The Directory: Public-key and attribute certificate frameworks
ISO/IEC 9594-8:2020/Cor 1:2021	Information technology — Open systems interconnection — Part 8: The Directory: Public-key and attribute certificate frameworks — Technical Corrigendum 1
ISO/IEC 9594-9:2020	Information technology — Open systems interconnection — Part 9: The Directory: Replication
ISO/IEC 9594-11:2020	Information technology — Open systems interconnection directory — Part 11: Protocol specifications for secure operations
ISO/IEC 9834-1:2012	Information technology — Procedures for the operation of object identifier registration authorities: General procedures and top arcs of the international object identifier tree — Part 1:
ISO/IEC 9834-3:2008	Information technology — Open Systems Interconnection — Procedures for the operation of OSI Registration Authorities: Registration of Object Identifier arcs beneath the top-level arc jointly administered by ISO and ITU-T — Part 3:
ISO/IEC 9834-6:2005	Information technology — Open Systems Interconnection — Procedures for the operation of OSI Registration Authorities: Registration of application processes and application entities — Part 6:
ISO/IEC 9834-7:2008	Information technology — Open Systems Interconnection — Procedures for the operation of OSI Registration Authorities: Joint ISO and ITU-T Registration of International Organizations — Part 7:
ISO/IEC 9834-8:2014	Information technology — Procedures for the operation of object identifier registration authorities — Part 8: Generation of universally unique identifiers (UUIDs) and their use in object identifiers

ISO/IEC 9834-9:2008	Information technology - Open Systems Interconnection - Procedures for the operation of OSI Registration Authorities: Registration of object identifier arcs for applications and services using tag-based identification — Part 9:
ISO/IEC 10021-1:2003	Information technology — Message Handling Systems (MHS) — Part 1: System and service overview
ISO/IEC 10021-2:2003	Information technology — Message Handling Systems (MHS): Overall architecture — Part 2:
ISO/IEC 10021-4:2003	Information technology — Message Handling Systems (MHS): Message transfer system — Abstract service definition and procedures — Part 4:
ISO/IEC 10021-5:1999	Information technology — Message Handling Systems (MHS): Message store: Abstract service definition — Part 5:
ISO/IEC 10021-6:2003	Information technology — Message Handling Systems (MHS): Protocol specifications — Part 6:
ISO/IEC 10021-7:2003	Information technology — Message Handling Systems (MHS): Interpersonal messaging system — Part 7:
ISO/IEC 10021-8:1999	Information technology — Message Handling Systems (MHS) — Part 8: Electronic Data Interchange Messaging Service
ISO/IEC 10021-9:1999	Information technology — Message Handling Systems (MHS): Electronic Data Interchange Messaging System — Part 9:
ISO/IEC 10021-10:1999	Information technology — Message Handling Systems (MHS): MHS routing — Part 10:
ISO/IEC TR 10021-11:1999	Information technology — Message Handling Systems (MHS): MHS Routing — Guide for messaging systems managers — Part 11:
ISO/IEC 10022:1996	Information technology — Open Systems Interconnection — Physical Service Definition
ISO/IEC 10028:1993	Information technology — Telecommunications and information exchange between systems — Definition of the relaying functions of a Network layer intermediate system
ISO/IEC 10030:1995	Information technology — Telecommunications and information exchange between systems — End System Routeing Information Exchange Protocol for use in conjunction with ISO/IEC 8878
ISO/IEC 10166-1:1991	Information technology — Text and office systems — Document Filing and Retrieval (DFR) — Part 1: Abstract service definition and procedures
ISO/IEC 10166-1:1991/Amd 1:1995	Information technology — Text and office systems — Document Filing and Retrieval (DFR) — Part 1: Abstract service definition and procedures — Amendment 1: Minor enhancements
ISO/IEC 10166-1:1991/Cor 1:1994	Information technology — Text and office systems — Document Filing and Retrieval (DFR) — Part 1: Abstract service definition and procedures — Technical Corrigendum 1
ISO/IEC 10166-1:1991/Amd 2:1996	Information technology — Text and office systems — Document Filing and Retrieval (DFR) — Part 1: Abstract service definition and procedures — Amendment 2: Combined usage of DFR and DTAM
ISO/IEC 10166-1:1991/Cor 2:1994	Information technology — Text and office systems — Document Filing and Retrieval (DFR) — Part 1: Abstract service definition and procedures — Technical Corrigendum 2
ISO/IEC 10166-1:1991/Cor 3:1994	Information technology — Text and office systems — Document Filing and Retrieval (DFR) — Part 1: Abstract service definition and procedures — Technical Corrigendum 3
ISO/IEC 10166-1:1991/Cor 4:1998	Information technology — Text and office systems — Document Filing and Retrieval (DFR) — Part 1: Abstract service definition and procedures — Technical Corrigendum 4
ISO/IEC 10166-2:1991	Information technology — Text and office systems — Document Filing and Retrieval (DFR) — Part 2: Protocol specification
ISO/IEC 10166-2:1991/Amd 1:1995	Information technology — Text and office systems — Document Filing and Retrieval (DFR) — Part 2: Protocol specification — Amendment 1: Minor enhancement for additional error
ISO/IEC 10166-2:1991/Cor 1:1994	Information technology — Text and office systems — Document Filing and Retrieval (DFR) — Part 2: Protocol specification — Technical Corrigendum 1
ISO/IEC 10166-2:1991/Amd 2:1996	Information technology — Text and office systems — Document Filing and Retrieval (DFR) — Part 2: Protocol specification — Amendment 2: Combined usage of DFR and DTAM
ISO/IEC 10166-2:1991/Cor 2:1995	Information technology — Text and office systems — Document Filing and Retrieval (DFR) — Part 2: Protocol specification — Technical Corrigendum 2
ISO/IEC TR 10171:2000	Information technology — Telecommunications and information exchange between systems — List of standard data link layer protocols that utilize high-level data link control (HDLC) classes of procedures, list of standard XID format identifiers, list of standard mode-setting information field format identifiers, and list of standard user-defined parameter set identification values
ISO/IEC 10173:1998	Information technology — Telecommunications and information exchange between systems — Interface connector and contact assignments for ISDN primary rate access connector located at reference points S and T
ISO/IEC 10175-1:1996	Information technology — Text and office systems — Document Printing Application (DPA) — Part 1: Abstract service definition and procedures

Standard	Title
ISO/IEC 10175-1:1996/Cor 1:1998	Information technology — Text and office systems — Document Printing Application (DPA) — Part 1: Abstract service definition and procedures — Technical Corrigendum 1
ISO/IEC 10175-1:1996/Cor 2:1998	Information technology — Text and office systems — Document Printing Application (DPA) — Part 1: Abstract service definition and procedures — Technical Corrigendum 2
ISO/IEC 10175-1:1996/Cor 3:1998	Information technology — Text and office systems — Document Printing Application (DPA) — Part 1: Abstract service definition and procedures — Technical Corrigendum 3
ISO/IEC 10175-1:1996/Cor 4:1998	Information technology — Text and office systems — Document Printing Application (DPA) — Part 1: Abstract service definition and procedures — Technical Corrigendum 4
ISO/IEC 10175-2:1996	Information technology — Text and office systems — Document Printing Application (DPA) — Part 2: Protocol specification
ISO/IEC 10175-3:2000	Information technology — Text and office systems — Document Printing Application (DPA) — Part 3: Management abstract service definitions and procedures
ISO/IEC 10177:1993	Information technology — Telecommunications and information exchange between systems — Provision of the connection-mode Network internal layer service by intermediate systems using ISO/IEC 8208, the X.25 Packet Layer Protocol
ISO/IEC 10588:1993	Information technology — Use of X.25 Packet Layer Protocol in conjunction with X.21/X.21 bis to provide the OSI connection-mode Network Service
ISO/IEC 10589:2002	Information technology — Telecommunications and information exchange between systems — Intermediate System to Intermediate System intra-domain routeing information exchange protocol for use in conjunction with the protocol for providing the connectionless-mode network service (ISO 8473)
ISO/IEC 10732:1993	Information technology — Use of X.25 Packet Layer Protocol to provide the OSI connection-mode Network Service over the telephone network
ISO/IEC 10733:1998	Information technology — Elements of management information related to the OSI Network Layer
ISO/IEC 10736:1995	Information technology — Telecommunications and information exchange between systems — Transport layer security protocol
ISO/IEC 10737:1998	Information technology — Elements of management information related to OSI Transport layer
ISO/IEC 10742:1994	Information technology — Telecommunications and information exchange between systems — Elements of management information related to OSI Data Link Layer standards
ISO/IEC 10742:1994/Amd 1:1995	Information technology — Telecommunications and information exchange between systems — Elements of management information related to OSI Data Link Layer standards — Amendment 1: Addition of DCE conditions and new attributes
ISO/IEC 10742:1994/Amd 1:1995/Cor 1:1999	Information technology — Telecommunications and information exchange between systems — Elements of management information related to OSI Data Link Layer standards — Amendment 1: Addition of DCE conditions and new attributes — Technical Corrigendum 1
ISO/IEC 10742:1994/Amd 2:1996	Information technology — Telecommunications and information exchange between systems — Elements of management information related to OSI Data Link Layer standards — Amendment 2: Implementation conformance statement proformas
ISO/IEC 10742:1994/Amd 3:1996	Information technology — Telecommunications and information exchange between systems — Elements of management information related to OSI Data Link Layer standards — Amendment 3: Addition of new counter attributes
ISO/IEC 10747:1994	Information technology — Telecommunications and information exchange between systems — Protocol for exchange of inter-domain routeing information among intermediate systems to support forwarding of ISO 8473 PDUs
ISO/IEC 10747:1994/Amd 1:1996	Information technology — Telecommunications and information exchange between systems — Protocol for exchange of inter-domain routeing information among intermediate systems to support forwarding of ISO 8473 PDUs — Amendment 1: Implementation conformance statement proformas
ISO/IEC 10747:1994/Cor 1:1996	Information technology — Telecommunications and information exchange between systems — Protocol for exchange of inter-domain routeing information among intermediate systems to support forwarding of ISO 8473 PDUs — Technical Corrigendum 1
ISO/IEC 11569:1993	Information technology — Telecommunications and information exchange between systems — 26-pole interface connector mateability dimensions and contact number assignments
ISO/IEC 11570:1992	Information technology — Telecommunications and information exchange between systems — Open Systems Interconnection — Transport protocol identification mechanism
ISO/IEC 11571:1998	Information technology — Telecommunications and information exchange between systems — Private Integrated Services Networks — Addressing
ISO/IEC 11572:2000	Information technology — Telecommunications and information exchange between systems — Private Integrated Services Network — Circuit mode bearer services — Inter-exchange signalling procedures and protocol
ISO/IEC 11573:1994	Information technology — Telecommunications and information exchange between systems — Synchronization methods and technical requirements for Private Integrated Services Networks
ISO/IEC 11574:2000	Information technology — Telecommunications and information exchange between systems — Private Integrated Services Network — Circuit-mode 64 kbit/s bearer services — Service description, functional capabilities and information flows
ISO/IEC 11575:1995	Information technology — Telecommunications and information exchange between systems — Protocol mappings for the OSI Data Link service

ISO/IEC 11577:1995	Information technology — Open Systems Interconnection — Network layer security protocol
ISO/IEC 11579-1:1994	Information technology — Telecommunications and information exchange between systems — Private integrated services network — Part 1: Reference configuration for PISN Exchanges (PINX)
ISO/IEC 11579-1:1994/Cor 1:1996	Information technology — Telecommunications and information exchange between systems — Private integrated services network — Part 1: Reference configuration for PISN Exchanges (PINX) — Technical Corrigendum 1
ISO/IEC 11579-2:1999	Information technology — Telecommunications and information exchange between systems — Private integrated services network — Part 2: Reference configuration for HS-PISN Exchanges (HS-PINX)
ISO/IEC 11579-3:1999	Information technology — Private integrated services network — Part 3: Reference configuration for PINX extension lines
ISO/IEC 11582:2002	Information technology — Telecommunications and information exchange between systems — Private Integrated Services Network — Generic functional protocol for the support of supplementary services — Inter-exchange signalling procedures and protocol
ISO/IEC 11584:1996	Information technology — Telecommunications and information exchange between systems — Private Integrated Services Network — Circuit-mode multi-rate bearer services — Service description, functional capabilities and information flows
ISO/IEC TR 11802-5:1997	Information technology — Telecommunications and information exchange between systems — Local and metropolitan area networks — Technical reports and guidelines — Part 5: Media Access Control (MAC) Bridging of Ethernet V2.0 in Local Area Networks
ISO/IEC 12139-1:2009	Information technology — Telecommunications and information exchange between systems — Powerline communication (PLC) — High speed PLC medium access control (MAC) and physical layer (PHY) — Part 1: General requirements
ISO/IEC 12139-1:2009/Cor 1:2010	Information technology — Telecommunications and information exchange between systems — Powerline communication (PLC) — High speed PLC medium access control (MAC) and physical layer (PHY) — Part 1: General requirements — Technical Corrigendum 1
ISO/IEC TR 12860:2009	Information technology — Telecommunications and information exchange between systems — Next Generation Corporate Networks (NGCN) — General
ISO/IEC TR 12861:2009	Information technology — Telecommunications and information exchange between systems — Next Generation Corporate Networks (NGCN) — Identification and routing
ISO/IEC 13156:2011	Information technology — Telecommunications and information exchange between systems — High rate 60 GHz PHY, MAC and PALs
ISO/IEC 13157-1:2014	Information technology — Telecommunications and information exchange between systems — NFC Security — Part 1: NFC-SEC NFCIP-1 security services and protocol
ISO/IEC 13157-2:2016	Information technology — Telecommunications and information exchange between systems — NFC Security — Part 2: NFC-SEC cryptography standard using ECDH and AES
ISO/IEC 13157-3:2016	Information technology — Telecommunications and information exchange between systems — NFC Security — Part 3: NFC-SEC cryptography standard using ECDH-256 and AES-GCM
ISO/IEC 13157-4:2016	Information technology — Telecommunications and information exchange between systems — NFC Security — Part 4: NFC-SEC entity authentication and key agreement using asymmetric cryptography
ISO/IEC 13157-5:2016	Information technology — Telecommunications and information exchange between systems — NFC Security — Part 5: NFC-SEC entity authentication and key agreement using symmetric cryptography
ISO/IEC 13236:1998	Information technology — Quality of service: Framework
ISO/IEC 13239:2002	Information technology — Telecommunications and information exchange between systems — High-level data link control (HDLC) procedures
ISO/IEC 13241:1997	Information technology — Telecommunications and information exchange between systems — Private Integrated Services Network — Inter-exchange signalling protocol — Route Restriction Class additional network feature
ISO/IEC 13242:1997	Information technology — Telecommunications and information exchange between systems — Private Integrated Services Network — Specification, functional model and information flows — Route Restriction Class additional network feature
ISO/IEC 13246:1997	Information technology — Telecommunications and information exchange between systems — Broadband Private Integrated Services Network — Inter-exchange signalling protocol — Signalling ATM adaptation layer
ISO/IEC 13247:1997	Information technology — Telecommunications and information exchange between systems — Broadband Private Integrated Services Network — Inter-exchange signalling protocol — Basic call/connection control
ISO/IEC 13252:1999	Information technology — Enhanced communications transport service definition
ISO/IEC 13560:2009	Information technology — Telecommunications and information exchange between systems — Procedure for the registration of assigned numbers for ISO/IEC 26907 and ISO/IEC 26908
ISO/IEC 13575:1995	Information technology — Telecommunications and information exchange between systems — 50-pole interface connector mateability dimensions and contact number assignments
ISO/IEC TR 13594:1995	Information technology — Lower layers security
ISO/IEC 13642:1999	Information technology — Elements of management information related to the OSI Physical Layer
ISO/IEC 13863:1998	Information technology — Telecommunications and information exchange between systems — Private Integrated Services Network — Specification, functional model and information flows — Path replacement additional network feature

Standard	Title
ISO/IEC 13864:1995	Information technology — Telecommunications and information exchange between systems — Private Integrated Services Network — Specification, functional model and information flows — Name identification supplementary services
ISO/IEC 13865:2003	Information technology — Telecommunications and information exchange between systems — Private Integrated Services Network — Specification, functional model and information flows — Call Transfer supplementary service
ISO/IEC 13866:1995	Information technology — Telecommunications and information exchange between systems — Private Integrated Services Network — Specification, functional model and information flows — Call completion supplementary services
ISO/IEC 13868:2003	Information technology — Telecommunications and information exchange between systems — Private Integrated Services Network — Inter-exchange signalling protocol — Name identification supplementary services
ISO/IEC 13869:2003	Information technology — Telecommunications and information exchange between systems — Private Integrated Services Network — Inter-exchange signalling protocol — Call Transfer supplementary service
ISO/IEC 13870:2003	Information technology — Telecommunications and information exchange between systems — Private Integrated Services Network — Inter-exchange signalling protocol — Call Completion supplementary services
ISO/IEC 13871:1995	Information technology — Telecommunications and information exchange between systems — Private telecommunications networks — Digital channel aggregation
ISO/IEC 13872:2003	Information technology — Telecommunications and information exchange between systems — Private Integrated Services Network — Specification, functional model and information flows — Call Diversion supplementary services
ISO/IEC 13873:2003	Information technology — Telecommunications and information exchange between systems — Private Integrated Services Network — Inter-exchange signalling protocol — Call Diversion supplementary services
ISO/IEC 13874:2003	Information technology — Telecommunications and information exchange between systems — Private Integrated Services Network — Inter-exchange signalling protocol — Path Replacement additional network feature
ISO/IEC 14136:1995	Information technology — Telecommunications and information exchange between systems — Private Integrated Services Network — Specification, functional model and information flows — Identification supplementary services
ISO/IEC 14474:1998	Information technology — Telecommunications and information exchange between systems — Private Integrated Services Network — Functional requirements for static circuit-mode inter-PINX connections
ISO/IEC TR 14475:2001	Information technology — Telecommunications and information exchange between systems — Private Integrated Services Network — Architecture and scenarios for Private Integrated Services Networking
ISO/IEC 14476-1:2002	Information technology — Enhanced communications transport protocol: Specification of simplex multicast transport — Part 1:
ISO/IEC 14476-2:2003	Information technology — Enhanced communications transport protocol: Specification of QoS management for simplex multicast transport — Part 2:
ISO/IEC 14476-3:2008	Information technology — Enhanced communications transport protocol: Specification of duplex multicast transport — Part 3:
ISO/IEC 14476-4:2010	Information technology — Enhanced communications transport protocol: Specification of QoS management for duplex multicast transport — Part 4:
ISO/IEC 14476-5:2008	Information technology — Enhanced communications transport protocol: Specification of N-plex multicast transport — Part 5:
ISO/IEC 14476-6:2010	Information technology — Enhanced communications transport protocol: Specification of QoS management for n-plex multicast transport — Part 6:
ISO/IEC 14699:1997	Information technology — Open Systems Interconnection — Transport Fast Byte Protocol
ISO/IEC 14700:1997	Information technology — Open Systems Interconnection — Network Fast Byte Protocol
ISO/IEC 14765:1997	Information technology — Framework for protocol identification and encapsulation
ISO/IEC 14766:1997	Information technology — Telecommunications and information exchange between systems — Use of OSI applications over the Internet Transmission Control Protocol (TCP)
ISO/IEC 14841:1996	Information technology — Telecommunications and information exchange between systems — Private Integrated Services Network — Specification, functional model and information flows — Call offer supplementary service
ISO/IEC 14842:1996	Information technology — Telecommunications and information exchange between systems — Private Integrated Services Network — Specification, functional model and information flows — Do not disturb and do not disturb override supplementary services
ISO/IEC 14843:2003	Information technology — Telecommunications and information exchange between systems — Private Integrated Services Network — Inter-exchange signalling protocol — Call Offer supplementary service
ISO/IEC 14844:2003	Information technology — Telecommunications and information exchange between systems — Private Integrated Services Network — Inter-exchange signalling protocol — Do Not Disturb and Do Not Disturb Override supplementary services
ISO/IEC 14845:1996	Information technology — Telecommunications and information exchange between systems — Private Integrated Services Network — Specification, functional model and information flows — Call intrusion supplementary service
ISO/IEC 14846:2003	Information technology — Telecommunications and information exchange between systems — Private Integrated Services Network — Inter-exchange signalling protocol — Call Intrusion supplementary service
ISO/IEC 14908-1:2012	Information technology — Control network protocol — Part 1: Protocol stack
ISO/IEC 14908-2:2012	Information technology — Control network protocol — Part 2: Twisted pair communication

ISO/IEC 14908-3:2012	Information technology — Control network protocol — Part 3: Power line channel specification
ISO/IEC 14908-4:2012	Information technology — Control network protocol — Part 4: IP communication
ISO/IEC 15049:1997	Information technology — Telecommunications and information exchange between systems — Private Integrated Services Network — Specification, functional model and information flows — Advice of charge supplementary services
ISO/IEC 15050:2003	Information technology — Telecommunications and information exchange between systems — Private Integrated Services Network — Inter-exchange signalling protocol — Advice Of Charge supplementary services
ISO/IEC 15051:2003	Information technology — Telecommunications and information exchange between systems — Private Integrated Services Network — Specification, functional model and information flows — Recall supplementary service
ISO/IEC 15052:2003	Information technology — Telecommunications and information exchange between systems — Private Integrated Services Network — Inter-exchange signalling protocol — Recall supplementary service
ISO/IEC 15053:2003	Information technology — Telecommunications and information exchange between systems — Private Integrated Services Network — Specification, functional model and information flows — Call Interception additional network feature
ISO/IEC 15054:2003	Information technology — Telecommunications and information exchange between systems — Private Integrated Services Network — Inter-exchange signalling protocol — Call Interception additional network feature
ISO/IEC 15055:1997	Information technology — Telecommunications and information exchange between systems — Private Integrated Services Network — Specification, functional model and information flows — Transit counter additional network feature
ISO/IEC 15056:1997	Information technology — Telecommunications and information exchange between systems — Private Integrated Services Network — Inter-exchange signalling protocol — Transit counter additional network feature
ISO/IEC 15149-1:2014	Information technology — Telecommunications and information exchange between systems — Magnetic field area network (MFAN) — Part 1: Air interface
ISO/IEC 15149-2:2015	Information technology — Telecommunications and information exchange between systems — Magnetic field area network (MFAN) — Part 2: In-band Control Protocol for Wireless Power Transfer
ISO/IEC 15149-3:2016	Information technology — Telecommunications and information exchange between systems — Magnetic field area network (MFAN) — Part 3: Relay Protocol for Extended Range
ISO/IEC 15149-4:2016	Information technology — Telecommunications and information exchange between systems — Magnetic field area network (MFAN) — Part 4: Security Protocol for Authentication
ISO/IEC TR 15294:2000	Information technology — Methods for data flow control at synchronous and asynchronous DTE-DCE interfaces
ISO/IEC TR 15410:1998	Information technology — Telecommunciations and information exchange between systems — PISN mobility-general principles and services aspects
ISO/IEC 15428:1999	Information technology — Telecommunications and information exchange between systems — Private Integrated Services Network — Specification, functional model and information flows — Wireless Terminal Location Registration supplementary service and Wireless Terminal Information Exchange additional network feature
ISO/IEC 15429:2003	Information technology — Telecommunications and information exchange between systems — Private Integrated Services Network — Inter-exchange signalling protocol — Wireless Terminal Location Registration supplementary service and Wireless Terminal Information exchange additional network feature
ISO/IEC 15430:1999	Information technology — Telecommunications and information exchange between systems — Private Integrated Services Network — Specification, functional model and information flows — Wireless terminal call handling additional network features
ISO/IEC 15431:2003	Information technology — Telecommunications and information exchange between systems — Private Integrated Services Network — Inter-exchange signalling protocol — Wireless terminal call handling additional network features
ISO/IEC 15432:1999	Information technology — Telecommunications and information exchange between systems — Private Integrated Services Network — Specification, functional model and information flows — Wireless Terminal Authentication supplementary services (WTAT and WTAN)
ISO/IEC 15433:2003	Information technology — Telecommunications and information exchange between systems — Private Integrated Services Network — Inter-exchange signalling protocol — Wireless Terminal Authentication supplementary services
ISO/IEC 15505:2003	Information technology — Telecommunications and information exchange between systems — Private Integrated Services Network — Specification, functional model and information flows — Message Waiting Indication supplementary service
ISO/IEC 15506:2003	Information technology — Telecommunications and information exchange between systems — Private Integrated Services Network — Inter-exchange signalling protocol — Message Waiting Indication supplementary service
ISO/IEC 15507:1997	Information technology — Telecommunications and information exchange between systems — Private Integrated Services Network — Inter-exchange signalling protocol — PINX clock synchronization
ISO/IEC 15771:1998	Information technology —Telecommunications and information exchange between systems — Private Integrated Services Network — Specification, functional model and information flows — Common information additional network feature
ISO/IEC 15772:2003	Information technology — Telecommunications and information exchange between systems — Private Integrated Services Network — Inter-exchange signalling protocol — Common Information additional network feature
ISO/IEC 15773:1998	Information technology — Telecommunications and information exchange between systems — Broadband Private Integrated Services Network — Inter-exchange signalling protocol — Transit counter additional network feature

ISO/IEC 15899:1998	Information technology — Telecommunications and information exchange between systems — Broadband Private Integrated Services Network — Service description — Broadband connection oriented bearer services
ISO/IEC 15991:2003	Information technology — Telecommunications and information exchange between systems — Private Integrated Services Network — Specification, functional model and information flows — Call Priority Interruption and Call Priority Interruption Protection supplementary services
ISO/IEC 15992:2003	Information technology — Telecommunications and information exchange between systems — Private Integrated Services Network — Inter-exchange signalling protocol — Call Priority Interruption and Call Priority Interruption Protection supplementary services
ISO/IEC TR 16166:2010	Information technology — Telecommunications and information exchange between systems — Next Generation Corporate Networks (NGCN) — Security of session-based communications
ISO/IEC TR 16167:2011	Information technology — Telecommunications and information exchange between systems — Next Generation Corporate Networks (NGCN) — Emergency calls
ISO/IEC 16317:2011	Information technology — Telecommunications and information exchange between systems — proxZzzy for sleeping hosts
ISO/IEC 16353:2011	Information technology — Telecommunications and information exchange between systems — Front-end configuration command for NFC-WI (NFC-FEC)
ISO/IEC 16504:2011	Information technology — Telecommunications and information exchange between systems — MAC and PHY for operation in TV white space
ISO/IEC 16513:2005	Information technology — Group management protocol
ISO/IEC 17309:2000	Information technology — Telecommunications and information exchange between systems — Private Integrated Services Network — Mapping functions for the employment of a circuit mode basic service and the supplementary service user-to-user signalling as a pair of on-demand inter-PINX connections
ISO/IEC 17310:2000	Information technology — Telecommunications and information exchange between systems — Private Integrated Services Network — Mapping functions for the employment of 64 kbit/s circuit mode connections with 16 kbit/s sub-multiplexing
ISO/IEC 17311:2000	Information technology — Telecommunications and information exchange between systems — Private Integrated Services Network — Mapping functions for the employment of 64 kbit/s circuit mode connections with 8 kbit/s sub-multiplexing
ISO/IEC 17343:2007	Information technology — Telecommunications and information exchange between systems — Corporate telecommunication networks — Signalling interworking between QSIG and SIP — Basic services
ISO/IEC 17417:2011	Information technology — Telecommunications and information exchange between systems — Short Distance Visible Light Communication (SDVLC)
ISO/IEC 17568:2013	Information technology — Telecommunications and information exchange between systems — Close proximity electric induction wireless communications
ISO/IEC 17811-1:2014	Information technology — Device control and management — Part 1: Architecture
ISO/IEC 17811-2:2015	Information technology — Device control and management — Part 2: Specification of Device Control and Management Protocol
ISO/IEC 17811-3:2014	Information Technology — Device control and management — Part 3: Specification of Reliable Message Delivery Protocol
ISO/IEC 17821:2015	Information technology — Specification of low power wireless mesh network over channel-hopped TDMA links
ISO/IEC 17875:2000	Information technology — Telecommunications and information exchange between systems — Private Integrated Services Network — Specification, functional model and information flows — Private User Mobility (PUM) — Registration supplementary service
ISO/IEC 17876:2003	Information technology — Telecommunications and information exchange between systems — Private Integrated Services Network — Inter-exchange signalling protocol — Private User Mobility (PUM) — Registration supplementary service
ISO/IEC 17877:2000	Information technology — Telecommunications and information exchange between systems — Private Integrated Services Network — Specification, functional model and information flows — Private User Mobility (PUM) — Call handling additional network features
ISO/IEC 17878:2003	Information technology — Telecommunications and information exchange between systems — Private Integrated Services Network — Inter-exchange signalling protocol — Private User Mobility (PUM) — Call handling additional network features
ISO/IEC 17982:2021	Information technology — Telecommunications and information exchange between systems — Close capacitive coupling communication physical layer (CCCC PHY)
ISO/IEC TR 18016:2003	Information technology — Message Handling Systems (MHS): Interworking with Internet e-mail
ISO/IEC 18017:2001	Information technology — Telecommunications and information exchange between systems — Private Integrated Services Network — Mapping functions for the employment of Virtual Private Network scenarios
ISO/IEC 18051:2012	Information technology — Telecommunications and information exchange between systems — Services for Computer Supported Telecommunications Applications (CSTA) Phase III
ISO/IEC 18052:2012	Information technology — Telecommunications and information exchange between systems — ASN.1 for Computer Supported Telecommunications Applications (CSTA) Phase III
ISO/IEC TR 18053:2000	Information technology — Telecommunications and information exchange between systems — Glossary of definitions and terminology for Computer Supported Telecommunications Applications (CSTA) Phase III

ISO/IEC 18056:2012	Information technology — Telecommunications and information exchange between systems — XML Schema Definitions for Computer Supported Telecommunications Applications (CSTA) Phase III
ISO/IEC TR 18057:2004	Information technology — Telecommunications and information exchange between systems — Using ECMA-323 (CSTA XML) in a Voice Browser Environment
ISO/IEC 18092:2013	Information technology — Telecommunications and information exchange between systems — Near Field Communication — Interface and Protocol (NFCIP-1)
ISO/IEC 18092:2013/Cor 1:2015	Information technology — Telecommunications and information exchange between systems — Near Field Communication — Interface and Protocol (NFCIP-1) — Technical Corrigendum 1
ISO/IEC 18450:2013	Information technology — Telecommunications and information exchange between systems — Web Services Description Language (WSDL) for CSTA Phase III
ISO/IEC/IEEE 18880:2015	Information technology — Ubiquitous green community control network protocol
ISO/IEC/IEEE 18881:2016	Information technology — Ubiquitous green community control network — Control and management
ISO/IEC/IEEE 18882:2017	Information technology — Telecommunications and information exchange between systems — Ubiquitous green community control network: Heterogeneous networks convergence and scalability
ISO/IEC/IEEE 18883:2016	Information technology — Ubiquitous green community control network — Security
ISO/IEC 19058:2001	Information technology — Telecommunications and information exchange between systems — Broadband Private Integrated Services Network — Inter-exchange signalling protocol — Generic functional protocol
ISO/IEC 19369:2014	Information technology — Telecommunications and information exchange between systems — NFCIP-2 test methods
ISO/IEC 19459:2001	Information technology — Telecommunications and information exchange between systems — Private Integrated Services Network — Specification, functional model and information flows — Single Step Call Transfer Supplementary Service
ISO/IEC 19460:2003	Information technology — Telecommunications and information exchange between systems — Private Integrated Services Network — Inter-exchange signalling protocol — Single Step Call Transfer supplementary service
ISO/IEC TR 20002:2012	Information technology — Telecommunications and information exchange between systems — Managed P2P: Framework
ISO/IEC 20113:2004	Information technology — Telecommunications and information exchange between systems — Private Integrated Services Network — Specification, functional model and information flows — Make call request supplementary service
ISO/IEC 20114:2004	Information technology — Telecommunications and information exchange between systems — Private Integrated Services Network (PISN) — Inter-exchange signalling protocol — Make call request supplementary service
ISO/IEC 20115:2004	Information technology — Telecommunications and information exchange between systems — Private Integrated Services Network — Use of QSIG for Message Centre Access (MCA) profile standard
ISO/IEC 20116:2004	Information technology — Telecommunications and information exchange between systems — Private Integrated Services Network — Specification, functional model and information flows - Message centre monitoring and mailbox identification supplementary services
ISO/IEC 20117:2004	Information technology — Telecommunications and information exchange between systems — Private Integrated Services Network — Inter-exchange signalling protocol — Message centre monitoring and mailbox identification supplementary services
ISO/IEC 20161:2001	Information technology — Telecommunications and information exchange between systems — Private Integrated Services Network — Use of QSIG at the C reference point between a PINX and an Interconnecting Network
ISO/IEC 21228:2019	Information technology — Telecommunications and information exchange between systems — Coexistence mechanism for broadband powerline communication technologies
ISO/IEC 21407:2001	Information technology — Telecommunications and information exchange between systems — Private Integrated Services Network — Specification, functional model and information flows — Simple dialog supplementary service
ISO/IEC 21408:2003	Information technology — Telecommunications and information exchange between systems — Private Integrated Services Network — Inter-exchange signalling protocol — Simple dialog supplementary service
ISO/IEC 21409:2001	Information technology — Telecommunications and information exchange between systems — Corporate telecommunication networks — Signalling interworking between QSIG and H.323 — Generic functional protocol for the support of supplementary services
ISO/IEC 21410:2001	Information technology — Telecommunications and information exchange between systems — Corporate telecommunication networks — Signalling interworking between QSIG and H.323 — Call transfer supplementary services
ISO/IEC 21411:2001	Information technology — Telecommunications and information exchange between systems — Corporate telecommunication networks — Signalling interworking between QSIG and H.323 — Call diversion supplementary services
ISO/IEC 21481:2021	Information technology — Telecommunications and information exchange between systems — Near field communication interface and protocol 2 (NFCIP-2)

ISO/IEC 21558-1:2022	Telecommunications and information exchange between systems — Future network architecture — Part 1: Switching and routing
ISO/IEC 21558-3:2022	Telecommunications and information exchange between systems — Future network architecture — Part 3: Networking of everything
ISO/IEC 21559-1:2022	Telecommunications and information exchange between systems — Future network protocols and mechanisms — Part 1: Switching and routing
ISO/IEC 21559-3:2022	Telecommunications and information exchange between systems — Future network protocols and mechanisms — Part 3: Networking of everything
ISO/IEC 21888:2001	Information technology — Telecommunications and information exchange between systems — Private Integrated Services Network — Specification, functional model and information flows — Call Identification and Call Linkage Additional Network Feature
ISO/IEC 21889:2001	Information technology — Telecommunications and information exchange between systems — Private Integrated Services Network — Inter-exchange signalling protocol — Call Identification and Call Linkage Additional Network Feature
ISO/IEC TR 21890:2001	Information technology — Telecommunications and information exchange between systems — Interoperation of PISNs with IP networks
ISO/IEC 21989:2002	Information technology — Telecommunications and information exchange between systems — Private Integrated Services Network — Specification, functional model and information flows — Short message service
ISO/IEC 21990:2002	Information technology — Telecommunications and information exchange between systems — Private Integrated Services Network — Inter-exchange signalling protocol — Short message service
ISO/IEC 21991:2002	Information technology — Telecommunications and information exchange between systems — Corporate Telecommunication Networks — Signalling interworking between QSIG and H.323 — Call completion supplementary services
ISO/IEC 21992:2003	Information technology — Telecommunications and information exchange between systems — Private Integrated Services Network — Mapping functions for the tunnelling of QSIG through IP networks
ISO/IEC 22425:2017	Information technology — Telecommunications and information exchange between systems — NFC-SEC Test Methods
ISO/IEC TR 22512:2017	Information technology — Telecommunications and information exchange between systems — Guidelines for the implementation of ISO/IEC 17982:2012
ISO/IEC 22534:2005	Information technology — Telecommunications and information exchange between systems — Application session services
ISO/IEC 22535:2009	Information technology — Telecommunications and information exchange between systems — Corporate telecommunication networks — Tunnelling of QSIG over SIP
ISO/IEC 22536:2013	Information technology — Telecommunications and information exchange between systems — Near Field Communication Interface and Protocol (NFCIP-1) — RF interface test methods
ISO/IEC TR 22767:2005	Information technology — Telecommunications and information exchange between systems — Using CSTA for SIP phone user agents (uaCSTA)
ISO/IEC 23289:2002	Information technology — Telecommunications and information exchange between systems — Corporate telecommunication networks — Signalling interworking between QSIG and H.323 — Basic services
ISO/IEC 23290:2004	Information technology — Telecommunications and information exchange between systems — Private Integrated Services Network (PISN) — Mapping functions for the tunnelling of QSIG through H.323 networks
ISO/IEC 23915:2005	Information technology — Telecommunications and information exchange between systems — Corporate Telecommunication Networks — Signalling Interworking between QSIG and SIP — Call Diversion
ISO/IEC 23916:2005	Information technology — Telecommunications and information exchange between systems — Corporate Telecommunication Networks — Signalling Interworking between QSIG and SIP — Call Transfer
ISO/IEC 23917:2005	Information technology — Telecommunications and information exchange between systems — NFCIP-1 — Protocol Test Methods
ISO/IEC 24771:2014	Information technology — Telecommunications and information exchange between systems — MAC/PHY standard for ad hoc wireless network to support QoS in an industrial work environment
ISO/IEC 24792:2010	Information technology — Telecommunications and information exchange between systems — Multicast Session Management Protocol (MSMP)
ISO/IEC 24793-1:2010	Information technology — Mobile multicast communications: Framework — Part 1:
ISO/IEC 24793-2:2010	Information technology — Mobile multicast communications: Protocol over native IP multicast networks — Part 2:
ISO/IEC 24824-1:2007	Information technology — Generic applications of ASN.1: Fast infoset — Part 1:
ISO/IEC 24824-1:2007/Cor 1:2012	Information technology — Generic applications of ASN.1: Fast infoset — Part 1: — Technical Corrigendum 1
ISO/IEC 24824-2:2006	Information technology — Generic applications of ASN.1: Fast Web Services — Part 2:
ISO/IEC 24824-3:2008	Information technology — Generic applications of ASN.1: Fast infoset security — Part 3:
ISO/IEC 24824-4:2021	Information technology — Generic applications of ASN.1 — Part 4: Cryptographic message syntax
ISO/IEC 25437:2012	Information technology — Telecommunications and information exchange between systems — WS-Session — Web services for application session services

ISO/IEC TR 26905:2006	Information technology — Telecommunications and information exchange between systems — Enterprise Communication in Next Generation Corporate Networks (NGCN) involving Public Next Generation Networks (NGN)
ISO/IEC 26907:2009	Information technology — Telecommunications and information exchange between systems — High-rate ultra-wideband PHY and MAC standard
ISO/IEC 26908:2009	Information technology — Telecommunications and information exchange between systems — MAC-PHY interface for ISO/IEC 26907
ISO/IEC TR 26927:2011	Information technology — Telecommunications and information exchange between systems — Corporate telecommunication networks — Mobility for enterprise communications
ISO/IEC 28361:2007	Information technology — Telecommunications and information exchange between systems — Near Field Communication Wired Interface (NFC-WI)
ISO/IEC 29157:2015	Information technology — Telecommunications and information exchange between systems — PHY/MAC specifications for short-range wireless low-rate applications in the ISM band
ISO/IEC 29168-1:2011	Information technology — Open systems interconnection — Part 1: Object identifier resolution system
ISO/IEC 29168-2:2011	Information technology — Open systems interconnection — Part 2: Procedures for the object identifier resolution system operational agency
ISO/IEC 29180:2012	Information technology — Telecommunications and information exchange between systems — Security framework for ubiquitous sensor networks
ISO/IEC 29180:2012/ Cor 1:2015	Information technology — Telecommunications and information exchange between systems — Security framework for ubiquitous sensor networks — Technical Corrigendum 1
ISO/IEC TR 29181-1:2012	Information technology — Future Network — Problem statement and requirements — Part 1: Overall aspects
ISO/IEC TR 29181-2:2014	Information technology — Future Network — Problem statement and requirements — Part 2: Naming and addressing
ISO/IEC TR 29181-3:2013	Information technology — Future Network — Problem statement and requirements — Part 3: Switching and routing
ISO/IEC TR 29181-4:2013	Information technology — Future Network — Problem statement and requirements — Part 4: Mobility
ISO/IEC TR 29181-5:2014	Information technology — Future Network — Problem statement and requirements — Part 5: Security
ISO/IEC TR 29181-6:2013	Information technology — Future Network — Problem statement and requirements — Part 6: Media transport
ISO/IEC TR 29181-7:2013	Information technology — Future Network — Problem statement and requirements — Part 7: Service composition
ISO/IEC TR 29181-8:2017	Information technology — Future Network — Problem statement and requirements — Part 8: Quality of Service
ISO/IEC TR 29181-9:2017	Information technology — Future Network — Problem statement and requirements — Part 9: Networking of everything

SC 7

ISO 5806:1984	Information processing — Specification of single-hit decision tables
ISO 5807:1985	Information processing — Documentation symbols and conventions for data, program and system flowcharts, program network charts and system resources charts
ISO/IEC 8631:1989	Information technology — Program constructs and conventions for their representation
ISO 8790:1987	Information processing systems — Computer system configuration diagram symbols and conventions
ISO 8807:1989	Information processing systems — Open Systems Interconnection — LOTOS — A formal description technique based on the temporal ordering of observational behaviour
ISO/IEC TR 10000-1:1998	Information technology — Framework and taxonomy of International Standardized Profiles — Part 1: General principles and documentation framework
ISO/IEC 10746-1:1998	Information technology — Open Distributed Processing — Reference model: Overview — Part 1:
ISO/IEC 10746-2:2009	Information technology — Open distributed processing — Reference model: Foundations — Part 2:
ISO/IEC 10746-3:2009	Information technology — Open distributed processing — Reference model: Architecture — Part 3:
ISO/IEC 10746-4:1998	Information technology — Open Distributed Processing — Reference Model: Architectural semantics — Part 4:
ISO/IEC 10746-4:1998/Amd 1:2001	Information technology — Open Distributed Processing — Reference Model: Architectural semantics — Part 4: — Amendment 1: Computational formalization

Standard	Title
ISO/IEC 11411:1995	Information technology — Representation for human communication of state transition of software
ISO/IEC TR 12182:2015	Systems and software engineering — Framework for categorization of IT systems and software, and guide for applying it
ISO/IEC/IEEE 12207-2:2020	Systems and software engineering — Software life cycle processes — Part 2: Relation and mapping between ISO/IEC/IEEE 12207:2017 and ISO/IEC 12207:2008
ISO/IEC/IEEE 12207:2017	Systems and software engineering — Software life cycle processes
ISO/IEC 13235-1:1998	Information technology — Open Distributed Processing — Trading function: Specification — Part 1:
ISO/IEC 13235-3:1998	Information technology — Open Distributed Processing — Trading Function — Part 3: Provision of Trading Function using OSI Directory service
ISO/IEC 13235-3:1998/Cor 1:2006	Information technology — Open Distributed Processing — Trading Function — Part 3: Provision of Trading Function using OSI Directory service — Technical Corrigendum 1
ISO/IEC 14102:2008	Information technology — Guideline for the evaluation and selection of CASE tools
ISO/IEC 14143-1:2007	Information technology — Software measurement — Functional size measurement — Part 1: Definition of concepts
ISO/IEC 14143-1:2007/Cor 1:2011	Information technology — Software measurement — Functional size measurement — Part 1: Definition of concepts — Technical Corrigendum 1
ISO/IEC 14143-2:2011	Information technology — Software measurement — Functional size measurement — Part 2: Conformity evaluation of software size measurement methods to ISO/IEC 14143-1
ISO/IEC TR 14143-3:2003	Information technology — Software measurement — Functional size measurement — Part 3: Verification of functional size measurement methods
ISO/IEC TR 14143-4:2002	Information technology — Software measurement — Functional size measurement — Part 4: Reference model
ISO/IEC TR 14143-5:2004	Information technology — Software measurement — Functional size measurement — Part 5: Determination of functional domains for use with functional size measurement
ISO/IEC 14143-6:2012	Information technology — Software measurement — Functional size measurement — Part 6: Guide for use of ISO/IEC 14143 series and related International Standards
ISO/IEC TR 14471:2007	Information technology — Software engineering — Guidelines for the adoption of CASE tools
ISO/IEC 14568:1997	Information technology — DXL: Diagram eXchange Language for tree-structured charts
ISO/IEC 14598-6:2001	Software engineering — Product evaluation — Part 6: Documentation of evaluation modules
ISO/IEC 14750:1999	Information technology — Open Distributed Processing — Interface Definition Language
ISO/IEC 14752:2000	Information technology — Open Distributed Processing — Protocol support for computational interactions
ISO/IEC 14753:1999	Information technology — Open Distributed Processing — Interface references and binding
ISO/IEC 14756:1999	Information technology — Measurement and rating of performance of computer-based software systems
ISO/IEC/IEEE 14764:2022	Software engineering — Software life cycle processes — Maintenance
ISO/IEC 14769:2001	Information technology — Open Distributed Processing — Type Repository Function
ISO/IEC 14771:1999	Information technology — Open Distributed Processing — Naming framework
ISO/IEC/IEEE 15026-1:2019	Systems and software engineering — Systems and software assurance — Part 1: Concepts and vocabulary
ISO/IEC 15026-2:2011	Systems and software engineering — Systems and software assurance — Part 2: Assurance case
ISO/IEC 15026-3:2015	Systems and software engineering — Systems and software assurance — Part 3: System integrity levels
ISO/IEC/IEEE 15026-4:2021	Systems and software engineering — Systems and software assurance — Part 4: Assurance in the life cycle
ISO/IEC/IEEE 15288:2015	Systems and software engineering — System life cycle processes
ISO/IEC/IEEE 15289:2019	Systems and software engineering — Content of life-cycle information items (documentation)
ISO/IEC 15414:2015	Information technology — Open distributed processing — Reference model — Enterprise language
ISO/IEC 15437:2001	Information technology — Enhancements to LOTOS (E-LOTOS)
ISO/IEC 15474-1:2002	Information technology — CDIF framework — Part 1: Overview
ISO/IEC 15474-2:2002	Information technology — CDIF framework — Part 2: Modelling and extensibility
ISO/IEC 15475-1:2002	Information technology — CDIF transfer format — Part 1: General rules for syntaxes and encodings

Standard	Title
ISO/IEC 15475-2:2002	Information technology — CDIF transfer format — Part 2: Syntax SYNTAX.1
ISO/IEC 15475-3:2002	Information technology — CDIF transfer format — Part 3: Encoding ENCODING.1
ISO/IEC 15476-1:2002	Information technology — CDIF semantic metamodel — Part 1: Foundation
ISO/IEC 15476-2:2002	Information technology — CDIF semantic metamodel — Part 2: Common
ISO/IEC 15476-3:2006	Information technology — CDIF semantic metamodel — Part 3: Data definitions
ISO/IEC 15476-4:2005	Information technology — CDIF semantic metamodel — Part 4: Data models
ISO/IEC 15476-6:2006	Information technology — CDIF semantic metamodel — Part 6: State/event models
ISO/IEC TS 15504-10:2011	Information technology — Process assessment — Part 10: Safety extension
ISO/IEC 15909-1:2019	Systems and software engineering — High-level Petri nets — Part 1: Concepts, definitions and graphical notation
ISO/IEC 15909-2:2011	Systems and software engineering — High-level Petri nets — Part 2: Transfer format
ISO/IEC 15909-2:2011/Cor 1:2013	Systems and software engineering — High-level Petri nets — Part 2: Transfer format — Technical Corrigendum 1
ISO/IEC 15909-3:2021	Systems and software engineering — High-level Petri nets — Part 3: Extensions and structuring mechanisms
ISO/IEC/IEEE 15939:2017	Systems and software engineering — Measurement process
ISO/IEC 15940:2013	Systems and software engineering — Software Engineering Environment Services
ISO/IEC/IEEE 16085:2021	Systems and software engineering — Life cycle processes — Risk management
ISO/IEC/IEEE 16326:2019	Systems and software engineering — Life cycle processes — Project management
ISO/IEC 16350:2015	Information technology — Systems and software engineering — Application management
ISO/IEC TR 16351:2019	Information technology — Systems and software engineering — Application management guidance on the relationship between ISO/IEC 16350:2015 and Application Service Library®
ISO/IEC TR 18018:2010	Information technology — Systems and software engineering — Guide for configuration management tool capabilities
ISO/IEC TR 19759:2015	Software Engineering — Guide to the software engineering body of knowledge (SWEBOK)
ISO/IEC 19761:2011	Software engineering — COSMIC: a functional size measurement method
ISO/IEC 19770-1:2017	Information technology — IT asset management — Part 1: IT asset management systems — Requirements
ISO/IEC 19770-2:2015	Information technology — IT asset management — Part 2: Software identification tag
ISO/IEC 19770-3:2016	Information technology — IT asset management — Part 3: Entitlement schema
ISO/IEC 19770-4:2017	Information technology — IT asset management — Part 4: Resource utilization measurement
ISO/IEC 19770-5:2015	Information technology — IT asset management — Part 5: Overview and vocabulary
ISO/IEC 19770-8:2020	Information technology — IT asset management — Part 8: Guidelines for mapping of industry practices to/from the ISO/IEC 19770 family of standards
ISO/IEC 19770-11:2021	Information technology — IT asset management — Part 11: Requirements for bodies providing audit and certification of IT asset management systems
ISO/IEC 19793:2015	Information technology — Open Distributed Processing — Use of UML for ODP system specifications
ISO/IEC 20246:2017	Software and systems engineering — Work product reviews
ISO/IEC 20741:2017	Systems and software engineering — Guideline for the evaluation and selection of software engineering tools
ISO/IEC 20926:2009	Software and systems engineering — Software measurement — IFPUG functional size measurement method 2009
ISO/IEC 20968:2002	Software engineering — Mk II Function Point Analysis — Counting Practices Manual
ISO/IEC/IEEE 21839:2019	Systems and software engineering — System of systems (SoS) considerations in life cycle stages of a system
ISO/IEC/IEEE 21840:2019	Systems and software engineering — Guidelines for the utilization of ISO/IEC/IEEE 15288 in the context of system of systems (SoS)
ISO/IEC/IEEE 21841:2019	Systems and software engineering — Taxonomy of systems of systems
ISO/IEC/IEEE 23026:2015	Systems and software engineering — Engineering and management of websites for systems, software, and services information
ISO/IEC 23396:2020	Systems and software engineering — Capabilities of review tools

ISO/IEC 23531:2020	Systems and software engineering — Capabilities of issue management tools
ISO/IEC 23643:2020	Software and systems engineering — Capabilities of software safety and security verification tools
ISO/IEC TR 24587:2021	Software and systems engineering — Agile development — Agile adoption considerations
ISO/IEC 24744:2014	Software engineering — Metamodel for development methodologies
ISO/IEC/IEEE 24748-1:2018	Systems and software engineering — Life cycle management — Part 1: Guidelines for life cycle management
ISO/IEC/IEEE 24748-2:2018	Systems and software engineering — Life cycle management — Part 2: Guidelines for the application of ISO/IEC/IEEE 15288 (System life cycle processes)
ISO/IEC/IEEE 24748-3:2020	Systems and software engineering — Life cycle management — Part 3: Guidelines for the application of ISO/IEC/IEEE 12207 (software life cycle processes)
ISO/IEC/IEEE 24748-4:2016	Systems and software engineering — Life cycle management — Part 4: Systems engineering planning
ISO/IEC/IEEE 24748-5:2017	Systems and software engineering — Life cycle management — Part 5: Software development planning
ISO/IEC TS 24748-6:2016	Systems and software engineering — Life cycle management — Part 6: System integration engineering
ISO/IEC/IEEE 24748-7:2019	Systems and software engineering — Life cycle management — Part 7: Application of systems engineering on defense programs
ISO/IEC/IEEE 24748-8:2019	Systems and software engineering — Life cycle management — Part 8: Technical reviews and audits on defense programs
ISO/IEC/IEEE 24765:2017	Systems and software engineering — Vocabulary
ISO/IEC TR 24766:2009	Information technology — Systems and software engineering — Guide for requirements engineering tool capabilities
ISO/IEC 24773-1:2019	Software and systems engineering — Certification of software and systems engineering professionals — Part 1: General requirements
ISO/IEC 24773-3:2021	Software and systems engineering — Certification of software and systems engineering professionals — Part 3: Systems engineering
ISO/IEC/IEEE 24774:2021	Systems and software engineering — Life cycle management — Specification for process description
ISO/IEC 25000:2014	Systems and software engineering — Systems and software Quality Requirements and Evaluation (SQuaRE) — Guide to SQuaRE
ISO/IEC 25001:2014	Systems and software engineering — Systems and software Quality Requirements and Evaluation (SQuaRE) — Planning and management
ISO/IEC 25010:2011	Systems and software engineering — Systems and software Quality Requirements and Evaluation (SQuaRE) — System and software quality models
ISO/IEC TS 25011:2017	Information technology — Systems and software Quality Requirements and Evaluation (SQuaRE) — Service quality models
ISO/IEC 25012:2008	Software engineering — Software product Quality Requirements and Evaluation (SQuaRE) — Data quality model
ISO/IEC 25020:2019	Systems and software engineering — Systems and software Quality Requirements and Evaluation (SQuaRE) — Quality measurement framework
ISO/IEC 25021:2012	Systems and software engineering — Systems and software Quality Requirements and Evaluation (SQuaRE) — Quality measure elements
ISO/IEC 25022:2016	Systems and software engineering — Systems and software quality requirements and evaluation (SQuaRE) — Measurement of quality in use
ISO/IEC 25023:2016	Systems and software engineering — Systems and software Quality Requirements and Evaluation (SQuaRE) — Measurement of system and software product quality
ISO/IEC 25024:2015	Systems and software engineering — Systems and software Quality Requirements and Evaluation (SQuaRE) — Measurement of data quality
ISO/IEC TS 25025:2021	Information technology — Systems and software Quality Requirements and Evaluation (SQuaRE) — Measurement of IT service quality
ISO/IEC 25030:2019	Systems and software engineering — Systems and software quality requirements and evaluation (SQuaRE) — Quality requirements framework
ISO/IEC 25040:2011	Systems and software engineering — Systems and software Quality Requirements and Evaluation (SQuaRE) — Evaluation process
ISO/IEC 25041:2012	Systems and software engineering — Systems and software Quality Requirements and Evaluation (SQuaRE) — Evaluation guide for developers, acquirers and independent evaluators
ISO/IEC 25045:2010	Systems and software engineering — Systems and software Quality Requirements and Evaluation (SQuaRE) — Evaluation module for recoverability

Standard	Title
ISO/IEC 25051:2014	Software engineering — Systems and software Quality Requirements and Evaluation (SQuaRE) — Requirements for quality of Ready to Use Software Product (RUSP) and instructions for testing
ISO/IEC TS 25052-1:2022	Systems and software engineering — Systems and software Quality Requirements and Evaluation (SQuaRE): cloud services — Part 1: Quality model
ISO/IEC/IEEE 26511:2018	Systems and software engineering — Requirements for managers of information for users of systems, software, and services
ISO/IEC/IEEE 26512:2018	Systems and software engineering — Requirements for acquirers and suppliers of information for users
ISO/IEC/IEEE 26513:2017	Systems and software engineering — Requirements for testers and reviewers of information for users
ISO/IEC/IEEE 26514:2022	Systems and software engineering — Design and development of information for users
ISO/IEC/IEEE 26515:2018	Systems and software engineering — Developing information for users in an agile environment
ISO/IEC/IEEE 26531:2015	Systems and software engineering — Content management for product life-cycle, user and service management documentation
ISO/IEC 26550:2015	Software and systems engineering — Reference model for product line engineering and management
ISO/IEC 26551:2016	Software and systems engineering — Tools and methods for product line requirements engineering
ISO/IEC 26552:2019	Software and systems engineering — Tools and methods for product line architecture design
ISO/IEC 26553:2018	Information technology — Software and systems engineering — Tools and methods for product line realization
ISO/IEC 26554:2018	Information technology — Software and systems engineering — Tools and methods for product line testing
ISO/IEC 26555:2015	Software and systems engineering — Tools and methods for product line technical management
ISO/IEC 26556:2018	Information technology — Software and systems engineering — Tools and methods for product line organizational management
ISO/IEC 26557:2016	Software and systems engineering — Methods and tools for variability mechanisms in software and systems product line
ISO/IEC 26558:2017	Software and systems engineering — Methods and tools for variability modelling in software and systems product line
ISO/IEC 26559:2017	Software and systems engineering — Methods and tools for variability traceability in software and systems product line
ISO/IEC 26560:2019	Software and systems engineering — Tools and methods for product line product management
ISO/IEC 26561:2019	Software and systems engineering — Methods and tools for product line technical probe
ISO/IEC 26562:2019	Software and systems engineering — Methods and tools for product line transition management
ISO/IEC 26580:2021	Software and systems engineering — Methods and tools for the feature-based approach to software and systems product line engineering
ISO/IEC TR 29110-1:2016	Systems and software engineering — Lifecycle profiles for Very Small Entities (VSEs) — Part 1: Overview
ISO/IEC 29110-2-1:2015	Software engineering — Lifecycle profiles for Very Small Entities (VSEs) — Part 2-1: Framework and taxonomy
ISO/IEC 29110-3-2:2018	Systems and software engineering — Lifecycle profiles for Very Small Entities (VSEs) — Part 3-2: Conformity certification scheme
ISO/IEC 29110-3-3:2016	Systems and software engineering — Lifecycle profiles for Very Small Enterprises (VSEs) — Part 3-3: Certification requirements for conformity assessments of VSE profiles using process assessment and maturity models
ISO/IEC 29110-4-2:2021	Systems and software engineering — Lifecycle profiles for Very Small Entities (VSEs) — Part 4-2: Software engineering: Profile specifications: Organizational management profile group
ISO/IEC 29110-4-3:2018	Systems and software engineering — Lifecycle profiles for very small entities (VSEs) — Part 4-3: Service delivery — Profile specification
ISO/IEC TR 29110-2-2:2016	Systems and software engineering — Lifecycle profiles for Very Small Entities (VSEs) — Part 2-2: Guide for the development of domain-specific profiles
ISO/IEC TR 29110-3-4:2015	Systems and software engineering — Lifecycle profiles for Very Small Entities (VSEs) — Part 3-4: Autonomy-based improvement method
ISO/IEC TR 29110-5-1-1:2012	Software engineering — Lifecycle profiles for Very Small Entities (VSEs) — Part 5-1-1: Management and engineering guide: Generic profile group: Entry profile
ISO/IEC TR 29110-5-1-2:2011	Software engineering — Lifecycle profiles for Very Small Entities (VSEs) — Part 5-1-2: Management and engineering guide: Generic profile group: Basic profile
ISO/IEC TR 29110-5-1-3:2017	Systems and software engineering — Lifecycle profiles for Very Small Entities (VSEs) — Part 5-1-3: Software engineering — Management and engineering guide: Generic profile group — Intermediate profile
ISO/IEC TR 29110-5-1-4:2018	Systems and software engineering — Lifecycle profiles for Very Small Entities (VSEs) — Part 5-1-4: Software engineering: Management and engineering guidelines: Generic profile group: Advanced profile

Standard	Title
ISO/IEC TR 29110-5-2-1:2016	Systems and software engineering — Lifecycle profiles for Very Small Entities (VSEs) — Part 5-2-1: Organizational management guidelines
ISO/IEC TR 29110-5-3:2018	Systems and software engineering — Lifecycle profiles for Very Small Entities (VSEs) — Part 5-3: Service delivery guidelines
ISO/IEC TR 29110-5-6-1:2015	Systems and software engineering — Lifecycle profiles for Very Small Entities (VSEs) — Part 5-6-1: Systems engineering — Management and engineering guide: Generic profile group: Entry profile
ISO/IEC TR 29110-5-6-2:2014	Systems and software engineering — Lifecycle profiles for Very Small Entities (VSEs) — Part 5-6-2: Systems engineering — Management and engineering guide: Generic profile group: Basic profile
ISO/IEC TR 29110-5-6-3:2019	Systems and software engineering — Lifecycle profiles for Very Small Entities (VSEs) — Part 5-6-3: Systems engineering: Management and engineering guide: Generic profile group: Intermediate profile
ISO/IEC 29110-2-1:2015/Amd 1:2022	Software engineering — Lifecycle profiles for Very Small Entities (VSEs) — Part 2-1: Framework and taxonomy — Amendment 1: Update of references and editorial improvements
ISO/IEC 29110-4-1:2018	Systems and software engineering — Lifecycle profiles for Very Small Entities (VSEs) — Part 4-1: Software engineering - Profile specifications: Generic profile group
ISO/IEC TR 29110-3-1:2020	Systems and software engineering — Lifecycle profiles for Very Small Entities (VSEs) — Part 3-1: Process assessment guidelines
ISO/IEC/IEEE 29119-1:2022	Software and systems engineering — Software testing — Part 1: General concepts
ISO/IEC/IEEE 29119-2:2021	Software and systems engineering — Software testing — Part 2: Test processes
ISO/IEC/IEEE 29119-3:2021	Software and systems engineering — Software testing — Part 3: Test documentation
ISO/IEC/IEEE 29119-4:2021	Software and systems engineering — Software testing — Part 4: Test techniques
ISO/IEC/IEEE 29119-5:2016	Software and systems engineering — Software testing — Part 5: Keyword-Driven Testing
ISO/IEC TR 29119-6:2021	Software and systems engineering — Software testing — Part 6: Guidelines for the use of ISO/IEC/IEEE 29119 (all parts) in agile projects
ISO/IEC TR 29119-11:2020	Software and systems engineering — Software testing — Part 11: Guidelines on the testing of AI-based systems
ISO/IEC/IEEE 29148:2018	Systems and software engineering — Life cycle processes — Requirements engineering
ISO/IEC 29155-1:2017	Systems and software engineering — Information technology project performance benchmarking framework — Part 1: Concepts and definitions
ISO/IEC 29155-2:2013	Systems and software engineering — Information technology project performance benchmarking framework — Part 2: Requirements for benchmarking
ISO/IEC 29155-3:2015	Systems and software engineering — Information technology project performance benchmarking framework — Part 3: Guidance for reporting
ISO/IEC 29155-4:2016	Systems and software engineering — Information technology project performance benchmarking framework — Part 4: Guidance for data collection and maintenance
ISO/IEC 29169:2016	Information technology — Process assessment — Application of conformity assessment methodology to the assessment to process quality characteristics and organizational maturity
ISO/IEC 29881:2010	Information technology — Systems and software engineering — FiSMA 1.1 functional size measurement method
ISO/IEC TS 30103:2015	Software and Systems Engineering — Lifecycle Processes — Framework for Product Quality Achievement
ISO/IEC 30130:2016	Software engineering — Capabilities of software testing tools
ISO/IEC/IEEE 31320-1:2012	Information technology — Modeling Languages — Part 1: Syntax and Semantics for IDEF0
ISO/IEC/IEEE 31320-2:2012	Information technology — Modeling Languages — Part 2: Syntax and Semantics for IDEF1X97 (IDEFobject)
ISO/IEC/IEEE 32430:2021	Software engineering — Trial use standard for software non-functional sizing measurements
ISO/IEC 33001:2015	Information technology — Process assessment — Concepts and terminology
ISO/IEC 33002:2015	Information technology — Process assessment — Requirements for performing process assessment
ISO/IEC 33003:2015	Information technology — Process assessment — Requirements for process measurement frameworks

ISO/IEC 33004:2015	Information technology — Process assessment — Requirements for process reference, process assessment and maturity models
ISO/IEC TR 33014:2013	Information technology — Process assessment — Guide for process improvement
ISO/IEC TR 33015:2019	Information technology — Process assessment — Guidance for process risk determination
ISO/IEC TR 33017:2021	Information technology — Process assessment — Framework for assessor training
ISO/IEC TR 33018:2019	Information technology — Process assessment — Guidance for assessor competency
ISO/IEC 33020:2019	Information technology — Process assessment — Process measurement framework for assessment of process capability
ISO/IEC TS 33030:2017	Information technology — Process assessment — An exemplar documented assessment process
ISO/IEC TS 33052:2016	Information technology — Process reference model (PRM) for information security management
ISO/IEC TS 33053:2019	Information technology — Process assessment — Process Reference Model (PRM) for quality management
ISO/IEC TS 33054:2020	Information technology — Process assessment — Process reference model for service management
ISO/IEC TS 33060:2020	Information technology — Process assessment — Process assessment model for system life cycle processes
ISO/IEC TS 33061:2021	Information technology — Process assessment — Process assessment model for software life cycle processes
ISO/IEC 33063:2015	Information technology — Process assessment — Process assessment model for software testing
ISO/IEC TS 33072:2016	Information technology — Process assessment — Process capability assessment model for information security management
ISO/IEC TS 33073:2017	Information technology — Process assessment — Process capability assessment model for quality management
ISO/IEC TS 33074:2020	Information technology — Process assessment — Process capability assessment model for service management
ISO/IEC/IEEE 41062:2019	Software engineering — Recommended practice for software acquisition
ISO/IEC/IEEE 42010:2011	Systems and software engineering — Architecture description
ISO/IEC/IEEE 42020:2019	Software, systems and enterprise — Architecture processes
ISO/IEC/IEEE 42030:2019	Software, systems and enterprise — Architecture evaluation framework
ISO/IEC/IEEE 90003:2018	Software engineering — Guidelines for the application of ISO 9001:2015 to computer software

SC 17

ISO/IEC 4909:2006	Identification cards — Financial transaction cards — Magnetic stripe data content for track 3
ISO/IEC 7501-1:2008	Identification cards — Machine readable travel documents — Part 1: Machine readable passport
ISO/IEC 7501-2:1997	Identification cards — Machine readable travel documents — Part 2: Machine readable visa
ISO/IEC 7501-3:2005	Identification cards — Machine readable travel documents — Part 3: Machine readable official travel documents
ISO/IEC 7810:2019	Identification cards — Physical characteristics
ISO/IEC 7811-1:2018	Identification cards — Recording technique — Part 1: Embossing
ISO/IEC 7811-2:2018	Identification cards — Recording technique — Part 2: Magnetic stripe: Low coercivity
ISO/IEC 7811-6:2018	Identification cards — Recording technique — Part 6: Magnetic stripe: High coercivity
ISO/IEC 7811-7:2018	Identification cards — Recording technique — Part 7: Magnetic stripe: High coercivity, high density
ISO/IEC 7811-8:2014	Identification cards — Recording technique — Part 8: Magnetic stripe — Coercivity of 51,7 kA/m (650 Oe)
ISO/IEC 7811-9:2015	Identification cards — Recording technique — Part 9: Tactile identifier mark
ISO/IEC 7812-1:2017	Identification cards — Identification of issuers — Part 1: Numbering system
ISO/IEC 7812-2:2017	Identification cards — Identification of issuers — Part 2: Application and registration procedures
ISO/IEC 7813:2006	Information technology — Identification cards — Financial transaction cards
ISO/IEC 7816-1:2011	Identification cards — Integrated circuit cards — Part 1: Cards with contacts — Physical characteristics
ISO/IEC 7816-2:2007	Identification cards — Integrated circuit cards — Part 2: Cards with contacts — Dimensions and location of the contacts
ISO/IEC 7816-3:2006	Identification cards — Integrated circuit cards — Part 3: Cards with contacts — Electrical interface and transmission protocols
ISO/IEC 7816-4:2020	Identification cards — Integrated circuit cards — Part 4: Organization, security and commands for interchange
ISO/IEC 7816-5:2004	Identification cards — Integrated circuit cards — Part 5: Registration of application providers
ISO/IEC 7816-6:2016	Identification cards — Integrated circuit cards — Part 6: Interindustry data elements for interchange

Standard	Title
ISO/IEC 7816-7:1999	Identification cards — Integrated circuit(s) cards with contacts — Part 7: Interindustry commands for Structured Card Query Language (SCQL)
ISO/IEC 7816-8:2021	Identification cards — Integrated circuit cards — Part 8: Commands and mechanisms for security operations
ISO/IEC 7816-9:2017	Identification cards — Integrated circuit cards — Part 9: Commands for card management
ISO/IEC 7816-10:1999	Identification cards — Integrated circuit(s) cards with contacts — Part 10: Electronic signals and answer to reset for synchronous cards
ISO/IEC 7816-11:2022	Identification cards — Integrated circuit cards — Part 11: Personal verification through biometric methods
ISO/IEC 7816-12:2005	Identification cards - Integrated circuit cards — Part 12: Cards with contacts — USB electrical interface and operating procedures
ISO/IEC 7816-12:2005/Cor 1:2014	Identification cards - Integrated circuit cards — Part 12: Cards with contacts — USB electrical interface and operating procedures — Technical Corrigendum 1
ISO/IEC 7816-13:2007	Identification cards — Integrated circuit cards — Part 13: Commands for application management in a multi-application environment
ISO/IEC 7816-15:2016	Identification cards — Integrated circuit cards — Part 15: Cryptographic information application
ISO/IEC 7816-15:2016/Amd 1:2018	Identification cards — Integrated circuit cards — Part 15: Cryptographic information application — Amendment 1
ISO/IEC 8484:2014	Information technology — Magnetic stripes on savingsbooks
ISO/IEC 10373-1:2020	Cards and security devices for personal identification — Test methods — Part 1: General characteristics
ISO/IEC 10373-2:2015	Identification cards — Test methods — Part 2: Cards with magnetic stripes
ISO/IEC 10373-3:2018	Identification cards — Test methods — Part 3: Integrated circuit cards with contacts and related interface devices
ISO/IEC 10373-5:2014	Identification cards — Test methods — Part 5: Optical memory cards
ISO/IEC 10373-6:2020	Cards and security devices for personal identification — Test methods — Part 6: Contactless proximity objects
ISO/IEC 10373-6:2020/Amd 1:2021	Cards and security devices for personal identification — Test methods — Part 6: Contactless proximity objects — Amendment 1: Dynamic power level management
ISO/IEC 10373-6:2020/Amd 2:2020	Cards and security devices for personal identification — Test methods — Part 6: Contactless proximity objects — Amendment 2: Enhancements for harmonization
ISO/IEC 10373-7:2019	Cards and security devices for personal identification — Test methods — Part 7: Contactless vicinity objects
ISO/IEC 10373-8:2011	Identification cards — Test methods — Part 8: USB-ICC
ISO/IEC 10373-9:2011	Identification cards — Test methods — Part 9: Optical memory cards — Holographic recording method
ISO/IEC 10536-1:2000	Identification cards — Contactless integrated circuit(s) cards — Close-coupled cards — Part 1: Physical characteristics
ISO/IEC 10536-2:1995	Identification cards — Contactless integrated circuit(s) cards — Part 2: Dimensions and location of coupling areas
ISO/IEC 10536-3:1996	Identification cards — Contactless integrated circuit(s) cards — Part 3: Electronic signals and reset procedures
ISO/IEC 11693-1:2012	Identification cards — Optical memory cards — Part 1: General characteristics
ISO/IEC 11693-2:2009	Identification cards — Optical memory cards — Part 2: Co-existence of optical memory with other machine readable technologies
ISO/IEC 11693-3:2015	Identification cards — Optical memory cards — Part 3: Authentication techniques
ISO/IEC 11694-1:2012	Identification cards — Optical memory cards — Linear recording method — Part 1: Physical characteristics
ISO/IEC 11694-2:2012	Identification cards — Optical memory cards — Linear recording method — Part 2: Dimensions and location of the accessible optical area
ISO/IEC 11694-3:2015	Identification cards — Optical memory cards — Linear recording method — Part 3: Optical properties and characteristics
ISO/IEC 11694-4:2008	Identification cards — Optical memory cards — Linear recording method — Part 4: Logical data structures
ISO/IEC 11694-5:2014	Identification cards — Optical memory cards — Linear recording method — Part 5: Data format for information interchange for applications using ISO/IEC 11694-4
ISO/IEC 11694-6:2014	Identification cards — Optical memory cards — Linear recording method — Part 6: Use of biometrics on an optical memory card
ISO/IEC 11695-1:2015	Identification cards — Optical memory cards — Holographic recording method — Part 1: Physical characteristics
ISO/IEC 11695-2:2015	Identification cards — Optical memory cards — Holographic recording method — Part 2: Dimensions and location of accessible optical area
ISO/IEC 11695-3:2017	Identification cards — Optical memory cards — Holographic recording method — Part 3: Optical properties and characteristics
ISO/IEC 12905:2011	Integrated circuit cards — Enhanced terminal accessibility using cardholder preference interface
ISO/IEC 12905:2011/Cor 1:2013	Integrated circuit cards — Enhanced terminal accessibility using cardholder preference interface — Technical Corrigendum 1

Standard	Title
ISO/IEC 14443-1:2018	Cards and security devices for personal identification — Contactless proximity objects — Part 1: Physical characteristics
ISO/IEC 14443-2:2020	Cards and security devices for personal identification — Contactless proximity objects — Part 2: Radio frequency power and signal interface
ISO/IEC 14443-2:2020/Amd 1:2021	Cards and security devices for personal identification — Contactless proximity objects — Part 2: Radio frequency power and signal interface — Amendment 1: Dynamic power level management
ISO/IEC 14443-2:2020/Cor 1:2021	Cards and security devices for personal identification — Contactless proximity objects — Part 2: Radio frequency power and signal interface — Technical Corrigendum 1
ISO/IEC 14443-3:2018	Cards and security devices for personal identification — Contactless proximity objects — Part 3: Initialization and anticollision
ISO/IEC 14443-3:2018/Amd 1:2021	Cards and security devices for personal identification — Contactless proximity objects — Part 3: Initialization and anticollision — Amendment 1: Dynamic power level management
ISO/IEC 14443-3:2018/Amd 2:2020	Cards and security devices for personal identification — Contactless proximity objects — Part 3: Initialization and anticollision — Amendment 2: Enhancements for harmonization
ISO/IEC 14443-4:2018	Cards and security devices for personal identification — Contactless proximity objects — Part 4: Transmission protocol
ISO/IEC 14443-4:2018/Amd 1:2021	Cards and security devices for personal identification — Contactless proximity objects — Part 4: Transmission protocol — Amendment 1: Dynamic power level management
ISO/IEC 14443-4:2018/Amd 2:2020	Cards and security devices for personal identification — Contactless proximity objects — Part 4: Transmission protocol — Amendment 2: Enhancements for harmonization
ISO/IEC 15457-1:2008	Identification cards — Thin flexible cards — Part 1: Physical characteristics
ISO/IEC 15457-2:2007	Identification cards — Thin flexible cards — Part 2: Magnetic recording technique
ISO/IEC 15457-3:2008	Identification cards — Thin flexible cards — Part 3: Test methods
ISO/IEC 15693-1:2018	Cards and security devices for personal identification — Contactless vicinity objects — Part 1: Physical characteristics
ISO/IEC 15693-2:2019	Cards and security devices for personal identification — Contactless vicinity objects — Part 2: Air interface and initialization
ISO/IEC 15693-3:2019	Cards and security devices for personal identification — Contactless vicinity objects — Part 3: Anticollision and transmission protocol
ISO/IEC 17839-1:2014	Information technology — Biometric System-on-Card — Part 1: Core requirements
ISO/IEC 17839-2:2015	Information technology — Biometric System-on-Card — Part 2: Physical characteristics
ISO/IEC 17839-2:2015/Amd 1:2021	Information technology — Biometric System-on-Card — Part 2: Physical characteristics — Amendment 1: Additional specifications for fingerprint biometric capture devices
ISO/IEC 17839-3:2016	Information technology — Identification cards — Biometric System-on-Card — Part 3: Logical information interchange mechanism
ISO/IEC 18013-1:2018	Information technology — Personal identification — ISO-compliant driving licence — Part 1: Physical characteristics and basic data set
ISO/IEC 18013-2:2020	Personal identification — ISO-compliant driving licence — Part 2: Machine-readable technologies
ISO/IEC 18013-3:2017	Information technology — Personal identification — ISO-compliant driving licence — Part 3: Access control, authentication and integrity validation
ISO/IEC 18013-3:2017/Amd 1:2022	Information technology — Personal identification — ISO-compliant driving licence — Part 3: Access control, authentication and integrity validation — Amendment 1: PACE protocol
ISO/IEC 18013-4:2019	Personal identification — ISO-compliant driving licence — Part 4: Test methods
ISO/IEC 18013-5:2021	Personal identification — ISO-compliant driving licence — Part 5: Mobile driving licence (mDL) application
ISO/IEC TR 18268:2013	Identification cards — Contactless integrated circuit cards — Proximity cards — Multiple PICCs in a single PCD field
ISO/IEC 18328-1:2015	Identification cards — ICC-managed devices — Part 1: General framework
ISO/IEC 18328-2:2021	Identification cards — ICC-managed devices — Part 2: Physical characteristics and test methods for cards with devices
ISO/IEC 18328-3:2016	Identification cards — ICC-managed devices — Part 3: Organization, security and commands for interchange
ISO/IEC 18328-4:2018	Identification cards — ICC-managed devices — Part 4: Test methods for logical characteristics
ISO/IEC 18584:2015	Information technology — Identification cards — Conformance test requirements for on-card biometric comparison applications
ISO/IEC 18745-1:2018	Test methods for machine readable travel documents (MRTD) and associated devices — Part 1: Physical test methods for passport books (durability)

ISO/IEC 18745-2:2021	Test methods for machine readable travel documents (MRTD) and associated devices — Part 2: Test methods for the contactless interface
ISO/IEC TR 18781:2015	Identification cards — Laundry testing of ID Cards
ISO/IEC 19286:2018	Identification cards — Integrated circuit cards — Privacy-enhancing protocols and services
ISO/IEC TR 19446:2015	Differences between the driving licences based on the ISO/IEC 18013 series and the European Union specifications
ISO/IEC 20060:2010	Information technology — Open Terminal Architecture (OTA) — Virtual machine
ISO/IEC TS 22924:2021	Identification cards — Transport layer topologies — Configuration for HCI/HCP interchange
ISO/IEC TS 24192-1:2021	Cards and security devices for personal identification — Communication between contactless readers and fare media used in public transport — Part 1: Implementation requirements for ISO/IEC 14443 (all parts)
ISO/IEC TS 24192-2:2021	Cards and security devices for personal identification — Communication between contactless readers and fare media used in public transport — Part 2: Test plan for ISO/IEC 14443 (all parts)
ISO/IEC 24727-1:2014	Identification cards — Integrated circuit card programming interfaces — Part 1: Architecture
ISO/IEC 24727-2:2008	Identification cards — Integrated circuit card programming interfaces — Part 2: Generic card interface
ISO/IEC 24727-2:2008/Amd 1:2014	Identification cards — Integrated circuit card programming interfaces — Part 2: Generic card interface — Amendment 1
ISO/IEC 24727-3:2008	Identification cards — Integrated circuit card programming interfaces — Part 3: Application interface
ISO/IEC 24727-3:2008/Amd 1:2014	Identification cards — Integrated circuit card programming interfaces — Part 3: Application interface — Amendment 1: .
ISO/IEC 24727-3:2008/Cor 1:2010	Identification cards — Integrated circuit card programming interfaces — Part 3: Application interface — Technical Corrigendum 1
ISO/IEC 24727-4:2008	Identification cards — Integrated circuit card programming interfaces — Part 4: Application programming interface (API) administration
ISO/IEC 24727-4:2008/Amd 1:2014	Identification cards — Integrated circuit card programming interfaces — Part 4: Application programming interface (API) administration — Amendment 1: .
ISO/IEC 24727-4:2008/Cor 1:2011	Identification cards — Integrated circuit card programming interfaces — Part 4: Application programming interface (API) administration — Technical Corrigendum 1
ISO/IEC 24727-5:2011	Identification cards — Integrated circuit card programming interfaces — Part 5: Testing procedures
ISO/IEC 24727-6:2010	Identification cards — Integrated circuit card programming interfaces — Part 6: Registration authority procedures for the authentication protocols for interoperability
ISO/IEC 24787:2018	Information technology — Identification cards — On-card biometric comparison
ISO/IEC 24789-1:2012	Identification cards — Card service life — Part 1: Application profiles and requirements
ISO/IEC 24789-2:2011	Identification cards — Card service life — Part 2: Methods of evaluation
ISO/IEC TR 30117:2021	Information technology — Standards and applications for the integration of biometrics and integrated circuit cards (ICCs)
ISO/IEC TR 49794:2022	Information technology — Transition examples from the ISO/IEC 19794:2005 series to the ISO/IEC 39794 series for ID documents

SC 22

ISO/IEC 1539-1:2018	Information technology — Programming languages — Fortran — Part 1: Base language
ISO/IEC 1539-1:2018/Cor 1:2021	Information technology — Programming languages — Fortran — Part 1: Base language — Technical Corrigendum 1
ISO/IEC 1539-2:2000	Information technology — Programming languages — Fortran — Part 2: Varying length character strings
ISO/IEC 1989:2014	Information technology — Programming languages, their environments and system software interfaces — Programming language COBOL
ISO 6160:1979	Programming languages — PL/1
ISO/IEC 6522:1992	Information technology — Programming languages — PL/1 general purpose subset
ISO 7185:1990	Information technology — Programming languages — Pascal
ISO 8485:1989	Programming languages — APL
ISO/IEC 8652:2012	Information technology — Programming languages — Ada
ISO/IEC 8652:2012/Cor 1:2016	Information technology — Programming languages — Ada — Technical Corrigendum 1

Standard	Title
ISO/IEC 9496:2003	CHILL — The ITU-T programming language
ISO/TR 9547:1988	Programming language processors — Test methods — Guidelines for their development and acceptability
ISO/IEC 9899:2018	Information technology — Programming languages — C
ISO/IEC/IEEE 9945:2009	Information technology — Portable Operating System Interface (POSIX®) Base Specifications, Issue 7
ISO/IEC/IEEE 9945:2009/Cor 1:2013	Information technology — Portable Operating System Interface (POSIX®) Base Specifications, Issue 7 — Technical Corrigendum 1
ISO/IEC/IEEE 9945:2009/Cor 2:2017	Information technology — Portable Operating System Interface (POSIX®) Base Specifications, Issue 7 — Technical Corrigendum 2
ISO/IEC TR 10034:1990	Guidelines for the preparation of conformity clauses in programming language standards
ISO/IEC TR 10176:2003	Information technology — Guidelines for the preparation of programming language standards
ISO/IEC TR 10182:2016	Information technology — Programming languages, their environments and system software interfaces — Guidelines for language bindings
ISO/IEC 10206:1991	Information technology — Programming languages — Extended Pascal
ISO/IEC 10279:1991	Information technology — Programming languages — Full BASIC
ISO/IEC 10279:1991/Amd 1:1994	Information technology — Programming languages — Full BASIC — Amendment 1: Modules and single character input enhancement
ISO/IEC 10514-1:1996	Information technology — Programming languages — Part 1: Modula-2, Base Language
ISO/IEC 10514-2:1998	Information technology — Programming languages — Part 2: Generics Modula-2
ISO/IEC 10514-3:1998	Information technology — Programming languages — Part 3: Object Oriented Modula-2
ISO/IEC 10967-1:2012	Information technology — Language independent arithmetic — Part 1: Integer and floating point arithmetic
ISO/IEC 10967-2:2001	Information technology — Language independent arithmetic — Part 2: Elementary numerical functions
ISO/IEC 10967-3:2006	Information technology — Language independent arithmetic — Part 3: Complex integer and floating point arithmetic and complex elementary numerical functions
ISO/IEC TR 11017:1998	Information technology — Framework for internationalization
ISO/IEC 11756:1999	Information technology — Programming languages — M
ISO/IEC 13210:1999	Information technology — Requirements and Guidelines for Test Methods Specifications and Test Method Implementations for Measuring Conformance to POSIX Standards
ISO/IEC 13211-1:1995	Information technology — Programming languages — Prolog — Part 1: General core
ISO/IEC 13211-1:1995/Cor 1:2007	Information technology — Programming languages — Prolog — Part 1: General core — Technical Corrigendum 1
ISO/IEC 13211-1:1995/Cor 2:2012	Information technology — Programming languages — Prolog — Part 1: General core — Technical Corrigendum 2
ISO/IEC 13211-1:1995/Cor 3:2017	Information technology — Programming languages — Prolog — Part 1: General core — Technical Corrigendum 3
ISO/IEC 13211-2:2000	Information technology — Programming languages — Prolog — Part 2: Modules
ISO/IEC 13568:2002	Information technology — Z formal specification notation — Syntax, type system and semantics
ISO/IEC 13568:2002/Cor 1:2007	Information technology — Z formal specification notation — Syntax, type system and semantics — Technical Corrigendum 1
ISO/IEC 13719-1:1998	Information technology — Portable Common Tool Environment (PCTE) — Part 1: Abstract specification
ISO/IEC 13719-2:1998	Information technology — Portable Common Tool Environment (PCTE) — Part 2: C programming language binding
ISO/IEC 13719-3:1998	Information technology — Portable common tool environment (PCTE) — Part 3: Ada programming language binding
ISO/IEC 13719-4:1998	Information technology — Portable Common Tool Environment (PCTE) — Part 4: IDL binding (Interface Definition Language)
ISO/IEC 13751:2001	Information technology — Programming languages, their environments and system software interfaces — Programming language Extended APL
ISO/IEC 13816:2007	Information technology — Programming languages, their environments and system software interfaces — Programming language ISLISP
ISO/IEC 13817-1:1996	Information technology — Programming languages, their environments and system software interfaces — Vienna Development Method — Specification Language — Part 1: Base language
ISO/IEC 13886:1996	Information technology — Language-Independent Procedure Calling (LIPC)
ISO/IEC TR 14369:2018	Information technology — Programming languages, their environments and system software interfaces — Guidelines for the preparation of language-independent service specifications (LISS)

ISO/IEC 14515-1:2000	Information technology — Portable Operating System Interface (POSIX®) — Test methods for measuring conformance to POSIX — Part 1: System interfaces
ISO/IEC 14515-1:2000/Amd 1:2003	Information technology — Portable Operating System Interface (POSIX®) — Test methods for measuring conformance to POSIX — Part 1: System interfaces — Amendment 1: Realtime Extension (C Language)
ISO/IEC 14519:2001	Information technology — POSIX Ada Language Interfaces — Binding for System Application Program Interface (API)
ISO/IEC 14882:2020	Programming languages — C++
ISO/IEC 14977:1996	Information technology — Syntactic metalanguage — Extended BNF
ISO/IEC 15145:1997	Information technology — Programming languages — FORTH
ISO/IEC 15291:1999	Information technology — Programming languages — Ada Semantic Interface Specification (ASIS)
ISO/IEC 15851:1999	Information technology — Communication protocol — Open MUMPS Interconnect
ISO/IEC 15852:1999	Information technology — Programming languages — M Windowing API
ISO/IEC TR 15942:2000	Information technology — Programming languages — Guide for the use of the Ada programming language in high integrity systems
ISO/IEC 16509:1999	Information technology — Year 2000 terminology
ISO/IEC 17960:2015	Information technology — Programming languages, their environments and system software interfaces — Code signing for source code
ISO/IEC TS 17961:2013	Information technology — Programming languages, their environments and system software interfaces — C secure coding rules
ISO/IEC TS 17961:2013/ Cor 1:2016	Information technology — Programming languages, their environments and system software interfaces — C secure coding rules — Technical Corrigendum 1
ISO/IEC 18009:1999	Information technology — Programming languages — Ada: Conformity assessment of a language processor
ISO/IEC TR 18015:2006	Information technology — Programming languages, their environments and system software interfaces — Technical Report on C++ Performance
ISO/IEC TR 18037:2008	Programming languages — C — Extensions to support embedded processors
ISO/IEC TS 18661-1:2014	Information technology — Programming languages, their environments, and system software interfaces — Floating-point extensions for C — Part 1: Binary floating-point arithmetic
ISO/IEC TS 18661-2:2015	Information Technology — Programming languages, their environments, and system software interfaces — Floating-point extensions for C — Part 2: Decimal floating-point arithmetic
ISO/IEC TS 18661-3:2015	Information Technology — Programming languages, their environments, and system software interfaces — Floating-point extensions for C — Part 3: Interchange and extended types
ISO/IEC TS 18661-4:2015	Information Technology — Programming languages, their environments, and system software interfaces — Floating-point extensions for C — Part 4: Supplementary functions
ISO/IEC TS 18661-5:2016	Information Technology — Programming languages, their environments, and system software interfaces — Floating-point extensions for C — Part 5: Supplementary attributes
ISO/IEC TS 19216:2018	Programming Languages — C++ Extensions for Networking
ISO/IEC TS 19217:2015	Information technology — Programming languages — C++ Extensions for concepts
ISO/IEC TS 19568:2017	Programming Languages — C++ Extensions for Library Fundamentals
ISO/IEC TS 19570:2018	Programming Languages — Technical Specification for C++ Extensions for Parallelism
ISO/IEC TR 19755:2003	Information technology — Programming languages, their environments and system software interfaces — Object finalization for programming language COBOL
ISO/IEC TR 19768:2007	Information technology — Programming languages — Technical Report on C++ Library Extensions
ISO/IEC TS 19841:2015	Technical Specification for C++ Extensions for Transactional Memory
ISO/IEC 20970:2002	Information technology — Programming languages, their environments and system software interfaces — JEFF file format
ISO/IEC 21778:2017	Information technology — The JSON data interchange syntax
ISO/IEC 23270:2018	Information technology — Programming languages — C#
ISO/IEC 23271:2012	Information technology — Common Language Infrastructure (CLI)
ISO/IEC TR 23272:2011	Information technology — Common Language Infrastructure (CLI) — Information Derived from Partition IV XML File
ISO/IEC 23360-1-1:2021	Linux Standard Base (LSB) — Part 1-1: Common definitions
ISO/IEC 23360-1-2:2021	Linux Standard Base (LSB) — Part 1-2: Core specification generic part
ISO/IEC 23360-1-3:2021	Linux Standard Base (LSB) — Part 1-3: Desktop specification generic part
ISO/IEC 23360-1-4:2021	Linux Standard Base (LSB) — Part 1-4: Languages specification

ISO/IEC 23360-1-5:2021	Linux Standard Base (LSB) — Part 1-5: Imaging specification
ISO/IEC 23360-2-2:2021	Linux Standard Base (LSB) — Part 2-2: Core specification for X86-32 architecture
ISO/IEC 23360-2-3:2021	Linux Standard Base (LSB) — Part 2-3: Desktop specification for X86-32 architecture
ISO/IEC 23360-3-2:2021	Linux Standard Base (LSB) — Part 3-2: Core specification for IA64 (Itanium™) architecture
ISO/IEC 23360-3-3:2021	Linux Standard Base (LSB) — Part 3-3: Desktop specification for IA64 (Itanium TM) architecture
ISO/IEC 23360-4-2:2021	Linux Standard Base (LSB) — Part 4-2: Core specification for AMD64 (X86-64) architecture
ISO/IEC 23360-4-3:2021	Linux Standard Base (LSB) — Part 4-3: Desktop specification for AMD64 (X86-64) architecture
ISO/IEC 23360-5-2:2021	Linux Standard Base (LSB) — Part 5-2: Core specification for PowerPC 32 architecture
ISO/IEC 23360-5-3:2021	Linux Standard Base (LSB) — Part 5-3: Desktop specification for PowerPC 32 architecture
ISO/IEC 23360-6-2:2021	Linux Standard Base (LSB) — Part 6-2: Core specification for PowerPC 64 architecture
ISO/IEC 23360-6-3:2021	Linux Standard Base (LSB) — Part 6-3: Desktop specification for PowerPC 64 architecture
ISO/IEC 23360-7-2:2021	Linux Standard Base (LSB) — Part 7-2: Core specification for S390 architecture
ISO/IEC 23360-7-3:2021	Linux Standard Base (LSB) — Part 7-3: Desktop specification for S390 architecture
ISO/IEC 23360-8-2:2021	Linux Standard Base (LSB) — Part 8-2: Core specification for S390X architecture
ISO/IEC 23360-8-3:2021	Linux Standard Base (LSB) — Part 8-3: Desktop specification for S390X architecture
ISO/IEC TS 23360-1-6:2021	Linux Standard Base (LSB) — Part 1-6: Graphics and Gtk3 specification
ISO/IEC TS 23619:2021	Information technology — C++ extensions for reflection
ISO/IEC TR 24715:2006	Information technology — Programming languages, their environments and system software interfaces — Technical Report on the Conflicts between the ISO/IEC 9945 (POSIX) and the Linux Standard Base (ISO/IEC 23360)
ISO/IEC TR 24716:2007	Information technology — Programming languages, their environment and system software interfaces — Native COBOL Syntax for XML Support
ISO/IEC TR 24717:2009	Information technology — Programming languages, their environments and system software interfaces — Collection classes for programming language COBOL
ISO/IEC TR 24718:2005	Information technology — Programming languages — Guide for the use of the Ada Ravenscar Profile in high integrity systems
ISO/IEC TR 24731-1:2007	Information technology — Programming languages, their environments and system software interfaces — Extensions to the C library — Part 1: Bounds-checking interfaces
ISO/IEC TR 24731-2:2010	Information technology — Programming languages, their environments and system software interfaces — Extensions to the C library — Part 2: Dynamic Allocation Functions
ISO/IEC TR 24733:2011	Information technology — Programming languages, their environments and system software interfaces — Extensions for the programming language C++ to support decimal floating-point arithmetic
ISO/IEC 24747:2009	Information technology — Programming languages, their environments and system software interfaces — Extensions to the C Library to support mathematical special functions
ISO/IEC TR 24772-1:2019	Programming languages — Guidance to avoiding vulnerabilities in programming languages — Part 1: Language-independent guidance
ISO/IEC TR 24772-2:2020	Programming languages — Guidance to avoiding vulnerabilities in programming languages — Part 2: Ada
ISO/IEC TR 24772-3:2020	Programming languages — Guidance to avoiding vulnerabilities in programming languages — Part 3: C
ISO/IEC 25436:2006	Information technology — Eiffel: Analysis, Design and Programming Language
ISO/IEC TR 25438:2006	Information technology — Common Language Infrastructure (CLI) — Technical Report: Common Generics
ISO/IEC 30170:2012	Information technology — Programming languages — Ruby

SC 23

ISO/IEC 1001:2012	Information technology — File structure and labelling of magnetic tapes for information interchange
ISO/IEC 1863:1990	Information processing — 9-track, 12,7 mm (0,5 in) wide magnetic tape for information interchange using NRZ1 at 32 ftpmm (800 ftpi) — 32 cpmm (800 cpi)
ISO/IEC 1864:1992	Information technology — Unrecorded 12,7 mm (0,5 in) wide magnetic tape for information interchange — 32 ftpmm (800 ftpi), NRZ1, 126 ftpmm (3 200 ftpi) phase encoded and 356 ftpmm (9 042 ftpi), NRZ1
ISO/IEC 3788:1990	Information processing — 9-track, 12,7 mm (0,5 in) wide magnetic tape for information interchange using phase encoding at 126 ftpmm (3 200 ftpi), 63 cpmm (1 600 cpi)

Standard	Title
ISO 9660:1988	Information processing — Volume and file structure of CD-ROM for information interchange
ISO 9660:1988/Amd 1:2013	Information processing — Volume and file structure of CD-ROM for information interchange — Amendment 1
ISO 9660:1988/Amd 2:2020	Information processing — Volume and file structure of CD-ROM for information interchange — Amendment 2
ISO/IEC 9661:1994	Information technology — Data interchange on 12,7 mm wide magnetic tape cartridges — 18 tracks, 1 491 data bytes per millimetre
ISO/IEC 10089:1991	Information technology — 130 mm rewritable optical disk cartridge for information interchange
ISO/IEC 10090:1992	Information technology — 90 mm optical disk cartridges, rewritable and read only, for data interchange
ISO/IEC 10149:1995	Information technology — Data interchange on read-only 120 mm optical data disks (CD-ROM)
ISO/IEC 10885:1993	Information technology — 356 mm optical disk cartridge for information interchange — Write once
ISO/IEC 10995:2011	Information technology — Digitally recorded media for information interchange and storage — Test method for the estimation of the archival lifetime of optical media
ISO/IEC 11319:1993	Information technology — 8 mm wide magnetic tape cartridge for information interchange — Helical scan recording
ISO/IEC 11321:1992	Information technology — 3,81 mm wide magnetic tape cartridge for information interchange — Helical scan recording — DATA/DAT format
ISO/IEC 11557:1992	Information technology — 3,81 mm wide magnetic tape cartridge for information interchange — Helical scan recording — DDS-DC format using 60 m and 90 m length tapes
ISO/IEC 11558:1992	Information technology — Data compression for information interchange — Adaptive coding with embedded dictionary — DCLZ Algorithm
ISO/IEC 11559:1993	Information technology — Data interchange on 12,7 mm wide 18-track magnetic tape cartridges — Extended format
ISO/IEC 12042:1993	Information technology — Data compression for information interchange — Binary arithmetic coding algorithm
ISO/IEC 12246:1993	Information technology — 8 mm wide magnetic tape cartridge dual azimuth format for information interchange — Helical scan recording
ISO/IEC 12247:1993	Information technology — 3,81 mm wide magnetic tape cartridge for information interchange — Helical scan recording — DDS format using 60 m and 90 m length tapes
ISO/IEC 12248:1993	Information technology — 3,81 mm wide magnetic tape cartridge for information interchange — Helical scan recording — DATA/DAT-DC format using 60 m and 90 m length tapes
ISO/IEC 12862:2011	Information technology — 120 mm (8,54 Gbytes per side) and 80 mm (2,66 Gbytes per side) DVD recordable disk for dual layer (DVD-R for DL)
ISO/IEC 13170:2009	Information technology — 120 mm (8,54 Gbytes per side) and 80 mm (2,66 Gbytes per side) DVD re-recordable disk for dual layer (DVD-RW for DL)
ISO/IEC 13421:1993	Information technology — Data Interchange on 12,7 mm, 48-track magnetic tape cartridges — DLT 1 format
ISO/IEC 13481:1993	Information technology — Data interchange on 130 mm optical disk cartridges — Capacity: 1 gigabyte per cartridge
ISO/IEC 13549:1993	Information technology — Data interchange on 130 mm optical disk cartridges — Capacity: 1,3 gigabytes per cartridge
ISO/IEC 13842:1995	Information technology — 130 mm optical disk cartridges for information interchange — Capacity: 2 Gbytes per cartridge
ISO/IEC 13923:1996	Information technology — 3,81 mm wide magnetic tape cartridge for information interchange — Helical scan recording — DDS-2 format using 120 m length tape
ISO/IEC 13962:1995	Information technology — Data interchange on 12,7 mm, 112-track magnetic tape cartridges — DLT 2 format
ISO/IEC 13963:1995	Information technology — Data interchange on 90 mm optical disk cartridges — Capacity: 230 megabytes per cartridge
ISO/IEC 14251:1995	Information technology — Data interchange on 12,7 mm 36-track magnetic tape cartridges
ISO/IEC 14417:1999	Information technology — Data recording format DD-1 for magnetic tape cassette conforming to IEC 1016
ISO/IEC 14517:1996	Information technology — 130 mm optical disk cartridges for information interchange — Capacity: 2,6 Gbytes per cartridge
ISO/IEC 14833:1996	Information technology — Data interchange on 12,7 mm 128-Track magnetic tape cartridges — DLT 3 format
ISO/IEC 14840:1996	Information technology — 12,65 mm wide magnetic tape cartridge for information interchange — Helical scan recording — Data-D3-1 format
ISO/IEC 15041:1997	Information technology — Data interchange on 90 mm optical disk cartridges — Capacity: 640 Mbytes per cartridge
ISO/IEC 15200:1996	Information technology — Adaptive Lossless Data Compression algorithm (ALDC)
ISO/IEC 15286:1999	Information technology — 130 mm optical disk cartridges for information interchange — Capacity: 5,2 Gbytes per cartridge
ISO/IEC 15307:1997	Information technology — Data interchange on 12,7 mm 128-track magnetic tape cartridges — DLT 4 format
ISO/IEC 15521:1998	Information technology — 3,81 mm wide magnetic tape cartridge for information interchange — Helical scan recording — DDS-3 format using 125 m length tapes

Standard	Title
ISO/IEC 15718:1998	Information technology — Data interchange on 8 mm wide magnetic tape cartridge — Helical scan recording — HH-1 format
ISO/IEC 15731:1998	Information technology — 12,65 mm wide magnetic tape cassette for information interchange — Helical scan recording — DTF-1 format
ISO/IEC 15757:1998	Information technology — Data interchange on 8 mm wide magnetic tape cartridge — Helical scan recording — DA-2 format
ISO/IEC 15780:1998	Information technology — 8 mm wide magnetic tape cartridge — Helical scan recording — AIT-1 format
ISO/IEC 15895:1999	Information technology — Data interchange on 12,7 mm 128-track magnetic tape cartridges — DLT 3-XT format
ISO/IEC 15896:1999	Information technology — Data interchange on 12,7 mm 208-track magnetic tape cartridges — DLT 5 format
ISO/IEC 16382:2000	Information technology — Data interchange on 12,7 mm 208-track magnetic tape cartridges — DLT 6 format
ISO/IEC 16448:2002	Information technology — 120 mm DVD — Read-only disk
ISO/IEC 16449:2002	Information technology — 80 mm DVD — Read-only disk
ISO/IEC 16824:1999	Information technology — 120 mm DVD rewritable disk (DVD-RAM)
ISO/IEC 16825:1999	Information technology — Case for 120 mm DVD-RAM disks
ISO/IEC 16963:2017	Information technology — Digitally recorded media for information interchange and storage — Test method for the estimation of lifetime of optical disks for long-term data storage
ISO/IEC 16969:1999	Information technology — Data interchange on 120 mm optical disk cartridges using +RW format — Capacity: 3,0 Gbytes and 6,0 Gbytes
ISO/IEC 17341:2009	Information technology — Data interchange on 120 mm and 80 mm optical disk using +RW format — Capacity: 4,7 Gbytes and 1,46 Gbytes per side (recording speed up to 4X)
ISO/IEC 17342:2004	Information technology — 80 mm (1,46 Gbytes per side) and 120 mm (4,70 Gbytes per side) DVD re-recordable disk (DVD-RW)
ISO/IEC 17344:2009	Information technology — Data interchange on 120 mm and 80 mm optical disk using +R format — Capacity: 4,7 Gbytes and 1,46 Gbytes per side (recording speed up to 16X)
ISO/IEC 17345:2006	Information technology — Data Interchange on 130 mm Rewritable and Write Once Read Many Ultra Density Optical (UDO) Disk Cartridges — Capacity: 30 Gbytes per Cartridge — First Generation
ISO/IEC 17346:2005	Information technology — Data interchange on 90 mm optical disk cartridges — Capacity: 1,3 Gbytes per cartridge
ISO/IEC 17462:2000	Information technology — 3,81 mm wide magnetic tape cartridge for information interchange — Helical scan recording — DDS-4 format
ISO/IEC 17592:2004	Information technology — 120 mm (4,7 Gbytes per side) and 80 mm (1,46 Gbytes per side) DVD rewritable disk (DVD-RAM)
ISO/IEC 17594:2004	Information technology — Cases for 120 mm and 80 mm DVD-RAM disks
ISO/IEC 17913:2000	Information technology — 12,7mm 128-track magnetic tape cartridge for information interchange — Parallel serpentine format
ISO/IEC 18809:2000	Information technology — 8 mm wide magnetic tape cartridge for information interchange — Helical scan recording AIT-1 with MIC format
ISO/IEC 18810:2001	Information technology — 8 mm wide magnetic tape cartridge for information interchange — Helical scan recording AIT-2 with MIC format
ISO/IEC 18836:2001	Information technology — 8 mm wide magnetic tape cartridge for information interchange — Helical scan recording — MammothTape-2 format
ISO/IEC 20061:2001	Information technology — 12,65 mm wide magnetic tape cassette for information interchange — Helical scan recording — DTF-2
ISO/IEC 20062:2001	Information technology — 8 mm wide magnetic tape cartridge for information interchange — Helical scan recording — VXA-1 format
ISO/IEC 20563:2001	Information technology — 80 mm (1,23 Gbytes per side) and 120 mm (3,95 Gbytes per side) DVD-recordable disk (DVD-R)
ISO/IEC 22050:2002	Information technology — Data interchange on 12,7 mm, 384-track magnetic tape cartridges — Ultrium-1 format
ISO/IEC 22051:2002	Information technology — Data interchange on 12,7 mm, 448-track magnetic tape cartridges — SDLT1 format
ISO/IEC 22091:2002	Information technology — Streaming Lossless Data Compression algorithm (SLDC)
ISO/IEC 22092:2002	Information technology — Data interchange on 130 mm magneto-optical disk cartridges — Capacity: 9,1 Gbytes per cartridge
ISO/IEC 22533:2005	Information technology — Data interchange on 90 mm optical disk cartridges — Capacity: 2,3 Gbytes per cartridge
ISO/IEC 23651:2003	Information technology — 8 mm wide magnetic tape cartridge for information interchange — Helical scan recording — AIT-3 format
ISO/IEC 23912:2005	Information technology — 80 mm (1,46 Gbytes per side) and 120 mm (4,70 Gbytes per side) DVD Recordable Disk (DVD-R)
ISO/IEC 25434:2008	Information technology — Data interchange on 120 mm and 80 mm optical disk using +R DL format — Capacity: 8,55 Gbytes and 2,66 Gbytes per side (recording speed up to 16X)
ISO/IEC 26925:2009	Information technology — Data interchange on 120 mm and 80 mm optical disk using +RW HS format — Capacity: 4,7 Gbytes and 1,46 Gbytes per side (recording speed 8X)

ISO/IEC 29121:2021	Information technology — Digitally recorded media for information interchange and storage — Data migration method for optical disks for long-term data storage
ISO/IEC 29171:2009	Information technology — Digitally recorded media for information interchange and storage — Information Versatile Disk for Removable usage (iVDR) cartridge
ISO/IEC 29642:2009	Information technology — Data interchange on 120 mm and 80 mm optical disk using +RW DL format — Capacity: 8,55 Gbytes and 2,66 Gbytes per side (recording speed 2,4X)
ISO/IEC 30190:2021	Information technology — Digitally recorded media for information interchange and storage — 120 mm Single Layer (25,0 Gbytes per disk) and Dual Layer (50,0 Gbytes per disk) BD Recordable disk
ISO/IEC 30191:2021	Information technology — Digitally recorded media for information interchange and storage — 120 mm Triple Layer (100,0 Gbytes single sided disk and 200,0 Gbytes double sided disk) and Quadruple Layer (128,0 Gbytes single sided disk) BD Recordable disk
ISO/IEC 30192:2021	Information technology — Digitally recorded media for information interchange and storage — 120 mm Single Layer (25,0 Gbytes per disk) and Dual Layer (50,0 Gbytes per disk) BD Rewritable disk
ISO/IEC 30193:2021	Information technology — Digitally recorded media for information interchange and storage — 120 mm triple layer (100,0 Gbytes per disk) BD rewritable disk

SC 24

ISO/IEC 7942-1:1994	Information technology -- Computer graphics and image processing -- Graphical Kernel System (GKS) -- Part 1: Functional description
ISO/IEC 7942-2:1997	Information technology -- Computer graphics and image processing -- Graphical Kernel System (GKS) -- Part 2: NDC metafile
ISO/IEC 7942-3:1999	Information technology -- Computer graphics and image processing -- Graphical Kernel System (GKS) -- Part 3: Audit trail
ISO/IEC 7942-4:1998	Information technology -- Computer graphics and image processing -- Graphical Kernel System (GKS) -- Part 4: Picture part archive
ISO/IEC 8632-1:1999	Information technology -- Computer graphics -- Metafile for the storage and transfer of picture description information -- Part 1: Functional specification
ISO/IEC 8632-1:1999/Cor 1:2006	Information technology — Computer graphics — Metafile for the storage and transfer of picture description information — Part 1: Functional specification — Technical Corrigendum 1
ISO/IEC 8632-1:1999/Cor 2:2007	Information technology — Computer graphics — Metafile for the storage and transfer of picture description information — Part 1: Functional specification — Technical Corrigendum 2
ISO/IEC 8632-3:1999	Information technology -- Computer graphics -- Metafile for the storage and transfer of picture description information -- Part 3: Binary encoding
ISO/IEC 8632-4:1999	Information technology -- Computer graphics -- Metafile for the storage and transfer of picture description information -- Part 4: Clear text encoding
ISO 8651-1:1988	Information processing systems -- Computer graphics -- Graphical Kernel System (GKS) language bindings -- Part 1: FORTRAN
ISO 8651-2:1988	Information processing systems -- Computer graphics -- Graphical Kernel System (GKS) language bindings -- Part 2: Pascal
ISO 8651-3:1988	Information processing systems -- Computer graphics -- Graphical Kernel System (GKS) language bindings -- Part 3: Ada
ISO/IEC 8651-4:1995	Information technology -- Computer graphics -- Graphical Kernel System (GKS) language bindings -- Part 4: C
ISO 8805:1988	Information processing systems -- Computer graphics -- Graphical Kernel System for Three Dimensions (GKS-3D) functional description
ISO/IEC 8806-4:1991	Information technology -- Computer graphics -- Graphical Kernel System for Three Dimensions (GKS-3D) language bindings -- Part 4: C
ISO/IEC 9592-1:1997	Information technology -- Computer graphics and image processing -- Programmer's Hierarchical Interactive Graphics System (PHIGS) -- Part 1: Functional description
ISO/IEC 9592-2:1997	Information technology -- Computer graphics and image processing -- Programmer's Hierarchical Interactive Graphics System (PHIGS) -- Part 2: Archive file format
ISO/IEC 9592-3:1997	Information technology -- Computer graphics and image processing -- Programmer's Hierarchical Interactive Graphics System (PHIGS) -- Part 3: Specification for clear-text encoding of archive file
ISO/IEC 9593-1:1990	Information processing systems -- Computer graphics -- Programmer's Hierarchical Interactive Graphics System (PHIGS) language bindings -- Part 1: FORTRAN
ISO/IEC 9593-1:1990/Amd 1:1995	
ISO/IEC 9593-1:1990/Cor 1:1993	
ISO/IEC 9593-1:1990/Cor 2:1994	
ISO/IEC 9593-3:1990	Information technology -- Computer graphics -- Programmer's Hierarchical Interactive Graphics System (PHIGS) language bindings -- Part 3: ADA
ISO/IEC 9593-3:1990/Amd 1:1994	Incorporation of PHIGS PLUS
ISO/IEC 9593-3:1990/Cor 1:1993	

Standard	Title
ISO/IEC 9593-3:1990/Cor 2:1994	
ISO/IEC 9593-4:1991	Information technology -- Computer graphics -- Programmer's Hierarchical Interactive Graphics System (PHIGS) language bindings -- Part 4: C
ISO/IEC 9593-4:1991/Amd 1:1994	
ISO/IEC 9593-4:1991/Amd 2:1998	Incorporation of PHIGS amendments
ISO/IEC 9593-4:1991/Cor 1:1994	
ISO/IEC 9636-1:1991	Information technology -- Computer graphics -- Interfacing techniques for dialogues with graphical devices (CGI) -- Functional specification -- Part 1: Overview, profiles, and conformance
ISO/IEC 9636-2:1991	Information technology -- Computer graphics -- Interfacing techniques for dialogues with graphical devices (CGI) -- Functional specification -- Part 2: Control
ISO/IEC 9636-3:1991	Information technology -- Computer graphics -- Interfacing techniques for dialogues with graphical devices (CGI) -- Functional specification -- Part 3: Output
ISO/IEC 9636-4:1991	Information technology -- Computer graphics -- Interfacing techniques for dialogues with graphical devices (CGI) -- Functional specification -- Part 4: Segments
ISO/IEC 9636-5:1991	Information technology -- Computer graphics -- Interfacing techniques for dialogues with graphical devices (CGI) -- Functional specification -- Part 5: Input and echoing
ISO/IEC 9636-6:1991	Information technology -- Computer graphics -- Interfacing techniques for dialogues with graphical devices (CGI) -- Functional specification -- Part 6: Raster
ISO/IEC 9637-1:1994	Information technology -- Computer graphics -- Interfacing techniques for dialogues with graphical devices (CGI) -- Data stream binding -- Part 1: Character encoding
ISO/IEC 9637-2:1992	Information technology -- Computer graphics -- Interfacing techniques for dialogues with graphical devices (CGI) -- Data stream binding -- Part 2: Binary encoding
ISO/IEC 9638-3:1994	Information technology -- Computer graphics -- Interfacing techniques for dialogues with graphical devices (CGI) -- Language bindings -- Part 3: Ada
ISO/IEC 9973:2013	Information technology -- Computer graphics, image processing and environmental data representation -- Procedures for registration of items
ISO/IEC 10641:1993	Information technology -- Computer graphics and image processing -- Conformance testing of implementations of graphics standards
ISO/IEC 11072:1992	Information technology -- Computer graphics -- Computer Graphics Reference Model
ISO/IEC 12087-1:1995	Information technology -- Computer graphics and image processing -- Image Processing and Interchange (IPI) -- Functional specification -- Part 1: Common architecture for imaging
ISO/IEC 12087-2:1994	Information technology -- Computer graphics and image processing -- Image Processing and Interchange (IPI) -- Functional specification -- Part 2: Programmer's imaging kernel system application programme interface
ISO/IEC 12087-2:1994/Cor 1:1997	
ISO/IEC 12087-3:1995	Information technology -- Computer graphics and image processing -- Image Processing and Interchange (IPI) -- Functional specification -- Part 3: Image Interchange Facility (IIF)
ISO/IEC 12087-3:1995/Amd 1:1996	Type definition, scoping, and logical views for image interchange facility
ISO/IEC 12087-5:1998	Information technology -- Computer graphics and image processing -- Image Processing and Interchange (IPI) -- Functional specification -- Part 5: Basic Image Interchange Format (BIIF)
ISO/IEC 12087-5:1998/Cor 1:2001	
ISO/IEC 12087-5:1998/Cor 2:2002	
ISO/IEC 12088-4:1995	Information technology -- Computer graphics and image processing -- Image processing and interchange -- Application program interface language bindings
ISO/IEC 12089:1997	Information technology -- Computer graphics and image processing -- Encoding for the Image Interchange Facility (IIF)
ISO/IEC 14478-1:1998	Information technology -- Computer graphics and image processing -- Presentation Environment for Multimedia Objects (PREMO) -- Part 1: Fundamentals of PREMO
ISO/IEC 14478-2:1998	Information technology -- Computer graphics and image processing -- Presentation Environment for Multimedia Objects (PREMO) -- Part 2: Foundation Component
ISO/IEC 14478-3:1998	Information technology -- Computer graphics and image processing -- Presentation Environment for Multimedia Objects (PREMO) -- Part 3: Multimedia Systems Services
ISO/IEC 14478-4:1998	Information technology -- Computer graphics and image processing -- Presentation Environment for Multimedia Objects (PREMO) -- Part 4: Modelling, rendering and interaction component

Standard	Title
ISO/IEC 14772-1:1997	Information technology -- Computer graphics and image processing -- The Virtual Reality Modeling Language -- Part 1: Functional specification and UTF-8 encoding
ISO/IEC 14772-1:1997/Amd 1:2003	Enhanced interoperability
ISO/IEC 14772-2:2004	Information technology -- Computer graphics and image processing -- The Virtual Reality Modeling Language (VRML) -- Part 2: External authoring interface (EAI)
ISO/IEC 15948:2004	Information technology -- Computer graphics and image processing -- Portable Network Graphics (PNG): Functional specification
ISO/IEC 18023-1:2006	Information technology -- SEDRIS -- Part 1: Functional specification
ISO/IEC 18023-1:2006/Amd 1:2012	
ISO/IEC 18023-2:2006	Information technology -- SEDRIS -- Part 2: Abstract transmittal format
ISO/IEC 18023-3:2006	Information technology -- SEDRIS -- Part 3: Transmittal format binary encoding
ISO/IEC 18023-3:2006/Amd 1:2012	
ISO/IEC 18024-4:2006	Information technology -- SEDRIS language bindings -- Part 4: C
ISO/IEC 18024-4:2006/Amd 1:2012	
ISO/IEC 18025:2014	Information technology -- Environmental Data Coding Specification (EDCS)
ISO/IEC 18026:2009	Information technology — Spatial Reference Model (SRM)
ISO/IEC 18038:2020	Information technology — Computer graphics, image processing and environmental representation — Sensor representation in mixed and augmented reality
ISO/IEC 18039:2019	Information technology -- Computer graphics, image processing and environmental data representation -- Mixed and augmented reality (MAR) reference model
ISO/IEC 18040:2019	Information technology -- Computer graphics, image processing and environmental data representation -- Live actor and entity representation in mixed and augmented reality (MAR)
ISO/IEC 18041-4:2016	Information technology -- Computer graphics, image processing and environmental data representation -- Environmental Data Coding Specification (EDCS) language bindings -- Part 4: C
ISO/IEC 18042-4:2006	Information technology -- Computer graphics and image processing -- Spatial Reference Model (SRM) language bindings -- Part 4: C
ISO/IEC 18042-4:2006/Amd 1:2011	Information technology — Computer graphics and image processing — Spatial Reference Model (SRM) language bindings — Part 4: C — Amendment 1: .
ISO/IEC 18520:2019	Information technology -- Computer graphics, image processing and environmental data representation -- Benchmarking of vision-based spatial registration and tracking methods for mixed and augmented reality (MAR)
ISO/IEC 19775-1:2013	Information technology -- Computer graphics, image processing and environmental data representation -- Extensible 3D (X3D) -- Part 1: Architecture and base components
ISO/IEC 19774-1:2019	Information technology — Computer graphics, image processing and environmental data representation — Part 1: Humanoid animation (HAnim) architecture
ISO/IEC 19774-2:2019	Information technology — Computer graphics, image processing and environmental data representation — Part 2: Humanoid animation (HAnim) motion data animation
ISO/IEC 19775-2:2015	Information technology -- Computer graphics, image processing and environmental data representation -- Extensible 3D (X3D) -- Part 2: Scene access interface (SAI)
ISO/IEC 19776-1:2015	Information technology -- Computer graphics, image processing and environmental data representation -- Extensible 3D (X3D) encodings -- Part 1: Extensible Markup Language (XML) encoding
ISO/IEC 19776-2:2015	Information technology -- Computer graphics, image processing and environmental data representation -- Extensible 3D (X3D) encodings -- Part 2: Classic VRML encoding
ISO/IEC 19776-3:2015	Information technology -- Computer graphics, image processing and environmental data representation -- Extensible 3D (X3D) encodings -- Part 3: Compressed binary encoding
ISO/IEC 19777-1:2006	Information technology -- Computer graphics and image processing -- Extensible 3D (X3D) language bindings -- Part 1: ECMAScript
ISO/IEC 19777-2:2006	Information technology -- Computer graphics and image processing -- Extensible 3D (X3D) language bindings -- Part 2: Java
ISO/IEC 23488:2022	Information technology — Computer graphics, image processing and environment data representation — Object/environmental representation for image-based rendering in virtual/mixed and augmented reality (VR/MAR)
ISO/IEC TS 23884:2021	Information technology — Computer graphics, image processing and environmental data representation — Material property and parameter representation for model-based haptic simulation of objects in virtual, mixed and augmented reality (VR/MAR)

SC 25

ISO 6951:1986	Information processing -- Processor system bus interface (Eurobus A)
ISO 9314-1:1989	Information processing systems -- Fibre Distributed Data Interface (FDDI) -- Part 1: Token Ring Physical Layer Protocol (PHY)
ISO 9314-2:1989	Information processing systems -- Fibre Distributed Data Interface (FDDI) -- Part 2: Token Ring Media Access Control (MAC)
ISO/IEC 9314-3:1990	Information processing systems -- Fibre distributed Data Interface (FDDI) -- Part 3: Physical Layer Medium Dependent (PMD)
ISO/IEC 9314-4:1999	Information technology -- Fibre Distributed Data Interface (FDDI) -- Part 4: Single Mode Fibre Physical Layer Medium Dependent (SMF-PMD)
ISO/IEC 9314-5:1995	Information technology -- Fibre Distributed Data Interface (FDDI) -- Part 5: Hybrid Ring Control (HRC)
ISO/IEC 9314-6:1998	Information technology -- Fibre Distributed Data Interface (FDDI) -- Part 6: Station Management (SMT)
ISO/IEC 9314-7:1998	Information technology -- Fibre Distributed Data Interface (FDDI) -- Part 7: Physical layer Protocol (PHY-2)
ISO/IEC 9314-8:1998	Information technology -- Fibre Distributed Data Interface (FDDI) -- Part 8: Media Access Control-2 (MAC-2)
ISO/IEC 9314-9:2000	Information technology -- Fibre Distributed Data Interface (FDDI) -- Part 9: Low-cost fibre physical layer medium dependent (LCF-PMD)
ISO/IEC 9314-13:1998	Information technology -- Fibre Distributed Data Interface (FDDI) -- Part 13: Conformance Test Protocol Implementation Conformance Statement (CT-PICS) Proforma
ISO/IEC 9314-20:2001	Information technology -- Fibre Distributed Data Interface (FDDI) -- -- Part 20: Abstract test suite for FDDI physical medium dependent conformance testing (FDDI PMD ATS)
ISO/IEC 9314-21:2000	Information technology -- Fibre Distributed Data Interface (FDDI) -- Part 21: Abstract test suite for FDDI physical layer protocol conformance testing (FDDI PHY ATS)
ISO/IEC 9314-25:1998	Information technology -- Fibre Distributed Data Interface (FDDI) -- Part 25: Abstract test suite for FDDI -- Station Management Conformance Testing (SMT-ATS)
ISO/IEC 9314-26:2001	Information technology -- Fibre Distributed Data Interface (FDDI) -- Part 26: Media Access Control Conformance Testing (MAC-ATS)
ISO 9315:1989	Information processing systems -- Interface between flexible disk cartridge drives and their host controllers
ISO/IEC 9316:1995	Information technology -- Small Computer System Interface-2
ISO/IEC 9316-2:2000	Information technology -- Small computer system interface-2 (SCSI-2) -- Part 2: Common Access Method (CAM) Transport and SCSI interface module
ISO/IEC 9318-2:1990	Information technology -- Intelligent Peripheral Interface -- Part 2: Device specific command set for magnetic disk drives
ISO/IEC 9318-3:1990	Information technology -- Intelligent Peripheral Interface -- Part 3: Device generic command set for magnetic and optical disk drives
ISO/IEC 9318-4:2002	Information technology -- Intelligent Peripheral Interface -- Part 4: Device generic command set for magnetic tape drives (IPI-3 tape)
ISO/IEC 10192-1:2002	Information technology -- Home Electronic System (HES) interfaces -- Part 1: Universal Interface (UI) Class 1
ISO/IEC TR 10192-2:2000	Information technology -- Home Electronic Systemes (HES) interfaces -- Part 2: Simple Interfaces Type 1
ISO/IEC 10192-3:2017	Information technology -- Home electronic system (HES) interfaces -- Part 3: Modular communications interface for energy management
ISO/IEC 10192-4-1:2022	Information technology — Home electronic system (HES) interfaces — Part 4-1: Common user interface and cluster-to-cluster interface to support interworking among home cluster systems — Architecture
ISO/IEC 10859:1997	Information technology -- 8-bit backplane interface: STEbus and mechanical core specifications for microcomputers
ISO/IEC 10861:1994	Information technology -- Microprocessor systems -- High-performance synchronous 32-bit bus: MULTIBUS II
ISO/IEC 11002:2008	Information technology -- Multipath management API
ISO/IEC 11458:1993	Information technology -- Microprocessor systems -- VICbus -- Inter-crate cable bus
ISO/IEC 11458:1993/Amd 1:2000	
ISO/IEC 11518-1:1995	Information technology -- High-Performance Parallel Interface -- Part 1: Mechanical, electrical and signalling protocol specification (HIPPI-PH)
ISO/IEC 11518-2:2000	Information technology -- High-Performance Parallel Interface -- Part 2: Framing Protocol (HIPPI-FP)
ISO/IEC 11518-3:1996	Information technology -- High-Performance Parallel Interface -- Part 3: Encapsulation of ISO/IEC 8802-2 (IEEE Std 802.2) Logical Link Control Protocol Data Units (HIPPI-LE)
ISO/IEC 11518-6:2000	Information technology -- High-Performance Parallel Interface -- Part 6: Physical Switch Control (HIPPI-SC)
ISO/IEC 11518-9:1999	Information technology -- High-Performance Parallel Interface -- Part 9: Serial specification (HIPPI-Serial)
ISO/IEC 11518-10:2001	Information technology -- High-Performance Parallel Interface -- Part 10: 6400 Mbit/s Physical Layer (HIPPI-6400-PH)
ISO/IEC 11801-1:2017	Information technology -- Generic cabling for customer premises -- Part 1: General requirements

ISO/IEC 11801-1:2017/Cor 1:2018

ISO/IEC 11801-2:2017　Information technology -- Generic cabling for customer premises -- Part 2: Office premises

ISO/IEC 11801-3:2017　Information technology -- Generic cabling for customer premises -- Part 3: Industrial premises

ISO/IEC 11801-3:2017/Amd 1:2021　Information technology — Generic cabling for customer premises — Part 3: Industrial premises — Amendment 1

ISO/IEC 11801-3:2017/Cor 1:2018

ISO/IEC 11801-4:2017　Information technology -- Generic cabling for customer premises -- Part 4: Single-tenant homes

ISO/IEC 11801-4:2017/Cor 1:2018

ISO/IEC 11801-5:2017　Information technology -- Generic cabling for customer premises -- Part 5: Data centres

ISO/IEC 11801-5:2017/Cor 1:2018

ISO/IEC 11801-6:2017　Information technology -- Generic cabling for customer premises -- Part 6: Distributed building services

ISO/IEC 11801-6:2017/Cor 1:2018

ISO/IEC TR 11801-9901:2014　Information technology -- Generic cabling systems for customer premises -- Part 9901: Guidance for balanced cabling in support of at least 40 Gbit/s data transmission

ISO/IEC TR 11801-9902:2017　Information technology -- Generic cabling for customer premises -- Part 9902: Specifications for End-to-end link configurations

ISO/IEC TS 11801-9903:2021　Information technology — Generic cabling systems for customer premises — Part 9903: Matrix modelling of channels and links

ISO/IEC TR 11801-9904:2017　Information technology -- Generic cabling systems for customer premises -- Part 9904: Guidelines for the use of installed cabling to support 2,5GBASE -T and 5GBASE -T applications

ISO/IEC TR 11801-9905:2018　Information technology -- Generic cabling systems for customer premises -- Part 9905: Guidelines for the use of installed cabling to support 25GBASE-T application

ISO/IEC TR 11801-9906:2020　Information technology — Generic cabling for customer premises — Part 9906: Balanced 1-pair cabling channels up to 600 MHz for single pair Ethernet (SPE)

ISO/IEC TR 11801-9907:2019　Information technology — Generic cabling systems for customer premises — Part 9907: Specifications for direct attach cabling

ISO/IEC 11801-9908:2020　Information technology — Generic cabling systems for customer premises — Part 9908: Guidance for the support of higher speed applications over optical fibre channels

ISO/IEC TR 11801-9909:2020　Information technology — Generic cabling systems for customer premises — Part 9909: Evaluation of balanced cabling in support of 25 Gbit/s for reach greater than 30 metres

ISO/IEC 11801-9910:2020　Information technology - Generic cabling for customer premises — Part 9910: Specifications for modular plug terminated link cabling

ISO/IEC 11989:2010　Information technology -- iSCSI Management API

ISO/IEC 13187:2011　Information technology -- Server management command line protocol (SM CLP) specification

ISO/IEC 13213:1994　Information technology -- Microprocessor systems -- Control and Status Registers (CSR) Architecture for microcomputer buses

ISO/IEC 13961:2000　Information technology -- Scalable Coherent Interface (SCI)

ISO/IEC 14165-114:2005 Information technology -- Fibre Channel -- Part 114: 100 MB/s Balanced copper physical interface (FC-100-DF-EL-S)

ISO/IEC 14165-115:2006 Information technology -- Fibre Channel -- Part 115: Physical Interfaces (FC-PI)

ISO/IEC 14165-116:2005 Information technology -- Fibre Channel -- Part 116: 10 Gigabit (10GFC)

ISO/IEC 14165-116:2005/Amd 1:2009

ISO/IEC TR 14165-117:2007　Information technology -- Fibre Channel -- Part 117: Methodologies for jitter and signal quality (MJSQ)

ISO/IEC 14165-122:2005 Information technology -- Fibre Channel -- Part 122: Arbitrated Loop-2 (FC-AL-2)

ISO/IEC 14165-122:2005/Amd 1:2008

ISO/IEC 14165-131:2000 Information technology -- Fibre Channel -- Part 131: Switch Fabric Requirements (FC-SW)

ISO/IEC 14165-133:2010 Information technology -- Fibre Channel -- Part 133: Switch Fabric-3 (FC-SW-3)

ISO/IEC 14165-141:2001 Information technology -- Fibre Channel -- Part 141: Fabric Generic Requirements (FC-FG)

ISO/IEC 14165-151:2017 Information technology -- Fibre channel -- Part 151: Fibre Channel BaseT (FC-BaseT)

ISO/IEC 14165-211:1999 Information technology -- Fibre Channel -- Part 211: Mapping to HIPPI-FP (FC-FP)

ISO/IEC 14165-222:2005 Information technology -- Fibre Channel -- Part 222: Single-byte command code 2 mapping protocol (FC-SB-2)

ISO/IEC 14165-226:2020 Information technology — Fibre channel — Part 226: Single-byte command code sets mapping protocol - 6 (FC-SB-6)

ISO/IEC 14165-241:2005 Information technology -- Fibre Channel -- Part 241: Backbone 2 (FC-BB-2)

ISO/IEC 14165-243:2012 Information technology -- Fibre Channel -- Part 243: Backbone 3 (FC-BB-3)

ISO/IEC 14165-246:2019 Information technology — Fibre channel — Part 246: Backbone — 6 (FC-BB-6)

ISO/IEC 14165-251:2008 Information technology -- Fibre Channel -- Part 251: Framing and Signaling (FC-FS)

ISO/IEC TR 14165-312: 2009 Information technology -- Fibre Channel -- Part 312: Avionics environment upper layer protocol MIL-STD-1553B Notice 2 (FC-AE-1553)

ISO/IEC TR 14165-313: 2013 Information technology -- Fibre Channel -- Part 313: Avionics Environment -- Anonymous Synchronous Messaging (FC-AE-ASM)

ISO/IEC TR 14165-314: 2013 Information technology -- Fibre Channel -- Part 314: Avionics Environment -- Remote Direct Memory Access (FC-AE-RDMA)

ISO/IEC 14165-321:2009 Information technology -- Fibre Channel -- Part 321: Audio-Video (FC-AV)

ISO/IEC 14165-331:2007 Information technology -- Fibre Channel -- Part 331: Virtual Interface (FC-VI)

ISO/IEC TR 14165-372: 2011 Information technology -- Fibre Channel -- Part 372: Methodologies of interconnects-2 (FC-MI-2)

ISO/IEC 14165-414:2007 Information technology -- Fibre Channel -- Part 414: Generic Services -- 4 (FC-GS-4)

ISO/IEC 14165-432:2022 Information technology — Fibre Channel — Part 432: Title missing

ISO/IEC 14165-521:2009 Information technology -- Fibre Channel -- Part 521: Fabric application interface standard (FAIS)

ISO/IEC TR 14543-4: 2002 Information technology -- Home Electronic System (HES) architecture -- Part 4: Home and building automation in a mixed-use building

ISO/IEC 14543-4-301: 2020 Information technology — Home Electronic System (HES) architecture — Part 4-301: Application protocols for home air conditioners and controllers

ISO/IEC 14543-3-11:2016 Information technology -- Home electronic system (HES) architecture -- Part 3-11: Frequency modulated wireless short-packet (FMWSP) protocol optimised for energy harvesting -- Architecture and lower layer protocols

ISO/IEC 14543-2-1:2006 Information technology - Home electronic systems (HES) architecture -- Part 2-1: Introduction and device modularity

ISO/IEC 14543-3-1:2006 Information technology -- Home electronic systems (HES) architecture -- Part 3-1: Communication layers -- Application layer for network based control of HES Class 1

ISO/IEC 14543-3-2:2006 Information technology -- Home Electronic Systems (HES) Architecture -- Part 3-2: Communication layers -- Transport, network and general parts of data link layer for network based control of HES Class 1

ISO/IEC 14543-3-3:2007 Information technology -- Home electronic system (HES) architecture -- Part 3-3: User process for network based control of HES Class 1

ISO/IEC 14543-3-4:2007 Information technology -- Home electronic system (HES) architecture -- Part 3-4: System management -- Management procedures for network based control of HES Class 1

ISO/IEC 14543-3-5:2007 Information technology -- Home electronic system (HES) architecture -- Part 3-5: Media and media dependent layers -- Power line for network based control of HES Class 1

ISO/IEC 14543-3-6:2007 Information technology -- Home electronic system (HES) architecture -- Part 3-6: Media and media dependent layers -- Network based on HES Class 1, twisted pair

ISO/IEC 14543-3-7:2007 Information technology -- Home electronic system (HES) architecture -- Part 3-7: Media and media dependent layers -- Radio frequency for network based control of HES Class 1

ISO/IEC 14543-4-1:2008 Information technology -- Home electronic system (HES) architecture -- Part 4-1: Communication layers -- Application layer for network enhanced control devices of HES Class 1

ISO/IEC 14543-4-2:2008 Information technology -- Home electronic system (HES) architecture -- Part 4-2: Communication layers -- Transport, network and general parts of data link layer for network enhanced control devices of HES Class 1

ISO/IEC 14543-4-3:2015 Information technology -- Home Electronic Systems (HES) architecture -- Part 4-3: Application layer interface to lower communications layers for network enhanced control devices of HES Class 1

ISO/IEC 14543-5-101: 2019 Information technology — Home electronic systems (HES) architecture — Part 5-101: Intelligent grouping and resource sharing remote AV access profile

ISO/IEC 14543-5-102:2020 Information technology — Home electronic system (HES) architecture — Part 5-102: Intelligent grouping and resource sharing — Remote universal management profile

ISO/IEC 14543-5-1:2010 Information technology -- Home electronic system (HES) architecture -- Part 5-1: Intelligent grouping and resource sharing for Class 2 and Class 3 -- Core protocol

ISO/IEC 14543-5-3:2012 Information technology -- Home electronic system (HES) architecture -- Part 5-3: Intelligent grouping and resource sharing for HES Class 2 and Class 3 -- Basic application

Standard	Title
ISO/IEC 14543-5-4:2010	Information technology -- Home electronic system (HES) architecture -- Part 5-4: Intelligent grouping and resource sharing for HES Class 2 and Class 3 -- Device validation
ISO/IEC 14543-5-5:2012	Information technology -- Home electronic system (HES) architecture -- Part 5-5: Intelligent grouping and resource sharing for HES Class 2 and Class 3 -- Device type
ISO/IEC 14543-5-6:2012	Information technology -- Home electronic system (HES) architecture -- Intelligent grouping and resource sharing for HES Class 2 and Class 3 -- Part 5-6: Service type
ISO/IEC 14543-5-7:2015	Information technology -- Home electronic system (HES) architecture -- Part 5-7: Intelligent grouping and 3 resource sharing -- Remote access system architecture
ISO/IEC 14543-5-8:2017	Information technology -- Home electronic systems (HES) architecture -- Part 5-8: Intelligent grouping and resource sharing for HES Class 2 and Class 3 -- Remote access core protocol
ISO/IEC 14543-5-9:2017	Information technology -- Home electronic systems (HES) architecture -- Part 5-9: Intelligent grouping and resource sharing for HES class 2 and class 3 -- Remote access service platform
ISO/IEC 14543-3-10:2020	Information technology — Home electronic systems (HES) architecture — Part 3-10: Amplitude modulated wireless short-packet (AMWSP) protocol optimized for energy harvesting — Architecture and lower layer protocols
ISO/IEC 14543-5-11:2018	Information technology -- Home electronic systems (HES) architecture -- Part 5-11: Intelligent Grouping and Resource Sharing for HES Class 2 and Class 3 -- Remote user interface
ISO/IEC 14543-5-12:2019	Information technology -- Home electronic systems (HES) architecture -- Part 5-12: Intelligent grouping and resource sharing for HES Class 2 and Class 3 -- Remote access test and verification
ISO/IEC 14543-5-21:2012	Information technology -- Home electronic system (HES) architecture -- Part 5-21: Intelligent grouping and resource sharing for HES Class 2 and Class 3 -- Application profile -- AV profile
ISO/IEC 14543-5-22:2010	Information technology -- Home electronic system (HES) architecture -- Part 5-22: Intelligent grouping and resource sharing for HES Class 2 and Class 3 -- Application profile -- File profile
ISO/IEC 14575:2000	Information technology -- Microprocessor systems -- Heterogeneous InterConnect (HIC) (Low-Cost, Low-Latency Scalable Serial Interconnect for Parallel System Construction)
ISO/IEC 14576:1999	Information technology -- Synchronous Split Transfer Type System Bus (STbus) -- Logical Layer
ISO/IEC 14709-1:1997	Information technology -- Configuration of Customer Premises Cabling (CPC) for applications -- Part 1: Integrated Services Digital Network (ISDN) basic access
ISO/IEC 14709-1:1997/Amd 1:2004	
ISO/IEC 14709-2:1998	Information technology -- Configuration of customer premises cabling (CPC) for applications -- Part 2: Integrated Services Digital Network (ISDN) primary rate
ISO/IEC 14709-2:1998/Amd 1:2005	
ISO/IEC 14762:2009	Information technology -- Functional safety requirements for Home and Building Electronic Systems (HBES)
ISO/IEC 14763-2:2019	Information technology — Implementation and operation of customer premises cabling — Part 2: Planning and installation
ISO/IEC 14763-3:2014	Information technology -- Implementation and operation of customer premises cabling -- Part 3: Testing of optical fibre cabling
ISO/IEC 14763-3:2014/Amd 1:2018	
ISO/IEC 14763-3:2014/Cor 1:2015	
ISO/IEC 14763-4:2021	Information technology — Implementation and operation of customer premises cabling — Part 4: Measurement of end-to-end (E2E)-Links
ISO/IEC TR 14763-2-1:2011	Information technology -- Implementation and operation of customer premises cabling -- Part 2-1: Planning and installation - Identifiers within administration systems
ISO/IEC 14776-112:2002	Information technology -- Small Computer System Interface (SCSI) -- Part 112: Parallel Interface-2 (SPI-2)
ISO/IEC 14776-113:2002	Information technology -- Small Computer System Interface (SCSI) -- Part 113: Parallel Interface-3 (SPI-3)
ISO/IEC 14776-115:2004	Information technology -- Small Computer System Interface (SCSI) -- Part 115: Parallel Interface-5 (SPI-5)
ISO/IEC 14776-121:2010	Information technology -- Small Computer System Interface (SCSI) -- Part 121: Passive Interconnect Performance (PIP)
ISO/IEC 14776-150:2004	Information technology -- Small Computer System Interface (SCSI) -- Part 150: Serial Attached SCSI (SAS)
ISO/IEC 14776-151:2010	Information technology -- Small Computer System Interface (SCSI) -- Part 151: Serial Attached SCSI - 1.1 (SAS-1.1)
ISO/IEC 14776-153:2015	Information technology -- Small Computer System Interface (SCSI) -- Part 153: Serial Attached SCSI - 2.1 (SAS-2.1)
ISO/IEC 14776-154:2017	Information technology -- Small Computer System Interface (SCSI) -- Part 154: Serial Attached SCSI -- 3 (SAS-3)
ISO/IEC 14776-222:2005	Information technology -- Small Computer System Interface (SCSI) -- Part 222: Fibre Channel Protocol for SCSI, Second Version (FCP-2)
ISO/IEC 14776-223:2008	Information technology -- Small Computer System Interface (SCSI) -- Part 223: Fibre Channel Protocol for SCSI, Third Version (FCP-3)
ISO/IEC 14776-224:2019	Information technology - Small computer system interface (SCSI) — Part 224: Fibre Channel Protocol for SCSI, fourth version (FCP-4)
ISO/IEC 14776-232:2001	Information technology -- Small computer system interface (SCSI) -- Part 232: Serial Bus Protocol 2 (SBP-2)

ISO/IEC 14776-251:2014 Information technology -- Small computer system interface (SCSI) -- Part 251: USB attached SCSI (UAS)

ISO/IEC 14776-261:2012 Information technology -- Small Computer System Interface (SCSI) -- Part 261: SAS Protocol Layer (SPL)

ISO/IEC 14776-262:2017 Information technology -- Small computer system interface (SCSI) -- Part 262: SAS protocol layer - 2 (SPL-2)

ISO/IEC 14776-263:2018 Information technology -- Small computer system interface (SCSI) -- Part 263: SAS protocol layer - 3 (SPL-3)

ISO/IEC 14776-321:2002 Information technology -- Small Computer System Interface-3 (SCSI-3) -- Part 321: SCSI-3 Block Commands (SBC)

ISO/IEC 14776-322:2007 Information technology -- Small Computer System Interface (SCSI) -- Part 322: SCSI Block Commands - 2 (SBC-2)

ISO/IEC 14776-323:2017 Information technology -- Small computer system interface (SCSI) -- Part 323: SCSI Block commands -- 3 (SBC-3)

ISO/IEC 14776-326:2015 Information technology -- Small computer system interface (SCSI) -- Part 326: Reduced block commands (RBC)

ISO/IEC 14776-331:2002 Information technology -- Small Computer System Interface (SCSI) -- Part 331: Stream Commands (SSC)

ISO/IEC 14776-333:2013 Information technology -- Small Computer System Interface (SCSI) -- Part 333: SCSI Stream Commands - 3 (SSC-3)

ISO/IEC 14776-341:2000 Information technology -- Small Computer System Interface-3 (SCSI-3) -- Part 341: Controller Commands (SCC)

ISO/IEC 14776-342:2000 Information technology -- Small Computer System Interface -- Part 342: Controller Commands - 2 (SCC-2)

ISO/IEC 14776-351:2007 Information technology -- Small Computer System Interface-3 (SCSI-3) -- Part 351: Medium Changer Commands (SCSI-3 SMC)

ISO/IEC 14776-362:2006 Information technology -- Small Computer System Interface (SCSI) -- Part 362: Multimedia commands-2 (MMC-2)

ISO/IEC 14776-372:2011 Information technology -- Small Computer System Interface (SCSI) -- Part 372: SCSI Enclosure Services - 2 (SES-2)

ISO/IEC 14776-381:2000 Information technology -- Small Computer System Interface (SCSI) -- Part 381: Optical Memory Card Device Commands (OMC)

ISO/IEC 14776-411:1999 Information technology -- Small Computer System Interface-3 -- Part 411: SCSI-3 Architecture Model (SCSI-3 SAM)

ISO/IEC 14776-412:2006 Information technology -- Small Computer System Interface (SCSI) -- Part 412: Architecture Model -2 (SAM-2)

ISO/IEC 14776-413:2007 Information technology -- Small Computer System Interface (SCSI) -- Part 413: SCSI Architecture Model -3 (SAM-3)

ISO/IEC 14776-414:2009 Information technology -- Small Computer System Interface (SCSI) -- Part 414: SCSI Architecture Model-4 (SAM-4)

ISO/IEC 14776-415:2019 Information technology — Small computer system interface (SCSI) — Part 415: SCSI architecture model - 5 (SAM-5)

ISO/IEC 14776-452:2005 Information technology -- Small Computer System Interface (SCSI) -- Part 452: SCSI Primary Commands - 2 (SPC-2)

ISO/IEC 14776-453:2009 Information technology -- Small computer system interface (SCSI) -- Part 453: Primary commands-3 (SPC-3)

ISO/IEC 14776-454:2018 Information technology -- Small computer system interface (SCSI) -- Part 454: SCSI Primary Commands - 4 (SPC-4)

ISO/IEC 14776-481:2019 Information technology — Small computer system interface (SCSI) — Part 481: Part 481:Security Features for SCSI Commands (SFSC)

ISO/IEC TR 15044:2000 Information technology -- Terminology for the Home Electronic System (HES)

ISO/IEC 15045-1:2004 Information technology -- Home Electronic System (HES) gateway -- Part 1: A residential gateway model for HES

ISO/IEC 15045-2:2012 Information technology -- Home Electronic System (HES) gateway -- Part 2: Modularity and protocol

ISO/IEC TR 15067-2:1997 Information technology -- Home Electronic Systems (HES) application model -- Part 2: Lighting model for HES

ISO/IEC 15067-3:2012 Information technology -- Home Electronic System (HES) application model -- Part 3: Model of a demand-response energy management system for HES

ISO/IEC TR 15067-4:2001 Information technology -- Home Electronic System (HES) Application Model -- Part 4: Security System for HES

ISO/IEC TR 15067-3-7:2020 Information technology — Home Electronic System (HES) application model — Part 3-7: GridWise transactive energy systems research, development and deployment roadmap

ISO/IEC TR 15067-3-8:2020 Information technology — Home Electronic System (HES) application model — Part 3-8: GridWise transactive energy framework

ISO/IEC 15067-3-3:2019 Information technology — Home Electronic System (HES) application model — Part 3-3: Model of a system of interacting Energy Management Agents (EMAs) for demand response energy management

ISO/IEC TR 15067-3-2:2016 Information technology -- Home Electronic System (HES) application model -- Part 3-2: GridWise interoperability context-setting framework

ISO/IEC 15205:2000 SBus -- Chip and module interconnect bus

ISO/IEC 15776:2001 VME64bus -- Specification

ISO/IEC 17760-101:2015 Information technology -- AT Attachment 8 -- Part 101: ATA/ATAPI Command Set (ATA8-ACS)

ISO/IEC 17760-102:2016 Information technology -- AT Attachment -- Part 102: ATA/ATAPI Command set - 2 (ACS-2)

ISO/IEC 17760-103:2021 Information technology — AT Attachment — Part 103: Title missing

ISO/IEC 18012-1:2004 Information technology -- Home Electronic System -- Guidelines for product interoperability -- Part 1: Introduction

ISO/IEC 18012-2:2012	Information technology -- Home Electronic System -- Guidelines for product interoperability -- Part 2: Taxonomy and application interoperability model
ISO/IEC 18372:2004	Information technology -- RapidIO(TM) interconnect specification
ISO/IEC 18598:2016	Information technology -- Automated infrastructure management (AIM) systems -- Requirements, data exchange and applications
ISO/IEC 18598:2016/Amd 1:2021	Information technology — Automated infrastructure management (AIM) systems — Requirements, data exchange and applications — Amendment 1
ISO/IEC TR 24704:2004	Information technology -- Customer premises cabling for wireless access points
ISO/IEC 24739-1:2009	Information technology -- AT Attachment with Packet Interface - 7 -- Part 1: Register Delivered Command Set, Logical Register Set (ATA/ATAPI-7 V1)
ISO/IEC 24739-1:2009/Cor 1:2013	
ISO/IEC 24739-2:2009	Information technology -- AT Attachment with Packet Interface - 7 -- Part 2: Parallel transport protocols and physical interconnect (ATA/ATAPI-7)
ISO/IEC 24739-3:2010	Information technology -- AT Attachment with Packet Interface - 7 -- Part 3: Serial transport protocols and physical interconnect (ATA/ATAPI-7 V3)
ISO/IEC 24739-3:2010/Cor 1:2013	
ISO/IEC 24740:2008	Information technology -- Responsive Link (RL)
ISO/IEC TR 24746:2005	Information technology -- Generic cabling for customer premises -- Mid-span DTE power insertion
ISO/IEC TR 24750:2007	Information technology -- Assessment and mitigation of installed balanced cabling channels in order to support of 10GBASE-T
ISO/IEC 24767-1:2008	Information technology -- Home network security -- Part 1: Security requirements
ISO/IEC 24767-2:2009	Information technology -- Home network security -- Part 2: Internal security services: Secure Communication Protocol for Middleware (SCPM)
ISO/IEC TR 29106:2007	Information technology -- Generic cabling -- Introduction to the MICE environmental classification
ISO/IEC TR 29106:2007/Amd 1:2012	
ISO/IEC TR 29106:2007/Amd 2:2019	Information technology — Generic cabling — Introduction to the MICE environmental classification — Amendment 2
ISO/IEC TR 29107-1:2010	Information technology - Intelligent homes - Taxonomy of specifications -- Part 1: The scheme
ISO/IEC TR 29108:2013	Information technology -- Terminology for intelligent homes
ISO/IEC TS 29125:2017	Information technology -- Telecommunications cabling requirements for remote powering of terminal equipment
ISO/IEC TS 29125:2017/Amd 1:2020	Information technology — Telecommunications cabling requirements for remote powering of terminal equipment — Amendment 1
ISO/IEC 29145-1:2014	Information technology - Wireless Beacon-enabled Energy Efficient Mesh network (WiBEEM) for wireless home network services -- Part 1: PHY Layer
ISO/IEC 29145-2:2014	Information Technology - Wireless Beacon-enabled Energy Efficient Mesh network (WiBEEM) for wireless home network services -- Part 2: MAC Layer
ISO/IEC 29145-3:2014	Information technology - Wireless Beacon-enabled Energy Efficient Mesh network (WiBEEM) for wireless home network services -- Part 3: NWK Layer
ISO/IEC 30100-1:2016	Information technology -- Home network resource management -- Part 1: Requirements
ISO/IEC 30100-2:2016	Information technology -- Home network resource management -- Part 2: Architecture
ISO/IEC 30100-3:2016	Information technology -- Home network resource management -- Part 3: Management application
ISO/IEC 30129:2015	Information technology -- Telecommunications bonding networks for buildings and other structures
ISO/IEC 30129:2015/Amd 1:2019	
ISO/IEC 60559:2020	Information technology — Microprocessor Systems — Floating-Point arithmetic
IEC 60796-1:1990	Microprocessor system bus — 8-bit and 16-bit data (MULTIBUS I) — Part 1: Functional description with electrical and timing specifications
IEC 60796-2:1990	Microprocessor system bus — 8-bit and 16-bit data (MULTIBUS I) — Part 2: Mechanical and pin descriptions for the system bus configuration, with edge connectors (direct)
IEC 60796-3:1990	Microprocessor system BUS I, 8-bit and 16-bit data (MULTIBUS I) — Part 3: Mechanical and pin descriptions for the Eurocard configuration with pin and socket (indirect) connectors
IEC 60821:1991	VMEbus — Microprocessor system bus for 1 byte to 4 byte data
IEC 60821:1991/Amd 1:1999	VMEbus — Microprocessor system bus for 1 byte to 4 byte data — Amendment 1

IEC 60822:1988	Parallel Sub-system Bus of the IEC 821 VME bus
IEC 60824:1988	Terminology related to microprocessors
IEC 60948:1988	Numeric keyboard for home electronic systems (HES)

SC 27

ISO/IEC TR 5895:2022	Cybersecurity — Multi-party coordinated vulnerability disclosure and handling
ISO/IEC 7064:2003	Information technology -- Security techniques -- Check character systems
ISO/IEC 9796-2:2010	Information technology -- Security techniques -- Digital signature schemes giving message recovery -- Part 2: Integer factorization based mechanisms
ISO/IEC 9796-3:2006	Information technology -- Security techniques -- Digital signature schemes giving message recovery -- Part 3: Discrete logarithm based mechanisms
ISO/IEC 9797-1:2011	Information technology -- Security techniques -- Message Authentication Codes (MACs) -- Part 1: Mechanisms using a block cipher
ISO/IEC 9797-2:2021	Information security — Message authentication codes (MACs) — Part 2: Mechanisms using a dedicated hash-function
ISO/IEC 9797-3:2011	Information technology -- Security techniques -- Message Authentication Codes (MACs) -- Part 3: Mechanisms using a universal hash-function
ISO/IEC 9797-3:2011/Amd 1:2020	Information technology — Security techniques — Message Authentication Codes (MACs) — Part 3: Mechanisms using a universal hash-function — Amendment 1
ISO/IEC 9798-1:2010	Information technology -- Security techniques -- Entity authentication -- Part 1: General
ISO/IEC 9798-2:2019	IT Security techniques -- Entity authentication -- Part 2: Mechanisms using authenticated encryption
ISO/IEC 9798-3:2019	IT Security techniques -- Entity authentication -- Part 3: Mechanisms using digital signature techniques
ISO/IEC 9798-4:1999	Information technology -- Security techniques -- Entity authentication -- Part 4: Mechanisms using a cryptographic check function
ISO/IEC 9798-4:1999/Cor 1:2009	
ISO/IEC 9798-4:1999/Cor 2:2012	
ISO/IEC 9798-5:2009	Information technology -- Security techniques -- Entity authentication -- Part 5: Mechanisms using zero-knowledge techniques
ISO/IEC 9798-6:2010	Information technology -- Security techniques -- Entity authentication -- Part 6: Mechanisms using manual data transfer
ISO/IEC 10116:2017	Information technology -- Security techniques -- Modes of operation for an n-bit block cipher
ISO/IEC 10116:2017/Amd 1:2021	Information technology — Security techniques — Modes of operation for an n-bit block cipher — Amendment 1: CTR-ACPKM mode of operation
ISO/IEC 10118-1:2016	Information technology -- Security techniques -- Hash-functions -- Part 1: General
ISO/IEC 10118-1:2016/Amd 1:2021	Information technology — Security techniques — Hash-functions — Part 1: General — Amendment 1: Padding methods for sponge functions
ISO/IEC 10118-2:2010	Information technology -- Security techniques -- Hash-functions -- Part 2: Hash-functions using an n-bit block cipher
ISO/IEC 10118-2:2010/Cor 1:2011	
ISO/IEC 10118-3:2018	IT Security techniques -- Hash-functions -- Part 3: Dedicated hash-functions
ISO/IEC 10118-4:1998	Information technology -- Security techniques -- Hash-functions -- Part 4: Hash-functions using modular arithmetic
ISO/IEC 10118-4:1998/Amd 1:2014	Object identifiers
ISO/IEC 10118-4:1998/Cor 1:2014	
ISO/IEC 11770-1:2010	Information technology -- Security techniques -- Key management -- Part 1: Framework
ISO/IEC 11770-2:2018	IT Security techniques -- Key management -- Part 2: Mechanisms using symmetric techniques
ISO/IEC 11770-3:2021	Information security — Key management — Part 3: Mechanisms using asymmetric techniques
ISO/IEC 11770-4:2017	Information technology -- Security techniques -- Key management -- Part 4: Mechanisms based on weak secrets
ISO/IEC 11770-4:2017/Amd 1:2019	Information technology — Security techniques — Key management — Part 4: Mechanisms based on weak secrets — Amendment 1: Unbalanced Password-Authenticated Key Agreement with Identity-Based Cryptosystems (UPAKA-IBC)
ISO/IEC 11770-4:2017/Amd 2:2021	Information technology — Security techniques — Key management — Part 4: Mechanisms based on weak secrets — Amendment 2: Leakage-resilient password-authenticated key agreement with additional stored secrets

ISO/IEC 11770-5:2020	Information security — Key management — Part 5: Group key management
ISO/IEC 11770-6:2016	Information technology -- Security techniques -- Key management -- Part 6: Key derivation
ISO/IEC 11770-7:2021	Information security — Key management — Part 7: Cross-domain password-based authenticated key exchange
ISO/IEC 13888-1:2020	Information security — Non-repudiation — Part 1: General
ISO/IEC 13888-2:2010	Information technology -- Security techniques -- Non-repudiation -- Part 2: Mechanisms using symmetric techniques
ISO/IEC 13888-2:2010/Cor 1:2012	
ISO/IEC 13888-3:2020	Information security — Non-repudiation — Part 3: Mechanisms using asymmetric techniques
ISO/IEC TR 14516:2002	Information technology -- Security techniques -- Guidelines for the use and management of Trusted Third Party services
ISO/IEC 14888-1:2008	Information technology -- Security techniques -- Digital signatures with appendix -- Part 1: General
ISO/IEC 14888-2:2008	Information technology -- Security techniques -- Digital signatures with appendix -- Part 2: Integer factorization based mechanisms
ISO/IEC 14888-2:2008/Cor 1:2015	Information technology — Security techniques — Digital signatures with appendix — Part 2: Integer factorization based mechanisms — Technical Corrigendum 1: To ISO/IEC 14888-2:2008
ISO/IEC 14888-3:2018	IT Security techniques -- Digital signatures with appendix -- Part 3: Discrete logarithm based mechanisms
ISO/IEC 15408-1:2009	Information technology -- Security techniques -- Evaluation criteria for IT security -- Part 1: Introduction and general model
ISO/IEC 15408-2:2008	Information technology -- Security techniques -- Evaluation criteria for IT security -- Part 2: Security functional components
ISO/IEC 15408-3:2008	Information technology -- Security techniques -- Evaluation criteria for IT security -- Part 3: Security assurance components
ISO/IEC TR 15443-1: 2012	Information technology -- Security techniques -- Security assurance framework -- Part 1: Introduction and concepts
ISO/IEC TR 15443-2: 2012	Information technology -- Security techniques -- Security assurance framework -- Part 2: Analysis
ISO/IEC TR 15446:2017	Information technology -- Security techniques -- Guidance for the production of protection profiles and security targets
ISO/IEC 15816:2002	Information technology -- Security techniques -- Security information objects for access control
ISO/IEC 15945:2002	Information technology -- Security techniques -- Specification of TTP services to support the application of digital signatures
ISO/IEC 15946-1:2016	Information technology -- Security techniques -- Cryptographic techniques based on elliptic curves -- Part 1: General
ISO/IEC 15946-5:2022	Information security — Cryptographic techniques based on elliptic curves — Part 5: Elliptic curve generation
ISO/IEC 17825:2016	Information technology -- Security techniques -- Testing methods for the mitigation of non-invasive attack classes against cryptographic modules
ISO/IEC 17922:2017	Information technology -- Security techniques -- Telebiometric authentication framework using biometric hardware security module
ISO/IEC 18014-1:2008	Information technology -- Security techniques -- Time-stamping services -- Part 1: Framework
ISO/IEC 18014-2:2021	Information security — Time-stamping services — Part 2: Mechanisms producing independent tokens
ISO/IEC 18014-3:2009	Information technology -- Security techniques -- Time-stamping services -- Part 3: Mechanisms producing linked tokens
ISO/IEC 18014-4:2015	Information technology -- Security techniques -- Time-stamping services -- Part 4: Traceability of time sources
ISO/IEC 18031:2011	Information technology -- Security techniques -- Random bit generation
ISO/IEC 18031:2011/ Amd 1:2017	Deterministic random bit generation
ISO/IEC 18031:2011/Cor 1:2014	
ISO/IEC 18032:2020	Information security — Prime number generation
ISO/IEC 18033-1:2021	Information security — Encryption algorithms — Part 1: General
ISO/IEC 18033-2:2006	Information technology -- Security techniques -- Encryption algorithms -- Part 2: Asymmetric ciphers
ISO/IEC 18033-2:2006/Amd 1:2017	Information technology — Security techniques — Encryption algorithms — Part 2: Asymmetric ciphers — Amendment 1: FACE
ISO/IEC 18033-3:2010	Information technology -- Security techniques -- Encryption algorithms -- Part 3: Block ciphers
ISO/IEC 18033-3:2010/Amd 1:2021	Information technology — Security techniques — Encryption algorithms — Part 3: Block ciphers — Amendment 1: SM4
ISO/IEC 18033-4:2011	Information technology -- Security techniques -- Encryption algorithms -- Part 4: Stream ciphers
ISO/IEC 18033-4:2011/Amd 1:2020	Information technology — Security techniques — Encryption algorithms — Part 4: Stream ciphers — Amendment 1: ZUC

ISO/IEC 18033-5:2015	Information technology -- Security techniques -- Encryption algorithms -- Part 5: Identity-based ciphers
ISO/IEC 18033-5:2015/Amd 1:2021	Information technology — Security techniques — Encryption algorithms — Part 5: Identity-based ciphers — Amendment 1: SM9 mechanism
ISO/IEC 18033-6:2019	IT Security techniques -- Encryption algorithms -- Part 6: Homomorphic encryption
ISO/IEC 18033-7:2022	Information security — Encryption algorithms — Part 7: Tweakable block ciphers
ISO/IEC 18045:2008	Information technology -- Security techniques -- Methodology for IT security evaluation
ISO/IEC 18367:2016	Information technology -- Security techniques -- Cryptographic algorithms and security mechanisms conformance testing
ISO/IEC 18370-1:2016	Information technology -- Security techniques -- Blind digital signatures -- Part 1: General
ISO/IEC 18370-2:2016	Information technology -- Security techniques -- Blind digital signatures -- Part 2: Discrete logarithm based mechanisms
ISO/IEC 19086-4:2019	Cloud computing -- Service level agreement (SLA) framework -- Part 4: Components of security and of protection of PII
ISO/IEC TS 19249:2017	Information technology -- Security techniques -- Catalogue of architectural and design principles for secure products, systems and applications
ISO/IEC 19592-1:2016	Information technology -- Security techniques -- Secret sharing -- Part 1: General
ISO/IEC 19592-2:2017	Information technology -- Security techniques -- Secret sharing -- Part 2: Fundamental mechanisms
ISO/IEC TS 19608:2018	Guidance for developing security and privacy functional requirements based on ISO/IEC 15408
ISO/IEC 19772:2020	Information security — Authenticated encryption
ISO/IEC 19790:2012	Information technology -- Security techniques -- Security requirements for cryptographic modules
ISO/IEC TR 19791:2010	Information technology -- Security techniques -- Security assessment of operational systems
ISO/IEC 19792:2009	Information technology -- Security techniques -- Security evaluation of biometrics
ISO/IEC 19896-1:2018	IT security techniques -- Competence requirements for information security testers and evaluators -- Part 1: Introduction, concepts and general requirements
ISO/IEC 19896-2:2018	IT security techniques -- Competence requirements for information security testers and evaluators -- Part 2: Knowledge, skills and effectiveness requirements for ISO/IEC 19790 testers
ISO/IEC 19896-3:2018	IT security techniques -- Competence requirements for information security testers and evaluators -- Part 3: Knowledge, skills and effectiveness requirements for ISO/IEC 15408 evaluators
ISO/IEC 19989-1:2020	Information security — Criteria and methodology for security evaluation of biometric systems — Part 1: Framework
ISO/IEC 19989-2:2020	Information security — Criteria and methodology for security evaluation of biometric systems — Part 2: Biometric recognition performance
ISO/IEC 19989-3:2020	Information security — Criteria and methodology for security evaluation of biometric systems — Part 3: Presentation attack detection
ISO/IEC TR 20004:2015	Information technology -- Security techniques -- Refining software vulnerability analysis under ISO/IEC 15408 and ISO/IEC 18045
ISO/IEC 20008-1:2013	Information technology -- Security techniques -- Anonymous digital signatures -- Part 1: General
ISO/IEC 20008-2:2013	Information technology -- Security techniques -- Anonymous digital signatures -- Part 2: Mechanisms using a group public key
ISO/IEC 20008-2:2013/Amd 1:2021	Information technology — Security techniques — Anonymous digital signatures — Part 2: Mechanisms using a group public key — Amendment 1
ISO/IEC 20009-1:2013	Information technology -- Security techniques -- Anonymous entity authentication -- Part 1: General
ISO/IEC 20009-2:2013	Information technology -- Security techniques -- Anonymous entity authentication -- Part 2: Mechanisms based on signatures using a group public key
ISO/IEC 20009-3:2022	Information security — Anonymous entity authentication — Part 3: Mechanisms based on blind signatures
ISO/IEC 20009-4:2017	Information technology -- Security techniques -- Anonymous entity authentication -- Part 4: Mechanisms based on weak secrets
ISO/IEC 20085-1:2019	IT Security techniques — Test tool requirements and test tool calibration methods for use in testing non-invasive attack mitigation techniques in cryptographic modules — Part 1: Test tools and techniques
ISO/IEC 20085-2:2020	IT Security techniques — Test tool requirements and test tool calibration methods for use in testing non-invasive attack mitigation techniques in cryptographic modules — Part 2: Test calibration methods and apparatus
ISO/IEC TS 20540:2018	Information technology -- Security techniques -- Testing cryptographic modules in their operational environment
ISO/IEC 20543:2019	Information technology — Security techniques — Test and analysis methods for random bit generators within ISO/IEC 19790 and ISO/IEC 15408
ISO/IEC 20547-4:2020	Information technology — Big data reference architecture — Part 4: Security and privacy
ISO/IEC 20889:2018	Privacy enhancing data de-identification terminology and classification of techniques

Standard	Title
ISO/IEC 20897-1:2020	Information security, cybersecurity and privacy protection — Physically unclonable functions — Part 1: Security requirements
ISO/IEC 20897-2:2022	Information security, cybersecurity and privacy protection — Physically unclonable functions — Part 2: Test and evaluation methods
ISO/IEC 21827:2008	Information technology -- Security techniques -- Systems Security Engineering -- Capability Maturity Model 庐 (SSE-CMM 庐)
ISO/IEC 21878:2018	Information technology -- Security techniques -- Security guidelines for design and implementation of virtualized servers
ISO/IEC TR 22216:2022	Information security, cybersecurity and privacy protection — New concepts and changes in ISO/IEC 15408:2022 and ISO/IEC 18045:2022
ISO/IEC 23264-1:2021	Information security — Redaction of authentic data — Part 1: General
ISO/IEC TS 23532-1:2021	Information security, cybersecurity and privacy protection — Requirements for the competence of IT security testing and evaluation laboratories — Part 1: Evaluation for ISO/IEC 15408
ISO/IEC TS 23532-2:2021	Information security, cybersecurity and privacy protection — Requirements for the competence of IT security testing and evaluation laboratories — Part 2: Testing for ISO/IEC 19790
ISO/IEC 24745:2022	Information security, cybersecurity and privacy protection — Biometric information protection
ISO/IEC 24759:2017	Information technology -- Security techniques -- Test requirements for cryptographic modules
ISO/IEC 24760-1:2019	IT Security and Privacy -- A framework for identity management -- Part 1: Terminology and concepts
ISO/IEC 24760-2:2015	Information technology -- Security techniques -- A framework for identity management -- Part 2: Reference architecture and requirements
ISO/IEC 24760-3:2016	Information technology -- Security techniques -- A framework for identity management -- Part 3: Practice
ISO/IEC 24761:2019	Information technology — Security techniques — Authentication context for biometrics
ISO/IEC 27000:2018	Information technology -- Security techniques -- Information security management systems -- Overview and vocabulary
ISO/IEC 27001:2013	Information technology -- Security techniques -- Information security management systems -- Requirements
ISO/IEC 27001:2013/Cor 1:2014	
ISO/IEC 27001:2013/Cor 2:2015	
ISO/IEC 27002:2022	Information security, cybersecurity and privacy protection — Information security controls
ISO/IEC 27003:2017	Information technology -- Security techniques -- Information security management systems -- Guidance
ISO/IEC 27004:2016	Information technology -- Security techniques -- Information security management -- Monitoring, measurement, analysis and evaluation
ISO/IEC 27005:2018	Information technology -- Security techniques -- Information security risk management
ISO/IEC TS 27006-2:2021	Requirements for bodies providing audit and certification of information security management systems — Part 2: Privacy information management systems
ISO/IEC 27006:2015	Information technology -- Security techniques -- Requirements for bodies providing audit and certification of information security management systems
ISO/IEC 27006:2015/Amd 1:2020	Information technology — Security techniques — Requirements for bodies providing audit and certification of information security management systems — Amendment 1
ISO/IEC 27007:2020	Information security, cybersecurity and privacy protection — Guidelines for information security management systems auditing
ISO/IEC TS 27008:2019	Information technology -- Security techniques -- Guidelines for the assessment of information security controls
ISO/IEC 27009:2020	Information security, cybersecurity and privacy protection — Sector-specific application of ISO/IEC 27001 — Requirements
ISO/IEC 27010:2015	Information technology -- Security techniques -- Information security management for inter-sector and inter-organizational communications
ISO/IEC 27011:2016	Information technology -- Security techniques -- Code of practice for Information security controls based on ISO/IEC 27002 for telecommunications organizations
ISO/IEC 27011:2016/Cor 1:2018	
ISO/IEC 27013:2021	Information security, cybersecurity and privacy protection — Guidance on the integrated implementation of ISO/IEC 27001 and ISO/IEC 20000-1
ISO/IEC 27014:2020	Information security, cybersecurity and privacy protection — Governance of information security
ISO/IEC TR 27016:2014	Information technology -- Security techniques -- Information security management -- Organizational economics
ISO/IEC 27017:2015	Information technology -- Security techniques -- Code of practice for information security controls based on ISO/IEC 27002 for cloud services
ISO/IEC 27018:2019	Information technology -- Security techniques -- Code of practice for protection of personally identifiable information (PII) in public clouds acting as PII processors
ISO/IEC 27019:2017	Information technology -- Security techniques -- Information security controls for the energy utility industry
ISO/IEC 27021:2017	Information technology -- Security techniques -- Competence requirements for information security management systems professionals

Standard	Title
ISO/IEC 27021:2017/Amd 1:2021	Information technology — Security techniques — Competence requirements for information security management systems professionals — Amendment 1: Addition of ISO/IEC 27001:2013 clauses or subclauses to competence requirements
ISO/IEC TS 27022:2021	Information technology — Guidance on information security management system processes
ISO/IEC TR 27023:2015	Information technology -- Security techniques -- Mapping the revised editions of ISO/IEC 27001 and ISO/IEC 27002
ISO/IEC 27031:2011	Information technology -- Security techniques -- Guidelines for information and communication technology readiness for business continuity
ISO/IEC 27032:2012	Information technology -- Security techniques -- Guidelines for cybersecurity
ISO/IEC 27033-1:2015	Information technology -- Security techniques -- Network security -- Part 1: Overview and concepts
ISO/IEC 27033-2:2012	Information technology -- Security techniques -- Network security -- Part 2: Guidelines for the design and implementation of network security
ISO/IEC 27033-3:2010	Information technology -- Security techniques -- Network security -- Part 3: Reference networking scenarios -- Threats, design techniques and control issues
ISO/IEC 27033-4:2014	Information technology -- Security techniques -- Network security -- Part 4: Securing communications between networks using security gateways
ISO/IEC 27033-5:2013	Information technology -- Security techniques -- Network security -- Part 5: Securing communications across networks using Virtual Private Networks (VPNs)
ISO/IEC 27033-6:2016	Information technology -- Security techniques -- Network security -- Part 6: Securing wireless IP network access
ISO/IEC 27034-1:2011	Information technology -- Security techniques -- Application security -- Part 1: Overview and concepts
ISO/IEC 27034-1:2011/Cor 1:2014	
ISO/IEC 27034-2:2015	Information technology -- Security techniques -- Application security -- Part 2: Organization normative framework
ISO/IEC 27034-3:2018	Information technology -- Application security -- Part 3: Application security management process
ISO/IEC 27034-5:2017	Information technology -- Security techniques -- Application security -- Part 5: Protocols and application security controls data structure
ISO/IEC 27034-6:2016	Information technology -- Security techniques -- Application security -- Part 6: Case studies
ISO/IEC 27034-7:2018	Information technology -- Application security -- Part 7: Assurance prediction framework
ISO/IEC TS 27034-5-1:2018	Information technology -- Application security -- Part 5-1: Protocols and application security controls data structure, XML schemas
ISO/IEC 27035-1:2016	Information technology -- Security techniques -- Information security incident management -- Part 1: Principles of incident management
ISO/IEC 27035-2:2016	Information technology -- Security techniques -- Information security incident management -- Part 2: Guidelines to plan and prepare for incident response
ISO/IEC 27035-3:2020	Information technology — Information security incident management — Part 3: Guidelines for ICT incident response operations
ISO/IEC 27036-1:2021	Cybersecurity — Supplier relationships — Part 1: Overview and concepts
ISO/IEC 27036-2:2022	Cybersecurity — Supplier relationships — Part 2: Requirements
ISO/IEC 27036-3:2013	Information technology -- Security techniques -- Information security for supplier relationships -- Part 3: Guidelines for information and communication technology supply chain security
ISO/IEC 27036-4:2016	Information technology -- Security techniques -- Information security for supplier relationships -- Part 4: Guidelines for security of cloud services
ISO/IEC 27037:2012	Information technology -- Security techniques -- Guidelines for identification, collection, acquisition and preservation of digital evidence
ISO/IEC 27038:2014	Information technology -- Security techniques -- Specification for digital redaction
ISO/IEC 27039:2015	Information technology -- Security techniques -- Selection, deployment and operations of intrusion detection and prevention systems (IDPS)
ISO/IEC 27040:2015	Information technology -- Security techniques -- Storage security
ISO/IEC 27041:2015	Information technology -- Security techniques -- Guidance on assuring suitability and adequacy of incident investigative method
ISO/IEC 27042:2015	Information technology -- Security techniques -- Guidelines for the analysis and interpretation of digital evidence
ISO/IEC 27043:2015	Information technology -- Security techniques -- Incident investigation principles and processes
ISO/IEC 27050-1:2019	Information technology — Electronic discovery — Part 1: Overview and concepts
ISO/IEC 27050-2:2018	Information technology -- Electronic discovery -- Part 2: Guidance for governance and management of electronic discovery
ISO/IEC 27050-3:2020	Information technology — Electronic discovery — Part 3: Code of practice for electronic discovery
ISO/IEC 27050-4:2021	Information technology — Electronic discovery — Part 4: Technical readiness
ISO/IEC 27070:2021	Information technology — Security techniques — Requirements for establishing virtualized roots of trust
ISO/IEC 27099:2022	Information technology — Public key infrastructure — Practices and policy framework
ISO/IEC TS 27100:2020	Information technology — Cybersecurity — Overview and concepts

ISO/IEC 27102:2019	Information security management — Guidelines for cyber-insurance
ISO/IEC TR 27103:2018	Information technology -- Security techniques -- Cybersecurity and ISO and IEC Standards
ISO/IEC TS 27110:2021	Information technology, cybersecurity and privacy protection — Cybersecurity framework development guidelines
ISO/IEC 27400:2022	Cybersecurity — IoT security and privacy — Guidelines
ISO/IEC TR 27550:2019	Information technology — Security techniques — Privacy engineering for system life cycle processes
ISO/IEC 27551:2021	Information security, cybersecurity and privacy protection — Requirements for attribute-based unlinkable entity authentication
ISO/IEC 27555:2021	Information security, cybersecurity and privacy protection — Guidelines on personally identifiable information deletion
ISO/IEC TS 27570:2021	Privacy protection — Privacy guidelines for smart cities
ISO/IEC 27701:2019	Security techniques — Extension to ISO/IEC 27001 and ISO/IEC 27002 for privacy information management — Requirements and guidelines
ISO/IEC TS 29003:2018	Information technology -- Security techniques -- Identity proofing
ISO/IEC 29100:2011	Information technology -- Security techniques -- Privacy framework
ISO/IEC 29100:2011/Amd 1:2018	Clarifications
ISO/IEC 29101:2018	Information technology -- Security techniques -- Privacy architecture framework
ISO/IEC 29115:2013	Information technology -- Security techniques -- Entity authentication assurance framework
ISO/IEC 29128:2011	Information technology -- Security techniques -- Verification of cryptographic protocols
ISO/IEC 29134:2017	Information technology -- Security techniques -- Guidelines for privacy impact assessment
ISO/IEC 29146:2016	Information technology -- Security techniques -- A framework for access management
ISO/IEC 29147:2018	Information technology -- Security techniques -- Vulnerability disclosure
ISO/IEC TR 29149:2012	Information technology -- Security techniques -- Best practices for the provision and use of time-stamping services
ISO/IEC 29150:2011	Information technology -- Security techniques -- Signcryption
ISO/IEC 29150:2011/Cor 1:2014	
ISO/IEC 29151:2017	Information technology -- Security techniques -- Code of practice for personally identifiable information protection
ISO/IEC 29184:2020	Information technology — Online privacy notices and consent
ISO/IEC 29190:2015	Information technology -- Security techniques -- Privacy capability assessment model
ISO/IEC 29191:2012	Information technology -- Security techniques -- Requirements for partially anonymous, partially unlinkable authentication.
ISO/IEC 29192-1:2012	Information technology -- Security techniques -- Lightweight cryptography -- Part 1: General
ISO/IEC 29192-2:2019	Information security — Lightweight cryptography — Part 2: Block ciphers
ISO/IEC 29192-3:2012	Information technology -- Security techniques -- Lightweight cryptography -- Part 3: Stream ciphers
ISO/IEC 29192-4:2013	Information technology -- Security techniques -- Lightweight cryptography -- Part 4: Mechanisms using asymmetric techniques
ISO/IEC 29192-4:2013/Amd 1:2016	
ISO/IEC 29192-5:2016	Information technology -- Security techniques -- Lightweight cryptography -- Part 5: Hash-functions
ISO/IEC 29192-6:2019	Information technology — Lightweight cryptography — Part 6: Message authentication codes (MACs)
ISO/IEC 29192-7:2019	Information security — Lightweight cryptography — Part 7: Broadcast authentication protocols
ISO/IEC TS 30104:2015	Information Technology -- Security Techniques -- Physical Security Attacks, Mitigation Techniques and Security Requirements
ISO/IEC 30111:2019	Information technology — Security techniques — Vulnerability handling processes

SC 28

ISO/IEC 10561:1999	Information technology -- Office equipment -- Printing devices -- Method for measuring throughput -- Class 1 and Class 2 printers
ISO/IEC 10779:2020	Information technology — Office equipment — Accessibility guidelines for older persons and persons with disabilities
ISO/IEC 11160-1:1996	Information technology -- Office equipment -- Minimum information to be included in specification sheets -- Printers -- Part 1: Class 1 and Class 2 printers
ISO/IEC 11160-2:2021	Office equipment — Minimum information to be included in specification sheets — Part 2: Class 3 and Class 4 printers
ISO/IEC 14473:1999	Information technology -- Office equipment -- Minimum information to be specified for image scanners
ISO/IEC 15404:2000	Information technology -- Office machines -- Minimum information to be included in specification sheets -- Facsimile equipment

ISO/IEC 15775:1999	Information technology -- Office machines -- Method of specifying image reproduction of colour copying machines by analog test charts -- Realisation and application
ISO/IEC 15775:1999/Amd 1:2005	
ISO/IEC 17629:2014	Information technology -- Office equipment -- Method for measuring first print out time for digital printing devices
ISO/IEC 17823:2015	Information technology -- Office equipment -- Colour terminology for office colour equipment
ISO/IEC 17991:2021	Information technology — Office equipment — Method for measuring scanning productivity of digital scanning devices
ISO/IEC 18050:2006	Information technology -- Office equipment -- Print quality attributes for machine readable Digital Postage Marks
ISO/IEC 19752:2017	Information technology -- Office equipment -- Method for the determination of toner cartridge yield for monochromatic electrophotographic printers and multi-function devices that contain printer components
ISO/IEC 19798:2017	Information technology -- Office equipment -- Method for the determination of toner cartridge yield for colour printers and multi-function devices that contain printer components
ISO/IEC 19799:2007	Information technology -- Method of measuring gloss uniformity on printed pages
ISO/IEC 21117:2012	Information technology -- Office equipment -- Copying machines and multi-function devices -- Information to be included in specification sheets and related test methods
ISO/IEC 21118:2020	Information technology — Office equipment — Information to be included in specification sheets for data projectors
ISO/IEC TR 21565:2018	Information technology -- Office equipment -- Viewing environment guideline for office equipment
ISO/IEC 22505:2019	Information technology — Method for the determination of ink cartridge yield for monochrome inkjet printers and multi-function devices that contain inkjet printer components
ISO/IEC 22954:2022	Information technology — Office equipment — Automated colour profile distribution
ISO/IEC TR 22981:2020	Information technology — Office equipment — Guidelines for the development of an ontology (vocabulary, components and relationships) for office equipment
ISO/IEC 23385:2022	Information technology — Office equipment — Method for measuring single photo printing time for digital printing devices
ISO/IEC 24700:2005	Quality and performance of office equipment that contains reused components
ISO/IEC 24711:2021	Information technology — Office equipment — Method for the determination of ink cartridge yield for colour inkjet printers and multi-function devices that contain printer components
ISO/IEC 24712:2007	Colour test pages for measurement of office equipment consumable yield
ISO/IEC 24734:2021	Information technology — Office equipment — Method for measuring digital printing productivity
ISO/IEC 24735:2021	Information technology — Office equipment — Method for measuring digital copying productivity
ISO/IEC 24790:2017	Information technology -- Office equipment -- Measurement of image quality attributes for hardcopy output -- Monochrome text and graphic images
ISO/IEC 29102:2015	Information technology -- Office equipment -- Method for the determination of ink cartridge photo yield for colour printing with inkjet printers and multi-function devices that contain inkjet printer components
ISO/IEC 29103:2011	Information technology -- Office equipment -- Colour photo test pages for measurement of ink cartridge yield for colour photo printing
ISO/IEC 29112:2018	Information technology -- Office equipment -- Test pages and methods for measuring monochrome printer resolution
ISO/IEC 29142-1:2021	Information technology — Print cartridge characterization — Part 1: General: terms, symbols, notations and cartridge characterization framework
ISO/IEC 29142-2:2013	Information technology -- Print cartridge characterization -- Part 2: Cartridge characterization data reporting
ISO/IEC 29142-3:2013	Information technology -- Print cartridge characterization -- Part 3: Environment
ISO/IEC 29183:2021	Information technology — Office equipment — Method for measuring digital copying productivity for a single one-sided original
ISO/IEC TR 29186:2012	Information technology -- Office equipment -- Test method of colour gamut mapping algorithm for office colour softcopy and hardcopy

SC 29

ISO/IEC 9281-1:1990	Information technology — Picture coding methods — Part 1: Identification
ISO/IEC 9281-2:1990	Information technology — Picture coding methods — Part 2: Procedure for registration
ISO/IEC 9282-1:1988	Information processing — Coded representation of pictures — Part 1: Encoding principles for picture representation in a 7-bit or 8-bit environment
ISO/IEC 10918-1:1994	Information technology — Digital compression and coding of continuous-tone still images: Requirements and guidelines
ISO/IEC 10918-1:1994/Cor 1:2005	Information technology — Digital compression and coding of continuous-tone still images: Requirements and guidelines — Technical Corrigendum 1: Patent information update

ISO/IEC 10918-2:1995	Information technology — Digital compression and coding of continuous-tone still images: Compliance testing
ISO/IEC 10918-3:1997	Information technology — Digital compression and coding of continuous-tone still images: Extensions
ISO/IEC 10918-3:1997/Amd 1:1999	Information technology — Digital compression and coding of continuous-tone still images: Extensions — Amendment 1: Provisions to allow registration of new compression types and versions in the SPIFF header
ISO/IEC 10918-4:1999	Information technology — Digital compression and coding of continuous-tone still images: Registration of JPEG profiles, SPIFF profiles, SPIFF tags, SPIFF colour spaces, APPn markers, SPIFF compression types and Registration Authorities (REGAUT) — Part 4:
ISO/IEC 10918-4:1999/Amd 1:2013	Information technology — Digital compression and coding of continuous-tone still images: Registration of JPEG profiles, SPIFF profiles, SPIFF tags, SPIFF colour spaces, APPn markers, SPIFF compression types and Registration Authorities (REGAUT) — Part 4: — Amendment 1: Application specific marker list
ISO/IEC 10918-5:2013	Information technology — Digital compression and coding of continuous-tone still images: JPEG File Interchange Format (JFIF) — Part 5:
ISO/IEC 10918-6:2013	Information technology — Digital compression and coding of continuous-tone still images: Application to printing systems — Part 6:
ISO/IEC 10918-7:2021	Information technology — Digital compression and coding of continuous-tone still images — Part 7: Reference software
ISO/IEC 11172-1:1993	Information technology — Coding of moving pictures and associated audio for digital storage media at up to about 1,5 Mbit/s — Part 1: Systems
ISO/IEC 11172-1:1993/Cor 1:1996	Information technology — Coding of moving pictures and associated audio for digital storage media at up to about 1,5 Mbit/s — Part 1: Systems — Technical Corrigendum 1
ISO/IEC 11172-1:1993/Cor 2:1999	Information technology — Coding of moving pictures and associated audio for digital storage media at up to about 1,5 Mbit/s — Part 1: Systems — Technical Corrigendum 2
ISO/IEC 11172-2:1993	Information technology — Coding of moving pictures and associated audio for digital storage media at up to about 1,5 Mbit/s — Part 2: Video
ISO/IEC 11172-2:1993/Cor 1:1996	Information technology — Coding of moving pictures and associated audio for digital storage media at up to about 1,5 Mbit/s — Part 2: Video — Technical Corrigendum 1
ISO/IEC 11172-2:1993/Cor 2:1999	Information technology — Coding of moving pictures and associated audio for digital storage media at up to about 1,5 Mbit/s — Part 2: Video — Technical Corrigendum 2
ISO/IEC 11172-2:1993/Cor 3:2003	Information technology — Coding of moving pictures and associated audio for digital storage media at up to about 1,5 Mbit/s — Part 2: Video — Technical Corrigendum 3
ISO/IEC 11172-2:1993/Cor 4:2006	Information technology — Coding of moving pictures and associated audio for digital storage media at up to about 1,5 Mbit/s — Part 2: Video — Technical Corrigendum 4
ISO/IEC 11172-3:1993	Information technology — Coding of moving pictures and associated audio for digital storage media at up to about 1,5 Mbit/s — Part 3: Audio
ISO/IEC 11172-3:1993/Cor 1:1996	Information technology — Coding of moving pictures and associated audio for digital storage media at up to about 1,5 Mbit/s — Part 3: Audio — Technical Corrigendum 1
ISO/IEC 11172-4:1995	Information technology — Coding of moving pictures and associated audio for digital storage media at up to about 1,5 Mbit/s — Part 4: Compliance testing
ISO/IEC 11172-4:1995/Cor 1:2007	Information technology — Coding of moving pictures and associated audio for digital storage media at up to about 1,5 Mbit/s — Part 4: Compliance testing — Technical Corrigendum 1
ISO/IEC TR 11172-5:1998	Information technology — Coding of moving pictures and associated audio for digital storage media at up to about 1,5 Mbit/s — Part 5: Software simulation
ISO/IEC TR 11172-5:1998/Cor 1:2007	Information technology — Coding of moving pictures and associated audio for digital storage media at up to about 1,5 Mbit/s — Part 5: Software simulation — Technical Corrigendum 1
ISO/IEC 11544:1993	Information technology — Coded representation of picture and audio information — Progressive bi-level image compression
ISO/IEC 11544:1993/Cor 1:1995	Information technology — Coded representation of picture and audio information — Progressive bi-level image compression — Technical Corrigendum 1
ISO/IEC 11544:1993/Cor 2:2001	Information technology — Coded representation of picture and audio information — Progressive bi-level image compression — Technical Corrigendum 2

ISO/IEC 13522-1:1997	Information technology — Coding of multimedia and hypermedia information — Part 1: MHEG object representation — Base notation (ASN.1)
ISO/IEC 13522-3:1997	Information technology — Coding of multimedia and hypermedia information — Part 3: MHEG script interchange representation
ISO/IEC 13522-4:1996	Information technology — Coding of multimedia and hypermedia information — Part 4: MHEG registration procedure
ISO/IEC 13522-5:1997	Information technology — Coding of multimedia and hypermedia information — Part 5: Support for base-level interactive applications
ISO/IEC 13522-5:1997/Cor 1:1999	Information technology — Coding of multimedia and hypermedia information — Part 5: Support for base-level interactive applications — Technical Corrigendum 1
ISO/IEC 13522-6:1998	Information technology — Coding of multimedia and hypermedia information — Part 6: Support for enhanced interactive applications
ISO/IEC 13522-7:2001	Information technology — Coding of multimedia and hypermedia information — Part 7: Interoperability and conformance testing for ISO/IEC 13522-5
ISO/IEC 13522-8:2001	Information technology — Coding of multimedia and hypermedia information — Part 8: XML notation for ISO/IEC 13522-5
ISO/IEC 13818-1:2019	Information technology — Generic coding of moving pictures and associated audio information — Part 1: Systems
ISO/IEC 13818-1:2019/Amd 1:2020	Information technology — Generic coding of moving pictures and associated audio information — Part 1: Systems — Amendment 1: Carriage of JPEG XS in MPEG-2 TS
ISO/IEC 13818-1:2019/Cor 1:2020	Information technology — Generic coding of moving pictures and associated audio information — Part 1: Systems — Technical Corrigendum 1
ISO/IEC 13818-2:2013	Information technology — Generic coding of moving pictures and associated audio information — Part 2: Video
ISO/IEC 13818-3:1998	Information technology — Generic coding of moving pictures and associated audio information — Part 3: Audio
ISO/IEC 13818-4:2004	Information technology — Generic coding of moving pictures and associated audio information — Part 4: Conformance testing
ISO/IEC 13818-4:2004/Amd 1:2005	Information technology — Generic coding of moving pictures and associated audio information — Part 4: Conformance testing — Amendment 1: MPEG-2 IPMP conformance testing
ISO/IEC 13818-4:2004/Amd 2:2005/Cor 1:2007	Information technology — Generic coding of moving pictures and associated audio information — Part 4: Conformance testing — Amendment 2: Additional audio conformance test sequences
ISO/IEC 13818-4:2004/Cor 1:2007	Information technology — Generic coding of moving pictures and associated audio information — Part 4: Conformance testing — Technical Corrigendum 1
ISO/IEC 13818-4:2004/Amd 2:2005	Information technology — Generic coding of moving pictures and associated audio information — Part 4: Conformance testing — Amendment 2: Additional audio conformance test sequences
ISO/IEC 13818-4:2004/Amd 2:2005/Cor 2:2009	Information technology — Generic coding of moving pictures and associated audio information — Part 4: Conformance testing — Amendment 2: Additional audio conformance test sequences
ISO/IEC 13818-4:2004/Cor 2:2011	Information technology — Generic coding of moving pictures and associated audio information — Part 4: Conformance testing — Technical Corrigendum 2
ISO/IEC 13818-4:2004/Amd 3:2009	Information technology — Generic coding of moving pictures and associated audio information — Part 4: Conformance testing — Amendment 3: Level for 1080@50p/60p conformance testing
ISO/IEC 13818-4:2004/Cor 3:2012	Information technology — Generic coding of moving pictures and associated audio information — Part 4: Conformance testing — Technical Corrigendum 3
ISO/IEC TR 13818-5:2005	Information technology — Generic coding of moving pictures and associated audio information — Part 5: Software simulation
ISO/IEC 13818-6:1998	Information technology — Generic coding of moving pictures and associated audio information — Part 6: Extensions for DSM-CC
ISO/IEC 13818-6:1998/Amd 1:2000	Information technology — Generic coding of moving pictures and associated audio information — Part 6: Extensions for DSM-CC — Amendment 1: Additions to support data broadcasting
ISO/IEC 13818-6:1998/Amd 1:2000/Cor 1:2002	Information technology — Generic coding of moving pictures and associated audio information — Part 6: Extensions for DSM-CC — Amendment 1: Additions to support data broadcasting — Technical Corrigendum 1

Standard	Title
ISO/IEC 13818-6:1998/Cor 1:1999	Information technology — Generic coding of moving pictures and associated audio information — Part 6: Extensions for DSM-CC — Technical Corrigendum 1
ISO/IEC 13818-6:1998/Amd 2:2000	Information technology — Generic coding of moving pictures and associated audio information — Part 6: Extensions for DSM-CC — Amendment 2: Additions to support synchronized download services, opportunistic data services and resource announcement in broadcast and interactive services
ISO/IEC 13818-6:1998/Cor 2:2002	Information technology — Generic coding of moving pictures and associated audio information — Part 6: Extensions for DSM-CC — Technical Corrigendum 2
ISO/IEC 13818-6:1998/Amd 3:2001	Information technology — Generic coding of moving pictures and associated audio information — Part 6: Extensions for DSM-CC — Amendment 3: Transport buffer model in support of synchronized user-to-network download protocol
ISO/IEC 13818-7:2006	Information technology — Generic coding of moving pictures and associated audio information — Part 7: Advanced Audio Coding (AAC)
ISO/IEC 13818-7:2006/Amd 1:2007	Information technology — Generic coding of moving pictures and associated audio information — Part 7: Advanced Audio Coding (AAC) — Amendment 1: Transport of MPEG Surround in AAC
ISO/IEC 13818-7:2006/Cor 1:2009	Information technology — Generic coding of moving pictures and associated audio information — Part 7: Advanced Audio Coding (AAC) — Technical Corrigendum 1
ISO/IEC 13818-7:2006/Cor 2:2010	Information technology — Generic coding of moving pictures and associated audio information — Part 7: Advanced Audio Coding (AAC) — Technical Corrigendum 2
ISO/IEC 13818-9:1996	Information technology — Generic coding of moving pictures and associated audio information — Part 9: Extension for real time interface for systems decoders
ISO/IEC 13818-10:1999	Information technology — Generic coding of moving pictures and associated audio information — Part 10: Conformance extensions for Digital Storage Media Command and Control (DSM-CC)
ISO/IEC 13818-11:2004	Information technology — Generic coding of moving pictures and associated audio information — Part 11: IPMP on MPEG-2 systems
ISO/IEC 14492:2019	Information technology — Lossy/lossless coding of bi-level images
ISO/IEC 14495-1:1999	Information technology — Lossless and near-lossless compression of continuous-tone still images: Baseline — Part 1:
ISO/IEC 14495-2:2003	Information technology — Lossless and near-lossless compression of continuous-tone still images: Extensions — Part 2:
ISO/IEC 14496-1:2010	Information technology — Coding of audio-visual objects — Part 1: Systems
ISO/IEC 14496-1:2010/Amd 1:2010	Information technology — Coding of audio-visual objects — Part 1: Systems — Amendment 1: Usage of LASeR in MPEG-4 systems and Registration Authority for MPEG-4 descriptors
ISO/IEC 14496-1:2010/Amd 2:2014	Information technology — Coding of audio-visual objects — Part 1: Systems — Amendment 2: Support for raw audio-visual data
ISO/IEC 14496-2:2004	Information technology — Coding of audio-visual objects — Part 2: Visual
ISO/IEC 14496-2:2004/Amd 1:2004	Information technology — Coding of audio-visual objects — Part 2: Visual — Amendment 1: Error resilient simple scalable profile
ISO/IEC 14496-2:2004/Amd 3:2007/Cor 1:2008	Information technology — Coding of audio-visual objects — Part 2: Visual — Amendment 3: Support for colour spaces — Technical Corrigendum 1
ISO/IEC 14496-2:2004/Cor 1:2004	Information technology — Coding of audio-visual objects — Part 2: Visual — Technical Corrigendum 1
ISO/IEC 14496-2:2004/Amd 2:2005	Information technology — Coding of audio-visual objects — Part 2: Visual — Amendment 2: New Levels for Simple Profile
ISO/IEC 14496-2:2004/Cor 2:2007	Information technology — Coding of audio-visual objects — Part 2: Visual — Technical Corrigendum 2
ISO/IEC 14496-2:2004/Amd 3:2007	Information technology — Coding of audio-visual objects — Part 2: Visual — Amendment 3: Support for colour spaces

ISO/IEC 14496-2:2004/Cor 3:2008	Information technology — Coding of audio-visual objects — Part 2: Visual — Technical Corrigendum 3: .
ISO/IEC 14496-2:2004/Amd 4:2008	Information technology — Coding of audio-visual objects — Part 2: Visual — Amendment 4: Simple profile level 6
ISO/IEC 14496-2:2004/Cor 4:2010	Information technology — Coding of audio-visual objects — Part 2: Visual — Technical Corrigendum 4
ISO/IEC 14496-2:2004/Amd 5:2009	Information technology — Coding of audio-visual objects — Part 2: Visual — Amendment 5: Simple studio profile levels 5 and 6
ISO/IEC 14496-2:2004/Cor 5:2013	Information technology — Coding of audio-visual objects — Part 2: Visual — Technical Corrigendum 5
ISO/IEC 14496-3:2019	Information technology — Coding of audio-visual objects — Part 3: Audio
ISO/IEC 14496-4:2004	Information technology — Coding of audio-visual objects — Part 4: Conformance testing
ISO/IEC 14496-4:2004/Amd 1:2005	Information technology — Coding of audio-visual objects — Part 4: Conformance testing — Amendment 1: Conformance testing for MPEG-4
ISO/IEC 14496-4:2004/Amd 1:2005/Cor 1:2005	Information technology — Coding of audio-visual objects — Part 4: Conformance testing — Amendment 1: Conformance testing for MPEG-4 — Technical Corrigendum 1
ISO/IEC 14496-4:2004/Amd 38:2010/Cor 1:2012	Information technology — Coding of audio-visual objects — Part 4: Conformance testing — Amendment 38: Conformance testing for Multiview Video Coding — Technical Corrigendum 1
ISO/IEC 14496-4:2004/Amd 6:2005/Cor 1:2007	Information technology — Coding of audio-visual objects — Part 4: Conformance testing — Amendment 6: Advanced Video Coding conformance — Technical Corrigendum 1
ISO/IEC 14496-4:2004/Amd 9:2006/Cor 1:2007	Information technology — Coding of audio-visual objects — Part 4: Conformance testing — Amendment 9: AVC fidelity range extensions conformance
ISO/IEC 14496-4:2004/Cor 1:2005	Information technology — Coding of audio-visual objects — Part 4: Conformance testing — Technical Corrigendum 1
ISO/IEC 14496-4:2004/Amd 1:2005/Cor 2:2008	Information technology — Coding of audio-visual objects — Part 4: Conformance testing — Amendment 1: Conformance testing for MPEG-4 — Technical Corrigendum 2
ISO/IEC 14496-4:2004/Amd 2:2005	Information technology — Coding of audio-visual objects — Part 4: Conformance testing — Amendment 2: MPEG-4 conformance extensions for XMT and media nodes
ISO/IEC 14496-4:2004/Amd 9:2006/Cor 2:2012	Information technology — Coding of audio-visual objects — Part 4: Conformance testing — Amendment 9: AVC fidelity range extensions conformance
ISO/IEC 14496-4:2004/Cor 2:2007	Information technology — Coding of audio-visual objects — Part 4: Conformance testing — Technical Corrigendum 2
ISO/IEC 14496-4:2004/Amd 3:2005	Information technology — Coding of audio-visual objects — Part 4: Conformance testing — Amendment 3: Visual new levels and tools
ISO/IEC 14496-4:2004/Amd 4:2005	Information technology — Coding of audio-visual objects — Part 4: Conformance testing — Amendment 4: IPMPX conformance extensions
ISO/IEC 14496-4:2004/Cor 4:2008	Information technology — Coding of audio-visual objects — Part 4: Conformance testing — Technical Corrigendum 4

ISO/IEC 14496-4:2004/Amd 5:2005	Information technology — Coding of audio-visual objects — Part 4: Conformance testing — Amendment 5: Conformance extensions for error-resilient simple scalable profile
ISO/IEC 14496-4:2004/Amd 6:2005	Information technology — Coding of audio-visual objects — Part 4: Conformance testing — Amendment 6: Advanced Video Coding conformance
ISO/IEC 14496-4:2004/Amd 7:2005	Information technology — Coding of audio-visual objects — Part 4: Conformance testing — Amendment 7: AFX conformance extensions
ISO/IEC 14496-4:2004/Cor 7:2010	Information technology — Coding of audio-visual objects — Part 4: Conformance testing — Technical Corrigendum 7
ISO/IEC 14496-4:2004/Amd 9:2006	Information technology — Coding of audio-visual objects — Part 4: Conformance testing — Amendment 9: AVC fidelity range extensions conformance
ISO/IEC 14496-4:2004/Amd 10:2005	Information technology — Coding of audio-visual objects — Part 4: Conformance testing — Amendment 10: Conformance extensions for simple profile levels 4a and 5
ISO/IEC 14496-4:2004/Amd 17:2007	Information technology — Coding of audio-visual objects — Part 4: Conformance testing — Amendment 17: Advanced text and 2D graphics conformance
ISO/IEC 14496-4:2004/Amd 23:2008	Information technology — Coding of audio-visual objects — Part 4: Conformance testing — Amendment 23: Synthesized texture conformance
ISO/IEC 14496-4:2004/Amd 24:2008	Information technology — Coding of audio-visual objects — Part 4: Conformance testing — Amendment 24: File format conformance
ISO/IEC 14496-4:2004/Amd 25:2008	Information technology — Coding of audio-visual objects — Part 4: Conformance testing — Amendment 25: LASeR and SAF conformance
ISO/IEC 14496-4:2004/Amd 26:2008	Information technology — Coding of audio-visual objects — Part 4: Conformance testing — Amendment 26: Conformance levels and bitstreams for Open Font Format
ISO/IEC 14496-4:2004/Amd 27:2008	Information technology — Coding of audio-visual objects — Part 4: Conformance testing — Amendment 27: LASeR and SAF extensions conformance
ISO/IEC 14496-4:2004/Amd 28:2008	Information technology — Coding of audio-visual objects — Part 4: Conformance testing — Amendment 28: Conformance extensions for simple profile level 6
ISO/IEC 14496-4:2004/Amd 29:2008	Information technology — Coding of audio-visual objects — Part 4: Conformance testing — Amendment 29: Symbolic Music Representation conformance
ISO/IEC 14496-4:2004/Amd 30:2009	Information technology — Coding of audio-visual objects — Part 4: Conformance testing — Amendment 30: Conformance testing for new profiles for professional applications
ISO/IEC 14496-4:2004/Amd 31:2009	Information technology — Coding of audio-visual objects — Part 4: Conformance testing — Amendment 31: Conformance testing for SVC profiles
ISO/IEC 14496-4:2004/Amd 35:2009	Information technology — Coding of audio-visual objects — Part 4: Conformance testing — Amendment 35: Simple studio profile levels 5 and 6 conformance testing
ISO/IEC 14496-4:2004/Amd 37:2009	Information technology — Coding of audio-visual objects — Part 4: Conformance testing — Amendment 37: Additional file format conformance
ISO/IEC 14496-4:2004/Amd 38:2010	Information technology — Coding of audio-visual objects — Part 4: Conformance testing — Amendment 38: Conformance testing for Multiview Video Coding

ISO/IEC 14496-4:2004/Amd 40:2011	Information technology — Coding of audio-visual objects — Part 4: Conformance testing — Amendment 40: ExtendedCore2D conformance
ISO/IEC 14496-4:2004/Amd 41:2014	Information technology — Coding of audio-visual objects — Part 4: Conformance testing — Amendment 41: Conformance testing of MVC plus depth extension of AVC
ISO/IEC 14496-4:2004/Amd 42:2014	Information technology — Coding of audio-visual objects — Part 4: Conformance testing — Amendment 42: Conformance testing of Multi-Resolution Frame Compatible Stereo Coding extension of AVC
ISO/IEC 14496-4:2004/Amd 43:2015	Information technology — Coding of audio-visual objects — Part 4: Conformance testing — Amendment 43: 3D-AVC conformance testing
ISO/IEC 14496-4:2004/Amd 45:2016	Information technology — Coding of audio-visual objects — Part 4: Conformance testing — Amendment 45: Conformance Testing for the Multi-resolution Frame Compatible Stereo Coding with Depth Maps Extension of AVC
ISO/IEC 14496-4:2004/Amd 46:2019	Information technology — Coding of audio-visual objects — Part 4: Conformance testing — Amendment 46: Conformance testing for internet video coding
ISO/IEC 14496-5:2001	Information technology — Coding of audio-visual objects — Part 5: Reference software
ISO/IEC 14496-5:2001/Amd 10:2007/Cor 1:2008	Information technology — Coding of audio-visual objects — Part 5: Reference software — Amendment 10: SSC, DST, ALS and SLS reference software — Technical Corrigendum 1
ISO/IEC 14496-5:2001/Amd 14:2009/Cor 1:2010	Information technology — Coding of audio-visual objects — Part 5: Reference software — Amendment 14: Open Font Format reference software — Technical Corrigendum 1
ISO/IEC 14496-5:2001/Amd 1:2002	Information technology — Coding of audio-visual objects — Part 5: Reference software — Amendment 1: Reference software for MPEG-4
ISO/IEC 14496-5:2001/Amd 1:2002/Cor 1:2008	Information technology — Coding of audio-visual objects — Part 5: Reference software — Amendment 1: Reference software for MPEG-4 — Technical Corrigendum 1
ISO/IEC 14496-5:2001/Amd 24:2009/Cor 1:2012	Information technology — Coding of audio-visual objects — Part 5: Reference software — Amendment 24: Reference software for AAC-ELD — Technical Corrigendum 1
ISO/IEC 14496-5:2001/Amd 27:2011/Cor 1:2015	Information technology — Coding of audio-visual objects — Part 5: Reference software — Amendment 27: Scalable complexity 3D mesh coding reference software — Technical Corrigendum 1
ISO/IEC 14496-5:2001/Amd 5:2004/Cor 1:2011	Information technology — Coding of audio-visual objects — Part 5: Reference software — Amendment 5: Reference software extensions for error resilient simple scalable profile — Technical Corrigendum 1
ISO/IEC 14496-5:2001/Amd 6:2005/Cor 1:2006	Information technology — Coding of audio-visual objects — Part 5: Reference software — Amendment 6: Advanced Video Coding (AVC) and High Efficiency Advanced Audio Coding (HE AAC) reference software — Technical Corrigendum 1
ISO/IEC 14496-5:2001/Amd 10:2007/Cor 2:2008	Information technology — Coding of audio-visual objects — Part 5: Reference software — Amendment 10: SSC, DST, ALS and SLS reference software — Technical Corrigendum 2
ISO/IEC 14496-5:2001/Amd 24:2009/Cor 2:2013	Information technology — Coding of audio-visual objects — Part 5: Reference software — Amendment 24: Reference software for AAC-ELD — Technical Corrigendum 2
ISO/IEC 14496-5:2001/Amd 2:2003	Information technology — Coding of audio-visual objects — Part 5: Reference software — Amendment 2: MPEG-4 reference software extensions for XMT and media nodes
ISO/IEC 14496-5:2001/Amd 10:2007/Cor 3:2009	Information technology — Coding of audio-visual objects — Part 5: Reference software — Amendment 10: SSC, DST, ALS and SLS reference software — Technical Corrigendum 3
ISO/IEC 14496-5:2001/Amd 24:2009/Cor 3:2017	Information technology — Coding of audio-visual objects — Part 5: Reference software — Amendment 24: Reference software for AAC-ELD — Technical Corrigendum 3

Standard	Title
ISO/IEC 14496-5:2001/Amd 3:2003	Information technology — Coding of audio-visual objects — Part 5: Reference software — Amendment 3: Visual new level and tools
ISO/IEC 14496-5:2001/Amd 10:2007/Cor 4:2010	Information technology — Coding of audio-visual objects — Part 5: Reference software — Amendment 10: SSC, DST, ALS and SLS reference software — Technical Corrigendum 4
ISO/IEC 14496-5:2001/Amd 4:2004	Information technology — Coding of audio-visual objects — Part 5: Reference software — Amendment 4: IPMPX reference software extensions
ISO/IEC 14496-5:2001/Amd 10:2007/Cor 5:2011	Information technology — Coding of audio-visual objects — Part 5: Reference software — Amendment 10: SSC, DST, ALS and SLS reference software — Technical Corrigendum 5
ISO/IEC 14496-5:2001/Amd 5:2004	Information technology — Coding of audio-visual objects — Part 5: Reference software — Amendment 5: Reference software extensions for error resilient simple scalable profile
ISO/IEC 14496-5:2001/Amd 10:2007/Cor 6:2012	Information technology — Coding of audio-visual objects — Part 5: Reference software — Amendment 10: SSC, DST, ALS and SLS reference software — Technical Corrigendum 6
ISO/IEC 14496-5:2001/Amd 6:2005	Information technology — Coding of audio-visual objects — Part 5: Reference software — Amendment 6: Advanced Video Coding (AVC) and High Efficiency Advanced Audio Coding (HE AAC) reference software
ISO/IEC 14496-5:2001/Amd 7:2005	Information technology — Coding of audio-visual objects — Part 5: Reference software — Amendment 7: AFX reference software extensions
ISO/IEC 14496-5:2001/Amd 8:2006	Information technology — Coding of audio-visual objects — Part 5: Reference software — Amendment 8: AVC fidelity range extensions reference software
ISO/IEC 14496-5:2001/Amd 9:2007	Information technology — Coding of audio-visual objects — Part 5: Reference software — Amendment 9: Morphing & Textures reference software
ISO/IEC 14496-5:2001/Amd 10:2007	Information technology — Coding of audio-visual objects — Part 5: Reference software — Amendment 10: SSC, DST, ALS and SLS reference software
ISO/IEC 14496-5:2001/Amd 11:2007	Information technology — Coding of audio-visual objects — Part 5: Reference software — Amendment 11: MPEG-J GFX Reference software
ISO/IEC 14496-5:2001/Amd 12:2007	Information technology — Coding of audio-visual objects — Part 5: Reference software — Amendment 12: Updated file format reference software
ISO/IEC 14496-5:2001/Amd 13:2008	Information technology — Coding of audio-visual objects — Part 5: Reference software — Amendment 13: Geometry and shadow reference software
ISO/IEC 14496-5:2001/Amd 14:2009	Information technology — Coding of audio-visual objects — Part 5: Reference software — Amendment 14: Open Font Format reference software
ISO/IEC 14496-5:2001/Amd 15:2010	Information technology — Coding of audio-visual objects — Part 5: Reference software — Amendment 15: Reference software for Multiview Video Coding
ISO/IEC 14496-5:2001/Amd 16:2008	Information technology — Coding of audio-visual objects — Part 5: Reference software — Amendment 16: Symbolic Music Representation reference software
ISO/IEC 14496-5:2001/Amd 17:2008	Information technology — Coding of audio-visual objects — Part 5: Reference software — Amendment 17: Reference software for LASeR and SAF
ISO/IEC 14496-5:2001/Amd 18:2008	Information technology — Coding of audio-visual objects — Part 5: Reference software — Amendment 18: Reference software for new profiles for professional applications

ISO/IEC 14496-5:2001/Amd 19:2009	Information technology — Coding of audio-visual objects — Part 5: Reference software — Amendment 19: Reference software for Scalable Video Coding
ISO/IEC 14496-5:2001/Amd 20:2009	Information technology — Coding of audio-visual objects — Part 5: Reference software — Amendment 20: MPEG-1 and -2 on MPEG-4 reference software and BSAC extensions
ISO/IEC 14496-5:2001/Amd 21:2009	Information technology — Coding of audio-visual objects — Part 5: Reference software — Amendment 21: Frame-based Animated Mesh Compression reference software
ISO/IEC 14496-5:2001/Amd 22:2009	Information technology — Coding of audio-visual objects — Part 5: Reference software — Amendment 22: Reference software for 3D Graphics Compression Model (3DGCM)
ISO/IEC 14496-5:2001/Amd 23:2010	Information technology — Coding of audio-visual objects — Part 5: Reference software — Amendment 23: Synthesized texture reference software
ISO/IEC 14496-5:2001/Amd 24:2009	Information technology — Coding of audio-visual objects — Part 5: Reference software — Amendment 24: Reference software for AAC-ELD
ISO/IEC 14496-5:2001/Amd 25:2009	Information technology — Coding of audio-visual objects — Part 5: Reference software — Amendment 25: Reference software for scene partitioning
ISO/IEC 14496-5:2001/Amd 26:2011	Information technology — Coding of audio-visual objects — Part 5: Reference software — Amendment 26: Reference software for scalable complexity 3D mesh coding in 3DG compression model
ISO/IEC 14496-5:2001/Amd 27:2011	Information technology — Coding of audio-visual objects — Part 5: Reference software — Amendment 27: Scalable complexity 3D mesh coding reference software
ISO/IEC 14496-5:2001/Amd 28:2011	Information technology — Coding of audio-visual objects — Part 5: Reference software — Amendment 28: Reference software for LASeR adaptation tools
ISO/IEC 14496-5:2001/Amd 29:2011	Information technology — Coding of audio-visual objects — Part 5: Reference software — Amendment 29: Reference software for LASeR presentation and modification of structured information (PMSI) tools
ISO/IEC 14496-5:2001/Amd 30:2011	Information technology — Coding of audio-visual objects — Part 5: Reference software — Amendment 30: ExtendedCore2D reference software
ISO/IEC 14496-5:2001/Amd 31:2012	Information technology — Coding of audio-visual objects — Part 5: Reference software — Amendment 31: Reference software for efficient representation of 3D meshes with multiple attributes
ISO/IEC 14496-5:2001/Amd 32:2015	Information technology — Coding of audio-visual objects — Part 5: Reference software — Amendment 32: Reference software for multi-resolution 3D mesh compression
ISO/IEC 14496-5:2001/Amd 33:2015	Information technology — Coding of audio-visual objects — Part 5: Reference software — Amendment 33: Reference software for MVC plus depth extension of AVC
ISO/IEC 14496-5:2001/Amd 34:2014	Information technology — Coding of audio-visual objects — Part 5: Reference software — Amendment 34: Reference software of the multi-resolution frame compatible stereo coding of AVC
ISO/IEC 14496-5:2001/Amd 35:2015	Information technology — Coding of audio-visual objects — Part 5: Reference software — Amendment 35: 3D-AVC Reference software
ISO/IEC 14496-5:2001/Amd 36:2015	Information technology — Coding of audio-visual objects — Part 5: Reference software — Amendment 36: Pattern-based 3D mesh coding reference software
ISO/IEC 14496-5:2001/Amd 37:2015	Information technology — Coding of audio-visual objects — Part 5: Reference software — Amendment 37: New levels for the AAC profiles, uniDRC support, AAC block length parameter corrections

Standard	Title
ISO/IEC 14496-5:2001/Amd 39:2016	Information technology — Coding of audio-visual objects — Part 5: Reference software — Amendment 39: Reference software for the Multi-resolution Frame Compatible Stereo Coding with Depth Maps of AVC
ISO/IEC 14496-5:2001/Amd 40:2019	Information technology — Coding of audio-visual objects — Part 5: Reference software — Amendment 40: Printing material and 3D graphics coding for browsers reference software
ISO/IEC 14496-5:2001/Amd 41:2019	Information technology — Coding of audio-visual objects — Part 5: Reference software — Amendment 41: Reference software for internet video coding
ISO/IEC 14496-5:2001/Amd 42:2017	Information technology — Coding of audio-visual objects — Part 5: Reference software — Amendment 42: Reference software for the alternative depth information SEI message extension of AVC
ISO/IEC 14496-5:2001/Amd 43:2018	Information technology — Coding of audio-visual objects — Part 5: Reference software — Amendment 43: New levels of ALS simple profile, SBR enhancements
ISO/IEC 14496-6:2000	Information technology — Coding of audio-visual objects — Part 6: Delivery Multimedia Integration Framework (DMIF)
ISO/IEC TR 14496-7:2004	Information technology — Coding of audio-visual objects — Part 7: Optimized reference software for coding of audio-visual objects
ISO/IEC 14496-8:2004	Information technology — Coding of audio-visual objects — Part 8: Carriage of ISO/IEC 14496 contents over IP networks
ISO/IEC TR 14496-9:2009	Information technology — Coding of audio-visual objects — Part 9: Reference hardware description
ISO/IEC 14496-10:2020	Information technology — Coding of audio-visual objects — Part 10: Advanced video coding
ISO/IEC 14496-11:2015	Information technology — Coding of audio-visual objects — Part 11: Scene description and application engine
ISO/IEC 14496-12:2022	Information technology — Coding of audio-visual objects — Part 12: ISO base media file format
ISO/IEC 14496-13:2004	Information technology — Coding of audio-visual objects — Part 13: Intellectual Property Management and Protection (IPMP) extensions
ISO/IEC 14496-14:2020	Information technology — Coding of audio-visual objects — Part 14: MP4 file format
ISO/IEC 14496-15:2019	Information technology — Coding of audio-visual objects — Part 15: Carriage of network abstraction layer (NAL) unit structured video in the ISO base media file format
ISO/IEC 14496-15:2019/Amd 1:2020	Information technology — Coding of audio-visual objects — Part 15: Carriage of network abstraction layer (NAL) unit structured video in the ISO base media file format — Amendment 1: Improved support for tiling and layering
ISO/IEC 14496-16:2011	Information technology — Coding of audio-visual objects — Part 16: Animation Framework eXtension (AFX)
ISO/IEC 14496-16:2011/Amd 1:2011	Information technology — Coding of audio-visual objects — Part 16: Animation Framework eXtension (AFX) — Amendment 1: Efficient representation of 3D meshes with multiple attributes
ISO/IEC 14496-16:2011/Cor 1:2015	Information technology — Coding of audio-visual objects — Part 16: Animation Framework eXtension (AFX) — Technical Corrigendum 1
ISO/IEC 14496-16:2011/Amd 2:2014	Information technology — Coding of audio-visual objects — Part 16: Animation Framework eXtension (AFX) — Amendment 2: Multi-resolution 3D mesh compression
ISO/IEC 14496-16:2011/Amd 3:2016	Information technology — Coding of audio-visual objects — Part 16: Animation Framework eXtension (AFX) — Amendment 3: Printing material and 3D graphics coding for browsers
ISO/IEC 14496-16:2011/Amd 4:2017	Information technology — Coding of audio-visual objects — Part 16: Animation Framework eXtension (AFX) — Amendment 4: Pattern-based 3D mesh coding (PB3DMC)
ISO/IEC 14496-17:2006	Information technology — Coding of audio-visual objects — Part 17: Streaming text format
ISO/IEC 14496-18:2004	Information technology — Coding of audio-visual objects — Part 18: Font compression and streaming
ISO/IEC 14496-18:2004/Amd 1:2014	Information technology — Coding of audio-visual objects — Part 18: Font compression and streaming — Amendment 1: Updated semantics of decoderSpecificInfo and font data description for ISOBMFF
ISO/IEC 14496-18:2004/Cor 1:2007	Information technology — Coding of audio-visual objects — Part 18: Font compression and streaming — Technical Corrigendum 1

ISO/IEC 14496-19:2004	Information technology - Coding of audio-visual objects — Part 19: Synthesized texture stream
ISO/IEC 14496-20:2008	Information technology — Coding of audio-visual objects — Part 20: Lightweight Application Scene Representation (LASeR) and Simple Aggregation Format (SAF)
ISO/IEC 14496-20:2008/Amd 1:2009	Information technology — Coding of audio-visual objects — Part 20: Lightweight Application Scene Representation (LASeR) and Simple Aggregation Format (SAF) — Amendment 1: Extensions to support SVGT1.2
ISO/IEC 14496-20:2008/Cor 1:2010	Information technology — Coding of audio-visual objects — Part 20: Lightweight Application Scene Representation (LASeR) and Simple Aggregation Format (SAF) — Technical Corrigendum 1
ISO/IEC 14496-20:2008/Amd 2:2010	Information technology — Coding of audio-visual objects — Part 20: Lightweight Application Scene Representation (LASeR) and Simple Aggregation Format (SAF) — Amendment 2: Technology for scene adaptation
ISO/IEC 14496-20:2008/Amd 3:2010	Information technology — Coding of audio-visual objects — Part 20: Lightweight Application Scene Representation (LASeR) and Simple Aggregation Format (SAF) — Amendment 3: Presentation and Modification of Structured Information (PMSI)
ISO/IEC 14496-21:2006	Information technology — Coding of audio-visual objects — Part 21: MPEG-J Graphics Framework eXtensions (GFX)
ISO/IEC 14496-21:2006/Cor 1:2007	Information technology — Coding of audio-visual objects — Part 21: MPEG-J Graphics Framework eXtensions (GFX) — Technical Corrigendum 1
ISO/IEC 14496-22:2019	Information technology — Coding of audio-visual objects — Part 22: Open Font Format
ISO/IEC 14496-22:2019/Amd 1:2020	Information technology — Coding of audio-visual objects — Part 22: Open Font Format — Amendment 1: Color font technology and other updates
ISO/IEC 14496-23:2008	Information technology — Coding of audio-visual objects — Part 23: Symbolic Music Representation
ISO/IEC TR 14496-24:2008	Information technology — Coding of audio-visual objects — Part 24: Audio and systems interaction
ISO/IEC 14496-25:2011	Information technology — Coding of audio-visual objects — Part 25: 3D Graphics Compression Model
ISO/IEC 14496-26:2010	Information technology — Coding of audio-visual objects — Part 26: Audio conformance
ISO/IEC 14496-26:2010/Amd 2:2010	Information technology — Coding of audio-visual objects — Part 26: Audio conformance — Amendment 2: BSAC conformance for broadcasting
ISO/IEC 14496-26:2010/Cor 2:2011	Information technology — Coding of audio-visual objects — Part 26: Audio conformance — Technical Corrigendum 2
ISO/IEC 14496-26:2010/Amd 3:2014	Information technology — Coding of audio-visual objects — Part 26: Audio conformance — Amendment 3: Conformance for Low Delay AAC v2 profile
ISO/IEC 14496-26:2010/Cor 3:2011	Information technology — Coding of audio-visual objects — Part 26: Audio conformance — Technical Corrigendum 3
ISO/IEC 14496-26:2010/Amd 4:2016	Information technology — Coding of audio-visual objects — Part 26: Audio conformance — Amendment 4: AAC Additional Multichannel Conformance Data
ISO/IEC 14496-26:2010/Cor 4:2011	Information technology — Coding of audio-visual objects — Part 26: Audio conformance — Technical Corrigendum 4
ISO/IEC 14496-26:2010/Amd 5:2018	Information technology — Coding of audio-visual objects — Part 26: Audio conformance — Amendment 5: Conformance for new levels of ALS simple profile, SBR enhancements
ISO/IEC 14496-26:2010/Cor 5:2012	Information technology — Coding of audio-visual objects — Part 26: Audio conformance — Technical Corrigendum 5
ISO/IEC 14496-26:2010/Cor 6:2013	Information technology — Coding of audio-visual objects — Part 26: Audio conformance — Technical Corrigendum 6

ISO/IEC 14496-26:2010/Cor 7:2013	Information technology — Coding of audio-visual objects — Part 26: Audio conformance — Technical Corrigendum 7
ISO/IEC 14496-26:2010/Cor 8:2015	Information technology — Coding of audio-visual objects — Part 26: Audio conformance — Technical Corrigendum 8
ISO/IEC 14496-27:2009	Information technology — Coding of audio-visual objects — Part 27: 3D Graphics conformance
ISO/IEC 14496-27:2009/Amd 2:2011/Cor 1:2015	Information technology — Coding of audio-visual objects — Part 27: 3D Graphics conformance — Amendment 2: Scalable complexity 3D mesh coding conformance — Technical Corrigendum 1
ISO/IEC 14496-27:2009/Amd 2:2011	Information technology — Coding of audio-visual objects — Part 27: 3D Graphics conformance — Amendment 2: Scalable complexity 3D mesh coding conformance
ISO/IEC 14496-27:2009/Amd 3:2011	Information technology — Coding of audio-visual objects — Part 27: 3D Graphics conformance — Amendment 3: Scalable complexity 3D mesh coding conformance in 3DGCM
ISO/IEC 14496-27:2009/Amd 4:2012	Information technology — Coding of audio-visual objects — Part 27: 3D Graphics conformance — Amendment 4: Conformance for efficient representation of 3D meshes with multiple attributes
ISO/IEC 14496-27:2009/Amd 5:2015	Information technology — Coding of audio-visual objects — Part 27: 3D Graphics conformance — Amendment 5: Multi-resolution 3D mesh compression
ISO/IEC 14496-27:2009/Amd 6:2015	Information technology — Coding of audio-visual objects — Part 27: 3D Graphics conformance — Amendment 6: Pattern-based 3D mesh coding conformance
ISO/IEC 14496-28:2012	Information technology — Coding of audio-visual objects — Part 28: Composite font representation
ISO/IEC 14496-28:2012/Cor 1:2013	Information technology — Coding of audio-visual objects — Part 28: Composite font representation — Technical Corrigendum 1
ISO/IEC 14496-28:2012/Cor 2:2014	Information technology — Coding of audio-visual objects — Part 28: Composite font representation — Technical Corrigendum 2: Changes and clarifications of CFR element descriptions
ISO/IEC 14496-29:2015	Information technology — Coding of audio-visual objects — Part 29: Web video coding
ISO/IEC 14496-30:2018	Information technology — Coding of audio-visual objects — Part 30: Timed text and other visual overlays in ISO base media file format
ISO/IEC 14496-30:2018/Amd 1:2022	Information technology — Coding of audio-visual objects — Part 30: Timed text and other visual overlays in ISO base media file format — Amendment 1: Timing improvements
ISO/IEC 14496-32:2021	Information technology — Coding of audio-visual objects — Part 32: File format reference software and conformance
ISO/IEC 14496-33:2019	Information technology — Coding of audio-visual objects — Part 33: Internet video coding
ISO/IEC 15444-1:2019	Information technology — JPEG 2000 image coding system — Part 1: Core coding system
ISO/IEC 15444-2:2021	Information technology — JPEG 2000 image coding system — Part 2: Extensions
ISO/IEC 15444-3:2007	Information technology — JPEG 2000 image coding system: Motion JPEG 2000 — Part 3:
ISO/IEC 15444-3:2007/Amd 1:2010	Information technology — JPEG 2000 image coding system: Motion JPEG 2000 — Part 3: — Amendment 1: Additional profiles for archiving applications
ISO/IEC 15444-4:2021	Information technology — JPEG 2000 image coding system — Part 4: Conformance Testing
ISO/IEC 15444-5:2021	Information technology — JPEG 2000 image coding system — Part 5: Reference software
ISO/IEC 15444-6:2013	Information technology — JPEG 2000 image coding system — Part 6: Compound image file format
ISO/IEC 15444-8:2007	Information technology — JPEG 2000 image coding system: Secure JPEG 2000 — Part 8:
ISO/IEC 15444-8:2007/Amd 1:2008	Information technology — JPEG 2000 image coding system: Secure JPEG 2000 — Part 8: — Amendment 1: File format security
ISO/IEC 15444-9:2005	Information technology — JPEG 2000 image coding system: Interactivity tools, APIs and protocols — Part 9:

ISO/IEC 15444-9:2005/Amd 1:2006	Information technology — JPEG 2000 image coding system: Interactivity tools, APIs and protocols — Part 9: — Amendment 1: APIs, metadata, and editing
ISO/IEC 15444-9:2005/Cor 1:2007	Information technology — JPEG 2000 image coding system: Interactivity tools, APIs and protocols — Part 9: — Technical Corrigendum 1
ISO/IEC 15444-9:2005/Amd 2:2008	Information technology — JPEG 2000 image coding system: Interactivity tools, APIs and protocols — Part 9: — Amendment 2: JPIP extensions
ISO/IEC 15444-9:2005/Cor 2:2008	Information technology — JPEG 2000 image coding system: Interactivity tools, APIs and protocols — Part 9: — Technical Corrigendum 2
ISO/IEC 15444-9:2005/Amd 3:2008	Information technology — JPEG 2000 image coding system: Interactivity tools, APIs and protocols — Part 9: — Amendment 3: JPIP extensions to 3D data
ISO/IEC 15444-9:2005/Cor 3:2011	Information technology — JPEG 2000 image coding system: Interactivity tools, APIs and protocols — Part 9: — Technical Corrigendum 3
ISO/IEC 15444-9:2005/Amd 4:2010	Information technology — JPEG 2000 image coding system: Interactivity tools, APIs and protocols — Part 9: — Amendment 4: JPIP server and client profiles
ISO/IEC 15444-9:2005/Amd 5:2014	Information technology — JPEG 2000 image coding system: Interactivity tools, APIs and protocols — Part 9: — Amendment 5: UDP transport and additional enhancements to JPIP
ISO/IEC 15444-10:2011	Information technology — JPEG 2000 image coding system: Extensions for three-dimensional data — Part 10:
ISO/IEC 15444-11:2007	Information technology — JPEG 2000 image coding system: Wireless — Part 11:
ISO/IEC 15444-11:2007/Amd 1:2013	Information technology — JPEG 2000 image coding system: Wireless — Part 11: — Amendment 1: IP based wireless networks
ISO/IEC 15444-13:2008	Information technology — JPEG 2000 image coding system: An entry level JPEG 2000 encoder — Part 13:
ISO/IEC 15444-14:2013	Information technology — JPEG 2000 image coding system — Part 14: XML representation and reference
ISO/IEC 15444-15:2019	Information technology — JPEG 2000 image coding system — Part 15: High-Throughput JPEG 2000
ISO/IEC 15444-16:2021	Information technology — JPEG 2000 image coding system — Part 16: Encapsulation of JPEG 2000 images into ISO/IEC 23008-12
ISO/IEC 15938-1:2002	Information technology — Multimedia content description interface — Part 1: Systems
ISO/IEC 15938-1:2002/Amd 1:2005	Information technology — Multimedia content description interface — Part 1: Systems — Amendment 1: Systems extensions
ISO/IEC 15938-1:2002/Amd 1:2005/Cor 1:2005	Information technology — Multimedia content description interface — Part 1: Systems — Amendment 1: Systems extensions
ISO/IEC 15938-1:2002/Cor 1:2004	Information technology — Multimedia content description interface — Part 1: Systems — Technical Corrigendum 1
ISO/IEC 15938-1:2002/Amd 2:2006	Information technology — Multimedia content description interface — Part 1: Systems — Amendment 2: Fast access extension
ISO/IEC 15938-1:2002/Cor 2:2005	Information technology — Multimedia content description interface — Part 1: Systems — Technical Corrigendum 2
ISO/IEC 15938-2:2002	Information technology — Multimedia content description interface — Part 2: Description definition language
ISO/IEC 15938-3:2002	Information technology — Multimedia content description interface — Part 3: Visual
ISO/IEC 15938-3:2002/Amd 1:2004	Information technology — Multimedia content description interface — Part 3: Visual — Amendment 1: Visual extensions

Standard	Title
ISO/IEC 15938-3:2002/Amd 1:2004/Cor 1:2005	Information technology — Multimedia content description interface — Part 3: Visual — Amendment 1: Visual extensions — Technical Corrigendum 1
ISO/IEC 15938-3:2002/Amd 2:2006/Cor 1:2007	Information technology — Multimedia content description interface — Part 3: Visual — Amendment 2: Perceptual 3D Shape Descriptor — Technical Corrigendum 1
ISO/IEC 15938-3:2002/Cor 1:2004	Information technology — Multimedia content description interface — Part 3: Visual — Technical Corrigendum 1
ISO/IEC 15938-3:2002/Amd 1:2004/Cor 2:2007	Information technology — Multimedia content description interface — Part 3: Visual — Amendment 1: Visual extensions — Technical Corrigendum 2
ISO/IEC 15938-3:2002/Amd 2:2006	Information technology — Multimedia content description interface — Part 3: Visual — Amendment 2: Perceptual 3D Shape Descriptor
ISO/IEC 15938-3:2002/Amd 3:2009	Information technology — Multimedia content description interface — Part 3: Visual — Amendment 3: Image signature tools
ISO/IEC 15938-3:2002/Amd 4:2010	Information technology — Multimedia content description interface — Part 3: Visual — Amendment 4: Video signature tools
ISO/IEC 15938-4:2002	Information technology — Multimedia content description interface — Part 4: Audio
ISO/IEC 15938-4:2002/Amd 1:2004	Information technology — Multimedia content description interface — Part 4: Audio — Amendment 1: Audio extensions
ISO/IEC 15938-4:2002/Amd 2:2006	Information technology — Multimedia content description interface — Part 4: Audio — Amendment 2: High-level descriptors
ISO/IEC 15938-5:2003	Information technology — Multimedia content description interface — Part 5: Multimedia description schemes
ISO/IEC 15938-5:2003/Amd 1:2004	Information technology — Multimedia content description interface — Part 5: Multimedia description schemes — Amendment 1: Multimedia description schemes extensions
ISO/IEC 15938-5:2003/Cor 1:2004	Information technology — Multimedia content description interface — Part 5: Multimedia description schemes — Technical Corrigendum 1
ISO/IEC 15938-5:2003/Amd 2:2005	Information technology — Multimedia content description interface — Part 5: Multimedia description schemes — Amendment 2: Multimedia description schemes user preference extensions
ISO/IEC 15938-5:2003/Amd 3:2008	Information technology — Multimedia content description interface — Part 5: Multimedia description schemes — Amendment 3: Improvements to geographic descriptor
ISO/IEC 15938-5:2003/Amd 4:2012	Information technology — Multimedia content description interface — Part 5: Multimedia description schemes — Amendment 4: Social metadata
ISO/IEC 15938-5:2003/Amd 5:2015	Information technology — Multimedia content description interface — Part 5: Multimedia description schemes — Amendment 5: Quality metadata, multiple text encodings, extended classification metadata
ISO/IEC 15938-6:2020	Information technology — Multimedia content description interface — Part 6: Reference software
ISO/IEC 15938-7:2003	Information technology — Multimedia content description interface — Part 7: Conformance testing
ISO/IEC 15938-7:2003/Amd 1:2005	Information technology — Multimedia content description interface — Part 7: Conformance testing — Amendment 1: Conformance extensions
ISO/IEC 15938-7:2003/Amd 2:2007	Information technology — Multimedia content description interface — Part 7: Conformance testing — Amendment 2: Fast access extensions conformance

ISO/IEC 15938-7:2003/Amd 3:2007	Information technology — Multimedia content description interface — Part 7: Conformance testing — Amendment 3: Conformance testing of perceptual 3D shape descriptor
ISO/IEC 15938-7:2003/Amd 4:2008	Information technology — Multimedia content description interface — Part 7: Conformance testing — Amendment 4: Improvements to geographic descriptor conformance
ISO/IEC 15938-7:2003/Amd 5:2010	Information technology — Multimedia content description interface — Part 7: Conformance testing — Amendment 5: Conformance testing for image signature tools
ISO/IEC 15938-7:2003/Amd 6:2011	Information technology — Multimedia content description interface — Part 7: Conformance testing — Amendment 6: Conformance testing for video signature tools
ISO/IEC TR 15938-8:2002	Information technology — Multimedia content description interface — Part 8: Extraction and use of MPEG-7 descriptions
ISO/IEC TR 15938-8:2002/Amd 1:2004	Information technology — Multimedia content description interface — Part 8: Extraction and use of MPEG-7 descriptions — Amendment 1: Extensions of extraction and use of MPEG-7 descriptions
ISO/IEC TR 15938-8:2002/Cor 1:2005	Information technology — Multimedia content description interface — Part 8: Extraction and use of MPEG-7 descriptions — Technical Corrigendum 1
ISO/IEC TR 15938-8:2002/Amd 2:2006	Information technology — Multimedia content description interface — Part 8: Extraction and use of MPEG-7 descriptions — Amendment 2: Extraction and use of MPEG-7 perceptual 3D shape descriptor
ISO/IEC TR 15938-8:2002/Amd 3:2007	Information technology — Multimedia content description interface — Part 8: Extraction and use of MPEG-7 descriptions — Amendment 3: Technologies for digital photo management using MPEG-7 visual tools
ISO/IEC TR 15938-8:2002/Amd 4:2009	Information technology — Multimedia content description interface — Part 8: Extraction and use of MPEG-7 descriptions — Amendment 4: Extraction of audio features from compressed formats
ISO/IEC TR 15938-8:2002/Amd 5:2010	Information technology — Multimedia content description interface — Part 8: Extraction and use of MPEG-7 descriptions — Amendment 5: Extraction and matching of image signature tools
ISO/IEC TR 15938-8:2002/Amd 6:2011	Information technology — Multimedia content description interface — Part 8: Extraction and use of MPEG-7 descriptions — Amendment 6: Extraction and matching of video signature tools
ISO/IEC 15938-9:2005	Information technology — Multimedia content description interface — Part 9: Profiles and levels
ISO/IEC 15938-9:2005/Amd 1:2012	Information technology — Multimedia content description interface — Part 9: Profiles and levels — Amendment 1: Extensions to profiles and levels
ISO/IEC 15938-10:2005	Information technology - Multimedia content description interface — Part 10: Schema definition
ISO/IEC 15938-10:2005/Cor 1:2007	Information technology - Multimedia content description interface — Part 10: Schema definition — Technical Corrigendum 1
ISO/IEC TR 15938-11:2005	Information technology — Multimedia content description Interface — Part 11: MPEG-7 profile schemas
ISO/IEC TR 15938-11:2005/Amd 1:2012	Information technology — Multimedia content description Interface — Part 11: MPEG-7 profile schemas — Amendment 1: Audiovisual description profile (AVDP) schema
ISO/IEC 15938-12:2012	Information technology — Multimedia content description interface — Part 12: Query format
ISO/IEC 15938-13:2015	Information technology — Multimedia content description interface — Part 13: Compact descriptors for visual search
ISO/IEC 15938-14:2018	Information technology — Multimedia content description interface — Part 14: Reference software, conformance and usage guidelines for compact descriptors for visual search
ISO/IEC 15938-15:2019	Information technology — Multimedia content description interface — Part 15: Compact descriptors for video analysis
ISO/IEC 15938-16:2021	Information technology — Multimedia content description interface — Part 16: Conformance and reference software for compact descriptors for video analysis
ISO/IEC 16485:2000	Information technology — Mixed Raster Content (MRC)

ISO/IEC 16500-1:1999	Information technology — Generic digital audio-visual systems — Part 1: System reference models and scenarios
ISO/IEC 16500-2:1999	Information technology — Generic digital audio-visual systems — Part 2: System dynamics, scenarios and protocol requirements
ISO/IEC 16500-3:1999	Information technology — Generic digital audio-visual systems — Part 3: Contours: Technology domain
ISO/IEC 16500-4:1999	Information technology — Generic digital audio-visual systems — Part 4: Lower-layer protocols and physical interfaces
ISO/IEC 16500-5:1999	Information technology — Generic digital audio-visual systems — Part 5: High and mid-layer protocols
ISO/IEC 16500-6:1999	Information technology — Generic digital audio-visual systems — Part 6: Information representation
ISO/IEC 16500-7:1999	Information technology — Generic digital audio-visual systems — Part 7: Basic security tools
ISO/IEC 16500-8:1999	Information technology — Generic digital audio-visual systems — Part 8: Management architecture and protocols
ISO/IEC 16500-9:1999	Information technology — Generic digital audio-visual systems — Part 9: Usage information protocols
ISO/IEC TR 16501:1999	Information technology — Generic digital audio-visual systems — Technical Report on ISO/IEC 16500 — Description of digital audio-visual functionalities
ISO/IEC 18181-1:2022	Information technology — JPEG XL image coding system — Part 1: Core coding system
ISO/IEC 18181-1:2022/Amd 1:2022	Information technology — JPEG XL image coding system — Part 1: Core coding system — Amendment 1: Profiles and levels for JPEG XL image coding system
ISO/IEC 18181-2:2021	Information technology — JPEG XL image coding system — Part 2: File format
ISO/IEC 18477-1:2020	Information technology — Scalable compression and coding of continuous-tone still images — Part 1: Core coding system specification
ISO/IEC 18477-2:2016	Information technology — Scalable compression and coding of continuous-tone still images — Part 2: Coding of high dynamic range images
ISO/IEC 18477-3:2015	Information technology — Scalable compression and coding of continuous-tone still images — Part 3: Box file format
ISO/IEC 18477-4:2017	Information technology — Scalable compression and coding of continuous-tone still images — Part 4: Conformance testing
ISO/IEC 18477-5:2018	Information technology — Scalable compression and coding of continuous-tone still images — Part 5: Reference software
ISO/IEC 18477-6:2016	Information technology — Scalable compression and coding of continuous-tone still images — Part 6: IDR Integer Coding
ISO/IEC 18477-7:2017	Information technology — Scalable compression and coding of continuous-tone still images — Part 7: HDR Floating-Point Coding
ISO/IEC 18477-8:2020	Information technology — Scalable compression and coding of continuous-tone still images — Part 8: Lossless and near-lossless coding
ISO/IEC 18477-9:2016	Information technology — Scalable compression and coding of continuous-tone still images — Part 9: Alpha channel coding
ISO/IEC TR 19566-1:2016	Information technology — JPEG Systems — Part 1: Packaging of information using codestreams and file formats
ISO/IEC TR 19566-2:2016	Information technologies — JPEG Systems — Part 2: Transport mechanisms and packaging
ISO/IEC 19566-4:2020	Information technologies — JPEG systems — Part 4: Privacy and security
ISO/IEC 19566-5:2019	Information technologies — JPEG systems — Part 5: JPEG universal metadata box format (JUMBF)
ISO/IEC 19566-5:2019/Amd 1:2021	Information technologies — JPEG systems — Part 5: JPEG universal metadata box format (JUMBF) — Amendment 1: Support for embedding mixed codestreams
ISO/IEC 19566-6:2019	Information technologies — JPEG systems — Part 6: JPEG 360
ISO/IEC 19566-6:2019/Amd 1:2021	Information technologies — JPEG systems — Part 6: JPEG 360 — Amendment 1: Addition of new JPEG 360 image types and accelerated ROI rendering
ISO/IEC TR 21000-1:2004	Information technology — Multimedia framework (MPEG-21) — Part 1: Vision, Technologies and Strategy
ISO/IEC 21000-2:2005	Information technology — Multimedia framework (MPEG-21) — Part 2: Digital Item Declaration
ISO/IEC 21000-2:2005/Amd 1:2012	Information technology — Multimedia framework (MPEG-21) — Part 2: Digital Item Declaration — Amendment 1: Presentation of digital item
ISO/IEC 21000-3:2003	Information technology — Multimedia framework (MPEG-21) — Part 3: Digital Item Identification
ISO/IEC 21000-3:2003/Amd 1:2007	Information technology — Multimedia framework (MPEG-21) — Part 3: Digital Item Identification — Amendment 1: Related identifier types
ISO/IEC 21000-3:2003/Amd 2:2013	Information technology — Multimedia framework (MPEG-21) — Part 3: Digital Item Identification — Amendment 2: Digital item semantic relationships

Standard	Title
ISO/IEC 21000-4:2006	Information technology — Multimedia framework (MPEG-21) — Part 4: Intellectual Property Management and Protection Components
ISO/IEC 21000-4:2006/Amd 1:2007	Information technology — Multimedia framework (MPEG-21) — Part 4: Intellectual Property Management and Protection Components — Amendment 1: IPMP components base profile
ISO/IEC 21000-4:2006/Cor 1:2012	Information technology — Multimedia framework (MPEG-21) — Part 4: Intellectual Property Management and Protection Components — Technical Corrigendum 1
ISO/IEC 21000-4:2006/Amd 2:2012	Information technology — Multimedia framework (MPEG-21) — Part 4: Intellectual Property Management and Protection Components — Amendment 2: Protection of presentation element
ISO/IEC 21000-5:2004	Information technology — Multimedia framework (MPEG-21) — Part 5: Rights Expression Language
ISO/IEC 21000-5:2004/Amd 1:2007	Information technology — Multimedia framework (MPEG-21) — Part 5: Rights Expression Language — Amendment 1: MAM (Mobile And optical Media) profile
ISO/IEC 21000-5:2004/Amd 2:2007	Information technology — Multimedia framework (MPEG-21) — Part 5: Rights Expression Language — Amendment 2: DAC (Dissemination And Capture) profile
ISO/IEC 21000-5:2004/Amd 3:2008	Information technology — Multimedia framework (MPEG-21) — Part 5: Rights Expression Language — Amendment 3: OAC (Open Access Content) profile
ISO/IEC 21000-6:2004	Information technology — Multimedia framework (MPEG-21) — Part 6: Rights Data Dictionary
ISO/IEC 21000-6:2004/Amd 1:2006	Information technology — Multimedia framework (MPEG-21) — Part 6: Rights Data Dictionary — Amendment 1: Digital Item Identifier relationship types
ISO/IEC 21000-6:2004/Cor 1:2005	Information technology — Multimedia framework (MPEG-21) — Part 6: Rights Data Dictionary — Technical Corrigendum 1
ISO/IEC 21000-6:2004/Cor 2:2007	Information technology — Multimedia framework (MPEG-21) — Part 6: Rights Data Dictionary — Technical Corrigendum 2
ISO/IEC 21000-7:2007	Information technology — Multimedia framework (MPEG-21) — Part 7: Digital Item Adaptation
ISO/IEC 21000-7:2007/Amd 1:2008	Information technology — Multimedia framework (MPEG-21) — Part 7: Digital Item Adaptation — Amendment 1: Query format capabilities
ISO/IEC 21000-7:2007/Cor 1:2008	Information technology — Multimedia framework (MPEG-21) — Part 7: Digital Item Adaptation — Technical Corrigendum 1
ISO/IEC 21000-8:2008	Information technology — Multimedia framework (MPEG-21) — Part 8: Reference software
ISO/IEC 21000-8:2008/Amd 1:2009	Information technology — Multimedia framework (MPEG-21) — Part 8: Reference software — Amendment 1: Extra reference software
ISO/IEC 21000-8:2008/Amd 2:2011	Information technology — Multimedia framework (MPEG-21) — Part 8: Reference software — Amendment 2: Reference software for media value chain ontology (MVCO)
ISO/IEC 21000-8:2008/Amd 3:2015	Information technology — Multimedia framework (MPEG-21) — Part 8: Reference software — Amendment 3: Contract Expression Language (CEL) and Media Contract Ontology (MCO) Reference Software
ISO/IEC 21000-8:2008/Amd 4:2018	Information technology — Multimedia framework (MPEG-21) — Part 8: Reference software — Amendment 4: Media value chain ontology extensions on time-segments and multi-track audio
ISO/IEC 21000-9:2005	Information technology — Multimedia framework (MPEG-21) — Part 9: File Format
ISO/IEC 21000-9:2005/Amd 1:2008	Information technology — Multimedia framework (MPEG-21) — Part 9: File Format — Amendment 1: MIME type registration
ISO/IEC 21000-10:2006	Information technology — Multimedia framework (MPEG-21) — Part 10: Digital Item Processing

Standard	Title
ISO/IEC 21000-10:2006/Amd 1:2006	Information technology — Multimedia framework (MPEG-21) — Part 10: Digital Item Processing — Amendment 1: Additional C++ bindings
ISO/IEC TR 21000-11:2004	Information technology — Multimedia framework (MPEG-21) — Part 11: Evaluation Tools for Persistent Association Technologies
ISO/IEC TR 21000-12:2005	Information technology — Multimedia framework (MPEG-21) — Part 12: Test Bed for MPEG-21 Resource Delivery
ISO/IEC 21000-14:2007	Information technology — Multimedia framework (MPEG-21) — Part 14: Conformance Testing
ISO/IEC 21000-15:2006	Information technology — Multimedia framework (MPEG-21) — Part 15: Event Reporting
ISO/IEC 21000-15:2006/Amd 1:2008	Information technology — Multimedia framework (MPEG-21) — Part 15: Event Reporting — Amendment 1: Security in Event Reporting
ISO/IEC 21000-15:2006/Cor 1:2008	Information technology — Multimedia framework (MPEG-21) — Part 15: Event Reporting — Technical Corrigendum 1
ISO/IEC 21000-16:2005	Information technology — Multimedia framework (MPEG-21) — Part 16: Binary Format
ISO/IEC 21000-17:2006	Information technology — Multimedia framework (MPEG-21) — Part 17: Fragment Identification of MPEG Resources
ISO/IEC 21000-18:2007	Information technology — Multimedia framework (MPEG-21) — Part 18: Digital Item Streaming
ISO/IEC 21000-18:2007/Amd 1:2008	Information technology — Multimedia framework (MPEG-21) — Part 18: Digital Item Streaming — Amendment 1: Simple fragmentation rule
ISO/IEC 21000-19:2010	Information technology — Multimedia framework (MPEG-21) — Part 19: Media Value Chain Ontology
ISO/IEC 21000-19:2010/Amd 1:2018	Information technology — Multimedia framework (MPEG-21) — Part 19: Media Value Chain Ontology — Amendment 1: Extensions on time-segments and multi-track audio
ISO/IEC 21000-20:2016	Information technology — Multimedia framework (MPEG-21) — Part 20: Contract Expression Language
ISO/IEC 21000-21:2017	Information technology — Multimedia framework (MPEG-21) — Part 21: Media contract ontology
ISO/IEC 21000-22:2019	Information technology — Multimedia framework (MPEG-21) — Part 22: User Description
ISO/IEC 21122-1:2022	Information technology — JPEG XS low-latency lightweight image coding system — Part 1: Core coding system
ISO/IEC 21122-2:2022	Information technology — JPEG XS low-latency lightweight image coding system — Part 2: Profiles and buffer models
ISO/IEC 21122-3:2022	Information technology — JPEG XS low-latency lightweight image coding system — Part 3: Transport and container formats
ISO/IEC 21122-4:2020	Information technology — JPEG XS low-latency lightweight image coding system — Part 4: Conformance testing
ISO/IEC 21122-5:2020	Information technology — JPEG XS low-latency lightweight image coding system — Part 5: Reference software
ISO/IEC 21794-1:2020	Information technology — Plenoptic image coding system (JPEG Pleno) — Part 1: Framework
ISO/IEC 21794-2:2021	Information technology — Plenoptic image coding system (JPEG Pleno) — Part 2: Light field coding
ISO/IEC 21794-2:2021/Amd 1:2021	Information technology — Plenoptic image coding system (JPEG Pleno) — Part 2: Light field coding — Amendment 1: Profiles and levels for JPEG Pleno light field coding system
ISO/IEC 21794-3:2021	Information technology — Plenoptic image coding system (JPEG Pleno) — Part 3: Conformance testing
ISO/IEC 21794-4:2022	Information technology — Plenoptic image coding system (JPEG Pleno) — Part 4: Reference software
ISO/IEC TR 23000-1:2007	Information technology — Multimedia application format (MPEG-A) — Part 1: Purpose for multimedia application formats
ISO/IEC 23000-2:2008	Information technology — Multimedia application format (MPEG-A) — Part 2: MPEG music player application format
ISO/IEC 23000-3:2007	Information technology — Multimedia application format (MPEG-A) — Part 3: MPEG photo player application format
ISO/IEC 23000-3:2007/Amd 1:2009	Information technology — Multimedia application format (MPEG-A) — Part 3: MPEG photo player application format — Amendment 1: Reference software for photo player MAF
ISO/IEC 23000-3:2007/Amd 2:2010	Information technology — Multimedia application format (MPEG-A) — Part 3: MPEG photo player application format — Amendment 2: Conformance testing for photo player application format
ISO/IEC 23000-4:2009	Information technology — Multimedia application format (MPEG-A) — Part 4: Musical slide show application format

ISO/IEC 23000-4:2009/Amd 1:2009	Information technology — Multimedia application format (MPEG-A) — Part 4: Musical slide show application format — Amendment 1: Conformance and reference software for musical slide show application format
ISO/IEC 23000-4:2009/Amd 2:2009	Information technology — Multimedia application format (MPEG-A) — Part 4: Musical slide show application format — Amendment 2: Conformance and reference software for protected musical slide show application format
ISO/IEC 23000-5:2011	Information technology — Multimedia application format (MPEG-A) — Part 5: Media streaming application format
ISO/IEC 23000-6:2012	Information technology — Multimedia application format (MPEG-A) — Part 6: Professional archival application format
ISO/IEC 23000-7:2008	Information technology — Multimedia application format (MPEG-A) — Part 7: Open access application format
ISO/IEC 23000-7:2008/Amd 1:2009	Information technology — Multimedia application format (MPEG-A) — Part 7: Open access application format — Amendment 1: Conformance and reference software for open access application format
ISO/IEC 23000-8:2008	Information technology — Multimedia application format (MPEG-A) — Part 8: Portable video application format
ISO/IEC 23000-9:2008	Information technology — Multimedia application format (MPEG-A) — Part 9: Digital Multimedia Broadcasting application format
ISO/IEC 23000-9:2008/Amd 1:2010	Information technology — Multimedia application format (MPEG-A) — Part 9: Digital Multimedia Broadcasting application format — Amendment 1: Conformance and reference software
ISO/IEC 23000-9:2008/Amd 1:2010/Cor 1:2011	Information technology — Multimedia application format (MPEG-A) — Part 9: Digital Multimedia Broadcasting application format — Amendment 1: Conformance and reference software — Technical Corrigendum 1
ISO/IEC 23000-9:2008/Cor 1:2008	Information technology — Multimedia application format (MPEG-A) — Part 9: Digital Multimedia Broadcasting application format — Technical Corrigendum 1
ISO/IEC 23000-9:2008/Amd 1:2010/Cor 2:2012	Information technology — Multimedia application format (MPEG-A) — Part 9: Digital Multimedia Broadcasting application format — Amendment 1: Conformance and reference software — Technical Corrigendum 2
ISO/IEC 23000-9:2008/Amd 2:2010	Information technology — Multimedia application format (MPEG-A) — Part 9: Digital Multimedia Broadcasting application format — Amendment 2: Harmonization on MPEG-2 TS storage
ISO/IEC 23000-10:2012	Information technology — Multimedia application format (MPEG-A) — Part 10: Surveillance application format
ISO/IEC 23000-10:2012/Amd 1:2014	Information technology — Multimedia application format (MPEG-A) — Part 10: Surveillance application format — Amendment 1: Conformance and reference software
ISO/IEC 23000-10:2012/Cor 2:2014	Information technology — Multimedia application format (MPEG-A) — Part 10: Surveillance application format — Technical Corrigendum 2
ISO/IEC 23000-11:2009	Information technology — Multimedia application format (MPEG-A) — Part 11: Stereoscopic video application format
ISO/IEC 23000-11:2009/Amd 1:2011	Information technology — Multimedia application format (MPEG-A) — Part 11: Stereoscopic video application format — Amendment 1: Stereoscopic video application format conformance and reference software
ISO/IEC 23000-11:2009/Amd 2:2011	Information technology — Multimedia application format (MPEG-A) — Part 11: Stereoscopic video application format — Amendment 2: Signalling of additional composition type and profiles
ISO/IEC 23000-11:2009/Amd 3:2014	Information technology — Multimedia application format (MPEG-A) — Part 11: Stereoscopic video application format — Amendment 3: Support movie fragment for Stereoscopic Video AF
ISO/IEC 23000-12:2010	Information technology — Multimedia application format (MPEG-A) — Part 12: Interactive music application format
ISO/IEC 23000-12:2010/Amd 1:2011	Information technology — Multimedia application format (MPEG-A) — Part 12: Interactive music application format — Amendment 1: Conformance and reference software
ISO/IEC 23000-12:2010/Amd 2:2012	Information technology — Multimedia application format (MPEG-A) — Part 12: Interactive music application format — Amendment 2: Compact representation of dynamic volume change and audio equalization
ISO/IEC 23000-12:2010/Amd 3:2013	Information technology — Multimedia application format (MPEG-A) — Part 12: Interactive music application format — Amendment 3: Conformance and reference software

ISO/IEC 23000-13:2017	Information technology - Multimedia application format (MPEG-A) — Part 13: Augmented reality application format
ISO/IEC 23000-15:2016	Information technology — Multimedia application format (MPEG-A) — Part 15: Multimedia preservation application format
ISO/IEC 23000-15:2016/Amd 1:2017	Information technology — Multimedia application format (MPEG-A) — Part 15: Multimedia preservation application format — Amendment 1: Implementation guidelines for MP-AF
ISO/IEC 23000-16:2018	Information technology — Multimedia application format (MPEG-A) — Part 16: Publish/Subscribe Application Format
ISO/IEC 23000-17:2018	Information technology — Multimedia application format (MPEG-A) — Part 17: Multiple sensorial media application format
ISO/IEC 23000-18:2018	Information technology — Multimedia application formats (MPEG-A) — Part 18: Media linking application format
ISO/IEC 23000-19:2020	Information technology — Multimedia application format (MPEG-A) — Part 19: Common media application format (CMAF) for segmented media
ISO/IEC 23000-19:2020/Amd 1:2021	Information technology — Multimedia application format (MPEG-A) — Part 19: Common media application format (CMAF) for segmented media — Amendment 1: Additional CMAF HEVC media profiles
ISO/IEC 23000-21:2019	Information technology — Multimedia application format (MPEG-A) — Part 21: Visual identity management application format
ISO/IEC 23000-21:2019/Amd 1:2021	Information technology — Multimedia application format (MPEG-A) — Part 21: Visual identity management application format — Amendment 1: Conformance and reference software
ISO/IEC 23000-22:2019	Information technology — Multimedia application format (MPEG-A) — Part 22: Multi-image application format (MIAF)
ISO/IEC 23000-22:2019/Amd 1:2021	Information technology — Multimedia application format (MPEG-A) — Part 22: Multi-image application format (MIAF) — Amendment 1: Reference software and conformance for multi-image application format
ISO/IEC 23000-22:2019/Amd 2:2021	Information technology — Multimedia application format (MPEG-A) — Part 22: Multi-image application format (MIAF) — Amendment 2: HEVC Advanced HDR profile and other clarifications
ISO/IEC 23001-1:2006	Information technology — MPEG systems technologies — Part 1: Binary MPEG format for XML
ISO/IEC 23001-1:2006/Amd 1:2007	Information technology — MPEG systems technologies — Part 1: Binary MPEG format for XML — Amendment 1: Conformance and reference software
ISO/IEC 23001-1:2006/Cor 1:2007	Information technology — MPEG systems technologies — Part 1: Binary MPEG format for XML — Technical Corrigendum 1
ISO/IEC 23001-1:2006/Amd 2:2008	Information technology — MPEG systems technologies — Part 1: Binary MPEG format for XML — Amendment 2: Conservation of prefixes and extensions on encoding of wild cards
ISO/IEC 23001-1:2006/Cor 2:2007	Information technology — MPEG systems technologies — Part 1: Binary MPEG format for XML — Technical Corrigendum 2
ISO/IEC 23001-2:2008	Information technology — MPEG systems technologies — Part 2: Fragment request units
ISO/IEC 23001-3:2008	Information technology — MPEG systems technologies — Part 3: XML IPMP messages
ISO/IEC 23001-4:2017	Information technology — MPEG systems technologies — Part 4: Codec configuration representation
ISO/IEC 23001-5:2008	Information technology — MPEG systems technologies — Part 5: Bitstream Syntax Description Language (BSDL)
ISO/IEC 23001-7:2016	Information technology — MPEG systems technologies — Part 7: Common encryption in ISO base media file format files
ISO/IEC 23001-7:2016/Amd 1:2019	Information technology — MPEG systems technologies — Part 7: Common encryption in ISO base media file format files — Amendment 1: AES-CBC-128 and key rotation
ISO/IEC 23001-9:2016	Information technology — MPEG systems technologies — Part 9: Common encryption of MPEG-2 transport streams
ISO/IEC 23001-10:2020	Information technology — MPEG systems technologies — Part 10: Carriage of timed metadata metrics of media in ISO base media file format
ISO/IEC 23001-10:2020/Amd 1:2021	Information technology — MPEG systems technologies — Part 10: Carriage of timed metadata metrics of media in ISO base media file format — Amendment 1: Support for content-guided transcoding and spatial relationship of immersive media
ISO/IEC 23001-11:2019	Information technology — MPEG systems technologies — Part 11: Energy-efficient media consumption (green metadata)
ISO/IEC 23001-12:2018	Information technology — MPEG systems technologies — Part 12: Sample variants

ISO/IEC 23001-13:2019	Information technology — MPEG systems technologies — Part 13: Media orchestration
ISO/IEC 23001-14:2019	Information technology — MPEG systems technologies — Part 14: Partial file format
ISO/IEC 23001-14:2019/Amd 1:2021	Information technology — MPEG systems technologies — Part 14: Partial file format — Amendment 1: Support for HTTP entities, enhanced file type and byte-range priorities
ISO/IEC 23001-15:2019	Information technology — MPEG systems technologies — Part 15: Carriage of web resources in ISOBMFF
ISO/IEC 23001-16:2021	Information technology — MPEG systems technologies — Part 16: Derived visual tracks in the ISO base media file format
ISO/IEC 23001-18:2022	Information technology — MPEG systems technologies — Part 18: Event message track format for the ISO base media file format
ISO/IEC 23002-1:2006	Information technology — MPEG video technologies — Part 1: Accuracy requirements for implementation of integer-output 8x8 inverse discrete cosine transform
ISO/IEC 23002-1:2006/Amd 1:2008	Information technology — MPEG video technologies — Part 1: Accuracy requirements for implementation of integer-output 8x8 inverse discrete cosine transform — Amendment 1: Software for integer IDCT accuracy testing
ISO/IEC 23002-1:2006/Amd 1:2008/Cor 1:2013	Information technology — MPEG video technologies — Part 1: Accuracy requirements for implementation of integer-output 8x8 inverse discrete cosine transform — Amendment 1: Software for integer IDCT accuracy testing — Technical Corrigendum 1
ISO/IEC 23002-2:2008	Information technology — MPEG video technologies — Part 2: Fixed-point 8x8 inverse discrete cosine transform and discrete cosine transform
ISO/IEC 23002-3:2007	Information technology — MPEG video technologies — Part 3: Representation of auxiliary video and supplemental information
ISO/IEC 23002-4:2018	Information technology — MPEG video technologies — Part 4: Video tool library
ISO/IEC 23002-5:2017	Information technology — MPEG video technologies — Part 5: Reconfigurable media coding conformance and reference software
ISO/IEC TR 23002-6:2017	Information technology — MPEG video technologies — Part 6: Tools for reconfigurable media coding implementations
ISO/IEC 23002-7:2021	Information technology — MPEG video technologies — Part 7: Versatile supplemental enhancement information messages for coded video bitstreams
ISO/IEC TR 23002-8:2021	Information technology — MPEG video technologies — Part 8: Working practices using objective metrics for evaluation of video coding efficiency experiments
ISO/IEC 23003-1:2007	Information technology — MPEG audio technologies — Part 1: MPEG Surround
ISO/IEC 23003-1:2007/Amd 1:2008	Information technology — MPEG audio technologies — Part 1: MPEG Surround — Amendment 1: Conformance testing
ISO/IEC 23003-1:2007/Amd 1:2008/Cor 1:2011	Information technology — MPEG audio technologies — Part 1: MPEG Surround — Amendment 1: Conformance testing — Technical Corrigendum 1
ISO/IEC 23003-1:2007/Amd 2:2008/Cor 1:2009	Information technology — MPEG audio technologies — Part 1: MPEG Surround — Amendment 2: Reference software — Technical Corrigendum 1
ISO/IEC 23003-1:2007/Cor 1:2008	Information technology — MPEG audio technologies — Part 1: MPEG Surround — Technical Corrigendum 1
ISO/IEC 23003-1:2007/Amd 1:2008/Cor 2:2012	Information technology — MPEG audio technologies — Part 1: MPEG Surround — Amendment 1: Conformance testing — Technical Corrigendum 2
ISO/IEC 23003-1:2007/Amd 2:2008	Information technology — MPEG audio technologies — Part 1: MPEG Surround — Amendment 2: Reference software
ISO/IEC 23003-1:2007/Amd 2:2008/Cor 2:2011	Information technology — MPEG audio technologies — Part 1: MPEG Surround — Amendment 2: Reference software — Technical Corrigendum 2
ISO/IEC 23003-1:2007/Cor 2:2009	Information technology — MPEG audio technologies — Part 1: MPEG Surround — Technical Corrigendum 2
ISO/IEC 23003-1:2007/Amd 1:2008/Cor 3:2015	Information technology — MPEG audio technologies — Part 1: MPEG Surround — Amendment 1: Conformance testing — Technical Corrigendum 3

ISO/IEC 23003-1:2007/Amd 2:2008/Cor 3:2012	Information technology — MPEG audio technologies — Part 1: MPEG Surround — Amendment 2: Reference software — Technical Corrigendum 3
ISO/IEC 23003-1:2007/Amd 3:2016	Information technology — MPEG audio technologies — Part 1: MPEG Surround — Amendment 3: MPEG Surround extension for 3D Audio
ISO/IEC 23003-1:2007/Cor 3:2010	Information technology — MPEG audio technologies — Part 1: MPEG Surround — Technical Corrigendum 3
ISO/IEC 23003-1:2007/Amd 2:2008/Cor 4:2013	Information technology — MPEG audio technologies — Part 1: MPEG Surround — Amendment 2: Reference software — Technical Corrigendum 4
ISO/IEC 23003-1:2007/Amd 4:2017	Information technology — MPEG audio technologies — Part 1: MPEG Surround — Amendment 4: Reference software for MPEG surround extension for 3D audio
ISO/IEC 23003-1:2007/Cor 4:2012	Information technology — MPEG audio technologies — Part 1: MPEG Surround — Technical Corrigendum 4
ISO/IEC 23003-2:2018	Information technology — MPEG audio technologies — Part 2: Spatial Audio Object Coding (SAOC)
ISO/IEC 23003-3:2020	Information technology — MPEG audio technologies — Part 3: Unified speech and audio coding
ISO/IEC 23003-3:2020/Amd 1:2021	Information technology — MPEG audio technologies — Part 3: Unified speech and audio coding — Amendment 1: Reference software and conformance
ISO/IEC 23003-4:2020	Information technology — MPEG audio technologies — Part 4: Dynamic range control
ISO/IEC 23003-4:2020/Amd 1:2022	Information technology — MPEG audio technologies — Part 4: Dynamic range control — Amendment 1: Side chain normalization
ISO/IEC 23003-5:2020	Information technology — MPEG audio technologies — Part 5: Uncompressed audio in MPEG-4 file format
ISO/IEC 23003-7:2022	Information technology — MPEG audio technologies — Part 7: Unified speech and audio coding conformance testing
ISO/IEC 23004-1:2007	Information technology — Multimedia Middleware — Part 1: Architecture
ISO/IEC 23004-2:2007	Information technology — Multimedia Middleware — Part 2: Multimedia application programming interface (API)
ISO/IEC 23004-3:2007	Information technology — Multimedia Middleware — Part 3: Component model
ISO/IEC 23004-4:2007	Information technology — Multimedia Middleware — Part 4: Resource and quality management
ISO/IEC 23004-5:2008	Information technology — Multimedia Middleware — Part 5: Component download
ISO/IEC 23004-6:2008	Information technology — Multimedia Middleware — Part 6: Fault management
ISO/IEC 23004-7:2008	Information technology — Multimedia Middleware — Part 7: System integrity management
ISO/IEC 23004-8:2009	Information technology — Multimedia Middleware — Part 8: Reference software
ISO/IEC 23005-1:2020	Information technology — Media context and control — Part 1: Architecture
ISO/IEC 23005-2:2018	Information technology — Media context and control — Part 2: Control information
ISO/IEC 23005-3:2019	Information technology — Media context and control — Part 3: Sensory information
ISO/IEC 23005-4:2018	Information technology — Media context and control — Part 4: Virtual world object characteristics
ISO/IEC 23005-5:2019	Information technology — Media context and control — Part 5: Data formats for interaction devices
ISO/IEC 23005-6:2019	Information technology — Media context and control — Part 6: Common types and tools
ISO/IEC 23005-7:2019	Information technology — Media context and control — Part 7: Conformance and reference software
ISO/IEC 23006-1:2018	Information technology — Multimedia service platform technologies — Part 1: Architecture
ISO/IEC 23006-2:2016	Information technology — Multimedia service platform technologies — Part 2: MPEG extensible middleware (MXM) API
ISO/IEC 23006-3:2016	Information technology — Multimedia service platform technologies — Part 3: Conformance and reference software
ISO/IEC 23006-4:2013	Information technology — Multimedia service platform technologies — Part 4: Elementary services
ISO/IEC 23006-5:2013	Information technology — Multimedia service platform technologies — Part 5: Service aggregation
ISO/IEC 23007-1:2010	Information technology — Rich media user interfaces — Part 1: Widgets

Standard	Title
ISO/IEC 23007-1:2010/Amd 1:2012	Information technology — Rich media user interfaces — Part 1: Widgets — Amendment 1: Widget extensions
ISO/IEC 23007-1:2010/Amd 1:2012/Cor 1:2012	Information technology — Rich media user interfaces — Part 1: Widgets — Amendment 1: Widget extensions — Technical Corrigendum 1
ISO/IEC 23007-1:2010/Amd 1:2012/Cor 2:2014	Information technology — Rich media user interfaces — Part 1: Widgets — Amendment 1: Widget extensions — Technical Corrigendum 2
ISO/IEC 23007-2:2012	Information technology — Rich media user interfaces — Part 2: Advanced user interaction (AUI) interfaces
ISO/IEC 23007-3:2011	Information technology — Rich media user interfaces — Part 3: Conformance and reference software
ISO/IEC 23007-3:2011/Amd 1:2015	Information technology — Rich media user interfaces — Part 3: Conformance and reference software — Amendment 1: Conformance and reference software for widget extension and AUI
ISO/IEC 23008-1:2017	Information technology — High efficiency coding and media delivery in heterogeneous environments — Part 1: MPEG media transport (MMT)
ISO/IEC 23008-1:2017/Amd 1:2017	Information technology — High efficiency coding and media delivery in heterogeneous environments — Part 1: MPEG media transport (MMT) — Amendment 1: Use of MMT Data in MPEG-H 3D Audio
ISO/IEC 23008-2:2020	Information technology — High efficiency coding and media delivery in heterogeneous environments — Part 2: High efficiency video coding
ISO/IEC 23008-2:2020/Amd 1:2021	Information technology — High efficiency coding and media delivery in heterogeneous environments — Part 2: High efficiency video coding — Amendment 1: Shutter interval information SEI message
ISO/IEC 23008-3:2019	Information technology — High efficiency coding and media delivery in heterogeneous environments — Part 3: 3D audio
ISO/IEC 23008-3:2019/Amd 1:2019	Information technology — High efficiency coding and media delivery in heterogeneous environments — Part 3: 3D audio — Amendment 1: Audio metadata enhancements
ISO/IEC 23008-3:2019/Amd 2:2020	Information technology — High efficiency coding and media delivery in heterogeneous environments — Part 3: 3D audio — Amendment 2: 3D Audio baseline profile, corrections and improvements
ISO/IEC 23008-4:2020	Information technology — High efficiency coding and media delivery in heterogeneous environments — Part 4: MMT reference software
ISO/IEC 23008-5:2017	Information technology — High efficiency coding and media delivery in heterogeneous environments — Part 5: Reference software for high efficiency video coding
ISO/IEC 23008-5:2017/Amd 1:2017	Information technology — High efficiency coding and media delivery in heterogeneous environments — Part 5: Reference software for high efficiency video coding — Amendment 1: Reference software for screen content coding extensions
ISO/IEC 23008-6:2021	Information technology — High efficiency coding and media delivery in heterogeneous environments — Part 6: 3D audio reference software
ISO/IEC 23008-8:2018	Information technology — High efficiency coding and media delivery in heterogeneous environments — Part 8: Conformance specification for HEVC
ISO/IEC 23008-8:2018/Amd 1:2019	Information technology — High efficiency coding and media delivery in heterogeneous environments — Part 8: Conformance specification for HEVC — Amendment 1: Conformance testing for HEVC screen content coding (SCC) extensions and non-intra high throughput profiles
ISO/IEC 23008-9:2022	Information technology — High efficiency coding and media delivery in heterogeneous environments — Part 9: 3D Audio conformance testing
ISO/IEC 23008-10:2015	Information technology — High efficiency coding and media delivery in heterogeneous environments — Part 10: MPEG media transport forward error correction (FEC) codes
ISO/IEC 23008-10:2015/Amd 1:2021	Information technology — High efficiency coding and media delivery in heterogeneous environments — Part 10: MPEG media transport forward error correction (FEC) codes — Amendment 1: Window-based FEC code
ISO/IEC 23008-11:2015	Information technology — High efficiency coding and media delivery in heterogeneous environments — Part 11: MPEG media transport composition information
ISO/IEC 23008-11:2015/Cor 1:2017	Information technology — High efficiency coding and media delivery in heterogeneous environments — Part 11: MPEG media transport composition information — Technical Corrigendum 1

Standard	Title
ISO/IEC 23008-12:2017	Information technology — High efficiency coding and media delivery in heterogeneous environments — Part 12: Image File Format
ISO/IEC 23008-12:2017/Amd 1:2020	Information technology — High efficiency coding and media delivery in heterogeneous environments — Part 12: Image File Format — Amendment 1: Support for predictive image coding, bursts, bracketing and other improvements
ISO/IEC 23008-12:2017/Cor 1:2020	Information technology — High efficiency coding and media delivery in heterogeneous environments — Part 12: Image File Format — Technical Corrigendum 1
ISO/IEC TR 23008-13:2020	Information technology — High efficiency coding and media delivery in heterogeneous environments — Part 13: MMT implementation guidance
ISO/IEC TR 23008-14:2018	Information technology — High efficiency coding and media delivery in heterogeneous environments — Part 14: Conversion and coding practices for HDR/WCG Y'CbCr 4:2:0 video with PQ transfer characteristics
ISO/IEC TR 23008-15:2018	Information technology — High efficiency coding and media delivery in heterogeneous environments — Part 15: Signalling, backward compatibility and display adaptation for HDR/WCG video
ISO/IEC 23009-1:2019	Information technology — Dynamic adaptive streaming over HTTP (DASH) — Part 1: Media presentation description and segment formats
ISO/IEC 23009-2:2020	Information technology — Dynamic adaptive streaming over HTTP (DASH) — Part 2: Conformance and reference software
ISO/IEC TR 23009-3:2015	Information technology — Dynamic adaptive streaming over HTTP (DASH) — Part 3: Implementation guidelines
ISO/IEC 23009-4:2018	Information technology — Dynamic adaptive streaming over HTTP (DASH) — Part 4: Segment encryption and authentication
ISO/IEC 23009-5:2017	Information technology — Dynamic adaptive streaming over HTTP (DASH) — Part 5: Server and network assisted DASH (SAND)
ISO/IEC 23009-5:2017/Amd 1:2020	Information technology — Dynamic adaptive streaming over HTTP (DASH) — Part 5: Server and network assisted DASH (SAND) — Amendment 1: Improvements on SAND messages
ISO/IEC 23009-6:2017	Information technology — Dynamic adaptive streaming over HTTP (DASH) — Part 6: DASH with server push and WebSockets
ISO/IEC 23009-8:2022	Information technology — Dynamic adaptive streaming over HTTP (DASH) — Part 8: Session-based DASH operations
ISO/IEC 23090-2:2021	Information technology — Coded representation of immersive media — Part 2: Omnidirectional media format
ISO/IEC 23090-3:2021	Information technology — Coded representation of immersive media — Part 3: Versatile video coding
ISO/IEC 23090-5:2021	Information technology — Coded representation of immersive media — Part 5: Visual volumetric video-based coding (V3C) and video-based point cloud compression (V-PCC)
ISO/IEC 23090-6:2021	Information technology — Coded representation of immersive media — Part 6: Immersive media metrics
ISO/IEC 23090-8:2020	Information technology — Coded representation of immersive media — Part 8: Network based media processing
ISO/IEC 23090-10:2022	Information technology — Coded representation of immersive media — Part 10: Carriage of visual volumetric video-based coding data
ISO/IEC 23090-17:2021	Information technology — Coded representation of immersive media — Part 17: Reference software and conformance for omnidirectional media format (OMAF)
ISO/IEC 23091-1:2018	Information technology — Coding-independent code points — Part 1: Systems
ISO/IEC 23091-2:2021	Information technology — Coding-independent code points — Part 2: Video
ISO/IEC 23091-3:2018	Information technology — Coding-independent code points — Part 3: Audio
ISO/IEC 23091-3:2018/Amd 1:2022	Information technology — Coding-independent code points — Part 3: Audio — Amendment 1: Headphone support
ISO/IEC TR 23091-4:2021	Information technology — Coding-independent code points — Part 4: Usage of video signal type code points
ISO/IEC 23092-1:2020	Information technology — Genomic information representation — Part 1: Transport and storage of genomic information
ISO/IEC 23092-2:2020	Information technology — Genomic information representation — Part 2: Coding of genomic information
ISO/IEC 23092-3:2020	Information technology — Genomic information representation — Part 3: Metadata and application programming interfaces (APIs)
ISO/IEC 23092-4:2020	Information technology — Genomic information representation — Part 4: Reference software
ISO/IEC 23092-5:2020	Information technology — Genomic information representation — Part 5: Conformance
ISO/IEC 23093-1:2022	Information technology — Internet of media things — Part 1: Architecture
ISO/IEC 23093-2:2022	Information technology — Internet of media things — Part 2: Discovery and communication API
ISO/IEC 23093-3:2022	Information technology — Internet of media things — Part 3: Media data formats and APIs
ISO/IEC 23093-4:2020	Information technology — Internet of media things — Part 4: Reference software and conformance

ISO/IEC 23094-1:2020	Information technology — General video coding — Part 1: Essential video coding
ISO/IEC 23094-2:2021	Information technology – General video coding — Part 2: Low complexity enhancement video coding
ISO/IEC 23094-4:2022	Information technology — General video coding — Part 4: Conformance and reference software for essential video coding
ISO/IEC TR 24800-1:2012	Information technology — JPSearch — Part 1: System framework and components
ISO/IEC 24800-2:2021	Information technology — JPSearch — Part 2: Registration, identification and management of schema and ontology
ISO/IEC 24800-3:2010	Information technology — JPSearch — Part 3: Query format
ISO/IEC 24800-3:2010/Amd 1:2015	Information technology — JPSearch — Part 3: Query format — Amendment 1: JPSearch API
ISO/IEC 24800-3:2010/Cor 1:2012	Information technology — JPSearch — Part 3: Query format — Technical Corrigendum 1
ISO/IEC 24800-4:2010	Information technology — JPSearch — Part 4: File format for metadata embedded in image data (JPEG and JPEG 2000)
ISO/IEC 24800-5:2011	Information technology — JPSearch — Part 5: Data interchange format between image repositories
ISO/IEC 24800-6:2012	Information technology — JPSearch — Part 6: Reference software
ISO/IEC TR 29170-1:2017	Information technology — Advanced image coding and evaluation — Part 1: Guidelines for image coding system evaluation
ISO/IEC 29170-2:2015	Information technology — Advanced image coding and evaluation — Part 2: Evaluation procedure for nearly lossless coding
ISO/IEC 29170-2:2015/Amd 1:2020	Information technology — Advanced image coding and evaluation — Part 2: Evaluation procedure for nearly lossless coding — Amendment 1: Evaluation procedure parameters for nearly lossless coding of high dynamic range media and image sequences
ISO/IEC TR 29199-1:2011	Information technology — JPEG XR image coding system — Part 1: System architecture
ISO/IEC 29199-2:2020	Information technology — JPEG XR image coding system — Part 2: Image coding specification
ISO/IEC 29199-3:2010	Information technology — JPEG XR image coding system — Part 3: Motion JPEG XR
ISO/IEC 29199-4:2010	Information technology — JPEG XR image coding system — Part 4: Conformance testing
ISO/IEC 29199-4:2010/Amd 1:2014	Information technology — JPEG XR image coding system — Part 4: Conformance testing — Amendment 1: Additional JPEG XR conformance test streams
ISO/IEC 29199-5:2012	Information technology — JPEG XR image coding system — Part 5: Reference software
ISO/IEC 29199-5:2012/Amd 1:2015	Information technology — JPEG XR image coding system — Part 5: Reference software — Amendment 1: Extension of the Reference Software: Support for the Boxed Based File Format

SC 31

ISO 1073-1:1976	Alphanumeric character sets for optical recognition -- Part 1: Character set OCR-A -- Shapes and dimensions of the printed image
ISO 1073-2:1976	Alphanumeric character sets for optical recognition -- Part 2: Character set OCR-B -- Shapes and dimensions of the printed image
ISO 1831:1980	Printing specifications for optical character recognition
ISO/IEC 15415:2011	Information technology -- Automatic identification and data capture techniques -- Bar code symbol print quality test specification -- Two-dimensional symbols
ISO/IEC 15416:2016	Automatic identification and data capture techniques -- Bar code print quality test specification -- Linear symbols
ISO/IEC 15417:2007	Information technology -- Automatic identification and data capture techniques -- Code 128 bar code symbology specification
ISO/IEC 15418:2016	Information technology -- Automatic identification and data capture techniques -- GS1 Application Identifiers and ASC MH10 Data Identifiers and maintenance
ISO/IEC 15419:2009	Information technology -- Automatic identification and data capture techniques -- Bar code digital imaging and printing performance testing
ISO/IEC 15420:2009	Information technology -- Automatic identification and data capture techniques -- EAN/UPC bar code symbology specification
ISO/IEC 15421:2010	Information technology -- Automatic identification and data capture techniques -- Bar code master test specifications
ISO/IEC 15423:2009	Information technology -- Automatic identification and data capture techniques -- Bar code scanner and decoder performance testing
ISO/IEC 15424:2008	Information technology -- Automatic identification and data capture techniques -- Data Carrier Identifiers (including Symbology Identifiers)

ISO/IEC 15426-1:2006	Information technology -- Automatic identification and data capture techniques -- Bar code verifier conformance specification -- Part 1: Linear symbols
ISO/IEC 15426-2:2015	Information technology -- Automatic identification and data capture techniques -- Bar code verifier conformance specification -- Part 2: Two-dimensional symbols
ISO/IEC 15434:2019	Information technology -- Automatic identification and data capture techniques -- Syntax for high-capacity ADC media
ISO/IEC 15438:2015	Information technology -- Automatic identification and data capture techniques -- PDF417 bar code symbology specification
ISO/IEC 15459-1:2014	Information technology -- Automatic identification and data capture techniques -- Unique identification -- Part 1: Individual transport units
ISO/IEC 15459-2:2015	Information technology -- Automatic identification and data capture techniques -- Unique identification -- Part 2: Registration procedures
ISO/IEC 15459-3:2014	Information technology -- Automatic identification and data capture techniques -- Unique identification -- Part 3: Common rules
ISO/IEC 15459-4:2014	Information technology -- Automatic identification and data capture techniques -- Unique identification -- Part 4: Individual products and product packages
ISO/IEC 15459-5:2014	Information technology -- Automatic identification and data capture techniques -- Unique identification -- Part 5: Individual returnable transport items (RTIs)
ISO/IEC 15459-6:2014	Information technology -- Automatic identification and data capture techniques -- Unique identification -- Part 6: Groupings
ISO/IEC 15961-1:2021	Information technology — Data protocol for radio frequency identification (RFID) for item management — Part 1: Application interface
ISO/IEC 15961-2:2019	Information technology — Data protocol for radio frequency identification (RFID) for item management — Part 2: Registration of RFID data constructs
ISO/IEC 15961-3:2019	Information technology -- Data protocol for radio frequency identification (RFID) for item management -- Part 3: RFID data constructs
ISO/IEC 15961-4:2016	Information technology -- Radio frequency identification (RFID) for item management: Data protocol -- Part 4: Application interface commands for battery assist and sensor functionality
ISO/IEC 15962:2022	Information technology — Radio frequency identification (RFID) for item management — Data protocol: data encoding rules and logical memory functions
ISO/IEC 15963-1:2020	Information technology — Radio frequency identification for item management — Part 1: Unique identification for RF tags numbering systems
ISO/IEC 15963-2:2020	Information technology — Radio frequency identification for item management — Part 2: Unique identification for RF tags registration procedures
ISO/IEC 16022:2006	Information technology -- Automatic identification and data capture techniques -- Data Matrix bar code symbology specification
ISO/IEC 16022:2006/Cor 1:2008	
ISO/IEC 16022:2006/Cor 2:2011	
ISO/IEC 16023:2000	Information technology -- International symbology specification -- MaxiCode
ISO/IEC 16388:2007	Information technology -- Automatic identification and data capture techniques -- Code 39 bar code symbology specification
ISO/IEC 16390:2007	Information technology -- Automatic identification and data capture techniques -- Interleaved 2 of 5 bar code symbology specification
ISO/IEC 16480:2015	Information technology -- Automatic identification and data capture techniques -- Reading and display of ORM by mobile devices
ISO 17364:2013	Supply chain applications of RFID -- Returnable transport items (RTIs) and returnable packaging items (RPIs)
ISO 17365:2013	Supply chain applications of RFID -- Transport units
ISO 17366:2013	Supply chain applications of RFID -- Product packaging
ISO 17367:2013	Supply chain applications of RFID -- Product tagging
ISO/IEC 18000-2:2009	Information technology -- Radio frequency identification for item management -- Part 2: Parameters for air interface communications below 135 kHz
ISO/IEC 18000-3:2010	Information technology -- Radio frequency identification for item management -- Part 3: Parameters for air interface communications at 13,56 MHz
ISO/IEC 18000-4:2018	Information technology -- Radio frequency identification for item management -- Part 4: Parameters for air interface communications at 2,45 GHz
ISO/IEC 18000-6:2013	Information technology -- Radio frequency identification for item management -- Part 6: Parameters for air interface communications at 860 MHz to 960 MHz General
ISO/IEC 18000-7:2014	Information technology -- Radio frequency identification for item management -- Part 7: Parameters for active air interface communications at 433 MHz
ISO/IEC 18000-61:2012	Information technology -- Radio frequency identification for item management -- Part 61: Parameters for air interface communications at 860 MHz to 960 MHz Type A
ISO/IEC 18000-62:2012	Information technology -- Radio frequency identification for item management -- Part 62: Parameters for air interface communications at 860 MHz to 960 MHz Type B

ISO/IEC 18000-63:2021	Information technology — Radio frequency identification for item management — Part 63: Parameters for air interface communications at 860 MHz to 960 MHz Type C
ISO/IEC 18000-64:2012	Information technology -- Radio frequency identification for item management -- Part 64: Parameters for air interface communications at 860 MHz to 960 MHz Type D
ISO/IEC TR 18001:2004	Information technology -- Radio frequency identification for item management -- Application requirements profiles
ISO/IEC 18004:2015	Information technology -- Automatic identification and data capture techniques -- QR Code bar code symbology specification
ISO/IEC 18046-1:2011	Information technology -- Radio frequency identification device performance test methods -- Part 1: Test methods for system performance
ISO/IEC 18046-2:2020	Information technology — Radio frequency identification device performance test methods — Part 2: Test methods for interrogator performance
ISO/IEC 18046-3:2020	Information technology — Radio frequency identification device performance test methods — Part 3: Test methods for tag performance
ISO/IEC 18046-4:2015	Information technology -- Radio frequency identification device performance test methods -- Part 4: Test methods for performance of RFID gates in libraries
ISO/IEC 18047-2:2012	Information technology -- Radio frequency identification device conformance test methods -- Part 2: Test methods for air interface communications below 135 kHz
ISO/IEC 18047-3:2022	Information technology — Radio frequency identification device conformance test methods — Part 3: Test methods for air interface communications at 13,56 MHz
ISO/IEC TR 18047-4:2004	Information technology -- Radio frequency identification device conformance test methods -- Part 4: Test methods for air interface communications at 2,45 GHz
ISO/IEC 18047-6:2017	Information technology -- Radio frequency identification device conformance test methods -- Part 6: Test methods for air interface communications at 860 MHz to 960 MHz
ISO/IEC TR 18047-7:2010	Information technology — Radio frequency identification device conformance test methods — Part 7: Test methods for active air interface communications at 433 MHz
ISO/IEC 18305:2016	Information technology -- Real time locating systems -- Test and evaluation of localization and tracking systems
ISO/IEC 19762:2016	Information technology -- Automatic identification and data capture (AIDC) techniques -- Harmonized vocabulary
ISO/IEC TR 19782:2006	Information technology -- Automatic identification and data capture techniques -- Effects of gloss and low substrate opacity on reading of bar code symbols
ISO/IEC 19823-10:2020	Information technology — Conformance test methods for security service crypto suites — Part 10: Crypto suite AES-128
ISO/IEC 19823-13:2018	Information technology -- Conformance test methods for security service crypto suites -- Part 13: Cryptographic Suite Grain-128A
ISO/IEC 19823-16:2020	Information technology — Conformance test methods for security service crypto suites — Part 16: Crypto suite ECDSA-ECDH security services for air interface communications
ISO/IEC 19823-19:2018	Information technology -- Conformance test methods for security service crypto suites -- Part 19: Crypto suite RAMON
ISO/IEC 19823-21:2019	Information technology -- Conformance test methods for security service crypto suites -- Part 21: Crypto suite SIMON
ISO/IEC 19823-22:2019	Information technology -- Conformance test methods for security service crypto suites -- Part 22: Crypto suite SPECK
ISO/IEC TR 20017:2011	Information technology -- Radio frequency identification for item management -- Electromagnetic interference impact of ISO/IEC 18000 interrogator emitters on implantable pacemakers and implantable cardioverter defibrillators
ISO/IEC 20248:2022	Information technology — Automatic identification and data capture techniques — Digital signature data structure schema
ISO/IEC 20830:2021	Information technology — Automatic identification and data capture techniques — Han Xin Code bar code symbology specification
ISO/IEC 21277:2018	Information technology -- Radio frequency identification device performance test methods -- Crypto suite
ISO/IEC/IEEE 21450:2010	Information technology -- Smart transducer interface for sensors and actuators -- Common functions, communication protocols, and Transducer Electronic Data Sheet (TEDS) formats
ISO/IEC/IEEE 21451-1:2010	Information technology -- Smart transducer interface for sensors and actuators -- Part 1: Network Capable Application Processor (NCAP) information model
ISO/IEC/IEEE 21451-2:2010	Information technology -- Smart transducer interface for sensors and actuators -- Part 2: Transducer to microprocessor communication protocols and Transducer Electronic Data Sheet (TEDS) formats
ISO/IEC/IEEE 21451-4:2010	Information technology -- Smart transducer interface for sensors and actuators -- Part 4: Mixed-mode communication protocols and Transducer Electronic Data Sheet (TEDS) formats
ISO/IEC/IEEE 21451-7:2011	Information technology -- Smart transducer interface for sensors and actuators -- Part 7: Transducer to radio frequency identification (RFID) systems communication protocols and Transducer Electronic Data Sheet (TEDS) formats
ISO/IEC 21471:2020	Information technology — Automatic identification and data capture techniques — Extended rectangular data matrix (DMRE) bar code symbology specification
ISO/IEC 22243:2019	Information technology — Radio frequency identification for item management — Methods for localization of RFID tags

Standard	Title
ISO/IEC 22603-1:2021	Information technology — Digital representation of product information — Part 1: General requirements
ISO/IEC 23200-1:2021	Information technology — Radio frequency identification for item management — Part 1: Interference rejection performance test method between a tag as defined in ISO/IEC 18000-63 and a heterogeneous wireless system
ISO/IEC 23634:2022	Information technology — Automatic identification and data capture techniques — JAB Code polychrome bar code symbology specification
ISO/IEC 23941:2022	Information technology — Automatic identification and data capture techniques — Rectangular Micro QR Code (rMQR) bar code symbology specification
ISO/IEC TR 24244:2022	Automatic identification and data capture techniques — Bar code print quality test specification — Evolution of the grading and measurement of linear symbols in ISO/IEC 15416
ISO/IEC 24458:2022	Information technology - Automatic identification and data capture techniques - Bar code printer and bar code reader performance testing specification
ISO/IEC TR 24720:2008	Information technology -- Automatic identification and data capture techniques -- Guidelines for direct part marking (DPM)
ISO/IEC 24723:2010	Information technology -- Automatic identification and data capture techniques -- GS1 Composite bar code symbology specification
ISO/IEC 24724:2011	Information technology -- Automatic identification and data capture techniques -- GS1 DataBar bar code symbology specification
ISO/IEC 24728:2006	Information technology -- Automatic identification and data capture techniques -- MicroPDF417 bar code symbology specification
ISO/IEC TR 24729-1:2008	Information technology -- Radio frequency identification for item management -- Implementation guidelines -- Part 1: RFID-enabled labels and packaging supporting ISO/IEC 18000-6C
ISO/IEC TR 24729-2:2008	Information technology -- Radio frequency identification for item management -- Implementation guidelines -- Part 2: Recycling and RFID tags
ISO/IEC TR 24729-3:2009	Information technology -- Radio frequency identification for item management -- Implementation guidelines -- Part 3: Implementation and operation of UHF RFID Interrogator systems in logistics applications
ISO/IEC TR 24729-4:2009	Information technology -- Radio frequency identification for item management -- Implementation guidelines -- Part 4: Tag data security
ISO/IEC 24730-1:2014	Information technology -- Real-time locating systems (RTLS) -- Part 1: Application programming interface (API)
ISO/IEC 24730-2:2012	Information technology -- Real time locating systems (RTLS) -- Part 2: Direct Sequence Spread Spectrum (DSSS) 2,4 GHz air interface protocol
ISO/IEC 24730-5:2010	Information technology -- Real-time locating systems (RTLS) -- Part 5: Chirp spread spectrum (CSS) at 2,4 GHz air interface
ISO/IEC 24730-21:2012	Information technology -- Real time locating systems (RTLS) -- Part 21: Direct Sequence Spread Spectrum (DSSS) 2,4 GHz air interface protocol: Transmitters operating with a single spread code and employing a DBPSK data encoding and BPSK spreading scheme
ISO/IEC 24730-22:2012	Information technology -- Real time locating systems (RTLS) -- Part 22: Direct Sequence Spread Spectrum (DSSS) 2,4 GHz air interface protocol: Transmitters operating with multiple spread codes and employing a QPSK data encoding and Walsh offset QPSK (WOQPSK) spreading scheme
ISO/IEC 24730-61:2013	Information technology -- Real time locating systems (RTLS) -- Part 61: Low rate pulse repetition frequency Ultra Wide Band (UWB) air interface
ISO/IEC 24730-62:2013	Information technology -- Real time locating systems (RTLS) -- Part 62: High rate pulse repetition frequency Ultra Wide Band (UWB) air interface
ISO/IEC 24753:2011	Information technology -- Radio frequency identification (RFID) for item management -- Application protocol: encoding and processing rules for sensors and batteries
ISO/IEC 24769-2:2013	Information technology -- Real-time locating systems (RTLS) device conformance test methods -- Part 2: Test methods for air interface communication at 2,4 GHz
ISO/IEC 24769-5:2012	Information technology -- Automatic identification and data capture techniques -- Real time locating systems (RTLS) device conformance test methods -- Part 5: Test methods for chirp spread spectrum (CSS) at 2,4 GHz air interface
ISO/IEC 24769-61:2015	Information Technology -- Real Time Locating System (RTLS) Device Conformance Test Methods -- Part 61: Low rate pulse repetition frequency Ultra Wide Band (UWB) air interface
ISO/IEC 24769-62:2015	Information Technology -- Real Time Locating System (RTLS) Device Conformance Test Methods -- Part 62: High rate pulse repetition frequency Ultra Wide Band (UWB) air interface
ISO/IEC 24770:2012	Information technology -- Real-time locating system (RTLS) device performance test methods -- Test methods for air interface communication at 2,4 GHz
ISO/IEC 24770-61:2015	Information technology -- Real Time Locating System (RTLS) device performance test methods -- Part 61: Low rate pulse repetition frequency Ultra Wide Band (UWB) air interface
ISO/IEC 24770-62:2015	Information technology -- Real-time locating system (RTLS) device performance test methods -- Part 62: High rate pulse repetition frequency Ultra Wide Band (UWB) air interface
ISO/IEC 24770-5:2019	Information technology —Real-time locating system (RTLS) device performance test methods — Part 5: Test methods for chirp spread spectrum (CSS) air interface
ISO/IEC 24778:2008	Information technology -- Automatic identification and data capture techniques -- Aztec Code bar code symbology specification

ISO/IEC 24791-1:2010	Information technology -- Radio frequency identification (RFID) for item management -- Software system infrastructure -- Part 1: Architecture
ISO/IEC 24791-2:2011	Information technology -- Radio frequency identification (RFID) for item management -- Software system infrastructure -- Part 2: Data management
ISO/IEC 24791-3:2014	Information technology -- Radio frequency identification (RFID) for item management -- Software system infrastructure -- Part 3: Device management
ISO/IEC 24791-5:2012	Information technology -- Radio frequency identification (RFID) for item management -- Software system infrastructure -- Part 5: Device interface
ISO/IEC 29133:2010	Information technology -- Automatic identification and data capture techniques -- Quality test specification for rewritable hybrid media data carriers
ISO/IEC 29143:2011	Information technology -- Automatic identification and data capture techniques -- Air interface specification for Mobile RFID interrogators
ISO/IEC 29158:2020	Information technology — Automatic identification and data capture techniques — Direct Part Mark (DPM) Quality Guideline
ISO/IEC 29160:2020	Information technology — Radio frequency identification for item management — RFID Emblem
ISO/IEC 29161:2016	Information technology -- Data structure -- Unique identification for the Internet of Things
ISO/IEC TR 29162:2012	Information technology -- Guidelines for using data structures in AIDC media
ISO/IEC 29167-1:2014	Information technology -- Automatic identification and data capture techniques -- Part 1: Security services for RFID air interfaces
ISO/IEC 29167-10:2017	Information technology -- Automatic identification and data capture techniques -- Part 10: Crypto suite AES-128 security services for air interface communications
ISO/IEC 29167-11:2014	Information technology -- Automatic identification and data capture techniques -- Part 11: Crypto suite PRESENT-80 security services for air interface communications
ISO/IEC 29167-12:2015	Information technology -- Automatic identification and data capture techniques -- Part 12: Crypto suite ECC-DH security services for air interface communications
ISO/IEC 29167-13:2015	Information technology -- Automatic identification and data capture techniques -- Part 13: Crypto suite Grain-128A security services for air interface communications
ISO/IEC 29167-14:2015	Information technology -- Automatic identification and data capture techniques -- Part 14: Crypto suite AES OFB security services for air interface communications
ISO/IEC TS 29167-15:2017	Information technology -- Automatic identification and data capture techniques -- Part 15: Crypto suite XOR security services for air interface communications
ISO/IEC 29167-16:2015	Information technology -- Automatic identification and data capture techniques -- Part 16: Crypto suite ECDSA-ECDH security services for air interface communications
ISO/IEC 29167-17:2015	Information technology -- Automatic identification and data capture techniques -- Part 17: Crypto suite cryptoGPS security services for air interface communications
ISO/IEC 29167-19:2019	Information technology — Automatic identification and data capture techniques — Part 19: Crypto suite RAMON security services for air interface communications
ISO/IEC 29167-21:2018	Information technology -- Automatic identification and data capture techniques -- Part 21: Crypto suite SIMON security services for air interface communications
ISO/IEC 29167-22:2018	Information technology -- Automatic identification and data capture techniques -- Part 22: Crypto suite SPECK security services for air interface communications
ISO/IEC 30116:2016	Information technology -- Automatic identification and data capture techniques -- Optical Character Recognition (OCR) quality testing

SC 32

ISO/IEC 5218:2022	Information technology — Codes for the representation of human sexes
ISO/IEC 6523-1:1998	Information technology — Structure for the identification of organizations and organization parts — Part 1: Identification of organization identification schemes
ISO/IEC 6523-2:1998	Information technology — Structure for the identification of organizations and organization parts — Part 2: Registration of organization identification schemes
ISO/TR 9007:1987	Information processing systems — Concepts and terminology for the conceptual schema and the information base
ISO/IEC 9075-1:2016	Information technology — Database languages — SQL — Part 1: Framework (SQL/Framework)
ISO/IEC 9075-1:2016/Cor 1:2022	Information technology — Database languages — SQL — Part 1: Framework (SQL/Framework) — Technical Corrigendum 1
ISO/IEC 9075-2:2016	Information technology — Database languages — SQL — Part 2: Foundation (SQL/Foundation)
ISO/IEC 9075-2:2016/Cor 1:2019	Information technology — Database languages — SQL — Part 2: Foundation (SQL/Foundation) — Technical Corrigendum 1

ISO/IEC 9075-2:2016/Cor 2:2022	Information technology — Database languages — SQL — Part 2: Foundation (SQL/Foundation) — Technical Corrigendum 2
ISO/IEC 9075-3:2016	Information technology — Database languages — SQL — Part 3: Call-Level Interface (SQL/CLI)
ISO/IEC 9075-3:2016/Cor 1:2022	Information technology — Database languages — SQL — Part 3: Call-Level Interface (SQL/CLI) — Technical Corrigendum 1
ISO/IEC 9075-4:2016	Information technology — Database languages — SQL — Part 4: Persistent stored modules (SQL/PSM)
ISO/IEC 9075-4:2016/Cor 1:2019	Information technology — Database languages — SQL — Part 4: Persistent stored modules (SQL/PSM) — Technical Corrigendum 1
ISO/IEC 9075-4:2016/Cor 2:2022	Information technology — Database languages — SQL — Part 4: Persistent stored modules (SQL/PSM) — Technical Corrigendum 2
ISO/IEC 9075-9:2016	Information technology — Database languages — SQL — Part 9: Management of External Data (SQL/MED)
ISO/IEC 9075-9:2016/Cor 1:2019	Information technology — Database languages — SQL — Part 9: Management of External Data (SQL/MED) — Technical Corrigendum 1
ISO/IEC 9075-9:2016/Cor 2:2022	Information technology — Database languages — SQL — Part 9: Management of External Data (SQL/MED) — Technical Corrigendum 2
ISO/IEC 9075-10:2016	Information technology — Database languages — SQL — Part 10: Object language bindings (SQL/OLB)
ISO/IEC 9075-10:2016/Cor 1:2022	Information technology — Database languages — SQL — Part 10: Object language bindings (SQL/OLB) — Technical Corrigendum 1
ISO/IEC 9075-11:2016	Information technology — Database languages — SQL — Part 11: Information and definition schemas (SQL/Schemata)
ISO/IEC 9075-11:2016/Cor 1:2019	Information technology — Database languages — SQL — Part 11: Information and definition schemas (SQL/Schemata) — Technical Corrigendum 1
ISO/IEC 9075-11:2016/Cor 2:2022	Information technology — Database languages — SQL — Part 11: Information and definition schemas (SQL/Schemata) — Technical Corrigendum 2
ISO/IEC 9075-13:2016	Information technology — Database languages — SQL — Part 13: SQL Routines and types using the Java TM programming language (SQL/JRT)
ISO/IEC 9075-13:2016/Cor 1:2019	Information technology — Database languages — SQL — Part 13: SQL Routines and types using the Java TM programming language (SQL/JRT) — Technical Corrigendum 1
ISO/IEC 9075-13:2016/Cor 2:2022	Information technology — Database languages — SQL — Part 13: SQL Routines and types using the Java TM programming language (SQL/JRT) — Technical Corrigendum 2
ISO/IEC 9075-14:2016	Information technology — Database languages — SQL — Part 14: XML-Related Specifications (SQL/XML)
ISO/IEC 9075-14:2016/Cor 1:2019	Information technology — Database languages — SQL — Part 14: XML-Related Specifications (SQL/XML) — Technical Corrigendum 1
ISO/IEC 9075-14:2016/Cor 2:2022	Information technology — Database languages — SQL — Part 14: XML-Related Specifications (SQL/XML) — Technical Corrigendum 2
ISO/IEC 9075-15:2019	Information technology database languages — SQL — Part 15: Multi-dimensional arrays (SQL/MDA)
ISO/IEC 9075-15:2019/Cor 1:2022	Information technology database languages — SQL — Part 15: Multi-dimensional arrays (SQL/MDA) — Technical Corrigendum 1
ISO/IEC 9579:2000	Information technology — Remote database access for SQL with security enhancement
ISO/IEC TR 9789:1994	Information technology — Guidelines for the organization and representation of data elements for data interchange — Coding methods and principles
ISO/IEC 10027:1990	Information technology — Information Resource Dictionary System (IRDS) framework
ISO/IEC TR 10032:2003	Information technology — Reference Model of Data Management
ISO/IEC 10728:1993/Amd 1:1995	Information technology — Information Resource Dictionary System (IRDS) Services Interface — Amendment 1: C language binding
ISO/IEC 10728:1993/Amd 3:1996	Information technology — Information Resource Dictionary System (IRDS) Services Interface — Amendment 3: CORBA IDL binding

Standard	Title
ISO/IEC 10728:1993/Amd 4:1998	Information technology — Information Resource Dictionary System (IRDS) Services Interface — Amendment 4: RPC IDL binding
ISO/IEC 10728:1993	Information technology — Information Resource Dictionary System (IRDS) Services Interface
ISO/IEC 10728:1993/Amd 2:1996	Information technology — Information Resource Dictionary System (IRDS) Services Interface — Amendment 2: Ada language binding
ISO/IEC 11179-1:2015	Information technology — Metadata registries (MDR) — Part 1: Framework
ISO/IEC TR 11179-2:2019	Information technology — Metadata registries (MDR) — Part 2: Classification
ISO/IEC 11179-3:2013	Information technology — Metadata registries (MDR) — Part 3: Registry metamodel and basic attributes
ISO/IEC 11179-3:2013/Amd 1:2020	Information technology — Metadata registries (MDR) — Part 3: Registry metamodel and basic attributes — Amendment 1
ISO/IEC 11179-4:2004	Information technology — Metadata registries (MDR) — Part 4: Formulation of data definitions
ISO/IEC 11179-5:2015	Information technology — Metadata registries (MDR) — Part 5: Naming principles
ISO/IEC 11179-6:2015	Information technology — Metadata registries (MDR) — Part 6: Registration
ISO/IEC 11179-7:2019	Information technology — Metadata registries (MDR) — Part 7: Metamodel for data set registration
ISO/IEC TS 11179-30:2019	Information technology — Metadata registries (MDR) — Part 30: Basic attributes of metadata
ISO/IEC 11404:2007	Information technology — General-Purpose Datatypes (GPD)
ISO/IEC 13238-3:1998	Information technology — Data Management — Part 3: IRDS export/import facility
ISO/IEC 13249-1:2016	Information technology — Database languages — SQL multimedia and application packages — Part 1: Framework
ISO/IEC 13249-2:2003	Information technology — Database languages — SQL multimedia and application packages — Part 2: Full-Text
ISO/IEC 13249-3:2016	Information technology — Database languages — SQL multimedia and application packages — Part 3: Spatial
ISO/IEC 13249-5:2003	Information technology — Database languages — SQL multimedia and application packages — Part 5: Still image
ISO/IEC 13249-6:2006	Information technology — Database languages — SQL multimedia and application packages — Part 6: Data mining
ISO/IEC 14662:2010	Information technology — Open-edi reference model
ISO/IEC 14957:2010	Information technology — Representation of data element values — Notation of the format
ISO/IEC 15944-1:2011	Information technology — Business operational view — Part 1: Operational aspects of open-edi for implementation
ISO/IEC 15944-2:2015	Information technology — Business operational view — Part 2: Registration of scenarios and their components as business objects
ISO/IEC 15944-4:2015	Information technology — Business operational view — Part 4: Business transaction scenarios — Accounting and economic ontology
ISO/IEC 15944-5:2008	Information technology — Business operational view — Part 5: Identification and referencing of requirements of jurisdictional domains as sources of external constraints
ISO/IEC TR 15944-6:2015	Information technology — Business operational view — Part 6: Technical introduction to e-Business modelling
ISO/IEC 15944-7:2009	Information technology — Business operational view — Part 7: eBusiness vocabulary
ISO/IEC 15944-8:2012	Information technology — Business operational view — Part 8: Identification of privacy protection requirements as external constraints on business transactions
ISO/IEC 15944-9:2015	Information technology — Business operational view — Part 9: Business transaction traceability framework for commitment exchange
ISO/IEC 15944-10:2013	Information technology — Business operational view — Part 10: IT-enabled coded domains as semantic components in business transactions
ISO/IEC 15944-12:2020	Information technology — Business operational view — Part 12: Privacy protection requirements (PPR) on information life cycle management (ILCM) and EDI of personal information (PI)
ISO/IEC TR 15944-14:2020	Information technology — Business operational view — Part 14: Open-edi reference model and cloud computing architecture
ISO/IEC 15944-20:2015	Information technology — Business operational view — Part 20: Linking business operational view to functional service view
ISO/IEC 19075-1:2021	Information technology — Guidance for the use of database language SQL — Part 1: XQuery regular expressions
ISO/IEC 19075-2:2021	Information technology — Guidance for the use of database language SQL — Part 2: Time-related information
ISO/IEC 19075-3:2021	Information technology — Guidance for the use of database language SQL — Part 3: SQL embedded in programs using the Java™ programming language
ISO/IEC 19075-4:2021	Information technology — Guidance for the use of database language SQL — Part 4: Routines and types using the Java™ programming language

ISO/IEC 19075-5:2021	Information technology — Guidance for the use of database language SQL — Part 5: Row pattern recognition
ISO/IEC 19075-6:2021	Information technology — Guidance for the use of database language SQL — Part 6: Support for JSON
ISO/IEC 19075-7:2021	Information technology — Guidance for the use of database language SQL — Part 7: Polymorphic table functions
ISO/IEC 19075-8:2021	Information technology — Guidance for the use of database language SQL — Part 8: Multidimensional arrays
ISO/IEC TR 19075-9:2020	Information technology database languages — Guidance for the use of database language SQL — Part 9: Online analytic processing (OLAP) capabilities
ISO/IEC 19502:2005	Information technology — Meta Object Facility (MOF)
ISO/IEC 19503:2005	Information technology — XML Metadata Interchange (XMI)
ISO/IEC TR 19583-1:2019	Information technology — Concepts and usage of metadata — Part 1: Metadata concepts
ISO/IEC TR 19583-21:2022	Information technology — Concepts and usage of metadata — Part 21: 11179-3 Data model in SQL
ISO/IEC TR 19583-22:2018	Information technology — Concepts and usage of metadata — Part 22: Registering and mapping development processes using ISO/IEC 19763
ISO/IEC TR 19583-23:2020	Information technology — Concepts and usage of metadata — Part 23: Data element exchange (DEX) for a subset of ISO/IEC 11179-3
ISO/IEC 19763-1:2015	Information technology — Metamodel framework for interoperability (MFI) — Part 1: Framework
ISO/IEC 19763-3:2020	Information technology — Metamodel framework for interoperability (MFI) — Part 3: Metamodel for ontology registration
ISO/IEC 19763-5:2015	Information technology — Metamodel framework for interoperability (MFI) — Part 5: Metamodel for process model registration
ISO/IEC 19763-6:2015	Information technology — Metamodel framework for interoperability (MFI) — Part 6: Registry Summary
ISO/IEC 19763-7:2015	Information technology — Metamodel framework for interoperability (MFI) — Part 7: Metamodel for service model registration
ISO/IEC 19763-8:2015	Information technology — Metamodel framework for interoperability (MFI) — Part 8: Metamodel for role and goal model registration
ISO/IEC TR 19763-9:2015	Information technology — Metamodel framework for interoperability (MFI) — Part 9: On demand model selection
ISO/IEC 19763-10:2014	Information technology — Metamodel framework for interoperability (MFI) — Part 10: Core model and basic mapping
ISO/IEC 19763-12:2015	Information technology — Metamodel framework for interoperability (MFI) — Part 12: Metamodel for information model registration
ISO/IEC TS 19763-13:2016	Information technology — Metamodel framework for interoperability (MFI) — Part 13: Metamodel for form design registration
ISO/IEC 19763-16:2021	Information technology — Metamodel framework for interoperability (MFI) — Part 16: Metamodel for document model registration
ISO/IEC 19773:2011	Information technology — Metadata Registries (MDR) modules
ISO/IEC TR 20943-1:2003	Information technology — Procedures for achieving metadata registry content consistency — Part 1: Data elements
ISO/IEC TR 20943-3:2004	Information technology — Procedures for achieving metadata registry content consistency — Part 3: Value domains
ISO/IEC TR 20943-5:2013	Information technology — Procedures for achieving metadata registry content consistency — Part 5: Metadata mapping procedure
ISO/IEC TR 20943-6:2013	Information technology — Procedures for achieving metadata registry content consistency — Part 6: Framework for generating ontologies
ISO/IEC 20944-1:2013	Information technology — Metadata Registries Interoperability and Bindings (MDR-IB) — Part 1: Framework, common vocabulary, and common provisions for conformance
ISO/IEC 20944-2:2013	Information technology — Metadata Registries Interoperability and Bindings (MDR-IB) — Part 2: Coding bindings
ISO/IEC 20944-3:2013	Information technology — Metadata Registries Interoperability and Bindings (MDR-IB) — Part 3: API bindings
ISO/IEC 20944-4:2013	Information technology — Metadata Registries Interoperability and Bindings (MDR-IB) — Part 4: Protocol bindings
ISO/IEC 20944-5:2013	Information technology — Metadata Registries Interoperability and Bindings (MDR-IB) — Part 5: Profiles
ISO/IEC 21838-1:2021	Information technology — Top-level ontologies (TLO) — Part 1: Requirements
ISO/IEC 21838-2:2021	Information technology — Top-level ontologies (TLO) — Part 2: Basic Formal Ontology (BFO)
ISO/IEC 24707:2018	Information technology — Common Logic (CL) — A framework for a family of logic-based languages

SC 34

ISO 8879:1986	Information processing -- Text and office systems -- Standard Generalized Markup Language (SGML)
ISO 8879:1986/Amd 1:1988	
ISO 8879:1986/Cor 1:1996	
ISO 8879:1986/Cor 2:1999	
ISO/IEC 9541-1:2012	Information technology -- Font information interchange -- Part 1: Architecture
ISO/IEC 9541-1:2012/Amd 1:2016	
ISO/IEC 9541-2:2012	Information technology -- Font information interchange -- Part 2: Interchange format
ISO/IEC 9541-3:2012	Information technology -- Font information interchange -- Part 3: Glyph shape representation
ISO/IEC 9541-4:2009	Information technology -- Font information interchange -- Part 4: Harmonization to Open Font Format
ISO/IEC 9541-4:2009/Cor 1:2009	
ISO/IEC TR 9573:1988	Information processing -- SGML support facilities -- Techniques for using SGML
ISO/IEC TR 9573-13:1991	Information technology -- SGML support facilities -- Techniques for using SGML -- Part 13: Public entity sets for mathematics and science
ISO/IEC TR 10036:2020	Information technology — Font information interchange — Registered glyph identifiers
ISO/IEC 10179:1996	Information technology -- Processing languages -- Document Style Semantics and Specification Language (DSSSL)
ISO/IEC 10179:1996/Amd 1:2003	Extensions to DSSSL
ISO/IEC 10179:1996/Amd 2:2005	Extensions to multilingual and complicated document styles
ISO/IEC 10179:1996/Cor 1:2001	
ISO/IEC 10744:1997	Information technology -- Hypermedia/Time-based Structuring Language (HyTime)
ISO/IEC 13250-2:2006	Information technology -- Topic Maps -- Part 2: Data model
ISO/IEC 13250-3:2013	Information technology -- Topic Maps -- Part 3: XML syntax
ISO/IEC 13250-4:2009	Information technology -- Topic Maps -- Part 4: Canonicalization
ISO/IEC 13250-5:2015	Information technology -- Topic Maps -- Part 5: Reference model
ISO/IEC 13250-6:2010	Information technology -- Topic Maps -- Part 6: Compact syntax
ISO/IEC 13673:2000	Information technology -- Document processing and related communication -- Conformance testing for Standard Generalized Markup Language (SGML) systems
ISO/IEC TR 15413:2001	Information technology -- Font services -- Abstract service definition
ISO/IEC 15445:2000	Information technology -- Document description and processing languages -- HyperText Markup Language (HTML)
ISO/IEC 19756:2011	Information technology -- Topic Maps -- Constraint Language (TMCL)
ISO/IEC 19757-2:2008	Information technology -- Document Schema Definition Language (DSDL) -- Part 2: Regular-grammar-based validation -- RELAX NG
ISO/IEC 19757-3:2020	Information technology — Document Schema Definition Languages (DSDL) — Part 3: Rule-based validation using Schematron
ISO/IEC 19757-4:2006	Information technology -- Document Schema Definition Languages (DSDL) -- Part 4: Namespace-based Validation Dispatching Language (NVDL)
ISO/IEC 19757-4:2006/Cor 1:2008	
ISO/IEC 19757-5:2011	Information technology -- Document Schema Definition Languages (DSDL) -- Part 5: Extensible Datatypes
ISO/IEC 19757-7:2020	Information technology — Document Schema Definition Languages (DSDL) — Part 7: Character Repertoire Description Language (CREPDL)
ISO/IEC 19757-8:2008	Information technology -- Document Schema Definition Languages (DSDL) -- Part 8: Document Semantics Renaming Language (DSRL)
ISO/IEC 19757-8:2008/Cor 1:2011	
ISO/IEC 19757-11:2011	Information technology -- Document Schema Definition Languages (DSDL) -- Part 11: Schema association
ISO/IEC TR 19758:2003	Information technology -- Document description and processing languages -- DSSSL library for complex compositions
ISO/IEC TR 19758:2003/Amd 1:2005	Extensions to basic composition styles and tables
ISO/IEC TR 19758:2003/Amd 2:2005	Extensions to multilingual compositions (South-East Asian compositions)
ISO/IEC TR 19758:2003/Amd 3:2005	Extensions to Multilingual Compositions (North and South Asian Compositions)

Standard	Title
ISO/IEC 21320-1:2015	Information technology -- Document Container File -- Part 1: Core
ISO/IEC TS 22424-1:2020	Digital publishing — EPUB3 preservation — Part 1: Principles
ISO/IEC TS 22424-2:2020	Digital publishing — EPUB3 preservation — Part 2: Metadata requirements
ISO/IEC TS 23078-1:2020	Information technology — Specification of DRM technology for digital publications — Part 1: Overview of copyright protection technologies in use in the publishing industry
ISO/IEC TS 23078-2:2020	Information technology — Specification of DRM technology for digital publications — Part 2: User key-based protection
ISO/IEC TS 23078-3:2021	Information technology — Specification of DRM technology for digital publications — Part 3: Device key-based protection
ISO/IEC 23736-1:2020	Information technology — Digital publishing — EPUB 3.0.1 — Part 1: Overview
ISO/IEC 23736-2:2020	Information technology — Digital publishing — EPUB 3.0.1 — Part 2: Publications
ISO/IEC 23736-3:2020	Information technology — Digital publishing — EPUB 3.0.1 — Part 3: Content documents
ISO/IEC 23736-4:2020	Information technology — Digital publishing — EPUB 3.0.1 — Part 4: Open container format
ISO/IEC 23736-5:2020	Information technology — Digital publishing — EPUB 3.0.1 — Part 5: Media overlays
ISO/IEC 23736-6:2020	Information technology — Digital publishing — EPUB 3.0.1 — Part 6: Canonical fragment identifiers
ISO/IEC 23761:2021	Digital publishing — EPUB accessibility — Conformance and discoverability requirements for EPUB publications
ISO/IEC 26300:2006	Information technology -- Open Document Format for Office Applications (OpenDocument) v1.0
ISO/IEC 26300:2006/Amd 1:2012	Open Document Format for Office Applications (OpenDocument) v1.1
ISO/IEC 26300:2006/Amd 1:2012/Cor 1:2014	
ISO/IEC 26300:2006/Cor 1:2010	
ISO/IEC 26300:2006/Cor 2:2011	
ISO/IEC 26300:2006/Cor 3:2014	
ISO/IEC 26300-1:2015	Information technology -- Open Document Format for Office Applications (OpenDocument) v1.2 -- Part 1: OpenDocument Schema
ISO/IEC 26300-2:2015	Information technology -- Open Document Format for Office Applications (OpenDocument) v1.2 -- Part 2: Recalculated Formula (OpenFormula) Format
ISO/IEC 26300-3:2015	Information technology -- Open Document Format for Office Applications (OpenDocument) v1.2 -- Part 3: Packages
ISO/IEC TR 29166:2011	Information technology -- Document description and processing languages -- Guidelines for translation between ISO/IEC 26300 and ISO/IEC 29500 document formats
ISO/IEC 29500-1:2016	Information technology -- Document description and processing languages -- Office Open XML File Formats -- Part 1: Fundamentals and Markup Language Reference
ISO/IEC 29500-2:2021	Document description and processing languages — Office Open XML file formats — Part 2: Open packaging conventions
ISO/IEC 29500-3:2015	Information technology -- Document description and processing languages -- Office Open XML File Formats -- Part 3: Markup Compatibility and Extensibility
ISO/IEC 29500-4:2016	Information technology -- Document description and processing languages -- Office Open XML File Formats -- Part 4: Transitional Migration Features
ISO/IEC TR 30114-1:2016	Information technology -- Extensions of Office Open XML file formats -- Part 1: Guidelines
ISO/IEC 30114-2:2018	Information technology -- Extensions of Office Open XML file formats -- Part 2: Character repertoire checking
ISO/IEC TS 30135-1:2014	Information technology -- Digital publishing -- EPUB3 -- Part 1: EPUB3 Overview
ISO/IEC TS 30135-2:2014	Information technology -- Digital publishing -- EPUB3 -- Part 2: Publications
ISO/IEC TS 30135-3:2014	Information technology -- Digital publishing -- EPUB3 -- Part 3: Content Documents
ISO/IEC TS 30135-4:2014	Information technology -- Digital publishing -- EPUB3 -- Part 4: Open Container Format
ISO/IEC TS 30135-5:2014	Information technology -- Digital publishing -- EPUB3 -- Part 5: Media Overlay
ISO/IEC TS 30135-6:2014	Information technology -- Digital publishing -- EPUB3 -- Part 6: EPUB Canonical Fragment Identifier
ISO/IEC TS 30135-7:2014	Information technology -- Digital publishing -- EPUB3 -- Part 7: EPUB3 Fixed-Layout Documents

SC 35

ISO/IEC 9995-1:2009	Information technology -- Keyboard layouts for text and office systems -- Part 1: General principles governing keyboard layouts
ISO/IEC 9995-2:2009	Information technology -- Keyboard layouts for text and office systems -- Part 2: Alphanumeric section
ISO/IEC 9995-2:2009/Amd 1:2012	Numeric keypad emulation
ISO/IEC 9995-3:2010	Information technology -- Keyboard layouts for text and office systems -- Part 3: Complementary layouts of the alphanumeric zone of the alphanumeric section
ISO/IEC 9995-4:2009	Information technology -- Keyboard layouts for text and office systems -- Part 4: Numeric section
ISO/IEC 9995-5:2009	Information technology -- Keyboard layouts for text and office systems -- Part 5: Editing and function section
ISO/IEC 9995-7:2009	Information technology -- Keyboard layouts for text and office systems -- Part 7: Symbols used to represent functions
ISO/IEC 9995-7:2009/Amd 1:2012	
ISO/IEC 9995-8:2009	Information technology -- Keyboard layouts for text and office systems -- Part 8: Allocation of letters to the keys of a numeric keypad
ISO/IEC 9995-9:2016	Information technology -- Keyboard layouts for text and office systems -- Part 9: Multi-lingual, multiscript keyboard layouts
ISO/IEC 9995-9:2016/Amd 1:2019	
ISO/IEC 9995-10:2013	Information technology -- Keyboard layouts for text and office systems -- Part 10: Conventional symbols and methods to represent graphic characters not uniquely recognizable by their glyph on keyboards and in documentation
ISO/IEC 9995-11:2015	Information technology -- Keyboard layouts for office systems -- Part 11: Functionality of dead keys and repertoires of characters entered by dead keys
ISO/IEC 9995-12:2020	Information technology — Keyboard layouts for text and office systems — Part 12: Keyboard group selection
ISO/IEC 10741-1:1995	Information technology -- User system interfaces -- Dialogue interaction -- Part 1: Cursor control for text editing
ISO/IEC 10741-1:1995/Amd 1:1996	Macro cursor control
ISO/IEC TR 11580:2007	Information technology -- Framework for describing user interface objects, actions and attributes
ISO/IEC 11581-1:2000	Information technology -- User system interfaces and symbols -- Icon symbols and functions -- Part 1: Icons -- General
ISO/IEC TR 11581-1:2011	Information technology -- User interface icons -- Part 1: Introduction to and overview of icon standards
ISO/IEC 11581-2:2000	Information technology -- User system interfaces and symbols -- Icon symbols and functions -- Part 2: Object icons
ISO/IEC 11581-3:2000	Information technology -- User system interfaces and symbols -- Icon symbols and functions -- Part 3: Pointer icons
ISO/IEC 11581-5:2004	Information technology -- User system interfaces and symbols -- Icon symbols and functions -- Part 5: Tool icons
ISO/IEC 11581-6:1999	Information technology -- User system interfaces and symbols -- Icon symbols and functions -- Part 6: Action icons
ISO/IEC 11581-10:2010	Information technology -- User interface icons -- Part 10: Framework and general guidance
ISO/IEC 11581-40:2011	Information technology -- User interface icons -- Part 40: Management of icon registration
ISO/IEC TS 11581-41:2014	Information technology -- User interface icons -- Part 41: Data structure to be used by the ISO/IEC JTC 1/SC 35 icon database
ISO/IEC 13066-1:2011	Information technology -- Interoperability with assistive technology (AT) -- Part 1: Requirements and recommendations for interoperability
ISO/IEC TR 13066-2:2016	Information technology -- Interoperability with assistive technology (AT) -- Part 2: Windows accessibility application programming interface (API)
ISO/IEC TR 13066-3:2012	Information technology -- Interoperability with assistive technology (AT) -- Part 3: IAccessible2 accessibility application programming interface (API)
ISO/IEC TR 13066-4:2015	Information technology -- Interoperability with assistive technology (AT) -- Part 4: Linux/UNIX graphical environments accessibility API
ISO/IEC TR 13066-6:2014	Information technology -- Interoperability with Assistive Technology (AT) -- Part 6: Java accessibility application programming interface (API)
ISO/IEC 13251:2019	Information technology -- Collection of graphical symbols for office equipment
ISO/IEC 14754:1999	Information technology -- Pen-Based Interfaces -- Common gestures for Text Editing with Pen-Based Systems
ISO/IEC 14755:1997	Information technology -- Input methods to enter characters from the repertoire of ISO/IEC 10646 with a keyboard or other input device
ISO/IEC 15411:1999	Information technology -- Segmented keyboard layouts

Standard	Title
ISO/IEC 15412:1999	Information technology -- Portable computer keyboard layouts
ISO/IEC TR 15440:2016	Information technology -- Future keyboards and other input devices and entry methods
ISO/IEC 15897:2011	Information technology -- User interfaces -- Procedures for the registration of cultural elements
ISO/IEC 15897:2011/Cor 1:2013	
ISO/IEC 17549-1:2022	Information technology — User interface requirements and recommendations on menu navigation — Part 1: Framework
ISO/IEC 17549-2:2020	Information technology — User interface guidelines on menu navigation — Part 2: Navigation with 4-direction devices
ISO/IEC 18021:2002	Information technology -- User interfaces for mobile tools for management of database communications in a client-server model
ISO/IEC 18035:2003	Information technology -- Icon symbols and functions for controlling multimedia software applications
ISO/IEC 18036:2003	Information technology -- Icon symbols and functions for World Wide Web browser toolbars
ISO/IEC TR 19764:2005	Information technology -- Guidelines, methodology and reference criteria for cultural and linguistic adaptability in information technology products
ISO/IEC TR 20007:2014	Information technology -- Cultural and linguistic interoperability -- Definitions and relationship between symbols, icons, animated icons, pictograms, characters and glyphs
ISO/IEC 20071-5:2022	Information technology — User interface component accessibility — Part 5: Accessible user interfaces for accessibility settings on information devices
ISO/IEC 20071-11:2019	Information technology — User interface component accessibility — Part 11: Guidance on text alternatives for images
ISO/IEC TS 20071-15:2017	Information technology -- User interface component accessibility -- Part 15: Guidance on scanning visual information for presentation as text in various modalities
ISO/IEC TS 20071-21:2015	Information technology -- User interface component accessibility -- Part 21: Guidance on audio descriptions
ISO/IEC 20071-23:2018	Information technology -- User interface component accessibility -- Part 23: Visual presentation of audio information (including captions and subtitles)
ISO/IEC TS 20071-25:2017	Information technology -- User interface component accessibility -- Part 25: Guidance on the audio presentation of text in videos, including captions, subtitles and other on-screen text
ISO/IEC 20382-1:2017	Information technology -- User interfaces -- Face-to-face speech translation -- Part 1: User interface
ISO/IEC 20382-2:2017	Information technology -- User interface -- Face-to-face speech translation -- Part 2: System architecture and functional components
ISO/IEC 23836:2020	Information technology — User interfaces — Universal interface for human language selection
ISO/IEC 24738:2006	Information technology -- Icon symbols and functions for multimedia link attributes
ISO/IEC 24752-8:2018	Information technology -- User interfaces -- Universal remote console -- Part 8: User interface resource framework
ISO/IEC 24755:2007	Information technology -- Screen icons and symbols for personal mobile communication devices
ISO/IEC 24756:2009	Information technology -- Framework for specifying a common access profile (CAP) of needs and capabilities of users, systems, and their environments
ISO/IEC 24757:2008	Information technology -- Keyboard interaction model -- Machine-readable keyboard description
ISO/IEC TR 24785:2009	Information technology -- Taxonomy of cultural and linguistic adaptability user requirements
ISO/IEC 24786:2009	Information technology -- User interfaces -- Accessible user interface for accessibility settings
ISO/IEC 29136:2012	Information technology -- User interfaces -- Accessibility of personal computer hardware
ISO/IEC 29138-1:2018	Information technology -- User interface accessibility -- Part 1: User accessibility needs
ISO/IEC TR 29138-2:2009	Information technology — Accessibility considerations for people with disabilities — Part 2: Standards inventory
ISO/IEC 29138-3:2022	Information technology — User interface accessibility — Part 3: Requirements and recommendations on user needs mapping
ISO/IEC 30071-1:2019	Information technology -- Development of user interface accessibility -- Part 1: Code of practice for creating accessible ICT products and services
ISO/IEC TR 30109:2015	Information technology -- User interfaces -- Worldwide availability of personalized computer environments
ISO/IEC 30112:2020	Information technology — Specification methods for cultural conventions
ISO/IEC 30113-1:2015	Information technology -- User interface -- Gesture-based interfaces across devices and methods -- Part 1: Framework
ISO/IEC 30113-5:2019	Information technology -- User interface -- Gesture-based interfaces across devices and methods -- Part 5: Gesture Interface Markup Language (GIML)
ISO/IEC 30113-11:2017	Information technology -- Gesture-based interfaces across devices and methods -- Part 11: Single-point gestures for common system actions
ISO/IEC 30113-12:2019	Information technology — User interfaces — Gesture-based interfaces across devices and methods — Part 12: Multi-point gestures for common system actions

ISO/IEC 30113-60:2020	Information technology — Gesture-based interfaces across devices and methods — Part 60: General guidance on gestures for screen readers
ISO/IEC 30113-61:2020	Information technology — Gesture-based interfaces across devices and methods — Part 61: Single-point gestures for screen readers
ISO/IEC 30122-1:2016	Information technology -- User interfaces -- Voice commands -- Part 1: Framework and general guidance
ISO/IEC 30122-2:2017	Information technology -- User interfaces -- Voice commands -- Part 2: Constructing and testing
ISO/IEC 30122-3:2017	Information technology -- User interfaces -- Voice commands -- Part 3: Translation and localization
ISO/IEC 30122-4:2016	Information technology -- User interfaces -- Voice commands -- Part 4: Management of voice command registration
ISO/IEC 30150-1:2022	Information technology — Affective computing user interface (AUI) — Part 1: Model

SC 36

ISO/IEC 2382-36:2019	Information technology -- Vocabulary -- Part 36: Learning, education and training
ISO/IEC TR 4339:2022	Information technology for learning, education and training — Reference model for information and communications technology (ICT) evaluation in education
ISO/IEC 12785-1:2009	Information technology -- Learning, education, and training -- Content packaging -- Part 1: Information model
ISO/IEC 12785-1:2009/Cor 1:2013	
ISO/IEC 12785-2:2011	Information technology -- Learning, education, and training -- Content packaging -- Part 2: XML binding
ISO/IEC TR 12785-3:2012	Information technology -- Learning, education, and training -- Content packaging -- Part 3: Best practice and implementation guide
ISO/IEC TR 18120:2016	Information technology -- Learning, education, and training -- Requirements for e-textbooks in education
ISO/IEC TR 18121:2015	Information technology -- Learning, education and training -- Virtual experiment framework
ISO/IEC 19479:2019	Information technology for learning, education, and training -- Learner mobility achievement information (LMAI)
ISO/IEC 19778-1:2015	Information technology -- Learning, education and training -- Collaborative technology -- Collaborative workplace -- Part 1: Collaborative workplace data model
ISO/IEC 19778-2:2015	Information technology -- Learning, education and training -- Collaborative technology -- Collaborative workplace -- Part 2: Collaborative environment data model
ISO/IEC 19778-3:2015	Information technology -- Learning, education and training -- Collaborative technology -- Collaborative workplace -- Part 3: Collaborative group data model
ISO/IEC 19780-1:2015	Information technology -- Learning, education and training -- Collaborative technology -- Collaborative learning communication -- Part 1: Text-based communication
ISO/IEC 19788-1:2011	Information technology -- Learning, education and training -- Metadata for learning resources -- Part 1: Framework
ISO/IEC 19788-1:2011/Amd 1:2014	
ISO/IEC 19788-2:2011	Information technology -- Learning, education and training -- Metadata for learning resources -- Part 2: Dublin Core elements
ISO/IEC 19788-2:2011/Amd 1:2016	Non-literal content value data elements
ISO/IEC 19788-3:2011	Information technology -- Learning, education and training -- Metadata for learning resources -- Part 3: Basic application profile
ISO/IEC 19788-3:2011/Amd 1:2016	
ISO/IEC 19788-4:2014	Information technology -- Learning, education and training -- Metadata for learning resources -- Part 4: Technical elements
ISO/IEC 19788-5:2012	Information technology -- Learning, education and training -- Metadata for learning resources -- Part 5: Educational elements
ISO/IEC 19788-7:2019	Information technology -- Learning, education and training -- Metadata for learning resources -- Part 7: Bindings
ISO/IEC 19788-8:2015	Information technology -- Learning, education and training -- Metadata for learning resources -- Part 8: Data elements for MLR records
ISO/IEC 19788-9:2015	Information technology -- Learning, education and training -- Metadata for learning resources -- Part 9: Data elements for persons
ISO/IEC TR 19788-11:2017	Information technology -- Learning, education and training -- Metadata for learning resources -- Part 11: Migration from LOM to MLR
ISO/IEC 19796-3:2009	Information technology -- Learning, education and training -- Quality management, assurance and metrics -- Part 3: Reference methods and metrics
ISO/IEC 20006-1:2014	Information technology for learning, education and training -- Information model for competency -- Part 1: Competency general framework and information model
ISO/IEC 20006-2:2015	Information technology for learning, education and training -- Information model for competency -- Part 2: Proficiency level information model

ISO/IEC 20013:2020	Information technology for learning, education and training — Reference framework of e-Portfolio information
ISO/IEC 20016-1:2014	Information technology for learning, education and training -- Language accessibility and human interface equivalencies (HIEs) in e-learning applications -- Part 1: Framework and reference model for semantic interoperability
ISO/IEC TR 20748-1:2016	Information technology for learning, education and training -- Learning analytics interoperability -- Part 1: Reference model
ISO/IEC TR 20748-2:2017	Information technology for learning, education and training -- Learning analytics interoperability -- Part 2: System requirements
ISO/IEC TS 20748-3:2020	Information technology for learning, education and training — Learning analytics interoperability — Part 3: Guidelines for data interoperability
ISO/IEC TS 20748-4:2019	Information technology for learning, education and training — Learning analytics interoperability — Part 4: Privacy and data protection policies
ISO/IEC TR 20821:2018	Information technology -- Learning, education and training -- Learning environment components for automated contents adaptation
ISO/IEC 22602:2019	Information technology — Learning, education and training — Competency models expressed in MLR
ISO/IEC 23126:2021	Information technology for learning, education and training — Ubiquitous learning resource organization and description framework
ISO/IEC 23127-1:2021	Information technology — Learning, education, and training — Metadata for facilitators of online learning — Part 1: Framework
ISO/IEC TR 23842-1:2020	Information technology for learning, education and training — Human factor guidelines for virtual reality content — Part 1: Considerations when using VR content
ISO/IEC TR 23842-2:2020	Information technology for learning, education, and training — Human factor guidelines for virtual reality content — Part 2: Considerations when making VR content
ISO/IEC TR 23843:2020	Information technology for learning, education and training — Catalogue model for virtual, augmented and mixed reality content
ISO/IEC 23988:2007	Information technology -- A code of practice for the use of information technology (IT) in the delivery of assessments
ISO/IEC 24703:2004	Information technology -- Participant Identifiers
ISO/IEC 24751-1:2008	Information technology -- Individualized adaptability and accessibility in e-learning, education and training -- Part 1: Framework and reference model
ISO/IEC 24751-2:2008	Information technology -- Individualized adaptability and accessibility in e-learning, education and training -- Part 2: "Access for all" personal needs and preferences for digital delivery
ISO/IEC 24751-3:2008	Information technology -- Individualized adaptability and accessibility in e-learning, education and training -- Part 3: "Access for all" digital resource description
ISO/IEC TS 24751-4:2019	Information technology for learning, education and training -- AccessForAll framework for individualized accessibility -- Part 4: Registry server API
ISO/IEC TR 24763:2011	Information technology — Learning, education and training — Conceptual Reference Model for Competency Information and Related Objects
ISO/IEC 29140:2021	Information technology for learning, education and training — Nomadicity and mobile technologies
ISO/IEC TR 29163-1:2009	Information technology — Sharable Content Object Reference Model (SCORM®) 2004 3rd Edition — Part 1: Overview Version 1.1
ISO/IEC TR 29163-2:2009	Information technology — Sharable Content Object Reference Model (SCORM®) 2004 3rd Edition — Part 2: Content Aggregation Model Version 1.1
ISO/IEC TR 29163-3:2009	Information technology — Sharable Content Object Reference Model (SCORM®) 2004 3rd Edition — Part 3: Run-Time Environment Version 1.1
ISO/IEC TR 29163-4:2009	Information technology — Sharable Content Object Reference Model (SCORM®) 2004 3rd Edition — Part 4: Sequencing and Navigation Version 1.1
ISO/IEC 29187-1:2013	Information technology -- Identification of privacy protection requirements pertaining to learning, education and training (LET) -- Part 1: Framework and reference model
ISO/IEC 40180:2017	Information technology -- Quality for learning, education and training -- Fundamentals and reference framework

SC 37

ISO/IEC 2382-37:2022	Information technology — Vocabulary — Part 37: Biometrics
ISO/IEC 19784-1:2018	Information technology -- Biometric application programming interface -- Part 1: BioAPI specification
ISO/IEC 19784-2:2007	Information technology -- Biometric application programming interface -- Part 2: Biometric archive function provider interface
ISO/IEC 19784-2:2007/Cor 1:2011	
ISO/IEC 19784-2:2007/Cor 2:2013	
ISO/IEC 19784-4:2011	Information technology -- Biometric application programming interface -- Part 4: Biometric sensor function provider interface

ISO/IEC 19784-4:2011/Cor 1:2013	
ISO/IEC 19785-1:2020	Information technology — Common Biometric Exchange Formats Framework — Part 1: Data element specification
ISO/IEC 19785-2:2021	Information technology — Common Biometric Exchange Formats Framework — Part 2: Biometric registration authority
ISO/IEC 19785-3:2020	Information technology — Common Biometric Exchange Formats Framework — Part 3: Patron format specifications
ISO/IEC 19785-4:2010	Information technology -- Common Biometric Exchange Formats Framework -- Part 4: Security block format specifications
ISO/IEC 19785-4:2010/Cor 1:2013	
ISO/IEC 19794-1:2006	Information technology -- Biometric data interchange formats -- Part 1: Framework
ISO/IEC 19794-1:2011	Information technology -- Biometric data interchange formats -- Part 1: Framework
ISO/IEC 19794-1:2011/Amd 1:2013	Conformance testing methodology
ISO/IEC 19794-1:2011/Amd 2:2015	Framework for XML encoding
ISO/IEC 19794-2:2005	Information technology -- Biometric data interchange formats -- Part 2: Finger minutiae data
ISO/IEC 19794-2:2005/Amd 1:2010	Detailed description of finger minutiae location, direction, and type
ISO/IEC 19794-2:2005/Amd 1:2010/Cor 2:2014	
ISO/IEC 19794-2:2005/Cor 1:2009	
ISO/IEC 19794-2:2011	Information technology -- Biometric data interchange formats -- Part 2: Finger minutiae data
ISO/IEC 19794-2:2011/Amd 1:2013	Conformance testing methodology and clarification of defects
ISO/IEC 19794-2:2011/Amd 2:2015	XML encoding and clarification of defects
ISO/IEC 19794-2:2011/Cor 1:2012	
ISO/IEC 19794-3:2006	Information technology -- Biometric data interchange formats -- Part 3: Finger pattern spectral data
ISO/IEC 19794-4:2005	Information technology -- Biometric data interchange formats -- Part 4: Finger image data
ISO/IEC 19794-4:2005/Cor 1:2011	
ISO/IEC 19794-4:2011	Information technology -- Biometric data interchange formats -- Part 4: Finger image data
ISO/IEC 19794-4:2011/Amd 1:2013	Conformance testing methodology and clarification of defects
ISO/IEC 19794-4:2011/Amd 2:2015	XML encoding and clarification of defects
ISO/IEC 19794-4:2011/Cor 1:2012	
ISO/IEC 19794-5:2005	Information technology -- Biometric data interchange formats -- Part 5: Face image data
ISO/IEC 19794-5:2011	Information technology -- Biometric data interchange formats -- Part 5: Face image data
ISO/IEC 19794-5:2011/Amd 1:2014	Conformance testing methodology and clarification of defects
ISO/IEC 19794-5:2011/Amd 2:2015	XML encoding and clarification of defects
ISO/IEC 19794-5:2011/Amd 2:2015/Cor 1:2016	
ISO/IEC 19794-6:2005	Information technology -- Biometric data interchange formats -- Part 6: Iris image data
ISO/IEC 19794-6:2011	Information technology -- Biometric data interchange formats -- Part 6: Iris image data

Standard	Title
ISO/IEC 19794-6:2011/Amd 1:2015	Conformance testing methodology and clarification of defects
ISO/IEC 19794-6:2011/Amd 2:2016	XML encoding and clarification of defects
ISO/IEC 19794-6:2011/Cor 1:2012	
ISO/IEC 19794-7:2007	Information technology -- Biometric data interchange formats -- Part 7: Signature/sign time series data
ISO/IEC 19794-7:2007/Cor 1:2009	
ISO/IEC 19794-7:2021	Information technology — Biometric data interchange formats — Part 7: Signature/sign time series data
ISO/IEC 19794-8:2006	Information technology -- Biometric data interchange formats -- Part 8: Finger pattern skeletal data
ISO/IEC 19794-8:2006/Cor 1:2011	
ISO/IEC 19794-8:2011	Information technology -- Biometric data interchange formats -- Part 8: Finger pattern skeletal data
ISO/IEC 19794-8:2011/Amd 1:2014	Conformance testing methodology
ISO/IEC 19794-8:2011/Cor 1:2012	
ISO/IEC 19794-9:2007	Information technology -- Biometric data interchange formats -- Part 9: Vascular image data
ISO/IEC 19794-9:2011	Information technology -- Biometric data interchange formats -- Part 9: Vascular image data
ISO/IEC 19794-9:2011/Amd 1:2013	Conformance testing methodology
ISO/IEC 19794-9:2011/Amd 2:2015	XML Encoding and clarification of defects
ISO/IEC 19794-9:2011/Cor 1:2012	
ISO/IEC 19794-10:2007	Information technology -- Biometric data interchange formats -- Part 10: Hand geometry silhouette data
ISO/IEC 19794-11:2013	Information technology -- Biometric data interchange formats -- Part 11: Signature/sign processed dynamic data
ISO/IEC 19794-11:2013/Amd 1:2014	Conformance test assertions
ISO/IEC 19794-13:2018	Information technology -- Biometric data interchange formats -- Part 13: Voice data
ISO/IEC 19794-14:2013	Information technology -- Biometric data interchange formats -- Part 14: DNA data
ISO/IEC 19794-14:2013/Amd 1:2016	Conformance testing and clarification of defects
ISO/IEC 19794-15:2017	Information technology -- Biometric data interchange format -- Part 15: Palm crease image data
ISO/IEC 19795-1:2021	Information technology — Biometric performance testing and reporting — Part 1: Principles and framework
ISO/IEC 19795-2:2007	Information technology -- Biometric performance testing and reporting -- Part 2: Testing methodologies for technology and scenario evaluation
ISO/IEC 19795-2:2007/Amd 1:2015	Testing of multimodal biometric implementations
ISO/IEC TR 19795-3:2007	Information technology -- Biometric performance testing and reporting -- Part 3: Modality-specific testing
ISO/IEC 19795-4:2008	Information technology -- Biometric performance testing and reporting -- Part 4: Interoperability performance testing
ISO/IEC 19795-5:2011	Information technology -- Biometric performance testing and reporting -- Part 5: Access control scenario and grading scheme
ISO/IEC 19795-6:2012	Information technology -- Biometric performance testing and reporting -- Part 6: Testing methodologies for operational evaluation
ISO/IEC 19795-7:2011	Information technology -- Biometric performance testing and reporting -- Part 7: Testing of on-card biometric comparison algorithms
ISO/IEC TS 19795-9:2019	Information technology — Biometric performance testing and reporting — Part 9: Testing on mobile devices
ISO/IEC 20027:2018	Information technology -- Guidelines for slap tenprint fingerprintture

Standard	Title
ISO/IEC 21472:2021	Information technology — Scenario evaluation methodology for user interaction influence in biometric system performance
ISO/IEC TR 22116:2021	Information technology — A study of the differential impact of demographic factors in biometric recognition system performance
ISO/IEC 24708:2008	Information technology -- Biometrics -- BioAPI Interworking Protocol
ISO/IEC 24709-1:2017	Information technology -- Conformance testing for the biometric application programming interface (BioAPI) -- Part 1: Methods and procedures
ISO/IEC 24709-2:2007	Information technology -- Conformance testing for the biometric application programming interface (BioAPI) -- Part 2: Test assertions for biometric service providers
ISO/IEC 24709-3:2011	Information technology -- Conformance testing for the biometric application programming interface (BioAPI) -- Part 3: Test assertions for BioAPI frameworks
ISO/IEC 24713-1:2008	Information technology -- Biometric profiles for interoperability and data interchange -- Part 1: Overview of biometric systems and biometric profiles
ISO/IEC 24713-2:2008	Information technology -- Biometric profiles for interoperability and data interchange -- Part 2: Physical access control for employees at airports
ISO/IEC 24713-3:2009	Information technology -- Biometric profiles for interoperability and data interchange -- Part 3: Biometrics-based verification and identification of seafarers
ISO/IEC TR 24714-1:2008	Information technology -- Biometrics -- Jurisdictional and societal considerations for commercial applications -- Part 1: General guidance
ISO/IEC TR 24722:2015	Information technology -- Biometrics -- Multimodal and other multibiometric fusion
ISO/IEC TR 24741:2018	Information technology -- Biometrics -- Overview and application
ISO/IEC 24779-1:2016	Information technology -- Cross-jurisdictional and societal aspects of implementation of biometric technologies -- Pictograms, icons and symbols for use with biometric systems -- Part 1: General principles
ISO/IEC 24779-4:2017	Information technology -- Cross-jurisdictional and societal aspects of implementation of biometric technologies -- Pictograms, icons and symbols for use with biometric systems -- Part 4: Fingerprint applications
ISO/IEC 24779-5:2020	Information technology — Cross-jurisdictional and societal aspects of implementation of biometric technologies — Pictograms, icons and symbols for use with biometric systems — Part 5: Face applications
ISO/IEC 24779-9:2015	Information technology -- Cross-jurisdictional and societal aspects of implementation of biometric technologies -- Pictograms, icons and symbols for use with biometric systems -- Part 9: Vascular applications
ISO/IEC 29109-1:2009	Information technology -- Conformance testing methodology for biometric data interchange formats defined in ISO/IEC 19794 -- Part 1: Generalized conformance testing methodology
ISO/IEC 29109-1:2009/Cor 1:2010	
ISO/IEC 29109-2:2010	Information technology -- Conformance testing methodology for biometric data interchange formats defined in ISO/IEC 19794 -- Part 2: Finger minutiae data
ISO/IEC 29109-4:2010	Information technology -- Conformance testing methodology for biometric data interchange formats defined in ISO/IEC 19794 -- Part 4: Finger image data
ISO/IEC 29109-4:2010/Cor 1:2011	
ISO/IEC 29109-5:2019	Information technology -- Conformance testing methodology for biometric data interchange formats defined in ISO/IEC 19794 -- Part 5: Face image data
ISO/IEC 29109-6:2011	Information technology -- Conformance testing methodology for biometric data interchange formats defined in ISO/IEC 19794 -- Part 6: Iris image data
ISO/IEC 29109-7:2011	Information technology -- Conformance testing methodology for biometric data interchange formats defined in ISO/IEC 19794 -- Part 7: Signature/sign time series data
ISO/IEC 29109-8:2011	Information technology -- Conformance testing methodology for biometric data interchange formats defined in ISO/IEC 19794 -- Part 8: Finger pattern skeletal data
ISO/IEC 29109-9:2011	Information technology -- Conformance testing methodology for biometric data interchange formats defined in ISO/IEC 19794 -- Part 9: Vascular image data
ISO/IEC 29109-10:2010	Information technology -- Conformance testing methodology for biometric data interchange formats defined in ISO/IEC 19794 -- Part 10: Hand geometry silhouette data
ISO/IEC 29120-1:2015	Information technology -- Machine readable test data for biometric testing and reporting -- Part 1: Test reports
ISO/IEC 29141:2009	Information technology -- Biometrics -- Tenprint capture using biometric application programming interface (BioAPI)
ISO/IEC TR 29144:2014	Information technology -- Biometrics -- The use of biometric technology in commercial Identity Management applications and processes
ISO/IEC TR 29156:2015	Information technology -- Guidance for specifying performance requirements to meet security and usability needs in applications using biometrics
ISO/IEC 29159-1:2010	Information technology -- Biometric calibration, augmentation and fusion data -- Part 1: Fusion information format

ISO/IEC 29164:2011	Information technology -- Biometrics -- Embedded BioAPI
ISO/IEC TR 29189:2015	Information technology -- Biometrics -- Evaluation of examiner assisted biometric applications
ISO/IEC TR 29194:2015	Information Technology -- Biometrics -- Guide on designing accessible and inclusive biometric systems
ISO/IEC TR 29195:2015	Traveller processes for biometric recognition in automated border control systems
ISO/IEC TR 29196:2018	Information technology -- Guidance for biometric enrolment
ISO/IEC 29197:2015	Information technology -- Evaluation methodology for environmental influence in biometric system performance
ISO/IEC TR 29198:2013	Information technology -- Biometrics -- Characterization and measurement of difficulty for fingerprint databases for technology evaluation
ISO/IEC 29794-1:2016	Information technology -- Biometric sample quality -- Part 1: Framework
ISO/IEC 29794-4:2017	Information technology -- Biometric sample quality -- Part 4: Finger image data
ISO/IEC TR 29794-5:2010	Information technology — Biometric sample quality — Part 5: Face image data
ISO/IEC 29794-6:2015	Information technology -- Biometric sample quality -- Part 6: Iris image data
ISO/IEC 30106-1:2016	Information technology -- Object oriented BioAPI -- Part 1: Architecture
ISO/IEC 30106-1:2016/Amd 1:2019	Additional specifications and conformance statements
ISO/IEC 30106-2:2020	Information technology — Object oriented BioAPI — Part 2: Java implementation
ISO/IEC 30106-3:2020	Information technology — Object oriented BioAPI — Part 3: C# implementation
ISO/IEC 30106-4:2019	Information technology — Object oriented BioAPI — Part 4: C++ implementation
ISO/IEC 30107-1:2016	Information technology -- Biometric presentation attack detection -- Part 1: Framework
ISO/IEC 30107-2:2017	Information technology -- Biometric presentation attack detection -- Part 2: Data formats
ISO/IEC 30107-3:2017	Information technology -- Biometric presentation attack detection -- Part 3: Testing and reporting
ISO/IEC 30107-4:2020	Information technology — Biometric presentation attack detection — Part 4: Profile for testing of mobile devices
ISO/IEC 30108-1:2015	Information technology -- Biometric Identity Assurance Services -- Part 1: BIAS services
ISO/IEC TR 30110:2015	Information technology -- Cross jurisdictional and societal aspects of implementation of biometric technologies -- Biometrics and children
ISO/IEC TR 30125:2016	Information technology -- Biometrics used with mobile devices
ISO/IEC 30136:2018	Information technology -- Performance testing of biometric template protection schemes
ISO/IEC 30137-1:2019	Information technology -- Use of biometrics in video surveillance systems -- Part 1: System design and specification
ISO/IEC 30137-4:2021	Information technology — Use of biometrics in video surveillance systems — Part 4: Ground truth and video annotation procedure
ISO/IEC 39794-1:2019	Information technology — Extensible biometric data interchange formats — Part 1: Framework
ISO/IEC 39794-4:2019	Information technology — Extensible biometric data interchange formats — Part 4: Finger image data
ISO/IEC 39794-5:2019	Information technology — Extensible biometric data interchange formats — Part 5: Face image data
ISO/IEC 39794-6:2021	Information technology — Extensible biometric data interchange formats — Part 6: Iris image data
ISO/IEC 39794-9:2021	Information technology — Extensible biometric data interchange formats — Part 9: Vascular image data
ISO/IEC 39794-16:2021	Information technology — Extensible biometric data interchange formats — Part 16: Full body image data
ISO/IEC 39794-17:2021	Information technology — Extensible biometric data interchange formats — Part 17: Gait image sequence data

SC 38

ISO/IEC TR 3445:2022	Information technology — Cloud computing — Audit of cloud services
ISO/IEC 17203:2017	Information technology -- Open Virtualization Format (OVF) specification
ISO/IEC 17788:2014	Information technology -- Cloud computing -- Overview and vocabulary
ISO/IEC 17789:2014	Information technology -- Cloud computing -- Reference architecture
ISO/IEC 17963:2013	Web Services for Management (WS-Management) Specification
ISO/IEC 18384-1:2016	Information technology -- Reference Architecture for Service Oriented Architecture (SOA RA) -- Part 1: Terminology and concepts for SOA

ISO/IEC 18384-2:2016	Information technology -- Reference Architecture for Service Oriented Architecture (SOA RA) -- Part 2: Reference Architecture for SOA Solutions
ISO/IEC 18384-3:2016	Information technology -- Reference Architecture for Service Oriented Architecture (SOA RA) -- Part 3: Service Oriented Architecture ontology
ISO/IEC 19086-1:2016	Information technology -- Cloud computing -- Service level agreement (SLA) framework -- Part 1: Overview and concepts
ISO/IEC 19086-2:2018	Cloud computing -- Service level agreement (SLA) framework -- Part 2: Metric model
ISO/IEC 19086-3:2017	Information technology -- Cloud computing -- Service level agreement (SLA) framework -- Part 3: Core conformance requirements
ISO/IEC 19941:2017	Information technology -- Cloud computing -- Interoperability and portability
ISO/IEC 19944-1:2020	Cloud computing and distributed platforms — Data flow, data categories and data use — Part 1: Fundamentals
ISO/IEC 19944-2:2022	Cloud computing and distributed platforms — Data flow, data categories and data use — Part 2: Guidance on application and extensibility
ISO/IEC 22123-1:2021	Information technology — Cloud computing — Part 1: Vocabulary
ISO/IEC 22624:2020	Information technology — Cloud computing — Taxonomy based data handling for cloud services
ISO/IEC TR 22678:2019	Information technology -- Cloud computing -- Guidance for policy development
ISO/IEC TS 23167:2020	Information technology — Cloud computing — Common technologies and techniques
ISO/IEC TR 23186:2018	Information technology -- Cloud computing -- Framework of trust for processing of multi-sourced data
ISO/IEC TR 23187:2020	Information technology — Cloud computing — Interacting with cloud service partners (CSNs)
ISO/IEC TR 23188:2020	Information technology — Cloud computing — Edge computing landscape
ISO/IEC TR 23613:2020	Information technology — Cloud computing — Cloud service metering elements and billing modes
ISO/IEC 23751:2022	Information technology — Cloud computing and distributed platforms — Data sharing agreement (DSA) framework
ISO/IEC TR 23951:2020	Information technology — Cloud computing — Guidance for using the cloud SLA metric model
ISO/IEC TR 30102:2012	Information technology -- Distributed Application Platforms and Services (DAPS) -- General technical principles of Service Oriented Architecture

SC 39

ISO/IEC 19395:2015	Information technology -- Sustainability for and by information technology -- Smart data centre resource monitoring and control
ISO/IEC TR 20913:2016	Information technology -- Data centres -- Guidelines on holistic investigation methodology for data centre key performance indicators
ISO/IEC 21836:2020ISO/IEC 21836:2020	Information technology — Data centres — Server energy effectiveness metric
ISO/IEC 22237-1:2021	Information technology -- Data centre facilities and infrastructures -- Part 1: General concepts
ISO/IEC TS 22237-2:2018	Information technology -- Data centre facilities and infrastructures -- Part 2: Building construction
ISO/IEC TS 22237-3:2021	Information technology -- Data centre facilities and infrastructures -- Part 3: Power distribution
ISO/IEC TS 22237-4:2021	Information technology -- Data centre facilities and infrastructures -- Part 4: Environmental control
ISO/IEC TS 22237-5:2018	Information technology -- Data centre facilities and infrastructures -- Part 5: Telecommunications cabling infrastructure
ISO/IEC TS 22237-6:2018	Information technology -- Data centre facilities and infrastructures -- Part 6: Security systems
ISO/IEC TS 22237-7:2018	Information technology -- Data centre facilities and infrastructures -- Part 7: Management and operational information
ISO/IEC TS 22237-30:2022	Information technology — Data centre facilities and infrastructures — Part 30: Earthquake risk and impact analysis
ISO/IEC TR 23050:2019	Information technology -- Data centres -- Impact on data centre resource metrics of electrical energy storage and export
ISO/IEC 23544:2021	Information Technology — Data centres — Application Platform Energy Effectiveness (APEE)
ISO/IEC TR 30132-1:2016	Information technology -- Information technology sustainability -- Energy efficient computing models -- Part 1: Guidelines for energy effectiveness evaluation
ISO/IEC 30134-1:2016	Information technology -- Data centres -- Key performance indicators -- Part 1: Overview and general requirements
ISO/IEC 30134-1:2016/Amd 1:2018	

ISO/IEC 30134-2:2016	Information technology -- Data centres -- Key performance indicators -- Part 2: Power usage effectiveness (PUE)
ISO/IEC 30134-2:2016/Amd 1:2018	
ISO/IEC 30134-3:2016	Information technology -- Data centres -- Key performance indicators -- Part 3: Renewable energy factor (REF)
ISO/IEC 30134-3:2016/Amd 1:2018	
ISO/IEC 30134-4:2017	Information technology -- Data centres -- Key performance indicators -- Part 4: IT Equipment Energy Efficiency for servers (ITEEsv)
ISO/IEC 30134-5:2017	Information technology -- Data centres -- Key performance indicators -- Part 5: IT Equipment Utilization for servers (ITEUsv)
ISO/IEC 30134-6:2021	Information technology — Data centres key performance indicators — Part 6: Energy Reuse Factor (ERF)
ISO/IEC 30134-8:2022	Information technology — Data centres key performance indicators — Part 8: Carbon usage effectiveness (CUE)
ISO/IEC 30134-9:2022	Information technology — Data centres key performance indicators — Part 9: Water usage effectiveness (WUE)

SC 40

ISO/IEC 20000-1:2018	Information technology -- Service management -- Part 1: Service management system requirements
ISO/IEC 20000-2:2019	Information technology -- Service management -- Part 2: Guidance on the application of service management systems
ISO/IEC 20000-2:2019/Amd 1:2020	Information technology — Service management — Part 2: Guidance on the application of service management systems — Amendment 1
ISO/IEC 20000-3:2019	Information technology -- Service management -- Part 3: Guidance on scope definition and applicability of ISO/IEC 20000-1
ISO/IEC TS 20000-5:2022	Information technology -- Service management -- Part 5: Exemplar implementation plan for ISO/IEC 20000-1
ISO/IEC 20000-6:2017	Information technology -- Service management -- Part 6: Requirements for bodies providing audit and certification of service management systems
ISO/IEC 20000-10:2018	Information technology -- Service management -- Part 10: Concepts and vocabulary
ISO/IEC TS 20000-11:2021	Information technology — Service management — Part 11: Guidance on the relationship between ISO/IEC 20000-1 and service management frameworks: ITIL?
ISO/IEC 30105-1:2016	Information technology -- IT Enabled Services-Business Process Outsourcing (ITES-BPO) lifecycle processes -- Part 1: Process reference model (PRM)
ISO/IEC 30105-2:2016	Information technology -- IT Enabled Services-Business Process Outsourcing (ITES-BPO) lifecycle processes -- Part 2: Process assessment model (PAM)
ISO/IEC 30105-3:2016	Information technology -- IT Enabled Services-Business Process Outsourcing (ITES-BPO) lifecycle processes -- Part 3: Measurement framework (MF) and organization maturity model (OMM)
ISO/IEC 30105-3:2016/Amd 1:2020	Information technology — IT Enabled Services-Business Process Outsourcing (ITES-BPO) lifecycle processes — Part 3: Measurement framework (MF) and organization maturity model (OMM) — Amendment 1
ISO/IEC 30105-4:2016	Information technology -- IT Enabled Services-Business Process Outsourcing (ITES-BPO) lifecycle processes -- Part 4: Terms and concepts
ISO/IEC 30105-5:2016	Information technology -- IT Enabled Services-Business Process Outsourcing (ITES-BPO) lifecycle processes -- Part 5: Guidelines
ISO/IEC TS 30105-6:2021	Information technology — IT Enabled Services-Business Process Outsourcing (ITES-BPO) lifecycle processes — Part 6: Guidelines on risk management
ISO/IEC TR 30105-7:2019	Information technology — IT Enabled Services-Business Process Outsourcing (ITES-BPO) lifecycle processes — Part 7: Exemplar for maturity assessment
ISO/IEC 30121:2015	Information technology -- Governance of digital forensic risk framework
ISO/IEC 38500:2015	Information technology -- Governance of IT for the organization
ISO/IEC TS 38501:2015	Information technology -- Governance of IT -- Implementation guide
ISO/IEC TR 38502:2017	Information technology -- Governance of IT -- Framework and model
ISO/IEC 38503:2022	Information technology — Governance of IT — Assessment of the governance of IT
ISO/IEC TR 38504:2016	Governance of information technology -- Guidance for principles-based standards in the governance of information technology
ISO/IEC 38505-1:2017	Information technology -- Governance of IT -- Governance of data -- Part 1: Application of ISO/IEC 38500 to the governance of data
ISO/IEC TR 38505-2:2018	Information technology -- Governance of IT -- Governance of data -- Part 2: Implications of ISO/IEC 38505-1 for data management
ISO/IEC TS 38505-3:2021	Information technology — Governance of data — Part 3: Guidelines for data classification

ISO/IEC 38506:2020	Information technology — Governance of IT — Application of ISO/IEC 38500 to the governance of IT enabled investments

SC 41

ISO/IEC 19637:2016	Information technology -- Sensor network testing framework
ISO/IEC 20005:2013	Information technology -- Sensor networks -- Services and interfaces supporting collaborative information processing in intelligent sensor networks
ISO/IEC 20924:2021	Information technology -- Internet of Things (IoT) -- Vocabulary
ISO/IEC 21823-1:2019	Internet of things (IoT) -- Interoperability for internet of things systems -- Part 1: Framework
ISO/IEC 21823-2:2020	Internet of things (IoT) — Interoperability for IoT systems — Part 2: Transport interoperability
ISO/IEC 21823-3:2021	Internet of things (IoT) — Interoperability for IoT systems — Part 3: Semantic interoperability
ISO/IEC 21823-4:2022	Internet of things (IoT) — Interoperability for IoT systems — Part 4: Syntactic interoperability
ISO/IEC TR 22417:2017	Information technology -- Internet of things (IoT) use cases
ISO/IEC TR 22560:2017	Information technology -- Sensor networks -- Use cases of aeronautics industry: Active Air-flow Control
ISO/IEC 29182-1:2013	Information technology -- Sensor networks: Sensor Network Reference Architecture (SNRA) -- Part 1: General overview and requirements
ISO/IEC 29182-2:2013	Information technology -- Sensor networks: Sensor Network Reference Architecture (SNRA) -- Part 2: Vocabulary and terminology
ISO/IEC 29182-3:2014	Information technology -- Sensor networks: Sensor Network Reference Architecture (SNRA) -- Part 3: Reference architecture views
ISO/IEC 29182-4:2013	Information technology -- Sensor networks: Sensor Network Reference Architecture (SNRA) -- Part 4: Entity models
ISO/IEC 29182-5:2013	Information technology -- Sensor networks: Sensor Network Reference Architecture (SNRA) -- Part 5: Interface definitions
ISO/IEC 29182-6:2014	Information technology -- Sensor networks: Sensor Network Reference Architecture (SNRA) -- Part 6: Applications
ISO/IEC 29182-7:2015	Information technology -- Sensor networks: Sensor Network Reference Architecture (SNRA) -- Part 7: Interoperability guidelines
ISO/IEC 30101:2014	Information technology -- Sensor networks: Sensor network and its interfaces for smart grid system
ISO/IEC 30128:2014	Information technology -- Sensor networks -- Generic Sensor Network Application Interface
ISO/IEC 30140-1:2018	Information technology -- Underwater acoustic sensor network (UWASN) -- Part 1: Overview and requirements
ISO/IEC 30140-2:2017	Information technology -- Underwater acoustic sensor network (UWASN) -- Part 2: Reference architecture
ISO/IEC 30140-3:2018	Information technology -- Underwater acoustic sensor network (UWASN) -- Part 3: Entities and interface
ISO/IEC 30140-4:2018	Information technology -- Underwater acoustic sensor network (UWASN) -- Part 4: Interoperability
ISO/IEC 30141:2018	Internet of Things (IoT) -- Reference Architecture
ISO/IEC 30141:2018/Cor 1:2018	Internet of Things (IoT) — Reference Architecture — Technical Corrigendum 1
ISO/IEC 30142:2020	Information technology — Underwater acoustic sensor network (UWASN) — Network management system overview and requirements
ISO/IEC 30143:2020	Information technology — Underwater acoustic sensor network (UWASN) — Application profiles
ISO/IEC 30144:2020	Information technology — Sensor network system architecture for power substations
ISO/IEC 30147:2021	Information technology — Internet of things — Methodology for trustworthiness of IoT system/service
ISO/IEC TR 30148:2019	Internet of Things (IoT) — Technical requirements and application of sensor network for wireless gas meters.
ISO/IEC 30161:2020	Internet of Things (IoT) — Requirements of IoT data exchange platform for various IoT services
ISO/IEC 30162:2022	Internet of Things (IoT) — Compatibility requirements and model for devices within industrial IoT systems
ISO/IEC 30163:2021	Internet of Things (IoT) — System requirements of IoT/SN technology-based integrated platform for chattel asset monitoring supporting financial services
ISO/IEC TR 30164:2020	Internet of things (IoT) — Edge computing
ISO/IEC 30165:2021	Internet of Things (IoT) — Real-time IoT framework
ISO/IEC TR 30166:2020	Internet of things (IoT) — Industrial IoT
ISO/IEC TR 30167:2021	Internet of Things (IoT) — Underwater communication technologies for IoT
ISO/IEC 30169:2022	Internet of Things (IoT) — IoT applications for electronic label system (ELS)
ISO/IEC 30171-1:2022	Internet of Things (IoT) — Base-station based underwater wireless acoustic network (B-UWAN) — Part 1: Overview and requirements
ISO/IEC TR 30174:2021	Internet of Things (IoT) — Socialized IoT system resembling human social interaction dynamics
ISO/IEC TR 30176:2021	Internet of Things (IoT) —- Integration of IoT and DLT/blockchain: Use cases

SC 42

ISO/IEC 20546:2019	Information technology -- Big data -- Overview and vocabulary
ISO/IEC TR 20547-1:2020	Information technology — Big data reference architecture — Part 1: Framework and application process
ISO/IEC TR 20547-2:2018	Information technology -- Big data reference architecture -- Part 2: Use cases and derived requirements
ISO/IEC 20547-3:2020	Information technology — Big data reference architecture — Part 3: Reference architecture
ISO/IEC TR 20547-5:2018	Information technology -- Big data reference architecture -- Part 5: Standards roadmap
ISO/IEC 22989:2022	Information technology — Artificial intelligence — Artificial intelligence concepts and terminology
ISO/IEC 23053:2022	Framework for Artificial Intelligence (AI) Systems Using Machine Learning (ML)
ISO/IEC TR 24027:2021	Information technology — Artificial intelligence (AI) — Bias in AI systems and AI aided decision making
ISO/IEC TR 24028:2020	Information technology — Artificial intelligence — Overview of trustworthiness in artificial intelligence
ISO/IEC TR 24029-1:2021	Artificial Intelligence (AI) — Assessment of the robustness of neural networks — Part 1: Overview
ISO/IEC TR 24030:2021	Information technology — Artificial intelligence (AI) — Use cases
ISO/IEC TR 24372:2021	Information technology — Artificial intelligence (AI) — Overview of computational approaches for AI systems
ISO/IEC 38507:2022	Information technology — Governance of IT — Governance implications of the use of artificial intelligence by organizations

附录 H ISO/IEC JTC 1 制定中的国际标准

（截至 2022 年 7 月 31 日）

总计 499 项，其中补篇（Amd）61 项，勘误（Cor）10 项，新项目（NP）63 项。

按 JTC 1 秘书处和 SC 归类，按标准项目号升序排列。（列入"JTC 1 秘书处"的项目是 JTC 1 秘书处负责维护的项目，它们由 JTC 1 直属的过渡性工作组负责推进。）

JTC 1 秘书处

ISO/IEC DIS 3532-1	Information technology — 3D Printing and scanning — Medical image-based modelling — Part 1: General requirement
ISO/IEC DIS 3532-2	Information technology — 3D Printing and scanning — Medical image-Based modelling — Part 2: Segmentation
ISO/IEC CD 4879	Information technology — Quantum computing — Terminology and vocabulary
ISO/IEC DIS 5087-1	Information technology — City data model — Part 1: Foundation level concepts
ISO/IEC CD 5087-2	Information technology — City data model — Part 2: City level concepts
ISO/IEC AWI 5087-3	Information technology — City data model — Part 3: Service level concepts -Transportation planning
ISO/IEC CD 5153-1	Information Technology — City service platform for public health emergencies — Part 1: Overview and general requirements
ISO/IEC AWI 8663	Information Technology-Brain-computer Interface-Vocabulary
ISO/IEC AWI 8801	Information Technology — 3D Printing and Scanning-- 3D scanned and labeled data Standard Operating Procedure (SOP) for evaluation of modelling from 3D scanned data
ISO/IEC AWI 8803	Information Technology — 3D Printing and Scanning — accuracy and precision evaluation process for modeling from 3D scanned data
ISO/IEC AWI 16466	Information Technology — 3D Printing and scanning — Assessment methods of 3D scanned data for 3D printing model
ISO/IEC DIS 17917	Smart cities — Guidance to establishing a decision-making framework for sharing data and information services
ISO/IEC AWI TR 18157	Information technology — Introduction to quantum computing
ISO/IEC 30115-1	Information technology — Redfish scalable platforms management API specification — Part 1: Redfish Specification v1.13.0
ISO/IEC 30115-2	Information technology — Redfish scalable platforms management API specification — Part 2: Redfish Schema Supplement v2021.1

SC 2

ISO/IEC WD TR 2375	Information technology — Procedure for registration of escape sequences and coded character sets
ISO/IEC 10646:2020/DAmd 1	Information technology — Universal coded character set (UCS) — Amendment 1: CJK Unified Ideographs Extension H, Vithkuqi, Old Uyghur, Cypro-Minoan, and other characters
ISO/IEC 10646:2020/WD Amd 2	Information technology — Universal coded character set (UCS) — Amendment 2
ISO/IEC 14651:2020/AWI Amd 1	Information technology — International string ordering and comparison — Method for comparing character strings and description of the common template tailorable ordering — Amendment 1

SC 6

ISO/IEC DIS 4005-1	Telecommunications and information exchange between systems — Low altitude drone area network (LADAN) — Part 1: Communication model and requirements
ISO/IEC DIS 4005-2	Telecommunications and information exchange between systems — Low altitude drone area network (LADAN) — Part 2: Physical and data link protocols for shared communication
ISO/IEC DIS 4005-3	Telecommunications and information exchange between systems — Low altitude drone area network (LADAN) — Part 3: Physical and data link protocols for control communication
ISO/IEC DIS 4005-4	Telecommunications and information exchange between systems — Low altitude drone area network (LADAN) — Part 4: Physical and data link protocols for video communication
ISO/IEC DIS 4396-1	Telecommunications and information exchange between systems — Future network recursive inter-network architecture — Part 1: Reference model

ISO/IEC DIS 4396-2	Telecommunications and information exchange between systems — Future network recursive inter-network architecture — Part 2: Common application connection establishment protocol
ISO/IEC DIS 4396-3	Telecommunications and information exchange between systems — Future network recursive inter-network architecture — Part 3: Common distributed application protocol
ISO/IEC DIS 4396-4	Telecommunications and information exchange between systems — Future network recursive inter-network architecture — Part 4: Complete enrollment procedures
ISO/IEC DIS 4396-5	Telecommunications and information exchange between systems — Future network recursive inter-network architecture — Part 5: Incremental enrollment procedures
ISO/IEC DIS 4396-6	Telecommunications and information exchange between systems — Future network recursive inter-network architecture — Part 6: RINA data transfer service
ISO/IEC DIS 4396-7	Telecommunications and information exchange between systems — Future network recursive inter-network architecture — Part 7: Flow allocator protocol
ISO/IEC DIS 4396-8	Telecommunications and information exchange between systems — Future network recursive inter-network architecture — Part 8: RINA general delimiting procedures
ISO/IEC DIS 4396-9	Telecommunications and information exchange between systems — Future network recursive inter-network architecture — Part 9: Error and flow control protocol
ISO/IEC CD 5021-1	Telecommunications and information exchange between systems — Wireless LAN Access Control — Part 1: Networking architecture specification
ISO/IEC CD 5021-2	Telecommunications and information exchange between systems — Wireless LAN Access Control — Part 2: Technical specification for dispatching platform
ISO/IEC/IEEE 8802-1AC:2018/DAmd 1	Information technology — Telecommunications and information exchange between systems — Local and metropolitan area networks — Part 1AC: Media access control (MAC) service definition — Amendment 1: Support for IEEE Std 802.15.3
ISO/IEC/IEEE 8802-1CB:2019/DAmd 1	Information technology — Telecommunications and information exchange between systems — Local and metropolitan area networks — Specific requirements — Part 1CB: Frame replication and elimination for reliability — Amendment 1: Information model, YANG data model, and management information base module
ISO/IEC/IEEE 8802-1CB:2019/DAmd 2	Information technology — Telecommunications and information exchange between systems — Local and metropolitan area networks — Specific requirements — Part 1CB: Frame replication and elimination for reliability — Amendment 2: Extend stream identification functions
ISO/IEC/IEEE DIS 8802-1BA	Information technology — Telecommunications and information exchange between systems — Local and metropolitan area networks — Specific requirements — Part 1BA: Audio video bridging (AVB) systems
ISO/IEC/IEEE 8802-3:2021/FDAmd 12	Telecommunications and exchange between information technology systems — Requirements for local and metropolitan area networks — Part 3: Standard for Ethernet — Amendment 12: Maintenance #15: Power over Ethernet
ISO/IEC/IEEE 8802-3:2021/FDAmd 13	Telecommunications and exchange between information technology systems — Requirements for local and metropolitan area networks — Part 3: Standard for Ethernet — Amendment 13: Physical layers and management parameters for 100 Gb/s operation over DWDM systems
ISO/IEC/IEEE 8802-3:2021/FDAmd 14	Telecommunications and exchange between information technology systems — Requirements for local and metropolitan area networks — Part 3: Standard for Ethernet — Amendment 14: Bidirectional 10 Gb/s, 25 Gb/s, and 50 Gb/s optical access PHYs
ISO/IEC 9594-11:2020/CD Amd 1	Information technology — Open systems interconnection directory — Part 11: Protocol specifications for secure operations — Amendment 1
ISO/IEC CD 9594-12.2	Information technology — Open systems interconnection — Part 12: The Directory: Public key infrastructure establishment and maintenance
ISO/IEC CD 18092	Telecommunications and information exchange between systems — Near Field Communication — Interface and Protocol (NFCIP-1)
ISO/IEC CD 19369	Information technology — Telecommunications and information exchange between systems — NFCIP-2 test methods
ISO/IEC DIS 21558-2	Telecommunications and information exchange between systems — Future network architecture — Part 2: Proxy model-based quality of service
ISO/IEC DIS 21559-2	Telecommunications and information exchange between systems — Future network protocols and mechanisms — Part 2: Proxy model-based quality of service
ISO/IEC CD 23917	Information technology — Telecommunications and information exchange between systems — NFCIP-1 Protocol test methods
ISO/IEC FDIS 29168-1	Information technology — Open systems interconnection — Part 1: Object identifier resolution system
ISO/IEC DIS 29168-2	Information technology — Open systems interconnection — Part 2: Procedures for the object identifier resolution system operational agency

SC 7

ISO/IEC DTR 7052	Software engineering – Controlling frequently occurring risks during development and maintenance of custom software
ISO/IEC WD 9837-1	Software and systems engineering — Systems resilience — Part 1: Concepts and vocabulary
ISO/IEC/IEEE FDIS 15026-2	Systems and software engineering — Systems and software assurance — Part 2: Assurance case
ISO/IEC/IEEE DIS 15288	Systems and software engineering — System life cycle processes
ISO/IEC CD 19770-6	Information technology — IT asset management — Part 6: Hardware Schema
ISO/IEC/IEEE DIS 23026	Systems and software engineering — Engineering and management of websites for systems, software, and services information
ISO/IEC AWI TR 24586-1	Software and systems engineering — Agile and DevOps principles and practices — Part 1: Agile principles and practices
ISO/IEC AWI TR 24586-2	Software and systems engineering — Agile and DevOps principles and practices — Part 2: DevOps principles and practices
ISO/IEC/IEEE DIS 24641	Systems and Software engineering — Methods and tools for model-based systems and software engineering
ISO/IEC/IEEE CD 24748-2	Systems and software engineering — Life cycle management — Part 2: Guidelines for the application of ISO/IEC/IEEE 15288 (System life cycle processes)
ISO/IEC/IEEE DIS 24748-6	Systems and software engineering — Life cycle management — Part 6: System and software integration
ISO/IEC/IEEE DIS 24748-9	Systems and software engineering — Life cycle management — Part 9: Application of system and software life cycle processes in epidemic prevention and control systems
ISO/IEC/IEEE FDIS 24748-7000	Systems and software engineering — Life cycle management — Part 7000: Standard model process for addressing ethical concerns during system design
ISO/IEC CD 24773-2	Software and systems engineering — Certification of software and systems engineering professionals — Part 2: Guidance regarding description of knowledge, skills, and competencies contained in schemes
ISO/IEC DIS 24773-4	Software and Systems Engineering — Certification of software and systems engineering professionals — Part 4: Software engineering
ISO/IEC CD 25002.3	Systems and software engineering — Systems and software Quality Requirements and Evaluation (SQuaRE) — Quality models overview and usage
ISO/IEC CD 25010.2	Systems and software engineering — Systems and software Quality Requirements and Evaluation (SQuaRE) — Product quality model
ISO/IEC CD 25019.3	Systems and software engineering — Systems and software Quality Requirements and Evaluation (SQuaRE) — Quality-in-use model
ISO/IEC AWI 25040	Systems and software engineering - Systems and software Quality Requirements and Evaluation (SQuaRE) - Quality evaluation framework
ISO/IEC/IEEE FDIS 26531	Systems and software engineering — Content management for product life cycle, user and service management information for users
ISO/IEC DIS 26563	Software and systems engineering — Methods and tools for product line configuration management
ISO/IEC DIS 26564	Software and systems engineering — Methods and tools for product line measurement
ISO/IEC CD 29110-1-1	Systems and software engineering — Lifecycle profiles for Very Small Entities (VSEs) — Part 1-1: Overview
ISO/IEC CD 29110-1-2	Systems and software engineering — Lifecycle profiles for Very Small Entities (VSEs) — Part 1-2: Vocabulary
ISO/IEC AWI TR 29110-5-5	Systems and software engineering — Lifecycle profiles for Very Small Entities (VSEs) — Part 5-5: DevOps guidelines
ISO/IEC DIS 29110-6-1	Systems and software engineering — Lifecycle profiles for Very Small Entities (VSEs) — Part 6-1: Software engineering — Specific Space Profile Specifications
ISO/IEC DTR 29119-8.2	Software and systems engineering — Software testing — Part 8: Model-based testing
ISO/IEC CD TR 29119-13	Software and systems engineering — Software testing — Part 13: Guidelines for the use of ISO/IEC/IEEE 29119 in the testing of biometric systems
ISO/IEC/IEEE 32675	Information technology — DevOps — Building reliable and secure systems including application build, package and deployment
ISO/IEC CD TS 33010	Information technology — Process assessment — Guidance for performing process assessments
ISO/IEC CD 33202	Software and systems engineering — Core Agile practices
ISO/IEC/IEEE CD 41062	Software engineering - Life cycle processes — Software acquisition
ISO/IEC/IEEE FDIS 42010	Software, systems and enterprise — Architecture description

SC 17

ISO/IEC AWI TS 7367	ISO-compliant vehicle mobile registration certificate
ISO/IEC 7810:2019/CD Amd 1	Identification cards — Physical characteristics — Amendment 1: Additional requirements for integrated circuit cards with contacts
ISO/IEC AWI 7811-9	Identification cards — Recording technique — Part 9: Tactile identifier mark
ISO/IEC 7816-3:2006/CD Amd 1	Identification cards — Integrated circuit cards — Part 3: Cards with contacts — Electrical interface and transmission protocols — Amendment 1: Additional voltage classes
ISO/IEC 7816-6	Identification cards — Integrated circuit cards — Part 6: Interindustry data elements for interchange
ISO/IEC 7816-8:2021/DAmd 1	Identification cards — Integrated circuit cards — Part 8: Commands and mechanisms for security operations — Amendment 1: Interoperability for the interchange of security operations using quantum safe cryptography
ISO/IEC 10373-1:2020/DAmd 1	Cards and security devices for personal identification — Test methods — Part 1: General characteristics — Amendment 1: Clarification of peel strength test method to be used for ISO/IEC 7810 conformance testing
ISO/IEC AWI 10373-6	Cards and security devices for personal identification — Test methods — Part 6: Contactless proximity objects
ISO/IEC WD 17839-2	Information technology — Biometric System-on-Card — Part 2: Physical characteristics
ISO/IEC 18013-2:2020/DAmd 1	Personal identification — ISO-compliant driving licence — Part 2: Machine-readable technologies — Amendment 1: DG11 length for compact encoding
ISO/IEC 18013-3:2017/DAmd 2	Information technology — Personal identification — ISO-compliant driving licence — Part 3: Access control, authentication and integrity validation — Amendment 2: Certificate hash for compact encoding
ISO/IEC 18013-4:2019/CD Amd 1	Personal identification — ISO-compliant driving licence — Part 4: Test methods — Amendment 1: Test methods for compact encoding
ISO/IEC AWI TS 18013-6	Personal identification — ISO-compliant driving licence — Part 6: mDL test methods
ISO/IEC AWI TS 18013-7	Personal identification — ISO-compliant driving licence — Part 7: Mobile driving licence (mDL) add-on functions
ISO/IEC WD 18584-1	Information Technology – Test methods for on-card biometric comparison applications — Part 1: General principles and specifications
ISO/IEC AWI 18584-2	Information Technology – Test methods for on-card biometric comparison applications — Part 2: Work-sharing mechanism
ISO/IEC CD 22460-1.2	ISO license and drone identity module for drone (Ultra light vehicle or unmanned aircraft system) — Part 1: Physical characteristics and basic data sets for drone licence
ISO/IEC DIS 23220-1	Cards and security devices for personal identification — Building blocks for identity management via mobile devices — Part 1: Generic system architectures of mobile eID systems
ISO/IEC AWI TS 23220-2	Cards and security devices for personal identification — Building blocks for identity management via mobile devices — Part 2: Data objects and encoding rules for generic eID systems
ISO/IEC AWI TS 23220-3	Cards and security devices for personal identification — Building blocks for identity management via mobile devices — Part 3: Protocols and services for issuing phase
ISO/IEC AWI TS 23220-4	Cards and security devices for personal identification — Building blocks for identity management via mobile devices — Part 4: Protocols and services for operational phase
ISO/IEC AWI TS 23220-5	Cards and security devices for personal identification — Building blocks for identity management via mobile devices — Part 5: Trust models and confidence level assessment
ISO/IEC AWI TS 23220-6	Cards and security devices for personal identification — Building blocks for identity management via mobile devices — Part 6: Mechanism for use of certification on trustworthiness of secure area
ISO/IEC DIS 23465-1	Card and security devices for personal identification — Programming interface for security devices — Part 1: Introduction and architecture description
ISO/IEC DTS 23465-2.2	Card and security devices for personal identification — Programming interface for security devices — Part 2: API definition
ISO/IEC AWI TS 23465-3	Card and security devices for personal identification — Programming interface for security devices — Part 3: Proxy
ISO/IEC DIS 24787-1	Information technology - On-card biometric comparison — Part 1: General principles and specifications
ISO/IEC DIS 24787-2	Information Technology - On-card biometric comparison — Part 2: Work-sharing mechanism
ISO/IEC DIS 24789-1	Identification cards — Card service life — Part 1: Application profiles and requirements
ISO/IEC DIS 24789-2	Identification cards — Card service life — Part 2: Methods of evaluation
ISO/IEC DIS 23220-1	Cards and security devices for personal identification — Building blocks for identity management via mobile devices — Part 1: Generic system architectures of mobile eID systems
ISO/IEC AWI TS 23220-2	Cards and security devices for personal identification — Building blocks for identity management via mobile devices — Part 2: Data objects and encoding rules for generic eID systems

SC 22

ISO/IEC CD 1539-1	Information technology — Programming languages — Fortran — Part 1: Base language
ISO/IEC DIS 1989	Information technology — Programming languages, their environments and system software interfaces — Programming language COBOL
ISO/IEC AWI TS 6010	Information technology — Programming languages — A Provenance-aware Memory Object Model for C
ISO/IEC DIS 8652	Information technology — Programming languages — Ada
ISO/IEC WD 9899	Information technology — Programming languages — C
ISO/IEC AWI TS 9922	Programming Languages — Technical specification for C++ extensions for concurrency 2
ISO/IEC DTS 12907	Programming languages — Technical Specification — C++ Extensions for Transactional Memory 2
ISO/IEC AWI TS 13211-3	Information technology — Programming languages — Part 3: Definite clause grammar rules
ISO/IEC AWI 14882	Programming languages — C++
ISO/IEC AWI TS 18661-4	Information Technology — Programming languages, their environments, and system software interfaces — Floating-point extensions for C — Part 4: Supplementary functions
ISO/IEC AWI TS 18661-5	Information Technology — Programming languages, their environments, and system software interfaces — Floating-point extensions for C — Part 5: Supplementary attributes
ISO/IEC AWI TS 19568	Programming Languages — C++ Extensions for Library Fundamentals
ISO/IEC DTR 24718	Guidance for the use of the Ada Ravenscar Profile in high integrity systems
ISO/IEC CD 24772-1	Programming languages — Guidance to avoiding vulnerabilities in programming languages — Part 1: Language-independent guidance
ISO/IEC WD TR 24772-4	Information technology — Programming languages — Guidance to avoiding vulnerabilities in programming languages — Part 4: Python
ISO/IEC WD TR 24772-6	Information technology — Programming languages — Guidance to avoiding vulnerabilities in programming languages — Part 6: Spark
ISO/IEC AWI TR 24772-8.2	Information technology — Programming languages — Guidance to avoiding vulnerabilities in programming languages — Part 8: Fortran
ISO/IEC WD TR 24772-10	Information technology — Programming languages — Guidance to avoiding vulnerabilities in programming languages — Part 10: Guidance for programming language C++
ISO/IEC WD TR 24772-11	Information technology — Programming languages — Guidance to avoiding vulnerabilities in programming languages — Part 11: Guidance for programming language Java

SC 23

ISO/IEC DIS 9660	Information processing — Volume and file structure of CD-ROM for information interchange

SC 24

ISO/IEC DIS 3721-1	Information technology — Information model for mixed and augmented reality Content — Part 1: Core objects and attributes
ISO/IEC DIS 3721-2	Information technology - Information model for mixed and augmented reality content — Part 2: Augmentation style specification
ISO/IEC DTS 5147	Information technology — Guidelines for Representation and Visualization of Smart Cities
ISO/IEC AWI 5236	Use of AR/VR with Personal Protective Equipment (PPE) and cleanliness — guidance on ensuring devices enhance use of existing PPE and cleanliness requirements
ISO/IEC AWI 5927	AR/VR safety-- guidance on safe immersion, set up and usage
ISO/IEC AWI 9234	Information technology — Information modelling for VR/AR/MR based education and training systems
ISO/IEC AWI TR 16088	Constructs for visual positioning systems in mixed and augmented reality (MAR)
ISO/IEC DIS 18041-5	Information technology — Computer graphics, image processing and environmental data representation — Environmental Data Coding Specification (EDCS) language bindings — Part 5: C++
ISO/IEC AWI 18042-5	Information technology — Computer graphics and image processing — Spatial Reference Model (SRM) language bindings — Part 5: Part 5: C++
ISO/IEC DIS 19775-1	Information technology — Computer graphics, image processing and environmental data representation — Extensible 3D (X3D) — Part 1: Architecture and base components
ISO/IEC CD 19777-3	Information technology — Computer graphics and image processing — Extensible 3D (X3D) language bindings — Part 3: Part 3: C
ISO/IEC CD 19777-4	Information technology — Computer graphics and image processing — Extensible 3D (X3D) language bindings — Part 4: Part 4 — C++

| ISO/IEC CD 19777-5 | Information technology — Computer graphics and image processing — Extensible 3D (X3D) language bindings — Part 5: Part 5 — C# |

SC 25

| ISO/IEC AWI 24383 | Information technology — Physical network security for the accommodation of customer premises cabling infrastructure and information technology equipment |

SC 27

ISO/IEC DIS 4922-1	Information security — Secure multiparty computation — Part 1: General
ISO/IEC CD 4922-2.2	Information security — Secure multiparty computation — Part 2: Mechanisms based on secret sharing
ISO/IEC AWI 5888	Information security, cybersecurity and privacy protection — Security requirements and evaluation activities for connected vehicle devices
ISO/IEC DTR 5891	Information security, cybersecurity and privacy protection — Hardware monitoring technology for hardware security assessment
ISO/IEC DTR 6114	Cybersecurity - Security assurance throughout the product life cycle
ISO/IEC CD TS 9569	Information security, cybersecurity and privacy protection — Towards Creating an Extension for Patch Management for ISO/IEC 15408 and ISO/IEC 18045
ISO/IEC 9797-1:2011/CD Amd 1	Information technology — Security techniques — Message Authentication Codes (MACs) — Part 1: Mechanisms using a block cipher — Amendment 1: Information technology — Security techniques — Message authentication codes (MACs) — Part 1: Mechanisms using a block cipher — Amendment 1
ISO/IEC CD 14888-4	Information technology — Security techniques — Digital signatures with appendix — Part 4: Stateful hash-based mechanisms
ISO/IEC 15408-1	Information security, cybersecurity and privacy protection — Evaluation criteria for IT security — Part 1: Introduction and general model
ISO/IEC 15408-2	Information security, cybersecurity and privacy protection — Evaluation criteria for IT security — Part 2: Security functional components
ISO/IEC 15408-3	Information security, cybersecurity and privacy protection — Evaluation criteria for IT security — Part 3: Security assurance components
ISO/IEC 15408-4	Information security, cybersecurity and privacy protection — Evaluation criteria for IT security — Part 4: Framework for the specification of evaluation methods and activities
ISO/IEC 15408-5	Information security, cybersecurity and privacy protection — Evaluation criteria for IT security — Part 5: Pre-defined packages of security requirements
ISO/IEC CD 17825	Information technology — Security techniques — Testing methods for the mitigation of non-invasive attack classes against cryptographic modules
ISO/IEC CD 18031	Information technology — Security techniques — Random bit generation
ISO/IEC AWI 18033-8	Information security — Encryption algorithms — Part 8: Fully Homomorphic Encryption
ISO/IEC 18045	Information security, cybersecurity and privacy protection — Evaluation criteria for IT security — Methodology for IT security evaluation
ISO/IEC WD 19790.3	Information technology — Security techniques — Security requirements for cryptographic modules
ISO/IEC WD 19792	Information technology — Security techniques — Security evaluation of biometrics
ISO/IEC WD 19896-1	IT security techniques — Competence requirements for information security testers and evaluators — Part 1: Introduction, concepts and general requirements
ISO/IEC WD 19896-2	IT security techniques — Competence requirements for information security testers and evaluators — Part 2: Knowledge, skills and effectiveness requirements for ISO/IEC 19790 testers
ISO/IEC WD 19896-3	IT security techniques — Competence requirements for information security testers and evaluators — Part 3: Knowledge, skills and effectiveness requirements for ISO/IEC 15408 evaluators
ISO/IEC 20008-2:2013/DAmd 2	Information technology — Security techniques — Anonymous digital signatures — Part 2: Mechanisms using a group public key — Amendment 2
ISO/IEC AWI 20008-3	Information technology — Security techniques — Anonymous digital signatures — Part 3: Mechanisms using multiple public keys
ISO/IEC CD 23264-2.3	Information security — Redaction of authentic data — Part 2: Redactable signature schemes based on asymmetric mechanisms
ISO/IEC DIS 23837-1	Information technology security techniques — Security requirements, test and evaluation methods for quantum key distribution — Part 1: Requirements
ISO/IEC DIS 23837-2	Information technology security techniques — Security requirements, test and evaluation methods for quantum key distribution — Part 2: Evaluation and testing methods

ISO/IEC DIS 24392	Cybersecurity — Security reference model for industrial Internet platform (SRM- IIP)
ISO/IEC WD TS 24462.2	Ontology for ICT Trustworthiness Assessment
ISO/IEC DTR 24485	Information security, cybersecurity and privacy protection — Security techniques — Security properties and best practices for test and evaluation of white box cryptography
ISO/IEC WD 24759.3	Information technology — Security techniques — Test requirements for cryptographic modules
ISO/IEC 24760-1:2019/DAmd 1	IT Security and Privacy — A framework for identity management — Part 1: Terminology and concepts — Amendment 1: Additonal terminology items and concepts
ISO/IEC CD 24760-2.3	IT Security and Privacy — A framework for identity management — Part 2: Reference architecture and requirements
ISO/IEC 24760-3:2016/DAmd 1	Information technology — Security techniques — A framework for identity management — Part 3: Practice — Amendment 1: Identity Information Lifecycle processes
ISO/IEC FDIS 27001	Information security, cybersecurity and privacy protection — Information security management systems — Requirements
ISO/IEC FDIS 27005	Information security, cybersecurity and privacy protection — Guidance on managing information security risks
ISO/IEC DIS 27006-1	Requirements for bodies providing audit and certification of information security management systems — Part 1: General
ISO/IEC CD 27006-2	Requirements for bodies providing audit and certification of information security management systems — Part 2: Privacy information management systems
ISO/IEC DIS 27011	Information security, cybersecurity and privacy protection — Information security controls based on ISO/IEC 27002 for telecommunications organizations
ISO/IEC AWI TR 27024	ISO/IEC 27001 family of standards references list — Use of ISO/IEC 27001 family of standards in Governmental / Regulatory requirements
ISO/IEC CD 27031	Information technology — Cybersecurity — Information and communication technology readiness for business continuity
ISO/IEC DIS 27032	Cybersecurity — Guidelines for Internet security
ISO/IEC CD 27033-7	Information technology - Network security — Part 7: Guidelines for network virtualization security
ISO/IEC DIS 27035-1	Information technology — Information security incident management — Part 1: Principles and process
ISO/IEC DIS 27035-2	Information technology — Information security incident management — Part 2: Guidelines to plan and prepare for incident response
ISO/IEC CD 27035-4	Information technology — Information security incident management — Part 4: Coordination
ISO/IEC DIS 27036-3	Cybersecurity — Supplier relationships — Part 3: Guidelines for hardware, software, and services supply chain security
ISO/IEC DIS 27040	Information technology — Security techniques — Storage security
ISO/IEC WD 27046.4	Information technology — Big data security and privacy — Implementation guidelines
ISO/IEC DIS 27071	Cybersecurity — Security recommendations for establishing trusted connections between devices and services
ISO/IEC AWI TR 27109	Cybersecurity education and training
ISO/IEC CD 27402.2	Cybersecurity — IoT security and privacy — Device baseline requirements
ISO/IEC CD 27403.2	Cybersecurity - IoT security and privacy - Guidelines for IoT-domotics
ISO/IEC FDIS 27553-1	Information security, cybersecurity and privacy protection — Security and Privacy requirements for authentication using biometrics on mobile devices — Part 1: Local modes
ISO/IEC CD 27554.2	Application of ISO 31000 for assessment of identity-related risk
ISO/IEC FDIS 27556	Information security, cybersecurity and privacy protection — User-centric privacy preferences management framework
ISO/IEC FDIS 27557	Information security, cybersecurity and privacy protection — Application of ISO 31000:2018 for organizational privacy risk management
ISO/IEC FDIS 27559	Information security, cybersecurity and privacy protection - Privacy enhancing data de-identification framework
ISO/IEC AWI TS 27560	Privacy technologies — Consent record information structure
ISO/IEC CD 27561	Information technology — Security techniques — Privacy operationalisation model and method for engineering (POMME)
ISO/IEC WD 27562	Privacy guidelines for fintech services
ISO/IEC CD TR 27563	Security and privacy in artificial intelligence use cases
ISO/IEC WD 27565	Guidelines on privacy preservation based on zero knowledge proofs
ISO/IEC DIS 29128-1	Information security, cybersecurity and privacy protection — Verification of cryptographic protocols — Part 1: Framework
ISO/IEC 29134:2017/DAmd 1	Information technology — Security techniques — Guidelines for privacy impact assessment — Amendment 1
ISO/IEC 29146:2016/Amd 1	Information technology — Security techniques — A framework for access management — Amendment 1
ISO/IEC 29192-8	Information security — Lightweight cryptography — Part 8: Authenticated encryption

SC 28

ISO/IEC WD 7184.2	Office equipment — Guidelines and minimum requirements for security of hard copy devices (HCD) — Part 1: Definition of the high — level minimum requirements
ISO/IEC PRF 15775	Information technology — Office equipment — Method of specifying image reproduction of colour copying machines and multifunction devices with copying modes by printed test charts
ISO/IEC CD 17823	Information technology — Office equipment — Colour terminology for office colour equipment
ISO/IEC CD 22592-1	Office equipment — Print quality measurement methods for colour prints — Part 1: Image quality measurement methods
ISO/IEC CD 22592-2	Office equipment — Print quality measurement methods for colour prints — Part 2: Geometric property measurement methods
ISO/IEC WD 22592-3	Office equipment — Print quality measurement methods for colour prints — Part 3: Physical durability measurement methods
ISO/IEC 24790:2017/DAmd 1	Information technology — Office equipment — Measurement of image quality attributes for hardcopy output — Monochrome text and graphic images — Amendment 1
ISO/IEC CD 29102	Information technology — Office equipment — Method for the determination of ink cartridge photo yield for colour printing with inkjet printers and multi-function devices that contain inkjet printer components

SC 29

ISO/IEC AWI 6048	Information technology — JPEG AI learning-based Image coding system
ISO/IEC 13818-1	Information technology — Generic coding of moving pictures and associated audio information — Part 1: Systems
ISO/IEC 13818-1/CD Cor 1	Information technology — Generic coding of moving pictures and associated audio information — Part 1: Systems — Technical Corrigendum 1
ISO/IEC 13818-1/FDAmd 1	Information technology — Generic coding of moving pictures and associated audio information — Part 1: Systems — Amendment 1: Carriage of LCEVC and other improvements
ISO/IEC DIS 14496-10	Information technology — Coding of audio-visual objects — Part 10: Advanced video coding
ISO/IEC 14496-12:2022/CD Amd 1	Information technology — Coding of audio-visual objects — Part 12: ISO base media file format — Amendment 1: Improved brand documentation and other improvements
ISO/IEC FDIS 14496-15	Information technology — Coding of audio-visual objects — Part 15: Carriage of network abstraction layer (NAL) unit structured video in the ISO base media file format
ISO/IEC FDIS 14496-15/DAmd 1	Information technology — Coding of audio-visual objects — Part 15: Carriage of network abstraction layer (NAL) unit structured video in the ISO base media file format — Amendment 1: Support for LCEVC
ISO/IEC 14496-22:2019/FDAmd 2	Information technology — Coding of audio-visual objects — Part 22: Open Font Format — Amendment 2: Extending colour font functionality and other updates
ISO/IEC DTR 14496-24	Information technology — Coding of audio-visual objects — Part 24: Audio and systems interaction
ISO/IEC DIS 15444-2	Information technology — JPEG 2000 image coding system — Part 2: Extensions
ISO/IEC DIS 15444-8	Information technology — JPEG 2000 image coding system — Part 8: Secure JPEG 2000
ISO/IEC DIS 15444-9	Information technology — JPEG 2000 image coding system — Part 9: Interactivity tools, APIs and protocols
ISO/IEC FDIS 15444-17	Information technology — JPEG 2000 image coding system — Part 17: Extensions for coding of discontinuous media
ISO/IEC 15938-17	Information technology — Multimedia content description interface — Part 17: Compression of neural networks for multimedia content description and analysis
ISO/IEC DIS 15938-18	Information technology — Multimedia content description interface — Part 18: Conformance and reference software for compression of neural networks
ISO/IEC WD 18181-1	Information technology — JPEG XL image coding system — Part 1: Core coding system
ISO/IEC WD 18181-2	Information technology — JPEG XL image coding system — Part 2: File format
ISO/IEC PRF 18181-3	Information technology — JPEG XL Image Coding System — Part 3: Conformance testing
ISO/IEC 18181-4	Information technology — JPEG XL image coding system — Part 4: Reference software
ISO/IEC CD 19566-5	Information technologies — JPEG systems — Part 5: JPEG universal metadata box format (JUMBF)
ISO/IEC FDIS 19566-7	Information technologies — JPEG systems — Part 7: JPEG linked media format (JLINK)
ISO/IEC DIS 19566-8	Information technologies — JPEG systems — Part 8: JPEG Snack
ISO/IEC AWI TR 19566-9	Information technology — JPEG Systems — Part 9: JPEG extensions mechanisms to facilitate forwards and backwards compatibility
ISO/IEC AWI 19566-10	Information technologies — JPEG systems — Part 10: Reference Software

ISO/IEC PRF 21000-22	Information technology — Multimedia framework (MPEG-21) — Part 22: User description
ISO/IEC FDIS 21000-23	Information technology — Multimedia framework (MPEG-21) — Part 23: Smart Contracts for Media
ISO/IEC AWI 21122-1	Information technology — JPEG XS low-latency lightweight image coding system — Part 1: Core coding system
ISO/IEC 21122-2:2022/DAmd 1	Information technology — JPEG XS low-latency lightweight image coding system — Part 2: Profiles and buffer models — Amendment 1: Profile and sublevel for 4:2:0 content
ISO/IEC AWI 21122-2	Information technology — JPEG XS low-latency lightweight image coding system — Part 2: Profiles and buffer models
ISO/IEC PRF 21122-4	Information technology — JPEG XS low-latency lightweight image coding system — Part 4: Conformance testing
ISO/IEC PRF 21122-5	Information technology — JPEG XS low-latency lightweight image coding system — Part 5: Reference software
ISO/IEC AWI 21794-5	Information technology — Plenoptic image coding system (JPEG Pleno) — Part 5: Holography
ISO/IEC 23000-19:2020/DAmd 2	Information technology — Multimedia application format (MPEG-A) — Part 19: Common media application format (CMAF) for segmented media — Amendment 2: CMAF media profiles for MPEG-H 3D audio, EVC, VVC and other technologies
ISO/IEC 23000-19:2020/DAmd 3	Information technology — Multimedia application format (MPEG-A) — Part 19: Common media application format (CMAF) for segmented media — Amendment 3: 8K HEVC, 4K HFR HEVC and Chroma Location for CMAF
ISO/IEC 23000-19:2020/CD Amd 4	Information technology — Multimedia application format (MPEG-A) — Part 19: Common media application format (CMAF) for segmented media — Amendment 4: LCEVC and other technologies
ISO/IEC DIS 23001-7	Information technology — MPEG systems technologies — Part 7: Common encryption in ISO base media file format files
ISO/IEC DIS 23001-11	Information technology — MPEG systems technologies — Part 11: Energy-efficient media consumption (green metadata)
ISO/IEC CD 23001-17	Information technology — MPEG systems technologies — Part 17: Carriage of uncompressed video in the ISO base media file format
ISO/IEC FDIS 23002-7	Information technology — MPEG video technologies — Part 7: Versatile supplemental enhancement information messages for coded video bitstreams
ISO/IEC FDIS 23002-7/WD Amd 1	Information technology — MPEG video technologies — Part 7: Versatile supplemental enhancement information messages for coded video bitstreams — Amendment 1: Additional SEI messages
ISO/IEC WD TR 23002-9	Information technology — MPEG video technologies — Part 9: Film grain synthesis technologies for video applications
ISO/IEC 23003-4:2020/CD Amd 2	Information technology — MPEG audio technologies — Part 4: Dynamic range control — Amendment 2: Loudness Leveling
ISO/IEC PRF 23003-6	Information technology — MPEG audio technologies — Part 6: Unified speech and audio coding reference software
ISO/IEC DIS 23008-1	Information technology — High efficiency coding and media delivery in heterogeneous environments — Part 1: MPEG media transport (MMT)
ISO/IEC DIS 23008-1/WD Amd 1	Information technology — High efficiency coding and media delivery in heterogeneous environments — Part 1: MPEG media transport (MMT) — Amendment 1: Improvement of MMT message transaction
ISO/IEC 23008-2:2020/CD Amd 2	Information technology — High efficiency coding and media delivery in heterogeneous environments — Part 2: High efficiency video coding — Amendment 2: High-range levels
ISO/IEC 23008-3	Information technology — High efficiency coding and media delivery in heterogeneous environments — Part 3: 3D audio
ISO/IEC 23008-4:2020/CD Amd 1	Information technology — High efficiency coding and media delivery in heterogeneous environments — Part 4: MMT reference software — Amendment 1: Support for MMTP extensions
ISO/IEC 23008-9:2022/DAmd 1	Information technology — High efficiency coding and media delivery in heterogeneous environments — Part 9: 3D Audio conformance testing — Amendment 1: Sample rate conversion
ISO/IEC FDIS 23008-12	Information technology — MPEG systems technologies — Part 12: Image File Format
ISO/IEC FDIS 23008-12/CD Amd 1	Information technology — MPEG systems technologies — Part 12: Image File Format — Amendment 1: Support for progressive rendering signalling and other improvements
ISO/IEC 23009-1	Information technology — Dynamic adaptive streaming over HTTP (DASH) — Part 1: Media presentation description and segment formats
ISO/IEC 23009-1/DAmd 1	Information technology — Dynamic adaptive streaming over HTTP (DASH) — Part 1: Media presentation description and segment formats — Amendment 1: Preroll, nonlinear playback and other extensions
ISO/IEC 23009-1/WD Amd 2	Information technology — Dynamic adaptive streaming over HTTP (DASH) — Part 1: Media presentation description and segment formats — Amendment 2: EDRAP streaming and other extensions
ISO/IEC AWI TR 23009-3	Information technology — Dynamic adaptive streaming over HTTP (DASH) — Part 3: Implementation guidelines
ISO/IEC WD TR 23009-7	Information technology — Dynamic adaptive streaming over HTTP (DASH) — Part 7: Delivery of CMAF contents with DASH
ISO/IEC 23009-8:2022/DAmd 1	Information technology — Dynamic adaptive streaming over HTTP (DASH) — Part 8: Session-based DASH operations — Amendment 1: URL customization and other extensions
ISO/IEC CD TR 23090-1	Information technology - Coded representation of immersive media — Part 1: Immersive media

ISO/IEC DIS 23090-2	Information technology — Coded representation of immersive media — Part 2: Omnidirectional media format
ISO/IEC FDIS 23090-3	Information technology — Coded representation of immersive media — Part 3: Versatile video coding
ISO/IEC FDIS 23090-3/CD Amd 1	Information technology — Coded representation of immersive media — Part 3: Versatile video coding — Amendment 1: New level and systems-related supplemental enhancement information
ISO/IEC AWI 23090-4	Information technology — Coded representation of immersive media — Part 4: MPEG-I immersive audio
ISO/IEC DIS 23090-5	Information technology — Coded representation of immersive media — Part 5: Visual volumetric video-based coding (V3C) and video-based point cloud compression (V-PCC)
ISO/IEC DIS 23090-5/DAmd 1	Information technology — Coded representation of immersive media — Part 5: Visual volumetric video-based coding (V3C) and video-based point cloud compression (V-PCC) — Amendment 1: V3C extension mechanism and payload type
ISO/IEC 23090-6:2021/DAmd 1	Information technology — Coded representation of immersive media — Part 6: Immersive media metrics — Amendment 1: Immersive media metrics for V3C Data and OMAF
ISO/IEC FDIS 23090-7	Information technology — Coded representation of immersive media — Part 7: Immersive media metadata
ISO/IEC FDIS 23090-7/WD Amd 1	Information technology — Coded representation of immersive media — Part 7: Immersive media metadata — Amendment 1: Common metadata for immersive media
ISO/IEC FDIS 23090-8	Information technology — Coded representation of immersive media — Part 8: Network based media processing
ISO/IEC FDIS 23090-9	Information technology — Coded representation of immersive media — Part 9: Geometry-based point cloud compression
ISO/IEC 23090-10:2022/FDAmd 1	Information technology — Coded representation of immersive media — Part 10: Carriage of visual volumetric video-based coding data — Amendment 1: Support of packed video data
ISO/IEC CD TR 23090-11.2	Information technology — Coded representation of immersive media — Part 11: Network-based media processing implementation guidelines
ISO/IEC FDIS 23090-12	Information technology — Coded representation of immersive media — Part 12: MPEG Immersive video
ISO/IEC FDIS 23090-12/DAmd 1	Information technology — Coded representation of immersive media — Part 12: MPEG Immersive video — Amendment 1: V3C extension mechanism
ISO/IEC DIS 23090-13	Information technology — Coded representation of immersive media — Part 13: Video decoding interface for immersive media
ISO/IEC DIS 23090-14	Information technology — Coded representation of immersive media — Part 14: Scene description
ISO/IEC DIS 23090-14/WD Amd 1	Information technology — Coded representation of immersive media — Part 14: Scene description — Amendment 1: Support for immersive media codecs in scene description
ISO/IEC FDIS 23090-15	Information technology — Coded representation of immersive media — Part 15: Conformance testing for versatile video coding
ISO/IEC FDIS 23090-15/DAmd 1	Information technology — Coded representation of immersive media — Part 15: Conformance testing for versatile video coding — Amendment 1: Operation range extensions
ISO/IEC FDIS 23090-16	Information technology — Coded representation of immersive media — Part 16: Reference software for versatile video coding
ISO/IEC DIS 23090-18	Information technology — Coded representation of immersive media — Part 18: Carriage of geometry-based point cloud compression data
ISO/IEC DIS 23090-18/CD Amd 1	Information technology — Coded representation of immersive media — Part 18: Carriage of geometry-based point cloud compression data — Amendment 1: Support for temporal scalability
ISO/IEC DIS 23090-19	Information technology — Coded representation of immersive media — Part 19: Reference Software for V-PCC
ISO/IEC DIS 23090-20	Information technology — Coded representation of immersive media — Part 20: Conformance for V-PCC
ISO/IEC CD 23090-21	Information technology — Coded representation of immersive media — Part 21: Reference Software for G-PCC
ISO/IEC CD 23090-22	Information technology — Coded representation of immersive media — Part 22: Conformance for G-PCC
ISO/IEC CD 23090-23	Information technology — Coded representation of immersive media — Part 23: Conformance and reference software for MPEG immersive video
ISO/IEC WD 23090-24	Information technology — Coded representation of immersive media — Part 24: Conformance and reference software for scene description
ISO/IEC WD 23090-25	Information technology — Coded representation of immersive media — Part 25: Conformance and reference software for carriage of visual volumetric video-based coding data
ISO/IEC WD 23090-26	Information technology — Coded representation of immersive media — Part 26: Conformance and reference software for carriage of geometry-based point cloud compression data
ISO/IEC WD TR 23090-27	Information technology — Coded representation of immersive media — Part 27: Media, renderers, and game engines for render-based systems and applications
ISO/IEC AWI 23090-28	Information technology — Coded representation of immersive media — Part 28: Efficient 3D graphics media representation for render-based systems and applications
ISO/IEC AWI 23090-29	Information technology — Coded representation of immersive media — Part 29: Video-based dynamic mesh coding (V-DMC)

ISO/IEC AWI 23090-30	Information technology — Coded representation of immersive media — Part 30: Low latency, low complexity LiDAR coding
ISO/IEC WD 23091-2	Information technology — Coding-independent code points — Part 2: Video
ISO/IEC 23092-1:2020/CD Amd 1	Information technology — Genomic information representation — Part 1: Transport and storage of genomic information — Amendment 1: Support for Part 6
ISO/IEC CD 23092-1	Information technology — Genomic information representation — Part 1: Transport and storage of genomic information
ISO/IEC DIS 23092-2	Information technology — Genomic information representation — Part 2: Coding of genomic information
ISO/IEC PRF 23092-3	Information technology — Genomic information representation — Part 3: Metadata and application programming interfaces (APIs)
ISO/IEC 23092-4:2020/CD Amd 1	Information technology — Genomic information representation — Part 4: Reference software — Amendment 1: Version 2 and Part 6
ISO/IEC 23092-5:2020/WD Amd 1	Information technology — Genomic information representation — Part 5: Conformance — Amendment 1: Version 2 and Part 6 support
ISO/IEC DIS 23092-6	Information technology — Genomic information representation — Part 6: Coding of genomic annotations
ISO/IEC DIS 23093-4	Information technology — Internet of media things — Part 4: Reference software and conformance
ISO/IEC WD 23093-5	Information technology — Internet of media things — Part 5: IoMT autonomous collaboration
ISO/IEC 23094-1:2020/DAmd 1	Information technology — General video coding — Part 1: Essential video coding — Amendment 1: Green metadata supplemental enhancement information
ISO/IEC 23094-3	Information technology — General video coding — Part 3: Conformance and reference software for low complexity enhancement video coding

SC 31

ISO/IEC WD 7430	Information technology — Automatic identification and data capture techniques — Decoder Interface
ISO/IEC WD 8506	AIDC Application in Industrial Construction
ISO/IEC CD 15415.2	Information technology — Automatic identification and data capture techniques — Bar code symbol print quality test specification — Two-dimensional symbols
ISO/IEC CD 15416	Automatic identification and data capture techniques — Bar code print quality test specification — Linear symbols
ISO/IEC AWI 15420	Information technology — Automatic identification and data capture techniques — EAN/UPC bar code symbology specification
ISO/IEC CD 15424	Information technology — Automatic identification and data capture techniques — Data Carrier Identifiers (including Symbology Identifiers)
ISO/IEC DIS 15426-2	Information technology — Automatic identification and data capture techniques — Bar code verifier conformance specification — Part 2: Two-dimensional symbols
ISO/IEC WD 15434	Information technology — Automatic identification and data capture techniques — Syntax for high-capacity ADC media
ISO/IEC CD 16022.3	Information technology — Automatic identification and data capture techniques — Data Matrix bar code symbology specification
ISO/IEC DIS 16388	Information technology — Automatic identification and data capture techniques — Code 39 bar code symbology specification
ISO/IEC DIS 17360	Automatic identification and data capture techniques — Supply chain applications of RFID — Product tagging, product packaging, transport units, returnable transport units (RTIs) and returnable packaging items (RPIs)
ISO/IEC CD 18004.2	Information technology — Automatic identification and data capture techniques — QR Code bar code symbology specification
ISO/IEC FDIS 18047-63	Information technology — Radio frequency identification device conformance test methods — Part 63: Test methods for air interface communications at 860 MHz to 960 MHz
ISO/IEC AWI 19762	Information technology — Automatic identification and data capture (AIDC) techniques — Harmonized vocabulary
ISO/IEC FDIS 19823-11	Information technology — Conformance test methods for security service crypto suites — Part 11: Crypto suite PRESENT-80
ISO/IEC AWI 21471	Information technology — Automatic identification and data capture techniques — Extended rectangular data matrix (DMRE) bar code symbology specification
ISO/IEC DIS 22603-2	Information technology — Digital representation of product information — Part 2: Requirements for electronic devices with integral display
ISO/IEC DIS 23200-2	Information technology — Radio frequency identification for item management — Part 2: Interference rejection performance test method between an Interrogator as defined in ISO/IEC 18000-63 and a heterogeneous wireless system
ISO/IEC CD 24778.2	Information technology — Automatic identification and data capture techniques — Aztec Code bar code symbology specification
ISO/IEC FDIS 24791-3	Information technology — Radio frequency identification (RFID) for item management — Software system infrastructure — Part 3: Device management
ISO/IEC DIS 29167-11	Information technology — Automatic identification and data capture techniques — Part 11: Crypto suite PRESENT-80 security services for air interface communications

| ISO/IEC DIS 29167-16 | Information technology — Automatic identification and data capture techniques — Part 16: Crypto suite ECDSA-ECDH security services for air interface communications |

SC 32

ISO/IEC AWI 5207	Information technology — Data usage — Terminology and use cases
ISO/IEC AWI 5212	Information technology — Data usage — Guidance for data usage
ISO/IEC CD 5394	Information technology — Criteria for concept systems
ISO/IEC CD 6523-1	Information technology — Structure for the identification of organizations and organization parts — Part 1: Identification of organization identification schemes
ISO/IEC AWI 6523-2	Information technology — Structure for the identification of organizations and organization parts — Part 2: Registration of organization identification schemes
ISO/IEC CD 9075-1	Information technology — Database languages — SQL — Part 1: Framework (SQL/Framework)
ISO/IEC CD 9075-2	Information technology — Database languages — SQL — Part 2: Foundation (SQL/Foundation)
ISO/IEC CD 9075-3	Information technology — Database language SQL — Part 3: Call-Level Interface (SQL/CLI)
ISO/IEC CD 9075-4	Information technology — Database languages — SQL — Part 4: Persistent stored modules (SQL/PSM)
ISO/IEC CD 9075-9	Information technology — Database language SQL — Part 9: Management of External Data (SQL/MED)
ISO/IEC CD 9075-10	Information technology — Database language SQL — Part 10: Object language bindings (SQL/OLB)
ISO/IEC CD 9075-11	Information technology — Database languages — SQL — Part 11: Information and definition schemas (SQL/Schemata)
ISO/IEC CD 9075-13	Information technology — Database language SQL — Part 13: SQL Routines and types using the Java TM programming language (SQL/JRT)
ISO/IEC CD 9075-14	Information technology — Database languages — SQL — Part 14: XML-Related Specifications (SQL/XML)
ISO/IEC CD 9075-15	Information technology database language SQL — Part 15: Multi-dimensional arrays (SQL/MDA)
ISO/IEC CD 9075-16.2	Information technology — Database languages SQL — Part 16: SQL Property Graph Queries (SQL/PGQ)
ISO/IEC DIS 11179-1	Information technology — Metadata registries (MDR) — Part 1: Framework
ISO/IEC DIS 11179-3	Information technology — Metadata registries (MDR) — Part 3: Metamodel for registry common facilities
ISO/IEC DIS 11179-6	Information technology — Metadata registries (MDR) — Part 6: Registration
ISO/IEC DIS 11179-30	Information technology — Metadata registries (MDR) — Part 30: Basic attributes of metadata
ISO/IEC DIS 11179-31	Information technology — Metadata registries (MDR) — Part 31: Metamodel for data specification registration
ISO/IEC DIS 11179-32	Information technology — Metadata registries (MDR) — Part 32: Metamodel for concept system registration
ISO/IEC DIS 11179-33	Information technology — Metadata registries (MDR) — Part 33: Metamodel for data set registration
ISO/IEC AWI 11179-34	Information technology — Metadata registries (MDR) — Part 34: Metamodel for computable object registration
ISO/IEC DIS 11179-35	Information technology — Metadata registries (MDR) — Part 35: Metamodel for model registration
ISO/IEC AWI 11404	Information technology — General-Purpose Datatypes (GPD)
ISO/IEC DIS 15944-1	Information technology — Business operational view — Part 1: Operational aspects of open-edi for implementation
ISO/IEC CD 15944-8	Information technology — Business operational view — Part 8: Identification of privacy protection requirements as external constraints on business transactions
ISO/IEC DIS 15944-9	Information technology — Business operational view — Part 9: Business transaction traceability framework for commitment exchange
ISO/IEC DIS 15944-10	Information technology — Business operational view — Part 10: IT-enabled coded domains as semantic components in business transactions
ISO/IEC DIS 15944-12	Information technology — Business operational view — Part 12: Privacy protection requirements (PPR) on information life cycle management (ILCM) and EDI of personal information (PI)
ISO/IEC FDIS 15944-16	Information technology — Business operational view — Part 16: Consolidated set of the rules and guidelines identified in ISO/IEC 15944 Business Operational View standards and their IT-enablement
ISO/IEC CD 15944-17	Information technology — Business operational view — Part 17: Fundamental principles and rules governing Privacy-by-Design (PbD) requirements in EDI and collaboration space context
ISO/IEC CD 15944-18	Information technology — Business operational view — Part 18: Common principles for identification and rules for use of identifiers in business transaction
ISO/IEC CD 15944-19	Information technology — Business operational view — Part 19: Guidelines on cross-border data flows (CBDF): requirements for business transactions (including personal information)

ISO/IEC DIS 15944-21	Information technology — Business operational view — Part 21: Application of Open-edi business transaction ontology in distributed business transaction repositories
ISO/IEC PRF 19075-9	Information technology — Guidance for the use of database language SQL — Part 9: Online analytic processing (OLAP) capabilities (Guide/OLAP)
ISO/IEC DTR 19583-24	Information technology — Concepts and usage of metadata — Part 24: 11179-3:2013 Metamodel in RDF
ISO/IEC CD 19763-1	Information technology — Metamodel framework for interoperability (MFI) — Part 1: Framework
ISO/IEC 19763-3:2020/AWI Amd 1	Information technology — Metamodel framework for interoperability (MFI) — Part 3: Metamodel for ontology registration — Amendment 1
ISO/IEC 19763-6:2015/AWI Amd 1	Information technology — Metamodel framework for interoperability (MFI) — Part 6: Registry Summary — Amendment 1
ISO/IEC CD 19763-10	Information technology — Metamodel framework for interoperability (MFI) — Part 10: Core model and basic mapping
ISO/IEC 19763-12:2015/AWI Amd 1	Information technology — Metamodel framework for interoperability (MFI) — Part 12: Metamodel for information model registration — Amendment 1
ISO/IEC AWI 19763-13	Information technology — Metamodel framework for interoperability (MFI) — Part 13: Metamodel for form design registration
ISO/IEC 19763-16:2021/AWI Amd 1	Information technology — Metamodel framework for interoperability (MFI) — Part 16: Metamodel for document model registration — Amendment 1
ISO/IEC DIS 21838-3	Information technology — Top-level ontologies (TLO) — Part 3: Descriptive ontology for linguistic and cognitive engineering (DOLCE)
ISO/IEC DIS 21838-4	Information technology — Top-level ontologies (TLO) — Part 4: TUpper
ISO/IEC CD 39075	Information Technology — Database Languages — GQL

SC 34

ISO/IEC WD TR 5812	Information technology - Semantic metadata support in office documents
ISO/IEC AWI 23078-1	Information technology — Specification of DRM technology for digital publications — Part 1: Overview of copyright protection technologies in use in the publishing industry
ISO/IEC AWI 23078-2	Information technology — Specification of DRM technology for digital publications — Part 2: User key-based protection
ISO/IEC AWI 23078-3	Information technology — Specification of DRM technology for digital publications — Part 3: Device key-based protection

SC 35

ISO/IEC CD 4944	Information technology — User interfaces — Evaluating usability of natural user interfaces
ISO/IEC DIS 11581-7	Information technology — User interface icons — Part 7: Icons for setting interaction modes
ISO/IEC DIS 17549-3	Information technology — User interface requirements and recommendations on menu navigation — Part 3: Navigation with 1-direction devices
ISO/IEC AWI 22121-1	Information technology — Virtual Keyboards User interfaces — Part 1: Part 1: Framework
ISO/IEC DIS 22121-2	Information technology — Virtual keyboards user interfaces — Part 2: On-screen keyboards with direct touch interface
ISO/IEC AWI 22121-3	Information technology — Virtual keyboards user interfaces — Part 3: Part 3: Virtual keyboards interactions
ISO/IEC CD 23773-1	User interface — Automatic Simultaneous Interpretation System — Part 1: General
ISO/IEC CD 23773-2	User interface — Automatic Simultaneous Interpretation System — Part 2: Requirements and functional description
ISO/IEC CD 23773-3	User interface — Automatic Simultaneous Interpretation System — Part 3: System architecture
ISO/IEC DIS 23859-1	Information technology — User interfaces — Part 1: Guidance on making written text easy to read and easy to understand
ISO/IEC DIS 24661	Information technology — User interfaces — Full duplex speech interaction
ISO/IEC DTR 30150-2	Information technology - - Affective computing user interface (AUI) — Part 2: Affective characteristics

SC 36

ISO/IEC CD 4932	Information technology — Learning, education and training — Access For All Metadata: Accessibility Core Terms (AfA-core-terms)
ISO/IEC AWI 8808	Information Technology for Learning, Education and Training — Online course information model
ISO/IEC AWI TR 9858	Use Cases on Advanced Learning Analytics Services using Emerging Technologies
ISO/IEC CD 19788-1	Information technology — Learning, education and training — Metadata for learning resources — Part 1: Framework

ISO/IEC CD 20016-1	Information technology for learning, education and training — Language accessibility and human interface equivalencies (HIEs) in e-learning applications — Part 1: Framework and reference model for semantic interoperability
ISO/IEC PDTR 23844	Information technology for learning, education, and training — Immersive content and technology in LET domain
ISO/IEC DIS 24751-4	Information technology for learning, education and training — AccessForAll framework for individualized accessibility — Part 4: Registry server API
ISO/IEC CD 29187-1	Information technology — Identification of privacy protection requirements pertaining to learning, education and training (LET) — Part 1: Framework and reference model

SC 37

ISO/IEC CD 5152	Biometric performance estimation methodologies using statistical models
ISO/IEC WD 9868	Remote biometric identification systems — Design, development, and audit
ISO/IEC CD 19785-4	Information technology — Common Biometric Exchange Formats Framework — Part 4: Security block format specifications
ISO/IEC FDIS 19794-14	Information technology — Biometric data interchange formats — Part 14: DNA data
ISO/IEC WD 19795-10	Information technology — Biometric performance testing and reporting — Part 10: Quantifying biometric system performance variation across demographic groups
ISO/IEC CD TR 20322.3	Information technology - Cross jurisdictional and societal aspects of implementation of biometric technologies - Biometrics and elderly people
ISO/IEC AWI TS 21419.2	Information Technology — Cross-Jurisdictional and societal aspects of implementation of biometric technologies — Use of biometrics for identity management in healthcare
ISO/IEC DTS 22604	Information technology - Biometric recognition of subjects in motion in access-related systems
ISO/IEC WD TS 24358	Face-aware capture subsystem specifications
ISO/IEC DIS 24714	Biometrics — Cross-Jurisdictional and Societal Aspects of Biometrics — General Guidance
ISO/IEC WD TR 24722	Information technology — Biometrics — Multimodal and other multibiometric fusion
ISO/IEC CD 24741.2	Information technology — Biometrics — Overview and application
ISO/IEC PRF 29120-1	Information technology — Machine readable test data for biometric testing and reporting — Part 1: Test reports
ISO/IEC CD 29794-1.2	Information technology — Biometric sample quality — Part 1: Framework
ISO/IEC WD 29794-4	Information technology — Biometric sample quality — Part 4: Finger image data
ISO/IEC WD 29794-5	Information technology — Biometric sample quality — Part 5: Face image data
ISO/IEC CD 30107-1	Information technology — Biometric presentation attack detection — Part 1: Framework
ISO/IEC DIS 30107-3	Information technology — Biometric presentation attack detection — Part 3: Testing and reporting
ISO/IEC CD 30107-4	Information technology — Biometric presentation attack detection — Part 4: Profile for testing of mobile devices
ISO/IEC CD 30108-2	Information technology — Biometric Identity Assurance Services — Part 2: REST-based implementation
ISO/IEC DIS 39794-2	Information technology — Extensible biometric data interchange formats — Part 2: Finger minutiae data
ISO/IEC 39794-4:2019/CD Amd 1	Information technology — Extensible biometric data interchange formats — Part 4: Finger image data — Amendment 1: Extension towards improved interoperability with ANSI/NIST-ITL

SC 38

ISO/IEC CD 5140	Information technology — Cloud computing — Concepts for multi-cloud and other interoperation of multiple cloud services
ISO/IEC AWI TS 5928	Information technology — Cloud computing and distributed platforms — Taxonomy for digital platforms
ISO/IEC AWI TS 7339	Cloud computing and distributed platforms — Cloud computing — Platform capabilities type and Platform as a Service (PaaS)
ISO/IEC 19086-2:2018/DAMD 1	Cloud computing — Service level agreement (SLA) framework — Part 2: Metric model — Amendment 1
ISO/IEC DIS 22123-1	Information technology — Cloud computing — Part 1: Vocabulary
ISO/IEC DIS 22123-2	Information technology — Cloud computing — Part 2: Concepts
ISO/IEC DIS 22123-3	Information technology — Cloud computing — Part 3: Reference architecture

SC 39

ISO/IEC WD TS 8236	Information technology — Data Centre IT Equipment Provisioning — Forecasting & Management
ISO/IEC PRF TR 21897	Information technology — Data centres — Impact of the ISO 52000 series on energy performance of buildings
ISO/IEC CD 22237-2.2	Information technology — Data centre facilities and infrastructures — Part 2: Building construction
ISO/IEC CD 22237-6.2	Information technology — Data centre facilities and infrastructures — Part 6: Security systems
ISO/IEC AWI TS 22237-31	Information technology — Data centre facilities and infrastructures — Part 31: Key performance indicators for resilience
ISO/IEC DTR 30133.3	Information technology — Data centres — Guidelines for resource efficient data centres
ISO/IEC AWI 30134-2	Information technology — Data centres — Key performance indicators — Part 2: Power usage effectiveness (PUE)
ISO/IEC DIS 30134-7	Information Technology — Data centres key performance indicators — Part 7: Cooling Efficiency Ratio (CER)

SC 40

ISO/IEC WD TS 20000-14	Information technology — Service management — Part 14: Guidance on the application of Service Integration and Management to ISO/IEC 20000-1
ISO/IEC WD 30105-1	Information technology — IT Enabled Services-Business Process Outsourcing (ITES-BPO) lifecycle processes — Part 1: Process reference model (PRM)
ISO/IEC CD 30105-2	Information technology — IT Enabled Services-Business Process Outsourcing (ITES-BPO) lifecycle processes — Part 2: Process assessment model (PAM)
ISO/IEC WD 30105-3	Information technology — IT Enabled Services-Business Process Outsourcing (ITES-BPO) lifecycle processes — Part 3: Measurement framework (MF) and organization maturity model (OMM)
ISO/IEC FDIS 30105-4	Information technology — IT Enabled Services-Business Process Outsourcing (ITES-BPO) lifecycle processes — Part 4: Key concepts
ISO/IEC AWI 30105-5	Information technology — IT Enabled Services-Business Process Outsourcing (ITES-BPO) lifecycle processes — Part 5: Guidelines
ISO/IEC FDIS 30105-8	Information technology — IT Enabled Services-Business Process Outsourcing (ITES-BPO) lifecycle processes — Part 8: Continual Performance Improvement (CPI) of ITES-BPO
ISO/IEC CD TS 30105-9	Information technology — IT Enabled Services-Business Process Outsourcing (ITES-BPO) lifecycle processes — Part 9: Guidelines on maturity assessment to support digital transformation
ISO/IEC CD 38500	Information technology — Governance of IT for the organization
ISO/IEC WD TS 38508	Information Technology — Governance of IT — Governance Implications of the Use of Shared Digital Service Platform among Ecosystem Organizations

SC 41

ISO/IEC AWI 30149	Internet of things (IoT) — Trustworthiness framework
ISO/IEC AWI 30172	Digital Twin — Use cases
ISO/IEC AWI 30173	Digital twin — Concepts and terminology

SC 42

ISO/IEC PRF TS 4213	Information technology — Artificial intelligence — Assessment of machine learning classification performance
ISO/IEC AWI 5259-1	Artificial intelligence — Data quality for analytics and machine learning (ML) — Part 1: Overview, terminology, and examples
ISO/IEC AWI 5259-2	Artificial intelligence — Data quality for analytics and machine learning (ML) — Part 2: Data quality measures
ISO/IEC AWI 5259-3	Artificial intelligence — Data quality for analytics and machine learning (ML) — Part 3: Data quality management requirements and guidelines
ISO/IEC AWI 5259-4	Artificial intelligence — Data quality for analytics and machine learning (ML) — Part 4: Data quality process framework
ISO/IEC AWI 5259-5	Artificial intelligence — Data quality for analytics and machine learning (ML) — Part 5: Data quality governance
ISO/IEC CD 5338	Information technology — Artificial intelligence — AI system life cycle processes
ISO/IEC CD 5339	Information Technology — Artificial Intelligence — Guidelines for AI applications
ISO/IEC CD 5392	Information technology — Artificial intelligence — Reference architecture of knowledge engineering
ISO/IEC DTR 5469	Artificial intelligence — Functional safety and AI systems

ISO/IEC AWI TS 5471	Artificial intelligence — Quality evaluation guidelines for AI systems
ISO/IEC AWI TS 6254	Information technology — Artificial intelligence — Objectives and approaches for explainability of ML models and AI systems
ISO/IEC DIS 8183	Information technology — Artificial intelligence — Data life cycle framework
ISO/IEC AWI TS 8200	Information technology — Artificial intelligence — Controllability of automated artificial intelligence systems
ISO/IEC AWI TS 12791	Information technology — Artificial intelligence — Treatment of unwanted bias in classification and regression machine learning tasks
ISO/IEC AWI 12792	Information technology — Artificial intelligence — Transparency taxonomy of AI systems
ISO/IEC AWI TR 17903	Information technology — Artificial intelligence — Overview of machine learning computing devices
ISO/IEC DIS 23894	Information technology — Artificial intelligence — Guidance on risk management
ISO/IEC DIS 24029-2	Artificial intelligence (AI) — Assessment of the robustness of neural networks — Part 2: Methodology for the use of formal methods
ISO/IEC AWI TR 24030	Information technology — Artificial intelligence (AI) — Use cases
ISO/IEC TR 24368	Information technology — Artificial intelligence — Overview of ethical and societal concerns
ISO/IEC FDIS 24668	Information technology — Artificial intelligence — Process management framework for big data analytics
ISO/IEC DIS 25059	Software engineering — Systems and software Quality Requirements and Evaluation (SQuaRE) — Quality model for AI systems
ISO/IEC AWI TS 29119-11	Information technology — Artificial intelligence — Testing for AI systems — Part 11:
ISO/IEC CD 42001.2	Information Technology — Artificial intelligence — Management system